Frauenwelten
in der Antike

Geschlechterordnung
und weibliche Lebenspraxis

Mit 162 Quellentexten und Bildquellen

*Herausgegeben von Thomas Späth
und Beate Wagner-Hasel*

Sonderausgabe

Verlag J. B. Metzler
Stuttgart · Weimar

Für die Sonderausgabe wurde der Text durchgesehen und korrigiert.

Bibliografische Information Der Deutschen Bibliothek
Die Deutsche Bibliothek verzeichnet diese Publikation in der Deutschen Nationalbibliografie; detaillierte bibliografische Daten sind im Internet über <http://dnb.ddb.de> abrufbar.

Gedruckt auf chlorfrei gebleichtem, säurefreiem und alterungsbeständigem Papier

ISBN-13: 978-3-476-02175-5
ISBN-10: 3-476-02175-0

Dieses Werk einschließlich aller seiner Teile ist urheberrechtlich geschützt. Jede Verwertung außerhalb der engen Grenzen des Urheberrechtsgesetzes ist ohne Zustimmung des Verlages unzulässig und strafbar. Das gilt insbesondere für Vervielfältigungen, Übersetzungen, Mikroverfilmungen und die Einspeicherung und Verarbeitung in elektronischen Systemen.

© 2000/2006 J. B. Metzler'sche Verlagsbuchhandlung
und Carl Ernst Poeschel Verlag GmbH in Stuttgart

www.metzlerverlag.de
info@metzlerverlag.de

Einbandgestaltung: Willy Löffelhardt
Satz: Dörr + Schiller GmbH, Stuttgart
Druck und Bindung: Kösel, Krugzell
Printed in Germany

Juli/2006

Verlag J. B. Metzler Stuttgart • Weimar

Inhalt

Hinweise zur Benutzung des Buches VII
Einleitung IX

I. Heirat und Zugehörigkeit 1

Haus und Schleier in Mesopotamien (*Brigitte Groneberg*) 1
Heirat und Bürgerstatus in Athen (*Elke Hartmann*) 16
Eheallianzen und Ehealltag in Rom (*Christiane Kunst*) 32

II. Kultpraktiken 53

Kulträume von Frauen in Athen: Das Beispiel der Artemis Brauronia
(*Katharina Waldner*) 53
Die Reglementierung von Traueraufwand und die Tradierung des Nachruhms der Toten in Griechenland (*Beate Wagner-Hasel*) 81
Klagende Frauen. Zur weiblichen Trauerhaltung in Rom
(*Francesca Prescendi*) 102
Die vestalischen Jungfrauen (*Hildegard Cancik-Lindemaier*) 111
Matralia und *Matronalia*: Feste von Frauen in der römischen Religion
(*Francesca Prescendi*) 123

III. Wissen und Tradition 132

Weissagung und Macht: Die Pythia (*Christine Schnurr-Redford*) 132
Eine römische Dichterin: Sulpicia (*Christine Rohweder*) 147
Philosophinnen (*Henriette Harich-Schwarzbauer*) 162
Perpetua: Visionen im Christentum (*Peter Habermehl*) 174
Die Aristokratin als Mäzenin und Autorin im Byzanz der Komnenenzeit
(*Ruth E. Harder*) 183

IV. Macht und Politik 198

Das Diktum der Philosophen: Der Ausschluss der Frauen aus der Politik
und die Sorge vor der Frauenherrschaft (*Beate Wagner-Hasel*) 198
Weiblichkeitsideale in der römischen Welt: Lucretia und die Anfänge
der Republik (*Francesca Prescendi*) 217
Sexuelle Diffamierung und politische Intrigen in der Republik: P. Clodius
Pulcher und Clodia (*Rosmarie Günther*) 227
Das Idealbild der römischen Kaiserin: Livia Augusta (*Angelika Dierichs*) . . 241

Skrupellose Herrscherin? Das Bild der Agrippina minor bei Tacitus
(*Thomas Späth*) 262
Die Augusta aus der Wüste – die palmyrenische Herrscherin Zenobia
(*Anja Wieber*) 281

V. Arbeitswelt und weibliche Geselligkeit 311

Arbeit und Kommunikation (*Beate Wagner-Hasel*) 311
Vermitteln, Verkuppeln und soziales Spiel. Informelle Geschäftstätigkeit
von Frauen in hellenistischer Zeit (*Wolfgang Christian Schneider*) 335
Matrone, *vilica* und *ornatrix*. Frauenarbeit in Rom zwischen Topos
und Alltagswirklichkeit (*Rosmarie Günther*) 350

VI. Erotik und Sexualität 377

Hetären im klassischen Athen (*Elke Hartmann*) 377
Erotik in der Bildenden Kunst der Römischen Welt (*Angelika Dierichs*) . . 394
Das Ende der antiken Leiblichkeit. Begehren und Enthaltsamkeit bei
Ambrosius, Augustin und Maximian (*Wolfgang Christian Schneider*) 412
Hieronymus und Paula: Briefe an eine Asketin und Mutter (*Diemut Zittel*) 426

Bibliographie 439
Quellenverzeichnis 467
Autorinnen und Autoren des Bandes 477
Sach- und Namenregister 481
Stellenregister 487

Hinweise zur Benutzung des Buches

Den Bild- und Textquellen in den einzelnen Beiträge sind nur kurze Hinweise auf die entsprechende Textstelle oder das Bildmotiv beigefügt; die ausführlichen Referenzen zu den benutzten Übersetzungen und Texteditionen sowie die Abbildungsnachweise finden sich im ausführlichen Quellenverzeichnis im Anhang (S. 467) zusammengestellt.

In Text und Anmerkungen werden moderne Publikationen abgekürzt zitiert mit Namen der Autorinnen und Autoren, Kurztitel und Erscheinungsjahr der benutzten Ausgabe. Die vollständigen bibliographischen Angaben enthält die Bibliographie am Ende des Bandes.

Antike AutorInnen werden mit vollständigem Namen zitiert; die Abkürzungen der Werke folgt dem Abkürzungsverzeichnis des *Kleinen Pauly*, gegebenenfalls dem *Liddell-Scott*, respektive dem *Oxford Latin Dictionary*.

Die einzelnen Beiträgen schliessen mit Hinweisen auf »weitere Quellen« sowie auf »grundlegende« und »weiterführende« Literatur. Unter der »grundlegenden Literatur« sind im allgemeinen Publikationen aufgeführt, die zum spezifischen Thema des Beitrags und den präsentierten Quellen ergänzende oder vertiefende Informationen bieten; »weiterführende Literatur« stellt Publikationen zusammen, die über die Fragestellung des Beitrags und der Quellen hinaus einen Zugang zu benachbarten Themen eröffnen.

Einleitung

Neue Fragen an ein altes Thema: Frauen- und Geschlechtergeschichte in den Altertumswissenschaften

Beate Wagner-Hasel und Thomas Späth

»Ich sehe nicht ein, warum wir uns immer um die Männer oder gar um ihre Schlachten kümmern sollten; die Geschichte der Frauen ist meist viel interessanter.« Dieses Zitat aus der Feder Theodor Fontanes ziert den Umschlag einer jüngsten Studie über die Geschichte der europäischen Frauen aus der Perspektive einer Neuzeithistorikerin.[1] Wie bereits andere Historikerinnen vor ihr, die in den letzten zwanzig Jahren ein neues Kapitel der Frauenforschung aufschlugen,[2] erinnert Gisela Bock an jene Phase der Geschichtsforschung des 19. Jh., als Geschichte die Geschichte von Nationalstaaten und der von Männern bestrittenen Schlachten war und für Frauen keine Identifikationsangebote enthielt. Der Verweis dient der Selbstvergewisserung einer Tradition, die die Erforschung der Geschichte der Frauen als etwas Neues erscheinen lässt. Aber eben dies ist Frauengeschichte nur bedingt.

Wenn antike Historiographen ihre Schlachtenbeschreibungen verfassten, sparten sie das Schicksal von Frauen keineswegs immer aus. In seinem Plädoyer für eine ›pragmatische‹ Geschichtsschreibung kritisiert der Geschichtsschreiber Polybios im 2. Jh. v. Chr. seinen Kollegen Phylarchos: »In dem Bemühen [...], die Leser durch seine Erzählung zum Mitleid zu stimmen und tiefes Erbarmen in ihnen zu wecken, wartet er mit Umarmungen der Frauen, Ausraufen der Haare, Entblößen der Brüste auf, dazu mit Tränen und Wehklagen von Männern und Frauen, die zusammen mit ihren Kindern und den alten Eltern fortgeführt wurden. Und so verfährt er in seinem ganzen Geschichtswerk, immer und überall sucht er uns Greuel vor Augen zu stellen. Wir wollen das Unwürdige und Weibische solcher Effekthascherei auf sich beruhen lassen und nur fragen, ob dergleichen der Aufgabe eines Ge-

---

1 BOCK, Geschichte der europäischen Frauen 2000.
2 Vgl. etwa Gianna POMATA, die an den Anfang ihrer Untersuchung *Die Geschichte der Frauen zwischen Anthropologie und Biologie* von 1983 (eine Teilübersetzung von *La storia delle donne: una questione di confine* 1983, publiziert in: Feministische Studien 2/2) einen Ausspruch der Heldin des Romans *Northanger Abbey* von Jane Austen (1818) über ihre Lektüre von Geschichtswerken stellte: »Auf jeder Seite Streit zwischen Päpsten und Kaisern, Kriege und Seuchen. Die Männer sind im allgemeinen Gauner, und die Frauen – Frauen gibt es darin praktisch nie; eine grässliche Langeweile« (113).

schichtswerkes entspricht oder ihr dient.«³ Die ablehnende Haltung des Polybios gegenüber dem Vorgehen eines Phylarchos oder auch eines Duris von Samos⁴ kann nicht darüber hinwegtäuschen, dass antike Geschichtsschreibung sich keineswegs nur in nüchternen Schlachtenbeschreibungen zum Nutzen späterer Kriegsstrategen erschöpfte. In den *Historien* Herodots, die von den Perserkriegen handeln, finden wir nicht nur lange ethnographische Exkurse über die Lebensweise von Männern und Frauen, sondern auch Informationen über militärische Aktionen einer Pheretime, die in Kyrene die Herrschaft erlangte.⁵ Und die Chronisten der Kriegszüge Alexander des Großen nahmen in ihre Schilderungen stets auch die Begegnung Alexanders mit kriegerischen Frauen, den Amazonen, auf.⁶

Frauen waren aus dem historiographischen Gedächtnis der Alten nicht verbannt und gelehrte Frauen wie Christine de Pizan konnten in der frühen Neuzeit für die Gestaltung ihrer *Stadt der Frauen* auf einen reichen Fundus antiker Beispiele zurückgreifen.⁷ Aus Plutarchs Schrift *Von der Tugend der Frauen* aus dem 1./2. Jh. n. Chr. schöpften die Gründungsväter der amerikanischen Verfassung Beispiele für ›staatstragendes‹ Verhalten von Frauen, um die Bürgerinnen ihres Landes auf die neue Republik einzuschwören.⁸ In den Universalgeschichten des 18. Jh., die nicht nur von Schlachten und Kriegen, sondern von den Sitten und Gebräuchen, von Kleidung, Hausrat, Wirtschaft, Prunk und Benehmen handelten, waren Männer wie Frauen der Antike gleichermaßen präsent.⁹ Auch wenn sich die althistorische Zunft im 19. Jh. zunehmend einer auf Staat und Politik ausgerichteten Geschichtsbetrachtung verschrieb und vielen älteren Werken die Würde »historischer Wissenschaftlichkeit« absprach, so entfernte sie sich doch nicht völlig von der Tradition der Universalgeschichte.¹⁰ Selbst ein Altertumswissenschaftler wie Theodor Mommsen, der wesentlich zur ›Verwissenschaftlichung‹ der Geschichtsschreibung beitrug, mochte nicht immer auf effektvolle und farbige Darstellung der Vergan-

---

3 Polybios 2,56,7–9; Übers. nach Hans Drexler (Polybios, Geschichte. Gesamtausgabe in zwei Bänden. Zürich/Stuttgart 1963).
4 Polybios 2,56,10: »Der Historiker soll seine Leser nicht durch Schauergeschichten in Erschütterung versetzen, keine schönen Reden einlegen, die vielleicht so hätten gehalten werden können, nicht das Geschehen mit Nebenzügen und Begleitumständen schmücken, wie es die Tragödiendichter tun, einzig und allein das wirklich Getane und Gesagte berichten, auch wenn es nur schlichte Dinge sind« (In 2,56,11–12 begründet Polybios seine Ansicht über die gegensätzliche Zielsetzungen von Tragödie und Geschichtsschreibung). Zur Debatte um die sogenannte ›pragmatische‹ und ›tragische‹ Geschichtsschreibung vgl. zusammenfassend und mit Literaturhinweisen SPÄTH, Salluste 1998, 176 ff.
5 Herodot 4,162–167.
6 Vgl. etwa Pompeius Trogus bei Justinus 2,4,30; Quintus Curtius Rufus, *Von den Taten Alexanders des Großen* 6,19; Arrian, *Anabasis* 7,6.
7 DE PIZAN, Das Buch von der Stadt der Frauen 1990, 72 f.
8 RICHARD, The Founders and the Classics 1994, 53.
9 Vgl. STOLLBERG-RILINGER, Väter der Frauengeschichte? 1996, 39–71.
10 Zum Wechsel von der Universal- zur Nationalgeschichte NIPPEL, Griechen, Barbaren und ›Wilde‹. 1990, insb. 78; zum spannungsreichen Verhältnis zwischen breiten ›antiquarischen‹ und ›wissenschaftlich historischen‹ Interessen vgl. MOMIGLIANO, Ancient History and the Antiquarian 1950 (deutsche Übers. 1999).

genheit verzichten. In seinem Werk *Römische Geschichte*, für das er 1902 den Nobelpreis für Literatur erhielt, schildert er beispielsweise mit warmer Einfühlung das häusliche Regiment des gestrengen römischen Feldherrn Cato und dessen Kritik am weiblichen Luxusstreben.[11] Die Darstellung des Frauenlebens in Rom spielt in Mommsens Werk zwar nur eine untergeordnete Rolle, aber im 19. Jh. entstanden parallel zu den neuen Geschichten der griechischen oder römischen ›Nation‹ zahllose Einzelstudien zu Themen, die Frauen betreffen oder ihrer Stellung in antiken Gesellschaften ganz allgemein gewidmet waren: Steht Carl Gotthold Lenz' *Geschichte der Weiber im heroischen Zeitalter* von 1790 mit seiner stark auf kulturelle Praktiken ausgerichteten Betrachtung noch in der Tradition der Universalgeschichten des 18. Jh., so zeigen Schriften wie Ivo Bruns' *Frauenemanzipation im Altertum* von 1905 ein verändertes Gesicht der Geschichtswissenschaft. Die großen sozialen und politischen Fragen der Zeit, die Kämpfe um rechtliche und politische Gleichstellung von Frauen, haben sich gerade zu Beginn des 20. Jh. in neuen Fragestellungen und Themenorientierungen der Altertumswissenschaften niedergeschlagen und zur Entstehung von rechts- und sozialgeschichtlichen Studien geführt. Neben den fachwissenschaftlichen Untersuchungen zur Geschäftsfähigkeit der griechischen Frau von Alexander Balabanoff (Leipzig 1905) oder zur Politischen Wirksamkeit der griechischen Frau von Otto Braunstein (Leipzig 1911) gab es im 19. und frühen 20. Jh. eine Reihe von historischen Werken aus der Feder von Amateuren. Es waren dies oft Frauen, die ihre Bildung außerhalb der universitären Institutionen erhalten hatten. Aus Lily Brauns Darstellung der Rolle der Frauen im Altertum in *Die Frauenfrage. Ihre geschichtliche Entwicklung und ihre wirtschaftliche Seite* (Leipzig 1901, frz. 1908: *Le problème de la femme, son évolution historique, son aspect économique*), in der diese den Mythos vom Matriarchat angriff, hat noch Simone de Beauvoir in ihrer Darstellung *Le deuxième sexe/Das andere Geschlecht* (1949/1951) geschöpft; Bertha Eckstein-Dieners *Mütter und Amazonen* von 1927 bildete das erste Kultbuch der Frauenbewegung der 1970er Jahre, die sich ihrer eigenen Geschichte vergewissern wollte.[12]

Die Beschäftigung mit den Frauen in der Antike ist nicht neu; neu sind jeweils nur die Fragestellungen und die Methoden, mit denen an die antiken Befunde herangegangen wird. Neu ist gewiss auch das Ausmaß der Beschäftigung mit ihnen. Die Forschungen zu Frauen in der Antike sind mittlerweile so zahlreich geworden, dass es schwierig ist, einen Überblick über die Vielfalt der Neuerscheinungen zu gewinnen.[13] Galten die Publikationen der 1970er und frühen 80er Jahre noch pau-

---

11 Theodor MOMMSEN, Römische Geschichte: Drittes Buch: Von der Einigung Italiens bis auf die Unterwerfung Karthagos und der griechischen Staaten. München ⁵1993, Bd. 2, 396–401.
12 SCHMITT PANTEL/WAGNER-HASEL, La femme antique entre un »demi-esclavage« et une »fausse émancipation« (im Druck); WAGNER-HASEL, Rationalitätskritik 1992, 316 f. Weitere Beispiele bei SMITH, The Gender of History 1998; Rez. Rebekka HABERMAS. Historische Anthropologie 7/3, 1999, 491 f.
13 Vgl. den jüngsten Forschungsüberblick von SCHEER, Forschungen über die Frau in der Antike 2000.

schal den Frauen in der Antike,[14] so folgten in den späten 80er und in den 90er Jahren zahlreiche Aufsatzsammlungen und Spezialstudien, die Einzelaspekte aufgriffen. Ein Großteil der Forschungen gilt den Repräsentationsweisen des Weiblichen in der antiken Literatur, dem männlichen Blick,[15] aber auch den darin eingeschriebenen weiblichen Diskursen, der verdeckten Rede der Frauen.[16] Vor allem sind es die weiblichen Kultpraktiken und Mythen, die Mädchen- und Frauenkulte sowie die Totenrituale, um deren Erhellung ein großer Teil der Neuerscheinungen bemüht ist;[17] ebenso sind die Vorstellungen von Sexualität und vom weiblichen Körper Gegenstand aktueller Arbeiten.[18] Das heiß umkämpfte Feld der Norm- und Traditionsbildung, der Machtausübung und Herrschaft wird erst in allerjüngster Zeit vermehrt in die Betrachtung einbezogen.[19] Neu ist das Interesse an den Vorstellungen von Männlichkeit, zu denen in den letzten Jahren eine Reihe von Studien vorgelegt wurden.[20]

Auch dieses neue Interesse an ›Frauengeschichte‹ ist eng mit sozialen Bewegungen verbunden. War es um die Wende vom 19. zum 20. Jahrhundert die Frauenwahlrechtsbewegung, die neue Forschungen stimuliert hat, so bildete in den 1970er Jahren die neue Frauenbewegung mit ihrer Forderung nach Chancengleichheit und Beseitigung struktureller Benachteiligung von Frauen in westlichen Industriegesellschaften einen wesentlichen Motor der Erforschung der Geschichte der Frauen. In den USA hat sie zu einer institutionellen Verankerung der Frauen-

---

14 Dazu gehört Sarah Pomeroys Studie *Goddesses, Women, Whores and Wives* von 1974, die 1985 ins Deutsche übersetzt wurde, sowie die beiden Bände von Wolfgang Schuller zu *Frauen in der griechischen Geschichte* (1985) und *Frauen in der römischen Geschichte* (1987).
15 Vgl. SCHMITT PANTEL, Geschichte der Frauen, Bd. 1: Antike 1993; LORAUX, Les enfants d'Athèna 1990; ROLLINGER/ULF, Geschlechterrollen und Frauenbild 1999.
16 WINKLER, Der gefesselte Eros 1994; PAPADOPOULOU-BELMEHDI, Le chant de Pénélope 1994; ROUSSELLE, Observation féminine 1980; WAGNER-HASEL, Die Macht der Penelope 1997.
17 BLUNDELL/WILLIAMSON, The Sacred and the Feminine 1998; FOXHALL, Women's Ritual and Men's Work 1995, 97–110; LYONS, Gender and Immortality 1997; SOJC, Die (Un)sichtbaren 1999.
18 DEAN-JONES, Women's Bodies 1994; KING, Hippocrates' Woman 1998; MONTSERRAT, Changing Bodies, Changing Meanings 1998; PORTER, Constructions of the Classical Body 1999; WALDNER, Sexualität zwischen Reinheit und Befleckung 1998, 89–102.
19 Etwa BARTMAN, Livia 1998; CORBIER, Male power 1995; EISEN, Amtsträgerinnen im frühen Christentum 1996; GARLICK/DIXON/ALLEN, Stereotypes of Women in Power 1992; KUNST, Zur sozialen Funktion der Domus 1998; OSBORNE, Sculpted men 1998; SAVUNEN, Women and Elections 1995; SETÄLÄ/SAVUNEN, Female Networks 1999; SPÄTH, Entmachtung als Entmännlichung 1998; VAN BREMEN, Limits of Participation 1996; WOOD, Imperial Women 1999; WIEBER, Zwischen Polemik und Panegyrik 1998.
20 FOUCAULT, L'usage des plaisirs 1984; FOUCAULT, Le souci de soi 1984; FOXHALL, Foreign Power 1999; FOXHALL/SALMON, Thinking Men 1998; FOXHALL/SALMON, When Men were Man 1998; MEYER-ZWIFFELHOFFER, Im Zeichen des Phallus 1995; ROUSSELLE, Porneia 1983; SPÄTH, Männlichkeit und Weiblichkeit 1994; SPÄTH, Männerfreundschaften – politische Freundschaften 1997; STADTER, Male Sexual Behaviour 1995; STÄHLI, Verweigerung der Lüste 1999; VEYNE, La famille et l'amour 1978.

geschichte in Form von *Women's Studies* und zu einer Integration von akademisch ausgebildeten Frauen in die universitäre Lehre geführt, die bislang ohne Beispiel ist. Dieser Institutionalisierungsprozess der *Women's Studies* hat seinerseits den Bedarf an Überblicksstudien geweckt, die in Bachelor-Studiengängen als Lehrbuch einsetzbar sind.[21] Ebenso ist die Entwicklung des Untersuchungsansatzes der Geschlechtergeschichte seit den 1980er Jahren nicht nur auf theoretische Reflexion und die Debatten innerhalb der Frauenforschung zurückzuführen; sie erhielt auch einen starken Impuls, vor allem in der englischsprachigen Forschung, durch die Schwulen- und Lesbenbewegung und durch deren Infragestellung der vermeintlich biologisch determinierten Geschlechterrollen.[22]

Die enge Verknüpfung von sozialer Bewegung und Forschung hat auch ihre Tücken. Ihr ist eine Benachteiligungsrhetorik geschuldet, die sich unabhängig von der jeweils verfolgten Intention in vielen Darstellungen zum Frauenleben in der Antike findet. Indem als Messlatte individuelle Autonomie, Berufstätigkeit, Bewegungsfreiheit, sexuelle Selbstbestimmung, rechtliche Gleichstellung, also all jene modernen Errungenschaften, die in der Gegenwart von Frauen erkämpft werden mussten, an das Leben von Frauen in der Antike angelegt wurde, geriet Frauengeschichte allzu leicht zur Defizitgeschichte, zur Vorgeschichte der Emanzipation bzw. des noch nicht Erreichten an sexueller Freiheit und politischer Mitbestimmung. Strukturelle Unterschiede zwischen Antike und Moderne, auf die in der struktur- und sozialgeschichtlichen Forschung aufmerksam gemacht worden war, blieben vielfach ausgeblendet. Deutlich wird dies z. B. in der Zuordnung der Frauen zum privaten häuslichen Bereich, die ein zähes Erbe der Geschichtsbetrachtung des 19. Jh. ist und erst über den Umweg der sozial-anthropologischen Forschung in der althistorischen Frauenforschung erschüttert wurde.[23]

Diese ›Erblast‹ ruht auch auf dem dichotomischen Schema von Wildheit und Zivilisation, das in der Ethnologie des 19. Jh. entwickelt worden ist und über die strukturalistische Mythendeutung Eingang in die altertumswissenschaftliche Genderforschung fand. In der jüngsten Adaption dieses Gegensatzes sind Wildheit und Zivilisation, mit denen man einst kulturelle Entwicklungsstufen zu fassen suchte, im weiblichen Geschlechtscharakter vereint. Ein Beispiel für diese Sicht lieferte die Ausstellung »*Pandora. Frauen im klassischen Griechenland*«, die 1995 in Baltimore und

---

21 Aus diesem Interesse ist beispielsweise das von einer Gruppe von AutorInnen (Elaine Fantham, Helene Peet Foley, Natalie Boymel Kampen, Sarah B. Pomeroy, H. Alan Shapiro) verfasste Werk *Women in the Classical World: Image and Text* (1994) entstanden. Es bietet einen chronologischen Überblick über Frauenleben in der antiken Welt, in den Quellenmaterial, Texte und Bilder integriert sind.
22 Vgl. etwa DUBOIS, Sappho is Burning 1996; HALPERIN, One Hundred Years of Homosexuality 1990; HALPERIN/WINKLER/ZEITLIN, Before Sexuality 1990; KONSTAN/NUSSBAUM, Sexuality in Greek and Roman Society 1989; WINKLER, Der gefesselte Eros 1994. Die Debatte über eine Pluralität von Geschlechteridentitäten und um eine entsprechend radikale Absage an den Begriff einer Geschlechterdichotomie lösten vor allem die Werke von Judith BUTLER (Gender Trouble 1990; Bodies That Matter 1993) aus.
23 Zur jüngsten Debatte in den Altertumswissenschaften vgl. den Tagungsband *Public et Privé* in: Ktema 23, 1998; SCHEER, Forschungen über die Frau 2000, 167 f.

1996 im Basler Antikenmuseum zu sehen war. Das Ausstellungskonzept beinhaltete eine strikte Zweiteilung: Im Erdgeschoss waren im hellen Licht Exponate ausgestellt, die der »gezähmten« Frau gewidmet waren – Vasenbilder zeigten vielfach Szenen aus dem Hochzeitsritual: das Schmücken der Braut, den Hochzeitszug, den Empfang von Geschenken im Kreis der Freundinnen. Diesem Bild von der in der Ehe gezähmten Frau wurde das Bild der ungezähmten, wilden Frau gegenübergestellt, der kriegerischen Amazonen, der wilden Mänaden, die Tiere zerreißen und roh verzehren, der zauberkundigen Frauen wie Medea oder Kirke. Exponate, die derartige mythologische Figuren darstellen, waren im Untergeschoss ausgestellt und in ein geheimnisvolles Dunkel getaucht.[24] Nach dem Konzept der Ausstellungsmacherinnen – und in diesem Deutungsversuch liegt das einzig Neue an der traditionellen Gegenüberstellung »weiblicher Natur« und »männlicher Kultur« – drückten diese Figuren die Angst der griechischen Männer vor dem Wilden, dem Ungezähmten und der sexuellen Verführungsmacht der Frau aus. Das Konzept selbst fußt auf einer Tradition der Konzeptualisierung von Geschlechterrollen, wie sie etwa in Johann Jakob Bachofens Werk *Das Mutterrecht* zu finden ist, wo diese Gegensätze von sexueller Verführungsmacht und gezähmter Sexualität noch in ein historisches Nacheinander gestellt und als Abfolge gynaikokratischer Stufen vom Amazonen- und Hetärentum zum demetrischen Muttertum dargeboten sind.[25]

Diese unkritische Haltung gegenüber der Konstruktion einer a-historischen, universalen ›Weiblichkeit‹, auf deren Grundlage Frauen der Antike betrachtet werden, ist umso verwunderlicher, als die ›Entdeckung‹ der ›Geschichtlichkeit‹ der Frauen zu den wichtigsten Einsichten der jüngsten Frauengeschichte zählt. Sie ging einher mit einer konsequenten Historisierung der Kategorien Öffentlichkeit und Privatheit sowie Natur und Kultur und ist Teil eines Perspektivenwechsels von der Politik- zur Mentalitäten-, Alltags- und Kulturgeschichte. Ausgehend von dem durch französische Historiker seit den 30er Jahren des 20. Jh. aufgestellten Postulat einer »longue durée«, mit dem die »Mentalitäten« zu Objekten der historischen Forschung wurden, zielen die neuen Forschungen auf eine historische Anthropologie, in der auch das vermeintlich Beständige in seiner Wandelbarkeit untersucht

---

24 »Im viertem Abschnitt endlich geht es um die bis zur Katastrophe gesteigerten mythischen Ausformungen jener anhaltenden Angst, dass der Zähmungsprozess der Frauen scheitern könnte, dass die den Frauen angeborenen Impulse sich schließlich wieder durchsetzen würden. Bestimmte, den Frauen zugeschriebene Verhaltensweisen haben tiefeingewurzelte Ängste hervorgerufen, die bis in die Neuzeit weiterleben: unkontrollierte Raserei, die Frauen dazu antrieb, Männer zu morden (Orpheus und die Thrakerinnen, Mänaden); völlige Ablehnung einer männlich-zentrierten sozialen Struktur (Amazonen); die Fähigkeit, Männer ihrer Stärke und ihrer Männlichkeit zu berauben (Eros und Kephalos); und die unfassbare und unwiderstehliche Gewalt des Blickes (Gorgonen), der Stimme (Sirenen), sowie der Macht über giftige Substanzen (Medea und Kirke).« REEDER, Pandora 1995/1996, 18.
25 WAGNER-HASEL, Rationalitätskritik 1992; Hartmut ZINSER, Mythos des Mutterrechts 1981.

wird.²⁶ Für die Mediävistin und Renaissanceforscherin Gianna Pomata, die Anfang der 80er Jahre in ihrer Studie *Die Geschichte der Frauen zwischen Anthropologie und Biologie* für eine konsequent historische Sicht plädierte, ist es die begriffliche Zuordnung der Frauen zu den vermeintlich anthropologischen Konstanten menschlichen Daseins wie Geburt, Heirat, Tod, die ihnen eine marginale Rolle in der Geschichtswissenschaft zugewiesen hatte. Für sie ist diese Verortung ein Erbe des Gegensatzes zwischen Anthropologie und Geschichte, der mit der Entstehung der »wissenschaftlichen Geschichtsforschung« im 19. Jh. aufkam, und impliziert eine Mystifizierung eines vermeintlich Archaischen in einer sich rapide verändernden Umwelt.²⁷ Damit erklärt sie die Verortung der Frauen in der Nähe von Natur, während der Mann aufgrund seiner Verknüpfung mit den großen Neuerungen des Jahrhunderts wie Industrialisierung oder Nationalstaatsbildung dem Bereich der Kultur zugeordnet worden sei. Während die Debatten um die Universalien wie Kultur und Natur, Öffentlichkeit und Privatheit in den 70er und 80er Jahren vor allem in Anthropologie und Geschichtswissenschaft geführt wurden und die Kategorien eine ›Historisierung‹ erfuhren,²⁸ kommt in den Altertumswissenschaften die historiographische Einordnung und ›Dekonstruktion‹ dieser ›Universalien‹ immer noch zu kurz, auch wenn in den letzten Jahren das Interesse an der Historiographie deutlich größer geworden ist.²⁹

Gianna Pomata gehört mit ihrer kritischen Sicht auf die vermeintliche Naturhaftigkeit des Weiblichen zu den frühen Vertreterinnen einer Geschichtsbetrachtung, die nicht nur auf der Geschichtlichkeit der Erfahrung von Frauen insistierte, sondern sich auch auf die Seite derjenigen schlug, die bereits in den 70er Jahren ›Geschlechtsidentität‹ als Kategorie des historischen Forschens wie Klasse, Stand oder Schicht gefordert hatten. Diese Konzeptualisierung von Geschlecht als historische Kategorie gehört zu den innovativsten Ansätzen der letzen drei Jahrzehnte.

---

26 Damit löst sich der diffuse Begriff der »Mentalitäten« allmählich auf. Vgl. die radikale Kritik des Mentalitätenkonzepts aus der Sicht des Hellenisten Geoffrey E. R. LLOYD, Demystifying Mentalities 1990.
27 POMATA, Frauen zwischen Anthropologie und Biologie 1983, 117. Als Beispiel für diese Zuordnung der Frauen zu einem Bereich des »Nicht-Historischen innerhalb der historischen Welt« zitiert sie aus de Martinos Beschreibung ritueller Formen der mediterranen Totenklage *Morte e pianto rituale* aus dem Jahre 1958. In ihr fungierten die Frauen als Vehikel des Überdauerns des Archaischen, als unhistorische Wesen, »die ›nur die Irrationalität der Naturkräfte und die erdrückende Unterdrückung der gesellschaftlichen Kräfte erfahren haben«, und daher als einzig mögliche Reaktion nicht die bewusste, historische Handlung kennen, sondern nur die archaische Technik des Klageritus.
28 Zur anthropologischen Diskussion vgl. MACCORMACK/STRATHERN, Nature 1990; ROSALDO, Use and Abuse of Anthropology 1980; ROSALDO/LAMPHERE, Women, Culture 1974; zur Diskussion in den Geschichtswissenschaften vgl. u. a. MEDICK/TREPP, Geschlechtergeschichte und allgemeine Geschichte 1998; speziell zur Altertumswissenschaft: WAGNER-HASEL, Perspektive ›Geschlecht‹ 1988; WINKLER, Der gefesselte Eros 1994; WALDNER, Geburt und Hochzeit des Kriegers 2000.
29 Allgemein: BLOK, Sexual Asymmetry. A Historiographical Essay 1987; WAGNER-HASEL, Das Private wird politisch 1988; zu Griechenland: KATZ, Ideology and the Status of Women 1995.; zu Rom: SPÄTH, Frauenmacht 1994.

Sie reflektiert zum einen die kulturelle Determiniertheit von Geschlechterrollen und diente zunächst der Abgrenzung vom biologischen Geschlecht. Die historisch-gesellschaftlichen Erscheinungsformen von Weiblichkeit und Männlichkeit wurden in der englischsprachigen Forschung als ›gender‹ bezeichnet und vom vermeintlich a-historischen, biologisch bestimmten ›sex‹ abgegrenzt. In der Folge historisierte die Frauenforschung aber ebenso das biologische Geschlecht, indem die theoretischen Arbeiten postulierten, auch was eine bestimmte Gesellschaft einer bestimmten Epoche der ›Natur‹ zuordne und was sie darunter verstehe, sei kulturell determiniert.[30] Nach Auffassung der amerikanischen Historikerin Joan W. Scott, die die Debatte maßgeblich geprägt hat, »[ist] das so genannte biologische Geschlecht […] genauso eine historisch und kulturell variable Form von Wissen wie die Vorstellungen über Geschlechterrollen« und wird »die Unterscheidung zwischen Frauen und Männern in Begriffen der körperlichen Differenz überhaupt erst geschaffen«.[31] *Geschlecht* bezeichnet demnach nicht Fakten, sondern Bedeutungen:[32] Nach Scott kann der Begriff bestimmt werden als »die vielfältigen Bedeutungen, die sexueller Unterschiedlichkeit zugeordnet werden«[33]. Sie umschreibt diese Herausbildung von Geschlecht durch die Zuordnung von Unterschieden in vier Aspekten: Geschlecht besteht aus *kulturell verfügbaren Bildern*, die in Begriffen (wie ›Selbstbeherrschung‹ und ›Maßlosigkeit‹, ›Reinheit‹ und ›Beschmutzung‹) und in symbolisierten Figuren (wie ›Eva‹, ›Maria‹, ›Herakles‹, ›Salomon‹) Ausdruck finden. Die Bedeutungsvielfalt dieser Symbole wird durch *normative Konzepte* eingeschränkt, die verschiedenen Geschlechteridentitäten (beispielsweise dem aristokratischen Mann, der Sklavin, dem Freigelassenen, der jungen, unverheirateten Frau) zugeordnet werden. Die *sozialen Institutionen* und *Organisationsformen* sind das dritte Element der Geschlechterdefinition: in Verwandtschaftssystemen etwa, im Rahmen von bestimmten Erziehungsformen, ökonomischen und politischen Strukturen bilden sich die genannten Bilder und Konzepte heraus und werden tradiert. Schließlich definiert sich Geschlecht in der *sozialen Konstruktion subjektiver Identitäten*: die jeweilige »individuelle« Identität als Frau, als Mann (oder in weiteren Differenzierungen: als Gattin in einem aristokratischen Haus, als Sklavin etc.) ist Ergebnis von gesellschaftlichen Praktiken und wird durch diese gefestigt.

---

30 Zum Begriff und seiner Entwicklung vgl. EGGER, Gender 2000, Abschnitt A. Zum Nachweis von Biologie als gesellschaftlich bestimmter Kategorie vgl. BOCK, Geschlechtergeschichte 1988, 374 ff. Dass »›Natur‹ und ›*sex*‹ Konzepte mit Geschichte sind« (SCOTT, More Reflections 1999, 200), weist insbesondere BUTLER, Bodies 1993 nach. Aus diesem Grunde postulieren BOCK, International Debate 1989, NICHOLSON, Interpreting 1994 und HAWKESWORTH, Confounding Gender 1997 die Aufgabe der Begriffsunterscheidung von *gender* und *sex*.
31 SCOTT/ARNI, Politik der Geschichte 2000, 24.
32 Die folgenden Darlegungen fassen zusammen, was in SPÄTH, Entmachtung als Entmännlichung 1998, 8 ff., ausgeführt wird.
33 SCOTT, Gender 1988, 25 (hier wie im folgenden bei nicht-deutschsprachigen Zitaten: unsere Übersetzung).

Diese vier Elemente definieren nach Scott – in jeweils historisch-kulturell bestimmter Ausprägung und Kombination – Geschlecht und die geschlechterspezifische Struktur einer Gesellschaft. Vor dem Hintergrund dieser Prämisse konnte *Geschlecht* als ein »konstituierendes Element gesellschaftlicher Beziehungen«[34] und damit als historische Kategorie gefasst werden, die gemeinsam mit anderen Faktoren – wie Rechtsstatus, Klassen- oder Standeszugehörigkeit, ökonomischen Produktionsbedingungen – die primäre Grundstruktur der gesellschaftlichen Ordnung bestimmt. Das heißt: Geschlecht wurde zu einer Kategorie der allgemeinen historischen Forschung erhoben und nicht mehr auf ein Teilgebiet, das Leben der Frauen oder die Geschichte der Sexualität, bezogen.

Gegenüber der historischen Frauenforschung beinhaltete das Konzept der Geschlechtergeschichte eine Erweiterung insofern, als nun auch die geschlechterspezifische Bestimmung männlichen Handelns und die gesellschaftlichen Normen der Männlichkeit ins Blickfeld der Forschung gerieten. Damit wurde auch den Begriffen *Frau* und *Mann* eine a-historisch allgemeine Bedeutung abgesprochen und die Forderung aufgestellt, an jede Kultur und jede Epoche immer wieder neu die Frage zu stellen, was sie als Geschlechterunterschiede wahrnimmt und welche Bedeutungen sie diesen Unterschieden zuordnet, um auf dieser Grundlage Geschlechtsidentitäten zu definieren.[35] Hinzu kommt eine dritte Dimension, die Bedeutung von ›Geschlecht‹ als Strukturkategorie. Ivan Illich hat in seinem wenig rezipierten Buch Genus von 1983 das Konzept für eine Theorie der vormodernen Gesellschaften genutzt und Material für seine These zusammengetragen, dass in vormodernen Gesellschaften ›Geschlecht‹ eine weit größere Rolle zur sozialen Strukturierung der Gesellschaft gespielt habe als in der Moderne.[36] Die in der Alten Geschichte zunehmend angewendeten anthropologischen Konzepte von der Segregation der Sphären der Geschlechter basieren nicht zuletzt auf einer solchen Vorstellung der Gliederung sozialer Räume nach geschlechterspezifischen Kriterien.[37]

In den Altertumswissenschaften verband sich die Aufnahme geschlechterspezifischer Ansätze mit einem Methodenwechsel und einer Veränderung der Fragestellung. War die Erforschung von Frauenleben in den 70er Jahren primär von sozial-

---

34 Scott, Useful Category 1988, 42: »gender is a constitutive element of social relationships based on perceived differences between the sexes«. Zum Folgenden vgl. 43 ff.

35 Vgl. Pomata, Storia delle donne 1983 und ihr Postulat der Ersetzung monothetischer Begriffe (wie *die* Frau, *der* Grieche, *die* Römerin) durch polythetische, die von einer Bedeutungsvielfalt ausgehen. Gegen Forschungen nach einer vermeintlich »ursprünglichen Weiblichkeit« Wagner-Hasel, Rationalitätskritik 1992, Anm. 12, 339, mit Literaturhinweisen; vgl. auch die Angaben in Scheer, Forschungen 2000, 148 f.

36 Illich, Genus 1983. Aus historisch-anthropologischer Sicht ist in Illichs These der universale Geschlechter*dualismus* problematisch, den er für vorindustrielle Gesellschaften postuliert; sozialanthropologische Forschungen können demgegenüber unterschiedlichste Formen des Spiels mit Geschlechteridentitäten und damit gerade eine Vielfalt nachweisen, welche die vermeintlich fixe »Genus-Dualität« von Illich in Frage stellt. Vgl. etwa Breton, La mascarade des sexes 1989.

37 Vgl. u. a. Wagner-Hasel, Das Private wird politisch 1988; Foxhall, Gender 1989; Sourvinou-Inwood, Männlich und weiblich 1996.

geschichtlichen Methoden bestimmt und versuchte man, den literarischen Überlieferungen Informationen über das reale Leben der Frauen zu entnehmen, so wurde unter dem Einfluss der Geschlechter-Debatte eben dieses Vorgehen zum Problem. Im Unterschied dazu bevorzugen Studien über die gesellschaftliche Definition der Geschlechter und die Vorstellungen von Weiblichkeit und Männlichkeit diskursanalytische Verfahrensweisen, die sich auf die vor allem von Michel Foucault entwickelte Diskurstheorie stützen.[38] Diskurse betreffen nach Foucault keineswegs nur sprachliche Äußerungen, sondern umfassen die Bedingungen sozialer Praktiken. Im Rahmen dieser Diskurstheorie sind Geschlechterdiskurse als ein Ensemble von Regeln zu verstehen, die darüber bestimmen, auf welche Weise Geschlechterdifferenzen und -definitionen in einer gegebenen historischen Situation erkennbar, denkbar, sagbar und handlungsorientierend sind. Diese Regeln stehen nicht ein für allemal fest, sondern bilden sich in der gesellschaftlichen Praxis: jede Umsetzung stellt sie in Frage und verändert sie. Indem die diskursiven Regeln das Ereignis bestimmen und zugleich vom Ereignis bestimmt werden, zeichnet sich die Diskurstheorie, worauf sich auch Scotts Bestimmung von *Geschlecht* bezieht, als eine post-strukturalistische Theorie aus.[39]

Post-strukturalistische Theorien sind vor allem in den Literaturwissenschaften ausgebildet und zum Teil in den Altertumswissenschaften rezipiert worden. Die englische Althistorikerin Averil Cameron führt für die Affinität althistorischer Geschlechterforschung zu diesen Ansätzen zwei Gründe an: Bei den Texten, mit denen die Altertumswissenschaften arbeiten, gehe es um einen ›klassischen Kanon‹, dessen Nutzung durch eine weit zurückreichende philologische und althistorische Tradition gleichsam vorgegeben sei. Die post-strukturalistischen Ansätze bezeichnet sie als eine »subversive Form moderner Literaturtheorie«, womit sich die von dieser Tradition auferlegte ›Ehrfurcht‹ durchbrechen und der klassische Kanon ›gegen den Strich‹ lesen lasse. Andererseits sieht Cameron die Anwendung poststrukturalistischer Methoden in der Quellenlage begründet: die Frauen- und Geschlechterforschung im Bereich der Antike könne sich nicht auf die traditionelle positivistische Herangehensweise beschränken; Frauen und Geschlechterdefinition seien nicht Themen der griechisch-römischen Literatur, die zudem nahezu ausschließlich durch Männer geschrieben und durch Männer überliefert sei; mit einer rein empirischen Lektüre antiker Texte ließen sich auf geschlechterspezifische Fragen keine Antworten finden.[40] Im Gegensatz dazu geht eine diskursanalytische

---

38 FOUCAULT, Archéologie 1969, 55–93. Dazu: SPÄTH, Geschlechter 1994, 285–289.
39 Vergleichbar damit ist der Begriff der *kulturellen Schemata*, wie ihn SAHLINS, Islands 1985 festlegt: jede Umsetzung von Elementen dieses kulturellen Schemas in soziale Praktiken verändere das Schema und dessen Konzepte (vgl. zu diesem Aspekt den Kommentar von LENCLUD, Sahlins 1991). Post-strukturalistische Theorien gehen von strukturalistischer Grundlage aus, überwinden aber die schematische Dichotomie des klassischen Strukturalismus (Struktur versus Praxis nach dem Modell der Unterscheidung von *langue* und *parole* durch Saussure), indem sie die notwendig wechselseitige Beziehung von Struktur und Praktiken thematisieren.
40 CAMERON, Women in Ancient Culture 1989, 10.

Lektüre davon aus, dass jeder Schreibende die Sprache und die Konzepte seiner historisch-kulturellen Situation verwendet: Wenn ein Homer oder Aristophanes, ein Cicero oder Tacitus von Männern und Frauen schrieben, so beschrieben sie nicht deren Weiblichkeit und Männlichkeit, aber sie stellten sie dar mit den Vorstellungen von Männlichkeit und Weiblichkeit, die ihnen zur Verfügung standen.[41] Aufgrund dieser theoretischen Prämisse postuliert eine solche Lektüre, jeder Text lasse sich auf seine unterschiedlichen Bedeutungsebenen[42] hin untersuchen unter der Voraussetzung, dass seine erste, poetisch-erzählerische Ebene analysiert werde im Sinne einer Auflösung seines Erzählstrangs, um die oben skizzierten Elemente einer Geschlechterdefinition, die Begriffe und Bilder, die normativen Konzepte, institutionellen Formen und Geschlechteridentitäten zu isolieren. Eine solche ›Zerstörung‹ oder ›Destruktion‹ der vordergründigen Bedeutungsebene des Textes ist Grundlage, um seine geschlechterspezifische Bedeutungsebene zu ›konstruieren‹. In diesem sehr einfachen Sinn kann diese Lektüremethode als ›Dekonstruktion‹ verstanden werden.

Was eine diskursanalytische oder in diesem Sinn ›dekonstruktivistische‹ Lektüremethode aus den Texten der griechisch-römischen Antike gewinnen kann, ist der Geschlechterdiskurs in seinem jeweiligen historischen Kontext. Die ›gelebte Wirklichkeit‹ einzelner Männer und Frauen bleibt diesen Lektüremethoden verschlossen; die Untersuchung des Geschlechterdiskurses ermittelt den historischen Rahmen, worin Männer und Frauen dachten, redeten und handelten, sie erfasst die Bedingungen gesellschaftlicher Praktiken, nicht aber diese Praktiken in ihrer historischen Ereignishaftigkeit.[43]

Genau hier setzt die Kritik an von Forscherinnen, die als Aufgabe der Frauengeschichte die Rekonstruktion der Realität vergangenen Frauenlebens postulieren. Die heute keineswegs abgeschlossene Debatte dreht sich allerdings nicht nur um den Nutzen bestimmter Lektüremethoden, sondern stellt die Konzepte von Frauengeschichte der Geschlechtergeschichte gegenüber. Exemplarisch kann eine Auseinandersetzung diese Problematik umreißen, die vor einigen Jahren die amerikanische Geschlechterforschung bewegte: Im Jahre 1985 schlug der *Women's Classical Caucus* (WCC) das Thema »Reappropriating Male Texts: The Case of Ovid« (»Männliche Texte zurückgewinnen: der Fall Ovid«) für seinen Workshop an der Jahresversammlung der ehrwürdigen *American Philological Association* vor.[44] Die Al-

---

41 Ausführlicher dazu Späth, Texte 1994, 11–33.
42 Zur Unterscheidung der Bedeutungsebenen der Texte vgl. Kristeva, Σημειωτικη 1969, 11, 52, 85, 120, 218.
43 Geschlechterdiskurs kann deshalb nicht auf »Geistesgeschichte« reduziert werden, und aus einer geschlechtertheoretischen Sicht »entstammen« literarische Quellen aus diesem Grunde nicht nur, wie Patzek, Quellen 2000, 10, schreibt, »dem Denken«, sondern genauso den Bedingungen der »Alltagspraxis«.
44 Das Organisationskommitee der APA (»five senior classicists who are appointed by the Directors of the association from within their own ranks«) lehnte den Workshop ohne weitere Begründung als »simply not acceptable« ab. Die Organisatorinnen des Workshops unter Leitung von Mary-Kay Gamel führten ihn gleichwohl durch – mit dem großen

thistorikerin Phyllis Culham reagierte darauf mit einem polemischen Beitrag: Das zentrale Anliegen moderner feministischer Wissenschaft sei die Entdeckung der »gelebten Wirklichkeit von Frauen«. Eine Gruppierung mit feministischer Ausrichtung wie der WCC dürfe es nicht zulassen, mit der Ausrichtung auf literarische Texte die materielle Kultur und damit die übergroße Mehrheit der arbeitenden Frauen auszugrenzen. Das feministische dekonstruktivistische Interesse an »von Männern verfassten Texten« verstärke nur die schöngeistig-klassizistische Überschätzung des »ahistorisch bleibenden« Wertes der kanonischen literarischen Texte. Culhams Folgerung: Feministische Wissenschaftlerinnen könnten sich nicht erlauben, in einer Zeit politischer Reaktion – die USA hatten zu jener Zeit Ronald Reagan als Präsidenten – ihre beschränkten Ressourcen auf eine Erörterung von Stellung und Wert männlicher Autoren des klassischen Kanons zu verschwenden.[45] Mary-Kay Gamel weist in ihrer Antwort darauf hin, Culham weise keinen Weg, wie von materiellen Überresten auf die »gelebte Realität« von Frauen geschlossen werden könne: »jede Form von Dokumenten, ob literarisch oder nicht-literarisch, sind Texte und verlangen als solche komplexe Techniken der Lektüre«. Das Forschungsergebnis »gelebte Wirklichkeit« könne deshalb nur eine durch Texte konstruierte Wirklichkeit sein.[46]

Doch mit ihren Forderungen steht die amerikanische Historikerin Culham keineswegs allein: Eine der Pionierinnen antiker Frauengeschichte, Sarah B. Pomeroy, meinte vor einiger Zeit eine historisch-anthropologische Untersuchung wie jene von Giulia Sissa zum Begriff der *Jungfräulichkeit* im klassischen Griechenland[47] mit einem Argument aburteilen zu können, das sie bezüglich einer Vielzahl von Studien zur antiken Frauengeschichte verallgemeinerte: »Manche Möchtegern-FrauenhistorikerInnen, die Frauenleben aufgrund der Untersuchung von Männerideen über Frauen erforschen wollten, sind eher in literarischer als in historischer Methodologie ausgebildet. Sie nennen sich ›SozialhistorikerInnen‹ in der Meinung, Sozialgeschichte sei eine weniger rigorose Disziplin als politische oder Wirtschaftsgeschichte.«[48] Und Mary Lefkowitz warnte vor dem exklusiven Gebrauch literarischer Dokumente, speziell von Tragödien und Gerichtsrhetorik, zur Rekonstruktion eines Bildes der Alten Welt.[49] Sie wirft feministischer Theorie vor, zwar »Frauen ansprechende, aber absurde und in die Irre führende Interpretationen be-

---

Erfolg zahlreicher Beteiligung und engagierter Diskussionen. Auf diesen *institutionellen* Konflikt und seine Konsequenzen soll hier nicht weiter eingegangen werden, vgl. GAMEL, Reading Reality 1990.
45 CULHAM, Decentering 1990, 161 f.
46 GAMEL, Reading Reality 1990, 171. Zur Debatte vgl. neben diesem Beitrag auch in der gleichen Nummer der Zeitschrift *Helios* CAHOON, Poetry, Criticism, Feminism 1990; FRENCH, What Is Central 1990; HALLETT, Contextualizing 1990; KEULS, Feminist View 1990; MANUS, Athenian Bride 1990; RICHLIN, Palladion 1990.
47 SISSA, Corps virginal 1987.
48 POMEROY, Study of Women 1991, 265 f.
49 LEFKOWITZ, Myth 1986, 28; vgl. dazu die differenzierte Kritik in der Rezension von Jane Cahill, in: *Phoenix* 43, 1989, 165–169, speziell 166.

kannter Texte hervorgebracht« zu haben, während »wichtige neue Erkenntnisse über die Stellung der Frauen der Antike hervorgebracht wurden mit traditionellen Mitteln der Forschung, und sehr oft durch Männer« – und dieser Vorwurf richtet sich spezifisch gegen postmoderne Literaturtheorien, welche die klassischen Texte ›gegen den Strich‹ lesen.[50]

In weniger polemischem Ton, aber nicht minder deutlich in der Sache wirft Claude Mossé dem ersten Band der *Geschichte der Frauen* vor: »wenn man zu viel vom Weiblichen redet, läuft man Gefahr, die Frauen in ihrer konkreten Realität aus den Augen zu verlieren und die Tatsache zu übersehen, dass unter ihnen, genauso wie unter den Männern, Unterschiede des Status, des Vermögens, der Tätigkeiten bestanden, welche nicht völlig durch ihre gemeinsame Lebensbedingung, Frau zu sein, verwischt wurden.«[51] Und Gianna Pomata hält in ihrer Kritik an den Beiträgen zum Mittelalter und zur Neuzeit der *Geschichte der Frauen* fest, Geschlechtergeschichte sei nützlich als eine Geschichte der gesellschaftlichen Konstruktion der Kategorien des Männlichen und des Weiblichen, sie dürfe aber »nicht verwechselt werden mit der Frauengeschichte, und keinesfalls die Notwendigkeit einer Sozialgeschichte der Frauen überschatten.«[52]

Die Auseinandersetzungen um Frauen- und Geschlechtergeschichte greifen grundlegende geschichtstheoretische Fragen auf: Lin Foxhall warnte in ihrer Kritik an der Diskurstheorie Foucaults davor, die literarischen Produkte eines männlichen Selbst allzu wörtlich und den Ausschnitt, den sie von der antiken Welt liefern, für das Ganze zu nehmen.[53] Foxhalls Anliegen ist es, die nicht-hegemonialen Diskurse einzubeziehen und sowohl die Bedeutung von Handlungen als auch von Vorstellungen in ihrer Widersprüchlichkeit zu analysieren. So stellten Verwandtschaftsideologien in der griechischen Antike zwar das männliche Ego in den Mittelpunkt; nichtsdestoweniger sei aber erkennbar, dass die Frauen für das Funktionieren von verwandtschaftlichen Beziehungen über ihre Zugehörigkeit zu zwei verschiedenen Haushalten von maßgeblicher Bedeutung seien.[54] In ähnlicher Weise fordert die Klassische Philologin Katharina Waldner, die symbolische Ordnung in einen Dialog zu bringen mit dem Wissen über Institutionen wie Heiratsregeln und Arbeitsteilung, über religiöse Bräuche und deren Funktion bei der Organisation des Zusammenlebens der Geschlechter.[55] Neuzeithistorikerinnen wie Kathleen Canning, Mitherausgeberin der Zeitschrift *Gender & History*, und Rebekka Habermas machen darauf aufmerksam, dass man mit diskurstheoretischen

---

50 LEFKOWITZ, Feminism 1983, zitiert in RICHLIN, Palladion 1990, 178 und 183, als Beispiel für »women in classics [who] have simply accepted the male identification natural to such an old-boy field«.
51 MOSSÉ, L'antiquité: Lecture critique 1993, 21.
52 POMATA, Histoire des femmes, histoire du genre 1993, 29f.
53 FOXHALL, Pandora unbound 1994; sie bezeichnet ihr eigenes Vorgehen als Ethnographie, »that is, a consideration of the synchronic, simultaneous, changing contexts in which conflicting (often incompatible) discourses operate« (134).
54 FOXHALL, Pandora unbound 1994, 135 u. 140.
55 WALDNER, Gender Studies in den klassischen Altertumswissenschaften 1999.

Genderkonzepten zwar historischen Wandel beschreiben, ihn aber nicht erklären könne.[56] Sie sehen in der Beschränkung auf Dekonstruktion und im Verzicht auf Deutung und auf die ›große Erzählung‹ eines der entscheidenden Defizite der gegenwärtigen Frauen- und Geschlechtergeschichte. Canning forderte unlängst auf einer Tagung[57] eine Rückkehr zu alten Kategorien wie Klasse oder Bürger und damit zur Gesellschaftsgeschichte, die aber »engendered«, unter geschlechterspezifischer Perspektive, zu fassen sei.

Was sich in diesen Auseinandersetzungen und Divergenzen zeigt, sind die unterschiedlichen Möglichkeiten, Fragen über Frauenleben und Geschlechterdefinitionen in der Antike zu stellen. Im vorliegenden Band ist keine der hier angesprochenen Ausrichtungen exklusiv vertreten. Er präsentiert vielmehr ein breites Spektrum von Fragestellungen und methodischen Zugriffen. Diskurstheoretische Ansätze stehen neben ereignisgeschichtlich ausgerichteten Beiträgen, sozialgeschichtliche Strukturanalysen neben literaturgeschichtlich-philologischen Untersuchungen einzelner Werke. Der Band ist als Arbeitsbuch konzipiert und enthält sowohl literarische als auch Bildquellen. Die einzelnen Beiträge greifen eine Problematik auf und verstehen sich als Einführung – und laden zugleich ein zu einer eingehenderen Auseinandersetzung mit den Bild- und Textquellen, wozu auch die Literaturangaben jedes Beitrags eine Hilfestellung sind. Gemeinsam ist den Beiträgen ein quellenkritischer Zugriff, über den die Interessegerichtetheit und der zeitlicher Kontext der Überlieferungen deutlich wird, auf denen unser Wissen über Frauenwelten in der Antike und die Ordnung der Geschlechter beruht. Die Darstellung ist systematisch und folgt einer chronologischen Ordnung nur insofern, als in jedem Kapitel versucht wird, den Bogen von der mesopotamischen und griechischen Frühzeit zur römischen Kaiserzeit und zum Christentum zu schlagen, wobei Auslassungen nicht ausblieben. Anliegen war es, sowohl Unterschiede in der historischen Entwicklung als auch im Vergleich zwischen vorderorientalischen, griechischen, römischen und spätantik-christlichen Kulturen deutlich werden zu lassen. Der Band zielt darauf ab, eine – wenn auch nicht homogene – Sicht von antiken Gesellschaften aus geschlechterspezifischen Perspektiven zu vermitteln.

Der Band gliedert sich in die Kapitel (I) Heirat und Zugehörigkeit, (II) Weibliche Kultpraxis, (III) Wissen und Tradition, (IV) Macht und Politik, (V) Arbeitswelt und weibliche Geselligkeit, (VI) Erotik und Sexualität. Es handelt sich um eine offene Struktur, die vom Bindungsverhältnis von Frau und Mann und vom Hauswesen ausgeht. Dieses Thema greift das erste Kapitel auf. Brigitte Groneberg stellt frühe Gesetzestexte aus Mesopotamien vor, die Aspekte des Güteraustauschs zwischen den Geschlechtern bei Heirat und Scheidung regeln. Das Verhältnis zwischen dem Bindungsverhältnis der Politen, der Polis, und dem Bindungsverhältnis

---

56 Vgl. CANNING, History after the Linguistic turn 1994, wo sie sich mit den Postulaten von Joan Scott auseinandersetzt.
57 »Neue Horizonte? Stand und Perspektiven der Geschlechtergeschichte«, Tagung an der Universität Basel vom 17. Juni 2000, organisiert von Susanna Burghartz und Claudia Opitz.

des Paares, der Ehe, steht im Mittelpunkt des Beitrages von Elke Hartmann über die Heirat in Griechenland. Christiane Kunst untersucht die Heiratsmotive und die Bedeutung von Heirat und Scheidungen in der römischen Aristokratie. Die drei Beiträge ordnen die Bindungsverhältnisse in ihren jeweiligen gesellschaftlichen Kontext ein und zeigen die Vielfalt der historischen Realitäten, die allzu vereinfachend unter den Begriff der »Ehe« eingeordnet werden.

Die Reproduktion der gesellschaftlichen Strukturen in den rituellen Praktiken und im Kult ist das Thema des zweiten Kapitels. Die Beiträge konzentrieren sich auf kollektive Kulthandlungen von Frauen verschiedener Altersstufen, auf die rituellen Handlungen von Mädchen im Rahmen von Poliskulten, auf die Kultpraktiken der erwachsenen Frauen im Rahmen des Totenkults, auf die kultischen Verrichtungen der unverheirateten Vestalinnen in Rom und auf die Riten der Matronen bei den römischen Frauenfesten. Auch wenn die Fokussierung auf weibliche Rituale erfolgt, werden diese immer auch auf ihre Bedeutungen für die Ordnung der Geschlechter und für die gesamte Gesellschaft hin untersucht. Katharina Waldner behandelt die Rituale der ›Bärinnen‹ im Artemisheiligtum von Brauron, die sie als Teil der Polisreligion fasst, und thematisiert u. a. deren Bedeutung für die räumliche Integration der Polis. Auf die zentrale Bedeutung der weiblichen Totenklage für den Nachruhm der Toten geht der Beitrag von Beate Wagner-Hasel ein; den gleichen Handlungsbereich greift Francesca Prescendi für die römische Kultur in ihrer Untersuchung der geschlechterspezifisch unterschiedlichen Praktiken im Totenritual auf. Hildegard Cancik-Lindemaier stellt die Frage nach der Einzigartigkeit der römischen Vesta-Priesterinnen und nach ihrer Bedeutung für den Staatskult. Um eheliche und verwandtschaftliche Bindung geht es in den von Francesca Prescendi untersuchten Festen *Matronalia* und *Matralia*, die die römischen verheirateten Frauen unter sich feierten.

Das dritte Kapitel vertieft die Frage nach der Rolle der Frauen bei der Tradierung von Wissen über das Funktionieren von Gesellschaft und öffnet sie zugleich in Richtung eines breiter verstandenen Bildungsbegriffs. Christine Schnurr-Redford führt am Beispiel der delphischen Pythia vor, wie die ›Dienerinnen des Apollon‹ Kompetenzen erwarben und ganz selbstverständlich aufgrund ihres Wissens im Mittelpunkt der Orakelbefragung standen. Zu den Elegien der römischen Dichterin Sulpicia legt Christine Rohweder eine Untersuchung der Bedingungen weiblichen Schreibens und von dessen Rezeption in der Klassischen Philologie vor. Sie vergleicht Sulpicias Texte auch mit den Gattungsregeln, die uns aufgrund der männlichen Dichter von Liebeselegien erschließbar sind. Die Überlieferungsbedingungen der Texte von Philosophinnen und ihre philosophischen Fragestellungen diskutiert Henriette Harich-Schwarzbauer ausgehend von den Pythagoreerinnen in hellenistischer Zeit und bis zu Hypatia, die in der zweiten Hälfte des 4. Jh. in Alexandria lebte und lehrte. In die Welt der frühchristlichen Gemeinden Nordafrikas führt der Beitrag von Peter Habermehl, der das einzigartige Dokument des Tagebuchs und der Visionen von Perpetua vorstellt, die zu Beginn des 3. Jh. im Amphitheater Karthagos starb. Ruth Harder beschreibt die Situation von Anna Komnene, Tochter des byzantinischen Kaisers, die in der ersten Hälfte des 12. Jh. ein Geschichtswerk schrieb und zugleich als Mäzenin einen Kreis von Gebildeten um sich sammelte. Das breite chronologische Spektrum der Beiträge weist auf eine konstante Teilhabe von Frauen an der Konstruktion von Wissen und Bildung hin. Und gleichzeitig zeigen sie auch die vielfältigen Differenzen der Bedingungen, vom kultischen Kontext der Pythia bis zum ›literarischen Zirkel‹ um Anna Komnene, unter denen Frauen als Subjekte der Wissensproduktion agierten.

Die Untersuchung der Bedeutung von Frauen als Trägerinnen von Wissen und Vermittlerinnen von Tradition führt zur Frage des vierten Kapitels nach dem Platz von Frauen in den Strukturen der gesellschaftlichen Macht. Beate Wagner-Hasel argumentiert, dass antike Vorstellungen vom Machtverhältnis zwischen den Geschlechtern nicht mit dem modernen Patriarchatsbegriff erfasst werden können, und vielmehr eine geschlechterspezifische Macht in getrennten und komplementären Räumen in den philosophischen und literarischen Texten des griechischen Altertums zu lesen ist. Der Beitrag von Francesca Prescendi zeigt, wie die aitiologische Geschichte, in deren Mittelpunkt Lucretia steht, als Teil des sozialen Gedächtnisses in der römischen Gesellschaft der politischen Selbstvergewisserung dient. In der zentralen Rolle, die Cicero Clodia, der Schwester des Clodius, in seiner Auseinandersetzung mit diesem politischen Gegner zukommen lässt, zeichnet Rosmarie Günther nach, wie in Rom mit der Verunglimpfung von Frauen Politik betrieben wird – was umgekehrt auf ihre wichtige Funktion in den politischen Strategien der Senatsaristokratie schließen lässt. Die Entstehung des römischen Prinzipats verstärkt diese Bedeutung: Angelika Dierichs präsentiert die Bildnisse der Livia, der Gattin des Augustus, aus archäologisch-kunsthistorischer Sicht und ordnet diese öffentliche Präsenz der Livia in ihren Porträts in den politischen Zusammenhang der neuen Herrschaftsform ein. In diskursanalytischer Perspektive untersucht Thomas Späth die Darstellung der Agrippina, Gattin des Claudius und Mutter des Nero, durch den Geschichtsschreiber Tacitus und weist nach, dass die historiographische Darstellung kaum eine Rekonstruktion der realen Person der Agrippina, sehr wohl aber Rückschlüsse auf die Handlungsbereiche von Frauen in den aristokratischen Häusern des römischen Prinzipats zulässt. Den Abschluss dieses Kapitels bildet ein Blick hinaus auf die Peripherie der römischen Welt, auf die Palmyrenische Herrscherin Zenobia, die sich auf Münzen des Jahres 270/71 n. Chr. Zenobia Augusta nannte: Anja Wieber macht mit philologischer Quellenkritik die besondere Sichtweise antiker Geschichtsschreibung auf eine weibliche Herrscherinnenfigur deutlich. Mit den sechs Beiträgen zur Frage von Macht und Politik in frauen- und geschlechtergeschichtlicher Perspektive wird in diesem Kapitel die Vielfalt der methodischen Ansätze und der Forschungsmaterialien wohl am besten greifbar; die Diversität der Methoden führt zur Auflösung einer vermeintlich einheitlichen Definition von Macht und Politik und erlaubt eine differenzierte Betrachtung der unterschiedlichen Aspekte dieser Begriffe: Macht wird in den antiken Gesellschaften, wo politische Beziehungen persönliche Beziehungen sind, fassbar nicht nur in den politischen Strukturen, sondern in den vielfältigen Beziehungen außerhalb, innerhalb und zwischen den Häusern.

Auf die ökonomische Organisation des Haushalts und die Arbeitswelt von Frauen innerhalb und außerhalb des Hauses geht das fünfte Kapitel ein. Beate Wagner-Hasel geht den Mythen der geschlechtsspezifischen Arbeitsteilung nach und thematisiert die kommunikativen Aspekte weiblicher Arbeit, die Bedeutung von Geweben als textile Medien sowie die weibliche Arbeitsgeselligkeit. Dieser gesellige Aspekt wird auch im Beitrag von Wolfgang Christian Schneider aufgegriffen, der anhand der Schriften des Herondas das Geschäftsgebaren von Frauen in hellenistischer Zeit analysiert. Grundlage für die Ermittlung der Arbeitswelt römischer Frauen bilden vor allem inschriftliche Quellen, deren Auswertung Rosmarie Günther in ihrem Beitrag in den Mittelpunkt stellt. In ihrer Untersuchung kommen vor allem hierarchische Aspekte zur Sprache, die Unterschiede zwischen den Tätigkeitsfeldern römischer Matronen und ihrer Sklavinnen und Freigelassenen, und wird die komplexe Organisationsstruktur eines ranghohen römischen Hauswesens sichtbar. Mehr als in anderen Kapiteln geht es bei der Untersuchung der Arbeitswelt darum, antike Texte (literarische oder philosophische Schriften bzw. Grabinschriften) für die Ermittlung von Sachverhalten auszuwerten, über die zu informieren die Autoren oder Auftraggeber nicht intendiert hatten.

Um Fragen des Verhältnisses von Wirklichkeit, Darstellung und Rezeption geht es auch im letzten Kapitel des Bandes. Erotik und Sexualität werden in einem ersten Beitrag am Beispiel der Hetären thematisiert, die Simone de Beauvoir und anderen sozialistischen Autoren als Prototyp der gebildeten intellektuellen Frau galten, in den jüngeren Arbeiten hingegen als Muster der unterdrückten Frau dargestellt werden. Elke Hartmann zeigt, dass von *der* Hetäre nicht gesprochen werden kann; sie unterscheidet die gebildete Gefährtin von der Musikerin oder Tänzerin und von der Bordellprostituierten, zwischen denen die Grenzen fliessend sein können, die aber in unterschiedliche gesellschaftliche Kontexte gehören. Angelika Dierichs präsentiert erotische Darstellungen der römischen Kultur und macht darauf aufmerksam, wie wichtig der jeweilige Kontext der Darstellung für seine Interpretation ist. Während von bildlichen Darstellungen mit Sicherheit nicht direkt auf die sexuellen Praktiken geschlossen werden kann, weist die Häufigkeit erotischer Bilder sicher auf eine selbstverständliche Präsenz erotisch konnotierter Körperlichkeit hin, deren Infragestellung durch die Kirchenväter der Beitrag von Wolfgang Christian Schneider aufgreift. Konfliktfrei allerdings spielte sich die Propagierung eines neuen Askese-Ideals nicht ab: Diemut Zittel weist nach, wie sich die christliche Askese in Widerspruch zur traditionellen Definition von Weiblichkeit im Rahmen der Familie stellt.

Damit schließt die Thematik des sechsten Kapitels in gewissem Sinn den Kreis zu den Fragestellungen der Heirat und Zugehörigkeit. Das allerdings bedeutet nicht, dass der vorliegende Band antike Frauen- und Geschlechtergeschichte umfassend behandeln wollte – manche wichtige Fragestellungen bleiben ausgespart. Die in der aktuellen Forschung wichtigen Arbeiten zur Konzeptualisierung des Körpers[58] oder zur weiblichen und männlichen Homoerotik[59] konnten nicht auf-

---

58 Vgl. oben, Anm. 18.

gegriffen werden; nicht thematisiert wird das Christentum in seiner institutionellen Dimension, etwa die Rolle von Frauen in der Ämterhierarchie.[60] Auch die neuen Forschungen zur Konstruktion von Männlichkeit und Weiblichkeit kommen nur in Ansätzen zur Sprache.[61] Doch es wäre auch das exakte Gegenteil der Absicht des vorliegenden Bandes, eine abschließende Sicht auf die Frauen- und Geschlechtergeschichte der Antike vorzulegen. Er will vielmehr einladen zum Weiterdenken und zur Entdeckung der Alten Geschichte mit neuen Fragen.

---

59 Für die europäische Forschung ein wichtiger Ausgangspunkt war FOUCAULTs *Histoire de la sexualité* (vgl. vor allem die beiden 1984 erschienenen Bände zur Antike); Hinweise auf neuere Arbeiten finden sich oben in Anm. 22. Vgl. auch den Forschungsbericht WALDNER, Sexualität zwischen Reinheit und Befleckung 1998.
60 EISEN, Amtsträgerinnen im frühen Christentum 1996.
61 Vgl. oben, Anm. 20.

I. Heirat und Zugehörigkeit

Haus und Schleier in Mesopotamien
Brigitte Groneberg

Die Geschichte des »Zweistromlandes«, d. h. Mesopotamiens[1] ist geprägt von einem Neben- und Miteinander ganz verschiedener ethnischer und sozialökonomischer Kulturen. Das Bild wird einerseits bestimmt durch die Bewohner des iraqischen Alluviallandes und des syrischen Regenfeldbaugebietes in dicht besiedelten und meist auch befestigten Städten: Bei ihnen zeigen sich ausgeprägte kultische und administrative Zentralgewalten, mit denen der Kult, die Landwirtschaft, die produktverarbeitende Manufaktur, das Handwerk und der Handel geregelt wurden. Ihre Nachbarn hingegen, Nomadenstämme aus den angrenzenden Wüstensteppen und den östlichen (heute iranischen) Bergländern, widmeten sich vornehmlich der Wanderweidewirtschaft. Zwischen beiden Lebensformen bestand durch einen ständigen und nicht immer friedlichen Austausch ein auch ideologisch ganz enger Zusammenhalt. Das trug wohl dazu bei, dass sich die familiären Beziehungen und Verwandtschaftsverhältnisse mesopotamischer Stadtbewohner nicht in einem größeren Rahmen abstrakterer herrschaftlicher Machtverhältnisse auflösten.

Geschriebene Quellen stammen in Mesopotamien mit wenigen Ausnahmen aus Siedlungen mit kultischen und administrativen Zentren, den Städten. Durch sie erhalten wir durch zahlreiche Gesetzestexte, durch Heirats- und Scheidungsurkunden und durch Rationenlisten, in denen auch an Kinder Lebensmittel verteilt werden, einen Einblick in die Formen des Zusammenlebens von Mann und Frau, in die Struktur von Familien und in unterschiedliche Eheformen. Aufgrund dieser Quellen haben daher Ehe und Familie in Mesopotamien fast seit Beginn des Jahrhunderts das Interesse von Historikern, Juristen, Theologen und nicht zuletzt von Keilschriftforschern auf sich gezogen, die sich dem Problemkreis durch juristische, soziologische oder philologische Fragestellungen zu nähern suchten.

In Mesopotamien konnte nicht jeder lesen und schreiben und so wurde auch nicht jeder Vorgang schriftlich festgehalten. Vieles wurde mündlich verhandelt und durch rituelle Gesten besiegelt und beschlossen. Obgleich in den Texten auf diese rituellen Gesten angespielt wird, fällt es oft schwer, die reale Situation zu beschreiben, sofern man sie nicht auf Abbildungen identifizieren kann oder in Texten aus

---

1 So die griechische Übersetzung von Akkadisch: *birīt narātim*, »zwischen den Flüssen«, d. h. »(Land) zwischen Euphrat und Tigris«.

ähnlichen Gesellschaften Parallelen findet. Die wenigen Vorgänge, die durch eine Urkunde schriftlich festgehalten werden, betreffen oft die offiziellen Angelegenheiten des Tempels oder Herrscherhauses und seltener die Aktionen der einfachen Leute. Dennoch gibt es geschichtliche Epochen, in denen durch Privatdokumente wie Urkunden und Briefe ein Licht auch auf deren Alltagsleben geworfen werden kann. Jedoch ist es selbst in den gut dokumentierten Perioden meistens so, dass sich nur ein unscharfes Bild ergibt und dass die Quellen oft nicht ausreichen, um soziale oder ideologische Entwicklungen aufzuzeichnen. Ungewöhnlich ergiebig ist in diesem Punkt allerdings der Kodex Hammurabi, der drei verschiedene gesellschaftliche Schichten anspricht: den »freien Bürger« (*awīlum*), den »Beamten« (*muškēnum*)[2] und den »Sklaven« (*wardum*). Die juristischen und sozialen Aspekte des Eherechtes werden für jede Standesgruppe einzeln geregelt, wobei Ehen zwischen allen Schichten möglich sind.

Die folgenden Bemerkungen konzentrieren sich auf die Zeit des ersten babylonischen Großreiches (1800–1500 v. Chr.), aus der die Gesetzestafeln des Hammurabi stammen, beziehen sich aber auch auf die vorhergehende Zeit der sumerischen Stadtstaaten (2000–1900 v. Chr.) und die Zeit der nachfolgenden assyrischen, babylonischen und persischen Großreiche. Gerade aus den sumerischen Stadtstaaten mit ihren ausgeprägten Tempelwirtschaften, die sich im Süden Mesopotamiens (heute: Iraq) konzentrierten, sind zahlreiche Heirats-, Adoptions- und Scheidungsurkunden überliefert. Aus Nuzi, einer Stadt im Osttigrisland (im heutigen Kurdengebiet an der Grenze zur Türkei und Iran), die sich im nördlichen Einflussgebiet des hethitisch-hurritischen Reiches (ab 1450 v. Chr.) befand, ist eine reiche Privatdokumentation erhalten, die Einblick in eine matrilokale Gesellschaft gibt. Für die Zeit der assyrischen, babylonischen und persischen Großreiche, die sich seit 1200 v. Chr. zunächst in Nordmesopotamien, dann im Süden des Zweistromlandes – nach einer Phase der Eroberung durch die Kassiten – herausbildeten, haben wir einige Gesetzestexte, Privatbriefe und Urkunden. Um diese Quellen einordnen zu können, seien zunächst einige allgemeine Bemerkungen zum gesellschaftlichen Aufbau vorausgeschickt.

Der Begriff des »Hauses« und das Problem der Polygamie

Kleinste Einheit des sozial-ökonomischen Lebens ist in den städtischen Gesellschaften Mesopotamiens das ›Haus‹ (akkadisch *bītu* oder sumerisch *é*). Die gleiche Bezeichnung wird von den umliegenden Beduinennomaden für ihren Stamm verwendet und später sogar auf ganze Staaten bzw. Reiche ausgedehnt.[3] Ein jeder war

---

2 Das Wort ist in Beziehung zu setzen zu einem »sich Niederwerfen, sich Prosternieren«, so dass vermutlich jemand gemeint ist, der im Dienst der öffentlichen Institutionen arbeitet. Ob er sich dabei auch leiblich verdingt und befristet unfrei ist, bleibt unklar. Jedenfalls stehen diese Stadtbewohner über den Sklaven und unter den ganz freien Bürgern.
3 RADNER, Die neuassyrischen Privatrechtsurkunden 1997, 200 f. mit einer systematischen Beschreibung für die neuassyrische Zeit (1000–600 v. Chr.).

stolz darauf und musste Mitglied eines solchen »Hauses« sein,[4] um den Schutz der Sozialgemeinschaft zu genießen. Wer keinem Haus angehörte, wie bestimmte Ekstatiker-Priester und Straßenprostituierte, lebte im »Schatten der Mauer« oder auf »der Schwelle der Häuser« und galt als Außenseiter der Gesellschaft.

Ein solches ›Haus‹ konnte unterschiedlich groß sein: es konnte aus einer Kernfamilie bestehen, aus einem Mann, einer Frau und zwei Kindern. Oft wird eine Gemeinschaft beschrieben, in der die erwachsenen Kinder mit ihren Familien am Haus der Eltern anbauen. Ein dritter Typus ist die »erweiterte Familie«, die aus mehreren Familiengruppen besteht.[5] Im nordsyrischen Gebiet z. B. ist gegen Ende des 2. Jahrtausends dieser Familientypus mit mehreren Subfamilien von unterschiedlicher Größe verbreitet. Aus dem Gebiet von Nuzi im 14. Jahrhundert v. Chr. wissen wir, dass ganze Siedlungen, die dort *dimtu*, d. h. »Turm« genannt werden, von nur einer Verwandtschaftsgruppe bewohnt werden.[6]

Der mesopotamische Tempel galt als großes Haus mit mehreren Wirtschaftseinheiten. Dadurch ist zu erklären, dass eine Priesterin, wenn sie in den Tempeldienst trat, den Status einer Ehefrau erhielt mit einer Mitgift und dem Zwang, den obligaten Schleier zu tragen.

Einen eigenen Begriff für die Ehe gibt es nicht. Während Frauen jeweils nur mit einem Mann verbunden waren, war es Männern erlaubt, mit mehreren Frauen gleichzeitig in eheähnlichen Formen zu leben. Allerdings wird in der Forschung meistens davon ausgegangen, dass die Häuser schon vom Grundriss her so konzipiert waren, dass eine Kernfamilie mit nur einer Frau residierte[7] und somit diese Ehen überwiegend monogam waren. Das würde bedeuten, dass eine Eheschließung normalerweise zur Gründung eines eigenen ›Hauses‹ im Sinne einer eigenen Wirtschaftseinheit führte und dass ein Verbund mehrerer ›Häuser‹ auf engen Arealen als Agglomeration von Verwandtschaftsgruppen zu gelten hat. Sollte eine zweite Ehe gleichzeitig eingegangen werden, so führte das zur Errichtung eines weiteren eigenen ›Hauses‹.[8]

Aber in den altbabylonischen Gesetzestexten finden sich zahlreiche Vorschriften, die das Zusammenleben mehrerer Frauen und von Kindern verschiedener Mütter in einem ›Haus‹ regeln, (§§ 170–172, **Q 2**).Das spricht recht eindeutig für Polygynie. Jedoch ist es wohl so, dass nur eine der Frauen die Stellung der Ehefrau innehatte und die anderen einer anderen Statusgruppe angehörten, die sich aber mit Ausnahme der Sklavinnen nicht näher bestimmen lassen. Ein Sonderfall der Polygynie ist die Eheschließung mit einer *nadītu*-Priesterin. Obgleich dieser Priesterinnenklasse eigene Kinder untersagt waren, heirateten sie, so dass schon vom Konzept her die Ehe mit einer solchen Priesterin bigam war. Denn die Priesterin

---

4 Roth, Women in Transition and the *bīt mār bānē* 1988.
5 Gelb, Household and Family 1979.
6 Grosz, The Archive of the Wullu Family 1988.
7 Vgl. für das 3. Jt. Anm. 4; für das 1. Jt. vgl. Roth, Age at Marriage 1987, 715–747; Roth, Marriage and Matrimonial Prestations in First Millenium B. C. 1989, 245–55.
8 Das wird z. B. im Gesetzbuch Hammurabis für den Fall beschrieben, dass eine Ehefrau von einer Krankheit befallen wird, s. KH § 148 (**Q 2**).

führte ihrem Mann eine zweite Frau zu, die entweder den legalen Status ihrer Schwester erhielt oder ihre Sklavin war. Sie war der *nadîtu* vertraglich unterstellt und sie gebar dem Mann Kinder (§§ 144–145, **Q 2**).

Da es dem Hausherrn überlassen war, ob er die Kinder mit einer Sklavin als seine eigenen anerkannte, war die Polygynie ein Weg, zu vollberechtigten Erben zu gelangen.[9] Im mittelassyrischen Gesetzbuch aus dem 13. Jh. v. Chr. wird die Anerkennung einer sogenannten »Eingeschlossenen« (*esirtu*, vielleicht die mesopotamische Bezeichnung für eine legale Konkubine im Gegensatz zu einer Sklavin) geregelt, die schon im Haus des Mannes wohnt (§ 41, **Q 3**). Für das Königshaus von Mari sind polygame Ehen zweifelsfrei bezeugt. Wie aus Rationenlisten hervorgeht, hatte der König sogar viele Frauen. In der Rangfolge wurden nach den königlichen Frauen die Sängerinnen aufgezählt, dann die »Eingeschlossenen«, dann die »Erzieherinnen«.[10] In einem Brief bittet ein fürstlicher Brautvater den König, seine Tochter, die neue königliche Ehefrau, nahe bei sich, in seinem Palast wohnen zu lassen und sie nicht irgendwo außerhalb unterzubringen, wie es ein vorhergehender König mit einem Teil seiner Frauen getan habe (**Q 7**). Aus den königlichen Heiraten lässt sich schließen, dass sie der politischen Allianzbildung dienten. Die Prinzessinnen waren dabei nicht nur Pfand im Machtspiel der Herrscherhäuser, sondern wurden oftmals auch bewusst als Spioninnen an einen fremden Hof geschickt.

Alle Paragraphen der verschiedenen Gesetzestexte, die das Zusammenleben mehrerer Frauen unter einem Dach regeln, betreffen ganz offenbar die Ordnung im Haus eines »freien Bürgers« (*awīlum*). Sehr wahrscheinlich lebten mesopotamische Männer polygam, sofern es ihre wirtschaftliche Situation erlaubte. Aber nur eine einzige Frau besitzt im Haus den Status der *aššatu*, d. h. der »Ehefrau« oder besser der »Hausherrin«. Andere Bewohnerinnen des Hauses sind ihr sozial unterstellt.

Heiratsregeln

Geht man vom Vokabular aus, wird die Ehe vom Mann aus konzipiert, denn »eine Ehefrau zu nehmen« (*ana aššatim ahāzu*), ist nur ihm vorbehalten. Emotionale Äußerungen über die Beziehung zwischen den Eheleuten fehlen; die Mutterschaft wird in den Quellen dagegen durchaus mit Wertadjektiven bedacht und als beglückend dargestellt. Um eigene Kinder zu haben, war eine mesopotamische Frau von Stand darauf angewiesen, sich der rechtlichen und körperlichen Gewalt eines Mannes, ihres Ehemanns (*mutu*), zu unterwerfen, während Männer nach Belieben Kinder zeugen und dann adoptieren konnten. Da der Ehemann bei Kinderlosigkeit problemlos eine Scheidung erwirken konnte (§ 138, **Q 2**), lässt sich gleichzeitig

---

9 KH §§ 170–172.
10 DURAND, Les Dames du Palais de Mari 1985.

schließen, dass die Erzeugung von Nachwuchs ein wesentliches Ziel der Ehe war, das sich mit mehreren Frauen ›gewinnbringender‹ verfolgen ließ.

Die Ehe wurde für das Paar von einem Agenten vertraglich ausgehandelt. Das konnte bei der vermutlich sehr jungen Frau[11] ihr Vater sein und nach dessen Tod ihre Brüder oder ihre Mutter. Ebenso konnte ein Agent, nämlich der Vater, für den Bräutigam, der vielleicht schon älter, nämlich 25–30 Jahre alt war, verhandeln.[12]

Schon aufgrund ihres jugendlichen Alters ist anzunehmen, dass mesopotamische Mädchen bei ihrer Eheschließung sexuell unberührt waren. In einem der Briefe zwischen dem König Ägyptens und dem babylonischen König von ca. 1400 v. Chr. aus Tell Amarna (Ägypten) wird auf den Heiratswunsch des ägyptischen Königs eingegangen und eine der Töchter des Babyloniers angekündigt, die nun groß geworden und »des Mannes« sei (**Q 8**). Jetzt sei der Zeitpunkt gekommen, sie zu schicken. Der Ausdruck »des Mannes sein« kann so verstanden werden, dass ein Mädchen gebärfähig war, d. h. die erste Monatsblutung eintrat. Weil aber die Vaterschaft eines Kindes eine wichtige Rolle im Erbrecht spielte, ist anzunehmen, dass eindeutig feststehen musste, dass die junge Frau bei ihrer Hochzeit nicht schwanger sein konnte. Die Unberührtheit war medizinisch durchaus bekannt, denn man opferte reine, unberührte Schafe, die »nicht geöffnet« waren. Im mittelassyrischen Gesetzbuch wird nach § 55 die Vergewaltigung einer jungen Frau, die »im Hause ihres Vaters wohnt [...] die noch nicht geöffnet ist« mit hohen Strafen belegt.[13] Aus der Natur der Strafen geht hervor, dass nicht die Schändung der jungen Frau das eigentliche Delikt war, sondern die Nichtbeachtung der Rechte des Vaters bzw. des Ehemannes an den zukünftigen Kindern.

Rituelle Gesten bei der Eheschließung: Der Ritus des Schleierüberwerfens, der Umtrunk und die Salbung

Die Eheschließung erfolgte in Mesopotamien oft aufgrund mündlicher Vereinbarung, die von rituellen Gesten begleitet war. Der Charakter der Riten geht aus einer königlichen Eheschließung hervor. Im zweiten Jahrtausend wird in einem Brief aus dem Königreich von Mari in Nordsyrien, das gegen 1700 v. Chr. noch stark von Stammessitten geprägt war, anschaulich eine königliche Eheschließung beschrieben. Die Ehe des Königs mit seiner Braut galt dadurch als vollzogen, dass dem Mädchen einige Zeit nach der Entrichtung der von ihm geleisteten Brautgüter ein Schleier übergeworfen wurde. Der Akt wurde von königlichen Gesandten

---

11 ROTH, Age at Marriage 1987, 715–747 geht für Frauen von einem Heiratsalter von 18 bis 20 Jahren aus; aufgrund von Rationenlisten aus dem nordsyrischen Dûr-Katlimmu (Mitte 2. Jt.) müssen diese Zahlen vermutlich auf 12 bis 15 Jahre korrigiert werden.
12 Vgl. GROSZ, The Archive of the Wullu Family 1988.
13 ROTH, Law Collections 1997/2, 174 f. MAL § 55; vgl. KH § 131: Wenn ein Bürger die Frau eines Bürgers, die (noch) keinen Mann kennt und noch im Hause ihres Vaters wohnt, ›festnagelt‹ und in ihrem Schoß schläft und man ihn ergreift, dann wird dieser Mann getötet und diese Frau wird freigelassen.

vor Zeugen ausgeführt.[14] Von da an galt das Mädchen als »die Herrin« oder »die Königin«, selbst wenn sie sich noch auf der Reise zu ihrem Mann befand und körperlich die Ehe noch nicht vollzogen werden konnte. Daraus geht hervor, dass weder die Anwesenheit des Bräutigams für die Eheschließung bedeutsam war, noch der körperliche Vollzug der Ehe (*copula carnalis*), noch die feierlichen Worte (*verba solemnia*) »sie ist (meine) Ehefrau«.

Die Geste des Schleierüberwerfens als konstitutives Element der Eheschließung wird durch § 41 des mittelassyrischen Gesetzbuches bestätigt. Ein Mann kann eine in seinem Hause wohnende »eingeschlossene« Frau (*esirtu*) dadurch zu seiner Ehefrau machen, dass er vor mehreren Freunden der Frau den Schleier überwirft und spricht : »sie ist meine Ehefrau« (§ 41, **Q 3**).

Der Schleier war also äußeres Merkmal des Status der Ehefrau.[15] In der mittelassyrischen Zeit war er für Prostituierte und Sklavinnen verboten.[16] Durch den Vorgang des Schleierüberwerfens wurde der Status der Frau verändert und ihr Status als verheiratete Frau vor aller Augen sichtbar gemacht. Mit dem neuen Status verpflichtete sich die Frau,[17] wie es auch noch in Urkunden aus der zweiten Hälfte des 1. Jt. v. Chr. heißt, »anderen Männern abzuschwören« und sich gegenüber ihrer neuen Familie, der sie nunmehr angehört, in einem rechtlichen und wirtschaftlichen Sinn verantwortlich zu zeigen.

Über zwei rituelle Gesten bei Abschluss eines Ehevertrages informieren §§ 27–28 der Gesetze aus Eschnunna (um 1700 v. Chr.) (§§ 27–28, **Q 1**). Ein Ehevertrag galt auch als abgeschlossen, wenn ein feierlicher Umtrunk, das *kirru*, stattgefunden hatte. Ein *kirru*, ein Getränk auf Bierbasis, wurde auch sonst beim Abschluss von Verträgen getrunken.[18] Da dieses Wort nur aus Texten bis zum Ende der altbabylonischen Zeit bezeugt ist, wurde es später wohl durch einen anderen Terminus abgelöst, vielleicht durch *huruppāte*.[19] Eine Eheabsprache galt auch dann als gültig, wenn Öl auf das Haupt der Frau ausgegossen wurde. Das wird z. B. in Paragraph 42 des mittelassyrischen Gesetzbuches als Alternative zum »Bringen der *huruppāte* Krüge« erwähnt. Ein ähnlicher Salbungsritus scheint schon bei der königlichen Eheschließung im nordsyrischen Ebla um ca. 2400 v. Chr. zu verzeichnen zu sein.[20]

Es wird festgelegt, dass eine Frau bei ihrer ersten Heirat, selbst wenn sie schon ein Jahr im Hause eines Mannes Wohnung bezogen haben sollte, ohne die oben erwähnten rituellen Handlungen oder Verträge keine Ehefrau sei (§ 27, **Q 1**).

---

14 Vgl. DURAND, Archives Épistolaires de Mari I/1, 95–117, insb. 106 Zeile 15.
15 ROTH, Marriage Agreements 1989, 111, Anm. 34 bezweifelt diese Sitte für das 1. Jt.; siehe dazu JOANNÈS, Contracts de Marriage 1984, 75.
16 Vgl. MAL § 40.
17 Vgl. ROTH, Babylonian Marriage Agreements 1989, 39 f.
18 CIVIL, The Marriage of Sud 1984.
19 Vgl. MAL § 42: wenn ein Bürger an einem »Festtag (?)« (*ūme rāqe*) Öl auf das Haupt der Tochter eines Bürgers gießt und für das Mahl die *huruppāte*-Krüge bringt, dann wird man »kein Zurück veranlassen« (*tūrta lā utarrū*).
20 ARCHI, Gifts for a Princess 1987.

Handelt es sich hingegen um eine *almattu,* »eine Witwe ohne männlichen Vormund«, darf sie ohne formelle Eheschließung nach zwei Jahren Zusammenleben als Ehefrau betrachtet werden.[21]

Eheschließung und Gütertransfer zwischen ›Häusern‹

Aus den Dokumenten und den Gesetzestexten geht hervor, dass mit der Eheschließung ein Transfer von Gütern einherging. Die Eheschließung war folglich mit dem Akt der Erbteilung vergleichbar. In beiden Fällen handelte es sich um die Verteilung von Gütern zwischen dem Haus des Ehemannes einerseits und dem Haus der Frau andererseits. Bei Auflösung der Gemeinschaft durch Scheidung oder Tod wurde die Verteilung der Güter zwischen der Mutter und ihren Kindern oder zwischen mehreren Frauen des ›Hauses‹ wichtig. Deshalb ist zu fragen, in welches der beiden ›Häuser‹ die Arbeitskräfte und Güter transferiert wurden, woraus die Güter bestanden und wer die Nutznießung hatte.

Einige der Gesetzestexte betonen zum Zwecke der juristischen Wirksamkeit einer Eheabsprache den Abschluss eines regelrechten Vertrages, so z. B. das Gesetzbuch Hammurabis, in dem festgelegt wird, dass die Ehe dann nicht rechtsgültig sei, wenn kein *riksātu,* d. h. keine schriftliche Urkunde vorhanden ist (§ 128, **Q 2**). In der Tat ist die Lage einer Witwe misslich, wenn sie kein »*riksātu*« vorweisen kann, das ihre Mitgift verzeichnet (§ 171, **Q 2**). Dennoch ist unwahrscheinlich, dass bei jeder Eheschließung ein schriftliches Dokument angefertigt wurde; dem widerspricht die geringe Anzahl der überlieferten Eheverträge. Um nur einige Zahlen zu nennen: Unter mehr als 20.000 Verwaltungstexten befinden sich aus altbabylonischer Zeit nur weniger als 100 Dokumente dieser Art; aus neubabylonischer Zeit sind unter den ca. 15.000 Verwaltungsdokumenten etwa 50 Ehekontrakte bekannt.

Soweit es sich aus diesen Urkunden und den Gesetzestexten erschließen lässt, fand im frühen 2. Jt. v. Chr. (altbabylonisch) der Transfer der Güter in der Regel vom Haus der Frau in das Haus des Mannes statt. Gegen Mitte des 1. Jt. v. Chr. (neubabylonisch) scheint der Weg zweidimensional zu sein: die Güter wurden zwischen den Häusern getauscht und die Frau trat in die Verwandtschaftsgruppe ihres Mannes ein.

Die Eheresidenz war überwiegend patrilokal, d. h. die Frau begab sich in das Haus der Familie des Bräutigams; die Erblinie war patrilinear und folgte der männlichen Linie. Aber man kann auch Matrilokalität feststellen. In diesen Fällen zog der Bräutigam in das Haus der Familie der Frau. Man hat in der Fachliteratur die matrilokalen Ehen auch »*erēbu*-Ehen« genannt, von *erēbu,* »eintreten«. Im Gebiet

---

21 Vgl. MAL § 34: Wenn ein Bürger eine Witwe ohne Ehevertrag heiratet und sie 2 Jahre in seinem Haus wohnt, dann ist sie seine Ehefrau und sie soll nicht mehr herausgehen.

von Nuzi und in Assyrien zur mittelassyrischen Zeit,[22] in der Zeit von 1400 und 1100 v. Chr., ist diese Eheform häufiger bezeugt. Die Erbfolge war, soweit man aus Nuzi weiß, auch in matrilokalen Ehen nicht matrilinear sondern patrilinear, da der Schwiegersohn im Haus der Frau adoptiert werden musste, damit ihre gemeinsamen Kinder der Verwandtschaftsgruppe der Frau angehörten.

Bei der Eheschließung wurden sowohl von der Familie der Frau, als auch von der Familie des Mannes Hochzeitsgüter zur Verfügung gestellt. Das, was die Frau erhielt, heißt (wörtlich) das »Gegebene« (*nudunnū, nidittu:* von dem Verb »geben«) oder das »Geschenk« (*šeriktu/šertu*: von dem Verb »schenken«). Diese Güter wurden offensichtlich konkret als das Erbteil der Frau angerechnet und gingen vom Erbe ihrer Brüder ab. Diese direkte Mitgift wurde in den meisten Ehekontrakten genauestens festgehalten. Es ging um Haushaltsutensilien wie Mörser und Mahlsteine, Löffel und Körbe, auch um persönlichen Besitz wie Kleider, Kämme und (seltener) Schmuck; bei den Reichen kam Landbesitz hinzu und Sklaven. Es konnten aber auch Barbeträge in Form von Metallzahlungen geschenkt werden. Die Mitgift wurde in das Haus des Mannes gebracht und galt als mütterliches Erbteil für die gemeinsamen Kinder. Wurde die Ehe geschieden, oder starb die Frau kinderlos, kam die Mitgift auf keinen Fall dem Haus (der Familie) ihres Mannes zugute, sondern musste dem Haus (der Familie) ihres Vaters zurückgegeben werden.[23]

Das Haus des Mannes zahlte außer dem sogenannten *terhatum*, was traditionell mit »Brautpreis« übersetzt wird, oft noch Geschenke, die *dumāqē* oder auch *biblu* heissen; möglicherweise bezeichnen aber alle drei Wörter das Gleiche, nämlich das Brautgut.[24] Die Geschenke konnten aus lebenden und/oder gegenständlichen Gütern bestehen,[25] das *terhatum* war wohl aus Silber oder aus Zinn. Da oft aus der Brautgutzahlung eine Abfindung bei der Scheidung entnommen wurde, hält sich hartnäckig die These, dieses Geld sei eine Versicherung der Frau bei einer unverschuldeten Scheidung und sozusagen ihr Nadelgeld. Das stimmt nicht immer: Aus altbabylonischen Verträgen ist bekannt, dass das Brautgut in den Saum des Kleides der Frau eingenäht und, wenn es bei dem rituellen Scheidungsgestus des Saumabreißens frei wurde, dem Haus ihres Mannes zurückgegeben wurde.[26]

Wenn der Frau die Mitgift, d.h. die Geschenke aus dem Haus ihres Vaters gehörten, dann verblieb das Brautgut im Besitz des Mannes. In realem Geld betrug es z.B. in der ersten Hälfte des 2. Jt. v. Chr. zwischen 5 und 30 Schekel Silber (ein Schekel entspricht ca. 8,3 Gramm). Eine Scheidung kostete den Ehemann nach den Gesetzestexten zwischen 20 und 60 Schekel. In Scheidungskontrakten wird

---

22 Vgl. MAL §§ 25–33: Wenn eine Ehefrau im Hause ihres eigenen Vaters wohnt […]. (**Q 3**); zu Nuzi siehe CARDASCIA, L' Adoption Matrimoniale à Babylon et Nuzi 1981.
23 Vgl. im KH § 138; KH §§ 159–160; KH §§ 162–163; KH § 172 (**Q 2**); MAL § 27; MAL § 29 (**Q 3**).
24 Die gesamte Geschenkterminologie lässt sich nur durch den Kontext genauer begrifflich bestimmen.
25 Entsprechend den maßgeblichen Zahlungsmitteln der jeweiligen geschichtlichen Epoche.
26 Bei Verheiratung von Sklavinnen und unverständlicherweise auch nach KH § 163 wird das Geld jedoch dem Brautvater ausgezahlt, vgl. (**Q 4**).

aber meistens eine kleinere Summe von 20 bis 30 Schekel genannt, die wohl die tatsächlichen Preise angeben.

In Verbindung mit den Inzestverboten des Gesetzesbuches des Hammurabi (§ 154, **Q 2**). wird deutlich, dass in der städtischen Gesellschaft zu Beginn des 2. Jt v. Chr. Exogamie (Aus-heirat) vorherrschte.[27] Anders aber stellen sich die Bedingungen in der neubabylonischen Zeit dar. Dort hält man die meisten Ehen für endogam (»ein-heiratend«),[28] da sie in der gleichen blutsverwandten Linie stattfanden. Bei genauerem Hinsehen erkennt man, dass es sich um ein bekanntes Muster zweiter Ehen handelte: Um die Güter in der Familie des Mannes zu behalten, heiratete die Frau beim Tod ihres Mannes einen der Brüder des Verstorbenen. Es sind hier also Mitte des 1. Jt. v. Chr. noch immer die Leviratsbestimmungen bezeugt, die in Mesopotamien erstmals ausführlich in den mittelassyrischen Gesetzen formuliert werden.[29] Es galt auch beim Tod der Ehefrau, eine weitere Frau aus der blutsverwandten Linie des Hauses der Verstorbenen zu wählen.[30] Das geschah mehrmals, indem der Mann ihre Schwester heiratete und in einem anderen Fall ihre Nichte. Zu dieser Zeit verblieb das Geschenk des Mannes, das Brautgut, im Haus der Frau (§ 38, **Q 3**).

Die Scheidung

Die Situation einer Frau, die eine Scheidung wünschte, war uneinheitlich geregelt. Nach den Heiratsurkunden war die Auflösung der Ehe durch die Frau im Prinzip sakrosankt; ihr Scheidungswunsch wurde wie der Ehebruch bestraft. Sie hatte sich einem göttlichen Richterspruch zu unterziehen, dem Flussordal, denn sie wurde gebunden in den Fluss gestoßen.[31] In manchen Urkunden wird als ihre Strafe das »Vom-Turm-Stoßen« genannt, was bedeuten kann, dass sie aus dem *dimtu*, der Siedlung ihrer Verwandtschaftsgruppe, ausgeschlossen wurde. An anderer Stelle erlaubt aber das Gesetzbuch des Hammurabi die Scheidung nach einem Gerichts-

---

27 So auch RENGER, mārat ilim: Exogamie bei den semitischen Nomaden 1973, 103–107.
28 JOANNÈS, Un Cas de Remariage d'Époque Néo-babylonienne 1987, 91–96.
29 Vgl. ROTH, Law Collections 1997/2, 164 f.: MAL § 30, vgl. auch MAL § 33: Wenn eine Frau im Haus ihres eigenen Vaters wohnt und ihr Ehemann tot ist und sie Kinder hat [...]: dann soll er (?) sie zugunsten ihrer Schwiegerfamilie zur Heirat (*ahuzzete*: ›Heiraten‹?) veranlassen. Wenn jedoch ihr Mann und auch ihr angeheirateter männlicher Verwandter tot sind und sie keine Söhne hat, dann ist sie in der Tat eine Witwe; sie geht, wohin es ihr beliebt. MAL § 43: wenn ein Bürger entweder Öl auf das Haupt gießt und die *hurruppāte*-Krüge bringt und der Sohn, für den er die Ehefrau bestimmte, entweder stirbt oder flieht, dann gibt er sie einem der verbliebenen Söhne nach seinem Belieben, unter den Ältesten bis zum Kleinsten von mindestens 10 Jahren (wählt er aus) [...] wenn der Vater tot ist und der Sohn, für den er die Ehefrau bestimmte, ebenfalls tot ist, dann soll ein Sohn des Verstorbenen, der mindestens 10 Jahre alt ist, sie heiraten.
30 Vgl. auch mittelassyrisch MAL § 31.
31 Vgl. WESTBROOK, Old Babylonian Marriage Laws 1988, 131 f., Urkunde TIM 4,46, TIM 4,47 u.ö.

prozess, in dem die Frau vor den Notabeln ihres Stadtteils beweisen musste, dass sie gut beleumdet war, aber von ihrem Mann vernachlässigt wurde.[32] Das passt zu der Praxis der Eheverträge, die eine Scheidung von beiden Seiten vorsehen. In einem solchen Vertrag wird öfter ausgeführt, wie die Frau ihren Ehemann mit einer Summe abfindet (**Q 4**).

Der Ehemann konnte sich unter Beachtung der Auflagen von Erstattung der Mitgift und Zahlung des Scheidungsgeldes jederzeit scheiden lassen. Dieser Eindruck ergibt sich z.B. aus den altbabylonischen Eheurkunden. Einige Eheurkunden enthalten Klauseln, die eine Scheidung und eine Abfindung ins Auge fassen (**Q 2**). Es gibt einen berühmten Scheidungsfall, der gerichtlich protokolliert wurde und in dem die Frau sich der Scheidung widersetzen wollte, da sie ihren Mann liebe. Der Ehemann widerstrebte ihr aber mit den Worten an die Richter: »Ihr könnt mich an einen Nagel hängen und mich entmannen! Ich werde sie nicht »ergreifen«! Darauf riss er ihr den Gewandsaum ab, da das Abreißen des Saumes als rituelle Trennungsgeste galt, die vor Zeugen zu geschehen hatte (**Q 5**). Hinzu kommen konnte das Aussprechen der Formel (*verba solemnia*): »du bist nicht meine Ehefrau«, geradeso wie das Schleierüberwerfen und das Sprechen der Worte: »du bist meine Ehefrau« die Eheschließung juristisch bindend machte.

Es bleibt schwierig, Scheidungen, die von Frauen ausgingen, in ihrer Bedeutung richtig einzuschätzen. In einem Fall, bei der Scheidung einer königlichen Prinzessin im nordsyrischen Mari, erfolgte die Trennung auf ihren eigenen dringlichen Wunsch hin, weil sie um ihr Leben fürchten musste.[33] Hatte eine geschiedene Frau oder Witwe, die ohne männliche Verwandte war, Kinder, trat die Stadtverwaltung im Auftrag des Königs, d.h. der Staat in loco parentis, um nach göttlichem und menschlichem Gesetz den Erbteil ihrer Kinder festzuschreiben (§ 177, **Q 2**). Ansonsten waren die Freiheiten einer geschiedenen oder verwitweten Frau ohne männlichen Anhang (*almattu*) wie die eines Mannes.[34] Diese Frauen waren »voll geschäftsfähig« und hatten Verfügungsgewalt über sich und über ihr Vermögen. Inwieweit diese ›Freiheiten‹ jedoch auch bei den verheirateten, reichen Frauen aus bedeutenden Familien, zutrafen, lässt sich noch schwer einschätzen. Es fällt auf, dass die Bürgerin der altbabylonischen Zeit Freiheiten genoss, von denen einige Jahrhunderte später, in der mittelassyrischen Zeit, nicht mehr die Rede war. Während sie das Haus verlassen und den Respekt ihres Mannes einfordern konnte und in einem bestimmtem Umfang berechtigt war, mit dem Vermögen des Hauses zu schalten und zu walten, hatte die mittelassyrische Frau nicht einmal mehr das Recht, ohne Wissen des Ehemannes ihre Freundinnen zu besuchen. Paragraph 59 der mittelassyrischen Gesetze setzt sogar fest, dass ein Bürger seine Frau zwar nicht töten darf und nicht ohne Grund verstümmeln: Aber sonst darf er mit ihr machen,

---

32 Vgl. KH § 142 und ebd.. KH § 143 (**Q 2**).
33 DURAND, Trois Études sur Mari 1984, 170.
34 TAVARES, L'Almanah Hébraique et l´Almattu des Textes Akkadiens 1987, 116–125; vgl. auch MAL § 35 (**Q 3**).

was er will.³⁵ Was für ein Grund für eine Verstümmelung vorliegen musste, geht aus Paragraph 24 (MAL) hervor: »Wenn die Frau eines Bürgers sich ihrem Mann entzieht und in das Haus eines anderen Assyrers [...] eintritt und dort mit der Hausherrin wohnt und 3 oder 4 Nächte dort verbringt und der Haushaltsvorstand nicht weiß, dass sie die Frau eines anderen Mannes ist [...] wenn später diese Frau ergriffen wird, dann soll derjenige Hausherr, dessen Frau sich ihm entzogen hat, seine Frau [verstümmeln?] und sie nicht zurücknehmen. Was die Frau des Bürgers betrifft, bei der seine Frau gewohnt hat: sie sollen ihr die Ohren abschneiden.«

Quellen

Q 1 Die Gesetze von Eschnunna (GE) zur Eheschließung

GE § 26: Wenn ein Bürger für die Tochter eines Bürgers das Brautgut (*terhatum*) bringt und ein anderer, ohne ihren Vater und ihre Mutter zu fragen, entführt sie und ›durchstößt‹ sie, dann ist es ein Kapitalverbrechen: er wird sterben.

GE § 27: Wenn ein Bürger die Tochter eines Bürgers ohne ihren Vater oder ihre Mutter zu fragen heiratet und das Getränk (*kirrum*) und den Vertrag (*riksāte*) für ihren Vater und ihre Mutter nicht gebracht hat: selbst wenn sie in seinem Haus ein ganzes Jahr wohnte, ist sie doch keine Ehefrau.

GE § 28: Aber wenn er den Vertrag (*riksāte*) und das Getränk (*kirrum*) für ihren Vater und ihre Mutter gebracht hat, dann ist sie eine Ehefrau [...].

Q 2 Das Eherecht im Kodex Hammurabi (KH)

KH § 128: Wenn ein Bürger eine Frau heiratet und keinen Vertrag (*riksāte*) ausstellt, so ist diese Frau keine Ehefrau (*aššatum*).

KH § 138: Wenn ein Bürger seine erwählte Ehefrau, die ihm keine Kinder geboren hat, verlassen möchte, wird er ihr Silber in gleicher Höhe wie ihr Brautgut (*terhatu*) erstatten und auch das Erbteil (*šeriktum*), das sie aus dem Haus ihres Vaters mitgenommen hatte wird er ihr in gleicher Höhe erstatten; dann kann er sie verlassen.

KH § 142: Wenn eine Frau ihren Mann hasst und sagt: »du wirst mich nicht <ergreifen>«, dann wird die Sache in ihrem Viertel überprüft; und wenn sie anständig und ohne Fehl ist, ihr Ehemann aber ständig aushäusig ist und sie ständig erniedrigt, dann hat diese Frau keine Schuld. Sie wird ihr Erbteil (*šeriktum*) nehmen und zum Haus ihres Vaters zurück gehen.

KH § 143: [Rahmenbedingung wie in § 142, aber:] wenn die Ehefrau nicht züchtig ist und ›ihr Haus verstreut‹ und ihren Ehemann demütigt: dann wird diese Frau ins Wasser geworfen.

---

35 Roth, Law Collections 1997/2, 175 f.: MAL § 59.

KH § 145: Wenn ein Bürger eine *nadītu* heiratet und sie nicht dafür sorgt, dass er Kinder hat, und dieser Mann dann entscheidet, dass er eine *šugītu* heiraten möchte, dann soll sie sie in sein Haus eintreten lassen, aber die *šugītu* soll sich nicht mit der *nadītu* gleichstellen.

KH § 146 [Zusammenfassung:] Wenn die *naditu* ihrem Mann eine Sklavin gibt und sie ihm Kinder gebärt, diese Sklavin dann versucht ihrer Herrin gleich zu sein, weil sie Kinder geboren hat, dann darf ihre Herrin sie nicht verkaufen; aber sie wird sie mit der Sklavenmarke versehen und sie unter die Sklaven zählen.

KH § 148: Wenn ein Bürger eine Frau heiratet und später erkrankt sie an der *la'abum* – Krankheit und er entscheidet sich, eine andere Frau zu heiraten, dann wird er sich von seiner Frau nicht scheiden lassen […] in einem Haus, das er errichten wird, wird sie leben und solange sie lebt, wird er sie versorgen.

KH § 154: Wenn ein Bürger seine Tochter ›(körperlich) kennen gelernt hat‹, soll man diesen Mann aus der Stadtgemeinschaft verbannen.

KH §§ 159–160: [Zusammenfassung:] Wenn ein Bürger eine Brautgabe (*biblu*) in das Haus seiner Schwiegerfamilie (*emim*) bringt und auch schon ein Brautgut (*terhatum*) zahlt (womit er seinerseits das einklagbare Eheversprechen gegeben hat): wenn er es sich nun anders überlegt, so behält beides, die Brautgabe (*biblu*) wie auch das Brautgut (*terhatum*) die Familie seiner Braut; wenn es sich aber die Schwiegerfamilie anders überlegt und damit das Eheversprechen bricht, dann muss sie zweifach alles zurückgeben.

KH § 162: Wenn ein Bürger eine Frau heiratet und sie ihm Kinder gebärt und später verstirbt: dann hat ihr Vater auf ihr Erbteil (*šeriktum*) keinen Anspruch – sondern ihr Erbteil gehört ihren Kindern.

KH § 163: Wenn ein Bürger eine Frau heiratet und sie ihm keine Kinder gebärt und dann stirbt: und wenn dann ihm der Brautvater das Brautgut (*terhatum*), das er in sein Haus gebracht hat, zurückgibt, dann wird der Ehemann keinen Anspruch auf das Erbteil (*šeriktum*) haben – ihr Erbteil (*šeriktum*) gehört dem Haus ihres Vaters.

KH § 170: Im Falle, dass ein Bürger von seiner Ehefrau Kinder hat und auch von einer Sklavin und wenn der Vater zu Lebzeiten zu den Kindern der Sklavin sagt: »meine Kinder« und sie mit den Kindern seiner Ehefrau (zu seinen eigenen Kindern) zählt: wenn der Vater stirbt, werden die Kinder der Ehefrau und die Kinder der Sklavin zu gleichen Anteilen den väterlichen Besitz teilen; der Erbsohn der Ehefrau wird jedoch einen Anteil zuerst aussuchen.

KH § 171: [Rahmenbedingung wie in § 170:] Wenn jedoch der Vater die Kinder nicht anerkannt hat, dann werden die Kinder der Sklavin nicht erbberechtigt sein. Die Sklavin ist jedoch frei und so auch ihre Kinder. Die Ehefrau kommt in den vollen Genuss von Brautgabe (*nudunnū*) und von ihrem Erbteil (*šeriktu*), sofern sie über die Brautgabe (*nudunnū*) eine schriftliche Urkunde (*riksāte*) hat; dann hat sie die Nutznießung, darf aber nichts verkaufen. Ihr Besitz geht nach ihrem Tod an ihre Kinder.

KH § 172: [gleiche Bedingung wie in KH §§ 170–171:] Wenn ihr [der Ehefrau] der Ehemann aber keine Brautgabe (*nudunnū*) gegeben hat, soll man ihr ihren Erbteil (*šeriktu*) voll zurückgeben und vom Vermögen des Hauses ihres Mannes gibt man ihr einen Anteil wie den eines Erbsohns. [...] Wenn diese Frau aus eigenem Willen das (Haus ihres Mannes) verlassen will, überlässt sie die Brautgabe (*nudunnū*), die ihr ihr Ehemann gegeben hat, ihren Kindern, aber das Erbteil (*šeriktum*) aus dem Haus ihres Vaters behält sie und sie kann einen Mann nach ihrer Wahl nehmen.

KH § 177: Wenn eine Witwe, deren Kinder noch jung sind, in das Haus eines anderen Bürgers ziehen will, wird sie nicht ohne richterliche Überprüfung ihrer Situation einziehen dürfen (und die Richter werden den Besitz der Kinder gegenüber dem zweiten Mann garantieren).

Q 3 Mittelassyrische Gesetze zum ehelichen Güterrecht (MAL)

MAL § 25: Wenn eine Frau im Hause ihres eigenen Vaters wohnt und ihr Ehemann tot ist und die Brüder ihres Ehemannes noch nicht am Erbe berücksichtigt wurden und sie keine Kinder hat: dann sollen die Brüder ihres Ehemannes, die ihren Erbteil noch nicht bekommen haben, alle Brautgeschenke (*dumāqē*) nehmen, die ihr Mann ihr präsentiert hat, sofern sie noch vorhanden sind.

MAL § 26: Wenn eine Frau im Hause ihres eigenen Vaters wohnt und ihr Ehemann tot ist und sie Kinder hat, dann sollen diese alle Brautgeschenke (*dumāqē*), die ihr ihr Ehemann präsentiert hat, bekommen. Wenn sie keine Kinder hat, dann kann sie die Brautgeschenke selbst behalten.

MAL § 27: Wenn eine Frau in ihres eigenen Vaters Haus wohnt und ihr Ehemann besucht sie regelmäßig (*etanarrab*), dann kann er (der Ehemann) alle Brautgaben (*nudunnū*), die er ihr geschenkt hat, selbst nutzen (oder behalten). Aber er hat keinen Anspruch auf irgendetwas aus dem Haus ihres Vaters.

MAL § 29: Wenn eine Frau im Haus ihres Mannes wohnt: ihr Brautgeschenk (*šerku*) und alles, was sie vom Haus ihres Vaters mitgebracht hat oder was ihr angeheirateter männlicher Verwandter ihr bei ihrem Eintreten geschenkt hat, (alles das) gehört ihren Söhnen. Die Söhne ihrer Schwiegerfamilie (*emu*) haben keinen Anspruch darauf. Aber (?) wenn ihr Ehemann sie gewaltsam wegführt (*puāgu*:«rauben«?), gibt er es einem seiner Söhne seiner Wahl (?).

MAL § 35: Wenn eine Witwe in eines Bürgers Haus eintritt, gehört alles ihr, was sie in das Haus ihres Mannes bringt und wenn ein Mann in das Haus der Frau eintritt, so gehört alles ihm, was er mitbringt.

MAL § 38: Wenn eine Frau im Hause ihres eigenen Vaters wohnt und ihr Ehemann lässt sich von ihr scheiden, dann soll er das Brautgeschenk (*dumāqē*), das er ihr übereignete, (für sich) nehmen, (aber) auf das Brautgut (*terhatu*), das er mitbrachte, hat er keinen Anspruch, es gehört der Frau.

MAL § 41: Wenn ein Bürger seine ›Eingeschlossene‹ (*esirtu*) verschleiern möchte, lässt er 5 oder 6 seiner Freunde Platz nehmen und er verschleiert sie vor ihnen. Folgendermaßen sagt er: »meine Ehefrau ist sie« (und) seine Ehefrau ist sie nun in der Tat. Eine ›Eingeschlossene‹ (*esirtu*), die nicht öffentlich verschleiert wurde und deren Ehemann nicht gesagt hat: »sie ist meine Ehefrau«: sie ist keine Ehefrau sondern (nur) eine ›Eingeschlossene‹. Wenn der Mann tot ist und er keine

Kinder (wörtlich: Söhne) von seiner verschleierten Frau hat, dann sind die Kinder der ›Eingeschlossenen‹ in der Tat (Erb)kinder: jedes kann einen Erbteil nehmen.

Q 4 Eheverträge aus altbabylonischer Zeit

BE 6/2 40; CT 48,50

1. *Amasukkal*, Tochter des [...] hat *Enlilissu*, den [...] zur Ehe genommen. *Amasukkal* hat 19 Schekel Silber für *Enlilissu*, ihren Ehemann, (ins Haus) hereingebracht.

In der Zukunft, wenn [...] ihr Ehemann, zu [...] seiner Ehefrau, sagt: »du bist nicht meine Ehefrau« sollen die 19 Schekel Silber zurückgegeben werden und er soll eine halbe Mine Silber (= 30 Schekel) als ihr Scheidungsgeld zahlen. Und wenn *Amasukkal* zu [...] ihrem Ehemann, sagt: »du bist nicht mein Ehemann«, dann soll sie der 19 Schekel Silber verlustig gehen und eine halbe Mine Silber (= 30 Schekel) zahlen.

2. Ihr Vater *Ibbatum* gab *Sabitum* in das Haus des *Ilšuibni*, seiner Schwiegerfamilie (*emu*), für dessen Sohn *Waradkubi* zur *Hochzeit*./ 2 Betten, 2 Stühle, 1 Tisch, 2 Körbe, 1 Mühlstein, 1 Gewürzmörser, 1 10-Liter-Behälter, 1 leeren Krug:/ Alles dies ist es, was *Ibbatum* seiner Tochter [...] gegeben hat und veranlasst hat, in das Haus der Schwiegerfamilie [...] zu bringen./ *Ibbatum* hat 10 Schekel Silber erhalten, den Brautpreis (*terhatum*), er hat es überprüft (wörtlich: angebissen) und in den Saum seiner Tochter [...] eingebunden – so wurde es zurückgebracht zu *Waradkubi*./ Wenn *Sabitum* zu ihrem Ehemann [...] sagt: »Du bist nicht mein Ehemann«, werden sie sie binden und in das Wasser werfen./ Und wenn *Waradkubi* zu seiner Ehefrau [...] sagt: »Du bist nicht meine Ehefrau«, wird er ein Drittel einer Mine Silber (= 20 Schekel) als ihr Scheidungsgeld zahlen.

Q 5 Gerichtsprotokoll über einen Scheidungsprozess in altbabylonischer Zeit

CT 45,86

3. In Gegenwart der (vorher genannten) Zeugen befragten sie *Ahamnirši* folgendermaßen:

»Ist diese Frau deine Ehefrau«? Er antwortete: »Ihr könnt mich an einen Nagel hängen und mich entmannen! Ich werde sie nicht ›ergreifen‹«! So sprach er./ Sie befragten seine Ehefrau und sie sagte: »Aber ich liebe meinen Ehemann!« So antwortete sie./ Aber er war unwillig. Er löste ihren Saum und schnitt ihn ab [damit ist die Scheidung vollzogen]. Die Bürger befragten ihn dann: »Eine Frau, die in deinem Haus gewohnt hat und deren verheirateten Status Deine Umgebung kannte – soll sie nun wirklich gehen? – [Wenn ja], dann erstatte ihr [ihren Besitz] so, wie sie zu dir hineinkam«.

Q 6 Vertrag zwischen zwei Frauen in altbabylonischer Zeit (analog ist der Vertrag zwischen *nadītum* und *šugītum*)

CT 48,48

4. Ahassunu hat *Sabitum*, Tochter des [...] und der [...], von ihrem Vater und ihrer Mutter [...] adoptiert. *Sabitum* wird eine Sklavin sein für *Ahassunu* aber sie wird auch Ehefrau sein für *Waradsin* [*Ahassunus* Ehemann]./ Wann immer sie [ihrer Herrin *Ahassunu*] zornig ist, wird auch sie [die Sklavin *Sabitum*] zornig sein; wann immer sie freundlich ist, so wird auch sie freundlich sein. An dem Tage, an dem sie [ihrer Herrin] *Ahassunu* Kummer bereitet, wird sie [*Ahassunu*] sie [die Sklavin *Sabitum*] scheren und verkaufen./ Die Eltern der *Sabitum* haben ihren [den der Sklavin] Brautpreis [*terhatum*] bekommen und sind zufrieden gestellt worden.

Q 7 Aus einem Brief aus Mari

A 2548

Die [früheren? Könige?] ließen [ihre Frauen?] nicht im Palast wohnen(?). [Der König] *Yahdunlim* schätzte seine Lieblingsfrauen sehr und trennte seine Ehefrauen von ihnen und ließ sie im Außenbezirk [des Palastes?/ der Stadt?] wohnen. Es kann nun sein, dass Du die Tochter des *Išiadad* auch außerhalb wohnen lassen willst. Wenn der Vater das hört, wird er sich grämen – das geht also einfach nicht! Im Palmenhof des Palastes [von Mari] gibt es viele Wohnungen. Man möge ihr eine aussuchen und sie soll dort wohnen.

Q 8 Aus einem Brief aus Amarna

EA 3: 4ff.

[Brief an *Amenophis* III., König von Ägypten, von *Kadašmanenlil*, König von Babylon:] [...] Was das Mädchen, meine Tochter, betrifft, wegen der du mir bezüglich einer Heirat schriebst: sie ist eine Frau, sie ist groß geworden, sie ist »des Mannes«.

Weitere Quellen

Martha T. ROTH, Law Collections 1997 [Die Gesetzesbücher in einer aktuellen Übersetzung].

Grundlegende Literatur

GELB, Household and Family 1979 [Standardwerk für das 3. Jt. zur Familienstruktur]; GROSZ, Dowry and Brideprice in Nuzi 1981 [Zur Familienstruktur für die Nuzi-Zeit]; GROSZ, The Archive of the Wullu Family 1988 [Zur Familienstruktur für die Nuzi-Zeit]; RADNER, Die neuassyrischen Privatrechtsurkunden 1997 [zur Familienstruktur]; ROTH, Age at Marriage 1987 [zur Familienstruktur]; ROTH, Marriage Agreements 1989 [zu legislativen Fragen];

WILCKE, Familiengründung im Alten Babylonien 1985 [Untersuchung zur Verwandtschaftsterminologie]; WESTBROOK, Old Babylonian Marriage Laws 1988 [enthält eine ausführliche Bibliographie].

Weiterführende Literatur

DALLEY, Old Babylonian Dowries 1980 [Zur Mitgift der Frauen]; FINKELSTEIN, Cutting the *sissiktu* in Divorce Proceedings 1976 [Zum Abreißen des Saumes bei der Scheidung]; JOANNÈS, Contrats de Mariage 1984; JOANNÈS, Un Cas de Remariage d'Époque Néo-babylonienne 1987; LANDSBERGER, Jungfräulichkleit 1968; NÖRR, Die Auflösung der Ehe durch die Frau 1961; ROTH, »She will die by the iron dagger« 1988; ROTH, Marriage and Matrimonial Prestations 1989; VEENHOF, The Dissolution of an Old Babylonian Marriage 1976; WILCKE, CT 45, 119: Ein Fall legaler Bigamie 1984.

Heirat und Bürgerstatus in Athen
Elke Hartmann

Im Jahr 345 v. Chr. wird in Athen ein gewisser Euxitheos aus seinem Gemeindeverband (*dêmos*) ausgeschlossen und verliert damit das Bürgerrecht. Der Ausschluss wird von seinen ehemaligen Mitbürgern folgendermaßen begründet. Der Vater des Euxitheos spreche mit einem fremden Akzent und stehe damit im Verdacht, kein Athener zu sein. Auch seiner Mutter wird vorgeworfen, keine Bürgerin zu sein. Sie sei dafür bekannt, dass sie auf dem Markt Bänder verkaufe und bei reichen Familien als Amme gedient habe, also Tätigkeiten nachgehe, die in Athen insbesondere von den dort ansässigen Fremden (Metöken) ausgeübt werden. Mit einer Rede vor dem Geschworenengericht, die uns in der 57. Rede des Demosthenes vorliegt, versucht Euxitheos seine legitime Abkunft zu beweisen, indem er seinen Lebenslauf darlegt (**Q 9**). In diesem Zusammenhang geht er genauer auf die Heirat seiner Eltern ein. Seine Mutter sei in zweiter Ehe mit seinem Vater verheiratet worden. Der Hochzeit sei wie üblich ein Einvernehmen (*engýē*) zwischen dem Vormund der Braut (in diesem Fall ihr Bruder) und dem Bräutigam vorausgegangen (Demosthenes 57,43), das Hochzeitsfest habe in Anwesenheit von Freunden stattgefunden (Demosthenes 57,41) und der Vater habe es auch nicht versäumt, seine Hochzeit in seiner Kultgemeinschaft (*phratría*) in Verbindung mit einem Opfer und einem Festmahl für die Kultgenossen feierlich kundzutun (Demosthenes 57,43). Euxitheos betont auch, dass er selbst sämtliche Überprüfungen der legitimen Herkunft, die ein junger Mann auf dem Weg zum erwachsenen Bürger über sich ergehen lassen musste, anstandslos bestanden habe.[36] Ganz ähnlich wird in weiteren Prozessreden argumentiert, die ebenfalls aus dem 4. Jh. v. Chr. überliefert sind. Nicht immer droht dem Angeklagten der Verlust des Bürgerrechtes; häufig sind Erbstreitigkeiten Gegenstand der Prozesse, doch auch in diesen Fällen müssen die Beklagten oft nachweisen, dass ihre Eltern Athener und miteinander verheiratet sind. Wie kommt es zu diesen Vorgaben? Warum ist die Heirat der Eltern ausschlaggebend für den Nachweis des Bürgerrechtes und des Erbanspruchs? Wie kann jemand wie Euxitheos vor Gericht beweisen, dass die Eltern verheiratet sind?

Obwohl die Polis ein starkes Interesse an den Eheschließungen ihrer Bürger hat, ja gar nur ehelichen Kindern das Bürgerrecht zuerkennt, gibt es in Athen kein Amt, keine »Kirchenbücher« oder Vergleichbares, in denen eine Eheschließung offiziell festgehalten wird. Die Prozessierenden berufen sich in den überlieferten Streitfällen um Erbschaften oder das Bürgerrecht stattdessen auf bestimmte Indizien, die jeweils durch Zeugenaussagen beglaubigt werden. Es sind ganz bestimmte Tatbestände, die vor Gericht als Nachweis für eine erfolgte Verheiratung angebracht werden: Dazu zählen die Vereinbarungen zwischen Brautvater und Bräutigam (*engýē*), Rituale der Hochzeitsfeier (*gámos*)[37], eine übergebene Mitgift (*proíx*) und die Bekanntmachung der Hochzeit im Kreis der Kultgemeinschaften der Männer durch besondere Opfer (*gamēlía*). Die Heirat ist in Athen kein Ereignis, sondern ein längerer Prozess; die Rechtsfolgen werden allein dadurch sichergestellt, dass viele Menschen an den Hochzeitsritualen teilnehmen.

Die einzelnen »Elemente« auf dem langen Weg der Verheiratung werden im folgenden genauer betrachtet. Abschließend soll auf die Bedeutung der Ehe für die Polis eingegangen werden.

Hochzeitsrituale

Der Hochzeit, wie sie in Athen des 4. und 5. Jh. v. Chr. üblich ist, geht eine Abmachung zwischen Brautvater und Bräutigam voraus. Diese Abmachung wird als

---

36 Quellen des 4. Jh. geben darüber Aufschluss, dass die gesetzeskonforme Herkunft eines jungen Bürgers jeweils bei Eintritt in einen sozialen Verband der Polis routinemäßig überprüft wurde. Dies geschah im Kindesalter beim Eintritt in die Kultgemeinschaft des Vaters (*phratría*), im Alter von 18 beim Eintritt in die Gemeinde (*dēmos*) und mit 30 Jahren, sofern er ein Amt übernehmen wollte. Gefragt wurde jeweils nach dem Bürgerstatus des Vaters und der Mutter; insbesondere in den Phratrien wurde offenbar auch darauf geachtet, dass die Eltern verheiratet waren. Hinzu kamen außergewöhnliche Prüfusverfahren wie die Revision der Gemeindeliste, in deren Rahmen jemand (wie in diesem Fall Euxitheos) mitunter erneut seine rechtmäßige Abkunft unter Beweis stellen musste.

37 Das Wort *gámos* bezeichnet konkret die Hochzeitsfeier und den ehelichen Beischlaf, der fester Bestandteil der Feierlichkeiten ist. Vgl. OAKLEY/SINOS, Wedding 1993, 9. Ein abstraktes Wort für ›Ehe‹, das die durch die Hochzeit begründete Lebensgemeinschaft von Mann und Frau als Institution erfasst, fehlt.

engýē bezeichnet.[38] Da sich *engýē* vom griechischen Wort für »Hand« ableitet,[39] wird der Terminus oft als »Einhändigung« interpretiert.[40] Damit geht die Vorstellung einer, dass der Brautvater die Braut aus seiner Hand in die Hand des Bräutigams gibt.[41] Belege für diese bildhafte Vorstellung einer »Einhändigung« finden sich in den antiken Quellen allerdings nicht. Hingegen scheint ursprüngliche Bedeutung von *engýē*, nämlich die durch Handschlag besiegelte »Bürgschaft«,[42] wesentliches zum Verständnis dieses Aktes beizutragen (**Q 12**). Dafür sprechen die im Rahmen der *engýē* gesprochenen Formeln, die in Menanders Komödien aus dem späten 4. Jh. v. Chr. überliefert sind (**Q 10**).[43] Darin verbürgt sich der Vater der Braut als Bürger gegenüber dem zukünftigen Bräutigam dafür, dass das betreffende Mädchen seine Tochter und somit eine Bürgerin ist. Darüber hinaus wird mit der *engýē* die Verheiratung bewilligt und vielfach die Übergabe einer Mitgift vereinbart. Wird in den attischen Prozessreden eine Frau, als *gynḗ engýētḗ* (»durch Bürgschaft verlobte«) bezeichnet, wird sie somit als eine Ehefrau charakterisiert, deren athenische Herkunft durch Bürgen abgesichert wurde. Die erfolgte *engýē* kann somit vor Gericht zum Beweis der ehelichen Verbindung von Mann und Frau angeführt werden, wie dies auch Euxitheos im vorgestellten Fall tut.

Von einer Mitgift ist im Fall des Euxitheos nicht die Rede, was damit zu tun haben mag, dass die Familie der Mutter des Euxitheos so arm war, dass sie der Braut keine Mitgift geben konnte (Demosthenes 57,25; 57,4). Zwar wird nicht ausdrücklich gesagt, dass die Mutter keine Mitgift bekam; dass Euxitheos dieses Thema einfach übergeht, spricht aber dafür, dass tatsächlich keine Mitgift übergeben wurde. In anderen Gerichtsfällen wird die Übergabe einer Mitgift erwähnt, um die erfolgte Eheschließung zu dokumentieren.

Die Mitgift wird bei den Rednern meist in Geldwerten angegeben, wobei häufig Schmuck und Kleider besonders ausgewiesen werden. So heißt es etwa in einer Rede des Isaios (2,9): »So übergaben wir sie [die Braut] dem Elios aus Sphettos,

---

38 Die Beschreibung der *engýē* als »Verlöbnis« (so HARRISON, Law 1968, 6) ist unzutreffend, da der Inhalt der Abmachung somit nicht hinreichend erklärt wird. Auch die Charakterisierung der *engýē* als »Ehevertrag«, der allein die Übergabe der Mitgift zum Gegenstand hat (so LEDUC, Heirat 1993, 302), trifft nicht den Kern dieser Übereinkunft.

39 Für die etymologische Herleitung des Wortes verweisen neuere Beiträge auf *gao (Hand). Zur Etymologie des Wortes vgl. FRISK, Etymologisches Wörterbuch, Bd. 1 s.v. *engýē*, 436.

40 Vgl. WOLFF, Grundlagen 1968, 633; HARRISON, Law 1968, 2.

41 So HARRISON, Law 1968, 2.

42 Diese Bedeutung findet sich schon in der frühesten Erwähnung des Wortes bei Homer *Od.* 8,351; Bürgschaften kommen insbesondere bei der Vergabe von Darlehen, beim Kauf, bei Pachtverträgen und Ehrenbezeugungen zum Einsatz. Ebenso kann durch eine Bürgschaft der Status einer Person beglaubigt werden. In Lysias 23,9–11 wird beglaubigt, dass jemand ein Freigelassener und kein Sklave ist. Als Bürgen kommen insbesondere Verwandte (Lysias 23,9–11) und Freunde in Frage (Platon *Prot.* 336 d; *Phaid.* 115 d; Demosthenes 33,24.)

43 Vgl. auch: Menandros *Dysk.* 762; *Perik.* 1012–1015; *Sam.* 725 ff. Der früheste Beleg für eine *engýē* im Vorfeld einer Heirat findet sich in den *Historien* Herodots (6,130) im Rahmen seiner Schilderung der Hochzeit der Tochter des Tyrannen von Sikyon.

und Menekles gab ihm die Mitgift (*proíx*) [...] und die Kleider (*himátia*), die von ihr stammten, als sie ins Haus kam, und den Goldschmuck (*chrýsia*), die vorhanden waren, gab er ihr.« Bei diesen Kleidern und goldenen Dingen handelt es sich um die Brautausstattung, die Aussteuer, die mitunter *phernḗ* genannt wird (Plutarch *Sol.* 20,6).[44] Offenbar ist in Athen genau geregelt, was bei Heirat und Scheidung mit den wertvollen, von den Frauen hergestellten Textilien geschieht.[45] Von der Aussteuer zu unterscheiden ist die eigentliche Mitgift (*proíx*), die als Anteil einer Tochter am väterlichen Erbe zu verstehen ist.[46] Diese Mitgift wird zwar dem Ehemann übergeben, er wird jedoch nicht deren Besitzer, sondern ist verpflichtet, die Mitgift zu erhalten und im Falle der Scheidung komplett an den Vormund seiner Ehefrau zurückzugeben.[47] Beim Tod der Ehefrau, bekommen ihre Söhne die Mitgift.[48] Über deren Inhalt besteht in der Forschung kein Einvernehmen: Aufgrund der agrarischen Struktur Attikas ist anzunehmen, dass die Mitgift vorwiegend aus Landbesitz oder Häusern, bzw. Einkünften aus Verpachtungen und Vermietungen, besteht, möglicherweise auch aus Vieh. Aus dem 4. Jh. sind Inschriften erhalten, auf denen Ländereien verzeichnet sind, welche die Ehemänner als Sicherheit für die empfangene Mitgift bereitstellen.[49] Die Höhe der Mitgift variiert je nach der ökonomischen Situation des Brautgebers[50] und des Bräutigams.[51]

Bei der Übergabe der Mitgift wird ihr Wert in Anwesenheit von Zeugen geschätzt. Auf diese Weise verständigt man sich über den Wert, was nötig ist, weil es sonst kaum möglich gewesen wäre, die Mitgift im Falle der Scheidung zurückzufordern.[52] Der Bräutigam scheint seinerseits allerdings keine Möglichkeit zu haben, eine angekündigte und nicht ausgehändigte Mitgift auf juristischem Wege einzuklagen.[53] Die Mitgift gilt als Ausweis der Liquidität der Brautgeber und glei-

---

44 Die Bezeichnung *phernḗ* wird auch in den Eheverträgen des ptolemäischen Ägypten verwendet: WAGNER-HASEL, Eheverträge 1997, 901 f.
45 Auch im sog. Stadtrecht aus Gortyn in Kreta, dem ältesten inschriftlich erhaltenen Gesetzestext des klassischen Griechenland, wird geregelt, was im Falle einer Scheidung insbesondere mit den Textilien geschieht: »Die Hälfte des Gewebten« verbleibt im Haushalt des Ehemannes, die andere Hälfte bekommt die Frau: Col. II 45.
46 FOXHALL, Household 1989, 32.
47 Demosthenes 59,52; 27,17; vgl. auch LEDUC, Heirat 1993, 303.
48 WAGNER, Mythos 1982, 175; LEDUC, Heirat 1993, 308.
49 FINLEY, Land 1952, 44–52; COX, Household 1998, 64–67.
50 Auch das soziale Verhältnis, das der Brautgeber zur Braut hat, ist entscheidend für die Höhe der Mitgift. Die Übersicht bei LEDUC, Heirat 1993, 307 zeigt, dass Brüder, die ihre Schwestern in die Ehe geben, diese mit einer kleineren Mitgift (d. h. eine im Verhältnis zu ihrem Vermögen einem geringeren Prozentsatz entsprechende) versehen, als Väter.
51 LEDUC, Heirat 1993, 309 weist daraufhin, dass die Familie der Braut und die des Bräutigams denselben Vermögensstand aufweisen.
52 Vgl. HARRISON, Law 1968, 46 u. 50; Isaios 3,35; Demosthenes 27,17; zur Anwesenheit von Zeugen: Demosthenes 30, 21; vgl. HARRISON, Law 1968, 50; so auch VERNANT, Heirat 1987, 52. Solche Schätzungen der Mitgift sind auch aus dem modernen Boiotien bekannt: vgl. FRIEDL, Aspects 1963, 113 ff.
53 HARRISON, Law 1968, 51.

chermaßen als Statussymbol der Bräute.⁵⁴ Neben wirtschaftlichen Überlegungen ist bei der Vergabe der Mitgift auch von Bedeutung, dass die Mitgift als Zeichen der gesetzeskonformen Eheschließung angesehen wird. Zwar ist die Bereitstellung einer Mitgift für eine weibliche Verwandte nicht gesetzlich vorgeschrieben, wohl aber eine starke, moralische Verpflichtung.⁵⁵ Die Behauptung, eine Frau sei ohne Mitgift verheiratet worden, legt den Verdacht nahe, dass mit ihrer Herkunft »etwas nicht stimmt«, das heißt, dass sie eventuell keine Bürgertochter sei.⁵⁶

Den nächsten Schritt auf dem Weg der Eheschließung stellt das Fest im Kreise der Familien und Freunde dar. Für Feiern dieser Art wird der Monat *Gamelion* (Mitte Januar bis Mitte Februar) bevorzugt, denn auch die mythische Hochzeit des Götterpaares Zeus und Hera fiel in diesen Monat und gab ihm seinen Namen.⁵⁷ Der Ablauf einer idealtypischen Hochzeit kann einigermaßen rekonstruiert werden. Das Hochzeitsfest dauert drei Tage. Der erste Tag (*proaúlia*)⁵⁸ dient den Vorbereitungen, der zweite Tag ist der eigentliche Hochzeitstag (*gámos*), an dem die Braut in das Haus ihres Gatten überführt wird und ihm das erstemal beiwohnt; am dritten Tag (*epaulía*) finden weitere Feierlichkeiten statt. Die überlieferten Riten sind vielfältig und lassen keine Rangfolge erkennen; sie haben keineswegs den Charakter eines Sakramentes und ihre Befolgung hat keine legale Bedeutung. Am Vorabend der Hochzeit leiten Opfer (*protéleia*) an die Schutzgottheiten der Ehe und Reinigungsriten den Beginn der Festlichkeiten ein. Es ist anzunehmen, dass das Fleisch der zu diesem Zweck geopferten Tiere beim Festmahl am darauffolgenden Tag verspeist wurde. Ein zeremonieller Bestandteil der Hochzeitsfeier ist das Bad der Brautleute. Das Wasser für diese rituelle Reinigung holen die nächstverwandten Kinder der Brautleute von der athenischen Quelle Kallirhoe in besonderen Wassergefäßen (*Loutrophoren*), die häufig mit Hochzeitsbildern verziert sind (**Q 12, 14, 15**).⁵⁹ Viele solcher *Loutrophoren* wurden bei Ausgrabungen im Schrein der Nymphen am Südhang der Akropolis gefunden. Offensichtlich haben sich die Frauen bei den Nymphen als Schützerinnen der Bräute bedankt, indem sie die Gefäße als Weihgaben darbrachten, nachdem diese bei der Vermählung ihre Zweck erfüllt hatten.⁶⁰ Häufig wurden die Gefäße auch in Gräbern gefunden; sie können in diesem Zusammenhang als Indiz dafür gelten, dass die verstorbene Person nicht

---

54 REINSBERG, Ehe 1989, 40; FOXHALL, Household 1989, 33.
55 REINSBERG, Ehe 1989, 40; LEDUC, Heirat 1993, 307.
56 FOXHALL, Household 1989, 33; vgl. dazu: Isaios 2,5; 3,8–10; 3,28–29; 3,35–39 u. 78; 8,8f; s. auch LEDUC, Heirat 1993, 307.
57 OAKLEY/SINOS, Wedding 1993, 10.
58 Die Bezeichnung des ersten Festtages als *proaúlia* unnd die des dritten Tages als *epaulía* leiten sich vom griechischen Verb *aúlizesthai* »die Nacht verbringen« ab und bezeichnen demnach den Tag vor und den Tag nach der Hochzeitsnacht. OAKLEY/SINOS, Wedding 1993, 10.
59 Grundsätzlich war es Griechenland üblich, sich vor sakralen Handlungen zu reinigen; auch vor einem Symposion wurde üblicherweise gebadet. OAKLEY/SINOS, Wedding 1993, 37; Harpokrates s.v. *loútrophoros*. Zur Sitte des Wasserholens: Thukydides 2,15.
60 OAKLEY/SINOS, Wedding 1993, 43.

verheiratet war (Demosthenes 44,18; 44,3). Mit diesen Grabbeigaben wurde ihr zugedacht, was ihr das Leben vorenthalten hatte.

Am Hochzeitstag wird die Braut von eigens zu diesem Zweck bestellten Brauthelferinnen (*nympheútriai*) eingekleidet und geschmückt. Vasenbilder illustrieren diesen Vorgang detailliert und zeigen, mit welcher Aufmerksamkeit etwa die Sandalen gebunden, das Kleid drapiert und die Frisur hergerichtet werden (**Q 13**). Mit allen Mitteln gilt es auf den Vasen, die bezaubernde Schönheit der Braut herauszustellen, die auf den Bildern der Liebesgöttin Aphrodite angeglichen wird (Sophokles *Ant.* 795–801). Der aphrodisische Liebreiz der Braut soll das Begehren ihres Gatten entfachen. Es fällt auf, dass auf vielen Grabreliefs verstorbene Frauen als Bräute abgebildet sind. Durch Attribute wie Spiegel und Schleier, die sonst der Liebesgöttin eigen sind, wird auch hier die bezaubernde Wirkung der jungen Braut an diesem großen Festtag veranschaulicht.[61] Das Wirken der Aphrodite in der Ehe ist allerdings auf den Zeitraum bis zur Geburt des ersten Kindes beschränkt; entfaltet die Göttin des Begehrens ihre Macht noch länger, wird sie als beunruhigende Kraft wahrgenommen, welche die Ehe von innen her bedroht (Euripides *Iph. A.* 544–556).

Der Hochzeitstag, an dem die festlich geschmückte Braut in das Haus ihres Bräutigams geführt wird, stellt für sie nach der gängigen Meinung einen Höhepunkt ihres Lebens, gewissermaßen die Erfüllung (*télos*)[62] ihrer Existenz dar. In diesem Sinne wird in den Tragödien, in denen sich die Bürgerschaft ihrer zentralen Werte vergewissert, der Hochzeitstag als herausragendes Glückserlebnis beschrieben.[63]

Anlässlich der Hochzeit findet im Haus des Brautvaters ein Festmahl statt.[64] Die Umwohnenden erfahren durch die Gesänge und Schmückung des Hauses von dem Fest, Verwandte und Freunde sind als Gäste geladen und auch sog. Schmarotzer (*Parasiten*), die sich verköstigen, indem sie von Fest zu Fest ziehen, sind geduldet. Männer und Frauen nehmen gemeinsam am Fest teil, wenngleich offenbar für sie jeweils getrennte Tische vorgesehen sind.[65]

Am Abend setzt sich beim Licht der Fackeln und zum Klang der Brautgesänge ein Hochzeitszug in Bewegung, der die Braut zu ihrem neuen Haus geleitet. Von allen Hochzeitsriten wird die »Heimführung« der Braut am häufigsten in der Vasenmalerei dargestellt.[66] Im Haus angekommen, betritt das Paar das Schlafzimmer und vollzieht die Ehe, in der Hoffnung, dass sich bald Nachwuchs einstellt. Die zentrale Bedeutung dieses Aktes zeigt sich darin, dass der Terminus für das Braut-

---

61 Vgl. REINSBERG, Frauenrepräsentation 1996, 23.
62 Zeus und Hera haben im Rahmen ihrer kultischen Verehrung als Hochzeitsgötter den Beinamen *téleia* bzw. *téleios*.
63 Vgl. OAKLEY/SINOS, Wedding 1993, 11. In der Tragödie wird oft die Unzuverlässigkeit menschlichen Glücks thematisiert, indem Momente des Glücks mit solchen schweren Leidens kontrastiert werden. Vgl. Aischylos, *Prom.* 552–57.
64 BRUIT ZAIDMAN/SCHMITT PANTEL, Religion 1994, 70.
65 Athenaios *Deipnosophistai (Gelehrtenmahl)* 14, 644 e.
66 REINSBERG, Ehe 1989, 59.

bett (*eunḗ/léchos*) in der poetischen Sprache Homers und der Tragödien stellvertretend für die Ehe an sich steht. Auf Vasen wird das Ehebett oft als Ziel der Hochzeitsprozessionen dargestellt (**Q 15**). Am Morgen nach der Hochzeitsnacht setzen sich die Feierlichkeiten fort und das Ehepaar empfängt Geschenke.

Kinderlosigkeit, Scheidung und Wiederverheiratung

Bleibt eine Verbindung kinderlos, kann sie ohne viel Aufhebens wieder gelöst werden. Somit erscheint es folgerichtig, dass die Heirat in den Kultverbänden (*phratríai*) erst neun Monate nach dem Hochzeitsmonat bekannt gegeben wird, wenn der Ehemann die Chancen auf zu erwartenden Nachwuchs bereits einschätzen, ja bestenfalls schon ein Kind präsentieren kann. Am *Apatourienfest*, das jedes Jahr im Herbst in den einzelnen Phratrien gefeiert wird, verkündet jeder Neuvermählte Athener seine Hochzeit und stiftet zu diesem Zweck ein Opfer. Auch in diesem Ritual zeigt sich wiederum, wie wichtig die öffentliche Teilnahme für die Rechtsfolgen der Eheschließung ist: In den Gerichtsreden werden fehlende Hochzeitsopfer (*gamēlía*) im Kreis der Phratriegenossen als Indiz dafür bewertet, dass keine Heirat stattgefunden hat.[67] Anlässlich des *Apatourienfestes* werden auch die Jungen in die Verbände aufgenommen und ihre Namen in Listen eingetragen, wobei jeweils der Vater die legitime Abkunft seines Sohnes eidlich versichert. Wenn einer der Phratriegenossen Zweifel an der legitimen Abkunft eines Kindes hat, kann er das Opfer vom Altar nehmen und damit seinen Einspruch kundtun. Den Phratrien kommt somit die Aufgabe zu, die Zusammensetzung der Bürgerschaft zu kontrollieren. Sie üben diese Kontrolle aus, indem sie die Eheschließungen und die Neueintragungen überwachen.

Erst nach der Geburt eines Kindes wird die Eheschließung als vollzogen betrachtet, der Status der Frau wandelt sich damit von der Braut (*nýmphē*) zur Ehefrau (*gynḗ*). Dieser Übergang ist durchaus mit Angst besetzt, doch wird er in den Quellen positiv gedeutet, indem er als »Zivilisationsprozess« beschrieben wird: Die sexuelle Verbindung von Mann und Frau wird durch eine Ehe in einen geordneten Rahmen eingebunden, die potentielle Wildheit weiblicher Sexualität kontrollierbar gemacht. Diese Vorstellung drückt sich in den Metaphern von der »Zähmung« der Frau aus, die im Zusammenhang mit der Hochzeitsnacht verwendet werden. Als Mutter spielt eine Bürgerin eine wichtige Rolle in den Kulten der Polis, indem sie beispielsweise an den *Thesmophorien* teilnimmt, einem Fruchtbarkeitsfest zu Ehren der Demeter. Wenn aus einer Ehe keine Kinder hervorgehen, gilt die Frau als unfruchtbar; der Ehemann kann sich ihrer recht einfach entledigen, indem er sie »wegschickt«, sie mitsamt ihrer Mitgift wieder in die Obhut ihres ehemaligen Vormundes gibt. Kinderlosigkeit ist in Athen wohl der häufigste »Scheidungsgrund« (Isaios 2,6 ff.). Auch für Frauen besteht die Möglichkeit, eine Scheidung zu veranlassen; zu diesem Zweck muss sie árich an einen der obersten Magistrate, den *Árchōn*

---

67 Isaios 3,79.

epónymos wenden. Diese Maßnahme ergreift zum Beispiel die Frau des berühmten Politikers Alkibiades, als ihr Mann Hetären mit nach Hause bringt (Plutarch *Alki.* 8,3–6; Andokides 4,14).

Sobald aus einer Ehe Kinder hervorgehen, besteht die Chance, dass die Verbindung dauerhaft ist. Jedoch finden viele Ehen durch den Tod eines Partners ein frühes Ende, da Krankheiten, Kriege und auch das Kindbett ein erhebliches Risiko darstellen. Was passiert, wenn einer der beiden Ehepartner stirbt? Eine Frau, die bereits Mutter ist, hat – sofern sie noch jünger ist – gute Chancen, erneut verheiratet zu werden, denn sie hat ihre Gebärfähigkeit schon in erster Ehe unter Beweis gestellt.[68] Grundsätzlich erwartet man von dem Vormund (*kýrios*)[69] einer verwitweten Frau sogar, dass er rasch eine zweite Heirat anberaumt, damit die Frau wieder versorgt ist und weitere Kinder in die Welt setzen kann. Das liegt auch im eigenen Interesse des Vormundes, da er sonst selbst die Frau bei sich aufnehmen muss. Demgegenüber fällt auf, dass ein Mann, der bereits aus erster Ehe Kinder hat, und ein zweites Mal heiraten will, als rücksichtslos gilt. Das ist nur zu verständlich: Wenn der Mann bereits Kinder hat und in zweiter Ehe nochmals Söhne bekommt, sind Konflikte um das Erbe bereits vorauszusehen. Dies bezeugen die Gerichtsreden und auch der Dichter Euripides lässt im Theater vor den versammelten Athenern die mustergültige Gattin Alkestis bei ihrem Tode die dringende Mahnung an Admetos aussprechen, sich ja nicht ein zweites Mal zu verheiraten. In vielen literarischen Quellen wird ein wahres Schreckbild von der »bösen Stiefmutter« gemalt. Und die attischen Prozessreden belegen, dass die zweite Heirat eines bereits mit Nachfolgern gesegneten Mannes Anlass gibt zu der Vermutung, dass mit der ersten Ehe etwas nicht gestimmt habe (Isaios 8 passim).[70] In der 12. Rede des Isaios erregt die bloße Tatsache, dass ein Mann ein zweites Mal geheiratet hat, den Verdacht, dass sein angeblicher Sohn aus erster Ehe, gar nicht sein leiblicher Sohn sei, sondern ein gegen Geld adoptierter Fremder, der sich auf diesem Weg das Bürgerrecht erschleichen wolle.

Um Konflikte rivalisierender Erben aus verschiedenen Ehen zu vermeiden, nimmt mancher Mann, der bereits mit legitimen Nachfolgern gesegnet ist, nach dem Tod seiner ersten Frau tatsächlich davon Abstand, erneut zu heiraten. Stattdessen kann er eine in den Quellen als *pallaké* (Konkubine) bezeichnete Frau bei sich aufnehmen. Bei diesen Konkubinen handelt es sich in der Regel um Sklavinnen, die oft bei der Aufnahme in den Haushalt von ihrem Partner freigelassen werden. Die Freilassung der Sklavin bringt mehrere Vorteile mit sich: Zum einen bindet der Akt der Freilassung die ehemalige Sklavin an ihren Freilasser. Denn mit der Freilassung wird aus der Sklavin eine Metökin, die dazu verpflichtet ist, eine jährliche Steuer zu entrichten, für die in der Praxis ihr Freilasser aufkommt, der gleich-

---

68 Isaios 3,36.
69 Dazu HUNTER, Policing 1994, 9ff.
70 Vermutlich hatte der Athener Kiron aus erster Ehe eine Tochter, bevor er ein zweites Mal heiratete. Die erste Ehefrau wird nach seinem Tod von um das Erbe rivalisierenden Angehörigen der zweiten Ehefrau als »Hetäre« diffamiert.

zeitig ihr Vormund (*prostátēs*) wird. Zweitens haben die aus dieser Verbindung eventuell hervorgehenden Kinder immerhin den Status von Freien, was ein Gesetz belegt, das bereits in Solonischer Zeit existiert haben soll (Demosthenes 23,53). Die Kinder einer Konkubine haben andererseits keinen Anteil am Familienerbe, am familiären Kult und am Bürgerrecht und können somit nicht in Konkurrenz zu den ehelichen Kindern des Mannes treten.[71]

Vielfach handelt es sich bei den freigelassenen Sklavinnen um ehemalige Hetären. In der antiken »Klatschliteratur« wird von vielen bekannten Philosophen und Politikern behauptet, dass ehemalige Hetären im Haus ihrer älteren Liebhaber einen Unterschlupf fanden (Athenaios *deipn.* 13,592 d; 592 b; 589 e; 589 c). Der gleiche Sachverhalt wird aber auch in »seriösen« literarischen Quellen überliefert (Demosthenes 36,45; 48,53) und insbesondere in Weihinschriften belegt, welche die Namen von Freigelassenen auflisten, die anlässlich ihrer Freilassung Silberschalen im Wert von 100 Drachmen an Athena weihten.[72] Berufsbezeichnungen wie »Flötenspielerin«, »Tänzerin« verweisen hier auf ein Betätigungsfeld der genannten Frauen als Hetären. Die Position der Frauen ist in Verbindungen dieser Art allerdings kaum abgesichert. So hören wir in der 1. Rede des Antiphon, dass der Athener Philoneus seiner Konkubine überdrüssig wurde und er sie daher in ein Bordell abschieben wollte. Um seine Liebe erneut zu gewinnen, verabreichte sie ihm einen Liebestrank, der so stark dosiert war, dass ihr Liebhaber auf der Stelle starb.

Der athenische Konkubinat stellt somit gerade für ältere Männer eine Gelegenheit dar, eine ihren Neigungen entsprechende Lebensgemeinschaft mit einer jüngeren Geliebten zu begründen. Dies ist für einen älteren Bürger unproblematisch, insbesondere wenn er seine Pflicht, die Polis mit Bürgernachwuchs zu versorgen, bereits erfüllt hat. Doch geht aus den Quellen auch hervor, dass mancher Mann (mitunter bereits zu Lebzeiten seiner Ehefrau) eine längerfristige außereheliche Beziehungen zu einer Geliebten unterhält und sogar versucht, den gemeinsamen Kindern den Bürgerstatus zu verschaffen (Isaios 6). In anderen Fällen geben Bürger, die in »wilder Ehe« mit einer Fremden zusammenleben, vor, es handele sich um eine rechtmäßige Ehe mit einer Athenerin (Demosthenes 59). Dies kann lange Zeit gut gehen; doch bietet eine solche Verbindung einen Angriffspunkt etwa für politische Gegner, die sie zum Anlass für ein gerichtliches Verfahren nehmen, was zumindest mit einer extremen Schädigung des öffentlichen Ansehens einhergeht.

---

71 Im Rahmen der Gesetzesrevision von 403 v. Chr. wurde explizit gesetzlich festgelegt, dass wer nicht von einer Bürgerin abstamme, als Bastard (*nóthos*) gelte, und dass diese illegitimen Kinder keinen Anteil an Familienangelegenheiten hatten, d. h. vom Erbrecht und Kult ausgeschlossen waren. Isaios 6,47; Athenaios *deipn.* 13,577 b. Diese Regelung gereichte den Bastarden nicht nur zum Nachteil, sondern entband sie auch von der Verpflichtung, die Eltern im Alter zu versorgen (Plutarch *Sol.* 22).
72 Dazu DILLER, Race 1971, 148.

Bürgerrecht und Ehe

Warum band die Polis das Bürgerrecht an den Nachweis einer legitimen Ehe? Bis ins 5. Jh. hinein pflegen die aristokratischen Familien, durch Eheschließungen mit Familien anderer Poleis auch politische Allianzen zu begründen. Grundsätzlich ist es bis dahin auch möglich, in Athen ansässige Fremde oder freigelassene Sklaven zu ehelichen. Im Jahr 451 v. Chr., zur Blütezeit der Demokratie, wird von der Volksversammlung jedoch ein Gesetz verabschiedet, das diesen Heiratspraktiken einen Riegel vorschiebt. Das Gesetz ist in der Abhandlung Vom *Staat der Athener* überliefert, in der die Entwicklung Athens zur Demokratie und die wichtigsten Organe der demokratischen Polis beschrieben werden (Aristoteles *Ath. pol.* 26,4).[73] Das Gesetz sei auf Initiative des damals tonangebenden Politikers Perikles eingeführt worden, offenbar weil die »Menge der Bürger« zu groß wurde. Der Inhalt ist erstaunlich knapp wiedergegeben: Das Gesetz habe festgelegt, dass nur noch jene an der Polis teilhaben dürfen, dessen Eltern beide »Städter« seien, d. h. ihrerseits von Athener Bürgern abstammen. Andere Quellen legen nahe, dass das Dekret tatsächlich in dieser knappen Formulierung verabschiedet wurde. Das Gesetz legt lediglich die Herkunft der Eltern als Kriterium für das Bürgerrecht fest, regelt aber nicht die konkrete Form des Zusammenlebens oder schreibt bestimmte Formalitäten vor. Dies ist bezeichnend für einen in Athen im Hinblick auf die Ehe festzustellenden Mangel an Formalismus.

Dieses sog. »Bürgerrechtsgesetz« gilt als entscheidender Schritt im Rahmen der Entwicklung der Demokratie in Athen. Der Kreis der zur Teilhabe an der Polis Berechtigten wird nun genau definiert, denn das Gesetz bewirkt, dass die Stadt als Gemeinwesen sich zur endogamen Einheit stilisiert: jeder, der seinen Kindern Zugang zu Rechten und Pflichten eines Bürgers verhelfen will, ist darauf angewiesen, eine Bürgerin zu heiraten.[74] Das Gesetz ist oft als Maßnahme gegen die auswärtigen Heiratsallianzen der Adelsfamilien interpretiert worden, doch kann es sich auch gegen Verbindungen von Athenern mit den zu dieser Zeit in die Stadt strömenden gewerbetreibenden Fremden (Metöken) gerichtet haben.[75] Es kann wohl als Ironie der Geschichte bezeichnet werden, dass ausgerechnet Perikles selbst, auf dessen Initiative das Gesetz verabschiedet wurde, mit diesem Gesetz in Konflikt geriet (**Q 11**). Perikles war in erster Ehe mit einer Athenerin verheiratet und hatte aus dieser Verbindung zwei Söhne. Um mit seiner geliebten Hetäre Aspasia zusammenzuleben, löste er seine Ehe auf (Plutarch *Per.* 24). Da aber Aspasia keine Athenerin war (sie stammte aus Milet), konnte der aus dieser Verbindung hervorgehende Sohn kein Bürger sein. Plutarch berichtet in seiner Biographie des Perikles, dass die Söhne des Perikles aus erster Ehe recht früh starben und er daraufhin Angst bekam, ohne legitime Nachfolger zu bleiben. Daraufhin bat Perikles das Volk von Athen um eine Ausnahmeregelung, die es seinem illegitimen Sohn gestatten sollte,

---

73 S. auch: Aristoteles, *Ath. pol.* 42,1; Plutarch *Per.* 37.
74 Vgl. LEDUC, Heirat 1993, 319.
75 SPAHN, Fremde 1995, 49.

das Bürgerrecht zu erwerben, obwohl er nach dem Gesetz kein Anrecht darauf gehabt hätte. Dies wurde ihm vom Volk gewährt.[76] Grundsätzlich blieb das Gesetz aber in Kraft. Das »Perikleische Bürgerrechtsgesetz« formuliert ein Grundprinzip der demokratischen Polis Athen: den Ausschluss der Fremden aus der politischen Gemeinschaft. Während des Peloponnesischen Krieges wird es zwar vorübergehend außer Kraft gesetzt, möglicherweise aufgrund der zahlreichen Verluste an kampfesfähigen Männern. Es wird aber im Zuge der Gesetzesrevision, die bei Wiederherstellung der Demokratie kurz nach dem Ende des Peloponnesischen Krieges (403 v. Chr.) durchgeführt wurde, sofort wieder eingeführt.

Für das 4. Jh. lassen sich noch weitere Gesetze nachweisen, die belegen, dass die gleichen Voraussetzungen, die für den Erwerb des Bürgerrechtes erfüllt sein mussten, auch im Erbrecht zur Anwendung kamen (Isaios 6,47). Uneheliche Kinder galten als illegitim und waren sowohl vom Bürgerrecht als auch vom Familienerbe ausgeschlossen. Einige Gerichtsreden des 4. Jh. legen davon Zeugnis ab, dass sich häufiger jemand gegen den Vorwurf der unberechtigten Teilhabe an der Polis oder der widerrechtlichen Aneignung des Familienerbes vor Gericht verteidigen musste.[77]

Die politischen Entwicklungen des 5. Jh., allen voran der Sieg über die Perser und die Begründung der führenden Position Athens im Seebund, wirken sich entscheidend auf das Selbstbewusstsein der Athener Bürgerschaft aus und stärken deren innere Geschlossenheit. Es wird nun nötig, Kriterien für die Zugehörigkeit zur Bürgerschaft festzulegen. Indem man nur jenen Personen Teilhabe am Bürgerrecht gewährt, deren Eltern beide aus Athen stammen, wird sichergestellt, dass nur Einheimische in den Genuss jener Vorteile kommen, welche der Bürgerstatus beschert. Dazu zählen nicht nur die ökonomischen Faktoren (Richtersold, Getreidespenden, Teilnahme an städtischen Festen), sondern auch der Schutz, den der soziale Zusammenhalt innerhalb der einzelnen Verbände der Polis den Bürgern zu gewährleisten vermag, und das soziale Prestige, das die Teilnahme im Heer sowie in den politischen Gremien mit sich bringt. Bezeichnenderweise wird bei der Selbstdefinition der Bürgerschaft die Ehe unter Bürgern zur Norm erhoben: Im Hochzeitsritual wird der Bürgerstatus von Braut und Bräutigam explizit und vor Zeugen herausgestellt, das »Bürgerpaar« in der Teilnahme der Öffentlichkeit an der Feier in die Gemeinschaft integriert.

---

76 Der illegitime Sohn des Perikles erhält daraufhin das Bürgerrecht; seine militärische Karriere lässt sich anhand von Quellenbelegen verfolgen: vgl. MILTNER, Perikles 1937, 790f.
77 Der Vorwurf der widerrechtlichen Aneignung eines Erbteils kommt in folgenden Fällen zum Ausdruck: Isaios 6; 8; Demosthenes 40. Der Vorwurf der unberechtigten Aneignung des Bürgerrechtes klingt in folgenden Fällen an: Demosthenes 59; 39; 57; Isaios 12.

Quellen

Q 9 Die Heirat der Eltern des Euxitheos als Beleg für seinen Anspruch auf das Bürgerrecht

Demosthenes 57,50; 57,54; 57,69–70

57 (50) Ich aber, ihr Herren Richter (und ich bitte euch bei Zeus und den Göttern, macht keinen Krach und seid deswegen nicht verärgert), halte mich für einen Athener aus denselben Gründen, aus denen jeder von euch sich dafür hält: weil ich seit meiner Geburt glaube, dass diejenige Frau meine Mutter ist, die ich euch als solche angegeben habe und ich nicht nur vorgebe, ihr Kind zu sein, obwohl ich eigentlich der Sohn einer anderen bin. Und was meinen Vater betrifft, ihr Männer von Athen, ganz genauso. [...]

57 (54) [...] als ich ein Kind war, brachten sie mich sofort zu den Phratrie- [Kultverband – wörtlich: Bruderschaft –, der die Zugehörigkeit zur Polisgemeinschaft überwachte] genossen, sie brachten mich zum Heiligtum des Apollon Patroos und zu anderen heiligen Orten. [...] noch zu seinen Lebzeiten schwor mein Vater persönlich den üblichen Eid und stellte mich den Phratriegenossen vor, weil er wusste, dass ich ein Athener war, ein Kind, das er mit einer Athenerin gezeugt hatte, deren Herkunft verbürgt ist; und dies habe ich euch bezeugt. [...]

57 (69) Was wollt ihr denn noch hören? Noch einmal: dass mein Vater geheiratet hat, wie es Brauch und Vorschrift ist und ein Hochzeitsopfer in der Phratrie veranlasst hat, habe ich schon bezeugt. Und darüber hinaus habe ich gezeigt, dass ich selbst an allem teilgenommen habe, was sich für freie Männer ziemt. So dass ihr vollkommen gerecht und mit eurem Eid in Einklang handelt, wenn ihr euren Urteilsspruch zu meinen Gunsten abgebt. (70) [...] Ich blieb nach dem Tod meines Vaters als Halbwaise zurück, aber um meiner Mutter willen flehe ich euch an und bitte euch, diesen Prozess zu beenden: Gebt mir das Recht zurück, sie in dem väterlichen Grab zu bestatten und verwehrt es mir nicht, macht mich nicht zu einem Stadtlosen, trennt mich nicht von der großen Menge derer, die mir nahe sind und ruiniert mich damit gänzlich. Eher als ich diese verlasse, wenn es nicht möglich ist, dass sie mich retten, werde ich mich umbringen, so dass ich von ihnen wenigstens in der Heimat begraben werde.

57 (50) ἐγὼ δ', ὦ ἄνδρες δικασταί, (καί μοι πρὸς Διὸς καὶ θεῶν μηδεὶς θορυβήσῃ, μηδ' ἐφ' ᾧ μέλλω λέγειν ἀχθεσθῇ), ἐμαυτὸν Ἀθηναῖον ὑπείληφ' ὥσπερ ὑμῶν ἕκαστος ἑαυτόν, μητέρ' ἐξ ἀρχῆς νομίζων ἥνπερ εἰς ὑμᾶς ἀποφαίνω, καὶ οὐχ ἑτέρας μὲν ὤ, ταύτης δὲ προσποιούμενος· πατέρα πάλιν, ὦ ἄνδρες Ἀθηναῖοι, τὸν αὐτὸν τρόπον. [...]

57 (54) ἀλλὰ παιδίον ὄντα μ' εὐθέως ἦγον εἰς τοὺς φράτερας, εἰς Ἀπόλλωνος πατρῴου μ' ἦγον, εἰς τἆλλ' ἱερά. [...] ἀλλὰ μὴν ὁ πατὴρ αὐτὸς ζῶν ὀμόσας τὸν νόμιμον τοῖς φράτερσιν ὅρκον εἰσήγαγέ με, ἀστὸν ἐξ ἀστῆς ἐγγυητῆς αὑτῷ γεγενημένον εἰδώς, καὶ ταῦτα μεμαρτύρηται. [...]

57 (69) τίνος οὖν ἂν προσδέοισθε; καὶ γὰρ ὅτι κατὰ τοὺς νόμους ὁ πατὴρ ἔγημε καὶ γαμηλίαν τοῖς φράτερσιν εἰσήνεγκεν μεμαρτύρηται. πρὸς δὲ τούτοις καὶ ἐμαυτὸν ἐπέδειξα πάντων μετειληφότα, ὅσων προσήκει τοὺς ἐλευθέρους. ὥστε πανταχῇ δικαίως καὶ προσηκόντως ἡμῖν ἂν προσθέμενοι τὴν ψῆφον εὐορκοῖητε. [...] (70) ἐγὼ δὲ τοῦ μὲν πατρὸς ὀρφανὸς κατελείφθην, τὴν δὲ μητέρ' ἱκετεύω ὑμᾶς καὶ ἀντιβολῶ διὰ τοῦτον τὸν

ἀγῶν' ἀπόδοτέ μοι θάψαι εἰς τὰ πατρῷα μνήματα καὶ μή με κωλύσητε, μηδὲ ἄπολιν ποιήσητε, μηδὲ τῶν οἰκείων ἀποστερήσητε τοσούτων ὄντων τὸ πλῆθος, καὶ ὅλως ἀπολέσητε. πρότερον γὰρ ἢ προλιπεῖν τούτους, εἰ μὴ δυνατὸν ὑπ' αὐτῶν εἴη σωθῆναι, ἀποκτείναιμ' ἂν ἐμαυτόν, ὥστ' ἐν τῇ πατρίδι γ' ὑπὸ τούτων ταφῆναι.

Q 10 Vorbereitungen einer Hochzeit in Menanders Komödie *Die Samierin*

Menander, *Die Samierin* 725–730

Das wiederkehrende Motiv der zumeist nur fragmentarisch erhaltenen Komödien Menanders ist die Liebe eines jungen Paares, das trotz großer Hindernisse zur Heirat findet. Menander bezieht seine Komik aus den verwirrten Lebensumständen seiner Charaktere, Missverständnissen und Verwechslungen; seine Stücke schließen mit einem ›happy-end‹, durch das Ruhe und Ordnung des bürgerlichen Lebens wiederhergestellt werden.

[725] [Der Brautvater Nikeratos zu seinem zukünftigen Schwiegersohn Moschion:]
Hier, so gebe ich vor Zeugen dieses Mädchen dir zur Frau,
zur Erzeugung echter Kinder.
Mitgift sei all mein Besitz, wenn ich sterbe (nie gescheh es, lebte gern für alle Zeit).
[Moschion:]Ich empfange,
habe, lieb sie.
[Ein anderer Athener]: Also dann, nun auf zum Bad.
[730] Chrysis, schick das Flötenmädchen und die Wasserträgerin!
Jemand bring heraus die Fackel und die Kränze, dass wir euch mit geleiten…

[725]{Νι} πρόαγε δὴ σύ μοι. –
μαρτύρων ἐναντίον σοι τήνδ' ἐγὼ δίδωμ' ἔχειν
γνησίων παίδων ἐπ' ἀρότωι, προῖκα τἀμὰ πάνθ' ὅταν
ἀποθάνω γ', ὃ μὴ γένοιτ', ἀλλ' <εἰσ>αεὶ ζώιην.
{Μο)} ἔχω,
λαμβάνω, στέργω.
{Δη)} τὸ λοιπόν ἐστι λουτρὰ μετιέναι·
[730] Χρυσί, πέμπε τὰς γυναῖκας, λουτροφόρον, αὐλητρίδα.
δεῦρο δ' ἡμῖν ἐκδότω τις δᾷδα καὶ στεφάνους, ἵνα συμπροπέμπωμεν …

Q 11 Plutarch über das Bürgerrechtsgesetz und die Ausnahmeregelung für Perikles

Plutarch, *Perikles* 37,2–3; 37,5–6

37 (2) Nach seiner Wahl zum Feldherrn [ungefähr 430 v. Chr.] ersuchte er [Perikles] die Athener, das Gesetz über die Bürger nicht rechtmäßiger Abkunft, das er einst selber eingebracht, wieder aufzuheben, damit sein Name und Geschlecht aus Mangel an ebenbürtigen Nachkommen nicht gänzlich untergehen müsse. (3) Mit diesem Gesetz hatte es folgende Bewandtnis: Perikles hatte vor vielen Jahren [451 v. Chr.], als er auf der Höhe seines politischen Wirkens stand und zudem […] rechtmäßige Söhne besaß, das Gesetz beantragt, es sollten nur diejenigen als Athener gelten, deren Eltern beiderseits Athener gewesen seien. […] (5) Es war freilich arg, dass ein Gesetz, welches sich gegen so viele ausgewirkt hatte, von eben demjenigen, der es eingebracht, wieder aufgehoben werden sollte; allein das häusliche

Unglück des Perikles griff den Athenern ans Herz. Sie sahen darin eine Strafe für seinen hochmütigen Stolz, glaubten aber, er habe nach der göttlichen Heimsuchung Nachsicht verdient, und gestatteten ihm, seinen unbürtigen Sohn in seine Phratrie einzuschreiben und ihm seinen eigenen Namen zu geben. (6) Dieser Sohn war in späteren Jahren als Feldherr dabei, als die Athener in der Seeschlacht bei den Arginusen die Peloponnesier besiegten, und wurde zusammen mit seinen Kollegen im Kommando vom Volk umgebracht.

37 (2) στρατηγὸς αἱρεθείς, ᾐτήσατο λυθῆναι τὸν περὶ τῶν νόθων νόμον, ὃν αὐτὸς εἰσενηνόχει πρότερον, ὡς μὴ παντάπασιν ἐρημίᾳ διαδοχῆς [τὸν οἶκον] ἐκλίποι τοὔνομα καὶ τὸ γένος. (3) εἶχε δ' οὕτω τὰ περὶ τὸν νόμον. ἀκμάζων ὁ Περικλῆς ἐν τῇ πολιτείᾳ πρὸ πάνυ πολλῶν χρόνων καὶ παῖδας ἔχων ὥσπερ εἴρηται γνησίους, νόμον ἔγραψε, μόνους Ἀθηναίους εἶναι τοὺς ἐκ δυεῖν Ἀθηναίων γεγονότας. [...] (5) ὄντος οὖν δεινοῦ τὸν κατὰ τοσούτων ἰσχύσαντα νόμον ὑπ' αὐτοῦ πάλιν λυθῆναι τοῦ γράψαντος, ἡ παροῦσα δυστυχία τῷ Περικλεῖ περὶ τὸν οἶκον, ὡς δίκην τινὰ δεδωκότι τῆς ὑπεροψίας καὶ τῆς μεγαλαυχίας ἐκείνης, ἐπέκλασε τοὺς Ἀθηναίους, καὶ δόξαντες αὐτὸν νεμεσητά τε παθεῖν ἀνθρωπίνων τε δεῖσθαι, συνεχώρησαν ἀπογράψασθαι τὸν νόθον εἰς τοὺς φράτορας, ὄνομα θέμενον τὸ αὐτοῦ. (6) καὶ τοῦτον μὲν ὕστερον ἐν Ἀργινούσαις καταναυμαχήσαντα Πελοποννησίους ἀπέκτεινεν ὁ δῆμος μετὰ τῶν συστρατήγων.

Q 12 Die per Handschlag besiegelte Bürgschaft zwischen Brautvater und Bräutigam. Attisch-rotfigurige Loutrophore. Der abgebildete Brautvater wird durch den Bart als älterer Mann charakterisiert, während der Bräutigam das Kostüm der Jungmänner (*Epheben*) trägt.

Q 13 Die Schmückung der Braut. Attisch-rotfiguriger Hochzeitskessel (*lébēs gamikós*). Rechts vom Zentrum des Bildes ist die junge Braut zu sehen, die ganz ähnlich dargestellt ist, wie ein berühmter Statuentyp der Aphrodite, die sich mit den erhobenen Händen eine Binde um den Kopf knotet. Der geflügelte Knabe, der um den Kopf der Braut schwebt, ist der Gott Eros. Von rechts und links treten Brauthelferinnen an die Braut heran.

Q 14 u. 15 (folgende Seite) Der Bräutigam führt die Braut ins Schlafgemach. Attisch-rotfigurige Loutrophore. Der Bräutigam fasst die Braut an der Hand und führt sie zum Haus, das lediglich durch offenstehende Türen angedeutet wird, hinter denen das Brautbett sichtbar wird. Die Braut trägt einen Schleier und wird von Eroten umflattert. Links und rechts des Brautpaares sind Teilnehmerinnen der Hochzeitsprozession zu erkennen: die Frau rechts hält Fackeln in den Händen, wahrscheinlich soll diese Figur die Mutter der Braut abbilden.

Grundlegende Literatur

BRUIT ZAIDMAN/SCHMITT PANTEL, Religion 1994 [insbes. 70–73: hervorragende Einführung zum Hochzeitsritual]; VERNANT, Heirat 1987 [knappe Einführung, die den Prozeßcharakter der Heirat deutlich macht]; REINSBERG, Ehe 1989 [gibt gute Übersicht über die bildliche Darstellung der Hochzeit auf Vasen, Ausführungen zur Ehe sind zu stark rechtshistorisch ausgerichtet. So auch:] HARRISON, Law 1964; LACEY, Familie 1983.

Weiterführende Literatur

COHEN, Law, Sexuality and Society 1991 [zum Verhältnis von rechtlicher Norm und sozialer Praxis]; COX, Household 1998 [zu Heiratsstrategien; zur Arbeitsverteilung innerhalb des Hauses und zum Verhältnis der Eheleute]; FOXHALL, Household 1989 [insbesondere zur Bedeutung der Mitgift]; PATTERSON, The Family in Greek History 1998 [zu den Ehegesetzen].

Eheallianzen und Ehealltag in Rom
Christiane Kunst

Etwa im Jahr 56 v. Chr. (Plutarch *Cat. Mi.* 25) empfing der jüngere Cato seinen Freund Hortensius, der ihn um die Hand seiner Tochter Porcia bat; Porcia war zu diesem Zeitpunkt mit Bibulus verheiratet, dem Vater ihrer zwei Kinder. Cato zögerte; er mochte sich nicht zur Scheidung für seine Tochter entschließen, obwohl Hortensius anbot, Porcia wieder zu Bibulus zurückzuschicken, nachdem sie ihm Kinder geboren hätte. Aber Hortensius, der bereits Großvater war, hatte sich die verwandtschaftliche Beziehung zu Cato in den Kopf gesetzt und forderte vom Freund dessen eigene (zweite) Frau Marcia, mit der Cato drei Kinder hatte. Cato gab seine schwangere Frau, bat sich jedoch aus, ihr Vater möge mit der neuen Verbindung einverstanden sein. Der hatte nichts dagegen, solange Cato der Zeremonie beiwohnte. Als Hortensius 50 v. Chr. starb, heiratete Cato die reiche Witwe Marcia erneut (Plutarch *Cat. Mi.* 52; Appian *civ.* 2,99).

Rechtlicher Charakter der römischen Eheschließung

Für keinen dieser Vorgänge von Scheidung und Heirat und Wiederverheiratung bedurfte es einer besonderen Zeremonie. Allein ein Opfer wurde bei der Hochzeit durchgeführt (Lucan 2,370 f.). Der nahezu formlose Charakter der Eheschließung ist typisch für Rom. Die römische Ehe wurde als Willensakt verstanden; entscheidend war die Erklärung des gemeinsamen Willens der Brautleute, dessen formaler Ausdruck der Handschlag war.[78] Eben diesen Moment halten auch diejenigen bildlichen Darstellungen fest, die Heirat thematisieren.[79] Hochzeitsszenen, wie sie auf Sarkophagen zu sehen sind, stellen häufig die Brautleute dar, wie sie sich die rechte Hand reichen, wobei der Bräutigam in der Linken eine Papyrusrolle hält, den sorgfältig ausgehandelten Ehevertrag (*pacta dotalia*) (**Q 22, 30**). Eine andere häufig dargestellte Szene zeigt hinter dem Brautpaar die *pronuba* (die Brautführerin), zu deren Aufgabe es gehörte, die Hände der Brautleute zu verbinden. Oft trägt sie Züge der Göttin Juno, der Beschützerin der Ehe (**Q 30**). In christlicher Zeit nimmt Christus diesen Platz ein. Der eheliche Handschlag visualisierte eine idealtypische Ehevorstellung von ehelicher Eintracht, *concordia* (**Q 22, 30**). Denn das Händereichen war in vielerlei Zusammenhängen ein Ausdruck gegenseitiger Treue, nicht eines Vertrages. Die Verbindung der Hände taucht auch auf zahlreichen Grabreliefs von Freigelassenen auf: Die ehemaligen Sklaven stellen damit das Recht auf Ehe, *conubium*, als Symbol ihres Bürgerstatus dar. Der schriftliche Ehevertrag, der ebenfalls zu sehen ist, regelte die Mitgift (*dos*), und die Rückzahlungs-

---

[78] War der Bräutigam bei der Eheschließung nicht anwesend, genügte ein schriftliches Einverständnis. Zu den Formen und Ritualen der römischen Heirat vgl. WILLIAM, Aspects 1958; SCHNEIDER, Hochzeitsbräuche 1985.

[79] ROSSBACH, Ehedenkmäler 1871.

modalitäten im Falle der Scheidung. Er wurde bei der Hochzeit öffentlich vorgelesen (Augustinus *serm.* 51,22), denn Scheidungen kamen, wie das einleitend genannte Beispiel von Catos »Abtretung« der eigenen Frau zeigt, in der römischen Elite recht häufig vor.[80] Der Bestand einer Ehe beruhte lediglich auf dem dauerhaften Willen beider Ehegatten, sie aufrecht zu erhalten. Ein formloser Brief vermochte sie aufzulösen, ebenso eine klare Geste, etwa die Zurückforderung des Hausschlüssels (Cicero *Phil.* 2,68).

Warum weckt eine verheiratete Frau das Begehren eines anderen Mannes, und warum lässt sich der Ehegatte auf die Scheidung und spätere Wiederverheiratung ein? Welches Kalkül war mit der Eheschließung und der Scheidung verbunden? Wie sah es mit der emotionalen Verbundenheit der Ehepartner aus? Wie regelte man Konflikte? Diesen Fragen soll im folgenden nachgegangen werden.

Ehezweck

Politische Allianzen: Eine Antwort auf das uns merkwürdig erscheinende Verhalten des Cato liegt sicher in der Bedeutung der Ehe als einer Form politischer Allianzbildung (**Q 19**).[81] Aus dem 1. Jh. v. Chr. sind zahlreiche Beispiele bekannt, in denen die heiratsfähigen Töchter als Unterpfand zur Absicherung politischer Bündnisse dienten. So musste Sullas Stieftochter Aemilia sich trotz einer Schwangerschaft von ihrem Mann scheiden lassen, um Pompeius zu heiraten.[82] Letzterer war mit wechselnden Koalitionen fünf Ehen eingegangen. Auch die schwangere Livia heiratete Augustus weniger aus Leidenschaft als vielmehr um den Ausgleich von zwei Interessengruppen während des Bürgerkrieges zu erzielen. Ihr frisch geschiedener Ehemann fungierte dabei als Brautführer.[83]

Diese Ehepraxis nahm entscheidende Gestalt seit dem Ende der punischen Kriege (240–218 v. Chr.) an und muss im Zusammenhang mit sich wandelnden sozio-politischen Bedürfnissen der Oligarchie gesehen werden. Der immense Zufluss von Geldmitteln nach Rom machte es zunehmend wichtiger, Kontrolle über Kapitalflüsse zu gewinnen, die beispielsweise zur Finanzierung kostspieliger Karrieren sowie eines repräsentativen Lebensstils nötig waren. Parallel dazu erzwang die wachsende Rivalität innerhalb der Oligarchie kurzfristige Zweckbündnisse zwischen einzelnen Familien, die durch familiäre Verbindungen abgesichert wurden, um ihre politischen wie ökonomischen Kräfte zu bündeln. Vor diesem Hintergrund erklärt sich der Bedeutungsverlust der Eheform, in der die Frau der Rechtsgewalt ihres Gatten (*manus*) unterstellt wurde. Die Überführung der Tochter in die Rechtsgewalt des Gatten bewirkte, dass sie aus dem väterlichen Familien-

---

80 Vgl. LEVY, Ehescheidung 1925; KAJANTO, Divorce 1970; CORBIER, Kinship 1991.
81 Dazu THOMAS, Mariages 1980; MOREAU, Pro Cluentio 1983; SALLER/SHAW, Marriage 1984; SYME, Dynastic 1985; DIXON, Marriage Alliances 1985; ANDREAU/BRUHNS, Parenté 1990; CORBIER, Kinship 1991.
82 Plutarch *Pomp.* 9,2–3; *Sull.* 33,3.
83 Vgl. den Beitrag von DIERICHS in diesem Band, S. 242f.

verband ausgegliedert wurde und damit die Kontrolle über das der Tochter zufallende Vermögen äußerst schwierig war. Im Gegensatz dazu blieb eine Tochter der *patria potestas* ihres Vaters unterworfen, wenn sie in Form einer *manus*-freien Ehe verheiratet wurde und nicht in die Gewalt des Gatten überging (**Q 21**); diese Eheform, die bis Ende des 1. Jh. v. Chr. allgemein üblich geworden war, erlaubte es den Vätern, ihre Töchter auch nach einer Verheiratung für ihre politischen Ziele einzusetzen.[84]

Vermögenstransfer: Die Heirat bildete, wie bereits angedeutet, ein wichtiges Instrument des Vermögenstransfers. Aus der Sicht des Mannes diente die Ehe der Absicherung der Vermögens- und Statusweitergabe an legitime Erben. Von Seiten der Brautfamilie erhielt er eine Mitgift, deren Bedeutung vornehmlich darin lag, dass sie aus Geldvermögen bestand und so in einer geldknappen Gesellschaft vom Ehemann als flexibles Kapital eingesetzt werden konnte, solange die Ehe bestand. Im Scheidungsfall musste sie jedoch restituiert werden. Ferner konnte ein Bräutigam erwarten, dass die Familie seiner Frau auch zur Finanzierung seiner Karriere beitragen würde. Die Ehe, bei der die Gattin der *manus* des Mannes unterworfen war, bedeutet dabei einen realen Kapitalverlust für die Herkunftsfamilie der Braut. Die Ehe ohne *manus* des Gatten über die Ehefrau hingegen bot den Vorteil intensiverer Kontrolle der Kapitalströme seitens der Brautfamilie. Gleichzeitig ist in der Testierpraxis[85] eine Reihe erbrechtlicher Benachteiligungen von Töchtern in der Herkunftsfamilie zu beobachten; waren Brüder vorhanden, sollten die Schwestern allenfalls noch am Geldvermögen beteiligt werden, weniger am Landbesitz und anderem Produktivkapital.[86] Darüber hinaus wurden weibliche Erbrechte in der intestaten Erbfolge, d. h. in der gesetzlichen Regelung der Erbfolge ohne Testament, eingeschränkt, sobald es um die Beerbung von anderen Verwandten als Vater oder Geschwistern ging: Frauen erbten zunächst nur als Töchter oder Schwestern.[87] In der *manus*-Ehe nahmen sie eine solche Position in der Familie des Mannes ein, nicht aber in der Herkunftsfamilie. Mit dem Verschwinden der *manus*-Ehe bestand aufgrund des römischen Familienkonzepts, das auf *patria potestas* beruhte, zwar Erbrecht der Frau in der Herkunftsfamilie, aber kein gesetzliches Erbrecht zwischen Mutter und Kind.[88]

---

84 Zu den rechtlichen Aspekten vgl. KUNKEL, Matrimonium 1930; HESBERG-TONN, Coniunx 1983 (eine konzise Zusammenfassung der rechtlichen Bestimmungen, ausführlich in KASER, Privatrecht 1955–59); GARDNER, Women 1986.
85 *Digesten* 28,6,47; 30,108,13; 32,41,7.
86 Zur unterschiedlichen Behandlung von Söhnen und Töchtern vgl. WOESS, Erbrecht 1911, insbesondere 94–106.
87 Gaius *inst.* 3,23; Paulus *sent.* 4,8,20.
88 Gegen Ende der republikanischen Epoche (1. Jh. v. Chr.) entwickelten sich prätorische Rechtsregeln, die das auf *patria potestas* beruhende gesetzliche Erbrecht durch ein Konzept der Blutsverwandtschaft erweiterten. Aber auch jetzt wurden Frauen beispielsweise als Nichten oder Cousinen erst an dritter Stelle, wenn keine männliche Erben zur Verfügung standen, zur Erbschaft zugelassen. Gesetzliche Erbfolge zwischen Mutter und Kind entstand hingegen erst im 2. Jh. n. Chr. Vgl. THOMAS, Teilung der Geschlechter, 1993, 133–146.

Die *manus*-freie Ehe bedeutete aber auch eine gewisse Unabhängigkeit der Ehefrau im Haushalt: Sie verfügte im Erbfall, beispielsweise nach dem Tod ihres Vaters, über eigenes, vom Mann unabhängiges Vermögen. Von den Frauen wurde allerdings erwartet, dass sie zu Lebzeiten ihr eigenes Vermögen ganz der familiären Sache widmeten, etwa für die Finanzierung der Karrieren ihrer Söhne oder die Mitgift ihrer Töchter, und den Kindern nach dem Tod auch die Erbschaft zukommen ließen. Hatten sie keine leiblichen Erben, sollte das Vermögen nach allgemeiner Auffassung an die nächste Generation ihrer Herkunftsfamilie fließen. Murdia (**Q 26**) lieferte ein vorbildliches Testament ab, weshalb ihr Sohn sie entsprechend mit einer Inschrift ehrte. Sie vererbte ihrem Sohn aus erster Ehe alles, was sie von seinem Vater geerbt hatte, und setzte für ihre gesamten anderen Vermögensteile sowohl den Sohn aus erster als auch die Söhne aus zweiter Ehe zu gleichberechtigten Erben ein, während sie der Tochter eine *partitio filiae data* zukommen ließ, einen Anteil an allem. Die allgemeine Erwartungshaltung ist deshalb besonders wichtig, weil der Einfluss, der aus einem beträchtlichen Vermögen gezogen werden kann, nachhaltig von der Freiheit abhängt, über das Kapital individuell zu verfügen. Der Aktionsradius römischer Frauen war in dieser Hinsicht trotz Verfügungsgewalt über das Vermögen und Testierfähigkeit durch den sozialen Erwartungsdruck eng begrenzt.[89]

Nachkommenschaft und demographische Probleme: Nicht minder bedeutsam für die Ehe ist der reproduktive Aspekt, die Erzeugung legitimer Nachkommen.[90] Dieser Zweck wird bereits im Terminus für Ehe – *matrimonium* – deutlich, der die Mutterschaft umschreibt. Legitim bedeutete, dass nur in einer nach römischem Recht gültigen Ehe (*iustum matrimonium*) geborene Kinder in die *patria potestas* ihres Vaters fielen und somit seine Erben waren. Voraussetzung war die Anerkennung des Kindes durch den Vater, der darüber entschied, ob der gebadete und gewickelte Säugling vom Boden aufgehoben werden sollte als Zeichen für die Aufnahme des Kindes in die *patria potestas* und damit in die Familie, oder ob der Neugeborene auszusetzen sei.[91] Auch nach der Scheidung stand dem Vater das in der Ehe empfangene Kind zu.[92] Starb er vor dessen Geburt, wahrte das römische Recht gleichwohl seine Rechte am Kind.

An solchen Regelungen zeigt sich, dass der römischen Ehe trotz ihrer Formlosigkeit ein klares Rechtskonzept zugrundelag. Nur die römischen Bürger hatten das Recht, eine legitime Ehe einzugehen. Für dieses Recht, das Einzelnen außerhalb dieses Kreises verliehen werden konnte, gab es einen eigenen Begriff (*conu-*

---

89 Zu erbrechtlichen Fragen und der Bedeutung der Heirat als Vermögenstransfer vgl. MEINHART, Senatusconsulta 1967; THOMAS, Mariages 1980; CORBIER, Idéologie 1985; THOMAS, Division 1991; allgemeiner zu Nachkommenschaft und der Beziehung zwischen Müttern und Kindern GARDNER, Family 1998.
90 Catull 62,56–65. Vgl. TREGGIARI, Marriage 1991, 8 (und Anm. 37).
91 DIXON, Mother 1988 stellt in ihrem »Appendix 1«, 237–240, die Stellen zum *tollere liberos*, dem »Aufheben der Kinder«, zusammen; vgl. auch in der umfassenden Untersuchung KÖVES-ZULAUF, Geburtsriten 1990, die Seiten 90 ff. und 217 ff.
92 *Digesten* 25,4,1 (Reskript Marc Aurels).

bium[93]). Illegitime Kinder konnten durchaus römische Bürger sein und hatten vor der Zeit der Spätantike wenig Nachteile zu erwarten. Allerdings sicherte die Ehe allein der legitimen Familie mittels der *patria potestas* Kontroll- und Erbschaftsstrukturen, die ihren Fortbestand als Einheit über mehr als eine Generation garantierte. Legitimität war das Bindeglied zur Übertragung von Status von einer Generation auf die nächste.

In Bezug auf die Zielsetzung der Ehe zur Erzeugung legitimer Kinder waren die Interessen der Familie mit denen der Öffentlichkeit weitestgehend deckungsgleich. So fragten die Censoren bei der Erhebung des Census die Männer des Senatoren- und Ritterstandes, ob sie geheiratet hätten, um legitime Kinder zu zeugen.[94] Die häufige Darstellung von Eheszenen auf den Sarkophagen römischer Männer zusammen mit Darstellungen ihrer militärischen und öffentlichen Erfolge, war eine Reminiszenz daran, dass ein Mann seine Pflicht gegenüber der Gesellschaft erfüllte (**Q 30**), indem er heiratete.[95]

Wie wichtig die Frage der Nachkommenschaft genommen wurde, zeigt, dass es vorkam, dass der Vater, der seinen Sohn zu verheiraten wünschte, eine Hebamme ausschickte, um eine potentielle Braut zu begutachten und auf ihr Fertilitätspotential hin zu untersuchen (Soran 1,9,35). Offenbare Unfruchtbarkeit konnte durchaus ein Scheidungsgrund sein.[96] Frauen wie Porcia und Marcia, die bereits geboren hatten, waren deshalb durchaus gefragt. Väter und Brüder ohne eigene Söhne hofften, dass die Reproduktionskraft ihrer Töchter und Schwestern ausreichte, zwei Familien den Bestand zu sichern, indem man einen zweiten oder dritten Sohn adoptierte (**Q 24**). Aus den Briefen des jüngeren Plinius geht die Sorge hervor, die die gesamte männliche Verwandtschaft plagt, wenn eine jung verheiratete Frau erstmals schwanger wurde. Man nimmt heute an, dass unter den demographischen Bedingungen der Spätrepublik und frühen Kaiserzeit eine Frau im Durchschnitt sechs lebende Kinder gebären musste, um eine gleichbleibende Bevölkerungsdichte aufrecht zu erhalten.[97] Kindersterblichkeit ebenso wie Geburtensterblichkeit der Mütter war groß,[98] frühes Heiratsalter tat das Seine zu dieser Entwicklung. Römische Mädchen waren, wenn sie ihre erste Ehe eingingen, mitunter ausge-

---

93 Vgl. *Tituli Ulpiani* 5,3–5. Im Principat waren die Latiner vom *conubium* weitestgehend ausgeschlossen. Ihre Zulassung beruhte allenfalls auf einem Privileg.
94 Valerius Maximus 7,7,4; Gellius 4,3,2; 17,21,44; Livius *ep.* 59; Sueton *Iul.* 52,3.
95 Vgl. THOMAS, Pères citoyens 1986.
96 Plutarch *Sull.* 6,11. Darauf verweist auch der Vorschlag der sog. »Turia«, die ihrem Mann anbietet, sich zugunsten einer fruchtbaren Frau zurückzuziehen, damit er zu legitimen Kindern kommen könne; vgl. FLACH, Laudatio 1991, 2,31–39; allerdings kann von Grabinschriften nie direkt auf Tatsachen geschlossen werden – vgl. HESBERG-TONN, Coniunx 1983 zu den Frauen-Stereotypen der Grabinschriften, sowie DIXON, Family, 85 f. und Anm. 111–112.
97 BAGNALL/FRIER, Demography 1994, 135 ff.
98 Vgl. KING, Geburt 1998; Aline ROUSELLE (Politique 1990), stellt die These zur Diskussion, bei weiblicher »Keuschheit« könnte es sich aus weiblicher Sicht weniger um eine moralische Norm gehandelt haben als um eine Art Selbstschutz angesichts der hohen Mortalität bei Geburt, Schwangerschaft oder Abtreibung.

sprochen jung. Der Altersunterschied mancher Paare war beträchtlich (**Q 22**). Plinius' dritte Ehefrau Calpurnia war etwa 30 Jahre jünger als er. Das Mindestalter für eine legitime Ehe hatten die Juristen auf 12 Jahre für Mädchen festgesetzt.[99] Das tatsächliche Heiratsalter der Mädchen ist in der Forschung überaus umstritten. Brent Shaw hat zuletzt auf der Basis inschriftlicher Zeugnisse ein Durchschnittsalter um 20 Jahre ermittelt.[100] Die Architekten des augusteischen Eherechts gingen davon aus, dass 20 Jahre innerhalb der Elite eine Obergrenze darstellte und die Männer im Durchschnitt fünf Jahre später heirateten. Dennoch darf dies nicht darüber hinwegtäuschen, dass sehr frühe Ehen vorkamen und diese Ehen mit Kindsbräuten auch vollzogen wurden.[101] Die Juristen wussten um Ehefrauen, die sogar unter 12 waren (*Digesten* 23,1,9; 23,2,4). Die Römer kannten keine Scheu, Mädchen vor der ersten Monatsblutung zu deflorieren – möglicherweise aus Mangel an medizinischen Kenntnissen. Vor Angst und Schmerz schreiende Jungfrauen waren nicht beunruhigend (Sueton *Nero* 29). Quintilians Frau beispielsweise, die mit 18 starb, kann bei der Geburt ihres ersten Kindes allenfalls 13 Jahre alt gewesen sein (Quintilian *or.* 6 *prooem.* 4–6). Auch der 24jährige Tacitus heiratete eine 13jährige (Tacitus *Agr.* 9,6).

Der augusteischen Ehegesetzgebung (18 v. Chr.) ist dieser Zweck, die weibliche Fruchtbarkeit voll auszuschöpfen, zugeschrieben worden. Das Gesetzeswerk sah die Pflicht zur Ehe vor, so dass Ehelosigkeit für Männer zwischen 25 und 60 sowie für Frauen zwischen 20 und 50 sozial wie politisch zu einem gravierenden Nachteil wurde. Andererseits besaß die Ehegesetzgebung, wie Angelika Mette-Dittmann deutlich gemacht hat, auch eine wesentliche politische Funktion, indem sie in die bis dahin unangetastete familiäre Kompetenz in diesem Bereich eingriff.[102] Die Regelung zum Ehezwang betraf in erster Linie die Elite, da die Sanktionen im Fall von Ehelosigkeit eine Behinderung der Ämterlaufbahn und damit der politischen Karriere bewirkten; vor allem beeinträchtigten die Strafmaßnahmen gegen Nicht-Verheiratete auch den Erwerb von Erbschaften und erschwerten damit den Zugang zu dieser wichtigsten Einkommensquelle in der römischen Gesellschaft.

Persönliche Aspekte, Ehepartnerwahl, tatsächliche concordia, Ehekonflikte

Ehen und Eheanbahnung waren eine Familienangelegenheit und unterstanden nicht der freien Wahl der Ehepartner. Ihre Zustimmung zum Hochzeitsakt wurde als selbstverständliche Formalität betrachtet. Geburt, Vermögen und Status waren die leitenden Kriterien der Partnerwahl (Musonius 13B). Physische Aspekte wie charakteristische Gesichtspunkte spielten ebenfalls eine wenn auch untergeordnete

---

99 Gaius 5,4,24; vgl. *Digesten* 23,2,4; 24,1,32,27.
100 SHAW, Age 1987; vgl. auch HOPKINS, Age 1965, sowie SALLER, Men's Age 1987.
101 ILS 1914 (Ankara 2. Jh.), 8158 (Lyon); dazu auch ROUSSELLE, Porneia 1983, 41, 48, 121; THOMAS, Pères citoyens 1986, 222 f.
102 METTE-DITTMANN, Ehegesetze 1991.

Rolle.¹⁰³ Als Caesar im Alter von nicht einmal 16 Jahren Cornelia heiratete, wird er diese Wahl kaum aus persönlicher Neigung getroffen haben. Zunächst musste die Verlobung mit Cossutia, einer reichen Rittertochter, gelöst werden; ihr Vermögen war vermutlich der Grund für die Verlobung gewesen, denn es hätte die maroden Finanzen der julischen Familie sanieren und dem jungen Mann bei der Karrierefinanzierung helfen können. Die neue Verbindung jedoch war weniger finanziell als politisch orientiert.

Gewöhnlich ging man in einem mehr oder weniger öffentlichen Umfeld zusammen mit Verwandten und Freunden auf Brautschau. Die ältere Generation arrangierte die Ehe. Plinius' Beschreibung (**Q 16**) eines potentiellen Bräutigams zeigt, worauf die Familie einer Braut achtete (Sidonius ep. 2,4,1). Dabei liest sich der Text wie eine Empfehlung für ein Staatsamt. Die Mutter der Braut oder des Bräutigams hatte ihren – wenn auch informellen – Anteil an der Verheiratung. Sie führte Gespräche mit anderen Frauen und trug mit ihrem Vermögen zur Mitgift bei. Ebenso spielte die Tante mütterlicherseits (*matertera*) jeweils eine wichtige Rolle. Sie holte das notwendige Hochzeitsomen ein, wie Cicero (*div.* 1,104) berichtet.¹⁰⁴ Auch wenn in der Forschung immer wieder die Entscheidungsmacht des *pater familias*, des Familienoberhaupts, betont wird, dessen Zustimmung juristisch zwingend war, so spricht doch dieses Beispiel dafür, dass das Wissen um matrimoniale Zweckmäßigkeiten eher bei den Frauen aufgehoben war. Ciceros Frau Terentia etwa setzte die Ehe ihrer Tochter Tullia mit Dolabella gegen den favorisierten Heiratskandidaten ihres Mannes durch.

Für das Funktionieren des römischen Ehealltags war weibliche Duldsamkeit (*patientia*) von zentraler Bedeutung. Offenbar bargen die sexuellen Eskapaden der Ehemänner mit den weiblichen Haushaltsangehörigen durchaus häusliches Konfliktpotential. Vermutlich war weniger der Mann als vielmehr dessen ›Geliebte‹ betroffen, insofern die Ehefrau die unterlegene Rivalin kraft ihrer Position im Haushalt drangsalieren konnte (Valerius Maximus 6,7,1–3). Livia dagegen duldete¹⁰⁵ angeblich nicht nur die sexuellen Eskapaden des Augustus, sondern förderte sie darüber hinaus auch noch, will man der von Sueton berichteten Anekdote Glauben schenken.¹⁰⁶ Wie wenig die Realität dem Ideal immerwährender ehelicher Harmonie entsprach, zeigt u. a. auch die offensichtliche Gewalttätigkeit seitens der Ehemänner, die die gesellschaftlich legitimierte Strafkompetenz über den Haushalt¹⁰⁷

---

103 Isidorus *de origine officiorum* 2,20; *de coniugatis* PL 83,812.
104 Zu den spezifischen Rollenzuschreibungen an die verschiedenen Verwandtschaftspositionen vgl. den ersten Teil von BETTINI, Antropologia 1986, dt.: Familie 1992.
105 Cassius Dio 58,2; vgl. auch Tacitus *ann.* 5,1,3.
106 Sueton *Aug.* 71; Sueton präzisiert: »man überliefert« (*ut ferunt*), Vorliebe des Augustus sei die Deflorierung von jungen Mädchen gewesen; seine Frau habe ihm diese Mädchen von überallher zugeführt.
107 Tacitus *ann.* 13,32,2: eine angeklagte Ehefrau wird dem Urteil ihres Gatten überantwortet, der sie *prisco instituto*, »nach althergebrachtem Brauch«, vor ein Hausgericht stellt; das Hausgericht setzt sich aus dem Ehemann selbst und den Verwandten der Frau zusammen (vgl. THOMAS, Remarques 1990).

oftmals in unbeherrschter Weise als allgemeines Züchtigungsrecht auslegten (**Q 28, 29**). Das stand im krassen Gegensatz zum Ideal der Selbstbeherrschung, die man, als zentrales Element römischer Männlichkeitsnorm, den jungen Männern anzuerziehen versuchte. Die Verzerrung der Realität machte die Komödien des Plautus oder die Satiren von Persius und Iuvenal mit ihrem Personal an herrischen Frauen und unterdrückten Ehemännern um so amüsanter.

Frauen konnten ihre Unzufriedenheit mit dem Ehealltag abhängig von ihrer gesellschaftlichen Position allenfalls durch Vermittlung ihrer eigenen Familie formulieren (Plutarch *Mor.* 289E). Ciceros Briefwechsel dokumentiert, dass der Bruder seiner Schwägerin Pomponia sich an ihn wandte, um die Beschwerden der Ehefrau vor den Ehemann zu bringen (**Q 27**). Cicero ging der Sache nach und versicherte dem Freund, alles stehe bestens, allenfalls Pomponia störe durch ihre Gereiztheit den ehelichen Frieden, und es sei an ihm, nun auf die Schwester einzuwirken. Wie wichtig auch rituelle Befriedungsstrategien waren, zeigt, dass in der Republik zerstrittene Eheleute gemeinsam zum Schrein der *viriplacata* (Männerbesänftigerin) gingen (Valerius Maximus 2,1,6), was zum einen die ungleich verteilte Macht im Ehealltag dokumentiert, aber auch die Vorstellung, dass nur der »überlegene« Mann zur Selbstbeherrschung fähig sei.

Die Befriedigung sexueller Bedürfnisse war kein vorrangiger Ehezweck, eher die Kontrolle über weibliche Sexualität. Den Männern blieb es unbenommen, außerhalb ihrer Ehe sexuellen Umgang zu pflegen. Freigeborenen römischen Frauen waren im Gegensatz dazu sexuelle Beziehungen vor der Heirat oder außerhalb der Ehe durch die Tradition, das heißt schon lange vor den augusteischen Ehegesetzen untersagt.[108] Caesar ließ sich mit der Begründung von Pompeia scheiden, seine Frau müsse nicht nur von Schuld, sondern selbst von jeglichem Verdacht frei sein (Sueton *Aug.* 74,2). Da man den Frauen auf Grund ihrer »angeborenen« Triebhaftigkeit dämonische Wirkung über die Männer unterstellte, war die visualisierte Distanz zwischen Eheleuten zumindest in der Republik ein Zeichen männlicher Stärke und moralischer Integrität (**Q 31**). So soll der ältere Cato, ein Muster an Tugend, seine Frau nie außer bei starkem Donner umarmt haben. Dass diese Geste Schutz und nicht Leidenschaft bedeutete, liegt auf der Hand. Derselbe Cato stieß als Censor einen Mann aus dem Senat, weil er seine Frau in Gegenwart der Tochter geküsst hatte (Plutarch *Cat. Mi.* 17,7). Den Autoren der Kaiserzeit galt die Republik nicht zuletzt deshalb als Glanzzeit römischer Ehen, weil die Männer ihre Frauen unter vermeintlich strenger sittlicher Kontrolle hielten (Valerius Maximus 6,3,9).

---

108 *Digesten* 48,5,14,5 (Ulpian); die gesellschaftliche Norm bedeutete selbstverständlich nicht, dass keine außerehelichen Beziehungen vorkamen (zur relativen Toleranz gegenüber »Ehebruch«: HALLETT, Daughters 1984, 237–40 und 325 f.); zur Bedeutung von Sexualität in der Ehe vgl. ROUSSELLE, Porneia 1983, 121–137, zu außerehelicher Sexualität 125 f.; generell zur römischen Konzeption des »Ehebruchs« und der geschlechter- und statusabhängigen Akzeptanz außerehelicher Sexualbeziehungen vgl. RICHLIN, Adultery 1981, CANCIK-LINDEMAIER/CANCIK, Erotik 1982; zuletzt MCGINN, Prostitution 1998.

Scheidungen waren, wie oben erwähnt, relativ unproblematisch und nicht gerade selten, dennoch gehörte es zu den Idealvorstellungen der Ehe, dass sie für ein ganzes Leben geschlossen wurde und in Harmonie (*concordia*) verlief (Plinius *ep.* 8,5,1–2). Livia errichtete zur Erinnerung an ihre Ehe den Tempel der *Concordia* (Ovid *fast.* 6,637 ff.).

Von den Frauen erwartete man, dass sie sich um den Haushalt kümmerten und ihren traditionellen Pflichten nachgingen. Stereotyp tauchen auf den Grabsteinen römischer Ehefrauen im ganzen Imperium vergleichbare Idealvorstellungen auf (**Q 25**): Die Frau, die nur einem Mann gehört, die ohne Streit mit ihm lebt, die ihre Hauspflichten freudig erfüllt.[109] Partnerschaft im Sinne unseres aktuellen Wortgebrauchs war hingegen nicht nur nicht gefragt (Cicero *Att.* 1,18,1), sondern wurde als unmöglich erachtet (Livius 34,3,2); Partnerschaft war ein auf Männer zentriertes Konzept und bedeutete, auf die Ehe angewandt, dass Frauen ihr Leben der Unterstützung und Förderung des Ehemannes weihten. Neben dem Tugendkatalog für eine gute Ehefrau wurde die Ansicht propagiert, dass eine Frau durch ihren Mann lebte[110] und ganz für ihn da zu sein hatte. Da die Frau ihren natürlichen Anlagen nach als triebhaft und schwach galt,[111] waren ihr unbedingt Schranken aufzuerlegen. Vom republikanischen Autor Publilius Syrus stammte der Sinnspruch (Publilius *sent.* C. 9): *casta ad virum matrona parendo imperat*, »eine keusche Matrone herrscht neben ihrem Mann durch Gehorsam«.

Im Principat wandelte sich der Gedanke vom Fremdzwang zur Vorstellung der Erziehbarkeit der Frau. Die Ehe erfüllte einen pädagogischen Zweck, indem der Ehemann seine Frau in ihren Schwächen domestizierte.[112] Calpurnia erfüllte Plinius' Erwartung nicht nur, weil sie sich ihm unterordnete, sondern weil sie sich formbar zeigte (**Q 23**).

Konkubinate und Sklavenehen

Die Ehe war im Wesentlichen ein Privileg der Bürger. Manche Texte lassen vermuten, dass jene, die aufgrund gesellschaftlich-rechtlicher Barrieren davon ausgeschlossen waren, die Ehe als Ideal betrachteten, dem sie in den sozialen wie ethischen Formen ihrer eheähnlichen Lebensgemeinschaften (*coniugium*, *concubinatus*, *contubernium*) nacheiferten. Der Konkubinat war von ähnlichen Erwartungen an die Lebensgemeinschaft geprägt wie die Ehe: lebenslange Partnerschaft mit einer Frau, die nur einen Mann hat, dem sie treu und pflichtergeben dient. Konkubinat und das bei Sklaven verbreitete *contubernium* wurden von der Gesellschaft als Lebensgemeinschaften durchaus akzeptiert. Sie finden sich dort, wo entweder keine

---

109 Generell zu den römischen Eheidealen vgl. BRADLEY, Ideals 1985; mit spezieller Sicht auf das Korpus der Briefe von Plinius d. J. SHELTON, Ideal Wife 1990.
110 Plutarch *Mor.* 139D, F; 140A; Dionysios von Halikarnass 2,25,4.
111 Livius 34,3,1; Tacitus *ann.* 3,33–34.
112 STAHLMANN, Sexus 1997, 41 ff.

Ehe möglich ist – wie bei Soldaten, Sklaven, zwischen Senatoren und weiblichen Freigelassenen, zwischen Sklavinnen und Freien –, oder auch in familiären Situationen, in denen man es vorzog, keine weitere legitime Ehe einzugehen, um die Erbansprüche der Kinder aus früheren Ehen nicht zu vermindern. Vespasian lebte nach dem Tod seiner Frau mit der Freigelassenen Caenis im Konkubinat (Sueton *Vesp.* 3) und hielt an dieser Beziehung auch nach seiner Kaisererhebung fest (**Q 128**). Auch die illegitimen familiären Beziehungen der Soldaten wurden im Principat mehr oder weniger geduldet.[113]

Auch wenn Sklaven formal keine Ehe eingehen konnten, so wurden ihre Verbindungen unter Umständen vom Herren respektiert – etwa bei Sklaven in Leitungsfunktionen. Columella beispielsweise sah es als ertragssteigernd für ein Gut an, wenn der Sklavenverwalter eine »Frau« hatte, die ihm bei seinen Aufgaben zur Seite stand.[114] Plinius gestattete seinen Sklaven auch Erbschaften zu machen und anzunehmen, solange die Transaktionen innerhalb des plinischen Haushalts stattfanden (Plinius *ep.* 8,16).

Die römische Ehe diente dazu, das Überleben eines oder mehrerer Erben zu sichern, die die Weitergabe des Familiennamens garantierten, ohne eine Aufsplitterung des Familienvermögens zu verursachen, was die Fortdauer der Familie bedroht hätte. Die ältere Generation kontrollierte die Ehestrategie. Sie regelte die Partnerwahl hinsichtlich spezifischer materieller Interessen – die Erwartungen an Mitgift oder Erbschaften – oder sozio-politischer und familialer Strategien in Form nützlicher Netzwerke für eine politische Karriere oder der Bestätigen von Allianzen unter Familien. In der Elite blieben die Frauen seit Aufgabe der *manus*-Ehe an das Vaterhaus gebunden und wurden für Ehegemeinschaften auf Zeit einem Mann bzw. einer weiteren Familie übergeben. Dieser Vorgang diente der Absicherung von Erbschaftsstrategien und der damit verbundenen Eigentumsweitergabe. Trotz dieser pragmatischen Einschätzung blieb die Ehe mit einer Reihe von positiven Erwartungen verbunden, die der oft rauhe Ehealltag nur unzureichend erfüllen konnte.

Quellen

Q 16 Partnerwahl – Der ideale Bräutigam

Plinius, *Briefe (Epistulae)* 1,14
   14 Caius Plinius grüßt seinen Mauricus. Du bittest mich, nach einem Gatten für die Tochter Deines Bruders Umschau zu halten, und Du tust recht daran, gerade mich damit zu betrauen. Du weißt ja, wie ich diesen bedeutenden Mann verehrt

---

113 Vgl. Dixon, Family 1992, 53 ff., 55 ff. und 90 ff.; zu den Lebensgemeinschaften von Sklaven- und Soldaten, spezifisch zur Situation der Soldaten Campbell, Marriage 1978; vgl. jetzt auch die umfassende Untersuchung zum Konkubinat: Friedl, Konkubinat 1996.
114 Columella 1,8,5; vgl. 12,3,6 ff. Vgl. auch **Q 135**.

und geschätzt habe, wie er mich in meiner Jugend mit seinen Ermahnungen gefördert hat, wie sein Lob dazu diente, mich lobenswert erscheinen zu lassen. Du konntest mir keinen bedeutsameren oder angenehmeren Auftrag erteilen und ich keinen ehrenvolleren übernehmen, als die Auswahl eines Mannes, der würdig wäre, einem Arulenus Rusticus Enkel zu schenken.

Da hätte man freilich lange suchen müssen, wenn nicht Minicius Acilianus bereitstände und gleichsam dazu prädestiniert wäre. Als Altersgenossen verbindet ihn herzliche Freundschaft mit mir; er ist ja nur ein paar Jahre jünger, und doch verehrt er mich wie einen Greis. Denn er möchte von mir so angeleitet und unterwiesen werden, wie ich es von Euch gewohnt war.

Er stammt aus Brixia [Brixen], jenem Teil unseres Italiens, der bis heute alte Sittsamkeit, Genügsamkeit und ländliche Einfachheit behalten hat und weiter bewahrt. Sein Vater Minicius Macrinus ist der erste Mann im Ritterstande, weil er nicht höher hinaus wollte; denn obwohl der vergöttlichte Vespasian ihn in den Rang eines Prätoriers erhob, zog er ein ehrsames Leben in der Stille unserer Eitelkeit oder meinetwegen Würde vor. Seine Großmutter mütterlicherseits, Serrana Procula, stammt aus dem Municipium Patavium [Padua]. Du kennst die Lebensart dieses Ortes, doch Serrana ist selbst für die Pataviner ein Vorbild an Sittenstrenge. In Publius Acilius besitzt er auch einen mütterlichen Onkel von nahezu einzigartiger Charakterfestigkeit, Klugheit und Zuverlässigkeit. Kurz gesagt: in der ganzen Familie wirst Du nichts finden, was Dir nicht wie in Deiner eigenen gefiele.

Acilianus selbst ist ein überaus regsamer, energischer und dabei doch völlig anspruchsloser Mann. Quästur, Tribunat und Prätur hat er in allen Ehren durchlaufen und es Dir somit erspart, Dich für ihn verwenden zu müssen. Er besitzt ein offenes Gesicht, stark durchblutete, tiefrote Wangen, natürliche Schönheit in seiner ganzen Erscheinung und gewissermaßen senatorischen Anstand. Das alles sind Eigenschaften, die man doch keinesfalls unbeachtet lassen sollte; die Mädchen verdienen sie als eine Art Belohnung für ihre Keuschheit.

Ich weiß nicht, ob ich noch bemerken muss, dass sein Vater ein sehr vermögender Mann ist. Denn wenn ich mir vorstelle, dass ihr es seid, für die wir einen Schwiegersohn suchen, brauche ich über Geldverhältnisse wohl kein Wort zu verlieren; blicke ich aber auf die allgemeinen Anschauungen und nun gar auf die Gesetze unsres Staates, die in erster Linie die Vermögenslage des Bürgers berücksichtigen zu müssen glauben, dann darf ich wohl auch diesen Punkt nicht übergehen. Und vollends wenn man an Nachkommenschaft und zwar reiche Nachkommenschaft denkt, dann muss man auch diesen Posten bei der Auswahl des Ehepartners in Rechnung stellen. Vielleicht meinst Du, ich hätte mich von meiner Liebe hinreißen und alles glänzender erscheinen lassen, als es in Wirklichkeit ist. Nein, ich gebe Dir mein Wort, Du wirst alles noch weit glänzender finden, als es von mir gepriesen wird. Gewiss, ich liebe den jungen Menschen glühend, wie er es verdient, aber gerade diese Liebe verpflichtet mich, sein Lob nicht zu übertreiben. Lebe wohl.

14 C. Plinius Maurico suo salutat. Petis, ut fratris tui filiae prospiciam maritum, quod merito mihi potissimum iniungis. scis enim, quanto opere summum illum virum suspexerim dilexerimque, quibus ille adulescentiam meam exhortationibus foverit, quibus etiam laudibus, ut laudandus viderer, effecerit. nihil est, quod a te mandari mihi aut maius aut gratius, nihil, quod honestius a me suscipi possit, quam ut eligam iuvenem, ex quo nasci nepotes Aruleno Rustico deceat.

Qui quidem diu quaerendus fuisset, nisi paratus et quasi provisus esset Minicius Acilianus, qui me ut iuvenis iuvenem (est enim minor pauculis annis) familiarissime diligit, reveretur ut senem; nam ita formari a me et institui cupit, ut ego a vobis solebam.

Patria est ei Brixia ex illa nostra Italia, quae multum adhuc verecundiae, frugalitatis atque etiam rusticitatis antiquae retinet ac servat. pater Minicius Macrinus, equestris ordinis princeps, quia nihil altius voluit; adlectus enim a divo Vespasiano inter praetorios honestam quietem huic nostrae – ambitioni dicam an dignitati? – constantissime praetulit. habet aviam maternam Serranam Proculam e municipio Patavino. nosti loci mores; Serrana tamen Patavinis quoque severitatis exemplum est. contigit et avunculus ei P. Acilius gravitate, prudentia, fide prope singulari. in summa nihil erit in domo tota, quod non tibi tamquam in tua placeat.

Aciliano vero ipsi plurimum vigoris, industriae, quamquam in maxima verecundia. quaesturam, tribunatum, praeturam honestissime percucurrit ac iam pro se tibi necessitatem ambiendi remisit. est illi facies liberalis multo sanguine, multo rubore suffusa, est ingenua totius corporis pulchritudo et quidam senatorius decor. quae ego nequaquam arbitror neglegenda; debet enim hoc castitati puellarum quasi praemium dari.

Nescio, an adiciam esse patri eius amplas facultates. nam, cum imaginor vos, quibus quaerimus generum, silendum de facultatibus puto; cum publicos mores atque etiam leges civitatis intueor, quae vel in primis census hominum spectandos arbitrantur, ne id quidem praetereundum videtur. et sane de posteris et his pluribus cogitanti hic quoque in condicionibus deligendis ponendus est calculus.

Tu fortasse me putes indulsisse amori meo supraque ista, quam res patitur, sustulisse. at ego fide mea spondeo futurum, ut omnia longe ampliora, quam a me praedicantur, invenias. diligo quidem adulescentem ardentissime, sicut meretur; sed hoc ipsum amantis est, non onerare eum laudibus. Vale.

Q 17 Die Keimzelle der Gesellschaft

Cicero, *Vom rechten Handeln (De officiis)* 1,54

54 Denn da den Lebewesen von Natur der Fortpflanzungstrieb gemeinsam ist, besteht die erste Gemeinschaft (*societas*) in eben der Ehe, die nächste mit den Kindern, dann in einem Haus, wo alles allen gemeinsam ist. Das aber ist der Beginn der Stadt und gleichsam die Baumschule des Staates. Es folgen die Verbindungen der Brüder, dann die der Cousins und Cousinen 1. und 2. Grades, die weil sie von dem einen Haus schon nicht mehr gefasst werden können, in andere Häuser wie in Kolonien ausziehen. Es folgen die Eheverbindungen und die Verschwägerungen, aus denen noch mehr Verwandte kommen. Diese Fortpflanzung und Nachkommenschaft ist der Ursprung der Staaten.

54 Nam cum sit hoc natura commune animantium, ut habeant libidinem procreandi, prima societas in ipso coniugio est, proxima in liberis, deinde una domus, communia omnia; id autem est principium urbis et quasi seminarium rei publicae. sequuntur fratrum coniunctiones, post consobrinorum sobrinorumque, qui cum una domo iam capi non possint, in alias domos tamquam in colonias exeunt. sequuntur conubia et affinitates ex quibus etiam plures propinqui; quae propagatio et suboles origo est rerum publicarum.

Q 18 Bündelung familiärer Kräfte. Das Ideal eines römischen Bauernsoldaten zu Beginn des 3. römisch-makedonischen Krieges (171 v. Chr.)

Livius 42,34,2–4

34 Ich bin Spurius Ligustinus aus der Tribus Crustumina und stamme aus dem Sabinerland, Mitbürger. Mein Vater hinterließ mir einen Morgen Ackerland und

eine kleine Hütte, in der ich geboren und erzogen worden bin, und auch heute wohne ich noch dort. Sobald ich das entsprechende Alter hatte, gab mein Vater mir die Tochter seines Bruders zur Frau, die nichts anderes mit sich brachte als ihren freien Stand, ihre Keuschheit und dazu eine Fruchtbarkeit, wie sie sogar in einem reichen Haus ausreichen würde. Wir haben sechs Söhne und zwei Töchter, die sind beide schon verheiratet.

34 Sp. Ligustinus Crustumina ex Sabinis sum oriundus, Quirites. pater mihi iugerum agri reliquit et parvom tugurium, in quo natus educatusque sum, hodieque ibi habito. cum primum in aetatem veni, pater mihi uxorem fratris sui filiam dedit, quae secum nihil attulit praeter libertatem pudicitiamque et cum his fecunditatem, quanta vel in diti domo satis esset. sex filii nobis, duae filiae sunt, utraeque iam nuptae.

Q 19 Politische Allianzbildung

Sueton, *Augustus* 62

62 Zur Verlobten hatte er [Augustus] als junger Mann die Tochter des Publius Servilius Isauricus. Als er sich aber nach dem ersten Zerwürfnis wieder mit Antonius versöhnt hatte und die Soldaten beider forderten, sie sollten sich auch verwandtschaftlich verbinden, heiratete er [43 v. Chr.] die Stieftochter des Antonius, Claudia, eine Tochter der Fulvia von Publius Clodius, die noch kaum das heiratsfähige Alter erreicht hatte. Dann entstanden [40 v. Chr. politische] Spannungen mit der Schwiegermutter Fulvia, worauf er sie als noch unberührtes Mädchen entließ. Bald darauf nahm er Scribonia zur Frau, die vorher zweimal mit ehemaligen Konsuln verheiratet gewesen und von einem der beiden bereits Mutter geworden war. Auch von ihr ließ er sich scheiden »aus Ekel über die Verderbtheit ihres Charakters«, wie er selbst schreibt, um gleich darauf [38 v. Chr.] Livia Drusilla trotz ihrer Schwangerschaft ihrem Ehemann Tiberius Nero wegzunehmen. Dieser begegnete er mit einzigartiger und beständiger Liebe und Wertschätzung.

62 Sponsam habuerat adulescens P. Servili Isaurici filiam, sed reconciliatus post primam discordiam Antonio, expostulantibus utriusque militibus, ut et necessitudine aliqua iungerentur, privignam eius Claudiam, Fulviae ex P. Clodio filiam, duxit uxorem vixdum nubilem ac simultate cum Fulvia socru orta dimisit intactam adhuc et virginem. mox Scriboniam in matrimonium accepit nuptam ante duobus consularibus, ex altero etiam matrem. cum hac quoque divortium fecit, pertaesus, ut scribit, morum perversitatem eius, ac statim Liviam Drusillam matrimonio Tiberi Neronis et quidem praegnantem abduxit dilexitque et probavit unice ac perseveranter.

Q 20 Hochzeitsvorbereitungen

Apuleius, *Metamorphosen (Metamorphoses)* oder *Der goldene Esel* 4,26

Eine junge Frau berichtet von ihrer gescheiterten Hochzeit

[...] ein schöner Jüngling, unter den Seinen der vornehmste, den die gesamte Bürgerschaft ganz allgemein als Sohn für sich in Anspruch nahm, mein Cousin im übrigen, nur so drei Jahre älter als ich, der seit den ersten Jahren mit mir ernährt und in untrennbarer Gemeinschaft im Haus, ja in Zimmer und Bett aufgewachsen ist, durch Neigung reiner Liebe mir verpflichtet wie ich ihm und durch Heiratsgelöbnis längst zum Ehebunde bestimmt, mit Zustimmung der Eltern auch im Vertrag schon als mein Ehemann bezeichnet, war gerade dabei, dicht umgeben von der zur Hochzeitsfeier dienstbeflissen herbeigeströmten Menge der Verwandten und Verschwägerten in den Tempeln und öffentlichen Schreinen Opfer darzubringen, das ganze Haus war mit Lorbeer bedeckt; von Fackeln erleuchtet, hallte es wider vom Hochzeitsgesang. Da schmückte mich meine unglückliche Mutter, auf ihrem Schoße mich haltend, schön mit dem Brautschmuck, gab mir immer wieder süße Küsse und nährte schon mit ängstlichen Wünschen die kommende Hoffnung auf Kinder [...]

[...] speciosus adulescens inter suos principales, quem filium publicum omnis sibi civitas cooptavit, meus alioquin consobrinus, tantulo triennio maior in aetate, qui mecum primis ab annis nutritus et adultus individuo contubernio domusculae, immo vero cubiculi torique sanctae caritatis affectione mutuo mihi pigneratus, votisque nuptialibus pacto iugali pridem destinatus, consensu parentum tabulis etiam maritus nuncupatus, ad nuptias officio frequenti cognatorum et affinium stipatus templis et aedibus publicis victimas immolabat: domus tota lauris obsita, taedis lucida constrepebat hymenaeum. tunc me gremio suo mater infelix tolerans mundo nuptiali decenter ornabat, mellitisque saviis crebriter ingestis iam spem futuram liberorum votis anxiis propagabat [...]

Q 21 Hochzeitsriten und Eheformen

Gaius *Institutionen* 1,110–111

Einst kamen die Frauen auf drei verschiedene Arten in die *manus* (Rechtsgewalt des Mannes), durch Ersitzung (*usus*), *confarreatio* und Scheinkauf (*coemptio*). Durch *usus* gelangte die Frau in die *manus*, die ein volles Jahr mit dem Manne ehelich zusammenlebte; sie wurde von ihm sozusagen durch Ersitzung erworben, ging in die Familie des Mannes über und nahm dort die Rechtsstellung einer Tochter ein. Daher ist im Zwölftafelgesetz bestimmt, dass eine Frau, die nicht auf diese Art in die *manus* ihres Mannes kommen wolle, jedes Jahr drei Nächte hintereinander von zu Haus fortbleiben und auf diese Art die Ersitzungsperiode jedes Jahres unterbrechen solle. Aber dies ganze Rechtsverhältnis ist zum Teil durch Gesetze aufgehoben, zum Teil auch durch gewohnheitsmäßige Nichtanwendung in Vergessenheit gekommen.

Olim itaque tribus modis in manum conveniebant: usu, farreo, coemptione. usu in manum conveniebat, quae anno continuo nupta perseverabat: nam velut annua possessione usu capiebatur, in familiam viri transiebat filiaeque locum optinebat. itaque lege duodecim tabularum cautum est, ut si qua nollet eo modo in manum mariti convenire, ea quotannis trinoctio abesset atque eo modo cuiusque anni usum interrumperet. sed hoc totum ius partim legibus sublatum est, partim ipsa desuetudine obliteratum est.

Q 22 Altersunterschiede. Ein Fleischerehepaar vom Viminal in Rom

CIL VI 9499 = ILS 7472 [Grabstein eines Fleischerehepaares vom Viminal in Rom (1. Jh. v. Chr.):]

Lucius Aurelius Hermia, Freigelassener des Lucius, Fleischer auf dem Viminal. Sie, die mir im Tod vorangegangen ist mit keuschem Körper, war meine eine und einzige Frau, mit einem liebenden Sinn lebte sie treu ihrem treuen Mann; immer fröhlich, selbst in bitteren Zeiten, vernachlässigte sie nie ihre Pflichten.

Aurelia Philematium, Freigelassene des Lucius. Als ich lebte wurde ich Aurelia Philematium genannt, eine Frau keusch und bescheiden, ohne Kenntnis des gewöhnlichen Volkes, treu dem Mann. Mein Mann, den ich jetzt verlasse, war ein Mitfreigelassener. Er war wahrlich mehr als ein Vater für mich. Als ich sieben Jahre alt war, nahm er mich auf seinen Schoß. Nun bin ich vierzig und in der Gewalt des Todes. Durch meine beständige Sorge ging es meinem Mann in allem gut. [...]

L(ucius) Aurelius L(uci) l(ibertus) Hermia lanius de colle Viminale. Haec quae me faato praecessit corpore casto, coniunxs, una meo praedita amans animo, fido fida viro veixsit studio parili, qum nulla in avaritie cessit ab officio.

Aurelia L(uci) l(iberta) Philematio. Viva Philematium sum Aurelia nominitata, casta, pudens, volgei nescia, feida viro. Vir conleibertus fuit eidem, quo careo eheu! ree fuit ee vero plus superaque parens. Septem me naatam annorum gremio ipse recepit, XXXX annos nata necis potior. Ille meo officio adsiduo florebat ad omnis [...].

Q 23 Die ideale Gattin Calpurnia

Plinius, *Briefe (Epistulae)* 4,19,2–5

19 Sie [Calpurnia] hat viel Verstand, ist äußerst anspruchslos; sie liebt mich, was das beste Indiz für ihre Unverdorbenheit ist. Dazu kommt ihr Interesse für Literatur, das sie aus Liebe zu mir gefasst hat. Sie nimmt meine Bücher zur Hand, liest sie aufmerksam, lernt sie sogar auswendig. Welche Aufregung, wenn sie sieht, dass ich

plädieren muss, welche Freude, wenn ich es hinter mir habe! Sie stellt Posten aus, die ihr melden müssen, ob ich Zustimmung, ob ich Beifall gefunden habe, welchen Ausgang des Prozesses ich heimbringe. Ebenso sitzt sie, wenn ich einmal rezitiere, ganz in meiner Nähe, durch einen Vorhang von mir getrennt, und lauscht mit gierigen Ohren den mir gespendeten Komplimenten. Sie vertont auch meine Lieder, ohne Unterweisung durch einen Musiker, einfach aus Liebe, die doch die beste Lehrmeisterin ist.

Aus all diesen Gründen hoffe ich zuversichtlich, dass unser Einvernehmen ewig dauern und von Tag zu Tag inniger sein wird. Denn nicht meine Jugend [Plinius war über vierzig, Calpurnia noch unter zwanzig], meine leibliche Erscheinung bindet sie an mich – das alles altert und vergeht –, sondern mein Ruhm.

19 Summum est acumen, summa frugalitas; amat me, quod castitatis indicium est.

Accedit his studium litterarum, quod ex mei caritate concepit. meos libellos habet, lectitat, ediscit etiam qua illa sollicitudine, cum videor acturus, quanto, cum egi, gaudio adficitur! disponit, qui nuntient sibi, quem adsensum, quos clamores excitarim, quem eventum iudicii tulerim. eadem, si quando recito, in proximo discreta velo sedet laudesque nostras avidissimis auribus excipit. versus quidem meos cantat etiam formatque cithara non artifice aliquo docente, sed amore, qui magister est optimus.

His ex causis in spem certissimam adducor perpetuam nobis maioremque in dies futuram esse concordiam. non enim aetatem meam aut corpus, quae paulatim occidunt ac senescunt, sed gloriam diligit.

Q 24 Erbschaftsstrategien

Plinius, *Briefe (Epistulae)* 8,10

10 Plinius grüßt seinen Schwiegergroßvater Fabatus. Je sehnlicher Du wünschst, von uns Urenkel zu bekommen, um so mehr wird es Dich betrüben, wenn Du hörst, dass Deine Enkelin [Calpurnia] eine Fehlgeburt gehabt hat; in mädchenhafter Unkenntnis wusste sie nicht, dass sie Mutter wurde, und unterließ deshalb manches, was Schwangere zu beachten haben, tat manches was besser unterblieben wäre. Diese Unwissenheit hat sie in höchste Lebensgefahr gebracht.

Du wirst Dich also, wie es nicht anders sein kann, nur schwer damit abfinden, dass Dein Alter um die so gut wie sichere Nachkommenschaft betrogen worden ist; andrerseits musst Du aber doch den Göttern danken, dass sie Dir zwar für jetzt Urenkel versagt aber jedenfalls Deine Enkelin am Leben erhalten haben, um Dir später welche zu bescheren, worauf wir jetzt um so sicherer hoffen dürfen, nachdem gerade dieser freilich nicht ganz glücklich verlaufene Versuch ihre Fruchtbarkeit erwiesen hat.

Nunmehr ermahne, tröste und beruhige ich Dich mit denselben Gedanken wie mich selbst. Denn ebenso glühend, wie Du Dir Urenkel wünschst, wünsche ich mir Kinder, denen ich von meiner wie von Deiner Seite einen gebahnten Weg zu Ehrenstellungen, einen weithin bekannten Namen und unverblasste Ahnenbilder zu hinterlassen gedenke, wenn sie nur erst zur Welt kommen und unsern jetzigen Schmerz in Freude verwandeln. Leb' wohl.

10 C. Plinius Fabato prosocero suo s(alutat). Quo magis cupis ex nobis pronepotes videre, hoc tristior audies neptem tuam abortum fecisse, dum se praegnantem esse puellariter nescit ac per hoc quaedam custodienda praegnantibus omittit, facit omittenda; quem errorem magnis documentis expiavit in summum periculum adducta.

Igitur, ut necesse est graviter accipias senectutem tuam quasi paratis posteris destitutam, sic debes agere dis gratias, quod ita tibi in praesentia pronepotes negaverunt, ut servarent neptem, illos reddituri, quorum nobis spem certiorem haec ipsa quamquam parum prospere explorata fecunditas facit.
Isdem nunc ego te quibus ipsum me hortor, moneo, confirmo. neque enim ardentius tu pronepotes quam ego liberos cupio, quibus videor a meo tuoque latere pronum ad honores iter et audita latius nomina et non subitas imagines relicturus. nascantur modo et hunc nostrum dolorem gaudio mutent! Vale.

Q 25 Was Männer von ihren Ehefrauen erwarten. Römische Grabepigramme

CIL VI 11602 = ILS 8402

Hier liegt Marcus' (Frau) Amymone, die beste und schönste, eifrig mit ihrer Wolle, fromm, sittsam, sparsam, keusch, »froh im Hause zu bleiben«.

Hic sita est Amymone Marci optima et pulcherrima, lanifica pia pudica frugi casta domiseda.

CIL VI 29580 = ILS 8450

Den Totengöttern der Urbana, der süßesten, keuschesten und einzigartigsten Ehefrau. Ich bin sicher, nichts war wundervoller als sie. Sie verdient durch diese Inschrift geehrt zu werden, weil sie ihr ganzes Leben mit mir verbrachte in höchstem Frohsinn und Einfachheit, in ehelicher Zuneigung und dem ihr eigenen Fleiß. Ich habe dieses Wort angefügt, damit die Leser verstehen, wie sehr wir uns liebten. Paternus hat (diesen Stein) wohlverdientermaßen aufstellen lassen.

d(is) m(anibus) s(acrum) Urbanae coniugi dulcissime et castissimae ac rarissimae, cuius praeclarius nihil fuisse certus, hoc etiam titulo honorari meruit, quae ita mecum cum summa iucunditate adque simplicitate in diem vitae suae egit quam adfectioni coniugali tam industria morum suorum. Haec ideo adieci, ut legentes intellegant, quantum nos dilexerimus. Paternus b(ene) m(erenti) f(ecit).

Q 26 Das vorbildliche Testament einer Mutter und Ehefrau (1. Jh. v. Chr.)

ILS 8394

Für meine Mutter Murdia, Tochter des Lucius […]. Sie machte alle Söhne zu Erben und gab der Tochter einen Anteil an allem. Ihre mütterliche Liebe wurde durch ihre Fürsorge für die Kinder und die gleich großen Anteile bewiesen. Sie hinterließ ihrem Mann eine bestimmte Summe als Legat, damit die Mitgift, auf die er ein Recht hatte, durch ihre Wertschätzung vermehrt würde. Mir hinterließ sie, indem sie die Erinnerung an meinen Vater zurückrief, durch die sie sich sowie durch ihre Redlichkeit im Entschluss leiten ließ, als Vorablegat einen bestimmten Anteil am Sachvermögen, nicht etwa in dem Geist, mich meinen Brüdern durch diese Kränkung vorzuziehen, sondern eingedenk der Großzügigkeit meines Vaters, entschied sie, dass sie mir das zurückgeben müsse, was sie durch die Entscheidung ihres Mannes von meinem väterlichen Vermögen erhalten hatte, damit es nach ihrem Nießbrauch und Schutz zurück in mein Eigentum geführt werde. […]

[…] Murdiae L(uci) f(iliae) matris […] Omnes filios aeque fecit heredes partitione filiae data. Amor maternus caritate liberum, aequalitate partium constat. Viro certam pecuniam legavit, ut ius dotis honore iudici augeretur. Mihi revocata memoria patris eaque in consilium et fide sua adhibita aestumatione facta certas res testamento praelegavit, neque ea mente, quo me fratribus meis quom eorum aliqua contumelia praeferret: sed, memor liberalitatis patris mei, reddenda mihi statuit, quae iudicio viri sui ex patrimonio meo cepisset, ut ea ussu [sic] suo custodita proprietati meae restituerentur. […]

Q 27 Konflikt und Vermittlung im Ehealltag

Cicero, *Atticus-Briefe (Epistulae ad Atticum)* 1,5,2; 5,1,3–4

5 (2) Wenn Du nun wegen Deiner Schwester an mich schreibst, so wird sie Dir selbst bezeugen, wie sehr ich mich darum bemüht habe, dass das Verhältnis meines Bruders Quintus zu ihr so sei, wie wir es erwarten. Er war wohl recht aufgebracht, und so habe ich ihm einen Brief geschrieben, der ihn als Bruder besänftigen, als Jüngeren ermahnen, als Irrenden zurechtweisen sollte. Seither hat er mir mehrfach geschrieben und ich habe den Eindruck gewonnen, dass jetzt alles ist, wie es sein soll und wir es wünschen.

5 (2) Quod ad me scribis de sorore tua, testis erit tibi ipsa, quantae mihi curae fuerit, ut Quinti fratris animus in eam esset is, qui esse deberet. quem cum esse offensiorem arbitrarer, eas litteras ad eum misi, quibus et placarem ut fratrem et monerem ut minorem et obiurgarem ut errantem. itaque ex iis, quae postea saepe ab eo ad me scripta sunt, confido ita esse omnia, ut et oporteat et velimus.

5,1,3–4
1 (3) Und nun zu der quergeschriebenen Zeile am Ende Deines Briefes! Du mahnst mich da Deiner Schwester wegen. Damit steht es folgendermaßen. Gleich nach meiner Ankunft in Arpinum kam mein Bruder zu mir, und wir sprachen gleich zu Anfang von Dir, und zwar eingehend. Dabei kam ich auf das, was wir miteinander in Tusculum über Deine Schwester gesprochen hatten. Solch eine Milde, solche Versöhnlichkeit habe ich überhaupt noch nicht gesehen, wie sie mein Bruder sodann Deiner Schwester gegenüber zeigte. Wenn wirklich eine Verstimmung wegen ihres übertriebenen Aufwandes bestand, so merkte man es jedenfalls nicht. Das war der erste Tag; am folgenden brachen wir von Arpinum auf. Wegen des Festtages blieb Quintus auf dem Arcanum, ich ging nach Aquinum; aber wir nahmen auf dem Arcanum einen Imbiss. Du kennst das Gut ja. Als wir dort ankamen, sagte Quintus sehr liebenswürdig: »Pomponia, lade Du die Frauen ein, ich hole die jungen Leute!« Ich hatte den Eindruck, freundlicher, was Worte, Tonfall, und Gebärde anging, konnte er nicht mit ihr sprechen. Aber sie antwortete so, dass ich es hören musste: »Ich selbst bin hier ja nur Gast«, wahrscheinlich, weil Statius vorausgegangen war, um für den Imbiss für uns zu sorgen. Quintus sagte nur: »Da hast du es; so geht es mir alle Tage.« Du wirst sagen: »Ich bitte Dich, was heißt denn das nur?« Mir sagt es genug; ihre Antwort war so ungezogen, so beleidigend in Wort und Gebärde, dass auch ich ganz betroffen war. Doch ließ ich mir meine Empörung nicht anmerken. Wir gingen dann alle zu Tisch, ohne sie; doch ließ ihr Quintus von dem Essen bringen, aber sie lehnte ab. Kurz und gut, mein Bruder erschien mir überaus sanft, Deine Schwester recht barsch. Mancherlei, was mich damals mehr ärgerte als Quintus selbst, übergehe ich. Ich begab mich von dort nach Aquinum, Quintus blieb auf dem Arcanum, kam dann am anderen Morgen zu mir und erzählte mir, sie habe nicht mit ihm zusammen schlafen wollen und sich beim Weggehen genauso benommen, wie ich es gesehen hätte. So steht es also. Nun magst Du ihr selbst sagen, meiner Meinung nach habe sie es damals an schicklichem Benehmen fehlen lassen. Vielleicht hätte ich Dir darüber nicht so ausführlich schreiben sollen; aber Du sollst doch sehen, dass es auch an Dir ist, ein Wort zu sagen und sie zu ermahnen.

1 (3) *Nunc venio ad transversum illum extremae epistulae tuae versiculum, in quo me admones de sorore. quae res se sic habet: ut veni in Arpinas, cum ad me frater venisset, in primis nobis sermo isque multus de te fuit. ex quo ego veni ad ea, quae fueramus ego et tu inter nos de sorore in Tusculano locuti. nihil tam vidi mite, nihil tam placatum, quam tum meus frater erat in sororem tuam, ut, etiam si qua fuerat ex ratione sumptus offensio, non appareret. ille sic dies, postridie ex Arpinati profecti sumus. ut in Arcano Quintus maneret, dies fecit, ego Aquini, sed prandimus in Arcano (nosti hunc fundum); quo ut venimus, humanissime Quintus »Pomponia« inquit, »tu invita mulieres, ego vero ascivero pueros.« nihil potuit, mihi quidem ut visum est, dulcius idque cum verbis tum etiam animo ac vultu. at illa audientibus nobis »ego ipsa sum« inquit »hic hospita«, id autem ex eo, ut opinor, quod antecesserat Statius, ut prandium nobis videret. tum Quintus »en« inquit mihi »haec ego patior cotidie.« dices: »quid, quaeso, istuc erat«? magnum; idque me ipsum commoverat; sic absurde et aspere verbis vultuque responderat. dissimulavi dolens. discubuimus omnes praeter illam, cui tamen Quintus de mensa misit; illa reiecit. quid multa? nihil meo fratre lenius, nihil asperius tua sorore mihi visum est, et multa praetereo, quae tum mihi maiori stomacho quam ipsi Quinto fuerunt. ego inde Aquinum; Quintus in Arcano remansit et Aquinum ad me postridie mane venit mihique narravit nec secum illam dormire voluisse et, cum discessura esset, fuisse eius modi, qualem ego vidissem. quid quaeris? vel ipsi hoc dicas licet, humanitatem ei meo iudicio illo die defuisse. haec ad te scripsi fortasse pluribus, quam necesse fuit, ut videres tuas quoque esse partes instituendi et monendi.*

Q 28 Misshandelte Ehefrauen in Thagaste

Augustinus, *Bekenntnisse (Confessiones)* 9,19

9 (19) Und wenn da viele Matronen, die handsamere Männer hatten, Spuren von Schlägen im entehrten Gesicht trugen, im vertrauten Gespräch dem Lebenswandel ihrer Gatten die Schuld daran gaben, so sagte sie, das hätten nur sie mit ihrer Zunge angerichtet, und gab ihnen mit Ernst im Scherze zu bedenken, sie hätten seit der Stunde, da sie der Verlesung des Ehevertrags zuhörten, gleichsam durch die Urkunde, damit rechnen müssen, dass sie nun Mägde geworden seien und sich eingedenk ihres Standes nicht gegen die Herren auflehnen dürften.

9 (19) Denique cum matronae multae, quarum viri mansuetiores erant, plagarum vestigia etiam dehonestata facie gererent, inter amica conloquia illae arguebant maritorum vitam, haec earum linguam, veluti per iocum graviter admonens, ex quo illas tabulas, quae matrimoniales vocantur, recitari audissent, tamquam instrumenta, quibus ancillae factae essent, deputare debuisse; proinde memores conditionis superbire adversus dominos non oportere.

Q 29 Gewalt im Ehealltag

Tacitus, *Annalen (Annales)* 4,22,1

22 (1) Zur gleichen Zeit [24 n. Chr.] stürzte der Prätor Plautius Silvanus aus unbekannten Gründen seine Gattin Apronia aus dem Fenster. Von seinem Schwiegervater Lucius Apronius vor den Kaiser geschleppt, gab er ganz verstört Auskunft, so als habe er selbst in tiefem Schlaf gelegen und sei daher ahnungslos, und seine Gattin habe sich freiwillig den Tod gegeben. Unverzüglich begab sich [Kaiser] Tiberius in das Haus und besichtigte das Zimmer, in dem Spuren zu sehen waren, dass sie sich gewehrt hatte und niedergeschlagen worden war. Er berichtete dem Senat, und als Richter bestimmt wurden, schickte Urgulania, des Silvanus Großmutter, dem Enkel einen Dolch.

22 (1) Per idem tempus Plautius Silvanus praetor incertis causis Aproniam coniugem in praeceps iecit, tractusque ad Caesarem ab L. Apronio socero turbata mente respondit, tamquam ipse somno gravis atque eo ignarus, et uxor sponte mortem sumpsisset. non cunctanter Tiberius pergit in domum, visit cubiculum, in quo reluctantis et impulsae vestigia cernebantur, refert ad senatum, datisque iudicibus Urgulania, Silvani avia, pugionem nepoti misit.

Q 30 Römische Hochzeit. Sarkophagrelief.

Q 31 Grabstele eines republikanischen Ehepaars (1. Jh. v. Chr.).

Grundlegende Literatur

ANDREAU/BRUHNS, Parenté 1990 [ein Tagungsband mit grundlegenden Beiträgen zu Verwandtschaften und politischen Strategien]; DIXON, Family 1992 [Definition und Bedeutung der römischen Familie, der Eheformen und der Kinder]; METTE-DITTMANN, Ehegesetze 1991 [umfassende sozialgeschichtliche Untersuchung zu den augusteischen Gesetzen]; RAWSON, Family 1986; RAWSON, Marriage 1991 [die beiden von RAWSON herausgegebenen Bände präsentieren Beiträge der wichtigsten ForscherInnen zu den Fragen von Familie und Heirat in Rom]; THOMAS, Pères citoyens 1986 [neue Sichtweisen auf die gesellschaftliche Stellung des römischen Vaters und die Zusammenhänge seiner politischen und familiären Funktionen]; TREGGIARI, Marriage 1991 [umfassende Zusammenstellung der rechtlichen und sozialen Bedingungen der römischen Ehe].

Weiterführende Literatur

CANCIK-LINDEMAIER/CANCIK, Erotik 1982; FRIEDL, Konkubinat 1996; GARDNER, Family 1998; GARDNER, Women 1986; HALLETT, Daughters 1984; HESBERG-TONN, Coniunx 1983; KASER, Privatrecht 1955–59; MCGINN, Prostitution 1998; RICHLIN, Adultery 1981; ROUSSELLE, Porneia 1983; SALLER, Patriarchy 1994; SHELTON, Ideal Wife 1990; STAHLMANN, Sexus 1997; THOMAS, Division 1991.

II. Kultpraktiken

Kulträume von Frauen in Athen: Das Beispiel der Artemis Brauronia
Katharina Waldner

Als im Februar des Jahres 411 v. Chr. Aristophanes' Komödie *Lysistrate* an den Lenäen in Athen aufgeführt wurde, befand sich die Stadt bereits seit 20 Jahren im sogenannten Peloponnesischen Krieg mit Sparta.[1] In dieser Situation wartete der Dichter mit einer utopischen Idee auf: Die Frauen der verfeindeten Städte Sparta und Athen tun sich zusammen und beschließen unter der Anleitung der klugen und mutigen Athenerin Lysistrate, die Männer auf beiden Seiten durch einen Sexstreik zum Friedensschluss zu zwingen. Dieser Strang der Komödienhandlung, der v. a. Anlass gibt zu den für das Genre der Alten Komödie typischen obszönen Scherzen, und gleichzeitig zumindest auf den ersten Blick wie eine antike Vorwegnahme moderner pazifistischer »Frauen-Power« wirkt, spielte in der neuzeitlichen Rezeption des Stückes die zentrale Rolle.[2]

In der antiken Komödie wird jedoch parallel dazu ein Handlungsstrang geführt, der mindestens ebenso wichtig, wenn nicht gar wichtiger ist: Während die jungen Frauen in der ersten Szene bei einem feierlich-komischen Eidopfer schwören, sich ihren Männern zu verweigern, haben die älteren Frauen – unter dem Vorwand, dort Opfer bringen zu wollen – die Akropolis besetzt. Die jüngeren kommen dazu und alle verschanzen sich gemeinsam auf der Burg der Athena (Aristophanes *Lys.* 175–246). Ziel dieser Aktion ist es, den Männern den Zugang zum Staatsschatz zu verwehren und ihnen damit die Kriegführung zu verunmöglichen. Hier kommt die politische Dimension der Alten Komödie ins Spiel: Wir wissen, dass die Staatskasse der Athener tatsächlich auf der Akropolis aufbewahrt wurde. Nach den verheerenden Verlusten von 413 v. Chr., als die Athener im Seezug nach Sizilien einen großen Teil ihrer Flotte im Kampf gegen das mit Sparta verbündete Syrakus verloren hatten, war es in Athen noch einmal gelungen, die Mittel für den Aufbau einer neuen Flotte aufzubringen. Die mit solchen Aktionen verbundenen umständlichen demokratischen Entscheidungsprozesse sollten durch die Einführung eines Gremiums von *próbouloi* (»vorher Beratende«) beschleunigt werden, um in Krisen-

---

1 Zum historischen Hintergrund: HENDERSON, Lysistrate 1987; HOSE, Drama 1995, 81–88. Zur Datierung des Stückes DILLON, The Lysistrata as a Post-Decleian Play 1987, 97–104.
2 Siehe z. B. FRIED, Lysistrata ²1992 (¹1985).

zeiten schneller reagieren zu können. Diese Magistrate hatten wahrscheinlich auch direkten Zugriff auf die Staatskasse.[3] Aristophanes lässt nun einen dieser *próbouloi*, einen schon alten Mann, in der *Lysistrate* auftreten und Einlass in die Akropolis und Zugang zur Staatskasse verlangen. Es kommt zu einer heftigen Auseinandersetzung des *próboulos* mit Lysistrate und dem Chor der alten Frauen; diese endet damit, dass die alten Frauen ihre rituellen Pflichten im Totenkult am noch lebenden Beamten ausführen[4] und ihn so zur ›Leiche‹ machen. Derart zugerichtet, tritt er beleidigt ab (Aristophanes *Lys.* 387–610). Der Chor der alten Männer kann dem nicht länger tatenlos zusehen. Es kommt deshalb zu einem Wort- und Tanzgefecht zwischen den beiden Chören, das im Text der *Lysistrate* an der Stelle steht, wo normalerweise in der Komödie der Chor sich im Rahmen der sog. Parabase ans Publikum wendet, d. h. aus seiner Rolle heraustritt und zu den im Theater versammelten Bürgern (und vielleicht auch Bürgerinnen) mit der Stimme des Dichters spricht (Aristophanes *Lys.* 614–705).[5] Aus dieser Passage der Komödie stammt ein Textstück, das als eine der wichtigsten Quellen zur kultischen Tätigkeit athenischer Frauen im 5. Jh. v. Chr. gilt (**Q 32**):

Aristophanes lässt den Chor der Frauen bei diesem ersten Auftritt den für die Athenerinnen ungewöhnlichen Schritt, sich öffentlich an die Bürger der Stadt im Theater zu wenden, mit zwei Argumenten begründen. Dabei spricht der Chor konventionell von sich in der ersten Person Singular: Erstens hätte die Stadt sie mit besonderem Prunk aufgezogen: Nacheinander hätte sie eine ganze Reihe kultischer Ämter bekleidet: Mit sieben sei sie gleich Arrhephore (*arrhēphóros*) geworden, mit zehn dann sei sie als *aletrís* für eine als *archēgétis* bezeichnete Göttin tätig gewesen, darauf hätte sie – am Fest in Brauron (an den *Braurōnia*) – den *krokōtós* ausgezogen; schließlich sei sie – bereits ein schönes Mädchen – mit einem Feigenkranz geschmückte Kanephore (*kanēphóros*) geworden. Zweitens betont der Chor, dass die Frauen ihren Dienst für die Stadt auch leisteten, indem sie der Polis Söhne lieferten, die in den Krieg ziehen könnten (Aristophanes *Lys.* 648–651).

Während das zweite Argument immer unmittelbar einsichtig war – leicht lassen sich aus der zeitgenössischen Literatur zahlreiche ähnliche Stellen für die Parallelisierung von Kriegsdienst und Wochenbett anführen[6] – gab die erste Passage, die von der weiblichen Kultpraxis handelt, schon immer Rätsel auf. Die Problematik der Quelle dürfte schon beim ersten Lesen klar werden: Die kultischen Handlungen, aus denen die Frauen ihr Recht ableiten, für die Gesamtheit der Polis zu sprechen, werden mit Termini umschrieben, die in der Komödie nicht weiter erklärt werden. Sie müssen für das zeitgenössische Publikum ohne weiteres verständlich

---

3 Vgl. Thukydides 8,1,3; HENDERSON, Lysistrate 1987, 117; HOSE, Drama 1995, 27 mit Angabe weiterer Literatur.
4 Zum Totenkult vgl. den nachfolgenden Beitrag von WAGNER-HASEL, S. 81 ff.
5 Zur Parabase an dieser Stelle: HENDERSON, Lysistrate 1987, 148 f.; zur Frage, ob Frauen das Theater besuchten: SCHNURR-REDFORD, Frauen 1996, 226 ff. mit Angabe der älteren Literatur.
6 Vgl. z. B. Euripides *Medea* 250 f.; zu der Gegenüberstellung von Krieg und Wochenbett allgemein vgl. LORAUX, Le lit, la guerre 1981, 37–67.

gewesen sein. Erst in den spätantiken Kommentaren, in den Scholien, mit denen die uns überlieferten Aristophanes-Handschriften reichlich versehen sind, finden sich nähere Erläuterungen.[7] Woher die Scholiasten – die zweifellos über weit mehr Informationen verfügten als wir heute – ihr Material hatten, ist im Einzelnen schwer zu klären; oft finden sich auch widersprüchliche und verderbte Texte. Darüber hinaus verfügen wir im Falle Athens über eine relativ große Menge epigraphischen und archäologischen Materials, so dass sich in sorgfältiger Kleinarbeit zumindest eine Vorstellung von der weiblichen Kultpraxis gewinnen lässt, von der bei Aristophanes die Rede ist.

Zwei Besonderheiten lassen sich festhalten: Bei den vom Frauenchor aufgezählten kultischen ›Ämtern‹ handelt es sich ausschließlich um solche, die von athenischen Mädchen vor der Hochzeit ausgeführt wurden. Am Anfang der Aufzählung steht die Arrhephorie (*arrhēphoría*). Über diesen Kultdienst junger Mädchen auf der Akropolis sind wir durch weitere Quellen informiert.[8] Nach den Angaben des griechischen Reiseschriftstellers Pausanias, der zahlreiche Informationen über Kulte und Mythen der Städte zusammengetragen hat, die er bereist hat, wurden alljährlich zwei Mädchen im Alter zwischen sieben und elf Jahren dazu bestimmt, als Arrephoren der Athena zu dienen. Sie hatten die Aufgabe, mit dem Weben des Peplos für Athena Polias rituell zu beginnen. Außerdem lebten sie eine bestimmte Zeit auf der Akropolis. Sie beendeten ihren Dienst durch ein eigenartiges Ritual:[9] In einer Nacht bekamen sie von der Athena Polias-Priesterin einen Gegenstand, von dem weder diese noch die Mädchen wussten, was es war. Diesen trugen sie auf dem Kopf in ein durch einen unterirdischen Gang erreichbares Heiligtum der »Aphrodite in den Gärten«.[10] Dort setzten sie den Gegenstand ab und nahmen etwas anderes »Eingehülltes« auf, das sie zurücktrugen. Danach wurden sie aus dem Dienst entlassen und andere Mädchen kamen an ihrer Stelle auf die Akropolis.

Während es im Falle der Arrhephoria so immerhin möglich ist, unter Hinzuziehung weiterer Überlieferungen zu rekonstruieren, wie das athenische Publikum den Ausdruck *ērrhēphóroun* (641/2) verstanden haben könnte, gilt dies für den im nächsten Vers (643/4) erwähnten Dienst der *aletrís* nicht mehr; hier helfen allein sprachliche, vom Text des Aristophanes ausgehende Überlegungen, verbunden mit spärlichen Informationen, die sich aus einem Scholion zu der Stelle gewinnen lassen: *aletrís* muss soviel heißen wie »Kornmahlerin«, denn bei Homer wird eine Magd, die Korn mahlt, als *gynḗ aletrís* bezeichnet. Aus dieser Textstelle geht nebenbei hervor, dass das Mahlen von Korn in der bei Homer geschilderten Gesellschaft offenbar Frauenarbeit war.[11] Der Scholiast vermutet, dass das Mehl für Opferku-

---

7 Zu den Aristophanes-Scholien: WHITE, The Scholia on the Aves 1914.
8 Alle Quellen bei BURKERT, Kekropidensage 1966; vgl. auch BRULÉ, Fille 1987, 13–175; PIRENNE-DELFORGE, L'Aphrodite 1994, 50–59.
9 Pausanias 1,27,3.
10 Zur umstrittenen Frage nach der geographischen Lage des Heiligtums vgl. PIRENNE-DELFORGE, L'Aphrodite 1994, 54–59.
11 Homer *Od.* 20,105.

chen gemahlen wurde.[12] Da spezielle Kuchen und Brote in sehr vielen Riten eine wichtige Rolle spielten, ist es durchaus plausibel, dass auch die Herstellung des dazu verwendeten Mehles eine besondere rituelle Aufgabe sein konnte.[13] Unklar bleibt allerdings auch, für welche Göttin die Kornmahlerin tätig war. *Archēgétis* ist nämlich nur ein Epitheton, das vielen Gottheiten galt. Es wurde auch – und häufiger – in seiner männlichen Form verwendet und bedeutet soviel wie »Gründer(in)« oder »Patron(in)« einer Stadt oder Kolonie. Da Athena in einer Inschrift diesen Beinamen trägt, ist anzunehmen, dass auch an dieser Stelle Athena gemeint ist.[14]

Die darauf folgende Anspielung auf einen Kultdienst, bei dem ein *krokōtós*, d. h. ein mit Safran gelb-orange gefärbtes Kleid, ausgezogen wurde, und der an einem Brauronia genannten Fest ausgeführt wurde, scheint auf den ersten Blick völlig unverständlich. Gerade in diesem Fall aber ist das aus anderen Quellen, insbesondere auch den Aristophanes-Scholien zu gewinnende Material so reichlich, dass es sogar möglich war, eine in einer guten Handschrift überlieferte, aber schwer zu verstehende Lesart des Textes zu rekonstruieren:[15] So lautete der von Aristophanes geschriebene Text an dieser Stelle vermutlich tatsächlich: »den Krokotos zu Boden gleiten lassend« und nicht, wie in der Mehrzahl der Handschriften: »den Krokotos tragend«.[16] Diese weiteren Quellen, die ein komplexes Bild der von Athenerinnen im Alter von fünf bis zehn Jahren in dem an der Ostküste Attikas gelegenen Brauron ausgeführten Riten geben, sollen im folgenden näher betrachtet werden. Dieser Kultdienst in Brauron weist als einziger keinen direkten Bezug zur Akropolis auf. Allerdings besaß die brauronische Artemis auf der Akropolis ein *hierón* genanntes Kultgebäude.[17] Denn auch der die Rede des Chores abschließende Dienst »Kanephore sein« lässt sich auf den Athenakult der Akropolis beziehen: Die Kanephore (*kanēphóros*) war ein junges Mädchen, das bei einem normal ablaufenden Opfer den Opferkorb trug: Im Opferkorb lag, unter Getreidekörnern verborgen, das Messer, das zum Töten des Opfertieres verwendet wurde.[18] Der vorliegende Text lässt vermuten, dass dieses Amt typisch war für die Altersstufe unmittelbar vor der Hochzeit, als die Schönheit eines Mädchen auch öffentlich gesehen werden sollte.[19] Sehr wahrscheinlich meint der Chor hier jedoch nicht irgendeinen Dienst

---

12 Schol. ad Aristophanes *Lys.* 643.
13 Vgl. dazu KEARNS, Cakes in Greek Sacrifice Regulations 1994, 65–70.
14 Nach dem Scholion zu dieser Stelle soll allerdings Demeter oder Artemis gemeint sein. Dies beruht aber wohl auf der Vermutung, dass Getreide mit Demeter zu tun haben müsse bzw. dass bereits in Vers 643/4 von Artemis die Rede sein müsse, auf die sich erst der folgende Vers bezieht. Die Argumente für Athene bei STINTON, Iphigeneia 1976, 12 f. mit Verweis auf die Inschrift G I² 1,38; anders SOURVINOU-INWOOD, Aristophanes 1971.
15 SOURVINOU-INWOOD, Aristophanes 1971; STINTON, Iphigeneia 1976.
16 Drei Handschriften (Γ, B und C) haben *katéchousa* (»habend, haltend«), die zuverlässigste (R) hat *katachéousa* (»fallen lassend«); wichtig ist der Vergleich mit Aischylos *Agamemnon* 239; vgl. dazu unten, Anm. 87.
17 Pausanias 1,23,7; OSBORNE, Demos 1985, 154.
18 Zum Verlauf des Opferrituals: BURKERT, Griechische Religion 1977, 101 f.; zur Kanephorie: BRUIT ZAIDMANN, Pandoras Töchter 1993, 381–83.
19 Zu diesem Aspekt der Kanephorie: BRULÉ, Fille 1994, 317.

als Kanephore, sondern jenen am Opferzuge der Panathenäen, der eine besondere Auszeichnung darstellte.[20]

Bevor wir uns dem Beispiel des Kultdienstes für Artemis in Brauron zuwenden, seien noch einige grundsätzliche Überlegungen zur oft diskutierten Frage vorausgeschickt, ob es sich bei den kultischen Diensten um eine ›Kultkarriere‹ handelt, die alle Athenerinnen durchliefen. Sie berühren die Frage nach dem Charakter der Polisreligion ganz allgemein.

Polisreligion und die ›Kultkarriere‹ der Athenerinnen

Die Passage aus der *Lysistrate* hat in den letzten 40 Jahren ganz verschiedene Interpretationen erfahren: Angelo Brelich, der in den 60er Jahren in Anlehnung an die Cambridge Ritualists und an H. Jeanmaire versuchte, den ethnologischen Begriff des Initiationsrituals systematisch auf die griechische Religion anzuwenden, sah in ihr eine Art *cursus honorum* der athenischen Mädchen; es handle sich dabei um eine ursprünglich von allen, später nur noch in Relikten von einzelnen ausgeführte Mädcheninitiation.[21] Nicht nur die wenig ergiebige These vom *survival* eines Rituals lässt sich hier kritisieren;[22] wer Aristophanes so wörtlich nimmt, verpasst mit ziemlicher Sicherheit die Pointe, handelt es sich doch um eine Komödie. In diesem Sinne äußert Pierre Vidal-Naquet Kritik an Brelichs Interpretation: Er sieht den Witz der Stelle gerade darin, dass es in Wirklichkeit keine derartige Initiation für Frauen in Athen gegeben habe; der Chor der *Lysistrate* aber versuche, ein künstliches Pendant herzustellen zu den tatsächlich vorhandenen öffentlichen Aufnahmeritualen, mit denen junge Männer ins Erwachsensein eingeführt worden seien.[23] Einen anderen, und m.E. produktiveren Weg geht Nicole Loraux:[24] Die Frauen zählen ihrer Meinung nach all jene Kulte auf, die in Athen von unverheirateten Frauen ausgeführt wurden; durch ihren Ehestreik – bei dem sie sich erst noch im Bezirk der ›jungfräulichen‹ Göttin Athene verschanzen – gerieten die Frauen wieder in eine Altersklasse, der sie doch schon längst entwachsen seien.

Die Interpretation von Loraux hat entscheidende Vorteile: sie berücksichtigt einerseits die Komödienhandlung, andererseits aber auch die besondere Bedeutung von Frauenkulten in der Polisreligion, die Frauen verschiedener Altersklassen un-

---

20 BRULÉ, Fille 1994, 302–305.
21 BRELICH, Paides 1969, 229.
22 Vgl. dazu Christine SOURVINOU-INWOOD, Rez. BRELICH, Paides e Parthenoi 1971, 172–177; zum Problem der Anwendung des Begriffes »Initiationsritual« auf die Rituale Jugendlicher in der griechischen Polisreligion allgemein vgl. WALDNER, Geburt und Hochzeit des Kriegers 2000, Kap. I, 2.2.4.
23 VIDAL-NAQUET, Der Schwarze Jäger 1989, 141. Unter männlicher Initiation versteht Vidal-Naquet die mit einem Opfer gefeierte Aufnahme männlicher Jugendlicher in die Phratrie ihres Vaters und den zweijährigen Militärdienst der attischen Epheben. Ebd. 105–122; vgl. auch COLE, The Social Function 1984.
24 LORAUX, Les enfants 1990, 157–196, bes. 174–179.

terschiedliche kultische Tätigkeiten und damit verbundene Räume zuwies. Auch die in der Interpretation dieser Stelle meist vernachlässigte Einleitung der Passage verweist auf die öffentliche Dimension der weiblichen Kulte: Der Chor wendet sich an die Bürger der Stadt, die ihn – mittels der genannten Kultdienste – »herausragend« (*aglaós*) und als »im Luxus Schwelgende« (*chlidósan*) aufgezogen habe. Daraus lässt sich erstens ablesen, dass die Kultdienste, was auch in anderen Quellen zum Ausdruck kommt, nur von einzelnen, vermutlich aus begüterten und damit mehrheitlich aus ›aristokratischen‹ Familien stammenden, Mädchen durchgeführt wurden, die deshalb als besonders »herausragend« (*aglaós*) galten. Diese Dienste waren jedoch gleichzeitig auch Teil der Polisreligion, und wurden als solche zumindest zum Teil auch mit öffentlichen Geldern unterstützt, sie »ernährten« also die teilnehmenden Mädchen ganz wörtlich, insofern diese in einem Heiligtum auf Staatskosten lebten oder doch zumindest einen Teil von Opfertieren behalten durften, ähnlich wie Priester und Priesterinnen, die auf diese Weise im Dienste der Polis standen.[25] Gleichzeitig mussten aber auch die teilnehmenden Mädchen selbst einen Teil der Kosten bestreiten; natürlich wurde dieser Anteil von ihren Vätern bezahlt, die damit eine der vielen öffentlichen Lasten, Leitourgien, für den kultischen Bereich der Stadt leisteten.[26] Das mehrheitlich negativ konnotierte *chlidósan* (von *chlidáō*, »im Luxus schwelgen«)[27] wird vor diesem Hintergrund als typisch misogyner Komödienscherz erkennbar. Denn seit Hesiod und Simonides gehört die gefräßige, nach Luxus strebende, die Vorräte des Mannes aufbrauchende Frau zu den misogynen *Topoi* der griechischen Literatur.[28] Dieses Motiv wird bei Aristophanes komisch verdreht, in dem nun die Polis als eine Art Oikos erscheint, der die gefräßigen Frauen schon in ihrer Kindheit üppig nährte. Eine derartige Vertauschung von Oikos und Polis ist charakteristisch für den ganzen Text der *Lysistrate*. So schlägt Lysistrate in ihrer Auseinandersetzung mit dem Proboulos vor, dass die Frauen den Staatsschatz verwalten sollten, wie sie auch die Vorräte im einzelnen Oikos verwalteten. (Aristophanes *Lys*. 493–495). An anderer Stelle antwortet sie auf die Frage, wie denn die Frauen die Kriegswirren klären wollten, mit einer langen Beschreibung der Verarbeitung von Wolle zu einem Mantel. Genau so würden die Frauen auch die Staatsgeschäfte in die Hand nehmen (Aristophanes *Lys*. 565–586). Derartige Verkehrungen sind kennzeichnend für alle Stücke, in denen Aristophanes Frauen als Protagonistinnen auftreten lässt:[29] So lebt die Komik der *Thesmophoriazusen* v. a. davon, dass die Frauen am religiösen Fest der Thesmophorien, von dem die Männer ausgeschlossen waren, Versammlungen und Gerichtsverhandlungen abhalten, die als Parodien der entsprechenden männlichen Institu-

---

25 Vgl. dazu SOURVINOU-INWOOD, Further Aspects 1988; DIES., What is Polisreligion 1990.
26 Vgl. dazu allgemein HENDERSON, Lysistrata 1987, 640; zu den Arrhephoria als Liturgie vgl. BURKERT, Kekropidensage 1966, 41 mit Verweis auf Lysias 21,5.
27 LSJ s.v. *chlidáō*.
28 Vgl. dazu den Beitrag von WAGNER-HASEL in diesem Band, S. 202f.
29 Zu den Frauenstücken allgemein: TAAFE, Aristophanes and Women 1993; FINNEGAN, Women in Aristophanes 1995.

tionen wirken.³⁰ In den *Ekklesiazusen* schleichen sich Frauen als Männer verkleidet in die athenische Volksversammlung ein und erwirken so den Beschluss, ganz Athen in einen riesigen, ›kommunistisch‹ organisierten Oikos zu verwandeln. Im Vordergrund steht also der Spott über die politischen Verhältnisse und das Versagen der männlichen demokratischen Institutionen in Athen.

Als historische Quellen über das Geschlechterverhältnis in Athen eignen sich diese Texte deshalb nur mittelbar, denn sie liefern allenfalls mehrfach gebrochene indirekte Informationen. Eine dieser für unseren Zusammenhang wichtigen indirekten Informationen besteht darin, dass Aristophanes die Athenerinnen auffällig oft bei der Ausübung kultischer Handlungen auf die Bühne brachte und sie nie in dem ihnen traditionell zugeordneten häuslichen Bereich zeigt. Dies gilt nicht nur für die *Thesmophoriazusen*. Auch in den *Ekklesiazusen* agieren die Frauen heimlich vor den Männern, außerhalb ihrer Oikoi; Gelegenheit für die Ausarbeitung ihres umstürzlerischen Planes hatte ihnen das Frauenfest der Skira gegeben, wo sie sich ohne Männer trafen.³¹ Weniger direkt aber – wie gerade die Interpretation von Loraux zeigt – nicht weniger deutlich ist die Bezugnahme auf öffentlich kultische Tätigkeiten auch in der *Lysistrate*, wobei der Kult der Athena Polias auf der Akropolis im Zentrum steht. Es wurde im übrigen vermutet, dass mit Lysistrate die zur Zeit der Aufführung des Stückes amtierende Athena-Priesterin Lysimache gemeint sein könnte. Dies ist plausibel, lässt sich aber nicht beweisen.³²

Für die Alte Komödie, die ein starke politisch-öffentliche Dimension hatte, lag es offenbar nahe, Frauen bei ihrer ebenfalls als öffentlich wahrgenommenen Ausübung religiöser Kulte darzustellen. In der Forschung wurde immer wieder betont, dass derartige Kulte die einzige Möglichkeit für Frauen boten, öffentlich zu agieren, während sie im übrigen von politischen Entscheidungen ausgeschlossen und auf den häuslichen Bereich beschränkt waren.³³ Einerseits bestätigen die Komödien des Aristophanes dieses Bild, da beispielsweise der Ausschluss der Frauen aus der Volksversammlung parodiert wird; andererseits zeigt gerade die Darstellung der Frauen bei der Ausübung kultischer Tätigkeiten deren politische Dimension. Denn in der antiken Polis bildeten Religion und Politik eine Einheit. Religion war immer Polisreligion: Die Priester waren Bürger und Bürgerinnen, die einen bestimmen Dienst stellvertretend für die Polis ausführten; die Polis formulierte ihre politischen territorialen Ansprüche von Anfang an durch Heroenmythen und die damit verbundenen Heiligtümer, Kulte und Feste. François de Polignac spricht bei seinen Überlegungen zur Herausbildung der Polis von einer »citoyenneté cultuelle«, von einer »Kultbürgerschaft«, die von Anfang an beide Geschlechter miteinbezogen habe.³⁴ Es scheint, als würden sich die Frauen bei Aristophanes, wenn

---

30 Zu Aristophanes Darstellung des Frauenfestes (mit Angabe weiterer Literatur) vgl. z. B. HABASH, Thesmophoria 1997, 19–40; BIERL, Der komische Chor 1998.
31 Zu diesen und weiteren Frauenfesten vgl. FOXHALL, Women's Ritual 1995 mit weiterer Literatur.
32 Dazu HENDERSON, Lysistrate 1987, xxxvii-xl.
33 Kritisch: SCHNURR-REDFORD, Frauen 1996, Kap. 1.
34 DE POLIGNAC, Naissance de la cité 1984, 77–80.

auch auf scherzhafte Weise, genau auf diese ihre »Kultbürgerschaft« berufen. Viele Quellen lassen vermuten, dass diese öffentliche Ausübung von Kulten der Inbegriff weiblicher Zugehörigkeit zur Polis sein konnte.[35] Ein gutes Beispiel dafür ist die Bestrafung von Ehebrecherinnen durch ein Verbot, an öffentlichen Opfern teilzunehmen und gemusterte Kleidung zu tragen.[36] So zeigt es sich bei näherem Hinsehen, dass das System der Polisreligion ohne die überaus zahlreichen weiblichen Kulte nicht denkbar wäre. Während Frauen zwar im philosophischen Diskurs der Polis dem häuslichen Bereich zugeordnet wurden, erstreckten sich ihre kultischen Aktivitäten über den gesamten Raum der Polis. Sie agierten sowohl im Zentrum der Stadt, auf der Akropolis, als auch in der Peripherie, in den ländlichen Demen und in der Küstenregion. Dies gilt zumindest für Athen: Im Zentrum der Stadt, auf der Akropolis, fanden nicht nur die Arrhephoria statt, sondern es wurde auch von Frauen unter Leitung der Athena-Polias-Priesterin der Peplos hergestellt, der der Göttin an den Panathenäen dargebracht wurde.[37] Die vorwiegend landwirtschaftlich ausgerichteten Thesmophorien wurden nach neuesten Untersuchungen auf der Ebene der Demen organisiert und möglicherweise auch nicht – wie früher vermutet – zentral, sondern in den einzelnen Demen durchgeführt.[38] Andere Frauenkulte wiederum fanden in Heiligtümern statt, die an der Grenze des Territoriums der Polis lagen. Dazu gehörten die Riten in Brauron ebenso wie das Frauenfest der Skira, das vermutlich der Göttin Athena Skiras galt. Eines ihrer Heiligtümer stand im wichtigen Grenzland zwischen Athen und Eleusis, ein anderes an der Küste in Phaleron.[39] Wenn die Frauen dem Bereich des Oikos zugeordnet waren, dann bedeutete ihre kultische Präsenz in den verschiedenen Räumen der Polis auch die Integration des einzelnen Oikos in die Gesamtpolis; ein Vorgang, dessen politische Bedeutung für die ständig von der Machtanmaßung einzelner aristokratischer Häuser bedrohte ›demokratische‹ Ordnung der Polis nicht zu unterschätzen ist. Auch wenn es angesichts der zahlreichen exklusiv weiblichen Kulte verlockend wäre, von einer ›Frauenreligion‹ zu sprechen, so dürften diese Überlegungen zeigen, dass es sowohl historisch als auch methodisch falsch wäre, dieser Versuchung nachzugeben. Statt dessen stellt sich in jedem einzelnen Fall die Frage, wie die Kulthandlungen von Frauen ins gesamte System der Polisreligion eingebettet waren, welche politische Dimension sie hatten und wie die soziale und symbolische Position von Frauen und Männern jeweils rituell definiert wurde.

---

35 Zur Bedeutung weiblicher Kulte für die aristokratische Selbstdarstellung vgl. STEIN-HÖLKESKAMP, Adelskultur 1989, 107 f.
36 Aischines *Tim.* 1,183; Demosthenes 59,87.
37 BRULÉ, Fille 1987, 99–105.
38 CLINTON, The Thesmophorion in Central Athens 1996, 111–123.
39 WALDNER, Geburt und Hochzeit des Kriegers 2000, Kap. IV 2.3 und 4.1.

Die Kulte der Artemis in Brauron: Mädchen als »Bärinnen« und Gewandweihe

Das Heiligtum an der ›Grenze‹: Das Artemisheiligtum von Brauron (heute Vraona) lag 37 km von Athen entfernt, an der Ostküste Attikas, im Demos Philaidai. In der Antike lag das Heiligtum direkt an der Küste, heute jedoch findet man seine Überreste etwa 400 m landeinwärts. Ursache dafür sind die Ablagerungen des Flusses Erasinos, in dessen Tal die Anlage steht, und der seit der Antike das Heiligtum immer wieder überschwemmte. Die Ausgrabungen lassen in etwa folgende Geschichte des Heiligtums rekonstruieren:[40] Es wurde insgesamt vom 8. bis zum 3. Jh. v. Chr. benutzt. Es liegt an einem felsigen Abhang der Akropolis einer neolithischen und später mykenischen Siedlung, die bis etwa 1300 v. Chr. bewohnt war. Auf einer von Stützmauern gehaltenen Terrasse wurde im späten 6. oder am Anfang des 5. Jh. auf den Fundamenten eines älteren Gebäudes ein Tempel errichtet. In unmittelbarer Nähe dieses Tempels befindet sich eine noch heute reichlich fließende Quelle. In ihr wurden Tausende von Votivgaben versenkt, die eindeutig von Frauen stammen, u. a. Spiegel, verschiedene Schmuckstücke, Dosen, Vasen, Skarabäen, Statuetten, Webgewichte und andere mit der Textilarbeit verbundene Geräte. Sie stammen aus der Zeit von 700 bis 480 v. Chr. Während dieser Zeit wurden vermutlich alle Weihgaben in der Quelle deponiert. Südöstlich des Tempels fanden sich Fundamente eines kleineren Gebäudes, die unter Felsblöcken einer eingestürzten Höhle begraben waren. Die Ausgräber vermuten, dass es sich dabei um den neben der Quelle ältesten Kultplatz handelt, vielleicht um ein Heroengrab. Das größte ausgegrabene Gebäude ist eine Pi-förmige Stoa, die am Ende des 5. Jh. errichtete wurde. In ihr wurden Verzeichnisse der im Tempel vorhandenen Weihgaben aufbewahrt; hinter dem Säulengang wurden Banketträume gefunden, wie sie auch für andere Heiligtümer bezeugt sind. Nach Aussage des Pausanias besaß Artemis Brauronia auch ein Heiligtum auf der Akropolis in Athen.[41] Dabei muss es sich um eine auf der Südseite der Akropolis ausgegrabene Stoa handeln; in dieser wurden Kopien der Schatzverzeichnisse in Brauron gefunden, das älteste davon stammt aus dem Jahre 416 v. Chr.[42] Eines der Verzeichnisse in Brauron vermerkt für dieses Jahr den Transport von Weihgeschenken nach Athen. Möglicherweise wurde das Heiligtum auf der Akropolis nur zur Aufbewahrung der Verzeichnisse und eines Teils der Weihgaben errichtet.[43] Diese Verdoppelung des Kultes oder doch zumindest der öffentlichen Aufstellung der Schatzverzeichnisse hängt unmittelbar mit der großen Bedeutung des Heiligtums in Brauron für die Polisreligion zusammen. Es lässt sich vermuten, dass das Bauprogramm des Perikles auch diesen Kult betraf und sowohl die Stoa in Brauron als auch jene auf der Akropolis seine

---

40 Die Publikation der von dem 1963 verstorbenen J. Papadimitriou durchgeführten Grabungen ist bis heute nicht abgeschlossen. Ein guter Überblick über Material und Bibliographie findet sich bei HOLLINSHEAD, Legend 1980, 30–44; vgl. auch PAPADIMITRIOU, Sanctuary 1963; COULTON, Brauron 1976, 163f.; LOHMANN, Brauron 1997.
41 Pausanias 1,23,7.
42 LINDERS, Studies 1972.
43 OSBORNE, Demos 1985, 156

Bedeutung unterstreichen sollte.⁴⁴ Der Tempel, der an der Wende vom 6. zum 5. Jh. erbaut wurde, geht ziemlich sicher auf die Peisistratiden zurück, die aus dem Demos Philaidai bzw. aus Brauron selbst stammten, und im 6. Jh. in Athen eine Tyrannis errichtet hatten.⁴⁵ Zeitweise war das Heiligtum feindlichen Angriffen ausgesetzt. So berichtet Pausanias, dass die Perser ein altes Götterbild der Artemis aus Brauron raubten und auch die Gründung einer ›Filiale‹ auf der Akropolis stand vermutlich in Zusammenhang mit kriegerischen Ereignissen, die die Sicherheit des Heiligtums an der Peripherie gefährdeten.⁴⁶

Diese Lage an der Grenze des Territoriums einer Polis ist allgemein sehr typisch für Artemisheiligtümer,⁴⁷ aber auch für andere Tempel. François de Polignac vermutet, dass derartige, am Rande des Polisterritoriums, in den sog. *eschatiaí*, gelegenen Kultstätten bei der Herausbildung der Siedlungsform der Polis im Laufe des 9. und 8. Jh. eine wichtige Rolle spielten; deshalb ist immer auch mit einer politischen Funktion der entsprechenden Kulte zu rechnen, die sich in historisch genauer fassbaren Epochen fortsetzt.⁴⁸ Die Artemisheiligtümer in Attika markierten eine ganz besondere ›Grenze‹: jene zum Meer.⁴⁹ Dies gilt nicht nur für Brauron, sondern auch für das in Piräus gelegene Artemisheiligtum von Munichia, ebenso wie für die Tempel von Halai Araphenides (Loutsa) und Aulis.⁵⁰ Bereits im 10. Jh. muss die Seefahrt in Attika eine wichtige Rolle gespielt haben, um überregionale Kontakte zu knüpfen;⁵¹ die Heiligtümer an der Küste könnten dazu gedient haben, Gäste beim Opfermahl zu bewirten, Güter und Informationen auszutauschen,⁵² eventuell wurden bei diesen Gelegenheiten auch überregionale Heiratsbeziehungen hergestellt.⁵³ Die archäologischen Funde in attischen Artemisheiligtümern reichen in diese frühe Zeit zurück.⁵⁴

Die älteste literarische Erwähnung des Artemisheiligtums in Brauron finden wir bei Herodot.⁵⁵ Auch in ihr spielt die Lage des Heiligtums an der Grenze eine wichtige, politische Rolle. Gleichzeitig liefert die Erzählung Herodots einen ersten An-

---

44 OSBORNE, Demos 1985, 156 f.
45 LOHMANN, Brauron 1997, 762–764.
46 Pausanias 3,16,7; 8,46,3; COLE, Domesticating 1998, 41.
47 COLE, Domesticating 1998, 27–30; zur Göttin Artemis allgemein mit kurzem Überblick über die Literatur: Fritz GRAF, in: DNP 2, 53–58, s.v. Artemis; Lilly KAHIL, s.v. Artemis, LIMC II 1, 1984, 618–21.
48 DE POLIGNAC, Naissance de la cité 1984.
49 DE POLIGNAC, Mediation 1994, 3–18; zu Artemis in Attika bes. 6 f.
50 Zum Heiligtum in Munichia: PALIOKRASSA, Artemis Munichia 1989, 1–40; zum 7 km nördlich von Brauron gelegenen Heiligtum von Halai Araphenides und zu Aulis vgl. HOLLINSHEAD, Legends 1980 mit Angabe sämtlicher Grabungsberichte; vgl. auch GRAF, Götterbild 1979.
51 DE POLIGNAC, Mediation 1994, 6.
52 DE POLIGNAC, ebd. 7 f.
53 WAGNER-HASEL, Stoff der Gaben 2000, 208 mit Angabe weiterer Literatur.
54 Nach PALIOKRASSA, Artemis Munichia 1989, 1–40, gehen die Funde in Munichia bis ins 10. Jh. v. Chr. zurück; in Brauron lassen sich Kultaktivitäten seit dem 8. Jh. vermuten.
55 Herodot 6,137–140.

haltspunkt, aus welcher Perspektive die von Frauen in diesem Artemisheiligtum ausgeübten Kulte im 6. Jh. gesehen wurden. Im Jahr 510 oder etwas später eroberte der athenische Stratege Militiades die große und fruchtbare, für die Getreideversorgung wichtige Insel Lemnos.[56] Er soll dies nach Herodot bewerkstelligt haben, indem er in einem Tag vom athenischen Chersones am Hellespont nach Lemnos fuhr und sich dort auf eine alte Abmachung mit den Bewohnern der Insel, den Pelasgern, berief; danach mussten sie die Insel den Athenern überlassen, wenn es einem von diesen gelänge, sie von Athen aus in einem Tag zu erreichen. Ursache für diese Abmachung waren nach Herodot folgende, in der Frühgeschichte Athens liegende Ereignisse: Einst hätten die Athener die Ureinwohner Attikas, die Pelasger, von ihrem Land nach Lemnos vertrieben. Nach der Version der Athener geschah dies deshalb, weil diese die athenischen Frauen bei ihrem Gang zu einer Quelle überfielen; nach der Version der Pelasger hingegen erfolgte die Vertreibung, weil die Athener sie um ihr gut bebautes Land beneideten. Später rächten sich die nun auf Lemnos lebenden Pelasger an den Athenern. Da sie deren Festkalender aus der früheren Zeit gut kannten, segelten sie nach Brauron und raubten die Frauen, die im dortigen Artemisheiligtum ein Fest feierten. Sie machten diese Frauen auf Lemnos zu ihren ›Nebenfrauen‹ (*pallakaí*). Die entführten Athenerinnen gebaren Kinder, brachten diesen jedoch athenische Sprache und Sitte bei. Die athenischen Jungen bildeten eine geschlossene Gruppe gegen die Kinder der Pelasger und fühlten sich diesen überlegen. Als die Pelasger dies bemerkten, töteten sie die Athenerinnen und deren Söhne. Wegen dieser Untat wurden ihr Land und ihre Frauen unfruchtbar. Das Orakel in Delphi befahl, den Athenern Buße für das Verbrechen zu zahlen. Die Athener verlangten das Land der Pelasger; diese wiederum versprachen, es dann abzutreten, wenn ein Schiff von athenischem Land aus in einem Tag Lemnos erreiche.

Es ist gut möglich, dass diese Erzählung in der uns überlieferten Form erst im 6. Jh. aus ›propagandistischen‹ Gründen in die Welt gesetzt wurde. Voraussetzung ist jedoch, dass zu dieser Zeit in Brauron ein oder mehrere Feste von athenischen Frauen allein im Artemisheiligtum gefeiert wurden. Susan Cole betont im Hinblick auf diese Erzählung, dass für die Athener die Tatsache, dass Frauen soweit von der Stadt entfernt sicher ein Fest feiern konnten, gleichzeitig ein sichtbares Zeichen für die politische Integrität ihres Territoriums gewesen sein muss.[57] Wenn sie diese Feste feierten, taten sie dies nicht einfach als Frauen, sondern als Frauen von Athen. Dass sie als solche in erster Linie Mütter von Athenern waren, ist nun ausgerechnet Thema der mit dem Heiligtum verbundenen Erzählung. Es wird betont, dass die Kinder – und gemeint sind in erster Linie die Söhne – von ihren Müttern Sprache und Sitte Athens so gut lernen, dass der von ihren Vätern her ererbte pe-

---

56 BENGTSON, Griechische Geschichte ⁵1996, 158, Anm. 3.
57 COLE, Domestication 1998, 28: »There was a recognisable correspondence between the vulnerability of a city's women and the vulnerability of a city's border. [...] Successful celebration of female festivals at unprotected border sanctuaries was recognised as pleasing to the goddess and considered a sign of peace, security and territorial integrity.«

lasgische Anteil völlig untergeht. Bemerkenswert ist dabei die Rolle, die den Frauen bei der Vermittlung der Kultur an die nächste Generation zugeschrieben wird: weil die Jungen von ihren Müttern Sprache und Sitten der Athener lernen, werden sie so athenisch, dass sie sich den Pelasgern überlegen fühlen; die ererbte politische Konstellation, nach der die Athener die Pelasger besiegten, wird so durch die Mütter an ihre Kinder vermittelt. Athenerin zu sein, bedeutete nach dieser Erzählung nicht nur, Feste in Brauron zu feiern, sondern auch, an die nächste Generation genau jene politische Ordnung von männlicher Gewalt und Gegengewalt weiterzugeben, deren Opfer Frauen selbst werden konnten. Die folgenden Quellen zu den Kulthandlungen, die in Brauron stattfanden, müssen auch vor diesem Hintergrund betrachtet werden.

Die »Bärinnen«: Die Frauen des Chors in Aristophanes' *Lysistrate* geben dem Publikum nur Stichworte: »das Safrankleid (*krokōtós*) zu Boden gleiten lassen« und: »an den Brauronia Bärin sein«. In den Scholien[58] finden wir folgende Ergänzungen (**Q 33**): »ich war Bärin an den Brauronia« bedeute soviel wie »eine Bärin nachahmen«. Dies heiße, ein Gewand namens *krokōtós* zu tragen und Opfer für Artemis in Brauron und Munichia zu bringen. Das Ritual werde von ausgewählten Jungfrauen durchgeführt, die nicht jünger als fünf und nicht älter als zehn Jahre gewesen seien. Dann werden verschiedene Mythen angeführt, auf die das Ritual zurückgeführt wurde. Lassen wir die mythischen Erklärungen vorerst beiseite und konzentrieren uns auf das wenige, was über die Scholien und über archäologische Funde zur rituellen Tätigkeit der Mädchen in Brauron überliefert ist:

Die Mädchen, die Aristophanes als »Bärinnen« (*árktoi*) bezeichnet, wurden ausgewählt für den Dienst im Heiligtum. Obwohl der zweite Teil des Scholions suggeriert, dass ursprünglich einmal alle Mädchen vor der Hochzeit die Rituale in Brauron vollzogen, ist dies aus rein praktischen Gründen schwer vorstellbar. Plausibler ist es, mit Sourvinou-Inwood davon auszugehen, dass nur eine bestimmte Zahl ausgewählt wurde, diese aber möglicherweise ihren Demos oder ihre Phyle repräsentierten;[59] auf diese Weise führten tatsächlich ›alle‹ Athenerinnen das Ritual aus. Auch in den Zusammenhang der Aussage des Aristophanes passt eine Auswahl als ›Repräsentantin‹ der ganzen Altersgruppe besonders gut. Die Mädchen waren zwischen 5 und 10 Jahren alt. Die Spanne von fünf Jahren lässt eine Verbindung mit dem Brauronia (*Braurṓnia*) genannten Fest vermuten, das alle fünf Jahre stattfand. Über dieses Fest ist nur überliefert, dass seine Durchführung von dazu bestellten Beamten überwacht wurde, und dass es sehr wahrscheinlich mit einem

---

58 Es wird hier nur das im cod. aus Leiden (Γ) überlieferte *Scholion zu Lys.* 645 besprochen; in der Suda s.v. *árktos ḗ Braurōníois* und im Scholion des cod. aus Ravenna (R) finden sich weitere Varianten, die inhaltlich allerdings nur geringfügig differieren; ausführliche Diskussion bei SALE, Temple-legends 1974. Harpokration, s.v. *arkteúsai* belegt, dass das Wort *arkteúein* in einer Rede des Lysias verwendet wurde; außerdem von Euripides in der *Hypsipyle* und von Aristophanes in den *Lemnierinnen* und der *Lysistrate*. (Euripides fr. 767 NAUCK; Aristophanes fr. 386 KASSEL/AUSTIN III 2).
59 SOURVINOU-INWOOD, Studies 1988, 115.

großen Festzug von Athen nach Brauron verbunden war.[60] Nach einem späten Zeugnis sollen Rhapsoden-Wettbewerbe stattgefunden haben, an denen homerische und kyklische Epen rezitiert wurden.[61] Es könnte sein, dass der Abschluss einer unbestimmten, als »Bärin« verbrachten Zeit der Mädchen im Heiligtum an den Brauronia im Rahmen eines großen Festes gefeiert wurde. Was die Mädchen allerdings während dieser Zeit im Heiligtum taten, können wir nur vermuten. Denn aus den Scholien und aus Aristophanes lässt sich kein konkreter Ablauf der Kulthandlungen der *árktoi* in Brauron rekonstruieren, sondern lediglich einzelne Elemente: Sie trugen ein besonderes Gewand, einmal zogen sie dieses Gewand aus, sie opferten für Artemis; das alles musste vor der Hochzeit passieren, wurde also wohl als Vorbereitung auf die Hochzeit aufgefasst. Der Scholiast spricht davon, dass dieses Ritual ein *mystérion*, also ein geheimes Ritual sei. Damit ist wohl kaum gemeint, dass es einer Einweihung in Mysterien, wie sie etwa von Eleusis bekannt sind, ähnelte. Vermutlich sind die Handlungen deshalb ›geheim‹, weil sie nur von Frauen durchgeführt wurden.[62]

Diese wenigen Informationen werden ergänzt durch ganz besondere archäologische Funde aus Artemisheiligtümern in Attika, die v. a. durch die Publikationen Lily Kahils bekannt wurden. Es handelt sich dabei um kleine, kelchartige Keramikgefäße, die in den archäologischen Publikationen als *Krateriskoi* bezeichnet werden, da sich ihre Form am besten als »Miniatur-Glockenkratere« beschreiben lässt. Sie wurden v. a. in Brauron, aber auch in den Artemisheilgtümern von Halai Araphenides, Munichia und Melite gefunden, einige davon außerdem in der Pan-Grotte in Eleusis und auf der Akropolis und der Agora von Athen. Die größte Zahl der Funde wird in die Zeit vom späten 6. bis ins frühe 5. Jh. datiert. Die Gefäße sind z. T. von schlechter Qualität und stellten eine Art ›Massenware‹ dar. Lily Kahil vermutet in ihnen Produkte einer lokalen Werkstätte.[63] Ein Teil dieser Gefäße ist mit einfachen, geometrischen Mustern verziert, eine zweite Gruppe jedoch ist bei der Frage nach den Vorgängen im Heiligtum von Brauron von Bedeutung: auf ihr finden sich figürliche Darstellungen, die sich nach Kahil grob in zwei Gruppen teilen lassen:

Auf der ersten laufen nackte oder mit einem kurzen Chiton bekleidete Mädchen um einen Altar, auf dem eine Flamme brennt; manchmal halten sie Fackeln oder Kränze; auf einigen Beispielen signalisiert eine Palme, dass es sich um eine Artemisheiligtum handelt.[64] Bei der zweiten Gruppe handelt es sich um Abbildungen des gleichen Szenariums, dabei sind die Mädchen jedoch nicht laufend dargestellt,

---

60 Aristophanes *Frieden* 871–876; Aristoteles *Ath. Pol.* 54,7; Pollux 7,107; vgl. COLE, Social Function 1984, 242.
61 Hesychius s.v. *Brauroníois*.
62 So werden auch in einem Scholion zu Lukian *Dialogi Meretricii* 2,1 (Rabe 275, 23 ff.) Rituale des Frauenfestes der Thesmophoria als *mystéria* bezeichnet; vgl. dazu auch LOWE, Thesmophoria 1998, 149–173.
63 KAHIL, Autour 1965, 24.
64 Ebd. 13–21.

sondern scheinen sich langsam zu bewegen, vielleicht mit Tanzschritten.[65] 1977 publizierte Kahil schließlich die Fragmente dreier Vasen aus einer Schweizer Privatsammlung.[66] Bei zwei Fragmenten kann sie aufgrund der Gefäßform nachweisen, dass es sich eindeutig um Krateriskoi handelt, die allerdings etwas größer waren als die Exemplare aus den Artemisheiligtümern (**Q 34**). Die beiden Krateriskoi zeichnen sich durch besonders schöne und deutliche Abbildungen jener Motive aus, die auch auf den übrigen Gefäßen zu finden sind. Sie werden deshalb besonders häufig zur Rekonstruktion der Rituale der Arktoi in Brauron herangezogen: Krateriskos I (Abb. A) zeigt auf einer Seite Frauen, die mit Mädchen in kurzen Chitonen beschäftigt sind. Eine der Frauen trägt Zweige, eine andere scheint den Chiton eines der Mädchen zurecht zu ziehen. Es könnte sein, dass damit Vorbereitungen zu jenem Ritual getroffen werden, das auf der anderen Seite des gleichen Krateriskos abgebildet ist: Hier laufen die mit kurzen Chitonen bekleideten Mädchen eine Wettlauf. Palmen bezeichnen den Ort als Artemisheiligtum unter freiem Himmel. Auf dem zweiten Fragment (Krateriskos II, Abb. B) sehen wir Mädchen, die ebenfalls einen Wettlauf abhalten. Auf der ersten Seite handelt es sich um vier Mädchen, die älter wirken als die Mädchen auf dem ersten Gefäß. Sie laufen nackt, haben langes Haar und halten Kränze in den Händen. Eine kleinere Gestalt ist nicht klar erkennbar. Auf der anderen Seite sehen wir ebenfalls laufende Mädchen, eines von ihnen ist jedoch kleiner und hat kürzeres Haar, es gleicht daher eher den jüngeren Mädchen des ersten Fragmentes, ist aber nackt. Zwischen die beiden Szenen platziert Kahil ein besonders interessantes Fragment: es handelt sich dabei um den oberen Teil eines großen Tieres, das ein Bär sein könnte, der vor einer Palme steht. Eins der laufenden Mädchen blickt auf den Bären zurück, so dass der Eindruck entsteht, bei dem Wettlauf handle es sich um eine Jagd.[67] Dies wird noch verstärkt dadurch, dass unter den laufenden Mädchen eine Jagdszene abgebildet ist, bei der Hunde einen Hirsch jagen.

Bereits die große Zahl der Gefäße legt die Vermutung nahe, dass sie bei Ritualen in Artemisheiligtümern gebraucht und dann dort – vielleicht als Votivgabe – zurückgelassen wurden. Dies wird bestätigt durch eine Abbildung auf einem weiteren Krateriskos. Auf einem der Fragmente ist nämlich ein Altar zu sehen, in seiner Nähe zwei nicht deutlich erkennbare Personen. Vor dem Altar am Boden liegt ein Krateriskos, auf dem die Silhouetten laufender Mädchen zu sehen sind. Es scheint, dass er verwendet wurde, um eine Flüssigkeit auf den Boden auszugießen, sehr wahrscheinlich also für ein Trankopfer, eine Libation.[68]

Welche Informationen lassen sich aus diesen Funden für die Deutung des Rituals ableiten? Sie bestätigen zuerst, dass junge Mädchen und Frauen im Artemisheiligtum von Brauron und vermutlich auch in jenem von Munichia eine wichtige

---

65 Ebd. 21 f.
66 Kahil, L'Artémis 1977, 86–98.
67 Vgl. dazu Scanlon, Race 1990.
68 Museum Brauron, Kraterfragment Nr. A 56, Mitte 5. Jh.; Kahil, Autour 1965, 25; Abb. Taf. 8,8.

Rolle spielten. Es muss ein Ritual gegeben haben, bei dem Mädchen die Krateriskoi genannten Gefäße benutzten, dabei handelte es sich mit großer Wahrscheinlichkeit um eine Libation, eine der häufigsten Opferhandlungen überhaupt. Sie begleitete jedes normale Opfer, wurde aber auch – offenbar meist von Frauen – bei der Verabschiedung eines Kriegers und besonders häufig beim Totenopfer durchgeführt.[69] Dass auch andere Opfer stattfanden, lassen die häufige Abbildung eines brennenden Opferaltars auf den Krateriskoi-Fragmenten vermuten. Außerdem tanzten die Mädchen und liefen Wettläufe; beide Tätigkeiten junger Mädchen und Frauen sind auch für viele andere Kulte überliefert und bilden beliebte Motive der Ikonographie.[70] Auffällig ist allerdings, dass die auf den Vasen abgebildeten Mädchen zum Teil nackt, zum Teil bekleidet laufen. Sie scheinen verschiedene Altersstufen zu repräsentieren. Dem entspricht in gewisser Weise die für die sportlichen Wettkämpfe männlicher Jugendlicher bezeugte Einteilung in verschiedene Altersklassen, wobei allerdings ganz grundsätzlich nackt gelaufen wurde. Athletische oder rituelle Nacktheit war für beide Geschlechter auf ganz bestimmte Räume und Zeiten begrenzt, bildete also einen Gegenpol und eine Ausnahme zum ›normalen‹ Leben.[71]

Wollen wir in den auf den Vasen abgebildeten Mädchen die bei Aristophanes und in den Scholien erwähnten »Bärinnen« erkennen, so stellt sich die Frage, ob auf einer der Abbildungen das besondere Gewand der Mädchen, der *krokōtós* zu sehen ist. Auf den Krateriskoi tragen die Mädchen verschiedenartige, lange und kurze Chitone, in denen Sourvinou-Inwood zum Teil den *krokōtós* vermutet hat. Der *krokōtós* gilt in der Literatur als ein besonders verführerisches, von erwachsenen Frauen getragenes Kleidungsstück.[72] Es handelt sich dabei um einen Chiton oder ein Himation; *krokōtós* ist eigentlich nur ein Adjektiv, das die Farbe des Kleides oder Mantels bezeichnet. Erstaunlich ist, dass ein solches verführerisches Gewand in Ritualen, die von 5–10jährigen Mädchen ausgeführt wurden, eine so wichtige Rolle spielte. Sourvinou-Inwood sieht darin eine frühzeitige, symbolische »Sexualisierung« der Mädchen, über die diese auf die Hochzeit vorbereitet worden seien. Dabei sei ihnen einerseits ihre Rolle als erwachsene, verführerische Frauen bereits eingeprägt, andererseits aber auch deren negative Seite vor Augen geführt worden, indem die Sexualität – durch die Assoziation der Mädchen mit »Bärinnen« – dem Wilden, Unkultivierten zugeordnet worden sei.[73] Nach Sourvinou-Inwood trugen die Mädchen in einer ersten Phase die kurzen Chitone, die allgemein die Kleidung kleiner Mädchen waren. Dann folgte ein Kleiderwechsel: das kindliche Kleid

---

69 Zu der Abbildungen von libierenden Frauen bei der Verabschiedung eines Kriegers vgl. LISSARAGUE, Frauenbilder 1993, 203–210; zur Libation allgemein: GRAF, Milch, Honig und Wein 1986, 209–221.
70 Zu Tänzen, Wettläufen und Chören von Mädchen: CALAME, Les choeurs de jeunes filles 1977; zur Ikonographie Beispiele bei LISSARAGUE, Frauenbilder 1993, 213–222.
71 Vgl. dazu WALDNER, Geburt und Hochzeit des Kriegers 2000, Kap. IV, 4.4.
72 So wird in Aristophanes *Lys.* 351 das Tragen des *krokōtós* zu den Verführungskünsten der Frauen gerechnet; vgl. BRULÉ, Fille 1994, 240–45 mit Angabe weiterer Stellen.
73 SOURVINOU-INWOOD, Studies 1988, 129.

wurde ausgezogen, die Mädchen wurden zu »Bärinnen« und trugen den ambivalenten, erotischen Krokotos. Da sich dieser jedoch für noch unverheiratete junge Mädchen nicht ziemte, musste auch er – in einem symbolischen Akt – wieder ausgezogen werden. Schließlich legten die Mädchen jene Kleider an, die sich für nun heiratsfähig gewordene »Jungfrauen«, *parthénoi*, ziemten: lange Chitone und Himatia.[74]

Im Grunde muss dieser an sich plausible Ablauf Hypothese bleiben. Denn streng genommen wissen wir nicht einmal, ob die auf den Krateriskoi abgebildeten Mädchen wirklich identisch sind mit den in der Literatur *árktoi* genannten Mädchen. Fest steht jedoch soviel: Im Artemisheiligtum von Brauron, vermutlich auch in jenem von Munichia, wurden Mädchen vor der Hochzeit der Artemis geweiht und übten dabei verschiedene Kulthandlungen aus, sie brachten Opfer dar, liefen Wettläufe und tanzten. Dabei wurden sie vermutlich von älteren Frauen überwacht und betreut. Das Tragen und Ausziehen besonderer Kleidungsstücke spielte ebenso eine wichtige Rolle wie der Zustand der Nacktheit. Auf der Ebene der rituellen Handlungen scheint also dem Körper der Mädchen große Aufmerksamkeit zugekommen zu sein. Folgen wir Sourvinou-Inwood, dann ging es darum, die Rolle der erwachsenen Frau zu ›erlernen‹ und zwar im Hinblick auf die zukünftige Hochzeit. Das hieße, dass der weibliche Körper der Mädchen im Ritual, sei es über die Nacktheit, sei es über besondere Formen der Be- und Entkleidung, als solcher erst ›hergestellt‹ wurde.[75] Das bedeutet, dass die individuell erfahrene Entwicklung der Mädchen auf diese Weise zu einer – im Rahmen des Artemisheiligtums – öffentlich sichtbaren und auch kollektiven Angelegenheit wurde. Dazu passt, dass auf den Krateriskoi die Mädchen immer in Gruppen erscheinen, deren Mitglieder gleich groß dargestellt werden und auch sonst keinerlei individuelle Merkmale aufweisen. Dies ist natürlich eine Konvention künstlerischer Darstellung; genau diese Konvention könnte aber darauf hindeuten, dass die einzelnen Mädchen im Heiligtum in erster Linie als Mitglieder einer bestimmten Altersgruppe definiert wurden. Mit anderen Worten: Die individuelle ›biologische‹ Entwicklung wurde von Ritualen gelenkt und war auf diese Weise von Anfang an mit der symbolischen und sozialen Ordnung der Polis und insbesondere der Polisreligion wirksam verknüpft.

Für einen solchen Zusammenhang von Polisordnung und weiblichem Körper spricht auch der mythologische Diskurs. Denn die rituelle Ebene war in der Polisreligion mit jener der mythischen Erzählung verknüpft. Die Mädchen opferten für Artemis, von der erzählt wurde, dass sie einst Iphigenie rettete, als diese von ihrem Vater geopfert werden sollte. Sie hielten sich im Heiligtum der Artemis als »Bärinnen« auf, weil einst eine Bärin in diesem Heiligtum getötet worden war. Da die griechische Mythologie durch einen großen Variantenreichtum gekennzeichnet ist, können wir nie mit Sicherheit sagen, dass ein einzelner Mythos von allen Teilnehmern eines Rituals oder Festes tatsächlich als »Deutung« oder symbolischer

---

74 Sourvinou-Inwood, Studies 1977, 123.
75 Vgl. zu dieser Funktion der Rituale der Polisreligion Waldner, Geburt und Hochzeit des Kriegers 2000, Kap. I, 2.2.2.

Hintergrund der rituellen Handlungen empfunden wurde. Trotzdem ist davon auszugehen, dass die mythischen Erzählungen den einzelnen Teilnehmerinnen einen Rahmen lieferten, in den sie die individuelle rituelle Erfahrung stellen konnten.[76] Die mythischen Erzählungen ihrerseits sind in der gleichen Kultur entstanden, in der die Rituale ausgeführt wurden. Es lohnt sich deshalb, die Mythen, die mit einem Fest verbunden wurden, sorgfältig zu lesen, bevor man endgültige Schlussfolgerungen zur Deutung der Symbolik der rituellen Handlung zieht.

Das besprochene Scholion zu Aristophanes überliefert grundsätzlich zwei Varianten von mythischen Erklärungen für den Dienst der *árktoi* in Brauron. Nach der ersten Erklärung ist der Dienst der Mädchen eine Sühne, die den Zorn der Göttin Artemis besänftigen soll, da die Athener eine der Göttin heilige, gezähmte Bärin töteten. Von dieser Erzählung kennt das Scholion wiederum eine kurze und eine ausführliche Version. Nach der kurzen Version töteten die Athener die Bärin, worauf eine Hungersnot ausbrach. Um diese abzuwenden, wurde der Dienst der Bärinnen, insbesondere das Opfer an Artemis eingerichtet. Im zweiten Teil des Scholions findet sich eine längere detaillierte Wiedergabe der gleichen Geschichte: Ein Mädchen spielt mit der Bärin und reizt sie dabei, worauf das Tier sein Gesicht zerkratzt. Aus Rache dafür tötet wiederum der Bruder des Mädchens die Bärin. Deshalb wird Artemis zornig und um sie zu versöhnen, müssen die athenischen Mädchen vor der Hochzeit im Heiligtum die Bärin spielen. Liest man diese Erzählungen als Aussage über die in Brauron stattfindenden Rituale, so sind folgende Punkte bemerkenswert: die Mädchen halten sich im Heiligtum auf, um einen Frevel wieder gut zu machen. Bei diesem Frevel handelt es sich um ein Sakrileg gegenüber der Göttin Artemis, das von Jugendlichen begannen wurde. Ein Mädchen reizte die Bärin, sein Bruder tötete ein der Göttin heiliges Tier. Das Fehlverhalten der Jugendlichen im Artemisheiligtum bewirkt, dass die ganze Bevölkerung mit Hungersnot und Krankheit bestraft wird. Wie Cole betont, betreffen die Kulte der Artemis also immer die gesamte Polis.[77] Vor diesem Hintergrund bekommen die rituellen Handlungen der Mädchen im Artemisheiligtum einen ausgesprochen ernsthaften und verpflichtenden Charakter: Würden sie sich der Göttin Artemis gegenüber falsch verhalten, d.h. die Rituale und die damit verbundenen sozialen Regeln nicht akzeptieren, könnte dies ganz Athen schädigen. Auffällig ist, dass die Mädchen eine Gewalttat sühnen, die von einem Jungen begangen wurde. Allerdings ist im Mythos auch die Schwester des Jungen beteiligt, sie wird so zur ›Komplizin‹ des Frevels. Auch hier finden wir also wieder – ähnlich wie in Herodots Erzählung über das Heiligtum in Brauron – die Sphäre männlicher Gewalt mit den weiblichen Ritualen unmittelbar verknüpft. Dadurch, dass die Mädchen heiratsfähig wurden, wurden sie zu Mitgliedern der gesamten Polisgesellschaft, der Frauen und Männer angehörten, die zueinander in verschiedenen Beziehungen standen. So thematisiert der Mythos von der Tötung der Bärin auch

---

76 Zum Zusammenhang von mythischen Erzählungen und Ritualen in der Polisreligion ebd. Kap. I,2.
77 COLE, Domesticating 1998, 28.

das Verhältnis von Bruder und Schwester: Der Bruder muss seine Schwester rächen und ihr Leben schützen.

Besonders interessant ist nun die Assoziation der rituellen *árktoi* mit der Bärin aus dem Mythos.[78] In den meisten Interpretationen der Arkteia wird behauptet, dies bedeute, dass die Mädchen mit wilden Tieren gleichgesetzt wurden, die durch die Ehe, bzw. die Rituale in Brauron, gezähmt werden müssen.[79] Damit verbunden ist oft die Behauptung, dass Frauen, insbesondere im Hinblick auf ihre Sexualität, grundsätzlich mit Tieren gleichgesetzt worden seien.[80] Tatsächlich wird bereits auf der Ebene des Mythos eine enge Verbindung von Bärin und Mädchen hergestellt: das Mädchen »scherzt« mit der Bärin. Allerdings ist die Bärin – so wird betont – bereits gezähmt, und in diesem Zustand hält sie sich im Heiligtum auf. Überträgt man dies auf den Aufenthalt der Mädchen als ›Bärinnen‹ im Heiligtum, so sind sie gerade dadurch, dass sie *im* Heiligtum sind, bereits in einem ›gezähmten‹ Zustand. Die Wildheit, die gezähmt wird, wäre somit weniger ihre Weiblichkeit oder ihre Sexualität, sondern ihre Kindlichkeit, ihr Zustand, bevor sie ins Heiligtum und damit in den Schutz der Göttin Artemis kamen.[81] Die Instanz, durch die sie ›gezähmt‹ werden, ist nicht die Ehe, sondern der Aufenthalt im Heiligtum, der auf die Ehe vorbereitet.

Denkt man die Gleichsetzung der rituellen *árktoi* im Heiligtum mit der mythischen Bärin konsequent zu Ende, so eröffnet dies noch eine weitere Dimension: Die Mädchen wurden mit einem Tier gleichgesetzt, von dem man erzählte, dass es im Heiligtum erlegt wird. In ›Wirklichkeit‹ wurden jedoch in einem Artemisheiligtum Opfertiere getötet, zweifellos auch im Verlauf der Arkteia, wie der Scholiast betont. Dabei handelte es sich im Normalfall wohl vorwiegend um Ziegen und andere Haustiere. Allerdings scheinen Wildtiere insofern ›geopfert‹ worden zu sein, als Jäger einen Teil ihrer Beute in Artemisheiligtümern der Göttin weihten.[82]

In einer Rede des Demosthenes wird eine »heilige Jagd« erwähnt, die vielleicht in Brauron stattfand.[83] Die Abbildung auf dem Krateriskos II, die die laufenden Mädchen mit einem Bären und der Abbildung einer Treibjagd von Hunden und Hirschen kombiniert, suggeriert ebenfalls einen engen Zusammenhang zwischen

---

78 Bären sind in der Mythologie vieler Völker, insbesondere im Zusammenhang mit der Tätigkeit des Jagens, zentral; der Bär ist ein schwierig zu erlegendes, gefährliches Tier; gleichzeitig weist er in Gestalt und Verhalten einige Ähnlichkeiten zum Menschen auf. Dies macht ihn zu einem besonders geeigneten Motiv mythischer Erzählung; auch im griechischen biologischen Diskurs wird die Ähnlichkeit von Bär und Mensch hervorgehoben, vgl. dazu OSBORNE, Demos 1985, 167; zum griechischen Diskurs über Bären vgl. auch den Ausstellungskatalog ›Pandora‹ 1996, 301 f.; BRULÉ, Fille 1985, 215 vermutet aufgrund von Pausanias 8,17,3 und weiteren Stellen, dass zur Zeit des Pausanias vereinzelt noch Bären gejagt wurden. Zu Bärenmythen bei Jägervölkern ebd. 257–260.
79 SOURVINOU-INWOOD, Studies 1979, 129; OSBORNE, Demos 1985, 166 f.
80 REEDER, Pandora-Katalog 1996, 299 ff.
81 So auch VIDAL-NAQUET, Der schwarze Jäger 1989, 142 f.; dies betont auch KING, Hippokrates 1998, 76 mit Angabe weiterer Belege.
82 Vgl. z. B. Diodor 4,81,4.
83 Demosthenes 25,1; vgl. dazu KAHIL, L'Artemis de Brauron 1977, 93.

Arkteia und Jagd. Allerdings ist die reale Anwesenheit von Jagdtieren, gar von Bären im Heiligtum unwahrscheinlich, obwohl zu bedenken ist, dass in vielen griechischen Heiligtümern Tiere gehalten wurden. Plausibel wäre aber zumindest, dass außerhalb des Heiligtums erlegte Tiere der Göttin geweiht wurden. Die Jagd wurde als typische Tätigkeit männlicher Jugendlicher betrachtet.[84] Bestand tatsächlich ein ritueller Zusammenhang zwischen den Arkteia und einer ›heiligen Jagd‹, so würde dies bedeuten, dass auch männliche Jugendliche in irgendeiner Form an den Ritualen in Brauron beteiligt waren. Dem gemeinsam verursachten Tod einer Bärin im Heiligtum in Brauron entspräche dann auf ritueller Ebene ein gemeinsam ausgeführtes Opfer oder die Weihung eines auf der Jagd erlegten Tieres für Artemis. Da in Athen jedoch gerade im Bereich der Göttin Artemis die Geschlechtertrennung stärker betont wurde als in anderen griechischen Städten, ist es möglich, dass die Verbindung zu den jungen Männern nur auf der Ebene der symbolischen Repräsentation hergestellt wurde, während sich im Heiligtum der Artemis in Brauron nur Frauen und die *árktoi* genannten Mädchen aufhielten. Die männlichen Jugendlichen hingegen spielten im weiter nördlich gelegenen Artemis Heiligtum von Halai Araphenides eine wichtige Rolle.[85] Die direkte Verbindung zur Jagd muss also eine Vermutung bleiben.

Auf alle Fälle jedoch brachten die Mädchen anlässlich der Arkteia der Artemis Opfer; dies betont der Scholiast und auch auf den Krateriskoi sind immer wieder Altäre abgebildet. Während sie also einerseits über die mythische Erzählung mit einem Tier gleichgesetzt wurden, dem der Tod bevorstand, töteten sie andererseits selbst für die Göttin ein Tier. Dieser Zusammenhang zwischen mythischer Erzählung und den von den Mädchen ausgeführten Riten wird noch deutlicher in einer anderen Variante, die im gleichen Scholion überliefert ist. Nach dieser Erzähltradition wurde die Opferung der Iphigenie, die nach der geläufigeren Überlieferung in Aulis stattfindet, nach Brauron verlegt.[86] Und während sonst erzählt wurde, dass Iphigenie entrückt wird und an ihrer Stelle eine Hirschkuh als Opfertier erscheint, war es in der Variante von Brauron konsequenterweise eine Bärin, die Iphigenie auf dem Opferaltar ersetzte. Außerdem wurde in Brauron ein Grab der Iphigenie gezeigt. Der Scholiast führt dafür das Zeugnis des Euphorion an, der im 3. Jh. v. Chr. gelebt haben muss. Zwei Stellen in attischen Tragödien beweisen allerdings, dass die Verknüpfung des Heiligtums in Brauron mit der Opferung der Iphigenie bereits im 5. Jh. gängig war: So heißt es bei der Schilderung der Opferung der Iphigenie in Aischylos' *Agamemnon*, dass Iphigenie ein »safran-gefärbtes« Gewand unmittelbar vor ihrer Opferung zu Boden gleiten lässt, oder am Boden »nachschleppte«.[87] Am Ende von Euripides' Stück *Iphigenie in Tauris* (1462 f.) ver-

---

84 SCHNAPP, Chasseur 1997.
85 Vgl. dazu GRAF, Götterbild 1979.
86 Älteste Belege: Hesiod Fragment 23a und b (Merkelbach/West); die Erzählung ist belegt für die Kyprien; vgl. LLOYD-JONES, Artemis 1983 mit weiteren Zeugnissen.
87 Aischylos *Ag.* 239: *krókou baphás d'es pédon chéousa*; die Übersetzung der Stelle ist umstritten; FRÄNKEL, Aeschylus 1955 Bd. 1, 105 übersetzt: »as she let fall to the ground her saffron-dyed raiment«, vgl. auch den Kommentar ebd. Bd. 2, 23; »with her robe of saffron

kündet Athena, dass Iphigenie zur Priesterin in Brauron wird (**Q 36**). Gerade diese beiden Szenen aus dem Iphigenie-Mythos zeigen ein wichtiges Motiv dieser Erzählung: Iphigenie durchläuft in ihrer mythischen Biographie eine Verwandlung vom Opfer(tier) zu einer Frau, die als Priesterin selbst opfert.[88] Bemerkenswerterweise wurde ein weiterer ähnlich strukturierter Mythos auch mit dem Artemisheiligtum in Mounichia verbunden. Auch dort soll eine heilige Bärin getötet worden sein – möglicherweise wurde dieses Motiv von Brauron nach Munichia übertragen – die Göttin hätte dafür von den Athenern ein Mädchen als Opfer gefordert. Ein Mann namens Embaros hätte seine Tochter angeboten, dafür aber das Priestertum bzw. vermutlich eher das Priesterinnenamt im Artemiskult für seine Familie gefordert. Er hätte aber nicht seine Tochter, sondern an ihrer Stelle eine Ziege geopfert.[89] Nach Aussage des Scholions opferten die Mädchen anlässlich der Arkteia nicht nur der Artemis in Brauron, sondern auch jener in Munichia. Dazu passt, dass auch in diesem Heiligtum Krateriskoi gefunden wurden.

Durch diese mythischen Diskurse wird die Teilnahme der Mädchen an den Arkteia als ›Verwandlung‹ von wilden Kindern, die mit Opfertieren gleichgesetzt werden konnten, in kleine ›Priesterinnen‹ der Artemis deutbar.[90] Ihre ›Initiation‹, die unerlässliche Vorbereitung auf die Ehe, bestand also nicht nur darin, dass sie durch das Laufen und Tanzen eine ganz bestimmte, sozial vorgegebene physische Identität annahmen, sondern sie lernten auch, zum Wohle der ganzen Polis für die Göttin Artemis Opfer zu bringen. Damit gehörten sie von nun an zu der Gruppe der heiratsfähigen jungen Athenerinnen. Als solche waren sie nicht mehr nur an den Oikos gebunden, sondern sie waren Teil der gesamten Polis. Die Mythen erzählen auch von den mit diesem Schritt verbundenen Konflikten und damit von der problematischen Seite jener sozialen Ordnung, die die Mädchen zusammen mit dem Artmiskult, der ein Teil eben dieser Ordnung darstellte, annahmen. In dieser Ordnung hat der Vater soviel Macht, dass er seine Tochter töten kann, indem er sie der Artemis opfert. Allerdings erzählt der Mythos, dass dieser väterliche Machtmissbrauch Folge eines Frevels gegenüber der Göttin Artemis ist. Hätte der Vater sich der Göttin gegenüber richtig verhalten, wäre Iphigenie nicht geopfert, sondern verheiratet worden. Auch die Geschichte von Embaros erzählt über das konflikthafte Verhältnis von Vater, Polis und Tochter. Die Polis verlangt, dass er seine Tochter zum Wohle der Stadt töte, sie also aus seinem Oikos herausgebe und völlig

---

hanging towards the ground« schlägt LLOYD-JONES, Robes 1952 vor, dem es unwahrscheinlich vorkommt, dass die von Männern festgehaltene Iphigenie ihr Kleid zu Boten gleiten lassen kann; SOURVINOU-INWOOD, Lysistrata 1971 plädiert aufgrund der Parallele plausibel für die *lectio difficilior* in Aristophanes *Lys.* 645. Unabhängig davon, wie man die Aischylosstelle genau übersetzt, ist die Annahme einer Anspielung auf die Arkteia bei Aischylos plausibel.

88 Dabei kommt es zuerst zu einer Art Übertreibung des Opferrituals: sie muss Menschen opfern.

89 Pausanias Lexikon bei Eustathius ad *Ilias* 2,273; weitere Stellen und Diskussion bei SALE, Temple-legends 1974, 276 f.

90 Nach Hesychius s.v. *árktos*, konnte auch eine Artemispriesterin »Bärin« genannt werden.

unter die Verfügungsmacht der Stadt stelle. Der Artemiskult jedoch vermeidet solche Extremfälle: Embaros opfert nur eine Ziege und seine Tochter wird vermutlich – wie Iphigenie – die erste Priesterin der Artemis. Sobald die Mädchen in den Artemiskult eingeweiht waren, wurde die Macht des Vaters über sie insofern eingeschränkt, als sie nun nicht mehr nur dem Oikos, sondern auch der Polis angehörten. Mythen erzählen aber auch, welche Gefahren der neue Status als Parthenos für die Mädchen bedeuten konnte. In diesem Zusammenhang muss noch eine letzte mythische Erzählung erwähnt werden, die nicht direkt mit den Arkteia in Brauron verbunden wurde, in der aber ebenfalls Artemis und eine Bärin eine wichtige Rolle spielen. Sie war vielleicht schon bei Hesiod erzählt, ist aber im Zusammenhang erst spät bezeugt:[91] Die Jungfrau Kallisto befindet sich im Gefolge der Artemis. Zeus vergewaltigt oder verführt sie. Als Artemis ihre Schwangerschaft entdeckt, wird Kallisto zur Strafe in eine Bärin verwandelt und gebiert so den Stammvater der Arkader, Arkas. In jenen Versionen, in denen Artemis die Verwandlung bewirkt, erregt die Schwangerschaft der Kallisto den Zorn der Göttin.[92] Zum einen scheint es hier darum zu gehen, dass Sexualität im Bereich der Artemis verboten war. Dem entspricht in der sozialen Realität die Angst der athenischen Männer vor illegitimen, heimlich gezeugten Nachkommen mit unsicherer Vaterschaft. Die Situation der Parthenoi wird durch derartige Mythen als ausgesprochen paradox charakterisiert: Es war ihre sexuelle Reife, die sie heiratsfähig machte; diese »Schönheit« durfte zwar, etwa beim Dienst als Kanephore oder beim Tanz im Artemisheiligtum, durchaus sichtbar werden; doch erst nach der Hochzeit und den damit verbundenen Riten, die auf der Ebene der Polisreligion mit dem Aphroditekult in Verbindung stehen, durfte eine Schwangerschaft erkennbar werden. Dem entspricht die Vermutung Sourvinou-Inwoods, dass die Mädchen im Heiligtum den verführerisch, erotischen *krokōtós* zwar trugen, er durch das rituelle Ausziehen aber gleichzeitig als Kleid charakterisiert wurde, das junge Mädchen gerade nicht tragen sollten.

Allerdings lässt sich die Kallisto-Erzählung auch weniger ›moralisch‹ mit den Parthenoi im Artemiskult in Verbindung bringen. In ihr wird eine weitere Dimension des Artemiskultes sichtbar, von der zum Abschluss noch kurz die Rede sein soll: Im Moment der Geburt eines Kindes endete die Zugehörigkeit zur Gruppe der Parthenoi, die für Artemis ganz besondere Riten ausführten; dies drückt sich im Zorn der Artemis aus. Gleichzeitig kehrten die Frauen anlässlich der Geburt eines Kindes ins Artemisheiligtum zurück (Kallisto wird in eine Bärin verwandelt). Denn für Artemis wurden bei der Geburt eines Kindes lokal verschiedene Riten durchgeführt;[93] Frauen riefen die Göttin als Geburtshelferin an, starb eine Frau im

---

91 Hesiod *cat.* fr. 163; Amphis PCG II fr. 46; Kallimachos fr. 632 Pfeiffer; Apollodor 3,8,2–3,9,1.
92 Z.B. Hesiod *cat.* fr. 163; Amphis PCG II fr. 46.
93 Zeugnisse bei COLE, Domesticating 1998, 33 f.; zu den mit der Geburt verbundenen Ritualen auch DEMAND, Birth 1994, 87–101.

Kindbett, so konnte man sagen, dass Artemis sie getötet hatte.[94] Während die Parthenoi die Riten des Artemiskultes kollektiv ausführten, war für die erwachsenen Frauen der Kult der Göttin eine individuelle Angelegenheit – zumindest insofern die Göttin für Ereignisse im Leben von Frauen zuständig war, die zu individuell verschiedenen Zeitpunkten stattfanden, wie die Hochzeit, Geburten und wahrscheinlich auch die Menarche ihrer Töchter.

Gewandweihe: Cole führt als Zeugnis für diese Dimension des Artemiskultes ein besonders aufschlussreiches ikonographisches Zeugnis an.[95] Es handelt sich dabei um ein Relief aus einem Artemisheiligtum in Echinos in Nordgriechenland (**Q 35**): Auf der rechten Seite ist die Göttin Artemis zu sehen, die eine Fackel in der Hand hält, sie steht hinter einem Alter. Diesem Altar nähern sich von links vier Gestalten. Zuvorderst, unmittelbar vor dem Altar, bringt ein Sklave ein Opfertier herbei. Dann folgt eine junge Frau, die der Göttin ein kleines Kind entgegenhält. Hinter dieser Frau steht eine Sklavin, sie trägt ein Tablett mit weiteren Opfergaben auf dem Kopf. Am Ende des Zuges steht eine sehr große, verschleierte Frau; Cole vermutet, dass es sich dabei um die Großmutter des Babys handeln könnte. Im Hintergrund sieht man aufgehängte Kleidungsstücke, offensichtlich Weihgaben im Artemistempel. Cole macht darauf aufmerksam, dass das Kleinkind im Zentrum des Bildes ist. Als Gegengabe für die Hilfe bei seiner Geburt erhält Artemis ein Opfertier, das ihr vielleicht vor oder während der Geburt versprochen wurde. Das Kind selbst wird von der Mutter der Göttin entgegengehalten und streckt die Hand nach ihr aus; vielleicht soll damit ausgedrückt werden, dass das Kind unter den Schutz der Artemis gestellt wird. Auch im Heiligtum von Brauron finden sich Zeugnisse für derartige individuelle Kultpraktiken. Die unzähligen Weihgaben, die in der Quelle gefunden wurden, waren zweifellos Gaben von Frauen, die diese bei allen möglichen Gelegenheiten der Göttin stifteten. Die bereits erwähnten Schatzverzeichnisse des Tempels, deren Kopien auf der Akropolis von Athen aufbewahrt wurden, nennen neben metallenen Weihgaben eine große Zahl von verschiedenen Kleidungsstücken, aber auch textile Rohmaterialien, wie Leinen und Wolle, die von Frauen der Göttin gestiftet wurden.[96] Dabei wird jeweils das Kleidungsstück genau beschrieben und dann der Name der Stifterin genannt. Bei einzelnen findet sich die Bemerkung, dass das Gewand unbezeichnet sei.[97] Es lässt sich deshalb vermuten, dass die Frauen die Weihgaben selbst mit dem Namen der Stifterin versahen;[98] dies würde auch erklären, warum die Frauennamen auf den Verzeichnissen nicht in einheitlicher Form erscheinen: manchmal erscheint nur ein einfacher Frauenname, manchmal ist jedoch auch der Name des Vaters oder Ehe-

---

94 Vgl. z.B. Homer *Il.* 21,483; zu Artemis als Helferin bei der Geburt Zeugnisse und Literatur bei COLE, Domesticating 1998, 34.
95 COLE, Domesticating 1998, 34f., Abb. 3,1.
96 IG II² 1514–1531; vgl. dazu LINDERS, Studies 1972; die Inschriften aus Brauron selbst sind noch nicht vollständig publiziert.
97 Vgl. z.B. IG II² 1514,28f.; 39.
98 So BRULÉ, Filles 1987, 226.

mannes hinzugefügt.[99] Bei einigen der Kleidungsstücke ist auch verzeichnet, wo sie sich im Heiligtum befanden, sie sind beispielsweise »um das steinerne sitzende Standbild« gelegt, oder es findet sich einfach der Vermerk: »um das alte Standbild«.[100] Aus den verschiedenen Bezeichnungen lässt sich vermuten, dass es im Heiligtum insgesamt drei verschiedene Kultbilder gegeben haben muss, auf denen die Gewandgeschenke deponiert wurden.[101] Wo die übrigen Gewänder aufbewahrt wurden, wissen wir nicht. Die Praxis der Gewandweihe ist für viele weitere Heiligtümer belegt. Es handelt sich dabei um eine typisch weibliche Kultpraxis, die nicht nur individuell, sondern auch kollektiv, im Namen der gesamten Polis, von Frauen ausgeführt wurde: bekanntestes Beispiel ist der an den Panathenäen von den Athenerinnen der Athena dargebrachte Peplos.

In den Verzeichnissen von Brauron finden sich keine Hinweise darauf, was der Anlass der verschiedenen Weihgeschenke war. An einigen Stellen werden *krokōtós* oder *krokōtós chitōnískos* genannte Gewänder vermerkt.[102] Die mehrfach verzeichnete Weihung von Gürteln könnte im Zusammenhang stehen mit Hochzeitsnacht und erster Geburt, beide Ereignisse konnten mit »den Gürtel lösen« umschrieben werden, die Göttin Artemis wurde auch »Gürtel-Löserin«, *lysízōnos* genannt.[103] Dass derartige individuelle Ereignisse Anlass zu Gewandweihen bieten konnten, beweist auch eine bekannte Passage aus der hippokratischen Schrift *Perí parthenión* (5–6) in der der Autor berichtet, dass Mädchen, deren Menarche sich verspätet, an Delirien und Selbstmordgedanken leiden. Wenn sich die Mädchen von diesen Leiden erholten, würden die Frauen verschiedene Gegenstände und besonders vollendete Gewänder der Artemis weihen, dazu hätten ihnen Seher geraten. Der Arzt hält nichts von dieser Heilmethode: Er behauptet, dass die Seher die Frauen täuschen würden und empfiehlt seinerseits, das Mädchen möglichst schnell zu verheiraten, denn die Schwangerschaft würde es gesund machen.[104] Es ist gut möglich, dass auch in Brauron einige der Gewänder an das erfolgreiche Eingreifen der Artemis in solchen Situationen erinnern sollten. Das einzige direkte Zeugnis zum Zweck der Gewandweihe in Brauron zeigt allerdings, dass Gewänder auch dann geweiht werden mussten, wenn Artemis sich gerade nicht als hilfreich erwiesen hatte, sondern die Frauen Opfer des Zorns der Göttin geworden waren (**Q 36**). In Euripides' Tragödie *Iphigenie auf Tauris* wird erzählt, wie Orestes seine Schwester Iphigenie, die von Artemis als Priesterin der Göttin nach Tauris entrückt worden ist, zusammen mit dem Standbild der taurischen Artemis nach Athen zurückbringt. In der letzten Szene des Stückes erscheint Athena als *dea ex machina* und befiehlt Orest die Einrichtung des Kultes der Artemis Tauropolos (deren Standbild nun von Tauris nach Athen transportiert wird); in Tauris hatte diese Göttin, deren

---

99 Zu den Namen vgl. OSBORNE, Demos 1985, 158 f.
100 Vgl. z. B. II² 1514,34–38.
101 LINDERS, Studies 1972, 14–16.
102 Vgl. z. B. IG II² 1514,62; 1522,9; alle Stellen und Diskussion bei SOURVINOU-INWOOD, Studies 1988, 121.
103 Vgl. z. B. Euripides *Hippolytos* 166–9; weitere Belege bei KING, Hippocrates 1998, 84 f.
104 Ausführliche Diskussion bei KING, Hippocrates 1998, 75–88.

Priesterin Iphigenie war, nach Menschenopfern verlangt. In Athen dagegen soll nur einem Mann der Nacken mit dem Schwert geritzt werden. Dieser Brauch, der zu Euripides' Zeiten offenbar im Heiligtum der Artemis in Halai Araphenides durchgeführt wurde, erinnere daran, dass Orest eigentlich für Artemis Tauropolos hätte geopfert werden müssen.[105] Auch Iphigenie bekommt von Athena eine Anweisung, von der bereits oben die Rede war: Sie soll Priesterin in Brauron werden, wo man sie später begraben wird. Ihr wird man außerdem die Gewänder von im Kindbett verstorbenen Frauen weihen. Obwohl kaum anzunehmen ist, dass alle Gewandweihen in Brauron auf derartige Trauerfälle zurückgehen, besteht kaum Zweifel, dass dieser Brauch zur Zeit des Euripides in Brauron am Grab der Iphigenie durchgeführt wurde. Johnston hat gezeigt, dass nach antiker Vorstellung Frauen, die bei der ersten Geburt verstarben, als sog. *aōroi* (frühzeitig Verstorbene) zu gefährlichen Gespenstern werden konnten;[106] Iphigenie selbst hatte – da sie nach der mythischen Erzählung einen ähnlichen frühzeitigen Tod starb – offenbar die Macht, dies zu verhindern. Die Kleider der jungen Frauen dürften ihr deshalb geweiht worden sein.

Obwohl die im Falle der Artemis mit Gewandweihe verbundenen Kultpraktiken der Frauen eine stark individuelle Ausrichtung hatten, waren sie dennoch, wie Cole betont, Teil der Polisreligion. Dies zeigt sich auch darin, dass der in der hippokratischen Schrift geschilderte Ablauf von Krankheit, Anfrage an Seher und Kulthandlungen genau dem Verhalten einer Polis entspricht, die bei einer Katastrophe das Orakel in Delphi anfragt und anschließend einen bestimmten Kult einrichtet. Die Errichtung von Verzeichnissen der Kleidergeschenke, insbesondere deren Aufbewahrung auf der Akropolis, dokumentierte für die gesamte Polis sichtbar das Wirken der Göttin und der Frauen in ihrem Kult. Cole vermutet, dass dies gerade im Verlauf des Peloponnesischen Krieges besonders wichtig war.

Dies führt uns zurück zu jener Passage in Aristophanes' *Lysistrate*, die den Ausgangspunkt dieser Überlegungen bildete. Es dürfte nun noch deutlicher geworden sein, warum die Frauen in dieser Komödie, in der sie sich dezidiert in den ›männlichen‹ Bereich des Krieges einmischen wollen, auf ihre Kulttätigkeit als junge Mädchen verweisen. In dieser Phase ihres Lebens wurden Frauen auf ganz spezifische Weise als Teil der gesamten Polis betrachtet, der sie nun – da sie heiratsfähig waren – mehr als ihrem eigenen Oikos angehörten. Die männlichen Tätigkeiten von Jagd und Krieg spielten deshalb in dieser Zeit eine wichtige Rolle für die Mädchen, die sowohl in den Kult der Kriegerin Athena als auch jenen der Jägerin Artemis eingeweiht werden mussten. Denn die männlichen Jugendlichen, denen sie gegenübergestellt wurden, definierten sich ihrerseits als Jäger und (zukünftige) Krieger.[107] Als erwachsene Frauen gehörten sie diesem Bereich wiederum in dem

---

105 Vgl. dazu GRAF, Götterbild 1979; zu Menschenopfern: BONNECHERE, Le sacrifice humain en Grèce ancienne 1994.
106 COLE, Domesticating 1998, 40 mit Hinweis auf JOHNSTON (1995) Defining the Dreadfull, 366–70; vgl auch JOHNSTON, Restless Dead 1999, 161–249.
107 Zu den männliche Jugendliche betreffenden Riten und Mythen vgl. WALDNER, Geburt und Hochzeit des Kriegers 2000.

Moment an, wenn sie ein Kind, genauer einen Sohn, gebaren. Doch die Frauen in der *Lysistrate* wollen mit ihrer Rückkehr in den Zustand der Parthenoi gerade bewirken, dass nicht mehr nur Artemis und Athena herrschen, sondern dass auch wieder Aphrodite in die Stadt kommt. Die Frauen beschweren sich darüber, dass der Krieg ihr ganzes Leben bestimmt und Soldaten sich selbst in der Stadt aufhalten. Während Lysistrate die Utopie eines panhellenischen Friedens verwirklichen möchte, gehörte der Krieg nach den gängigen Vorstellungen und Praktiken an den Rand der Stadt, die so sicher sein sollte, dass die Frauen in den dort gelegenen Heiligtümern der Artemis ihre Kulte ausüben konnten. Dies war jedoch in der Realität des Peloponnesischen Krieges genau nicht mehr der Fall; der Krieg schränkte die Bewegungsfreiheit der Frauen ein und gefährdete damit auch die traditionelle Geschlechterordnung, die in Aristophanes' *Lysistrate* genau deshalb aus allen Fugen gerät.

Quellen

Q 32 Die Kultkarriere der athenischen Mädchen

Aristophanes, *Lysistrate* 638–647

In der Komödie, die vom Liebesstreik der Frauen Athens und Spartas handelt, begründet der Chor der Frauen das Eingreifen in die politischen Belange der Stadt mit den kultischen Leistungen der Athenerinnen:

Wir nämlich, all ihr Bürger von Athen, mit einer Rede
beginnen wir, die für die Stadt nützlich ist,
[640/1] zu recht – denn üppig, prächtig zog sie mich auf:
Sieben Jahr alt geworden, war ich gleich Arrhephore,
dann war ich Kornmahlerin für die *Archēgétis*,
[644/5] und das Safrankleid zu Boden gleiten lassend war ich Bärin
an den *Braurṓnia*,
auch diente ich als Kanephore, als ich dann ein schönes Mädchen war, und hatte aus getrockneten Feigen einen Kranz.

ἡμεῖς γάρ, ὦ πάντες ἀστοί, λόγων
κατάρχομεν τῇ πόλει χρησίμων·
[640/1] εἰκότως, ἐπεὶ χλιδῶσαν ἀγλαῶς ἔθρεψέ με·
ἑπτὰ μὲν ἔτη γεγῶσ' εὐθὺς ἠρρηφόρουν·
εἶτ' ἀλετρὶς ἦ δεκέτις οὖσα τἀρχηγέτι·
[644/5] καὶ χέουσα τὸν κροκωτὸν ἄρκτος ἦ Βραυρωνίοις·
κἀκανηφόρουν ποτ' οὖσα παῖς καλὴ 'χουσ'
ἰσχάδων ὁρμαθόν.

Q 33 Die Bärinnen im Heiligtum der Artemis in Brauron

Scholion zu Aristophanes, *Lysistrate* 645

645a [Erklärung zu] *árktos ḗ Braurōníois*: Indem sie eine Bärin nachahmten, vollzogen sie einen geheimen Ritus. Diejenigen, die für die Göttin Bärinnen waren, trugen ein Safrangewand. Und sie verrichteten gemeinsam das Opfer für Artemis in Brauron und Artemis in Munichia als ausgewählte Jungfrauen, die nicht älter als zehn, noch jünger als fünf Jahre waren. Die Mädchen vollzogen das Opfer, um die Göttin zu besänftigen, da die Athener in eine Hungersnot geraten waren, weil sie der Göttin eine zahme Bärin getötet hatten. Die einen aber sagen, dass das mit Iphigenie in Brauron passiert sei, nicht in Aulis. Euphorion [sc. schreibt]: »in der Nähe des Meeres in Brauron ein Kenotaph der Iphigenie.«

645b Es scheint, dass Agamemnon Iphigenie in Brauron opferte, nicht in Aulis. Und dass man an ihrer Stelle eine Bärin, nicht eine Hirschkuh tötete. Deshalb führen sie geheime Riten für sie aus.

645c Eine Bärin wurde ins Heiligtum der Artemis gegeben und gezähmt. Einmal nun trieb irgendein Mädchen mit ihr Scherz und sein Gesicht wurde von der Bärin zerkratzt. Sein Bruder grämte sich darüber und tötete die Bärin. Artemis aber geriet in Zorn und befahl, dass jede Jungfrau vor der Ehe die Bärin nachahme und das Heiligtum ehre, indem sie ein Safrangewand trage, und das werde ›die Bärin sein‹ genannt. Die einen aber sagen, dass eine pestartige Krankheit die Athener befallen habe. Und die Göttin sagte, es werde eine Erlösung von dem Übel geben, wenn sie als Buße für die getötete Bärin ihre Jungfrauen zwingen würden, ›die Bärin zu sein‹. Als den Athenern dieser Orakelspruch verkündet worden war, beschlossen sie durch Abstimmung, dass eine Jungfrau nicht vorher mit einem Mann zusammenleben dürfe, bevor sie nicht für die Göttin ›die Bärin gewesen sei‹.

645a ἄρκτος ἢ Βραυρωνίοις: Ἄρκτον μιμούμεναι τὸ μυστήριον ἐξετέλουν. αἱ ἀρκτευόμεναι δὲ τῇ θεῷ κροκωτὸν ἠμφιέννυντο. καὶ συνετέλουν τὴν θυσίαν τῇ Βραυρωνίᾳ Ἀρτέμιδι καὶ τῇ Μουνυχίᾳ, ἐπιλεγόμεναι παρθένοι, οὔτε πρεσβύτεραι δέκα ἐτῶν οὔτ' ἐλάττους πέντε. ἐπετέλουν δὲ τὴν θυσίαν αἱ κόραι ἐκμειλισσόμεναι τὴν θεόν, ἐπειδὴ λιμῷ περιπεπτώκασιν οἱ Ἀθηναῖοι, ἄρκτον ἡμέραν ἀνῃρηκότες τῇ θεᾷ. οἱ δὲ τὰ περὶ τὴν Ἰφιγένειαν ἐν Βραυρῶνι φασὶν, οὐκ ἐν Αὐλίδι. Εὐφορίων· ἀγχίαλον Βραυρῶνα κενήριον Ἰφιγενείας. Γ

645b δοκεῖ δὲ Ἀγαμέμνων σφαγιάσαι τὴν Ἰφιγένειαν ἐν Βραυρῶνι, οὐκ ἐν Αὐλίδι. καὶ ἄρκτον ἀντ' αὐτῆς οὐκ ἔλαφον φονευθῆναι. ὅθεν μυστήριον ἄγουσιν αὐτῇ. Γ

645c ἄρκτος τις ἐδόθη εἰς τὸ ἱερὸν τῆς Ἀρτέμιδος ἡμερώθη. ποτὲ οὖν μία τις παρθένος ἔπαιξε πρὸς αὐτῇ, καὶ ἐξύσθη ἡ ὄψις αὐτῆς ὑπὸ τῆς ἄρκτου. καὶ λυπηθεὶς ὁ ἀδελφὸς αὐτῆς ἀνεῖλε τὴν ἄρκτον. ἡ δὲ Ἄρτεμις ὀργισθεῖσα ἐκέλευσε παρθένον πᾶσαν μιμήσασθαι τὴν ἄρκτον πρὸ τοῦ γάμου, καὶ περιέπειν τὸ ἱερὸν κροκωτὸν ἱμάτιον φοροῦσαν. καὶ τοῦτο ἀρκτεύεσθαι ἐλέγετο. ΡΓ

οἱ δὲ καὶ λοιμώδη νόσον τοῖς Ἀθηναίοις ἐμπεσεῖν. καὶ ὁ θεὸς εἶπεν λύσιν τῶν κακῶν ἔσεσθαι, ἐὰν τῆς τελευτησάσης ἄρκτου ποινὰς ἀρκτεύειν τὰς ἑαυτῶν παρθένους ἀναγκάσωσι. δηλωθέντος δὲ τοῦ χρησμοῦ τοῖς Ἀθηναίοις, ἐψηφίσαντο μὴ πρότερον συνοικίζεσθαι ἀνδρὶ παρθένον, εἰ μὴ ἀρκτεύσειεν τῇ θεῷ. ΡΓ

Q 34 Krateriskoi aus Artemisheiligtümern
a) Teile der Krateriskoi, um 430–420 v. Chr.

b) Umzeichnungen der Krateriskoi I und II

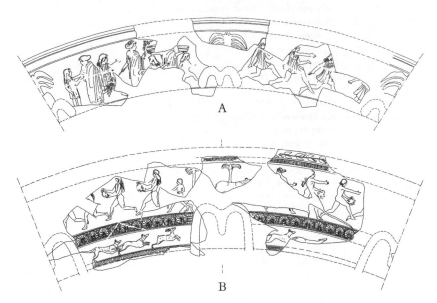

Q 35 Votiv-Relief aus Achinos. Spätes 5. Jh. v. Chr.

Q 36 Gewandweihe für Artemis Brauronia

Euripides, *Iphigenie in Tauris* 1456–67

[…] Künftig sei die Gottheit
Als Artemis Tauropolos vom Volk verehrt!
Dann stifte einen Brauch: Begeht man dort ihr Fest,
soll mit dem Schwerte, als Ersatz für deinen Tod,
[1460] man eines Mannes Nacken ritzen bis aufs Blut,
wie Recht und Würdigkeit der Göttin es verlangen.
Du, Iphigenie, sollst bei Braurons heil'gen Stufen
des Tempels Schlüsselamt verwalten für die Gottheit.
Und stirbst du, wird man dort dich auch zur Ruhe betten
[1465] und als Geschenk dir schön gewebte Kleider weihen,
von Frauen hinterlassen, die im Kindbett starben.

[…] Ἄρτεμιν δέ νιν βροτοὶ
τὸ λοιπὸν ὑμνήσουσι Ταυροπόλον θεάν.
νόμον τε θὲς τόνδ'· ὅταν ἑορτάζῃ λεώς,
τῆς σῆς σφαγῆς ἄποιν' ἐπισχέτω ξίφος
[1460] δέρῃ πρὸς ἀνδρὸς αἷμά τ' ἐξανιέτω,
ὁσίας ἕκατι θεά θ' ὅπως τιμὰς ἔχῃ.
σὲ δ' ἀμφὶ σεμνάς, Ἰφιγένεια, κλίμακας
Βραυρωνίας δεῖ τῆσδε κληδουχεῖν θεᾶς·
οὗ καὶ τεθάψῃ κατθανοῦσα, καὶ πέπλων
[1465] ἄγαλμά σοι θήσουσιν εὐπήνους ὑφάς,
ἃς ἂν γυναῖκες ἐν τόκοις ψυχορραγεῖς
λίπωσ' ἐν οἴκοις. […]

Grundlegende Literatur

BURKERT, Griechische Religion 1977; BLUNDELL, The Sacred 1998; BRULÉ, Fille 1987; COLE, Domesticating 1998; DIES. The Social Function 1984; SOURVINOU-INWOOD, Studies 1988; DIES. What is Polis Religion 1990; HENDERSON, Lysistrate1987; LOHMANN, Brauron 1997; LORAUX, Les enfants 1990; SALE, Temple-Legends 1974; SPECHT, Schön zu sein 1989; WALDNER, Geburt und Hochzeit 2000.

Weiterführende Literatur

BURKERT, Kekropidensage 1966; BRELICH, Paides 1969; FINNEGAN, Women in Aristophanes 1995; KAHIL, Autour 1965; DIES. L'Artémis 1977; SCANLON, Race 1990; STINTON, Iphigeneia 1976; HOLLINSHEAD, Legend 1979.

Die Reglementierung von Traueraufwand und die Tradierung des Nachruhms der Toten in Griechenland
Beate Wagner-Hasel

In seiner Rede auf die Gefallenen des Peloponnesischen Krieges kommt der athenische Politiker Perikles auch auf die Witwen der Kriegsgefallenen zu sprechen (Thukydides 2,45). Ihnen bedeutet er, dass es ihnen großen Ruhm einbrächte, wenn von ihnen keine Kunde, kein *kléos*, weder im Hinblick auf *areté* noch in Bezug auf Versagen oder Tadel (*psógos*), ausginge (**Q 37**). Diese Bemerkung, die häufig als ein grundsätzliches Schweigegebot athenischer Frauen in der Öffentlichkeit gedeutet wird, steht in der Tradition der Einschränkung weiblicher Trauer, die auf Solon zurückreicht.[108] Nach dem Vorbild des Epimenides von Phaistos veranlasste Solon im frühen 6. Jh. v. Chr. die Athener, so berichtet Plutarch (**Q 39**) in seinen *Parallelbiographien*, »sich bei der Trauer der Mäßigung zu befleißigen […] und beseitigte die rohen, barbarischen Sitten, denen die meisten Frauen bis dahin huldigten« (Plutarch *Sol.* 12,8). In der Folge konkretisiert der kaiserzeitliche Chronist des 2. Jh. n. Chr. diese Bestimmungen u. a. als Reglementierung der Totenklage sowie des Aufwandes an Kleidung und Opfern: »Bei der Trauer schaffte er das Zerkratzen der Gesichter, das Singen von Klageliedern (*tó thrēneín pepoiēména*) und den Brauch ab, auch bei den Begräbnissen anderer mitzuklagen. Er erlaubte

---

108 Nach LACEY (Thukydides 1964, 49) entsteht einer Witwe *areté*, wenn sie zu exzessiv trauert, *psógos* hingegen, wenn sie den Pflichten der Klage nicht nachkommt. Man kann allerdings die so konkretisierte Nachrede (*kléos*) auch auf die Verstorbenen beziehen, deren Taten weder in positiver noch in negativer Weise durch die Totenklage der Frauen tradiert werden sollen.

nicht, einen Ochsen als Totenopfer zu bringen, mehr als drei Kleider (*pléon himatíōn triṓn*) aufzuwenden und fremde Grabmäler (*mnḗmata*) zu besuchen außer bei der Bestattungsfeier.« Erklärend setzt Plutarch hinzu: »Das ist zum größten Teil auch in unseren Gesetzen verboten, doch haben wir die zusätzliche Bestimmung, dass, wer so etwas tut, vom Frauenaufseher (*gynaikonómos*) bestraft wird, weil er sich unmännlicher (*anándrois*), weibischer (*gynaikṓdesi*) Überschwänglichkeit und Unanständigkeit bei der Trauer schuldig macht« (Plutarch Sol. 21 = F 72 c Ruschenbusch).

Für den Göttinger Moralphilosophen Christoph Meiners, der Ende des 18. Jh. eine vierbändige *Geschichte des weiblichen Geschlechts* verfasste, verkündigen »alle Gesetze Solons, die das andere Geschlecht betreffen, [...] entweder den Morgenländischen Geist des Gesetzgebers, oder die Morgenländischen Laster und Neigungen der Atheniensischen Weiber. [...] Solon verbot nicht nur die meisten erkünstelten barbarischen Ausbrüche des weiblichen Schmerzes, sondern auch das häufige Besuchen der Gräber und Monumente von fremden Personen, weil solche Besuche von Gräbern in Athen, wie im Orient, Vorwände und Gelegenheiten zu sträflichen Verbindungen, oder Ausschweifungen waren.«[109] Für den Moralphilosophen der Spätaufklärung ist der eigentliche Gegenstand der hier angesprochenen Solonischen Bestimmungen die Sexualmoral und ihr natürlicher Adressat das moralisch gefährdete weibliche Geschlecht, dem er deshalb ein Leben in orientalischer Abgeschlossenheit bescheinigt.[110]

Als Meiners dieses Urteil fällte, war Griechenland noch Teil des Osmanischen Reiches und bildeten die europäischen Vorstellungen vom orientalischen Harem einen wesentlichen Maßstab, an dem das Verhalten der griechischen Frauen auch in der Antike gemessen wurde.[111] Changierend wie die Orientbilder selbst schwankte die Bewertung des Harems zwischen der Bewunderung der vorbildhaften Sittsamkeit seiner Bewohnerinnen und seiner Imagination als ein Ort schrankenloser Leidenschaften.[112] Seit diesem Urteil hat sich nicht nur die politische Landkarte verschoben; auch die Wahrnehmung der Rolle der Frau in der Solonischen Gesetzgebung hat einen durchgreifenden Wandel erfahren. Als sozialpolitische Maßnahme gegen die Prachtentfaltung der Reichen wurden die Bestimmungen über den Traueraufwand zu Beginn des 20. Jh. gewertet,[113] als aristokratische Maßnahme, die der Eindämmung der Konkurrenz zwischen reichen aristokratischen Familien um den größtmöglichsten Bestattungsaufwand gegolten habe, wird

---

109 MEINERS, Die Geschichte des weiblichen Geschlechts 1788, 331.
110 Zur moralischen Perspektive Meiners vgl. ZEIDLER-JOHNSON, Die Aufteilung der Menschheitsgeschichte 1988, 198–216.
111 Zu den Verortungen der Frauen der Antike im Orient vgl. WAGNER-HASEL, Das Private wird politisch 1988, 25–50; SCHNURR-REDFORD, Frauen im klassischen Athen 1996, Kap. 1.
112 Zum erotisch aufgeladenen Orientbild vgl. u. a. SYNDRAM, Der erfundene Orient 1989, 324–341; KOHL, Cherchez la femme d'Orient 1989, 356–367.
113 BRUCK, Totenteil und Seelgerät 1926, 150.

sie neuerdings beurteilt.[114] Die Verknüpfung von Weiblichkeit und Emotionalität und sexueller Moral ist indessen geblieben. Für Sally Humphreys gilt für die griechische Antike eine Geschlechterideologie, wonach Frauen Emotionalität zugestanden, von Männern aber die Kontrolle ihrer Emotionen verlangt worden sei. Deshalb hätten Trauergesetze die Teilnahme von Frauen an Bestattungsritualen auf enge Verwandte und auf Frauen über 60 Jahre beschränkt. Auch so hätten junge Männer immer noch die Gelegenheit gehabt, ein junges Mädchen kennen zu lernen und sich zu verlieben.[115] Nach Nicole Loraux hatte sich die athenische Polis mit der Einschränkung gerade der weiblichen Trauer vor Verhaltensweisen und Affekten schützen wollen, von denen sie ihre Ordnung bedroht sah.[116] Speziell als Warnung vor den Freiheiten des Witwenstandes will Oivind Anderson die Bemerkung des Perikles verstanden wissen, der die athenischen Frauen zwar nicht mehr in der Abgeschlossenheit eines Harems wie Meiners, wohl aber in der Zurückgezogenheit des Hauses verortet.[117]

Die Selbstverständlichkeit, mit der den athenischen Frauen eine größere Nähe zur Emotionalität zugewiesen wird, ist bemerkenswert und hat in den antiken Quellen nur sehr bedingt eine Grundlage. Zwar betont Plutarch, der seine Schrift in der Kaiserzeit verfasste, den unmännlichen Charakter der Trauer, insbesondere der Totenklage.[118] Diese Einschätzung entspricht der römischen Sichtweise der Trauer und wurzelt in einem Männlichkeitsideal, das von den Männern Selbstbeherrschung (*continentia*) und Gemessenheit forderte. Es war dies ein republikanisches Tugendideal, das sich bis in die Physiognomie der zahlreich überlieferten Porträts niederschlug.[119] Die römischen Frauen galten hingegen als weniger fähig zur Selbstbeherrschung.[120] Für Griechenland trifft diese Art der habituellen Differenzierung zwischen den Geschlechtern nicht in gleicher Weise zu. *Sōphrosýnē*, Besonnenheit, ist eine Tugend, die sowohl den athenischen Staatsmann als auch die

---

114 GARLAND, The Well-Ordered Corpse 1989, 2. Nach der jüngsten Studie von ENGELS (Funerum sepulcrorumque magnificentia 1998, 14 u. 96) ging es bei allen Bestimmungen zum funeralen Aufwand um die Durchsetzung der Autorität der Polis über mächtige einzelne Individuen und Familien.
115 HUMPHREYS, Death and Time 1982, 267.
116 LORAUX, Die Trauer der Mütter 1992, 37; vgl. auch STEARS, Death Becomes Her 1998, 117, die meint, dass die Solonischen Grabaufwandgesetze auf die soziale Kontrolle der Frauen gezielt und das Verbot berufsmäßiger Klagefrauen beinhaltet habe. Speziell um eine Einschränkung der »Bewegungsfreiheit der athenischen Bürgerfrauen« ging es nach ENGELS, Funerum sepulcrorumque magnificentia 1998, 89.
117 ANDERSON, The Widows 1987, 33–49; vgl auch KALLET-MARX, Thucydides 2,45,2 1993, 133–143.
118 Vgl. z. B. Lukian *Über die Trauer* 12. Dies gilt auch in byzantinischer Zeit; vgl. Theodoros Prodromos 6,444 f. u. 465, demzufolge Trauer unmännlich, aber entschuldbar ist, wenn man verliebt sei.
119 GUILIANI, Bildnis und Botschaft 1986; MEYER-ZWIFFELHOFER, Im Zeichen des Phallus 1995.
120 Vgl. den Beitrag von PRESCENDI zur weiblichen Trauer in Rom in diesem Band, S. 102 ff.

athenische Hausherrin auszeichnet.[121] Auch ist der Typus des weinenden Helden in der griechischen Literatur weit verbreitet, wenngleich er bei Philosophen des 4. Jh. zunehmend auf Kritik stößt.[122] Äußerungen über den typisch weiblichen Charakter der Trauer suchen wir in frühen griechischen Quellen vergebens. Wenn im 5. und 4. Jh. im philosophischen Schrifttum oder in der Tragödie von einer größeren Emotionalität der Frauen die Rede ist, dann handelt es sich um statusniedrige Frauen. Emotionale Kontrolle ist in der griechischen Antike eher eine Frage der Differenzierung zwischen Statusgruppen, weniger zwischen den Geschlechtern.[123]

Die Geschichte des Gefühls und der Tränen in der Antike ist noch nicht geschrieben und es wäre zu prüfen, in welchem Maße die Vorstellung von der größeren Emotionalität der griechischen Frauen, auf der die Forschung seit Meiners beharrt, einem modernen Konstrukt vom weiblichen Geschlechtscharakter geschuldet ist. Die Verknüpfung von Emotionalität und Weiblichkeit, wie wir sie seit dem späten 18. Jh. finden, gehört in den Kontext der aufklärerischen Vernunftkritik, die darauf abzielte, das Auseinanderfallen von Vernunft und Moral zu bannen.[124] V.a. aber ist es verfehlt, exzessive Trauer mit unkontrollierter Emotionalität gleichzusetzen.[125] Die Totenklage ist im hohen Maße kulturell geformter und kanalisierter Ausdruck von Gefühlen, wie die anthropologische Forschung deutlich gemacht

---

121 Aristoteles *Pol.* 1259 b 32–34, 39–40; 1260 a 3–14; 20–24; Platon, *Men.* 72 d–73 b. Weitere Belege bei NORTH, The Mare, the Vixen, and the Bee 1977, 35–48
122 VAN WEES, A Brief History of Tears 1998, 11–19.
123 So beurteilt Plutarch das Verhalten des Redners Demosthenes, der beim Tod der Tochter das Weinen und Wehklagen den Frauen überlassen hatte, positiv, erwähnt aber auch, dass Demosthenes von seinen Zeitgenossen deshalb getadelt worden sei (Plutarch *Demosth.* 22). An der zeitgenössischen Kritik wird deutlich, dass die Zurückhaltung des Demosthenes dem zu seiner Zeit geltenden Verhaltenskodex nicht entsprach. Eine Diskussion über den emotionalen Aufwand bei der Trauer, die bei Plutarch sehr deutlich zutage tritt, beginnt erst mit Epikur (341–270 v. Chr.) im späten 4. Jh. v. Chr., ohne dass eine geschlechtsspezifische Zuordnung erkennbar ist. So heißt es in einem Trostbrief an Disitheos und Pyrson zum Tode des Hegesianax: »Epikur bekämpft jene, die das Trauern, die Tränen und Seufzer zum Tode von Freunden verbannt wissen wollen, mit der Behauptung, eine bis zur Unempfindlichkeit gebrachte Schmerzlosigkeit wurzele in einem noch größeren Übel, nämlich in Roheit, unverhüllter Eitelkeit und Wahnsinn. Darum ist es besser, sich dem Leid und Schmerze etwas hinzugeben, ja auch sich mit Tränen zu netzen und dahinzuschmelzen.« (Die griechische Literatur in Text und Darstellung: Hellenismus, hrsg. von B. EFFE, Stuttgart 1985, 221.) Man muss allerdings mit örtlichen Unterschieden rechnen. Nach Herakleides Pontikos 30,2; 9,4 mieden auf Keos die Männer jedes Anzeichen von Trauer. Bei Platon ist der Stand ein entscheidendes Kriterium. Platon *Politeia* 387 d 1–2; e 9; 388 a 2. Ebenso Euripides *Iph. A.* 446–50. VAN WEES, A Brief History of Tears 1998, 18.
124 STEINBRÜGGE, Das moralische Geschlecht 1987.
125 Dies hat bereits in den 30er Jahren WEBER (Grabrede 1935, 15) in seiner Studie über die Attische Grabrede mit Recht betont und ist neuerdings von HOLST-WARHAFT (Dangerous Voices 1992, 119 ff.) mit einer ausführlichen Analyse weiblicher Trauer im antiken Griechenland bestätigt worden.

hat.[126] Rituale, zu denen auch die exzessive Trauer zählt, geben grundsätzlich ein idealisiertes Bild der Gesellschaft wieder, über das emotionale Zustände der Übereinstimmung ausgelöst werden. Speziell im Kontext des Totenrituals dienen öffentliche Gefühlsausbrüche weniger der individuellen Verarbeitung von Trauer, als vielmehr der Vermittlung von Werten, an denen sich die Gemeinschaft orientiert, und der Inszenierung von Loyalitäten und Zugehörigkeiten. Die Trauer ist ein zutiefst gesellschaftlicher Akt, bei der es um die Wiederherstellung der gesellschaftlichen Ordnung geht, die durch den Tod eines Teils von ihr eine ›Verletzung‹ erfahren hat.[127]

In den von Plutarch erwähnten Bestimmungen Solons über den Traueraufwand ist nicht nur von der Totenklage, sondern auch vom materiellen Aufwand für die Toten die Rede. Auch diese Beschränkungen betreffen weibliches Handeln, insofern es um den Aufwand an Kleidung für den Toten und damit um die Reglementierung spezifisch weiblichen Reichtums geht.[128] Denn es handelt sich bei Kleidung um Besitztümer, die sich in den Händen von Frauen befanden und auch von ihnen hergestellt wurden.[129] Da es dieser Kleideraufwand ist, der auch in inschriftlichen Überlieferungen aus dem 5. und 4. Jh. v. Chr. zwar nicht in Athen, aber in Iulis auf Kos und in Delphi reglementiert wurde,[130] ist in dieser Hinsicht an der Glaubwürdigkeit der Angaben bei Plutarch nicht zu zweifeln, auch wenn wir aus athenischen Quellen, so aus den Gerichtsreden des 4. Jh. v. Chr., nur etwas über die Reglementierung der Dauer und des Zeitpunkts der Totenklage sowie über den Zugang zu dem Toten erfahren.[131]

---

126 Dies betonen mit Nachdruck METCALF/HUNTINGTON, Celebrations of Death 1991, 2–5.
127 Vgl. insb. WALDNER, Geburt des Kriegers 2000 im Rückgriff auf die Theorien von Catherine Bell.
128 Die jüngsten Deutungen der Solonischen Bestimmungen deuten Frauen zwar als Repräsentantinnen aristokratischen Reichtums, verkennen aber, dass es um weiblichen und nicht allgemein aristokratischen Reichtum geht. ALEXIOU, The Ritual Lament 1974; HUMPHREYS, Family Tombs 1983, 79–130, insb. 86
129 Vgl. S. 318–327 in diesem Band.
130 Während in Iulis auf Kos der Wert der aufgewendeten Tuche (*strõma, éndyma* und *epíblēma* genannt) auf hundert Drachmen festgelegt wird, erfolgt in der Labyadeninschrift von Delphi eine Festsetzung des Werts der Tuche (eine *chlaína* und ein Kissen werden erwähnt) auf 25 Drachmen und wird auch die Farbe reglementiert. Kos: Syll.¹ 1218. Die erste Publikation stammt von KOEHLER, Todtenbestattung 1876, 139–150, der einen Zusammenhang zu den Solonischen Bestimmungen herstellt. Delphi: Inscriptiones Graecae XII 5,593 = Franciczek SOKOLOWSKI, Lois sacrées des cités grecques, Paris 1969, Nr. 97 A. Zum Vergleich: Zwanzig Drachmen kostete nach den Angaben der attischen Komödie im Jahre 420 v. Chr. ein Mantel, nur fünf Drachmen dagegen ein Ochse, der als Totenopfer bei Plutarch erwähnt wird. Aristophanes *Pl.* 382/3 u. 556; *Ekkl.* 592.
131 Demosthenes 43,62: Hier heißt es: »Den Verstorbenen kann man im Innern (des Hauses) aufbahren (*protíthestai*), wie man will. Das Hinaustragen (*ekphérein*) des Toten aber soll am Tag nach der Aufbahrung vor Sonnenaufgang erfolgen. Wenn sie (ihn) hinaustragen, sollen die Männer voran, die Frauen hinterhergehen. Keine Frau unter sechzig Jahren soll in das Totenzimmer ein- und ausgehen noch dem Toten folgen, wenn er zur Grabstätte (*séma*) geleitet wird, bis auf diejenigen, die zum Kreis der *anepsiadoí* gehören. Auch

Ich möchte im folgenden diesen textilen Traueraufwand näher in Augenschein nehmen, der bislang in der Forschung kaum Beachtung gefunden hat,[132] und dabei auch auf die Totenklage eingehen. Beidem, sowohl der weiblichen Totenklage als auch den Kleidern für die Toten, kam – dies ist meine These – eine wichtige Rolle bei der Tradierung des Nachruhms (*kléos*) des Toten zu. Da dieses *kléos* des Einzelnen im 5. Jh. hinter dem des Gemeinwesens, dem der Einzelne angehörte, zurückzutreten hatte, verlor der weibliche Traueraufwand an ›öffentlicher‹ Bedeutung. Dabei kann nicht mit Sicherheit gesagt werden, dass diese Entwicklung bereits unter Solon eintrat.[133] Möglich ist, dass die Traueraufwandbestimmung erst nach den Perserkriegen eingeführt wurde, zumal von den Rednern ein derartiges Gesetz des Eukleides von 403 v. Chr. erwähnt wird. Um einer gesetzlichen Bestimmung besondere Autorität zu verleihen, war es nicht ungewöhnlich, sich auf die legendären Gesetzgeber als Urheber des Gesetzes zu berufen.

Als Quellengrundlage dient mir die ursprünglich mündliche Dichtung der homerischen Epen, die auch nach der schriftlichen Fixierung in der Zeit vom 8. zum 6. Jh. v. Chr. als eine Art ›Katechismus‹ rezipiert wurden, anhand dessen sich Verhaltensnormen einüben und reflektieren ließen. Erklären lässt sich diese Bedeutung aus der spezifisch mündlichen Weitergabe von Wissen. Wo die Weitergabe von Wissen nicht über Handbücher und andere schriftliche Mittel erfolgte, wie dies für das archaische, aber zum Teil auch noch klassische Athen gelten darf,[134] bedurfte es besonderer Merktechniken, die der vorwiegend mündlichen Form der Tradierung von Wissen gerecht wurden. Das bedeutet, dass die Tradition nicht über Ideen und Prinzipien, sondern über Handlungen von Personen, über Gestik, Mimik, Habitus, Ausstattung der Körper, Zuordnung der Personen im Raum, einsichtig gemacht und vermittelt wird. Dies geschah in der unmittelbaren Partizipation, sei es im alltäglichen Zusammenleben der Generationen, sei es in physisch ausgeführten, rituellen Handlungen, mittels derer die Gemeinschaft ihre eigene

---

    soll keine Frau in das Zimmer des Verstorbenen gehen, wenn der Leichnam hinausgetragen wird, bis auf diejenigen, die zum Kreis der *anepsiadoí* gehören.« Übers. WAGNER-HASEL. Gemeint ist mit den *anepsiadoí* der Kreis der weiblichen Verwandtschaft bis zum dritten Grad, also Nichten und Cousinen mütterlicher- und väterlicherseits, die zur *anchisteía*, zur Verwandtschaft gezählt wurden und erbberechtigt waren. Den Mitgliedern der *anchisteía* oblag auch nach anderen Zeugnissen der klassischen Zeit die Pflicht, für die Toten zu sorgen; vgl. auch Isaios *Über die Erbschaft des Philoktemon* 40 u. 41; *Über die Erbschaft des Kiron* 22. Karen STEARS (Death Becomes Her 1998, 122ff) hat mit Recht darauf verwiesen, dass mit der Sorge für den Verstorbenen auch der Anspruch auf das Erbe einherging, der hier möglicherweise geregelt wurde.

132 Unter Kostengesichtspunkten betrachtet DE SCHUTTER, Rituel funéraire 1989, 53–66 den Kleideraufwand.
133 Zum Quellenwert vgl. RUSCHENBUSCH, Solonos Nomoi 1966, 46 f., der die Angaben des Plutarch über die Maßnahmen Solons gegen den Traueraufwand für ein wörtliches Zitat aus den Solonischen Gesetzestafeln hält. Vgl. auch ENGELS, Funerum sepulcrorumque magnificentia 1998, 79 ff.
134 Grundlegend: THOMAS, Literacy 1992.

Ordnung inszenierte.¹³⁵ Die homerischen Epen, die in der klassischen Polis auf der rituellen Ebene präsent waren, insofern aus ihnen während der Panathenäen rezitiert wurde, simulierten diesen Vorgang des Lernens über Teilhabe in der dichterischen Nacherzählung von Handlungsabfolgen und ahmten die körperliche Wahrnehmung im Schauraum der Literatur nach. Gerade in der Schilderungen von Totenritualen, die im Epos an prominenter Stelle stehen, gewinnt die epische Erzählung eine Dichte, in der die Verteilung der sozialen Rollen in ihren diversen Bezügen erkennbar sind. Dabei kann es nicht um die Auswertung der homerischen Befunde als Beleg für Praktiken des vorsolonischen Athen gehen, auch wenn in der jüngeren Homerforschung sich zunehmend die Tendenz durchsetzt, die Epen in den gesellschaftlichen Kontext des 7. Jh. v. Chr. zu stellen.¹³⁶ Es geht allein darum, die sinnlichen Qualitäten des Traueraufwandes im Epos zu erfassen, um daraus Aufschlüssse über den Zweck zu gewinnen, den eine Reglementierung der weiblichen Totenklage und des weiblichen Kleideraufwandes besessen haben kann.

Sowohl die *Ilias*, die vom Troischen Krieg erzählt, als auch die *Odyssee*, die von den Abenteuern des Odysseus handelt, enden mit der Schilderung eines Totenrituals. In der *Ilias* geht es um die Bestattung Hektors, der im Zweikampf mit Achilleus gefallen war. In der *Odyssee* erfahren wir etwas über die Bestattung des Achilleus. Hinzu kommt in der *Ilias* die Darstellung des Leichenbegängnis des Patroklos, des Gefährten des Achilleus. Diese Thematisierung ist insofern von Bedeutung, als der Grabkult den eigentlichen rituellen Kontext bildet, in dem die Erzählung von den Taten der Heroen stehen. Die Heroen, von denen das Epos erzählt, wurden an Gräbern verehrt, die sich den Ausfallwegen der Poleis entlang zogen.¹³⁷ Grabvasen, wie sie etwa auf athenischen Gräbern des 7. Jh. v. Chr. standen, zeigen zentrale Elemente des Totenrituals, wie sie im Epos geschildert werden: die Aufbahrung des Toten mit Totenklage und Präsentation des Leichentuchs, und die Leichenspiele. Zwischen ritueller Praxis und erzählerischer Inszenierung bestand also ein enger Konnex, der es erlaubt, gerade das Epos für eine Klärung der Bedeutung von rituellem Traueraufwand heranzuziehen.

---

135 WENZEL, Hören und Sehen 1995; WAGNER-HASEL, Stoff der Gaben 2000, 73–76.
136 SEAFORD, Reciprocity and Ritual 1994, 144 ff.
137 ANTONACCIO, Hero Cult 1994, 389–410.

Die Totenklage

Das homerische Epos kennt zwei Typen der Totenklage, den *góos* und den *thrḗnos*, wobei nur der *góos* inhaltlich ausgeführt wird. Den *thrḗnos* stimmen im Epos die Musen und die gemieteten Sänger beim Begräbnis des Hektor an. Den *góos* singen oder sprechen v. a. die weiblichen Angehörigen des Verstorbenen. Im Falle des Patroklos hebt neben Briseïs auch Achilleus zusammen mit seinen Gefährten den *góos* an. Gerade der *góos* ist in der Homerforschung als Ausdrucksform persönlicher Trauer gewertet worden.[138]

Über die Artikulation des persönlichen Schmerzes hinaus enthalten aber die drei *góoi* der Andromache, Helena und Hekabe beim Tode Hektors eine Aussage über die soziale Funktion, die der Verstorbene in idealtypischer Weise erfüllt hat.[139] Andromache spricht in ihrer Klage die Rolle Hektors als Krieger und damit als Schützer der Stadt und seiner Angehörigen an. Denn die Stadt, die *pólis*, verlor mit Hektor ihren »Hüter«, ihren *epískopos*, klagt Andromache vor den Ohren des gesamten *dḗmos* (Homer *Il.* 24,729).[140] Die Mutter Hekabe thematisiert Hektors Nähe zu den Göttern, seine Rolle als *phílos*, als »Liebling« der Götter (Homer *Il.* 24,749). Diese Nähe ist unabdingbar für den Erfolg eines homerischen Kriegsanführers. Denn nur dem, der von den Göttern geliebt wird und ihnen nahe steht, wird von diesen die Gunst des Kriegserfolges zuteil.[141] In Helenas Klage schließlich wird die Rolle Hektors als Stifter von sozialem Frieden innerhalb einer Gemeinschaft betont. Helena verweist auf Hektors Fähigkeit zur Formulierung von »sanften Worten«, *aganá epéa*, die Streit und Missgunst mildern (Homer *Il.* 24,772).[142] Von dieser Milde ist auch in der Totenklage der Briseïs für Patroklos die Rede. Briseïs bezeichnet den gefallenen Patroklos als einen, der sich stets »milde«, *meilíchios*, gezeigt habe (Homer *Il.* 19,300). Drei Voraussetzungen für die Stellung eines homerischen Anführers werden damit in den Totenklagen zur Sprache gebracht: Die Tüchtigkeit im Kampf, die Gunst der Götter und die Macht der schlichtenden Rede.[143] In allen drei *góoi* fällt die Herstellung eines Gemeinschaftsbezuges auf, das heißt, es wird auf den Nutzen dieser Fähigkeiten des einzelnen für eine größere Gemeinschaft verwiesen (**Q 38**). Die kriegerische Leistungsfähigkeit, die Andro-

---

138 ANDRONIKOS, Totenkult 1968, 13; ähnlich KURTZ/BOARDMAN, Thanatos 1971/1984, 239/240 und VERMEULE, Aspects of Death 1979, 15; ALEXIOU, The Ritual Lament 1974, 10 ff. bezieht die beiden Typen auf unterschiedliche Trauergruppen und meint, dass den *góos* die Verwandten, den *thrḗnos* die Freunde ausübten.

139 Obwohl er in den *góoi* Elemente einer »längst vergessenen, ungleich wilderen Zeit« vermutet, charakterisiert Leo WEBER in seiner Studie über die Attische Grabrede von 1935 (15) dagegen die drei Totenklagen, die Andromache, Helena und Hekabe beim Tode Hektors erheben, als »eine in sich durchkomponierte, sorgfältig gegeneinander abgewogene *laudatio funebris*«, die jedoch individuell und persönlich gestaltet worden sei.

140 Zum Ort der Totenklage vgl. SEAFORD, Reciprocity and Ritual 1994, 90.

141 Belege bei WAGNER-HASEL, Stoff der Gaben 2000, Kap. IV.

142 Zur Bedeutung der *aganaphrosýnē* vgl. SCOTT, Some Greek Terms 1981, 1–15.

143 QVILLER, Homeric Society 1981, 109–155; ULF, Die homerische Gesellschaft 1990; WAGNER-HASEL, Stoff der Gaben 2000.

mache anspricht, steht im Dienst des Schutzes der Herkunftsgemeinde und der Angehörigen; die Fähigkeit zur schlichtenden Rede sichert den sozialen Frieden innerhalb der weit verzweigten Verwandtschaft. Die *góoi* richten sich denn auch an die Gesamtheit der Troer und Troerinnen und sind als öffentliche und geformte Rede zu werten, die über die persönliche Trauer hinaus Auskunft geben über den Zusammenhalt der Gemeinschaft und über das Wertesystem der Gesellschaft. Eine unkontrollierte Emotionalität ist den Totenklagen nicht zu entnehmen. Dies bestätigt auch die Vasenmalerei. Christine Havelock hat darauf aufmerksam gemacht, dass weder geometrische noch schwarzfigurige Darstellungen der Totenklage die klagenden Frauen mit unkontrolliert heftigen Gesten zeigen (**Q 40 u. 41**).[144]

Die Emotionalität, die daneben über die Totenklage transportiert wird, ist dennoch nicht zu unterschätzen. Jedoch gilt dies nicht nur für diejenigen, die die Totenklage ausführen, für die verwandten Frauen und Kriegsgefährten, sondern auch und v. a. für die Zuhörerschaft, für die Frauen und Männer des *dêmos* im Falle des Hektor, für die Gemeinschaft der Krieger im Falle des Patroklos. In Troia begleiten die Frauen der Stadt mit ihrem Stöhnen die Klage und fällt schließlich der gesamte *dêmos* in die Klage ein (Homer *Il.* 24,722; 746; 776). Während der Klage des Achilleus benetzen die Kampfgefährten ihre Rüstungen mit Tränen (Homer *Il.* 23,15–16). Als im letzten Gesang der *Odyssee* die Musen die Totenklage für Achilleus anstimmen, die hier *thrênos* genannt wird, heißt es, dass keiner der umstehenden Achaier »tränenlos« (*adáktryton*), geblieben sei, »so mächtig erhob sich da der helle Musengesang« (Homer *Od.* 24,62). Diese Verausgabung von Tränen, das Weinen: *dakrýein*, wird an einer Stelle im Epos mit dem Begriff *kámnein* umschrieben, der stets das Mühen im Dienst für andere meint. Im Gespräch mit Priamos verweist Achilleus auf das Schicksal der Niobe, die trotz der Trauer um ihre toten Kinder der Speise gedachte, nachdem sie sich mit dem Vergießen von Tränen abgemüht hatte, und lädt ihn zum Mahl ein (Homer *Il.* 24,613). Die Verausgabung von Mühen, zu denen auch die Trauer gehört, erfolgt im Epos im Rahmen eines Verpflichtungsverhältnisses, das als Gegengabe die Teilnahme am gemeinsamen Mahl impliziert. Nach der Totenklage und der Bestattung Hektors kehren die männlichen Mitglieder der Trauergemeinde zum Totenmahl in das Haus des Priamos ein (Homer *Il.* 24,802). Sowohl das gemeinsame Verausgaben von Tränen als auch das gemeinsame Mahl stärken die Solidarität der Hinterbliebenen, die sich in konkreten Taten manifestieren kann. Dies ist v. a. die Rache, deren Ausübung die Pflicht der männlichen Angehörigen – Freunde wie Verwandte – war, und die zu leisten, Achilleus in seiner Totenklage für Patroklos verspricht (Homer *Il.*

---

144 HAVELOCK, Mourners in Greek Vases 1981, 112: »In their formal, repetitive and almost dance-like mourning gestures, women on geometric vases are never hysterical or uncontrolled. Dignity and decorum are implied in every movement.« Allerdings wird der Klagegestus der Frauen um die Mitte des 6. Jh. v. Chr. heftiger. So der Befund von Prothesisdarstellungen auf Pinakes und Loutrophoren dieser Zeit. KILLET, Inkonographie 1994, 23 ff.; vgl. auch VAN WEES, History of Tears 1998, 30 ff., der einen habituellen Wandel von der exzessiven Trauer zur gemessenen Trauer aus den Vasenabbildungen abzuleiten versucht hat.

23,17–24). Aber nicht nur der *góos* des Achilleus ist von den Imaginationen zukünftiger Rachehandlungen eingefärbt. Auch die Mutter Hekabe ist von Rachegedanken erfüllt und droht, sich selbst in die Eingeweide des Achilleus zu verbeißen, um den Tod Hektors zu rächen (Homer *Il*. 24,212–214). In die Klage Andromaches ist dagegen die Angst vor zukünftigen Rachehandlungen eingeflochten, denen sie selbst und ihr Sohn ausgesetzt sein werden (**Q 38**).

Die emotionale Wirksamkeit der homerischen Totenklage liegt in der Solidarisierung der Hinterbliebenen und zielt im Falle eines gewaltsamen Todes auf die Einschwörung zur Rache.[145] In der Tragödie des 5. Jh. übernimmt diese Funktion der Chor, dessen Gesang wie ein Pfeil in das Ohr des Orest dringt, um diesen zur Rache an der Ermordung des Vaters zu bewegen (Aischylos *Choeph*. 687).[146] Aber eben die eigenmächtige Verwirklichung dieser Rache, die Ermordung der Mutter, bringt den Helden der Tragödie in Bedrängnis, der vor den Rachegeistern der Mutter, den Erinnyen, an den Altar des Delphischen Apollon flieht. Mit der Verwandlung der Erinnyen, der Rachegeister, in Eumeniden, in Wohlmeinende, endet das Aischyleische Drama. Die im Dienst der Klytaimestra handelnden Gottheiten erfüllen ihre Funktion nun für die Polis und nicht mehr nur für die (weiblichen) Mitglieder eines Hauswesens.[147] Eben dieser Prozess, die Einschränkung der Rachehandlungen und die Bindung der Selbsthilfe an gerichtliche Verfahren durch die Organe der Polis, kennzeichnet die Entwicklung Athens seit der Zeit Solons. Das traditionelle Recht der Familie zur Selbstrache wird an den Prozess gebunden.[148]

Die Einschränkung der weiblichen Totenklage, wie sie Solon zugeschrieben wird, lässt sich dieser Zentralisierung und Verortung von Rachefunktionen beim Areopag zuordnen, die mit den Reformen des Ephialtes im Jahre 462 v. Chr. ihren vorläufigen Endpunkt fand. Die Reglementierung, von der wir nicht wissen, ob sie bereits zur Zeit Solons oder – was wahrscheinlicher ist – erst im Laufe des 5. Jh.

---

145 So auch SEAFORD, Reciprocity and Ritual 1994, 84; 89. Er verweist auf Parallelen im heutigen Griechenland. So geht bei den Manioten auf der Peloponnes die Initiierung der Rache vom Lobpreis des Toten durch die Frauen aus.
146 Vgl. dazu SEAFORD, Reciprocity and Ritual 1994, 90 ff. und HOLST-WARHAFT, Dangerous voices 1992, 128 ff.; nach Holst-Warhaft lebt die traditionelle Totenklage der Frauen, der *góos*, im *kommós* des Chores in der Tragödie, so z. B. bei Aischylos in den *Persern*, fort. Auch hier hat die Klage die Funktion, Tränen zu evozieren, wie wir von der Wirkung des Chors der Gefangenen von Milet in der Tragödie des Phrynichos wissen, die Herodot (6,21,2) überliefert hat. Nach Holst-Warhaft unterscheiden sich in der Tragödie die *góoi* von den *thrḗnoi* durch die Lyra-Begleitung (140); beide werden sowohl von Männern als auch von Frauen gesungen (133; 142 ff.). Kassandra singt den *thrḗnos* und kündigt die Rache an (Aischylos *Ag*. 1322–30), in den *Persern* singt Xerxes den *góos* (Aischylos *Perser* 915 f.; 1050).
147 SEAFORD, Reciprocity and Ritual 1994, 104 f.
148 MANVILLE, Citizenship 1990, 79; WELWEI, Athen 1992, 144 ff.; SEAFORD, Reciprocity and Ritual 1994, 89 ff.

erfolgte, galt aber weniger dem weiblichen Affekt als solchem[149] als vielmehr dem männlichen Affekt, d.h. denjenigen, deren Emotionen – wie im Epos und in der Tragödie vorgeführt – geweckt wurden und deren Aufgabe es war, die Rachehandlungen auszuführen, den Mitgliedern einer Phratrie.[150] Hinzu kommt eine Änderung in der inhaltlichen Ausführung der Totenklage. Die Aufgabe der homerischen Totenklage, die Werte der Gemeinschaft zu transportieren, wurde in klassischer Zeit von der öffentlichen Grabrede übernommen, die ein ranghoher Vertreter der Polis hielt. Ihre Einrichtung wird in der älteren Literatur Solon zugeschrieben; nach jüngeren Untersuchungen entstand sie aber ebenso wie das *dēmósion sēma*, das »Gemeinschaftsgrabmal«, das den Kriegsgefallenen eines Jahres errichtet wurde, erst mit den Perserkriegen.[151] Diese Reden hatten nicht den Ruhm des einzelnen Kriegers und dessen Leistungen für das Haus- und Gemeinwesen zum Inhalt, sondern den Ruhm des Gemeinwesens, dem der gefallene Krieger angehörte. Für die Vermittlung dieser Werte waren die Krieger selbst, nicht die weiblichen Angehörigen des Verstorbenen zuständig. Diese hatten denn auch – dies spricht Perikles in seiner Leichenrede zu Ehren der Gefallenen des Peloponnesischen Krieges im Jahre 430 v. Chr. an – zu schweigen (Thukydides 2,45). In dieser Bemerkung zeigt sich nicht die grundsätzliche Frauenfeindschaft der Athener oder etwa die Sorge um die Moral der Witwen, zumal es eine Überlieferung gibt, die Aspasia zur Autorin der Leichenrede des Perikles machte.[152] Vielmehr macht diese Gemeinschaftsorientierung den übergeordneten Anspruch des Bindungsverhältnisses der Politen über das eines einzelnen Hauswesens deutlich. Ihm wurden beide Geschlechter unterworfen, die Männer, deren Einzelleistung nicht mehr gedacht wurde und die Frauen, die mit ihrer Totenklage nicht mehr zur Verankerung des Toten im Gedächtnis der Polisgemeinschaft beitrugen.[153]

---

149 Nach REINER, Die rituelle Totenklage 1938, 56f. kann sich das Verbot Solons auch auf gewerbsmäßige Klagefrauen bezogen haben.
150 Platon *Nomoi* 866 b; Demosthenes 43,57; IG I² 115,20–23.
151 Vgl. LORAUX, L'invention d'Athènes 1981, 56ff., die entgegen der gängigen Datierung der ersten öffentlichen Grabrede im Jahre 479 v. Chr. von einer Einführung des neuen Typs zwischen 470 und 460 ausgeht. Zum *dēmósion sēma* für alle Gefallenen vgl. Thukydides 2,34. Zur Datierung vgl. STUPPERICH, The Iconography of Athenian State Burials 1994, 93–103, der einen kleisthenischen Ursprung annimmt, und CZECH-SCHNEIDER, Das *dēmósion sēma* 1994, 3–37.
152 Platon *Menexenos* 235 e-236 b.
153 Vgl. demgegenüber die Bestattungsbräuche der Spartaner. Hier ist die Teilnahme nicht nur der Spartiaten, sondern auch der Periöken und Heloten an der Totenklage für den verstorbenen König Pflicht, wie Herodot (6,58) berichtet. Zu den Trauernden gehören, darauf verweist Herodot mit Nachdruck, auch die Frauen aus den verschiedenen Statusgruppen. Wenn Theognis (1203–1206) dagegen Tränen am Grab des Tyrannen verweigert, dann zeigt dies deutlich, dass über die Trauer Loyalität bekundet wurde.

Kleideraufwand

Noch deutlicher wird dieser Beitrag der Frauen zur Tradierung des Nachruhms des Toten, wenn man den bei Homer geschilderten Kleideraufwand betrachtet. Es kommen hier stets drei Tuchtypen zum Einsatz, deren Funktion zum Teil den in den Inschriften gemachten Angaben entspricht,[154] sich aber auch davon unterscheidet, da im homerischen Epos die Toten anders als im 5. und 4. Jh. v. Chr. verbrannt werden. Benutzt werden ein Leichenhemd, *héanos* oder *chitōn* genannt, ein Leichentuch, *pháros* oder *taphēíon*, sowie purpurne Tuche, *péploi,* in die die Gebeine der Toten gehüllt werden. Mit einem Tuch, dass ebenso wie die in der Inschrift von Kos genannten *hemátia* mit dem Farbattribut *leukós* charakterisiert wird, wird der Leichnam des Patroklos bedeckt, nachdem er gewaschen, gesalbt und in ein Leinentuch, in einen *héanos*, gehüllt worden war (Homer *Il.* 18,346–363). Nach dem Verbrennen des Leichnams werden hier die Gebeine in eine goldene Schale gelegt und erneut in ein Tuch, nunmehr in einen purpurfarbenen *héanos* gewickelt (Homer *Il.* 23,254). Ein Leichentuch, ein *pháros*, wird nach der Leichenwaschung und Neueinkleidung durch die Mädge des Achilleus auch über den Leichnam des Hektor gebreitet (Homer *Il.* 24,587–8). Zwei solcher Tuche, *phárea* und einen *chitōn*, hatte bereits Priamos für das Begräbnis seines Sohnes aus dem Kleiderreichtum des Hauses zurückbehalten, als er sich zu Achilleus begab, um Hektors Leichnam mit Kleidergeschenken und anderen Gaben auszulösen (Homer *Il.* 24,228–235). Nach der Verbrennung des Leichnams sammeln die männlichen Verwandten und Gefährten des Toten die Gebeine Hektors ein und legen sie in ein goldenes Gefäß, welches mit purpurfarbenen *péploi* umwickelt und in eine Grube gelegt wird (Homer *Il.* 24,796).

Der Vorgang des Waschens, Salbens und Neueinkleidens des Toten hat seine Parallele in der Behandlung von Gästen und stellt wie das Gastfreundschaftsritual einen Übergangsritus dar, in dessen Verlauf eine neue Identität gestiftet wird. Geht es im Gastfreundschaftsritual um die Verwandlung des Fremden, des *xeínos*, in einen Zugehörigen, in einen *phílos*, so kann das Totenritual als ein Akt der Überführung des Toten in Unsterblichkeit und damit der Transformation von Lebenszeit in ewige Zeit gedeutet werden, der durch die neue Kleidung des Toten zum Ausdruck gebracht und zugleich befördert wird.[155] Als sich der tote Hektor noch in den Händen des Achilleus befindet, beklagt Andromache seine Nacktheit und verweist auf die feinen und strahlenden Kleider, die sich im Hause befinden: »Die alle will ich verbrennen im lodernden Feuer – Nicht dir zum Nutzen, denn du liegst ja nicht in ihnen,/ Sondern vor den Troern und Troerinnen zum Ruhm (*kléos*)« (Homer *Il.* 22,513–515).

Antike Kommentatoren reagierten mit Unverständnis auf diese Bemerkung und betrachteten es als typisch weiblich, dass Andromache glaube, die Kleider könnten

---

154 Vgl. Anm. 130.
155 So auch SOURVINOU-INWOOD, A Trauma in Flux 1983, 38.

von Nutzen sein, wenn Hektor in ihnen läge.[156] Moderne Autoren sind weniger skeptisch und gehen meist davon aus, dass diese Tuche – als persönliche Gegenstände verstanden – der Versorgung des Verstorbenen mit Kleidung im Hades und/oder der Repräsentation des Reichtums des Toten dienen sollten.[157] Diese repräsentative Funktion klingt in der Bemerkung der Penelope an, sie wolle Laërtes, der so viel besessen habe, nicht ohne Bedeckung liegen lassen (Homer *Od.* 2,100ff.). Aber Andromache schließt eben eine praktische Funktion aus; sie verweist auf die symbolische Funktion der Kleider, das *kléos*, den Nachruhm des Toten zu transportieren. Damit wird den Tuchen die Funktion zugewiesen, zur dauerhaften Verankerung des Toten im Gedächtnis des Lebenden beizutragen. *Ámbrota heímata*, unsterbliche Kleider, werden denn auch die Tuche genannt, in denen der Leichnam des Achilleus verbrennt (Homer *Od.* 24,59 u. 67).[158]

Unsterblichkeit, die die Kleider garantieren, ist kein Zustand, sondern ein dauernder Akt der Vergegenwärtigung und der Erinnerung durch die Lebenden, die sich darüber ihrer eigenen Ordnung vergewissern.[159] Die Funktion, den Nachruhm, das *kléos* des Toten zu transportieren, teilen im Epos die Tuche sowohl mit den bei den Leichenspielen gestifteten Preisen,[160] als auch mit dem Grabmal, das für die Toten errichtet wird[161] und in archaischer bzw. klassischer Zeit ebenfalls

---

156 So die bt-Scholia zu *Il.* 22,513. Vgl. dazu DEJONG, *Gynaikeion ethos* 1991, 19; anders argumentiert PAPADOPOULOU-BELMEHDI, Chant 1994, 119, die die Aussage auf den Bruch des Bandes zwischen dem Paar bezieht und den Verweis auf die Nutzlosigkeit der Kleider als Klage liest, dass die Vereinigung zwischen Hektor und Andromache nicht mehr stattfinden könne. – Dass anstelle der Toten, die im Meer ertrunken sind, *péploi* bestattet werden, erwähnt allerdings auch Helena in der gleichnamigen Tragödie des Euripides (Euripides *Hel.* 1243).
157 So HELBIG, Zu den homerischen Bestattungsgebräuchen 1901, 237ff.; MARWITZ, Das Bahrtuch 1961, 8; ANDRONIKOS, Totenkult 1968, 27; GRIFFIN, Homer on Life and Death 1984, 3.
158 Das Verbrennen von Kleidung beim Begräbnis ist auch bei anderen Autoren belegt; vgl. z. B. Xenophon von Ephesos 3,7,4; Lukian *Über die Trauer* 20.
159 Vgl. MURRAY, Art in Early Greece 1991, 27 ff.
160 Sie sorgen dafür, dass der Tote nicht den Namen verliert, sondern auf immer »edle Kunde«, *kléos esthlón*, unter den Lebenden von ihm sein wird. Homer *Od.* 24,94. Nach Bakchylides (5,65–67) ist das durch Spiele erlangte *kléos* unsterblich: *athánaton*; vgl. MORRIS, Attitudes toward Death 1989, 308.
161 Für seinen Bruder Agamemnon errichtete Menelaos in Ägypten einen Grabhügel zum ewigen Nachruhm: *kléos* (Homer *Od.* 4,584). Mit diesem *kléos* ist nicht nur der Nachruhm des Verstorbenen gemeint, sondern auch des Kriegers, der den Tod des Verstorbenen verursacht hat. Als Hektor sich zum Zweikampf den Achaiern stellt, verspricht er für den Fall des Sieges, den Gegner auszuliefern, damit ihn die Gefährten bestatten und ihm ein *sêma* am Hellespont errichten können. Auch dieses ist ein räumliches Zeichen für die Seefahrer: »Und einst wird einer sprechen von den spätgeborenen Menschen,/ Fahrend im Schiff, dem vielrudrigen, über das weinfarbene Meer:/ ›Das ist das *sêma* eines Mannes,/ der vor Zeiten gestorben,/ Den einst, als er sich hervortat, erschlug der strahlende Hektor.‹/ So wird einst einer sprechen, und dieses mein *kléos* wird nie vergehen« (Homer *Il.* 7,87–91; Übers. nach SCHADEWALDT).

eine Reglementierung erfuhr.[162] Von den männlichen Verwandten und Kriegsgefährten errichtet, bildet das Grabmal im Epos den räumlichen Fixpunkt ihres Gemeinschaftshandelns.[163]

Bei der Gestaltung des räumlichen Zeichens wirkten nach archäologischen Befunden beide Medien des Nachruhms, das Leichentuch und das Grabmal, zusammen. So ist das Leichentuch an prominenter Stelle auf geometrischen Krateren und Amphoren abgebildet, die in Attika und anderen Teilen Griechenlands im 8. und 7. Jh. v. Chr. als Stelen auf den Gräbern standen.[164] Während in der unteren Bildhälfte oftmals Krieger mit ihren Pferdegespannen zu sehen sind, ist auf der oberen Bildhälfte in der Regel die Aufbahrung des Leichnams mit der Totenklage gestaltet. Im Bildzentrum der Darstellung steht wiederum das vor aller Augen ausgestellte Leichentuch (**Q 40**). Es fällt durch seine Hell-Dunkel-Schattierung auf, womit vermutlich auf den gemusterten Charakter der Leichentuche verwiesen wird.[165] Gerade die in aufwendiger Musterweberei hergestellten Leichentuche waren geeignet, Botschaften zu vermitteln, die sich an die Gemeinschaft richteten. Elizabeth W. Barber hat plausible Argumente für die in der Forschung schon vor langer Zeit angestellte Vermutung vorgelegt, dass die geometrischen Vasenbilder eigentlich Stoffmuster nachahmen.[166] Wenn das so ist, dann trugen die Frauen mit den Mustern der Leichentuche ebenso wie über die Totenklage zur Inszenierung eines idealen Bildes von Gesellschaft bei.[167]

Wenn Perikles in seiner Leichenrede den athenischen Witwen das *kléos* versagt, dann ist neben der Totenklage auch an diese Visualisierung des Nachruhms des Toten über textile Gedächtniszeichen zu denken. Diese Funktion müssen auch

---

162 Bestimmungen über die Ausstattung der Grabmäler sind bei Cicero überliefert *(leg.* 2,64–65). Sie werden alle in die Zeit nach Solon datiert; vgl. u. a. SCHMALTZ, Griechische Grabreliefs 1983, 138.

163 Ist das Grabmal des Achilleus am Hellespont als Orientierungspunkt für Seefahrer gedacht (Homer *Od.* 24,80–84), so dient das *sēma* des Ahnherrn der Dardaniden in der Ebene vor Troia als Wegemarke (Homer *Il.* 11,166; 11,371; 24,349) und als politisches Zeichen. Am Grabmal des Ilos versammelt Hektor die Ratsträger (Homer *Il.* 10,414/15); vgl. dazu BÉRARD, Récupérer la mort du prince 1982, 92.

164 Zum Teil werden diese Vasen als Substitute der Verstorbenen gedeutet. So LEWIS, Homeric Epic and the Greek Vase 1981, 101: »We note again that the belly of the amphora is off center, just as it is in the epic, and in humans, too. Urn and epic are anthropomorphic. It is no wonder that the belly stands at the center of the vase and the epic, for it is there that life breaks down and is regenerated.«

165 KURTZ/BOARDMAN, Thanatos 1971/1984, 63; ANDRONIKOS, Totenkult 1968, Abb. 2; MARWITZ, Bahrtuch 1961, 7 ff.

166 BARBER, Prehistoric Textiles 1991, 365 ff.

167 Als gesellschaftlichen Code liest WHITLEY (Style and Society 1991, 50 ff.) die geometrischen Vasenbilder, die er jedoch nicht in Verbindung mit der Webkunst bringt, obwohl er auf eine eklatante Parallele aus der ethnologischen Forschung verweist, auf die geometrische Musterung von Kleidung in Nuristan. Diese Muster werden von alten Frauen der Verwandtschaftsgruppen kontrolliert. Auf die Rolle der Frauen bei der Herstellung einer »private history of the kin-group« verweist STEARS, Death Becomes Her 1998, 123. Sie bezieht diese Funktion allerdings nur auf die Totenklage.

Solon und seine Nachfolger im Blick gehabt haben, wenn sie den Kleideraufwand für die Toten reglementierten. Nichts war zum Zeitpunkt der Bestattung so eindrucksvoll sichtbar wie die Leichentuche, mit denen der Tote während der Totenklage und bei der Überführung zur Grabstätte bedeckt war. In den Inschriften und auch in den von den Rednern überlieferten attischen Gesetzen wird denn gerade der Zeitpunkt der Überführung des Toten und die Dauer der Totenklage beschränkt.[168] Elizabeth W. Barber hält es für möglich, dass es in der archaischen Grabaufwandgesetzgebung eigentlich um ein Musterverbot ging, zumal die inschriftlich überlieferten Bestimmungen zum Kleideraufwand nicht die Zahl, sondern die Kosten reglementieren. Diese Beschränkung der Kosten kann eigentlich nur der Farbe, v. a. der Purpurfarbe gegolten haben, die sehr kostspielig war.[169] Gegen diese Annahme eines Musterverbotes zur Zeit Solons spricht für Athen allerdings der archäologische Befund. Reiche Gräber treten auf dem Kerameikos noch in der Mitte des 6. Jh. v. Chr. auf; einige von ihnen enthielten Reste von Purpurgewändern und Bronzekesseln.[170] Folgt man dem ikonographischen Befund, so ist ein anderer Wandel bemerkenswert. Vasenabbildungen wie die berühmte Darstellung der Penelope beim Weben eines Leichentuchs für Laërtes auf der Chiusi-Kanne aus dem frühen 5. Jh. belegen, dass Leichentuche auch in archaischer Zeit als gemustert gedacht wurden (**Q 115**).[171] Auch Darstellungen der *próthesis* auf rotfigurigen Loutrophoren aus dem ersten Viertel des 5. Jh., die keineswegs nur mythologische Szenen wiedergeben, zeigen den Toten teils mit gemusterten, teils nur mit einem einfarbigen dunklen Tuch bedeckt, dessen Kopf aber ein gemustertes Kissen stützt.[172] Entscheidend scheint mir eine andere Veränderung in der Ikonographie zu sein, soweit sie den Grabkult betrifft. Im späten 5. Jh. löst das Motiv der Grabpflege die Prothesisdarstellungen der archaischen und frühklassischen Vasenmalerei ab. Hier besteht der sichtbare Kleideraufwand allein in gemusterten Binden, die die Frauen aus ihren Truhen holen.[173] Die auf diesen Lekythen abgebildeten Grabstelen, die seit dem 6. Jh. die Grabvasen abgelöst hatten, wurden wie die Körper der Toten gewaschen, mit Myrrhenöl gesalbt und mit gemusterten Bändern umschlungen (**Q 42**).[174] Wir wissen nicht, ob in der alltäglichen Bestattungs-

---

168 Vgl. Anm. 130 u. 131. In der Labyadeninschrift heißt es explizit, dass die Totenklage nicht außerhalb des Hauses, weder während der *ekphorá* noch am Grab, angestimmt werden dürfe. Dies fordert auch Platon *Nomoi* 960 a.
169 BARBER, Prehistoric Textiles 1991, 365 ff.
170 HUMPHREYS, Family tombs 1983, 101 f.; PEKRIDOU-GORECKI, Mode 1989, 106–108. Auf den Fund einer Bronzeurne um 440 v. Chr. in Athen, um die ein purpurfarbenes Tuch gewickelt war, verweist MORRIS, Death-Ritual 1992, 132.
171 BOARDMAN, Rotfigurige Vasen aus Athen: Klassische Zeit, 1989/1991, Abb. 247.
172 Vgl. KILLET, Ikonographie 1994, 8–44, insb. 29.
173 HAVELOCK, Mourners 1981, 115 ff. u. Abb. 96; KILLET, Ikonographie 1994, 32 ff.
174 Auch diese Grabmäler, seien es die Statuen der Kouroi und Koren, seien es die Reliefstelen, werden als Substitute der Person gedeutet. NIEMEYER, Semata 1996, 43; 72; anders argumentiert SCHMALTZ, Griechische Grabreliefs 1983, 176 ff. Für ihn stellen die Grabreliefs ebenso wie die von Homer erwähnten Stelen markante räumliche Zeichen und Erinnerungsmale dar und repräsentieren nicht die Person; vgl. Anm. 163.

praxis keine gemusterten Leichentuche mehr verwendet wurden.[175] Aber weder in der Bildgestaltung der Grabreliefs noch auf den im Grabkult benutzten Vasen spielte die Präsentation des Leichentuchs eine Rolle; es verlor – dies ist meine Vermutung – ebenso wie die Totenklage der Frauen seine ›öffentliche‹ Funktion.

Dennoch wurden auch in klassischer Zeit über Kleidung allgemeine Werte visualisiert. In Athen waren es Göttinnen und Heroinen wie Athena oder Iphigenie, die alljährlich neu eingekleidet wurden und Kleidergaben erhielten.[176] Die Muster für die Gewänder der Gottheiten, so z. B. das Motiv der Gigantenschlacht auf dem *péplos* für Athena, thematisierten ebenso wie die öffentliche Grabrede die Werte der Polisgemeinschaft und unterstanden deshalb auch der Kontrolle durch die politischen Organe der Polis. Über dieses Kampfmotiv, das in der öffentlichen Ikonographie der Stadt neben dem Troischen Krieg, den Amazonenkämpfen und dem Kampf gegen die Perser eine zentrale Rolle spielte, stellte sich die athenische Polis als siegreiche Kriegergemeinschaft dar. Gefertigt aber wurden diese Gewänder wie die Leichentuche für die homerischen Heroen von den weiblichen Mitgliedern des Gemeinwesens, in diesem Fall stellvertretend von den beiden Arrhephoren.[177] So waren die Athenerinnen trotz des Schweigegebots während der Trauer für die Gefallenen des Peloponnesischen Krieges auch in klassischer Zeit für die Visualisierung der Werte der Gemeinschaft zuständig.

Quellen

Q 37 Weibliches Trauerverhalten: Aus der Gefallenenrede des Perikles

Thukydides 2,45

45 Wenn es nun erforderlich ist, dass ich der weiblichen Tugend und derjenigen gedenke, die jetzt im Witwentum leben werden, so sei mit kurzem Zuspruch alles gesagt: euch bringt es großen Ruhm, wenn ihr unter die gegebene Konvention

---

175 Wir wissen nicht, ob die alljährlichen Kleiderspenden für die Toten der Schlacht von Plataiai, derer sich bei Thukydides die dort lebende Bevölkerung im 5. Jh. rühmt, sich auf die oben besprochene textile Ausstattung der Grabsteine bezieht oder eine dem homerischen Befund entnommene Praxis wiedergeben, das *kléos* des Toten über textile Gedächtniszeichen zu perpetuieren (Thukydides 3,58,4); bei Plutarch (*Arist.* 21) werden Stieropfer zu Ehren von Zeus und Hermes, das Waschen und Salben der Grabpfeiler der Toten durch den Archon der Plataier sowie das Herbeibringen von Wein, Öl, Salben, Myrtenzweigen und Kränzen erwähnt.
176 Ein purpurfarbenes Tuch aus phrygischer Beute fungiert als Totengabe für Klytaimestra (Euripides *Or.* 1436). Einen *péplos* und Schmuck erhält Polyxene, die geopfert wird, als Totengaben (Euripides *Hek.* 577–580). Inventarlisten von Heiligtümern, so vom Artemisheiligtum in Brauron und vom Heraion auf Samos, verzeichnen zahlreiche Kleiderweihungen; vgl. PEKRIDOU-GORECKI, Mode 1989, 101 ff.
177 BARBER, The Peplos of Athena 1992, 103–117; MANSFIELD, The Robe of Athena 1985; VICKERS, Images on Textiles 1999.

(*phýsis*) nicht hinabsinkt und unter den Männern so wenig Kunde (*kléos*) wie möglich über Tüchtigkeit oder Versagen herumgeht.

45 εἰ δέ με δεῖ καὶ γυναικείας τι ἀρετῆς, ὅσαι νῦν ἐν χηρείᾳ ἔσονται, μνησθῆναι, βραχείᾳ παραινέσει ἅπαν σημανῶ. τῆς τε γὰρ ὑπαρχούσης φύσεως μὴ χείροσι γενέσθαι ὑμῖν μεγάλη ἡ δόξα καὶ ἧς ἂν ἐπ' ἐλάχιστον ἀρετῆς πέρι ἢ ψόγου ἐν τοῖς ἄρσεσι κλέος ᾖ.

Q 38 Die Totenklage der troischen Frauen

Homer, *Ilias* 24,724–745; 748–749; 762–775

Im 24. Gesang der *Ilias* beschreibt der Dichter das Begräbnis Hektors, der im Zweikampf mit Achilleus gefallen war. Im Zentrum des homerischen Totenrituals steht die *próthesis*, die Aufbahrung des Toten, die vermutlich vor den Toren des Hauses stattfand. Ihre Dauer wird im Epos mit 17 Tagen angegeben; die Philosophen des 4. Jh. v. Chr. empfehlen dagegen eine Dauer von drei Tagen. Während dieser Zeit führten die weiblichen Angehörigen des Toten die Totenklage durch. In diesem Falle sind es die Ehefrau des Toten, Andromache, die Mutter, Hekabe, und die Schwägerin, Helena, die die Totenklage anstimmen.

[Andromache:]
[725] Mann! Jung hast du verloren dein Leben und lässt mich als Witwe
In den Hallen zurück! Und der Sohn ist so ganz klein noch,
Den wir erzeugten, du und ich, wir Unseligen; und nicht, meine ich
Kommt er zur Jugendreife, denn vorher wird diese Stadt (*polis*) vom Gipfel herab
Vernichtet werden: denn wahrhaftig! du bist umgekommen, ihr Hüter (*epískopos*),
der du sie selber
[730] Schütztest und bewahrtest die sorglichen Frauen und die kleinen Kinder.
Die werden dir nun bald fortgebracht in den gewölbten Schiffen,
Und ich unter ihnen! Du aber Kind! wirst entweder mir selber
Dorthin folgen, wo du schmachvolle Werke verrichten musst,
Dich mühend für einen unmilden Herrn, oder einer der Achaier
[735] Ergreift dich am Arm und wirft dich vom Turm zu traurigem Verderben,
Zürnend, weil ihm wohl Hektor einen Bruder getötet
Oder den Vater oder auch den Sohn, da ja sehr viele der Achaier
Unter Hektors Händen mit den Zähnen die unendliche Erde fassten.
Denn unmilde war dein Vater in dem traurigen Kampf,
[740] Darum bejammern ihn auch die Männer des Volkes durch die Stadt.
Und unsagbare Klage hast du den Eltern und Trauer bereitet, Hektor!
Doch mir werden am meisten die traurigen Schmerzen.
Denn nicht hast du mir sterbend vom Lager die Hände gereicht
Und mir gesagt ein dichtes Wort, an das immer ich
Denken könnte die Nächte und Tage, Tränen vergießend! [...]
[Hekabe:]
Hektor! du meinem Herzen weit liebster von allen Söhnen!
Doch die sorgten für dich auch selbst im Schicksal des Todes.

[750] Ja, solange du mir lebtest, warst du lieb (*phílos*) den Göttern,
Denn andere von meinen Söhnen hat der fußschnelle Achilleus
Fortgebracht über das Meer, das unfruchtbare, wenn er einen fing.
Nach Samos und nach Imbros und in das dunstige Lemnos.
Dich aber, als er dir das Leben genommen mit dem langschneidigen Erz
[755] Hat er vielfach geschleift um das Grabmal seines Gefährten
Patroklos, den du erschlugst! Aber auferstehen ließ er ihn auch nicht so!
Jetzt aber liegst du mir taufrisch und wie eben gestorben
In den Hallen, einem gleichend, der der Silberbogner Apollon
Mit seinen sanften Geschossen überkommen und getötet hat. [...]
[Helena:]
Hektor! du meinem Herzen weit liebster von allen Schwagern!
Ja mein Gatte ist Alexandros, der gottgleiche,
Der mich führte nach Troia – wäre ich doch vorher umgekommen!
[765] Denn schon ist jetzt mir dieses das zwanzigste Jahr,
Seit ich von dort fortging und verlassen habe meine Heimat.
Aber nie habe ich von dir gehört ein böses Wort oder ein schnödes,
Sondern wenn auch ein anderer mich in den Hallen schmähte
Von den Schwagern und Mannesschwestern und gut gewandeten Schwagersfrauen
[770] Oder die Schwiegermutter – der Schwiegervater ist immer wie ein Vater mir –
So hast du ihm zugeredet mit Worten und ihn zurückgehalten
Mit deiner Sanftmut (*aganaphrosýnē*) und deinen sanftesten Worten.
So beweine ich dich zugleich und mich Unselige, bekümmerten Herzens.
Denn kein anderer ist mir mehr in der breiten Troia
[775] Mild und freundlich, sondern sie alle schaudern vor mir.

[725] ἆνερ, ἀπ' αἰῶνος νέος ὤλεο, κὰδ δέ με χήρην
λείπεις ἐν μεγάροισι· πάϊς δ' ἔτι νήπιος αὔτως,
ὃν τέκομεν σύ τ' ἐγώ τε δυσάμμοροι, οὐδέ μιν οἴω
ἥβην ἵξεσθαι· πρὶν γὰρ πόλις ἥδε κατ' ἄκρης
πέρσεται· ἦ γὰρ ὄλωλας ἐπίσκοπος, ὅς τέ μιν αὐτὴν
[730] ῥύσκευ, ἔχες δ' ἀλόχους κεδνὰς καὶ νήπια τέκνα,
αἳ δή τοι τάχα νηυσὶν ὀχήσονται γλαφυρῇσι,
καὶ μὲν ἐγὼ μετὰ τῇσι· σὺ δ' αὖ τέκος ἢ ἐμοὶ αὐτῇ
ἕψεαι, ἔνθά κεν ἔργα ἀεικέα ἐργάζοιο,
ἀθλεύων πρὸ ἄνακτος ἀμειλίχου, ἤ τις Ἀχαιῶν
[735] ῥίψει χειρὸς ἑλὼν ἀπὸ πύργου, λυγρὸν ὄλεθρον,
χωόμενος, ᾧ δή που ἀδελφεὸν ἔκτανεν Ἕκτωρ
ἢ πατέρ', ἠὲ καὶ υἱόν, ἐπεὶ μάλα πολλοὶ Ἀχαιῶν
Ἕκτορος ἐν παλάμῃσιν ὀδὰξ ἕλον ἄσπετον οὖδας.
οὐ γὰρ μείλιχος ἔσκε πατὴρ τεὸς ἐν δαῒ λυγρῇ·
[740] τὼ καί μιν λαοὶ μὲν ὀδύρονται κατὰ ἄστυ,
ἀρητὸν δὲ τοκεῦσι γόον καὶ πένθος ἔθηκας
Ἕκτορ· ἐμοὶ δὲ μάλιστα λελείψεται ἄλγεα λυγρά.
οὐ γάρ μοι θνῄσκων λεχέων ἐκ χεῖρας ὄρεξας,
οὐδέ τί μοι εἶπες πυκινὸν ἔπος, οὗ τέ κεν αἰεὶ
[745] μεμνῄμην νύκτάς τε καὶ ἤματα δάκρυ χέουσα.

[...]
"Εκτορ, ἐμῷ θυμῷ πάντων πολὺ φίλτατε παίδων,
ἦ μέν μοι ζωός περ ἐὼν φίλος ἦσθα θεοῖσιν·
[750] οἳ δ' ἄρα σεῦ κήδοντο καὶ ἐν θανάτοιό περ αἴσῃ.
ἄλλους μὲν γὰρ παῖδας ἐμοὺς πόδας ὠκὺς Ἀχιλλεὺς
πέρνασχ', ὅν τιν' ἕλεσκε, πέρην ἁλὸς ἀτρυγέτοιο,
ἐς Σάμον ἔς τ' Ἴμβρον καὶ Λῆμνον ἀμιχθαλόεσσαν·
σεῦ δ' ἐπεὶ ἐξέλετο ψυχὴν ταναήκεϊ χαλκῷ,
[755] πολλὰ ῥυστάζεσκεν ἑοῦ περὶ σῆμ' ἑτάροιο
Πατρόκλου, τὸν ἔπεφνες· ἀνέστησεν δέ μιν οὐδ' ὧς.
νῦν δέ μοι ἑρσήεις καὶ πρόσφατος ἐν μεγάροισι
κεῖσαι, τῷ ἴκελος ὅν τ' ἀργυρότοξος Ἀπόλλων
οἷς ἀγανοῖσι βέλεσσιν ἐποιχόμενος κατέπεφνεν.
[...]
"Εκτορ, ἐμῷ θυμῷ δαέρων πολὺ φίλτατε πάντων,
ἦ μέν μοι πόσις ἐστὶν Ἀλέξανδρος θεοειδής,
ὅς μ' ἄγαγε Τροίηνδ'· ὡς πρὶν ὤφελλον ὀλέσθαι.
[765] ἤδη γὰρ νῦν μοι τόδ' ἐεικοστὸν ἔτος ἐστὶν
ἐξ οὗ κεῖθεν ἔβην καὶ ἐμῆς ἀπελήλυθα πάτρης·
ἀλλ' οὔ πω σεῦ ἄκουσα κακὸν ἔπος οὐδ' ἀσύφηλον·
ἀλλ' εἴ τίς με καὶ ἄλλος ἐνὶ μεγάροισιν ἐνίπτοι
δαέρων ἢ γαλόων ἢ εἰνατέρων εὐπέπλων,
[770] ἢ ἑκυρή, ἑκυρὸς δὲ πατὴρ ὣς ἤπιος αἰεί,
ἀλλὰ σὺ τὸν ἐπέεσσι παραιφάμενος κατέρυκες,
σῇ τ' ἀγανοφροσύνῃ καὶ σοῖς ἀγανοῖς ἐπέεσσι.
τὼ σέ θ' ἅμα κλαίω καὶ ἔμ' ἄμμορον ἀχνυμένη κῆρ·
οὐ γάρ τίς μοι ἔτ' ἄλλος ἐνὶ Τροίῃ εὐρείῃ
[775] ἤπιος οὐδὲ φίλος, πάντες δέ με πεφρίκασιν.

Q 39 Die Reglementierung des weiblichen Trauerverhaltens

Plutarch, *Solon* 12,8; 21,6

In seiner Biographie Solons berichtet Plutarch (45–120 n. Chr.), dass der athenische Gesetzgeber eine Reihe von Maßnahmen zur Beschränkung von Bestattungsaufwand ergriffen habe. Nach dem Vorbild des Epimenides von Phaistos, eines kretischen Wundertäters, dem ein überlanges Leben von 157 bis 299 Jahren zugeschrieben wurde, soll Solon die Athener zu Beginn des 6. Jh. v. Chr. veranlasst haben,

12 (8) [...] sich bei allen Opfern der Einfachheit und bei der Trauer der Mäßigung zu befleißigen; er führte gewisse schlichte Opfer bei den Begräbnisfeiern ein und beseitigte die rohen, barbarischen Sitten, denen die meisten Frauen bis dahin huldigten.

21 (6) [...] Bei der Trauer schaffte er das Zerkratzen der Gesichter, das Singen von Klageliedern und den Brauch ab, auch bei den Begräbnissen anderer mitzuklagen. Er erlaubte nicht, einen Ochsen als Totenopfer zu bringen, mehr als drei Kleidungsstücke aufzuwenden und fremde Grabmäler (*mnémata*) zu besuchen außer bei der Bestattungsfeier. [...] Das ist zum größten Teil auch in unseren Gesetzen verboten, doch haben wir die zusätzliche Bestimmung, dass, wer so etwas tut, vom

gynaikonómos bestraft wird, weil er sich unmännlicher, weibischer Überschwenglichkeit und Unanständigkeit bei der Trauer schuldig macht.

12 (8) [...] καὶ γὰρ εὐσταλεῖς ἐποίησε ταῖς ἱερουργίαις καὶ περὶ τὰ πένθη πραοτέρους, θυσίας τινὰς εὐθὺς ἀναμείξας πρὸς τὰ κήδη, καὶ τὸ σκληρὸν ἀφελὼν καὶ τὸ βαρβαρικόν, ᾧ συνείχοντο πρότερον αἱ πλεῖσται γυναῖκες.

21 (6) [...] ἀμυχὰς δὲ κοπτομένων καὶ τὸ θρηνεῖν πεποιημένα καὶ τὸ κωκύειν ἄλλον ἐν ταφαῖς ἑτέρων ἀφεῖλεν. ἐναγίζειν δὲ βοῦν οὐκ εἴασεν, οὐδὲ συντιθέναι πλέον ἱματίων τριῶν, οὐδ' ἐπ' ἀλλότρια μνήματα βαδίζειν χωρὶς ἐκκομιδῆς. [21.7] ὧν τὰ πλεῖστα κἀν τοῖς ἡμετέροις νόμοις ἀπηγόρευται· πρόσκειται δὲ τοῖς ἡμετέροις ζημιοῦσθαι τοὺς τὰ τοιαῦτα ποιοῦντας ὑπὸ τῶν γυναικονόμων, ὡς ἀνάνδροις καὶ γυναικώδεσι τοῖς περὶ τὰ πένθη πάθεσι καὶ ἁμαρτήμασιν ἐνεχομένους.

Q 40 Das Leichentuch in der geometrischen Vasenmalerei. Attischer Krater, um 760–750 v. Chr., Dipylonmaler

Q 41 Klagende Nereïden an der Totenbahre des Achilleus. Korinthische Hydria, um 560–550 v. Chr.

Q 42 Frauen bei der Grabpflege: Attische Lekythos, 5. Jh. v. Chr.

Grundlegende Literatur

ENGELS, Funerum sepulcrorumque magnificentia 1998 [bietet eine Zusammenstellung der antiken Grabaufwandbestimmungen]; GARLAND, The Well-Ordered Corpse 1989 [speziell zur archaischen Grabaufwandgesetzgebung]; HOLST-WARHAFT, Dangerous Voices 1992 [zur Totenklage]; KURTZ/BOARDMAN, Thanatos 1971/1985 [Einführung in die archäologischen Befunde]; STEARS, Death Becomes Her 1998 [zur Rolle der Frauen in den Trauerritualen]; VAN WEES, History of Tears 1998 [zur geschlechtsspezifischen Differenzierung der Trauer im antiken Griechenland]; VERMEULE, Aspects of Death 1979 [grundlegende Studie zum Totenkult in der griechischen Antike].

Weiterführende Literatur

HAVELOCK, Mournes in Greek Vases [zur Darstellung weiblicher Trauer in der Vasenmalerei]; HUMPHREYS, Death and Time 1982 [zur Unsterblichkeit über Erinnern]; KILLETT, Ikonographie 1994 [zu Frauendarstellungen in der Vasenmalerei]; JOHNSTON, Restless Death 1999; LORAUX, Die Trauer der Mütter 1992 [zur politischen Bedeutung der weiblichen Trauer]; METCALE/HUNTINGTON, Celebrations of Death 1991 [anthropologische Untersuchung zu Totenritualen]; MORRIS, Death-Ritual 1992 [kulturanthropologische Untersuchung zur gesellschaftlichen Bedeutung von antiken Totenritualen]; WAGNER-HASEL, Stoff der Gaben 2000 [zur Symbolik von Kleideraufwand im homerischen Totenritual].

Klagende Frauen. Zur weiblichen Trauerhaltung in Rom
Francesca Prescendi

Die Trauer bedeutet in der römischen Kultur genauso wie in anderen traditionellen Gesellschaften die komplex gegliederte Zeitspanne eines Statusübergangs, der sowohl den Verstorbenen wie auch die Lebenden betrifft.[178] Im Fall des Verstorbenen ist dieser Übergang endgültig: Er trennt sich von dieser Welt und tritt in die Unterwelt ein. Für seine Familie (*familia funesta*) stellt dagegen die Trauer einen vorübergehenden Statuswechsel dar: Sie sondert sich während eines bestimmten Zeitraums, der rituellen Aufgaben vorbehalten ist, von der Gesellschaft ab; darauf folgt erneut die Integration in die Gemeinschaft und die *familia funesta* erlangt wieder ihren üblichen Status.

Die folgende Darstellung des Vorgangs der Trauer nimmt die Perspektive der Lebenden ein. Dabei lassen sich zwei Phasen der Trauer unterscheiden: Nach dem Tod liegt der Leichnam während eines Zeitraums, der einen bis drei Tage umfassen kann,[179] im Hause aufgebahrt. Danach wird der Verstorbene im Trauerzug (*funus*)

---

178 Zur Trauer als Übergangs- und Trennungsritus vgl. MAURIN, Funus 1984.
179 Vgl. ENGELS, Magnificentia 1998, 177 mit Anm. 75, zu längeren Aufbahrungszeiten.

aus seinem Haus und von seiner Familia entfernt, und die folgende Bestattung bedeutet dann seine endgültige Trennung von den Lebenden. Frauen und Männer erfüllen in diesen zwei Abschnitten der Trauerpraktiken je spezifische Funktionen; die weiblichen Aufgaben und Verhaltensweisen sollen im folgenden genauer untersucht und in ihrer Bedeutung dem entsprechenden männlichen Verhalten gegenübergestellt werden.

Das Verhalten der Frauen bei der Anwesenheit des Verstorbenen

Römische Dichter beschreiben das Verhalten von Frauen in der ersten Phase, in Anwesenheit der aufgebahrten Leiche, als gewalttätig und selbstverletzend: Sie kratzen sich die Wangen blutig (Ovid *Trist.* 3,3,51), reißen sich die Haare aus (Tibull 1,1,61–68, **Q 44**; Vergil *Aen.* 12,602–608), bestreuen ihr Haar mit Asche (Catull 64,350), schlagen sich auf ihre entblößte Brust (Properz 2,13,27). Auch das Verb *plorare*, mit dem das weibliche Klageverhalten umschrieben wird, weist auf eine sehr körperlich-expressive Form der Gefühlsäußerung hin: Nach Servius (*ad Aen.* 11,211), dem Kommentator Vergils, meint das Verb *plorare* nicht bloß »weinen« – wie seine französische Ableitung *pleurer* denken lassen könnte –, sondern »sich aus Trauer schlagen«. Ergänzen lassen sich diese Hinweise der Dichtung mit einer Bestimmung aus dem Zwölf-Tafel-Gesetz (um 450 v. Chr.), die den Frauen verbietet, sich die Wangen zu zerkratzen (vgl. Cicero *leg.* 2,59; Servius *ad Aen.* 12,606, **Q 45**).[180]

Auch wenn literarische Informationen eine gewisse poetische Überzeichnung enthalten sollten, lassen sie zweifellos den Umriss der Klage-Gestik (*planctus*) erkennen, die einer ritualisierten Inszenierung des Schmerzes gleichkommt. Lukan (*Pharsal.* 2,16–42, **Q 43**) stellt eindrucksvoll dar, wie sich eine solche Inszenierung in Gang setzt. Er beschreibt die Trauer der Stadt Rom nach dem Ausbruch des Bürgerkrieges zwischen Caesar und Pompeius, und er vergleicht sie mit der Trauer einer *familia funesta*, die den Tod eines Sohnes beweint. Im Zentrum der Aufmerksamkeit steht das Verhalten der Mutter. Zunächst umarmt sie den leblosen Körper ihres Sohnes, sie ist besinnungslos und hat das schreckliche Ereignis noch nicht gänzlich begriffen. Diesem ersten Moment des fassungslosen Schmerzes folgt das langsame Erkennen und bewusste Umgehen mit dem Tod. Der Verstorbene wird angerufen (*conclamatio*) und damit das Ableben öffentlich bekannt gemacht.[181] Danach setzen die ritualisierten Äußerungen des Schmerzes ein: Die Mutter mit aufgelösten Haaren – der typische Habitus der Trauernden – fordert ihre Mägde auf, sich »wild« die Brüste zu schlagen.

Aus der Darstellung Lukans wird eine wesentliche Funktion der Totenklage ersichtlich: Der im ersten Augenblick einsetzende ungläubige Schrecken und das läh-

---

180 ENGELS, Magnificentia 1998, 166.
181 Diesen langsamen Prozess des Begreifens behandelt BELAYCHE, La neuvaine funéraire 1995.

mende Entsetzen wird in eine ritualisierte und kollektive Form der Gefühlsäußerung überführt. Damit wird das gefährliche und irrationale Moment des Schmerzes kanalisiert und gebändigt.[182]

Obwohl von Lukan in dieser Szene nicht direkt erwähnt, spielt bei diesem Vorgang die *nenia*, der neben der aufgebahrten Leiche oder während des Trauerzuges gesungene lobende Totengesang (Paulus Diaconus *Fest.* 154L.), eine wichtige Rolle. Nonius Marcellus (212L.) bezeichnet diesen Trauergesang als *ineptus et inconditus*, »abgeschmackt und kunstlos«. Die *nenia* wird wahrscheinlich von einer angeworbenen (gedungenen) Klagefrau, der *praefica*, oder von einer Angehörigen des Toten vorgetragen. Ihr antworten die Klagenden – vermutlich die Mitglieder der *familia funesta* (Servius *ad Aen.* 6,216).[183] Wie der *planctus* ist auch der Totengesang ein kollektiver Moment, in dem die Lebenden gemeinsam den Toten beklagen.

In diesen zwei Formen von Trauerpraktiken zeigt sich, dass die Rituale und Gesten, die den Schmerz des Verlustes zum Ausdruck bringen, in der römischen Kultur Sache der Frauen sind: Die Frauen der *familia funesta* vollziehen den *planctus*, die Totenklage, mit und an ihrem Körper, sie oder gedungene Klagefrauen singen die *nenia*.

Diese spezifisch weiblichen Aufgaben verdeutlicht auch Plutarch in seinen Reflexionen über die römischen Bräuche, in den *quaestiones Romanae*: Er wirft die Frage auf, weshalb die Söhne mit bedecktem und die Töchter mit unbedecktem Kopf den Leichenzug ihrer Väter begleiten (*quaest. Rom.* 14). In seiner Antwort begründet er diesen Unterschied mit den verschiedenen Aufgaben der männlichen und weiblichen Nachkommen: Nebst anderen Hinweisen führt er die Erklärung an, dass die Söhne ihre Väter als Götter verehrten, die Töchter sie als Verstorbene beweinten. Das Gesetz – schließt Plutarch – verlange von jedem Geschlecht das, was ihm zustehe; das Beweinen von Toten wird nach dieser Darstellung Frauen, nicht aber Männern zugestanden.[184]

Auch in philosophischen Texten wird frauenspezifisches Verhalten von jenem der Männer unterschieden: In der von der Stoa geprägten Denkweise Senecas (*cons. ad Polyb.* 6,2) ist die Haltung des *planctus* typisch für Frauen und einfache Land-

---

182 Vgl. die Darstellung dieser kathartischen Funktion der Trauerpraktiken in der sozialanthropologisch-vergleichenden Untersuchung traditioneller Kulturen des Mittelmeerraums von DE MARTINO, Morte 1983, 57 ff. Neuere Forschungen zur Funktion des Klagegesangs in der *griechischen* Antike gelangen zur umgekehrten Folgerung einer Hervorrufung von Emotion und Tränen durch die Totenlieder, vgl. WAGNER-HASEL in diesem Band; S. 89.
183 KUDLIEN, Klageweiber 1995; KIERDORF, Laudatio funebris 1980 unterscheidet den Lobgesang der *praefica* von der *nenia*.
184 Tacitus schreibt in seiner Darstellung der Germanen (Tacitus *Germ.* 27,2), in der sich durch komplexe Spiegelungen hindurch Römisches erkennen lässt: *feminis lugere honestum est, viris meminisse* (»ehrenwert für Frauen ist das Trauern, für Männer die Aufrechterhaltung der Erinnerung«). Dass Tränen in anderen Zusammenhängen als beim Totenritual keineswegs grundsätzlich als unmännlich beurteilt werden, zeigen zahlreiche Beispiele, vgl. etwa Tacitus *ann.* 1,40,3; Tacitus *hist.* 2,45,11; Livius 7,40,15; Plutarch *Cam.* 5,7.

leute.[185] In der *consolatio ad Marciam* (7,3) fügt er hinzu: Die Trauer entspricht mehr den Frauen als den Männern, den Grobschlächtigen mehr als den Kultivierten, den einfachen Leuten mehr als den Gebildeten.[186] Seneca stellt hier drei Oppositionspaare einander gegenüber, unter denen jeweils das zweite Glied dem *civis romanus* entspricht, der als Modell römischen Idealverhaltens mehr als alle andern vom öffentlichen Ausdruck des Schmerzes Abstand nehmen muss. Tatsächlich nehmen im Verhaltensmodell der römischen Männer, denen die Führung des Staates übergeben ist, die Werte der Seelenstärke und der Selbstbeherrschung eine große Bedeutung ein. Eine deutlich negative Wertung erhalten umgekehrt diejenigen Männer, die sich »maßlos« zu Trauerbekundungen hinreißen lassen – wie Nero, dessen Gefühlsäußerung nach dem Tod seiner viermonatigen Tochter bei Tacitus (*ann.* 15,23,3) als *immodicus* bezeichnet wird. Allerdings wird ein Übermaß emotionaler Ausbrüche auch bei Frauen kritisiert; neben entsprechenden Urteilen in der Literatur weisen auch Bestimmungen wie die oben erwähnte des Zwölf-Tafel-Gesetzes auf die Absicht hin, ein als exzessiv beurteiltes Verhalten zu unterbinden.

Die geschlechterspezifischen Unterschiede lassen erkennen, dass das weibliche ritualisierte Verhalten in der ersten Phase der Trauerpraktiken weitgehend einem Weiblichkeitsbild entspricht, das im römischen Geschlechterdiskurs den Frauen die unkontrollierte Äußerung von Gefühlen zuschreibt.[187] Vor diesem Hintergrund können die ritualisierten Praktiken als eine kulturelle Konstruktion verstanden werden, die den Gefühlsäußerungen einen klaren Rahmen und festgelegte Formen zuweist.

Die Trauer während und nach dem Begräbnis

Die erste Phase der Trauer findet ihren Abschluss mit dem eigentlichen Begräbnis, dem Trauerzug (*funus* oder *pompa funebris*), der den Toten aus dem Haus führt zur Verbrennungsstätte außerhalb der Stadt, meist in der Nähe des Grabmals, wo die Überreste beigesetzt werden. In den aristokratischen Familien der Stadt Rom führt der Trauerzug den Toten in Begleitung seiner Ahnen – deren Bilder oder Masken (*imagines*) im Zug mitgetragen werden –, der Freunde, Verwandten, Klienten, Freigelassenen und der *familia funebris* zunächst zum Forum, wo die Leiche aufgestellt und von einem Sohn oder nahen Verwandten die Leichenrede (*laudatio funebris*) gehalten wird. In der *laudatio* werden zunächst die Verdienste des Verstorbenen aufgezählt, und dann jene der als *imagines* gegenwärtigen Ahnen in Erinnerung ge-

---

185 Seneca *cons. ad Polyb.* 6,2: *quid autem tam humile ac muliebre est quam consumendum se dolori committere?*
186 Seneca *cons. ad Marc.* 7,3: *Ut scias autem non esse hoc naturale, luctibus frangi, primum magis feminas quam viros, magis barbaros quam placidae eruditaeque gentis homines, magis indoctos quam doctos eadem orbitas vulnerat.* ENGELS, Magnificentia 1998, 176 ff. sieht in dieser und ähnlichen Bemerkungen auch eine Kritik an der Zunahme der Traueraufwandes in der späten Republik und frühen Kaiserzeit.
187 Dazu vgl. SPÄTH, Männlichkeit 1994, 314 f.

rufen (Polybios 6,53–54).[188] Danach erst wird die Leiche zur Verbrennungsstätte geführt.

In diesen Begräbnisritualen, die der Überführung des Toten in die Reihe der Ahnen dienen und sein Andenken begründen, sind Frauen zwar durchaus als Trauernde mit dem erwähnten Trauergestus präsent, aber die Aufgabe, den Zusammenhang zwischen Toten und Lebenden mittels der Integration des Verstorbenen in die Ahnenreihe zu schaffen, scheint in der römischen Kultur Männern zuzufallen: Sie tragen die Leiche und die Ahnenbilder, und ein männlicher Nachkomme oder naher Verwandter (oder bei öffentlichen Begräbnissen auch ein Magistrat) hält die Leichenrede (Seneca *ad Marc.* 15,3).[189]

Unmittelbar nach dem Begräbnis beginnt die Periode der *feriae denicales* (Cicero *leg.* 2,55; Paulus Diaconus *Fest.* 61L.), die sich über acht oder neun Tage erstreckt (Paulus Diaconus *Fest.* 187L.). Sie setzt ein mit dem *silicernium* (Servius *ad Aen.* 5,92), einem Essen am Grab des Verstorbenen gleich nach dem Begräbnis,[190] und mit der Durchführung von Reinigungsriten (*suffitio*, Servius *ad Aen.* 6,229; Paulus Diaconus *Fest.* 3,3ff. L.); sie endet mit einem anderen Essen, der *cena novemdialis*, und einem anderem Reinigungsritual, dem *novemdiale sacrum* (Porphyrios *Horat. epod.* 17,48). Danach nehmen die Familienangehörigen ihre üblichen Tätigkeiten, die sie während dieser ganzen Zeit unterbrochen hatten, wieder auf und sie tragen wieder ihre gewöhnlichen Kleider statt der dunkleren Trauerkleidung.[191] Damit ist der Zeit der Absonderung der *familia funesta* ein Ende gesetzt.

Die vereinfachend-schematische Beschreibung eines Rituals vermag selbstverständlich nicht die Trauer in den verschiedenen Formen zu erfassen, die sie in spezifischen historischen Situationen annehmen kann. Für die Männer der Aristokratie scheint die Trauer kein Zwang zu sein und ihre Dauer kann von ihnen beliebig abgekürzt werden. Dies wird aus der Überspitzung einiger *exempla* klar: Plutarch (*Cam.* 11,3) wundert sich, dass Camillus aufgrund des Todes eines Sohnes nicht

---

188 Vgl. dazu KIERDORF, Laudatio funebris 1980, 64ff.
189 Leichenreden werden auch für weibliche Verstorbene der Senatsaristokratie gehalten; nach Cicero *de or.* 2,44 soll Q. Lutatius Catulus mit der *laudatio* auf seine Mutter Popilia der erste gewesen sein, der »diese Ehre einer Frau zukommen ließ«; Livius und Plutarch projizieren diese Ehre auf das 4. Jh. v. Chr. zurück: bei beiden Autoren ist das Recht auf eine *laudatio* eine Entschädigung dafür, dass die Frauen ihren Goldschmuck der *civitas* zur Verfügung stellten (allerdings aus unterschiedlichen Anlässen: bei Livius 5,50,7 als Beitrag zum Lösegeld für die Gallier, bei Plutarch *Cam.* 8,4 als Beitrag an das Weihegeschenk für den delphischen Apollon); zu tatsächlichen *laudationes* auf Frauen vgl. etwa die inschriftlich bezeugten sogenannten *laudatio Murdiae*, CIL VI 10230 und *laudatio Turiae*, FLACH, Laudatio 1991; vgl. dazu auch KIERDORF, Laudatio funebris 1980, 112ff. und ENGELS, Magnificentia 1998, 183ff.
190 Auf der Basis der bekannten Quellen kann man nicht bestimmen, ob dieses Essen nur eine Opfergabe für den Verstorbenen ist, oder ob es sich um ein Mahl handelt, bei dem die Lebenden, die bei der Verbrennung der Leiche präsent waren, mit dem Toten zusammen essen, vgl. SCHEID, Contraria facere 1984, 129ff.
191 Zur Beschreibung der Phasen der Trauer vgl. CANCIK-LINDEMAIER, Funerary Customs 1998, 419ff.

vor Gericht erscheint, um sich gegen eine Anklage zu verteidigen, sondern sich »zu Hause mit den Frauen einschließt«. Vorbildhaft dargestellte Männer in Magistratsfunktionen kehren gleich nach dem Begräbnis ihres Sohnes zu ihren öffentlichen Aktivitäten zurück.[192] Bei diesen *exempla*-Figuren werden politische Funktionen und Aufgaben als Grund angeführt, weshalb Männer nur für eine kurze Zeit die Trauerhaltung einnehmen.

Im Gegensatz dazu kann für die Frauen ranghoher Familien die Trauer länger dauern als die *feriae denicales*. Nach Seneca (*ad Lucil.* 63,13) haben die Vorfahren die weibliche Trauer auf ein Jahr fixiert, damit sich diese Periode nicht endlos ausdehne; eine Zeitspanne von einem Jahr oder zehn Monaten[193] findet sich bei verschiedenen Autoren erwähnt (Ovid *fast.* 1,33–36; 3,134; Seneca *ad Helv.* 16,1; Plutarch *Num.* 12,3). Eine solche Zeit der Trauer von Frauen ist nicht nur für den Tod eines Familienangehörigen, sondern auch nach dem öffentlichen Begräbnis ranghoher Personen bezeugt[194] – nach dem Tod des Brutus etwa, oder des Valerius, des Publicola, sollen die römischen Matronen noch ein Jahr lang die Haltung von Trauernden eingenommen und damit den Ruhm der Verstorbenen bezeugt haben (Livius 2,7,4; 2,16,7; Plutarch *Popl.* 23,4)[195]; nach dem Tod der Livia verfügte der Senat ein Trauerjahr für alle Frauen Roms, wie es auch beim Tod des Augustus gegolten hatte, für die Männer dagegen nur wenige Tage (Cassius Dio 58,2,1 ff.).

Geschlechterspezifische Unterschiede und politische Funktionen

Die Rituale der Trauer weisen in der römischen Kultur den beiden Geschlechtern unterschiedliche Kompetenzen zu. Diese stehen im Zusammenhang mit der Definition von Männlichkeit und Weiblichkeit im römischen Geschlechterdiskurs: Von Männern wird die Fähigkeit zur Selbstbeherrschung und zur Mäßigung der Affekte erwartet; Frauen hingegen wird zugeschrieben, Gefühle direkt zu äußern und nicht beherrschen zu können.[196] Auf diese Weise kann sich erklären, dass zum weiblichen Verhaltensmuster die expressive Äußerung der Trauer im *planctus* gehört, genauso wie die äußern Kennzeichen der Trauer, das gelöste Haar, die dunklen Kleider und die längere Absonderung vom Alltagsleben außerhalb des Hauses. Männer hingegen nutzen ihre Funktionen in der Leichenrede und generell in der Zurschaustellung der Familie mit ihrer Ahnenreihe im Hinblick auf ihre eigene politische Position.[197]

---

192 PRESCENDI, Lutto dei padri 1995.
193 Zur Dauer von zehn Monaten oder einem Jahr vgl. PRESCENDI, Frühzeit 2000, 31 ff.
194 Zum *funus publicum* vgl. WESCH-KLEIN, Funus publicum 1993.
195 GAGÉ, Matronalia 1963, 104–105.
196 Zu diesen Geschlechterdefinitionen vgl. die Untersuchungen der *Annalen* des Tacitus von SPÄTH, Männlichkeit 1994, 306 ff. und 313 ff.
197 Vgl. etwa die livianische Anekdote bezüglich M. Flavius (Livius 8,22,2–4): Dieser habe anlässlich der Bestattungsfeier seiner Mutter eine Fleischverteilung an das Volk vorgenommen; allerdings wird gleich ergänzt, die Bestattung der Mutter sei nur Vorwand gewesen

Die römische Trauer setzt sich aus all diesen Aspekten zusammen, und die Kompetenzen von Männern und Frauen bewirken, dass sich das Bestattungsritual zu einer wirksamen Präsentation einer aristokratischen Familie im Gedächtnis der Lebenden ausgestaltet.

Quellen

Q 43 Der Ausbruch der Trauer nach Lukan

Lukan, *Der Bürgerkrieg (Bellum civile)* 2,16–42

Das erste Buch endet, nach Schilderung der ersten kriegerischen Ereignisse und der Kriegsvorbereitungen durch Caesar, mit Vorzeichen auf die kommenden Ereignisse. Hier setzt der vorliegende Ausschnitt zu Beginn des zweiten Buches ein.

Als die Menschen begriffen, welch furchtbare Katastrophe die ganze Welt befallen müsse, weil die Götter ihr Wort halten, lähmte eine unheilvolle Stimmung den ganzen Geschäftsbetrieb in der Stadt. Alle hohen Beamten hüllten sich in schlichte Kleidung, und man sah keine von Liktoren begleiteten [20] Purpurträger. Noch hielten die Menschen ihre Klagen zurück; nur ein großer, stummer Schmerz durchirrte die Stadt. So herrscht kurz nach dem Tod eines Angehörigen im ganzen Haus lähmender Schrecken, wenn die Leiche noch unbeweint daliegt, die Mutter noch nicht mit aufgelöstem Haar die Mägde aufruft, sich wild mit den Armen die Brüste zu schlagen; denn noch presst sie die Glieder an sich, die, als das [25] Leben aus ihnen wich, erstarrten, und das leblose Angesicht, die Augen, die im Tod so unheimlich starren. Was sie fühlt, ist noch nicht Schmerz und nicht mehr Angst; wie von Sinnen wirft sie sich über ihn und kann ihr Unglück noch nicht fassen. Damen legen den Schmuck ab, den sie gewöhnlich tragen, und Scharen trauernder Frauen füllen die Tempel. Die einen benetzen die Götterbilder mit ihren Tränen, andere werfen sich mit den Brüsten [30] auf den harten Boden; in ihrer Verzweiflung breiten sie über der heiligen Schwelle ihr zerrauftes Haar, und ihr pausenloses Schreien brandet an die Ohren, die gewohnt sind, in Gebeten angerufen zu werden. Nicht alle lagen im Tempel des höchsten Gottes, des Donnerers; sie teilten die Götter unter [35] sich auf, und an keinem Altar fehlte eine Mutter, die drohte,

---

für eine Geste, worin sich Flavius beim Volk habe bedanken müssen für den Freispruch von der Anklage des Ehebruchs mit einer ehrenhaften *mater familias*; im übrigen sei er aufgrund dieser Dankeserweisung zum Volkstribun gewählt worden. Wie auch immer die Historizität von Bericht und Interpretation eingeschätzt werden soll: was daraus deutlich wird, ist die Möglichkeit einer Nutzung von Bestattungen nicht nur männlicher, sondern auch weiblicher Vorfahren zu politischen Zwecken. Ein sehr deutliches Beispiel dafür ist C. Iulius Caesar, der Bestattungsfeiern für weibliche Vorfahren zu eigentlichen Manifestationen gestaltet sowohl durch die Leichenreden (die eine auf seine Tante Iulia, die Gattin des Marius, die andere auf seine erste Gattin Cornelia, Tochter des Cinna), wie auch durch den entsprechend provozierendem Einsatz der *imagines*, u. a. des Marius (vgl. Plutarch *Caes.* 5,2; 5,4–5; Sueton *Caes.* 6,1–2).

seine Schande zu verkünden. Eine von ihnen hatten sich die tränennassen Wangen zerkratzt und die Arme blau und grün geschlagen; sie rief: »Jetzt schlagt eure Brüste, arme Mütter! Jetzt zerrauft euer Haar! Unterdrückt nicht länger den Schmerz, der euch quält! Spart ihn nicht für das äußerste Leid auf! Das Schicksal von Caesar und [40] Pompeius ist noch in der Schwebe. Jetzt dürft ihr noch weinen: wenn einer von beiden gesiegt hat, müsst ihr euch freuen!«. So peitscht sich der Schmerz selbst nur noch heftiger auf.

Ergo, ubi concipiunt quantis sit cladibus orbi
Constatura fides superum, ferale per urbem
Iustitium; latuit plebeio tectus amictu
Omnis honos, nullos comitata est purpura fasces.
[20] Tum questus tenuere suos, magnusque per omnes
Erravit sine voce dolor. Sic funere primo
Attonitae tacuere domus, cum corpora nondum
Conclamata iacent nec mater crine soluto
Exigit ad saevos famularum bracchia planctus,
[25] Sed cum membra premit fugiente rigentia vita
Vultusque exanimes oculosque in morte natantes;
Necdum est ille dolor nec iam metus: incubat amens
Miraturque malum. Cultus matrona priores
Deposuit, maestaeque tenent delubra catervae.
[30] Hae lacrimis sparsere deos, haec pectora duro
Afflixere solo, lacerasque in limine sacro
Attonitae fudere comas votisque vocari
Assuetas crebris feriunt ululatibus aures.
Nec cunctae summi templo iacuere Tonantis:
[35] Divisere deos, et nullis defuit aris
Invidiam factura parens. Quarum una madentes
Scissa genas, planctu liventes atra lacertos,
»Nunc« ait »o miserae contundite pectora matres,
Nunc laniate comas neve hunc differte dolorem
[40] Et summis servate malis. nunc flere potestas,
Dum pendet fortuna ducum; cum vicerit alter,
Gaudendum est«. His se stimulis dolor ipse lacessit.

Q 44 Tibull mahnt die Geliebte zu maßvollen Tränen

Tibull, *Gedichte (Carmina)* 1,1,59–68

Tibull richtet sich an seine Geliebte und erklärt ihr in dieser Elegie, dass er auf allen Ehrgeiz und Ruhm verzichte und ein einfaches Leben auf dem Land an ihrer Seite zu seinem Ideal erkoren habe. Der vorliegende Ausschnitt ist das zweitletzte Motiv des Gedichts, nachher folgt nur noch die Aufforderung, vor dem hier erwähnten Tod die Liebe umso mehr zu genießen.

Dich nur möchte ich schaun, wenn mein letztes Stündlein gekommen,
[60] Dich möcht ich halten im Tod mit der ersterbenden Hand!
Weinen, Delia, wirst du, empfängt mich die Bahre zum Brande,
Küsse auch gibst du mir dann, traurig mit Tränen vermischt;
Weinen wirst du – die Brust umgibt dir kein stählerner Panzer

Und dein zärtliches Herz schließt keinen Kieselstein ein –,
[65] Und kein Jüngling dann wandert von meinem Leichenbegängnis
Und keine Jungfrau dann trockenen Auges nach Haus.
Du aber kränke mich nicht im Grab und schone die Locken,
Und die Wangen so zart, Delia, schone auch sie!

te spectem, suprema mihi cum venerit hora,
[60] *te teneam moriens deficiente manu.*
flebis at arsuro positum me, Delia, lecto,
tristibus et lacrimis oscula mixta dabis.
flebis non tua sunt duro praecordia ferro
vincta, neque in tenero stat tibi corde silex.
[65] *illo non iuvenis poterit de funere quisquam*
lumina, non virgo sicca referre domum.
tu manes ne laede meos, sed parce solutis
crinibus et teneris, Delia, parce genis

Q 45 Servius über Grenzen der Selbstverstümmelung

Servius, *In Vergilium Commentarius A.* 12,606

In der *Aeneis* Vergils »zerrauft sich« die Tochter Lavinia auf die Nachricht vom Tod ihrer Mutter Amata »ihre blonden Haare und zerkratzt die rosigen Wangen«; Servius, der Kommentator Vergils [5. Jh. n. Chr.] greift die »rosigen Wangen« heraus als Lemma seiner Bemerkung zur Stelle 12,606.

UND ZERKRATZT DIE ROSIGEN WANGEN Bei den Alten war es Brauch, dass vor den Scheiterhaufen der Könige Menschenblut vergossen wurde, sei es von Gefangenen sei es von Gladiatoren: Wenn solche zufällig nicht verfügbar waren, vergossen sie, indem sie ihre Wangen zerkratzten, ihr eigenes Blut, damit für die Scheiterhaufen jenes Bild [scil. des fließenden Menschenblutes] hergestellt wurde. Man muss jedoch wissen, dass durch das Zwölftafelgesetz bestimmt ist, dass die Frauen sich nicht das Gesicht zerkratzen sollen, und zwar mit folgenden Worten: Die Frau soll sich das Gesicht nicht zerkratzen.

ET ROSEAS LANIATA GENAS moris fuit apud veteres ut ante rogos regum humanus sanguis effunderetur, vel captivorum vel gladiatorum: quorum si forte copia non fuisset, laniantes genas suum effundebant cruorem, ut rogis illa imago restitueretur. tamen sciendum, cautum lege duodecim tabularum, ne mulieres carperent faciem.

Weitere Quellen

Apuleius *met.* 8,7; Paulus Diaconus *Fest.* 250L.; Petronius *Sat.* 111; Plutarch *Num.* 12,1–2; *quaest. Rom.* 23.

Grundlegende Literatur

BELAYCHE, La neuvaine funéraire 1995; CANCIK-LINDEMAIER, Funerary Customs 1998; CUMONT, Lux perpetua 1949; MAURIN, Funus 1984; SCHEID, Contraria facere 1984.

Weiterführende Literatur

Aspetti dell'Ideologia funeraria 1984; ENGELS, Magnificentia 1998; HINARD, Mort 1987; HINARD, Mort au quotidien 1995; KIERDORF, Laudatio funebris 1980; KUDLIEN, Klageweiber 1995; DE MARTINO, Morte 1983; PRESCENDI, Lutto dei padri 1995; WESCH-KLEIN, Funus Publicum 1993.

Die vestalischen Jungfrauen
Hildegard Cancik-Lindemaier

Eine Gruppe von sechs Frauen war bestellt, den Kult für Vesta als Teil des römischen Staatskultes zu besorgen. Diese Einrichtung ist einzigartig im Rahmen der antiken Religionen des Mittelmeerraumes. Ist sie auch repräsentativ oder – in allgemeinerem Sinne – paradigmatisch? Und wenn, wofür?

Vesta

Auch in dem System ›griechische Religion‹ wird eine Gottheit des Herd-Feuers verehrt, Hestia; aber es gibt nicht ›den Staatsherd‹, noch gibt es als Gruppe organisierte Frauen, die auf Dauer und ausschließlich für staatliche Aufgaben von hohem Prestige freigestellt sind. Vesta-Kulte sind nur aus Latium bekannt; ein paar Inschriften aus Alba und Tibur bezeugen Namen von Vestalinnen, lassen aber keine Schlüsse auf die Organisation des Kultes zu (**Q 51**). Der Vesta-Tempel auf dem Forum in Rom, und nur er, ist der Staatsherd des römischen Volkes. ›Römische Religion‹ wird im gesamten Imperium praktiziert, für die Aufgaben des Staatskultes sind in den lokalen Zentren Funktionäre nach stadtrömischem Muster bestellt, meistens *augures* und *pontifices*. Auf Vestalinnen aber mussten die meisten römischen Bürger verzichten; nie sahen sie in den zahlreichen Colonien eine Jungfrau mit dem lokalen *pontifex* zum lokalen Capitol emporsteigen, nie durften sie eine lebendig begraben. Ob die *mola salsa*, mit der sie ihre Tiere, wie bei jedem römischen Opfer, vor der Schlachtung bestreuten (*immolatio*), wirklich von den Vestalinnen im fernen Rom aus Dinkelschrot und Salzlake hergestellt war, wer mochte das wissen?

Die Quellen: Lücken und Konstrukte

Uralt, darüber herrscht Einigkeit in der römischen Geschichtsschreibung lateinischer und griechischer Sprache, sind Heiligtum und Kult der Vesta.[198] Numa Pompilius, der zweite König von Rom, soll den Kult des Staatsherdes gestiftet und die Priesterschaft begründet haben. Aus Troia gar sollen die Göttin, das Feuer, das in ihrem Tempel brennt, und geheime Unterpfänder der römischen Herrschaft, die dort verwahrt werden, mit Aeneas übers Meer gekommen sein.[199] Jedoch die heute auf dem Forum Romanum sichtbaren Reste eines marmornen Rundtempels stammen aus dem 3. Jh. n. Chr.; aus republikanischer Zeit sind für das gesamte Areal nur Fundamente von Bauten gesichert.[200] Ein Silber-Medaillon der Iulia Domna (196–211 n. Chr.) zeigt den Rundtempel, davor einen runden Altar, auf dem ein Feuer brennt, umgeben von sechs Vestalinnen.[201] V.a. aus dem 3. Jh. n. Chr. sind Statuen von Vorsteherinnen der Vestalinnen (*virgines Vestales maximae*, vgl. **Q 54**) und Ehreninschriften mit ihren Namen – *monumenta* im strengen Sinne – erhalten (**Q 50**);[202] die frühesten Darstellungen von Vestalinnen auf Reliefs stammen aus augusteischer Zeit.[203]

Aus der Mitte des 1. Jh. v. Chr. sind uns die frühesten historischen Nachrichten über Vestalinnen und deren Kultpraxis überkommen, Nachrichten aus erster Hand, in direkter handschriftlicher Überlieferung: Cicero erwähnt in seinen Reden mehrere Vestalinnen namentlich; aus seiner Polemik gegen seinen politischen und persönlichen Gegner, den Tribunen P. Clodius Pulcher, werden einige Details über das von den Vestalinnen geleitete nächtliche Fest für Bona Dea kenntlich, das im Hause eines Consuls oder Praetors von Frauen unter Ausschluss der Männer gefeiert wurde.[204] Nachrichten aus älteren Quellen sind aus zweiter oder dritter Hand als Zitate überliefert: Gellius zitiert im 2. Jh. n. Chr. aus dem Historiker Fabius Pictor (2. Jh. v. Chr.) und aus einem Kommentar des Antistius Labeo (gest. 10/11 n. Chr.) zum Zwölftafelgesetz, der ältesten Gesetzesurkunde der römischen Republik, deren Anfänge in das 5. Jh. v. Chr. datiert werden.[205]

---

198 Livius 1,20; Dionysios von Halikarnaß 2,46–68; Plutarch *Numa* 9–11.
199 Ovid *Fasten* 6,257–282; Dionysios von Halikarnaß 2,66; Ovid deutet Vestas troianische Herkunft mit dem Attribut *Iliaca* an, z. B. *Fast.* 6,227; vgl. CANCIK-LINDEMAIER, Arcana Aedes 1997.
200 FILIPPO COARELLI, Il Foro Romano 1983, 56–79.
201 Vgl. ZWIERLEIN-DIEHL, Simpuvium Numae 1980, 418–421 und Taf. 77,8.
202 Publikation der Inschriften: CIL VI 2131–2145; 32409–32425: Übersicht bei NOCK, A Diis Electa 1972, 271–273; vgl. BOISE VAN DEMAN, Atrium Vestae 1909 und neuerdings: FREI-STOLBA, Flavia Publicia 1998.
203 Ara Pacis: RYBERG, Rites of the State Religion 1955, 41, Taf. 11; ZWIERLEIN-DIEHL, Simpuvium Numae 1980, 418–420 und Taf. 78; Basis von Sorrento und Platte von Palermo: RYBERG, ebd., 49–53, Abb. 26 ; Abb. 27. Vgl. auch HÖLSCHER, Staatsdenkmal 1984, 30f., Abb. 52; 54.
204 Cicero *har. resp.* 17,37; 6,12. Das Fest ist bezeugt für die Jahre 63 (Plutarch *Cic.* 19,3f.; Cassius Dio 37,35,4) und 62 v. Chr. (Cicero *Att.* 1,12,3; Plutarch *Caes.* 9,3–10,4).
205 Gellius *Noctes Atticae* 1,12,18.

Der relative Reichtum an Quellen – kein anderes römisches Priestertum ist so reich bezeugt – darf nicht vergessen machen, was wir nicht wissen. Wir haben keine Spuren von Akten, Listen, Protokollen etc. der Vestalinnen oder gar von Ritualbüchern. Weder ist eine Biographie einer Vestalin bekannt noch autobiographische Texte oder Briefe. Plinius (geb. 61/62 n. Chr.) überliefert letzte Worte einer Vestalin Cornelia. Hat er sie selbst gehört?

Viele Nachrichten sind schwer einzuschätzen. Grob gerechnet wäre ein Zeitraum von etwa 800 Jahren zu überblicken, von ca. 400 v. bis 400 n. Chr. Die Gründungsgeschichten tendieren dazu, alle bekannten Züge im Ursprung zu versammeln; ob die Autoren von zeitgenössischer Kultpraxis berichten oder Gelehrtenwissen und -spekulation weitergeben, ist oft nicht zu entscheiden. Mit Verformungen durch Interessen verschiedenster Art ist in der Antike und in der Geschichte der Forschung zu rechnen.[206]

Riten und Regeln

Sechs Frauen, *virgines Vestales* bzw. *sacerdotes Vestales* genannt, versehen den Dienst im Heiligtum der Vesta. Eine von ihnen ist die Vorsteherin, *virgo Vestalis maxima*. Die Vestalinnen unterhalten das Feuer, das im Vesta-Tempel brennt und nicht erlöschen darf. Sie stellen aus Dinkelschrot und Salz *mola salsa* für die Opfer her,[207] bereiten Mittel für die Reinigungs- und Sühneriten und geben sie an das Volk aus.[208] Frauenarbeiten wie Reinigung des Tempels und Wasserholen gehören zum kultischen Alltagsgeschäft;[209] im übrigen stand den aus den vornehmen Ständen ›gegriffenen‹ (*captae*) Jungfrauen eine zahlreiche Dienerschaft zur Verfügung. Bei vielen öffentlichen Kultakten war offenbar die Anwesenheit der Vestalinnen erforderlich.[210] Eine Leitungsfunktion scheinen sie nur bei der Nachtfeier für Bona Dea gehabt zu haben, die zwar in einem Privathaus, aber in dem eines Consuls oder Praetors, zwar unter Ausschluss der Männer – also auch männlicher Priester, aber, wie Cicero betont, *pro populo Romano* stattfand.[211] Diese Verbindung von Öffentlichkeit, Privatheit und Geheimhaltung hat keine Parallele in den Religionen der Griechen und Römer, ist aber charakteristisch für das Institut der Vestalinnen.

---

206 Zur Gewichtung der Quellen s. CANCIK-LINDEMAIER, Kultische Privilegierung 1990.
207 Einzelheiten der Herstellung sind beschrieben im Lexikon des Festus (2. Jh. n. Chr.), unter den Stichworten *muries* (S. 152. 153 Lindsay) und *mola* (S. 124. 125 Lindsay).
208 Ovid *Fasten* 4,731 ff.; 725 f.; 629–640; vgl. CHRISTMANN, Entwicklungen im Vesta-Kult 1998, 613–634.
209 Plutarch *Numa* 13,2; vgl. Tacitus *hist.* 4,53.
210 Schriftquellen und Darstellungen auf Staatsreliefs stimmen hierin überein: s. z.B. *Res Gestae Divi Augusti* c.12, c.11, in: Documents illustrating the Reigns of Augustus and Tiberius, collected by Victor EHRENBERG and A. H. M. JONES. Oxford ²1976; das Protokoll der Saecularfeier von 204: CIL VI 32329, Z. 9 f.; vgl. dazu Anm. 203.
211 Cicero *har. resp.* 6,12; 17,37. Vgl. auch Seneca *epist. mor.* 97,2.

Priesterinnen

Die Amtszeit einer Vestalin beträgt 30 Jahre; beim Eintritt sind die Mädchen sechs bis zehn Jahre alt; beide Eltern, mindestens während der Republik der Aristokratie angehörig, müssen noch am Leben sein. Die sechs Frauen leben, zur Bewahrung ihrer Jungfräulichkeit verpflichtet, im Haus der Vestalinnen, beim Tempel der Vesta. Die Amtseinführung durch den *pontifex maximus* – *captio* (Ergreifung) genannt – hat überdies eine Reihe von zivilrechtlichen Folgen. Die Vestalin unterliegt von diesem Augenblick an nicht mehr der väterlichen Gewalt, aber auch nicht der Vormundschaft eines Tutors.[212] Sie scheidet aus der Intestat-Erbfolge aus, kann aber frei über ihr Vermögen verfügen und ist zeugnisfähig vor Gericht.[213] Diese und eine Reihe weiterer Privilegien isolieren die Vestalin aus dem Familienverband und unterscheiden sie von allen anderen Frauen. Die einzelne Vestalin und die Gruppe als solche ist der Kontrolle und der Jurisdiktion des *pontifex maximus* unterstellt. Nachlässigkeit im Dienst soll durch Auspeitschung bestraft worden sein; auf dem Verlust der Jungfräulichkeit[214] steht die Todesstrafe: die Vestalin soll lebendig begraben, der beteiligte Mann bis zum Tode ausgepeitscht werden.[215]

Sakralrechtlich sind die Jungfrauen der Vesta *sacerdotes*, ›Priester/innen‹ – dies ist die allgemeinste Bezeichnung für Funktionäre des römischen Staatskultes, Männer oder Frauen. Obwohl der Vesta zugeordnet, sind sie nicht wie die *flamines/ flaminicae* nur für den Kult einer einzigen Gottheit zuständig, noch sind sie Spezialisten religiösen (Herrschafts-)Wissens wie die *pontifices* oder die *augures*, die das Sakralrecht bzw. die Divination verwalten; diese beiden Collegien haben keine weiblichen Mitglieder. Alle Quellen – die christlichen ausgenommen – bezeugen ihr hohes Prestige und schreiben ihrer Amtsführung und ausdrücklich ihrem Gebet (*preces*) fundamentale Bedeutung für den Bestand des römischen Gemeinwesens zu.[216] Die Riten aber, auf deren korrekten Vollzug alles, wie es heißt, ankommt, schließen das Leben der Vestalin mit ein: mit Körperstrafen und im Extremfall mit der Tötung sind sie sanktioniert. Auch diese Konstruktion ist einzigartig in den Religionen der Griechen und Römer.[217]

---

212 Gellius *Noctes Atticae* 1,12,9; Gaius *Inst.* 1,130; 1,145.
213 Gellius *Noctes Atticae* 1,12,18; 7,7,2 ff.
214 Für dieses Vergehen wird die Bezeichnung *incestum*, von *in-castus*, gebraucht (z. B. Sueton *Domit.* 8,3); *castus* bedeutet »rein«, »makellos« im moralischen und im religiösen Sinne; sexuelle Enthaltsamkeit kann, wie im Fall der Vestalinnen, eingeschlossen sein; *in-cestus* ist, wer gegen diese Normen verstößt. Möglicherweise wurde die engere Bedeutung des Substantivs *incestum* = »Blutschande« mitgehört, vgl. Cancik-Lindemaier, Kultische Privilegierung 1990, 14 f.
215 Literarisch sind 11 Prozesse überliefert, in denen 19 namentlich genannte Priesterinnen verurteilt wurden; vgl. z. B. Livius 2,42; 4,44; 8,15; 22,57; dazu: Münzer, Vestalinnen 1937, 216 ff.; Sueton *Domit.* 8; Plinius *epist.* 4,11,5–13.
216 Cicero *pro Fonteio* 46–48; *har. resp.* 6,12; vgl. Horaz *carm.* 1,2,25–28.
217 Wenn ein Priester seinen Amtspflichten nicht genügt, kann er mit einer Mult belegt oder des Amtes enthoben werden.

Die Vestalinnen sind nicht Priesterinnen eines Frauenkultes. Das Fest für Bona Dea ist, obwohl nur von Frauen gefeiert, kein Gegenbeispiel. Interaktion mit den römischen Frauen ist nicht einmal für die im Kalender des römischen Staatskultes verzeichnete Festzeit der Vesta, 9.-15. Juni, bezeugt. Im Symbolsystem der römischen Religion verkörpert die Vestalin auf mehreren Ebenen Eigenschaften, die bestimmend sind für die Rolle der römischen Frau: *castitas* und *pudicitia* sowie vor der Ehe *virginitas* sind Leittugenden der freien Römerin, durch viele erbauliche und nicht wenige warnende Exempel immer wieder eingeschärft. Insofern kann, wie Cicero es in seiner ›Verfassung‹ der römischen Religion tut, von Vorbildfunktion gesprochen werden (**Q 47**). Andererseits ist die Rolle der Vestalin kein Identifikationsangebot. Durch das Gebot dreißigjähriger Virginität wird in einzigartiger Weise ein Lebensabschnitt auf Dauer gestellt und die Mutterschaft konkret ausgeschlossen. Die Vestalin ist isoliert, auch unter den Frauen; sie kann sich keine Familie schaffen, so wie sie durch ihre ›Ergreifung‹ keiner Familie mehr angehört.[218] Von der Logik der Konstruktion her gibt es keine gemeinsamen Interessen zwischen den römischen Bürgerinnen und den Vestalinnen. Ob römische Frauen versucht haben, diesen gesellschaftlichen Konsens aufzubrechen, wissen wir nicht. Es ist nicht bekannt, dass Frauen gegen das an Frauen exekutierte Sonderstrafrecht protestiert hätten.

Körperstrafe

Die Vorschrift, die des *incestum* für schuldig befundene Vestalin müsse lebendig begraben werden, ist mehrfach überliefert, dazu, mehr oder weniger detailliert, die Ausführungsbestimmungen. Der Grieche Plutarch, der auch Priester in Delphi war, hat ein dramatisches Gemälde der Prozedur geliefert, im Rahmen seiner Biographie des Königs Numa, also in der Gründungsgeschichte des Vestakults (Plutarch *Numa* 10,4–7). Nur einen Bericht gibt es, der datiert werden kann und den Namen der Vestalin nennt: der jüngere Plinius erwähnt in einem Brief die durch Domitian angeordnete Tötung der Vestalin Cornelia (**Q 49**); der Fall ist namentlich auch durch Sueton bezeugt.[219] Plinius' Interesse gilt nicht in erster Linie der Vestalin, sondern dem Valerius Licinianus, der im Zusammenhang mit diesem Prozess zu einem Geständnis gezwungen und verbannt wurde. Ob Plinius die Hinrichtung selbst beobachtet hat, ist nicht beweisbar; der Bericht dürfte aber zumindest indirekt auf Augen- und Ohrenzeugenschaft beruhen. Plinius greift Domitian als Tyrannen an, der als Kaiser *pontifex maximus* und damit Herr des Verfah-

---

218 Cicero hat diese Konstruktion durchschaut und als, freilich widerspruchsvolles, Argument benutzt (Cicero *pro Fonteio* 47): Die Vestalin Fonteia habe niemanden zu ihrem Schutze als ihren Bruder.
219 Sueton *Domit.* 8; Cornelia könnte identisch sein mit Cornelia aus der Familie der Cossi, deren Ergreifung Tacitus für das Jahr 62 n. Chr. berichtet (*ann.* 15,22,2). – Nach SHERWIN-WHITE, The Letters of Pliny 1966, wurde Buch IV der Pliniusbriefe nach 107 veröffentlicht; das Datum der Abfassung ist nicht klar.

rens war. Er bezweifelt die Rechtmäßigkeit des Prozesses und kritisiert Verfahrensfehler; für die Unschuld der Cornelia will er sich nicht verbürgen, aber sie sei, schreibt er, »wie eine Unschuldige« zur Hinrichtung gegangen, und zitiert ihre Worte: »Mich hält der Caesar für unkeusch, wo er doch, während ich die heiligen Handlungen vollzog, gesiegt hat, triumphiert!« Indem die Vestalin den militärischen Erfolg des Kaisers als Beweis für ihre Unschuld anführt, bestätigt sie prinzipiell die Voraussetzung für ihre Verurteilung, das ›Dogma‹ nämlich, dass das Staatswohl von ihrer Lebens- und Amtsführung abhängt. Der kritische Plinius hält zwei Deutungen dieser Aussage für möglich: sarkastische Empörung gegen das Unrechtsurteil oder Bitte um Gnade; die Richtigkeit der Voraussetzung aber bezweifelt auch er nicht. Der Beobachter beendet seinen Bericht mit einer Reverenz an den »keuschen und reinen Körper«, der bis zuletzt schändlichen Kontakt verweigert. Das abschließende griechische Zitat aus der euripideischen Tragödie *Hekabe* (Euripides *Hek.* 569) – dort hebt der Bote rühmend hervor, wie die über Achills Grab getötete, ›geopferte‹ Polyxena sich bemühte, sittsam zusammenzubrechen – eröffnet den Insinuationen des römischen Beamten einen weiten Assoziationsraum: ein Bildungszitat als versöhnlicher Schluss? Ist die Tötung der Vestalin eine Inszenierung, eine Tragödie? Soll die Evokation eines mythischen Frauenopfers verklären oder Kritik provozieren? Und wenn Kritik, wäre sie dann gegen Domitian gerichtet oder gegen die Institution?

Kämpfe um die Jungfräulichkeit

Cornelia war nicht die einzige Vestalin, die Domitian verurteilte. Sueton[220] erwähnt drei weitere mit Namen, die sich allerdings selbst den Tod geben durften. Domitian habe, anders als sein Vater und sein Bruder – Vespasian und Titus –, seine Pflicht als *pontifex maximus* ernst genommen. Diese Nachrichten sind bedeutsam für die religionsgeschichtliche Methodik: sie bestätigen die Diskrepanz zwischen Norm und Praxis. Auch die römische Religion ist kein autonom funktionierender sakraler Mechanismus. Sie wird, je nach historischem Kontext und Machtverhältnissen, instrumentalisiert und manipuliert. Das Institut der Vestalischen Jungfrauen selbst war, spätestens seit augusteischer Zeit, gefährdet. Augustus und Tiberius unternahmen beträchtliche Anstrengungen, um Kandidatinnen für vakante Stellen zu finden.[221] Im Jahre 19 n. Chr. sprach Tiberius zwei Vätern ausdrücklich seinen Dank aus, weil sie »durch Anbieten ihrer Töchter in der Pflichterfüllung gegen den Staat wetteiferten«.[222]

---

220 Sueton *Domit.* 8,3 f.: *incesta Vestalium virginum a patre quoque suo et fratre neglecta varie ac severe coercuit, priora capitali supplicio, posteriora more veteri. nam cum Oculatis sororibus, item Varonillae liberum mortis permisisset arbitrium* [...].
221 Sueton *Aug.* 31,3; *Tib.* 76; Tacitus *ann.* 4,16,4.
222 Tacitus *ann.* 2,86; vgl. auch Gellius *Noctes Atticae* 1,12,12.

Dennoch behielt das Konzept des staatsnotwendigen Amtes seine Kraft, bis zum Ende der römischen Religion und darüber hinaus. Im Jahre 384 n. Chr. führte Aurelius Symmachus, damals Stadtpräfekt von Rom, die ›dem öffentlichen Wohl geweihte Jungfrauschaft‹ der Vestalinnen ins Feld zugunsten der alten Religion.[223] Diesem Appell an den Kaiser Valentinian II. war sowenig Erfolg beschieden wie seinem Versuch, Pflichterfüllung nach der Sitte der Väter zu üben: in zwei Briefen versuchte er, die Todesstrafe für den Incest einer Vestalin Primigenia aus Alba durchzusetzen (**Q 51**). Diese Briefe sind die einzigen Dokumente, die im Wortlaut das Dekret eines römischen *pontifex* überliefern.[224]

Dem Symmachus trat ein anderer hoher Kleriker entgegen, der Mailänder Bischof Ambrosius. Auch er preist die Jungfrauschaft, die der neuen Religion; er aber argumentiert mit der Quantität. Höhnisch weist er auf das Häuflein der Vestalinnen, repetiert verächtlich die Privilegien, die deren Zahl nicht zu vergrößern vermocht hätten, um dann die christlichen Jungfrauen zu rühmen, die – kostenlos – geradezu »ein Volk« bilden.[225] Der christliche Dichter Prudentius[226] lässt den Triumph der neuen Religion über die alte sich vollenden im Übertritt einer Vestalin Claudia zum Christentum.

Quellen

Q 46 Die ›Ergreifung‹ der Vestalin

Aulus Gellius, *Attische Nächte (Noctes Atticae)* 1,12,14

Institutionen und Riten aus republikanischer Zeit (Fabius Pictor und das Zwölftafelgesetz) sind überliefert bei Aulus Gellius (123–170 n. Chr.).

Im ersten Buch des Fabius Pictor steht geschrieben, welche Worte der Pontifex Maximus sprechen muss, wenn er die (Vestalische) Jungfrau ergreift. Und die Worte sind folgende: Als Vestalische Priesterin, die die heiligen Handlungen vollziehen soll, die nach dem Recht eine Vestalische Priesterin für das römische Volk der Quiriten vollzieht, als eine die dem Gesetz voll entspricht, so ergreife ich dich, Amata.

---

223 Symmachus *relatio* 3,11,14. Diese Fassung wurde von Symmachus selbst nach seinem Ausscheiden aus der Präfektur veröffentlicht und an den Kaiser Theodosius (392–395) adressiert; ursprünglich war sie an Valentinian II. (383–392) gerichtet; die *Relatio* ist auch im Corpus der Briefe des Ambrosius zwischen *epist.* 10,72 und 73, die zu ihrer Widerlegung verfasst wurden, publiziert.
224 Ausgabe: SEECK, Q. Aureli Symmachi quae supersunt 1883; RODA, Commento storico al libro IX dell'epistolario di Q. Aurelio Simmaco 1981. Die Datierung der Briefe ist umstritten; PLRE (I S. 725) datiert den Fall auf die Zeit »vor 382«.
225 Ambrosius *epist.* 10,73,11 f. (CSEL 82,3, S. 40); vgl. *de virginibus* 1,4,15: *de virginitate* 3,13 (PL 16, Sp. 203 und 283).
226 Aurelius Prudentius Clemens (geb. ca.348 n. Chr.), *Peristephanon* 2,528; vgl. seine breite Polemik: *contra Symmachum* 2,1064–1113.

12 (14) In libro primo Fabii Pictoris, quae verba pontificem maximum dicere oporteat, cum virginem capiat, scriptum est. Et verba haec sunt: »Sacerdotem Vestalem, quae sacra faciat quae ius siet sacerdotem Vestalem facere pro populo Romano Quiritibus, uti quae optima lege fuit, ita te, Amata, capio.

Q 47 Die Aufgabe der Vestalinnen nach Cicero

Cicero, *Über die Gesetze (de legibus)* 2,8,20; 2,12,29

8 (20) Und vestalische Jungfrauen sollen in der Stadt das immerwährende Feuer des öffentlichen Herdes bewachen.

[Diese Verfügung wird, wie folgt, kommentiert:]

12 (29) Und da Vesta sozusagen den Herd der Stadt, wie sie mit griechischem Namen genannt ist, den wir fast gleichlautend mit dem griechischen, nicht übersetzt, beibehalten, bedeutet, sollen ihrem Kult Jungfrauen vorstehen, damit leichter gewacht werde zur Behütung des Feuers, und damit die Frauen einsehen, dass die weibliche Natur zu Reinheit jeglicher Art fähig ist.

8 (20) *Virginesque Vestales in urbe custodiunto ignem foci publici sempiternum.*
12 (29) *Quomque Vesta quasi focum urbis, ut Graeco nomine est appellata – quod nos prope idem <ac> Graecum <non> interpretatum [nomen] tenemus – complexa sit, ei colendae <VI> virgines praesint, ut advigiletur facilius ad custodiam ignis, et sentiant mulieres naturam feminarum omnem castitatem pati.*

Q 48 Livius' römische Urgeschichte: Numa gründet die römischen Priestertümer

Livius 1,20,3

Weitere Darstellungen der ›Urgeschichte‹ mit erbaulichen Wundererzählungen: Dionysios von Halikarnaß (ca. 55 v. Chr. – nach 7 n. Chr.) 2,67–69; Plutarch *Numa* 9–11

20 (3) [...] Und Jungfrauen für Vesta erwählte er, ein aus Alba stammendes Priestertum und nicht fremd dem Geschlecht des Gründers. Diesen setzte er, damit sie ununterbrochen Vorsteherinnen des Tempels seien, aus öffentlichen Mitteln eine Unterhaltszahlung aus; durch Jungfräulichkeit und andere Riten machte er sie verehrungswürdig und heilig.

20 (3) *[...] virginesque Vestae legit Alba oriundum sacerdotium et genti conditoris haud alienum. His ut adsiduae templi antistites essent stipendium de publico statuit; virginitate aliisque caerimoniis venerabiles ac sanctas fecit.*

Q 49 Die Tötung der Vestalin Cornelia unter Domitian

Plinius der Jüngere, *Briefe (Epistulae)* 4,11,6–9

11 (6–9) Denn als die Begierde ihn (Domitian) ergriffen hatte, Cornelia, die Vorsteherin der Vestalinnen, lebendig zu begraben – er meinte wohl, sein Jahrhundert mit Beispielen dieser Art zu zieren – berief er nach dem Recht des Pontifex Maximus oder vielmehr der Ruchlosigkeit eines Tyrannen, der Willkür eines Herrn die übrigen Pontifices nicht in die Regia sondern in seine Albaner Villa. Und mit einem Verbrechen, das nicht geringer war als jenes, das er zu rächen schien, verurteilte er sie in Abwesenheit und ungehört wegen Incestes, obgleich er

selbst seine Nichte nicht nur mit Incest befleckt sondern sogar getötet hatte; denn die Witwe starb an der Abtreibung. Sofort wurden Pontifices ausgeschickt, die dafür zu sorgen hatten, dass sie begraben und getötet wurde. Jene, bald zu Vesta, bald zu den anderen Göttern die Hände ausstreckend, rief immer wieder vielerlei, besonders häufig aber folgendes; ›Mich hält der Caesar für unkeusch, wo er doch, während ich die heiligen Handlungen vollzog, gesiegt hat, triumphiert!‹ Ob sie das aus Schmeichelei sagte oder aus Spott, aus Selbstvertrauen oder aus Verachtung für den Fürsten, ist zweifelhaft. So sprach sie bis sie zur Exekution geführt wurde, vielleicht unschuldig, sicher aber wie eine Unschuldige. Ja, als sie in jene unterirdische Kammer hinabgeschickt wurde und ihr beim Hinabsteigen das Gewand hängenblieb, wandte sie sich um und raffte es zusammen, als ihr der Henker die Hand hinstreckte, wich sie zurück und wies die schändliche Berührung sozusagen kategorisch von dem keuschen und reinen Körper in letzter Heiligkeit zurück, und nach allen Regeln der Scham »trug sie viel Sorge, züchtig zu fallen«.

11 (6–9) Nam cum Corneliam Vestalium maximam defodere vivam concupisset, ut qui inlustrari saeculum suum eiusmodi exemplis arbitraretur, pontificis maximi iure, seu potius immanitate tyranni licentia domini, reliquos pontifices non in Regiam sed in Albanam villam convocavit. Nec minore scelere quam quod ulcisci videbatur absentem inauditamque damnavit incesti, cum ipse fratris filiam incesto non polluisset solum verum etiam occidisset; nam vidua abortu periit. Missi statim pontifices qui defodiendam necandamque curarent. Illa nunc ad Vestam nunc ad ceteros deos manus tendens, multa sed hoc frequentissime clamitabat: ›Me Caesar incestam putat, qua sacra faciente vicit triumphavit!‹ Blandiens haec an inridens, ex fiducia sui an ex contemptu principis dixerit, dubium est. Dixit donec ad supplicium, nescio an innocens, certe tamquam innocens ducta est. Quin etiam cum in illud subterraneum demitteretur, haesissetque descendenti stola, vertit se ac recollegit, cum ei manum carnifex daret, aversata est et resiliit foedumque contactum quasi plane a casto puroque corpore novissima sanctitate reiecit omnibusque numeris pudoris πολλὴν πρόνοιαν ἔσχεν εὐσχήμων πεσεῖν.

Q 50 Eine von insgesamt acht Ehreninschriften für Flavia Publicia, Vorsteherin der Vestalinnen, auf einer Statuenbasis im Haus der Vestalinnen

CIL VI 32416 = ILS 4931

Der Flavia Publicia, Vorsteherin der Vestalischen Jungfrauen, der heiligsten und religiösesten, die, durch alle Stufen des Priestertums an den göttlichen Altären aller Götter und bei den immerwährenden Feuern Tag und Nacht frommen Sinnes dem Ritus gemäß dienend, zu diesem Rang mit dem Alter gelangte. Bareius Zoticus mit Flavia Verecunda seiner (Gattin) wegen ihres außerordentlichen Wohlwollens und Beistandes für ihn.

Fl(aviae) Publiciae v(irgini) V(estali) max(imae)/ sanctissimae ac religiosis/simae quae per omnes gradus/ sacerdotii aput divina altaria/ omnium deorum et ad aeternos ignes/ diebus noctibusque pia mente rite/ deserviens merito ad hunc/ locum cum aetate pervenit/ Bareius Zoticus cum Flavia Verecunda sua ob eximiam eius/ erga se benivolentiam praestantiamq(ue).

[auf der linken Seite des Steins:]

Gewidmet am Tag vor den Kalenden des Oktober, als unsere Herren Valerianus Augustus zum vierten und Gallienus Augustus zum dritten Mal Consul waren [= 30. Sept. 257 n. Chr.].

Dedicata pr(idie) Kal(endas) Oct(obres)/ DD (dominis) NN (nostris) Valeriano Aug(usto) IIII et/ Gallieno Aug(usto) III co(n)s(ulibu)s.

Q 51 Die Iurisdiction eines Pontifex

a) Quintus Aurelius Symmachus (ca. 345–402), *Briefe (Epistulae)* 9,147

147 Nach Sitte und Einrichtung der Vorfahren hat die Untersuchung unseres Collegiums den Incest der Primigenia, bisher Vestapriesterin zu Alba, entdeckt; dies erhellt auch aus den Geständnissen von ihr selbst, die die geheiligte Keuschheit befleckt hat, und des Maximus, mit dem sie das unsägliche Verbrechen begangen hat, wie die Akten bezeugen. Nun gilt es, gegen sie, die den öffentlichen Kult mit einem abscheulichen Verbrechen beschmutzt haben, die Strenge der Gesetze anzuwenden; diese Handlung ist nach dem Vorgang der letzten Zeit dir vorbehalten; und also mögest du geruhen, in Ansehung des Nutzens für den Staat und der Gesetze, die Untat, die in allen Jahrhunderten bis auf den heutigen Tag strengstens bestraft wurde, angemessen zu rächen. Lebe wohl.

147 More institutoque maiorum incestum Primigeniae dudum apud Albam Vestalis antistitis collegii nostri disquisitio deprehendit; quod et ipsius quae contaminavit pudicitiam sacram, et Maximi, cum quo nefandum facinus admisit, confessionibus claruisse, gesta testantur. restat, ut in eos, qui caerimonias publicas abominando scelere polluerunt, legum severitas exseratur, quae tibi actio de proximi temporis exemplo servata est; et ideo dignaberis, rei publicae utilitatem legesque considerans facinus cunctis usque ad hunc diem saeculis severissime vindicatum conpetenter ulcisci. vale.

b) Symmachus, *Briefe (Epistulae)* 9,148

148 Gemäß den Präzendenzfällen der letzten Zeit wurde dem hochberühmten und ausgezeichneten Mann, unserem Bruder, dem Stadtpräfekten die Bestrafung der Jungfrau Primigenia, die zu Alba die heiligen Handlungen besorgte, von unserem Collegium übertragen; da aber in seinem Brief annehmbare Gründe dargelegt sind – weder sei es erlaubt, dass die eines solchen Verbrechens Schuldige die Mauern der ewigen Stadt betrete, noch könne er sich an den entfernten Ort begeben, da die Untat an dem Ort, wo sie begangen wurde, gesühnt werden müsse –, haben wir die Notwendigkeit eingesehen, uns an den benachbarten Amtsträger zu wenden, dem die Rechtspflege in den Provinzen obliegt, damit gegen Primigenia, die die Geheimnisse der keuschen Gottheit befleckt hat, und gegen Maximus ihren Verführer, der die Schandtat nicht geleugnet hat, die Strenge angewandt werde, die bei diesen Verbrechen immer geübt wurde. Du mögest also geruhen, in Anbetracht der Geständnisse, die die Tragödie des unsäglichen Verbrechens offenbart haben, die Beleidigung des reinsten Jahrhunderts durch die Todesstrafe für die Schuldigen zu rächen.

148 Secundum proximae aetatis exempla clarissimo et excellentissimo viro fratri nostro praefecto urbi Primigeniae virginis, quae sacra Albana curabat, a collegio nostro vindicta delata est; sed quia litteris eius causas probabiles adseruntur – quod neque muros urbis aeternae tanti criminis ream fas sit intrare, neque ipse ad longinqua possit occurrere, cum facinus, ubi admissum est debeat expiari –, necesse esse perspeximus, potestatem finitimam convenire et cui provinciarum iura mandata sunt, ut in Primigeniam, quae pudici numinis maculavit arcana, corruptoremque eius Maximum, qui quidem flagitium non negavit, severitas semper his adhibita criminibus exseratur. dignaberis igitur consideratis confessionibus, quae nefandi criminis tragoediam prodiderunt, iniuriam castissimi saeculi reorum suppliciis vindicare.

Q 52 Die Überlegenheit der christlichen Jungfrauen

Ambrosius, Bischof von Mailand, *Briefe (Epistulae)* 10,73,11–12 (verf. 384 n. Chr.)
73 (11) Die Vestalischen Jungfrauen sollen, so sagt er (Symmachus), ihre Abgabenfreiheit haben. Das mögen die sagen, die nicht glauben können, was eine nicht erkaufte Jungfräulichkeit sein kann, mit Gewinn mögen die herausfordern, die in die Tugenden kein Vertrauen setzen. Wie viele Jungfrauen haben ihnen trotz allem die versprochenen Belohnungen eingebracht? Kaum sieben Mädchen werden als Vestalinnen ergriffen. Seht, das ist die ganze Zahl, die die Binde des umwundenen Hauptes, das Scharlachrot der purpurgeschmückten Gewänder, die Prozession der Sänfte, vom Geleit der Diener umschwärmt, die größten Privilegien, ungeheurer Profit, endlich die für die Keuschheit vorgeschriebene Zeitspanne zusammengebracht haben. (12) Sie sollen die Augen des Geistes und des Körpers erheben, sie sollen die Menge der Züchtigkeit, das Volk der Unversehrtheit, die Versammlung der Jungfräulichkeit sehen. Nicht Binden sind Zierde für des Haupt, sondern der Schleier, gewöhnlich im Gebrauch, edel für die Keuschheit. [...]

73 (11) Habeant, inquit, Vestales virgines immunitatem suam. Dicant hoc qui nesciunt credere quod possit esse gratuita virginitas, provocent lucris qui diffidunt virtutibus. Quantas tamen illis virgines praemia promissa fecerunt? Vix septem Vestales capiuntur puellae. En totus numerus quem infulae vittatae capitis, purpuratarum vestium murices, pompa lecticae ministrorum circumfusa comitatu, privilegia maxima, lucra ingentia, praescripta denique pudicitiae tempora coegerunt. (12) Attollant mentis et corporis oculos, videant plebem pudoris, populum integritatis, concilium virginitatis. Non vittae capiti decus, sed ignobile velamen usui, nobile castitati. [...]

Q 53 Relief-Platte von Palermo

Das Relief (Palermo, 2. Hälfte des 1. Jh. n. Chr.) zeigt im Hintergrund vier Vestalinnen, in Prozession hintereinander gehend; sie tragen die *suffibulum* genannte Kopfbedeckung, ein auf die Schultern fallendes, auf der Brust zusammengestecktes Kopftuch. Die Figur im Vordergrund stellt wohl die Göttin Vesta dar. In der Szene ist eine – nicht identifizierbare – Kulthandlung kombiniert mit einer Verkörperung der Imagination der Kultteilnehmerinnen, der Anwesenheit der Gottheit.

Q 54 Statue aus dem Haus der Vestalinnen

Statue einer virgo Vestalis Maxima auf einer Basis mit Ehreninschrift (3. Jh. n. Chr.) aus dem Haus der Vestalinnen auf dem Forum Romanum. Da Basen und Statuen nicht zusammen gefunden wurden, ist die Zusammenstellung willkürlich; zum Wortlaut einer solchen Inschrift s. **Q 50**.

Grundlegende Literatur

BOISE VAN DEMAN, Atrium Vestae 1909; CANCIK-LINDEMAIER, Kultische Privilegierung 1990; DIES., Priestly and Female Roles 1996; DIES., Arcana Aedes 1997; FREI-STOLBA, Flavia Publicia 1998; KOCH, Vesta 1958; MÜNZER, Vestalinnen 1937; NOCK, A Diis Electa 1972; RYBERG, Rites of the State Religion 1955; WISSOWA, Religion und Kultus 1971; ZWIERLEIN-DIEHL, Simpuvium Numae 1980.

Weiterführende Literatur

BEARD, Re-Reading (Vestal) Virginity 1995; STAHLMANN, Der gefesselte Sexus 1997.

Matralia und *Matronalia*: Feste von Frauen in der römischen Religion
Francesca Prescendi

In der römischen Gesellschaft ist den Männern sowohl innerhalb der *domus* als *patres familias* wie auch außerhalb als Priester und Magistrate die Ausführung der Kulthandlungen übertragen. Frauen sind ebenso in verschiedensten Bereichen des Kultes präsent: Die Vestalinnen, die Gattin des *flamen Dialis* (*flaminica*), die Gattin des *rex sacrorum* (*regina*), die salischen Jungfrauen (*saliae virgines*), die Priesterinnen fremder Kulte und die *matronae*,[227] sind für bestimmte Rituale und Feste zuständig. In einigen Fällen vollziehen sie sogar das Tieropfer und führen damit die Haupthandlung römischer Riten aus. Kann man daraus die Schlussfolgerung ziehen, dass römische Frauen in der Religion die gleiche Stellung wie die Männer hatten?

John Scheid[228] beschreibt die Rolle der Frauen in der römischen Religion als zwar unentbehrlich – die von den Vestalinnen zubereitete *mola salsa* ist z. B. ein unverzichtbares Element aller römischen Opferhandlungen –, aber als jener der Män-

---

227 In juristischen Texten wird die rechtsgültig verheiratete Frau als *matrona* bezeichnet; gesellschaftlich meint der Begriff aber nicht alle Ehefrauen, sondern jene der wohlhabenden Oberschicht; vgl. DEISSMANN-MERTEN, Matrona 1999.
228 SCHEID, Rolle 1993, 417–449; PAILLER, Marginales 1995 nimmt Bezug auf Scheid, nuanciert aber die Bedeutsamkeit der Rolle der Frauen in der römischen Religion.

ner untergeordnet. Diese hierarchisch klar festgelegte Position der Frauen zeigt sich deutlich darin, dass sie ihre kultischen Aktivitäten meistens weit entfernt von der Öffentlichkeit, in geschlossenen Räumen, an Randgebieten und während der Nacht ausüben. Zudem sind häufig ausschließlich Frauen an diesen Kultpraktiken beteiligt: sie betreffen nicht die ganze Gemeinschaft, sondern haben partikularen Charakter – sie sind auf die Gruppe der Frauen bzw. der Matronen ausgerichtet. Das Verbot für die Frauen, reinen Wein zu trinken, ist ein weiterer Hinweis auf ihre spezifische Stellung:[229] Der Wein ist in Rom ein wichtiges Element des Kontaktes zwischen Menschen und Göttern (man denke etwa an die erste Phase des Tieropfers, die *immolatio*, wenn Wein über den Kopf des Tieres gegossen wird). Keinen Wein trinken zu dürfen, bedeutet deshalb, aus dem sakralen Bereich ausgeschlossen zu bleiben.

In der Zuordnung religiöser Aufgaben und Funktionen an Männer und Frauen lässt sich die für Rom typische hierarchische Ordnung der Geschlechter erkennen. Die folgende Lektüre zweier Feste der Matronen richtet sich deshalb auf die Frage aus, wie sich die geschlechterspezifischen Mechanismen und v. a. die Strukturen der römischen Frauenwelt im kultisch-sakralen Bereich reproduzieren.

Matralia

Am 11. Juni feiern die Frauen höherer Schichten (Ovid *fast.* 6,475, **Q 55**: *bonae matres*), welche nur einmal verheiratet worden sind (Tertullian *de monog.* 17: *univirae*), die *Matralia*, das Fest zu Ehre der Mater Matuta. Aus den überlieferten Texten erfährt man, dass sich diese Frauen mit ihren Kindern[230] in den Tempel der Göttin begeben. Der Eintritt ist den Sklavinnen verboten; eine Sklavin aber wird in den Tempel eingelassen und von den Matronen geschlagen und verjagt (Plutarch *quaes. Rom.* 16, **Q 56**). Diese nehmen dann die Kinder ihrer Geschwister in die Arme und empfehlen sie der Göttin (Plutarch *Cam.* 5,2, **Q 58**). Am gleichen Tag betreten die Frauen zudem den nahestehenden Zwillings-Tempel der Fortuna auf dem Forum Boarium.[231]

Die wenigen erhaltenen Angaben zum Fest der *Matralia* werfen viele Fragen auf, deren Beantwortung schwierig ist – und vielfach nur hypothetisch möglich. Was bedeutet etwa die Sklavin, die aus dem Tempel verjagt wird? Warum empfehlen die Frauen der Göttin die Kinder ihrer Geschwister und nicht ihre eigenen?

Mater Matuta ist die Göttin der Morgenröte. Als solche erscheint sie bei Lukrez (Lucrez 5,656 ff.). Statuetten, die die Göttin mit einer Sonnenscheibe auf dem Kopf darstellen, sind schon seit der frühen Zeit beim italischen Tempel in Satricum

---

229 CAZANOVE, Exesto 1987, 159 ff.
230 Die Texte präzisieren nicht, ob es sich um Kinder beiderlei Geschlechts handelt: Ovid *fast.* 6,559: *proles*; Plutarch *quaest. Rom.* 17: *tékna*; vgl. CHAMPEAUX, Fortuna 1982, 292.
231 COARELLI, Foro Boario 1988, 205 ff. Die Verbindung beider Kulte ist verschieden erklärt worden, vgl. CHAMPEAUX, Fortuna 1982, bes. 313 ff. und BOËLS-JANSSEN, Vie religieuse 1993, 369 ff.

bezeugt.²³² Georges Dumézil²³³ hat sich auf diese wesentliche Eigenschaft der Göttin berufen, um den Ritus der Verjagung der Sklavin aus dem Tempel zu erklären. Durch einen Vergleich mit der wedischen Mythologie legt er den Mater Matuta-Kult als einen Aurora-Kult aus, der mit dem täglichen Wiederkommen der Sonne verbunden sei: Die Sklavin stelle die Verkörperung der Finsternis dar; ihre Verjagung durch die Matronen, welche die Göttin Aurora verkörpern, käme demzufolge einer Vertreibung der Nacht durch das Morgenlicht gleich.

Allerdings lässt sich der Kult der Mater Matuta nicht nur auf den Tagesbeginn beziehen; sie ist in allgemeinerem Sinn eine Göttin des guten Beginns und des guten Werdens. Ihre Kompetenzen sind breit und beziehen sich sowohl auf die Pflanzen, die reif werden (vgl. Varro *ant. fr.* 175 Cardauns), als auch auf die ersten Phasen der menschlichen Existenz.²³⁴ Daraus erklärt sich, dass die Kinder Gegenstand dieses Kultes sind: Die Tanten rufen Mater Matuta an, damit ihre Neffen und Nichten einen guten Einstieg ins Leben haben.²³⁵

Mit diesen Interpretationen ist jedoch noch keineswegs erklärt, warum sich die *Tanten* um die Zukunft der Kinder kümmern. Eine Antwort bietet sich an, wenn ihre spezifischen Kompetenzen im römischen Verwandtschaftssystem betrachtet werden. Man weiß von der aitiologischen Erzählung, mit der Plutarch und Ovid dieses Fest erklären,²³⁶ dass es sich um Tanten mütterlicherseits (*materterae*) handelt. Die Forschung über die Verwandtschaftsbeziehungen in der römischen Familie weist nach, dass die Schwester der Mutter eine vertrauliche und liebevolle Beziehung zu ihren Neffen und Nichten unterhält.²³⁷ Die Tante mütterlicherseits gilt in der Tat in der römischen Kultur als »zweite Mutter«: *matertera quasi mater altera*, wie das Glossar von Paulus-Festus (121L.) erklärt. Sie ist also diejenige, die sich zusammen mit der Mutter oder an deren Stelle um das Kind kümmert.²³⁸ Aus dieser spezifischen Verhaltenserwartung an die *matertera* erklärt sich, warum diese Tante an Stelle der Mutter während der Matralia zur Göttin betet.

Die aitiologische Erzählung berichtet von Ino-Leukothea, die sich nach dem Tod ihrer Schwester um deren Sohn Dionysos kümmert und ihn vor den rasenden Bacchantinnen rettet (Plutarch *quaes. Rom.* 17, **Q 57**). Durch die Figur der Ino-Leukothea, der *matertera* des Dionysos (Ovid *fast.* 6,523), wird die Semantik des Ritus in den Mythos übertragen. Der *Matralia*-Kult erscheint so als eine Sakralisie-

---

232 BONACASA, Bronzetti da Satricum 1957, datiert die Figuren aus Bronze auf das 5. Jh. Eine ältere Datierung wird von den neueren Forschungen vorgeschlagen, vgl. SIMON, Mater Matuta 1992.
233 DUMÉZIL, Déesses 1956, 9 ff. und DUMÉZIL, Mythe 1973, 305 ff.
234 CHAMPEAUX, Fortuna 1982, 308 ff.
235 Eine ganz andere Interpretation schlägt u. a. TORELLI, Il culto romano di Mater Matuta 1997, 168 ff. vor. Seiner Meinung nach stehen in Zentrum der Aufmerksamkeit nicht die Kinder allgemein, sondern die Knaben, die einen Initiationsritus erleben. Er bezeichnet außerdem als Akteurinnen des Ritus nicht die Tanten, sondern generell die Frauen der römischen Gesellschaft.
236 Plutarch *quaes. Rom* 17; Ovid *fast.* 6,523.
237 GAGÉ, Matronalia 1963, 225 ff. und vor allem BETTINI, Antropologia 1986, 77 ff.
238 Vgl. BETTINI, Antropologia 1986, 77 ff. und BOËLS-JANSSEN, Vie religieuse 1993, 350 ff.

rung der spezifischen Kompetenzen der Tanten mütterlicherseits: Die soziale Rolle der *materterae* bei der Familienorganisation wird in die abstrakte und absolute Dimension des Ritus projiziert.

Matronalia

Der Name des Festes der *Matronalia* (1. März) weist darauf hin, dass es mit den *matronae* eng verbunden ist. Die wenigen und kurzen Andeutungen in den überlieferten Texten genügen nicht, um ein genaues und vollständiges Bild der Matronalia zu rekonstruieren. Deutlich geht jedoch daraus hervor, dass sich in den Matronalia Frauenwelten in vielfältigen Aspekten angedeutet finden.

Am Tag der *Matronalia* wird Iuno Lucina, die Göttin der Geburtshilfe, verehrt: Die Matronen, mit Blumen bekränzt, begeben sich in den ihr geweihten Tempel, bringen Blumen und erbitten von der Göttin Hilfe für die Gebärenden, wie Ovid in den *Fasti* schreibt (Ovid *fast.* 3,253 f., **Q 59**). Die Mutterschaft – eine der wesentlichen gesellschaftlichen Aufgaben, welche die römischen Definition von Weiblichkeit Frauen zuordnet – hat also zentrale Bedeutung.

Andere verstreut vorliegende Nachrichten berichten davon, dass an den *Matronalia* die Ehemänner ihren Gattinnen Geschenke anbieten (Pomponius *Dig.* 24,1,31,8) und für die Erhaltung der Ehe beten (Pseudo-Acro *Hor. Carm.* 3,8,1). Die Frauen ihrerseits vollziehen Riten, die auf ihre Ehemänner ausgerichtet sind (Ausonius *ecl.* 23: *de feriis romanis* 7–8), deren Inhalt und Ablauf jedoch unbekannt sind. Das legt die Vermutung nahe, dass die Ehe im Zentrum des Festes steht: Um sie zu schützen, werden religiöse Handlungen von weiblicher wie von männlicher Seite vollzogen.

Eine Aitiologie Ovids (*fast.* 3,173 ff.) bestätigt die Vorstellung, dass bei den *Matronalia* die Ehe und die Stellung der Frau als Gattin von Bedeutung sind. Als Ursprung der *Matronalia* weist er auf den Raub der Sabinerinnen hin: Die Väter, denen die Töchter – angeblich aufgrund des Mangels an Frauen in Rom – geraubt worden waren, greifen die Römer an, um ihre Töchter zu rächen. Nachdem sich der Krieg lange hingezogen hatte, entschließen sich die Sabinerinnen dazu, mit den Kindern, die sie von den Römern bekommen haben, ins Schlachtfeld zu ziehen, um beide Armeen zu versöhnen. Ihre Tat ist erfolgreich und der Frieden zwischen Schwiegervätern und Schwiegersöhnen wird hergestellt.

In seiner Darstellung der Episode streicht Ovid besonders heraus, dass die Sabinerinnen als Ehefrauen der Römer handeln: Er bezeichnet sie bei ihrer ersten Erwähnung schlicht als *nuptae*, »Bräute« (205). Diese tüchtigen Gattinnen, die eine gute Beziehung zwischen ihren Ehemännern und ihren Vätern hergestellt haben, werden zum Prototyp aller Ehefrauen, die die Kalendae des Monats März zelebrieren.

Eine ausführlichere Interpretation der *Matronalia* sowie der *Matralia* müsste weitere wichtige Aspekte in Betracht ziehen. In beiden Fällen deutet beispielsweise die Stellung der Feste im Kalender an, dass sie auch Feierlichkeiten der kosmologischen Ordnung sind: Der Tag der *Matralia* (11. Juni) liegt nahe bei der Sommersonnenwende (21. Juni); die *Matronalia* sind auf das Ende der Periode angesetzt, das in der römischen Kultur als Zeit des Jahreswechsels betrachtet wird (Dezember bis März).[239] Zu Beginn dieser Periode feiern die Männer die *Saturnalia*, das »Karnevals«-Fest im Dezember, bei dem die *domini*, die Herren, ihre Sklaven bedienen; gemäß einer Angabe bei Macrob (*Sat.* 1,12,7) gehört zu den *Matronalia* jedoch als weiteres Element auch, dass die Matronen ihren Sklavinnen und Sklaven ein Essen auftrugen. Besonders deutlich kann in dieser Parallele ein Hinweis darauf gesehen werden, dass männliche und weibliche Kulte sich auch in Bezug auf den Jahresrhythmus und die kosmische und hierarchische Ordnung aufeinander beziehen.

Eine Vertiefung der vielfältigen Bedeutungen der *Matronalia* und der *Matralia* ist hier nicht möglich. Die hier vorgeschlagene Lektüre konzentriert sich auf den Aspekt der sozialen Aufgaben und Funktionen von Frauen, die in diesen Festen thematisiert werden. Sie nimmt damit eine Perspektive ein, die von der aktuellen religionsgeschichtlichen Forschung immer häufiger gefordert wird: die politisch-soziale Analyse der römischen Religion, die auch ein Beitrag zu einer geschlechterspezifisch besseren Kenntnis der römischen Religion ist.

Quellen

Q 55 Ovid zu *Matralia* und Mater Matuta

P. Ovidius Naso, *Fasti* 6,475–488
[475] Geht, gute Mütter, und bringt der thebanischen Göttin die gelben
Kuchen, denn es gehört euch das Matralienfest!
Einen berühmten Platz gibt's, der ist mit den Brücken und mit dem
Circus verbunden; er heißt jetzt nach dem Stier, der dort steht.
Servius' fürstliche Hände haben der Mater Matuta
[480] Dort an dem heutigen Tag einst einen Tempel geweiht.
Wer diese Göttin ist, warum sie Mägde dem Tempel
Fernhält (sie tut das!), warum knusprige Kuchen sie wünscht –
Bacchus, der du dein Haar mit Trauben und Efeu umwindest,
Wenn sie verwandt ist mit dir, hilf jetzt dem Dichter beim Werk!
[485] Semele war verbrannt, weil Jupiter tat, was sie wollte;
Ino, die dich, Knabe, nahm, zog dich dann sorgfältig auf.
Juno grollte, weil Ino den Sohn der Nebenfrau aufzog,
Der ihr entrissen war. Doch Schwestersohn war er ja auch.

[475] ite, bonae matres (vestrum Matralia festum),
flavaque Thebanae reddite liba deae.
pontibus et magno iuncta est celeberrima Circo
area, quae posito de bove nomen habet.
hac ibi luce ferunt Matutae sacra parenti

---

239 Vgl. die Interpretation von Graf, Lauf 1997, 36 ff.

[480] sceptriferas Servi templa dedisse manus.
quae dea sit, quare famulas a limine templi
arceat (arcet enim) libaque tosta petat,
Bacche racemiferos hedera distincte capillos,
si domus illa tua est, derige vatis opus.
[485] arserat obsequio Semele Iovis: accipit Ino
te, puer, et summa sedula nutrit ope.
intumuit Iuno, raptum quod paelice natum
educet: at sanguis ille sororis erat.

Q 56 Plutarch über die Vertreibung einer Sklavin bei den *Matralia*

Plutarch, *Römische Fragen* 16 (*Moralia* 267 D)

16 Warum haben die Sklavinnen kein Recht, den Tempel der Leukothea zu betreten, außer eine, die die römischen Frauen einlassen und auf den Kopf schlagen und peitschen?

Ist diese Sklavin zu schlagen vielleicht das Zeichen des Verbotes? Hindern sie aufgrund der Legende die anderen, einzutreten? Ino, wegen ihres Mannes auf eine Sklavin eifersüchtig, richtet ihre Wut – sagt man – gegen ihren eigenen Sohn. Die Griechen erzählen, dass diese Sklavin ätolischer Herkunft war und Antiphera hieß. Das ist der Grund, weshalb in meinem Land, in Chaironea, der Wächter vor dem Zaun des Leukothea-Tempels steht, eine Peitsche in der Hand, und schreit, dass der Eingang den Sklavinnen und den Leuten (beiderlei Geschlechtes) aus Ätolien verboten ist.

16 Διὰ τί δούλαις τὸ τῆς Λευκοθέας ἱερὸν ἄβατόν ἐστι, μίαν δὲ μόνην αἱ γυναῖκες εἰσάγουσαι παίουσιν ἐπὶ κόρρης καὶ ῥαπίζουσιν; ἢ τὸ μὲν ταύτην ῥαπίζεσθαι σύμβολόν ἐστι τοῦ μὴ ἐξεῖναι, κωλύουσι δὲ τὰς ἄλλας διὰ τὸν μῦθον; ἡ γὰρ Ἰνὼ ζηλοτυπήσασα δούλην ἐπὶ τῷ ἀνδρὶ λέγεται περὶ τὸν υἱὸν ἐκμανῆναι· τὴν δὲ δούλην Ἕλληνες Αἰτωλίδα γένει φασὶν εἶναι, καλεῖσθαι δ' Ἀντιφέραν. διὸ καὶ παρ' ἡμῖν ἐν Χαιρωνείᾳ πρὸ τοῦ σηκοῦ τῆς Λευκοθέας ὁ νεωκόρος λαβὼν μάστιγα κηρύσσει μὴ δοῦλον εἰσιέναι μὴ δούλαν, μὴ Αἰτωλὸν μὴ Αἰτωλάν.

Q 57 *Matralia* und die Bedeutung des Schwesterkindes bei Plutarch

Plutarch, *Römische Fragen* 17 (*Moralia* 267 E)

17 Warum wird der Schutz dieser Göttin nicht für die eigenen, sondern für die Kinder der Schwester angerufen?

Ist es vielleicht, weil Ino ihre Schwester liebte, deren Kind sie stillte, während sie (Ino) mit ihren eigenen Kindern unglücklich war? Oder weil dieser Brauch moralisch und schön ist und Wohlwollen in den Familien erzeugt?

17 Διὰ τί παρὰ τῇ θεῷ ταύτῃ τοῖς μὲν ἰδίοις τέκνοις οὐκ εὔχονται τἀγαθὰ τοῖς δὲ τῶν ἀδελφῶν; πότερον ὅτι φιλάδελφος μέν τις ἡ Ἰνὼ καὶ τὸν ἐκ τῆς ἀδελφῆς ἐτιθηνήσατο, αὐτὴ δὲ περὶ τοὺς ἑαυτῆς παῖδας ἐδυστύχησεν; ἢ καὶ ἄλλως ἠθικὸν καὶ καλὸν τὸ ἔθος καὶ πολλὴν παρασκευάζον εὔνοιαν ταῖς οἰκειότησι;

Q 58 Plutarch über *Matralia* und Dionysos

Plutarch, *Camillus* 5,2

5 (2) Diese Göttin [sc. Mater Matuta] möchte man nach den Bräuchen bei ihrem Fest am ehesten für Leukothea halten. Denn die Frauen führen dann eine Sklavin ins Innere des Tempels und peitschen sie, dann jagen sie sie hinaus und nehmen die Kinder ihrer Geschwister statt der eigenen in die Arme und beim Opfer begehen sie Bräuche, die denen bei der Aufzucht des Dionysos und den Leiden der Ino um der Nebenfrau willen ähnlich sind.

5 (2) ταύτην ἄν τις ἀπὸ τῶν δρωμένων ἱερῶν μάλιστα Λευκοθέαν νομίσειεν εἶναι. καὶ γὰρ θεράπαιναν εἰς τὸν σηκὸν εἰσάγουσαι ῥαπίζουσιν, εἶτ' ἐξελαύνουσι καὶ τὰ τῶν ἀδελφῶν τέκνα πρὸ τῶν ἰδίων ἐναγκαλίζονται, καὶ δρῶσι περὶ τὴν θυσίαν ἃ ταῖς Διονύσου τροφαῖς καὶ τοῖς διὰ τὴν παλλακὴν πάθεσι τῆς Ἰνοῦς προσέοικε.

Q 59 Die *Matronalia* bei Ovid

P. Ovidius Naso, *Fasti* 3,229–258

Der Kriegsgott Mars spricht in direkter Rede zum Dichter, erzählt die Geschichte der zu römischen Matronen gewordenen Sabinerinnen und erklärt:

»Seitdem ist's nicht leichte Pflicht für Roms Mütter, den ersten
[230] Tag, die Kalenden des März, die mir gehörn, zu begehn.
Oder weil blanken Schwertern sie trotzten und durch ihre Tränen
Einhalt boten des Mars Kämpfen, begehen sie das Fest,
Oder die Mütter feiern, weil Ilia glückliche Mutter
Wurde durch mich, diesen Tag heute nach Recht und Gesetz.
[235] Endlich weicht jetzt der Winter, bedeckt mit Eis, und im warmen
Sonnenschein wird der Schnee flüssig und schmilzt so dahin.
Wieder grünt an den Bäumen das Laub, das der Frost raubte; an den
Zarten Weinstöcken schwillt wieder der saftige Trieb.
[240] Jetzt entdeckt das üppige Gras, das lange versteckt war,
Einen verborgenen Pfad, kommt auf ihm wieder ans Licht.
Jetzt ist der Acker fruchtbar, die Zeit jetzt da, wo das Vieh sich
Paart, der Vogel baut jetzt auf einem Ast sich sein Heim.
Latiums Mütter verehren mit Recht diese fruchtbare Zeit des
Jahrs; der Geburt gelten jetzt Beten und Aktivität.
[245] Schließlich wurde, wo einst der König von Rom seine Wachen
Hatte – es wird Esquilin heute der Hügel genannt –,
Von den lateinischen Frauen der Göttin Juno ein Tempel
An diesem Tage geweiht, trügt die Erinnerung mich nicht.
Doch was verweil'ich, dein Hirn mit verschiedenen Gründen belastend?
[250] Vor deinen Augen liegt deutlich, wonach du mich fragst:
Meine Mutter mag Frauen, die Schar meiner Mutter verehrt mich;
Dieser so fromme Grund passt doch besonders für mich!«
Bringt der Göttin Blumen! Es freut sich an blühenden Pflanzen

Diese Göttin. Ums Haupt legt zarte Blumen herum!
[255] Sprecht dabei dann: »Lucina, du hast uns das Licht einst gegeben!«
Sprecht: »Der Gebärenden hilf, wenn sie dich ruft im Gebet!«
Doch eine schwangere Frau, die löse das Haar sich und bete,
Dass ihr die Göttin sanft löse die Frucht aus dem Leib!

inde diem quae prima mea est celebrare Kalendas
    [230] Oebaliae matres non leve munus habent,
aut quia committi strictis mucronibus ausae
    finierant lacrimis Martia bella suis;
vel quod erat de me feliciter Ilia mater
    rite colunt matres sacra diemque meum?
[235] quid quod hiems adoperta gelu tum denique cedit,
    et pereunt lapsae sole tepente nives?
arboribus redeunt detonsae frigore frondes,
    uvidaque in tenero palmite gemma tumet;
quaeque diu latuit, nunc, se qua tollat in auras,
    [240] fertilis occultas invenit herba vias?
nunc fecundus ager, pecoris nunc hora creandi,
    nunc avis in ramo tecta laremque parat.
tempora iure colunt Latiae fecunda parentes,
    quarum militiam votaque partus habet.
[245] adde quod, excubias ubi rex Romanus agebat,
    qui nunc Esquilias nomina collis habet,
illic a nuribus Iunoni templa Latinis
    hac sunt, si memini, publica facta die.
quid moror et variis onero tua pectora causis?
    [250] eminet ante oculos quod petis ecce tuos.
mater amat nuptas: matris me turba frequentat.
    haec nos praecipue tam pia causa decet.'
ferte deae flores: gaudet florentibus herbis
    haec dea; de tenero cingite flore caput:
[255] dicite ›tu nobis lucem, Lucina, dedisti‹:
    dicite ›tu voto parturientis ades.‹
si qua tamen gravida est, resoluto crine precetur
    ut solvat partus molliter illa suos.

Q 60 Ehemänner, Ehe und *Matronalia* im Kommentar zu Horaz

Pseudo-Acro, *Commentarius in Horatii Carmina* 3,8,1

Die Kalendae des März wurden *Matronalia* genannt, weil die Ehemänner für die Bewahrung der Ehe beteten. Dieser Tag war ein Fest der Matronen. Horaz schrieb an Maecenas, dieser müsse sich nicht wundern, wenn er, obwohl er keine Ehefrau hat, an den Kalenden des März opfere. An diesem Tag feire er den Gedenktag seiner Rettung vor dem Fall eines Baumes und die Tatsache, dass ihm dieser Unfall nicht geschadet habe.

Kalendis Martiis Matronalia dicebantur, eo quod mariti pro conseruatione coniugii supplicabant, et erat dies proprie festus matronis. Ad M<a>cenatem ergo scribit Horatius non eum debere mirari, quod Kalendis

Martiis, dum sit sine uxore, sacrificet. Hac enim die se casu arboris commemorat liberatum et seruatae salutis uti festiuo.

Q 61 Jahresende und Beginn: Herrinnen, Herren und Sklaven bei Macrobius

Macrobius, *Saturnalia* 1,12,5–7

12 Das ist die Anordnung von Romulus, der den ersten Monat des Jahres seinem Vater, Mars, widmete. Dass dieser Monat der erste im Jahr ist, bezeugt v. a. die Tatsache, dass der fünfte Monat ab diesem Quintilis heißt und die darauffolgenden aus den weiteren Nummern ihren Namen bekommen. [...] In diesem Monat wurde den Lehrern das Honorar bezahlt, das sie nach der Vollendung des Jahres bekommen mussten, die Auspicien wurden für die Comitia genommen, die Steuern in Pacht gegeben, die Matronen bedienten die Sklaven beim Essen, so wie die Herren bei den Saturnalia es taten: Jene Matrone, um die Sklaven am Anfang des Jahres ehrenvoll zum Gehorsam aufzufordern; diese Herren, um ihnen für die vollendeten Arbeiten zu danken.

12 Haec fuit Romuli ordinatio, qui primum anni mensem genitori suo Marti dicauit. quem mensem anni primum fuisse uel ex hoc maxime probatur, quod ab ipso Quintilis quintus est, et deinceps pro numero nominabantur. [...] hoc mense mercedes exsoluebant magistri, quas completus annus deberi fecit, comitia auspicabantur, uectigalia locabant, et seruis cenas adponebant matronae, ut domini Saturnalibus: illae, ut principio anni ad promptum obsequium honore seruos inuitarent, hi, quia gratiam perfecti operis exsoluerent.

Weitere Quellen

Zu den *Matralia*: CIL I² 2, 379; Hyginus *fab.* 2; Paulus Diaconus Fest. 161L.; Plutarch *de frat. amor.* 492D.
Zu den *Matronalia*: Lydos *mens.* 3, 22; Servius *Aen.* 8, 638.

Grundlegende Literatur

BETTINI, Antropologia 1986; BOËLS-JANSSEN, Vie religieuse 1993; CHAMPEAUX, Fortuna 1982; DUMÉZIL, Mythe 3 1973; SCHEID, Rolle 1993.

Weiterführende Literatur

BEARD/NORTH/PRICE, Religions 1998; CAZANOVE, Exesto 1987; CHAMPEAUX, Fortuna 1982; GAGÉ, Matronalia 1963; GRAF, Lauf 1997; PAILLER, Marginales 1995; SIMON, Mater Matuta 1992.

III. Wissen und Tradition

Weissagung und Macht: Die Pythia[1]
Christine Schnurr-Redford

Das Phänomen Pythia gibt einerseits einen guten Einblick in die charakteristischen Paradoxien bezüglich der gesellschaftlichen Stellung der griechischen Frau. In den Bereichen Politik, Recht, Bildung war sie aus heutiger Sicht zweifellos benachteiligt, in der Religion hingegen spielte sie eine zentrale Rolle. Das Apollonheiligtum Delphi mit seinem Orakel, das durch die delphische Amphiktyonie seit dem 6. Jh. verwaltet wurde,[2] stellte für die Griechen in archaischer Zeit den wichtigsten religiösen Mittelpunkt und die ›Ruhmeshalle Griechenlands‹ dar, nicht einmal Olympia oder Delos konnten damit konkurrieren. Das Orakel zog sowohl griechische als auch nichtgriechische Ratsuchende[3] an und beeinflusste das Schicksal vieler Städte (v. a. im Zusammenhang mit der Kolonisation[4]) sowie ganzer Reiche (am bekanntesten der Orakelspruch für Kroisos, Herodot 1,53). Die Geschichte der überlieferten Orakel umfasst rund ein Jahrtausend. Nach einem starken Einbruch des Kultes im 1. Jh. v. Chr.[5] blühte das Orakel wieder in der Kaiserzeit, vor allem unter Hadrian, auf, und hat wohl bis zum Verbot durch Theodosius d. Gr. im Jahre 391 n. Chr. weiter existiert.

Die Tatsache, dass solch ein wichtiges Orakel von einem weiblichen Medium abhing, wurde bis zum Ausgang der Antike nie kritisiert.[6] Ganz im Gegenteil, man war sich der herausragenden Bedeutung der Frauen für die Religion im Allgemeinen und für das Orakelwesen im Besonderen sehr bewusst, wie Euripides in *Die gefesselte Melanippe* Fr. 494 (Seeck) verdeutlicht (vgl. Aristophanes *Lys.* 640–648).[7]

Andererseits spiegelt sich in der Figur der Pythia in charakteristischer Weise auch die generelle Quellenproblematik der Alten Geschichte wider, welche über-

---

1 Für Diskussion und Hilfe sei W. SCHULLER und K. TRAMPEDACH (Konstanz) gedankt.
2 LEFÈVRE, L'amphictionie 1998.
3 So schickte etwa Rom nach dem Sieg über Veji Geschenke.
4 MALKIN, Religion and colonization 1987, 17 ff.; MORGAN, Athletes and oracles 1990, 172–178.
5 Plutarch *Mor.* 414 A macht die Kriege und die damit einhergehende Entvölkerung dafür verantwortlich.
6 Vgl. jedoch Origenes *Contr. Cels.* 7,4.
7 Bei Herodot werden 62 Priesterinnen genannt; etwa die Hälfte der Nennungen beziehen sich auf die Pythia, vgl. DEWALD, Women and culture 1981; vgl. auch den Beitrag von WALDNER in diesem Band, S. 53 ff.

raschend detaillierte Informationen zu ganz entlegenen Dingen bietet, die einfachsten Fragen jedoch (wie etwa Einwohnerzahlen, Kindersterblichkeit oder Wohnverhältnisse) oft nur unzufriedenstellend beantwortet. Daher ist es geradezu typisch, dass die Quellen kaum Aussagen zum Modus der Ernennung, zum Status oder Alter der Pythia machen, da die Institution Pythia aus griechischer Sicht völlig selbstverständlich und daher nicht erklärungsbedürftig war.[8] Allein wenn es zu Unregelmäßigkeiten, beispielsweise zu korruptem Verhalten einer Pythia, kam, war dies eine Erwähnung wert oder wenn, wie im Falle Plutarch, ein persönliches Interesse entstand, ein im Verschwinden begriffenes Phänomen erklären oder verteidigen zu wollen. Diese paradoxe Quellensituation – überragende Bedeutung der Pythia im Gegensatz zu großen Informationslücken – spiegelt sich besonders im Fehlen von (inschriftlich erhaltenen) Priesterinnenlisten oder Ehreninschriften wider.[9] Die Interpretation von Vasenbildern als historische Quelle wirft ganz spezifische Probleme auf, die zuletzt erörtert werden sollen.

Zunächst können anhand von drei Quellen in nuce die wichtigsten Fragen untersucht werden, nämlich über welche Kompetenz die Pythia verfügte im Hinblick auf das sie umgebende Hilfspersonal (Herodot 6,66, **Q 62**), ob sie spezielle Kenntnisse hatte (Plutarch *Mor.* 405 C-D, **Q 63**) und wie sich der veränderte mentale Zustand, die Besessenheit[10] durch den Gott, äußerte (Vasenbild, **Q 64**). Gerade letzteres lohnt sich zu untersuchen, da vielen modernen Darstellungen die Vorstellung zugrundeliegt, die Pythia habe als rasende Mänade[11] agiert sowie ihre Orakel in unverständlicher Manier erteilt. Das unter Hypnose geäußerte unkontrollierte, irrationale Gebrabbel sei zuerst von dem männlichen, rationalen *prophḗtēs*, dem offiziellen Sprecher, interpretiert und in metrisch gebundene Form gebracht worden, bevor man die Orakel den Anfragern zumuten konnte. Insbesondere Maurizio wendet sich gegen diese in älteren Arbeiten vorherrschende Annahme: Obwohl jede antike Quelle ausnahmslos und ohne Vorbehalt die Pythia als die Instanz darstellt, welche die Orakel-Antwort gab, wird diese Möglichkeit durchweg ausgeschlossen.[12]

Kompetenzen des »beseelten Werkzeugs des Apollon«

Herodot 6,66 beschreibt einen historischen Vaterschaftsstreit, der in den höchsten gesellschaftlichen Schichten Spartas, also bei den Königen, ausgefochten wird. Die nächstliegende Vorgehensweise, nämlich die betreffende Mutter zu befragen, wird von ihrem Sohn erst später wahrgenommen (Herodot 6,68–69)[13] und gilt den

---

8 Gegen MAURIZIO, Anthropology 1995, 85.
9 Vgl. jedoch Anm. 39.
10 Zur Abgrenzung der verschiedenen Begriffe, MAURIZIO, Anthropology 1995, 73 ff.
11 Christliche Polemik stellt sie so dar: *ekbakcheúesthai*: Iohannes Chrysostomos *In epist. 1 ad Corinth.*, hom. 29, 260 B-C.
12 MAURIZIO, Anthropology 1995, 72.
13 Diese Passage zeigt, daß Frauen sehr wohl über medizinisches Wissen verfügten (im Gegensatz zu den Männern).

Spartanern wohl nicht als objektive Aussage. Sie bedienen sich daher der Autorität Delphis und signalisieren damit, dass sie auf den Schiedsspruch gerade dieses Orakels Wert legen. Für Herodot ist der Ausnahmefall berichtenswert, denn das Orakel gilt im Allgemeinen als unfehlbar und über jede Beeinflussung erhaben; damit hängt auch zusammen, dass die Pythia, nicht wie gewöhnlich nur mit ihrem Titel, sondern namentlich genannt wird. Herodot berichtet auch die Konsequenzen: Das erteilte Orakel wird als unwahr erkannt, wobei er leider darüber schweigt, wie man dies ermittelte,[14] und der Mittelsmann Kobon[15] aus Delphi verbannt. Die Tatsache, dass die Pythia aufgrund ihres Fehlverhaltens nur ihr Amt, nicht aber ihren Kopf verliert, hinterlässt einen Eindruck von Ruhe und Rationalität, wie bei solchen Vorkommnissen von seiten der Orakeladministration vorgegangen wird. Herodot 6,66 zeigt sehr deutlich, wie eigenständig die Pythia agieren kann. Sie verfügt also über die religiöse Kompetenz und ihr wird die grundsätzliche Möglichkeit und, in diesem Falle, auch der bewusste Wille zur Korruption zugetraut. Diese Vorwürfe, die Pythia könnte für Bestechung empfänglich sein, setzen voraus, dass sie beachtliche, wenn nicht volle Macht über das Orakel hat, das sie selbst an die Anfrager weitergibt.[16] Die Pythia ist die verantwortliche Instanz, denn von den *prophḗtai* wird niemand bestraft.

Das herodoteische Zeugnis widerspricht deutlich den Theorien, die in der Pythia eine lallende, weggetretene Hysterikerin und ein in seinen Aussagen abgerichtetes, von Priestern abhängiges Medium sehen. Zweifelsohne war die Pythia von religiösem Hilfspersonal umgeben, denn die Scharen von Pilgern im Heiligtum erforderten eine straffe Organisation des Orakelbetriebs. So assistierten *hósioi*, »Heilige«, bei den Orakelsitzungen, während es zur Aufgabe des *prophḗtēs* gehörte, der Mitglied eines Priesterkollegiums[17] war, als offizieller Sprecher aufzutreten, und dem vielleicht zustand, den Anfragern bei der Formulierung ihrer Anliegen zu helfen. Für die oftmals vermutete Arbeits- und Funktionsaufteilung zwischen Pythia und *prophḗtai*, wonach letztere die inspirierten Worte überarbeiteten und versifizierten, gibt es keinerlei sprachliche Anhaltspunkte. Denn durch die Antike hindurch wurde die Pythia abwechselnd *mántis*, *prophḗtis* oder *prómantis* genannt.[18] Welche konkrete Aufgabe hatten dann aber die männlichen Helfer der Pythia? Es lässt sich mit Maurizio vermuten, dass sie die Botschaft interpretierten[19] und möglicherweise die soziale Funktion übernahmen, die Menschen, die freilich hoffnungsvoll auf ein positives Orakel warteten, mit der Antwort nicht alleine zu lassen: Denn nicht jede Gesandtschaft war gleichzeitig so frech und verzweifelt wie die der Athener, die in ihrer Panik vor den Persern drohten, das Heiligtum bis zu

---

14 Die grässliche Art von Kleomenes' Suizid wurde als göttliche Rache empfunden (Herodot 6,75; Pausanias 3,4,5).
15 Nach JACQUEMIN, Femme sous influence 1995, 35, war Kobon kein Priester.
16 Weitere Bestechungsvorwürfe bei FAUTH, Pythia 1963, 521 ff.
17 Zur Identität von *hiereús* und *prophḗtēs*, FONTENROSE, Oracle 1978, 218; FAUTH, Pythia 1963, 522: Spitzen der einheimischen Familien.
18 MAURIZIO, Anthropology 1995, 70.
19 MAURIZIO, Anthropology 1995, 86.

ihrem Lebensende nicht mehr zu verlassen, wenn sie keinen günstigeren Spruch bekämen und der Pythia dadurch einen zweiten abpressten (Herodot 7,140).

Téchnē: Handwerk der Pythia

Plutarch schrieb ca. 500 Jahre später als Herodot und hatte mit dem Problem zu kämpfen, dass das Orakel nicht mehr die unangefochtene Autorität besaß wie in archaisch-klassischer Zeit. Überdies hatte er einen persönlichen Grund, das Orakel wiederbeleben zu wollen: In den Jahren 90 bis ca. 125 n. Chr. war er selbst Priester in Delphi. Er verfasste drei einschlägige Dialoge,[20] wobei sich derjenige *Über das Pythische Orakel* mit der Frage auseinandersetzt, warum die Pythia aufgehört hat, ihre Prophezeiungen in daktylischen und anderen Metren abzufassen (*Mor.* 402 B), womit Plutarch gleichzeitig auch den gehobenen, pompösen Sprachstil meint, der mit der metrischen Form einhergehe. Orakel in Prosa untergrüben den Glauben an die Inspiriertheit der Pythia. Dagegen stellt er seine Organon-Theorie, wonach die Pythia Apollon als beseeltes Werkzeug diene. Daher, und diese Argumentation ist dem ausgewählten Textausschnitt (*Mor.* 405 C-D, **Q 63**) unmittelbar vorangestellt, sei es unmöglich für jemanden, der ungebildet bzw. ein Analphabet sei und keine Dichtung gehört habe, in poetischer Weise zu sprechen (*Mor.* 405 C, vgl. 405 A). Dem Hinweis auf die soziale Herkunft und den unbescholtenen Lebenswandel der Pythia folgt die Bemerkung, dass die derzeitige Pythia, im Hause armer Bauern großgeworden, weder über *téchnē* (Handwerk, Fertigkeit), *empeiría* (Erfahrung ohne wissenschaftliche Erkenntnis) noch über *dýnamis* (Talent, Ansehen, persönliche Befähigung) verfüge. Daher sei einsichtig, dass man von der Pythia keine theatralischen Orakelworte erwarten könne. Der anschließende Vergleich mit den zu mantischen Zwecken dienenden Vögeln hat die argumentative Funktion, übertriebene Erwartungen an Stimme und Sprache der Pythia zurückzuweisen. Abschließend wird dieser Wandel damit erklärt, dass früher die Pythien poetisch begabter gewesen seien (*Mor.* 405 E), wie auch das Publikum früherer Epochen für Dichtung empfänglicher gewesen sei (*Mor.* 406 C).

Diese Quelle, so klar sie in Paraphrase und bei Berücksichtigung des Kontextes klingen mag, stellt in Wahrheit ein wahres Wespennest an Problemen dar. Sehr auffällig ist, dass Plutarch sich nicht damit begnügt zu sagen, dass die Pythia einfach nichts kann, sondern jene drei Begriffe benutzt. Entgegen Schröders Meinung, dass Plutarch an eine genaue begriffliche Trennung zwischen den drei Nomina nicht gedacht habe,[21] soll im folgenden argumentiert werden, dass man sie durch Einbindung in den Kontext, der dezidiert Probleme der Poetik behandelt, doch genauer interpretieren kann.

---

20 BABUT, Dialogues pythiques 1991–92.
21 SCHRÖDER, De Pythiae oraculis 1990, 365; FAUTH, Pythia 1963, 519: »*téchnē* des Seherberufs«.

Die Frage nach den Fähigkeiten, die man von einer Pythia erwartete, und welche Ausbildung sie als Vorbereitung auf ihr Amt durchlaufen hat, ist nicht einfach zu beantworten. Für die Blütezeit des Orakels kann man annehmen, dass drei Pythien gleichzeitig Dienst taten (*Mor.* 414 B), was den Schluss zulässt, dass die jüngste von ihnen eine Art on-the-job-training durchlief.[22] Im Gegensatz zu anderen griechischen Priesterämtern war das Amt der Pythia wahrscheinlich ein lebenslanges[23] und eines, das sich nicht nur in praktischen Handreichungen erschöpfte, sondern das eben diese besondere Leistung des Orakelerteilens mit umfasste. Die Orakel wurden vom Anfrager mündlich gestellt; genauso wurde die Antwort mündlich erteilt und nur in speziellen Fällen schriftlich gegeben.[24] Es ist nun denkbar, dass durch das Rezitieren und Anhören alter Orakel auf rein mündlicher Grundlage[25] die Fähigkeit der jungen Pythien geschult wurde, in metrisch gebundener Sprache zu prophezeien. Denn *téchnē* kann nicht nur die Befähigung eines Mediums im Allgemeinen[26] bezeichnen, sondern es könnte hier auch die *téchnē poiētikḗ* des Dichters im Besonderen gemeint sein.

Maurizio hat überzeugend dargelegt, welche Konsequenzen der mündliche Ursprung der Orakel sowohl hinsichtlich ihrer formalen Qualitäten als auch ihrer Rezeption durch das Publikum hatte. Immer wiederkehrende Motive, die auch zwischen literarischen Gattungen wandern können, formelhafte Sprache und v. a. das Umlaufen von bis zu 25 unterschiedlichen Versionen eines Spruches[27] lassen die Orakel zu einem höchst flexiblen und für verschiedene Anlässe und Adressaten rezyklierbaren Genre werden. Was bislang jedoch nicht untersucht wurde, sind die Folgen, die sich für die Position der Pythia aufdrängen. Sie trat als einzelne Person in eine schon bestehende literarische Tradition ein, welche sie wie ein Aöde (nicht wie ein Rhapsode) aktiv mitgestaltete und daher gleichzeitig perpetuierte. Daraus folgt, dass die Worte der Pythia nicht komplett originell waren, sondern dass sie aus einem kulturell kodierten Fundus von inhaltlichen Motiven und Topoi schöpfen konnte, welche sie bei dem konkreten Anlass einer Befragung in Verse goss. Eine weitere Parallele zeigt sich in dem unabdingbaren Akt, in dem sie sich – wie ein weltlicher Aöde – durch das Publikum autorisieren lassen musste, was geschah, indem es das Orakel als wahr akzeptierte,[28] als zutreffende Zukunftsdeutung in Erinnerung hielt und weiterverbreitete. Die Pythien stellten daher einen speziellen

---

22 PARKE/WORMELL, Oracle 1956, Bd. 1, 35 f. gehen von einer Art Seherinnengilde mit verteilten Aufgaben und gradueller Abstufung aus.
23 Plutarch *Mor.* 435 D; vgl. *Mor.* 438 C. ROUX, Delphes 1976, 69.
24 AMANDRY, Mantique apollienne 1950, 149 ff.; FONTENROSE, Oracle 1978, 217 f. mit Anm. 27.
25 Für das 4. Jh. sind mobile Archive (*zýgastra*) für Delphi belegt, die voller *pínakes* bezüglich des Tempelaufbaus waren, GEORGOUDI, Archives 1992, 235 f. Man ist freilich in Versuchung zu vermuten, daß auch Orakel niedergelegt waren, allerdings sind keine von Delphi kanonisierten Orakelsammlungen bekannt. Zum freien Umlauf von Orakeln und zur Zugänglichkeit selbst für Feinde, MAURIZIO, Delphic Oracles 1997, 328.
26 *Téchnai* des Kalchas: Aischylos *Ag.* 249; *Ag.* 1209 (Kassandra).
27 MAURIZIO, Delphic Oracles 1997, 324 f.; 323 f.
28 In diesem Argument läßt sich die Tragik der Kassandra ermessen.

Zweig der oralen Kultur Griechenlands dar, wobei offensichtlich die lebendige Kontinuität der literarischen Gattung wichtiger als die Individualität der einzelnen Priesterin war: Die Pythia bleibt wie der Aöde zumeist anonym.

Diese Deutung liegt umso näher, als seit archaischer Zeit Besessenheit durch einen Gott und Dichtung untrennbar miteinander verwoben sind.[29] Platon betont, dass sich göttliches Wirken insbesondere im Seher, im Dichter und im Teilnehmer von orgiastischen Kulten manifestiert (*Ion* 533 E). Gute epische wie auch lyrische Dichtung entstünden nicht durch die Hilfe von *téchnē*, sondern durch den Götterkontakt und das Besessensein. Worin besteht die *téchnē* der Dichter? Mit dieser Passage bei Platon ist wohl gemeint, dass die Beherrschung des Versmaßes, wohlklingende Metaphern und anderes Handwerkszeug noch keinen Dichter ausmachen, wenn er nicht durch einen Gott inspiriert ist. Im Hinblick auf die Pythia könnte *téchnē* die Fähigkeit bezeichnen, ein Orakel in perfekten Hexameter bzw. iambischen Trimeter und poetisch ambivalente, verrätselte Sprache zu kleiden, doch wäre, um die Parallele zu Ende zu führen, ohne göttliche Mitwirkung auch ein noch so formvollendetes Orakel völlig wertlos. Den Begriff *téchnē* von Plutarch *Mor*. 405 C in dieser Weise zu interpretieren, ist umso naheliegender, als Plutarch sich beeilt anzufügen, dass jene fehlenden (technischen) Fähigkeiten keinesfalls ihre Qualitäten als Prophetin beeinträchtigten, da sie die richtige (psychische) Voraussetzung – nämlich eine reine jungfräuliche Seele – für das Amt der Pythia mitbringe. Diese enge Verbindung zwischen Platon und Plutarch lässt sich übrigens auch in der auf die platonische Philosophie zurückgehenden Inspirationslehre Plutarchs wiederfinden.[30]

Auf dieser Grundlage muss nun eine der zentralen Fragen, wer denn die Orakel in Versform brachte, nochmals aufgerollt werden, wofür die *prophētai*,[31] die vor dem Heiligtum herumlungernden Dichterlinge, welche metrische »Behälter« (*aggeía*) für die Orakel webten (Plutarch *Mor*. 407 B-C), oder die Pythia in Frage kommen. Zwar hatte sie die Orakel auch in älterer Zeit sowohl in metrischer als auch nichtmetrischer Form erteilt, doch liefert Strabon den Schlüssel zur Antwort, indem er sagt, dass die Prosaorakel von eigens zu diesem Zweck gehaltenen, gewissen Poeten versifiziert wurden (Strabon 9,3,5). Fauth führt zurecht an, dass dieser Vorgang nichts Ungewöhnliches war, empfahl es sich doch aus Gründen der Mnemotechnik und der Tradition; außerdem erhöhte es das Prestige Delphis, v. a. wenn die Pythia spontan und in Versen dem Orakelgesuch prominenter Besucher zuvorkam.[32] In der Tatsache, dass sich Plutarch bewusst ist, dass die primäre Versifizierung durch die Pythia die angesehenere war, liegt das treibende Moment seiner Apologie. Er versucht daher die in seiner Epoche überwiegenden Prosaorakel zu verteidigen, indem er erklärt, wie es dazu kam, dass jene sekundären Verseschmiede und Orakelfälscher den Niedergang des metrisch gebundenen Orakels

---

29 MAURIZIO, Anthropology 1995, 79.
30 HOLZHAUSEN, Inspirationslehre 1993, 91.
31 MAASS, Delphi 1993, 7.
32 FAUTH, Pythia 1963, 528 f.

herbeiführt hatten (*Plutarch Mor.* 407 B–C). Die sich nahe des Orakels herumdrückenden Poetaster waren von offizieller Seite wohl eher geduldet als erwünscht, weshalb sie auch inschriftlich keine Erwähnung finden.[33]

Die Fähigkeit, sich spontan in Versen auszudrücken, ist oftmals negiert worden, doch liegt das Problem mehr auf der Seite des modernen Betrachters als auf jener des antiken Griechen. Für die archaische und die klassische Zeit kann man mit Sicherheit davon ausgehen, dass die Griechen große Passagen aus den homerischen Epen auswendig kannten und das Metrum, welches auch für andere Literaturgattungen benutzt wurde,[34] im Ohr hatten, da sie immer wieder bei privaten Symposia oder durch Rhapsoden bei den Panathenäen mündlich vorgetragen wurden und später zur Schullektüre gehörten.[35] Eine Tradition schreibt überdies der Pythia Phemonoe die Einführung des hexametrischen Orakelspruchs zu, womit nun gerade die Versform zum geistigen Eigentum der Pythia erklärt wird.[36] Mit Sicherheit ist daher anzunehmen, dass eine Pythia, die von Kindesbeinen an Hexameter in ihrer Muttersprache gehört hatte und in der *téchnē* sorgfältig geschult wurde, ihre Orakel spontan in dieser Form erteilen konnte. Gerade Plutarch ist sich der veränderten soziologischen Bedingungen der griechischen Literatur äußerst bewusst. Obwohl er selbst Angehöriger einer auf schriftlicher Kommunikation beruhenden Epoche ist, bleibt er sich des mündlichen Ursprungs der Orakel sehr bewusst, weiß um die mnemotechnischen Vorteile der poetisch gebundenen Form und betont die Gedächtnisleistungen der Vorfahren (*Mor.* 407 F-408 A).

Empeiría: Erfahrungshintergrund der Pythia

Nun schließlich kann auf das Problem der sozialen Herkunft der Pythia eingegangen werden, welche eine ausgedehnte Diskussion[37] hervorgerufen hat. Plutarchs Angaben beziehen sich wohl auf die Pythia, die jetzt (*nýn*) dem Gott dient. Mit Schröder kann man argumentieren, dass ein deutlicher Unterschied zwischen ihrer Herkunft und ihren Lebensverhältnissen gemacht wird.[38] Die Interpretation von *Mor.* 405 C-D erschwert sich zusätzlich dadurch, dass zwar der Mangel an Fähigkeiten zum einen mit ihrem Aufwachsen in armem bäuerlichen Hause begründet wird, dass zum anderen jedoch der Dialog im letzten Teil den neu eingeführten Gedanken umkreist, Apollon selbst sei an der formalen Veränderung direkt beteiligt. Er lasse seine Priesterin nicht mehr in Versen sprechen, um durch Klarheit und

---

33 Dies entgegen MAURIZIO, Anthropology 1995, 84, Anm. 89; FONTENROSE, Oracle 1978, 213 ff.
34 MAURIZIO, Delphic Oracles 1997, 311, Anm. 10.
35 ROBB, Literacy 1994, 33; 159 ff., 177; 182, Anm. 34; 184.
36 Pausanias 10,5,7; vgl. jedoch FAUTH, Pythia 1963, 529.
37 PARKE/WORMELL, Oracle 1956, 35; FAUTH, Pythia 1963, 519 f.; HOLZHAUSEN, Inspirationslehre 1993, 76; Zusammenfassung SCHRÖDER, De Pythiae oraculis 1990, 362–364.
38 SCHRÖDER, De Pythiae oraculis 1990, 363 f. – Vornehmheit des Charakters: Plutarch *Mor.* 408 C.

Schlichtheit dem Zeitgeist zu entsprechen (*Mor.* 406 B-F) – was eine direkte Parallele zu unserem Textausschnitt darstellt –, und um sich von Orakelfälschern deutlich abzusetzen (*Mor.* 407 A-C). Zuletzt wird die inhaltliche Veränderung der Anfragen herangezogen, um zu erklären, warum die zeitgenössischen Orakel ohne die poetische Verkleidung auskämen (*Mor.* 407 C-F). Plutarchs Argumente finden sich bei Philostratos (Apollodor *Tyan.* 6,10,4) und Oinomaos (Eusebius. *Praep. Evang.* 5, 22, 214 A ff.) verstärkt wieder: bombastische dunkle Rätselworte und allgemein gehaltene, daher mehrfach anwendbare Orakel werden abgelehnt, womit klar wird, dass die literarischen sowie religiösen Grundlagen des vorliteraten Griechenland nicht mehr verstanden werden.

Allein die Tatsache, dass Plutarch so genau auf die Lebensverhältnisse dieser zeitgenössischen Pythia eingeht, lässt wirklich an einen Sonderfall denken, was zusammen mit den inschriftlichen Zeugnissen, die belegen, dass auch in römischer Zeit die Pythien von den vornehmen Familien gestellt wurden,[39] die Waage zugunsten der folgenden Interpretation neigen lässt: Plutarchs Pythia stammte aus einer privilegierten Familie Delphis, wurde dann aber von Bauern aufgezogen, bis sie alt genug war, das Amt (unvorbereitet) zu übernehmen. In der Blütezeit des Orakels hatte die zukünftige Pythia ihren Dienst unter der Aufsicht einer älteren Kollegin angetreten und wurde während ihrer Anwartschaft durch die zuständigen Kultbeamten observiert.[40] Die Pythia Plutarchs hingegen konnte einerseits aufgrund ihrer ungewöhnlichen Lebensverhältnisse keine solchen Fähigkeiten entwickeln und andererseits hat das Wirken des Zeitgeistes, das heißt der prosaische Geschmack des Publikums, eine sorgfältige Ausbildung der poetischen Stimme der Pythia obsolet werden lassen.

Dýnamis: Persönliche Fähigkeiten der Pythia

Sowohl die zuvor postulierte Ausbildung als auch die inschriftlich bezeugte Residenzpflicht und die Forderung, dass die Pythia als Jungfrau den Dienst im Heiligtum verrichten sollte, sind ungewöhnlich für griechische Priesterschaften. In diesem Zusammenhang ist es sehr verlockend, auch den anderen Begriff, *dýnamis*, mit Leben zu erfüllen: Plutarchs Vergleich mit der idealen Braut Xenophons versucht dem Geheimnis auf den Grund zu gehen, wie eine Seele beschaffen sein muss, um über mediale Kräfte zu verfügen. An anderer Stelle wird die *mantikḗ dýnamis* untersucht, also die seherische Anlage (*Mor.* 435 B; cf. 431 B).[41] Im Gegensatz zur lehrbaren *téchnē*, ist *dýnamis* wohl als persönliche Befähigung aufzufassen, die nicht jeder ausbilden kann. Diese Seele sollte sich fallen lassen können wie in der Liebe zu einem sterblichen Mann, denn nicht zufällig nähern die antiken Quellen diese Art

---

39 BOURGUET, FD III 1, Épigraphie 1929, 367, Nr. 553, 7 ff. und COSTE-MESSELIÈRE, Inscriptions 1925, 83, Nr. 10 (Theoneike); FAUTH, Pythia 1963, 519 skeptisch.
40 Vgl. FAUTH, Pythia 1963, 524.
41 HOLZHAUSEN, Inspirationslehre 1993, 86.

der Bindung zwischen der Pythia und Apollon der Hierogamie an,[42] wie auch das benutzte Verb *sýneinai* (Mor. 405 C) suggeriert.[43]

Auf den ersten Blick widersprechen sich die Quellen bezüglich der Forderung nach Jungfräulichkeit. Die bei Diodor 16,26,6 erzählte Legende kann als *aítion* dienen, warum die Pythia oftmals eine Frau von 50 Jahren gewesen ist,[44] die jedoch in der Tracht einer Jungfrau den Priesterinnendienst versah. Der Begriff *parthénos* darf nicht ausschließlich wie in unserer Sprache im biologischen Sinn, sondern muss v. a. in seinen sozialen Konsequenzen verstanden werden. Eine *parthénos* ist eine junge Frau, die noch keinen Umgang mit einem Mann pflegt oder bei welcher der sexuelle Kontakt folgenlos bleibt.[45] Eine ältere Frau, welche auf den Umgang mit einem Mann verzichtet, kann die spezifische Qualität einer *parthénos* wieder erlangen,[46] um etwa ein Priesteramt wie das der Pythia auszufüllen. Dies lässt sich durchaus in den Rahmen anderer Priesterschaften[47] stellen, und daher sind die Nachrichten über das Alter der Pythia grundsätzlich vereinbar. In beiden Fällen handelt es sich um Frauen, die ihrer Familienpflichten ledig sind und daher dem Gott ohne Einschränkung dienen können.

Alltag und Ausnahme bei der Orakelbefragung

Über die Bedingungen einer normalen Orakelbefragung und selbst über deren bürokratische Seite sind wir lückenhaft informiert. So ist etwa umstritten, ob auch Frauen das Orakel befragen durften. Plutarch benennt das Verbot (*Mor.* 385 C) zwar ganz deutlich und betont, dies sei eines der vielen Geheimnisse Delphis.[48] Eine Vase aus dem 5. Jh. zeigt jedoch eine Frau bei der Orakelbefragung. Möglicherweise thematisiert der euripideische *Ion* das präzise Procedere: Männer brauchen wie die Frauen einen delphischen *próxenos*, der sie durch die Präliminarien hindurch begleitet; die Männer können jedoch – wie vor Gericht – in eigener Person vor die Pythia treten, während die Frauen den *próxenos* auch für die eigentliche Orakelhandlung benötigen.[49] Denn Plutarch sagt nicht, Frauen könnten keine Orakel einholen, sondern er sagt, sie dürften nicht in das *chrēstḗrion* eintreten. Diese Lesart könnte auch die inschriftlichen Promantieverleihungen (2. Jh. v. Chr.; die *promanteía* ist das Recht, bevorzugt ein Orakel erteilt zu bekommen) erklären, denn

---

42 Vgl. jedoch PARKE/WORMELL, Oracle 1956, 35, Anm. 84; FAUTH, Pythia 1963, 545 f.
43 Entgegen SCHRÖDER, De Pythiae oraculis 1990, 365.
44 Die Pythia Theoneike war Ehefrau und Mutter gewesen, vgl. Anm. 39.
45 Sophokles *Trach.* 308 f.; Homer *Od.* 11,249 f.; SISSA, Virginity 1990, 116; 118.
46 SISSA, Virginity 1990, 122 f.
47 Pausanias 7,25,13; Plutarch *Mor.* 403 F-404 A bezieht sich auf männliche Priester.
48 Die Parallele zu Olympia drängt sich auf: verheiratete Frauen waren ausgeschlossen, mit der Ausnahme der Priesterin der Demeter Chamyne; unverheiratete Frauen waren anwesend.
49 AMANDRY, Mantique apollienne 1950, 111, Anm. 4.; Vasenbild ibid. 66, Taf. 1, Abb. 3.; FONTENROSE, Oracle 1978, 217, Anm. 26.

aufgrund des Konservatismus in der griechischen Konzeptualisierung der Götter taugt das Argument, es habe möglicherweise einen Wandel im Kult gegeben, recht selten.

Über die andere, mentale Seite ist man noch schlechter unterrichtet. Die aischyleische Figur der Kassandra bietet einen Anhaltspunkt, wie man sich das Wirken der Pythia vorstellen könnte. Dieser Vergleich ist umso zulässiger, als Kassandra und die Pythia demselben Gott dienen und überdies die Parallele zu den delphischen Orakeln im Text explizit gezogen wird (*Ag.* 1255). Wird Kassandra von einer Vision überwältigt, gerät sie für kurze Zeit in Verwirrung, die sich in Stöhnen und kurzen Ausrufen äußert, bevor sie in gefasstem Zustand mithilfe komplexer poetischer Metaphern die zukünftigen Ereignisse vorhersagt (*Ag.* 1214 ff.; 1256 ff.; 1306 ff.). Eine Interpretation muss jedoch berücksichtigen, dass sich die Kriegsgefangene Kassandra in einer extremen Situation befindet, insofern als sie sehenden Auges ihrem eigenen Tod entgegengeht. Eine andere Quelle bestätigt, wie sehr die Ausdrucksformen von Besessenheit durch die jeweilige Kultur geprägt sind:[50] Plutarch (*Mor.* 438 B) berichtet vom Tod einer Pythia. Widerstrebend sei sie ins *manteíon* hinabgestiegen, ihre raue Stimme sei Zeichen ihrer Verwirrung gewesen; mit einem furchterregenden Schrei sei sie zum Ausgang gestürzt, habe sich hingeworfen – und alle Anwesenden seien geflohen. Anhand der Reaktion der Priester wird deutlich, dass diese Orakelbefragung den kulturell kodierten Erwartungen zuwiderläuft. Plutarch führt in diesem Falle grundsätzliche rituelle Verstöße bei den vorangegangenen Tieropfern an: Die Opfertiere müssten immer auf die rituelle Besprengung mit Wasser mit Schütteln und Zittern von den Hufen bis zum Kopf reagieren und so die Anwesenheit des Gottes anzeigen (*Mor.* 435 C, 437 B); die übermäßige Wasseranwendung bei der zu opfernden Ziege (*Mor.* 438 B, cf. 437 B) ist daher eine deutliche Nötigung. Einen weiteren Verstoß sieht Plutarch darin, dass die Pythia widerwillig und halbherzig zur Orakelstätte gegangen sei, und schon bei ihren ersten Antworten habe sich die Präsenz eines mächtigen, schlechten *pneúma* in der Rauheit, Heftigkeit (*trachýtēs*) ihrer Stimme offenbart. Die fliehenden Priester wissen, dass in dieser Form Apollon seinen Willen nicht kundtut. Der Kontakt mit dem Gott wird nur durch die spezifischen Fähigkeiten der Pythia möglich. Wie ein gutes Werkzeug, etwa ein scharfes Messer, kann sich die Macht Apollons gleichzeitig in zweierlei Weise manifestieren: als überaus nützlich, aber auch zerstörerisch. Apollon ist den Menschen zugetan, aber er lässt sich nicht zwingen. Diese Orakelbefragung endet folgerichtig mit dem Tod der Pythia, da sie unter verrückten, versehrten und verwirrten (Plutarch *Mor.* 438 A) Bedingungen erfolgt sei. Daher achte man zum Schutz der Pythia auf die Vorzeichen (*Mor.* 438 C).

Die aischyleische Kassandra und die sterbende Pythia sind geradezu Paradebeispiele für die Quellenlage in der Alten Geschichte. Wie so oft liegt das methodische Problem darin, dass nur die Ausnahme, die Abweichung ausführlich beschrieben wird, nicht aber das Normale, das Funktionierende. Bei Plutarch (*Mor.* 438 B) wird gerade der Zusammenbruch des Regelsystems beschrieben; ex negativo kann

---

50 MAURIZIO, Anthropology 1995, 74.

man daher annehmen, dass gerade das Gegenteil die kulturell erwartete Norm einer Orakelbefragung darstellt. Maurizios Berücksichtigung anthropologischer Daten macht klar,[51] dass die spezifische Veränderung der Stimme und der verbalen Kommunikation des Mediums oftmals als Indiz dafür gilt, dass es im Zustand der Besessenheit ist. Offensichtlich empfand Plutarch v. a. die Rauheit, die Heftigkeit der Stimme als ungewöhnlich, zumal in *Mor.* 405 D die Erwartung geäußert wurde, dass sie nicht ohne Süße bzw. nicht unangenehm und nicht ohne Schmuck sein solle. Der Metapher vom hin- und hergeworfenen Schiff (*Mor.* 438 B) lässt sich entnehmen, dass sich die Pythia, bevor sie sich hinunterstürzte, in unguter körperlicher Unruhe befand, welche ebenfalls nicht ihrem gewöhnlichen Verhalten entsprach.

Wenn die literarischen Quellen nur solch ein verschränktes Bild der Pythia liefern, bleibt zu fragen, ob nicht eine andere Quellengattung weiterhelfen könnte. Um mit dem Nächstliegenden zu beginnen: Wie sieht denn die Pythia aus, wenn sie Orakel erteilt? Es gibt wenige Abbildungen, welche die Pythia bei der Orakelbefragung zeigen. Das im folgenden behandelte Vasenbild von einer Trinkschale (rotfigurig, ca. 440/430, **Q 64**) fehlt in keiner Abhandlung über die Pythia. Eine Frau mit Phiale und Lorbeerzweig in der Hand sitzt auf einem Dreifuß; vor ihr steht ein Mann. Da über den beiden Figuren mythologische Namen stehen, nämlich Themis und Aigeus, ist Vorsicht geboten, dies als realistische Darstellung aufzufassen.[52] Im Hintergrund ist eine dorische Säule mit aufliegendem Gebälk zu sehen, womit der Vasenmaler klarmacht, dass es sich um den Innenraum eines Tempels handelt.[53] Glücklicherweise sind der Inhalt dieses Orakels und der Fortgang der Geschichte mehrfach literarisch überliefert.[54]

Die präzise Funktion des Dreifußes im Kult von Delphi bleibt umstritten. Bei apollinischen oder dionysischen Agonen wurden zwar Dreifüße oftmals als Siegerpreis verliehen sowie als Weihegabe gespendet und dann im Heiligtum oder wie in Athen entlang einer Straße aufgestellt, doch als Sitzgelegenheit wurden sie nie benutzt. Schon in der Antike konnte man diese Frage nicht schlüssig klären. Diodor (16,26,4–5) meint simplifizierend, der Dreifuß sei als Sicherheitsvorrichtung über dem Erdspalt, *chásma*, installiert worden, um ein Hineinfallen der Pythia in ihrer Trance zu verhindern; die Pythagoräer sahen in den drei Füßen die drei Naturelemente oder Vergangenheit, Gegenwart und Zukunft symbolisiert.[55] Der delphische Dreifuß war zwischen 80 cm und 1,2 m hoch, was bedeutet, dass die Pythia wie auf dem Vasenbild mit baumelnden Beinen auf ihrem Sitz saß.[56] Die anderen Requisiten der Themis sind ein Lorbeerzweig und die Opferschale, wobei bei letz-

---

51 MAURIZIO, Anthropology 1995, 80 ff.
52 Das Vasenbild ist daher auch zur Altersbestimmung der Pythia untauglich.
53 KRON, Phylenheroen 1976, 127.
54 Euripides *Med.* 679 ff.; Apollodoros 3,15,5; Plutarch *Thes.* 3.
55 ROUX, Delphes 1976, 121.
56 ROUX, Delphes 1976, 120 f.

terer Unklarheit darüber besteht, ob sie mit Wein oder Wasser gefüllt zur Libation diente oder leer war und als Orakelinstrument benutzt wurde.[57]

Es fragt sich nun, was dieses Vasenbild zur Klärung beitragen kann, in welchem mentalen Zustand die Pythia ihre Orakel erteilte. Man mag nun zwar mit Maass interpretieren, dass »die ruhig versunkene Art der Themis [...] der Auffassung vom Ethos der Pythia und ihrer Sprüche gut entsprochen haben« dürfte, und die Abbildung scheint den Beweis zu liefern, dass die Befrager so nahe bei der Pythia standen, dass sie sie unmittelbar hörten und verstanden,[58] doch bleiben noch einige Probleme offen. Zum einen gibt es eine formale Schwierigkeit: Die Entscheidung von Kron, Maass, Price (im Gegensatz zu Amandry und Fontenrose),[59] dieses Vasenbild ohne Namensbeischriften abzubilden, haben mit der Tatsache zu tun, dass sie erst nach der Reinigung der Vase zum Vorschein kamen. Allerdings hat diese Freilegung schon im 19. Jh. stattgefunden.[60] Zum anderen gibt es einen inhaltlichen Stolperstein. Themis war die Tochter des Uranos und der Ge und besaß daher neben der alten Erdmutter eine Statue im Heiligtum. Als Göttin und Personifikation der herkömmlichen Ordnung und des Rechts wurde sie im 5. Jh. auch zunehmend als Orakelgöttin betrachtet und als solche abgebildet.[61] Wiederum heißt dies, dass man es hier mit einer abstrakten Darstellung von den Vorgängen bei der Orakelbefragung zu tun hat, nicht mit einer realistischen. Doch trifft die Bemerkung von Maass grundsätzlich zu. Es wird keine rasende Mänade in dieser idealisierten Szene dargestellt, sondern eine Frau, die ruhig und konzentriert in sich hineinhört oder in die Phiale blickt. Ihre Haare sind wahrscheinlich zu einem Knoten zusammengesteckt und der hintere Teil ihres Kopfes unter einem Zipfel ihres Mantels halb bedeckt. Festzuhalten bleibt, dass sowohl griechische Vasenmaler als auch Bildhauer die ikonographischen Konventionen, wie man eine Mänade darstellt, kannten und auch umzusetzen vermochten: V.a. der zurückgeworfene Kopf und das offene Haar, das umgeworfene Tierfell sowie das ekstatische Tanzen indizieren eine Mänade, manchmal kommt auch der Thyrsos oder ein dionysisches Tympanon hinzu.[62] All diese Darstellungselemente sind hier nicht zu entdecken.[63] Man kann also schließen, dass sich die kulturell sanktionierte Form der Orakelerteilung gewissermaßen

---

57 AMANDRY, Mantique apollienne 1950, 64; 67; vgl. KRON, Phylenheroen 1976, 127, Anm. 582.
58 MAASS, Delphi 1993, 8f.
59 KRON, Aigeus 1981a, 360: A1; KRON, Aigeus 1981b, 274: Abb. 1; MAASS, Delphi 1993, 5, Abb. 2; PRICE, Delphi 1985, 138, Abb. 31; AMANDRY, Mantique apollienne 1950, 65, Taf. 1, Abb. 2; FONTENROSE, Oracle 1978, 205, Abb. 2.
60 GERHARD, Vasenbilder 1858, Taf. 328.
61 KARANASTASSI, Themis 1997, 1199f.
62 KRAUSKOPF/E. SIMON/B. SIMON, Mainades 1997.
63 Es sind auch detailfreudigere Vasenbilder vom Tempelinneren in Delphi überliefert, mit Wagenrädern und Helmen. Die Pythia wird mit dem großen Tempelschlüssel dargestellt, was ihren Status illustriert, und dies ist auch von Grabmälern anderer Priesterinnen bekannt. Die Tatsache, daß die Pythia in heftiger Bewegung gezeigt wird, hat mit dem dargestellten Angriff der Erinys zu tun (unteritalische Vase, ca. 370 v. Chr., vgl. PRICE, Delphi 1985, 145, Abb. 32.)

in dem soeben interpretierten Vasenbild widerspiegelt. In sich gekehrt, durch das Vertrauen der anfragenden Menschen mit voller religiöser Kompetenz ausgestattet, ist sie durch den lebenslangen Kontakt mit dem Gott in der Lage, bei Problemen, die menschliche Vernunft und Einsicht übersteigen, seine Hilfe zu vermitteln.

Frauen im Zentrum mystischer Normalität

Die Pythia lebte im Spannungsfeld[64] der griechischen Religiosität, in ihrer weltlichsten Form und gleichzeitig in mystischer Dimension. Ersteres spiegelt sich in der Art der ›offiziellen‹ Anfragen wider, wobei die letzte Anfrage politischen Inhalts im 2. Jh. v. Chr. nachweisbar ist.[65] Parallel zur politischen Ebene hat das Orakel auch immer eine seelsorgerische sowie praktische Funktion im Leben der Menschen gespielt, die anfragten, ob sie heiraten, mit dem Schiff fahren, das Feld bestellen oder Geld ausleihen sollten. Inschriften hielten den Dank der Menschen fest, denen das Orakel bei Krankheit und Kinderlosigkeit Ratschläge erteilt hatte (FdD III, 1560–1561). Kurz, das Orakel wurde in jeder Lebenslage befragt, selbst wenn es sich wie bei den Tirynthern nur um das Problem handelte, dass sie unter ihrer eigenen Lachlust und Albernheit so sehr litten, dass sie zu ernsthaften Geschäften nicht mehr in der Lage waren (Athenaios 6,26 D). Maass betont zurecht, dass sich in den volkstümlichen, oftmals derben oder gar despektierlichen Orakelsprüchen ein wichtiges Charakteristikum des religiösen Lebens der Griechen widerspiegelt: das Moment des Humors,[66] das der spätantiken Geistigkeit mit ihrem Hang zum Ernst und auch dem Christentum abgeht.

Man muss Maurizio wohl Recht geben, dass durch die genauere Betrachtung der Kompetenz und des Einflusses der Pythia ein neues Kapitel griechischer Frauengeschichte zu schreiben sei.[67] An vielen Aspekten der griechischen Religion wurde schon deutlich, dass die Gesellschaftsnormen, denen eine Frau außerhalb der religiösen Sphäre unterlag, im Götterkult weitgehend außer Kraft gesetzt waren.[68] Diesen bekannten Beispielen kann man ein neues hinzufügen: Die Frauen in der euripideischen *Medea* (410–430) klagen zwar, dass Apollon ihnen nicht die Macht des Gesanges verliehen habe. In dieser Absolutheit stimmt dies jedoch nicht, denn nicht nur gab es über die Jahrhunderte hinweg immer wieder Dichterinnen, sondern an drei wichtigen Orakelstätten, nämlich Delphi, Dodona sowie Didyma[69] verfügten Frauen als Dienerinnen eines Gottes über eine Stimme, mit deren Hilfe sie über alle Lebensbereiche der Griechen eine unvorstellbare Macht ausübten.

---

64 Der bei Plutarch *Arist.* 11,3 überlieferte Fall von ›ausgeliehenen‹ attischen Grenzsteinen ist eine bezeichnende Mischung aus Bauernschläue und unzerstörbaren Glauben an die Unfehlbarkeit des Orakels.
65 AMANDRY, Mantique apollienne 1950, 155, Nr. 6 (Paros).
66 MAASS, Delphi 1993, 16 f.
67 MAURIZIO, Anthropology 1995, 72.
68 SCHNURR-REDFORD, Frauen im klassischen Athen 1996, 210–212.
69 Dazu MAURIZIO, Anthropology 1995, 85, Anm. 97.

Quellen

Q 62 Herodot über eine korrupte Pythia

Herodot 6,66

6 (66) Schließlich, als es zum Streit kam, beschlossen die Spartiaten, das Orakel in Delphi zu befragen, ob Demaratos Aristons Sohn sei. Als die Sache auf Betreiben des Kleomenes der Pythia vorgetragen wurde, wusste Kleomenes, Kobon, einen sehr einflussreichen Mann in Delphi, Sohn des Aristophantos, auf seine Seite zu ziehen, und Kobon überredete die Priesterin Perialla, das zu sagen, was Kleomenes wünschte. So entschied denn die Pythia auf die Frage der Gesandten, dass Demaratos nicht Aristons Sohn sei. Später freilich wurde diese Intrige entdeckt und Kobon aus Delphi verbannt und die Priesterin Perialla wurde ihres Amtes enthoben.

6 (66) Τέλος δὲ ἐόντων περὶ αὐτῶν νεικέων ἔδοξε Σπαρτιήτῃσι ἐπειρέσθαι τὸ χρηστήριον τὸ ἐν Δελφοῖσι εἰ Ἀρίστωνος εἴη παῖς ὁ Δημάρητος. Ἀνοίστου δὲ γενομένου ἐκ προνοίης τῆς Κλεομένεος ἐς τὴν Πυθίην, ἐνθαῦτα προσποιέεται Κλεομένης Κόβωνα τὸν Ἀριστοφάντου, ἄνδρα ἐν Δελφοῖσι δυναστεύοντα μέγιστον, ὁ δὲ Κόβων Περίαλλαν τὴν πρόμαντιν ἀναπείθει ἃ Κλεομένης ἐβούλετο λέγεσθαι λέγειν. Οὕτω δὴ ἡ Πυθίη ἐπειρωτώντων τῶν θεοπρόπων ἔκρινε μὴ Ἀρίστωνος εἶναι Δημάρητον παῖδα. Ὑστέρῳ μέντοι χρόνῳ ἀνάπυστα ἐγένετο ταῦτα καὶ Κόβων τε ἔφυγε ἐκ Δελφῶν καὶ Περίαλλα ἡ πρόμαντις ἐπαύσθη τῆς τιμῆς.

Q 63 Plutarch über die Pythia

Plutarch, *Über die Orakel der Pythia* (*Moralia* 405 C-D)

Gerade so wie die jetzt dem Gott dienende Pythia, die, wenn einer hier, von legitimer und edler Geburt ist und immer untadelig gelebt hat, die aber, da im Hause armer Bauern aufgewachsen, nichts an Fertigkeit, noch irgendeine andere Kenntnis oder persönliches Talent mitbringt, wenn sie zur Orakelstätte hinuntersteigt; aber gerade wie die Braut, die nach Xenophons Ansicht fast nichts gesehen und nichts gehört haben soll, wenn sie in das Haus ihres Mannes eintritt, so wird sie, unerfahren und unwissend bezüglich fast allem, mit wahrhaft jungfräulicher Seele, die Genossin des Gottes. Wir, die glauben, dass sich der Gott der Stimme von Reihern, Zaunkönigen und Raben bedient, um Zeichen seines Willens zu geben, wir verlangen aber nicht von ihnen, weil sie die Boten und Herolde der Götter sind, dass sie alles beredt und deutlich ausdrücken. Jedoch fordern wir, dass die Stimme und die Sprache der Pythia wie die Deklamationen im Theater, nicht ohne Süße und Schmuck, sondern überdies in Versen und getragener Rede, mit Stimmmodulation und mit Metaphern und in Begleitung einer Flöte präsentiert werden!

ὥσπερ ἡ νῦν τῷ θεῷ λατρεύουσα γέγονε μὲν εἴ τις ἄλλος ἐνταῦθα νομίμως καὶ καλῶς καὶ βεβίωκεν εὐτάκτως, τραφεῖσα δ᾽ ἐν οἰκίᾳ γεωργῶν πενήτων οὔτ᾽ ἀπὸ τέχνης οὐδὲν οὔτ᾽ ἀπ᾽ ἄλλης τινὸς ἐμπειρίας καὶ δυνάμεως ἐπιφερομένη κάτεισιν εἰς τὸ χρηστήριον, ἀλλ᾽ ὥσπερ ὁ Ξενοφῶν[70] οἴεται δεῖν ἐλάχιστα τὴν νύμφην ἰδοῦσαν ἐλάχιστα δ᾽ ἀκούσασαν εἰς ἀνδρὸς

---

70 Xen. Oec. 7,5.

βαδίζειν, οὕτως ἄπειρος καὶ ἀδαὴς ὀλίγου δεῖν ἁπάντων καὶ παρθένος ὡς ἀληθῶς τὴν ψυχὴν τῷ θεῷ σύνεστιν. ἀλλ' ἡμεῖς ἐρωδιοῖς οἰόμεθα καὶ τροχίλοις καὶ κόραξι χρῆσθαι φθεγγομένοις σημαίνοντα τὸν θεόν καὶ οὐκ ἀξιοῦμεν, ᾗ θεῶν ἄγγελοι καὶ κήρυκές εἰσι, λογικῶς ἕκαστα καὶ σαφῶς[71] φράζειν, τὴν δὲ τῆς Πυθίας φωνὴν καὶ διάλεκτον ὥσπερ <τραγῳδοῦσαν>[72] ἐκ θυμέλης, οὐκ ἀνήδυντον οὐδὲ λιτὴν ἀλλ' ἐν μέτρῳ καὶ ὄγκῳ καὶ πλάσματι καὶ μεταφοραῖς ὀνομάτων καὶ μετ' αὐλοῦ φθεγγομένην παρέχειν ἀξιοῦμεν.

Q 64 Themis auf dem Dreifuß. Kodros-Maler, Schale aus Vulci

Vgl. oben S. 143 und die Anm. 58–60

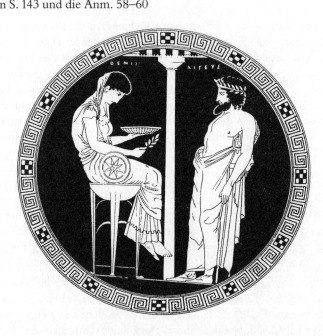

Grundlegende Literatur

FAUTH, Pythia 1963; FONTENROSE, Oracle 1978; MAASS, Delphi 1993; MAURIZIO, Anthropology 1995; MAURIZIO, Delphic Oracles 1997.

Weiterführende Literatur

AMANDRY, Mantique apollienne 1950; HOLZHAUSEN, Inspirationslehre 1993; PARKE/WORMELL, Oracle 1956; PRICE, Delphi 1985; ROUX, Delphes 1976; SCHRÖDER, De Pythiae oraculis 1990; SISSA, Virginity 1990.

---

71 Hier nach anderer Lesart *saphōs* (anstelle von *sophōs*) eingefügt.
72 Lacuna in den MSS; zum Satzgerüst, SCHRÖDER, De Pythiae oraculis 1990, 366 ff.

Eine römische Dichterin: Sulpicia
Christine Rohweder

Von den schreibenden Frauen der Antike sind vorwiegend die Namen und nur in Ausnahmefällen die Werke überliefert. Dies gilt im Besonderen für die römische Kultur: Einzig aus der Zeit des beginnenden augusteischen Prinzipats haben sich Gedichte erhalten, die allem Anschein nach von einer Frau verfasst sind, nämlich die Elegien der Sulpicia. Es handelt sich dabei um sechs kurze Gedichte, die im Corpus der Schriften Tibulls, einem der drei wichtigsten Liebeselegiker, überliefert sind. Diese kleine Sammlung von Gedichten wirft zahlreiche Fragen auf: Wurden sie tatsächlich von einer Frau geschrieben? Unter welchen Bedingungen konnte eine Frau der römischen Antike Liebeselegien verfassen? Das Urteil der philologischen Forschung über dieses Gedicht-Corpus ist sehr unterschiedlich ausgefallen. Lange Zeit wurde eine weibliche Autorschaft gar nicht erst in Erwägung gezogen; dann hat man an dem literarischen Wert gezweifelt; erst in jüngster Zeit wird nach dem spezifisch weiblichen Charakter der Liebeselegie gefragt. Ich möchte zunächst diese unterschiedliche Rezeption der Gedichte der Sulpicia in der klassischen Philologie des 19. und 20. Jh. kurz vorstellen und mich dann den Gedichten der Sulpicia selbst zuwenden. Im Zentrum steht ein Vergleich der Elegien der Sulpicia mit Gedichten der männlichen Liebeselegiker, der es ermöglichen soll, den gattungsspezifischen Kontext zu klären und die Gemeinsamkeiten und Unterschiede in der Ausgestaltung typisch elegischer Themen und Motive herauszuarbeiten. Die Leitfrage ist, ob die Weiblichkeit der Autorin für die konkrete Ausgestaltung der elegischen Liebe eine Rolle spielt: Stellt Sulpicia die elegische Liebe aus einer spezifisch weiblichen Perspektive dar? Um diese Fragen zu klären, seien zunächst einige Bemerkungen zu den Bedingungen weiblichen Schreibens und zur Person der Sulpicia vorangestellt.

Sulpicia, Tochter aus einem vornehmen Hause

Schreiben für eine Öffentlichkeit gehört in der römischen Antike zum Kosmos der Männer.[73] Nur wenige Namen schreibender Frauen sind uns überliefert; von ihren Texten hat sich fast nichts erhalten. Engt man den Kreis der schreibenden Frauen auf die Autorinnen poetischer Texte ein, dann sind die Zeugnisse noch spärlicher. Allein die Gedichte der Sulpicia haben sich erhalten.[74] Aus der römischen Antike

---

73 Die beste Übersicht über Autorinnen prosaischer und poetischer Texte bietet SNYDER, The Woman and the Lyre, 122 ff.
74 Sallust berichtet von der in die Catilinarische Verschwörung verwickelten Sempronia, sie habe gedichtet (Sall. *Cat.* 25); Ovid führt eine Frau namens Perilla an (*Trist.* 3,7) und Properz bestimmt seine (literarische) Geliebte Cynthia als Dichterin (1,2,27; 2,3,21). Berück-

liegen also noch weniger Zeugnisse weiblichen Schreibens vor als aus dem antiken Griechenland. Dieser Befund überrascht, da die Voraussetzungen für literarisches Schreiben für die Frauen in Rom, zumindest für diejenigen der Oberschicht, insgesamt günstiger erscheinen als in Griechenland. Freie Römerinnen waren vom Gastmahl, einem zentralen Ort des literarisch-künstlerischen Lebens, nicht ausgeschlossen. Während an den griechischen Symposien freie Frauen in der Regel nicht teilnahmen, waren die ranghohen Römerinnen bei der *cena*, dem abendlichen Gastmahl zugegen. Dieses war ähnlich wie das griechische Symposion ab dem 2. Jh. v. Chr. mehr und mehr von künstlerischen und literarischen Darbietungen umrahmt. Eine solche Teilhabe am geselligen Leben setzte Bildung voraus. Da die Vermittlung von Bildung insgesamt in privater Hand lag, hing der Bildungsgrad von den jeweiligen Möglichkeiten und dem Engagement der Familie ab. Es ist daher kein Zufall, dass zwei der drei Frauen aus republikanischer Zeit, deren kunstvolle Rede gerühmt wurde, Töchter von Politikern der höchsten Rangklasse waren: Hortensia[75], die Tochter des Quintus Hortensius, des großen Rivalen Ciceros, sowie Laelia, die Tochter des Caius Laelius, den Cicero in seiner Schrift *De amicitia* über die Freundschaft disputieren lässt. Cornelia, die dritte für ihr Reden und Schreiben bekannte Frau, stammte ebenfalls aus angesehenstem Haus; sie war die Tochter des Scipio Africanus und Mutter der Gracchen. Ihre Briefe waren berühmt und zirkulierten offenbar in Abschriften, so dass der Biograph Cornelius Nepos sie in Auszügen zitieren konnte.[76] Die drei bekannten Fälle schreibender Frauen indizieren, dass die intellektuellen Anregungen, die ein junges Mädchen in seiner Familie fand, maßgeblich darüber entschieden, ob es zur Feder griff.

Von dieser Zuordnung zur römischen Aristokratie legt auch die vorliegende Gedichtgruppe Zeugnis ab. Das poetische Ich bezeichnet sich in 3,16,4 als Sulpicia, Tochter des Servius und in 3,14,5 redet sie Messalla als Verwandten an. Mit Hilfe dieser Angaben lässt sich Sulpicia prosopographisch als Nichte des Marcus Valerius Messalla Corvinus und als Tochter des Servius Sulpicius Rufus identifizieren.[77] Als Nichte von Messalla stand ihr ein Haus offen, das ein wichtiges literarisches Zentrum im damaligen Rom war.[78] Messalla förderte namhafte Dichter, darunter Tibull und Ovid – auch indem er sie finanziell unterstützte. Ebenso wichtig war für die Dichter, dass er ihnen sein Haus zur Verfügung stellte, um dort ihre Dichtun-

---

sichtigt man, dass die beiden letztgenannten Dichterinnen von Elegikern erwähnt werden und daher literarische Gestalten sein könnten, können wir nur bei einer einzigen Frau sicher davon ausgehen, dass sie lyrische Texte verfasst hat.

75 Hortensia sprach 42 v. Chr. öffentlich auf dem Forum, um gegen die Erhebung von Abgaben zu protestieren (Quintilian *inst. or.* 1,1,6).
76 Zum Quellenwert der Briefe Cornelias vgl. BURCKHARDT/UNGERN-STERNBERG, Cornelia 1994, 110 ff., die an der Authentizität der Briefe zweifeln und ihre Verbreitung auf eine bewusste politische Familienpropaganda zurückführen, die der Erhöhung der Reputation der Familie gedient habe.
77 Diese prosopographische Lösung stammt von HAUPT, Varia 1871, 21 ff. und gilt als Opinio communis.
78 Zur Funktion des Mäzenatentum siehe FANTHAM, Literarisches Leben 1998, insb. 2 ff. und 61 ff.

gen einem Publikum vorzustellen.⁷⁹ Als Nichte Messallas hatte Sulpicia reichhaltige Gelegenheit, führende Dichter ihrer Zeit vortragen zu hören und – eventuell – mit ihnen ins Gespräch zu kommen. Institutionelle oder soziale Schranken hatte sie dabei nicht zu überwinden. Ob sie in diesem Kreis auch ihre eigenen Gedichte vorgetragen hat, ist anzunehmen, ohne dass es sich beweisen ließe. Sicher ist lediglich, dass ihre Gedichte schriftlich zirkulierten; ansonsten hätten sie den Weg ins *Corpus Tibullianum* nicht gefunden.

Die Gedichte der Sulpicia im Urteil der modernen Philologie

Es war für die Elegien der Sulpicia ein Glück, für Gedichte des Tibull gehalten zu werden; andernfalls wären sie wohl schwerlich überliefert worden. Erst im 17. Jh. zweifelte man erstmals an der Autorschaft Tibulls. Es dauerte noch weitere 200 Jahre, bis sich die Auffassung durchsetzte, dass die Gedichte 13 bis 18 im dritten Buch des *Corpus Tibullianum* eine eigene, offenbar aus weiblicher Perspektive geschriebene, Gedichtgruppe bilden.⁸⁰ Damit waren die Gedichte der Sulpicia als eigenes Forschungsobjekt konstituiert und konnten nun mit denen der anderen Elegiker verglichen werden. Man sollte meinen, dass wegen seiner Einzigartigkeit dieses Dokument weiblichen Dichtens eingehend analysiert worden sei. Doch das Gegenteil ist der Fall. Abgesehen von einer Dissertation aus dem Jahre 1946⁸¹ setzen die Forschungen zu Sprache, Stil und der Verwendung literarischer Topoi erst in den 70er Jahren ein.⁸² Bis dahin schienen die sulpicischen Gedichte eine aufmerksame Untersuchung nicht zu lohnen, zu sehr fiel der Vergleich mit den Gedichten anderer Elegiker zu ihren Ungunsten aus. Ihr literarischer Wert wurde gering veranschlagt. So kommt Otto F. Gruppe 1838 zu folgendem Urteil über die sechs Gedichte: »Sie sind zwar metrisch richtig, allein auch nicht viel mehr; man sieht, dass sie von keiner geübten Hand kommen, der Ausdruck ist ungefüge und die Construction oft nur mit Mühe zusammengebracht.«⁸³ Gruppes Ausführungen bestimmten die Rezeption der Gedichte bis in die jüngste Vergangenheit maßgeblich. Erst die Untersuchung von M.S. Santirocco zur Ausgestaltung typischer

---

79 FANTHAM, Literarisches Leben 1998, 3.
80 GRUPPE, Elegie 1838, 28. Gruppe unterschied insbesondere die sechs Elegien als eigene Gedichtgruppe von anderen Gedichten, die von derselben Liebesbeziehung handeln – allerdings eine Außenperspektive auf diese einnehmen – und den sulpicischen Gedichten unmittelbar vorangehen: dem sogenannten Sulpicia-Zyklus. Heute gelten die Elegien der Sulpicia als ältester Teil des dritten Buches, geschrieben um 25–20 v. Chr. und werden auf diese Weise auch zeitlich vom Sulpicia-Zyklus abgesetzt, der in die Zeit nach 19 n. Chr. datiert wird.
81 BREGUÉT, Le roman de Sulpicia 1946.
82 Siehe unten die Ausführungen zu SANTIROCCOS Untersuchung elegischer Themen und Motive (Sulpicia Reconsidered 1979) sowie der syntaktischen Analysen von LOWE, Sulpicia's Syntax 1988.
83 GRUPPE, Elegie 1838, 49.

elegischer Themen und Motive in den Elegien der Sulpicia aus dem Jahre 1979 leitete die Revision dieses Urteils ein.

Warum wurde die literarische Qualität dieser Elegien so geringgeschätzt? Folgende Kritikpunkte kehren in der Forschung immer wieder: Die Gedichte weisen im Vergleich zu anderen Gedichten der Liebeselegie wenig Stilmittel auf und wirken dadurch stilistisch ungeformt; manche Formulierungen sind schwerfällig und, zumindest für uns, schwer verständlich.[84] Außerdem sind Situationen oft nur angedeutet und daher für einen Außenstehenden nicht hinreichend expliziert.[85] Wichtig für die weitere Urteilsbildung war, dass die – negativ bewertete – Andersartigkeit der sulpicischen Gedichte mit der weiblichen Autorschaft erklärt wurde. Bereits Gruppe meinte, dass es sich bei den Gedichten um »Liebesbriefchen« handelt, geschrieben von einer, wie er vermutete »schönen Römerin des augusteischen Zeitalters«, die »ohne künstliche und bewusste Beredsamkeit« ihren Gefühlen dichtend Ausdruck verleiht.[86] Fortan galten die sulpicischen Elegien als ›Gelegenheitsgedichte‹ einer Dame aus dem Adel.[87] Diese Einschätzung hatte zur Folge, dass Sulpicias Gedichte auch dann noch als Niederschlag wirklichen Empfindens galten, als man bei den Gedichten der anderen Liebeselegiker schon längst aufgehört hatte, nach den biographischen Realitäten zu suchen, weil man die Liebesbeziehungen als literarische Fiktionen erkannte. Was aber, wenn die Kunst dieser Gedichte gerade in der Suggestion der Unmittelbarkeit, der Spontaneität liegt? Wenn also bei diesen sechs kurzen Gedichten, nicht anders als bei Tibull, die Authentizität ein beabsichtigter Effekt der Dichtung ist?

Die sprachlichen Untersuchungen von M. S. Santirocco und N. J. Lowe zeigen, dass die Dichterin durchaus auf die Übereinstimmung von sprachlicher Form und Inhalt achtet und eine Vielzahl typischer Topoi der Elegiker verarbeitet. Diese Analysen haben den Weg für eine Neudeutung der sulpicischen Gedichte freigemacht. Die neueren Arbeiten von Susanne und Veit Probst und Hans J. Tschiedel nehmen deren literarischen Anspruch ernst und stellen sie anderen elegischen Gedichten an die Seite. An ihre Untersuchungen knüpft die nachfolgende Interpretation an. Sie verfolgt zwei Ziele: Sie möchte zum einen zeigen, dass die Gedichte zentrale Elemente der römischen Liebeselegie aufgreifen und damit zweifelsohne einen ›elegischen Standpunkt‹ repräsentieren. Zum anderen bemüht sie sich, die Eigenarten der Elegien der Sulpicia deutlich herauszuarbeiten. Dabei ist zu erörtern, ob diese Eigenarten daher rühren, dass Sulpicia eine spezifisch weibliche Perspektive auf die elegische Liebe einnimmt, ja ob sie geradezu, wie Tschiedel behauptet, gegen die männlichen Liebeselegiker polemisiert und einen weiblichen Gegenentwurf zur elegischen Liebe vorlegt.

---

84 Schanz/Hosius, Römische Literatur 1935, 190.
85 Albrecht, Römische Literatur 1994, 607.
86 Gruppe, Elegie 1838, 49 f.
87 Luck, Liebeselegie 1961, 107: »Gelegenheitspoesie einer römischen Dame« sowie »einer jungen Frau ohne literarischen Ergeiz«; Albrecht, Römische Literatur 1994, 607: »Gelegenheitsgedichte«.

Die Elegien der Sulpicia im Kontext der römischen Liebeselegie

Während die antike Philologie die Poesie nur nach ihrer metrischen Form einteilte, zieht die moderne Philologie auch inhaltliche Gesichtspunkte zur Bestimmung der Gattung heran; sie fasst daher die Elegien, die unter dem Namen von Tibull, Properz und Ovid überliefert sind, als eine Einheit auf: Die römische Liebeselegie. Als Kennzeichen dieser literarischen Gattung gelten nicht nur das gemeinsame Grundthema der Liebe, sondern auch deren einheitliche Konzeptionalisierung. Diese wurde in den 50er Jahren eingehend von Erich Burck untersucht. Seine Thesen bilden noch heute die Opinio communis und dienen daher der folgenden vergleichenden Gedichtinterpretation als Bewertungsgrundlage. Burck definiert die elegische Liebe als ein »Wertesystem« mit drei Elementen:[88]

I. Das lyrische Ich der Liebeselegie (im folgenden kurz ›der Elegiker‹ genannt) ist bereit, sich seiner Geliebten unterzuordnen und wie ein Sklave ihre Launen zu ertragen, obgleich er sozial höher als diese steht (*servitium amoris*). Die Schilderung der Leiden (*dolores*), die ihm seine Geliebte zufügt, nimmt daher in den Elegien breiten Raum ein.

II. Der Elegiker stilisiert seine Liebe als Lebensform, die in Konkurrenz zu gesellschaftlich geforderten Verhaltensmustern steht. Er ist nicht bereit, sich für das Gemeinwesen, für die *res publica*, abzumühen; er möchte nur seiner Geliebten dienen. Properz drückt diese Einstellung für römische Ohren provozierend aus, wenn er behauptet, für den Dienst an der Waffe, also für einen Kriegszug im Dienste der *res publica*, sei untauglich; er eigne sich nur für den Kriegsdienst der Liebe.[89]

III. Der Elegiker wünscht sich, analog zur Ehe, eine lebenslange Bindung an seine Geliebte (*foedus aeternum*).

Wie ordnet sich das weibliche lyrische Ich der sulpicischen Gedichte in den Kreis der Liebenden bei Tibull, Properz und Ovid ein? Teilt es deren Liebesauffassung? Bereits ein flüchtiger Blick auf die Elegien der Sulpicia zeigt, dass sie in der Tat zentrale Themen und Motive der römischen Liebeselegie aufgreifen. Der zweite Blick indessen macht deutlich, dass Sulpicia manche Themen und Motive durchaus anders ausgestaltet als die anderen – männlichen – Elegiker. Rühren diese Eigenarten davon her, dass Sulpicia die elegische Liebe aus der Sicht einer Frau thematisiert? Und wenn ja, muss sie das Wertesystem der männlichen Elegiker abändern, um den Standpunkt einer Frau einnehmen zu können? Oder indizieren die Eigenarten ihrer Gedichte vielmehr, dass sie – kampfeslustig, wie Tschiedel meint,[90] – die Liebesauffassung der Elegiker angreift? Ich möchte diese Frage anhand der drei von Erich Burck genannten Merkmale der Liebeselegie erörtern.

---

88 BURCK, Römische Wesenszüge der augusteischen Liebeselegie 1952, 163–200. Die folgende Übersicht stützt sich auf die ausgezeichnete Zusammenfassung von HOLZBERG, Liebeselegie 1990, 10 f.
89 Properz 1,6,27–30.
90 TSCHIEDEL, Sulpicia 1992, 91 f.

Die Liebe als leidvolle Unterwerfung: Das lyrische Ich in den Elegien bezeichnet sich selbst häufig als unglücklich (*miser*)[91] und beschreibt ausführlich die Leiden, die es wegen seiner Liebe erdulden muss. Lieben heißt seine Freiheit verlieren, heißt, geduldig die Demütigungen ertragen, welche die Geliebte zufügt. Wie ergeht es dem lyrischen Ich der sulpicischen Gedichte (im folgenden auch der Kürze wegen Sulpicia genannt) mit ihrer Liebe? – *Tandem venit amor*: endlich ergriff mich die Liebe. Ein jubelnder Aufschrei eröffnet die Gedichtgruppe. Ein lang gehegter Liebeswunsch ist in Erfüllung gegangen. Sulpicia widerspricht der Liebeserfahrung, welche die anderen Elegiker schildern. Sie bezeichnet ihre Liebe als *mea gaudia* (V.5) und wählt damit den Gegenbegriff zu *dolor* (Schmerz), diesem Leitmotiv der Liebeselegie: Liebe ist Glück, nicht Leiden. Das erste Gedicht der lyrischen Gruppe erscheint in der Tat, wie Tschiedel behauptet, als »eine Kampfansage an die von den Männern kultivierte Tristesse und Larmoyanz.«[92] Doch ist es wirklich eine Kampfansage? Kann die Liebende den Moment des Liebesglücks festhalten? Aufschluss darüber kann nur der Fortgang der ›Liebesgeschichte‹ geben. Und hier zeigt sich: Die Freude wird bald getrübt. Schon im folgenden Gedicht (3,14) beklagt Sulpicia die drohende Trennung von ihrem Geliebten, Cerinthus, da sie von ihrem Onkel aufs Land eingeladen wurde. Kaum ist die räumliche Trennung vorüber (3,15), wird die Liebesbeziehung aufs neue, und dieses Mal ernster, gefährdet. Sulpicia vermutet, der Geliebte habe sich einer anderen Frau zugewendet, sei ihr also untreu geworden (3,16). Sie quält sich und wird krank; das nächste Gedicht 3,17 ist vom Krankenlager aus geschrieben. Der Fortgang der Gedichte zeigt also: Das lyrische Ich muss seine erste euphorische Bezeichnung der Liebe als *mea gaudia* aufgeben. Auch für Sulpicia wird die Liebesbeziehung eine Quelle von Schmerzen. Werden die Liebenden nochmals zu ihrem reinen Glück zurückfinden? Das letzte Gedicht (3,18) stimmt eher skeptisch: Reue diktiert die Feder, und Angst, Cerinthus für immer verloren zu haben. Sulpicia entschuldigt sich dafür, ihn abgewiesen zu haben. Sie habe dies getan, weil sie ihre leidenschaftlichen Gefühle für ihn verbergen wollte. Warum, schreibt Sulpicia nicht. Der Kontext legt aber nahe, dass verletzter Stolz mit im Spiel ist. Es ist daher zu befürchten, dass sich das Misstrauen bereits zu tief in dieser Liebesbeziehung festgesetzt hat, als dass sich die Liebenden nochmals einander hingeben könnten. Vor dem Hintergrund der Gedichtgruppe insgesamt erscheint die Euphorie des ersten Liebesglücks also nicht als eine Kampfansage an die männlichen Elegiker, wie Tschiedel meint, sondern vielmehr als ein kontrapunktischer Auftakt, der das nachfolgend geschilderte Liebesleid gekonnt in Szene setzt.

Mit seinen Leiden erfüllt das weibliche lyrische Ich dieser Gedichtgruppe ein wichtiges Kriterium der römischen Liebeselegie. Im Sinne des elegischen Wertesystems muss es darüber hinaus bereit sein, die Leiden – wenn auch klagend – zu ertragen und die Liebe als Knechtschaft, als *servitium* zu akzeptieren. Wie also steht es mit der Bereitschaft Sulpicias, sich Cerinthus unterzuordnen?

---

91 Siehe beispielsweise Tibull 2,4,4.
92 Tschiedel, Sulpicia 1992, 92.

Zunächst ist festzuhalten: Die Liebesbeziehung ist, was ihre soziale Rangordnung angeht, analog den Liebesbeziehungen bei den anderen Elegikern ausgestaltet. Das poetische Ich bezeichnet sich selbst als Sulpicia, *filia Servii* (3,16,4), und stellt sich damit als Mitglied einer Familie der Senatsaristokratie vor.[93] Ihr Geliebter hat, analog zu den Geliebten bei Tibull und Properz, die Delia und Cynthia heißen, einen griechischen Namen, Cerinthus, der auch als Name für Sklaven und Freigelassene überliefert ist.[94] Ist Sulpicia, die sozial ihrem Geliebten unendlich überlegen ist, bereit, sich aus Liebe den Launen eines Freigelassenen zu fügen?

Die Gedichte halten, unter dieser Fragestellung in den Blick genommen, eine Überraschung bereit. Das erste Gedicht endet der Formulierung *cum digno digna fuisse ferar*: Man soll sagen, zwei Menschen, einander würdig, waren zusammen.[95] In der Euphorie des Liebesglücks pocht das lyrische Ich auf die Gleichrangigkeit beider Seiten. Es unterstreicht seinen Standpunkt mit der Verwendung zweier Stilmittel: eines Polyptoton (*digno digna*) und einer Alliteration (*fuisse ferar*). Wie die Liebenden bei den anderen Liebeselegiker pocht das lyrische Ich also nicht auf seine soziale Überlegenheit. Im Gegensatz zu diesen lehnt es aber auch ab, sich selbst in der Liebesbeziehung dem Geliebten unterzuordnen.

Wie wird das lyrische Ich auf den Verdacht der Untreue reagieren? Im Sinne des elegischen Wertesystems müsste es um den Geliebten werben, in der Hoffnung ihn wieder zu gewinnen. Doch dieser Gedanke liegt Sulpicia fern, zumindest vorerst. Sie reagiert stattdessen mit sozialer Distanzierung. Und genau in diesem Kontext nennt sie ihren Namen und zeigt mit ihm ihre Zugehörigkeit zur römischen Oberschicht an. Cerinthus hingegen bezeichnet sie nun als »einen Mann von niederer Herkunft«, als *ignotus torus* (3,16,6), der sich mit einem Mädchen herumtreibt, das sich als Spinnerin und Dirne durchs Leben schlägt. Offensichtlich interpretiert Sulpicia die Untreue von Cerinthus als eine Demütigung, d.h. als eine beleidigende Zurückweisung ihrer Liebe. Im Schmerz darüber schlägt sie mit der sozialen Arroganz einer Angehörigen der Oberschicht zurück. Das letzte Gedicht (3,18) zeigt, dass sie sich nicht nur sozial von ihm zu distanzieren versucht, sondern auch emotional, indem sie ihn kalt abweist. Allerdings zeigt dieses Gedicht zugleich, dass ihr die Distanzierung misslingt: Sulpicia bereut, aus Stolz ihre Leidenschaft verborgen zu haben und bekennt offen ihre Liebe. Stolz und Liebe liegen, zumindest bei Sulpicia, im Widerstreit miteinander. Nach der Lektüre aller sechs Gedichte ist es daher schwer vorstellbar, dass dieses Paar den Weg zurückfindet zu der vorbehaltlosen Wertschätzung beider Seiten als einander vollkommen ebenbürtig.

Es zeigt sich: Anders als etwa das lyrische Ich der Gedichte Tibulls ist Sulpicia nicht bereit, die Liebe als Knechtschaft zu erdulden und sich den Launen ihres Ge-

---

93 Siehe oben S. 148.
94 TRÄNKLE, Appendix Tibulliana 1990, 55, 299. Wie bei Delia und Cynthia so gilt auch Cerinthus vielen Interpreten als Pseudonym einer ›realen Person‹. Einen knappen Einblick über die Lösungsversuche bietet PROBST, Frauendichtung 1992, 25.
95 Liebe als Beziehung zwischen Gleichen, als *amicitia*, taucht als Ideal bei Catull 109 auf.

liebten zu fügen. Aber auch ihr Gegenstandpunkt gegen die Liebeselegiker gerät im Fortgang der Gedichte ins Wanken. Die Rangordnung der Liebenden ist weder zu Beginn der Gedichte noch an ihrem Ende endgültig festgelegt. Die Elegien der Sulpicia dramatisieren, wie Liebe und stolzes Selbstbewusstsein miteinander in Konflikt geraten, ein Konflikt, der umso heftiger ist, als das lyrische Ich sozial unendlich viel höher steht als sein Geliebter.

Liebe als antikonventionelle Lebensform: Die Provokation ist für die römische Liebeselegie programmatisch. Die Elegiker verabscheuen die gesellschaftlich geforderten Lebensformen und versuchen, sich denjenigen Tätigkeiten zu entziehen, die soziales Ansehen einbringen. Sie wollen, wie Tibull in I,1 exemplarisch formuliert, nicht nach Ruhm und Reichtum streben, sondern vielmehr Amor dienen. Ein wiederkehrendes Thema der Liebeselegie ist daher die Kollision mit den sozialen Forderungen, die an das elegische Ich gestellt werden, allem voran der Appell zur Teilnahme an einem Kriegszug, mit dessen Wunsch, der Geliebten nahe zu sein.

Indes, sich dem Dienst an der Waffe, der *militia*, zu verweigern, macht für ein weibliches elegisches Ich keinen Sinn. Für Frauen gelten in der römischen Gesellschaft andere Lebensformen und andere Pflichten. Sulpicia muss daher, will sie ihre antikonventionelle Haltung ausdrücken, in ihren Gedichten andere Konventionsverstöße begehen – was ihr beim zentralen Gegenstand der Liebeselegie, der Liebe außerhalb der Ehe, nicht schwer fallen dürfte. Während nämlich bei Männern eine außereheliche Liebesbeziehung in Rom grundsätzlich akzeptiert wurde, sofern sie nicht in Konkurrenz zur Ehe stand, sollten Frauen vor der Ehe keusch, in der Ehe treu sein. Bei Sulpicia ist also bereits das Faktum der außerehelichen Beziehung ein Verstoß gegen die guten Sitten. Ihr vornehmstes Ziel sollte es daher sein, ihre Verliebtheit mitsamt der unerlaubten Liebesbeziehung zu verbergen, um ihren Ruf makellos zu halten. Doch genau das weist sie entschieden zurück. Sie behauptet dagegen, aus Scham (1: *pudore*) ihre Liebesbeziehung zu verbergen, sei ihrem guten Ruf abträglicher, als sie offen zu zeigen (*Tandem venit amor, qualem texisse pudore quam nudasse alicui mihi fama magis*). Sulpicia verdreht also die geltende Moral und erklärt dasjenige Verhalten für tadelnswert, das gesellschaftlich gefordert ist, nämlich den Anstand zu wahren (*pudor*) und die Liebe zu verbergen, für lobenswert dagegen die öffentliche Zurschaustellung ihrer Affäre. Und also ob dieser Angriff auf die geltende Moral nicht deutlich genug wäre, bekräftigt Sulpicia am Schluss dieses Gedichtes ihren Willen, nach eigenen Wertvorstellungen zu leben. In Form einer Antithese formuliert sie, es freue sie, gegen die guten Sitten verstoßen zu haben (9: *peccasse iuvat*), sich dagegen ihrem guten Ruf zuliebe zu verstellen, widere sie an (9–10: *vultus componere famae taedet*). Wie ihre männlichen Dichterkollegen, so stilisiert also auch Sulpicia das Liebeserlebnis zu einer Erfahrung, welche die öffentliche Moral als nichtig erscheinen lässt.

Liebe als foedus aeternum: Seine geliebte Delia im Tode umarmt zu halten, wünscht sich der Liebende in Tibulls Elegie I,1. Der Wunsch ist für ein elegisches Ich typisch. Es möchte mit der Geliebten lebenslang verbunden sein und stellt damit seine außereheliche Beziehung in Konkurrenz zur Ehe. Bei den Elegien der Sulpicia sucht man vergebens nach einem vergleichbaren Wunsch. Das lyrische Ich schweigt sich darüber aus, welche Bedeutung es seiner Liebesbeziehung auf Dauer einräumen möchte. Es enthält sich jeglicher Zukunftsprojektion. Warum gestaltet Sulpicia dieses dritte Element des elegischen Wertesystems in ihren Gedichten nicht aus? Zur Erklärung bieten sich zwei unterschiedliche Aspekte an. Erstens die literarische Gestalt der Gedichte. Vier der sechs Gedichte geben sich als *tabellae* aus, d. h. als kurze Mitteilungen an den Geliebten, und bringen daher vornehmlich Gedanken und Empfindungen zur Sprache, die auf den Augenblick bezogen sind. Die Elegien der Sulpicia zeichnen sich damit durch einen literarischen Rahmen aus, innerhalb dessen grundsätzliche Äußerungen über die Liebe sowie biographische Antizipationen eher unwahrscheinlich sind, – allerdings nicht unmöglich, wie die Behauptung der Ebenbürtigkeit der Liebenden in Gedicht 3,13 zeigt. Mit der literarischen Form alleine lässt sich daher der fehlende Wunsch nach einer lebenslangen Bindung an Cerinthus nicht erklären. Daher muss zur Erklärung als zweiter Aspekt die Weiblichkeit des elegischen Ich herangezogen werden. Warum sollte sich Sulpicia eine lebenslange Bindung an ihren Geliebten wünschen? Sie hat als Frau ganz andere Möglichkeiten, ihre Zeitgenossen zu provozieren, als ihre männlichen Dichterkollegen. Um zu provozieren, müssen sich diese in der Tat wünschen, in den Armen ihrer Geliebten zu sterben. Denn bei ihnen ist die außereheliche Beziehung nur in der Konkurrenz zur Ehe gesellschaftlich unakzeptabel. Bei Sulpicia indessen reicht, da sie eine Frau ist, das Faktum der Liebesbeziehung aus. Die Weiblichkeit des lyrischen Ichs macht also das dritte Element des elegischen Wertesystems überflüssig, ohne dass die lyrischen Äußerungen deswegen ihre antikonventionelle Stoßrichtung verlieren würden.

Die Analyse der drei zentralen Elemente des elegischen Wertesystems verdeutlicht: Die Elegien der Sulpicia stehen denen ihrer männlichen Dichterkollegen nahe. Auch das weibliche Ich dieser Elegien fasst die Liebe als antikonventionelle Lebensform auf und verstößt bewusst gegen geltende Normen. Seine Protesthaltung indessen gestaltet es anders, und muss dies auch tun, um mit der Stimme einer Frau sprechen zu können. Die Unterschiede der Elegien der Sulpicia zu denen der anderen Elegiker rühren also daher, dass Sulpicia die elegische Protesthaltung von einem weiblichen Standpunkt aus formuliert. Indessen taugen sie nicht dazu, die Elegien als Polemik gegen die Liebeselegiker zu interpretieren, wie dies Tschiedel tut. Denn der Fortgang der Gedichte zeigt, dass die Liebenden ihr erstes Glück nicht festhalten können. Und so inszenieren auch die Elegien der Sulpicia die Liebe als eine Erfahrung, die mit Schmerzen und Demütigungen verbunden ist.

Sulpicia also in harmonischem Bund mit ihren männlichen Dichterkollegen? Zur Beantwortung der Frage müssen noch einige weitere Eigenarten der sulpicischen Gedichte in den Blick genommen werden, auf die Tschiedel aufmerksam macht. Sie sind bislang noch nicht angesprochen worden, weil sie nicht die Ausgestaltung der drei Elemente des elegischen Wertesystems berühren, sondern die Verwendung einiger typischer elegischer Motive.

Ach, wie lästig ist das Landleben. Zur Verwendung einiger elegischer Motive: In 3,14 klagt Sulpicia, ihr Verwandter Messalla lade sie zu ihrem Geburtstag aufs Land ein; verhasst sei ihr der Geburtstag, den sie getrennt von ihrem Geliebten zubringen müsse. Drei elegische Motive werden in diesem Kontext anders als in der Liebeselegie üblich ausgestaltet. Erstens das Motiv der ländlichen Idylle. Während die

Elegiker das einfache Leben auf dem Lande preisen, in der Hoffnung, fernab von der Stadt mit ihren sozialen Verpflichtungen die Geliebte ungestört im Arm halten zu können, behauptet Sulpicia, ihr sei das Landleben lästig (1: *molestus*) und fügt hinzu, sie könne sich nichts Schöneres vorstellen, als in Rom zu leben (3: *dulcius urbe quid est?*). Als zweites Motiv findet in diesem Kontext der Geburtstag eine ungewöhnliche Ausgestaltung. Er gilt den Elegikern nicht nur als freudiges Ereignis, sondern auch als ein würdiger Anlass, um zur Feder zu greifen. V. a. Tibull hat eine Reihe schöner Geburtstagsgedichte verfasst. Sulpicia dagegen nennt ihren Geburtstag *invisus* (1), verhasst. Fern von Cerinthus werde sie diesen Tag als einen Trauertag (2: *tristis*) verbringen müssen. Schließlich nützt Sulpicia diese Gelegenheit, um den Elegikern, v. a. Tibull, in einem dritten Punkt zu widersprechen. Sulpicia will nicht in das Lob Messallas und seiner patronalen Fürsorge einstimmen. Während Tibull seinen Förderer in seinen Elegien durchweg positiv erwähnt, ist ihr dessen Fürsorge lästig und sie wünscht sich, Messalla möge sich doch etwas weniger um sie kümmern (5: *nimium studiose quiescas*). Sulpicia gestaltet also deutlich einige elegische Motive anders als ihre Dichterkollegen. Tschiedel erklärt die Umwertung des letzten Motivs damit, die Dichterin wollte sich über die »dem Onkel allenthalben bis zum Überdruss erwiesene und zuweilen die Grenze der Servilität überschreitende Reverenz«[96] mokieren. In der Tat lässt sich annehmen, dass das damalige Publikum die Zurückweisung der Fürsorge Messallas »mit amüsiertem Lächeln goutiert haben mag.«[97] Doch diese polemische Zielsetzung allein erklärt die genannten motivischen Umkehrungen nicht. Diese ergeben sich nämlich auch als logische Konsequenz einer dezidiert weiblichen Sicht auf die elegische Liebe. So schätzen die männlichen Elegiker das Land ja deshalb, weil sie dort, anders als in Rom, nicht sozial und politisch eingebunden sind. Für Sulpicia indessen ist die Antithese von Stadt als Ort des *negotium* und dem Land als Hort der Muße (*otium*) belanglos, da sie als Frau v. a. familiär eingebunden ist. Es ist daher kein Zufall, dass gerade eine familiäre Feier sie von ihrem Geliebten trennt und dass es ein Verwandter ist, der den Landaufenthalt arrangiert. Alle drei motivischen Umdeutungen, die Sulpicia vornimmt, gehören demnach eng zusammen. Sie spiegeln wieder, dass die Gefahren, welche auf die Liebenden lauern, für Mann und Frau je andere sind: Was für den Mann der Aufruf seines Patrons (und letztlich der *res publica*) zu einem Kriegszug ist, ist für eine junge Frau die Einladung eines Onkels, eine Geburtstagsreise aufs Land zu machen. Beide können sich der Aufforderung schwerlich entziehen; beiden droht die – vielleicht dauerhafte – Trennung vom Geliebten. So bietet die spezifische Ausgestaltung dieser elegischen Motive ein besonders anschauliches Beispiel dafür, dass die Dichterin die elegische Liebe konsequent aus weiblicher Perspektive darstellt.

---

96 TSCHIEDEL, Sulpicia 1992, 98.
97 Ebd.

Zur literarischen Komposition der Gedichtgruppe

Besieht man den Inhalt, so sind die Elegien also keinesfalls flüchtig niedergeschrieben. Wie verhält es sich mit ihrer sprachlich-stilistischen Durchformung? Die Kritik der modernen Philologie konzentrierte sich v. a. auf zwei Beobachtungen: zum einen weisen die Elegien der Sulpicia sehr viel weniger Stilmittel auf als die Gedichte anderer Elegiker, zum anderen wirken manche Formulierungen, wie Gruppe es ausdrückte, ›ungefüge‹, was ihr Verständnis erschwert.

Gegen den Vorwurf der Stilmittel-Armut ist zunächst daran zu erinnern, dass Sulpicia für die Mehrzahl ihrer Elegien die *tabella*, d. h. eine auf den Augenblick bezogene Mitteilung, als formalen Rahmen wählt. Diese literarische Form macht einen sparsamen Einsatz von Stilmitteln nötig. Gewicht erhält dieses Argument dadurch, dass die Dichterin auch innerhalb der einzelnen Elegien auf die Übereinstimmung von Form und Inhalt achtet.[98] Ein gutes Beispiel hierfür bietet das Schlussgedicht 3,18, das in der älteren Forschung wegen seines ›ungefügen Ausdrucks‹ besonders gerügt wurde.[99] Dabei hat v. a. die syntaktische Gestalt Anstoß erregt. Die Elegie besteht nämlich aus einem einzigen Satzgefüge, das sich über sechs Distichen erstreckt und setzt sich damit, wie Susanne und Veit Probst formulieren »souverän über die Forderung hinweg, dass jedes Distichon eine geschlossene syntaktische Einheit zu sein habe«[100]. Inhaltlich geht es in dieser Elegie darum, dass Sulpicia sich für die Abweisung ihres Geliebten entschuldigt. Sie bereut ihr Verhalten; sie hat Angst, Cerinthus zu verlieren; sie hofft, ihn mit ihrem Liebesbekenntnis halten zu können. Die ganze emotionale Gespanntheit, in der sich Sulpicia befindet, sowie die Komplexität ihrer Stimmungslage, wird nun gerade dadurch besonders gut zum Ausdruck gebracht, dass die Entschuldigung »in einem einzigen, sich scheinbar überstürzenden, geradezu atemlos vorgebrachten Satz«[101] formuliert wird. Dies legt den Schluss nahe, dass Sulpicia um des Inhaltes willen bewusst mit der dichterischen Konvention bricht, die syntaktische Komposition an der metrischen Einheit des Distichon auszurichten. Als zweites Beispiel dafür, wie nötig es ist, den literarischen Formungswillen der Dichterin neu zu bewerten, sei hier das Anfangsgedicht (3,13) erwähnt. Es ist besonders wegen seiner schwerfälligen Passiv-Konstruktion in Vers 5 und 6 kritisiert worden (*mea gaudia narret dicetur si quis non habuisse sua*: Mag meine Liebesfreuden weitererzählen, wer in dem Ruf steht, selbst keine genossen zu haben.)

Warum schreibt Sulpicia nicht einfach: wer keine eigenen (Liebesfreuden) genossen hat: *si quis non habet sua (gaudia)*? In der Tat stolpert man beim Lesen über diese umständliche passive Konstruktion. Betrachtet man diese jedoch im Kontext des Anfangsgedichtes, so scheint sie mit Bedacht gewählt zu sein. Denn gerade die-

---

98 Die beiden folgenden Beispiele stützen sich auf die ausgezeichneten Ausführungen von Susanne und Veit Probst, Frauendichtung 1992, 27 ff.
99 Für eine ausführliche syntaktische Analyse dieses komplexen Satzes siehe Probst, Frauendichtung 1992, 35 f.
100 Ebd. 35 f.
101 Ebd. 36.

ses Gedicht weist eine Reihe von Wörtern auf, die dem Wortfeld der Kommunikation angehören: *fama, exorata, dicetur, narret, ferar*. Inhaltlich beziehen sie sich auf zwei Aspekte: Das lyrische Ich gibt sich zum einen selbstbewusst als Dichterin zu erkennen. Mit seinem dichterischen Talent machte es sich Venus wohlgesonnen. Zugleich wünscht es, seine Liebe publik zu machen – was es ja vermittelst seiner Elegien tut. Zum andern ist sich das Ich bewusst, dass die Liebesbeziehung, wenn sie bekannt wird, zum Gesprächsgegenstand der anderen, d.h. zum Objekt der *fama* wird. Um diesem zweiten Aspekt der sprachlichen Kommunikation Ausdruck zu verleihen, ist nun das Passiv das geeignete grammatikalische Mittel. Insofern könnte die umständliche Formulierung darauf verweisen, dass Sulpicia die Erscheinungsweise der *fama* auch sprachlich darstellen wollte.

Zusammenfassung

Die Elegien der Sulpicia sind inhaltlich und stilistisch durchformte Gedichte. Die Verfasserin kennt sich offenkundig im literarischen Leben ihrer Zeit gut aus, kennt insbesondere die Gedichte des Tibull, dessen Perspektive auf die Liebe sie teilt. Auch Sulpicia wird durch ihre Liebe zu Cerinthus mit schmerzhaften Erfahrungen konfrontiert: sie erfährt die Angst, vom Geliebten getrennt zu werden oder ihn an eine andere Frau zu verlieren. Die Liebe führt Leid im Schlepptau; flüchtig ist das Glück, das sie zu verheißen schien. Doch auch wenn die Dichterin die Liebeskonzeption ihrer männlichen Dichterkollegen in ihren Grundzügen übernimmt, so ist sie dennoch weit davon entfernt, diese gedankenlos zu kopieren. So verändert sie insbesondere einige zentrale elegischen Motive, so etwa das Lob des Landlebens. Auch der Wunsch auf eine dauerhafte Liebesbeziehung in Konkurrenz zur Ehe fehlt in ihren Gedichten völlig. Diese Veränderungen indizieren, dass die Dichterin bewusst ein weibliches elegisches Ich im Unterschied zu den männlichen Liebenden ihrer Dichterkollegen sprechen lassen möchte.

Sulpicias Oeuvre ist schmal. Außer diesen wenigen Gedichten kennen wir nichts von ihr. Schon allein deshalb wird man sie der herausragenden Dichterin der Antike, Sappho, nicht an die Seite stellen können. Doch im Rahmen der römischen Lyrik sind es diese sechs Gedichte, die auf so frische und entschiedene Weise ein weibliches lyrisches Ich sprechen lassen, wert, erinnert zu werden.

Quellen

Q 65 Sulpicia

Susanne und Veit Probst (Frauendichtung 1992, 28 ff.) haben eine sowohl textnahe wie auch sprachlich gelungene Übersetzung vorgelegt, die eine wichtige Grundlage der vorliegenden Übersetzung bildet und auch teilweise wörtlich übernommen wird.

I (3,13)

Endlich ergriff mich die Liebe. Sie aus Scham zu verbergen
brächte mir mehr üble Nachrede ein, als sie zu offenbaren.
Venus, die ich mit meinen Gedichten angefleht hatte,
brachte mir diesen Mann und legte ihn an meine Brust.
Venus hat ihr Versprechen eingelöst. Mag meine Liebesfreuden weitererzählen,
wer in dem Ruf steht, selbst keine genossen zu haben.
Nichts möchte ich mehr versiegelten Briefchen anvertrauen,
damit es nicht ein anderer als der Meine vorher liest.
Im Gegenteil: mein »Fehltritt« freut mich, und meinem Ruf zuliebe eine sittsame
Miene aufzusetzen, widert mich an. Man soll sagen: zwei Menschen, einander
würdig, waren zusammen.

Tandem venit amor: qualem texisse pudore
quam nudasse alicui sit mihi fama magis.
Exorata meis illum Cytherea Camenis
attulit in nostrum deposuitque sinum.
Exsolvit promissa Venus: mea gaudia narret,
dicetur si quis non habuisse sua.
Non ego signatis quicquam mandare tabellis,
ne legat id nemo quam meus ante, velim.
Sed peccasse iuvat, vultus componere famae
taedet: cum digno digna fuisse ferar.

II (3,14)

Mein verhasster Geburtstag ist da, den ich auf dem öden Land
Und fern von Cerinthus als Trauertag werde verbringen müssen.
Was ist schöner als Rom? Ist etwa ein Landhaus
Und der kalte Arno bei Arezzo eine passende Umgebung für ein junges Mädchen?
Lass' es doch gut sein, Messalla, mein Onkel!
Allzu sehr und zu oft kümmerst du dich um mich und um die mir ungelegene
Reise!
Hier lasse ich, werde ich auch fortgeführt, mein Herz und meine Empfindungen
zurück,
da du ja nicht zulässt, dass ich nach meinen Vorstellungen lebe.

Invisus natalis adest, qui rure molesto
et sine Cerintho tristis agendus erit.
Dulcius urbe quid est? an villa sit apta puellae
atque Arretino frigidus amnis agro?
Iam, nimium Messalla mei studiose, quiescas,
non tempestivae saepe, propinque, viae.[102]
Hic animum sensusque meos abducta relinquo,
arbitrio quam vis non sinis esse meo.

---

102 Die Syntax des dritten Distichon ist problematisch, *studiose* wird hier als Attribut im Vokativ zu Mesalla, *mei* und *tempestivae viae* als Genetivattribute zu *studiose* aufgefasst.

III (3,15)

Weißt du, dass die grässliche Reise aufgehoben ist, ganz nach dem Wunsch deines Mädchens?
Nun ist es ihr erlaubt, an ihrem Geburtstag in Rom zu sein.
Wir alle wollen diesen Tag als Festtag begehen,
der dir nun durch einen nicht zu erwartenden Zufall zuteil wird.

Scis iter ex animo sublatum triste puellae?
Natali Romae iam licet esse tuae.[103]
Omnibus ille dies nobis genialis agatur,
qui nec opinata nunc tibi forte venit.

IV (3,16)

Vielen Dank dafür, dass du dir, weil du dich meiner sicher fühlst, schon so viel erlaubst. Ich will nicht Hals über Kopf einen törichten Irrtum begehen!
Kümmere dich nur eher um ein Mädchen von niederem Stand,
um eine Dirne, die der Wollkorb drückt,[104] als um Sulpicia, die Tochter des Servius.
Manche sorgen sich um mich, denen dies der schwerwiegendste Anlass für ihren Schmerz ist,
dass ich nicht etwa einem Mann von niederer Herkunft zufalle.

Gratum est, securum multum quod iam tibi de me
permittis. Subito ne male inepta cadam![105]
Sit tibi cura togae potior pressumque quasillo
scortum quam Servi filia Sulpicia:
solliciti sunt pro nobis, quibus illa dolori est
ne cedam[106] *ignoto, maxima causa, toro.*

V (3,17)

Machst du dir, Cerinthus, um dein Mädchen noch innige Sorgen,
da das Fieber nun meinen erschöpften Körper quält?
Ach, ich wollte die üble Krankheit nicht anders besiegen
als in dem Glauben, auch du wünschtest es dir.
Denn was sollte es mir nützen, die Krankheit zu besiegen,
wenn du meine Leiden mit Gleichmut ertrügest?

---

103 *Natali – tuae*: Die wichtigsten Hss. überliefern *tuo*. Damit wäre dann der Geburtstag von Cerinthus gemeint. Dagegen spricht, dass Sulpicia im voraufgehenden Gedicht 3,14 darüber klagt, dass die Reise die gemeinsame Feier ihres eigenen Geburtstages verhindert.
104 Eine Prostituierte, die auch als Spinnerin arbeitet.
105 In den Editionen wird nach *permittis* ein Komma gesetzt. Damit aber würde der ne-Satz eine Absicht des Cerinthus beinhalten. Probst, Frauendichtung 1992, 32 schlagen daher vor, *subito ne…cadam* als Hauptsatz zu verstehen, in dem Sulpicia einen Wunsch vorträgt.
106 *cedere*: zwei Bedeutungen konkurrieren miteinander: *cedere* = den Platz räumen: damit ich nicht der Gespielin, d. h. der Rivalin, den Platz räumen muss; *cedere* = sich fügen: damit ich mich nicht einem Mann niederer Herkunft füge.

Estne tibi Cerinthe, tuae pia cura puellae,
quod mea nun vexat corpora fessa calor?
A ego non aliter tristes evincere morbos
optarim, quam te si quoque velle putem.
At mihi quid prosit morbos evincere,
si tu nostra potes lento pectore ferre mala?

VI (3,18)

Ich will, mein Geliebter, dein brennendes Verlangen nicht mehr entzünden,
wie ich es offenbar vor wenigen Tagen noch tat,
wenn ich in all meiner Jugend aus Torheit je etwas begangen habe,
was mich – ich gestehe es frei – mehr gereut hätte:
nämlich dass ich dich in der gestrigen Nacht verließ,
um meine Liebesglut vor dir zu verbergen.

Ne tibi sim, mea lux, aeque iam fervida cura,
ac videor paucos ante famisse dies,
si quicquam tota commisi stulta iuventa,
cuius me fatear paenituisse magis,
hesterna quam te solum quod nocte reliqui,
ardorem cupiens dissimulare meum.

Textausgaben und Kommentar

LUCK, Albii Tibulli aliorumque carmina 1988; TRÄNKLE, Appendix Tibulliana 1990.

Grundlegende Literatur

ALBRECHT, Geschichte der römischen Literatur ²1994; HOLZBERG, Liebeselegie 1990 [zur Zeit sicherlich die beste Einführung in diese literarische Gattung]; PROBST, Frauendichtung 1992, 19–26; SNYDER, The Woman and the Lyre 1990 [bietet einen guten Überblick über die Zeugnisse weiblichen Schreibens in der Antike]; TSCHIEDEL, Sulpicia 1992.

Weiterführende Literatur

BURCK, Römische Wesenszüge der augusteischen Liebeselegie 1952, 163–200; FANTHAM, Literarisches Leben 1998; LOWE, Sulpicia's Syntax 1988, 193–205; SANTIROCCO, Sulpicia Reconsidered 1979, 229–239.

Philosophinnen
Henriette Harich-Schwarzbauer

Spuren – Die Rede über die Philosophin

Die literarischen Zeugnisse zu antiken Philosophinnen[107] sind spärlich, angesichts der großen Zahl von Frauen, die uns namentlich als Denkerinnen überliefert sind. Der Blick des Doxographen, des antiken Philosophiegeschichtsschreibers oder des Biographen fällt vorzugsweise dann auf den Beitrag der Frauen, wenn von der familiären Situation, dem persönlichen Umgang, den Schülern und Schülerinnen eines Philosophen, meist eines Schulhaupts, die Rede ist. Philosophinnen werden vorwiegend in der Rolle der Ehefrau, der Mutter, der Tochter, der Schutzbefohlenen oder der Geliebten eines Philosophen wahrgenommen. Die Weitergabe von »höherem« Wissen erfolgte gleich wie die von »Berufen« im Rahmen von Familien oder von ähnlich strukturierten Gemeinschaften. So ist es nicht verwunderlich, dass die familiären Bezüge von Frauen zu Philosophen erwähnt werden. Jedoch vermag es zu befremden, dass selten die Rede davon ist, ob und in welchem Ausmaß die Frauen, die in Zusammenhang mit einem Philosophen genannt werden, zu den Grundlagen, zur Transformation von philosophischen Lehren, zu Lehrformen und zu deren Weitergabe beitrugen. Der Bezugsrahmen »Familie« auch für die philosophische Wissensvermittlung schafft jedenfalls die Schwierigkeit, Philosophinnen im strikten Sinne von Frauen im Nahbereich von philosophischen Gruppen zu unterscheiden.

Es sind hinreichend Werke philosophierender Frauen überliefert, wobei die Verfasserinnen oder die Entstehungszeit der Schriften nicht immer mit letzter Sicherheit bestimmbar sind (die Briefe der Pythagoreerinnen werden zw. dem 4. Jh. v. und dem 1. Jh. n. Chr. datiert). Zwischen der vermuteten Lebenszeit einer Philosophin und den Nachrichten über ihre Leistungen und ihre Lebensumstände liegen nicht selten Jahrhunderte: So schreibt etwa Diogenes Laertios (*VPyth.* 8,8; 21) unter Berufung auf Aristoxenos (*fr.* 15 Wehrli), dass Pythagoras den größten Teil seiner Lehrmeinungen zur Ethik Themistokleia verdanke. Anders hingegen Porphyrios (3. Jh.), in dessen *Vita Pythagorae* (41) dieselbe Frau den Namen Aristokleia trägt. Porphyrios beruft sich ebenfalls auf den Peripatetiker Aristoxenos. Im Suidas-Lexikon (10. Jh.) heißt die Frau gar Theokleia (*Suidas* 4,3124, p. 265,26). Themistokleia/Aristokleia/Theokleia war vermutlich Priesterin in Delphi. Sie lebte in einer Zeit, in der der Begriff *philósophos* noch nicht existierte, dessen spätere Definition sich zunehmend auf die Metaphysik ausrichtete und Formen und Inhalte

---

107 Der Begriff Philosophie wandelte sich ständig und schloss je verschiedene Anliegen, Haltungen und über die *theōría* hinausgreifende Interessenslagen ein bzw. aus. Meine Absicht ist es, die Breite des Begriffs im Auge zu behalten. Die Ausdrücke Philosophin, Denkerin und weise Frau (für die ersten Philosophinnen) verwende ich synonym. Als Leitlinie dient mir MALINGREY, Philosophia 1961, bes. 29–68.

weiblicher Weisheit allmählich einschränkte und marginalisierte. Philosophinnen waren unter anderen Bezeichnungen wie der der Weisen oder der Priesterin zu suchen, insofern weibliche Weisheit nicht verzerrt und bagatellisiert wurde, wie die Anekdote um Thales und die thrakische Magd (Platon *Theait.* 174a) anzuzeigen scheint.[108] Abgesehen davon, dass jegliche Überlieferung von vielen Zufällen bestimmt ist, trugen die »Textverwalter« dazu bei, dass sich die Ansicht festigte, die Philosophie sei eine männliche Disziplin (z. B. Cicero *fin.* 2,68). So bleiben bei der Identifizierung von Philosophinnen viele Fragen offen. Iamblich (4. Jh.) führt in seiner *Vita Pythagorae* (267) einen Katalog der bekannten Pythagoreer an. Unter den Namen, die nach Geschlecht und nach Gemeinden geordnet sind, befinden sich 218 Männer und 17 Frauen: Aus Lucanien stammen laut Iamblich das Brüderpaar Okkelos und Okkilos und ihre Schwestern Okkelo und Ekkelo. Bei Johannes von Stoboi (5. Jh.) ist aus Ekkelo ein Mann, Ekkelos, geworden, der eine Schrift *Über die Gerechtigkeit* verfasst hat (Stobaios 3,9,51 p.262 He = p.77 f. Thesl). In der wichtigsten Handschrift (F) des Iamblich ist hingegen Ekkelo, also der Name der Frau überliefert. Der Widerspruch zwischen Stobaios und Iamblich wurde in der wissenschaftlichen Disputation »bereinigt«, indem u. a. aus den vier ähnlich lautenden Namen ein einziger gemacht wurde, freilich ein männlicher. Textimmanente Kriterien bieten sich bedingt an, die Zuschreibung an eine Autorin zu bestärken: Der größte Teil der erhaltenen Schriften von Pythagoreerinnen – an ein vorwiegend weibliches Publikum zu Fragen der weiblichen Lebenssphäre – liegt in Form von Briefen vor. Von Ekkelo ist jedoch ein Fragment eines Logos überliefert, der nicht als Brief konzipiert und, soweit ersichtlich, nicht nur an Frauen adressiert ist. Das Textstück handelt vom Wert der Gerechtigkeit, die als ordnendes Prinzip im Kosmos, in der Polis und im Oikos waltet, in den drei Bereichen also, in die das Leben und das verantwortliche Tun der Menschen eingebettet sind. Das Fragment hat also keine geschlechtsspezifischen Adressaten, so dass die literarische Form als Argument für eine Verfasserin nicht ausreicht. Die Unsicherheit bleibt auch nach Auswertung des Inhalts: Der Hauptgedanke, dass die Gerechtigkeit Mutter und Amme sei, wird an den Bereichen *kósmos*, *pólis*, *oíkos*, aber auch anhand von Körper und Seele gleichermaßen erläutert, ist also nicht auf den Bereich beschränkt, der dem weiblichen Lebenzusammenhang zugeordnet wird. Die Frage, ob Ekkelo oder Ekkelos zu lesen ist, kann, insofern textinterne Kriterien berührt sind, nicht beantwortet werden.

---

108 Sokrates erzählt eine Anekdote über Thales von Milet. Thales, der die Erscheinungen des Himmels beobachtet, fällt in eine Grube, worauf er von einer thrakischen Magd verspottet wird: Er wisse aufgrund seiner Neugier für himmlische Vorgänge nicht, was vor seinen Füssen liege. Der Spott über die Lebensferne des Philosophen im Allgemeinen klingt an, die »andere« Weltwahrnehmung der »klugen« Frau, deren kritischer Blick durch die Umschreibung »Spott« (*skōmma*) verharmlost wird, schimmert in der Anekdote durch; vgl. CAVARERO, Platon zum Trotz 1992, 53–89.

Enigma – eine Chiffre für »weibliches Philosophieren«

Über die philosophischen Aktivitäten von Frauen in den einzelnen »Schulen« liegen divergierende Aussagen vor. Es wird angenommen, dass Männer und Frauen in der Gemeinschaft des Pythagoras den gleichen Zugang zur Lehre und die gleichen Entfaltungsmöglichkeiten hatten. Doch ein Testimonium, das diese Ansicht ausdrücklich bestätigen würde, existiert nicht. Bei Iamblich (*VPyth*. 54–58) ist zu lesen, dass Pythagoras in einer Rede Frauen, Knaben und junge Männer gesondert instruierte. *E silentio* wird geschlossen, dass Frauen dem inneren Kreis des Pythagoras, den *esōterikoí* (Iamblich *VPyth*. 17) angehörten.[109] Zumindest unter den Schülern, die Pythagoras selbst unterrichtete, werden jedoch keine Frauen genannt (Iamblich *VPyth*. 104). Mit der Akademie treten Berichte auf, die eine Teilnahme von Frauen am philosophischen Unterricht explizit erwähnen.[110] Dies darf als Indiz dafür gewertet werden, dass eine Teilnahme von Frauen in philosophischen »Schulen« nicht selbstverständlich war. Der platonische Dialog, der die Welt der Philosophie rekonstruierte und die literarische Wahrnehmung zur Realität gerinnen ließ, suggeriert, dass der philosophische Diskurs eine Domäne der Männer sei. Dass eine Grenzziehung zwischen männlichem und weiblichem Anspruch an die Philosophie registriert wurde, legt Plutarch nahe, der im ausgehenden 1. Jh. n. Chr. der Teilnahme der Frau an der Philosophie und der Vermittlung philosophischen Wissens an Frauen eine erhöhte und veränderte Aufmerksamkeit schenkte. Im *Gastmahl der Sieben Weisen* (Plutarch *Mor*. 146c–164d), das der Symposionsliteratur verpflichtet ist, stellt Plutarch das symbolische Reich der Philosophie zur Debatte. Plutarchs Symposion lässt sich in Bezug auf die Frage lesen, was der Akzeptanz und Integration von Philosophinnen in einer männerzentrierten Welt der Philosophie entgegenstand: Zwei Frauen, wohlgemerkt nicht Hetären, nehmen – entgegen der Tradition – am Symposion teil:[111] Melissa, die Gattin des Periander, und Kleobouline, die Tochter des Kleoboulos. Die Gestalt der Melissa hat die Funktion, die rezeptiven Leistungen der Frauen gegenüber der Philosophie – im Besonderen die Wohlgesittetheit der Frau – vor Augen zu führen. Jedoch Kleobouline – ihr Vater nennt sie Eumetis - ist eine *sophḗ* (Weise). Der Eumetis, die für ihre hohes politisches Gespür gelobt wird, gibt Plutarch als einer Denkerin, die den Weisen ebenbürtig ist, einen Platz in der Symposionsrunde (Plutarch *Mor*. 150d*)*. Sie vermittelt ihr Wissen in Form von Rätseln an Frauen. Ein Symposionsteilnehmer vergleicht diese Fertigkeit mit dem Knüpfen von Gürteln und Haarnetzen: »Derartiges ist für sie (Eumetis) vielleicht nicht unpassend, nämlich ihr Spiel zu treiben, und solche (Rätsel) zu knüpfen; so wie andere den Frauen Gürtel und Haarnetze anbieten«.[112] Durch den Vergleich wird nahegelegt, dass die Kenntnisse

---

109 LAMBROPOULOU, Pythagorean Female Virtues 1998, 123.
110 Alle betreffenden Zeugnisse dazu sind gesammelt bei DORANDI, Assiotea e Lasteneia 1989, 53–66.
111 Zur Präsenz von Frauen beim Symposion vgl. LISSARRAGUE, Frauenbilder 1993, 242–245.
112 *diaplékousan hṓsper hétërai zōnía kaí kekryfálous probállein taís gynaixín.*

der Eumetis anerkannt sind (Plutarch *Mor.* 154c), dass sie allerdings nur auf die »weibliche Sphäre« beschränkt Geltung besitzen.[113] Schon zuvor war erörtert worden, ob sich die Streitfragen der alten Weisen von den Rätseln der Eumetis unterscheiden würden (Plutarch *Mor.* 154b). Die apodiktische Antwort lautet: Für Männer mit Verstand (*ándras noún échontas*) sei ein solcher Vergleich geradezu lachhaft. Im Reich der Philosophie hat die Philosophin keinen Platz: Eumetis, die sehr wohl auf ihren Ausschluss antworten möchte, schweigt, errötet und verlässt schließlich das Symposion, das dem Gespräch unter Männern vorbehalten bleibt (Plutarch *Mor.* 154b; 155e).

Plutarch hält in dieser Schrift an einer literarischen Fiktion fest, die auf Anachronismen setzt: Die »Sieben« Weisen disputieren über Themen aus der Perspektive der klassischen und hellenistischen Philosophie, aber genauso aus der Position verschiedener Denkrichtungen. Mit der von Männern definierten »rechtmäßigen« Philosophie, symbolisiert durch das Symposion, vermag die Philosophin nicht zu kommunizieren. Das Reden in Rätseln, das mit einem anderen Zugang zum Kosmos, mit einer anderen Kosmos-Interpretation gleichgesetzt werden kann und das eine Form weiblichen Philosophierens repräsentiert, vermag sich beim Symposion kein Gehör verschaffen.

Schriften von Philosophinnen – ihr Publikum

Viele Philosophen gaben das »Herzstück« ihrer Lehre nur wenigen Eingeweihten in mündlicher Form preis. Die Bedeutung eines Philosophen litt keineswegs, wenn er nichts niederschrieb. Wieweit sich Frauen in die herrschenden Vorgaben bezüglich Esoterik/Exoterik einfügten, ist aufgrund der Überlieferungslage kaum zu beantworten. Über die Unterrichtsform der einzigen *diádochos*,[114] Arete von Kyrene (4. Jh. v. Chr.), schweigen die Quellen. Wenn Philosophinnen ihre Ansichten schriftlich niederlegten, griffen sie mit Vorliebe zum Brief. Die Pythagoreerinnen richteten viele Briefe an Frauen. Ihre vordringlichen Anliegen sind die Obsorge für das Hauswesen, die Wahl der geeigneten Amme, die Eifersucht, die die Frau zum Gedeih des *oíkos* bewältigen muss. Sie ergänzen das Spektrum ethischer Anliegen durch Themen, die in den Abhandlungen von Philosophen im Hintergrund bleiben. Sprache und Stil der Pythagoreerinnen folgen eigenen Gesetzen. Abweichungen von der herkömmlichen Ästhetik philosophischer Literatur waren und sind mitverantwortlich dafür, dass man in ihren Briefen eine philosophische Kompetenz vergeblich zu suchen vermeint. Bemängelt werden u. a. die »akademische Ferne« bezüglich der Themenwahl, die Sprachführung, die der »philosophischen

---

113 Der Vergleich von weiblicher Knüpfarbeit und intellektueller Tätigkeit ist ab Homer da. Pindar N 4,94 spricht vom Knüpfen der Worte (*rhḗmata plékon*). Parallelstellen bei Mc INTOSH-SNYDER, Web of Song 1980/81, 193–196.
114 *Diádochos* war der Fachausdruck für denjenigen, der einer Schule vorstand und die rechtmäßige Weitergabe der Lehre seines Vorgängers garantierte.

Höhe beraubt« sei,[115] so man die Briefe nicht als apokryphe, von Männerhand stammende Zeugnisse vorzugsweise der hellenistischen peripatetischen Philosophie zuordnet.[116]

Natürlich äußerten sich Philosophinnen auch in den konventionellen literarischen Formen. Natürlich bezogen auch sie Position zu Fragen, die über das Hauswesen hinausreichten und nahmen Gedanken der »männlichen Philosophie« auf, die ihnen ihre Schulzugehörigkeit vorgab. Dass sie, wie das Beispiel der Periktione (Stobaios 4,28,19 p. 688f. He, **Q 65**; Stobaios 4,25,50 p. 632 He, **Q 66**) zeigt, ihr Bemühen daran setzten, den Raum zwischen den Sphären der Geschlechter auszufüllen und den Bezug zu sehen, gilt, soweit die Quellen Auskunft geben, für die Pythagoreerinnen und steht in Zusammenhang mit der überlieferten Lehre des Pythagoras, darf jedoch nicht als allgemeiner Anspruch antiker Denkerinnen verstanden werden.

Hypatia von Alexandria – Wissenschaftlerin und Philosophin

In der Spätantike ist Wissen über Philosophinnen vergleichsweise gut dokumentiert. In der Literatur wird die Ebenbürtigkeit von Philosophinnen, ja mitunter ihre Überlegenheit über Berufskollegen gepriesen. Die Positionierung gegenüber der »christlichen Philosophie«, nicht ein Strukturwandel innerhalb der philosophischen Zirkel brachte diese »Aufwertung«. Die Christen porträtierten die vorbildliche Frau im Typ der Mutter, der Jungfrau und der Witwe (z.B. Gregor von Nyssa in der *Vita Macrinae*), deren Gottgefälligkeit sich darin äußerte, dass sie den Glauben in höchster Reinheit vorlebten, gleichsam als *imitatio Christi* und der daraus in all ihrer Widersprüchlichkeit abgeleiteten Form der *imitatio Mariae*. Den Glauben dergestalt zu verlebendigen, wurde von den Christen als *philosophía* bezeichnet. Die Hellenen reagierten, indem sie nun ihrerseits die Exzeptionalität ihrer Philosophinnen, zuvorderst Sosipatra und Hypatia, lobten (Eunapios *VS* 6,6,5, **Q 68**; 7,3,16; Synesios *Ep.* 136, **Q 70**; Sokrates Scholastikos *Hist. Eccl.* 7,15,1, **Q 71**). Trotz solcher Bekenntnisse wurde auch in der Spätantike keine Frau an die Spitze einer Schule, also in die *diadoché*, gewählt.[117]

Die ausführlichste Überlieferung liegt zu Hypatia von Alexandria (350/370–415) vor. Zeitgenossen, Christen wie Hellenen, darunter Hypatias namhafter Schüler, der Philosoph, Schriftsteller und spätere Bischof der Ptolemais, Sy-

---

115 So etwa STAEDELE, Pythagoreerbriefe 1980, insb. 31 f.; 284f; 321 f. Unter dem Gesichtspunkt der *écriture féminine* sind die Briefe noch nicht zureichend untersucht worden. Zur Differenz von weiblicher und männlicher Sprache, zur Differenz in Stil und Wahl von Literaturgattungen vgl. grundlegend CIXOUS, Weiblichkeit in der Schrift 1980; IRIGARAY, Die drei Geschlechter 1989, 261–283; DIES., Die Liebe zum anderen 1991, 157–176.

116 POMEROY, Women in Hellenistic Egypt 1984, 64 spricht sich für Frauen als Verfasserinnen aus. Skepsis und Ablehnung dieser Zuordnung zuvor bei THESLEFF, Introduction 1961; DERS. Pythagorean Texts 1965.

117 Vgl. HARICH-SCHWARZBAUER, Hypatia 1998, 31–38.

nesios von Kyrene, haben über sie geschrieben. Hypatias Schicksal unterscheidet sich von dem früherer Philosophinnen insofern, als sie für ihre Lebenswahl mit dem Tode bestraft wurde. Nach wie vor hält sich die Ansicht, nicht ihre intellektuellen Fähigkeiten, sondern ihr Tod hätte die Erinnerung an sie lebendig gehalten.[118] Eine geschlossene spätantike Biographie zu Hypatia liegt nicht vor. Nachrichten in Philosophiegeschichte, Historiographie, Kompendienliteratur, Brief und Epigramm ermöglichen zahlreiche Einblicke in Hypatias Leben und Wirken, und dies, obwohl sie in einer Zeit lebte, in der in Alexandria politische und intellektuelle Gegner der Bischöfe nicht selten mit der *damnatio memoriae* belegt wurden. Die Zusammenführung der höchst unterschiedlichen, deutlich ideologisch motivierten Testimonien liefert kein in allen Punkten befriedigendes Bild der Philosophin. Aufgrund gattungsimmanenter Gesetze der Biographie und der Usancen der Philosophenviten (der Spätantike) im Besonderen sind zu bestimmten Lebenssituationen keine Nachrichten zu erwarten. Im Falle Hypatias sind Leerstellen im Werdegang da, die über die üblichen schwarzen Flecken der Philosophenviten hinausgehen. So fehlt eine Notiz darüber, ob ihr jemand, abgesehen vom Vater, den Weg zur Philosophie wies. Sokrates Scholastikos, ein »aufgeklärter Christ«, legt die Antwort nahe, dass Hypatia die neuplatonische Tradition aus eigenem Antrieb belebte (Sokrates *Hist. Eccl.* 7,15,1, **Q 71**). Jedenfalls spricht Synesios, der einzige namentlich bekannte Schüler Hypatias davon, dass sie bereits vor dem Jahr 400 die Zeitgenossen an Bedeutung überragte. Synesios, der die Neuplatoniker in Athen aufsuchte, kam zu dem Ergebnis, dass der rechtmäßige Sitz der Philosophie dank Hypatia Alexandria sei, dass Hypatias »Saat« in ganz Ägypten aufgehe (Synesios *ep.* 136, **Q 70**). Freilich drängt sich der Gedanke auf, der Schüler wollte die Bekanntheit seiner Lehrerin, die er achtete, rhetorisch überhöhen, doch: Synesios stand auch später zu seinem Urteil, obwohl sich Hypatia von ihm abwandte (Synesios *ep.* 81). Obgleich Synesios festhält, dass Hypatia viele Schüler hervorbrachte, beruft sich später kein Philosoph auf sie. Und dies trotz der Tatsache, dass eine Generation nach Hypatia der Neuplatonismus in Alexandria wiederauflebte. Damaskios, der letzte Diadochos in Athen (6. Jh.), berichtet in seiner *Vita Isidori* (**Q 72**) ausführlich über Hypatia. Allerdings ist sie eine der wenigen Personen, für die er keine näheren Bezüge zu anderen Lehrern und zur aktuellen Platonauslegung herstellt. Darf daraus gefolgert werden, dass sie außerhalb der traditionellen Strukturen philosophischer »Netzwerke« stand? Hypatia ist ein typisches Beispiel für den Erwerb und die Weitergabe höheren Wissens in der Antike. Ihr Vater Theon war Astronom, der sein Wissen an sie weitergab und der ihr den Zugang zu anderen Wissensbereichen schon kraft seiner Position als Vorsteher des Serapeions ermöglichen konnte. Die Testimonien betonen, dass Hypatia die Fachwissenschaft mit der Philosophie verband. Sie nutzte ihre Astronomiekenntnisse in der Praxis: so zur Herstellung eines astronomischen Geräts (Synesios *an Paionios* 311 A). Sie war an der Abfassung mindestens eines unter dem Namen ihres Vaters überlieferten Kommentars zu Ptolemaios beteiligt. Die Suidas listet drei eigenständige Werke Hypa-

---

118 LACOMBRADE, Hypatia 1994, 958 f.

tias auf, zwei Kommentare mathematischen Inhalts und einen *astronomikós kanṓn* (**Q 73**). Diese astronomische Richtschnur, möglicherweise ein Kommentar, von dem die Suidas aus Hesychios von Milet (5. Jh.) weiß, ist wie die anderen beiden Werke verloren oder ungenannt in Werke anderer Gelehrter eingegangen. Philostorgios, Anhänger der christlichen Richtung der Eunomianer und Zeitgenosse Hypatias, der in höchst abträglicher Weise über dieses *gýneion* (übles Weib) berichtet, sagt, Hypatia hätte aufgrund ihrer überdurchschittlichen Weisheit und ihres Wissens in der Astronomie mit ihrem Leben bezahlt (Philostorgios *Hist. Eccles.* 8,9). Die Vermutung, Hypatia habe ihr Wissen um die Vorgänge im Kosmos verwendet, um zentrale Fragen der Philosophie, besonders der Theologie zu beantworten, liegt nahe.

Synesios wird als Gradmesser der philosophischen Ausrichtung, aber auch der Qualität der Lehren Hypatias herangezogen. Dieser Weg, sicheres Wissen über die Philosophie Hypatias zu erhalten, ist bedenklich, da sich Synesios zur Esoterik bekennt. Immerhin lässt sich aus den Texten einiges über Hypatias Selbstverständnis als Philosophin ablesen. Sie sah ihre Aufgabe darin, den Statthalter Orestes und die *boulḗ* von Alexandria zu beraten. Diese Funktion ist bis ins ausgehende 4. Jh. für führende Neuplatoniker bezeugt. Hypatia kam dieser selbstauferlegten Pflicht selbst dann noch nach, als sich die Neuplatoniker von dieser Aufgabe lösten, da diese hinfällig und sogar gefährlich wurde. Dass dieses Selbstverständnis aus dem Blickwinkel der Christen für eine Frau einmalig war, lässt Sokrates erkennen (*Hist. Eccles.* 7,15,2, **Q 71**). Hypatia war schön, Hypatia blieb unverheiratet. Damaskios (*Vita Isid.* frg. 102, **Q 72**) erzählt die Anekdote, dass Hypatia das Begehren eines Schülers mit dem Argument zurückwies, er sehne sich nach dem Unreinen: Gleichsam in Form einer paradoxen Intervention führte die Lehrerin vor, dass sie als Frau, da sie blute, beschmutzt sei, dass sich das Begehren des Schülers mit den erhabenen Zielen der neuplatonischen Lehre nicht vereinbaren lasse. All diese Züge der literarischen Stilisierung der Philosophin lassen sich aus den Verhaltensnormen der Neuplatoniker deuten, erlauben aber genauso, sie nicht nur affirmativ zu rezipieren. Je nach Lesart der Berichte, nach Einschätzung der Gewährsautoren und nach Kombination der Testimonien ergeben sich für die Interpreten höchst unterschiedliche, mitunter geradezu widersprüchliche Ergebnisse. Sie sind in jüngster Zeit das Result von je verschiedenen Auffassungen von feministischer Wissenschaft und von entsprechender Selbstauffassung von Frauen in der Wissenschaft.[119]

---

119 BERETTA, Ipazia 1993 versucht, die Eigenständigkeit der Philosophin, ihren feministischen Denkansatz und ihre Abgrenzung von den Christen zu bestimmen. DZIELSKA, Hypatia of Alexandria 1995 wiederum nimmt in Hypatia die Frau wahr, die den Brückenschlag zu den Christen versucht; der Wert ihrer Studie wird durch die deutliche Abwertung des für die Hellenen maßgeblichen Polytheismus beeinträchtigt.

Quellen

Q 66 Periktione[120], *Über das rechte, den Einklang wahrende Leben der Frau:* Die Harmonie als lenkendes Prinzip im Hauswesen

Stobaios, 4,28,19 p. 688f. He = Thesl. 142,18–143,9

Die Frau muss die Harmonie vor Augen haben, sich voll und ganz in maßvoller und verständiger Haltung zeigen: Denn ihre Seele muss auf die Vollkommenheit hin gerichtet sein, so dass sie gerecht, mutig und verständig ist und sich mit Selbstgenügsamkeit schmückt, eitlen Glanz jedoch ablehnt. Mit einer solchen Haltung bringen es Frauen zu trefflichen Werken: für sich selbst, für den Ehemann, für die Kinder und für das Hauswesen. Oft zeigt sich die Harmonie auch in der Polis, wenn die Harmonie[121] Städte oder auch Völker lenkt, wie wir das auch bei der Königsherrschaft sehen können. Wenn die Frau die Leidenschaft und die Begierde bezähmt, dann entsteht wahrhafter Einklang; so dass keine widergesetzliche Liebe sie verfolgt, sondern dass sie ihre ganze Zuneigung dem Ehemann, den Kindern und dem gesamten Hauswesen schenkt. Sooft nämlich Ehefrauen Geliebte in anderen Betten sind, werden sie zu Gegnerinnen aller Freien und aller Sklaven des Hauswesens. Dann erdichtet die Ehefrau Lügen und Listen gegenüber ihrem Mann und erfindet Geschichten gegenüber allen in bezug auf den Mann; damit es den Anschein erweckt, dass sie allein sich in ihrem Wohlwollen und Einsatz für das Hauswesen hervortut, obwohl sie es vorzieht, nichts zu tun. Daraus erwächst Schaden und Zerstörung für all das, was ihr und dem Ehemann gemeinsam gehört.

Τὴν ἁρμονίην γυναῖκα νώσασθαι δεῖ φρονήσιός τε καὶ σωφροσύνης πλείην· κάρτα γὰρ ψυχὴν πεπνῦσθαι δεῖ ἐς ἀρετήν, ὥστ' ἔσται καὶ δικαίη καὶ ἀνδρηίη καὶ φρονέουσα καὶ αὐταρκείῃ καλλυνομένη καὶ κενὴν δόξαν μισέουσα. ἐκ τούτων γὰρ ἔργματα καλὰ γίνεται γυναικὶ ἐς αὐτήν τε καὶ ἄνδρα καὶ τέκεα καὶ οἶκον· πολλάκις δὲ καὶ πόλει, εἴ γε πόλιας ἢ ἔθνεα ἡ τοιή γε κρατύνοι, ὡς ἐπὶ βασιληίης ὀρέομεν. κρατέουσα ὦν ἐπιθυμίας καὶ θυμοῦ, ὁσίη καὶ ἁρμονίη γίγνεται· ὥστε οὐδὲ ἔρωτες αὐτὴν ἄνομοι διώξουσιν, ἀλλ' ἐς ἄνδρα τε καὶ τέκεα καὶ τὸν οἶκον ξύμπαντα φιλίην ἕξει. ὁκόσαι γὰρ ἐράστριαι τελέθουσιν ἀλλοτρίων λεχέων, αὗται δὲ πολέμιαι γίγνονται πάντων τῶν ἐν τῇ οἰκίῃ ἐλευθέρων τε καὶ οἰκετέων· καὶ συντιθῇ ψύθη καὶ δόλους ἀνδρὶ καὶ ψεύδεα κατὰ πάντων μυθίζεται πρὸς τοῦτον, ἵνα μούνη δοκέῃ διαφέρειν εὐνοίῃ καὶ τῆς οἰκίης κρατέῃ ἀργὴν φιλέουσα. ἐκ τούτων γὰρ φθορὴ γίγνεται συμπάντων ὁκόσα αὐτῇ τε καὶ τῷ ἀνδρὶ ξυνά ἐστι.

---

120 THESLEFF, Introduction 1961, 113 datiert Periktione im 4./3. Jh. v. Chr. Zur Problematik einer Unterscheidung von anderen Autorinnen mit Namen Periktione trefflich LAMBROPOULOU, Pythagorean Female Virtues 1998, 133.

121 *harmonía*, nicht *gynḗ*, wie LAMBROPOULOU, Pythaorean Female Virtues 1998, 125 übersetzt, dürfte das Bezugswort sein.

Q 67 Periktione: *Über das rechte, den Einklang wahrende Leben der Frau:* Das Hauswesen als Gegenstand philosophischer Betrachtungen

Stobaios 4,25,50 p. 632 He. = Thesl. S. 145, 19–22

Das äußere Ansehen der Eltern soll wohl eingerichtet sein, auch die Ehrfurcht vor ihnen und die Obsorge um sie: und zwar in einem Ausmaß, wie sie (die Obsorge) der Sonne und den Gestirnen, die der Himmel, der sie entzündet hat, umtanzt, nicht zuteil wird und sollte sonst ein Bereich des Seins für das Denken bedeutsamer erscheinen. Ich meine, dass die Götter nicht ungehalten sind, wenn sie sehen, das solches geschieht.

θείη γὰρ καὶ καλὴ ὄψις γονέων, καὶ ἡ τουτέων ὄπις καὶ θεραπεία, ὁκόση οὐδὲ ἡλίου οὐδὲ πάντων ἄστρων, τὰ οὐρανὸς ἐναψάμενος ἀμφιχορεύει, καὶ εἴ τι ἄλλο δοκέει τις χρῆμα μέζον εἶναι ἐόντων κατὰ θεωρίην. δοκέω δὲ μη<δὲ> θεοὺς <δυσ>φορέειν, ὁκότε τοῦτο ὁρέωσι γιγνόμενον.

Q 68 Die ›Aufwertung‹ der Philosophin in der Spätantike – die Neuplatonikerin Sosipatra[122]

Eunapios, *Philosophenleben* 6,6,5–6

6 (5) So ehelichte Eustathios Sosipatra. Sie ließ ihren Mann kraft ihrer überlegenen Weisheit neben sich unbedeutend und klein erscheinen. (6) Es fügt sich gut, über sie in einer auflistenden Darstellung über weise Männer sogar ausführlicher zu sprechen; ihr Ruf verbreitete sich weithin […].

6 (5) Οὕτως Εὐστάθιος ὁ τοσοῦτος Σωσιπάτρᾳ συνῴκησεν, ἢ τὸν ἄνδρα τὸν ἑαυτῆς δι' ὑπεροχὴν σοφίας εὐτελῆ (6) τινὰ καὶ μικρὸν ἀπέδειξε. περὶ ταύτης δὲ ἐν ἀνδρῶν σοφῶν καταλόγοις καὶ διὰ μακροτέρων εἰπεῖν ἁρμόζει, τοσοῦτον κλέος τῆς γυναικὸς ἐξεφοίτησεν […].

Q 69 Die Selbsteinschätzung der Neuplatonikerin Sosipatra

Eunapios, *Philosophenleben* 6,8,3–4

8 (3) Es schien ihr nun angebracht, sich zu verheiraten. Es war für sie unbestritten, dass von allen Männern nur Eustathios für eine Ehe infrage kam. Sie sagte also zu Eustathios und den übrigen Anwesenden: »Höre nun, Eustathios, ihr Anwesenden seid Zeugen: Drei Kinder werde ich dir gebären, alle werden sie das, was menschliches Glück zu sein scheint, erlangen, (4) göttliches allerdings nur einer. Du wirst vor mir aus dem Leben scheiden, dein Los wird ein schönes und dir geziemendes sein, meines wird wahrscheinlich ein besseres sein […].«

8 (3) ἔδοξε γοῦν αὐτῇ καὶ ἀνδρὶ συνελθεῖν. καὶ ἀναμφίλεκτον ἦν ὅτι ἐξ ἁπάντων ἀνδρῶν μόνος Εὐστάθιος ἄξιος ἦν τοῦ γάμου. ἡ δὲ πρὸς Εὐστάθιον καὶ τοὺς παρόντας εἰποῦσα· "ἀλλ' ἄκουε μὲν <σύ,> Εὐστάθιε, συμμαρτυρούντων δὲ οἱ παρόντες. παῖδας μὲν ὑπὸ σοὶ

---

[122] Sosipatra (zweite Hälfte des 4. Jh.) gehörte der Richtung des Iamblich an; einer ihrer Söhne, Antoninos, lehrte in Alexandria (Eunapios *VSoph.* 6,10–11).

τέξομαι τρεῖς, πάντες δὲ τὸ ἀνθρώπινον δοκοῦν ἀγαθὸν <οὐδὲν> ἀτυχήσουσι, πρὸς τὸ (4) θεῖον δὲ [οὐδὲ] εἷς. καὶ σὺ δὲ προαπολείψεις ἐμέ, καλὴν μεταλαχὼν λῆξιν καὶ πρέπουσαν, ἐγὼ δὲ ἴσως κρείσσονα [...].

Q 70 Die Philosophin Hypatia – die wahre Neuplatonikerin

Synesios von Kyrene, *Brief 136 an seinen Bruder*

Ich könnte aus Athen Nutzen ziehen, soviel du auch wünschst, so dass ich mir um mehr als eine Hand und Fingerbreite reicher an Wissen vorkomme. Es sei mir aber gestattet, dir von dort eine Erfahrung über die neuen Weisheitslehren zu berichten. [...] Das heutige Athen hat ja nichts Würdevolles außer den klangvollen Namen seiner Plätze. [...] Doch jetzt, in unserer Zeit, nährt Ägypten den Intellekt, Ägypten, das die Saat Hypatias aufgenommen hat. Athen war einst der Herd der Weisen, nun halten die Stadt nur die Bienenzüchter[123] in Ehren [...].

Ὀναίμην τῶν Ἀθηνῶν ὁπόσα βούλει, ὥστε μοι δοκῶ πλεῖν ἢ παλαιστῇ καὶ δακτύλῳ γεγονέναι σοφώτερος. ἔξεστι δὲ καὶ αὐτόθεν τῆς νέας σοφίας πεῖράν σοί τινα παρασχεῖν. [...] ὡς οὐδὲν ἔχουσιν αἱ νῦν Ἀθῆναι σεμνὸν ἀλλ' ἢ τὰ κλεινὰ τῶν χωρίων ὀνόματα. [...] νοῦν μὲν οὖν ἐν τοῖς καθ' ἡμᾶς χρόνοις Αἴγυπτος τρέφει τὰς Ὑπατίας δεξαμένη γονάς, αἱ δὲ Ἀθῆναι – πάλαι μὲν ἦν ἡ πόλις ἑστία σοφῶν, τὸ δὲ νῦν ἔχον σεμνύνουσιν αὐτὰς οἱ μελιττουργοί [...].

Q 71 Die Herkunft und philosophische Leistung

Sokrates Scholastikos, *Kirchengeschichte* 7,15,1–5

15 (1) In Alexandria lebte eine Frau namens Hypatia. Sie war die Tochter des Philosophen[124] Theon und hatte in ihrer Gelehrsamkeit solche Fortschritte gemacht, dass sie die Philosophen ihrer Zeit bei weitem hinter sich ließ. Die platonische Lehre, die sich von Plotin herleitete, führte sie fort und bot alle philosophischen Themen Interessierten an. Daher strömten diejenigen, die philosophieren wollten, von allen Himmelsrichtungen zu ihr. (2) Kraft ihrer beeindruckenden Selbstsicherheit, die ihr infolge ihrer Gelehrsamkeit eigen war, trat sie selbst vor den Herrschenden in geschickter Art auf und hatte keine Scheu, sich mitten unter Männern aufzuhalten. (3) Aufgrund ihrer außerordentlichen Weisheit achteten sie alle über die Massen und wurden in Staunen versetzt. (4) Doch rüstete folglich in dieser Zeit gegen sie die Missgunst. Als sie sich nämlich des öfteren mit Orestes[125] traf, trug ihr das beim Kirchenvolk den Vorwurf ein, sie sei es, die nicht gestatte, dass Orestes mit dem Bischof freundschaftlich verkehre. (5) So lauerten Männer von jäher Gemütsart, die sich zusammengerottet hatten und die ein gewisser Petros, ein Lektor, anführte, der Frau auf, während sie von einem nicht näher be-

---

123 Gemeint sind der Neuplatoniker Plutarchos und sein Anhang.
124 Der alexandrinischen Tradition entsprechend zählte auch der Fachwissenschaftler zu den Philosophen. CAMERON, Barbarians 1993, 52–55 nimmt an, dass Theon auch philosophisches Interesse bekundete.
125 Orestes war Statthalter in Alexandria.

kannten Ort nach Hause zurückkehrte. Sie warfen sie aus ihrer Sänfte und zerrten sie zur Kaisarionkirche. Sie beraubten sie der Kleidung und töteten sie mit Scherben. Und als sie sie Glied für Glied zerstückelt und ihre Körperteile allesamt auf den sogenannten Kinaron getragen hatten, verbrannten sie die Leichenteile.

15 (1) ῏Ην τις γυνὴ ἐν τῇ Ἀλεξανδρείᾳ, τοὔνομα ῾Υπατία· αὕτη Θέωνος μὲν τοῦ φιλοσόφου θυγάτηρ ἦν, ἐπὶ τοσοῦτο δὲ προῦβη παιδείας, ὡς ὑπερακοντίσαι τοὺς κατ' αὐτὴν φιλοσόφους, τὴν δὲ Πλατωνικὴν ἀπὸ Πλωτίνου καταγομένην διατριβὴν διαδέξασθαι καὶ πάντα τὰ φιλόσοφα μαθήματα τοῖς βουλομένοις ἐκτίθεσθαι· διὸ καὶ οἱ πανταχόθεν φιλοσοφεῖν βουλόμενοι συνέτρεχον παρ' αὐτήν. (2) Διὰ <δὲ> τὴν προσοῦσαν αὐτῇ ἐκ τῆς παιδεύσεως σεμνὴν παρρησίαν καὶ τοῖς ἄρχουσι σωφρόνως εἰς πρόσωπον ἤρχετο· καὶ οὐκ ἦν τις αἰσχύνη ἐν μέσῳ ἀνδρῶν παρεῖναι αὐτήν· (3) πάντες γὰρ δι' ὑπερβάλλουσαν σωφροσύνην πλέον αὐτὴν ᾐδοῦντο καὶ κατεπλήττοντο. (4) Κατὰ δὴ ταύτης τότε ὁ φθόνος ὡπλίσατο. ἐπεὶ γὰρ συνετύγχανεν συχνότερον τῷ Ὀρέστῃ, διαβολὴν τοῦτ' ἐκίνησε κατ' αὐτῆς παρὰ τῷ τῆς ἐκκλησίας λαῷ, ὡς ἄρα εἴη αὕτη ἡ μὴ συγχωροῦσα τὸν Ὀρέστην εἰς φιλίαν τῷ ἐπισκόπῳ συμβῆναι. (5) Καὶ δὴ συμφρονήσαντες ἄνδρες τὸ φρόνημα ἔνθερμοι, ὧν ἡγεῖτο Πέτρος τις ἀναγνώστης, ἐπιτηροῦσι τὴν ἄνθρωπον ἐπανιοῦσαν ἐπὶ οἰκίαν ποθέν, καὶ ἐκ τοῦ δίφρου ἐκβαλόντες ἐπὶ τὴν ἐκκλησίαν, ᾗ ἐπώνυμον Καισάριον συνέλκουσιν, ἀποδύσαντές τε τὴν ἐσθῆτα ὀστράκοις ἀνεῖλον, καὶ μεληδὸν διασπάσαντες ἐπὶ τὸν καλούμενον Κιναρῶνα τὰ μέλη συνάραντες πυρὶ κατανήλωσαν.

Q 72 Hypatia im Urteil des Neuplatonikers

Damaskios, *Das Leben des Isidoros* frg. 102, S. 77,1–79,15 Zintzen

Sie [Hypatia] wurde in Alexandria geboren, aufgezogen und unterrichtet. Ihrer Natur nach war sie begabter als ihr Vater und begnügte sich nicht mit den Lehrinhalten der Mathematik, die sie bei ihrem Vater vorfand, sondern befasste sich darüber hinaus recht geschickt auch mit der übrigen Philosophie. Die Frau legte sich den Tribon um, machte ihre Ausgänge auch mitten durch die Stadt und erklärte vor einem großen Zuhörerkreis denen, die es hören wollten, Platon, Aristoteles oder die Schriften irgendeines anderen Philosophen. Neben ihrer Lehrtätigkeit gelangte sie auch zur Vervollkommnung der praktischen Tugend,[126] war gerecht und besonnen; sie blieb unverheiratet. Freilich war sie so schön und wohlgestaltet, dass sich einer ihrer Schüler in sie verliebte. Allerdings war er nicht imstande, sein Begehren zu zähmen, sondern gab seinem Empfinden ihr gegenüber Ausdruck. Die Berichte, die nicht über die wahre Kenntnis verfügen, sagen nun, Hypatia habe ihn durch Musik von seinem Liebesleid geheilt. Die Wahrheit hingegen ist vielmehr, dass die Musik damals schon längst verloren gegangen war. Sie soll aber ein Stück Stoff, das mit Monatsblut befleckt war, hervorgeholt haben †...† und ihm so das Symbol des unreinen Werdens mit den Worten gezeigt haben: »Das also, junger Mann, das nichts Schönes an sich hat, begehrst du?« Er habe freilich vor Scham und Schrecken ob dieser so ungenierten Demonstration in seiner Seele einen Wandel

---

126 Damaskios unterscheidet mehrere Stufen philosophischer *aretaí*; Hypatia hat seiner Einschätzung nach die höchste Stufe nicht erreicht (vgl. Damasc., *epit. Photiana* 164 Zintzen).

erlebt und sei besonnener geworden. So also verhielt sich Hypatia. In ihren wissenschaftlichen Erörterungen war sie gewandt und bediente sich der Dialektik; in ihren Handlungen war sie verständig und zeigte politische Verantwortung; in der übrigen Stadt genoss sie natürlich Anerkennung und Verehrung in hohem Maß. Die Archonten, die gerade der Stadt vorstanden, gingen zuerst zu ihr; so geschah es üblicherweise auch in Athen. Denn selbst wenn die aktive Einflussmöglichkeit der Philosophen nicht mehr bestand, so schien doch die Bezeichnung Philosophie nach wie vor geschätzt und bewundert zu werden in den Augen derer, die die höchsten Ämter in der Stadt innehatten [...].

αὕτη ἐν Ἀλεξανδρείᾳ καὶ ἐγεννήθη καὶ ἀνετράφη καὶ ἐπαιδεύθη. τὴν δὲ φύσιν γενναιοτέρα τοῦ πατρὸς οὖσα οὐκ ἠρκέσθη τοῖς διὰ τῶν μαθημάτων παιδεύμασιν ὑπὸ τῷ πατρί, ἀλλὰ καὶ φιλοσοφίας ἥψατο τῆς ἄλλης οὐκ ἀγεννῶς. περιβαλλομένη δὲ τρίβωνα ἡ γυνὴ καὶ διὰ μέσου τοῦ ἄστεως ποιουμένη τὰς προόδους ἐξηγεῖτο δημοσίᾳ τοῖς ἀκροᾶσθαι βουλομένοις ἢ τὸν Πλάτωνα ἢ τὸν Ἀριστοτέλην ἢ τὰ ἄλλου ὅτου δὴ τῶν φιλοσόφων. πρὸς δὲ τῷ διδασκαλικῷ καὶ ἐπ' ἄκρον ἀναβᾶσα τῆς πρακτικῆς ἀρετῆς, δικαία τε καὶ σώφρων γεγονυῖα, διετέλει παρθένος, οὕτω σφόδρα καλή τε οὖσα καὶ εὐειδής, ὥστε καὶ ἐρασθῆναί τινα αὐτῆς τῶν προσφοιτώντων. ὁ δὲ οὐχ οἷός τε ἦν κρατεῖν τοῦ ἔρωτος, ἀλλ' αἴσθησιν ἤδη παρείχετο καὶ αὐτῇ τοῦ παθήματος. οἱ μὲν οὖν ἀπαίδευτοι λόγοι φασί, διὰ μουσικῆς αὐτὸν ἀπαλλάξαι τῆς νόσου τὴν Ὑπατίαν· ἡ δὲ ἀλήθεια διαγγέλλει πάλαι μὲν διεφθορέναι τὰ μουσικῆς, αὐτὴν δὲ προενεγκαμένην τι τῶν γυναικείων ῥακῶν †...† καὶ τὸ σύμβολον ἐπιδείξασαν τῆς ἀκαθάρτου γενέσεως, "τούτου μέντοι", φάναι, "ἐρᾷς, ὦ νεανίσκε, καλοῦ δὲ οὐδενός". τὸν δὲ ὑπ' αἰσχύνης καὶ θάμβους τῆς ἀσχήμονος ἐπιδείξεως διατραπῆναί τε τὴν ψυχὴν καὶ διατεθῆναι σωφρονέστερον. οὕτω δὲ ἔχουσαν τὴν Ὑπατίαν, ἔν τε τοῖς λόγοις οὖσαν ἐντρεχῆ καὶ διαλεκτικὴν ἔν τε τοῖς ἔργοις ἔμφρονά τε καὶ πολιτικήν, ἥ τε ἄλλη πόλις εἰκότως ἠσπάζετό τε καὶ προσεκύνει διαφερόντως, οἵ τε ἄρχοντες ἀεὶ προχειριζόμενοι <τὰ> τῆς πόλεως ἐφοίτων πρῶτοι πρὸς αὐτήν, ὡς καὶ Ἀθήνῃσι διετέλει γινόμενον. εἰ γὰρ καὶ τὸ πρᾶγμα ἀπόλωλεν, ἀλλὰ τό γε ὄνομα φιλοσοφίας ἔτι μεγαλοπρεπές τε καὶ ἀξιάγαστον εἶναι ἐδόκει τοῖς μεταχειριζομένοις τὰ πρῶτα τῆς πολιτείας [...].

Q 73 Die Nachricht über die Schriften Hypatias

Hesychios, *Onomatologos* = Suda, *Hypatia* 166,644,1–10

Hypatia: Sie war die Tochter des ›Mathematikers‹ Theon, des alexandrinischen Philosophen; auch sie war eine Philosophin und auf vielen Gebieten kundig [...]. Der Höhepunkt ihres Schaffens lag unter der Herrschaft des Arkadios. Sie schrieb einen Kommentar zu Diophantos, den astronomischen ›Kanon‹[127], einen Kommentar zu den Kegelschnitten des Apollonios.

Ὑπατία: ἡ Θέωνος τοῦ γεωμέτρου θυγάτηρ, τοῦ Ἀλεξανδρέως φιλοσόφου, καὶ αὐτὴ φιλόσοφος καὶ πολλοῖς γνώριμος·[...] ἤκμασεν ἐπὶ τῆς βασιλείας Ἀρκαδίου. ἔγραψεν ὑπόμνημα εἰς Διόφαντον, τὸν ἀστρονομικὸν Κανόνα, εἰς τὰ Κωνικὰ Ἀπολλωνίου ὑπόμνημα.

---

127 Aufgrund der Textlage lässt sich nicht sicher sagen, ob es sich dabei um ein eigenständiges Werk oder um einen Kommentar handelte.

Weitere Quellen

Zu den Pythagoreerinnen: Ihre Schriften sind gesammelt in THESLEFF, Pythagorean Texts 1968 [mit Diskussion bezüglich Authentizität; vgl. auch THESLEFF, Introduction 1961 zur zeitlichen Einordnung, zu Dialekt und geographischer Zuordnung der Schriften].

Zu Sosipatra: Eunapios. 6,6,7–6,7, 2 [Initiation der Sosipatra in die Philosophie]; Eunapios 6,8 [Sosipatra als inspirierte Philosophin und Lehrerin]; Eunapios 6,9 [Sosipatra als Witwe im Kreise des Philosophen Aidesios]; Eunapios 6,9,3–13 [Sosipatras Verhalten gegenüber einem »verliebten« Schüler]; Eunapios 6,14–15 [Sosipatras Tod – ihr Sohn, der Philosoph Antoninos]; vgl. GIANGRANDE, Eunapii Vitae Sophistarum 1956.

Zu Hypatia: Synesios *ep.* 10 [das Verhältnis des Autors zu Hypatia]; Synesios *ep.* 16 [ein »Hymnus« des Schülers auf die Lehrerin]; Synesios *ep.* 81 [Hypatia als Wohltäterin und politisch einflussreiche Frau]; vgl. GARZYA, Synesii Cyrenensis Epistolae 1979.

Aktuelle Ausgaben der anderen Quellentexte sind: ZINTZEN, Damascii vitae Isidori reliquiae 1967; HANSEN, Sokrates. Kirchengeschichte 1995.

Grundlegende Literatur

GOULET, Dictionnaire 1994; LIST, Eros 1986; LIST, Präsenz des Anderen 1993; SCHMITT-PANTEL, Geschichte der Frauen 1993; THESLEFF, Introduction 1961; WAITHE, Women Philosophers 1987.

Weiterführende Literatur

BERETTA, Ipazia 1993; DORANDI, Assiotea e Lasteneia 1989; DZIELSKA. Hypatia of Alexandria 1995; HARICH-SCHWARZBAUER, Hypatia von Alexandria 1998; LAMBROPOULOU, Pythagorean Female Virtues 1998; RONCHEY, Ipazia 1994; THESLEFF, Introduction 1961.

Perpetua: Visionen im Christentum
Peter Habermehl

Während des 2. Jh. n. Chr., v. a. aber unter der Regierung des Afrikaners Septimius Severus und seiner Nachfolger blüht *Africa* zu einer der vitalsten Provinzen des römischen Reiches heran. Mit Fronto, Gellius und Apuleius wird sie zum Zentrum der zeitgenössischen lateinischen Literatur; Karthago, ihre kosmopolitische Hauptstadt, wetteifert mit Alexandria um den zweiten Platz nach Rom.

Wann und wie das Christentum in Nordafrika Fuß fasst, ist eine der großen Unbekannten der Kirchengeschichte. Die ersten verlässlichen Nachrichten aus dem späten 2. Jh. belegen, dass es von der Küste aus bereits weit ins Land vorgedrungen ist (wir wissen von 70 Bischöfen). In Karthago existiert eine große Gemeinde, die zur Zeit Tertullians (ca. 160 bis nach 220) nach Rom das zweite Zentrum der Kirche im Westen bildet und neben Antiochia und Alexandria eine der vier christlichen Metropolen des Reiches. Neben ›orthodoxen‹ Kräften wirken hier Valentinianer und andere gnostische Gruppen, Marcionisten, Anhänger des Hermogenes, Monarchianer. Die um 170 n. Chr. in Kleinasien entstandene Bewegung der Montanisten feiert hier ihre größten Erfolge. Theologischer Streit beherrscht die Szene, endzeitliche Ängste und Sehnsüchte liegen in der Luft (vgl. Passio Sanctarum Perpetuae et Felicitatis 1,3–4, **Q 74**).[128]

In diesen aufgewühlten Jahren werden die Kirchen Nordafrikas von staatlicher Verfolgung heimgesucht. In Alexandria kommt der Vater des Origenes zu Tode, in Karthago fallen ihr u. a. fünf junge Katechumenen und ihr geistlicher Lehrer zum Opfer, die am 7. März 203 im Amphitheater sterben.

Diese Begebenheit überliefert uns eine der frühesten christlichen Schriften lateinischer Sprache, die bald nach den Ereignissen entstanden ist: die *Passio Sanctarum Perpetuae et Felicitatis* (»Passion der Heiligen Perpetua und Felicitas«). Sie schildert nicht allein das Leiden und Sterben der Märtyrer in der Arena, sie enthält auch Aufzeichnungen, die zwei von ihnen während der Haft verfasst haben: eine Himmelsvision des Saturus, des Lehrers der Gruppe, und das Tagebuch der Vibia Perpetua, einer jungen und klassisch gebildeten Frau aus vornehmer Familie, vom »ganzen Hergang ihres Martyriums, so wie sie ihn mit eigener Hand und aus ihrer Sicht aufgezeichnet und hinterlassen hat« (*Passio* 2,3).[129]

Von allen uns bekannten frühchristlichen Märtyrertexten hebt sich die *Passio* dank der Seiten Perpetuas augenfällig ab. In einfacher, lebendiger Sprache erzählt sie von ihrer Haft: von ihrem Entsetzen angesichts des finsteren Kerkers, von der Sorge um ihren Säugling, vom Schmerz ihrer Familie, den sie mitleidet. Ihre Ängste widersprechen dem Ideal des heroischen Märtyrers, der jede Heimsuchung als Teil seiner Passion begrüßt. Das Tagebuch zeigt eine Frau, die erst mit der Zeit lernt, Gefangenschaft und Hinrichtung als ihre Bestimmung anzunehmen.

Diese Entwicklung lässt sich v. a. in ihren vier Visionen ablesen, dem Herzstück ihrer Aufzeichnungen. Wie zu kaum einer anderen Epoche prägt die unmittelbare Nähe zu Gott in der Ekstase, im Traumgesicht, in der Prophetie das zeitgenössische Christentum. Und von Stephanus an zählen Visionen zum Charisma des Märtyrers. Gleichwohl bleiben Perpetuas Gesichte in der Literatur der frühen Kirche ohne Beispiel. In ihnen verschmelzen pagane und christliche Vorstellungswelt und zeigen, wie in dem neuen Glauben beide Traditionen einander befruchten können. Ihr letztes Gesicht setzt die christliche Lehre vom Martyrium plastisch ins

---

128 Eine Darstellung der frühen afrikanischen Kirche fehlt nach wie vor. Einen ersten Zugang vermitteln BARNES, Tertullian 1985, 60–84 und FREND, Christianity 1986, 346–357; wichtige Aspekte behandeln SCHÖLLGEN, Ecclesia sordida 1984 und RIVES, Religion and authority in Roman Carthage from Augustus to Constantine 1995.
129 Dass ihr Tagebuch tatsächlich von ihr stamme, ist gelegentlich bestritten worden. Sprachliche wie historische Argumente sprechen jedoch deutlich für seine Authentizität (vgl. HABERMEHL, Perpetua 1992, 241–248).

Bild: in einem athletischen Pankration[130] bezwingt sie Satan, der als Ägypter auftritt, und besiegelt so ihre glorreiche Heimkehr ins Paradies.

Eine andere Perpetua erleben wir im Bericht des Herausgebers. Sie ist glaubensstark und gotterfüllt, unbeugsam in ihrem Entschluss zu sterben, von männlicher Kraft im Angesicht aller Widersacher und zuletzt im Angesicht des Todes. Sie hat die Züge einer Heldin. Diese Spannung zwischen der Introspektion des Tagebuchs und der Glorie des Passionsberichts, zwischen Wirklichkeit und Verklärung verleiht der *Passio* eine eigene Qualität und dem Bild Perpetuas eine Tiefe, die in keinem anderen Text der Gattung wiederkehrt.

Der anonyme Herausgeber schildert als Augenzeuge ihres Martyriums die Ereignisse im Amphitheater und besorgt – wohl im Auftrag der karthagischen Gemeinde – die ›Publikation‹ des gesamten Dokuments. Die noch zwei Jahrhunderte später von Augustin dokumentierte Aufgabe der *Passio* ist liturgisch: am Jahrestag des Blutzeugnisses wird sie in der Gemeinde verlesen. Doch sie entfaltet über Karthago hinaus eine beispiellose Wirkung. Wohl noch im 3. Jh. wird sie ins Griechische übersetzt und gleich zweimal dramatisch nachgedichtet. Als einer der frühesten lateinischen Märtyrertexte prägt sie die afrikanische Märtyrerliteratur und findet selbst im Osten Widerhall. Augustin muss daran erinnern, dass sie nicht zur *Heiligen Schrift* zählt. Auch für uns Nachgeborene behält dieses Dokument seinen Wert. Als eines der wenigen authentischen weiblichen Schriftzeugnisse der Antike erlaubt uns Perpetuas Erzählung einen einzigartigen Einblick in die Geisteswelt einer frühen Christin.

Quellen

Q 74 Perpetuas Tagebuch

Passion der Heiligen Perpetua und Felicitas (*Passio Sanctarum Perpetuae et Felicitatis*) 3–10

3 (1) Als wir noch in Untersuchungshaft waren (beginnt sie) und Vater mich mit Worten abtrünnig machen wollte und in seiner Liebe beharrlich versuchte, mich zu Fall zu bringen, fragte ich ihn: »Vater, siehst du zum Beispiel das Gefäß hier am Boden, den kleinen Krug oder so?« »Ja«, sagte er. (2) Und ich sagte zu ihm: »Kann man den etwa mit einem anderen Namen benennen als dem, was er ist?« Und er erwiderte, »Nein.« »Ebenso kann auch ich mich nicht anders nennen als was ich bin – Christin.« (3) Da stürzt sich Vater, von diesem Wort aufgebracht, auf mich, um mir die Augen auszukratzen; doch er ängstigte mich nur, und er zog sich zurück, geschlagen samt seinen Teufelsgründen. (4) Dann dankte ich dem Herrn, weil ich Vater für einige Tage los war, und erholte mich in seiner Abwesenheit. (5)

---

130 Der in allen großen griechischen Spielen wie Olympia oder Delphi vertretene »Allkampf« vereinte die Elemente von Ringkampf und Boxen; an Brutalität übertraf er beide.

Während dieser wenigen Tage wurden wir getauft. Und mir gab der Geist ein, nichts anderes vom Wasser zu erlangen zu suchen als die Geduld des Fleisches. Wenige Tage später wurden wir in das Gefängnis gebracht. Und Entsetzen packte mich, denn noch nie hatte ich so eine Finsternis erlebt. (6) Was für ein schrecklicher Tag: drückende Hitze wegen der vielen Menschen, dazu die Schikanen der Soldaten. Zu alledem quälte mich auch noch die Sorge um das Kind. (7) Dann erreichten es Tertius und Pomponius, die gesegneten Diakone, die uns betreuten, durch Bestechung, dass wir für ein paar Stunden in einen besseren Teil des Gefängnisses entlassen wurden und uns erholen konnten. (8) Da verließen alle den inneren Kerker und pflegten sich. Ich stillte den Säugling, der vor Hunger schon schwach war; seinetwegen in Sorge redete ich Mutter gut zu, machte meinem Bruder Mut und vertraute ihnen meinen Sohn an. Auch deshalb litt ich, weil ich sie meinetwegen vor Kummer vergehen sah. (9) Solche Ängste habe ich viele Tage lang ausgestanden. Und ich setzte es durch, dass das Kind bei mir im Gefängnis blieb. Und sogleich erholte ich mich; ich war vom Schmerz und der Angst um das Kind befreit. Und mit einem Mal wurde mir das Gefängnis zum Palast, so dass ich nirgends lieber hätte sein wollen als dort.

4 (1) Dann sagte mein Bruder zu mir: »Schwester, Liebe, du stehst schon so hoch in der Gnade, dass du ein Gesicht fordern kannst, und dir geoffenbart werde, ob das Martyrium bevorsteht oder die Freilassung.« (2) Und weil ich wusste, dass ich Zwiesprache halte mit dem Herrn, dessen Wohltaten ich so reichlich erfahren hatte, versprach ich es ihm voller Zuversicht: »Morgen gebe ich dir Bescheid.« Und ich forderte, und dies wurde mir gezeigt: (3) Ich sehe eine eherne Leiter von wundersamer Größe, die an den Himmel rührt und so schmal ist, dass man nur einzeln auf ihr hinaufsteigen kann; und an den Holmen der Leiter ist allerlei Eisengerät befestigt. Da gab es Schwerter, Lanzen, Haken, Dolche, Spieße, so dass einer, der unvorsichtig oder ohne nach oben achtzugeben emporstiege, zerrissen würde und sein Fleisch vom Eisen hinge. (4) Und unter jener Leiter lag ein Drache von wundersamer Größe, der den Aufsteigenden auflauerte und sie abschrecken wollte aufzusteigen. (5) Als erster aber stieg Saturus hinauf, der sich im Nachhinein unsertwegen freiwillig gestellt hatte; er selbst hatte uns ja unterwiesen; damals, als wir verhaftet wurden, war er nicht dabeigewesen. (6) Und er gelangte ans Ende der Leiter, wandte sich um und sagte zu mir: »Perpetua, ich warte auf dich; doch gib acht, dass der Drache dich nicht beißt.« Und ich sagte: »Er wird mir nichts tun, im Namen Jesu Christi.« (7) Und von unter der Leiter her streckte er langsam, als fürchte er mich, den Kopf hervor. Und als träte ich auf die erste Sprosse, so trat ich ihm auf den Kopf und stieg empor. (8) Und ich sah einen unermesslich weiten Garten, und in seiner Mitte saß ein weißhaariger Mann in Hirtentracht, groß, der Schafe molk. Und rings um ihn standen viele Tausende in weißen Gewändern. (9) Und er hob sein Haupt, schaute mich an und sagte zu mir: »Gut bist du gekommen, mein Kind.« Und er rief mich herbei, und von dem Käse, den er molk, gab er mir gleichsam einen Bissen. Und ich empfing ihn mit ineinandergelegten Händen und aß. Und sämtliche Umstehenden sagten »Amen«. (10) Und vom Klang dieses Rufs erwachte ich; irgendetwas Süßes kaute ich noch. Und sogleich berichtete ich meinem Bruder. Und wir er-

kannten, dass das Martyrium bevorstehe, und fortan setzten wir keine Hoffnung mehr auf diese Welt.

5 (1) Ein paar Tage später ging das Gerücht um, unsere Verhandlung stehe bevor. Unvermutet kam aber auch von der Stadt mein Vater, gramverzehrt, und er stieg hinauf zu mir, um mich zu Fall zu bringen. Er sagte: (2) »Erbarme dich, Tochter, meines weißen Haars, erbarme dich des Vaters, wenn du mich noch für wert hältst, dein Vater zu heißen, wenn ich dich mit diesen meinen Händen zu solch blühenden Jahren herangezogen habe, wenn du mir lieber warst als alle deine Brüder. Gib mich nicht der Schande unter den Menschen preis. (3) Denk' an deine Brüder, denk' an deine Mutter und Tante, denk' an deinen Sohn, der ohne dich nicht leben kann. (4) Lass ab von deinem Starrsinn. Richte uns nicht alle zugrunde. Denn keiner von uns wird je unbeschwert und frei sprechen können, sollte dir etwas zustoßen.« (5) Das sagte er als Vater aus seiner Liebe heraus. Er küsste mir die Hände und warf sich mir zu Füßen und unter Tränen nannte er mich nicht mehr Tochter, sondern Herrin. (6) Mir war weh zumut über das Unglück meines Vaters, weil er als einziger von meiner ganzen Familie sich über mein Martyrium nicht freuen würde. Und ich tröstete ihn und sagte: »Auf der Tribüne wird das geschehen, was Gott will. Wisse nämlich: nicht in unsere eigene Gewalt sind wir gestellt, sondern in die Gottes.« Und er zog sich von mir zurück, verzweifelt.

6 (1) Am Tag danach, mittags, während wir aßen, holte man uns plötzlich zur Verhandlung. Und wir gelangten zum Forum. Die Nachricht verbreitete sich sofort in den benachbarten Vierteln, und eine unermessliche Menge strömte zusammen. (2) Wir stiegen auf die Tribüne hinauf. Als sie vernommen wurden, haben die anderen bekannt. Dann kam ich an die Reihe. In diesem Augenblick erschien mein Vater mit meinem Sohn, zog mich von der Treppe und sagte: »Opfere! Hab' Mitleid mit dem Kind!« (3) Und der Prokurator Hilarianus, der damals an Stelle des verstorbenen Prokonsuls Minucius Timinianus für Kapitalprozesse zuständig war, sagte: »Schone das weiße Haar deines Vaters! Schone das zarte Alter deines Knaben! Bring das Opfer für das Heil der Kaiser dar.« (4) Und ich antwortete: »Das tue ich nicht.« Hilarianus fragte: »Bist du Christin?« Und ich antwortete: »Ja, ich bin Christin.« (5) Und da Vater weiter versuchte, mich zu Fall zu bringen, wurde er auf Befehl des Hilarianus heruntergeworfen und mit der Rute geschlagen. Mich schmerzte das Unglück meines Vaters, als wäre ich selbst geschlagen worden. So weh tat mir sein unglückliches Alter. (6) Dann verkündete er seine Entscheidung und verurteilte uns allesamt zu den Tieren. Und heiter stiegen wir hinab zum Kerker. (7) Weil aber das Kind gewohnt war, von mir gestillt zu werden und bei mir im Gefängnis zu sein, schickte ich sofort den Diakon Pomponius zum Vater und verlangte das Kind. Doch Vater wollte es nicht herausgeben. (8) Und wie Gott es wollte – weder verlangte es länger nach der Brust noch entzündete sie sich, damit mich die Angst um den Säugling und entzündete Brüste nicht quälen sollten.

7 (1) Ein paar Tage später, als wir gemeinsam beteten, kam mir plötzlich mitten im Gebet ein Schrei über die Lippen und ich rief »Dinocrates«. Und ich war sprachlos, denn nie war er mir vorher in den Sinn gekommen außer eben da; und mir wurde weh bei der Erinnerung an sein Unglück. (2) Und ich begriff sogleich, dass ich in der Gnade stehe und für ihn bitten solle. Und ich begann, um seinetwil-

len viel zu beten und wehzuklagen zum Herrn. (3) Noch in derselben Nacht wurde mir dies gezeigt: (4) Ich sehe Dinocrates, der aus einem finsteren Ort hervorkommt, wo noch etliche waren; er ist glühend heiß und durstig, von schmutzigem Äußeren und leichenblass; im Gesicht war die Wunde, die er hatte, als er starb. (5) (Dieser Dinocrates war mein leiblicher Bruder gewesen; mit sieben Jahren war er an einer Krankheit, einem Gesichtskrebs, auf so schreckliche Weise gestorben, dass sein Sterben alle Menschen mit Abscheu erfüllte. (6) Für ihn hatte ich also gebetet.) Und zwischen mir und ihm lag ein großer Abstand, so dass wir beide nicht zueinander kommen konnten. (7) Weiter gab es an jenem Ort, wo Dinocrates war, ein Becken voll Wasser, dessen Rand höher war als das Kind reichte; und Dinocrates streckte sich, um zu trinken. (8) Es tat mir weh, weil das Becken voll Wasser war und er dennoch wegen des hohen Randes nicht trinken konnte. (9) Und ich erwachte, und ich erkannte, dass mein Bruder litt. Doch ich war zuversichtlich, dass ich seinem Leiden abhelfen werde. Und ich betete für ihn jeden Tag, bis wir ins Militärgefängnis verlegt wurden. Denn wir sollten bei den Militärspielen kämpfen; bald war der Geburtstag des Caesaren Geta. (10) Und ich betete für ihn Tag und Nacht, unter Seufzen und Tränen, damit er mir geschenkt werde.

8 (1) An dem Tag, an dem wir im Eisen lagen, wurde mir dies gezeigt: Ich sehe jenen Ort, den ich vorher gesehen hatte, und Dinocrates, mit reinem Leib, wohlgekleidet und wohlauf; und wo die Wunde gewesen war, sehe ich eine Narbe. (2) Und jenes Becken, das ich vorher gesehen hatte, hatte jetzt einen niedrigeren Rand, der nur noch bis zum Nabel des Kindes reichte, und in einem fort lief Wasser aus ihm heraus. (3) Und auf dem Rand war eine goldene Schale voll Wasser. Und Dinocrates trat hin und begann daraus zu trinken; und die Schale wurde nicht leer. (4) Und als sein Durst gelöscht war, begann er, nach Kinderart mit dem Wasser zu spielen, vergnügt. Und ich erwachte. Da erkannte ich, dass er der Strafe enthoben war.

9 (1) Ein paar Tage später dann begann der Unteroffizier Pudens, der Gefängnisaufseher, uns seine Achtung zu bezeigen, da er erkannte, dass eine große Kraft in uns ist. Vielen gewährte er Einlass zu uns, damit wir und sie uns gemeinsam stärken könnten. (2) Als aber der Tag der Spiele nahe war, kam mein Vater zu mir, gramverzehrt, und raufte sich den Bart und streute ihn auf die Erde und warf sich auf sein Gesicht nieder; er verfluchte sein Alter und sagte so eindringliche Worte, dass sie die gesamte Schöpfung zu rühren vermöchten. (3) Sein unglückliches Greisenalter machte mir das Herz schwer.

10 (1) Am Tag vor unserem Kampf sehe ich in einem Gesicht folgendes: Der Diakon Pomponius war zum Gefängnistor gekommen und klopfte heftig. (2) Und ich ging hinaus zu ihm und öffnete ihm; er trug ein ungegürtetes weißes Gewand und reichverziertes Schuhwerk. (3) Und er sagte zu mir: »Perpetua, wir warten auf Dich, komm.« Und er hielt mich bei der Hand und wir machten uns auf den Weg durch grimme gewundene Orte. (4) Mit Mühe und ganz außer Atem gelangten wir endlich zum Amphitheater, und er führte mich mitten in die Arena und sagte zu mir: »Fürchte dich nicht. Ich bin bei dir und stehe dir zur Seite.« Und er ging fort. (5) Und ich sehe eine ungeheure Menge in gespannter Erwartung, und weil ich wusste, dass ich zu den Tieren verurteilt war, wunderte ich mich, dass die Tiere

nicht auf mich losgelassen wurden. (6) Und heraus trat, als mein Gegner, ein Ägypter von abstoßendem Äußeren, samt seinen Leuten, um mit mir zu kämpfen. Auch zu mir kommen schöne junge Männer, meine Helfer und Anhänger. (7) Und ich wurde ausgezogen und zum Mann, und meine Leute rieben mich mit Öl ein, wie es bei Wettkämpfen üblich ist. Den Ägypter hingegen sehe ich sich im Staub wälzen. (8) Und heraus trat ein Mann von so wundersamer Größe, dass er sogar den First des Amphitheaters überragte; er trug ein ungegürtetes Gewand, beidseitig mit Streifen gesäumt und purpurn auf der Brust, und kunstreiches, aus Gold und Silber gefertigtes Schuhwerk, und er hielt eine Gerte in Händen wie ein Gladiatorenmeister und einen grünen Zweig, der goldene Äpfel trug. (9) Und er gebot Ruhe und sagte: »Siegt dieser Ägypter, wird er sie mit dem Schwert töten. Besiegt sie ihn, wird sie diesen Zweig empfangen.« (10) Und er trat zurück. Und wir gingen aufeinander los und begannen mit den Fäusten zu schlagen. Er suchte mich an den Füßen zu packen; ich trat ihm aber mit den Fersen ins Gesicht. (11) Und ich wurde in die Luft gehoben und fing an, ihn so zu treten wie jemand, der den Boden nicht mehr berührt. Als ich aber eine Atempause eintreten sah, schloss ich die Hände ineinander, Finger in Finger verschränkt, und packte ihn am Kopf, und er stürzte aufs Gesicht, und ich trat ihm auf den Kopf. (12) Und das Volk brach in Beifall aus und meine Anhänger begannen zu jubilieren. Und ich trat vor den Gladiatorenmeister und empfing den Zweig. (13) Und er küsste mich und sagte zu mir: »Tochter, der Friede sei mit dir.« Und in Herrlichkeit schritt ich zum Tor des Lebens. Und ich erwachte. (14) Und ich erkannte, dass ich nicht mit den Tieren, sondern mit dem Teufel kämpfen werde; doch ich wusste, der Sieg werde mein sein. (15) Das habe ich bis zum Tag vor den Spielen getan. Was aber bei den Spielen selbst geschehen ist, mag aufschreiben, wer immer willens ist.

3 (1) Cum adhuc, inquit, cum prosecutoribus essemus et me pater verbis evertere cupiret et deicere pro sua affectione perseveraret: Pater, inquam, vides verbi gratia vas hoc iacens, urceolum sive aliud? et dixit: Video. (2) et ego dixi ei: Numquid alio nomine vocari potest quam quod est? et ait: Non. sic et ego aliud me dicere non possum nisi quod sum, Christiana. (3) tunc pater motus hoc verbo mittit se in me ut oculos mihi erueret, sed vexavit tantum et profectus est victus cum argumentis diaboli. (4) tunc paucis diebus quod caruissem patrem, domino gratias egi et refrigeravi absentia illius. (5) in ipso spatio paucorum dierum baptizati sumus, et mihi Spiritus dictavit non aliud petendum ab aqua nisi sufferentiam carnis. post paucos dies recipimur in carcerem; et expavi, quia numquam experta eram tales tenebras. (6) o diem asperum: aestus validus turbarum beneficio, concussurae militum. novissime macerabar sollicitudine infantis. (7) ibi tunc Tertius et Pomponius, benedicti diaconi qui nobis ministrabant, constituerunt praemio uti paucis horis emissi in meliorem locum carceris refrigeraremur. (8) tunc exeuntes de carcere universi sibi vacabant. ego infantem lactabam iam inedia defectum; sollicita pro eo adloquebar matrem et confortabam fratrem, commendabam filium; tabescebam ideo quod illos tabescere videram mei beneficio. (9) tales sollicitudines multis diebus passa sum; et usurpavi ut mecum infans in carcere maneret; et statim convalui et relevata sum a labore et sollicitudine infantis, et factus est mihi carcer subito praetorium, ut ibi mallem esse quam alicubi.

4 (1) Tunc dixit mihi frater meus: Domina soror, iam in magna dignatione es, tanta ut postules visionem et ostendatur tibi an passio sit an commeatus. (2) et ego quae me sciebam fabulari cum Domino, cuius beneficia tanta experta eram, fidenter repromisi ei dicens: Crastina die tibi renuntiabo. et postulavi, et ostensum est mihi hoc. (3) video scalam aeream mirae magnitudinis pertingentem usque ad caelum et angustam, per quam nonnisi singuli ascendere possent, et in lateribus scalae omne genus ferramentorum infixum. erant ibi gladii, lanceae, hami, machaerae, veruta, ut si quis neglegenter aut non sursum adtendens ascenderet, laniaretur et carnes eius inhaererent ferramentis. (4) et erat sub ipsa scala draco cubans mirae magni-

tudinis, qui ascendentibus insidias praestabat et exterrebat ne ascenderent. (5) ascendit autem Saturus prior, qui postea se propter nos ultro tradiderat (quia ipse nos aedificaverat), et tunc cum adducti sumus, praesens non fuerat. (6) et pervenit in caput scalae et convertit se et dixit mihi: Perpetua, sustineo te; sed vide ne te mordeat draco ille. et dixi ego: Non me nocebit, in nomine Iesu Christi. (7) et desub ipsa scala, quasi timens me, lente eiecit caput. et quasi primum gradum calcarem, calcavi illi caput et ascendi. (8) et vidi spatium immensum horti et in medio sedentem hominem canum in habitu pastoris, grandem, oves mulgentem. et circumstantes candidati milia multa. (9) et levavit caput et aspexit me et dixit mihi: Bene venisti, tegnon. et clamavit me et de caseo quod mulgebat dedit mihi quasi buccellam; et ego accepi iunctis manibus et manducavi; et universi circumstantes dixerunt: Amen. (10) et ad sonum vocis experta sum, conmanducans adhuc dulce nescio quid. et retuli statim fratri meo; et intelleximus passionem esse futuram, et coepimus nullam iam spem in saeculo habere.

5 (1) Post paucos dies rumor cucurrit ut audiremur. supervenit autem et de civitate pater meus, consumptus taedio, et ascendit ad me, ut me deiceret, dicens: (2) Miserere, filia, canis meis; miserere patri, si dignus sum a te pater vocari; si his te manibus ad hunc florem aetatis provexi, si te praeposui omnibus fratribus tuis: ne me dederis in dedecus hominum. (3) aspice fratres tuos, aspice matrem tuam et materteram, aspice filium tuum qui post te vivere non poterit. (4) depone animos; ne universos nos extermines. nemo enim nostrum libere loquetur, si tu aliquid fueris passa. (5) haec dicebat quasi pater pro sua pietate basians mihi manus et se ad pedes meos iactans et lacrimans me iam non filiam nominabat sed dominam. (6) et ego dolebam casum patris mei quod solus de passione mea gavisurus non esset de toto genere meo. et confortavi eum dicens: Hoc fiet in illa catasta quod Deus voluerit. scito enim nos non in nostra esse potestate constitutos, sed in Dei. et recessit a me contristatus.

6 (1) Alio die cum pranderemus, subito rapti sumus ut audiremur. et pervenimus ad forum. rumor statim per vicinas fori partes cucurrit et factus est populus inmensus. (2) ascendimus in catastam. interrogati ceteri confessi sunt. ventum est et ad me. et apparuit pater ilico cum filio meo et extraxit me de gradu dicens: Supplica. miserere infanti. (3) et Hilarianus procurator, qui tunc loco proconsulis Minuci Timiniani defuncti ius gladii acceperat, Parce, inquit, canis patris tui, parce infantiae pueri. fac sacrum pro salute imperatorum. (4) et ego respondi: Non facio. Hilarianus: Christiana es? inquit. et ego respondi: Christiana sum. (5) et cum staret pater ad me deiciendam, iussus est ab Hilariano deici et virga percussus est. et doluit mihi casus patris mei quasi ego fuissem percussa; sic dolui pro senecta eius misera. (6) tunc nos universos pronuntiat et damnat ad bestias; et hilares descendimus ad carcerem. (7) tunc quia consueverat a me infans mammas accipere et mecum in carcere manere, statim mitto ad patrem Pomponium diaconum, postulans infantem. sed pater dare noluit. (8) et quomodo Deus voluit, neque ille amplius mammas desideravit neque mihi fervorem fecerunt ne sollicitudine infantis et dolore mammarum macerarer.

7 (1) Post dies paucos, dum universi oramus, subito media oratione profecta est mihi vox et nominavi Dinocraten. et obstipui quod numquam mihi in mentem venisset nisi tunc, et dolui commemorata casus eius. (2) et cognovi me statim dignam esse et pro eo petere debere. et coepi de ipso orationem facere multum et ingemescere ad dominum. (3) continuo ipsa nocte ostensum est mihi hoc. (4) video Dinocraten exeuntem de loco tenebroso ubi conplures erant, aestuantem valde et sitientem, sordido vultu et colore pallido; et vulnus in facie eius, quod cum moreretur habuit. (5) hic Dinocrates fuerat frater meus carnalis, annorum septem, qui per infirmitatem facie cancerata male obiit ita ut mors eius odio fuerit omnibus hominibus. (6) pro hoc ergo orationem feceram; et inter me et illum grande erat diastema ita ut uterque ad invicem accedere non possemus. (7) erat deinde in illo loco ubi Dinocrates erat piscina plena aqua, altiorem marginem habens quam erat statura pueri; et extendebat se Dinocrates quasi bibiturus. (8) ego dolebam quod et piscina illa aquam habebat et tamen propter altitudinem marginis bibiturus non esset. (9) et experrecta sum, et cognovi fratrem meum laborare. sed fidebam me profuturam labori eius. et orabam pro eo omnibus diebus quousque transivimus in carcerem castrensem. munere enim castrensi eramus pugnaturi; natale tunc Getae Caesaris. (10) et feci pro illo orationem die et nocte gemens et lacrimans ut mihi donaretur.

8 (1) Die quo in nervo mansimus, ostensum est mihi hoc. video locum illum quem retro videram et Dinocraten mundo corpore bene vestitum refrigerantem; et ubi erat vulnus video cicatricem, (2) et piscinam illam, quam retro videram, summisso margine usque ad umbilicum pueri; et aqua de ea trahebat sine cessatione. (3) et super marginem fiala aurea plena aqua. et accessit Dinocrates et de ea bibere coepit; quae fiala non deficiebat. (4) et satiatus accessit de aqua ludere more infantium gaudens. et experrecta sum. tunc intellexi translatum eum esse de poena.

9 (1) Deinde post dies paucos Pudens miles optio, praepositus carceris, nos magnificare coepit intellegens magnam virtutem esse in nobis; qui multos ad nos admittebat ut et nos et illi invicem refrigeraremus. (2) ut autem proximavit dies muneris, intrat ad me pater meus consumptus taedio, et coepit barbam suam evellere et in terram mittere, et prosternere se in faciem, et inproperare annis suis, et dicere tanta verba quae moverent universam creaturam. (3) ego dolebam pro infelici senecta eius.

10 (1) Pridie quam pugnaremus, video in horomate hoc: venisse Pomponium diaconum ad ostium carceris et pulsare vehementer. (2) et exivi ad eum et aperui ei; qui erat vestitus discincta candida, habens multiplices galliculas. (3) et dixit mihi: Perpetua, te expectamus; veni. et tenuit mihi manum et coepimus ire per aspera loca et flexuosa. (4) vix tandem pervenimus anhelantes ad amphitheatrum et induxit me in media arena et dixit mihi: Noli pavere. hic sum tecum et conlaboro tecum. et abiit. (5) et aspicio populum ingentem adtonitum; et quia sciebam me ad bestias damnatam esse, mirabar quod non mitterentur mihi bestiae. (6) et exivit quidam contra me Aegyptius foedus specie cum adiutoribus suis pugnaturus mecum. veniunt et ad me adolescentes decori, adiutores et fautores mei. (7) et expoliata sum et facta sum masculus; et coeperunt me favisores mei oleo defricare, quomodo solent in agone. et illum contra Aegyptium video in afa volutantem. (8) et exivit vir quidam mirae magnitudinis ut etiam excederet fastigium amphitheatri, discinctatus, purpuram inter duos clavos per medium pectus habens, et galliculas multiformes ex auro et argento factas, et ferens virgam quasi lanistam, et ramum viridem in quo erant mala aurea. (9) et petiit silentium et dixit: Hic Aegyptius, si hanc vicerit, occidet illam gladio; haec, si hunc vicerit, accipiet ramum istum. (10) et recessit. et accessimus ad invicem et coepimus mittere pugnos. ille mihi pedes adprehendere volebat; ego autem illi calcibus faciem caedebam. (11) et sublata sum in aere et coepi eum sic caedere quasi terram non calcans. at ubi vidi moram fieri, iunxi manus ut digitos in digitos mitterem et apprehendi illi caput; et cecidit in faciem et calcavi illi caput. (12) et coepit populus clamare et favisores mei psallere. et accessi ad lanistam et accepi ramum. (13) et osculatus est me et dixit mihi: Filia, pax tecum. et coepi ire cum gloria ad portam Sanavivariam. et experrecta sum. (14) et intellexi me non ad bestias, sed contra diabolum esse pugnaturam; sed sciebam mihi esse victoriam. (15) hoc usque in pridie muneris egi; ipsius autem muneris actum, si quis voluerit, scribat.

Weitere Quellen

Die vollständige *Passio* ist greifbar in den folgenden Ausgaben: AMAT, Passion de Perpétue et de Félicité 1996; BASTIAENSEN/CHIARINI et al., Atti e passioni dei martiri 1987; VAN BEEK, Passio Sanctarum Perpetuae et Felicitatis 1936.

Grundlegende Literatur

HABERMEHL, Perpetua 1992; SALISBURY, Perpetua's Passion 1997.

Weiterführende Literatur

BARNES, Tertullian 1985 [zur frühen afrikanischen Kirche]; FREND, Christianity 1986 [allgemein zum frühen Christentum, 60–84 zur afrikanischen Kirche]; RIVES, Religion and Authority 1995 [Karthago vom 1. bis zum Beginn des 4. Jh.]; SCHÖLLGEN, Ecclesia sordida 1984 [zur christlichen Gemeinde in Karthago zur Zeit Tertullians]; WLOSOK, Märtyrerakten 1997 [zur lateinischen Märtyrerliteratur].

Die Aristokratin als Mäzenin und Autorin im Byzanz der Komnenenzeit

Ruth E. Harder

In seiner Grabrede auf Anna Komnene (1083 – ca. 1153) preist Georgios Tornikes das hartnäckige Bildungsinteresse der Verstorbenen: »wie eine junge Frau ... heimlich einen Blick auf den Bräutigam wirft, so kam sie in Kontakt mit der begehrenswerten Grammatik«. Lobend hält die Grabrede fest, dass »das zarte Mädchen« auf Kosten von Schlaf und Erholung aus eigenem Antrieb das erreicht habe, »was andere an Schulen und durch Unterricht von strengen Lehrern ... mit Mühen entdecken und sich aneignen« (**Q 75**).

Bildung, das war im byzantinischen Reich des 12. Jh. v. a. christliche Bildung, aber auch Kenntnis der griechischen Literatur und Wissenschaften. Obwohl die Gesellschaft durch und durch christianisiert war, gehörten nach wie vor die Fächer Grammatik, Rhetorik und Dialektik/Philosophie, das sogenannte Trivium, zum Bildungskanon. Grundlegend waren die Sprachbeherrschung und die Rhetorik, die seit der Spätantike alle literarischen Gattungen und auch die verschiedenen Wissenschaften durchdrungen hatten. Das dritte Fach des Triviums, die Dialektik/Philosophie, und die Fächer des sogenannten Quadriviums, nämlich Arithmetik, Geometrie, Musik und Astronomie, gehörten bereits zur höheren Ausbildungsstufe, zu der nur ein kleiner Teil der Schülerinnen und Schüler vordrangen. Die besondere Bedeutung der sprachlichen Ausbildung begründet sich v. a. im Unterschied zwischen Gelehrten- und Alltagssprache. Schon ab der frühbyzantinischen Zeit unterschied sich das Griechisch, in dem die Gebildeten sich ausdrückten, stark vom täglich auf der Straße gesprochenen Griechisch und musste daher mit entsprechend hohem Aufwand erlernt und trainiert werden. Dies geschah in erster Linie anhand der antiken heidnischen und christlichen Literatur. Die so erworbenen Kenntnisse bildeten die unverzichtbare Basis für jedes literarische und wissenschaftliche Schaffen. Vermittelt wurde der Stoff entweder von Privatlehrern oder an Schulen, deren Lehrer, insbesondere jene der höheren Fächer, zum Teil von der Kirche oder der kaiserlichen Verwaltung bezahlt wurden.[131]

Welchen Anteil hatten Frauen an dieser Bildung? Ist es ungewöhnlich, dass sich ein weibliches Mitglied des Kaiserhauses um Bildung bemühte? Oder gehört das Lob von Anna Komnenes Bildungsinteresse zur allgemeinen Rhetorik der Grabrede? (**Q 77**) Ich möchte im folgenden einige Aspekte der weiblichen Bildung im byzantinischen Reich aufgreifen und mich dabei auch der Rolle der Frauen der Aristokratie und des Kaiserhofes als Mäzeninnen zuwenden. Denn Anna Komnene verfügte nicht nur über Bildung und schrieb selbst, sie unterstützte auch zahlreiche Literaten und andere Gelehrte, wie wir aus Bittschriften an sie wissen. Um

---

131 Ob man von einem eigentlichen Schulsystem oder gar von einer Universität sprechen kann, ist äußerst umstritten. Zum Forschungsstand vgl. MAGDALINO, Manuel I Komnenos 1993, 325–330.

ihre Rolle zu verstehen, seien zunächst einige Bemerkungen zu Bildung, Sozialstruktur und zu den Bildungsmöglichkeiten der Frauen im byzantinischen Reich vorausgeschickt.

Bildung und Sozialstruktur

Im 11./12. Jh. gelang es der Dynastie der Komnenen das sonst oft spannungsgeladene Verhältnis zwischen den aristokratischen Familien, die sich durch militärische Leistungen Ansehen und Macht verschafft hatten, und den Familien, die dies durch Ämter in der kaiserlichen Verwaltung erreicht hatten, auszugleichen. Die Komnenen konnten das Gleichgewicht v. a. durch eine gezielte Heiratspolitik erhalten, durch die sie aristokratische Familien und auch auswärtige Herrscherhäuser an sich banden. Eine aristokratische Familie, die sich ihren Einfluss erhalten wollte, musste in dieser Zeit in Konstantinopel präsent sein.

Der byzantinische Kaiser hatte im Gegensatz zu westlichen Herrschern nicht unerhebliche Einflussmöglichkeiten auf die Kirche.[132] Nach anfänglichen Turbulenzen pflegten die komnenischen Kaiser ein gutes Verhältnis zur Kirche, die in Konstantinopel durch den Patriarchen und die kirchliche Verwaltung repräsentiert wurde.

Über die Gesellschaftsschichten außerhalb der Aristokratie in der Hauptstadt wissen wir nur wenig: Es gab verarmte oder nicht in Konstantinopel präsente aristokratische Familien, daneben Händler und Gewerbetreibende, die teilweise recht wohlhabend waren, weiter die Amtsinhaber in den unteren Teilen der Verwaltungshierarchien und dann natürlich die Masse der einfachen Leute, die mit Handarbeit eine karge Existenz fristeten.

Obwohl sich die byzantinische Gesellschaft durch eine starke Hierarchisierung auszeichnete, waren die einzelnen Statusgruppen nicht völlig undurchlässig: Für den einzelnen gab es durchaus Aufstiegsmöglichkeiten. Wichtiges Element der vertikalen Mobilität im byzantinischen Reich war die Bildung. Eine gute Ausbildung zumindest in den ersten beiden Fächern des Triviums war die unabdingbare Voraussetzung für die Übernahme eines Amtes in der Kirchenverwaltung und in der kaiserlichenVerwaltung. Innerhalb der Verwaltungshierarchien boten sich vielfältige Aufstiegsmöglichkeiten.[133]

Insgesamt ist im byzantinischen Reich mit einem höheren Alphabetisierungsgrad der Bevölkerung zu rechnen als dies im Westen der Fall war.[134] Bildung war in Byzanz nicht durch bestimmte Gruppen oder Schichten monopolisiert. Jedoch wurde höhere Bildung, das heißt v. a. Rhetorik und die Fächer des Quadriviums, fast nur in Konstantinopel angeboten. Für Angehörige der unteren Schichten aus den ländlichen Reichsteilen stellte dies oft eine unüberwindliche Hürde dar. Den-

---

132 TREADGOLD, Byzantine State 1997, 552 ff.
133 TREADGOLD, Byzantine State 1997, 551 f.
134 BROWNING, Literacy in the Byzantine State 1978.

noch haben wir Kenntnis von vielen erfolgreichen Würdenträgern, die, aus einfachen Verhältnissen stammend, als Jugendliche in die Stadt zu Verwandten geschickt worden waren, damit sie sich weiter ausbilden lassen konnten.[135] Die Möglichkeit, mit Hilfe guter Ausbildung ein Amt zu erlangen und damit sozial aufzusteigen, beschränkte sich nicht nur auf griechischstämmige Bewohner des Reiches. Dieser Weg stand auch Angehörigen anderer ethnischer Gruppen offen, die zum Beispiel als Gefangene oder als Söldner nach Konstantinopel gekommen waren, vorausgesetzt, jemand finanzierte ihre Bildung.[136]

Gebildete und Mäzene unter der Dynastie der Komnenen

Ab 1081 gelang es der Familie der Komnenen, die dem sogenannten Militäradel angehörte, für rund hundert Jahre eine Dynastie zu errichten. In ihrem Verlauf kam es zu einer Blüte des intellektuellen Lebens, die sich im uns erhaltenen Quellenreichtum spiegelt. Wegen des äußeren Druckes auf die Reichsgrenzen und des Verlustes wichtiger Gebiete[137] wurde das griechische Erbe von den Gebildeten in Byzanz in noch größerem Umfang als zuvor als Mittel zur Identitätsbildung und Selbstvergewisserung genutzt. Die Kaiserfamilie setzte in bis dahin ungekanntem Ausmaß die literarische Panegyrik zur Selbstinszenierung ein, so dass der Bedarf an dieser Art Literatur stark wuchs.

Es lässt sich beobachten, dass sich in dieser Zeit mehr Leute höhere Bildung aneignen konnten, als nachher in der kaiserlichen und kirchlichen Verwaltung ein Auskommen fanden. So entstand eine beachtliche Gruppe von ›Intellektuellen‹, die als Privatlehrer oder als Lehrer in einer kirchlich oder vom Hof unterstützen Ausbildungstätte mehr schlecht als recht überleben konnten und zusätzlich auf Aufträge von Angehörigen der Aristokratie oder der Kaiserfamilie hofften. Diese höhere ›Bildungsdichte‹ spiegelt sich auch in einem äußerst regen und gut dokumentierten Austausch der Gebildeten untereinander. Der Austausch spielte sich in überschaubaren Gruppen ab, die sich um einzelne Mäzeninnen und Mäzene aus der Aristokratie bzw. der Kaiserfamilie scharten und sich durchaus mit literarischen Salons der Neuzeit vergleichen lassen: Die Gebildeten trafen sich regelmäßig, trugen ihre Texte vor und diskutierten über sie.

Der Eindruck, den die einzelnen Teilnehmer bei den Mäzenen und Mäzeninnen hinterließen, war ausschlaggebend für zukünftige literarische Aufträge, die auf unterschiedliche Weise honoriert werden konnten: Einerseits erfolgte eine Entlohnung in Geld oder Realien (Kleider, Lebensmittel, Speisung[138]); andererseits konnte als Honorar ein Posten im Haushalt des Mäzens oder der Mäzenin sowie –

---

135 SCHREINER, Byzanz 1994, 91 f.
136 Vgl. dazu Anna Komnene über Kinder ganz verschiedener Herkunft an der Schule des Orphanotropheions, das ihr Vater Alexios förderte: Alexias 15,7,9.
137 SCHREINER, Byzanz 1994, 21.
138 Sp. Lampros, 22–28: Zwei Dankgedichte eines anonymen Dichters an Irene Sebastokratorissa für Kleidung und Speisung.

durch Empfehlung – eine Stellung in der kaiserlichen oder kirchlichen Verwaltung winken.[139] Die Entlohnung war weder selbstverständlich, noch nahm sie immer die Form einer regelmäßigen finanziellen Zuwendung (z. B. Renteneinkünfte aus Landgütern) an, wie uns Klagen von Betroffenen zeigen.

Der Zugang von Frauen zur Bildung im 11./12. Jh.

Wie und wo stehen die Frauen in diesem System? Über die Ausbildung von Frauen haben wir nur vereinzelte Nachrichten. Aussagekräftige Zeugnisse, die eine zunehmende Bedeutung der weiblichen Bildung für das 11. Jh. und hier dann v. a. unter den Komnenen dokumentieren, stammen zum einen von Michael Psellos. Es handelt sich um einen Gelehrten, der zeitweise hohe Ämter innehatte und politischen Einfluss genoss. In zwei Grabreden äußert er sich über die Bildung seiner Mutter und seiner Tochter: Seine Mutter Theodote musste sich ihm zufolge hinter dem Rücken ihrer eigenen Mutter, seiner Großmutter, die Buchstaben von jemandem zeigen lassen und sich dann als Autodidaktin weitere Kenntnisse aneignen. Was ihre Bildungsmöglichkeiten betraf, so bedauerte sie es, nicht als Mann geboren zu sein (vgl. **Q 75**). Psellos spricht in der Grabrede auf seine Mutter auch ausführlich über das Leben seiner bereits verstorbenen älteren Schwester, ohne dass er jedoch irgendeine Schulbildung erwähnt,[140] während er selbst, wie er in der gleichen Rede ausführt, dank der Hartnäckigkeit seiner Mutter die bestmögliche und weitestgehende Ausbildung bekommen habe.[141] Seine eigene Tochter Styliane, die mit acht Jahren starb, ließ er hingegen gleich wie einen Jungen ausbilden, wie er in der Grabrede für sie ausführt. In dieser Grabrede stehen die speziell für Frauen geltenden Tugenden wie Schönheit, Frömmigkeit, Barmherzigkeit, Natürlichkeit, Liebe zu den Eltern, Zurückhaltung gleichberechtigt neben dem Ideal der Bildung (vgl. **Q 76**): In Psellos Beschreibung seiner Tochter nimmt die Aufzählung dieser Tugenden neben dem Lob der Webarbeit ebensoviel Raum ein wie die Darstellung ihrer Bildung und schulischen Leistungen. Die Eltern sind stolz auf die herausragenden geistigen Fähigkeiten ihrer Tochter.

Andere Zeugnisse betreffen die Frauen des Kaiserhauses und der Aristokratie. Für Frauen der Aristokratie und der Kaiserfamilie ist davon auszugehen, dass sie mehrheitlich über die Grundausbildung in Grammatik und eventuell auch in Rhetorik verfügten. Die Notwendigkeit ergibt sich unter anderem aus ihrem Engagement im kirchlichen Bereich, etwa bei Klostergründungen. Die ökonomische Verfügungsgewalt der Aristokratinnen, die sich in solchen Gründungen manifestiert, wäre ohne jegliche Schulbildung nicht zielgerichtet einsetzbar gewesen und hätte eine Gefährdung der politischen und wirtschaftlichen Interessen einer aristokrati-

---

139 ANGOLD, Byzantine Empire 1997, 247.
140 M. Psellos *Encomium in matrem* 713 ff. Criscuolo.
141 M. Psellos *Encomium in matrem* 276 ff. Criscuolo.

schen Familie nach sich ziehen können.¹⁴² In der Zeit der Komnenen sind es nicht mehr nur vereinzelte Frauen der Aristokratie, die auf diese Weise aktiv waren, sondern es entsprach dem üblichen Verhalten von Aristokratinnen. Nur bezogen die komnenischen Kaiser die weiblichen Familienangehörigen in bisher ungekanntem Ausmaß in die Herrschaftsinszenierung ein und setzten sie auch zur Machterhaltung ein. Dies geschah nicht nur mittels einer klar politisch bestimmten Heiratspolitik, der eine große Bedeutung zukam, sondern auch durch die Einbeziehung von Frauen in die Herrschaftsausübung. Sie übernahmen, sei es als Mütter, Witwen oder verwitwete Mütter, die Regentschaft für zukünftige Kaiser.¹⁴³

Dass die Aristokratinnen auch höhere Bildung hatten, das heißt Rhetorik, Philosophie und die Fächer des Quadriviums studiert hatten, war aber nach wie vor nicht der Normalfall. Bildung heißt zudem nicht zwingend Schreiben; von schreibenden Frauen haben wir in der ganzen byzantinischen Zeit nur sehr wenige Nachrichten: In die frühbyzantinische Zeit gehören dazu die Kaiserin Eudokia (5. Jh.), von deren Schriften Fragmente erhalten sind, und die Nonne Kassia (9. Jh.), unter deren Namen Hymnen, Gnomen und Briefe überliefert sind.¹⁴⁴ Im 12. Jh. äußert sich Johannes Tzetzes abschätzig über eine Schedographin,¹⁴⁵ wobei nicht zu entscheiden ist, ob er sich mehr gegen die Frau als Schreibende oder gegen die von ihr gewählte Gattung äußert (417 f. Mercati).

Anna Komnene

Gut fassbar ist für uns jedoch wiederum Anna Komnene (1083-ca.1153), die Tochter des Kaisers Alexios I. Komnenos. Durch die eingangs erwähnte Grabrede aus dem 12. Jh. sind wir über Anna Komnenes Werdegang besonders gut unterrichtet: Georgios Tornikes, der Verfasser der Rede, beschreibt ihren Bildungsweg detailliert und schildert, wie sie gewisse Schritte der Ausbildung hinter dem Rücken ihrer Eltern machte (vgl. **Q 77**). Später willigte ihre Mutter in weitergehende Studien ein (Georgios Tornikes 263,17 ff. Darrouzès). Anna selbst, die dem Leben ihres Vaters das Geschichtswerk mit dem Titel *Alexias* gewidmet hat, äußert sich dort mit Stolz über ihre Bildung und zu den Gründen, die Lebensgeschichte ihres Vaters niederzuschreiben. (vgl. **Q 78**).

---

142 LAIOU, Observations 1985.
143 Dies ist kein neues Phänomen in der byzantinischen Geschichte, tritt aber unter der Komnenendynastie sehr prägnant hervor, vgl. dazu HILL, Vindication 1996 und HILL, Imperial Women 1997.
144 ODB 1, 220 f., s.v. Athenais-Eudokia, ODB 2, 1109 f., s.v. Kassia. Ihre Autorschaft ist nicht völlig gesichert.
145 Mit *Schedos* meint Tzetzes hier wohl die speziell für den Schulunterricht verfassten Stücke. Zum Bedeutungsspektrum des Begriffs vgl. ODB 3, 1849, s.v. Schedographia.

Einige Forscher sprechen Anna noch heute die maßgebliche Autorschaft an der *Alexias* ab.[146] Nicht angemessen gewürdigt wird dabei, dass sie aufgrund ihrer Zugehörigkeit zum Kaiserhaus auch als Frau Zugang zu politischen und militärischen Informationen hatte. In ihrer *Alexias* weist sie explizit darauf hin. Anna setzt sich in ihrem Geschichtswerk auch klar von Themen ab, die – wie die Darstellung körperlicher Leiden oder der Mutterschaft – als weiblich galten (*Alexias* 14,7,4). Über diese Bereiche wolle sie sich, wie sie schreibt, nicht äußern, weil ihr die Auseinandersetzung mit Wissenschaft und Politik wichtiger sei. Die Distanzierung ist insofern bemerkenswert, als Anna, was ihre konkrete Einflussnahme in der Politik angeht, nicht ans Ziel ihrer Wünsche gelangt war. Lange Zeit hatte sie, unterstützt von ihrer Mutter Irene Doukaina, versucht, ihren Gatten Nikephoros Bryennios gegen ihren Bruder Johannes als Thronfolger zu etablieren, war aber einerseits an ihrem Vater Alexios, andererseits an ihrem Gatten gescheitert, der sich nicht in die Rolle eines Rebellen begeben wollte. Ihres Scheiterns war sie sich zur Abfassungszeit der *Alexias* schon bewusst: Zwanzig Jahre waren zu diesem Zeitpunkt seit dem letzten Versuch, ihren Gatten auf den Thron zu bringen, vergangen. Er war bereits tot, als sie im Alter von 53 Jahren mit der Arbeit an der *Alexias* begann. Anna scheint sich der Geschichtsschreibung, einer Gattung, die sehr hohes Ansehen genoss, und dem Mäzenatentum gleichsam als Ersatz für den fehlenden Einfluss im politischen Bereich zugewandt zu haben. Dass diese Tätigkeit ebenso wie die aktive Politik ihre Gefahren barg, zeigt der Häresieprozess gegen Eustratios von Nikaia. Er war von Anna gefördert und von ihr zu Aristotelesstudien gedrängt worden, die ihm den Vorwurf der Häresie einbrachten.[147] Die Konsequenzen im Falle einer Verurteilung in einem Prozess waren unterschiedlich hart und reichten von Verbannung oder Blendung des Schuldigen bis zu weiteren Verfahren gegen ähnlich denkende Leute im Umkreis des Verurteilten.

Mäzeninnen und die Abhängigkeit der Gebildeten

Das literarische und philosophisch-wissenschaftliche Mäzenatentum bildete neben demjenigen in der bildenden Kunst ein wichtiges Betätigungsfeld der Aristokraten der Komnenenzeit, speziell der weiblichen Angehörigen des Kaiserhauses wie Irene Doukaina, Anna Komnene, Irene Sebastokratorissa, Irene/Berta v. Sulzbach. Sie alle waren als Mäzeninnen sehr aktiv, gaben Aufträge für panegyrische Literatur (Reden, Gedichte) für spezielle Anlässe und Feste, dann aber auch für historische oder mythologische Kompendien, für Abhandlungen zur Grammatik und Theologie. Zum Teil bestimmten sie auch die äußere Form der in Auftrag gegebenen Literatur, wie sich den Widmungen oder den in Briefen geäußerten kritischen Bemerkungen der betroffenen Autoren entnehmen lässt. Anna ist hier ein Sonderfall,

---

146 Vgl. HOWARD-JOHNSTON, Anna Komnene and the Alexiad 1997, 260–302, dem u. a. REINSCH, Frauenliteratur in Byzanz 2000 überzeugend widersprochen hat.
147 ANGOLD, Byzantine Empire 1997, 246.

weil sie führende Gelehrte auch zu philosophischen Studien anregte bzw. solche in Auftrag gab und offensichtlich aufgrund ihrer eigenen guten Kenntnis der Wissenschaft in der Lage war, mit den Autoren auf gleichem Niveau zu diskutieren. Andere Frauen des Kaiserhauses wie Irene Sebastokratorissa und Irene/Berta v. Sulzbach hatten dagegen keinen vergleichbaren Zugang zu Ausbildung und Studien gehabt und mussten sich erst mit dem griechischen Bildungsgut vertraut machen: Irene, da ihre Familie vermutlich noch nicht lange in Konstantinopel ansässig war, und Berta, da sie als Braut aus dem Westen in die Metropole kam und wohl erst Griechisch lernen musste.

Trotz der Fremdbestimmung, der die Autoren bei ihrem literarischen und philosophischen Schaffen ausgesetzt waren, war der Anreiz, zum Kreis der Gebildeten unter der Protektion einer Aristokratin zu gehören, offenbar immer noch groß genug, um lange Jahre einem Mäzen oder einer Mäzenin treu zu bleiben. Die Abhängigkeit wurde in vielen Fällen bitter empfunden, wie dies aus Bittbriefen und Gedichten hervorgeht. Die Zuwendungen waren oft unregelmäßig oder blieben aus, was die Autoren zu Klagen über ihre bedauernswerte Situation führte (vgl. **Q 79**): Theodoros Prodromos zum Beispiel bittet in einem solchen Gedicht Anna sehr diskret und allgemein um Fürbitte und schildert bei dieser Gelegenheit seinen Werdegang und seine Entscheidung für die Wissenschaft und gegen ein Handwerk, das ihm ein gesichertes und angenehmes Leben ermöglicht hätte, während ihn die Wissenschaft am Hungertuch nagen lasse.

Insofern war das literarische Schaffen, wenn es nicht mit einer hohen Stellung verbunden war, sei es als Mitglied des Kaiserhauses, sei es als Inhaber eines Amtes innerhalb der kaiserlichen oder kirchlichen Verwaltung, eine tendenziell brotlose Kunst. Sicher gehören solche Klagen zur Rhetorik der Bittschrift und lassen nur bedingt Rückschlüsse auf die konkrete Lebenssituation eines Gebildeten im Umfeld einer Aristokratin zu: Schon die Zugehörigkeit zu einem solchen Kreis von Gebildeten bedeutete eine durchaus privilegierte Position. Immerhin verweist die Existenz von Bittschriften auf zwei wesentliche Aspekte des Mäzenatentums: Trotz der Funktion von Bildung als Instrument des gesellschaftlichen Aufstiegs scheinen Gebildete ohne höfisches oder kirchliches Verwaltungsamt oft in einer schwierigen Lage gewesen zu sein, welche die nie klar und dauerhaft geregelte Unterstützung durch eine Mäzenin nur teilweise entschärfte. Im Hinblick auf die weibliche Bildung zeigen sie, dass den aristokratischen Frauen durch ihr Mäzenatentum die Möglichkeit gegeben war, Einfluss auf die literarische Produktion zu nehmen und die Diskurse der Gebildeten im literarischen und wissenschaftlichen Feld mitzubestimmen.

Quellen

Q 75 Das Bedauern der Mutter des Psellos über ihre mangelnde Bildung

M. Psellos, *Encomium in matrem*, 136–141 Criscuolo

[…] dass sie aber nicht als Mann geboren war, und es ihr <deshalb> nicht erlaubt war, sich ohne Skrupel mit Bildung zu befassen, erachtete sie als schlimm. Wenn sie es vor der Mutter verbergen konnte, übernahm sie von irgend jemandem nur gerade die Anfänge des Schreibens, setzte dann von sich aus Silben und Wörter zusammen, ohne dazu jemanden zu benötigen, der sie einführte.

ὅτι δὲ μὴ ἄρρενα τὴν φύσιν ἔλαχε, μηδὲ ἐξῆν ταύτῃ ἀδεῶς λόγοις προσομιλεῖν, ἐν δεινῷ ἐποιεῖτο· ὅπου δὲ τὴν μητέρα λάθοι, τὰς τῶν γραμμάτων ἀρχὰς παρά του μόνας λαβοῦσα, εἶτα δὴ ἀφ' ἑαυτῆς συνετίθει καὶ συλλαβὰς ἐποίει καὶ λόγους, μηδὲν προσδεομένη τοῦ στοιχειώσοντος.

Q 76 Psellos über die Ausbildung seiner Tochter Styliane

M. Psellos, *Grabrede auf die Tochter Styliane*, Sathas, 5,74–75; 5,65–66

5 (74) […] Darüber erfreut und entzückt über den Erfolg des Kindes konnte ich mich kaum fassen, während mich immer größere Hoffnungen zuversichtlich machten und das Innere des Vaters durch sie in Flammen gesetzt wurde. Die Fortschritte, die größer als ihr Alter waren und das Vorankommen nahmen meine Seele ein und machten mich zuversichtlich. Denn wer, der sie bezaubert sah, da ihre Schönheit nicht aus einzelnen Elementen gestaltet, sondern von einer göttlichen Hand geformt war, betrachtete sie nicht berückt, um nach der Dichtung [Hom. Il. 6,496] zu sprechen? Wer, der ihren Charakter und das würdevolle und ehrbare Benehmen bemerkte, nahm nicht die Entwicklung zum höheren wahr? Wer, der die Körperform betrachtete und die Ausgewogenheit und Harmonie der Glieder und Körperteile beobachtete und den auf sie verwendeten Eifer des Schöpfers bedachte, ging nicht nach ihrem Tode niedergeschlagen weg? Wer, der sie die Worte des Herrn üben sah, hielt sie nicht entweder für eine Schwalbe oder für eine Nachtigall, die unter den besten sich beredt äußerte? Wer, der sie im Hause des Herrn singen hörte und ihre Kinderstimme den Liedern der Sänger zugesellen hörte, rühmte nicht den Schöpfer der Natur und war nicht erstaunt über die Liebe der Sängerin zu Gott? Wer, der ihre Menschlichkeit und Mildtätigkeit – soweit die Hand vermag – gegenüber Armen sah, wurde nicht zu Mitleid umgestimmt, auch wenn er härter war als Eisen? Wer, der ihre Zuneigung und brennende Liebe zu den Eltern erfahren hat und wie sie sich völlig der Liebe zu ihnen hingab – und das mit einem noch schwachen Körper – bewunderte nicht die Zuneigung des Mädchens? Wer, der erfahren hat, dass sie <ihre Zeit> auf Webarbeit und Ausbildung aufteilte und wie sie sich beides aneignete und keines von beiden vernachlässigte, wird davon nicht auch den anderen berichten? Wer erreichte die Vollkommenheit vor der körperlichen Vollkommenheit, da sie [Styliane] eine Natur erhalten hat, die über den menschlichen Normen steht? Wer ertrug die Kinderspiele, soweit sie nicht ins Unschickliche abglitten, und ließ sie fallen, als sie zu schicklicheren Din-

gen überging? Wer hatte einen festen Willen in einem zarten Körper und zeigte geistige Fähigkeiten, die ihre Altersstufe bei weitem übertrafen? [...]
5 (65) So eignete sie sich die grundlegenden Buchstaben, die Zusammensetzungen der Silben und Zusammenstellung der Wörter an und nachdem sie den Geist damit vorbereitet hatte, wurde sie in die Psalmen Davids eingeführt. Mit ihrem natürlichen Scharfsinn und ihrer Schnelligkeit übte sie sich in ihnen, prägte sie sich mit Leichtigkeit in ihrem Geist ein und trug sie fehlerlos vor. Man konnte die Begabung meines Kindes bewundern und dass es sich leicht und gehorsam zum von Natur aus Guten hinlenken ließ. Die Einweihung der anderen Kinder in diese Dinge war nämlich schwierig und mühsam, weil die Zartheit ihres Geistes die Einprägung der härteren Wissenschaften nicht zulassen wollte. Bei ihr fiel der kundige Umgang mit diesen Dingen auf so fruchtbaren Boden, dass sie auch von selbst zu den Lehrern ging und vom Honig der göttlichen Worte kostete. Jene <Kinder> zwingt manchmal Angst, eine kleine Drohung und die Rute zum Lernen, diesem besten Kind aber genügte die natürliche Liebe zu diesen Dingen. Nachdem sie diese Liebe erlangt hatte, widmete sie sich mühelos dem Lernen, und zwar in solchem Masse, dass sie die erste und herausragende der Schülerinnen war, da sie natürlichen Ehrgeiz im Hinblick auf unnachahmliche schulische Leistungen besaß. War sie nun von Natur aus so veranlagt bezüglich des vorbereitenden Unterrichts im Lesen und Schreiben [Das heißt vor dem Übergang zur höheren Bildung], aber ungeschickt im Weben? Dies könnte keiner sagen! Besonnen durchschritt sie von sich aus die Tagesabschnitte und teilte den einen der Bildung, den anderen dem Weben zu, widmete sich beidem, jetzt mit der Erkenntnis des Wissens beschäftigt, jetzt mit Frauenarbeit und der Arbeit am Webstuhl. Denn schon wurde sie von der Mutter in die Buntwirkerei eingeführt, von ihr in sie eingeweiht und an der Hand genommen. Sie benötigte nicht viele Tage, keine Verlängerung, nicht mehr Lehrerinnen, keine kundigen Führer, sondern sie begriff den Lernstoff von Natur aus mit solcher Schnelligkeit, dass sie ihn bereits in ihrem Geist eingeprägt zu haben schien und deswegen darauf nicht viel Anstrengung verwenden musste, wenn man dem weisesten Platon glauben muss, der erklärt, dass das Lernen der Seele ein Erinnern sei. Dann kamen die Webspule dazu und sie wob feine Fäden ein und vervollständigte mit ihren elfenbeinfarbigen Fingern[148] geschickt die mit Seidenfäden eingeflochtenen Figuren und bunten Muster, so dass man der Bewunderung nicht überdrüssig wurde. [...]

5 (74) Τούτοις ἐγὼ γεγηθώς, καὶ περιχαρὴς τῷ τῆς παιδὸς εὐτυχήματι ὤν, οὐκ εἶχον ὅς τις καὶ γένωμαι, ἀεί με τῶν περὶ αὐτῆς κρειττόνων ἐλπίδων διαδεχομένων πρὸς τὸ φαιδρότερον, καὶ τὰ πατρῷα σπλάγχνα παρὰ ταύτῃ ἀναφλεγόντων, καὶ τῶν τῆς ἡλικίας μειζόνων βαθμῶν καὶ ἀναβάσεων τὴν ἐμὴν ἀνακτωμένων ψυχὴν καὶ πρὸς τὸ εὔελπι μεταφερόντων· τίς γὰρ ἐκείνην ὁρῶν καὶ ὑπὸ τοῦ ταύτης κάλλους, τοῦ ὡς περ μὴ ἐκ στοιχείων μεμορφωμένου, ἀλλ᾽ ἐξ ἀκηράτου χειρὸς διαπεπλασμένου, θελγόμενος, οὐκ ἐντροπαλιζόμενος ὁρᾶται, κατὰ τὴν ποίησιν; τίς τὸ ἐκείνης ἦθος καὶ τὸ τοῦ καταστήματος σεμνόν τε καὶ τίμιον ἐνωτιζόμενος, τὴν πρὸς τὰ κρείττω μεταβολὴν οὐκ ἐδέξατο; τίς τὴν τοῦ σώματος διάπλασιν στοχαζόμενος, καὶ μελῶν καὶ μερῶν

---

148 Dies ist ein Schönheitsideal.

συμμετηρίας καὶ ἁρμονίας περισκοπῶν, καὶ τὴν ἐπ' αὐτῇ τοῦ πλάστου φιλοτιμίαν ἐννοούμενος, οὐ μετὰ θάνατον ἀπῆλθε καταπληττόμενος; τίς μελετῶσαν τὰ τοῦ Κυρίου λόγια θεασάμενος, ἢ χελιδόνα ταύτην ἢ ἀηδόνα ἐνόμισε πολυφωνοῦσαν ἐν τοῖς βελτίοσι; τίς ἀδούσης ἐν ναῷ Κυρίου ἐπακροώμενος, καὶ τοῖς τῶν ὑμνούντων μέλεσι τὰ ἑαυτῆς παραμιγνυούτης ψελλίσματα, οὐ τὸν τῆς φύσεως πλάστην ἐδόξασε, καὶ τῆς ἀδούσης τεθαύμακε τὸ φιλόθεον; τίς τὸ πρὸς τοὺς πένητας ταύτης βλέπων φιλάνθρωπον καὶ μεταδοτικὸν καθ' ὅσον ἡ χεὶρ εὐπόρει, οὐ πρὸς οἶκτον ἐκάμπτετο, κἂν σιδήρων ὑπῆρχε σκληρότερος; τίς τὸ πρὸς γονεῖς ἐρωτικὸν καὶ διάπυρον ἐπιστάμενος, καὶ ὅπως ὅλη τῆς ἐκείνων ἀγάπης ἐξήρτητο, καὶ ταῦτα ἐν σώματι ἀτελεῖ, οὐ τῆς κόρης θαυμάσεται τὸ φιλόστοργον; τίς τὸ πρὸς ἱστουργίαν καὶ λόγους παιδεύσεως διαμερίζειν ἑαυτὴν ἐπιστάμενος, καὶ ὅπως ἀμφοτέρου ἁπτομένη, οὐδετέρου ἀπελιμπάνετο, οὐ καὶ τοῖς ἄλλοις κῆρυξ γενήσεται; τίς τὰ τῆς τελειότητος πρὸ τῆς τελειότητος ἐνήργησε, φύσεως λαχοῦσα νόμων ἀνθρωπίνων ὑπερτέρας; τίς δὲ τῆς τῶν νηπίων ἠνέσχετο παιδιᾶς, παιδιᾶς ὅσον μὴ ἐκρυῆναι πρὸς τὸ ἀπρεπέστερον, καὶ ταῦτ' ἀπεβάλετο, ὅτε πρὸς τὸ κοσμιώτερον μετετίθετο; Τίς ἔσχε νοῦν εὐπαγῆ ἐν σώματι ἁπαλῷ, καὶ μείζω τῆς ἐνηλικιώσεως τὰ τῆς φρονήσεως ἐνεδείξατο; [...]

5 (65) Οὕτω τοι καὶ στοιχειωδῶν ἥπτετο γραμμάτων, καὶ μίξεως συλλαβῶν, καὶ ὀνομάτων συνήθηκης, ἀφ' ὧν προκαταρτισθεῖσα τὸν νοῦν, καὶ Δαυϊτικοῖς ψαλμοῖς ἐνεβιβάζετο· ἥτις τῷ τῆς φύσεως ὀξεῖ καὶ ταχεῖ τούτοις ἐμμελετῶσα, καὶ ῥᾳδίως πρὸς νοῦν ἀναπλάττουσα, ἀπταίστως εἶχε τὴν διὰ στόματος προφοράν. Καί μου τὸ τῆς παιδὸς θαυμάσατε μεγαλοφυὲς καὶ πρὸς τὰ φύσει καλὰ εὐπειθὲς καὶ εὐήνιον· τοῖς μὲν γὰρ ἄλλοις παισὶ πολὺ τὸ πρόσαντες καὶ δυσάγωγον πρὸς τὴν τῶν τοιούτων καθέστηκε μύησιν, ἅτε τῆς μαλακότητος τῶν φρενῶν οὐκ ἐθελούσης στερροτέρων λόγων ἀνατύπωσιν δέξασθαι, τῇ δὲ τοσοῦτον ἐπήνθει τὸ τοῖς τοιούτοις εὐμαθῶς χρῆσθαι, ὡς καὶ αὐθαιρέτως τοῖς παιδαγωγοῖς προσιέναι καὶ τῷ τῶν θείων λογίων καταγλυκαίνεσθαι μέλιτι· ἀλλ' ἐκείνοις μὲν ἔσθ' ὅτε καὶ φόβος καὶ ἀπειλὴ μικρὰ καὶ μάστιξ (*) ἐφέλκεται πρὸς τὴν μάθησιν· τῇ δὲ καλλίστῃ ταύτῃ παιδὶ ἀπέχρησε μόνος ὁ φυσικὸς πρὸς τὰ τοιαῦτα ἔρως, ὃν ἐκείνη προσηκαμένη εὐπετῶς εἶχε πρὸς τὴν μάθησιν, καὶ τοσοῦτον ὡς καὶ συμμαθητριῶν φέρειν τὰ πρῶτα καὶ ὑπερκείμενα, φιλοτιμίᾳ φύσεως πλουτοῦσα τὸ περὶ παιδείαν ἀμίμητον.

Ἆρ' οὖν φύσεως μὲν οὕτως εἶχε περὶ γραμμάτων προπαίδειαν, δυσκόλως δὲ τὰ πρὸς ἱστουργίαν καὶ ἀνεπιστημόνως; οὐκ ἄν τις τοῦτ' εἴποι· διελθοῦσα γὰρ παρ' ἑαυτῇ τοὺς τῆς ἡμέρας καιροὺς ἐμφρονέστατα, καὶ ἄλλον μὲν ὁρισαμένη τὸν τῆς παιδείας, ἄλλον δὲ τὸν τῆς ἱστουργίας, ἀμφοτέροις προσένειμεν ἑαυτήν, νῦν μὲν περὶ τὴν τῶν γραμμάτων γνῶσιν ἀσχολουμένη, νῦν δὲ περὶ γυναικῶν ἔργα καὶ ἱστοπόνους ἐπιμελείας· ἄρτι γὰρ παρὰ μητρὸς ἐμβιβαζομένη πρὸς τὴν ἐν ὑφάσμασι ποικιλτικὴν τέχνην καὶ πρὸς ταύτην μυσταγωγουμένη καὶ χειραγωγουμένη, οὐ πολλῶν ἐδεήθη τῶν ἡμερῶν, οὐ χρόνου παρολκῆς, οὐ παιδευτριῶν πλειόνων, οὐχ ὁδηγῶν ἐμπείρων, ἀλλ' οὕτω τάχει φύσεως τῶν διδασκομένων ἀντελαμβάνετο, ὡς δοκεῖν ἐντετυπωμένα ταῦτ' ἔχειν κατὰ νοῦν, καὶ διὰ ταῦτα μὴ πολλῆς δεῖσθαι τῆς περὶ ταῦτα φιλοπονίας, εἴπερ τῷ σοφωτάτῳ Πλάτωνι πειστέον, ἀναμνήσεις τὰς ψυχῆς μαθήσεις διαγορεύοντι. Ἐντεῦθεν κερκίδες αὐτῇ προσεκτῶντο, καὶ λίνα λεπτὰ ἐξυφαίνετο, καὶ τὰ διαπλεκόμενα τοῖς τῶν σηρῶν νήμασι σχήματα καὶ ποικίλματα τοῖς ἐλεφαντίνοις ἐκείνης δακτύλοις εὐαφῶς ἐναπαρτιζόμενα, οὐκ εἶχε κόρον ἐς τὸ θαυμάζεσθαι. [...]

Q 77 Die Ausbildung der Anna Komnene

Georgios Tornikes, *Epitaphios auf Anna Komnene*, 245,13–247,3 Darrouzès

Sie aber, – denn sie hörte aufmerksam denen zu, die täglich bei ihrem Vater, dem Kaiser, Glanzstücke ihres Wissens vorführten, und wurde zur Nachahmung angeregt – was tut sie? Sie kannte zwar das Urteil ihrer Eltern über die heidnische

Bildung und respektierte es, aber so, wie Leute, die über einen Hinterhalt ihrer Kriegsgegner informiert werden, jedoch keinen anderen Weg zu Heimkehr benützen können, sich den Verschanzten stellen, nachdem sie sich gut gerüstet haben und darauf vorbereitet sind, tapfer Widerstand zu leisten und durchzuhalten, so rüstete auch sie sich gegen die trügerische Mythenerfindung und die Erzählung unanständiger Liebesleidenschaften und kräftigte ihre schwache Seele, um weder durch den Zaubertrank der Kirke noch durch den Sirenengesang getäuscht und mitgerissen zu werden, während sie nach rationalen Überlegungen ihre Ohren verschloss und öffnete und mit dem Zauberkraut Moly[149] vorwärts schritt und Grammatik und Dichtung meisterte. Sie war darauf bedacht, dass ihre Eltern keine Kenntnis davon erhielten und nahm heimlich und mit ernster Zurückhaltung Unterricht bei den in diesen Disziplinen nicht ungebildeten im Dienst stehenden Eunuchen. Wie eine junge Frau durch ein halbgeöffnetes Fenster heimlich einen Blick auf den Bräutigam wirft, so kam auch sie in Kontakt mit der begehrenswerten Grammatik, wenn ihre Mutter nicht zugegen war. Kurz war jedoch diese Zeit des Schlafes und der Erholung, deren größten Teil sie dem Unterricht widmete. [...] Dass das zarte Mädchen, das in Luxus im Kaiserpalast lebte und nicht sicher gehen konnte, dass es Bildung bekam, aus eigenem Antrieb das erreichte, was andere an Schulen und durch Unterricht von strengsten Lehrern nach langer Zeit und mit Mühen entdecken und sich aneignen!

Ἡ δέ – ἦν γὰρ συνετῶς ἀκροωμένη τῶν ὁσημέραι παρὰ τῷ πατρὶ βασιλεῖ τῆς σοφίας ποιουμένων ἔνδειξιν, κἀντεῦθεν εἰς ζῆλον ἠρέθιστο –, τί ποιεῖ; "Ηιδει μὲν περὶ τῆς θύραθεν σοφίας τῶν τεκόντων τὴν κρίσιν καὶ ταύτην ἔστεργεν· ὥσπερ δὲ οἱ λόχους τῶν πολεμίων ἀναμαθόντες καὶ πρὸς τὴν σφετέραν ἄλλοθεν οὐκ ἔχοντες στείλασθαι τῶν λοχούντων κατατολμῶσιν, εὖ μάλα καθοπλισάμενοι καὶ γενναίως ἀντισχεῖν τε καὶ διασχεῖν ἑαυτοὺς παρασκευασάμενοι, οὕτω δὴ κἀκείνη πρὸς τὴν ὕπουλον μυθοπλαστίαν καὶ τὴν τῶν ἀσέμνων ἐρώτων περιήγησιν ἀνθοπλισαμένη καὶ τῆς ψυχῆς τονώσασα τὸ χαυνούμενον, ᾗ μὴν μὴ παρακλαπῆναι μηδὲ παρασυρῆναι, μὴ τῷ τῆς Κίρκης κυκεῶνι, μὴ τοῖς τῶν Σειρήνων μέλεσι, λόγῳ τὰς ἀκοὰς καὶ κλείουσα καὶ ἀνοίγουσα καὶ πορευομένη μετὰ τοῦ μώλυος, κατατολμᾷ γραμματικῆς καὶ ποιήσεως, τὸ μὲν μὴ γνωσθῆναι τοῖς τεκοῦσι προμηθουμένη, ὑπὸ σεμνότητος δὲ καὶ τὰ τοιαῦτα μὴ ἀπαιδεύτων τῶν θεραπόντων εὐνούχων τὴν μάθησιν παρακλέπτουσα. Καθάπερ παρθένος διά τινων ὀπῶν τὸν νυμφίον λαθραίοις ὄμμασι βλέπουσα, οὕτω καὶ αὕτη λάθρᾳ τῇ ποθουμένῃ γραμματικῇ συνεγίνετο, ὅτε μὴ τῇ δεσποίνῃ μητρὶ συνῆν. Βραχὺς δὲ οὗτος ὁ χρόνος ἦν ὁ τοῦ ὕπνου καὶ τῆς ἀνέσεως, ἐξ οὗ καὶ τὸ πλεῖον ὑφαιρουμένη τῇ μαθήσει προσένεμε. [...] ἅπερ ἄλλοι παιδευτηρίοις τε καὶ μυσταγωγίαις ὑπὸ δριμυτάτων παιδαγωγῶν ἐταζόμενοι χρόνῳ πολλῷ καὶ πόνῳ λαμβάνουσι, ταῦτα κόρην ἁπαλὴν τρυφῶσαν ἐν βασιλείοις παρ' ἑαυτῇ κατορθοῦν, καὶ μὴ θαρρεῖν τὴν μάθησιν ἔχουσαν.

---

149 Die Begegnungen mit Kirke und den Sirenen sind Abenteuer, die Odysseus auf seiner Reise bestehen muss. Gegen Kirke hilft das Zauberkraut *Moly*, den Sirenengesang hört sich Odysseus gefesselt an, während er seinen Gefährten die Ohren mit Wachs verschließt.

Q 78 Anna Komnene über ihren Antrieb, das Geschichtswerk zu schreiben

Anna Komnene, *Alexias, Praefatio* 1,1–2,1

1 (1) Die unaufhaltsam dahinströmende und ständig in Bewegung befindliche Zeit reißt alles mit sich fort, was entsteht, und zieht Unbedeutendes ebenso wie Großes und Bedeutendes, das bewahrt zu werden verdient, in den Abgrund des historischen Dunkels hinab, und sie bringt, wie die Tragödie sagt, das Verborgene ans Licht und birgt das, was sichtbar geworden ist, wieder im Dunkel. Aber die Geschichtsschreibung wird zu einem mächtigen Bollwerk gegen den Strom der Zeit; sie bringt in gewisser Weise sein unaufhaltsames Fließen zum Stillstand und hält alles, was der Zeitstrom mit sich führt, soweit sie es erfassen kann, fest in ihrem Griff und lässt nicht zu, dass es abgleitet in die Tiefen des Vergessens. (2) Da ich dies erkannt habe, ich, Anna, die Tochter der Basileis Alexios und Eirene, geboren und aufgezogen in der Prophyra,[150] die ich nicht nur nicht ungebildet bin, sondern über umfassende Kenntnisse im richtigen Gebrauch des Griechischen verfüge und auch Rhetorik-Studien betrieben, die Traktate des Aristoteles und die Dialoge Platons sorgfältig gelesen und meinen Verstand am Quadrivium der Wissenschaften geschult habe (denn man sollte das ruhig aussprechen, und das ist keineswegs Eigenlob, was die Natur mir mitgegeben und was das Studium der Wissenschaften dazugetan hat, ebenso wie das, was Gott mir schenkte und günstige Umstände beigetragen haben), will ich in diesem meinem Werk die Taten meines Vaters erzählen, die es nicht verdienen, dem Schweigen anheimgegeben und vom Strom der Zeit gleichsam ins Meer des Vergessens fortgeschwemmt zu werden, sowohl das, was er nach seinem Regierungsantritt vollbracht hat, als auch das, was er vor seiner Krönung im Dienste anderer Basileis geleistet hat. 2 (1) Diese Taten werde ich schildern, nicht um meine schriftstellerischen Fähigkeiten unter Beweis zu stellen, sondern damit ein so wichtiger Gegenstand nicht unbezeugt bleibt für die Nachwelt, denn selbst die größten Taten gehen im Dunkeln des Schweigens unter, wenn sie nicht in irgendeiner Form durch die Literatur bewahrt und dem Gedächtnis überantwortet werden.

1 (1) ῾Ρέων ὁ χρόνος ἀκάθεκτα καὶ ἀεί τι κινούμενος παρασύρει καὶ παραφέρει πάντα τὰ ἐν γενέσει καὶ ἐς βυθὸν ἀφανείας καταποντοῖ ὅπου μὲν οὐκ ἄξια λόγου πράγματα, ὅπου δὲ μεγάλα τε καὶ ἄξια μνήμης, καὶ τά τε ἄδηλα φύων κατὰ τὴν τραγῳδίαν καὶ τὰ φανέντα ἀποκρυπτόμενος. Ἀλλ᾿ ὅ γε λόγος ὁ τῆς ἱστορίας ἔρυμα καρτερώτατον γίνεται τῷ τοῦ χρόνου ῥεύματι καὶ ἵστησι τρόπον τινὰ τὴν ἀκάθεκτον τούτου ῥοὴν καὶ τὰ ἐν αὐτῷ γινόμενα πάντα, ὁπόσα ὑπερείληφε, ξυνέχει καὶ περισφίγγει καὶ οὐκ ἐᾷ διολισθαίνειν εἰς λήθης βυθούς. 1 (2) Ταῦτα δὲ διεγνωκυῖα ἐγὼ Ἄννα, θυγάτηρ μὲν τῶν βασιλέων Ἀλεξίου καὶ Εἰρήνης, πορφύρας τιθήνημά τε καὶ γέννημα, οὐ γραμμάτων οὐκ ἄμοιρος, ἀλλὰ καὶ τὸ Ἑλληνίζειν ἐς ἄκρον ἐσπουδακυῖα καὶ ῥητορικῆς οὐκ ἀμελετήτως ἔχουσα καὶ τὰς Ἀριστοτελικὰς τέχνας εὖ ἀναλεξαμένη καὶ τοὺς Πλάτωνος διαλόγους καὶ τὸν νοῦν ἀπὸ τῆς τετρακτύος τῶν μαθημάτων πυκάσασα (δεῖ γὰρ ἐξορχεῖσθαι ταῦτα, καὶ οὐ περιαυτολογία τὸ πρᾶγμα, ὅσα ἡ φύσις καὶ ἡ περὶ τὰς ἐπιστήμας σπουδὴ δέδωκε καὶ ὁ Θεὸς ἄνωθεν ἐπεβράβευσε καὶ ὁ καιρὸς συνεισήνεγκε) βούλομαι διὰ τῆσδέ μου τῆς

---

150 Das Gemach im Kaiserpalast von Konstantinopel, in dem die Kaiserinnen ihre Kinder zur Welt brachten.

γραφῆς τὰς πράξεις ἀφηγήσασθαι τοὐμοῦ πατρὸς οὐκ ἀξίας σιγῇ παραδοθῆναι οὐδὲ τῷ ῥεύματι τοῦ χρόνου παρασυρῆναι καθάπερ εἰς πέλαγος ἀμνημοσύνης, ὅσας τε τῶν σκήπτρων ἐπειλημμένος κατεπράξατο καὶ ὅσας πρὸ τοῦ διαδήματος ἔδρασεν ἑτέροις βασιλεῦσιν ὑπηρετούμενος. 2 (1) Ταύτας δὲ λέξουσα ἔρχομαι οὐχ ὡς ἐπίδειξίν τινα τῆς περὶ λόγους ποιουμένη ἀσκήσεως, ἀλλ' ὡς ἂν μὴ πρᾶγμα τηλικοῦτον τοῖς ἔπειτα γενησομένοις καταλειφθείη ἀμάρτυρον, ἐπεὶ καὶ τὰ μέγιστα τῶν ἔργων, εἰ μή πως ἄρα διὰ τῶν λόγων φυλαχθείη καὶ τῇ μνήμῃ παραδοθείη, τῷ τῆς σιωπῆς ἀποσβέννυται σκότῳ. Ἦν γὰρ ὁ ἐμὸς πατήρ, ὡς αὐτὰ τὰ πράγματα ἔδειξεν, ἐπιστάμενος ἄρχειν καὶ ὑπείκειν, ἐς ὅσον χρή, τοῖς ἄρχουσιν.

Q 79 Bitte des Theodoros Prodromos an Anna Komnene um Unterstützung

Theodoros Prodromos, *Historisches Gedicht* Nr. 38 Hörandner, 5,1–10; 34–44; 68–75; 110–114

Prodromos erzählt in diesem Gedicht von den Ratschlägen, die er von seinem Vater zur Berufswahl erhalten habe (5,15–44) und dann auch umsetzte. Obschon er ein hochgeachteter Gelehrter wurde, ermöglichte ihm das keine gesicherte Existenz, was ihn an den väterlichen Ratschlägen zweifeln lässt (5,45–67). Er bereut es, kein Handwerk gelernt zu haben, das seine Bedürfnisse des täglichen Lebens abdecken würde (5,68–75), während die Erörterung philosophischer und wissenschaftlicher Fragen dazu gar nichts beiträgt, ebensowenig wie Erfolge im Kreis der Gebildeten (5,76–101). Nun kommt erschwerend noch eine Krankheit hinzu (5,102–109).

[1] Höre[151], Dreifaltigkeit, große Herrin, hört himmlische Engel,
höre, großes Firmament, höre, Sonne, höre, Mond,
höre, Glanz der Sterne, Schein des glühenden Feuers,
regenbringende Wolken, verborgenere Tiefen des Meeres,
[5] hochgipflige Gebirge, tieferliegende Grenzen der Erde,
hört, Grundmauern der Stadt, hört auch ihr, Festen Roms,
hört, Reden und Bücher, du aber höre vor all diesen,
Kind der Wissenschaft, Kaiserin[152], schöner Spross der schönen Olive,
denn dir offenbare ich die vielfältigen Schmerzen meiner Seele,
[10] denn dir erzähle ich die Abfolge meiner zahlreichen Leiden. […]
Ja, die Schlacht ist zwar männerehrend, ich bestreite es nicht,
[35] du aber, Kind, Theodor, hast <zu> kraftlose Schultern,
um einen Schild zu tragen, <zu> kraftlos sind deine Hände,
um einen Speer zu schwingen, <zu> schwach sind deine Beine, um beinschienenbewehrt zu den Kämpfenden zu stoßen,
es ist nicht schicklich, dass du Schuhmacher wirst, auch nicht Weber,
[40] und nicht Schmied, denn da wärst du eine Schande für mich.
Mein Kind, widme alle deine Sorge den Büchern
und liebe die Weisheit und bemühe dich sehr um die Wissenschaften.

---

151 Das Gedicht kommt in diesem Teil einem *hýmnos klētikós* nahe, mit dem in der Antike Götter angerufen wurden. Es ist im homerischen Stil (Sprache, Wortwahl, Metrum) verfasst, was dem Publikum die Erhabenheit des Themas signalisieren soll.
152 Die Benutzung dieses Titels entspricht nicht den historischen Gegebenheiten.

Diese werden dich angesehen und reich unter den Menschen machen
und mächtig in Besitztümern und den Gefährten ein Beistand. [...]
Denn hätte ich mich doch im Handwerk ausbilden lassen, Herrin,
damit ich dort genügend Lebensunterhalt verdienen könnte,
[70] ach, würde ich doch mit den Schustern zusammen Felle zuschneiden,
damit wir an unsere Füße schöne, halbhohe Schuhe anpassen könnten,
ach, wäre ich doch Herr über eine sehr fette Schafherde
oder würde eine große Kuhherde melken, denn so könnte
ich mich an Milch betrinken und mich am schönen Fleisch sättigen!
[75] Was aber nützt mir jetzt die ruhmvolle Weisheit? [...]
[110] Ich bitte, ich beschwöre dich und flehe und erhebe die Hände,
sei mir gnädig, Kaiserin, ich übergebe dir meine Reden als Mittlerinnen,
bis du dich als Mittlerin für mich an die höhere Herrin wendest, damit sie mein
Herz vom unerträglichen Unglück befreie. [...]

Κλῦθι τριὰς μέγ' ἄνασσα, κλῦτ' ἄγγελοι οὐρανίωνες,
κλῦθι μέγα στερέωμα, κλῦθ' ἥλιε, κλῦθι σελήνη,
ἄστρων ἀγλαΐη, πυρὸς σέλας αἰθομένοιο,
ὀμβροφόροι νεφέλαι, μυχαίτερα βένθεα πόντου,
[5] οὔρεα ὑψικόρυμβα, χαμαίτερα πείρατα γαίης·
κλῦτε θέμεθλα πόληος, ἐπίκλυτε τείχεα ῾Ρώμης,
κλῦτε λόγοι τε βίβλοι τε, σὺ δ' ἀλλὰ πρόκλυθι τούτων,
θρέμμα λόγου βασίλεια, καλῆς καλὸν ἔρνος ἐλαίης·
σοὶ γὰρ ἐμῆς κραδίης ἀπερεύγομαι ἄ῾λγεα πυκνά·
[10] σοὶ γὰρ ἐμῶν παθέων πολυπληθέα κύκλα μυθεῦμαι.
[...]
ναὶ μὲν κυδιάνειρα καὶ ἡ μάχη, οὐκ ἀπόφημι·
[35] σοὶ δέ, τέκνον Θεόδωρε ἀνάλκιδες εἰσὶ μὲν ὦμοι,
ὥστε σάκος φορέειν, ἀνάλκιδες εἰσὶ δὲ χεῖρες,
ὥστε δόρυ κραδάειν, ἀνάλκιδες εἰσὶ δὲ κνῆμαι,
ὥστε σε μαρναμένοις χαλκοκνήμιδα μετελθεῖν ·
σκυτέα δ' οὔ σ' ἐπέοικε πεφηνέναι οὐδ' ἄρ' ὑφάντην
[40] οὐδέ τε χαλκοτύπον· καὶ γὰρ ἐμὸν ἔσσεαι αἶσχος.
τέκνον ἐμόν, βιβλίοισιν ὅλην ἐπίθου μελεδῶνα
καὶ σοφίην ἀγάπαζε καὶ ἀμφὶ λόγοις μέγα μόχθει,
οἵ σε καλὸν τελέσουσι καὶ ὄλβιον ἐν μερόπεσσι
καὶ μέγαν ἐν κτεάνεσσι καὶ οἷς ἑτάροισιν ὄνειαρ.
[...]
ὡς ὄφελον γάρ, ἄνασσα, βαναυσίδος ἔμμεν' ἀγωγῆς,
ὥς κεν ἅλις βιότοιο πορίσματα ἔνθεν ἀγείρω·
[70] ὡς ὄφελον σκυτέεσσιν ἀνὰ ξυνὰ νάκεα τέμνειν,
ὥς κεν ἑοῖσι πόδεσσιν ὑπ' ἄρβυλα καλὰ τιταίνω·
ὡς ὄφελον ποίμνης μέγα πίονος ἔμμεναι ἄρχων
ἢ πλατὺ βουκόλιον καταμελγέμεν · ἦ γὰρ ἂν οὕτως
ἔν τε μέθυσα γάλακτι, καλὸν δὲ κρέας ἐσιτήθην·
[75] νῦν δὲ τί μοι σοφίης ἐρικυδέος ἔπλετ' ὄνειαρ ;
[...]

[110] λίσσομαι, ἀντιβολῶ, ποτνιῶμαι, χεῖρας ἐπαίρω,
ἵλαθί μοι, βασίλεια, λόγους προτίθημι μεσίτας,
ὄφρα σύ μοι μεσίτις περὶ μείζονα ἵξε᾽ ἄνασσαν,
ὥς κε λύσῃ κακότητος ἐμὸν κέαρ οὐκέτ᾽ ἀνεκτῆς ·
[...]

Weitere Quellen

CRISCUOLO, Michele Psello, Autobiografia – Encomio per la madre 1989; DARROUZÈS, Georges et Dèmètrios Tornikès, Lettres et Discours 1970; HÖRANDNER, Theodoros Prodromos, Historische Gedichte 1974; LAMPROS, O Markianos Kodix 524 1911; LEIB, Anne Comnène, Alexiade 1967–1976; MERCATI, Giambi di Giovanni Tzetze contro una donna schedografa 1951; REINSCH, Alexias, Anna Komnene 1996; SATHAS, Mesaionike bibliotheke 1–7 1872–1894.

Grundlegende Literatur

GARLAND, Byzantine Women 1988; HILL, Vindication 1996; HILL, Imperial Women 1997; HOWARD-JOHNSTON, Anna Komnene and the Alexiad 1997; LAIOU, Women in Byzantine Society 1981; LAIOU, Observations 1985; REINSCH, Frauenliteratur in Byzanz 2000.

Weiterführende Literatur

ANGOLD, Byzantine Empire [2]1997; BIBLIOGRAPHY ON WOMEN IN BYZANTIUM [wird periodisch aktualisiert]: http://www.wooster.edu/Art/wb.html; BROWNING, Literacy in the Byzantine World 1978; KAZHDAN/EPSTEIN, Change in Byzantine Culture 1985; MAGDALINO, Manuel I Komnenos 1993; OXFORD DICTIONNARY OF BYZANTIUM (= ODB) 1–3, Oxford 1991; SCHREINER, Byzanz [2]1994; TREADGOLD, Byzantine State 1997.

IV. Macht und Politik

Das Diktum der Philosophen: Der Ausschluss der Frauen aus der Politik und die Furcht vor der Frauenherrschaft
Beate Wagner-Hasel

In seiner Lehrschrift über die *Politik* kritisiert Aristoteles den spartanischen Gesetzgeber Lykurg, der es versäumt habe, die den Männern auferlegte Disziplin auch von den Frauen zu fordern. Eine solche Regellosigkeit geht nach Meinung des Philosophen mit der Liebe zum Reichtum einher und führt zu Verhältnissen, in denen sich die Männer von Frauen beherrschen lassen (**Q 82**). Der Terminus technicus für diese Art politischer ›Unordnung‹ ist *gynaikokratía*, »Frauenherrschaft«, bzw. *gynaikokrateísthai,* »von Frauen beherrscht werden«. Die Verbform wird zum Teil synonym mit dem traditonellen Begriff der politischen Führung, *árchein*, benutzt, von dem die *Archonten*, die politische Führung Athens, ihren Namen ableiten. Für Aristoteles besteht kein Unterschied, ob die Frauen selbst die politische Führung innehaben (*árchein*) oder ob die politischen Führer, die Archonten, von Frauen geführt werden (*árchesthai*) (Aristoteles *Pol.* 1269 b 23–34). Es sind ihm zufolge vor allem kriegerische Völker, in denen solche gynaikokratischen Verhältnisse herrschen (Aristoteles *Pol.* 1269 b 26). Allerdings findet er die Gynaikokratie auch in tyrannischen Verfassungen, wozu er die vollendete Demokratie zählt (Aristoteles *Pol.* 1313 b 31–39).

Die ältere Forschung hat dieser ›Frauenherrschaft‹ ein hohes Alter bescheinigt und als ursprüngliche Form der Herrschaft angesehen, die der Herrschaft des Mannes vorangegangen sei.[1] In der jüngeren Forschung neigt man dagegen dazu, die Nachrichten der Philosophen und Historiker als eine rein imaginäre Gegenwelt zur patriarchalen Ordnung der Griechen zu deuten. Sowohl die Überlieferungen von der Gynaikokratie als auch die mythischen Erzählungen von Kämpfen griechischer Helden mit Amazonenvölkern[2] sowie die historischen Berichte von matrilinearen Benennungen, wie sie nicht nur für Lykien, sondern darüber hinaus für das unteritalische Lokroi epizephyrioi vorliegen (Polybios 12,5–6), werden zunehmend als Umkehrbilder der patriarchalen Sitten der Griechen gedeutet, die sich

---

1 Zur Forschungsdiskussion vgl. WAGNER-HASEL (Hrsg.), Matriarchatstheorien 1992.
2 Herakles: Euripides *Der rasende Herakles* 408 ff.; Apollodoros *Bibliothek* 2,5,9; Achilleus: Pausanias 5,11,6; Apollodoros *Epitome* 5,1; Proklos *Chrestomathia* 175–180; Quintus von Smyrna *Posthomerica* 1,672–782; Theseus: Aischylos *Eumeniden* 685–689; Plutarch *Theseus* 27, Pausanias 1,2,1; 1,15,1–2; 1,17,2.

darüber ihrer eigenen Ordnung vergewissert hätten.³ Ich möchte im folgenden einen dritten Lösungsweg aufzeigen, der weder dem alten Konzept des Matriarchats noch dem Topos von der patriarchalen Ordnung der Griechen folgt. Mein Vorgehen ist begriffsgeschichtlich und bezieht sich sowohl auf die antike als auch die neuzeitliche Verwendung von Herrschaftsbegriffen.

Gynaikokratie und Hausherrschaft

Geht man von der Verwendung der Verfassungsbegriffe zur Zeit des Aristoteles aus, ergibt sich eine umgekehrtes Bild zu dem Bachofens. Verfassungsbegriffe, die – wie auch der Begriff *dēmokratía* mit dem Verbum *krateín* gebildet werden, kommen erst in der zweiten Hälfte des 5. Jh. auf; *gynaikokratía* selbst findet sich in den Quellen nicht vor dem 4. Jh. v. Chr. Auch wird der Begriff weniger zur Charakterisierung der Verfassung der griechischen Polis, als vielmehr zur Kennzeichnung der Verhältnisse bei fremden Völkern benutzt. Die Verwendung erfolgt fast immer pejorativ und geht mit einer Kritik an der Rollenverkehrung zwischen Männern und Frauen sowie zwischen Freien und Unfreien einher. So war die Gynaikokratie bei den Meliern laut Aristoteles eine Folge ihrer Verweigerung ihrer Männerrolle und kam aufgrund eines Fluches zustande, den der Koloniegründer Hippotes denjenigen auferlegte, die nicht mit ihm hatten segeln wollen: »Als die einen vorgaben, dass ihre Frauen krank seien, die anderen, dass die Schiffe leck seien, und zurückblieben, sprach er die Verwünschung aus, dass sie nie wasserdichte Schiffe haben und auf immer von ihren Frauen beherrscht (*gynaikōn krateísthai*) sein sollten« (Aristoteles *fr.* 554 Rose). Bei dem Aristoteles-Schüler Klearchos impliziert die Herrschaft einer Frau eine Verkehrung der Statusrollen zwischen Freien und Sklaven und eine Effemination der Männer (**Q 83**). Ihm zufolge wurden die Lyder aufgrund ihrer weiblichen Lebensweise – sie zogen ein Leben im Schatten vor – von einer Frau regiert (*hypó gynaikós árchesthai*). Der tyrannische Charakter dieser Herrschaft zeigt sich hier darin, dass sie freie Frauen zwangsweise mit Sklaven verband (zitiert bei Athenaios *Deipnosophistai (Gelehrtenmahl)* 12,515 d–516 a). Bei den Lykiern, die laut Herakleides Pontikos (FGH II 217,15) von alters her von Frauen beherrscht waren (*ek palaioú gynaikokratoúntai*), fehlten nach anderen Überlieferungen auch die Gesetze (*nómoi*) und erfolgte die Benennung in Umkehrung zu den Regeln der Griechen nach der Mutter (Herodot 1,173,4–5; Nikolaos Damaskos *fr.* 3 = FGrHist 90 F).⁴ Einer Kompilation früherer Küstenbeschreibungen (*Periploi*) aus dem 4. Jh. v. Chr. zufolge, die dem griechischen Seefahrer Skylax (gestorben um 480 v. Chr. zugeschrieben wurde, galten auch die Libyrner als von Frauen beherrscht (*gynaikokratoúntai*). Die Frauen verkehrten hier in Umkehrung der grie-

---

3 So erstmals Simon PEMBROKE (1967) und Pierre VIDAL-NAQUET (1970). Ihre Beiträge sind abgedruckt in: WAGNER-HASEL (Hrsg), Matriarchatstheorien 1992.
4 Speziell für die lykische Stadt Xanthos behauptet Nymphis (überliefert bei Plutarch *Mor.* 248 D) die Frauenherrschaft.

chischen Sitten mit Sklaven und fremden Männern benachbarter Stämme (Skylax *fr.* 21 = GGM I). Gleich den Männern an Macht, *isokratées*, waren laut Herodot (4,26,2) die Frauen bei den Issedonen. In der Schmachrede des Claudian auf den Eunuchen Eutrop heißt es, dass die Völker des Vorderen Orients und die Barbaren von Frauen regiert würden (Claudian *Gegen Eutrop* 1,321–323).[5]

Aufgrund dieser Rollenverkehrungen und der räumlichen Verortung gynaikokratischer Sitten am Rande des griechischen und römischen Kulturkreises ist es nur naheliegend, die Nachrichten der Philosophen und Historiker als eine ›verkehrte Welt‹ zu deuten. Allerdings ist mit dieser Deutung nicht geklärt, warum dieses Problem erst im 4. Jh. auftaucht und der Gynaikokratiediskurs nicht bereits früher begonnen hat. Wenn man sich zudem auf die patriarchalen Sitten der Griechen beruft, steht man vor dem Problem, dass die Griechen dafür anders als für Frauenherrschaft keinen Begriff hatten.

Zwar meint Aristoteles im 4. Jh., dass das Verhältnis des Männlichen (*árrhen*) zum Weiblichen (*thély*) von Natur so sei, dass das das eine führe (*árchon*) und das andere geführt werde (*archómenon*). Aber diese ›Führung‹ ist eine ›politische‹, d. h. sie beruht auf Argumentieren und Überzeugen, wie es zu seiner Zeit in den politischen Gremien wie Volksversammlung und Rat erforderlich war, und nicht auf Befehl und Gehorsam, wie dies im Verhältnis gegenüber den Sklaven oder im Verhältnis gegenüber den Kindern geschah (**Q 82**). In dieser politischen Sphäre der Volksversammlung waren die Frauen nicht präsent; dort trafen sich allein die erwachsenen Krieger. Wohl aber spricht einiges dafür, dass die dort eingeübten Muster der Entscheidungsfindung in der häuslichen Sphäre nicht unbekannt waren. Eine Korrespondenz in den Entscheidungsmechanismen zwischen der häuslichen und politischen Sphäre, wie sie Aristoteles in Bezug auf das eheliche Verhältnis anspricht, zeigt eine politische Analyse des Mythos von den Danaiden, die Aischylos in seinem Drama ›Die Schutzflehenden‹ gestaltet hat. Nach Christine Rohweder enthält die Aischyleische Tragödie ein Plädoyer für das Konsensprinzip, fassbar in der dominierenden Rolle der Peitho, der Göttin der überzeugenden Rede. Diese wirkt sowohl innerhalb der politischen Gemeinschaft als auch innerhalb der häuslichen Gemeinschaft, des ehelichen Bindungsverhältnisses.[6] Auch beziehen sich eine Reihe von Autoritätsbezeichnungen und Titel auf beide Geschlechter. Das frühgriechische Epos kennt den ›König‹ (*basileús*) und die ›Königin‹ (*basíleia*), die ›Herrin‹ (*pótnia*) und den ›Herrn‹ (*ánax*).[7] In den Schriftquellen der klassischen Zeit tritt der Begriff des »Herrn« (*despótēs*) neben den der »Herrin« (*déspoina*). Die *archḗ despotikḗ*, die »Hausherrschaft«, die Aristoteles von der politischen und königlichen Herrschaft abgrenzt, ist die Herrschaft gegenüber den Unfreien und wird von bei-

---

5 Der spätantike Chronist Prokop verortet die Gynaikokratie sogar im römischen Kaiserhaus (Prokop *Historia Augusta* 5,26); vgl. auch den Beitrag von WIEBER in diesem Band, S. 281 ff.
6 ROHWEDER, Macht und Gedeihen 1998, 134 ff., 182.
7 Auf eine Diskussion der Bedeutung des Terminus *basileús*, der sowohl als »big man« und »Häuptling« als auch als »König« und »Herrscher« gedeutet worden ist, wird hier verzichtet. Verwiesen sei nur auf ULF, Homerische Gesellschaft 1990; BARCELÓ, Basileia 1993; WAGNER-HASEL, Stoff der Gaben 2000, Kap. IV.

den Geschlechtern ausgeübt, auch wenn Aristoteles dies nicht ausdrücklich sagt. Eine Frau ist *déspoina* gegenüber den Sklaven, wie ein Mann *despótēs* gegenüber den Unfreien ist.[8]

Vom antiken Gynaikokratie- zum modernen Patriarchatsbegriff

Betrachtet man die Wortgeschichte des Begriffs ›Patriarchat‹ und des zugehörigen Adjektivs ›patriarchalisch‹, so wird deutlich, dass es sich um einen historisch relativ jungen Terminus handelt. Geprägt wurde der Terminus ›Patriarchat‹ erst von den frühneuzeitlichen Staatstheoretikern, denen es darum ging, die absolute Gewalt des Königs aus der väterlichen Autorität abzuleiten und darüber die Partizipation der weiblichen Mitglieder des Königshauses an der Thronfolge auszuschließen. Konservative Verfechter der absoluten Gewalt des Königs, wie etwa Robert Filmer, führten im 17. Jh. die politische Autorität auf die väterliche Gewalt Adams zurück und bezeichneten diese in Anlehnung der Herrschaft der biblischen Patriarchen als patriarchale Herrschaft.[9] Liberal gesonnene Staatstheoretiker wie John Locke stellten dagegen diese Ableitung des Rechtsanspruchs auf königliche Macht aus der väterlichen Gewalt und die Ursprünglichkeit der patriarchalen Herrschaft mit dem Hinweis auf die von Filmer übersehene mütterliche Autorität über die Kinder infrage.[10] In diesem Kontext der englischen Diskussion, die nicht zuletzt um die Legitimität der weiblichen Regentschaft kreiste, wurde auch der antike Begriff Gynaikokratie wieder aufgegriffen und zur Charakterisierung der Herrschaft der Königin Elisabeth I. benutzt.[11] Erst im Rahmen der theoretischen Reflexionen des 19. Jh. über die Entwicklungsgeschichte der Menschheit wurde die Gynaikokratie in die Vorgeschichte zurückverlagert und zur Eigenart von Ethnien erklärt, die – anders als die Europäer – verwandtschaftliche Gruppenzugehörigkeit nicht über die väterliche, sondern über die weibliche Linie bestimmten. So beschrieb der Jesuitenpater Joseph Lafitau mit *ginécocratie* das Recht der Matronen bei den matrilinearen Irokesen Nordamerikas, den Häuptling zu wählen.[12] Im Werk von Johann Jakob Bachofen *Das Mutterrecht. Über die Gynaikokratie der alten Welt* von 1861 wurde die Gynaikokratie zwar in der Antike angesiedelt; aber sie erscheint hier als Merkmal einer primitiven Entwicklungsstufe, die vom Prinzipat des Muttertums im Recht (= Mutterrecht) und von der Herrschaft des stofflich-weiblichen Prinzips

---

8 Soziale Typenbegriffe, hrsg. v. Charlotte WELSKOPF, Berlin 1985, Bd. I: Belegstellenverzeichnis altgriechischer sozialer Typenbegriffe von Homer und Aristoteles, s.v. δέσποινα, δεσπότης
9 FILMER, Patriarcha. The Natural Power of Kings defended against the Unnatural Liberty of the People (1640/1680) 1991. Dazu SCHARRER, Robert Filmer 2000, 212.
10 LOCKE, Treatises of Government 1690, Kap. 2 § 6; 11.
11 John KNOX, The First Blast of the Trumpet against the Monstrous Regiment of Women 1558. Auch im Kontext städtischer Konflikt taucht die Rede vom ›Weiberregiment‹ auf; vgl. BURGHARTZ, Frauen – Politik – Weiberregiment 1993, 113–134.
12 LAFITEAU, Mœurs des sauvages amériquains 1724.

geprägt ist. Bachofen benutzte den Begriff ›Patriarchat‹ nicht.[13] Dies taten erst Staatsrechtler wie Lothar von Dargun, die damit zwischen dem System der Machtverteilung und der Verwandtschaft unterschieden und davon ausgingen, dass auch in mutterrechtlichen Verwandtschaftssystemen die Autorität in der Regel beim Mann, sei es beim Vater, sei es beim Bruder der Mutter, gelegen habe und somit Mutterrecht und Patriarchat sich nicht ausschlössen. Eine Umkehrung dieser Machtverhältnisse, die sie mit dem neuzeitlichen Kunstwort ›Matriarchat‹ (von lat. *mater* und griech. *árchein* ableiteten) belegten, sahen sie nur als äußerst selten gegeben an.[14] Von der väterlichen Gewalt losgelöst erscheint der Begriff ›Patriarchat‹ dann bei Max Weber, der patriarchale Herrschaft als eine Form der persönlichen, auf Gewalt und Gehorsam beruhende Herrschaft beschrieb, die er der patrimonialen und bürokratischen Herrschaft voranstellte.[15] In diesem Sinne der ›persönlichen Herrschaft‹ wurde der Begriff auch in der althistorischen Forschung zur Charakterisierung der frühgriechischen Königsherrschaft verwendet,[16] während er in den sozialhistorischen Forschungen zur Rolle der Frau ganz pauschal auf alle antiken Gesellschaftsordnungen unabhängig von der jeweiligen politischen Verfasstheit angewendet und vielfach mit Männerdominanz gleichgesetzt wird. Als wesentliche Kriterien, an denen sich diese Männerdominanz bemisst, werden eben jene Errungenschaften herangezogen, die sich die moderne Frauenbewegung erkämpft hat: weibliche Autonomie durch Berufstätigkeit, politische Partizipation und sexuelle Freiheit.[17]

Frauenräume – Männerräume

Wenn man Machtverhältnisse zwischen den Geschlechtern und die Rede von der Gynaikokratie eines Aristoteles verstehen will, ist es also wenig hilfreich, mit einem Topos von der verkehrten Welt zu arbeiten, der auf einer Vorstellung vom patriarchalen Charakter der griechischen Gesellschaft beruht, die keinerlei Definition erfährt. Selbst wenn man vom Weber'schen Patriarchatsbegriff ausgeht, wird es schwerfallen, eine pauschale Gehorsamspflicht der Frau gegenüber dem Mann in den Quellen zu finden, wie bereits Carl Gotthold Lenz 1790 für den homerischen Befund feststellte.[18] Was zu finden ist, sind Aussagen über die Konflikte zwischen den Geschlechtern. Ich will hier nur auf die vielfach zitierten Äußerungen eines Simonides über das Gerede der Frauen, über ihre mangelnde Arbeitsamkeit und über ihren Hang zum Luxus (Simonides *fr.* 6 West) verweisen oder auf den literarisch

---

13 BACHOFEN, Das Mutterrecht 1861/1948.
14 DARGUN, Mutterrecht 1892.
15 WEBER, Die drei Typen legitimer Herrschaft 1980, 605.
16 Zur Diskussion des Patriarchatsbegriffs in der Homerforschung vgl. WAGNER-HASEL, Die Macht der Penelope 1997, 127–146.
17 So zu lesen in: Women in the Classical World. Image and Text 1994; vgl. meine Rezension in: The European Legacy 3/1, 1998, 144–146.
18 LENZ, Geschichte der Weiber im heroischen Zeitalter 1790/1976, 26.

gestalteten Streit zwischen Agamemnon und Klytaimestra um die Hochzeit der Iphigenie, wie er in der Euripideischen Tragödie *Iphigenie in Aulis* nachzulesen ist.[19] Diese Belege über die Konflikthaftigkeit des Verhältnisses der Geschlechter geben aber genausowenig wie die literarisch überlieferten Klagen über die pfauenhafte Eitelkeit eines Paris, dessen Kleiderprunk Helena den Kopf verdreht habe (Euripides *Troerinnen* 991 f.; *Iphigenie auf Aulis* 74 f.), Aufschluss über die tatsächlichen Machtverhältnisse zwischen den Geschlechtern. Diese Aufklärung leisten auch antike Institutionen wie das griechische Kyriat oder die römische *patria postestas* nur bedingt. Der griechische Begriff *kýrios* (»Herr«) und der römische Terminus *patria potestas*, mit denen in der familiengeschichtlichen Forschung die unumschränkte Macht eines Hausherrn gegenüber Freien und Unfreien charakterisiert wurde, tragen eine stark besitzrechtliche Bedeutung und werden deshalb neuerdings zunehmend in einem rein funktionalen Sinne als »Besitzherrschaft« verstanden. Aufgrund der Verfügungsrechte der römischen Frau über ihr väterliches Erbe verneint beispielsweise Richard Saller die Charakterisierung des Eheverhältnisses als patriarchalisch.[20] Virginia Hunter nimmt für Griechenland an, dass die Leitungs- und Vermittlungsfunktionen, die Frauen im Rahmen von Hauswirtschaft und Verwandtschaft ausübten, ihnen eine Autoritätsposition innerhalb der Familie eingebracht hätten, auch wenn sie fast überall vor Gericht der Vertretung durch einen *kýrios*, einen männlichen Verwandten bedurften.[21] In vielen der von ihr untersuchten Fälle erweisen sich Status und Alter als wesentlicher für die Frage nach der Verteilung von Autoritäts- und Machtfunktionen als das Geschlecht.

Will man das Verhältnis der Geschlechter auf einen Begriff bringen, so bietet sich anstelle der Vorstellung vom Patriarchat das Konzept der komplementären und getrennten Räume der Geschlechter an, das auf anthropologische Forschungen in zeitgenössischen mediterranen Gesellschaften zurückgeht.[22] Diese Aufteilung entspricht keineswegs der modernen Unterscheidung zwischen einem privaten, häuslichen und einem öffentlichen, politischen Bereich. Weder ist das Haus als ein rein privater Bereich zu verstehen, noch lassen sich die Geschlechter nur auf jeweils einen Bereich fixieren. Grenzlinien bestanden sowohl innerhalb des Hauses als auch innerhalb der Öffentlichkeit antiker Städte. Die Rollenverkehrungen, die mit den Gynaikokratievorstellungen einhergehen, lassen sich mit diesem Konzept sehr viel

---

19 Euripides *Iphigenie in Aulis* 739 f. Hier fordert Agamemnon Klytaimestra auf zu gehorchen (*pithoú*), sie aber hält dagegen: »Nein, bei der Argivischen Herrin und Göttin!/ Geh und sorge du für die Schlachtordnung (*elthṓn dé táxō prásse*), ich aber für das Haus (*tan dómois d' egṓ*).« In Xenophons Schrift *Oikonomikos*, in der diese geschlechtsspezifische ›draußendrinnen‹ Symbolik fundiert wird, wird es als Ideal hingestellt, dass der Mann sich im Haus als fügsamer Diener der Frau gibt (7,42).
20 SALLER, Patriarchy 1994, 128.
21 HUNTER, Policing Athens 1994, 33–37.
22 Zur Diskussion vgl. WAGNER-HASEL, Das Private wird politisch 1988; DIES., Frauenleben in orientalischer Abgeschlossenheit 1989; COHEN, Seclusion 1989, 3–15; FOXHALL, Household 1989, 22–44; ZOEPFFEL, Aufgaben 1989; KATZ, Ideology and ›the status of women‹ 1994, 21–43; SCHNURR-REDFORD, Frauen im klassischen Athen 1996, 241–274; SOURVINOU-INWOOD, Männlich – Weiblich 1995/1996, 111–120.

konkreter fassen. So nimmt das Bild von der Verweiblichung der Lebensweise der Lyder auf die sozialen Räume der Geschlechter Bezug, wie sie zur gleichen Zeit in Xenophons Schrift *Oikonomikos* zu finden sind. Hier sind die Frauen für den Bereich des Inneren eines Hauses zuständig, während die Männer dem Bereich des Draußen zugeordnet werden.[23] Eben diese Verkehrung der Räume von »Draußen« und »Drinnen« zeichnet auch das Gynaikokratiemodell aus, das auf die Melier angewendet wird, da die Frauenherrschaft aufgrund der Verweigerung der Männer auftritt, im Bereich des »Draußen« zu agieren. Mit den unbrauchbar gewordenen Schiffen ist ihnen auf Dauer der Bereich der Seefahrt versperrt. Speziell auf die unterschiedlichen Heiratspraktiken in Athen und auf Kreta lässt sich das Spiel der Verkehrung der Benennung und der Statusrollen bei den Lykiern beziehen. Denn die Matrilinearität bei den Lykiern hat Konsequenzen für den Status der Kinder. So gelten Kinder einer freien Frau mit einem Knecht oder Sklaven als edel; Kinder aus Verbindungen eines freien Bürgers mit einer Sklavin oder fremden Frau haben kein Bürgerrecht. Nach Reinhold Bichler bezieht sich Herodot mit diesen Bemerkungen zum einen auf die Überlieferung der kretischen Herkunft der Lykier, wo in der Tat derartige Regelungen inschriftlich nachgewiesen sind, zum anderen auf das attische Bürgerrechtsgesetz, das Kindern aus Beziehungen eines attischen Bürgers mit einer Fremden das Bürgerrecht versagte.[24] Inwiefern das Spiel mit den Trennlinien zwischen den Sphären der Geschlechter Unterordnungsverhältnisse anzeigen, oder ob von einer Gleichwertigkeit der Handlungsbereiche der Geschlechter auszugehen ist, bleibt in jedem Einzelfall zu klären. Mit Sicherheit ist nicht von einem einheitlichen System auszugehen, das in gleicher Weise überall im antiken Griechenland wirksam war.

Frauenmacht im Epos

Ich möchte diesen Nutzen des Modells der getrennten und komplementären Räume der Geschlechter an einem Beispiel aus dem homerischen Epos vorführen, das von der Machtverteilung zwischen den Geschlechtern handelt.

Es geht in diesem Beispiel um die Welt der Phaiaken, deren Schilderung in der Vergangenheit oft als letzte Reminiszenz an ein vergangenes Matriarchat gedeutet, in jüngerer Zeit jedoch ebenso wie die Gynaikokratievorstellungen als eine – in diesem Falle allerdings positive – Gegenwelt entschlüsselt worden ist. Der Bezugspunkt dieser Gegenwelt ist nicht die ›Realität‹ eines vermeintlich griechischen Patriarchats, sondern eine ebenso imaginäre Welt, wie sie die Phaiaken repräsentieren. Gemeint ist das Hauswesen des Odysseus auf Ithaka, dessen Ordnung durch die Abwesenheit des Helden erschüttert ist. Mit der Darstellung der ›Märchenwelt‹

---

23 Vgl. **Q 111**
24 BICHLER, Herodots Frauenbild 1999, 36f. Zum attischen Bürgerrechtsgesetz vgl. den Beitrag von HARTMANN zu Heirat und Bürgerstatus in diesem Band, S. 25f.

des phaiakischen Königreiches führt der Dichter dem Publikum eine ideale Welt vor Augen, die vom Konsens der handelnden Personen geprägt ist.²⁵

Nach einer langen Irrfahrt durch das Mittelmeer gelangt Odysseus, der Held der *Odyssee*, an die Ufer der Insel Scheria, wo er von der ›Königstochter‹ Nausikaa gastfreundlich aufgenommen und in den ›Palast‹ der Eltern geschickt wird. Im Kreise der Tischgemeinschaft des ›Königs‹ und der ›Königin‹ erzählt Odysseus von den ihm widerfahrenen Leiden. Als er ans Ende seines Berichts gelangt, ist es zunächst Arete, die ›Königin‹, die das Wort ergreift und die innere und äußere Erscheinung des Fremden, sein *eidós* und seine *phrḗn*, beurteilt: »Phaiaken! wie erscheint euch dieser Mann zu sein an Aussehen und Größe und Verständigkeit im Innern? Mein Gast zwar ist er, ein Jeder aber hat Anteil an Herrschaft: *timḗ*« (Homer *Od.* 11,336–338). Auf diese Feststellung hin folgt die Aufforderung an die in der Halle versammelten ›Mitkönige‹ (*basilḗes*) des Alkinoos, Odysseus nicht ohne Gaben fortzuschicken. Das Urteil wird schließlich durch den Mund des greisen Echeneos bestätigt: »Die verständige *basíleia* hat nicht gegen unsere Meinung gesprochen« (Homer *Od.* 11,244/5). Deshalb fordert er die übrigen *basilḗes* auf, ihr zu folgen, weist aber zugleich Alkinoos Handeln, *érgon*, und Wort, *épos*, zu (Homer *Od.* 11,346). Dieser besorgt das Geleit für Odysseus, das Alkinoos als exquisiten männlichen Aufgabenbereich ausweist: »Das Geleit ist Sache der Männer, am meisten aber meine, dem nämlich die Macht (*krátos*) im Volk (*dḗmos*) gebührt«, bekräftigt er (Homer *Od.* 11,352/3).

Wir haben es hier mit einem Zusammenspiel einer *basíleia*, eines *basileús* und einer Gruppe von *basilḗes* zu tun, das bereits bei der ersten Begegnung mit dem Fremden vom Dichter in Szene gesetzt wird.²⁶ Das Urteilen mit dem Auge ist Sache der *basíleia*, während die Umsetzung des Urteils dem *basileús* obliegt, dem das weisende Wort (*épos*) zusteht. Dieses Wort hat Aufforderungscharakter in dem Kreis, der auf Alkinoos wie auf einen Gott hört, auf den *dḗmos* der Phaiaken. So heißt es von Alkinoos, dass der *dḗmos* auf ihn wie auf einen Gott hört (Homer *Od.* 7,10–11), während von Arete gesagt wird, dass sie wie ein Gott angesehen wird (Homer *Od.* 7,71–72). Beider Tun bedarf der Bestätigung durch weitere *basilḗes*, für die die Rede des Echeneos steht.²⁷

Erklären möchte ich diese Aufgabenteilung bei der Aufnahme des Fremden mit den unterschiedlichen Kompetenzen, auf denen im Epos die Herrschaft, von dem Dichter mit dem Begriff *timḗ* belegt, beruht. Im Falle des Alkinoos basiert die *timḗ* auf der Organisation des räumlichen Geleits, der Bewerkstelligung der Schiffsreise des Odysseus. Das Meer ist genau die Region, die Poseidon, der Schutzgott der

---

25 VIDAL-NAQUET, Der schwarze Jäger 1989, 45.
26 Vgl. Homer *Od.* 6,289–315; 7,139–171. Hier wird Odysseus zunächst von Nausikaa an Arete verwiesen, an die er die Bitte um Aufnahme zu richten habe; in der konkreten Aufnahmesituation ist es dann Alkinoos, der den Fremden vom Herd zum Sitz führt, nachdem Echeneos um das weisende Wort des Alkinoos gebeten hat.
27 Zur Form der Entscheidungfindung im Epos vgl. grundsätzlich FLAIG, Das Konsensprinzip im Homerischen Olymp 1994, 13–31. Zur Deutung der Szene vgl. ausführlich WAGNER-HASEL, Stoff der Gaben 2000, 190 ff.

Phaiaken, in der Sphäre der Götter als seinen speziellen Herrschaftsbereich, als seine *timế* erhalten hat (Homer *Il.* 15,189–190). Sie impliziert die Herrschaft über Menschen und Räume, die mit dem Begriff *anássein* belegt wird und ausschließlich männliches Handeln meint. Die Kompetenz der Arete, ihre *timế*, ist das soziale Geleit und basiert auf der Produktion textiler Zeichen, die Gedächtnisfunktion besitzen, sei es im Totenritual, wo über Kleidung der Nachruhm, das *kléos* des Toten transportiert wird, sei es im Ritual der gastlichen Aufnahme, wo die Neueinkleidung der Verwandlung des Fremden in einen Zugehörigen dient und textile Gaben als Erinnerungszeichen der hergestellten Beziehung fungieren. Die Frauen des Epos erkennen anhand der Kleidung, die dem Aussehen des Fremden Gestalt verleiht, Herkunft und Zugehörigkeit der Person und vermögen das Beziehungsnetz zu sehen, in das der Fremde gehört. Auch kennen sie die Entscheidungsmuster, nach denen Gäste mit Textilien und anderen Gaben beschenkt werden. In der obigen Szene ist es Arete, die die Phaiaken zur Bereitstellung von Gaben auffordert. Der greise Heros Echeneos hingegen repräsentiert mit seinem Alter eine Art Körpergedächtnis, in dem ebenso wie in den Geweben der Frauen das Wissen um zentrale Werte der Gesellschaft aufgehoben ist.[28]

Gynaikokratie, Tyrannis und Gerede

Der epische Befund spricht für die Existenz verschiedener Machtfelder, die zueinander in eine Balance gebracht werden müssen.[29] Ist dies die Gynaikokratie des Aristoteles? Ja und Nein. Dargestellt ist im Epos die Herrschaft eines Hauses, repräsentiert durch das Paar Arete und Alkinoos. Diese Herrschaft existiert hier in Harmonie mit anderen Hauswesen, die durch die Runde der *basilées* an der Tafel des Alkinoos vertreten sind. Die Bemerkungen des Aristoteles gehören dagegen in den Kontext eines Antagonismus zwischen Hauswesen und Polisgemeinschaft, der erst nach den Perserkriegen in den literarischen Quellen greifbar ist. Mit seinen Ausführungen reagiert Aristoteles auf den Entwurf einer idealen Polis, wie ihn Platon in seiner Schrift *Politeía* vorgestellt hatte. Der Platonische Entwurf ist an der kastenmäßigen Gliederung der spartanischen Gesellschaft orientiert und sieht eine Frauen-, Kinder- und Gütergemeinschaft vor, wie sie auch in Aristophanes' Komödie *Ekklesiazusen* parodiert wird. In der idealen Polis des Platon ist der Platz der Frau nicht mehr das Haus. Sie werden zu Amazonen, wie Platon im 5. Buch seiner *Politeía* ausführt.[30] Sie ziehen wie die mythischen Kriegerinnen, deren Taten so-

---

28 Ebd. 194 ff.
29 Zum Konzept vgl. LENZ /LUIG, Frauenmacht ohne Herrschaft 1990, insb. 17–74.
30 Platon *Pol.* 455 d–456 b; *Nomoi* 306 a-c, 806 a-b. Eine tatsächliche Beteiligung an der Kriegsführung ist nur vereinzelt überliefert (im Tross: Herodot 7,187,1; als Heerführerin bei den Karern: Aristophanes *Lys.* 674/5); bei der Verteidigung von Korkyra: Thukydides 3,74,1). Weiter Belege bei SCHAPS, Women of Greece in Wartime 1982, 193 ff.; zu den Amazonen vgl. TYRRELL, Amazons 1984; WAGNER-HASEL, Männerfeindliche Jungfrauen? 1986, 86–105; BLOK, Early Amazons 1995.

wohl im ›öffentlichen‹ Raum der attischen Polis auf den Wänden *Stoá poikílē* auf der Agora und auf dem Schild der Athenastatue im Parthenon auf der Akropolis, als auch im Oikos, auf Trinkschalen der Männer und auf Arbeitsgeräten der Frauen (**Q 80**), gestaltet waren, an der Seite ihrer Männer in den Krieg. Lesen lässt sich Platons Modell als Umschreibung des Verzichts auf das Führen eines eigenen Hauses und damit auf Ansammlung von individuellem Reichtum (Platon *Pol.* 464 b-c).[31] Denn mit dem Kriegerdasein der Frauen geht die Frauengemeinschaft einher. Die Frauen sind allen Männern gemeinsam, so dass weder ein Vater sein Kind, noch ein Kind seinen Vater kennt, eine individuelle Vererbung von Reichtum also nicht stattfinden kann (Platon *Pol.* 457 d). Auf diese Weise wird der Antagonismus zwischen Gemein- und Eigennutz, zwischen Hauswesen und Polis aufgehoben.

In seiner Schrift über die Gesetze (*Nómoi*) ist Platon dann nicht mehr ganz so radikal. Hier richten sich die Maßnahmen direkt gegen die Anhäufung von Reichtum (*málista plousía*), wozu neben dem Zinsverbot auch das Verbot der Mitgift gehört (Platon *Nomoi* 742 c). In Agrargesellschaften bildet die Mitgift einen entscheidenden Weg, Besitz zu transferieren und zu akkumulieren. Eben solche großen Mitgiften macht Aristoteles den Spartanern zum Vorwurf, da diese dazu geführt hätten, dass zwei Fünftel des Landes den Frauen gehörten und sich die Klasse der Spartiaten vermindert hätte (Aristoteles *Pol.* 1270 a 24–32).[32] In der Tat haben die jüngsten Untersuchungen gezeigt, wie sehr sowohl in Athen als auch in Sparta Heiratsstrategien von Besitzinteressen bestimmt waren.[33]

Aber ich will hier nicht auf die Heiratsbeziehungen, sondern auf das dahinterliegende Strukturproblem eingehen. Denn über die mittels Heirat und persönliche Gastfreundschaften geknüpften Beziehungen konnte die vom Gemeinwesen betriebene Politik unterlaufen und die Vormachtstellung einzelner Häuser etabliert werden. Eben dies taten die Tyrannen des 6. Jh., die im Visier der Kritik der Philosophen des 4. Jh. standen. Während Platon als Lösung vorschwebt, die Häuser – und damit die Machtbasis der Tyrannen – abzuschaffen, schlägt Aristoteles die Herrschaft der Politen über das Hauswesen vor, indem er für die Unterordnung des Weiblichen unter die Führung des Männlichen plädiert (**Q 82**). Es scheint kein Zufall zu sein, dass Aristoteles in diesem Zusammenhang nicht von konkreten

---

31 Vgl. zum folgenden WAGNER-HASEL, Matriarchatstheorien 1992, 332 f. Vgl. auch SISSA, Platon, Aristoteles und der Geschlechterunterschied 1991/1993, 67–102, insb. 79; FÖLLINGER, Differenz 1996; WEILER, Verhältnis der Geschlechter im utopischen Schrifttum 1999, 155–164.
32 Gegen die traditionelle Auffassung, dass Sparta einen Sonderfall darstelle, wendet sich THOMMEN, Spartanische Frauen 1999, 129–149.
33 Vgl. COX, Household Interests 1998. Dies gilt vor allem für das Heiratsverhalten der politischen Elite Athens, insb. 222–229. Exogamie, d. h. Heirat außerhalb des eigenen *dēmos*, bestimmte z. B. das Heiratsverhalten des Kimon, der eine Frau aus Sounion heiratete. Auch seine Schwestern heirateten außerhalb ihres Heimatdemos; in der nächsten Generation dagegen wurde wieder innerhalb der Verwandtschaft geheiratet (229). Die auswärtige Heirat erklärt Cox mit dem Interesse der Familie des Kimon an der Ausbeutung der Silberminen in Südattika; d. h. man suchte Kontakt zu Familien, die Minenbesitz aufwiesen (222).

Frauen und Männern, sondern allein vom Weiblichen (*thély*) und Männlichen (*árren*) spricht. Es geht um Strukturen bzw. Bereiche der Geschlechter, nicht um die alltägliche Beziehung zwischen Männern und Frauen. Von diesen Beziehungen spricht er allein im Zusammenhang der Gynaikokratie, wie sie in der vollendeten Demokratie, bei ihm nichts anderes als die Tyrannis des Volkes, vorkommt. Die Gynaikokratie diesen Typs siedelt er im Haus an und unterstreicht damit das Verständnis des Hauses als Sphäre des Weiblichen. Frauenherrschaft konkretisiert sich hier im weiblichen Gerede über die Männer und in der Zügellosigkeit (*ánesis*) nicht der Frauen – wie in Sparta –, sondern der Sklaven (Aristoteles *Pol.* 1313 b 31–39).

Es handelt sich bei dem von ihm bemühten Bild vom Gerede der Frauen über ihre Männer um einen weit verbreiteten Topos, der vor allem in der Tragödie häufig zu finden ist.[34] Erklären lässt er sich aus der Bedeutsamkeit des Geredes für die öffentliche Reputation. Denn in einer face-to-face Gesellschaft, wie sie die antiken Gemeinwesen in der Regel darstellten, unterlagen Männer wie Frauen dem kontrollierenden Blick ihrer Nachbarn und Standesgenossen. Die persönliche Autorität war im hohen Maße vom guten Ruf abhängig, der einer Person anhaftete und es werden nicht zuletzt die ranghohen Vertreter eines Gemeinwesens, die um eine Vormachtstellung konkurrierten, sorgsam auf ihre Reputation und die Erzeugung loyaler Verhaltensweisen geachtet haben. Ein verschwenderischer Lebensstil brachte in Athen schnell der Vorwurf der Tyrannis ein.[35] Zum Tyrannenbild, wie es die Komödien, aber auch die Philosophen zeichnen, gehörte die Unmäßigkeit der Begierde und der Mangel an Selbstbeherrschung: Tyrannen missachten die Grenze zu anderen Häusern, sie sind übermäßig in ihren sinnlichen Genüssen, sie verschwenden ihr eigenes Vermögen und berauben andere ihrer Kleider, plündern Heiligtümer und verleumden andere Bürger, heißt es bei Platon (Platon *Pol.* 573 e; 575 b). Ein öffentliche Reputation aber, die am äußeren Lebensstil hing, wird nicht unabhängig vom weiblichen Gerede entstanden sein. Das Gerede an den Brunnenhäusern, deren Bau zu den ›Wohltaten‹ der Tyrannen des 6. Jh. gehört,[36] oder im Kreise der Nachbarinnen, auf das in der Tragödie vielfach verwiesen wird, ist nur eine Facette dieser weiblichen Form von »politics of reputation«, deren Erforschung erst in den Anfängen steckt.[37] Auch die Klage über die *ánesis* der Sklaven, über ihre ›Zügellosigkeit‹, gehört in den Kontext der Auflösung habitueller Grenzen, die die Tyrannenherrschaft auszeichnet. Denn wenn die Herren ihre Begierden nicht mehr beherrschen und nicht maßhalten, wird den Sklaven, denen diese

---

34 Eine verschwiegene Frau galt als ein hoch gepriesenes Ideal. Sophokles *Aias* 293: »Das Schweigen bringt der Frau Schmuck (*kósmos*)«; zum weiblichen Gerede vgl. Aristoteles *Pol.* 1260 a 23–30; Euripides *Andromache* 943–953; Aristoteles *Rhet.* 1384 b 18. Weitere Belege bei SCHMAL, Frauen und Barbaren bei Euripides 1999, 96 u. 106; vgl. auch den Beitrag von SCHNEIDER in diesem Band, S. 339. Ganz allgemein vor dem Gerede (*phḗmē*) warnt Hesiod *Erga* 721 ff.
35 DAVIDSON, Kurtisanen und Meeresfrüchte 1999, 315–346.
36 SHAPIRO, Art and Cult 1989.
37 Zur Bedeutung des Geredes vgl. HUNTER, Policing Athens 1994, 96–119.

Fähigkeit zur Selbstbeherrschung von den Philosophen grundsätzlich abgesprochen wird, keine Grenzen mehr gesetzt werden.

Das verbindende Element zwischen der spartanischen Gynaikokratie und der Gynaikokratie im Haus in einer demokratischen Polis ist die Liebe zum Reichtum, die Aristoteles als typisch für die Tyrannis erachtet (Aristoteles *Pol.* 1270 a 13–26). Erpresste Abgaben machen nach den Vorstellungen eines Thukydides, Xenophon oder Isokrates aus Athen eine *pólis týrannos*.[38] Sichtbarer Reichtum aber ist in der Darstellung der epischen Gesellschaft und in den Inszenierungen der Tragödiendichtung vielfach nichts anderes als Schmuck- und Kleiderreichtum. In der attischen Tragödie fungiert dieses weibliche Gut, der häusliche Kleiderreichtum, als Signum tyrannischer Prachtentfaltung und ist vielfach negativ konnotiert. In der Tragödie des Aischylos, die vom Untergang des Atridenhauses erzählt, wird Agamemnon nach der Heimkehr vom Trojanischen Krieg auf einen purpurnen Pfad, auf einen Teppich, gelockt und in den Tod geleitet. Andere Helden und Heroinen verbrennen in ihren purpurnen Kleidern.[39] Häusliche Macht und Kleiderpracht erscheinen in der *Orestie* des Aischylos als Synonyma und werden von Klytaimestra repräsentiert. Dagegen wird in vielen Überlieferungen des 5. Jh. eine Ideologie der einfachen Lebensweise beschworen, die im Bild des dorischen *péplos* fassbar ist. Dieses Kleidungsstück tragen im Gegensatz zu den luxusgewohnten Persern allein die kriegstüchtigen Hellenen.[40]

Im Bild der Frauenherrschaft greift Aristoteles offensichtlich eine Struktur an, die von Reichtum und von der Vormachtstellung einzelner Häuser geprägt ist. Während im 5. Jh. das Haus tendenziell entmachtet wird und der Reichtum über das Liturgienwesen abgeschöpft wird, tritt in den nachfolgenden Jahrhunderten wieder eine umgekehrte Entwicklung ein. Reichtum wird bewusst zur Erlangung einer Vormachtstellung eingesetzt. Ich möchte zum Schluss ein solches begütertes und politisch mächtiges Hauswesen vorstellen, das aus der Peripherie der griechischen Welt, aus Kleinasien stammt. Erkennbar ist hier eine institutionelle Einbindung von Frauen in die Sphäre des Politischen, die im klassischen Athen zur Zeit eines Aristoteles nicht möglich gewesen wäre.

Ausblick: Familienpolitik und Ämterwesen in Kleinasien

Hatten Frauen in den auf kollektive Führung bedachten griechischen Poleis der archaischen und klassischen Zeit grundsätzlich keine politischen Ämter inne,[41] so

---

38 Belege bei DAVIDSON, Meeresfrüchte 1999, 320.
39 JENKINS, The Ambiguity of Greek Textiles 1985, 109–132.
40 Belege bei GEDDES, Rags and Riches 1989, 317 ff.; vgl. auch WAGNER-HASEL, Herakles und Omphale 1998.
41 Verbreitet war allerdings die Übernahme von Priesterämtern. Priesterinnen wie die der Athena Polias, die aus dem Geschlecht der Eteoboutaden gewählt wurde, verwalteten den Tempelschatz und leiteten Kulthandlungen (Lykophron *fr.* 5; Aischines 3,18). Als Privilegien erhielten sie, wie etwa die Priesterin der Demeter Chamyne in Olympia (Pausanias

änderte sich dies im Hellenismus und in der Zeit der römischen Herrschaft. Wo sich die politische Macht in den Händen weniger Familien konzentrierte, wie dies in den kleinasiatischen Städten des Hellenismus und der römischen Kaiserzeit geschah, erlangten Frauen als Mitglieder einflussreicher Familien auch politische Ämter wie das des *Árchōn epōnymos*, des Jahresbeamten. Sie wirkten als Wohltäterinnen und wurden für Getreidespenden und für ihre Bautätigkeiten ebenso wie männliche Mitglieder mit Ehrenstatuen bedacht. In einer der ältesten Ehreninschriften für eine Frau, im Ehrendekret für Archippe aus dem 2. Jh. v. Chr. in Kyme, wird das Recht auf Bestattung innerhalb der Stadt und das Privileg der *aleitourgēsía*, der Freistellung von öffentlichen Lasten, verliehen. Die Freistellung wird in der Inschrift vage mit schwierigen Umständen der Wohltäterin begründet, ohne dass diese spezifiziert werden. Da sie aber zuvor Mittel für den Bau eines neuen Rathauses bereitgestellt und Getreide- und Weinspenden geleistet hatte, ist die Ehrung wahrscheinlich als eine Folge ihrer früheren Freigebigkeit zu deuten. Allerdings werden auch Gegenleistungen der Archippe genannt: Zwei ihrer Landgüter sollen nach ihrem Tod verkauft, das Volk aber soll die *kyrieía*, d. h. Nutznießung der Einkünfte haben. Außerdem sollen ihre Erben ein Talent an die Stadt aus dem Gewinn des Verkaufs von Sklaven zahlen; damit soll das Rathaus erhalten werden. Nach Meinung von Riet van Bremen, die unlängst eine umfangreiche Untersuchung zum Wohltäterwesen vorgelegt hat, vollendete Archippe die Bauaktivitäten ihres Vaters und Bruders, d. h. sie erfüllte die Verpflichtungen der Familie.[42]

Ein weiteres Beispiel für eine solche Wohltäterin stellt Plancia Magna aus Perge dar, die in Ehreninschriften wegen ihrer Bautätigkeit zur Zeit Hadrians gepriesen wird. Die ihr zu Ehren aufgestellte Statue zeigt Plancia in jugendlicher Stilisierung; ihre Kleidung ist im Stil der Kaiserin Sabina dargestellt (**Q 81**). Entgegen der in der Forschung angestellten Vermutung, dass Frauen nur dann Amtsfunktionen übernahmen, wenn Söhne fehlten, zeigen die Untersuchungen von Riet van Bremen, dass die innerfamiliäre Ämterverteilung einer bewussten Familienstrategie unterlag, die männliche und weibliche Linie, Männer wie Frauen, gleichermaßen einbezog. Im Fall der Plancia Magna geht es um die Verknüpfung von Stadt und Reich. Während Vater und Bruder senatorische Karriere machten, repräsentierte Plancia das lokale Element. Sie übernahm lokale Ämter und Liturgien wie die *dēmiourgía*, die *gymnasiarchía* sowie die Priesterschaft im Artemis- und Kaiserkult. Der Vater hingegen war 69 n. Chr. unter Nero Prätor in Rom, dann, unter Vespasian, Proconsul von Pontos und Bithynien. Ihr Ehemann, C. Iulius Cornutus Tertullus, war 116/7 n. Chr. Proconsul in Afrika. Über die weiblichen Mitglieder konnte die senatorische Aristokratie aus dem Osten auf diese Weise offensichtlich ihre enge Verbindung zu den Heimatstädten beibehalten.[43]

6,20,9), Ehrenplätze bei Festveranstaltungen und Anteile am Opfertier; vgl. KRON, Priesthoods, Dedications and Euergetism 1996, 139–182 sowie die Beiträge von WALDNER und SCHNURR-REDFORD in diesem Band, S. 53 ff. und S. 132 ff.

42 VAN BREMEN, The Limits of Participation 1996, 13–19. Zwei Ehrendekrete für Archippe sind abgedruckt in: PATZEK, Quellen 2000, 177–180.

43 VAN BREMEN, The Limits of Participation 1996, 104–108.

Die Ehreninschriften geben uns keinerlei Auskunft, in welchem Maße diese ranghohen Frauen in politische Entscheidungsprozesse eingriffen und tatsächlich die Familienpolitik ›mitbestimmten‹. Sie sind streng formalisiert und listen die für diese Zeit typischen Leistungen, Wohltaten und Ämter der Geehrten auf. Ein individuelles Porträt der geehrten Person entsteht nicht. Aber sie zeigen, wie bereits die zuvor diskutierten Quellen, wie sehr Politik und Hauswesen in langen Phasen der antiken Geschichte miteinander verwoben waren. Da die modernen Demokratien, deren Gründungsväter sich ebenso wie die eingangs erwähnten frühneuzeitlichen Staatstheoretiker bei der Diskussion um die zu schaffende politische Verfassung gerne und häufig auf die antiken Vorbilder bezogen,[44] sich nach dem Sturz der Monarchie als reine ›Männerbünde‹ etablierten, wurde nicht zufällig diese strukturelle Seite antiker Verfassungen, wie sie im philosophischen Konzept der antiken Gynaikokratie enthalten ist, die politische Herrschaft eines ›Hauses‹, in die Vorgeschichte abgeschoben.

Quellen

Q 80 Amazonen bewaffnen sich. Epinetron. Um 510 v. Chr.

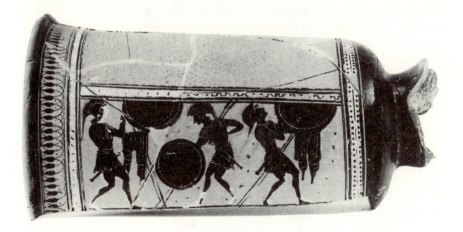

---

44 Vgl. z. B. RICHARD, The Founders and the Classics 1995.

Q 81 Statue der Plancia Magna aus Perge (Kleinasien), um 120 n. Chr.

Q 82 Aristoteles über das Verhältnis der Geschlechter.

Aristoteles, *Politik* 1252 a 26 – b 1; 5–7

Als Erstes ist es notwendig, dass sich jene Wesen verbinden, die ohne einander nicht bestehen können, einerseits das Weibliche und das Männliche der Fortpflanzung wegen […], andererseits das naturgemäß (*phýsei*) Führende (*árchon*) und Geführte (*archómenon*) um der Lebenserhaltung willen. Denn was mit dem Verstand vorauszuschauen vermag, ist von Natur her (*phýsei*) das Führende (*árchon*) und Herrschende (*despózon*), was aber mit seinem Körper das Vorgesehene auszuführen vermag, ist das von der Konvention her Geführte (*archómenon*) und Dienende (*doúlon*). Darum ist auch der Nutzen für Herrn und Diener derselbe. Von Natur sind das Weibliche (*thẽly*) und das Dienende (*doúlon*) verschieden [...]. Bei den Barbaren freilich haben das Dienende (*doúlon*) und das Weibliche (*thẽly*) denselben Rang. Dies kommt daher, dass sie das von Natur (*phýsei*) Führende (*árchon*) nicht besitzen, sondern die Gemeinschaft bei ihnen nur zwischen Sklavin (*doúlē*) und Sklave (*doúlos*) besteht. [...]

1254 b 2–6; 13–14
Zuerst also kann man, wie wir sagen, beim Lebewesen die hausherrliche Herrschaft (*archḗ despotikḗ*) und die politische Herrschaft (*archḗ politikḗ*) beobachten. Denn die Seele regiert über den Körper in der Weise der hausherrlichen Herrschaft (*archḗ despotikḗ*), der Geist über das Streben in der Weise der politischen (*archḗ politikḗ*) oder königlichen Herrschaft (*archḗ basilikḗ*) [...]. Desgleichen ist das Verhältnis des Männlichen (*árren*) zum Weiblichen (*thẽly*) von Natur so, dass das eine besser, das andere geringer ist, und das eine führt (*árchon*) und das andere geführt wird (*archómenon*). [...]

1259 a 37–b 1
Denn es gibt drei Teile der [Lehre von der] Leitung eines Hauses (*oikonomikḗ*), der hausherrschaftliche (*despotikḗ*), [...] der väterliche (*patrikḗ*) und drittens der eheliche (*gamikḗ*), (denn sowohl über die Frau und über die Kinder regiert [der Mann], über beide als über Freie, aber nicht von derselben Weise [ist] die Herrschaft (*archḗ*), sondern bezüglich der Frau [ist sie] nach politischer Art (*politikós*), hinsichtlich der Kinder ist sie von königlicher Art (*basileutikós*) [...])

1259 b 32–34, 39–40; 1260 a 3–14; 20–24
Ganz im allgemeinen ist bei dem von Natur Regierenden und Regierten zu untersuchen, ob sie dieselbe Tugend (*aretḗ*) besitzen oder nicht. [...] Denn wenn der Regierende (*árchōn*) nicht besonnen (*sṓphrōn*) und gerecht (*díkaios*) ist, wie wird er dann gut regieren? Und wenn es der Regierte nicht ist, wie kann er dann gut regiert werden? [...] Ein Vorbild dafür haben wir gleich an der Seele. Denn in ihr gibt es ein von Natur (*phýsei*) Führendes (*árchon*) und ein Geführtes (*archómenon*), und jedes von beiden, das Vernunftbegabte (*lógon*) und Vernunftlose (*alógon*), hat seine eigene Tugend. Offensichtlich verhält es sich so auch beim anderen. Also gibt es von Natur mehrere Arten von Führendem (*árchonta*) und Geführtem (*archómena*). Denn anders herrscht das Freie (*eleútheron*) über das Sklavische (*doúlon*), das Männliche (*árren*) über das Weibliche (*thẽly*) und der Mann (*anḗr*) über das Kind (*país*). Bei allen finden sich die Teile der Seele, aber in verschiedener Weise. Der Sklave besitzt das planende Vermögen (*bouleutikón*) überhaupt nicht, das Weibliche besitzt es zwar, aber ohne Entscheidungskraft (*ákyron*), das Kind besitzt es, aber noch unvollkommen. [...] Also gehört die ethische Tugend allen Genannten, doch ist die Besonnenheit (*sōphrosýnē*) des Mannes und der Frau nicht dieselbe und auch nicht die

Tapferkeit (*andreía*) und die Gerechtigkeit (*dikaiosýnē*), wie Sokrates meinte, sondern das eine ist eine regierende Tapferkeit, das andere eine dienende und so weiter. [...]

1260 b 8–20
Über Mann und Frau, Kinder und Vater, über ihre jeweilige Tugend und ihren gegenseitigen Verkehr, und was darin richtig und falsch ist, und wie man das Richtige aufsuchen und das Falsche meiden soll, darüber muss in den Untersuchungen über die Polisordnungen (*politeíai*) gesprochen werden. Denn jedes Haus (*oikía*) ist ein Teil des Ganzen, und jene, die Polis betreffenden Verhältnisse sind ein Teil des Hauses, und die Tugend des Teils muss man im Hinblick auf diejenige des Ganzen bestimmen. So ist es notwendig, die Kinder und auch die Frauen im Hinblick auf die *politeía* zu erziehen [...]. Denn die Frauen sind die Hälfte der Freien, und die Kinder sind die künftigen Teilhaber an der Verwaltung der Polis (*politeía*).

1269 b 12–14; 19–26
Ebenso ist die Zügellosigkeit (*ánesis*) der Frauen der Absicht der Verfassung (*politeía*) und des Wohlergehen (*eudaimonía*) des Gemeinwesens (*pólis*) schädlich. [...] Dies ist [in Sparta] wirklich der Fall. Denn während der Gesetzgeber will, dass die ganze Polis sich in Disziplin übe (*karterikḗ*), hat er sich offensichtlich nur im Hinblick auf die Männer darum gekümmert, dagegen es bei den Frauen vernachlässigt. Denn sie leben in jeder Richtung hemmungslos und ausschweifend (*trypheṓs*). So wird denn in einer solchen Verfassung mit Notwendigkeit der Reichtum (*ploútos*) hoch geschätzt, besonders wenn erst noch die Frauen regieren (*gynaikokratoúmenoi*), wie es bei vielen kämpferischen und kriegslustigen Völkern der Fall ist [...].

1313 b 32–39
Was ferner in der vollendeten Demokratie geschieht, ist alles auch tyrannisch, die Frauenherrschaft (*gynaikokratía*) im Haus, damit sie über die Männer berichten, und zu demselben Zweck die Zügellosigkeit (*ánesis*) der Sklaven. Denn Sklaven und Frauen geben dem Tyrannen nichts zu fürchten, und wenn es ihnen gut geht, werden sie zwangsläufig sowohl der Tyrannis als auch der Demokratie gegenüber loyal sein. Denn auch das Volk will Alleinherrscher (*mónarchos*) sein.

1252 a 26 – b 1; 5–7
[1252a.26] ἀνάγκη δὴ πρῶτον συνδυάζεσθαι τοὺς ἄνευ
ἀλλήλων μὴ δυναμένους εἶναι, οἷον θῆλυ μὲν καὶ ἄρρεν τῆς
γεννήσεως ἕνεκεν [...] ἄρχον δὲ φύσει καὶ
ἀρχόμενον διὰ τὴν σωτηρίαν. τὸ μὲν γὰρ δυνάμενον τῇ
διανοίᾳ προορᾶν ἄρχον φύσει καὶ δεσπόζον φύσει, τὸ δὲ
δυνάμενον [ταῦτα] τῷ σώματι πονεῖν ἀρχόμενον καὶ φύσει
δοῦλον· διὸ δεσπότῃ καὶ δούλῳ ταὐτὸ συμφέρει. φύσει μὲν
[1252b.1] οὖν διώρισται τὸ θῆλυ καὶ τὸ δοῦλον. [...]
[1252b.5] ἐν δὲ τοῖς βαρβάροις τὸ θῆλυ καὶ τὸ δοῦλον τὴν
αὐτὴν ἔχει τάξιν. αἴτιον δ' ὅτι τὸ φύσει ἄρχον οὐκ ἔχουσιν, ἀλλὰ γίνεται ἡ κοινωνία αὐτῶν δούλης καὶ δούλου. [...]

1254 b 2–6; 13–14
[1254b.2] ἔστι
δ' οὖν, ὥσπερ λέγομεν, πρῶτον ἐν ζῴῳ θεωρῆσαι καὶ δεσποτικὴν ἀρχὴν καὶ πολιτικήν· ἡ μὲν γὰρ ψυχὴ τοῦ σώματος ἄρχει δεσποτικὴν ἀρχήν, ὁ δὲ νοῦς τῆς ὀρέξεως πολι-
τικὴν ἢ βασιλικήν· […]
[1254b.13] ἔτι δὲ τὸ ἄρρεν πρὸς τὸ θῆλυ φύσει τὸ μὲν
κρεῖττον τὸ δὲ χεῖρον, καὶ τὸ μὲν ἄρχον τὸ δ' ἀρχόμενον. […]

1259 a 37–b 1
[1259a.37] Ἐπεὶ δὲ τρία μέρη τῆς οἰκονομικῆς ἦν, ἓν μὲν δε-
σποτική, περὶ ἧς εἴρηται πρότερον, ἓν δὲ πατρική, τρίτον δὲ
γαμική (καὶ γὰρ γυναικὸς ἄρχει καὶ τέκνων, ὡς ἐλευθέ-
[40] ρων μὲν ἀμφοῖν, οὐ τὸν αὐτὸν δὲ τρόπον τῆς ἀρχῆς, ἀλλὰ
[1259b.1] γυναικὸς μὲν πολιτικῶς τέκνων δὲ βασιλικῶς· […]

1259 b 32–34, 39–40; 1260 a 3–14; 20–24
[1259b.32] καθόλου δὴ τοῦτ' ἐστὶν ἐπισκε-
πτέον περὶ ἀρχομένου φύσει καὶ ἄρχοντος, πότερον ἡ αὐτὴ
ἀρετὴ ἢ ἑτέρα. […]
[1259b.39] εἴτε γὰρ ὁ ἄρχων μὴ ἔσται σώφρων καὶ δί-
καιος, πῶς ἄρξει καλῶς; εἴθ' ὁ ἀρχόμενος, πῶς ἀρχθή-
[1260a.1] σεται καλῶς; […]
[1260a.4] καὶ τοῦτο εὐθὺς ὑφήγηται <τὰ> περὶ τὴν
[5] ψυχήν· ἐν ταύτῃ γάρ ἐστι φύσει τὸ μὲν ἄρχον τὸ δ'
ἀρχόμενον, ὧν ἑτέραν φαμὲν εἶναι ἀρετήν, οἷον τοῦ λόγου
ἔχοντος καὶ τοῦ ἀλόγου. δῆλον τοίνυν ὅτι τὸν αὐτὸν τρόπον
ἔχει καὶ ἐπὶ τῶν ἄλλων, ὥστε φύσει τὰ πλείω ἄρχοντα
καὶ ἀρχόμενα. ἄλλον γὰρ τρόπον τὸ ἐλεύθερον τοῦ δούλου
[10] ἄρχει καὶ τὸ ἄρρεν τοῦ θήλεος καὶ ἀνὴρ παιδός, καὶ πᾶσιν
ἐνυπάρχει μὲν τὰ μόρια τῆς ψυχῆς, ἀλλ' ἐνυπάρχει διαφερόντως. ὁ μὲν γὰρ δοῦλος ὅλως οὐκ ἔχει τὸ βουλευτικόν,
τὸ δὲ θῆλυ ἔχει μέν, ἀλλ' ἄκυρον, ὁ δὲ παῖς ἔχει μέν,
ἀλλ' ἀτελές. […]
[1260a.20] ὥστε φανερὸν ὅτι ἔστιν ἠθικὴ ἀρετὴ τῶν εἰρημένων
πάντων, καὶ οὐχ ἡ αὐτὴ σωφροσύνη γυναικὸς καὶ ἀνδρός,
οὐδ' ἀνδρεία καὶ δικαιοσύνη, καθάπερ ᾤετο Σωκράτης, ἀλλ'
ἡ μὲν ἀρχικὴ ἀνδρεία ἡ δ' ὑπηρετική, ὁμοίως δ' ἔχει καὶ
περὶ τὰς ἄλλας. […]

1260 b 8–20
[1260b.8] περὶ
δ' ἀνδρὸς καὶ γυναικός, καὶ τέκνων καὶ πατρός, τῆς τε περὶ
[10] ἕκαστον αὐτῶν ἀρετῆς καὶ τῆς πρὸς σφᾶς αὐτοὺς ὁμιλίας,
τί τὸ καλῶς καὶ μὴ καλῶς ἐστι, καὶ πῶς δεῖ τὸ μὲν εὖ δι-
ώκειν τὸ δὲ κακῶς φεύγειν, ἐν τοῖς περὶ τὰς πολιτείας ἀναγκαῖον ἐπελθεῖν. ἐπεὶ γὰρ οἰκία μὲν πᾶσα μέρος πόλεως,
ταῦτα δ' οἰκίας, τὴν δὲ τοῦ μέρους πρὸς τὴν τοῦ ὅλου δεῖ βλέ-
[15] πειν ἀρετήν, ἀναγκαῖον πρὸς τὴν πολιτείαν βλέποντας παι-
δεύειν καὶ τοὺς παῖδας καὶ τὰς γυναῖκας, εἴπερ τι διαφέρει πρὸς
τὸ τὴν πόλιν εἶναι σπουδαίαν καὶ <τὸ> τοὺς παῖδας εἶναι σπου-
δαίους καὶ τὰς γυναῖκας σπουδαίας. ἀναγκαῖον δὲ διαφέρειν· αἱ

μὲν γὰρ γυναῖκες ἥμισυ μέρος τῶν ἐλευθέρων, ἐκ δὲ τῶν παίδων οἱ
[20] κοινωνοὶ γίνονται τῆς πολιτείας. [...]

1269 b 12–14; 19–26
[1269b.12] ἔτι δ' ἡ
περὶ τὰς γυναῖκας ἄνεσις καὶ πρὸς τὴν προαίρεσιν τῆς πολιτείας βλαβερὰ καὶ πρὸς εὐδαιμονίαν πόλεως. [...]
[1269b.19] ὅπερ ἐκεῖ συμβέβηκεν· ὅλην γὰρ
τὴν πόλιν ὁ νομοθέτης εἶναι βουλόμενος καρτερικήν, κατὰ
μὲν τοὺς ἄνδρας φανερός ἐστι τοιοῦτος ὤν, ἐπὶ δὲ τῶν γυναικῶν ἐξημέληκεν· ζῶσι γὰρ ἀκολάστως πρὸς ἅπασαν ἀκολασίαν καὶ τρυφερῶς. ὥστ' ἀναγκαῖον ἐν τῇ τοιαύτῃ πολιτείᾳ τιμᾶσθαι τὸν πλοῦτον, ἄλλως τε κἂν τύχωσι γυναικο-
[25] κρατούμενοι, καθάπερ τὰ πολλὰ τῶν στρατιωτικῶν καὶ
πολεμικῶν γενῶν, [...]

1313 b 32–39
[1313b.32] καὶ τὰ περὶ τὴν δημοκρα-
τίαν δὲ γιγνόμενα τὴν τελευταίαν τυραννικὰ πάντα, γυναικοκρατία τε περὶ τὰς οἰκίας, ἵν' ἐξαγγέλλωσι κατὰ τῶν
[35] ἀνδρῶν, καὶ δούλων ἄνεσις διὰ τὴν αὐτὴν αἰτίαν· οὔτε γὰρ
ἐπιβουλεύουσιν οἱ δοῦλοι καὶ αἱ γυναῖκες τοῖς τυράννοις,
εὐημεροῦντάς τε ἀναγκαῖον εὔνους εἶναι καὶ ταῖς τυραννίσι
καὶ ταῖς δημοκρατίαις· καὶ γὰρ ὁ δῆμος εἶναι βούλεται
μόναρχος.

Q 83 Die Gynaikokratie bei den Lydiern nach Klearchos

Klearchos von Soloi bei Athenaios, *Gelehrtenmahl (Deipnosophistai)* 12,515 e – 516 a

Die Lyder legten zum Vergnügen Parks an, gestalteten sie wie Gärten und wandelten im Schatten, da sie es für angenehmer hielten, sich den Sonnenstrahlen überhaupt nicht auszusetzen. [515 f] Sie trieben ihren Übermut noch weiter, holten fremde Frauen und Mädchen an einem Platz zusammen, der aus diesem Grunde ›Heiliger Hain‹ hieß, und taten ihnen dort Schimpf an. Schließlich wurden ihre Seelen so verweiblicht, dass sie wie Frauen lebten, und dieses Leben brachte ihnen auch eine Frau als Tyrannin ein, Omphale, eine der geschändeten Frauen. Von ihr erhielten die Lyder erstmals die ihnen gebührende Strafe durch die Willkürherrschaft einer Frau. [516 a] Sie selbst war leidenschaftlich, und als Rache für den ihr zugefügten Schimpf gab sie den Sklaven in der Stadt die Töchter ihrer Herren an demselben Platz, wo sie selbst von ihnen Gewalt erfahren hatte. Sie holte die Mädchen mit Gewalt dorthin zusammen und legte die Herrinnen zu den Sklaven. Die Lyder versuchten die Härte dieses Vorgehens dadurch zu verschleiern, dass sie den Platz ›Süße Umarmung‹ nennen.

[515e] Λυδοί [...] διὰ τρυφὴν παραδείσους κατασκευασάμενοι καὶ ἀνηλίους [κηπαίους]
αὐτοὺς ποιήσαντες ἐσκιατροφοῦντο, τρυφερώτερον ἡγησάμενοι τὸ μηδ' ὅλως αὐτοῖς
ἐπιπίπτειν τὰς τοῦ ἡλίου αὐγάς. [515f] καὶ [τέλος] πόρρω προάγοντες ὕβρεως τὰς τῶν
ἄλλων γυναῖκας καὶ παρθένους εἰς τὸν τόπον τὸν διὰ τὴν πρᾶξιν ῾Αγνεῶνα κληθέντα
συνάγοντες ὕβριζον. καὶ τέλος τὰς ψυχὰς ἀποθηλυνθέντες ἠλλάξαντο τὸν τῶν γυναικῶν
βίον, διόπερ καὶ γυναῖκα τύραννον ὁ βίος εὕρετο αὐτοῖς μίαν τῶν ὑβρισθεισῶν ' Ομφάλην·

ἥτις πρώτη κατῆρξε μὲν τῆς εἰς Λυδοὺς πρεπούσης τιμωρίας. τὸ γὰρ ὑπὸ γυναικὸς ἄρχεσθαι ὑβριζομένους σημεῖόν ἐστι βίας. [516a] οὖσα οὖν καὶ αὐτὴ ἀκόλαστος καὶ ἀμυνομένη τὰς γενομένας αὐτῇ πρότερον ὕβρεις τοῖς ἐν τῇ πόλει δούλοις τὰς τῶν δεσποτῶν παρθένους ἐξέδωκεν ἐν ᾧ τόπῳ πρὸς ἐκείνων ὑβρίσθη· εἰς τοῦτον οὖν συναθροίσασα μετ' ἀνάγκης συγκατέκλινε τοῖς δούλοις τὰς δεσποίνας. ὅθεν οἱ Λυδοὶ τὸ πικρὸν τῆς πράξεως ὑποκοριζόμενοι τὸν τόπον καλοῦσιν [γυναικῶν ἀγῶνα] Γλυκὺν Ἀγκῶνα.

Grundlegende Literatur

BICHLER, Herodots Frauenbild 1999; FOXHALL, Household 1989; SCHNURR-REDFORD, Frauen im klassischen Athen 1996; SOURVINOU-INWOOD, Männlich – Weiblich 1995/6; WAGNER-HASEL, Das Private wird politisch 1988; DIES. (Hrsg.), Matriarchatstheorien 1992.

Weiterführende Literatur

EISEN, Amtsträgerinnen 1996; FÖLLINGER, Differenz 1996; HUNTER, Policing Athens 1994; KATZ, Ideology and ›the status of women‹ 1994; KRON, Priesthoods 1996; VAN BREMEN, Limits of Participation 1996; WAGNER-HASEL, Die Macht der Penelope 1997.

Weiblichkeitsideale in der römischen Welt: Lucretia und die Anfänge der Republik

Francesca Prescendi

»Keuschheit« und »Treue« ließen Lucretia zu einer der berühmtesten römischen Frauen werden und zu einem *exemplum* für alle Epochen: Als Inbegriff dieser Eigenschaften wird sie immer wieder in der Weltliteratur erwähnt[45] und von den großen Meistern der abendländischen Malerei dargestellt.[46]

Es ist schwierig zu ergründen, seit wann das Lucretia-Motiv in der römischen Kultur bekannt war. Die Forschung geht von einer allgemeinen Verbreitung bereits im 2. Jh. v. Chr. aus; die Lucretia-Geschichte soll Gegenstand einer verlorenen Tragödie von Accius (*Brutus*) gewesen sein. Mit Sicherheit gehörte die Erzählung im 1. Jh. v. Chr. zum festen Bestand des Geschichtswissens in den gebildeten Schichten Roms.[47] Dies zeigt beispielsweise die Tatsache, dass Cicero (*rep.* 2,46), wenn er die Lucretia-Episode in Erinnerung ruft, nicht deren Einzelheiten zu er-

---

45 Vgl. GALINSKY, Lucretia-Stoff 1932; JED, Chaste Thinking 1989.
46 DONALDSON, Rapes 1992.
47 Vgl. KLESCZEWSKI, Wandlungen 1983, 314 ff.

zählen braucht, sondern sich bloß mit einer kurzen Anspielung auf die Geschichte begnügen kann: Dabei bezeichnet er Lucretia als »keusche und edle Frau« (*mulier pudens et nobilis*). Von der Bedeutung, die Lucretia in der römischen Tradition einnimmt, zeugt eine Stelle bei Plinius dem Älteren (*nat*. 34,28). Er zählt diese Frau zu den wichtigen Persönlichkeiten, denen trotz ihrer Verdienste keine Statue errichtet worden war. Die prägnante Bezeichnung von Valerius Maximus (6,1,1), der Lucretia als *dux Romanae pudicitiae*[48] beschreibt, stellt die kulturelle Bedeutung des Bildes dieser Frauenfigur deutlich heraus.

Die Erzählung

Die Darstellung der Lucretia-Episode bei Livius (1,57,6–59) und Ovid (*fast*. 2,721–852, **Q 84**) lässt erkennen, wie dieses *exemplum* konstruiert wurde. Die wesentlichen Elemente der Erzählung lassen sich wie folgt zusammenfassen:

Im Jahr 509 v. Chr. belagert die Armee des römischen Königs Tarquinius Superbus die Stadt Ardea. Jeweils am Abend während der Waffenruhe sitzen die jungen Prinzen im Lager zusammen. Eines Abends, als sie zum Gelage bei Sextus Tarquinius, dem Sohn des Königs, zusammenkommen, reden sie über ihre Frauen zu Hause und über deren Verhalten während ihrer Abwesenheit. Jeder ist bestrebt zu beweisen, dass seine eigene Gattin die tüchtigste sei. Deshalb entschließen sie sich, noch in der selben Nacht alle zusammen nach Hause zu fahren. Zuerst begeben sie sich zum Königspalast, wo sie die Frauen der Tarquinier finden, die die Nacht bei Banketten und Wein verbringen. Dann erreichen sie Collatia, wo Lucretia lebt, die Gattin des Collatinus. Als sie eintreffen, ist die Frau damit beschäftigt, mit ihren Mägden Wolle zu spinnen und ein Kleid für ihren Mann vorzubereiten: Offensichtlich übertrifft Lucretia mit ihrem strikt dem Topos weiblicher Tugend entsprechenden Verhalten alle anderen Frauen. Dann kehren die Prinzen nach Ardea zurück. Doch Sextus Tarquinius bleibt von Lucretia tief beeindruckt. Er erinnert sich immer wieder an ihr Aussehen und ihr Benehmen und erkennt, dass er sie seit dem ersten Blick begehrte. Die Leidenschaft zwingt ihn, heimlich wieder nach Collatia zu fahren. Dort wird er von Lucretia gastfreundlich empfangen und aufgenommen. Doch er nützt dieser Gelegenheit aus, um seinen schändlichen Plan in die Tat umzusetzen: Nachts begibt er sich in Lucretias Zimmer und zwingt sie mit Gewalt und Drohungen, sich ihm hinzugeben. Am darauf folgenden Tag verlässt Sextus die Frau. Lucretia lässt jetzt ihren Vater und ihren Mann rufen. Nachdem sie von ihrer Vergewaltigung der vergangenen Nacht erzählt hat, bringt sie sich vor ihren Verwandten um. Brutus, der zusammen mit Lucretias Vater gekommen war, schwört, sie zu rächen, und bringt ihren Leichnam zum Forum in Rom. Dort wer-

---

48 Eine wörtliche Übersetzung (»Vorbild römischer Keuschheit«) gibt nicht die ganze Bedeutung wieder: *pudicitia* ist das wesentliche Element weiblicher Tugenden, weshalb in der Bezeichnung von Valerius Maximus Lucretia als »Vorbild römischer (weiblicher) Tugend« schlechthin bezeichnet wird.

den Sextus' Missbrauch und gleichzeitig auch alle andere Gewalttaten, welche die Tarquinier in Rom verübt hatten, öffentlich verurteilt. Das Volk verjagt darauf unter der Führung von Brutus die Königsfamilie und gründet die Republik, deren erste zwei Konsuln Brutus, Lucretias Rächer, und Collatinus, ihr Gatte, sind.

Die Lektüre der Details

Die Darstellung der Lucretia-Geschichte in den *fasti* des Ovid (**Q 84**) ist für unsere Fragestellungen von besonderem Interesse, weil sie die Figur als Muster einer Römerin im Kontext ihrer »Frauenwelt« konstruiert. Lucretia wird nach dem üblichen *topos* einer Matrone der gehobenen Schichten beschrieben: Sie, die in der Gesellschaft ihrer Mägde Wolle spinnt und ein Kleid für ihren als Krieger im Feld stehenden Mann webt, stellt das in der lateinischen Literatur übliche Bild der tüchtigen Frau dar.[49] Auch ihr Aussehen, das »durch keinerlei künstliche Hilfsmittel verschönert« wird, unterstreicht ihren positiven Charakter: Blasse Haut und blonde Haare, die gemäßigte Art zu sprechen und sich zu bewegen sind Zeichen nicht nur einer äußeren Schönheit, sondern auch einer standesgemäßen Erziehung und Bildung.

Lucretias Verhalten wird besonders durch den Vergleich mit dem der Tarquinerinnen hervorgehoben. Diese verbringen die Nacht im Zechgelage. Durch das Einfügen dieses letzten Details macht Ovid sein Urteil über die Tarquinerinnen deutlich: Frauen, die Wein trinken, verstoßen gegen die Verhaltensregeln, die die Matronen der höheren Gesellschaft berücksichtigen müssen. Wein ist in der römischen Kultur den Frauen untergesagt. Es wird sogar überliefert, Romulus habe angeordnet, dass ein solcher Verstoß mit dem Tod bestraft werden konnte (vgl. z.B. Dionysios von Halikarnass 2,25,6). Die von den Römern selbst gegebene Erklärung dieses Verbotes ist die Vorstellung, dass der Wein die Ursache sexueller Begierde und des Ehebruches ist (vgl. etwa Plinius *nat.* 14,140).[50] Vor diesem Hintergrund erklärt sich Ovids Erzählstrategie: Er hebt durch die Beschreibung der zechenden Tarquinerinnen deren unsittliche Haltung hervor; mit dem negativen Frauenbild schafft er einen Kontrast, der Lucretias positive Wertung um so deutlicher hervortreten lässt.

Eine andere wichtige Stelle für die Konstruktion des Lucretia-Bildes ist die Entscheidung der Frau, sich dem Willen des Sextus Tarquinius zu unterwerfen. Als der junge Mann während der Nacht in ihr Zimmer eintritt, versucht er sie mit Bitten, Versprechen und Drohungen zum Beischlaf zu zwingen. Lucretia überlegt sich, wie sie sich vor dem Vergewaltiger retten könnte. Sie gibt ihm jedoch nach, als Sextus ihr seinen Plan offenbart: Unterwirft sie sich seinem Willen nicht, würde er sie und einen Sklaven töten; so würde er sagen können, er hätte die Frau bestraft, weil er sie und den Sklaven beim Ehebruch erwischt hätte. Der Gedanke, dass sich

---

49 Vgl. BOËLS-JANSSEN, Vie religieuse 1993.
50 BETTINI, Vino 1995.

ein schlechter Ruf nach ihrem Tod verbreiten könnte, bewegt Lucretia dazu, ihren Widerstand aufzugeben. In Ovids Darstellung nimmt sie die Vergewaltigung auf sich, um ihre eigene Unschuld zu beweisen und Tarquinius anzuzeigen. Der Moment, in dem Lucretia die dramatische Entscheidung trifft, ist von zentraler narrativer Bedeutung: Es ist klar, dass sie bereits in diesem Augenblick den Beschluss fasst, ihrem Leben ein Ende zu setzen, sobald sie die wahre Version des Geschehens offenbart hat. Das konsequente Verhalten Lucretias zeigt die folgende Szene: Bevor sie ihren Vater und ihren Mann empfängt, versteckt sie bereits einen Dolch in ihrem Kleid; an ihrem Entschluss, sich umzubringen, hält sie fest, obwohl sie von ihrem Mann und von ihrem Vater von der Schuld am Ehebruch freigesprochen wird.

Die Bedeutung des exemplum

Die knappe Analyse zeigt, dass die Erzählung bis in die letzten Details darauf angelegt ist, Lucretia als positives Symbol zu gestalten. Von Anfang an wird sie mit sämtlichen positiven Eigenschaften einer römischen Matrone gekennzeichnet.[51] Ihr Verhalten ist tadellos. All dies genügt aber nicht, um Lucretia zu einem *exemplum* zu machen. Es ist ihre Entschlossenheit zur Selbsttötung, die sie auf das Niveau eines *exemplum* erhebt. Durch ihre radikale Entscheidung überschreitet Lucretia die menschliche Dimension und wird zur Idealisierung weiblicher Tugend. Lucretia als *exemplum* zu bezeichnen, bedeutet nicht, dass sie von den Matronen der späteren Zeit nachgeahmt werden soll: Die Erzählung verfolgt keineswegs die Absicht, die Frauen aufzufordern, sich nach einer Vergewaltigung umzubringen. Vielmehr will sie eine Aufforderung an die Frauen sein, sich den Verhaltensregeln gemäß zu benehmen und vor allem sich jeder Versuchung des Ehebruchs fernzuhalten.

Die politische Bedeutung der Lucretia-Episode ist offensichtlich: Es wird erzählt, wie sich die Römer von fremder Herrschaft – die Tarquinier sind Etrusker – befreien und nach der Vertreibung der Könige zur republikanischen Regierungsform finden. In dieser Episode übt Lucretia die Funktion aus, den Übergang von einer zu der anderen Regierungsform in Gang zu setzen. Die Vergewaltigung von Sextus ist die letzte Gewalttat, die die Römer von den Tarquiniern ertragen müssen. Lucretias Selbsttötung beweist den Römern, dass man den Unterdrückern widerstehen kann.

Für die Römer der Republik stellt diese Episode die Gründung ihrer aktuellen politischen Ordnung dar.[52] Sie erhält insofern eine hervorragende Stellung in der kulturellen Tradition, aus der sich die römische kollektive Identität konstruiert. Die Gestalt der Lucretia besitzt damit nicht nur den Wert eines idealisierten Frauenbildes; sie wird durch die Situierung im historischen Kontext zur politischen Heldin erhoben. Aus dem Körper der Lucretia, der Gewalt von außen – die Verge-

---

51 Vgl. auch GELDNER, Lucretia und Verginia 1977.
52 Vgl. POUTHIER, Mort de Lucrèce 1985.

waltigung – und von innen – die Selbsttötung – auf sich nimmt, entsteht die Republik: In der Gründungslegende, die zum festen und Jahrhunderte überdauernden Bestand der römischen Vorstellungen über die Republik geworden ist, wird Lucretias Leichnam zum Symbol, das Brutus zur Aufstachelung seiner Standesgenossen und des Volkes verwendet, Katalysator für die Befreiung von der Königsherrschaft.[53]

Quellen

Q 84 Lucretia bei Ovid

Ovid, *Fasti* 2,721–852
Ardea wird unterdessen von einer römischen Heerschar
Eingeschlossen und hält lang die Belagerung aus.
Während Ruhe dort herrscht und der Feind den offnen Kampf scheut,
Wird im Lager gespielt, Freizeit genießt der Soldat.
[725] Als nun mit Wein und mit Speisen der junge Tarquinius seine
Freunde bewirtet, da spricht so unter ihnen der Prinz:
»Während Ardea uns voller Sorgen in langsamem Kriege
Festhält, den Rückmarsch uns nicht gönnt zu den Göttern daheim,
Sind unterdessen die Frauen uns treu? Und gedenken in gleicher
[730] Liebe die Gattinen noch unsrer wie ihrer jetzt wir?«
Jeder lobt da die seine, der Eifer wächst sich zum Streit aus,
Und vom Weine erhitzt sind ihnen Zunge und Herz.
Auf springt da der, dem den ruhmvollen Namen Collatia eintrug:
»Worte brauchen wir nicht, Taten nur glaubt!« ruft er aus.
[735] »Vor uns liegt noch die Nacht. Aufs Pferd denn! Zur Stadt lasst uns eilen!«
Allen gefällt das, und schon werden die Pferde gezäumt.
Die nun bringen die Herren ans Ziel. Man eilt auf der Stelle
Zu der Königsburg hin. Dort war kein Wächter am Tor.
Schau! Die Gemahlin des Prinzen, den Nacken mit Kränzen umwunden,
[740] Finden sie vor, und die Nacht macht sie mit Weintrinken durch!
Weiter geht's eilenden Schritts zu Lucretia: Die nun hat weiche
Wolle, in Körbe gefüllt, vor ihrer Lagerstatt stehn.
Wärend bei spärlichem Licht ihre zugewiesene Menge
Sklavinnen spannen, da sprach jene, die Stimme gedämpft:
[745] »Abgesandt werden muss baldigst – ihr Mädchen, beeilt euch! – zum Herren
Dieser Mantel, den wir woben mit unserer Hand.
Aber was hört man denn so (mehr als mir kommt euch ja zu Ohren)?
Was wird gesagt? Wie lang soll er noch dauern, der Krieg?
Einmal fällst du ja doch – gegen Bessere setzt du zur Wehr dich –,

---

53 JOSHEL, Body Female 1992, 122 ff., speziell 125.

[750] Schreckliches Ardea, das uns unsre Männer entführt!
Kämen sie bald nur zurück! Denn unvorsichtig ist meiner,
Stürmt mit gezücktem Schwert überallhin in der Schlacht!
Ganz von Sinnen bin ich, will sterben, sooft ich mir ausmal',
Wie er so kämpft, und die Furcht greift mir dann eiskalt ans Herz!«
[755] Tränen erstickten die Worte, der Faden, den sie begonnen
Hatte, entfiel ihr, und sie senkte den Blick in den Schoß.
Doch selbst das stand ihr gut, die Schamhafte zierten die Tränen;
Ihrer Gemütsart entsprach deutlich das Bild, das sie bot.
»Lass nur die Angst, ich bin da!« rief ihr Gatte. Da lebte sie auf und
[760] Hing am Halse des Manns als eine liebliche Last.
Unterdessen erfasste den Königssohn eine wilde
Liebesglut, blinde Begier nimmt ihn ganz ein, und er rast.
Ihm gefällt die Gestalt, ihre schneeweiße Farbe, das blonde
Haar und ihr Liebreiz, den sie ganz von Natur aus besaß.
[765] Ihm gefällt, wie sie spricht, wie es klingt, und dass nicht zu verführen
Sie ist; je weniger er hofft, desto geiler wird er.
Längst schon hatte der Vogel gesungen, der Bote des Lichtes,
Als sich der Jünglinge Schar wieder ins Lager begibt.
Ihm raubt gänzlich die Sinne das Bild der Frau, die weit fort ist;
[770] Denkt er an sie, immer mehr fällt ihm dann ein, was er mag:
So saß sie da, ja und so war sie angezogen, die Fäden
Spann sie so, ja und so fiel in den Nacken ihr Haar!
Dieses Gesicht hatte sie, und dieses sagte sie, diese
Farbe, diese Figur hatte sie, dies war ihr Charme!
[775] Wie die Brandung nach einem starken Sturme stets schwächer
Wird, doch vom Wind, der schon längst abzog, die Woge noch schwillt,
So blieb, obwohl aus der Nähe entrückt die Gestalt war, die er so
Liebte, die Glut, die als nah war die Gestalt, ihn ergriff.
Brennend, getrieben vom Stachel verbotener Leidenschaft, plant er –
[780] Unrecht wird er ihr tun! – Einschüchterung und Gewalt.
»Ungewiss ist, wie es ausgeht, doch wag' ich das Letzte! Wie sie es
Aufnimmt? Egal!« rief er, »Glück hilft, wenn man wagt, und der Gott!
Hab' ich doch Gabii auch, weil ich's wagte, bezwungen!« Nach diesen
Worten bestieg er – das Schwert hing ihm am Gürtel – sein Pferd.
[785] Auf nimmt Collatias erzbeschlagene Pforte den Jüngling,
Als die Sonne bereits unterzugehen beginnt.
Er, der als Feind kommt, betritt wie ein Freund Collatinus' Gemächer;
Freundlich nimmt man ihn auf, da er ja blutsverwandt war.
Wie sich der Mensch doch oft täuscht! Da macht nun ein Abendbrot diese
[790] Arme Frau, die nicht ahnt, was ihr bevorsteht, dem Feind!
Fertig ist der mit dem Essen, es mahnt zum Schlaf nun die Stunde;
Nacht war's, im ganzen Haus waren die Lichter gelöscht.
Auf springt er, zieht aus der goldverzierten Scheide das Schwert, und
In das Schlafzimmer kommt, redliche Ehefrau, er.

[795] Als auf dem Bett er schon liegt, da sagt »Lucretia, dieses
Schwert hier ist bei mir« der Prinz, »ich bin's, Tarquinius spricht!«
Sie sagt gar nichts; die Worte, die Kraft zum Sprechen, ja jeder
Rest von Denkfähigkeit – leer ist ihr Hirn von alldem!
Zittern nur kann sie, wie wenn das Lämmlein fern von der Hürde
[800] Unter dem grimmigen Wolf, der's grad ergriffen hat, liegt.
Was soll sie tun? Etwa kämpfen? Im Kampf muss die Frau unterliegen!
Schreien? Das Schwert, das die Hand festhält, verbietet es ihr!
Fliehn? Mit den Handflächen quetscht er die Brüste ihr – niemals zuvor hat
Eines fremden Manns Hand ihr an die Brüste gefasst!
[805] Geil bedrängt sie der Angreifer, bittend, versprechend und drohend,
Keinen Erfolg hat bei ihr Bitten, Versprechen und Drohn.
»Kommst du mir so«, sprach er, »nehm' ich dein Leben, die Ehre dazu, denn
Selbst Ehebrecher, zeih' ich fälschlich des Ehebruchs dich:
Einen der Sklaven ermord' ich; dann heißt's: ›Er ertappte die beiden‹.«
[810] Weil nun die Angst vor der Schmach siegte, ergab sie sich ihm.
Sieger, was freust du dich so? Die Vernichtung bringt dieser Sieg dir!
Eine Nacht kam dein Reich wahrhaftig teuer zu stehn!
Schon bricht der Tag an. Mit wirrem Haar sitzt sie da, wie die Mutter,
Die zu dem Holzstoß, auf den sie ihren Sohn legen, geht,
[815] Lässt ihren alten Vater zugleich mit dem treuen Gemahl vom
Feldlager holen, und schnell kommen die beide zu ihr.
Die sehn das Jammerbild, fragen sie gleich nach dem Grund ihrer Trauer:
Wer zu bestatten sei, ob irgendwas sonst mit ihr sei.
Sie schweigt lang, und vor Scham birgt im Kleid das Gesicht sie; wie eine
[820] Quelle, die niemals versiegt, fließen die Tränen dahin.
Vater und Mann sind bemüht, sie zu trösten, erbitten ein Zeichen,
Weinen vor Angst, weil sie nicht wissen, was los ist mit ihr.
Dreimal versucht sie zu reden, und dreimal stockt sie; beim vierten
Mal endlich wagt sie's, sie blickt aber nicht auf, als sie sagt:
[825] »Dies auch verdank ich Tarquinius? Aussprechen soll ich's, ich Arme,
Aussprechen auch noch, ich selbst, was er mir angetan hat?«
Dann erzählt sie, soweit sie es kann, lässt das Letzte aus, weint dann,
Und die Wangen der Frau röten sich, weil sie sich schämt.
Vater und Gatte verzeihn ihr: Getan habe sie's unter Zwang nur.
[830] »Ihr verzeiht mir, doch ich«, sprach sie, »verzeihe mir nicht!«
Rasch durchbohrt sie die Brust mit dem Dolch, den im Kleid sie versteckt hielt;
Dann fällt blutüberströmt vor ihren Vater sie hin.
Jetzt auch noch, als sie stirbt, gibt sie acht, dass sie möglichst mit Anstand
Hinfällt; während sie stürzt, ist ihre Sorge nur dies!
[835] Über dem Körper liegen, die Haltung vergessend nun, Mann und
Vater, und jeder beklagt laut den Verlust, der sie traf.
Da ist auch Brutus; sein Mut straft den Namen jetzt Lügen, denn aus dem
Fast schon entseelten Leib zieht er die Waffe heraus,
Hält den Dolch in die Höhe, von dem das Blut einer edlen

[840] Frau tropft, in drohendem Ton sprechend und ganz ohne Furcht:
»Hier, bei dem tapfren und keuschen Blut gelob' ich im Schwur dir,
Bei deinen Manen auch, die künftig als Götter ich ehr':
Büßen wird des Tarquinius Haus durch die Flucht diese Schandtat!
Meine Tapferkeit hab' lange genug ich verhehlt!«
[845] Als er das sagt, bewegt sie, die vor ihm liegt, die erloschnen
Augen und billigt es, scheint's, mit einem Zittern des Haars.
Zur Bestattung trägt man die Frau, die so männliche Haltung
Zeigte, und Tränen und Hass zieht sie da hinter sich her.
Ihre Wunde klafft. Die Quiriten schart nun mit lautem
[850] Rufen Brutus um sich, sagt, was der König verbrach.
Fliehn muss Tarquinius mit den Söhnen; die Konsuln erhalten
Jährlich das Amt: In Rom gibt's keinen König seitdem.

Cingitur interea Romanis Ardea signis,
  et patitur longas obsidione moras.
dum vacat et metuunt hostes committere pugnam,
  luditur in castris, otia miles agit.
[725] Tarquinius iuvenis socios dapibusque meroque
  accipit; ex illis rege creatus ait:
›dum nos sollicitos pigro tenet Ardea bello,
  nec sinit ad patrios arma referre deos,
ecquid in officio torus est socialis? et ecquid
  [730] coniugibus nostris mutua cura sumus?‹
quisque suam laudat: studiis certamina crescunt,
  et fervet multo linguaque corque mero.
surgit cui dederat clarum Collatia nomen:
  ›non opus est verbis, credite rebus‹ ait.
[735] ›nox superest: tollamur equis Urbemque petamus‹;
  dicta placent, frenis impediuntur equi.
pertulerant dominos. regalia protinus illi
  tecta petunt: custos in fore nullus erat.
ecce nurum regis fusis per colla coronis
  [740] inveniunt posito pervigilare mero.
inde cito passu petitur Lucretia, cuius
  ante torum calathi lanaque mollis erat.
lumen ad exiguum famulae data pensa trahebant;
  inter quas tenui sic ait illa sono:
[745] ›Mittenda est domino – nunc, nunc properate puellae! –
  Quamprimum nostra facta lacerna manu.
Quid tamen audistis? Nam plura audire potestis:
  quantum de bello dicitur esse super?
Postmodo victa cades: melioribus, Ardea, restas
  [750] improba, quae nostros cogis abesse viros!
Sint tantum reduces! Sed enim temerarius ille
  est meus, et stricto qualibet ense ruit.
mens abit et morior, quotiens pugnantis imago
  me subit, et gelidum pectora frigus habet.‹
[755] desinit in lacrimas inceptaque fila remisit,
  in gremio voltum deposuitque suum.

hoc ipsum decuit: lacrimae decuere pudicam,
    et facies animo dignaque parque fuit.
›pone metum, veni‹ coniunx ait; illa revixit,
    [760] deque viri collo dulce pependit onus.
interea iuvenis furiales regius ignes
    concipit, et caeco raptus amore furit.
forma placet niveusque color flavique capilli
    quique aderat nulla factus ab arte decor:
[765] verba placent et vox et quod corrumpere non est;
    quoque minor spes est, hoc magis ille cupit.
iam dederat cantus lucis praenuntius ales,
    cum referunt iuvenes in sua castra pedem.
carpitur attonitos absentis imagine sensus
    [770] ille; recordanti plura magisque placent.
sic sedit, sic culta fuit, sic stamina nevit,
    iniectae collo sic iacuere comae,
hos habuit voltus, haec illi verba fuerunt,
    hic color, haec facies, hic decor oris erat.
[775] ut solet a magno fluctus languescere flatu,
    sed tamen a vento, qui fuit, unda tumet,
sic, quamvis aberat placitae praesentia formae,
    quem dederat praesens forma, manebat amor.
ardet, et iniusti stimulis agitatus amoris
    [780] comparat indigno vimque metumque toro.
›exitus in dubio est: audebimus ultima‹ dixit:
    ›viderit! audentes forsque deusque iuvat.
cepimus audendo Gabios quoque.‹ talia fatus
    ense latus cinxit tergaque pressit equi.
[785] accipit aerata iuvenem Collatia porta,
    condere iam voltus sole parante suos.
hostis ut hospes init penetralia Collatini:
    comiter excipitur; sanguine iunctus erat.
quantum animis erroris inest! parat inscia rerum
    [790] infelix epulas hostibus illa suis.
functus erat dapibus: poscunt sua tempora somnum;
    nox erat, et tota lumina nulla domo.
surgit et aurata vagina liberat ensem
    et venit in thalamos, nupta pudica, tuos;
[795] utque torum pressit, ›ferrum, Lucretia, mecum est‹
    natus ait regis, ›Tarquiniusque loquor.‹
illa nihil, neque enim vocem viresque loquendi
    aut aliquid toto pectore mentis habet;
sed tremit, ut quondam stabulis deprensa relictis
    [800] parva sub infesto cum iacet agna lupo.
quid faciat? pugnet? vincetur femina pugnans.
    clamet? at in dextra, qui vetet, ensis erat.
effugiat? positis urgentur pectora palmis,
    tum primum externa pectora tacta manu.
[805] instat amans hostis precibus pretioque minisque:
    nec prece nec pretio nec movet ille minis.
›nil agis: eripiam‹ dixit ›per crimina vitam:
    falsus adulterii testis adulter ero:

interimam famulum, cum quo deprensa fereris.‹
  [810] succubuit famae victa puella metu.
quid, victor, gaudes? haec te victoria perdet.
  heu quanto regnis nox stetit una tuis!
iamque erat orta dies: passis sedet illa capillis,
  ut solet ad nati mater itura rogum,
[815] grandaevumque patrem fido cum coniuge castris
  evocat: et posita venit uterque mora.
utque vident habitum, quae luctus causa, requirunt,
  cui paret exsequias, quoque sit icta malo.
illa diu reticet pudibundaque celat amictu
  [820] ora: fluunt lacrimae more perennis aquae.
hinc pater, hinc coniunx lacrimas solantur et orant
  indicet et caeco flentque paventque metu.
ter conata loqui ter destitit, ausaque quarto
  non oculos ideo sustulit illa suos.
[825] ›hoc quoque Tarquinio debebimus? eloquar‹ inquit,
  ›eloquar infelix dedecus ipsa meum?‹
quaeque potest, narrat; restabant ultima: flevit,
  et matronales erubuere genae.
dant veniam facto genitor coniunxque coactae:
  [830] ›quam‹ dixit ›veniam vos datis, ipsa nego.‹
nec mora, celato fixit sua pectora ferro,
  et cadit in patrios sanguinulenta pedes.
Tunc quoque iam moriens, ne non procumbat honeste,
  respicit: haec etiam cura cadentis erat.
[835] Ecce super corpus, communia damna gementes,
  obliti decoris virque paterque iacent.
Brutus adest tandemque animo sua nomina fallit
  fixaque semianimi corpore tela rapit
Stillantemque tenens generoso sanguine cultrum
  [840] Edidit impavidos ore minante sonos:
›Per tibi ego hunc iuro fortem castumque cruorem,
  perque tuos Manes qui mihi numen erunt,
Tarquinium profuga poenas cum stirpe daturum.
  iam satis est virtus dissimulata diu.‹
[845] illa iacens ad verba oculos sine lumine movit
  visaque concussa dicta probare coma.
fertur in exsequias animi matrona virilis
  et secum lacrimas invidiamque trahit.
volnus inane patet: Brutus clamore Quirites
  [850] concitat et regis facta nefanda refert.
Tarquinius cum prole fugit: capit annua consul
  Iura. Dies regnis illa suprema fuit.

Weitere Quellen

Augustinus *civ.* 1,19; Cicero *leg.* 2,10; Diodor 10,20–22; Dionysios von Halikarnass 4,64–76; Livius 1,57,6–59.

Grundlegende Literatur

CORSARO, Leggenda 1983; DONALDSON, Rapes 1992; GALINSKY, Lucretia-Stoff 1932; JOSHEL, Body Female 1992; KLESCZEWSKI, Wandlungen 1983; LEE, Lucretia 1953; POUTHIER, Mort de Lucrèce 1985.

Weiterführende Literatur

CORNELL, Literary Tradition 1986; DONALDSON, Rapes 1982; JED, Chaste Thinking 1989; FOX, Myths 1996; KLESCZEWSKI, Wandlungen 1983; NEWLANDS, Playing with Time 1995; SMALL, Death of Lucretia 1976; STILL, Silent Rhetoric 1984.

Sexuelle Diffamierung und politische Intrigen in der Republik: P. Clodius Pulcher und Clodia
Rosmarie Günther

Im Jahre 56 v. Chr. fand in Rom der Prozess gegen M. Caelius Rufus statt. Angeklagt war er wegen verschiedener Gewalttaten, unter anderem wegen des versuchten Giftmordes an Clodia und der Veruntreuung des Goldes, das diese ihm geliehen hatte. Cicero versucht in seiner Verteidigungsrede für Caelius, die Glaubwürdigkeit der Clodia als Zeugin der Anklage in Zweifel zu ziehen und argumentiert: »Wenn sie nicht behauptet, dass sie dem M. Caelius Gold geliehen habe, wenn sie nicht den Vorwurf erhebt, Caelius habe sich Gift besorgt, das für sie bestimmt war, dann ist es eine Frechheit von uns, ihr, einer Bürgersfrau, anders zu begegnen, als es die Achtung vor einer Dame erfordert. Wenn jedoch die Ankläger ohne diese Person nichts vorweisen können, keinerlei Vorwurf und kein Mittel, M. Caelius in Schwierigkeiten zu bringen: haben wir Anwälte dann irgendeine Pflicht außer der, die Verfolger zurückzuschlagen?« (Cicero *Cael.* 32; **Q 86**). Im folgenden lässt Cicero den hochberühmten Appius Claudius Caecus, den legendären Zensor des Jahres 312 v. Chr. und zweifachen Konsul, Namensgeber der via Appia und der aqua Appia (eines der für die römische Wasserversorgung entscheidenden Aquaedukte) direkt zu Clodia sprechen, die demselben Geschlecht der Claudier entstammt: »Frau, was hast du mit Caelius zu schaffen, mit einem jungen Mann, mit einem Außenstehenden? Warum warst du so eng mit ihm befreundet, dass du ihm Gold geliehen hast, dann wieder so sehr mit ihm verfeindet, dass du dich vor Gift fürchten musstest? Hast du nicht gesehen, dass dein Vater, nicht gehört, dass dein Onkel, dein Großvater, dein Urgroßvater, der Vater und der Großvater deines Urgroßvaters Konsuln waren? Und hattest du vergessen, dass du vor kurzem noch mit Q. Metellus verheiratet warst, einem überaus angesehenen, tüchtigen und vaterlandsliebenden Manne, der, sobald er nur einen Fuß über die Schwelle seines Hauses setzte, fast alle seine Mitbürger an Tatkraft, Ruhm und Ehre übertraf? Du hattest aus einem erlauchten Hause in eine hochangesehene Familie geheiratet: warum standest du mit Caelius auf so vertrautem Fuße? War er mit dir verwandt, verschwägert oder ein Freund deines Mannes? Nichts von alledem. Was trieb dich also, wenn nicht Tollkühnheit und Leidenschaft? Die Bilder unserer mannhaften Ahnen ließen dich ungerührt: hat dich auch ein Spross aus meinem Blute, die berühmte Q. Claudia, nicht dazu veranlasst, dem Ansehen unseres Hauses durch ein rühmliches Frauenleben gerecht zu werden? Und nicht die Vestalin Claudia, die den Vater in ihre Arme schloss und so verhinderte, dass ihn sein Feind, ein Volkstribun, während seines Triumphes vom Wagen herunterzog? Warum hast du dich nach den Lastern deines Bruders [Clodius] gerichtet und nicht nach den Vorzügen deines Vaters und deiner Ahnen – nach Vorzügen, die von meiner Zeit an sowohl bei den Männern als auch bei den Frauen ständig wiedergekehrt sind? Habe ich deswegen den Frieden mit Pyrrhos verhindert, damit du Tag für Tag die schändlichsten Liebesbündnisse abschließt, deswegen Wasser in die Stadt geleitet, damit du es zu unsauberen Zwecken gebrauchst, und deswegen eine Straße gebaut, damit du sie in Begleitung fremder Männer befährst?« (Cicero *Cael.* 33–34; **Q 86**)

Der Weg, die Glaubwürdigkeit einer ehrwürdigen Römerin *oder eines Römers* aus einem berühmten Geschlecht zu erschüttern, führt über die sexuelle Diffamierung. Cicero bezichtigt Clodia der zügellosen Leidenschaften, was gleichbedeutend ist mit der Herabwürdigung der Reputation ihrer Vorfahren, auf deren Ehrbarkeit der Redner mit Bedacht verweist. Was ist der Hintergrund für diese sexuelle Diffamierung, die Cicero betreibt? Gehört sie zur allgemeinen Gerichtsrhetorik, der keinerlei historische Bedeutung zugemessen werden kann? Oder steht hinter der Rhetorik eine politische Einflussnahme von Frauen in der Republik, deren sich Cicero erwehren will? Was bedeutet der Hinweis auf die Laster des Bruders?

Am Beispiel des Konfliktes zwischen Cicero, der zugleich unsere Hauptquelle ist,[54] und P. Clodius Pulcher sollen im folgenden die Mechanismen sexueller Diffamierung zur Gewinnung von Macht über den politischen Gegner, gezeigt werden. Gerüchte (*rumores*) kursierten in Rom z. T. mit dem gleichen Wahrheitsgehalt, wie er unserer heutigen Regenbogenpresse eigen ist und fanden so auch Eingang in die Quellen. »Eher behielte der Mensch ja glühende Kohlen im Munde/ als in der Brust ein Geheimnis. Vertraust du dem Ohr nur ein Wort an,/ rauscht es dahin und plötzlich erdröhnt die Stadt von Gerüchten (*rumoribus oppida pulsat*)./ Nicht nur Verbürgtes wird kund: die weitergegebene Rede/ bauscht sich geschäftig und trachtet mit Fleiß, das Gehörte zu steigern«, dichtet treffend Petronius (*fr.* 28,1–5). Oft wurden solche Gerüchte sehr gezielt in die Welt gesetzt, um den Gegner gesellschaftlich in Verruf zu bringen und damit politisch auszuschal-

---

54 Unsere Informationen basieren auf Cicero, der auch Plutarch und Cassius Dio nachhaltig beeinflusste. Zur Quellenlage vgl. BENNER, Die Politik des P. Clodius Pulcher 1987, 18; CLASSEN, Ciceros Rede für Caelius 1973, 60–94; SKINNER, Clodia Metelli 1983; TATUM, Patrician Tribune 1999, 39–40.

ten.⁵⁵ Cicero ging in seinem Gerede über Clodia einen Schritt weiter als dies üblicherweise geschah, indem er, um den eigentlichen politischen Kontrahenten, Clodius Pulcher, zu treffen, dessen Schwester Clodia verbal ›abschlachtete‹. Sein Erfolg dauert bis heute fort, wenn z. B. Manfred Fuhrmann⁵⁶ in seiner Cicero-Biographie von ihr als »einer skandalumwitterten Dame der römischen Hautevolee« spricht. Erst in jüngster Zeit tritt ein Bemühen um ein ausgewogeneres Urteil zutage.⁵⁷

Um den Zweck der Vorwürfe zu begreifen, ist es notwendig, sich die politische Konstellation des Jahres 56 v. Chr. zu vergegenwärtigen und den familiären Hintergrund der Clodia auszuleuchten.

Clodius/Clodia ist die vulgarisierte Form von Claudius/Claudia, eine Namensform, die P. Clodius Pulcher und offenbar auch seine drei Schwestern im Jahr 59 v. Chr. annahmen. Die Familie der Claudier gehörte zu den ältesten patrizischen Geschlechtern Roms und war berühmt und berüchtigt für ihren ausgeprägten Adelsstolz. Als einer der wichtigsten Repräsentanten der Familie galt Ap. Claudius Caecus, dessen Beiname »der Blinde« aus einer Erblindung im Alter resultierte. Er war, wie einleitend erwähnt, Zensor und zweimal Konsul gewesen (312, 307 und 296 v. Chr.). Auf ihn geht der Bau der via Appia und der aqua Appia zurück, womit er der Familie ein ständig präsentes Ansehen in der Stadt verschafft hatte. Aber auch andere, der breiten Bevölkerung zuträgliche Maßnahmen, hatte Caecus veranlasst, wie z. B. die Aufnahme von Bürgern ohne Grundbesitz in alle Tribus statt nur in die vier städtischen. Darüber hinaus sorgte er für die Veröffentlichung der Gerichtstage und der Prozessformen. Mit diesen Maßnahmen verschaffte er der einfachen Bevölkerung Roms mehr politisches Gewicht und Rechtssicherheit. Clodius stellte sich also durchaus in die politische Tradition seiner eigenen Familie, wenn er eine populare Politik verfolgte.

Etwa 100 Jahre später ging der Legende nach eine Claudia Quinta in die Geschichte ein: Im Jahr 204 v. Chr. wurde der Stein der Magna Mater von Kleinasien nach Rom verschifft und lief im Tiber auf Grund. Claudia Quinta, deren Tugendhaftigkeit durch Gerüchte in Zweifel gezogen worden war, konnte unter Berufung auf ihre Keuschheit das Schiff wieder in Fahrt bringen. Beiden Persönlichkeiten der Familie wurden in Rom Ehreninschriften und -bildnisse gewidmet.⁵⁸

Die Eltern unseres Geschwisterpaares waren Ap. Claudius Pulcher, der Konsul des Jahres 79 v. Chr. und Metella, Tochter des Q. Metellus Balearius, Konsul von 123 v. Chr. Beide Familien stellten kontinuierlich über mehrere Generationen Konsuln, sie zählten zur Senatsaristokratie bzw. römischen Nobilität. Metella

---

55 Zur Rolle des Gerüchts vgl. MEYER-ZWIFFELHOFFER, Im Zeichen des Phallus 1995, 195 ff.
56 FUHRMANN, Cicero 1990, 144; ebenso BAUMANN, Women and Politics 1992, 69 ff.
57 Grundlegend BENNER, Die Politik des P. Clodius Pulcher 1987; WILL, Der römische Mob 1991; DERS., P. Clodius Pulcher 1997.
58 Die wichtigsten Darstellungen dazu bei Livius 29,11,1–8 und Ovid *fast*. 4,179–372; zur Figur der Claudia Quinta wie auch zu ihrer Vermischung mit der Vestalin Claudia in der Erzähltradition vgl. SCHEID, Claudia, la vestale 1994, 3–19.

schenkte mindestens drei Söhnen und drei Töchtern das Leben. Der Vater verstarb früh im Jahr 76 v. Chr. und hinterließ die Familie in beschränkten finanziellen Verhältnissen. Die älteste Tochter Clodia Tertia war noch zu Lebzeiten des Vaters verheiratet worden, die jüngste Tochter wurde von Lucullus ohne Mitgift geehelicht (Varro *rust.* 3,16,2). Wann ›unsere‹ Clodia mit Q. Metellus Celer verheiratet wurde, wissen wir nicht; sicher geht die Heirat auf die familiären Beziehungen ihrer Mutter zurück, die Mutter der Clodia und der Vater des Celer waren Geschwister. Clodia heiratete also ihren Cousin mütterlicherseits.[59]

Die drei Brüder vertraten in der Politik zwar nicht immer die gleichen Ansichten, aber unterstützten sich gegenseitig, wie Cicero mehrfach bezeugt (z. B. Cicero *Att.* 4,2,5; 4,3,3) Beide älteren Brüder gelangten zum Konsulat (56 und 54 v. Chr.). Im politischen Spannungsfeld zwischen Optimaten und Popularen stand Clodius im Lager der Popularen, während Cicero seit seinem Konsulat (63 v. Chr.) und wohl auch der Ehemann der Clodia zu den Optimaten zählten. Zu den Optimaten gehörte eine namentlich bestimmbare kleine Gruppe mit wechselnden Anhängern im Senat, die sich die Bewahrung der *auctoritas senatus* als politisches Ziel auf die Fahnen geschrieben hatte. Die Popularen dagegen, die sich seit den Reformen der Gracchen formierten, gehörten ebenfalls zur Nobilität; sie suchten ihren politischen Einfluss mit Hilfe der Institution des Volkstribunats zu festigen.[60] Zu den popularen Forderungen zählten bis zur Zeit Caesars u. a. die Einführung von Acker- und Getreidegesetzen sowie die Einhaltung des Provokationsrechtes (d. h. das Recht bei Kapitalprozessen vor der Volksversammlung zu appellieren).

Das erste politische Signal setzte Clodius im Jahre 68 v. Chr. unter seinem Schwager L. Licinius Lucullus in Asien: Er machte sich zum Fürsprecher der ehemaligen Truppen des Flavius Fimbria, deren Entlassung längst fällig war. Clodius' Feinde nannten seine Aktivitäten »Wühlerei«, seine Nutznießer bezeichneten ihn als »Freund des gemeinen Mannes«.[61] Als er 65 v. Chr. nach Rom zurückkehrte, kam es zur ersten Begegnung mit Cicero, allerdings unter umgekehrten Vorzeichen. Clodius klagte Catilina, der als Exponent der sullanischen Proskriptionen galt, in einem Repetundenprozess[62] an; Cicero verteidigte ihn erfolgreich. Für Cicero war Catilina zu diesem Zeitpunkt nur ein Mitbewerber im Kampf um das höchste Amt der Republik, den er sich durch Dankbarkeit verpflichten wollte, denn er hatte ihm eine Wahlkoalition vorgeschlagen.

Kaum mehr zu rekonstruieren ist der politische Standort des Clodius in der sogenannten Catilinarischen Verschwörung. Laut Plutarch (*Cic.* 29; **Q 85**) soll er so-

---

59 Cicero *fam.* 1,9,15 und Plutarch *Cic.* 29,4–5 werfen Clodius übrigens Inzest mit allen drei Schwestern vor. Zum Inzestverbot in der römischen Gesellschaft vgl. BETTINI, Familie 1992, 153 ff.
60 Zum Gegensatz zwischen Optimaten und Popularen vgl. STRASBURGER, Optimates 1939 (Neudr. 1982); MARTIN, Die Popularen 1965; TAYLOR, Roman Voting Assemblies 1966; BURCKHARDT, Optimaten 1988.
61 Vgl. BENNER, Die Politik des P. Clodius Pulcher 1987.
62 Ein Repetundenprozess ist ein Prozess zur Wiederbeschaffung (*repetere*) unrechtmäßig erpresster Gelder in den Provinzen.

gar zur ›Leibgarde‹ Ciceros gehört haben, was eher unwahrscheinlich ist. Da Cicero noch bis Anfang Dezember, abgesehen von den Unruhen in Etrurien, keine konkreten Beweise für eine Verschwörung im Senat vorlegen konnte und die zweifelnden Senatoren mit seinem *comperisse omnia* (»ich habe alles erfahren«) nervte, wird es Probleme gemacht haben, dem *homo novus* Cicero im Konflikt mit dem Patrizier Catilina Glauben zu schenken. Um so gravierender musste die so übereilt vorgenommene Hinrichtung der fünf Anhänger Catilinas, die nicht zu *hostes* (Feinden) erklärt worden waren, als Verstoß gegen das Provokationsrecht empfunden worden sein. Clodius jedenfalls protestierte ab dem 5. Dezember 63 v. Chr. vehement gegen dieses Vorgehen Ciceros und der Optimaten.[63] Erschwerend kam ein durch Ciceros Frau begangener Religionsfrevel hinzu.[64]

Terentia hatte in ihrem Haus als Gattin des obersten römischen Magistrats das Fest der Bona Dea ausgerichtet. Es handelt sich um eine Kulthandlung, zu dem ausschließlich die vornehmsten Frauen Roms einschließlich der Vestalinnen geladen waren. Terentia, in den Quellen als eine politisch ehrgeizige Frau dargestellt,[65] kannte die Unentschlossenheit ihres Mannes (vgl. **Q 85**). Deshalb veranlasste sie, dass das halberloschene Opferfeuer nochmals aufflammte, nach Auslegung der Vestalinnen, darunter Terentias Halbschwester, ein Hinweis darauf, die Hinrichtungsabsichten in die Tat umzusetzen. Sie selbst teilte ihrem im Senat weilenden Mann das ›Wunder der Bona Dea‹ mit (Plutarch *Cic.* 20,5).

Im folgenden Jahr kam es zu dem von Clodius verursachten Bona Dea-Skandal, von dem die Quellen als Leichtsinnstat eines amourösen Jünglings berichten (Plutarch *Cic.* 28,1–29,9; *Caes.* 9.1–10.11). Es war dies jedoch ein hochpolitischer Akt, mit dem Clodius auf den vorjährigen Frevel hinzuweisen versuchte.[66] Clodius hatte sich als Frau verkleidet bei den Feierlichkeiten eingeschlichen und war (gewollt) erkannt worden. Sein Besuch am Nachmittag des fraglichen Tages im Hause Ciceros (Plutarch *Cic.* 29,1) – dort also, wo der Frevel geschehen war – ergibt erst vor diesem Hintergrund Sinn. Über die Hintergründe des Skandals scheint in Rom kein Zweifel bestanden zu haben. Plutarch (*Cato* 19,5) berichtet von anhaltenden Angriffen des Clodius auf Priester und Priesterinnen, unter ihnen auch auf die Vestalin Fabia, die Halbschwester Terentias. Der Prozess gegen Clodius wegen Religionsfrevels kam einer politischen Farce gleich, bei der sich die stärkere Partei durchsetzte. Clodius wurde freigesprochen. Laut Cicero (*Att.* 1,18,3) war »die *res publica* zerschlagen durch ein erkauftes und erhurtes Urteil« (*conflicta res publica est*

---

63 Vgl. u. a. Cicero *Att.* 1,13,2.
64 Vgl. u. a. Cicero *Att.* 1,12 u. 13,3 passim; Plutarch *Cic.* 20,1–3; Cassius Dio 37,35,4.
65 Vgl. u. a. Plutarch *Cic.* 20,3.
66 WILL, Mob 1991, 53 ff. u. 57: »Wenn Clodius genau ein Jahr später die Mysterienfeier störte, dann deshalb, um auf ihre Entweihung im Vorjahr aufmerksam zu machen. Nicht er, sondern Cicero und die Vestalinnen hatten das Fest der Guten Göttin blasphemisch in einen politischen Akt verwandelt.«

empto constupratoque iudicio), ein Hinweis darauf, dass möglicherweise Clodia ihren Bruder politisch unterstützt hatte.[67]

Während wir über die ersten Schritte des Clodius in die politische Öffentlichkeit Roms gut informiert sind, erfahren wir über Clodia nahezu nichts. Ob wir dem Zeugnis Ciceros aus dem Jahr 60 v. Chr. Glauben schenken dürfen, wonach sie aufsässig (*seditiosa*) in der Ehe war und ständig mit ihrem Mann Krieg führte, ist schwer zu beurteilen (Cicero *Att.* 2,1,5). Celer neigte politisch eher den Optimaten zu und stand damit in einem anderen politischen Lager als Clodius.

Im Jahre 63 v. Chr. ließ Cicero die gefangengesetzten Catilinarier in den Häusern der Prätoren unter Arrest stellen. Celer war einer der Stadtprätoren, sodass sicherlich ein Gefangener in Clodias Haus weilte. Außerdem nahm sie wohl an dem Bona Dea-Fest im Hause Ciceros teil, kannte die Ereignisse also aus eigener Anschauung. In einem anderen Fall suchte Cicero die direkte Unterstützung Clodias. Als im Jahre 63 v. Chr. der Bruder ihres Mannes, Metellus Nepos, als Volkstribun Cicero heftig angriff, bat dieser sie, die er damals noch als Claudia bezeichnete, und die Halbschwester ihres Mannes, Mucia, die Gattin des Pompeius, um Hilfe (**Q 86**), allerdings ohne Erfolg. Metellus Nepos hinderte Cicero daran, seinen Rechenschaftsbericht vor der Volksversammlung abzulegen, mit der Begründung, wer andere ungehört hinrichte, dürfe selbst auch nicht gehört werden. Clodia dürfte an einer Intervention zugunsten Ciceros kein Interesse gehabt haben.

Übrigens hatte Cicero der benachbart wohnenden Clodia – sie war damals um die 30 Jahre alt – zuvor schon häufig seine Aufwartung gemacht und sie vermutlich um Rat oder Hilfe gebeten. So entstand auch das Gerücht, Cicero habe Clodia gegenüber mehr als nur politische Interessen gehabt (**Q 85**), was die Eifersucht Terentias angestachelt und deren Hass gegen die Geschwister ausgelöst habe (Plutarch *Cic.* 29,2–3).

Clodias Gatte war im Jahre 60 v. Chr. Konsul geworden. Ein Jahr später, 59 v. Chr. starb er plötzlich und aus ungeklärter Ursache. Die Gerüchteküche, von Cicero ordentlich angeheizt (Cicero *Cael.* 59–60), war schnell dabei, Clodia einen Giftmord zu unterstellen. Dies ist eine gängige Diffamierung von Frauen in der späten Republik, die als Herrinnen über die Speisen galten. Der Vorwurf wurde sogar gegen Cornelia, die Mutter der Gracchen, und ihre Tochter erhoben, die in den meisten Quellen als als äußerst tugendhaft geschildert werden.[68]

Frauen wie Clodia oder Cornelia waren Personen des öffentlichen Lebens der späten Republik, die über ihre Familienbindungen und Informationen über ein ›soziales Kapital‹ verfügten, das ihnen politischen Einfluss, aber auch politische Feindschaften einbrachte. Es gehörte gerade zur Politik der Popularen, dass sie eine bewusste Familienpropaganda betrieben[69] und das öffentliche Renommee ihrer

---

67 Vgl. z.B.: LACEY, Clodius and Cicero 1974, 85 ff.; TATUM, Cicero and the Bona Dea scandal 1990, 202 ff.
68 Zur ambivalenten Einschätzung der Cornelia in der antiken Literatur vgl. BURCKHARDT/ UNGERN-STERNBERG, Cornelia 1994, 97–132.
69 Ebd. 117.

weiblichen Familienmitglieder förderten. Verkörpert Cornelia das Idealbild der traditionsbewussten römischen Matrone, das ihre Söhne mit Bedacht verbreiteten, so ist Clodia über Ciceros Verteidigungsrede zum Gegenbild stilisiert worden.

Clodia war nach dem Tode ihres Mannes eine wohlhabende, einflussreiche und unabhängige Witwe, die ähnlich wie andere Frauen der ausgehenden Republik (z. B. Sempronia) keineswegs zurückgezogen von der politischen Bühne und den gesellschaftlichen Kontakten lebte. Ciceros Äußerungen über Clodia aus dieser Zeit in den Briefen an Atticus sind getragen von einer Mischung aus Bewunderung, Hass und Furcht. Sein Deckname für sie, *boópis* (Cicero *Att.* 2,9,1), die ›Kuhäugige‹, enthielt einerseits eine Anspielung auf ihre schönen Augen, war andererseits ein Seitenhieb auf die Geschwister, da Hera, die Kuhäugige, Schwester und Gattin des Zeus war. Clodias Augen müssen, neben Ciceros Lust am Wortspiel mit dem Cognomen des Ap. Claudius Caecus, eine große Faszination auf ihn ausgeübt haben. »Fühlst Du nicht auch,« so spricht er Clodius an, »dass die verschlossenen Augen deines Ahns für dich wünschenswerter gewesen wären, als die brennenden Augen deiner Schwester« (Cicero *harusp.* 38).

Hier soll offen bleiben, ob Clodia die als Lesbia besungene Freundin Catulls war.[70] Aus mehreren Äußerungen Ciceros (vor allem Cicero *Att.* 1,14,5; 1,16,11) gewinnt man[71] den Eindruck, dass sich um die Geschwister ein Kreis politisch kritischer, kulturell aufgeschlossener jugendlicher Nobiles gebildet hatte, den Cicero pauschal als *iuvenes barbatuli*, als milchbärtige Jugendliche,[72] bezeichnet und ohne Zögern mit den Catilinariern gleichsetzt (*barbatuli iuvenes, totus ille grex Catilinae*). Ihnen war das Haus Clodias nach dem Ableben ihres Mannes offenbar Heimat geworden, durchaus vergleichbar mit einem politisch-kulturellen Salon, wie ihn das frühe 19. Jh. kannte. Es deutet alles daraufhin, dass Catull diesem Kreis zumindest nahestand.[73]

Durch das Triumvirat der drei politischen Exponenten Caesar, Pompeius und Crassus änderten sich die politischen Bedingungen in Rom entscheidend. Clodius hatte sich seit seiner Quästur vergeblich um die Überführung in den Plebeierstand bemüht, weil er die politischen Möglichkeiten des Volkstribunats nützen wollte. Dank der Mitwirkung von Caesar und Pompeius, die damit ihre eigenen politischen Ziele verfolgten, gelang Clodius im April 59 v. Chr. der Übertritt zur Plebs qua Adoption. Die Folgezeit muss durch eine heftige Agitation des Clodius gegen Cicero gekennzeichnet gewesen sein, bei der er durch seine Schwester unterstützt

---

70 Zur Problematik der Liebeselegie vgl. HALLETT, The Role of Women in Roman Elegy 1984, 241–262; LILJA, The Roman Elegists' Attitude to Women 1965; VEYNE, L'élégie érotique romaine 1983; WYKE, Reading Female Flesh 1989, 113–143.
71 Ausführlich mit Belegen BENNER, Die Politik des P. Clodius Pulcher 1987, 81 f. und WILL, Der römische Mob 1991, 62 ff.
72 Es handelt sich um eine Anspielung auf die Mode zur Zeit Ciceros, dass junge Männer ein kleines Bärtchen trugen. Vgl. WILL, Der römische Mob 1991, 62 ff.
73 Das Führen eines offenen Hauses gehört auch zu dem Bild, das die Quellen von Cornelia vermitteln; vgl. Plutarch *Gaius Gracchus* 19 und BURCKHARDT/UNGERN-STERNBERG, Cornelia 1994, 124 ff.

wurde. »Wie man täglich das Alte wiederkäut [gemeint ist die Hinrichtung der Catilinarier], was Publius im Schilde führt, wie die Kuhäugige ins Horn stößt [...]« (Cicero *Att.* 12,2). Dennoch machte sich Cicero immer noch Hoffnung auf Hilfe durch Clodia, denn er bat Atticus um ein vermittelndes Gespräch mit ihr (Cicero *Att.* 2,14,1). Noch nach der Wahl des Clodius zum Volkstribunen hoffte er über Atticus Clodia aushorchen zu können (Cicero *Att.* 2,22,5).

Mit seinem Amtsantritt am 10. Dezember 59 v. Chr. erließ Clodius ein ganzes Gesetzespaket, dessen Qualität deutlich das eigene politische Stehvermögen und seine konsequente popular orientierte Politik zeigte.[74] Mit seinem Gesetz *de capite civis Romani* erneuerte Clodius die Bestimmungen des Provokationsrechtes – ein politisches Thema der Popularen seit der Ermordung der Gracchen und zu diesem Zeitpunkt von größter Aktualität. Zugleich richtete er damit eine Spitze gegen Cicero, dessen Überreaktion und Flucht das Folgegesetz *de exilio Ciceronis* ermöglichte. Er ließ das Haus Ciceros niederbrennen und errichtete auf dem Grundstück einen Tempel der Libertas, eine ideologische Untermauerung seines politischen Sieges.

Clodia hat diese Politik mit Zeugenaussagen in den politischen Prozessen ihres Bruders unterstützt; allerdings kennen wir kaum Einzelheiten. Clodius hatte sich nach der Rückkehr Ciceros, vor allem ab 56 v. Chr. vermehrt auf Angriffe gegen seine politischen Gegner mittels Prozessen verlegt. Mit den Anklagen gegen Milo, Sestius und Caelius sollten Pompeius, daneben Cicero und Crassus getroffen werden. Clodia half insofern politisch mit, als sie sich als Zeugin gegen Caelius zur Verfügung stellte.

M. Caelius Rufus (geboren um 88 v. Chr.), den Clodia auf Rückgabe des geliehenen Goldes verklagte, stammte aus einer italischen Ritterfamilie und hatte sich in Rom Catilina angeschlossen. Spätestens seit 59 v. Chr. gehörte er zu dem Kreis der *iuvenes barbatuli* um Clodius und Clodia. Er wohnte in einem von Clodius gemieteten Haus in der Nachbarschaft. Cicero unterstellt in seiner Rede Caelius und Clodia ein Liebesverhältnis und macht Clodia damit zur *meretrix*, zur Dirne. Er bedient sich damit, wie Eckhard Meyer-Zwiffelhoffer in seiner Analyse der Cicerorede überzeugend dargelegt hat, einer rhetorischen Figur, die in den Kontext der Tyrannentopik gehört und den Zweck hat, die *dignitas*, die Würde des Rivalen in Zweifel zu ziehen.[75] Es kommt dabei nicht auf den Wahrheitsgehalt, sondern allein auf die Glaubwürdigkeit des Gesagten an, die sich aus der korrekten Schilderung konkreter Örtlichkeiten und Ereignisabfolgen speist. Die Diffamierung als *meretrix* konnte zudem greifen, weil sie sich am Topos der unbeherrschten Frau orientierten. War eine Witwe (*vidua*) einmal der ihr unangemessenen Leidenschaft erlegen, zog diese Schwäche den Vorstellungen der Römer zufolge unweigerlich auch andere Verfehlungen – Prostitution oder Giftmord – nach sich.[76] Dass sich Cicero dieser sexuellen Invektive bedient, ist demnach weniger dem Wissen über eine tat-

---

74 Dazu ausführlich BENNER, Die Politik des P. Clodius Pulcher 1987, 48 ff.
75 MEYER-ZWIFFELHOFFER, Im Zeichen des Phallus 1995, 188 ff.
76 Ebd. 192 ff.

sächliche Liebesbeziehung zwischen Clodia und Caelius geschuldet, als vielmehr einer rhetorischen Tradition, die in diesem Fall in einem Augenblick eingesetzt wird, als es zu einem Wandel der politischen Loyalitäten kommt. Denn im Jahr 56 v. Chr. muss M. Caelius Rufus sich politisch aus dem Kreis um Clodius und Clodia gelöst und eigene Pläne verfolgt haben. Offenbar wollte er sich stärker dem Pompeius anschließen.

Diese politische Umorientierung führt uns unmittelbar in die Vorgeschichte seines Prozesses, in dem Clodius als Mitankläger[77] und Clodia als Zeugin fungierten. Caelius war durch den 17jährigen L. Sempronius Atratinus vor der *quaestio de vi* (Gerichtshof gegen Gewaltverbrechen) angeklagt worden. Cicero deutet allerdings immer wieder an, dass Clodia selbst aus Rache an Caelius, der sie in ihrer Liebe verschmäht und verlassen habe, den Prozess angestrengt habe.[78] Auch hinter diesem Angriff auf die Ehre der Clodia liegt eine Ablenkung von den eigentlich politischen Gründen.

Denn hinter der Anklage stand eines der brennendsten politischen Probleme des Jahres 56 v. Chr. die Ägyptenfrage und die Rückführung des nach Rom geflohenen Ptolemaios (XII.) Auletes. Pompeius beanspruchte dafür ein Sonderkommando, dessen Gewährung mit allen Mitteln sowohl von Clodius als auch von den Optimaten bekämpft wurde, da es einen außerordentlichen Machtzuwachs bedeutete. Caelius hatte sich von Clodia Gold geliehen – auch ein wirksames Mittel für Frauen, politisch Einfluss zu nehmen –, angeblich um damit Spiele auszurichten, tatsächlich um diese Mittel gegen eine Gesandtschaft der Alexandriner unter der Führung des Philosophen Dio einzusetzen. Im Prozess wurde ihm sowohl die Unterschlagung des Goldes, als auch die Beteiligung an der Ermordung Dios vorgeworfen. Darüber hinaus soll er geplant haben, Clodia zu ermorden.[79] Cicero kehrt in seiner Verteidigung die Anklage gegen Clodia, indem er ihren angeblich üblen Lebenswandel anprangert, um sie als Zeugin unglaubwürdig zu machen. Der Inzestvorwurf gegen den Bruder und das Motiv verschmähter Liebe gehören dabei ebenso zum Repertoire, wie die Unterstellung, sie sei eine Hure. Für Cicero ging es allerdings um wesentlich mehr: er wollte sowohl Clodius, als auch den gesamten Kreis der *iuvenes barbatuli* treffen, indem er politisch motivierte Kontakte auf sexuelle Motive minimierte und damit versuchte, sie politisch bedeutungslos zu machen.[80]

Cicero hatte Erfolg. Caelius wurde freigesprochen. Im Jahr 52 v. Chr. ermordete Milo, ein Freund Ciceros, den Clodius. Mit seinem Tod erlitt die Politik der Po-

---

77 Es ist umstritten, ob P. Clodius ein Klient oder Clodius selbst ist; vgl. BENNER, Die Politik des P. Clodius Pulcher 1987, 166 f. und KRECK, Untersuchungen 1973, 116, Anm. 42.
78 Vgl. KRECK, Untersuchungen 1973, 115, Anm. 50.
79 KRECK, Untersuchungen 1973, 119 ff. diskutiert, inwieweit diese Anklagepunkte zu recht bestanden.
80 Eine ähnliche Reduktion auf rein sexuelle Verfehlungen nimmt Augustus gegen seine Tochter Iulia vor. Vgl. SPÄTH, Frauenmacht 1994, 191–93 mit Stellen- und Literaturhinweisen in Anm. 93–99; SPÄTH, Männlichkeit und Weiblichkeit bei Tacitus 1994, 75, 135, 252 f.

pularen für kurze Zeit einen Rückschlag. Damit trat auch Clodia von der politischen Bühne ab. Über ihr Leben nach Ende des Prozesses finden sich in den Quellen keine Informationen mehr. Vergessen ist sie indessen nicht. Über die sexuelle Invektive des Cicero ist sie auf Dauer in das historische Gedächtnis nachfolgender Generationen eingegangen: als Giftmörderin, verbitterte Alte, Hure und inzesttreibende Lebedame. Nur die politischen Hintergründe und der rhetorische Charakter dieser Diffamierung sind es, die erst wieder in Erinnerung gerufen werden müssen.

Quellen

Q 85 Terentias Intrige gegen Clodius und Clodia

Plutarch, *Cicero* 29

29 (1) Cicero war ein Freund von ihm [Clodius] gewesen und hatte während der Catilinarischen Wirren in ihm den eifrigsten Helfer und Leibwächter gehabt. Als er aber jetzt der Anschuldigung [im Bona Dea Skandal] gegenüber entschieden behauptete, er sei zu jener Zeit überhaupt nicht in Rom gewesen, sondern habe sich auf seinen weit entfernten Gütern aufgehalten, da bezeugte Cicero gegen ihn: er sei zu ihm ins Haus gekommen und hätte über gewisse Dinge mit ihm gesprochen. Das war auch wahr, (2) doch glaubte man, dass Cicero dieses Zeugnis nicht um der Wahrheit willen abgelegt habe, sondern um sich seiner Frau Terentia gegenüber zu rechtfertigen. (3) Denn sie hatte einen Groll auf Clodius wegen seiner Schwester Clodia, von der sie glaubte, dass sie Cicero heiraten wolle und dies mit Hilfe eines gewissen Tullus aus Tarent betriebe, der ein Freund und naher Vertrauter Ciceros war. Da dieser Tullus häufig zur benachbarten Clodia ging und ihr viel Aufmerksamkeit zukommen ließ, hatte er Terentias Verdacht geweckt. (4) Da sie nun von heftigem Charakter war und Cicero beherrschte, so hetzte sie ihn auf, sich an dem Angriff auf Clodius zu beteiligen und gegen ihn zu zeugen. Das taten auch andere vornehme Männer und zwar bezichtigten sie ihn des Meineides, der Leichtfertigkeit, der Bestechung der Massen und der Verführung von Frauen. Lucullus bot sogar Sklavinnen als Zeuginnen dafür an, dass Clodius mit der jüngsten seiner Schwestern zu der Zeit, als sie mit ihm verheiratet war [er trennte sich 62 v. Chr. von ihr] unzüchtigen Verkehr gehabt habe. (5) Auch war das hartnäckige Gerücht verbreitet, daß Clodius auch zu seinen anderen beiden Schwestern in solchen Beziehungen stehe, von denen Tertia mit Marcius Rex, Clodia mit Metellus Celer verheiratet war. Letztere nannte man Quadrantaria, weil einer ihrer Liebhaber ihr einmal Kupfergeld statt Silber in einem Beutel zugesandt hatte; die kleinste Kupfermünze nennen die Römer nämlich Quadrans. Wegen dieser Schwester stand Clodius in besonders üblem Ruf.

29 (1) Κικέρων δ' ἦν μὲν αὐτοῦ φίλος, καὶ τῶν περὶ Κατιλίναν πραττομένων ἐκέχρητο προθυμοτάτῳ συνεργῷ καὶ φύλακι τοῦ σώματος, ἰσχυριζομένου δὲ πρὸς τὸ ἔγκλημα τῷ μηδὲ γεγονέναι κατ' ἐκεῖνον ἐν 'Ρώμῃ τὸν χρόνον, ἀλλ' ἐν τοῖς πορρωτάτω χωρίοις διατρίβειν, κατεμαρτύρησεν ὡς ἀφιγμένου τε πρὸς αὐτὸν οἴκαδε καὶ διειλεγμένου περί

τινων· ὅπερ ἦν ἀληθές. (2) οὐ μὴν ἐδόκει μαρτυρεῖν ὁ Κικέρων διὰ τὴν ἀλήθειαν, ἀλλὰ πρὸς τὴν αὑτοῦ γυναῖκα Τερεντίαν ἀπολογούμενος. (3) ἦν γὰρ αὐτῇ πρὸς τὸν Κλώδιον ἀπέχθεια διὰ τὴν ἀδελφὴν τὴν ἐκείνου Κλωδίαν, ὡς τῷ Κικέρωνι βουλομένην γαμηθῆναι καὶ τοῦτο διὰ Τύλλου τινὸς Ταραντίνου πράττουσαν, ὃς ἑταῖρος μὲν ἦν καὶ συνήθης ἐν τοῖς μάλιστα Κικέρωνος, ἀεὶ δὲ πρὸς τὴν Κλωδίαν φοιτῶν καὶ θεραπεύων ἐγγὺς οἰκοῦσαν, ὑποψίαν τῇ Τερεντίᾳ παρέσχε. (4) χαλεπὴ δὲ τὸν τρόπον οὖσα καὶ τοῦ Κικέρωνος ἄρχουσα, παρώξυνε τῷ Κλωδίῳ συνεπιθέσθαι καὶ καταμαρτυρῆσαι. κατεμαρτύρουν δὲ τοῦ Κλωδίου πολλοὶ τῶν καλῶν καὶ ἀγαθῶν ἀνδρῶν ἐπιορκίας, ῥᾳδιουργίας, ὄχλων δεκασμούς, φθορὰς γυναικῶν. Λεύκολλος δὲ καὶ θεραπαινίδας παρεῖχεν, ὡς συγγένοιτο τῇ νεωτάτῃ τῶν ἀδελφῶν ὁ Κλώδιος, ὅτε Λευκόλλῳ συνῴκει. (5) πολλὴ δ' ἦν δόξα καὶ ταῖς ἄλλαις δυσὶν ἀδελφαῖς πλησιάζειν τὸν Κλώδιον, ὧν Τερτίαν μὲν Μάρκιος ὁ ῾Ρήξ, Κλωδίαν δὲ Μέτελλος ὁ Κέλερ εἶχεν, ἣν Κουαδρανταρίαν ἐκάλουν, ὅτι τῶν ἐραστῶν τις αὐτῇ χαλκοῦς ἐμβαλὼν εἰς βαλάντιον ὡς ἀργύριον εἰσέπεμψε· τὸ δὲ λεπτότατον τοῦ χαλκοῦ νομίσματος κουαδράντην ῾Ρωμαῖοι καλοῦσιν. ἐπὶ ταύτῃ μάλιστα τῶν ἀδελφῶν κακῶς ἤκουσεν ὁ Κλώδιος.

Q 86 Giftmord

Cicero, *Für Caelius (Pro Caelio)*, 30–38

(30) [...] Und wenn ich hierauf [scil. dass Caelius nicht der jugendliche Leichtsinn zum Vorwurf gemacht wird] bestehe, dann bin ich andererseits bereit, mich mit größter Sorgfalt zu den Anklagepunkten zu äußern, die man speziell gegen ihn zusammengetragen hat.

Es handelt sich um zwei Punkte, um das Gold und um das Gift; hierbei geht es um eine und dieselbe Person. Das Gold hat man von Clodia geliehen und das Gift besorgt, um es Clodia zu geben – so heißt es jedenfalls. Bei allem übrigen handelt es sich nicht um Anklagepunkte, sondern um Beschimpfungen, die eher zu einem Gassengezänk passen als zu einem öffentlichen Strafprozess. »Ehebrecher, Lüstling. Wahlbetrüger«: das sind Verleumdungen, keine Anklagen; diese Vorwürfe sind ohne jeden Anhalt, ohne Grundlage, sind Schmähworte, mit denen ein unbeherrschter Ankläger blindlings und ohne einen Gewährsmann um sich geworfen hat. (31) Doch bei den beiden erwähnten Punkten vermag ich einen Ursprung, einen Anstifter zu erkennen; ich erkenne eine bestimmte Person als den führenden Kopf. Caelius brauchte das Gold; er lieh es von Clodia und lieh es ohne Zeugen; er behielt es, solange er wollte. Darin erblicke ich ein deutliches Zeichen für eine herzinnige Freundschaft. Er wollte Clodia töten; er verschaffte sich Gift; er weihte seine Leute ein; er stellte den Trank her und brachte ihn insgeheim an den vorgesehenen Ort. Darin erblicke ich wiederum tiefen Hass, die Folge eines ungemein heftigen Bruches.

In diesem Prozess kommt es für uns einzig und allein auf Clodia an, ihr Richter, auf eine nicht nur berühmte, sondern auch berüchtigte Frau – ich will mich über sie nur verbreiten, soweit das für die Widerlegung der Anklage erforderlich ist. (32) Denn in Anbetracht deiner ungewöhnlichen Erfahrung ist dir ja klar, Cn. Domitius [Präsident des Gerichts], dass es für uns allein auf sie ankommt. Wenn sie nicht behauptet, dass sie dem M. Caelius Gold geliehen habe, wenn sie nicht den Vorwurf erhebt, Caelius habe sich Gift besorgt, das für sie bestimmt war, dann ist es eine Frechheit von uns, ihr, einer Bürgersfrau, anders zu begegnen, als es die

Achtung vor einer Dame erfordert. Wenn jedoch die Ankläger ohne diese Person nichts vorweisen können, keinerlei Vorwurf und kein Mittel, M. Caelius in Schwierigkeiten zu bringen: haben wir Anwälte dann irgendeine Pflicht außer der, die Verfolger zurückzuschlagen? Und ich täte das noch nachdrücklicher, wenn ich nicht mit dem Ehemann dieser Person in Feindschaft lebte – mit dem Bruder, wollte ich sagen; hier vertue ich mich jedes Mal. Ich will mich also mäßigen und nicht weiter vorgehen, als es mein Auftrag und die Sache selbst erfordern. Denn ich habe nie geglaubt, mit Frauen Feindschaften austragen zu sollen – schon gar nicht mit einer Person, von der alle Welt stets angenommen hat, sie sei eher jedermanns Freundin als jemandes Feindin.

(33) Doch ich will sie zunächst selber fragen, was ihr lieber ist: ob ich sie streng und hart und mit der Grobheit von ehedem oder zurückhaltend und milde und höflich behandeln soll. Wenn sie den barschen Umgangston von einst vorzieht, dann muss ich jemanden aus der Unterwelt heraufbeschwören, so einen bärtigen Kerl – nicht mit einem Bärtchen, wie es ihr Freude macht, sondern mit dem struppigen Bart, den uns alte Statuen und Gemälde zeigen: der soll der Person den Kopf waschen und an meiner Statt reden, damit sie nicht noch böse auf mich wird. So erscheine denn jemand aus ihrer eigenen Familie, am besten der berühmte »Blinde« [Appius Claudius Caecus]: er wird den geringsten Schmerz verspüren, da er sie ja nicht sehen kann. Der wird bestimmt, wenn er erscheint, folgendermaßen loslegen und auf sie einreden:

»Weib, was hast du mit Caelius zu schaffen, mit einem jungen Mann, mit einem Außenstehenden? Warum warst du so eng mit ihm befreundet, dass du ihm Gold geliehen hast, dann wieder so sehr mit ihm verfeindet, dass du dich vor Gift fürchten musstest? Hast du nicht gesehen, dass dein Vater, nicht gehört, dass dein Onkel, dein Großvater, dein Urgroßvater, der Vater und der Großvater deines Urgroßvaters Konsuln waren? (34) Und hattest du vergessen, dass du vor kurzem noch mit Q. Metellus verheiratet warst, einem überaus angesehenen, tüchtigen und vaterlandsliebenden Manne, der, sobald er nur einen Fuß über die Schwelle seines Hauses setzte, fast alle seine Mitbürger an Tatkraft, Ruhm und Ehre übertraf? Du hattest aus einem erlauchten Hause in eine hochangesehene Familie geheiratet: warum standest du mit Caelius auf so vertrautem Fuße? War er mit dir verwandt, verschwägert oder ein Freund deines Mannes? Nichts von alledem. Was trieb dich also, wenn nicht eine zügellose Leidenschaft? Die Ahnenbilder unseres Mannesstammes ließen dich ungerührt: hat dich auch ein Spross aus meinem Blute, die berühmte Q. Claudia, nicht dazu veranlasst, dem Ansehen unseres Hauses durch ein rühmliches Frauenleben gerecht zu werden? Und nicht die Vestalin Claudia, die den Vater in ihre Arme schloss und so verhinderte, dass ihn sein Feind, ein Volkstribun, während seines Triumphes vom Wagen herunterzog? Warum hast du dich nach den Lastern deines Bruders gerichtet und nicht nach den Vorzügen deines Vaters und deiner Ahnen – nach Vorzügen, die von meiner Zeit an sowohl bei den Männern als auch bei den Frauen ständig wiedergekehrt sind? Habe ich deswegen den Frieden mit Pyrrhos verhindert, damit du Tag für Tag die schändlichsten Liebesbündnisse abschließt, deswegen Wasser in die Stadt geleitet, damit du es zu unsauberen Zwecken gebrauchst, und deswegen eine Straße gebaut, damit du sie in Begleitung fremder Männer befährst?«

(35) Doch was lasse ich da eine so strenge Persönlichkeit auftreten, ihr Richter: muss ich nicht befürchten, dass sich der gute Appius plötzlich der anderen Seite zuwendet und mit seiner Zensorenstrenge gegen Caelius vom Leder zieht? Doch damit will ich mich später befassen, wobei ich überzeugt bin, ihr Richter, dass ich den Lebenswandel des M. Caelius selbst vor den kritischsten Betrachtern rechtfertigen kann. Doch du Frauenzimmer (jetzt rede ich nämlich selbst mit dir, ohne jemand anderen auftreten zu lassen), wenn du deine Taten, deine Worte, deine Verdächtigungen, deine Ränke, deine Vorwürfe als begründet erweisen willst, dann musst du darlegen und erklären, was es mit dieser engen Freundschaft, diesem innigen Verhältnis, diesem herzlichen Einvernehmen auf sich gehabt hat. Die Ankläger reden ja ständig von Vergnügungen, Liebschaften und Ehebrüchen, von Reisen nach Bajae, Strandfesten, Diners und Trinkgelagen, von Gesang, Musik und Bootsfahrten, und sie geben zu erkennen, dass sie das alles mit deinem Einverständnis vorbringen. Dich hat wer weiß was für eine Aufwallung und Unbedachtheit getrieben, diese Dinge auf dem Forum und vor Gericht auszubreiten: jetzt musst du sie entweder widerrufen und für unwahr erkären oder zugeben, dass man deinen Beschuldigungen und deinem Zeugnis keinerlei Glauben schenken darf.

(36) Wenn du nun willst, dass ich mich moderner gebe, dann kann ich folgendermaßen mit dir reden. Ich lasse den unfreundlichen und etwas groben alten Herrn beiseite; ich suche mir einen von deiner Generation aus, und zwar am liebsten deinen jüngsten Bruder: der ist in dieser Hinsicht ganz modern; der liebt dich innig; der hat sich angewöhnt (ich vermute, weil er sich irgendwie ängstigt und vor Nachtgespenstern fürchtet), stets mit dir – das herzige Bürschchen mit seiner älteren Schwester – zu schlafen. Von dem nimm an, er rede so zu dir:»Was regst du dich auf, meine Schwester, was ereiferst du dich? Was zeterst du und machst aus einem Nichts ein Riesending? Dir ist ein junger Mann aus der Nachbarschaft aufgefallen; seine strahlende Erscheinung und sein schlanker Wuchs, sein Gesicht und seine Augen haben es dir angetan. Du bemühtest dich, ihn öfters zu sehen; du hieltest dich mitunter im selben Park auf. Du, eine große Dame, suchst ihn, den Sohn eines sparsamen und knauserigen Vaters, mit Hilfe deines Geldes an dich zu fesseln: du bringst es nicht fertig; er ist widerspenstig, weigert sich, lehnt ab – deine Geschenke sind ihm nicht wertvoll genug. Wende dich einem anderen zu! Du hast deinen Besitz, den Park am Tiber, mit Bedacht dort angelegt, wo sich die ganze Jugend zum Baden versammelt; dort kannst du dir Tag für Tag eine gute Gelegenheit aussuchen – warum setzt du dem hier zu, der nichts von dir wissen will?« [...]

(38) [...] Ich sage jetzt nichts mehr über dieses Frauenzimmer: gesetzt, da wäre eine Person ganz anderer Art, die sich jedermann preisgäbe, die stets, ohne ein Hehl daraus zu machen, einen auserwählten Anbeter hätte, deren Park, Haus und Villa in Bajae jedem Wüstling eine Freistatt böte, die auch nicht anstünde, junge Männer zu beköstigen und die Sparsamkeit der Väter durch eigenen Aufwand auszugleichen – wenn diese Person als Witwe locker, als Kokette schamlos, als Millionärin verschwenderisch und als unersättliche Buhlerin im Stile einer Dirne lebte:

soll ich dann jemanden für einen Ehebrecher halten, der sie etwas zu freundlich gegrüßt hat?

(30) [...] Atque ego idem qui haec postulo quin criminibus quae in hunc proprie conferuntur diligentissime respondeam non recuso.

Sunt autem duo crimina, auri et veneni, in quibus una atque eadem persona versatur. Aurum sumptum a Clodia, venenum quaesitum quod Clodiae daretur, ut dicitur. Omnia sunt alia non crimina sed maledicta, iurgi petulantis magis quam publicae quaestionis. ›Adulter, impudicus, sequester‹ convicium est, non accusatio. Nullum est enim fundamentum horum criminum, nullae sedes; voces sunt contumeliosae temere ab irato accusatore nullo auctore emissae. (31) Horum duorum criminum video auctorem, video fontem, video certum nomen et caput. Auro opus fuit; sumpsit a Clodia, sumpsit sine teste, habuit quamdiu voluit. Maximum video signum cuiusdam egregiae familiaritatis. Necare eandem voluit; quaesivit venenum, sollicitavit servos, potionem paravit, locum constituit, clam attulit. Magnum rursus odium video cum crudelissimo discidio exstitisse.

Res est omnis in hac causa nobis, iudices, cum Clodia, muliere non solum nobili verum etiam nota: de qua ego nihil dicam nisi depellendi criminis causa. (32) Sed intellegis pro tua praestanti prudentia, Cn. Domiti, cum hac sola rem esse nobis. Quae si se aurum Caelio commodasse non dicit, si venenum ab hoc sibi paratum esse non arguit, petulanter facimus, si matrem familias secus quam matronarum sanctitas postulat nominamus. Sin ista muliere remota nec crimen ullum nec opes ad oppugnandum M. Caelium illis relinquuntur, quid est aliud quod nos patroni facere debeamus, nisi ut eos qui insectantur repellamus? Quod quidem facerem vehementius, nisi intercederent mihi inimicitiae cum istius mulieris viro – fratrem volui dicere; semper hic erro. Nunc agam modice nec longius progrediar quam me mea fides et causa ipsa coget: nec enim muliebris umquam inimicitias mihi gerendas putavi, praesertim cum ea quam omnes semper amicam omnium potius quam cuiusquam inimicam putaverunt.

(33) Sed tamen ex ipsa quaeram prius utrum me secum severe et graviter et prisce agere malit, an remisse et leniter et urbane. Si illo austero more ac modo, aliquis mihi ab inferis excitandus est ex barbatis illis, non hac barbula qua ista delectatur sed illa horrida quam in statuis antiquis atque imaginibus videmus, qui obiurget mulierem et qui pro me loquatur ne mihi ista forte suscenseat. Exsistat igitur ex hac ipsa familia aliquis ac potissimum Caecus ille; minimum enim dolorem capiet qui istam non videbit. Qui profecto, si exstiterit, sic aget ac sic loquetur:

›Mulier, quid tibi cum Caelio, quid cum homine adulescentulo, quid cum alieno? Cur aut tam familiaris fuisti ut aurum commodares, aut tam inimica ut venenum timeres? Non patrem tuum videras, non patruum, non avum, non proavum, non <abavum, non> atavum audieras consules fuisse; (34) non denique modo te Q. Metelli matrimonium tenuisse sciebas, clarissimi ac fortissimi viri patriaeque amantissimi, qui simul ac pedem limine extulerat, omnis prope civis virtute, gloria, dignitate superabat? Cum ex amplissimo genere in familiam clarissimam nupsisses, cur tibi Caelius tam coniunctus fuit? cognatus, adfinis, viri tui familiaris? Nihil eorum. Quid igitur fuit nisi quaedam temeritas ac libido? Nonne te, si nostrae imagines viriles non commovebant, ne progenies quidem mea, Q. illa Claudia, aemulam domesticae laudis in gloria muliebri esse admonebat, non virgo illa Vestalis Claudia quae patrem complexa triumphantem ab inimico tribuno plebei de curru detrahi passa non est? Cur te fraterna vitia potius quam bona paterna et avita et usque a nobis cum in viris tum etiam in feminis repetita moverunt? Ideone ego pacem Pyrrhi diremi ut tu amorum turpissimorum cotidie foedera ferires, ideo aquam adduxi ut ea tu inceste uterere, ideo viam munivi ut eam tu alienis viris comitata celebrares?‹

(35) Sed quid ego, iudices, ita gravem personam induxi ut verear ne se idem Appius repente convertat et Caelium incipiat accusare illa sua gravitate censoria? Sed videro hoc posterius atque ita, iudices, ut vel severissimis disceptatoribus M. Caeli vitam me probaturum esse confidam. Tu vero, mulier – iam enim ipse tecum nulla persona introducta loquor – si ea quae facis, quae dicis, quae insimulas, quae moliris, quae arguis, probare cogitas, rationem tantae familiaritatis, tantae consuetudinis, tantae coniunctionis reddas atque exponas necesse est. Accusatores quidem libidines, amores, adulteria, Baias, actas, convivia, comissationes, cantus, symphonias, navigia iactant, idemque significant nihil se te invita dicere. Quae tu quoniam mente nescio qua effrenata atque praecipiti in forum deferri iudiciumque voluisti, aut diluas oportet ac falsa esse doceas aut nihil neque crimini tuo neque testimonio credendum esse fateare.

(36) *Sin autem urbanius me agere mavis, sic agam tecum. Removebo illum senem durum ac paene agrestem; ex his igitur sumam aliquem ac potissimum minimum fratrem qui est in isto genere urbanissimus; qui te amat plurimum, qui propter nescio quam, credo, timiditatem et nocturnos quosdam inanis metus tecum semper pusio cum maiore sorore cubitabat. Eum putato tecum loqui:* ›*Quid tumultuaris, soror? quid insanis? Quid clamorem exorsa verbis parvam rem magnam facis? Vicinum adulescentulum aspexisti; candor huius te et proceritas voltus oculique pepulerunt; saepius videre voluisti; fuisti non numquam in isdem hortis; vis nobilis mulier illum filium familias patre parco ac tenaci habere tuis copiis devinctum. Non potes; calcitrat, respuit, repellit, non putat tua dona esse tanti. Confer te alio. Habes hortos ad Tiberim ac diligenter eo loco paratos quo omnis iuventus natandi causa venit; hinc licet condiciones cotidie legas; cur huic qui te spernit molesta es?*‹ *[...]*

(38) [...] Nihil iam in istam mulierem dico: sed, si esset aliqua dissimilis istius quae se omnibus pervolgaret, quae haberet palam decretum semper aliquem, cuius in hortos, domum, Baias iure suo libidines omnium commearent, quae etiam aleret adulescentis et parsimoniam patrum suis sumptibus sustineret: si vidua libere, proterva petulanter, dives effuse, libidinosa meretricio more viveret, adulterum ego putarem si quis hanc paulo liberius salutasset?

Grundlegende Literatur

BENNER, Die Politik des P. Clodius Pulcher 1987; KRECK, Untersuchungen 1973; MEYER-ZWIFFELHOFFER, Im Zeichen des Phallus 1995, 184–197 [zum rhetorischen Charakter der sexuellen Invektive]; RAMAGE, Clodia 1984; SKINNER, Clodia Metelli 1984; WILL, Der römische Mob 1991.

Weiterführende Literatur

BURCKHARDT/UNGERN-STERNBERG, Cornelia 1994; DETTENHOFER, Frauen in politischen Krisen 1994; RICHLIN, The Garden of Priapus 1992; TATUM, Patrician Tribune 1999.

Das Idealbild der römischen Kaiserin: Livia Augusta[81]
Angelika Dierichs

Livia ist eine der wenigen Frauen der römischen Geschichte, die schon immer in den Geschichtswerken figurierte: als Frau des ersten römischen *princeps* Augustus und Mutter dessen Nachfolgers, Tiberius, gehörte sie zum Zentrum der Macht der *domus Augusta*, von der die Umgestaltung der römischen Republik zum neuen po-

---

81 Für die im engeren Sinne historischen Aspekte des Beitrags, die über eine archäologisch-kunsthistorische Betrachtung hinausgehen, insbesondere für die Bemerkungen zum *senatus consultum de Cn. Pisone patre* und zu Velleius Paterculus (infra 244 f., 246 f.), zeichnet der Herausgeber Thomas Späth verantwortlich. Die auf Archäologie und Kunstgeschichte zielende Literatur wurde auf Wunsch der Hg. auf ein Minimum beschränkt.

litischen System des Prinzipats ausging. Römische Geschichtsschreiber stellen sie in dieser Position und damit aus kritischer Perspektive dar. Viele Fragen ergeben sich aufgrund dieser römischen Sichtweise: War Livia die skrupellose Mutter, die um jeden Preis ihren Sohn an die Macht bringen wollte? Oder war sie die vorbildliche und gegenüber den Eskapaden ihres Gatten verständnisvolle Gattin nach dem Muster republikanischer *matronae*? Die moderne Geschichtsschreibung konnte diese Fragen nicht beantworten – sie sind nach wie vor eine Herausforderung aktueller Geschlechtergeschichte. In einem ersten Teil werden einige dieser Problembereiche aufgegriffen anhand der Schwierigkeiten, eine »Biographie« Livias vorzulegen. Im zweiten, dritten und vierten Teil meines Beitrags sollen nicht die Texte über Livia zur Sprache kommen, sondern die Bilder: Was können wir aus der Darstellung Livias über ihre Bedeutung innerhalb der gesellschaftlich und politisch neuen Ordnung des Augustus erfahren?

Die erste Gattin und Mutter von principes

Biographisches: Livia Drusilla wurde am 30. Januar 58 v. Chr. als Tochter des M. Livius Drusus Claudianus und der Alfidia geboren. Der Vater entstammte der patrizischen Familie der *Claudii*, die innerhalb der Senatsaristokratie eine bedeutende und mächtige Stellung innehatte; er war zudem in die ebenso angesehene plebejische Familie der Livii adoptiert worden. Livia war fünfzehn Jahre alt, als sie im Jahre 43 ihrem etwa fünfzehn Jahre älteren Vetter Tiberius Claudius Nero verheiratet wurde.[82] Mit sechzehn brachte sie am 16. November 42 v. Chr. einen Sohn zur Welt, der den gleichen Vornamen wie sein Vater erhielt: er hieß Tiberius Claudius Nero – der spätere Kaiser Tiberius (14–37 n. Chr.).

Zwei Jahre nach der Geburt ihres ersten Sohnes verließ Livia Rom gemeinsam mit ihrem Mann. Dieser war ursprünglich ein Anhänger von Iulius Caesar und dann von Marcus Antonius; nach der Niederlage der Antonianer im Perusinischen Krieg floh er nach Sizilien, in den Machtbereich des Pompeius. Anschließend reiste das Paar nach Griechenland zu Marcus Antonius. 39 v. Chr. nutzten Tiberius Claudius Nero und Livia den Friedensschluss zwischen Octavian, Marcus Antonius und Sextus Pompeius (Pakt von Brindisi 40, von Misenum 39) und das entsprechende Versöhnungsangebot des Octavian an seine Gegner; sie kehrten nach Rom zurück. Claudius wechselte mit dieser Rückkehr das politische Lager und schloss sich Octavian an. Damals begegnete Livia – die mit ihrem zweiten Sohn schwanger war – Octavian, den sie kurz danach, am 17. Januar 38 v. Chr. heiratete.

Nicht nur für Livia setzte diese Heirat eine vorherige Scheidung voraus: auch Octavian war verheiratet gewesen, hatte allerdings seine Ehe mit Scribonia unmittelbar nach der Geburt der gemeinsamen Tochter Iulia im Jahre 39 v. Chr. geschieden. Er befragte dann das Priesterkollegium, zu dem er selbst wie auch der Ehe-

---

82 Zum Heiratsalter in Rom vgl. den Beitrag von Kunst in diesem Band, S. 36–38.

mann Livias, Tiberius Claudius Nero, gehörten, ob Livias Schwangerschaft gegen eine sofortige Heirat sprechen würde; die *pontifices* gaben – erwartungsgemäß[83] – ihre Zustimmung zum Eheschluss ohne Aufschub.

Der kurze Zeit später geborene Sohn Drusus wurde von Tiberius Claudius Nero als sein Sohn anerkannt. Drusus lebte, ebenso wie sein Bruder Tiberius, bis zum Tod des Vaters im Jahre 33 v. Chr. in dessen Haus. Glaubt man dem Kaiserbiographen Sueton, kursierten allerdings in Rom spöttische Anspielungen auf eine mögliche Vaterschaft Octavians (Sueton *Claud.* 5,1). Nach dem Tod des Claudius wurden beide Söhne im Haushalt von Livia und Octavian erzogen, ebenso wie dessen Tochter Iulia. Gemeinsame Nachkommen hatten Octavian und Livia nicht, doch ihre Ehe dauerte bis zum Tod des Gatten – dem der Senat 27 v. Chr. den Ehrennamen Augustus verliehen hatte – 52 Jahre.[84]

Neben ihrer bedeutenden Stellung als Gattin des Augustus behaupten die antiken Texte einen maßgebenden Einfluss der Livia auf die Nachfolge des ersten *princeps*: Augustus wurden zunächst sämtliche Pläne zur Regelung der Nachfolge durchkreuzt – die Auserwählten starben noch als Jugendliche.[85] Im Jahre 11 v. Chr. schließlich verheiratete er dem älteren Sohn Livias, Tiberius, seine Tochter Iulia. Sieben Jahre später adoptierte er den mittlerweile 44jährigen. In unterschiedlich scharfem, aber durchwegs kritischem Ton unterstellen die antiken Autoren, diese Entscheidungen des Augustus seien wesentlich auf die Einwirkung Livias zurückzuführen[86], und sie schreiben ihr auch eine wesentliche Rolle bei der Machtübernahme durch Tiberius im Jahre 14. n. Chr. zu.[87]

Ob diese Behauptungen zutreffen, lässt sich heute nicht mehr entscheiden; als Tatsache zu betrachten ist hingegen die herausragende gesellschaftliche Bedeutung der Livia, die sich schlicht schon in ihrem Besitz zeigte. Im Gegensatz zur Mehrzahl der römischen Frauen, konnte Livia frei über ihr Vermögen verfügen: Im Jahre 35 v. Chr. hatte Augustus sie und seine Schwester Octavia von der Geschlechtsvormundschaft befreit.[88] Zusätzlich erhielten sie die *sacrosanctitas*, die rechtlichen Un-

---

83 SUERBAUM, Geburtstage 1980, 342 und Anm. 36 macht auf die Zugehörigkeit der Hauptbetroffenen zu diesem Kollegium aufmerksam und bemerkt zudem, einige Mitglieder (etwa M. Antonius) hätten sich nicht in Rom befunden – der Autor vermutet, mit der Konsultation habe Octavian »eine zwischen dem Ex-Ehemann und dem Ehemann in spe ausgehandelte Vereinbarung von einigen willfährigen Amtskollegen absegnen« lassen wollen.
84 Tacitus *ann.* 5,1; nach Sueton *Aug.* 63 soll Livia einmal eine Frühgeburt gehabt haben.
85 Vgl. CORBIER, Male power 1995, 179–185.
86 Tacitus *ann.* 4,40,6; Sueton *Tib.* 21,4; Cassius Dio 54,31,4; 55,10,10.
87 Tacitus *ann.* 1,5–6; Cassius Dio 57,3,4–6.
88 Später, im Jahre 9 v. Chr., erhielt Livia zusätzlich das *ius trium liberorum* (vgl. Cassius Dio 55,2,5), das »Dreikinderrecht«, das jegliche vormundschaftliche Einschränkung betreffend Vermögen und Erbrecht aufhob. Die *tutela mulierum* oder »Geschlechtsvormundschaft« bezeichnet die Tatsache, dass grundsätzlich jede Römerin lebenslänglich der Rechtsgewalt eines Mannes unterworfen war. Zu den rechtlichen Bestimmungen der *tutela mulieris* vgl. KASER, Privatrecht 1 1955, § 21, 76–80 (altrömisches Recht), sowie § 89, 311–313 (klassisches Recht); zu den »nachklassischen Entwicklungen« KASER,

verletzlichkeit, mit der traditionell die Volkstribunen versehen waren, und gleichzeitig je eine Ehrenstatue.[89] Mit diesen Vorrechten ausgestattet konnte die Gattin des *princeps* ihren Besitz nutzen und mehren; Livia besaß Stadt- und Landhäuser, unter anderem die bekannte Villa *ad gallinas albas* bei Prima Porta,[90] verfügte über ein Vermögen in liquiden Mitteln, zu dem die große, von Augustus ererbte Summe hinzukam,[91] und sie hatte die Mittel, speziell für ihre SklavInnen und Freigelassenen ein Grabmal an der Via Appia errichten zu lassen, dessen Grabinschriften auf eine hohe Zahl von Bediensteten in ihrem Haushalt hinweisen.[92]

Übereinstimmend berichten die antiken Texte, Augustus habe Livia in seinem Testament adoptiert, ein nach unseren Kenntnissen einzigartiger Akt gegenüber einer Gattin. Testamentarische Adoptionen verlangen von den Adoptierten die Übernahme des Namens des Verstorbenen, um das Erbe antreten zu können; Livia wurde durch diesen Rechtsakt aber nicht nur zur *Iulia*, Augustus übertrug ihr auch seinen Ehrennamen: Aus Livia wurde *Iulia Augusta*.[93]

Unter der Herrschaft ihres Sohnes soll Livias Verhältnis zu Tiberius laut Darstellung der antiken Autoren gespannt gewesen sein:[94] Livia habe auch ihrem Sohn gegenüber die schon unter Augustus praktizierte Fürsprache für Freundinnen und Freunde weiter gepflegt und ihren Einfluss geltend gemacht.[95] Ein besonders wertvolles Dokument ist diesbezüglich eine erst in den 1990er Jahren publizierte Inschrift, die den Senatsbeschluss über die Verurteilung des Cn. Calpurnius Piso belegt: Über das Urteil gegen den kaiserlichen Legaten in Syrien hinaus begründet dieses *senatus consultum de Cn. Pisone patre* (SCPP) den Verzicht auf eine Verurteilung der ebenfalls angeklagten Gattin, Plancina; explizit wird im Senatsbeschluss erwähnt, Tiberius habe auf die Bitte seiner Mutter hin für Plancina gesprochen und präzisiert, sie habe ihm gute Gründe dafür dargelegt, die er akzeptiere.[96] Und

---

Privatrecht 2 1959, §§ 231 und 232, 158 und 162 f. bezüglich Vormundschaft über und von Frauen. Zusammenfassende Übersichten etwa bei GARDNER, Women 1986, 14 ff.; HESBERG-TONN, Coniunx carissima 1983, 47 ff.; KRECK, Untersuchungen 1975, 24 ff.

89 Vgl. zu diesen Ehrungen des Jahres 35 PURCELL, Livia 1986, 85–87, sowie RITTER, Augusta 1972, 325 f., zum Ehrenplatz der Livia im Theater.

90 Cassius Dio 48,42,3–4; Plinius *nat.* 15,137 ff.; Sueton *Gal.* 1. Es handelt sich um jene Villa (CALCI/MESSINEO, Prima Porta 1984; LILJENSTOLPE/KLYNNE, Imperial Gardens 1997–98), in der die berühmte Panzerstatue des Augustus von Prima Porta (Rom, Vatikan Inv. 2290), eines der bedeutendsten Werke der augusteischen Kunst, gefunden wurde und in der jene Lorbeerbäume wuchsen, von deren Zweigen die Kronen für die militärischen Triumphe geschnitten wurden (dazu WOOD, Imperial Women 1999, 103).

91 Zum Nachlass von Augustus an Livia vgl. Cassius Dio 56,32; Sueton *Aug.* 101; Tacitus *ann.* 1,8.

92 TREGGIARI, Jobs 1975.

93 Dazu RITTER, Augusta 1972, der die Problematik und Bedeutung der Übertragung auch des Ehrennamens im Detail diskutiert.

94 Tacitus *ann.* 4,57,3; 5,2,1–5,3,1; Sueton *Tib.* 50,3–51,6; Cassius Dio 47,12,1–6; 58,2,1.

95 Tacitus *ann.* 1,13,6; 2,34,3; 3,10,2; 3,15,1; 3,17,1.

96 SCPP 113–114: *pro Plancina rogatu matris suae deprecatus sit et, quam ob rem ea mater sua inpetrari vellet, iustissimas ab ea causas sibi expositas acceperit.* Vgl. Text und (englische) Übersetzung in POTTER/DAMON, SC de Cn. Pisone patre 1999; dazu die kommentierte

der Senat gibt dem von Tiberius vorgetragenen Ersuchen der Livia um Verschonung der Plancina statt mit vier Begründungen: Die Kaisermutter habe sich um die *res publica* verdient gemacht durch die Geburt des *princeps*, sie habe Männern jeglichen Standes zahlreiche Wohltaten (*beneficia*) zukommen lassen, besitze zu Recht großen Einfluss auf den Senat und habe davon aber immer nur sparsam Gebrauch gemacht, schließlich zeige der *princeps* seiner Mutter gegenüber die größte Verehrung. Und deshalb verzichte der Senat auf eine Bestrafung der Plancina.[97] Ein solches Dokument zeigt die Position der Livia und ihre Beziehung zu Tiberius unter ganz anderen Aspekten als unter jenen der »Spannungen« und »ungebührlichen Einflussnahmen« der Kaisermutter, die in den aus dem Rückblick berichtenden historiographischen Texten behauptet werden. Doch auch innerhalb dieser Texte selbst lassen sich Widersprüche erkennen zwischen einem negativen Bild der Livia und den Berichten über zahlreiche Ehrungen, die Tiberius selbst und der Senat ihr zukommen ließen; nicht zuletzt war sie die erste Priesterin im Kult des *Divus Augustus*, des »vergöttlichten Augustus«, der nach dem Tod des Augustus eingerichtet worden war.[98]

Als die Witwe des Augustus und Kaisermutter 29 n. Chr. im Alter von 86 Jahren starb, soll sich Tiberius nicht bemüht haben, von Capri, wo er seit 27 n. Chr. lebte, nach Rom zu reisen; die Leichenrede hielt Livias Urenkel Gaius, der spätere Kaiser Caligula (37–41 n. Chr.).[99] Livia wurde im Mausoleum des Augustus bestattet. Dreizehn Jahre später, 42 n. Chr., ließ ihr Enkel, der Kaiser Claudius (41–54 n. Chr.), Livia zur Göttin erklären, am 17. Januar, dem Hochzeitstag von Livia und Octavian.[100] Bei einer Beurteilung dieser Maßnahme des Claudius und der durch ihn veranlassten Aufstellung zahlreicher Livia-Porträts während seiner Regierungszeit ist zu berücksichtigen, dass der *princeps* damit seine Zugehörigkeit zur julisch-claudischen Familie und sich selbst als Enkel der *Diva Augusta* propagierte: Er stellte damit seinen göttlichen Ursprung dar. Aus Anlass der Konsekra-

---

Edition von ECK/CABALLOS/FERNANDEZ, Senatus consultum 1996; zur Diskussion um die Bedeutung des *SCPP* und zu Einzelaspekten vgl. ECK, Baetica 1993, POTTER, SC de Cn. Pisone 1998 und die Sondernummer des AJPh: DAMON/TAKÁCS, AJPh Special Issue 1999; geschlechtergeschichtliche Fragen zur Stellung der Kaisermutter und ihrem Einfluss werden in diesen Publikationen nicht speziell thematisiert.

97 *SCPP* 115–120.
98 Cassius Dio 56,46,1–3; Velleius Paterculus 2,75,3; vgl. dazu RITTER, Augusta 1972, 324 (mit Literatur- und Stellenhinweisen in den Anm. 65–69).
99 Tacitus *ann.* 5,1; Sueton *Cal.* 10.
100 Zur Datierung vgl. SUERBAUM, Geburtstage 1980, 346 mit dem Hinweis auf CIL VI 2032, sowie BARTMAN, Livia 1998, 23; Sueton *Claud.* 11,2 und Cassius Dio 60,5,2 verzeichnen die von Claudius angeordneten Ehrungen für seine Großmutter. Der Hochzeitstag als Tag der Divinisierung ist kein Zufall: Auch darin zeigt sich die wesentlich politische Bestimmung einer Heirat in den Kreisen der Senatsaristokratie und umso mehr in der *domus Augusta* – und genereller weisen solche Koinzidenzen darauf hin, dass eine Trennung zwischen privatem und öffentlichem Bereich in der römischen Kultur nicht – oder nicht in der gleichen Bedeutung wie in der bürgerlichen Gesellschaft seit dem 18. Jh. – existierte.

tion wurde der Livia ein Standbild auf dem Palatin errichtet; der Kult für die vergöttlichte Livia wurde den Priesterinnen der Vesta übertragen.[101]

Urteile über Livia: Die Bewertungen der Livia durch die antiken Autoren sind äußerst widersprüchlich. Ovid (43. v. Chr. – 17 n. Chr.) vergleicht ihre Schönheit mit jener der Liebesgöttin Venus und ihren Charakter mit dem Junos, der Gemahlin Juppiters (Ov. *Pont*. 3,1,114–118) – wobei zu berücksichtigen ist, dass er sich zum Zeitpunkt der Niederschrift dieser Zeilen um die Gunst des Kaiserhauses bemühen muss: Er schreibt an seine Frau aus dem Exil in Tomi und bittet sie, für ihn bei der Gattin des Augustus Fürbitte einzulegen.

Tacitus (ca. 55 – nach 118 n.Chr.) dagegen schreibt im Rückblick; er zeichnet vom Kaiserhaus ein kritisches Bild und von Livia ein sehr zwiespältiges. Er hält anerkennend fest, ihre »Sittenstrenge« im eigenen Hause habe an die »Lebensart der Frühzeit« erinnert, nennt sie aber zugleich *uxor facilis et cum artibus mariti, simulatione filii bene composita*, »eine Ehefrau, die sich unkompliziert mit den Machenschaften des Gatten und Hinterhältigkeiten des Sohnes zu arrangieren gewusst« habe (Tacitus *ann*. 5,1,3). Darüber hinaus berichtet er von »Gerüchten«, wonach Livia beim Tod möglicher Konkurrenten des Tiberius bei der Nachfolge des Augustus ihre Hand im Spiel gehabt habe.[102] Livias Aussehen erwähnt der Geschichtsschreiber nur im Zusammenhang mit der eiligen Verheiratung: *Caesar cupidine formae aufert marito* (»aus Lust auf ihre Schönheit entführte sie Caesar [Augustus] dem Gatten«, Tacitus *ann*. 5,1,1). Eine solche Bemerkung kann kaum als Aussage über die äußere Gestalt Livias verstanden werden, sie dient vielmehr der Kritik am ersten *princeps* – in der römischen Gesellschaft galt es als unmännlich, sich von den Reizen einer Frau verführen zu lassen.

Ein ähnliches Livia-Bild wie die *Annalen* des Tacitus zeichnet auch die *Römische Geschichte* des Cassius Dio, der rund ein Jahrhundert später schreibt.

Sueton (ca. 70–130 n. Chr.) stellt Augustus als zwiespältige Persönlichkeit dar und unterstellt Livia, die sexuellen Ausschweifungen ihres Mannes begünstigt zu haben (Sueton *Aug*. 71,2). Möglicherweise gehören auch diese Aussagen über ein skandalöses Liebesleben des ersten *princeps* in den Kontext politischer Propaganda, die noch auf Marcus Antonius, den Gegner im Kampf um das Erbe des Iulius Caesar, oder auf eine kritische senatorische Tradition zurückgehen könnten.

Im Gegensatz zu den erwähnten Autoren fehlt in der einzigen zeitgenössischen Quelle jegliche Polemik: Velleius Paterculus, der unter der Herrschaft des Tiberius schrieb, kommentierte den Tod der Livia mit den Worten, »den Kummer dieser Zeit erhöhte [scil. für Tiberius] der Verlust seiner Mutter« (*cuius temporis aegritudinem auxit amissa mater*), und er charakterisiert Livia als »herausragende Frau, in al-

---

101 Schon zu Lebzeiten wird Livia in Athen durch eine Assoziierung mit Hestia, dem griechischen Pendant zur römischen Vesta, geehrt; vgl. dazu BARTMAN, Livia 1998, 94; ROSE, Imperial Portraiture 1997, 175, Cat. 115; WINKES, Livia 1985, 60.
102 Vgl. etwa Tacitus *ann*. 1,3,3: *novercae Liviae dolus*, »stiefmütterliche List der Livia« wird als mögliche Ursache des Todes der Julia-Söhne Gaius und Lucius genannt; Tacitus unterstellt Livia und Tiberius, sie seien Auftraggeber des Mordes von Agrippa Postumus (Tacitus *ann*. 1,3,4; 1,6,2) und des Germanicus (Tacitus *ann*. 3,17,2) gewesen.

lem eher den Göttern als den Menschen ähnlich, deren Macht niemand zu spüren bekam, außer bei der Errettung aus einer Gefahr oder bei der Beförderung zu einem Ehrenamt«.[103]

Literarische Überlieferungen erfassen nicht die historische Person Livia, sondern präsentieren ein gattungsspezifisch und aufgrund der jeweiligen Schreibsituation geprägtes Bild der ersten Kaisergattin und Kaisermutter. Im Gegensatz zu den literarischen, mehrheitlich kritischen Quellen, stellt das steinerne Medium der dynastischen Porträts und Porträtgruppen einen Zusammenhang her zur spezifischen Verwendung der Figur der Livia in der – von Livia mitgetragenen – Familienpropaganda der *domus Augusta*.[104] Die Herrschaft des Augustus stellte den Versuch dar, die Dominanz einer Familie über die anderen aristokratischen Häuser auf Dauer durchzusetzen. Und diesem Zweck dient die öffentliche Darstellung der Familie des Augustus und seiner Nachfolger, des Herrschaftspaars und der Gattin des *princeps* als *mater familias* (»Familienmutter«). Auf diese Weise gelangten Statuen von Frauen des Kaiserhauses auf die Fora der Stadt Rom und der Provinzstädte des Reiches; sie füllten Tempelhallen, schmückten Theater und Basiliken.

All das bedeutete nicht, dass das von Augustus geschaffene politische System des Prinzipats eine formal abgesicherte Herrschaftsposition für die Frauen der *domus Augusta* bereitgestellt hätte.[105] Ihr eigentlicher Einfluss lag vielmehr auf dem Gebiet der sozialen Kommunikation: Aus Bemerkungen von Sueton (*Aug.* 84) und Cassius Dio (55,14–21) lässt sich schließen, dass Augustus mit Livia wie andere *principes* nach ihm mit ihrer Gattin oder Mutter auch über politische Fragen sprachen.[106] Darin manifestierte sich eine politische Bedeutung der Kaisergattinnen: In dem Maße, wie sich das Kaiserhaus als alleiniges Ressourcenzentrum etablierte, und der Zugang zum Kaiser immer mehr formalisiert wurde, bedeutete die Nähe zum Kaiser, wie sie etwa Livia als Kaisergattin und Kaisermutter besaß, auch Einfluss auf die Entscheidungen der Kaiser.[107] Ebenso wichtig und nach außen hin wohl noch bedeutsamer war aber ihre Aufgabe bei der Etablierung der *domus Augusta* als führendes Haus im kollektiven Bewusstsein.

Die folgenden Ausführungen konzentrieren sich auf dieses politisch bestimmte äußere Erscheinungsbild Livias, wie es vor allem in Bildwerken fassbar ist. Besprochen werden in erster Linie rundplastische Marmorwerke: Köpfe, Büsten, Statuen.

---

103 Velleius Paterculus 2,130,4: *eminentissima et per omnia deis quam hominibus similior femina, cuius potentiam nemo sensit nisi aut levatione periculi aut accessione dignitatis.*
104 Dazu allgemein ROSE, Imperial Portraiture 1997.
105 BARTMAN, Livia 1998, 108 f.; PERKOUNIG, Livia 1995, 129 f.; SPÄTH, Frauenmacht 1994, 184; WOOD, Imperial Women 1999, 81–83.
106 SPÄTH, Frauenmacht 1994, 199. Livias breiter Kommunikationsbereich zeigt sich m. E. besonders in ihrer Teilnahme an Gastmälern und Empfängen (Cassius Dio 57,12,2).
107 Zur *domus Augusta* als Ressourcenzentrum und zur entscheidenden politischen Bedeutung der Kaisernähe vgl. BARGHOP, Angst 1994, 65–79.

Die Inszenierung der Person: Ehrungen Livias

Einzelstatuen und Statuengruppen: Im Jahre 35 v. Chr. erhielten Livia und Octavia, die Schwester des Augustus, zugleich den Schutz der rechtlichen Unverletzlichkeit (*sacrosanctitas*) und eine Ehrenstatue,[108] deren Aussehen bis heute unbekannt blieb. Die Statuenweihung verschaffte Livia als Ehefrau des Triumvirn Octavian erstmals jene Präsenz in der Öffentlichkeit, die sie für das folgende halbe Jahrhundert behalten sollte.[109] Tatsächlich folgten dem ersten Ehrenbildnis zahlreiche weitere; auch wenn eine exakte Datierung schwierig ist,[110] können die Statuen sowohl der Lebenszeit Livias zugeordnet werden als auch den Regierungszeiten von Caligula und Claudius.

Die Statuen der Livia wurden oft im Theater aufgestellt. Die Nischen der *scaena frons*, des Bühnenhauses, waren mit Porträts und Statuen versehen; im Theater von Leptis Magna etwa fand man eine ca. drei Meter hohe, posthum errichtete Ehrenstatue, die Livia mit der Mauerkrone der Tyche zeigt (**Q 93**).[111] Außerhalb der Theaterbereiche standen Livia-Statuen überwiegend in der Nähe des Forums sowie in Basiliken, Odeien und Thermenanlagen.[112] In der Provinzstadt Pompeji ließ eine reiche Pompejanerin namens Eumachia – Witwe eines Tuchhändlers und Priesterin der Venus[113] – in einem repräsentativen Gebäude am Forum eine Statue der *Concordia Augusta* aufrichten, die sehr wahrscheinlich Livias Züge trug; die Assoziation der Livia mit weiblichen Gottheiten, die allegorisch bestimmte Werte

---

108 Cassius Dio 49.38.1; vgl. oben Anm. 89. Allgemein zu den Ehrenbildnissen der Livia vgl. WINKES, Livia 1985, 55 ff. und WINKES, Porträts 1995, pss.
109 Vgl. BARTMAN, Livia 1998, 67, zur Bedeutung dieses halben Jahrhunderts von Livia-Bildnissen; im gleichen Werk geht die Autorin S. 219 f. (Appendix B) auf die Hypothesen ein über das Aussehen der Liviastatue des Jahres 35 v. Chr., die unter Verwendung eines Kopftypus »Albani/Bonn« eine *nodus*-Frisur postuliert; vgl. auch S. 62 zum politischen Kontext dieser ersten Statuenerrichtung zugleich für Gattin und Schwester des Kaisers.
110 Zur Datierung vgl. ROSE, Imperial Portraiture 1997, pss. und Konkordanz 191–197 (sein Katalog verzeichnet aus der Zeit des Augustus 24 dynastische Gruppen mit Livia, aus jener des Tiberius 25, des Caligula 4 und des Claudius 6) sowie BARTMAN, Livia 1998, pss.
111 Der ursprüngliche Aufstellungsort der Statue war die *cella* des Ceres-Tempels. Vgl. FILGES, Standbilder 1997, 271, Kat. Nr. 10 mit der gleichen Höhenangabe zur Statue (298 cm ohne Plinthe) wie BARTMAN, Livia 1998, 179; WINKES, Porträts 1995, 184 und WOOD, Imperial Women 1999 nennen 310 cm.
112 Literarisch bezeugt ist etwa eine Statue aus Anlass des Todes des Drusus, des jüngeren Sohnes der Livia, im Jahre 9 v. Chr. (vgl. BARTMAN, Livia 1998, 81 f.; aus der Zeit des Tiberius stammen die meisten der erhaltenen Statuenbasen, deren Inschriften auf Livia hinweisen; erhalten sind beispielsweise ein überlebensgroßes Marmorbild aus Ephesos (Selçuk, Archäologisches Museum 1.10.75; dazu BARTMAN, Livia 1998, 102, 108), ein überlebensgroßer Einsatzkopf (ein Kopf mit einem kurzen Schulterstück, der in eine Statue eingesetzt werden kann) der Livia aus einer dynastischen Gruppe aus Leptis Magna (Tripolis, Archäologisches Museum), ein Bildnis Livias, das unter dem Namen »Ceres Borghese« bekannt ist (Paris, Musée du Louvre Ma. 1242).
113 COARELLI, Pompeji 1979, 113–118; WOHLMAYR, Idealplastik 1989, 59 f.

wie *Fortuna* (Schicksal, Glück; **Q 92**)[114], *Pietas* (Ehrfurcht, Tugend, Pflichterfüllung) oder *Pax* (Frieden)[115] zum Ausdruck bringen, scheint verbreitet gewesen zu sein.[116]

Sehr oft gehörten Livia-Bildnisse zu Porträtgruppen.[117] Sie waren Teil dynastischer Gruppen in Italien (etwa in Russellae, Caere, Lucus Feroniae, Paestum, **Q 94**, Volterra[118], Velleia, **Q 95**), in Frankreich (Glanum), in Spanien (Asido), in Griechenland (Gortyn[119]). Interessant ist dabei die Größenhierarchie der einzelnen Figuren: Allgemein lässt sich eine im Vergleich zum zugeordneten Kaiserporträt geringere Größe der Livia-Bildnisse feststellen;[120] in der Statue aus Velleia (**Q 95**) etwa ist Livias Porträt kleiner als das der erwachsenen männlichen Mitglieder des Kaiserhauses und größer als das der anderen weiblichen Verwandten und Kinder. Darüber hinaus fällt die gegenseitige Zuordnung der Figuren der Statuengruppen auf: Livias Bildnis (und für spätere Darstellungen von Kaisergattinnen trifft das ebenso zu) ist offenbar schon so vom Bildhauer gearbeitet und wird bei der Aufstellung derart plaziert, dass sich die Kopfwendung und damit die Richtung des Blicks auf das unmittelbar benachbarte Kaiserbild ausrichtet. Eine spezielle Bedeutung erhält die Darstellung Livias auf der *Ara Pacis*, dem Monument, das der Senat zu Ehren des aus Gallien und Spanien wohlbehalten zurückgekehrten Augustus errichten ließ und das am 30. Januar des Jahres 9 v. Chr., dem Geburtstag Livias, geweiht wurde. Dieses Weihedatum weist auf eine besondere Ehrung der Kaisergattin hin;[121] zudem erscheint sie in der Darstellung auf dem Relief, zusammen mit Angehörigen aus zwei folgenden Generationen, als »Stammmutter« der julisch-claudischen Familie.[122]

Livia als Namensgeberin: Genauso wie Augustus selbst als Bauherr monumentaler Architektur in Rom auftrat, wurden auch Bauten im Namen der Livia errichtet. Das *Macellum Liviae*, ein großer Markt auf dem Esquilin, trug wie die *Porticus Liviae*

---

114 Vgl. die Statue der Livia mit dem Füllhorn, in einer griechischen Gewandung, die Formen des späten 5. vorchristlichen Jahrhunderts aufnimmt; dazu WREDE, Consecratio 1981, 111.
115 BARTMAN, Livia 1998, 90 mit Anm. 123 zur Rezeption Livias als *Pax*; WOOD, Imperial Women 1999, 101 zur Parallele von *Demeter/Ceres* als *Pax*. Zur Assoziation der Livia mit Juno, Vesta, Cybele, Ceres und Venus vgl. BARTMAN, Livia 1998, 94f., WOOD, Imperial Women 1999, 105 und SPAETH, Ceres 1996.
116 Vgl. das um 40 n. Chr. zu datierende überlebensgroße Standbild einer »augusteischen Göttin« aus Puteoli (**Q 92**, Ny Carlsberg Gyptothek Inv. 1643) mit sehr jugendlichen Porträtzügen und der Frisur Livias im »Ceres-Typus«, mit Haarschmuck und über den Kopf genommenen Mantel, vgl. dazu unten, S. 252).
117 Beispiele bei ROSE, Imperial Portraiture 1997, vgl. oben, Anm. 110.
118 Vgl. ROSE, Imperial Portraiture 1997, 126, Cat. 51.
119 Iraklion, Archäologisches Museum 67.
120 WINKES, Porträts 1995, 62; ROSE, Imperial Portraiture 1997, 120 Cat. 49.
121 Zu diesem Aspekt BARTMAN, Livia 1998, 112 und Anm. 89.
122 Literatur über die *Ara Pacis* ist zitiert bei BARTMAN, Livia 1998, 86–92 und 99, Anm. 99; ROSE, Imperial Portraiture 1997, 103f.; WOOD, Imperial Women 1999, 99–104; vgl. ferner CONLIN, Ara Pacis 1997.

in der Subura[123] dazu bei, dass Livias Name im römischen Alltag präsent war. Gerade ein Gebäude wie die *Porticus*, eine mit Skulpturen geschmückte und mit Gartenanlagen und Wasserspielen ausgestattete monumentale Säulenhalle, diente der Selbstdarstellung des Kaiserhauses und verankerte, durch die Bennennung mit dem Namen der Kaisergattin, die hervorragende Bedeutung der *domus Augusta* im kollektiven Bewusstsein der stadtrömischen Bevölkerung. Doch auch die Provinzbevölkerung wurde mit dem Namen Livias vertraut gemacht: eine *Liviopolis* genannte Stadt befand sich am südlichen Ufer des Schwarzen Meeres, und die Stadt Bethramphtha im östlichen Jordantal wurde von Herodes Antipas noch zu Livias Lebzeiten in *Livias* umbenannt.

Livia selbst trat auch als Stifterin von geweihten Stätten auf; sie errichtete einen Altar für *Concordia* im Jahre 7 v. Chr. möglicherweise in oder nahe der *Porticus Liviae*; mit Tiberius zusammen weihte sie den von ihm wiedererrichteten Tempel der *Concordia* an der Nordwestseite des *Forum Romanum*.[124] In der Kaiserzeit beteten junge Paare zu jener *Concordia*, der personifizierten Eintracht, die der Herrscherfamilie und dem Volk als Garantin für familiäres Wohlergehen und harmonisches Eheleben galt; sie brachten Opfer vor den mit der Liebesgöttin Venus und dem Kriegsgott Mars assoziierten Statuen des *princeps* und seiner Gattin dar.[125]

Livia als Priesterin des Augustus-Kultes: Unter den erhaltenen Statuen konnte die Forschung keinen speziellen Typus ausmachen, der Livia als Priesterin des vergöttlichten Augustus gekennzeichnet hätte. Aber ein anderes Medium der bildenden Kunst, die Glyptik, zeigt Livia eindeutig als Augustus-Priesterin. Auf einem erhaben geschnittenen Sardonyx-Stein (**Q 96**) ist der Oberkörper der thronenden Livia mit Knopfärmeltunika, *stola* und über den Kopf gezogener *palla* (das große, rechteckige Tuch, das als Mantel um den Körper geschlagen wurde) zu erkennen. Sie hält die Büste des *Divus Augustus* in ihrer rechten Hand und betrachtet sie.[126] Eine ähnliche Darstellung als Priesterin des vergöttlichten Augustus fand Livia auch auf Münzen: Es ist zu vermuten, dass manche der Münzbilder, die eine Frau auf einem Thron wiedergeben, auf Livia in dieser Funktion Bezug nehmen, etwa ein Dupondius aus der Zeit des Claudius, worauf die sitzende weibliche Gestalt den Mantel über den Kopf genommen hat, ein Szepter

---

123 Von der *Porticus Liviae* (erwähnt bei Ovid *fast.* 6,637f.; Sueton *Aug.* 29,6; Cassius Dio 54,23,6), die im Gebiet zwischen den heutigen Straßen Via in Selci und Via delle Sette Sale, in der Nähe von San Pietro in Vincoli situiert wird, ist heute nichts mehr erhalten.
124 NASH, Dictionary 1968, 292–294; PERKOUNIG, Livia 1995, 64 diskutiert den Standort des Altars und verweist auf die bei Ovid *fast.* 6,637f. vermerkte Weiheformel: »Auch dich hat Livia mit einem prächtigen Heiligtum geehrt, *Concordia* [Eintracht], in der sie selbst mit ihrem geliebten Gatten gelebt hat.«
125 ZANKER, Macht der Bilder 1987, 144.
126 BARTMAN, Livia 1998, 104, führt weitere mit Livia zu verbindende Beispiele der Gemmenkunst an. Allerdings sind viele in der Forschungsgeschichte zu Livia-Bildnissen erklärte heute in ihrer Identifizierung mit der ersten Kaisergattin in Frage zu stellen (WINKES, Porträts 1995, 59).

in der linken, eine *patera* (Spendenschale[127]) in der rechten Hand hält, und deren Füße auf einem Schemel ruhen.[128]

Livias Erscheinungsbild zwischen republikanischer Tradition und den Neuerungen des Prinzipats

Nicht nur die reine Existenz von Bildnissen in verschieden Formen ist von Wichtigkeit zur Beantwortung der Frage nach der gesellschaftlich-politischen Bedeutung von Livias Inszenierung in Platzanlagen, Theatern und Heiligtümern Roms, ferner in Städten der Provinzen; relevant ist auch die Darstellungsweise.[129] Für Livia lassen sich zwei Darstellungstypen sondern, die zum einen der republikanischen Tradition, zum anderen der augusteischen Erneuerung zugeordnet werden können. Die Unterschiede der zwei Bildnisformen zeigen sich einerseits in der Haartracht, zum andern in der Kleidung; beide Darstellungsformen sind höchst aussagekräftig und stehen in Zusammenhang mit der jeweiligen politischen Situation und Stellung der Livia.

Zur Lebenszeit des Octavian/Augustus wurde Livia am häufigsten mit dem *nodus* (Knoten, Haarwulst, Bausch) abgebildet, einer in spätrepublikanischer Tradition stehenden Frisur:[130] Zu den frühesten Belegen gehört ein Grabrelief von der *via Statilia* aus der ersten Hälfte des 1. vorchristlichen Jh.;[131] der *nodus* kommt wenigstens bei der Hälfte aller erhaltenen weiblichen Porträts der republikanischen und augusteischen Periode vor.[132] Das Haar ist dabei oben auf der Kalotte (Schädeldach) in einer breiten, flachen Bahn nach vorn genommen, über der Stirn zum *nodus* umgeschlagen und als Zopf über Ober- und Hinterkopf in den Nacken geführt, wo es in einem festen Knoten endet, der sich leicht abwärts neigt (**Q 87, Q 88**). Über den Schläfen ist das Haar voluminös einheitlich oder in zwei unter-

---

127 Der undatierte, wahrscheinlich 41/42 n. Chr. geprägte Dupondius befindet sich in London, British Museum (BMCRomEmp Claudius Nr. 224, Taf. 37.7). Zur *patera* vgl. SIEBERT, Instrumenta Sacra 1999, 40–44, 166f.
128 Mit Sicherheit Livia zuzuordnen ist diese Münze allerdings nicht, vgl. BARTMAN, Livia 1998, 131 mit Anm. 71; zu weiteren Münzen mit Abbildungen der Livia vgl. ALFÖLDI, Bildersprache 1999, 50f.; PERKOUNIG, Livia 1995, 55, 162; WINKES, Porträts 1995, 19–24; WOOD, Imperial Women 1999, 88ff.
129 Die Behauptung, dass ikonographische Untersuchungen »für eine politische Biographie keine Relevanz« hätten (PERKOUNIG, Livia 1995, 12), muss relativiert werden.
130 BARTMAN, Livia 1998, 37 charakterisiert den *nodus* als römische Erfindung, weil weder aus Ägypten noch aus Ostgriechenland Frauenbilder mit entsprechendem Frisurenbestandteil existieren. Vgl. auch KLEINER/MATHESON, I Claudia 1996, 53, die in der *nodus*-Frisur einen »elegant but simple hairstyle« sieht, der nicht nur Symbol römisch-republikanischer Tradition war, sondern auch »a repudiation of the oriental excess of Cleopatra who wore her hair in an intricate sectioned coiffure«.
131 Rom, Palazzo dei Conservatori 2142; vgl. BARTMAN, Livia 1998, 50; gute Abbildungen in KOCKEL, Porträtreliefs 1993, 94f. B. 1, Taf. 10a, 14a-b.
132 BARTMAN, Livia 1998, 38; KÜNZL, Antonia Minor 1997, Taf. 47–62.

schiedlichen Partien frisiert; die Ohren sind mehr oder minder verdeckt. Kleine Locken in sehr flachem Relief können Stirn, Wangen und Halskompartimente in Ohrnähe dekorieren. Der *nodus* selbst kennt unterschiedliche Strukturen; bei Liviaporträts ist eine Entwicklung von einem kleinen, festen und kompakten Stirnbausch zu einem größeren, breiteren, lockeren zu beobachten.[133]

In einer anderen Haaranordnung wird Livia überwiegend nach dem Tod des Augustus wiedergegeben: Das Oberkopfhaar ist durch einen Mittelscheitel gegliedert, von dem einzelne Strähnen in dekorativen Wellen zur Seite und nach hinten geführt werden (**Q 89, Q 91**). Bei der Mittelscheitelfrisur sind die Haare am unteren Hinterkopf zu einem lockeren Knoten zusammengefasst. Die Ohren bleiben unterschiedlich weit unter den seitlichen Haarpartien versteckt. Diese Haartracht – bei der nebst Mittelscheitel und Wellen zusätzlich kleine Locken Stirn und Schläfen umspielen können – ist den Frauenköpfen der griechischen Idealplastik des 5. Jh. v. Chr. entliehen.[134] Die so gestalteten Livia-Porträts und Bildnisstatuen sind häufig mit Göttinnenattributen wie Füllhorn, Kranz mit Ähren und Mohnkapseln, Mauerkrone oder Diadem versehen (**Q 90, Q 92, Q 93, Q 96**); da Ähren und Mohn Erkennungszeichen der griechischen Getreidegöttin Demeter und ihrer römischen Entsprechung Ceres sind, wird Livias Darstellung mit der Mittelscheitelfrisur als »Ceres-Typus« bezeichnet (**Q 90**). Weitere ergänzende Attribute der Bildnisse dieses Typus können der über den Kopf genommenen Mantel und Wollbänder als Haarschmuck sein, die auf eine Priesterinnenfunktion verweisen (**Q 96, Q 90**).[135]

Weniger klar erkennbar als die differenzierenden Kopfdetails aber gleichwohl bedeutend ist die Bekleidung: Livia wird zu Lebzeiten sowohl in griechischem als auch römischem Habit abgebildet, während ihre posthumen Statuen vorwiegend mit griechischer Kleidung ausgestattet sind.[136] Römische Kleidung besteht aus ei-

---

133 In dieser Beschreibung sind zwei Typen zusammengefasst, die in der archäologischen Literatur als »Marbury Hall«- (oder jetzt »Liverpool«-, **Q 88**) und als »Faiyum«-Typus (**Q 87**) unterschieden werden; die Bezeichnungen beziehen sich auf das Livia-Bildnis, das früher in »Marbury Hall« aufgestellt war und sich heute in Liverpool (Merseyside County Museum 1988.116) befindet, sowie auf das vermutlich in Faiyum gefundene Portät, das zu einer Statuengruppe mit Augustus und Tiberius gehörte (Kopenhagen, Ny Carlsberg Glyptothek 1444).
134 Vgl. etwa griechische Frauenköpfe in römischen Kopien bei BOARDMAN, Klassische Zeit 1987, Abb. 75, 183, 211, 216.
135 Die Wollbinden am Oberkopf (*infulae*) interpretiert WOOD, Imperial Women 1999, 98 und 116 als Zeichen von Priesterschaft und Konsekration von Frauen des Kaiserhauses, die Wollschnüre (*vittae*) am Hals als Symbol der verheirateten Frau; vgl. SIEBERT, Instrumenta Sacra 1999, 129, 137–139, 144, 171, 271 zu den *infulae*, 139, 171, 271 zu den *vittae*; allgemeiner zum Kopfschmuck SIEBERT, Kopfschmuck 1995. Die Forschung differenziert den »Ceres-Typus« in einen »Typus Kiel« (Mittelscheitelfrisur mit vollen Wellen über Stirn und Schläfen, ohne Haarschmuck, vgl. FREYER-SCHAUENBURG, Livia 1982) und einen »Diva Augusta-Typus« (Mittelscheitelfrisur mit Diadem, vgl. BARTMAN, Livia 1998, 145), die hier nicht weiter diskutiert werden sollen. Zu den Frisuren römischer Kaiserinnen: MANNSPERGER, Frisurenkunst 1998.
136 BARTMAN, Livia 1998, 40–42; WINKES, Porträts 1995, 56 und Anm. 18–21.

ner knöchellangen *tunica*, einem an den Seiten geschlossenen ärmellosen hemdartigen Gewand, über dem die *palla*, ein großes, rechteckiges Tuch liegt, das als Mantel um den Körper geschlagen wird. Zwischen beiden kann noch die *stola* getragen werden, ein langes, figurverhüllendes Kleidungsstück, das von den Schultern herabhängt und dessen erhebliche Weite mittels eines Band-Ösensystems (*instita*) zusammengezogen wird (**Q 93, Q 94**). Traditionell griechische Kleidung dagegen setzt sich zusammen aus dem *chiton*, dem (wie die *tunica*) an beiden Seiten geschlossenen Untergewand, und dem *himation*, das als Manteltuch, ähnlich der römischen *palla*, den Körper umfängt (**Q 92, Q 95**).

Die *tunica* kommt stets gegürtet vor, die *stola* und der *chiton* sind lose hängend oder gegürtet wiedergegeben. Sowohl *tunica* als auch *chiton* können ärmellos oder mit Ärmeln ausgestattet sein.[137] Im konkreten Fall bleibt aber zuweilen unklar, ob man hinter einem mehr oder minder üppig drapierten Mantel nun eine *tunica* oder einen *chiton* zu vermuten hat, zumal die armverhüllende *tunica* mit der Knopfreihe identisch ist mit dem Ärmel-*chiton* griechischer Spielart. Die *stola* exakt zu bestimmen, bereitet zuweilen ebenfalls Probleme. Sicherstes Indiz, sie zu identifizieren, sind die Aufhängevorrichtung (*instita*) und der V-Ausschnitt, unter dem ein Stück der *tunica* sichtbar wird.

Das römische Gewand mit der *stola* weist auf die verheiratete Frau und Bürgerin hin, Inbegriff der traditionellen matronalen Werte: Nur die *matrona*, die verheiratete Römerin, durfte die *stola* tragen. Die Kleidung in römischer Tradition besitzt damit eine Aussage, die in die gleiche Richtung weist wie die *nodus*-Frisur, mit der die meisten Liviaporträts der augusteischen Jahre versehen sind. Die entsprechenden Gesichtszüge zeichnen sich aus durch große Augen,[138] glatte Gesichtskompartimente (Stirn, Wange, Schläfen), kaum hervortretende Backenknochen, deutlich hervorspringende Nase, geschwungene Lippen ohne besondere Fülle und ein zierlich gebildetes Kinn. Insgesamt wird damit ein alterloses, ruhiges und würdiges Gesicht porträtiert, ein Idealbild der Livia als Gattin des Augustus.[139] Von ihrem eigentlichen Aussehen – darin ist sich die heutige Forschung weitgehend einig – verrät es überhaupt nichts. Derartige Liviaporträts sind als Elemente kaiserlicher Propaganda zwischen 38 v. Chr. und 14. n. Chr. entstanden, parallel zu Porträts des Kaisers; die Livia-Bildnisse mit dem *nodus* (und mit öfter als römisch zu erkennender Kleidung) sind das Pendant der Kaiserstatuen, die eine ebensolche ideale

---

137 Zu Kleidung in Kreta, Phönizien, Griechenland und Rom vgl. jetzt Rolf HURSCHMANN s.v. »Kleidung« in: DNP 6, 1999, 505–513. Basisinformationen (bis zur Nähanleitung!) in Petra MAYER-REPPERT, Modereise in die antike Welt. Karlsruhe (Schriftenreihe des Badischen Landesmuseums) o.J. Zur Stola der späten Republik und der iulisch-claudischen Zeit: SCHOLZ, Tracht 1994, 75–79.
138 Vgl. dazu BARTMAN, Livia 1998, 119 mit Anm. 47, zu den großen Augen des Tiberius und zur allgemeinen Bedeutung auffälliger Augengröße.
139 WOOD, Imperial Women 1999, 97: »This is a style that suggests control of nature and emotion while still representing its subject as an attractive and eternally youthful woman: the embodiment of the good wife, who is desirable but chaste.«

Ausstrahlung besaßen und Augustus als Garant für Wohlergehen rezipieren ließen.[140]

Auch bei Porträts mit der Mittelscheitelfrisur, die sich in der statuarischen Darstellung oft mit griechischer Kleidung kombiniert, lässt sich eine ›griechisch geprägte‹ Gesichtsform beobachten. Chronologisch sind diese Bildnisse später anzusetzen, nach dem Tod des Augustus;[141] die Porträtforschung hat unterschiedliche Gesichtsproportionen Livias festgestellt, welche die schon in Haartracht und Kleidung beobachtbare Tendenz einer Anpassung des offiziellen Porträts an das Bild weiblicher Gottheiten verstärken. Dies wird anschaulich im Vergleich der zu Lebzeiten Livias entstandenen Skulptur, die sich heute in Kopenhagen (Ny Carlsberg Glyptothek 1444, **Q 87**) befindet, mit jener in Bochum aus claudischer Zeit (Ruhruniversität Kunstsammlungen S 1081, **Q 91**). Zwischen Priesterinnen-Funktion und Göttinnen-Assoziation muss allerdings unterschieden werden: Zeigen die Livia-Bildnisse zusätzlich zur Mittelscheitelfrisur den erwähntem Haarschmuck aus Wollfäden oder den über den Kopf genommenen Mantel, ist Livias Stellung als Priesterin des *Divus Augustus* nach 14. n. Chr. angedeutet; werden sie mit einem Diadem versehen, so gleichen sie dem Erscheinungsbild einer griechischen Göttin und weisen auf eine Entstehungszeit nach 42 n. Chr., d.h. nach der Konsekration Livias, hin (vgl. den Statuenkopf **Q 90**, die Sitzstatue **Q 94**, die überlebensgroße Statue **Q 95** und den Sardonyx-Cameo **Q 96**).[142]

Heute sind noch annähernd hundert statuarische Fassungen von Livias Porträt in Marmor mehr oder minder gut erhalten.[143] Es handelt sich um offizielle Porträttypen, deren »Prototyp« in Rom geschaffen wurde, dessen Kopien man anschließend in die Provinzen versandte, wo sie als Modell weiterer Kopien dienten – so fanden diese Porträts Verbreitung im ganze Reich.[144] Die Bestimmung der ursprünglichen Standorte ist für die meisten Bildnisse nicht mehr möglich; ebenso schwierig ist auch, sich eine Vorstellung über die ursprüngliche Farbigkeit der Marmorporträts zu verschaffen. Der heutige Betrachter hat sich so sehr an das übliche Weiß, Zartgelb oder Hellgrau der römischen Marmorbildnisse gewöhnt, dass die eindringliche Wirkung der gemalten Details – etwa der vergoldeten Haare einer Liviastatue[145] – kaum mehr nachvollziehbar ist.

---

140 BARTMAN, Livia 1998, 24 präzisiert diesen Gedanken, indem sie den Faiyum-Typus der Livia mit dem Primaporta-Typus des Augustus (dazu BOSCHUNG, Augustus 1993, 139–194) parallelisiert, weil beide Typen die gesamte spätere Livia- bzw. Augustus-Ikonographie kennzeichnen. WINKES, Porträts 1995, 62 vermutet aufgrund des Erhaltenen, dass in allen Fällen, in denen eine statuarische Fassung des Augustus einem Livia-Bildnis gegenübersteht, der Kaiser im Primaporta-Typus dargestellt ist.
141 Eine Ausnahme ist Livias Darstellung auf der *Ara Pacis*, vgl. oben Anm. 122.
142 BARTMAN, Livia 1998, 133.
143 WINKES, Porträts 1995 79 ff.: Porträts Kat. 1–124; ROSE, Imperial Portraiture 1997, passim; BARTMAN, Livia 1998, 143 ff.: rundplastische Porträts Cat. 1–91.
144 ROSE, Imperial Portraiture 1997; BARTMAN, Livia 1998, 18 und Anm. 5.
145 KREIKENBOM, Kolossalporträts 1992, 180 weist auf die Vergoldung eines Liviastandbildes hin.

Livia-Bildnisse: Politische Porträts

Aus der Untersuchung der verschiedenen Formen der Livia-Bildnisse geht hervor, dass augusteische Propaganda und augusteisches Bildprogramm Livia als Persönlichkeit inszenierten, um die hervorragende Stellung des julisch-claudischen Herrscherhauses darzustellen und zu festigen. Es steht außer Zweifel, dass Livias Porträt in seiner Alterslosigkeit ein Idealbild war für die kaiserliche Gemahlin schlechthin, die *matrona* an der Seite des *princeps*, des *pater familias* der *domus Augusta*. Erst die Darstellungen der Livia als Augustuspriesterin und *Diva Augusta* zeigen manche Züge eines älteren Gesichts.[146]

Kein Liviaporträt kann losgelöst verstanden werden von der Stellung, die Livia als Gattin, Mutter, Großmutter und Urgroßmutter eines Kaisers innehatte. Selbst wenn Livias Position und die ihr erbrachten Ehrungen ein Novum sind, so hält sich ihr Handeln dennoch an den Rahmen jener Betätigungen, die traditionell den Erwartungen an römische Matronen entsprachen. Allerdings ist die Masse der – zufällig – erhaltenen beschrifteten Statuenbasen und Denkmäler der bildenden Kunst so umfangreich, dass sie zwingend auf eine außergewöhnliche Bedeutung Livias weist. Livia, die ideale Repräsentatin der *domus Augusta*, war in ihren Porträts zu Lebzeiten allgegenwärtig. Diese Präsenz in Bildwerken setzte sich Jahrzehnte über ihren Tod hinaus fort. Die Darstellungen der ersten Kaisergattin prägten die gesamte weibliche Porträtkunst des julisch-claudischen Kaiserhauses.

---

146 Zuweilen sind Alterszüge Livias angedeutet – etwa das leichte Doppelkinn, das sich auf einigen der bei BARTMAN, Livia 1998 und WINKES, Porträts 1995 vorgelegten Abbildungen erkennen lässt, deutlich bei der Liviastatue in Madrid Q 94; solche »unschmeichelhaften« Details wurden bisher, im Gegensatz zum alterslosen, für die augusteische Propaganda so geeigneten Idealgesicht Livias, nicht sehr häufig von der Forschung thematisiert. Vgl. aber BARTMAN, Livia 1998, 117, die aus drei Darstellungen Livias auf Gemmen überzeugende Hinweise auf Livias Alter abliest und vermutet, die betreffenden Stücke seien nicht, wie die Marmorporträts, für die politische öffentliche Repräsentanz verbreitet worden, sondern hätten vornehmlich in der kaiserlichen Familie kursiert.

Quellen

Im vorangehenden Text konnte ansatzweise dargelegt werden, daß der archäologische Denkmälerbestand insgesamt und die Marmorporträts insbesondere Livias außerordentliche Bedeutung für die augusteische Politik und die iulisch-claudische Dynastie bezeugen. Die folgende Zusammenfassung möchte die als Quellen eingebrachten Abbildungen zusätzlich kommentieren.

Sowohl zu Lebzeiten des Oktavian/Augustus als auch nach seinem Tod wird Livia sehr häufig mit einer Frisur wiedergegeben, die durch den Nodus, einen Bausch über der Stirn, auffällt. Das Haar ist auf der Kalotte, dem Schädeldach, in einer breiten Bahn nach vorn genommen, über der Stirn zum Nodus umgeschlagen und als Zopf über Ober- und Hinterkopf in den Nacken geführt, wo es sich einem festen Knoten einfügt.

Nach dem Tod des Augustus – als Livia das Priesteramt im Kult des *Divus Augustus* innehat – zeigen ihre Porträts sehr häufig eine Frisur mit dem Mittelscheitel, von dem einzelne Strähnen in weich fließenden Wellen zur Seite und nach hinten gleiten und sich einem lockeren Knoten einbinden. Diese Haartracht kennzeichnet sie auch durchgängig in jenen Bildwerken, die über ihren Tod hinaus oder nach ihrer Vergöttlichung (*Diva Augusta*) entstanden.

Außer gewissen Veränderungen in der Darstellung von Livias Gesicht, die jedoch sehr schwer für alle Porträts in einem überzeugenden Schema festzulegen sind, machen Nodus und Mittelscheitel die Hauptmerkmale aus, durch die sich die Porträttypen Livias unterscheiden. Deshalb darf man meines Erachtens bei den diversen, archäologisch-kunsthistorisch ermittelten Porträttypen grundsätzlich von »Nodusfrisur« und »Mittelscheitelfrisur« Livias sprechen. Diese Vereinfachung ist im Rahmen einer einführenden Behandlung legitim.

Grundsätzlich sei darauf hingewiesen, dass sich die gesamte römische Porträtforschung auf bereits erarbeitete Typen stützt oder neue Typen bestimmt. Sprechen Porträtforscher von Kopftypus, Bildnistypus, Porträttypus, Bildnisfassung, Porträtfassung, dann meinen sie mit den verschiedenen Benennungen letztlich das Gleiche, nämlich ein Vorbild = Urbild, nach dem zahlreiche Porträts gearbeitet wurden. Porträtproduktion und Porträtverbreitung liefen so ab: Ein autorisiertes Urbild = Vorbild entstand. Von diesem fertigte man Kopien, die in alle Gebiete des Reiches gelangten. Insgesamt gebietet die Porträtforschung über eine schwierig zu durchdringende Typenvielfalt. Leider ist bis jetzt kein einziges Vorbild = Urbild gefunden. Das bedeutet, jeder Porträttypus, der festgeschrieben wird, ermöglicht lediglich, eine mehr oder minder verläßliche Vorstellung vom Vorbild = Urbild zu gewinnen. Als Lehrmeinung gilt: Vorbilder = Urbilder bestanden aus Gips und gaben nur den Porträtkopf wieder. Mit welcher Büste, Statue, Attributzugabe sie verbunden wurden, entschied der Auftraggeber. Bei einem Gemisch von Motiven aus unterschiedlichen Vorbildern = Urbildern, spricht man von Bildniskletterungen.

Die Bildlegenden zu den folgenden Abbildungen gehen auf unterschiedliche Ausprägungen der »Nodusfrisur« und »Mittelscheitelfrisur« in Kombination mit bestimmtem Kopfschmuck ein, lassen jedoch besonders kleinteilige Details der Frisur (z. B. gravierte Strähnchen, flach reliefierte Locken) unerwähnt. Gewänder werden – ohne Berücksichtigung fachspezifischer kontroverser Sehweisen – allgemeinverständlich beschrieben.

Aufgrund der unzureichend bestimmbaren Fundumstände von Köpfen, Büsten und Statuen, die an Livia erinnern, lässt sich nicht durchgängig feststellen, ob sie einzeln oder in dynastischen Gruppen zu Schau gestellt waren. Die Entstehungszeit dieser Bildwerke (Regierungsjahre des Augustus, Tiberius, Caligula, Claudius) wird in der Forschung zuweilen uneinheitlich beurteilt. Von der Autorin angegebene Datierungen folgen vorwiegend Winkes, Porträts 1995, Rose, Imperial Portraiture 1997 und Bartman, Livia 1998.

Das Idealbild der römischen Kaiserin: Livia Augusta

Q 87 (links) Büste mit *nodus*-Frisur (»Faiyum-Typus«). Die Marmorbüste gehörte zu einer statuarischen Gruppe (Augustus, Tiberius), deren wahrscheinliches Auffindungsgebiet (Faiyum/Ägypten) diesem Typus Livias mit der Nodusfrisur seinen Namen gab. Der Nodus ist ausladend breit gestaltet. Mit Sicherheit ist der Originaltypus bislang keinem bestimmten historischen Ereignis zu verknüpfen. Er dürfte entstanden sein, als Livia bereits zwischen 30 und 40 Jahre alt war.

Q 88 (rechts) Büste mit *nodus*-Frisur (»Marbury Hall-Typus«). Die im 18. Jh. in Rom erworbene Marmorbüste zeigt Livias Frisur mit einer festen, laschenartigen *nodus*-Form und einer sehr deutlichen Zopfstruktur. Dieses Porträt gehört in die Gruppe des »Marbury Hall-Typus« (die Bezeichnung stammt vom ursprünglichen Aufstellungsort Marbury Hall). Das Original dieses Typus könnte um 20 bis 10 v. Chr. entstanden sein.

Q 89 Siehe S. 262 oben.

Q 90 (links) Statuenkopf mit Mittelscheitelfrisur und Kranz (»Ceres-Typus«). Der Marmorkopf, angeblich auf dem Palatin in Rom gefunden, stammt von einer Statue, die wahrscheinlich zusammen mit einer Augustus-Statue aufgestellt war. Livia erscheint mit der Mittelscheitelfrisur. Diese ist teilweise durch den über den Kopf gezogenen Mantel verdeckt, über dem ein Kranz aus Mohn, Weizen und Lorbeer liegt. Die unter Livias Kopfverhüllung hervortretenden Wollbinden sind priesterliche Trachtbestandteile und könnten auf Livia in ihrer Funktion als Priesterin des *Divus Augustus* hinweisen. Die Bezeichnung »Ceres-Typus« für Livias Mittelscheitelfrisur ist aufgrund des Kranzes ikonographisch besonders sinnfällig: Getreide und Mohn bilden die üblichen Attribute der Göttin Ceres.

Q 91 (rechts) Einsatzkopf mit Mittelscheitelfrisur und Diadem (»Diva Augusta-Typus«). Das als Einsatzkopf (ein Kopf mit einem kurzen Schulterstück, der in eine Statue eingesetzt wird) gearbeitete Marmorporträt unbekannten Fundortes zeigt Livia mit einem Diadem über der Mittelscheitelfrisur, die bei Versionen des »Salus-Typus« und des »Typus Kiel« ohne Kopfschmuck und bei Versionen des »Ceres-Typus« mit vegetabilischem Kopfschmuck vorkommt. Porträts, die wie dieses Mittelscheitel und Diadem kombinieren, können als »Diva Augusta-Typus« angesprochen werden, der Livia nach ihrer Vergöttlichung kennzeichnet.

Q 92 (links) Statue mit Mittelscheitelfrisur, Diadem und Füllhorn. Die überlebensgroße Marmorstatue aus Puteoli (Pozzuoli) mit dem Füllhorn in der linken Hand – zumeist als Livia/Ceres oder Livia/Fortuna beschrieben – zeigt die Kaiserin mit Mittelscheitelfrisur und Diadem. Sie war wohl als einzelnes Bildwerk errichtet. Dass der Mantel über den Kopf führte, ist trotz des weggebrochenen Gewandstücks im Nacken zu erschließen. Livia trägt einen Ärmelchiton mit üppigem, fast taillenlangem Überfall. Es handelt sich also um ein Gewand im Stil griechischer Göttinnen-Statuen des ausgehenden fünften vorchristlichen Jahrhunderts. Livias Gesicht unterscheidet sich aufgrund seiner auffällig »jugendlichen, hübschen, reizvollen« Züge von den meisten ihrer Porträts. Gemäß der festgeschriebenen Ikonographie kann die Statue in Kopenhagen erst nach Livias Konsekration entstanden sein, weil die Mittelscheitelfrisur mit dem Diadem geschmückt ist.

Q 93 (rechts) Statue mit Mittelscheitelfrisur, Pflanzen- und Mauerkranz. Die überlebensgroße Statue aus Marmor, die in Leptis Magna gefunden wurde, gibt Li-

via mit Ärmeltunica, *stola* und *palla* wieder. Während für die Mittelscheitelfrisur im »Ceres-Typus« die Kombination mit der Pflanzenkrone – bei der Statue in Tripolis zeigt sich ein nur partiell erhaltender Ährenkranz – recht üblich ist, fällt die hinzugefügte Mauerkrone besonders auf. Letztere weist als ikonographisches Indiz auf eine Assimilation der Kaiserin mit der Göttin *Tyche* hin.

Q 94 (links) Sitzstatue mit Mittelscheitelfrisur und Diadem (nicht erhalten). Fundort der überlebensgroßen marmornen Sitzstatue der Livia und einer entsprechenden des Tiberius ist Paestum. Livia trägt eine Knopfärmeltunica über der *stola* und hat die *palla* über den Kopf gezogen. Ihre Mittelscheitelfrisur schmückte einst ein Diadem aus Metall (»Diva Augusta-Typus«); aufgrund dieses ikonographischen Details ist eine Entstehung des Bildwerks nach Livias Konsekration am wahrscheinlichsten.

Q 95 (S. 260, rechts) Statue mit Mittelscheitelfrisur und Diadem. Aus Velleia stammt diese überlebensgroße Statue. Sie ist größer als jene der vier anderen weiblichen Mitglieder des julisch-claudischen Kaiserhauses, die zur insgesamt 17 Statuen umfassenden Bildnisgruppe gehörten. Livia trägt einen Ärmelchiton und das *himation*, das über den Kopf gezogen ist. Mittelscheitelfrisur und Diadem (»Diva Augusta-Typus«) sind zu erkennen. Obgleich man aufgrund des Diadems erst eine Entstehung des Bildwerks nach Livias Konsekration annehmen würde, wird die Statue in der Forschung bereits in die Zeit des Caligula datiert.

Q 96 (links) Sardonyx-Cameo mit Bildnis mit Mittelscheitelfrisur, Diadem, Pflanzen- und Mauerkrone. Der Sardonyx-Cameo (in moderner Fassung) zeigt die auf einem Thron sitzende Livia in Knopfärmeltunica, *stola* und über den Kopf genommener *palla*. Elemente, die an diverse weibliche Gottheiten erinnern (Mauerkrone der Tyche, Ähren-Mohn-Gebinde der Ceres, Schild der Kybele), ferner Livias Blick auf eine Büste des Augustus sprechen dafür, Livia hier als Priesterin im Kult des *Divus Augustus* zu verstehen. Das Diadem auf der Mittelscheitelfrisur (»Diva Augusta-Typus«) spräche für eine Entstehung nach Livias Konsekration, aber der Cameo wird üblicherweise bereits in tiberische Zeit datiert.

Q 89 (S. 261, rechts) Münzporträt mit Mittelscheitelfrisur (»Salus-Typus«). Der 22/23 n. Chr. geprägte Dupondius gibt Livia mit der Beischrift *SALUS AUGUSTA* wieder. Nach dieser Abbildung wurden die Livia-Bildnisse mit Mittelscheitelfrisur, wie sie im Münzbild vorkommt, als »Salus-Typus« bezeichnet. In der winzigen Gestaltung der Büste lässt sich erkennen, dass Livia die *stola* über der *tunica* trägt.

Grundlegende Literatur

BARTMAN, Livia 1998; BOSCHUNG, Kaiserfamilie 1993; ROSE, Imperial Portraiture 1997; WINKES, Porträts 1995; WOOD, Imperial Women 1999.

Weiterführende Literatur

ALFÖLDI, Bildersprache 1999; CORBIER, Male power 1995; FITTSCHEN/ZANKER, Frauenporträts 1983; FLORY, Honorific Statues 1993; GIULIANI, Bildnis 1986; KLEINER, Roman Sculpture 1992; KUNST, Domus 1998; PURCELL, Livia 1986; SPÄTH, Frauenmacht 1994; TREGGIARI, Jobs 1975; ZANKER, Macht der Bilder 1987.

Skrupellose Herrscherin?
Das Bild der Agrippina minor bei Tacitus
Thomas Späth

Agrippina minor, die Witwe des kurz zuvor verstorbenen *princeps* Claudius, protestierte im Jahre 54 gegen einen Senatsbeschluss. Ihr Sohn Nero hatte kurz zuvor die Macht übernommen und mit seiner Antrittsrede als *princeps* im Senat großen Erfolg erzielt. Die Senatoren – erfreut über die Versprechungen des jugendlichen Nachfolgers von Claudius, ihre politischen Kompetenzen nicht anzutasten – trafen Maßnahmen gegen die Korruption[147] und beschlossen, die Verpflichtung der de-

---

147 Tacitus *ann.* 13,5,1. Es ging um den Versuch, die Möglichkeit einzuschränken, Anklagen (insbesondere der Majestätsverletzung gegen den *princeps*) als Mittel der politischen Auseinandersetzung zu verwenden; vgl. BARGHOP, Angst 1994, 160–164, zum Mittel der Anklage und der entsprechenden Bedrohung der Senatsaristokratie unter den Bedingungen des Prinzipats; zur »Prozesspest« (*fori tabes*, Tacitus *ann.* 11,6,2) schon Tacitus *ann.* 11,5–7.

signierten Quaestoren zur Durchführung von Gladiatorenspielen abzuschaffen. Dagegen erhob Agrippina Einspruch: es gehe nicht an, Gesetzestaten des Claudius umzustürzen.[148] Der Senat wurde zu einer Sitzung ins *Palatium* einberufen, um darüber zu beraten. In der palatinischen Bibliothek – einem der verschiedenen Orte für Senatsversammlungen[149] – war eine Tür aus der Rückwand herausgebrochen worden, damit Agrippina, *velo discreta, quod visum arceret,* »von einem Vorhang versteckt, damit sie nicht gesehen würde«, die Beratungen verfolgen konnte. Doch *obtinuere patres*: »die Senatoren[150] setzten sich durch.«

Der Geschichtsschreiber Tacitus skizzierte diese Szene in der einprägsamen Kürze zweier Sätze; in einem weiteren fügte er die Anekdote hinzu, wonach Agrippinas Teilnahme am Empfang einer Gesandtschaft durch Nero dank Senecas Geistesgegenwart verhindert worden sei. In Schulbüchern und wissenschaftlichen Publikationen werden diese und ähnliche Geschichten oft als ein klarer Beweis für die »Machtgier« der Mutter des *princeps* angeführt.[151] Kaum je wird dabei die Frage gestellt, wie denn die Macht einer Agrippina beschaffen war, wenn sie *velo discreta* einer Beratung zuhörte, bei der die Senatoren sich gegen ihren Willen durchsetzten. Wie kommt es, dass solche Geschichten in der antiken Geschichtsschreibung als Beweis für die Macht der »Frauen des Kaiserhauses«[152] interpretiert werden –

---

148 Tacitus *ann.* 13,5,1: *quod quidem adversante Agrippina, tamquam acta Claudii subverterentur* [...]; vgl. schon Tacitus *ann.* 11,22,2, wo der Antrag auf die Verpflichtung der Quaestoren, Spiele zu veranstalten, P. Cornelius Dolabella zugeschrieben wird (dass dafür eine Absprache mit dem *princeps* getroffen wurde, kann mit Grund vermutet werden). Es lässt sich aufgrund der genannten Stelle 13,5,1 nicht entscheiden, ob der Senat den Beschluss über die Aufhebung der Verpflichtung der Spiele getroffen hatte und anschließend, aufgrund des Einspruchs (der auf keinen Fall im Senat direkt erhoben werden konnte: ausschließlich Senatoren konnten in einer regulären Senatssitzung sprechen) nochmals darüber beriet; wahrscheinlicher ist ein Protest Agrippinas – bei ihrem Sohn, bei befreundeten Senatoren – vor der Senatssitzung anzunehmen.
149 BARRETT, Agrippina 1996, 291, Anm. 24, stellt die Referenzen antiker Texte zum Palatin (und Kapitol) als Tagungsort des Senats zusammen; dass die Einberufung des Senats im *Palatium* nichts grundlegend Außergewöhnliches ist, begründe ich in SPÄTH, Geschlechter 1994, 86, Anm. 98.
150 Der Titel der Senatoren ist *patres conscripti*; zur Bedeutung dieser Bezeichnung vgl. ALFÖLDI, Vater des Vaterlandes 1971, 42; WLOSOK, Vatervorstellungen 1978, 37; MITCHELL, Patres and plebs 1984, pss.
151 Zu den modernen Interpretationen der Anekdote vgl. SPÄTH, Geschlechter 1994, 102f., Anm. 137; allgemein zum Frauenbild in der modernen Geschichtsschreibung über Rom SPÄTH, Frauenmacht 1994, pss.
152 «Kaiserhaus« erweckt falsche Vorstellungen: Der römische Prinzipat war keine absolute Monarchie, die »Kaiser« wurden mit dem aus der Republik stammenden (allerdings in seiner Bedeutung angepassten) Titel *princeps* bezeichnet und ihr Haus war nicht ein Hof im Sinne eines byzantinischen oder mittelalterlichen Kaiser- oder Königshofes; ihre *domus* wurde vielmehr nach ihrem Namen benannt, der allerdings ein Ehrenname war, verliehen aufgrund ihrer Position: *domus Augusta*; vgl. aber WINTERLING, Aula Caesaris 1999, der die Entwicklung zum »Hof« in einem spezifischen Sinn schon im frühen Prinzipat ansetzt.

und dass zahlreiche moderne Historiker in vermeintlicher Übereinstimmung mit ihren Quellen diese Urteile übernehmen?

Die Position der Agrippina in der domus Augusta

Agrippina war in eine Familie hineingeboren worden, die im Zentrum der Machtstrukturen des frühen römischen Prinzipats stand.[153] Sie war Urenkelin von Augustus über ihre Mutter und in väterlicher Linie auch von Livia. Augustus' Nachfolger Tiberius (14–37) war ihr Großonkel respektive, aufgrund der Adoption ihres Vaters Germanicus,[154] ihr Großvater; der dritte römische *princeps*, Caligula (37–41), war ihr Bruder, dessen Nachfolger Claudius (37–54) ihr Onkel (und dann auch Ehemann), und Nero, der fünfte und letzte *princeps* aus julisch-claudischem Haus (54–68), war der Sohn von Agrippina minor (vgl. Stammtafel). Tacitus bezeichnet in den *Annalen*, seiner Geschichte der julisch-claudischen *principes* von der Thronbesteigung des Tiberius bis zum Tod des Nero, Agrippina als »das bis zum heutigen Tag einzigartige Beispiel einer Frau, die Tochter eines Imperators war, Schwester, Gattin und Mutter eines Machthabers«.[155]

Um die Bedeutung dieser Bemerkung einschätzen zu können, muss sie in den Textzusammenhang gestellt werden: in den *Annalen* geht ihr unmittelbar der Bericht voraus, Agrippina habe bei Claudius die Ersetzung der zwei Praetorianer-Praefekten durch Afranius Burrus bewirkt, »der wohl wusste, auf wessen Veranlassung er das Kommando erhielt« (Tacitus *ann*. 12,42,1); anschließend stellt der Geschichtsschreiber fest, sie habe »ihren eigenen Rang weiter erhöht« (*suum quoque fastigium [...] extollere altius*), indem sie für die Fahrt auf das Kapitol das *carpentum*, einen kultischen Zwecken vorbehaltenen Wagen, benutzte – und darauf folgt der Hinweis auf die außerordentliche verwandtschaftliche Stellung. In der Argumentation des Textes dient Agrippinas Verwandtschaftsposition folglich der Erklärung einer Dominanz der Agrippina über ihren Ehemann Claudius[156] und der unge-

---

153 Zur Konstruktion der julisch-claudischen *domus Augusta* über sechs Generationen vgl. CORBIER, Male power 1995, pss.; ECK, Agrippina 1993, 8–10, bietet eine konzise Darstellung der Bedeutung der familiären Abstammung für die politische Praxis im Prinzipat; kritisch sind allerdings aus geschlechtergeschichtlicher Perspektive seine Postulate zur »Persönlichkeit« der Agrippina zu lesen.
154 Im Jahre 4 n. Chr. adoptierte Tiberius seinen Neffen Germanicus, bevor er selbst von seinem Stiefvater Augustus adoptiert wurde.
155 Tacitus *ann*. 12,42,2: ...*imperatore genitam, sororem eius, qui rerum potitus sit, et coniugem et matrem fuisse unicum ad hunc diem exemplum est.*
156 Generell stellen die *Annalen* Claudius dar als Mann, der von seiner jeweiligen Frau und seinen Freigelassenen beherrscht wurde; vgl. beispielsweise Tacitus *ann*. 11,37,2: die Freigelassenen befürchten, dass die Erinnerung an das Schlafgemach den *princeps* seiner Gattin Messalina gegenüber wieder milde stimmen könnte; 12,1,1 (**Q 97**): Claudius »erträgt ein eheloses Leben nicht und ist abhängig von den Befehlen seiner Ehefrauen«; 12,3,2 (**Q 97**): der *princeps* »kannte weder Urteil noch Hass, wenn es ihm nicht eingegeben und befohlen war«.

Skrupellose Herrscherin? Das Bild der Agrippina minor bei Tacitus 265

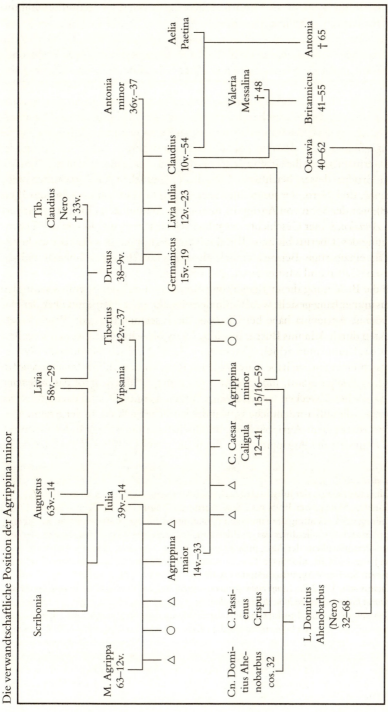

wöhnlichen Ehrungen, die sie im römischen Gemeinwesen in Anspruch nimmt. Erweitern wir unseren Blick über diese spezifische Textstelle hinaus, so zeigt sich der Zusammenhang zwischen der Position der Schwester, Gattin und Mutter von *principes* und der allgemeinen Feststellung der *Annalen*, Agrippina habe »dem römischen Gemeinwesen eine gleichsam männliche Sklavenherrschaft auferlegt« (Tacitus *ann.* 12,7,3, **Q 98**).

Die Geschichtserzählung argumentiert hier mit einem Konzept, worin eine entscheidende Grundlage römischer politischer Praktiken erkennbar wird: Die politische Bedeutung und Macht einer Person ist abhängig von ihrer Zugehörigkeit zu einer mächtigen *domus*.[157] Die Macht einer *domus* beruht auf ihren Verwandtschafts- und Freundschafts-Netzen sowie den Patronage-Beziehungen.[158] Darin begründet sich das gesellschaftliche Prestige der männlichen genauso wie der weiblichen Angehörigen einer *domus*. Der entscheidende geschlechterspezifische Unterschied liegt darin, dass Männer der Senatsaristokratie ihre *domus* gleichsam verkörpern im Senat, im Circus und Theater, vor den Tempeln oder am Hausaltar und auf dem Forum, dem Ort der politischen Versammlungen und der Gerichtsverhandlungen; Männer ererben einerseits die gesellschaftlichen Netze und das Prestige eines Namens von ihren Vätern und Vorfahren, die Männlichkeitsnormen verpflichten sie andererseits, diese Grundlagen politisch-sozialer Bedeutung zu pflegen und auszubauen.[159] Der Wirkungsraum der Frauen dagegen ist die *domus*: als Gattin übertragen sie das Prestige ihres Vaters auf den Ehemann (oder umgekehrt), sie pflegen die Freundschafts- und Verwandtschaftsnetze durch ihre Prä-

---

157 Für die aristokratische römische Familie ist einer Bezeichnung mit *familia* (das Wort meint im römischen Sprachgebrauch zunächst die SklavInnen) der Begriff der *domus* vorzuziehen: er umfasst die Personen und den materiellen Besitz, die der Rechtsgewalt eines *pater familias* unterstellt sind, in weiterem Sinn kann er aber auch auf die Gruppe der Klienten ausgedehnt werden. Zur Begriffsdiskussion vgl. SALLER, Familia 1984 und SALLER, Roman family 1994; die juristischen Definition von Familie und *domus* fasst Jane F. GARDNER in der Einleitung zu GARDNER, Stumbling-Blocks 1997, 35–37, zusammen; ausführlich GARDNER, Family 1998; zur archäologischen Forschung über die römische *domus* als Haus im konkreten, nicht übertragenen Sinn, und zum gesellschaftlichen Leben im Haus vgl. NEVETT, Domestic Space 1997 und GEORGE, Roman House 1997.

158 Die Grenzen zwischen Verwandtschaft, Freundschaft und den Beziehungen zwischen Patron und Klienten sind in der römischen Kultur fließend – Wörter wie *adfinitas* oder *familiaris* können eine verwandtschaftliche (*in-law-*) oder freundschaftliche Verbindung bezeichnen, und ein Klient wird vom Patron aus Gründen der Wertschätzung meist als *amicus* angesprochen; vgl. zum *adfinitas*-Begriff MOREAU, Adfinitas 1990; zur Freundschaft BRUNT, Amicitia 1988, KONSTAN, Friendship 1997, 122–148; zu Freundschaft als Element der Patronage-Beziehungen schon GELZER, Nobilität 1912, der die *amicitia* als Teil der »Nah- und Treuverhältnisse« versteht, jetzt insbesondere SALLER, Personal Patronage 1982, verschiedene Beiträge in WALLACE-HADRILL, Patronage 1989 und in ANDREAU/BRUHNS, Parenté 1990; einen Forschungsüberblick bietet DAVID, La clientèle 1997. Zu den Netzen von Patronage und Freundschaft in der politischen Praxis des Prinzipats vgl. BARGHOP, Angst 1994, 65–79 und FLAIG, Usurpation 1992, 100–117.

159 Zu diesem Aspekt römischer Männlichkeits-Definition vgl. SPÄTH, Geschlechter 1994, 177 ff.

senz an Empfängen und Gesprächen, sie treffen sich im Haus mit anderen Frauen aus kultischen oder gesellschaftlichen Anlässen.[160] Die gesellschaftliche Position einer Römerin definiert sich deshalb zum einen über das Prestige und die Stellung der Männer ihrer *domus*. Zum anderen wird der Raum ihres Handelns durch die gesellschaftlichen Netze der *domus* bestimmt: darüber hinausgehende Beziehungen von Frauen sind eine Transgression der Normen der Weiblichkeit. Wenn etwa Cicero in seiner Gerichtsrede *Pro Caelio* in der Rolle des Appius Claudius Caecus als ehrwürdiger Ahne die Zeugin Clodia tadelt, wirft er ihr nicht die Pflege von Freundschaften generell vor, sondern die freundschaftlichen Beziehungen zu einem Mann, der mit ihrem Mann weder verwandt noch verschwägert oder befreundet war.[161]

Agrippina minor wird in den *Annalen* des Tacitus exakt in dieser Rolle einer Aristokratin beschrieben. Sie zeichnet sich durch das Prestige ihrer Abstammung und Verwandtschaft aus – und sie bringt es in ihre Ehen mit. Deshalb birgt ihre Verheiratung auch eine Gefahr für ihre Familie, aus der seit Augustus alle *principes* hervorgingen: ihr Gatte wird mit dem Prestige der *domus* seiner Frau ausgestattet.[162] Tiberius verheiratet denn auch Agrippina minor als Dreizehnjährige mit Cn. Domitius Ahenobarbus, dem Cousin ihres Vaters (aus dieser Ehe ging Nero hervor); in der Darstellung der *Annalen* wählte ihn Tiberius als Gatten der Agrippina aufgrund seiner Abstammung »aus altem Geschlecht« und wegen der »Blutsverwandtschaft mit den Caesaren«.[163] Nach dem Tod des Domitius ging sie eine zweite Ehe ein mit C. Sallustius Passienus Crispus, der vorher mit der Schwester

---

160 Der *Bona Dea*-Kult beispielsweise wird ausschließlich von Frauen im Haus der Gattin des amtierenden Konsuls gefeiert, vgl. etwa Plutarch *Cic.* 19,4–5 oder Plutarch *Caes.* 9,4–8; selbstverständlich treffen sich römische Frauen auch zu kultischen Zwecken in Heiligtümern, aber dann sehr oft aufgrund ihrer spezifischen Position innerhalb einer aristokratischen *domus*: als Tanten, als *matronae* etwa, vgl. den Beitrag von PRESCENDI in diesem Band, S. 123 ff.

161 Cicero *Cael.* 34; vgl. den Beitrag von GÜNTHER in diesem Band, S. 227 f., und **Q 86**. Auch wenn Cicero die Verteidigungsrede für Caelius 56 v. Chr. hielt und Tacitus nach dem Jahre 100 n. Chr. schrieb, lassen sich keine grundlegenden Unterschiede in Bezug auf diese geschlechterspezifischen Sozialnormen in den beiden Texten feststellen.

162 Pallas begründet seine Empfehlung der Agrippina als neuer Gattin des Claudius unter anderem mit dem Argument, eine jugendliche Frau, deren »Fruchtbarkeit erwiesen« sei, dürfe »den Glanz der Caesaren nicht in ein anderes Haus einbringen« (Tacitus *ann.* 12,2,3, **Q 97**). Explizit wird diese Gefahr in den *Annalen* auch angesprochen in Bezug auf Agrippina maior, die Mutter der Agrippina minor: trotz ihrer Bitten, sie nach dem Tod des Germanicus wieder zu verheiraten, verweigert ihr Tiberius eine neue Ehe, da er »sich der Bedeutung für die *res publica* sehr wohl bewusst war« und sich vor dem Prestige eines Gatten der Agrippina (Tacitus *ann.* 4,53,1–2) fürchtete.

163 Tacitus *ann.* 4,75; die Großmutter des Domitius war Octavia, die Schwester des Augustus. CORBIER, Male power 1995, 188 f., sieht in der Abfolge der Ehen von Agrippina ein »Bilderbuch-Beispiel« ihrer These einer systematischen Konsolidierung des julisch-claudischen Hauses durch bewusst auf Kohäsion und Einbindung befreundeter *domus* ausgerichtete Heiratspolitik seit Augustus, worin den – zahlenmäßig dominierenden – Frauen eine entscheidende Funktion zukam.

ihres ersten Mannes, Domitia, verheiratet gewesen und offensichtlich mit Caligula und Claudius befreundet war.[164] Agrippinas eheliche Verbindungen situierten sich damit im Rahmen des gesellschaftlichen Netzes der *domus Augusta* und verstärkten es. Dies gilt noch deutlicher für ihre dritte Ehe.

Eine gewöhnliche Aristokratin ... in einer ungewöhnlichen domus

Mit der Heirat des Claudius wird Agrippina zu einer der zentralen Figuren der Geschichtserzählung: Sie zählt zu den Frauen, die nach dem Tod der Messalina um die Ehe mit Claudius wetteiferten. Unterstützt von Pallas, einem der einflussreichen Freigelassenen und Berater des Claudius, wird Agrippina als neue Gattin des *princeps* auserkoren (Tacitus *ann.* 12,1,1–3,1, **Q 97**), obwohl dafür zuerst ein Gesetz erlassen werden musste, um die Ehe zwischen Onkel und Nichte vom Makel des Inzests zu befreien.[165] Danach findet sich in den Büchern 12 und 13 der *Annalen* das widersprüchliche Bild einer Intrigen schmiedenden und kalt berechnenden, zugleich aber von unbeherrschbarer Machtgier getriebenen Gattin des Claudius und Mutter des Nero gezeichnet: Agrippina erreicht nicht nur die Position der Gattin des *princeps*, sie setzt auch die Verlobung von Octavia, der Tochter des Claudius, mit Nero durch und anschließend dessen Adoption. Nachdem sie gemäß Tacitus die Konkurrentinnen und Konkurrenten um ihre eigene Stellung und um die Thronfolge ihres Sohnes hatte beseitigen lassen,[166] veranlasst sie die Vergiftung ihres Gatten, um ihrem Sohn auf den Thron zu verhelfen – der sie schließlich ermorden lässt.[167]

Dieses Bild der Agrippina als »skrupellose Herrscherin« wird in den Kommentaren und Interpretationen der *Annalen* des Tacitus konstruiert – und steht zugleich

---

164 Sehr wahrscheinlich hätten sich genauere Angaben zu dieser Ehe in den verlorenen Büchern 7–10 der *Annalen* gefunden. Die Heirat muss im Jahre 41 oder 42 stattgefunden haben. Zur Quellenlage und zur Biographie des Passienus Crispus vgl. BARRETT, Agrippina 1996, 84–86 mit 272f., Anm. 55–63, der auch auf die Feststellung bei Plinius *nat.* 16,242 verweist, Crispus sei durch die Ehe mit Agrippina *clarior*, »bedeutender« geworden.

165 Zur Aufhebung des Inzestverbotes vgl. Tacitus *ann.* 12,6,3–7,2; die Ereignisse um die Heirat berichten im übrigen auch Cassius Dio 61,31; Ps.-Seneca *Oct.* 141–142; Sueton *Claud.* 26,5–8.

166 Bei Tacitus werden ihr neun Morde zugeschrieben; nimmt man alle bekannten Texte zusammen, werden Agrippina insgesamt zwölf Opfer angelastet. In BARRETT, Agrippina 1996, XXI, sind »Agrippina's Alleged Victims« mit den Stellenangaben aufgelistet.

167 Die wichtigsten Passagen zur Verlobung Neros und seiner Adoption finden sich bei Cassius Dio 61,32,2–3; Iosephus *Bell. Iud.* 2,12,8; Ps.-Seneca *Oct.* 150–167; Sueton *Claud.* 27,4; 27,6; 39,5; Tacitus *ann.* 12,3,2 (**Q 97**); 12,8–9; 12,25–26; zum Tode des Claudius: Cassius Dio 61,34,1–35,4; Iosephus *ant. Iud.* 20,148; 151; Ps.-Seneca *Oct.* 21,44–45; 93–96; 102; 150–167; 310–376; 593–617; Sueton *Claud.* 44–45; Tacitus *ann.* 12,66–68; 13,1–2; zur Ermordung der Agrippina: Cassius Dio 62,12,1–16,5; Ps.-Seneca *Oct.* 44–45; 93–96; 125–129; 150–167; 310–376; 593–617; 634; 952; Sueton *Nero* 34,1–8; Tacitus *ann.* 13,20,3; 14,3–13; 15,67,2.

in Diskrepanz zu den für Agrippina berichteten Tatsachen. Um dieser Diskrepanz auf die Spur zu kommen und den Text »gegen den Strich«[168] zu lesen, braucht es eine auf formale Kriterien ausgerichtete, systematische Lektüre. Unter den verschiedenen Möglichkeiten – etwa einer Analyse der Erzählstruktur oder der Erzählmotive, einer Untersuchung der Wortfelder oder der argumentativen Elemente des Textes – wähle ich eine Erfassung der Handlungen, die Agrippina minor zugeschrieben werden. In den *Annalen* des Tacitus lassen sich 44 Erzählsequenzen[169] erkennen, in denen die Figur Agrippina minor als handelndes Subjekt auftritt. Drei entscheidende Merkmale zeichnen diese Handlungen aus: Ein Drittel der Fälle zeigen Agrippina als direkt Handelnde, die auf den Adressaten, das Objekt ihres Handelns einwirkt und ein Ergebnis erzielt; die anderen Handlungen sind entweder indirekte (Agrippina wirkt auf eine Person ein, die dann die intendierte Absicht verwirklicht) oder reine Sprechhandlungen, die kein Ergebnis erzielen. Ein zweites Merkmal ist die Einheitlichkeit der Agrippina zugeschriebenen Handlungs-Absichten; ihr Handeln dreht sich in den *Annalen* letztlich nur um drei Zielsetzungen: die Erreichung der Position einer Gattin des Claudius, die Sicherung und Umsetzung der Thronnachfolge von Nero, die Erhaltung und Verteidigung des mütterlichen Einflusses auf den Sohn. Schließlich lässt sich als drittes Merkmal festhalten, dass die Mittel, die Agrippina zur Verfolgung ihrer Absichten anwendet, jene der Verführung und der mütterlichen Zuwendung sind; diese Mittel setzt sie im Text oft auch dafür ein, eine andere Figur zu veranlassen, ihre Intentionen zu verwirklichen (und genau dies meint der oben ungenau verwendete Begriff der »Intrige«).

Die formelle, auf das Handeln der Agrippina ausgerichtete Untersuchung[170] zeigt, dass die *Annalen* nichts weiter beschreiben als eine weibliche Figur, die konsequent das Ziel verfolgt, die Position einer Gattin und Mutter des *princeps* zu erreichen, abzusichern und zu verteidigen. Sie handelt bei der Verfolgung dieser Absichten im Rahmen ihrer *domus* und des Freundschaftsnetzes, das dazu gehört; ihre

---

168 Unter dem häufig verwendeten Begriff des »Gegen-den-Strich-Lesens« verstehe ich eine Lektüre, welche über die oberflächliche Bedeutungsebene, über die als »explizit« betrachteten Aussagen eines Textes hinausgeht und die Pluralität der Bedeutungen untersucht. Voraussetzung eines solchen Ansatzes ist die Untersuchung eines Textes in seiner Gesamtheit, um die argumentativen und narrativen Strukturen zu erfassen; er schließt eine Behandlung von Texten als »Steinbruch«, aus denen vermeintlich »aussagekräftige« Passagen herausgelöst werden können, aus.
169 *Erzählsequenzen* sind die Grundeinheiten, aus denen sich eine Erzählung zusammensetzt; eine Erzählsequenz ist die Beschreibung der Veränderung einer Situation in der Zeit: sie setzt sich zusammen aus den fünf Elementen der Ausgangssituation, des Handlunganstoßes, der Handlung, der Lösung und der Endsituation. Der Begriff der *narrativen Sequenz* wurde ursprünglich in Bezug auf Volkserzählungen (PROPP, Morphologie 1972) entwickelt und seither in semiotisch-narratologischen Forschungen für komplexere Erzählungen verfeinert. Als eine Einführung – ohne spezielle theoretische Ambitionen, eher auf die Praxis der Textanalyse ausgerichtet – sei auf ADAM, Les textes 1992 verwiesen.
170 Ausführlicher lege ich diese Textanalyse vor in SPÄTH, Diskurskonzept 2000.

»Handlanger« sind ihr Gatte Claudius, dessen Freigelassener Pallas sowie der *domus Augusta* verbundene Angehörige der Senatsaristokratie und des Ritterstandes. Damit bewegt sich Agrippina nicht außerhalb der weiblichen Norm, welche den Handlungsraum von Frauen auf die *domus* und die Position der Gattin oder Mutter verweist.

Wie lassen sich vor diesem Hintergrund die Widersprüche der taciteischen Interpretationen erklären? Nicht nur soll Agrippina, wie schon erwähnt, »dem römischen Gemeinwesen eine gleichsam männliche Sklavenherrschaft auferlegt« haben (Tacitus *ann*. 12,7,3, **Q 98**), darüber hinaus wird ihr in zahlreichen Passagen ein Streben nach effektiver Beteiligung an der Macht und eine unersättliche Machtgier zugeschrieben, zu deren Verwirklichung sie zu allem bereit gewesen sei.[171] Ein entscheidender Grund für die Diskrepanz zwischen einem keineswegs außergewöhnlichen Handeln einer Frau in einer aristokratischen *domus* und diesen Urteilen liegt mit Sicherheit darin, dass Agrippina nicht irgendeiner *domus*, sondern der *domus Augusta* angehörte: Wenn die Gattin eines Senators ihren Mann von einer Sache überzeugt, wird er diese im Senat vertreten ohne jegliche Garantie, dass er dafür das Einverständnis seiner Kollegen finden wird; der *princeps* jedoch kann seine Entscheidungen, hinter denen möglicherweise seine Gattin steht, ohne Aushandlungsprozess durchsetzen.

Eine weitere Begründung für die Denunzierung eines vermeintlichen Herrschaftsanspruchs der Agrippina kann in ihrer Funktion für die Selbstdarstellung der *domus Augusta* gesehen werden. Die Frau des Claudius ist, wie alle Frauen des julisch-claudischen Kaiserhauses, Objekt besonderer Ehrerweisungen des Senates und Volkes von Rom und in den Provinzen; sie ist ein wesentlicher Teil dessen, was allgemein als »kaiserliche Propaganda« bezeichnet wird: die Präsenz des *princeps*, seiner Vorfahren und seiner *domus* auf den öffentlichen Plätzen, in den Kulten und in den Köpfen der BürgerInnen. Seit Augustus werden die Gattin des *princeps* und andere Angehörige der *domus Augusta* mit Statuen und Münzbildern, Ehrennamen und speziellen Vorrechten geehrt.[172] Wenn ein senatorischer Ge-

---

171 Nach taciteischer Darstellung wollte Agrippina »auch den verbündeten Völkern ihre Macht zeigen« und einer Kolonie in der »Stadt der Ubier« (Köln) ihren Namen geben (Tacitus *ann*. 12,27,1), »römische Truppen befehlen« und »Teilhaberin der von ihren Vorfahren geschaffenen Macht sein« (Tacitus *ann*. 12,37,4), »ihren eignen Ruhm« mit besonderen Ehren erhöhen (12,42,2), sie konnte »ihrem Sohn die Herrschaft geben, den Herrschenden aber nicht ertragen« (12,64,3), »sie achtete ihre Ehre, ihre Keuschheit, ihren Körper, alles für geringer als die Herrschaft« (12,65,2), sie beging »in jungen Jahren in der Hoffnung auf Herrschaft [...] Ehebruch und warf sich in gleicher Begierde für die Gelüste des Pallas weg« (14,2,2); im Schreiben Neros an den Senat werden die verschiedenen Versuche, die »Beteiligung an der Macht« (*consortium imperii*) durchzusetzen, aufgelistet – allerdings als »weit hergeholte Verbrechen« bezeichnet, die Nero zur Verteidigung des Muttermordes zusammengetragen habe.
172 Zu den Bildnissen der Livia vgl. den Beitrag von DIERICHS in diesem Band, S. 241 ff. und die dort angeführten Literaturangaben. Die Ehrungen für Frauen der *domus Augusta* finden sich zusammengestellt in SANDELS, Stellung 1912 und HOFFSTEN, Women of Rank 1939.

schichtsschreiber wie Tacitus – aus dessen Werk eine grundlegend kritische Einstellung zu den früheren *principes* hervorgeht – ein negatives Bild der Herrschaft eines Claudius oder Nero zeichnen will, sind die weiblichen Angehörigen der *domus Augusta*, Garantinnen der Fortsetzung der Herrschaft in einer Familie, ein unvermeidliches Objekt, an dem die Kritik ansetzen muss.

Schließlich erklärt sich die Behauptung weiblicher Herrschaftsbeteiligung nicht zuletzt damit, dass auf diese Weise nicht nur die *domus Augusta*, sondern die *principes* selbst zum Objekt der Kritik werden: Im römischen Geschlechterdiskurs[173] ist es die Aufgabe des *pater familias*, des ältesten lebenden Angehörigen einer *domus*, dafür zu sorgen, dass die in seiner Rechtsgewalt Stehenden sich den gesellschaftlichen Normen entsprechend verhalten. Diese Erwartung ist Teil der römischen Definition von Männlichkeit. Wird einem *pater familias* wie Claudius oder Nero – der diese Position nach dem Tod seines Adoptivvaters einnimmt – nachgewiesen, dass sie unfähig sind, die Frauen ihrer *domus* in die Schranken der *pudicitia*, der keuschen Verhaltensnorm einer *matrona*, zu weisen, so wird deren Männlichkeit in Frage gestellt. Die Argumentation kommt der üblichen, in der Gerichtsrhetorik verbreiteten Invektive gleich, worin dem Angegriffenen effeminierte Unmännlichkeit vorgeworfen wird.[174]

Die Behauptung einer Herrschaftsbeteiligung der Agrippina im antiken historiographischen Text erweist sich damit als eine Aussage, die nicht Anspruch auf Beschreibung einer politischen Wirklichkeit hat – deren Nachweis der Geschichtsschreiber ja, wie am Beispiel der Darstellung des Handelns gezeigt, schuldig bleibt.[175] In den *Annalen* hat das Agrippina-Bild vielmehr die argumentative Funk-

---

173 Ich verwende den Begriff des »Diskurses« in der theoretischen Festlegung, wie sie Michel FOUCAULT vorgelegt hat (vgl. insbesondere FOUCAULT, Archéologie 1969, 55–93); unter »Diskurs« verstehe ich keineswegs nur sprachliche Äußerungen, sondern die Regeln, die darüber bestimmen, was in einer spezifischen historisch-gesellschaftlichen Situation erkennbar, denkbar, sagbar und handlungsorientierend ist. Diskurse sind nicht »von außen« auferlegte Regeln, sondern bilden sich in gesellschaftlichen Praktiken heraus; ihre Formierung ist deshalb ein andauernder Prozess. Konkret heißt das für den römischen Geschlechterdiskurs, dass er festgelegt, was in der römischen Kultur unter den Begriffen »Mann« und »Frau« verstanden, wie männliches und weibliches Handeln definiert und welcher gesellschaftlicher Raum den Geschlechtern zugeordnet wird. Ausführlicher diskutiere ich den Diskursbegriff für die Lektüre antiker Texte in SPÄTH, Texte 1994, 23–29.
174 Vgl. RICHLIN, Priapus 1992, MEYER-ZWIFFELHOFFER, Phallus 1995, 24–48.
175 Von Interesse scheinen mir zudem die Widersprüche, die der Text präsentiert. Zwei Beispiele: Die Argumentation der Erzählung im Buch 13 der *Annalen* wird durch die zahlreichen Versuche der Mutter Neros dominiert, den Einfluss auf den Sohn zu bewahren (vgl. etwa Tacitus *ann*. 13,12–13, **Q 99**), was schon 12,64,3 antizipierend angekündigt wird mit der oben (Anm. 171) genannten Bemerkung, Agrippina habe ihren Sohn als »Herrschenden nicht ertragen« können. Im Gegensatz dazu schreibt sich auch der Aspekt einer selbstlosen Mütterlichkeit in den Text ein, etwa in der Anekdote über Agrippinas Konsultation der Chaldäer, der Spezialisten für Astrologie und Zukunftsdeutung; als sie auf ihre Frage nach dem Geschick Neros die Antwort erhält, ihr Sohn werde herrschen und seine Mutter töten, soll sie geantwortet haben: »soll er mich töten, wenn

tion einer Kritik an den *principes* im speziellen und an der politischen Ordnung des Prinzipats im allgemeinen.

Weibliche Macht und politische Macht

Zahlreiche ältere und neuere Publikationen übernehmen die antiken Urteile und postulieren eine grundlegend neue Position für Frauen im Prinzipat, das für Gattinnen oder Mütter von *principes* einen Raum eigentlichen politischen Handelns geschaffen hätte: Livia oder Agrippina werden als erste »Kaiserinnen« dargestellt. Zweifach scheinen mir solche Einschätzungen verfehlt. Einerseits gehen sie von einer universalen Bedeutung des Begriffs des »Politischen« aus. Sie verkennen, dass Behauptungen wie die eben besprochene der Herrschaftsbeteiligung einer Agrippina in den antiken Texten nichts mit einem heute im allgemeinen akzeptierten Begriff des Politischen zu tun haben; für die römischen Kultur muss Politik mit *res publica* übersetzt werden und bezeichnet die entsprechende »öffentliche« Tätigkeit der Senatsaristokratie. Bis weit in den Prinzipat hinein ist diese »politische« Tätigkeit ein entscheidendes Element der römischen Definition von Männlichkeit. Und deshalb liegt eine Beteiligung von Frauen an »Politik« in diesem eingeschränkten Sinn jenseits der Grenze dessen, was in der Perspektive der römischen Kultur denkbar ist.

Andererseits verhindert die Übernahme antiker Behauptungen die Erkenntnis der tatsächlichen Integration römischer Frauen in die gesellschaftlichen Prozesse und Handlungsbereiche, die durchaus einem modernen Begriff des Politischen entsprechen. Die im ersten Abschnitt dieses Beitrags dargelegte hohe Bedeutung der *domus* für Agrippina und ihrer Position darin lässt sich verallgemeinern: Römerinnen haben eine traditionelle und ganz selbstverständliche Präsenz in der *domus* und verfügen in diesem gesellschaftlichen Raum über weitreichende Kompetenzen. Ein Hinweis auf diese Selbstverständlichkeiten lässt sich in der Rede des L. Vitellius lesen, als dreimaliger Konsul und Censor zusammen mit Claudius eine der herausragenden Figuren des Senats.[176] Zu Beginn des Jahres 49 stellt Vitellius im Senat den Antrag, Claudius solle gebeten werden, Agrippina zu heiraten, und

---

er nur herrscht« (14,9,3). Ebenso widersprüchlich ist die klare Abgrenzung der Agrippina gegenüber Messalina in 12,7,3 (**Q 98**): »nicht mutwillig, wie Messalina«, habe sie »ihr Spiel mit dem römischen Gemeinwesen« getrieben, und andererseits die wörtliche Wiederholung des Motivs der »Lust auf den Park« (*hortis inhians*) des D. Valerius Asiaticus bei Messalina (11,1,1), des T. Statilius Taurus bei Agrippina (12,59,1), die beide Parkbesitzer – angeblich einzig aufgrund der Besitzlust der Gattinnen des Claudius – in den Tod trieb.

176 Wenn ich im folgenden vier aus ihrem Zusammenhang gerissene Textpassagen präsentiere, steht dieses Vorgehen im exakten Gegensatz zur oben, Anm. 168, geforderten »systematischen Lektüre« – die hier vorgelegten Stellen haben rein illustrativen Charakter, und für die Darlegung einer umfassenden Untersuchung der Konstruktion von Weiblichkeit im taciteischen Text verweise ich auf SPÄTH, Geschlechter 1994, 58–120; 304–329.

gleichzeitig solle das Inzestverbot zwischen Onkel und Nichte aufgehoben werden. In seiner Begründung (Tacitus *ann.* 12,5,3, **Q 98**) geht er auf die Bedeutung einer Gattin für den *princeps* ein: bei seinen schweren Aufgaben brauche er eine »Unterstützung, die ihm die häuslichen Sorgen« abnehme; er fügt hinzu, es könne »keine angemessenere Erleichterung« für den tugendvollen Claudius geben als eine »Ehefrau, Gefährtin in Glück und Missgeschick, der er seine geheimsten Gedanken und die kleinen Kinder anvertrauen könne.«

Auch wenn Reden in antiken Geschichtserzählungen nie den Anspruch einer wortgetreuen Wiedergabe haben, sondern vom Geschichtsschreiber entsprechend der argumentativen Struktur seiner Darstellung komponiert werden, so lassen sich aus den kurz paraphrasierten Aussagen wichtige Erkenntnisse zum römischen Konzept der Ehe gewinnen. Denn ein Tacitus legt in der gegebenen Situation – Vitellius muss den Senat davon überzeugen, einer ungewohnten Ehe zuzustimmen – mit Sicherheit nicht irgendwelche revolutionär neuen Gedanken über die Ehe, sondern vielmehr Gemeinplätze in den Mund, die auf eine breite Zustimmung stoßen können. Zu diesen Gemeinplätzen gehört nun offensichtlich, dass eine Gattin die Verwaltung des Hauses übernimmt und den Mann davon entlastet, und dass sie eine »Erleichterung« für ihn ist, indem er, nebst den kleinen Kindern, seine geheimsten Überlegungen der »Partnerin in Glück und Zweifeln« anvertrauen kann.

In ganz ähnlichen Worten lässt Tacitus schon im dritten Buch der *Annalen* M. Valerius Messalla Messalinus das Recht der Beamten verteidigen, ihre Ehefrauen in die Provinzen mitzunehmen: Messalla stellt die rhetorische Frage, ob es für die nach den Mühen des kriegerischen Kampfes zurückkehrenden Männer eine »ehrbarere Erholung als jene der Gattin« gebe (*reverentibus post laborem quod honestius quam uxorium levamentum?*). Dem Antragsteller, der den Beamten die Mitnahme der Frauen verbieten will, hält er entgegen, »der Mann trage die Schuld, wenn eine Frau das richtige Maß überschreite«; wenn einige wenige Männer zu schwach seien, ihrer Frau dieses Maß aufzuerlegen, so dürfe nicht anderen zu Unrecht »die Gefährtin in Glück und Unglück entrissen« werden.[177]

Fügen wir diesen Aussagen noch eine dritte hinzu: Cassius Dio berichtet eine eigentliche philosophische Diskussion zwischen Livia und Augustus über die Gefahren der Herrschaft und den Umgang mit den Feinden, worin Livia die Hauptrolle zugeschrieben erhält und ihren Gatten mit ihren Ratschlägen zur Milde gegenüber den Gegnern überzeugt (Cassius Dio 55,14,1–22,1). Selbstverständlich kann auch dieses »Gespräch« so wenig wie die Rede des Vitellius als Wiedergabe tatsächlich gesprochener Worte gelesen werden; im vorliegenden Zusammenhang wichtig dagegen ist, dass Cassius Dio und die Autoren, deren Texte er als Vorlage benutzt, offenbar ein solches Gespräch über die Herrschaft und ihre Gegner zwischen dem ersten *princeps* Augustus und seiner Frau für vorstellbar halten – denn das Undenkbare findet nicht Eingang in eine Geschichtsdarstellung, deren Gat-

---

177 Tacitus *ann.* 3,34,2; 4–5: *nam viri in eo culpam, si femina modum excedat. porro ob unius aut alterius inbecillum animum male eripi maritis consortia rerum secundarum adversarumque* […].

tungsregeln die Wahrscheinlichkeit des Erzählten verlangen. Die Selbstverständlichkeit dieser Vorstellung lässt sich in der Bemerkung des Sueton lesen, Augustus habe seine Reden schriftlich vorbereitet und abgelesen; auch in Unterredungen mit einzelnen, »selbst mit seiner Frau Livia, wenn es um Wichtiges ging«, habe er nach seinen Notizen gesprochen.[178] Die antiquarische Kuriosität der schriftlichen Gesprächsvorbereitung durch Augustus soll hier nicht zur Diskussion stehen; von Bedeutung ist im vorliegenden Zusammenhang, dass die Beiläufigkeit der Erwähnung von Unterredungen mit Livia auf die Überzeugung schließen lässt, zwischen Ehemann und Gattin sei »Wichtiges« (*sermones graviores*) besprochen worden.

Der Geschlechterdiskurs, der in diesen Bemerkungen Ausdruck findet, definiert die Ehefrau als Herrin über die »häuslichen Angelegenheiten« (*domestica cura*) und als Gesprächspartnerin des Mannes. Mit ihr werden in den aristokratischen Häusern Fragen der *res publica* diskutiert, nebst für die jeweilige *domus* zentralen Problembereichen wie etwa der Karriere der Kinder, wozu für Knaben und Mädchen Ausbildung und Verheiratung gehören, für Knaben im speziellen die Vorbereitung einer senatorischen Laufbahn.[179] Dabei handelt es sich nicht nur um einen Austausch zwischen Ehegatten: Die *domus* als Handlungsraum von Frauen – als Gattinnen, Töchter[180] oder Mütter[181] – umfasst die Verwandtschaft im weiteren Sinn genauso wie die sozialen Netze von Freundschaft und Patronage. Dieser Raum weiblichen Handelns führt uns zurück zur im ersten Abschnitt diskutierten verwandtschaftlichen Position Agrippinas und ihrer Stellung als Gattin und Mutter: es ist ein weiteres Element der Erklärung ihres historiographischen Bildes.

Schillernde Facetten des Agrippina-Bildes

Die Diversität der Elemente, aus denen sich das Bild der Agrippina-Figur in den *Annalen* zusammensetzt, ist das auffälligste Ergebnis der hier vorgelegten Lektüre. Die unterschiedlichen Elemente des Bildes – die hier selbstverständlich nicht abschließend abgehandelt sind – entsprechen den konzeptuellen Ansätzen, welche dem Geschichtsschreiber Tacitus zur Verfügung stehen, um eine weibliche Figur

---

178 Sueton *Aug.* 84,4: *sermones quoque cum singulis atque etiam cum Livia sua graviores non nisi scriptos et e libello habebat*.
179 Vgl. im Beitrag von KUNST in diesem Band, S. 37 ff. den Abschnitt »Persönliche Aspekte, Ehepartnerwahl, tatsächliche *concordia*, Ehekonflikte« mit den Verweisen auf die Bedeutung der Mutter und der *matertera* für die Partnerwahl und Ehe-Arrangements. Wenn Tacitus Agrippina als verantwortlich für die Verheiratung des Nero mit Octavia darstellt (Tacitus *ann.* 12,3,2, **Q 97** sowie 12,9,1–2; 12,58,1) so entspricht das weitgehend den traditionellen Kompetenzen einer Mutter; das Gleiche gilt auch für die Rückrufung des Seneca als Hauslehrer für Nero (Tacitus *ann.* 12,8,2): eine Mutter kümmert sich um die Ausbildung ihrer Nachkommen, vgl. etwa Plinius *epist.* 3,3,3–6; 7,24,5, worin der Briefschreiber auf Anfragen einer Mutter und einer Großmutter um Beratung bei der Wahl eines Lehrers für einen Sohn oder Enkel antwortet.
180 Vgl. HALLETT, Daughters 1984.
181 Vgl. DIXON, Mother 1988 und DIXON, Family 1992.

seiner Geschichtserzählung in Szene zu setzen und auszugestalten. Ein erstes Muster der Darstellung ist die verwandtschaftlich bestimmte Stellung der Figur: Agrippina wird im Zentrum der Macht, als Angehörige der dominierenden römischen *domus* situiert. Ein zweites Element der Beschreibung ist die Verhaltensnorm von Aristokratinnen, die sich in ihrem Handeln auf ihre *domus* und die entsprechenden Freundschafts- und Verwandtschaftskreise ausrichten; in diesem Rahmen bewegt sich die Figur Agrippina in der Geschichtserzählung.

Das dritte Element, das die Ausgestaltung der Agrippina-Figur in den *Annalen* prägt, ist ihre argumentative Verwendung in der Kritik an den *principes*: Die Geschichtserzählung benutzt Agrippina (wie vor ihr Messalina und nach ihr Poppaea Sabina[182]), um die Unfähigkeit der jeweiligen *principes* herauszustellen; mit den Vorwürfen von Schamlosigkeit und willkürlichen Machtausübung seiner Gattin oder Mutter wird dem Gatten oder Sohn auf dem Kaiserthron Männlichkeit und damit das entscheidende römische Kriterium für Machtkompetenz abgesprochen. Doch trotz dieser starken Betonung der Verletzung der gesellschaftlichen Normen der Weiblichkeit kann die Darstellung der Agrippina nicht über den traditionsbestimmten römischen Geschlechterdiskurs hinausgehen: Agrippinas Handeln richtet sich darauf, Gattin des Claudius und Mutter eines *princeps* zu sein. Dieses vierte Element des Agrippina-Bildes zeigt sich in der klaren Beschränkung der Handlungs-Absichten auf die Erreichung dieser Positionen innerhalb der *domus*; die weitestgehende Anschuldigung, die ihr entgegengehalten werden kann, ist das *consortium imperii*, die »Beteiligung an der Macht« ihres Sohnes. Eine »Herrschaft« in einer anderen, aus den Strukturen der *domus* herausgelösten Form, ist offenbar in der römischen Kultur an der Wende vom 1. zum 2. Jh. nicht denkbar.

Die unterschiedlichen Elemente des Agrippina-Bildes ergeben keine kohärente Figur.[183] Die reale, konkrete Person der Mutter Neros lässt sich aus den widersprüchlichen Facetten des Agrippina-Bildes nicht rekonstruieren: Ob Agrippina nun tatsächlich eine »machthungrige«, durch »krankhafte Herrschsucht getriebene« Frau war, »gleichgültig gegenüber konventioneller Moral« und Hauptakteurin einer »unwiderstehlichen Verquickung von Verrat, Inzest und Mord«, wie dies Autoren des 20. Jh. postulieren,[184] dies können wir heute nicht mehr entscheiden; Agrippina ist für uns nur noch greifbar als literarisch konstruierte Figur. Als solche aber gibt sie uns Einblick nicht nur in die weibliche Lebenspraxis einer Gattin und Mutter der *domus Augusta*, sondern darüber hinaus in die Handlungsräume römischer Aristokratinnen.

---

182 Zu Messalina vgl. JOSHEL, Messalina 1997; zu Poppaea HOLZTRATTNER, Poppaea 1995.
183 Vgl. oben, Anm. 175, den Hinweis auf die Widersprüche im Text der *Annalen*.
184 Die Zitate stammen in der Reihenfolge aus ECK, Agrippina 1993, 40; LACKEIT, Iulia Agrippina 1918, 911; BAUMAN, Women 1992, 179; und vom Schutzumschlag der englischen Ausgabe von BARRETT, Agrippina 1996, der mit dem Slogan wirbt: »An irresistible combination of treachery, incest and murder«.

Quellen

Q 97 Die Auswahl einer Kaisergattin

Tacitus, *Annalen* 12,1,1–12,4,1

Der Textausschnitt setzt ein mit der Situation in Rom im Jahre 48 n. Chr., nach der Beseitigung von Messalina, der dritten Gattin des *princeps* Claudius (41–54). Eine zentrale Rolle spielen dabei drei kaiserliche Freigelassene, die Berater des Claudius sind und Leiter seiner Administration.

1 (1) Durch die Hinrichtung Messalinas wurde das Haus des *princeps* schwer erschüttert, da es unter den Freigelassenen zu einem Wettstreit kam, wer eine Gattin für Claudius auswählen solle, der ein eheloses Leben nicht gewöhnt und von den Befehlen seiner Gattinen abhängig war. In nicht geringerem Buhlen um die Gunst waren die Frauen entbrannt: jede wetteiferte mit ihrem Adel, ihrer Schönheit, ihrem Reichtum, und stellte sich als einer solchen Ehe würdig zur Schau. (2) Doch am meisten schwankte man zwischen Lollia Paulina, Enkelin des ehemaligen Konsuls Marcus Lollius, und Iulia Agrippina, Tochter des Germanicus: für diese setzte sich Pallas, für jene Callistus ein; Aelia Paetina dagegen, aus der Familie der Tuberones, wurde von Narcissus in den Vordergrund geschoben. Claudius selbst, bald der einen, bald der anderen zugeneigt, je nachdem, welchen der Ratgeber er gerade gehört hatte, berief die Uneinigen zu einer Beratung und hieß sie ihre Ansicht vortragen und die Gründe beibringen.

2 (1) Narcissus redete über die altvertraute Ehe, die gemeinsame Tochter – denn Antonia war die Tochter von Paetina [Aelia Paetina war die zweite Gattin des Claudius gewesen] – und darüber, dass nichts Neues in seinem Hause geschehen würde, wenn die gewohnte Ehefrau zurückkäme; sie werde auch keinesfalls mit stiefmütterlichen Hassgefühlen auf Britannicus und Octavia sehen, weil sie als Verwandte ihren eigenen Kindern am nächsten stünden. (2) Callistus meinte, durch die lange Zeit der Trennung habe sie ihre Eignung verloren und sie würde, wenn sie wieder Aufnahme fände, eben deshalb hochmütig werden; weit richtiger sei es, wenn Lollia in sein Haus geführt würde, da sie keine Kinder geboren habe, frei von Eifersucht sei und den Stiefkindern Mutterstelle vertreten werde. (3) Pallas aber lobte besonders dies an Agrippina, dass sie einen Enkel des Germanicus mitbringe: wahrhaft würdig sei es dem Geschick des Imperators, den edlen Spross unter die Nachkommen der julischen und claudischen Familie aufzunehmen; auch dürfe eine Frau von erwiesener Fruchtbarkeit, in besterhaltender Jugendlichkeit, den Glanz der Caesaren nicht in ein anderes Haus einbringen.

3 (1) Das Übergewicht gewannen diese Gründe, unterstützt durch Agrippinas Verführung: indem sie bei ihm unter dem Vorwand der Verwandtschaft ständig aus- und einging, umgarnte sie den Onkel so, dass sie den anderen vorgezogen wurde und, noch nicht Gattin, doch die Macht der Gattin schon ausübte. (2) Denn sobald sie ihrer Pläne sicher war, strebte sie Höheres an und sann auf die Vermählung des Domitius [Nero], den sie von Cnaeus Ahenobarbus geboren hatte, mit Octavia, der Tochter des Caesar [Claudius]; dies ließ sich ohne Verbrechen nicht durchsetzen, weil der Caesar Octavia mit Lucius Silanus verlobt und den auch

sonst schon berühmten jungen Mann durch die Triumphinsignien und die Pracht eines Gladiatorenspiels dem Volk beliebt gemacht hatte. Aber nichts schien unerreichbar bei der Gemütsart eines *princeps*, der weder Urteil noch Hass kannte, wenn es ihm nicht eingegeben und befohlen war.

4 (1) So ließ sich Vitellius, der unter dem Titel Zensor eine verlogene Sklavenseele verbarg und die künftigen Machtverhältnisse voraussah, von Agrippina, um sich ihre Gunst zu verschaffen, in ihre Pläne einweihen und streute Beschuldigungen gegen Silanus aus, [...].

1 (1) Caede Messalinae convulsa principis domus, orto apud libertos certamine, quis deligeret uxorem Claudio, caelibis vitae intoleranti et coniugum imperiis obnoxio. nec minore ambitu feminae exarserant: suam quaeque nobilitatem formam opes contendere ac digna tanto matrimonio ostentare. (2) sed maxime ambigebatur inter Lolliam Paulinam M. Lollii consularis et Iuliam Agrippinam Germanico genitam: huic Pallas, illi Callistus fautores aderant; at Aelia Paetina e familia Tuberonum Narcisso fovebatur. ipse huc modo, modo illuc, ut quemque suadentium audierat, promptus, discordantis in consilium vocat ac promere sententiam et adicere rationes iubet.

2 (1) Narcissus vetus matrimonium, filiam communem (nam Antonia ex Paetina erat), nihil in penatibus eius novum disserebat, si sueta coniunx rediret, haudquaquam novercalibus odiis visura Britannicum, Octaviam, proxima suis pignora. (2) Callistus improbatam longo discidio, ac si rursum adsumeretur, eo ipso superbam; longeque rectius Lolliam induci, quando nullos liberos genuisset, vacuam aemulatione et privignis parentis loco futuram. (3) at Pallas id maxime in Agrippina laudare quod Germanici nepotem secum traheret, dignum prorsus imperatoria fortuna: stirpem nobilem et familiae <Iuliae> Claudiaeque posteros coniungeret, ne femina expertae fecunditatis, integra iuventa, claritudinem Caesarum aliam in domum ferret.

3 (1) Praevaluere haec adiuta Agrippinae inlecebris: ad eum per speciem necessitudinis crebro ventitando pellicit patruum ut praelata ceteris et nondum uxor potentia uxoria uteretur. (2) nam ubi sui matrimonii certa fuit, struere maiora nuptiasque Domitii, quem ex Cn. Ahenobarbo genuerat, et Octaviae Caesaris filiae moliri; quod sine scelere perpetrari non poterat, quia L. Silano desponderat Octaviam Caesar iuvenemque et alia clarum insigni triumphalium et gladiatorii muneris magnificentia protulerat ad studia vulgi. sed nihil arduum videbatur in animo principis, cui non iudicium, non odium erat nisi indita et iussa.

4 (1) Igitur Vitellius, nomine censoris servilis fallacias obtegens ingruentiumque dominationum provisor, quo gratiam Agrippinae pararet, consiliis eius implicari, ferre crimina in Silanum [...].

Q 98 Hochzeit als Machtübernahme?

Tacitus, *Annalen* 12,5,1–12,6,2; 12,7,3

5 (1) Unter dem Konsulat des Caius Pompeius und Quintus Veranius [49 n. Chr.] wurde die zwischen Claudius und Agrippina vereinbarte Ehe schon durch das allgemeine Gerede, schon durch die unerlaubte Liebe fest begründet; doch wagten sie es noch nicht, die Hochzeitsfeier zu begehen, da es kein Beispiel dafür gab, dass in das Haus des Onkels des Bruders Tochter heimgeführt werde: das sei ja Inzest, und wenn man sich darüber hinwegsetze, so befürchtete man, es könne sich zum allgemeinen Unglück ausschlagen. (2) Erst dann wurden die Bedenken behoben, als es Vitellius unternahm, mit den für ihn bezeichnenden Kniffen die Sache durchzusetzen. Er fragte den Kaiser, ob er sich den Weisungen des Volkes, ob der Autorität des Senates fügen wolle, und als jener antwortete, er sei nur einer von den Bürgern und könne sich nicht gegen eine einmütige Willensäußerung auflehnen, hieß er ihn im Palast warten. (3) Er selbst betrat die *curia*, und mit der Versicherung, es handle sich um eine Angelegenheit von höchster Bedeutung für den

Staat, verlangte er, das Wort vor den anderen zu erhalten, und begann: Bei den überaus schweren Regierungsaufgaben, in die der *princeps* den ganzen Erdkreis einbeziehe, brauche er Unterstützung, um sich frei von häuslicher Sorge der Allgemeinheit widmen zu können. Welche ehrbarere Erleichterung gebe es ferner für das Herz eines Zensors als eine Gattin zu nehmen, eine Gefährtin in Glück und Missgeschick, der er seine geheimsten Gedanken, der er seine kleinen Kinder anvertrauen könne, da er ja nicht an Verschwendungen oder Vergnügungen gewöhnt sei, sondern von frühester Jugend an den Gesetzen gehorcht habe.

6 (1) Nachdem er dies in seiner gewinnenden Art zu reden vorausgeschickt und die lebhafte Zustimmung der Senatoren gefunden hatte, hob er von neuem an: Da alle dazu rieten, dass der *princeps* wieder heirate, müsse man eine Frau auswählen, die sich durch Adel, Kindersegen und Sittenreinheit auszeichne. Und man brauche nicht lange zu überlegen, dass Agrippina durch ihre hochberühmte Abstammung den Vorrang habe; den Beweis ihrer Fruchtbarkeit habe sie gegeben, und dem entsprächen ihre ehrbaren Handlungsweisen. (2) Dies vollends sei vortrefflich, dass durch die Fürsorge der Götter eine Witwe verbunden werde mit einem Fürsten, der nur seine eigenen Frauen kennengelernt habe; gehört hätten sie doch von ihren Eltern und selbst miterlebt, wie Ehefrauen nach dem Belieben der Caesaren entführt wurden: fern liege dies der Ehrbarkeit des jetzigen Herrschers. [...]

Darauf hebt der Senat auf Antrag des Vitellius das Inzestverbot für Ehen zwischen Onkel und Tochter des Bruders auf (6,3–7,2)

7 (3) Umgewandelt war seitdem die Stadt, und alles gehorchte einer Frau, die nicht mutwillig, wie Messalina, mit dem Allgemeingut der Römer ihr Spiel trieb. Straff und gleichsam männlich setzte sie Sklaverei durch; in der Öffentlichkeit zeigte sie Strenge und meist Hochmut; nichts Unsittliches gab es in ihrem Haus, wenn es nicht der Herrschaft diente. Für ihre maßlose Geldgier hatte sie als Vorwand, es solle eine Hilfsquelle für die Gewaltherrschaft geschaffen werden.

5 (1) C. Pompeio Q. Veranio consulibus pactum inter Claudium et Agrippinam matrimonium iam fama, iam amore inlicito firmabatur; necdum celebrare sollemnia nuptiarum audebant, nullo exemplo deductae in domum patrui fratris filiae: quin et incestum ac, si sperneretur, ne in malum publicum erumperet metuebatur. (2) nec ante omissa cunctatio quam Vitellius suis artibus id perpetrandum sumpsit. percontatusque Caesarem an iussis populi, an auctoritati senatus cederet, ubi ille unum se civium et consensui imparem respondit, opperiri intra palatium iubet. (3) ipse curiam ingreditur, summamque rem publicam agi obtestans veniam dicendi ante alios exposcit orditurque: gravissimos principis labores, quis orbem terrae capessat, egere adminiculis ut domestica cura vacuus in commune consulat. quod porro honestius censoriae mentis levamentum quam adsumere coniugem, prosperis dubiisque sociam, cui cogitationes intimas, cui parvos liberos tradat, non luxui aut voluptatibus adsuefactus, sed qui prima ab iuventa legibus obtemperavisset.

6 (1) Postquam haec favorabili oratione praemisit multaque patrum adsentatio sequebatur, capto rursus initio, quando maritandum principem cuncti suaderent, deligi oportere feminam nobilitate puerperiis sanctimonia insignem. nec diu anquirendum quin Agrippina claritudine generis anteiret: datum ab ea fecunditatis experimentum et congruere artes honestas. (2) id vero egregium, quod provisu deum vidua iungeretur principi sua tantum matrimonia experto. audivisse a parentibus, vidisse ipsos abripi coniuges ad libita Caesarum: procul id a praesenti modestia.

[...]

7 (3) *versa ex eo civitas et cuncta feminae oboediebant, non per lasciviam, ut Messalina, rebus Romanis inludenti. adductum et quasi virile servitium: palam severitas ac saepius superbia; nihil domi impudicum, nisi dominationi expediret. cupido auri immensa obtentum habebat, quasi subsidium regno pararetur.*

Q 99 Mutter und Kaiser

Tacitus, *Annalen* 13,12–13

Nero ist seit wenigen Monaten *princeps*, seine Berater sind der Prätorianerpräfekt Burrus und Seneca, die nach Darstellung des Tacitus (13,2,2) gemeinsam gegen die Machtansprüche der Agrippina angehen. Der Textausschnitt bezieht sich auf das Jahr 55 n. Chr.

12 (1) Im übrigen wurde allmählich der Einfluss seiner Mutter gebrochen, da Nero der Liebe zu einer Freigelassenen verfallen war, die Acte hieß; er zog zugleich Marcus Otho und Claudius Senecio ins Vertrauen, zwei hübsche junge Männer, von denen Otho aus konsularischer Familie stammte, Senecio einen Freigelassenen des *Caesar* zum Vater hatte. (2) Ohne Wissen seiner Mutter, dann gegen ihren vergeblichen Widerstand hatte sich Acte durch ausschweifendes Benehmen und zweideutige Heimlichkeiten ganz in seine Sinne eingeschlichen; auch die älteren Freunde des *princeps* hatten nichts dagegen, weil das Frauchen, ohne irgend jemandem zu nahe zu treten, die Begierden des *princeps* befriedigte: denn von seiner Gattin Octavia, die doch von Adel und von erprobter Sittsamkeit war, wollte er einer Art Verhängnis zufolge, oder weil das Verbotene einen stärkeren Reiz ausübt, nichts wissen, und man befürchtete, er könnte sich zur Unzucht mit erlauchten Frauen hinreißen lassen, wenn man ihm jene Lust verwehre.

13 (1) Doch Agrippina tobte in weiblicher Leidenschaft, eine Freigelassene sei ihre Rivalin, ihre Schwiegertochter eine Sklavin, und was sonst noch Ausdrücke dieser Art sind; sie wartete nicht die Reue ihres Sohnes oder seine Übersättigung ab, und je hässlichere Vorwürfe sie erhob, um so heftiger entfachte sie seine Neigung, bis er von der Macht der Liebe überwältigt den Gehorsam gegen seine Mutter aufkündigte und sich Seneca anvertraute. Von dessen engen Freunden hatte Annaeus Serenus unter dem Vorwand der Liebe zu eben dieser Freigelassenen die ersten Begierden des Jünglings gedeckt und seinen Namen dafür hergegeben, so dass alles, was der *princeps* heimlich dem Frauenzimmer zudachte, jener offen schenkte. (2) Da änderte Agrippina ihre Taktik: mit Liebkosungen suchte sie dem jungen Mann beizukommen, ihr eigenes Schlafzimmer und ihren Schoss bot sie ihm vielmehr an, um zu verheimlichen, wonach er in seinem jugendlichen Alter und seiner hohen Stellung Verlangen trage. Ja, sie gab sogar zu, unberechtigt sei ihre Strenge gewesen, und übertrug aus ihrem Vermögen, das dem des Imperators nicht viel nachstand, erhebliche Mittel auf ihn: wie sie sich eben noch allzu unduldsam gegenüber dem Sohn gegeben hatte, so war sie jetzt wiederum ohne Maß nachgiebig. (3) Diese Wandlung konnte aber Nero nicht täuschen, und seine nächsten Freunde waren besorgt und baten ihn, sich vor der Tücke dieser Frau zu hüten, die stets unbändig, jetzt aber auch noch falsch sei. (4) Zufällig besichtigte in jenen Tagen der Caesar den Schmuck, mit dem die Gattinnen und Mütter der Herrscher geglänzt hatten. Dabei wählte er Gewänder und Edelsteine aus und schickte sie als Geschenk an seine Mutter; ohne an Sparsamkeit zu denken, ließ er

ihr besondere Kostbarkeiten, die auch andere begehrt hätten, unaufgefordert überreichen. Doch Agrippina rief laut aus, mit diesen Stücken bereichere man ihren Schmuck nicht; vielmehr enthalte man ihr die übrigen vor, und der Sohn teile, was er insgesamt von ihr habe.

12 (1) Ceterum infracta paulatim potentia matris delapso Nerone in amorem libertae, cui vocabulum Acte fuit, simul adsumptis in conscientiam <M.> Othone et Claudio Senecione, adulescentulis decoris, quorum Otho familia consulari, Senecio liberto Caesaris patre genitus. (2) ignara matre, dein frustra obnitente, penitus inrepserat per luxum et ambigua secreta, ne senioribus quidem principis amicis adversantibus, muliercula nulla cuiusquam iniuria cupidines principis explente, quando uxore ab Octavia, nobili quidem et probitatis spectatae, fato quodam an quia praevalent inlicita, abhorrebat, metuebaturque ne in stupra feminarum inlustrium prorumperet, si illa libidine prohiberetur.

13 (1) Sed Agrippina libertam aemulam, nurum ancillam aliaque eundem in modum muliebriter fremere, neque paenitentiam filii aut satietatem opperiri, quantoque foediora exprobrabat, acrius accendere, donec vi amoris subactus exueret obsequium in matrem seque Senecae permitteret, ex cuius familiaribus Annaeus Serenus simulatione amoris adversus eandem libertam primas adulescentis cupidines velaverat praebueratque nomen, ut quae princeps furtim mulierculae tribuebat, ille palam largiretur. (2) tum Agrippina versis artibus per blandimenta iuvenem adgredi, suum potius cubiculum ac sinum offerre contegendis quae prima aetas et summa fortuna expeterent: quin et fatebatur intempestivam severitatem et suarum opum, quae haud procul imperatoriis aberant, copias tradebat, ut nimia nuper coercendo filio, ita rursum intemperanter demissa. (3) quae mutatio neque Neronem fefellit, et proximi amicorum metuebant orabantque cavere insidias mulieris semper atrocis, tum et falsae. (4) forte illis diebus Caesar inspecto ornatu quo principum coniuges ac parentes effulserant, deligit vestem et gemmas misitque donum matri nulla parsimonia, cum praecipua et cupita aliis prior deferret. sed Agrippina non his instrui cultus suos, sed ceteris arceri proclamat et dividere filium quae cuncta ex ipsa haberet.

Weitere Quellen

Zur Heirat der Agrippina durch Claudius: Cassius Dio 60,31; Ps.-Seneca *Oct.* 141–142; Sueton *Claud.* 26,3; 29,2; 39,2; Tacitus *ann.* 12,6,3–7,2; 12,8,1–2.

Zur Verlobung Neros mit Octavia, Verheiratung, Adoption Neros durch Claudius: Cassius Dio 60,31; 60,33, Josephus *bell Iud.* 2,249; Ps.-Seneca *Oct.* 150–167; Sueton *Claud.* 27,6; 39,5; Tacitus *ann* 12,8–9; 12,25–26.

Agrippina als Gattin des Kaisers: Cassius Dio 60,32–33; Josephus *ant. Iud.* 20,135; Plinius *nat.* 33,63; 35,201; Ps.-Seneca *Octavia* 150–167; Sueton *Claud.* 29,1; 43; Tacitus *ann.* 12,22; 12,27; 12,37; 12,41; 12,42; 12,56; 12,57; 12,59; 12,64–65.

Tod des Claudius und Machtantritt Neros: Cassius Dio 60,34–35; Josephus *ant. Iud.* 20,148; 20,151; Ps.-Seneca *Octavia* 21; 44–45; 93–96; 102; 150–167; 310–376; 593–617; Sueton *Claud.* 44; Tacitus *ann.* 12,66–68; 13,1; 13,2.

Agrippina als Mutter des Kaisers: Cassius Dio 61,2–8; 61,11; Plinius *nat.* 7,45; Ps.-Seneca *Octavia* 170–171; 952; Sueton *Nero* 28,2; 34,1; Sueton *Vespasian* 4,2; Tacitus *ann.* 13,4–5; 13,6; 13,14–16; 13,18–21; 14,1–2; 14,57; 15,50.

Tod der Agrippina: Cassius Dio 61,2; 61,12–14; 61,16; Ps.-Seneca *Oct.* 44–45; 93–96; 125–129; 150–167; 310–376; 593–617; 634; 952; Sueton *Nero* 34,2–3; 39,3; Tacitus *ann.* 13,20; 14,3–13; 15,67; 16,21.

Grundlegende Literatur

BARRETT, Agrippina 1996; CORBIER, Male power 1995; KAPLAN, Agrippina 1980; SANTORO L'HOIR, Tacitus 1994; SPÄTH, Diskurskonzept 2000.

Weiterführende Literatur

ANDREAU/BRUHNS, Parenté 1990; BRUNT, Amicitia 1988; DIXON, Mother 1988; HALLETT, Daughters 1984; JOSHEL, Messalina 1997; KUNST, Domus 1998; MACMULLEN, Women's Power 1986; NEVETT, Domestic Space 1997; SALLER, Personal Patronage 1982; SPÄTH, Geschlechter 1994.

Die Augusta aus der Wüste – die palmyrenische Herrscherin Zenobia
Anja Wieber

Im Jahre 272 n. Chr. unterwarf der römische Kaiser Aurelian die palmyrenische Königin Zenobia, nachdem diese sich – so die römische Sicht der Ereignisse – den Titel einer Augusta angemaßt und dadurch gegen Rom revoltiert hatte.

In der filmischen Adaption des Stoffes aus dem Jahre 1958 (**Q 106**) sehen wir Zenobia unter der Bürde ihres Amtes leiden. So führt sie in dem italienischen Spielfilm *Nel segno di Roma – Im Zeichen Roms* (I/F/BRD 1958) während eines höfischen Gastmahls mit ihrem künftigen (fiktiven) Geliebten folgendes Gespräch:

Zenobia: *Ich möchte das Leben genießen.*
Marcus Valerius: *Das ist auch dein gutes Recht. Du bist jung, schön, mächtig ...*
Zenobia: *... und allein.*
Marcus Valerius: *Ein Zeichen von dir und alle Männer werfen sich dir zu Füßen.*
Zenobia: *Ja, natürlich. Aber jeden Mann wählen zu können, ist nicht so schön, wie von einem Mann gewählt zu werden.*

Die Botschaft ist klar. Es geht um die Abkehr von der unweiblichen Aufgabe des Herrschens, um Verwandlung der Herrscherin in eine dem Manne unterlegene Frau. Zenobias Ende, wie es der Film inszeniert, spricht denn eine deutliche Sprache. Sie wird nach ihrer Gefangennahme nach Rom gebracht und heiratet den römischen Konsul und General Marcus Valerius, mit dem sie glücklich in einem Vorort Roms gewissermaßen gebändigt und als grüne Witwe im Stil der Filme der Nachkriegszeit bis an das Ende ihrer Tage lebt. Dieser Typus der Zenobia spiegelt das Weiblichkeitsbild der 50er Jahre wider, als den Frauen, die im Zweiten Weltkrieg die Rolle der Männer übernommen hatten, die Rückkehr an den heimischen

Herd schmackhaft gemacht werden sollte. In den 90er Jahren zeigen sich noch Spuren der Irritation über das politische Agieren Zenobias, wenn im Britischen Museum auf den Einführungstafeln zu Fundstücken aus Palmyra vom Ehrgeiz der Königin die Rede ist, dem die Strenge des römischen Kaisers Aurelian Einhalt gebieten musste.[185]

Es gibt allerdings auch andere Rezeptionsweisen: Im heutigen Syrien, in dessen Gebiet die antike Oasenstadt Palmyra liegt, fungiert das Bild der Zenobia auf aktuellen syrischen Geldscheinen (**Q 104**) als Emblem und dient so der Selbstvergewisserung einer langen Tradition syrischer Staatlichkeit und Unabhängigkeit. Im heutigen Palmyra heißt das ›Erste Haus am Platze‹ gar *Hotel Zenobia*.[186] 1948 ordnete der Pädagoge und Klassische Philologe Hermann Klimberg in dem eigens für den Lateinunterricht an Mädchenschulen erstellten lateinischen Lesebuch Texte über Zenobia dem Kapitel »Anteil der Frau am öffentlichen Leben zu«.[187] Entstanden ist diese Sammlung aus der Überlegung, dass Schülerinnen sich wohl eher mit historischen Frauengestalten als mit Männern identifizieren könnten.

Wer aber war nun die antike Zenobia? Über die Herkunft der im 3. Jh. gegen die Großmacht Rom angetretenen palmyrenischen Königin Zenobia wissen wir relativ wenig. Weder kennen wir ihr Geburtsdatum noch den Zeitpunkt ihrer Verheiratung mit dem palmyrenischen Klientelfürsten Odenat.[188] Nach dem Tode ihres Mannes im Jahre 267 n. Chr. übernahm sie jedenfalls für ihren noch unmündigen Sohn die Regentschaft und vertrat Palmyra bis 272 als Herrscherin.

In der althistorischen Forschung der letzten Jahre hat das Interesse an den sogenannten großen Frauen der Antike zugenommen. Dabei haben sich neben personengeschichtlichen Ansätzen auch struktur-, wirtschafts- und sozialgeschichtliche Fragestellungen als fruchtbar erwiesen.[189] Schwerpunktmäßig wird außerdem im Falle der Frauen aus Herrscherhäusern die Frage beleuchtet, wie deren Darstellung in den antiken Quellen bestimmt wird von den Gesetzen der jeweiligen literarischen Gattung, dem Standort des Autors und der Zwecksetzung antiker Herr-

---

185 »Two rebellions by the Palmyrenes against Rome, the first led by the ambitious queen regent Zenobia, were put down with great severity by the Emperor Aurelian.«
186 Vergleichbar ist dieser Wertung der antiken Herrscherin die hohe Identifikation im heutigen Russland der 90er Jahre mit Katharina II., die derzeit als Symbol für Reformwillen, Eroberungspolitik und Kultur der russischen Revolution gilt und deshalb in Politik, Kultur und Mode häufig zitiert wird.
187 Von Frauen des Altertums. Ein lateinisches Lesebuch, zusammengestellt und erläutert von Hermann KLIMBERG, 2 Teile, Münster i. Westf. 1948–1949.
188 STONEMAN, Palmyra 1992, 111–112.
189 ECK, Agrippina 1993; FISCHLER, Social stereotypes 1993, 115–133; HAHN, Die Frauen des römischen Kaiserhauses 1994; HOLUM, Theodosian Empresses 1982; KOKKINOS, Portrait of a Great Roman Lady 1992; KUNST, Zur sozialen Funktion der Domus 1998, 450–471; PERKOUNIG, Livia Drusilla 1995.

schaftspropaganda.[190] In der Kunstgeschichte und der Literaturwissenschaft der neueren Sprachen gehen die Untersuchungen der Frage nach, wie die jeweiligen Typisierungen antiker Herrscherinnen in den betreffenden Epochen rezipiert werden.[191]

Die wichtigsten griechisch-römischen Quellen über die palmyrenische Königin sind ein Ausschnitt in der in griechischer Sprache abgefassten *Römischen Geschichte* des Zosimos (5. Jh., **Q 102**) und eine komplette Lebensbeschreibung in der lateinischen Kaisergeschichte *Historia Augusta* (**Q 100**), von denen letztere im folgenden aufgrund ihrer besonderen Ausführlichkeit näher vorgestellt werden soll. Bei der *Historia Augusta* handelt es sich um eine unter sechs Autorennamen[192] überlieferte spätantike Sammlung von 30 Kaiserbiographien. Während früher die Forschung diese Verfassernamen als echt akzeptierte,[193] ist man sich seit den Arbeiten von Hermann Dessau und Ernst Hohl einig, dass es sich um Pseudonyme handelt und ein einziger unbekannter Verfasser sich für die Schrift verantwortlich zeigt,[194] der allerdings mit der Fiktion der verschiedenen Autoren geschickt spielt. Der Berichtszeitraum umfasst die Lebensbeschreibungen der Kaiser von Hadrian bis Carinus (117–285 n. Chr.), die Viten von 244–255 sind verloren. Keine Einigkeit herrscht über den tatsächlichen Abfassungszeitraum der Schrift. Hier reichen die Vorschläge von der Mitte oder dem Ende des 4. über die Mitte des 5. Jh. bis hoch zum ersten Drittel des 6. Jh. Trotz aller Debatten um die Abfassungszeit der Schrift und um die in ihr z. T. enthaltenen Fälschungen stellt die *Historia Augusta* eine unersetzliche Quelle für weite Phasen besonders des 3. nachchristlichen Jh. dar.

So soll im folgenden aus jener Kaisergeschichte die Vita der Königin Zenobia eingehender analysiert werden. Indem der Textanalyse Sachinformationen über Palmyra als Karawanenstadt und deren Beziehungen zu Rom vorangestellt werden, kann der Zusammenhang zwischen realpolitischen Interessen und literarischer Form und deren Auswirkungen auf das Bild Zenobias nachgewiesen und somit die eingangs für die Darstellung antiker Herrscherinnen als typisch angesprochene Stereotypisierung aufgedeckt werden.

---

190 BECK, Kaiserin Theodora und Prokop 1986; GARLICK/DIXON/ALLEN (ed.), Stereotypes of Women in Power 1992; WALLINGER, Die Frauen in der Historia Augusta 1990; LEPPIN, Das Bild der kaiserlichen Frauen bei Gregor von Nyssa, (im Druck); WIEBER-SCARIOT, Zwischen Polemik und Panegyrik 1999; WYKE, Augustan Cleopatras 1992, 98–140.

191 Die Galerie der starken Frauen/La Galérie des Femmes Fortes. Die Heldin in der französischen und italienischen Kunst des 17. Jh., Ausstellungskatalog bearb. von Bettina BAUMGÄRTEL/Silvia NEYSTERS, Düsseldorf 1995; HAMER, Signs of Cleopatra 1993; SCHLUMBOHM, Die Glorifizierung der Barockfürstin 1981, 113–122.

192 Aelius Spartianus; Iulius Capitolinus; Vulcanius Gallicanus; Aelius Lampridius; Trebellius Pollio; Flavius Vopiscus.

193 Daher rührte auch die Bezeichnung *Scriptores Historiae Augustae*.

194 STRAUB, Vorwort. In: *Historia Augusta* Bd. 1, 1976/1985, V–XLVII; HOHL, Einleitung: Über das Problem der *Historia Augusta*. In: ebd., Bd. 1, 1–27.

Palmyra – das Juwel in der Wüste

Die Konfrontation Zenobias mit Rom hatte eine realpolitische, v. a. in wirtschaftlichen Interessen wurzelnde Dimension. Palmyra ist eine seit altorientalischer Zeit besiedelte Oase in der syrischen Wüste. Mit der Beendigung der Seleukidenherrschaft in Syrien durch die Römer im 1. vorchristlichen Jh. blieb Palmyra noch eine Zeitlang als Klientelgebiet unabhängig, wurde aber zu Beginn der Kaiserzeit tributpflichtige Stadt in der Provinz Syria.[195]

Seit altorientalischer Zeit gab es zwischen dem östlichen Mittelmeer mit seinen Häfen und dem Gebiet am Euphrat mit den Wasserrouten nach Osten Verbindungswege. Diese durchkreuzten Wüstengebiet. Mit der Zeit hatten sich vier Karawanenstraßen herausgebildet (**Q 108**): Die Route von Antiochia über Nisibis nach China war sehr gebirgig und zeitweilig sehr unsicher, der Weg von Gerasa nach Babylon gestaltete sich zwar sicherer, aber dennoch schwieriger wegen der wenigen Wasserquellen. Ferner existierte der Weg von Petra zur Südküste des Persischen Golfs. Der bei weitem komfortabelste Weg aber führte über Palmyra zum Euphrat und von da aus nach Charax an der Nordküste des Persischen Golfs.[196] Die Bedeutung Palmyras als Karawanenstadt erfuhr allerdings erst eine erhebliche Steigerung mit dem Niedergang der Karawanenstadt Petra gegen Ende des 1. Jh.[197]

Zwei wichtige Angebote hielt die Karawanenstadt Palmyra für einen reibungslosen Ablauf des Handels bereit: Wasserquellen und kundige Karawanenführer. Die palmyrenischen Karawanenführer boten den Karawanen Orientierungshilfen in der Wüste und Geleitschutz gegen Räuberbanden, eine Dienstleistung, auf der sich ebenfalls der Reichtum der Einwohner gründete. Außerdem sind die Palmyrener noch aktiv im Seehandel gewesen. Denn sie unterhielten auch Schiffe für den Osthandel vom Persischen Golf aus, wie aus einem Grabstein von 236 n. Chr. ersichtlich ist.[198]

Für gewöhnlich reiste eine antike Karawane nicht weiter als von einer Etappe zur nächsten »Verrechnungsbörse«, wie Michail Rostovtzeff diese Warenumschlagplätze nennt. Dort wechselten die Waren die Besitzer, und eine neue Karawane wurde gebildet.[199] Wahrscheinlich ist von einem Warenaustausch zwischen West (Römisches Reich) und Ost (Arabien/Indien/China) in Palmyra auszugehen. Für einen direkten Reichszoll (*portorium*) Palmyras an Rom gibt es allerdings nur unsichere Belege; für andere Städte des Römischen Reiches ist er aber klar nachgewiesen. Die Verbindung eines Warenumschlagplatzes mit einer politischen Zentrale ist überdies typisch für Karawanenhandel. Unabhängig davon, ob Rom einen direk-

---

195 Drijvers, Daten zur Geschichte Palmyras 1987, 119–120.
196 Stierlin, Städte in der Wüste 1996, 10 mit Karten (13; 126).
197 Zur Wirtschaft Palmyras sind einschlägig: Brodersen, Das Steuergesetz von Palmyra 1987, 153–159; Matthews, Die Wirtschaft Palmyras 1987, 149–152; vgl. auch Drexhage, Osthandel 1988.
198 Schmidt-Colinet (Hg.), Palmyra 1995, 81, Abb. 126; zum Nebeneinander von Seeweg und Landweg vgl. Stoneman, Palmyra 1992, 45.
199 Rostovtzeff, Gesellschafts- und Wirtschaftsgeschichte Bd. 2, 1955, 1002.

ten Gewinn aus dem Karawanenhandel Palmyras zog oder nicht, blieb die Stadt dennoch eine wichtige Etappe auf dem für Rom interessanten Osthandel, von deren Funktionieren der Zustrom von Luxusgütern in das Reich und die Hauptstadt Rom abhing, wie auch Plinius der Ältere berichtet.[200]

Ein eigenes Reich des Ostens?

Im 3. nachchristlichen Jh. änderte sich die Situation Palmyras. Der palmyrenische Fürst Odenat[201] war wahrscheinlich schon unter Kaiser Valerian vor 260 zum Gouverneur über die Provinz Syria-Phoenicia, in deren Gebiet Palmyra lag, ernannt und von dessen Sohn Kaiser Gallienus mit Sonderrechten ausgestattet worden. Er war nun Feldherr der Römer und erhielt den Titel *corrector totius orientis*. Grund dafür war, dass sich im Römischen Reich die Konfliktherde an den verschiedenen Fronten durch Barbareneinfälle und Usurpationen vermehrt hatten und die Ostfront gegen das neuentstandene, sogenannte Neupersische Reich der Sasaniden geschützt werden musste.[202] Ursprünglich hatte sich Odenat wohl um ein Bündnis mit den Sasaniden (Neupersisches Reich) bemüht. Dann aber stellte er sich in mehreren Feldzügen gegen deren Reich und stieß sogar erfolgreich in persisches Gebiet vor. Außerdem hatte er die beim oströmischen Heer als Kaiser ausgerufenen Söhne des Prätorianerpräfekten Fulvius Macrianus besiegt und so deren Usurpation niedergeschlagen.[203] Mit seiner Politik steht Odenat in der Tradition der *Schaukelpolitik*[204] Palmyras, hatte doch schon Plinius der Ältere darauf hingewiesen, dass das Kapital der Stadt ihre Lage und ihre Funktion als Puffer zwischen dem römischen Reich und dem Partherreich sei.[205] Palmyra hatte innerhalb kurzer Zeit sein Einflussgebiet um Teile Mesopotamiens, der Provinz Arabien und Syriens erweitert.

Als Odenat 267 ermordet wurde,[206] übernahm seine Witwe Zenobia noch unter Kaiser Gallienus die Regentschaft für ihren unmündigen Sohn Vabalatus.[207]

---

200 Plinius *nat*. 12,84.
201 Es gibt verschiedene graphische Versionen des Namens: Odainat/Odainath/Odaenath/Odenat; im folgenden wird die an die lateinische Version (Odenatus) angelehnte Form *Odenat* benutzt.
202 Vgl. SCHIPPMANN, Grundzüge 1990, 10 ff.
203 Zum historischen Hintergrund: DRIJVERS, Zenobia 1987, 128–131, und HANSLIK, Zenobia (2) 1972, 1–7.
204 SCHMIDT-COLINET, Palmyra 1995, 3.
205 Plinius *nat* 5,21,88.
206 DRIJVERS, Zenobia 1987, 129, vermutet, dass Odenat im Auftrag des Kaisers Gallienus getötet wurde, da seine Machtposition zu sehr gewachsen war; dagegen STONEMAN, Palmyra 1992, 108–109. HANSLIK, Zenobia 1972, 2, verweist auf Münzen des Gallienus aus dem Jahre 268 n. Chr., auf denen der Kaiser die Legende *Oriens Augusti* prägen lässt. Vielleicht sollte hierdurch der Einfluss Palmyras zurückgedrängt werden. In der *Historia Augusta* erscheint Zenobia an anderer Stelle in ihrer eigenen Vita als böse Stiefmutter und als Mitwisserin um die Ermordung des Ehemannes (HA *trig. tyr.* 16,3; 17,2).
207 KOTULA, Aurélien et Zénobie 1997, 106, geht davon aus, dass Zenobia 3 Söhne hatte, von denen die beiden in der Vita der Zenobia (HA *trig. tyr.* 30,2) erwähnten Söhne,

Sie führte die expansive Politik ihres Ehemannes fort: Es folgte bereits unter der Regierung des Claudius (römischer Kaiser von 268–270) ihre Eroberung Antiochiens sowie weiter Teile Kleinasiens und Ägyptens. Für ihre Eroberung Ägyptens (wahrscheinlich zu Beginn des Jahres 270) gibt es realpolitische, nämlich ökonomische Gründe. Hatte sich doch das Verhältnis zum Sasanidenreich verschlechtert und waren somit der Karawanenweg nach Charax und der Seeweg nach Indien versperrt, aber auch alle übrigen Karawanenwege führten durch das Gebiet der Sasaniden.[208] So bot Ägypten mit seiner Anbindung an das Rote Meer für die Fortführung des Handels die Lösung.

Zenobia wollte wohl ihr Agieren ins Einvernehmen mit Rom setzen, da sie in Ägypten anfangs noch Münzen prägen ließ mit ihrem Sohn als *dux Romanorum* und Kaiser Aurelian (römischer Kaiser ab 270) als Augustus. Erst später erscheinen Münzen, auf denen sie sich als Augusta und ihren Sohn als Augustus bezeichnet (**Q 103**). Jüngst ist ihre Politik als Versuch gedeutet worden, einen Ost- und Westteil im Stile der Diokletianischen Reichsreform zu errichten. Demnach hätte sie nicht das Ziel einer Abtrennung vom Reich verfolgt. Kaiser Aurelian hingegen habe das Konzept einer *unitas* des Reiches vertreten und sich daher gezwungen gesehen, gegen Zenobia vorzugehen.[209]

Unabhängig von einem Konflikt der Reichsideen standen aber – wie oben gezeigt wurde – für die Römer ökonomische Interessen auf dem Spiel. Es drohte nicht nur der Verlust der reichen Karawanenstadt, sondern auch des ebenfalls für Rom ökonomisch wichtigen Territoriums Ägypten. Die Vasallenkönigin war zu mächtig geworden, und ihre Politik galt nun als Usurpation. Außerdem stellte ein zu mächtiges Palmyra eine Gefahr für das römische Konzept der Abschottung gegen das sasanidische Reich durch eine palmyrenische Pufferzone dar – war doch ein Seitenwechsel der Palmyrener denkbar; den Persern wären so für Rom wichtige Gebiete zugefallen. Hinzu kam, dass Palmyra eine reiche Beute für Rom bot.[210]

Also brach Kaiser Aurelian im Jahre 271 n. Chr. zu seinem Ostfeldzug auf und eroberte die von Palmyra okkupierten Gebiete in Kleinasien zurück. Es kam zu Begegnungen bei Antiochia und Emesa, die Römer siegten und nahmen die Verfolgung Zenobias gen Palmyra auf. Ob die Belagerung Palmyras eine Fiktion der antiken Geschichtsschreibung ist, kann nicht entschieden werden. Als Aurelian näherrückte, versuchte Zenobia per Dromedar Hilfe von den Sasaniden zu holen,

---

Timolaus und Herennianus, nachgeboren waren, während der in der Vita Aurelians erwähnte Vabalatus (HA *Aurel.* 38,1) der Erstgeborene war; außerdem hatte Odenat nach Kotula noch zwei Söhne aus einer ersten Ehe. Anders dagegen sieht das genealogische Stemma bei STONEMAN, Palmyra 1992, 116, aus; er geht von 2 Söhnen Zenobias (Vabalatus/Herennianus) aus und hält den Timolaus für fiktiv.
208 DREXHAGE, Osthandel 1988, 139–140.
209 KOTULA, Aurélien et Zénobie 1997, 117ff.
210 Vgl. den Bericht des Zosimus 1,56,2 über die Beute, die Aurelian in Palmyra machte.

wurde aber im Sommer 272 n. Chr. gefangengenommen.[211] Ob sie danach Rom noch lebend erreichte und dort ihren Lebensabend verbrachte oder nicht, ist ebenfalls umstritten.[212] Die Palmyrener erheben sich im Anschluss noch ein letztes Mal gegen Rom und ernennen einen Verwandten der Zenobia zum Kaiser; Aurelian schlägt den Aufstand aber nieder.

Die Vita Zenobiae – das Idealbild einer Usurpatorin?

Die Vita der Zenobia gehört innerhalb der *Historia Augusta* zu der Gruppe der sogenannten *triginta tyranni*, einer als ein Buch innerhalb des Gesamtœuvres präsentierten Sammlung von genau genommen 32 Usurpatorenviten.[213] Der Autor erklärt die Abweichung von seinem Titel selbst, indem er in Kapitel 31 darauf verweist, dass er zwei Frauen in diese Usurpatorenreihe aufgenommen habe, nämlich Zenobia und Victoria,[214] die nicht zählten. Daher muss er den Kreis um zwei weitere männliche Beispiele erweitern, damit – so seine Verteidigung an die Adresse potentieller Kritiker – ihm nicht der Vorwurf gemacht werde, Tyranninnen behandelt zu haben.[215] Damit offenbart der Autor beiläufig seine ablehnende Haltung gegenüber der Frauenherrschaft.

Insgesamt ist an dem Buch der *triginta tyranni* bemerkenswert, dass eine aus Viten zusammengesetzte Kaisergeschichte überhaupt Darstellungen über Usurpatoren enthält. Erfahren die Usurpatoren doch durch die Viten eine bis dahin in der römischen Politik und Literatur für Gegner der etablierten Macht und Verlierer unübliche Aufwertung.[216] Das gilt auch für Zenobia, die trotz nicht nur lobender Nennung im gesamten Textcorpus der *Historia Augusta* insgesamt eine positivere Würdigung erfährt als etwa die auch schon vom Autor der vorliegenden Biographiensammlung zum Vergleich herangezogene Kleopatra, die in der römischen Literatur größtenteils eine schlechte Presse hat.[217]

Die Vita der Zenobia umfasst 27 Paragraphen, die sich in vier Abschnitte untergliedern lassen. Der erste Abschnitt (§§ 1–3) ist ein historischer Überblick über den Aufstieg und Fall Zenobias. Es folgt ein Schreiben des Kaisers Aurelian an den römischen Senat, in dem er seinen Kampf und Sieg über die Königin und seine

---

211 DRIJVERS, Zenobia 1987, 129–130; anders STONEMAN, Palmyra 1992, 168 ff., und HANSLIK, Zenobia 1992, 5, die von einer Belagerung Palmyras ausgehen.
212 WALLINGER, Frauen in der HA 1990, 141, Anm. 2, und 147–148, über die verschiedenen antiken Quellen zu Zenobias Lebensabend; vgl. **Q 100** u. **Q 102**.
213 Der fiktive Autor ist Trebellius Pollio.
214 HA *trig. tyr.* 31,1–4; die HA führt Victoria als Mutter und Großmutter gallischer Gegenkaiser mit einer eigenen Vita, der einzigen Frauenvita neben der der Zenobia, ein. Ansonsten sind die Belege über ihre Person spärlich, die Informationen über die gallischen Gegenkaiser innerhalb der *triginta tyranni* oft falsch; vgl. WALLINGER, Frauen in der HA 1990, 149–153.
215 HA *trig. tyr.* 31,7; 31,10.
216 RÖSGER, Usurpatorenviten 1977, 359–393.
217 BECHER, Das Bild der Kleopatra 1966; WYKE, Augustan Cleopatras 1992.

weiteren Entscheidungen rechtfertigt (§§ 4–11). Der dritte Teil der Vita bringt eine Charakterisierung der Zenobia, im wesentlichen nach Eigenschaften und Verhaltensweisen untergliedert (§§ 12–22). Die Vita schließt mit einem Dialog zwischen Königin Zenobia und Kaiser Aurelian und einem Bericht über ihren Lebensabend nach ihrer Begnadigung (§§ 23–27).

Die ersten drei Paragraphen geben einen kompletten Überblick über die Regierung Zenobias und ihre Unterwerfung durch Kaiser Aurelian. Eingangs wird in einem für den Moralismus der antiken Geschichtsschreibung typischen Stil die Klage geführt, dass jeglicher Anstand eingebüßt sei, da Frauen regiert hätten. Mit den Frauen sind hier Victoria, die Mutter eines gallischen Gegenkaisers, und natürlich die palmyrenische Königin gemeint, die beide allerdings hier noch nicht namentlich genannt, sondern nur über ihr Geschlecht definiert werden. Als Verantwortlicher des politischen Verfalls wird der Kaiser Gallienus benannt. Sprachlich wird diese Aussage unterstrichen durch die zweigliedrige Antithese der unwürdigen Untätigkeit (*nequissime agente*) des Gallienus im Vergleich zu der ›professionellen‹ Herrschaft der Frauen (*optime imperarent*).

Nicht genug, dass Frauen regierten, noch dazu sind es Ausländerinnen. *Peregrinae* schließt in betonter Endposition wirkungsvoll das erste Satzgefüge der Vita ab. Dabei ist es nicht relevant, dass sowohl die Gallierin als auch Palmyrenerin streng genommen römische Bürgerinnen waren. In der Wahrnehmung der spätantiken Zeitgenossen wurde Gallien oft noch als keltisch[218] verstanden und auch für den Osten hatte sich die Vorstellung des Fremden gehalten.

Die Bezeichnung Zenobias als Fremde wird zu Beginn des zweiten Paragraphen wiederaufgenommen. So lenkt der Autor stilistisch durch Wortwiederholung ein weiteres Mal die Aufmerksamkeit darauf, dass die palmyrenische Königin eine Fremde ist. Erst an vierter Stelle des neuen Paragraphen fällt dann endlich der Name Zenobia. Im Anschluss daran macht der Autor darauf aufmerksam, dass Zenobia bereits mehrfach in dem Gesamtwerk behandelt worden sei. Tatsächlich wurde sie bereits in der Vita des Kaisers Gallienus[219] namentlich erwähnt und ferner in den entsprechenden Abschnitten der *triginta tyranni* über ihren Ehemann Odenatus,[220] ihren Stiefsohn Herodes,[221] ihren angeheirateten Vetter Maeonius,[222] einen gallischen Gegenkaiser,[223] mit dem sie unserem Autor zufolge im Triumph gemeinsam aufgeführt wurde, und schließlich in der Vita ihres Sohnes Herennianus.[224] Da sie auch noch im Anschluss an das Buch der *triginta tyranni* in den Viten der Kaiser Claudius[225] und Aurelian[226] verschiedentlich namentlich vor-

---

218 Zum Phänomen des römisch gefilterten Keltentums im spätantiken Gallien vgl. DEMANDT, Spätantike. 1989, 308–309.
219 HA *Gall.* 13,2; 13,5.
220 HA *trig. tyr.* 15,2; 15,7–8.
221 HA *trig. tyr.* 16,1; 16,3; zur Genealogie der Familie vgl. Anm. 207.
222 HA *trig. tyr.* 17,2.
223 HA *trig. tyr.* 24,4.
224 HA *trig. tyr.* 27,1.
225 HA *Claud.* 1,1; 4,4; 7,5.

kommt, bestätigt sich hier, dass der Autor der *Historia Augusta* im Falle von Usurpatoren das Gegenprogramm zu einer Verdammung durch Tilgung des Namens (*damnatio memoriae*) betreibt.[227] Damit aber unterscheidet sich die Präsentation Zenobias wieder wesentlich von der Entpersonalisierung Kleopatras, die als von Rom Besiegte in der Propaganda des Siegers Octavian-Augustus oft nicht einmal mehr mit dem Individualnamen, sondern nur mit dem in der Endphase der römischen Republik nicht positiv konnotierten Titel der *regina* oder gar mit dem Landesnamen *Ägypten* belegt wird.[228]

Die Vita der palmyrenischen Königin wird fortgesetzt mit der von Zenobia angeblich favorisierten Genealogie. Sie berufe sich auf die verschiedenen Cleopatrae und die Dynastie der Ptolemäer – so schreibt unser Autor in fast pleonastischem Stil, da ja die sieben bekannten Cleopatrae aus der Familie der Ptolemäer stammten. In der Vita ihres Sohnes geht der Verfasser so weit, Dido, Semiramis und Kleopatra als Zenobias Ahnherrinnen anzugeben.[229] Obwohl die beiden sagenhaften Königinnen Dido und Semiramis über ihre phönikische und assyrische Heimat, die genauso wie Palmyra zum syrischen Gebiet gehörten, eine gewisse Verbindungslinie zu Zenobia zulassen, dürfte diese Genealogie wohl nicht zum Programm der Zenobia gehört haben, sondern eine Erfindung unseres Autors sein.[230] Ebenfalls im zweiten Paragraphen der Vita erwähnt er Dido, nach deren Art Zenobia gekleidet gewesen sein soll. So kann man davon ausgehen, dass die beiden Herrscherinnen hier in der Form eines rhetorischen *exemplum* zitiert werden. Zweck des *aus der Menge* von mythischen oder historischen Beispielen *Herausgegriffenen* (*ex-emplum*) ist die Verdeutlichung der Argumentation.[231] Zenobia wird durch diese zum Vergleich herangezogenen Herrscherinnen eindeutig als alleinregierende Herrscherin des Ostens charakterisiert. Speziell Kleopatra und Dido haben aber, obwohl die eine Gestalt historisch und die andere mythisch ist, aus römischer Warte noch eine andere Gemeinsamkeit: Sie halten römische Männer, nämlich Kleopatra den Caesar und Marc Anton, Dido den Aeneas von der Ausübung ihrer Pflicht ab. Zenobias Agieren erscheint durch diesen Vergleich als ›Störfall‹ römischer Geschichte.

Eingerahmt wird der zweite Paragraph von den Wörtern *peregrina – imperavit*. Erneut unterstützt der Autor durch die Wortstellung seine Aussage, die im Singular eine leitmotivische Wiederholung der im ersten Paragraphen erwähnten Frauenherrschaft bringt. Berücksichtigt man nun noch die antike Lesekultur, zu der Vor-

---

226 HA *Aurel.* 22,1; 25,2f.; 26–28; 30–34; 35,4; 38,1; vgl. **Q 101**.
227 RÖSGER, Usurpatorenviten 1977, 393.
228 BECHER, Kleopatra 1966, 17–18; WYKE, Augustan Cleopatras 1992, 117.
229 HA *trig. tyr.* 27,1f; vgl. auch die Vita des Kaisers Claudius über ihre Abstammung von Kleopatra alleine (HA *Cl.* 1,1).
230 So Anm. 3 zur Vita der Zenobia in der Hohlschen Übersetzung der HA, Bd. 2, 367; WALLINGER, Frauen in der HA 1990, 142; dagegen STONEMAN, Palmyra 1992, 118–121.
231 LUMPE, Exemplum 1966, 1230; zu antiken Ostherrscherinnen als vielzitierten *exempla* cf. auch WIEBER-SCARIOT, Zwischen Polemik und Panegyrik 1999, 307–364, besonders 318–346.

lesen eines Textes gehörte, so kann man sich vorstellen, dass der betonte Satzanfang mit der Wiederholung des Wortes *peregrina* beinahe lautmalerisch das Wort *regina* miteinführt. Zenobias Machtergreifung wird in ihren Etappen und Voraussetzungen geschildert: Nach dem Tode des Ehemannes hat sie den Purpurmantel angelegt, sich geschmückt wie Dido, das Diadem angenommen und im Namen der Söhne regiert. Mit dem Diadem und Purpurmantel hat sich Zenobia die Rangabzeichen eines legitimen Kaisers und spätestens seit dem 4. Jh. auch einer Kaiserin genommen.[232] Nun drückt der Autor der Vita mit dieser Schilderung nicht etwa seine Billigung der Frauenherrschaft aus. Vielmehr wird Zenobias Herrschaft durch den Verweis auf ihre Söhne als eine Regentschaft, also eine Stellvertretung, spezifiziert und ihr Anspruch abschließend mit der Erwähnung geschlechtsspezifischer Normen, die sie verletzt habe, abgewehrt: Sie hat die ihr durch ihr Geschlecht vorgegebene zeitliche Begrenzung der Herrschaft missachtet. Wie sich der Autor diese Begrenzung vorstellt, darüber schweigt er allerdings. Das Amt, das die Königin ausübt, hat der Verfasser zwar als königliches (*regale munus*) bezeichnet, für Zenobia wählt er allerdings die Bezeichnung *hochmütiges Weib* (*mulier superba*). Sie wird also wie zu Beginn des Buches zusammen mit Victoria über ihr Geschlecht definiert und mit dem Adjektiv *superba* zugleich mit einer Vokabel belegt, die in spätantiken Texten für gewöhnlich eine mit Machtmissbrauch einhergehende Selbstüberhebung charakterisiert. Außerdem wird *superbia* oft als eine Eigenschaft ausländischer Feinde angesehen.[233] Die beiden Wörter *regale/munus* umrahmen die solcherart negativ charakterisierte Königin effektvoll, so dass das negativ konnotierte Adjektiv *superba* gewissermaßen den legitimen Aspekt ihres Königsamtes (*regale*) einschränkt.

Dass Zenobias Herrschaft im Mittelpunkt des gesamten ersten Abschnittes steht, untermauert auch die Semantik der benutzten Wörter (*diadema/sagulum*; *imperare/rem publicam regere/regale munus obtinere*). Im Gegensatz dazu mündet der Absatz jedoch in die Beschreibung der Unterwerfung Zenobias. Wie gravierend ihre Niederlage ist, belegt die Wortdopplung *victa et triumphata*. Als Retter in der (römischen) Not, unter Anstrengungen (*vix*) und lang erwartet (*denique*), tritt Kaiser Aurelian wie ein rettender Gott auf. Sein Vorgehen ermöglicht die Wiederherstellung von Recht und Ordnung. Deswegen steht am Ende des Abschnittes in betonter Position die Wortfügung *iura Romana*. Was als verkehrte Welt am Anfang der Vita eingeführt wurde, findet sein Ende und seine Aufhebung durch Rom.

Der erste Abschnitt bringt in komprimierter Form alle Daten und Informationen, die zum Verständnis der Geschichte der Zenobia notwendig sind. Zugleich wird er zu einem Personenindex der gesamten Vita. Der zweite Abschnitt (§§ 4–11) der Vita gibt das fiktive[234] Rechtfertigungsschreiben[235] des Kaisers Au-

---

232 WESSEL, Insignien 1978, 455–498 (der Kaiserin).
233 SEAGER, Ammianus Marcellinus 1986, 33; 41.
234 Die in der *Historia Augusta* eingefügten Dokumente sind getreu den Gattungsregeln der antiken Geschichtsschreibung keine Originaldokumente.
235 Ein vergleichbares Rechtfertigungsschreiben des Kaisers Aurelian findet sich in seiner Vita (HA *Aurel.* 26,2–5); vgl. **Q 101**.

relian an den römischen Senat wieder. Der Kaiser sieht sich genötigt, seine Männlichkeit zu verteidigen, da er doch lediglich eine Frau besiegt habe. Dass er trotzdem das Prädikat *vir fortissimus* (§ 4) verdiene und seine Leistung eine männliche sei (*virile munus* § 5), macht er deutlich, indem er Zenobias herrscherliche Qualitäten betont (*prudens, constans, gravis, larga, tristis* § 5): Sie sei – obwohl eine Frau – eine gute und gestrenge Herrscherin. Darüber hinaus ist sie noch eine gute Heerführerin, da laut Aurelian Odenats militärische Erfolge, besonders der Sieg über den Perserkönig, auf ihr Konto gingen (§ 6).[236] Dass sie den Völkern Arabiens und Armeniens Furcht eingeflößt habe (§ 7), spielt auf ihre Expansion an. Soweit hat unser Autor Aurelian darlegen lassen, warum sie eine eines römischen Kaisers würdige Gegnerin sei. Es folgt die Rechtfertigung der Begnadigung, die sie verdiene, da sie durch ihren Einsatz für das *imperium orientis* dem römischen Staat genützt habe (§ 8). Das spielt auf die Absicherung der Ostfront gegen die Perser durch die Palmyrener an.

Die Argumentation dieses Absatzes wird geschickt durch eine für die antike Logik typische Schlussfolgerung[237] abgerundet: Wenn schon Sieg und Triumph über Zenobia im Urteil von Kritikern gegen die Schicklichkeit (das *decorum*) verstoße, wie ist dann erst ihre Herrschaft unter Gallienus und Claudius zu deuten? Dieses Argument Aurelians greift die Bewertung des ersten Paragraphen auf. Die Nichtswürdigkeit des Kaisers Gallienus wird hier durch zweierlei unterstrichen: Zum einen beschreibt Aurelian Zenobias Regierung als gut (*bene rexit imperium*) und straft die Regierungstätigkeit seines Vorgängers dagegen schlicht mit Nichterwähnung (*quid de Gallieno loquuntur*), d. h. anstelle einer spezifischen Handlung des früheren Kaisers steht nur der Individualname. Zum anderen benennt Aurelian – untermalt durch die Alliteration – Zenobias Verachtung für diesen römischen Kaiser (*cuius contemptu* § 10). Im Falle des mit den schmückenden Adjektiven *divus, sanctus* und *venerabilis* positiv benannten Kaisers Claudius liefert Aurelian die bereits zu Beginn der Vita genannte Begründung: Die Gotenkriege machten sein Verhalten Zenobia gegenüber verständlich (§ 11). Allerdings habe Claudius Zenobias Regiment lediglich aus strategischen Gründen geduldet, nicht gebilligt, wie der Bedeutungsumfang des Infinitivs (*passus esse*) zeigt.

Mit dem gesamten Absatz verfolgt der Autor die Absicht, für den Ausnahmezustand der Frauenherrschaft einen Dispens einzuholen, um dadurch die seiner Meinung nach guten Kaiser Claudius und Aurelian positiv darzustellen und besonders letzterem eine würdige Gegnerin zur Seite zu stellen. Der (fiktive) Brief ist hier ein Mittel zur Bekräftigung und zur Veranschaulichung der Argumentation.

Das sich anschließende Porträt Zenobias enthält sehr gemischte Informationen. Gleich zu Beginn werden wir über ihre Keuschheit unterrichtet (§ 12): Sie sieht Zeugung von Kindern als einzigen Sinn und Zweck der ehelichen Sexualität an und verhält sich dementsprechend nach jeder potentiellen Empfängnis enthaltsam.

---

236 In der Vita des Odenat (HA *trig. tyr.* 15,8) schildert der Autor, dass Zenobia ihren Mann auf den Feldzügen begleitet haben soll und angeblich tapferer als er war.
237 MENGE, Lateinische Syntax und Stilistik 1979, § 528: Enthymem.

Diese Darstellung der palmyrenischen Königin unterscheidet sich deutlich von der anderer antiker Herrscherinnen des Ostens: So werden in den antiken Quellen beispielhalber die sagenhafte assyrische Königin Semiramis genauso wie Kleopatra und etliche römische Kaiserinnen geradezu als männermordende Vamps geschildert.[238] Demgegenüber scheint das sexuelle Verhalten Zenobias spätantike Askeseideale zu spiegeln, wie sie in christlichen Texten jener Zeit aufscheinen.[239] Der nicht-christliche Verfasser der *Historia Augusta* präsentiert Zenobia in diesem Kontext vielleicht als ›heidnische‹ Antwort auf christliche Ideale, vielleicht aber auch als Gegenstück zum als wollüstig stilisierten Kaiser Gallienus.[240] Vor diesem Hintergrund wird Enthaltsamkeit als Form der Selbstbeherrschung nämlich zu einer Herrschertugend, da sich mit letzterer nach antikem Urteil automatisch die Fähigkeit verbindet, anderen gebieten zu können.[241] Als derart selbstbeherrschte und führungskompetente Herrscherin beschrieben, unterscheidet sich Zenobia von den übrigen ›Ostherrscherinnen‹ wie Kleopatra.

Daran schließen sich Informationen (§§ 14–15) zu der monarchischen Repräsentation Zenobias (*regalis pompa*) an. An ihrem Hof wird die fußfällige Verehrung, die Proskynese, (*more ... Persico adorata est*) betrieben, und ihre Gastmähler werden nach persischem Stil abgehalten. Soweit wird sie als östliche Herrscherin charakterisiert. Ihre Kleidung bei Heeresversammlungen klassifiziert der Autor als römisch und bezieht sich damit auf den bereits zu Beginn beschriebenen Purpurmantel. Die mit dem griechischen Lehnwort *coclis* belegte Fibel zum Zusammenhalten des Purpurmantels wird dagegen als weiblich charakterisiert, gehört aber spätestens seit dem 4. Jh. zum ›Dienstkostüm‹ der römischen Kaiserin.[242]

Die Darstellung ihres Aussehens erfolgt in überwiegend nominalem Stil. Der Autor vermittelt uns das Bild einer Frau orientalischen Typs mit männlicher Stimme (§ 15). Es folgt ihr Profil als Herrscherin, ebenfalls im nominalen Stil. Je nach Situation beweise sie Strenge oder Milde und vereinige damit Tyranneneigenschaften wie Qualitäten eines guten Herrschers in sich: Die chiastische Stellung von *severitas ... tyrannorum, bonorum principum clementia* unterstreicht die Unterschiedlichkeit der beiden Eigenschaften, denen die Konzeptionen östlicher Tyrannis und römischer Herrschaft zugeordnet sind. Ihre Freigebigkeit wisse sie zu steuern und beweise eine frauenuntypische Sparsamkeit (§ 16). Diese beiden Paragraphen geben in der Art einer Skizze mit markanten Strichen das Bild der Zenobia und ihrer wesenhaften Eigenschaften.

---

238 WIEBER-SCARIOT, Zwischen Polemik und Panegyrik 1999, 326–327; 343; vgl. auch GRIMM, Regina meretrix 2000, 127–133.
239 BROWN, Die Keuschheit der Engel 1991.
240 HA *Gall.* 4,3; dazu Anm. 12 zur Vita der Zenobia in der Hohlschen Übersetzung der HA, Bd. 2, 368.
241 MEYER-ZWIFFELHOFFER, Im Zeichen des Phallus 1995, 212 ff.; 218.
242 WESSEL, Insignien 1978, 475–477. Vielleicht bezieht sich Tiepolos Gemälde über Zenobia auf diese Stelle der HA, dazu Anm. 14 zur Vita der Zenobia in der Hohlschen Übersetzung der HA, Bd. 2, 368; **Q 109**.

Dass diese Frau für den Autor eine Art Mixtum compositum darstellte, macht er mit den stets am Ende einer Aussage gegebenen Verweisen auf ihre männlichen oder weiblichen Züge deutlich, die sich in einem inhaltlichen Chiasmus aufbauen und so den Eindruck der Widersprüchlichkeit verstärken. In ihrem Feldherrenmantel ist Zenobia männlich bis auf den Schmuck, in ihrem Aussehen dagegen ist sie weiblich bis auf die männliche Stimme, als Herrscherin wiederum ist sie überwiegend männlich und speziell als Hüterin des Staatsschatzes wächst sie über ihr weibliches Geschlecht hinaus.

Die letzten Paragraphen dieses Abschnittes schildern ihr Verhalten als Heerführerin (§§ 17–18), erneut ihre Hofhaltung (§ 19), ihre Kindererziehung (§ 20) und ihre Bildung (§§ 21–22). Dass hier mehr Handlungen als im vorangegangenen im Vordergrund stehen, drückt der Autor durch den Wechsel zu einer verbalen Ausdrucksform aus.

Während ihre Marschtauglichkeit, ihre Jagdleidenschaft und ihre Trinkfestigkeit sie als fast männliche Heerführerin ausweisen, rückt ihre Hofhaltung besonders durch den Verweis auf die in ihrem Besitz befindlichen Trinkgefäße der Kleopatra und auf Eunuchen als ihre Bediensteten, die im römischen Verständnis stets orientalisch waren, aber in der Spätantike auch zum ost- und weströmischen Hof gehörten,[243] sie wieder in die Nähe zu orientalischen Herrscherinnen. Die Erziehung ihrer Söhne ordnet sich einem Aufgabenkreis der Frauen antiker Herrscherhäuser allgemein zu, der Erziehung der Nachfolger. Dass Zenobia tatsächlich im hellenisierten Osten ihre Söhne nicht Griechisch neben der Landessprache, sondern Latein lernen lassen haben soll, scheint eher eine Anspielung des Autors auf Zenobias angebliche Interessen an einer Konfrontation mit der Großmacht Rom[244] denn Realität zu sein. In eine ähnliche Richtung weist ihr hier benanntes Interesse an römischer Geschichte, während ihre Kenntnisse der ägyptischen Sprache und Geschichte erneut eine Verbindung zum *exemplum* der Kleopatra herstellen. Was ansonsten ihre Bildung anbetrifft, so wissen wir zumindest, dass Palmyra und sein Hof auch ein kulturelles Zentrum waren.[245]

Nachdem der Autor mit der Charakteristik der Königin den Ereignisablauf unterbrochen hat, kehrt er im letzten Abschnitt der Vita zu dem Sieg Aurelians über Zenobia zurück. Angeblich ist es zu einem Dialog zwischen der Königin und dem Kaiser gekommen (§ 23). Da Zenobia über ihren Plan, gemeinsam mit Victoria[246] das römische Reich zu beherrschen, spricht, erfüllt dieses Gespräch die Funktion, die Konfrontation Rom-Palmyra zu vergegenwärtigen und die Situation durch die dialogische Form im eigentlichen wie im übertragenen Sinn zu dramatisieren:

---

243 GUYOT, Eunuchen 1980, 130 ff.; 135 (Eunuchen als Bedienstete der Kaiserin).
244 HA *Aurel.* 33,2: Im Triumphzug Aurelians wird ein Wagen mitgeführt, mit dem Zenobia geplant hatte, durch Rom zu fahren.
245 MILLAR, Paul of Samosata 1971, 1–17; STONEMAN, Palmyra 1992, 129 ff.
246 Zu Victoria vgl. S. 287 mit Anm. 214.

Kampf gegen Rom an allen Fronten![247] Ferner objektiviert das Lob des Kaisers aus dem Munde der Besiegten scheinbar die panegyrische Meinung unseres Autors über den Kaiser Aurelian.

Die sich anschließende Schilderung des Triumphzuges (§§ 24–26),[248] in dem Zenobia durch Rom geführt wird, hat eine doppelte Funktion. Zum einen werden die Begleitumstände des Triumphzuges derart plastisch dargestellt, dass wir meinen, die Königin vor unserem Auge unter ihrem Schmuck fast zusammenbrechen und in – wenn auch goldenen – Ketten und Fesseln geführt zu sehen. Die Technik der Vergegenwärtigung durch Bildhaftigkeit reicht in der römischen Geschichtsschreibung bis auf Livius[249] zurück und dient im wesentlichen der Bekräftigung der Aussage und dem Aufrütteln der RezipientInnen. Besonders eindringlich zeigt der Autor nämlich, wie es der Verliererin ergeht – sie, die einst agierte und regierte, ist nun passiv, wird mitgeführt von einem ihrer Hofnarren, der ja zuvor an ihrem Hof am unteren Ende der sozialen Leiter gestanden hatte. Damit liefert der Autor geradezu ein Lehrstück mit der Moral, wie es denen ergeht, die sich gegen Rom erheben und gleichzeitig die geschlechtsspezifischen Grenzen überschreiten.

Die Vita schließt mit dem Bericht über den Lebensabend der Zenobia (§ 27). Nach ihrer Begnadigung soll sie bei Rom im Stil einer vornehmen Römerin gelebt haben. Unabhängig von der Historizität dieser Information sorgt der Autor damit für Beruhigung beim Lesepublikum: Die durch die ausländische Frauenherrschaft verursachte Verkehrung der Welt ist beendet – aus der *peregrina regina* ist eine *matrona Romana* geworden. Aurelian hat Zenobia domestiziert.

Usurpatorenviten dienen in der Historia Augusta u. a. dem Zweck, den Kaiser, unter dem sich der jeweilige Usurpator erhob, näher zu charakterisieren.[250] Das gilt auch für die Vita der Zenobia. Der Autor ist eindeutig eingenommen gegen Kaiser Gallienus, den er in der ihm gewidmeten Vita sehr negativ schildert und den er für den Missstand der palmyrenischen Erhebung und der Frauenherrschaft verantwortlich macht. Gleichzeitig hat Zenobia mehr Befähigung zum Herrschen als Gallienus.[251] Dieser wird zu einem unfähigen und effeminierten Kaiser stilisiert,[252] eine Polemik, die auch andere antike Quellen betreiben.[253] So gibt es nämlich

---

247 Zur Annäherung der Geschichtsschreibung an die Tragödie vgl. WALBANK, History and Tragedy 1960, 216–234; WIEBER-SCARIOT, Zwischen Polemik und Panegyrik 1999, 74–196.
Dieser Situation ist der fiktive Briefwechsel zwischen Zenobia und Aurelian in der Vita des Kaisers Aurelian (HA *Aurel.* 26,6–27,6) vergleichbar, in dem der Kaiser sie zur Kapitulation auffordert, sie aber abschlägt.
248 Der Triumphzug wird auch in der Vita des Aurelian ausführlich geschildert: HA *Aurel.* 33,1–34,6.
249 BURCK, Die Erzählungskunst des T. Livius 1964, 176–233 (*Livius und die peripatetische Geschichtsschreibung*), besonders 195–233.
250 RÖSGER, Usurpatorenviten 1977, 388–389.
251 WALLINGER, Frauen in der HA 1990, 144–145.
252 HA *Gall.* 3,1; 4,3; 4,3; 13,2–3; 16–17.
253 Aufgrund der umstrittenen Abfassungszeit der HA lässt sich hier nicht entscheiden, ob den Verfassern der Vergleichsquellen die Darstellung der HA vorlag.

Münzprägungen für *Galliena Augusta*.²⁵⁴ Bei dem fiktiven Symposion der Kaiser auf dem Olymp aus der Feder des späteren Kaisers Julian tritt Gallienus sogar in Frauenkleidern auf und wird deswegen von Zeus des Raumes verwiesen.²⁵⁵

Bei favorisierten Kaisern, wie z. B. bei Severus Alexander, geht der Autor der *Historia Augusta* so weit, dass er Usurpatoren ausblendet, um dem Ansehen des Kaisers nicht zu schaden.²⁵⁶ Zenobias Wirken fällt in die Regierungszeit dreier römischer Kaiser (Gallienus, Claudius, Aurelian). Da der Autor sie nun als Gegenspielerin für Gallienus eingeführt hat, kann er sie für die beiden Folgekaiser nicht unterschlagen. Also muss er ihr in ihrer Konfrontation mit Aurelian ein Profil geben, das diesen Kaiser nicht diskreditiert, sondern sie als würdige Gegnerin zeigt. Das macht der Autor der Historia Augusta mit einem gewissen Widerwillen – versäumt er es doch nie, auf die Abnormität der Frauenherrschaft hinzuweisen –, indem er sie mit klassischen Kaiser- und Feldherrenqualitäten beschreibt. Vergleicht man Zenobias Porträt mit einem spätantiken Kaiserlob, wie dem des spätantiken Historikers Ammianus Marcellinus auf Kaiser Julian,²⁵⁷ so wird deutlich, wie sehr die aufgezählten Eigenschaften in beiden Fällen einem Kanon von panegyrischen Herrscherqualitäten entsprechen: Keuschheit, Sparsamkeit, Klugheit, soldatische Ausdauer. Lediglich in der Hofhaltung unterscheiden sich die beiden.

Die Brüche im Porträt und die Widersprüchlichkeit, dass eine Usurpatorin positive Züge erhält, erklären sich somit aus der Interdependenz der verschiedenen Viten im Gesamtwerk: Zenobias Bild schwankt zwischen dem einer würdigen Gegnerin des römischen Kaisers Aurelian, bei der das Geschlecht unerheblich ist, und dem der fremden Herrscherin des Ostens, der gerade das Geschlecht und die Überschreitung der ihr durch das weibliche Geschlecht auferlegten Grenzen zum Vorwurf gereicht.

Zusammenfassung

Aus all dem ergibt sich, dass die eigenständige Erwähnung der Zenobia in einer kompletten Vita einerseits textimmanente Gründe im Rahmen des Gesamtcorpus der *Historia Augusta* hat. Andererseits spiegelt ihre Erwähnung die ökonomische und politische Bedeutung wider, die ihrem Kampf gegen Rom zukommt. Steht doch hinter der Konfrontation Roms mit Palmyra ein erhebliches wirtschaftliches Interesse, wie oben bereits aufgezeigt wurde und wie sich auch aus dem Vergleich mit Kleopatras Situation erschließen lässt. So ging es den Römern im Kampf gegen die ptolemäische Königin in ähnlicher Weise um Ägypten als Kornkammer und

---

254 ALFÖLDI, Soldatenkaiser 1928, 156–203 + Tafel V-VII; Alföldi lehnt allerdings die Deutung der Münzen des Typs *Galliena Augusta* als Spottmünzen ab. Vielmehr geht er davon aus, dass hier der Kaiser Göttinnen inkorporieren soll.
255 Iulianius Imperator *caes*. 313B-C.
256 RÖSGER, Usurpatorenviten 1977, 389.
257 Ammian 25,4,2–15.

wichtigen Handelsumschlagplatz.[258] Es bleibt zu vermuten, dass Rom auf vergleichbares Agieren eines Klientelfürsten, z.B. auf eine weitere Expansion des Odenat, politisch ähnlich, literarisch anders geantwortet hätte. Schließlich gab es bereits in der Antike eine lange literarische Tradition, die Frauenherrschaft ablehnend bewertete, indem sie sie mit Bildern der verkehrten Welt belegte und dadurch als Aufhebung jeglicher Ordnung und die Akteurinnen zumeist als monströs definierte.[259]

Dennoch hatte Rom sich im Laufe seiner Geschichte immer wieder mit Herrscherinnen[260] konfrontiert gesehen, erst mit fremden und in der Kaiserzeit mit den Frauen des Kaiserhauses. So reicht der Bogen von der illyrischen Piratenkönigin Teuta in der Zeit zwischen dem 1. und 2. Punischen Krieg über die über die antiken Zeitläufte weithin berühmte ptolemäische Königin Kleopatra und die fast zur englischen Freiheitskämpferin stilisierte Königin Boudicca bis hin zu Königin Zenobia, um dann in der Spätantike besonders im Neuen Rom, in Konstantinopel, mächtige Kaiserinnen wie die der constantinischen und theodosianischen Dynastie (4. und 5. Jh.) oder im 6. Jh. Kaiserin Theodora hervorzubringen. Diese Kaiserinnen sind wie Zenobia als Kaisermacherinnen aufgetreten. So ernannte die Kaiserschwester Constantina beispielsweise einen Kaiser, um mit dessen Hilfe einen Gegenkaiser niederzuringen. Kaiserin Theodora hat maßgeblich die Fäden bei der Niederschlagung des Nika-Aufstandes gezogen. In der frühen Kaiserzeit hatte bereits Agrippina als Kaisermacherin für den späteren Kaiser Nero agiert. Hatte schon Fulvia im Perusinischen Kriege am Ende der Republik Marc Anton militärisch vertreten,[261] so zieht sich durch die gesamte Kaiserzeit das Auftreten der Kaiserinnen beim Heere in ihrer Aufgabe als Begleiterin des Kaisers. Daher stellt das im Falle Kleopatras so sehr kritisch von den Römern beäugte Auftreten einer Frau beim Heere nicht ein völliges Novum dar und hatte zu Zeiten Zenobias bereits – wenn auch nicht akzeptierte, so doch immerhin Vorbilder. Die bei der Analyse der Zenobia-Vita mehrfach im Bereich der monarchischen Repräsentation nachgewiesenen Parallelen zu Elementen des spätantiken Kaiserinnentums zeigen jedoch – unabhängig von der konkreten Abfassungszeit des Textes –, welche Bedeutung Kaiserinnen in der Spätantike besaßen.

Befinden sich die mächtigen Frauen in byzantinischer Zeit durch ihre Präsenz und Stellung am Hof im Zentrum der Reichsmacht und nicht mehr wie etwa Kleopatra oder Zenobia an der Peripherie eines großen Reiches, so ist dieser Wandel in der modernen Forschung lange Zeit genauso wenig registriert worden, wie die herrscherliche Gewalt, die Kleopatra oder Zenobia in ihren eigenen Ländern ausübten. Gemeinsam ist allen Ostherrscherinnen und den römischen Kaiserinnen eine nicht zu unterschätzende ökonomische Potenz, die bei den Frauen des Kaiser-

---

258 DREXHAGE, Osthandel 1988, 11.
259 WIEBER-SCARIOT, Zwischen Polemik und Panegyrik 1999, 74–195, bes. 175–186.
260 Für das folgende sind die in Anm. 189 und 190 dieses Artikels genannten Arbeiten einschlägig.
261 CHRIST, Die Frauen der Triumvirn 1993, 135–153; DETTENHOFER, Frauen in politischen Krisen 1994, 133–157.

hauses im übrigen noch im Laufe der Kaiserzeit erheblich wuchs. Viele andere Aktionsformen der Herrscherinnen und Kaiserinnen, wie etwa die Stellvertretung männlicher Verwandter in Regierungsaufgaben und das Eintreten für Dritte (Patronage), sind typisch für monarchische und aristokratische Regierungsformen, die durch die Betonung des dynastischen Konzepts den Frauen als Repräsentantinnen eines Familiencharismas eine andere Rolle in der Herrschaftsausübung zuweisen als magistratische Regierungsformen. Auch Zenobias Auftreten als Herrscherin hatte ja ursprünglich als Regentschaft für den unmündigen Sohn begonnen. Dass sich letztlich in Konstantinopel als dem Ostreich des Römischen Reiches eine starke Kaiserinnenposition herausbildete, mag daran liegen, dass hier die monarchische Tradition tiefer verwurzelt war als im Westen, regionale Frauenherrschaft länger etabliert war und nicht zuletzt auf der städtischen Ebene Frauen in Ehrenämtern in der römischen Kaiserzeit mehr als im Westen hervorgetreten waren.[262]

Grund für die bisher fehlende Thematisierung der antiken Frauenherrschaft ist eine in der Wissenschaftsgeschichte des 19. Jh. wurzelnde Festschreibung der politischen Geschichte auf Institutionengeschichte und Ausblendung personaler Elemente der Politik, als deren Konsequenz u. a. römische Kaiserinnen zu Statistinnen erklärt wurden, da es nie eine alleinregierende Kaiserin in der Geschichte Roms gab. So hat also – wie auch die populäre filmische Verarbeitung derartiger Sujets zeigt – die moderne Rezeption die einflussreichen antiken Frauen ins Abseits gestellt.

Dass das Ergebnis eines solchen Prozesses die Abwesenheit der antiken Frauen in der modernen Wahrnehmung nach sich ziehen kann, hatte direkt nach dem Kriege Hermann Klimberg in dem Vorwort zu dem eingangs erwähnten Lektüreheft festgestellt:

»So alt wie der Lateinunterricht an den höheren Mädchenschulen ist auch die Klage – namentlich seitens der Schülerinnen –, dass der lateinische Lesestoff trotz der reichen und guten Auswahl, die z.B. die preußischen Lehrpläne von 1908 für die Prima geben, immer noch zuviel von Krieg und Kriegsgeschrei, von alter Geschichte und Politik bringt, was im Übermaß geboten kein Interesse mehr findet und das weibliche Gemüt nicht mehr anregt [...] Schriftsteller wie Cicero, Horaz, Tacitus mit ihrem reichen Ideengehalt lassen sich in vielfacher Beziehung für das weibliche Geschlecht fruchtbar machen. Aber trotzdem bleibt das Bedürfnis, den Lesestoff zu erweitern, immer neue Seiten dem Altertum abzugewinnen. Und was könnte wohl das junge Mädchen mehr fesseln als zu hören von den Tugenden und Fehlern, den Freuden und Leiden, von der Stellung und der Tätigkeit des Mädchens und der Frau im Altertum!«[263]

So sei entgegen den Absichten jenes Pädagogen die palmyrenische Königin nicht etwa aus der *alten Geschichte und Politik* ausgegliedert, sondern ihr gerade wieder zurückgegeben!

---

262 Vgl. u. a. NOLLÉ, Frauen wie Omphale? 1994, 229–259; VAN BREMEN, Limits of Participation 1996.
263 Lateinisches Lesebuch 1948–1949, 3.

Quellen

Q 100 Die Vita der Königin Zenobia

Historia Augusta, *Die Dreissig Tyrannen (Tyranni Triginta): Zenobia* 30,1–27

Zenobia ist die griechische Form des Namens Bathzabbai, Tochter des Tabbai (Zenobius). Sie herrschte 267–271/72 über Palmyra für ihren minderjährigen Sohn Vaballath.

30 (1) Nun ist das Maß der Schande voll; ist es doch in dem erschöpften Staat so weit gekommen, dass während des schändlichen Treibens des Gallienus sogar Weiber trefflich regierten, und zwar Nichtrömerinnen. (2) Hat doch eine solche, die schon vielfach genannte Zenobia, die sich ihrer Abkunft von Kleopatra und den Ptolemäern berühmte, als Nachfolgerin ihres Gatten Odenatus sich den Kaisermantel [*sagulum imperiale* – wahrscheinlich das purpurfarbene *sagum* des Feldherrn, ein ursprünglich von Galliern getragener mantelartiger Umhang, den auch die römischen Soldaten über ihrer Rüstung trugen] um die Schultern gelegt, sich wie Dido gekleidet, auch das Diadem angelegt und im Namen ihrer Söhne Herennianus und Timolaus länger, als es sich mit ihrem weiblichen Geschlecht vertrug, regiert. (3) So hat denn diese stolze Frau zur Zeit, da Gallienus noch den Staat lenkte, das Herrscheramt ausgeübt; da dem Claudius durch die Kämpfe mit den Goten die Hände gebunden waren, wurde sie erst mit Mühe von Aurelian besiegt, und, im Triumph aufgeführt, der römischen Botmäßigkeit unterworfen.

(4) Es gibt einen Brief Aurelians, der von der in Gefangenschaft geratenen Frau Zeugnis ablegt. Denn auf den ihm von einigen gemachten Vorwurf, dass er als tapferer Held über eine Frau wie über einen Heerführer triumphiert habe, verteidigte er sich in einem an Senat und Volk von Rom gerichteten Schreiben mit folgender Rechtfertigung: (5) »Ihr versammelten Väter, es kommt mir der Vorwurf zu Ohren, ich habe gegen meine Manneswürde durch den Triumph über Zenobia verstoßen. Fürwahr, meine Tadler hätten nicht Lobs genug zu spenden, wenn sie wüssten, was das für eine Frau ist, so umsichtig mit ihren Entschlüssen, so beharrlich in ihren Maßnahmen, so gestreng gegen die Soldaten, so großzügig, wenn es nottut, so ernst, wenn Strenge geboten ist. (6) Ich darf wohl sagen, dass es ihr Verdienst ist, dass Odenatus die Perser geschlagen, den Sapor in die Flucht gejagt hat und bis nach Ktesiphon gelangt ist. (7) Ich darf versichern, dass diese Frau die Völker des Ostens und Ägyptens dermaßen in Respekt versetzt hat, dass weder die Araber noch die Sarazenen und die Armenier sich zu rühren wagten. (8) Auch hätte ich ihr das Leben nicht geschenkt, wüsste ich nicht, welchen Nutzen sie dem römischen Staat dadurch gebracht hat, dass sie für sich und ihre Kinder die Herrschaft über den Osten gewahrt hat. (9) Mögen also die ständigen Nörgler ihre giftigen Zungen im Zaume halten. (10) Denn wenn es sich nicht schickt, eine Frau zu besiegen und im Triumph aufzuführen, was haben sie dann von Gallienus zu sagen, zu dessen Beschämung diese Frau so gut regiert hat? (11) Was haben sie von dem vergöttlichten Claudius, dem untadeligen und verehrungswürdigen Feldherrn, zu sagen, der ihr Regiment hinnehmen musste, da er selbst mit seinen Feldzügen gegen die Goten zu tun hatte? Und dies geschah mit klugem Bedacht, damit

er selbst in aller Ruhe das Ziel, das er sich gesteckt hatte, erreichen konnte, während diese Frau die Grenzwacht im Osten des Reiches hielt.«

(12) Dieses Schreiben bezeugt, welch hohe Meinung Aurelian von Zenobia hegte. Ihre Keuschheit war so groß, dass sie selbst mit dem eigenen Mann geschlechtlich nur verkehrte in der Absicht, von ihm zu empfangen. Denn nach jedem Beilager, das sie ihm gewährte, versagte sie sich ihm bis zur Zeit der nächsten Periode, um zu konstatieren, ob sie schwanger sei; nur wenn dies nicht der Fall war, gab sie sich ihm abermals hin in der Hoffnung auf Kindersegen. (13) Sie lebte in königlicher Pracht. (14) Eher nach persischem Brauch ließ sie sich kniefällig begrüßen. Nach persischem Königsbrauch gestaltete sie ihre Tafel. Nach dem Brauch der römischen Kaiser erschien sie zu den Heeresversammlungen im Helm und in Purpur, an dessen unterstem Saum Juwelen hingen, während das Mittelstück wie mit einer Agraffe nach Frauenart mit einem schneckenförmigen Edelstein zusammengehalten wurde; die Arme ließ sie häufig unbedeckt. (15) Ihre Gesichtsfarbe war bräunlich, die Hautfarbe dunkel; sie hatte ungewöhnlich lebendige schwarze Augen, besaß einen wunderbaren Geist und unglaublichen Charme. Ihre Zähne waren so blendend weiß, dass viele sie für Perlen, nicht für gewöhnliche Zähne erklärten. Ihre Stimme klang hell und männlich. (16) Wo es nottat, war sie streng wie ein Tyrann; wo es die Menschlichkeit erforderte, zeigte sie die Milde eines guten Fürsten. Sie wusste mit Bedacht zu spenden, hielt aber ihre Schätze besser zusammen, als von einer Frau zu erwarten stand. (17) Sie benutzte einen zweirädrigen Wagen, selten einen vierrädrigen, häufiger ritt sie. Es heißt aber, dass sie nicht selten drei oder vier Meilen zu Fuß mit den Fußtruppen zurückgelegt habe. (18) Der Jagdleidenschaft frönte sie wie ein Spanier. Oft trank sie im Kreis ihrer Generäle, während sie im allgemeinen enthaltsam war; sie trank auch Perser und Armenier unter den Tisch. (19) Bei ihren Banketten bediente sie sich goldener, juwelenbesetzter Trinkgefäße, auch solcher, die von Kleopatra stammten. Sie ließ sich von älteren Eunuchen bedienen, kaum je von Mädchen. (20) Ihre Söhne hielt sie an, lateinisch zu sprechen, was zur Folge hatte, dass sie griechisch nur mit Mühe und selten sprachen. (21) Sie selbst verstand nicht gerade viel Latein und sprach es nur schüchtern; dagegen war sie im Ägyptischen perfekt. (22) In der alexandrinischen und orientalischen Geschichte war sie so bewandert, dass sie einen Auszug daraus verfasst haben soll; die römische Geschichte hatte sie in griechischer Fassung gelesen.

(23) Als Aurelian sie nach ihrer Gefangennahme vor sich führen ließ und sie mit den Worten anherrschte: »Zenobia, wie konntest du dich nur erdreisten, römischen Kaisern Hohn zu sprechen?«, soll sie gesagt haben: »Dich, den Siegreichen, erkenne ich als Kaiser an, einen Gallienus und Aureolus aber und die anderen Herrscher habe ich nicht anerkannt. Ich hätte gewünscht, mit Victoria, die ich als mir ebenbürtig erachte, die Herrschaft gemeinsam auszuüben, wäre es räumlich möglich gewesen.« (24) So wurde sie denn im Triumph aufgeführt mit einem nie zuvor vom römischen Volk gesehenen Gepränge. Zunächst wurde sie mit einer solchen Masse von Juwelen behangen, dass sie unter der Last des Schmuckes fast zusammenbrach. (25) Das sehr starke Weib soll nämlich immer wieder stehengeblieben sein und erklärt haben, sie vermöge die Last der Juwelen nicht zu tragen.

(26) Überdies trug sie an den Füßen goldene Fesseln und ebensolche auch an den Händen; auch hatte man ihr um den Nacken eine goldene Kette gelegt, an der ein persischer Possenreißer sie führte. (27) (Das Leben) hat Aurelian ihr geschenkt, sie soll danach mit ihren Kindern im Stil einer vornehmen römischen Dame auf einer ihr im Gebiet von Tibur angewiesenen Besitzung, die noch heute ihren Namen trägt, gelebt haben, in der Nähe vom Palast Hadrians und der Örtlichkeit, die Conca heißt.

30 *(1) Omnis iam consumptus est pudor, si quidem fatigata re p. eo usque perventum est, ut Gallieno nequissime agente optime etiam mulieres imperarent, et quidem peregrina<e>. (2) <peregrina> enim, nomine Zenobia, de qua multa iam dicta sunt, quae se de Cleopatrarum Ptolem<a>eorumque gente iactaret, post Odenatum maritum imperiali sagulo perfuso per umeros, habitu <Di>donis ornata, diademate etiam accepto, nomine filiorum Herenniani et Timolai diutius, quam femineus sexus patiebatur, imperavit. (3) si quidem Gallieno adhuc regente rem p. regale mulier superba munus obtinuit et Claudio bellis Gothicis occupato vix denique ab Aureliano victa et triumphata concessit in iura Romana.*

(4) Extat epistola Aureliani, qu<a>e captivae mulieri testimonium fert. nam cum a quibusdam reprehenderetur, quod mulierem veluti ducem aliquem vir fortissimus triumphasset, missis ad senatum populumque Romanum litteris hac se adtestatione defendit: (5) ›audio, p. c., mihi obici, quod non virile munus impleverim Zenobiam triumphando. ne illi, qui me repr[a]ehendunt, satis laudarent, si scire<n>t, quae illa s<it> mulier, quam prudens in consiliis, quam constans in dispositionibus, quam erga milites gravis, quam larga, cum necessitas postulet, quam tristis, cum severitas poscat. (6) possum dicere illius esse, quod Odenatus Persas vicit ac fugato Sapore Ctesifonta usque pervenit. (7) possum adserere tanto apud orientales et Aegyptiorum populos timori mulierem fuisse ut se non Arabes, non Saraceni, non Armenii commoverent. (8) nec ego illi vitam conservassem, nisi eam scissem multum Roman<a>e rei publicae profuisse, cum sibi vel liberis suis orientis servaret imperium. (9) sibi ergo habeant propriarum venena linguarum hi[i], quibus nihil placet. (10) nam si vicisse ac triumphasse feminam non est decorum, quid de Gallieno loquuntur, in cuius contemptu haec bene rexit imperium? (11) quid de divo Claudio, sancto ac venerabili duce, qui eam, quod ipse Gothicis esset expeditionibus occupatus, passus esse dicitur imperare? idque <c>onsulte ac prudenter, ut illa servante orientali<s> finis imperii ipse securius, quae instituerat, perpetraret.‹

(12) Haec oratio indicat, quid iudicii Aurelianus habuerit de Zenobia. cuius ea castitas fuisse dicitur, ut ne virum suum quidem scierit nisi tempta<n>dis conceptionibus. nam cum semel concubuisset, exspectatis menstruis continebat se, si pr<a>egnans esset, sin minus, iterum potestatem quaerendis liberis dabat. (13) vixit regali pompa. (14) more magis Persico adorata est. regum more Persarum convivata est. imperatorum more Romanorum ad contiones galeata processit cum limbo purpureo gemmis dependentibus per ultimam fimbriam, media etiam coclide veluti fibula muliebri adstricta, brachio saepe nudo. (15) fuit vultu subaquilo, fusci coloris, oculis supra modum vigentibus nigris, spiritus divini, venustatis incredibilis. tantus candor in dentibus, ut margaritas eam plerique putarent habere, non dentes. (16) vox clara et virilis. severitas, ubi necessitas postulabat, tyrannorum, bonorum principum clementia, ubi pietas requirebat. larga prudenter, conservatrix thensaurorum ultra femineum modum, (17) usa vehiculo carpentario, raro pilento, [a]equo saepius. fertur autem vel tria vel quattuor milia frequenter cum peditibus ambulasse. (18) <ve>nata est Hispanorum cupiditate. bibit saepe cum ducibus, cum esset alias sobria; bibit et cum Persis atque Armeniis, ut eos vinceret. (19) usa est vasis aureis gemmatis ad convivia, [m]usa Cleopatranis[i]. in ministerio eunuchos gravioris aetatis habuit, puellas nimis rara<s>. (20) filios Latine loqui iusserat, it<a> ut Graece vel difficile vel raro loquere<n>tur. (21) ipsa Latini sermoni[bu]s non usque quaque gnara, sed ut loqueretur pudore cohibita; loquebatur et Aegyptiac[a]e ad perfectum modum. historiae Alexandrinae atque orientalis ita perita, ut eam epitomasse dicatur; Latinam autem Graece legerat.

(23) Cum illam Aurelianus cepisset atque in conspectum suum adductam sic appellasset: ›quid es<t>, Zenobia? ausa es insultare Romanis imperatoribus?‹ illa dixisse fertur: ›imperatorem te esse cognosco, qui vincis, Gallienum et Aureolum et ceteros principes non putavi. Victoriam mei similem credens in consortium regni venire, si facultas locorum pateretur, optavi.‹ (24) ducta est igitur per triumphum ea specie, ut nihil pompabilius p. R. videretur iam primum ornata gemmis ingentibus, ita ut ornamentorum onere labo-

raret. (25) fertur enim mulier fortissima saepissime restitisse, cum diceret se gemmarum onera ferre non posse. (26) vi<n>cti erant praetera pedes auro, manus etiam catenis aureis, nec collo aureum vinculum deerat, quod scurra Persicus praeferebat. (27) huic <vita> ab Aureliano concessa est, ferturque vixisse cum liberis matronae iam more Romanae data sibi possessione in Tiburti, quae hodieque Zenobia dicitur, non longe ab Hadriani palatio atque ab eo loco, cui nomen est Concae.

Q 101 Aurelian – der Bezwinger Zenobias

Historia Augusta, *Aurelianus* 22,1; 26,2–27,5; 30,1–3

22 (1) Nachdem Aurelian alle Maßnahmen durchgeführt hatte, die sich auf den Mauergürtel und auf den Zustand der Hauptstadt sowie auf kommunale Angelegenheiten bezogen, trat er den Vormarsch gegen die Palmyrener, das heißt gegen Zenobia an, die im Namen ihrer Söhne im Orient regierte. […].

26 (2) Es gibt einen Brief von ihm, den er an Mucapor gerichtet hat und in dem er über die Schwierigkeit dieses Krieges ein Geständnis ablegt, das über die einem Kaiser gebotene Zurückhaltung hinausgeht: (3) »Die Römer behaupten, ich führe nur gegen ein Weib Krieg, als ob Zenobia allein und nur mit ihrer eigenen Streitmacht mit mir kämpfe; dabei ist die Zahl der Feinde (ebenso groß), als gälte es, einen Mann niederzuringen; wobei jedoch diese Feinde (unter dem Befehl einer Frau) stehen, die infolge ihres schlechten Gewissens und ihrer Furcht ein weit schlimmerer Gegner ist. (4) Unbeschreiblich ist die Menge der Pfeile, das Kriegsgerät, die Fülle der Waffen und Steine; jeder Fleck der Mauer ist mit zwei bis drei Geschützen bestückt; Feuerbrände werden sogar aus Wurfmaschinen geschleudert. (5) Kurz, sie bangt wie ein Weib, sie kämpft wie (ein Mann), der sich vor Strafe fürchtet. Doch ich glaube zuversichtlich, dass die Götter, die noch nie sich unseren Bemühungen versagt haben, den römischen Staat unterstützen werden.« (6) Schließlich sandte Aurelian im Zustand der Erschöpfung und, infolge der ausgestandenen Leiden ermattet, ein Schreiben an Zenobia, in dem er sie zur Übergabe aufforderte und ihr das Leben zusicherte; ich habe es im Wortlaut eingeschaltet: (7) »Aurelian, Kaiser des römischen Reichs und Wiedereroberer des Ostens, an Zenobia und ihre ihr verbündeten Kriegsgefährten. (8) Aus eigenem Antrieb hättet ihr tun sollen, was euch nunmehr durch mein Schreiben anbefohlen wird. Ich befehle nämlich die Übergabe unter Zusicherung von Leib und Leben mit der Maßgabe, dass du, Zenobia, mit den deinen dort dich aufzuhalten hast, wohin ich dich nach dem Beschluss des erlauchten Senats weisen werde. (9) Ihr habt Edelsteine, Gold, Silber, Seide, Pferde und Kamele dem römischen Staatsschatz zu überlassen. Den Einwohnern von Palmyra wird ihre Rechtsstellung gewahrt bleiben.«

27 (1) Auf dieses Schreiben antwortete Zenobia stolzer und überheblicher, als es ihrer Lage entsprach – ich glaube, um einzuschüchtern. Denn auch ihr Schreiben habe ich im Wortlaut eingeschaltet: (2) »Zenobia, die Königin des Ostens, an Kaiser Aurelian. Noch nie hat bisher jemand außer dir ein derartiges Ansinnen schriftlich gestellt. Einzig und allein auf Tapferkeit kommt es bei kriegerischen Auseinandersetzungen an. (3) Du forderst von mir die Übergabe, als ob du nicht wüsstest, dass Kleopatra lieber als Königin untergehen, als ihr Leben in irgendeiner anderen Stellung fristen wollte. (4) Uns fehlt es nicht an persischen Hilfstruppen, deren

Eintreffen wir bereits erwarten, auf unserer Seite stehen Sarazenen und Armenier. (5) Die syrischen Räuber haben dein Heer, Aurelian, geschlagen. Nun, wenn erst jene Truppen, die aus allen Himmelsrichtungen erwartet werden, eingetroffen sind, dann wirst du sicherlich auf die großartige Geste verzichten, mit der du zur Stunde mir die Übergabe gebietest, als wärest du Sieger auf der ganzen Linie.« [...]

30 (1) Doch wir wollen zu unserem Thema zurückkehren: alle Soldaten forderten mit lärmendem Ungestüm die Bestrafung der Zenobia. (2) Doch Aurelian hielt es für unwürdig, ein Weib hinrichten zu lassen; nachdem er die Mehrzahl der Männer getötet hatte, auf deren Veranlassung sie den Krieg entfesselt, vorbereitet und geführt hatte, sparte er die Frau für den Triumph auf, um die Schaulust des römischen Volkes zu befriedigen. (3) Man soll es als schmerzlich empfunden haben, dass zu den Getöteten der Philosoph Longinus gehörte, der angeblich der Lehrer der Zenobia in griechischer Literatur gewesen sein soll. Diesen Mann soll Aurelian deshalb haben hinrichten lassen, weil angeblich jenes allzu überhebliche Schreiben auf seinen Rat hin verfasst wurde, wenngleich es in syrischer Sprache aufgesetzt war. [...]

22 (1) Transactis igitur, quae ad s<a>eptiones atque urbis statum et civilia pertinebant, contra Palmyrenos, id est contra Zenobiam, quae filiorum nomine orientale tenebat imperium, iter flexit. [...]

26 (2) Epistula ipsius extat ad Mucaporem missa, in qua de huius belli difficultate ultra pudorem imperialem fatetur: (3) ›Romani me modo dicunt bellum contra feminam gerere, quasi sola mecum Zenobia et suis viribus pugnet, atque hostium <tantum> quantum si vir a me oppugnandus esset, <adest, sed sub fem>in<a> conscientia et timore longe deteriore. (4) dici non potest, quantum hic sagittarum est, qui belli apparatus, quantum telorum, quantum lapidum, nulla pars muri est, quae non binis et ternis ballistis occupata sit; ignes etiam tormentis iaciuntur. (5) quid plura? tim<et> quasi femina, pugnat quasi <vir> poenam timen[te]s. sed credo adiuturos Romanam rem p. [vir] deos, qui numquam nostris conatibus defuerunt.‹ (6) Denique fatigatus ac pro malis fessus litteras ad Zenobiam misit deditionem illius petens, vitam promittens, quarum exemplum indidi: (7) ›Aurelianus imperator Romani orbis et receptor orientis Zenobiae ceterisque, quos societas tenet bellica. (8) sponte facere debuistis id, quod meis litteris nunc iubetur. deditionem enim praecipio inpunitate vitae proposita, ita ut illic, Zenobia, cum tuis agas vitam, ubi te ex senatus amplissimi sententia conlocavero. (9) gemmas, aurum, argentum, sericum, equos, camelos in Romanum aerarium conferatis. Palmyrenis ius suum servabitur.

27 (1) Ha[e]c epistula accepta Zenobia superbius insolentiusque rescripsit quam eius fortuna poscebat, credo ad terrorem. nam eius quoque epistulae exemplum indidi: (2) ›Zenobia regina orientis Aureliano Augusto. nemo adhuc praeter te hoc, quod poscis, litteris petit. virtute faciendum est quidquid in rebus bellicis est gerendum. (3) deditionem meam petis, quasi nescias Cleopatram reginam perire maluisse quam in qualibet vivere dignitate. (4) nobis Persarum auxilia non desunt, quae iam speramus, pro nobis sunt Saraceni, pro nobis Armenii. (5) latrones Syri exercitum tuum, Aureliane, vicerunt. quid? si igitur illa venerit manus, quae undique speratur, pones profecto supercilium, quo nunc mihi deditionem, quasi omnifariam victor, imperas. [...]

30 (1) Sed [sed] ut ad incepta redeamus: ingens tamen strepitus militum fuit omnium Zenobiam ad poenam poscentium. (2) sed Aurelianus indign<um> aestimans mulierem interimi, occisis plerisque, quibus auctoribus illa bellum moverat, paraverat, gesserat, triumpho mulierem reservavit, ut populi Romani oculis esset ostentui. (3) grave inter eos, qui caesi sunt, de Longino filosofo fuisse perhibetur, quo illa magistro usa esse ad Graecas litteras dicitur. quem quidem Aurelianus idcirco dicitur occidisse, quod superbior illa epistula ipsius diceretur dictata consilio, quamvis Syro esset sermone contexta.

Q 102 Zenobias Flucht und Ende

Zosimos, *Neue Geschichte* 1,55,1–1,56,3; 1,59,1

55 (l) In der Erwartung, dass die Feinde aus Mangel an Verpflegung aufgeben müssten, leisteten die Belagerten (in Palmyra) hinhaltenden Widerstand, doch als sie die Hartnäckigkeit ihrer Gegner sahen und selbst unter Lebensmittelknappheit litten, fassten sie den Plan, zum Euphrat zu eilen, dort bei den Persern Hilfe zu suchen und dann den Römern neue Schwierigkeiten zu bereiten. (2) Nach diesem Beschluss ließen sie †…† Zenobia ein Kamel besteigen – es sind dies die schnellsten Kamele und übertreffen an Geschwindigkeit selbst Pferde – und führten sie heimlich aus der Stadt. Aurelianus ward über ihre Flucht von Zorn ergriffen und wollte sich seinem leidenschaftlichen Naturell entsprechend nicht damit abfinden. Darum sandte er sofort Reiter aus, welche Zenobia in dem Augenblick, als sie schon den Euphrat überqueren wollten, einholten, vom Schiffe zu steigen zwangen und als Gefangene vor Aurelianus führten. Der unverhoffte Anblick versetzte den Herrscher in große Freude, jedoch in seinem von Natur aus ehrgeizigen Sinn bedachte er auch wieder, dass ihm der Sieg über eine Frau bei den kommenden Geschlechtern keinen besonderen Ruhm eintragen werde, und fühlte sich daher verstimmt.

56 (1) Die in der Stadt eingeschlossenen Palmyrener waren geteilter Meinung: Während die einen sich entschlossen hatten, die gefahrvolle Verteidigung der Stadt auf sich zu nehmen und den Krieg gegen die Römer mit aller Kraft durchzustehen, hielten die anderen Ölzweige der Unterwerfung über die Mauer hinaus und erbaten Verzeihung für ihre vorausliegenden Taten. Der Kaiser nahm ihr Flehen gnädig auf und hieß sie guten Mutes sein, worauf sie vor die Stadt hinausstürmten und Geschenke wie Opfergaben herbeibrachten. (2) Aurelian bezeigte den Opfergaben seine Verehrung, nahm die Geschenke entgegen und ließ die Spender ungekränkt von dannen ziehen. Nachdem er sich der Stadt bemächtigt und zum Herrn der dort lagernden Reichtümer sowie der sonstigen Geräte und Weihegaben gemacht hatte, kehrte er nach Emesa zurück, um hier über Zenobia und ihre Helfer Gericht zu halten. Indem sie auf die Anschuldigungen einging, sprach sie sich von allem frei, zog jedoch viele andere ins Verfahren herein, welche sie als (schwache) Frau missleitet hätten. Zu diesen zählte auch Longinus, von dem es viele Schriften gibt, die den Bildungsbeflissenen großen Nutzen stiften. (3) Longinus wurde der gegen ihn erhobenen Anklagen überführt und vom Kaiser auf der Stelle zum Tode verurteilt, nahm aber die Strafe so mutig hin, dass er selbst die um sein Schicksal Trauernden noch tröstete. Auch andere Persönlichkeiten wurden auf Zenobias Anzeige hin bestraft.

59 (1) […] Aurelianus zog also in Richtung auf Europa und führte mit sich Zenobia, ihren Sohn (Vaballathos) und all jene, die an der Erhebung der Palmyrener teilgenommen hatten. Zenobia selbst starb, wie man sagt, auf dem Wege, da sie entweder erkrankte oder die Speiseaufnahme verweigerte; die übrigen aber sollen mit Ausnahme ihres Sohnes mitten in der Meerenge zwischen Chalkedon und Byzanz ertrunken sein.

55 (1) Ἐπεὶ δὲ ἀντεῖχον πολιορκούμενοι, σπάνει τῶν ἐπιτηδείων ἀπαγορεύσειν τοὺς πολεμίους ἐλπίσαντες, ἐγκαρτεροῦντας θεώμενοι καὶ αὐτοὶ τροφῆς ἐνδείᾳ πιεζόμενοι γνώμην ποιοῦνται ἐπὶ τὸν Εὐφράτην δραμεῖν, κἀκεῖσε παρὰ Περσῶν βοήθειαν εὑρέσθαι, πράγματά τε Ῥωμαίοις νεώτερα μηχανήσασθαι. (2) Ταῦτα βουλευσάμενοι, καμήλῳ <...> τὴν Ζηνοβίαν ἀναβιβάσαντες, αἳ δὴ καμήλων εἰσὶν τάχισται καὶ ἵππους ὑπεραίρουσαι τάχει, τῆς πόλεως ὑπεξάγουσιν· Αὐρηλιανὸς δὲ ἀχθόμενος ἐπὶ τῇ τῆς Ζηνοβίας φυγῇ, τῷ κατὰ φύσιν οὐκ ἐνδοὺς δραστηρίῳ, πέμπει παραχρῆμα τοὺς διώξοντας ταύτην ἱππέας. (3) Οἳ δὲ καταλαβόντες ἤδη τὸν Εὐφράτην αὐτὴν μέλλουσαν περαιοῦσθαι, καταγαγόντες ἐκ τοῦ πλοίου πρὸς τὸν Αὐρηλιανὸν ἄγουσιν· ὁ δὲ τῷ μὲν ἀπροσδοκήτῳ τῆς θέας περιχαρὴς ἐγεγόνει, φιλότιμος δὲ ὢν φύσει, λαβὼν κατὰ νοῦν ὡς γυναικὸς κρατήσας οὐκ ἔσται τοῖς ἐσομένοις ἐπίδοξος, ἐδυσχέραινεν. 56 (1) Τῶν δὲ ἐναποκεκλεισμένων τῇ πόλει Παλμυρηνῶν αἱ γνῶμαι διχῇ διῃροῦντο, τῶν μὲν προκινδυνεύειν τῆς πόλεως ἐθελόντων καὶ διαπολεμεῖν παντὶ σθένει Ῥωμαίοις, τῶν δὲ ἱκετηρίας ἀπὸ τοῦ τείχους προτεινομένων αἰτούντων τε συγγνώμην ἐπὶ τοῖς προλαβοῦσιν· δεξαμένου δὲ τοῦ βασιλέως τὴν ἱκετείαν καὶ θαρρεῖν παρακελευσαμένου, πρὸ τῆς πόλεως ἐξεχέοντο, δῶρα καὶ ἱερεῖα προσάγοντες. (2) Αὐρηλιανὸς δὲ τὰ μὲν ἱερεῖα τιμήσας τὰ δὲ δῶρα δεξάμενος ἀθῴους ἠφίει· τῆς δὲ πόλεως γενόμενος κύριος καὶ τοῦ κατὰ ταύτην πλούτου καὶ τῆς ἄλλης ἀποσκευῆς καὶ ἀναθημάτων κρατήσας, ἐπανελθὼν εἰς τὴν Ἔμισαν εἰς κρίσιν ἤγαγε Ζηνοβίαν τε καὶ τοὺς ταύτῃ συναραμένους· ἐπεὶ δὲ αἰτίας ἔλεγεν ἑαυτὴν ἐξαιροῦσα, πολλούς τε ἄλλους ἦγεν εἰς μέσον ὡς παραγαγόντας οἷα γυναῖκα, ἐν οἷς καὶ Λογγῖνος ἦν, οὗ συγγράμματα ἔστι μέγα τοῖς παιδείας μεταποιουμένοις ὄφελος φέροντα. (3) Ὅπερ ἐφ' οἷς κατηγορεῖτο ἐλεγχομένῳ παραχρῆμα ὁ βασιλεὺς θανάτου ζημίαν ἐπέθηκεν, ἣν οὕτω γενναίως ἤνεγκεν ὁ Λογγῖνος ὥστε καὶ τοὺς σχετλιάζοντας ἐπὶ τῷ πάθει παραμυθεῖσθαι, καὶ ἄλλων δὲ Ζηνοβίας κατειπούσης κολάσεσιν ὑπαχθέντων. [...]

59 (1) [...] Αὐρηλιανοῦ τοίνυν ἐπὶ τὴν Εὐρώπην ἐλαύνοντος, καὶ συνεπαγοντός οἱ Ζηνοβίαν τε καὶ τὸν παῖδα τὸν ταύτης καὶ πάντας ὅσοι τῆς ἐπαναστάσεως αὐτοῖς ἐκοινώνησαν, αὐτὴν μὲν Ζηνοβίαν φασὶν ἢ νόσῳ ληφθεῖσαν ἢ τροφῆς μεταλαβεῖν οὐκ ἀνασχομένην ἀποθανεῖν, τοὺς δὲ ἄλλους πλὴν τοῦ Ζηνοβίας παιδὸς ἐν μέσῳ τοῦ μεταξὺ Χαλκηδόνος καὶ Βυζαντίου πορθμοῦ καταποντωθῆναι.

Q 103 Porträt der Zenobia auf einer Tetradrachme aus Billon, um 270/271 n. Chr. in der Münzstätte Alexandrien geprägt

Q 104 Syrischer Geldschein mit dem Porträt der Zenobia

Q 105 Gobelin nach einem Entwurf von J. d'Egmont aus der Werkstatt G. Pelmanns: Aurelians Sieg über Zenobia

Q 106 Filmplakat zu dem Film »Im Zeichen Roms«

Q 107 Schönheit aus Palmyra (palmyrenische Grabbüste 3. Jh. n. Chr.)

Q 108 Karte der Karawanenrouten

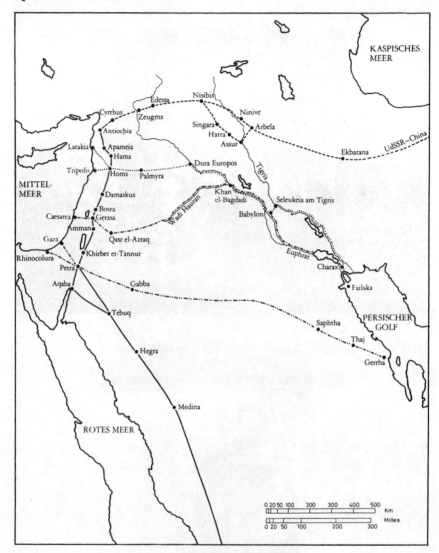

Q 109 Giovanni Battista Tiepolo (1655–1739): Zenobias Ansprache an ihre Truppen

Q110 Herbert Schmalz: Zenobias letzter Bilck auf Palmyra

Quellen und Übersetzungen

Scriptores Historiae Augustae, ed. Ernestus Hohl, Addenda et Corrigenda adiec. Christa Samberger et Wolfgang Seyfarth, Vol. I/II, Leipzig 1971; Historia Augusta. Römische Herrschergestalten, 2 Bde., eingel. und übers. von Ernst Hohl, bearb. und erläut. von Elke Merten/Alfons Rösger/Nicole Ziegler, Vorwort von Johannes Straub, Bd. 1, Zürich/München 1976; Bd. 2, 1985; Von Frauen des Altertums. Ein lateinisches Lesebuch, zusammengestellt und erläutert von Hermann Klimberg, 2 Teile, Münster i. Westf. 1948–1949 ; Zosime. Histoire Nouvelle. Tome I (Livres I et II), texte établi et traduit par François Paschoud, Paris 1971 ; Zosimos, Neue Geschichte, übers. und eingel. von Otto Veh, erl. von Stefan Rebenich, Stuttgart 1990.

Grundlegende Literatur

DRIJVERS, Daten zur Geschichte Palmyras 1987, 119–122; KYTZLER, Frauen der Antike1994/1997; SCHMIDT-COLINET, Palmyra 1995; STONEMAN, Palmyra 1992; WALLINGER, Die Frauen in der Historia Augusta 1990.

Weiterführende Literatur

Zu speziellen Problemen der *Historia Augusta* erscheint regelmäßig ein Sammelband in der Reihe Bonner Historia Augusta Colloquium (BHAC); ADAMS, The Linguistic Unity of the Historia Augusta 1976/1977, 93–102; BRODERSEN, Das Steuergesetz von Palmyra 1987, 153–159; BROWNING, Palmyra 979; DEMANDT, Spätantike 1989; DREXHAGE, Osthandel, 1988; DRIJVERS, Zenobia 1987, 128–131; FISCHLER, Social stereotypes and Historical analysis 1993, 115–133; GARLICK/DIXON/ALLEN (ed.), Stereotypes of Women in Power 1992; HAHN, Die Frauen des römischen Kaiserhauses 1994; HANSLIK, Zenobia (2) 1972, 1–7; HOHL, Einleitung: Über das Problem der Historia Augusta 1976/1985, Bd. 1, 1–27; HOLUM, Theodosian Empresses 1982; KOKKINOS, Portrait of a Great Roman Lady 1992; KORBER, Die Karawanenkönigin 1998 (Roman); KOTULA, Aurélien et Zénobie 1997; MACURDY, Vassal-Queens 1937; MATTHEWS, Die Wirtschaft Palmyras 1987, 149–152; MILLAR, Paul of Samosata 1971, 1–17; RÖSGER, Usurpatorenviten in der Historia Augusta 1977, 359–393; ROSTOVTZEFF, Gesellschafts- und Wirtschaftsgeschichte Bd. 2, 1955; STIERLIN, Städte in der Wüste 1996; STRAUB, Vorwort, in: Historia Augusta 1976/1985, Bd. 1, V-XLVII; WIEBER-SCARIOT, Zwischen Polemik und Panegyrik 1999; WYKE, Augustan Cleopatras 1992, 98–140.

V. Arbeitswelt und weibliche Geselligkeit

Arbeit und Kommunikation
Beate Wagner-Hasel

Geschlechtsspezifische Arbeitsteilung

In Xenophons Schrift *Oikonomikos* (»Hauswirtschaftslehre«) erklärt der Athener Ischomachos seiner jungen Frau, dass Frauen für Arbeiten im Haus, Männer für jene außerhalb des Hauses, auf dem Feld und in der Schlacht, zuständig seien; »der Gott« hätte den Geschlechtern die jeweils für diese Tätigkeiten geeignete *phýsis* (lat. *natura*) gegeben (Xenophon *oik.* 7,22–25; vgl. **Q 111**). Zu den Arbeiten im Haus gehört die Vorratshaltung, die Nahrungsbereitung, die Textilarbeit und die Sorge für die Kranken. Generationen von Historikern haben diese Bemerkung des attischen Feldherrn aus dem 4. Jh. v. Chr. als realistische Beschreibung des Arbeitsalltags von Männern und Frauen gelesen,[1] zumal sie Xenophons Betonung der je verschiedenen *phýsis* der Geschlechter mit der modernen Vorstellung einer biologischen Geschlechterdifferenz gleichsetzten. Jedoch meint *phýsis* keineswegs die gegebene biologische Natur, wie dies die Übersetzungen in der Regel suggerieren, sondern zunächst nichts anderes als die althergebrachte Konvention, nach der Mann und Frau sich verhalten. Diese Konvention steht im Gegensatz zum Bereich des *nómos*, d. h. der Regeln und Gebräuche, die immer wieder neu errichtet und verhandelt werden.[2]

Indem Xenophon die Aufteilung der Arbeitsbereiche von Mann und Frau der *phýsis* zuordnet, erhält die geschlechtsspezifische Arbeitsteilung den Anschein einer Unveränderlichkeit, die der menschlichen Entscheidungsmacht nicht mehr unterliegt. An anderer Stelle heißt es, dass der Gott der Frau eine geeignete *phýsis* gegeben habe, um das zu tun, wozu auch der *nómos*, der Brauch, sie auffordere (Xenophon *oik.* 7,16). Xenophon scheint es darum zu gehen, aus dem, was man auch

---

1 Vgl. etwa SHERO, Xenophon's Portrait of a Young Wife 1932, 20/21: »That the life of the little lady of the Oeconomicus was expected to lead was fairly typical of the life of married women of the well-to-do class in Greece in the fifth and fourth century B.C.« Die Überzeichnung als Idealbild betonen OOST, Xenophon's attitude towards Women 1977/78, 225–236; POMEROY, The Persian King and the Queen Bee 1984, 98–108; DIES., Xenophon 1994, 276.
2 Darauf hat WINKLER, Der gefesselte Eros 1994, 33–42 verwiesen. Vgl. auch HEINIMAN, Nomos und Physis 1945/1980, 65.

als *nómoi* bezeichnen konnte, das allgemein gebräuchliche Verhalten der Geschlechter, zu einer Angelegenheit der *phýsis* zu machen.

Auch wenn das, was als *phýsis* bezeichnet wurde, sich dem regelnden menschlichen Zugriff entzieht, zeigen die Quellen, dass ein Verhalten gegen die *phýsis* (*pará phýsin*) grundsätzlich denkbar war und nicht immer negativ bewertet wurde. Ich meine nicht die parodistischen Verkehrungen, von denen die Komödien des Aristophanes Ende des 5. Jh. v. Chr. berichten, den Liebesstreik der athenischen Frauen, die sich in die Belange der Männer einmischen und die Leitung der Polis an sich ziehen, um den peloponnesischen Krieg zwischen Sparta und Athen zu beenden. Sie gehören in den Kontext einer Zeitkritik, deren Wirkung darauf beruht, dass ein fiktives Gegenbild zur tatsächlichen Ordnung errichtet wird, in der politische Entscheidungen über Krieg und Frieden allein in der von Männern besuchten Volksversammlung entschieden wurden.[3] Anders verhält es sich jedoch mit einer Bemerkung des attischen Historikers Thukydides über kriegerische Aktivitäten von Frauen. In seiner Geschichte eben dieses Peloponnesischen Krieges, der zwischen 431 und 404 v. Chr. stattfand, erscheint Thukydides das tapfere Verhalten der Ehefrauen der Demokraten Korkyras (heute: Korfu) erwähnenswert, die während der Parteienkämpfe zwischen Demokraten und Oligarchen ihren Männern beistanden und von den Dächern Ziegel auf die Köpfe der Gegner warfen (Thukydides 3,74,1). Das Erdulden des Schlachtenlärms ist nach Thukydides zwar *pará phýsin*, d. h. gegen die Konvention, nach der sich Frauen zu richten haben, aber dennoch nicht verwerflich. Aus den Worten des Thukydides klingt eher Bewunderung als Kritik an dem Verhalten der Frauen mit.[4]

Der Suggestion der Unveränderlichkeit der Praktiken der geschlechtsspezifischen Arbeitsteilung, wie sie mit der antiken Verwendung des Begriffs *phýsis* einhergeht, ist auch lange Zeit die moderne Geschichtsforschung erlegen, die sich mit der weiblichen Arbeitswelt in der Antike beschäftigt hat. Die Evolutionisten des späten 19. Jh. verliehen der in den antiken Quellen beschriebenen Trennung zwischen weiblicher Hausarbeit und außerhäuslicher (Erwerbs-)Arbeit der Männer den Anschein von ewiger Dauer, indem sie ihre Anfänge in der Vorgeschichte verankerten. Damit einher ging die Vorstellung von mangelnder Professionalität

---

3 Vgl. dazu den Beitrag von WALDNER in diesem Band, S. 53 ff.
4 Vgl auch Homer *Il.* 6, 433–439. Hier legt der Dichter einer Frau, Andromache, präzise Vorschläge zur Sicherung der Mauern Trojas in den Mund. In der berühmten Abschiedsszene Hektors von seiner Gattin empfiehlt diese: »Stelle das Volk beim Feigenbaum auf, wo am leichtesten ist ersteigbar die Stadt und berennbar die Mauer. Dreimal kamen dort schon und versuchten es die Besten um die beiden Aias und den hochberühmten Idomeneus und um die Atreussöhne und den streitbaren Sohn des Tydeus: ob es ihnen einer gesagt hat, der Göttersprüche gut weiß oder wohl auch ihr eigener Mut sie treibt und anweist.« Übers. W. Schadewaldt. Die moderne Homerforschung hat diese Worte als Interpolation, als nachträgliche Einfügung, betrachten wollen, weil das Urteil in einer kriegerischen Angelegenheit Frauen nicht zugetraut wurde. Sarah B. POMEROY (Andromache 1992, 220–224) hat diese Auffassung nicht ohne Polemik als androzentrisch zurückgewiesen; zur geschlechtsspezifischen Arbeitsteilung im Epos vgl. auch WAGNER-HASEL, Macht der Penelope 1997, 132–136.

weiblicher Arbeit. In vielen Handbüchern zur Wirtschaftsgeschichte lesen wir, dass immer dann, wenn eine Arbeit zur dauerhaften Spezialistentätigkeit wurde und die Erfindung technischer Hilfsmittel erforderte, sie von Frauen- in Männerhand überging. Das gilt für die Töpferei, für die Textilherstellung und auch für die ackerbäuerliche Tätigkeit. So wird bereits für die Bronzezeit die Herstellung von Keramik und die Bearbeitung des Bodens in den Händen von Männern vermutet, da die Töpferscheibe und der Pflug erfunden worden seien. Nur die Professionalisierung der Textilarbeit und ihre Verlagerung aus dem Haus datierte man später und verortete den Übergang von Frauen- zur Männerarbeit im klassischen Athen des 5. Jh. v. Chr.[5]

Die Auflösung geschlechtsspezifischer Grenzen in der Arbeitswelt des postindustriellen Zeitalters hat den Boden bereitet, die alten Modelle von der geschlechtsspezifischen Arbeitsteilung einer kritischen Revision zu unterziehen. Ging es in den 70er Jahren darum, den scheinbar naturhaften Charakter der geschlechtsspezifischen Arbeitsteilung zu widerlegen,[6] so richtete sich in den 90er Jahren verstärkt das Interesse auf die rituelle und symbolische Dimension geschlechtsspezifischer, insbesondere weiblicher Arbeitsfelder. Besonders die Arbeitsvorgänge und Produkte der von Frauen ausgeführten Textilarbeit spielen in den Repräsentationssystemen von Dichtung und Philsophie ebenso wie in der rituellen Praxis eine wichtige Rolle.[7] Das neue Interesse geht einher mit einem Perspektivenwechsel von traditionell sozialhistorischen Fragestellungen hin zur Erforschung von Wahrnehmungsmustern und Symbolsystemen, denen wiederum eine

---

5 Die Debatte ist dokumentiert in WAGNER, Mythos 1982, 37–41 u. 300–304, insb. Anm. 15 u. 23; WAGNER-HASEL, Die Macht der Penelope 1997. Speziell zur Töpferei vgl. WRIGHT, Women's Labor and Pottery Production in Prehistory 1991, 194–223, die darauf aufmerksam macht, daß handwerkliche Tätigkeiten wie Töpferei oft in Familienverband ausgeübt werden. Zu untersuchen wäre, inwiefern dies auch für das klassische Griechenland galt. Verwiesen sei hier nur auf zwei Bildzeugnisse. Eine Terrakottastatuette vom Ende des 6. Jh. zeigt eine Frau beim Töpfern (Arbeitswelt der Antike 1984, Abb. 15); auf einer Hydria des Leningrad-Malers ist eine Frau beim Bemalen eines Gefäßes abgebildet. Umstritten ist, ob es sich um eine Töpferwerkstatt oder um eine Schmiedewerkstatt handelt; zur Diskussion vgl. KEHRBERG, The Potter-Painter's Wife 1982, 25–35; VENIT, The Caputi Hydria 1988, 265–272.

6 Aus wirtschaftsanthropologischer Sicht vgl. BOSERUP, The Role of Women in Economic Development 1970; BROWN, A Note on the Division of Labor by Sex 1970, 1074–1078; aus althistorischer und archäologischer Sicht: WAGNER, Mythos 1982, 37–66, 78–121; FITTON BROWN, The Contribution to Ancient Greek Agriculture 1984; SCHEIDEL, Feldarbeit von Frauen 1990, 419; SCHEIDEL, Frau und Landarbeit 1992, 195–235; WRIGHT, Women's Labor and Pottery Production in Prehistory 1991, 197 ff.; SPECHT, Frauenreichtum 1994. An der Berliner Humboldt-Universität arbeitet Rosa Reuthner an einer Dissertation zum Thema »Arbeitsfelder von Frauen im altgriechischen Oikos«. Speziell zu den Arbeitsbedingungen vgl. GRASSL, Zur materiellen Situation (im Druck).

7 BERGREN, Language and the Female in Early Greek Thought 1983, 69–95; JENKINS, The Ambiguity of Greek Textiles 1985, 109–132; SCHEID/SVENBRO, Le métier de Zeus 1994; PAPADOPOULOU-BELMEHDI, Le chant de Pénélope 1994; aus anthropologischer Sicht vgl. insb. die Arbeiten von WEINER, Cloth 1989/ Stoff 1990.

wirklichkeitskonstituierende Bedeutung zugeschrieben wird. Ich möchte im folgenden an beide Fragestellungen anknüpfen und den Bezügen zwischen der technischen und der symbolischen Seite der weiblichen Arbeit in der agrarischen als auch handwerklichen Welt der Griechen nachgehen.

Rituelle und landwirtschaftliche Praxis

Antike Gesellschaften sind Agrargesellschaften. Wir müssen davon ausgehen, dass die Mehrheit der Bevölkerung von der Landwirtschaft lebte. Wenn Xenophon den Frauen ein Leben im Haus zuweist, dann handelt es sich um ein idealtypisches Modell, das dem Leben der meisten Bäuerinnen keineswegs entsprochen haben kann. Es wurde zudem in einer Zeit entwickelt, als das Hauswesen zunehmend an politischer Bedeutung gewann und deshalb das Verhältnis von männlicher und weiblicher Sphäre innerhalb des *oíkos* neu bestimmt werden musste. Insofern beschreibt das Modell des Xenophon nicht allein Arbeitsbereiche der Geschlechter, sondern handelt auch und vor allem von einer Neubestimmung politischer und sozialer Räume.[8] Auch geht es hier um die Arbeitsteilung in einem reichen Haushalt, in dem viele Sklaven tätig waren. In welchem Maße die bei ihm beschriebene Arbeitsteilung den Alltag der Mehrheit der attischen Bevölkerung prägte, ist nur schwer zu ermitteln. Meist wird in der jüngeren Forschung davon ausgegangen, dass in ärmeren Haushalten die von Xenophon beschriebene Arbeitsteilung insofern nicht gegolten habe, als die Frauen nicht nur Beaufsichtigungsfunktionen innerhalb des Hauses ausübten, sondern selbst Hand anlegten, sei es beim Weben, sei es auf dem Feld oder auf der *agorá* beim Verkauf ihrer Gartenprodukte, Rettiche, Zwiebeln und anderer Gemüse.[9] Andere Beispiele wie der Verweis auf die Verhältnisse in Thrakien bei Platon, wo die Frauen zusammen mit den Sklaven für das Vieh zu sorgen hätten (*Nomoi* 7,805 e), machen die begrenzte kulturelle Reichweite der »Draußen-Drinnen«-Regel deutlich und zeigen, wie sehr die geschlechtsspezifische Arbeitsteilung, wie sie Xenophon beschreibt, als eine Angelegenheit des *nómos*, und nicht der *phýsis* angesehen werden muss. Von ihr ausgenommen waren ohnehin die Sklaven.[10] Die Grenzlinien sind nicht nur zwi-

---

8 SCHMITT PANTEL, La différence des sexes 1984, 108; WAGNER-HASEL, Frauenleben in orientalischer Abgeschlossenheit? 1989, 26 ff.; MURNAGHAM, How a Woman 1988.
9 Belege bei HERFST, Le travail de la femme 1922; WAGNER, Mythos 1982, 84–99; SCHEIDEL, Feldarbeit 1990, 418 f.; DERS., Frau und Landarbeit 1992, 209–226. Allerdings empfiehlt Xenophon (*oik.* 10,10–11) der Hausherrin, das Weben und Kneten des Teiges selbst auszuführen, um ein Vorbild abzugeben.
10 Vgl. POMEROY, Xenophon 1994, 314–317. Pomeroy vermutet, daß zumindest bei der Ernte alle, Frauen wie Männer, Unfreie wie Freie, mithelfen mußten. Auf den großen landwirtschaftlichen Gütern der Römer waren denn auch nicht nur Sklaven, sondern auch Sklavinnen auf dem Feld im Einsatz. Columella *rust.* 12,3,6. Speziell zu den Arbeitsbereichen von Sklavinnen vgl. SCHEIDEL, Frauen als Ware 1994, 143–180; vgl. auch den Beitrag von GÜNTHER zur Frauenarbeit in Rom in diesem Band, S. 362–365.

schen Männern und Frauen, sondern auch zwischen Statusgruppen zu ziehen, d. h. zwischen denjenigen, die fremde Arbeitskraft rekrutieren konnten, oder selbst Hand anlegen mussten.

Untersucht man das System der bäuerlichen Arbeitsteilung, wie es in dem Lehrgedicht *Werke und Tage* (*érga kai hēmérai*) aus dem 7. Jh. v. Chr. dargestellt wird, so fällt auf, dass weibliche Arbeit fast gar nicht erwähnt wird. Beschrieben wird die ländliche Arbeit (*erga* genannt) im Rhythmus der Jahreszeiten, Pflügen, Aussaat, das Schneiden der Reben, das Hacken der Weinberge, die Ernte. Im Winter ruht die Feldarbeit; dann halten sich die jungen Mädchen zum Schutz vor dem kalten Wind im Innern des Hauses bei der Mutter auf (Hesiod *Erga* 520 ff.). Obwohl Hesiod es nicht explizit sagt, stellt er sie sich vermutlich bei der Arbeit am Webstuhl vor, wo jene wolligen Gewebe (*chlaína malakḗ*) entstehen, die der Dichter den Männern nur wenige Verse später als Schutz vor der Kälte empfiehlt (Hesiod *Erga* 535 ff.). Im übrigen Jahr müssen wir die von ihm beschriebenen Bäuerinnen ebenso wie ihre Männer auf dem Feld vermuten, beim Hacken des Weinbergs, bei der Aussaat, bei der Ernte. Hesiod selbst nennt sie nur im Zusammenhang mit dem Pflügen. Er macht einerseits Angaben über die Entlohnung der Pflüger,[11] empfiehlt aber andererseits, eine Frau zu erwerben, die in der Lage sei, den Pflugochsen zu führen.[12] Das ist ungewöhnlich. Eines der wenigen Vasenbilder, das Tätigkeiten im Ackerbau thematisiert, eine schwarzfigurige Schale aus dem 6. Jh. v. Chr., zeigt den Mann beim Pflügen und die Frau beim Säen. Beide sind nackt, wie es Hesiod in seinem Lehrgedicht für diese Tätigkeit empfiehlt (**Q 113**).[13]

Am besten belegt ist die Zuständigkeit der Frauen für die Aufbereitung und Verarbeitung des Getreides. In Frauengräbern wurden Nachbildungen von Kornspeichern gefunden; zahlreiche Terrakottafiguren zeigen Frauen beim Kornmahlen oder Teigkneten.[14] Im Epos ist es stets die *tamíē*, die Verwalterin der Vorräte, die den Gästen Brot und Wein zuteilt (vgl. Homer *Od.* 17,259). Aus der attischen Komödie und aus den Schriften der Redner des 4. Jh. v. Chr. wissen wir von der

---

11 Auch Homer erwähnt in der Schildbeschreibung Männer beim Pflügen (*Il.* 18,541–549).
12 (Hesiod *erg.* 405/6: *Oíkon mén prṓtista gynaíká te boún t' arotḗra,/ ktētḗn, ou gametḗn, ḗtis kaí bousín hḗpoito*). Zur Diskussion der Stelle vgl. SCHEIDEL, Frau und Landarbeit 1992, 210, der meint, daß mit der Wendung *bousín hḗpoito* auch gemeint sein könne, daß sich die Magd um den Pflugochsen kümmern, ihn aber nicht selbst führen solle. Walter Marg übersetzt: »den Ochsen zu führen«. Zur Diskussion vgl. auch DERS., Feldarbeit 1990, 415 ff.; WAGNER, Mythos 1982, 40 u. 302, Anm. 15–19. Im Epos ist Andromache für das Füttern der Tiere zuständig. Homer, *Il.* 8, 186–189.
13 Attische schwarzfigurige Schale, 6. Jh. v. Chr. Für eine Ungeschicklichkeit des Künstlers hält die Nacktheit LACEY, Familie 1968, 172, Abb. 45. Von den Athamanen im Pindosgebirge ist überliefert, daß die Frauen die Böden bebauten, während die Männer das Vieh weideten (FHG II 33,219).
14 SIMON, Götter der Griechen 1985, 107, Abb. 100 (Kornspeicher); Arbeitswelt der Antike 1984, 14, 16, 22–24 sowie BLÜMNER, Technologie 1912, Bd. 2, 18; 32 (Kornmahlen, Teigkneten, Brotbacken). Kornmahlerinnen werden auch im homerischen Epos erwähnt (Homer *Od.* 106 ff.).

Sorge der Frauen für die Vorräte,[15] die auch Xenophon unterstreicht (*oik*. 3,15), und von ihrer Beteiligung bei der Ernte, insbesondere der Weinlese, sowie beim Dreschen bzw. Worfeln des Getreides.[16] An dieser Verantwortlichkeit für das Getreide scheint auch im Kriegsfall nicht gerüttelt worden zu sein. Bei Thukydides lesen wir, dass bei der Belagerung von Plataiai die Frauen, Kinder und älteren Männer evakuiert wurden, aber 110 Frauen zum Brotbacken für die kämpfende Truppe von rund 480 Mann zurückblieben (Thukydides 2,78).

Von dieser Zuständigkeit für die Vorräte gerade in Kriegszeiten erzählen auch die Mythen von den drei *Oinotrópoi* mit den sprechenden Namen *Oino*,»Weinmädchen«, *Spermo*, »Kornmädchen«, und *Elais*, »Ölmädchen«. Bei Lykophron (578) werden die *Oinotropoi*, die von Dorippe und Anios, dem ersten Königs von Delos, abstammten, »geschickte Zubereiterinnen gemahlener Nahrung« genannt. Von Dionysos, dem Gott des Weines, sollen sie die Fähigkeit erhalten haben, Getreide (Scholion zu Lykophron 570) bzw. Wein und Öl (Lykophron 577–580) herbeizuzaubern. Nach Ovid verwandelte sich alles, was sie berührten, in Getreide, Öl oder Wein. Sie selbst wurden von Dionysos in weiße Tauben verwandelt und auf diese Weise vor Agamemnon gerettet, der sie zwingen wollte, das Heer der Griechen im Kampf vor Troja zu versorgen (Ovid *met*. 13,650–674).[17]

In Athen lagen gerade solche Feste, die mit dem Saatgut und der Aufbereitung des Getreides zu tun hatten, in weiblicher Hand. Das waren die Thesmophoria und die Skira. Die Thesmophoria wurden in Athen kurz vor der Aussaat im Herbst, im Monat Pyanepsion gefeiert, der zwischen unserem Oktober und November liegt. Zu ihnen hatten nur Frauen Zugang, wobei umstritten ist, ob neben den verheira-

---

15 In der Komödie wird die Schlüsselgewalt der Frauen parodiert (Aristophanes *Lys*. 495/6; *Ekkl*. 211/2). Demosthenes (59,122) schätzt die Frau als sachgerechte Verwalterin des Hausgutes; vgl. auch Aristoteles *Pol*. 1277 b 25.

16 Die Darstellung des sozialen Kosmos auf dem Schild des Achilleus im 18. Gesang der *Ilias* enthält eine Szene, die Jungen und Mädchen bei der Weinlese zeigt (Homer *Il*. 18,561–568). *Trygḗtriai* (Weinleserinnen) nennt Demosthenes 47,45. Pflückerinnen im Weinberg finden sich auch auf Vasenbildern, so auf einer Lekythos um 500/490 v. Chr. (Hannover 1966, 32), dargestellt. Für diesen Hinweis danke ich Susanne Moraw, die mir freundlicherweise Einblick in ihr noch unveröffentlichtes Manuskript »Nackte Bürgerinnen? Bekleidungsnorm und Verhaltensideal in der attischen Vasenmalerei des 6. bis 4. Jh. v. Chr.« gestattete. Von Arbeitsliedern der Frauen beim Dreschen des Getreides ist die Rede bei Athenaios *deipn*. 14,619 a. Schnitterinnen werden in der alten attischen Komödie erwähnt. Belege bei SCHEIDEL, Feldarbeit 1990, 416; DERS., Frau und Landarbeit 1992, 210ff.

17 WALDNER, Oinotropoi 2000, 1148. Bei den in den antiken Lexika (Pollux 1,222 u. Hesychios s. v. *kalametride*) genannten *kalamētrídes* (»Ährensammlerinnen«) handelt es sich wohl um arme Frauen, die die auf den Feldern zurückgebliebenen Reste einsammelten; vgl. dazu Anthologia Palatina 9,89.

teten Frauen auch die erwachsenen Töchter teilnehmen durften.[18] Über den Ablauf des Ritus gibt es nur wenige, meist aus christlicher Zeit stammende Informationen. Nach den Angaben dieser Zeugnisse holten die Frauen aus unterirdischen Gruben (*mégara*) die Reste verwester Ferkel hervor, die einige Zeit zuvor – vermutlich an den Skira – dort eingeschlossen worden waren. Auf den Altären der Demeter und Kore wurden dann diese Reste mit anderen Opfergaben vermischt und der neuen Saat beigegeben.[19] Im Monat Poseideion (Dezember/Januar) wurden die Haloa begangen, die der Wortbedeutung nach auf die Getreideverarbeitung (*aloáō* = dreschen) Bezug nehmen und neben dem Dionysos auch der Demeter galten. Die Skira, ein weiteres Frauenfest, das im Monat Skirophorion (Juni/Juli) gefeiert wurde, fiel in die Zeit nach der Ernte und der Erneuerung der Dreschplätze mit Hilfe von Gips (*skíron*). Die rituelle Pflügung dagegen, die kurze Zeit später an den Dipoleia durchgeführt wurde, war Sache der Männer.[20]

In der älteren, evolutionstheoretisch ausgerichteten Forschung wurde aus der Zuständigkeit von Frauen für agrarische Riten eine ursprüngliche – später durch die Sklavenarbeit überflüssig gewordene – Verantwortlichkeit für die ackerbäuerliche Arbeit abgeleitet.[21] Demgegenüber deutete Marcel Détienne, der in der Tradition der strukturalistischen Mythenforschung steht, in den 70er Jahren die rituellen Aktivitäten der Frauen, wie sie vor allem Aristophanes in seinem Stück *Thesmophoriazusai* beschreibt, als Verkehrung der politischen Ordnung der Männer[22] und verneinte einen Praxisbezug. In neueren Arbeiten wird dagegen der autonome Charakter der weiblichen Rituale betont. Nach Lin Foxhall akzentuierten gerade die Demeterfeste den Anteil der Frauen an der Herstellung der symbolischen und sozialen Ordnung. Sie unterstreicht zum einen die Komplementarität von männlicher Arbeit im Ackerbau und weiblicher Zuständigkeit für agrarische Rituale. Zum anderen verweist sie auf den sozialen Effekt, auf die praktische Bedeutung des Festes für das gesellige Leben der Athenerinnen: Das Fest habe den Frauen die Gelegenheit geboten, ihre weiblichen Verwandten, die in andere *oíkoi* geheiratet hatten, wiederzusehen und die alten Bindungen durch die periodisch

---

18 Zur Diskussion über die Thesmophoria vgl. KRON, Frauenfeste in Demeterheiligtümern 1992, 611–650; NIXON, The Cults of Demeter and Kore 1995, 75–96; FOXHALL, Women's Ritual 1995; CLINTON, Thesmophorion in Central Athens 1996, 111–125; HABASH, The Odd Thesmophoria of Aristophanes' *Thesmophorizusai*. 1997, 19–40; LOWE, Thesmophoria and Haloa 1998, 149–173.
19 Scholion zu Lukian *Dialogi Meretricii* 2,1 und 7,4; Clemens von Alexandria *Protrepticus* 17,1.
20 FOXHALL, Women's ritual 1995, 107. Zum agrarischen Kalender vgl. ISAGER/SKYDSGAARD, Agriculture 1992, 160–168.
21 Denn entsprechend der im 19. Jh. entwickelten Doktrin vom männlichen Pflugbau und weiblichen Hackbau wurde davon ausgegangen, daß der Ackerbau eine männliche Domäne im antiken Griechenland war und die weibliche Zuständigkeit für agrarische Rituale der Erklärung bedürfe; vgl. z.B. THOMSON, Prehistoric Aegean 1949/1978, 220–223.
22 DETIENNE, Violentes ›Eugénies‹ en pleines Thesmophories 1979, 109–133.

wiederkehrende gemeinsame Durchführung der Rituale zu festigen.[23] Den kommunikativen Aspekt weiblicher Arbeit, die im Kontext von Ritualen ausgeführt wird, scheint auch eine Terrakottagruppe aus dem 6. Jh. zu zeigen (**Q 121**). Zu sehen sind vier Frauen am Backtrog, die sich von einem Flötenspieler unterhalten lassen. Auch diese Szenerie gehört vermutlich in einen rituellen Kontext.[24]

Lin Foxhall meint, dass die rituelle Tätigkeit der Frauen im Gegensatz zur ihrer tatsächlichen Tätigkeit im Ackerbau stand. Dagegen aber spricht die Zuspitzung der rituellen Handlungen auf bestimmte Aspekte der agrarischen Arbeit, auf die Aufbereitung des Saatguts, auf das Dreschen des Getreides sowie auf das Mahlen und Backen des Brotes. Betrachtet man die wenigen Quellen zum System der geschlechtsspezifischen Arbeitsteilung im Agrarbereich, so ist anzunehmen, dass die Aufeinanderbezogenheit von agrarischer und ritueller Praxis im antiken Griechenland, auf die Lin Foxhall aufmerksam gemacht hat, nicht im Gegensatz zu den Arbeitsrollen der Geschlechter stand, sondern auf eben dieser Rollenverteilung basierte. Dass aber nicht der Einsatz auf dem Feld oder im Weinberg, das Säen, Hacken oder Ernten, die Beachtung antiker Autoren findet, sondern die rituellen Handlungen im Rahmen von Festen, ist nicht verwunderlich. Landwirtschaft galt im griechischen Denken nicht als *téchnē*, die ein Spezialwissen erforderte, sondern primär als Kommunikationsform mit den Göttern.[25] Deshalb ist es der weibliche Anteil an der Herstellung dieser Kommunikation mit den Göttern im Rahmen spezifischer Rituale, der in den Quellen in erster Linie Erwähnung findet, kaum aber der Alltag der bäuerlichen Arbeit.

Der kommunikative Gebrauch von Geweben

Die ›Werke der Frauen‹: Spinnen und Weben: Im Unterschied zur ackerbäuerlichen Tätigkeit findet die Textilarbeit, die Xenophon zu den Hauptaufgaben einer verheirateten Frau zählt, im antiken Schrifttum eine breite Aufmerksamkeit. Sie wird in den Quellen ebenso wie die landwirtschaftliche Arbeit und die Kriegsarbeit mit dem Begriff *érga* belegt. Wenn von den *érga gynaikōn*, von den »Werke(n) der Frauen« die Rede ist, dann ist stets das Weben (*hyphaínein*) und Spinnen (*néein*, *nēthein*) gemeint. Die Herstellung von Geweben galt zugleich auch als *téchnē*, als eine Fertigkeit oder Kunst, die erlernt werden musste.[26] In der antiken Mythologie zeichnet für diese Unterweisung die Göttin Athena verantwortlich. Pandora, Stammutter des weiblichen Geschlechts, lehrte die Göttin selbst, ein reichbebildertes Gewebe (*polydaídalon histón*) am Webstuhl zu weben, heißt es in Hesiods Lehrgedicht *Werke und Tage* (64/5). Speziell für die Buntweberei waren die Chariten zu-

---

23 FOXHALL, Women's Ritual 1995; vgl. auch NIXON, Cults of Demeter 1995; zur weiblichen Geselligkeit im Rahmen von Festen vgl. allgemein: BURTON, Women's Commensality 1998, 143–165.
24 Die Arbeitswelt der Antike 1984, Abb. 14.
25 VERNANT, Arbeit und Natur in der griechischen Antike 1973, 246–270.
26 SCHNEIDER, Technikverständnis 1989, 15.

ständig, die im Epos das Gefolge der Aphrodite bilden und der Göttin gemusterte Kleidung weben (Homer *Il.* 5,338).[27]

An der Wertschätzung dieser »Werke der Frauen«, die vermutlich im häuslichen Kontext erlernt und von Generation zu Generation weitergegeben wurden, besteht kein Zweifel. Weibliche Webarbeit und männliche Kriegsarbeit werden im homerischen Epos gleichgewichtig nebeneinander gestellt.[28] Allerdings sind im Bereich der Textilarbeit schon früh Sklavinnen eingesetzt worden. Wenn die griechischen Helden in der epischen Dichtung den Wert von erbeuteten Frauen abwägen, dann wird als entscheidendes Argument deren Kunstfertigkeit an Webstuhl und Spindel genannt (Homer *Il.* 1,115). Auf dieses Nebeneinander von freier und unfreier Arbeit bezieht sich auch Xenophon in seinen *Erinnerungen an Sokrates* (*Memorabilia*), wenn er einen gewissen Aristarch gegenüber Sokrates über die große Zahl weiblicher Verwandtschaft klagen lässt, die während der Unruhen zur Zeit der Herrschaft der »Dreißig Tyrannen« in Athen (404/403 v. Chr.) in seinem Haus Zuflucht gefunden habe (**Q 112**). Der gute Rat des Philosophen: Aristarch solle die untätigen Frauen die Arbeit leisten lassen, die ihnen angemessen sei und die sie verstünden. Erst als er von Sokrates überzeugt wird, dass es Tätigkeiten gibt wie die Wollarbeit, die auch freie Frauen nicht entehrt, lässt Aristarch Wolle kaufen und die Frauen »arbeiten«: *ergázesthai*. (Xenophon *Memorabilia* 2,7). Xenophon verwendet mit *ergázesthai* einen Begriff, der im Epos stets den Dienst für andere meint. In klassischer Zeit kann damit auch die Arbeit für den Verkauf gemeint sein.[29] Das Besondere an dem Ratschlag des Sokrates liegt also nicht in der Empfehlung, dass die Frauen Wolle verarbeiten sollen, wie dies eine Athenerin ohnehin tat, sondern dass sie die Wollarbeit in diesem Fall wie Sklavinnen nicht für den eigenen Hausgebrauch leisten. Unklar ist, ob sie nur Wolle für den Verkauf verspinnen oder auch weben. Für beides gibt es zeitgenössische Belege. In Aristophanes Komödie *Batrachoi* (»Die Frösche«) ist von einer Spinnerin die Rede, die fleißig die Spindel dreht, um am nächsten Tag das fertige Garn auf dem Markt zu verkaufen (Aristophanes

---

27 Bei Apollonios von Rhodos ist Dionysos der Empfänger eines gemusterten Mantels, den ihm die Chariten woben (*Argonautika* 4,423–425). In sizilischen Städten weihten ihnen Frauen ihre Webgewichte. ISLER, Gerrai 1994, 104–106. Sie selbst trugen, wie Kallimachos im 3. Jh. v. Chr. dichtet, feine und schimmernde Gewänder (fr. 7,11–12); vgl. WAGNER-HASEL, The Graces and Colour-Weaving (im Druck).
28 So in der berühmten Abschiedsrede des Hektor, in der er auf seine Pflicht zu kämpfen verweist, Andromache aber die Werke an Webstuhl und Spindel zuweist; Homer *Il.* 6,488–493. Auf diese Aussage nimmt in der *Odyssee* Telemachos Bezug, wenn er seine Zuständigkeit für den Bogen des Odysseus und für das Wort in der Männerrunde beansprucht und seine Mutter Penelope auf ihre Zuständigkeit für die Webarbeit verweist; Homer *Od.* 1,337–342; 21,344–353; zur Diskussion dieser Stelle, die vielfach als Beleg für eine Unterordnung der Frauen mißverstanden wird, vgl. WAGNER-HASEL, Macht der Penelope 1997, 132–136.
29 WAGNER-HASEL, Stoff der Gaben 2000, 144 f. DESCAT, L'acte et l'effort 1986, 48–51, 62, 78. LSJ s.v. *ergázomai*.

Batrachoi 1346–51).³⁰ Xenophon erwähnt Spezialisten, die bestimmte Kleidertypen wie *chlamýs, chlanís* und *exōmís* (von Sklaven) herstellen (lassen) und davon leben. Es handelt sich um einfache Kleidungsstücke, die wie die *exōmís* von Sklaven als Umhang oder Mantel getragen wurden und von daher kaum besonders kunstvoll gearbeitet worden sein können wie die gemusterten Gewänder, in deren Herstellung im Mythos die Stammutter des weiblichen Geschlechts, Pandora, unterwiesen wird. Das Weben gemusterter Stoffe auf dem im antiken Griechenland gebräuchlichen Gewichtswebstuhl war äußerst zeitaufwendig, so dass eine Produktion für den Verkauf kaum rentabel gewesen sein kann.³¹ Da in dem obigen Beispiel zudem eine Ausnahmesituation geschildert wird, können wir daraus keine Rückschlüsse ziehen, wie verbreitet es war, die im Haus hergestellten Textilien auf dem Markt zu verkaufen.³² Immerhin geht aus dem Beispiel hervor, dass es in klassischer Zeit Wollmärkte gab.³³

Es ist anzunehmen, dass nicht jeder Haushalt die für den eigenen Gebrauch notwendigen Schafe hielt, zumal es große Unterschiede in den Wollqualitäten gab. Die Wolle milesischer und tarentinischer Schafe galt als besonders fein. Dass sie ihre milesische Wolle verspinnen müsse, gibt eine Athenerin in Aristophanes' Komödie *Lysistrate* vor, um sich dem beschlossenen Liebesstreik zu entziehen (Aristophanes *Lys.* 728 ff.). Aber auch die attische Wolle war über die Grenzen Athens hinaus bekannt. In Theokrits *Idyllen/Eidyllia* (15,20) unterhalten sich in Alexandria zwei Freundinnen über die Preise von Wollvliesen (*pókoi*). Spinnerinnen, die ihr versponnenes Garn verkauften, konnten sich also auf dem Markt mit Wolle versorgen. Das bedeutet jedoch nicht, dass auch das Weben gegen Lohn erfolgte. Die Erfindung der frühneuzeitlichen Spinnmaschine, der Spinning Mule, verdankt sich der Tatsache, dass es ein Missverhältnis zwischen der Produktivität der Weberin und der Spinnerin gab. Auf eine Weberin kamen vier Spinnerinnen; d. h. um einen Trittwebstuhl in Gang zu halten, wurde die Arbeitsleistung von vier Spinnerinnen benötigt.³⁴ Ob dieses Missverhältnis auch für den in Griechenland gebräuchlichen Gewichtswebstuhl gilt, ist unklar.

Die Nachfrage nach versponnener Wolle könnte den Typus der spinnenden Hetäre erklären, den wir auf Vasenbildern finden. Es handelt sich um Parfümflaschen

---

30 Bereits im homerischen Epos finden sich Hinweise auf Spinnerinnen, die gegen Lohn ein bestimmtes Wollquantum verspinnen (Homer *Il.* 12,438). Möglicherweise verbergen sich hinter den als *érithoi* bezeichneten armen Athenerinnen bei Demosthenes (57,45) ebenfalls Spinnerinnen.
31 So die Argumentation von BARBER, Prehistoric Textiles 1991, Kap. 16. Besonders zeitaufwendig ist das Knüpfen von Litzen, die der mechanischen Fachbildung dienen und darüber den Einzug von Musterfäden erleichtern. Dies geht aus einem Webexperiment hervor, das Simone Boldau im Rahmen ihrer im Frühjahr 2000 an der Technischen Universität Darmstadt eingereichten Magisterarbeit »Textilherstellung im antiken Griechenland« an einem selbstgebauten Gewichtswebstuhl durchgeführt hat.
32 Zur Diskussion vgl. BETALLI, Note sulla produzione tessile 1982, 261–278; von einem Kleidermarkt geht aus PEKRIDOU-GORECKI, Mode 1989, 39.
33 Vgl. BÜCHER, Beiträge 1922, 39 ff.
34 TIMMINS, Technological Change 1996, 39 u. 44/5.

(arýballoi), die auf der einen Seite eine sitzende Frau mit Wollkorb und Spindel zeigen, auf der anderen Seite einen Mann mit Geldbeutel (**Q 118**). Die Deutung ist höchst umstritten. Während die Frauen von der älteren Forschung als Hetären gedeutet wurden, die sich mit Wollkorb und Spindel den Anschein der Tugendhaftigkeit geben, aber eigentlich auf den Freier warten, der sie für ihre Dienst bezahlt, hat unlängst James N. Davidson dafür plädiert, Wollarbeit und Liebesdienste nicht als Widerspruch, sondern als einander ökonomisch ergänzende Tätigkeiten zu sehen. Ihm zufolge handelt es sich um arme Frauen, die ihren Lebensunterhalt sowohl als Spinnerinnen als auch als Prostituierte verdienten. In diesem Sinne deutet er auch den Fund eines Gebäudes (Z) am Rande Athens, das in der Mitte des 5. Jh. v. Chr. errrichtet wurde und zunächst als Bordell oder Herberge eingeschätzt wurde. Die Archäologin Ursula Knigge fand zahlreiche Gegenstände, die mit dem Aphroditekult in Verbindung stehen sowie Gefäße für Symposien. Hinzu kamen Funde von Webgewichten. Nach Davidson beherbergte das Haus unfreie Prostituierte, deren Besitzer(in) auf doppelte Weise von ihnen profitierte, von ihren Verführungskünsten und von ihrer Kunstfertigkeit an Spindel und Webstuhl.[35]

Bemerkenswert ist der gesellige Charakter der Wollarbeit. Xenophon hält nicht nur die heitere Stimmung für erwähnenswert, die unter den weiblichen Verwandten auftrat, nachdem sie zu arbeiten angefangen hatten, sondern auch die gemeinsamen Mahlzeiten. Ein solcher Zusammenhang von Geselligkeit und Webarbeit geht auch aus einer Bemerkung Pindars hervor, der in seiner 9. pythischen Ode in einem Atemzug die Arbeit am Webstuhl und die geselligen Mähler im Kreis der Gefährtinnen erwähnt, die Kyrene, die Namensgeberin der gleichnamigen Stadt an der libyschen Küste, zugunsten des Kriegshandwerks gemieden habe (Pindar *Pyth.* 9,17–20).[36] Vasenbilder, die Frauen bei der Wollarbeit zeigen, sprechen ebenfalls für den kommunikativen Charakter der Wollarbeit, der möglicherweise praktische Gründe hatte, insofern die Arbeit am Gewichtswebstuhl zu zweit einfacher zu bewerkstelligen ist. Auf dem Bauch einer attischen *lēkythos* aus dem 6. Jh. v. Chr.[37] sind zwei Frauen zu sehen, die zu beiden Seiten des Webstuhls auf und abgehen. Unklar ist, ob die beiden Frauen sich in der Mitte treffen oder aneinander vorbeischreiten (**Q 119**). Dass zwei Personen an einem Webstück arbeiten können, wissen wir nicht nur von modernen Parallelen, sondern auch aus antikem Bildmaterial, das allerdings aus Ägypten stammt.[38] Auffallend ist an dem griechischen Beispiel, dass auch die anderen Aspekte der Textilarbeit, nicht nur das Weben, sondern auch das Abwiegen der Wolle, das Spinnen und das Zusammenlegen der fertigen Tuche als Tätigkeiten dargestellt werden, die von zwei Frauen gleichzeitig geleistet werden. In der kultischen Sphäre besaß die Arbeit an den Gewändern, die

---

35 Davidson, Kurtisanen und Meeresfrüchte 1997/1999, 107–113; vgl. auch den Beitrag von Hartmann in diesem Band, S. 380, Anm. 6.
36 Diese gemeinsame Geselligkeit kennzeichnet auch die Darstellung der Frauengruppen im Epos. So fährt Nausikaa mit ihren Mägden nicht nur zur großen Wäsche ans Meer; mit ihnen vergnügt sie sich auch beim Ballspiel (*Od.* 6,100).
37 von Bothmer, The Amasis Painter 1985, 185f. Nr. 48.
38 Barber, Prehistoric Textiles 1991, 81, Abb. 3.2 und 3.5.

in vielen Poleis der klassischen Zeit Göttern geweiht wurden, einen deutlich kollektiven Charakter. An der Herstellung des *péplos* für die Göttin Hera in Elis waren sechzehn Frauen beteiligt. In Athen waren für diesen Dienst zwei Arrhephoren bestimmt, die unter der Aufsicht der Athena-Priesterin die Arbeit am *péplos* für die Göttin begannen.[39] Daraus ist nicht mit Sicherheit zu schließen, dass das Spinnen und Weben auch im Alltag in Gruppen erfolgte, zumal die Darstellung auf der Salbflasche in den Kontext der panathenäischen Gewandweihe gestellt worden ist. Aber immerhin muss die Funktionalität von Zweiergruppen im Kontext der Textilarbeit einsichtig gewesen sein. Auch an diesem bildlichen Beispiel fällt die Kombination von Szenen der Geselligkeit und der Textilarbeit auf. Auf der Schulter des Salbgefäßes ist ein Mädchenreigen abgebildet, wie er an Festtagen gebildet wurde.[40]

Techniken und Gewebe: Ähnlich wie für die Landarbeit gilt auch für die Textilarbeit, dass die meisten Informationen mythologischen und rituellen Kontexten entstammen. Das gilt nicht nur für Darstellungen des Webens auf Vasenbildern. Technische Einzelheiten und auch soziale Kontexte lassen sich häufig nur aus Sprachbildern und Spezialtermini rekonstruieren, derer sich Dichter und Philosophen bedienten.[41] In seinem Dialog *Politikos* (*Der Staatsmann*) erläutert Platon die Ziele der politischen Kunst mit Hilfe der Webkunst und gibt damit gleichzeitig Auskunft über grundsätzliche technische Vorgänge. Für Platon entspricht die Technik des Zusammenfügens von Einschlagfaden (*krókē*) und Kettfaden (*stḗmon*) am Webstuhl auf der politischen Ebene dem ›Verflechten‹ von gegensätzlichen politischen Charakteren, des besonnenen und des tapferen Charakters (Platon *Politikos* 311 b-c).[42] In der *Lysistrate* des Aristophanes bezieht sich die Anführerin auf ihre bei der Wollarbeit erworbene Kompetenz, um den Anspruch auf politische Führung zu begründen und schlägt vor, einen Mantel der Eintracht zu weben: »Zuerst müsste man wie aus der Wolle im Waschtrog den Schmutz auswaschen, dann auf dem Gestell mit Stöcken die Schlechten aus der Stadt herausklopfen und die Disteln ablesen und die, die sich zur Ämterbesetzung verfilzen, auseinanderzupfen und ihnen die Köpfe abrupfen; dann in den Korb des gemeinsamen Wohlwollens hineinkrempeln, indem man alle hineinmischt, die Metöken und wer sonst noch unser Gast oder Freund ist; und wenn einer der Stadt verschuldet ist – auch diese soll man hineinmischen, und, bei Zeus, die Städte, die Kolonien dieses Landes; erkennen muss man, dass dies alles uns wie Wollflocken herumliegt, jedes einzeln; darauf muss man von diesen allen das Garn nehmen, hierher zusammenbringen und in eins versammeln, und dann ein großes Knäuel herstellen, und dann daraus dem Volk einen Mantel weben.« (Aristophanes *Lys.* 574–586).[43] Aus dem von ihr gebrauchten Bild der Herstellung eines gemeinsamen Mantels lassen sich die ein-

---

39 Vgl. den Beitrag von WALDNER in diesem Band, S. 55, insb. Anm. 8–10.
40 CALAME, Chœurs de jeunes filles 1977/ Choruses of Young Women 1997.
41 Belege bei SNYDER, The Web of Song 1980/81, 193–196; WAGNER-HASEL, Stoff der Gaben 2000, Kap. III.
42 SCHEID/SVENBRO, Le métier de Zeus 1994, 17–43.
43 Übers. MÜLLER, Handwerk und Sprache 1974, 195.

zelnen Stufen der Verarbeitung rekonstruieren: das Waschen und Ausschlagen der Wolle, das Zupfen und Krempeln der Rohwolle, wobei man die Wollfasern in einen aufgestellten Korb fallen ließ, die Herstellung eines Vorgespinst – dies geschah auf den Knien, wozu eigens ein halbierter Hohlzylinder aus Ton, ein *epínētron*, als Knieschutz in Gebrauch war (**Q 80**) – und schließlich das Weben.[44]

Spezielle Techniken der Buntweberei werden aus Attributen wie *daidaléos* (bebildert) oder *poikílos* (bunt gemustert) erschlossen, mit denen Kleidung in der Dichtung belegt wird. In der Metallurgie und im Zimmermannshandwerk nimmt der Begriff *daidaléos* auf die Herstellung eines Musters bzw. von plastischen Bildern mittels Einlegearbeiten Bezug, wie sie auch durch archäologische Funde für die geometrische und archaische Zeit belegt sind.[45] In der Webkunst kann sich seine Verwendung zum einen auf eine kelimartige Technik beziehen, bei der in kleineren Partien die Musterfäden mit der Hand eingezogen werden.[46] Funde von Geweben, die mit dieser Kelimtechnik hergestellt waren, wurden beispielsweise in der Oasenstadt Palmyra gemacht. (**Q 116**) Zum anderen kann der Begriff *daidaléos* auf die Technik der lancierten Musterschüsse verweisen. In diesem Fall erfolgt die Herstellung des Musters über den Einzug eines farbigen Zusatzfadens zu den Grundschüssen.[47] Nach den Untersuchungen von Elisabeth E. W. Barber ist diese Technik besonders geeignet für die Arbeit an einem Gewichtswebstuhl, wie er in Griechenland gebräuchlich war (**Q 115**). Der Terminus für die Herstellung solcher Muster ist nach Barber *pássein/enpássein*, der mit »einlegen« oder »einstreuen« wiedergegeben werden kann. Mit ihm wird im Epos das Einfügen von Mustern beschrieben.[48] Auf den Hochwebstühlen mit fixer Kette, wie sie in Ägypten und später in hellenistischer und römischer Zeit gebräuchlich wurden, entstanden vermutlich die bildreichen Tapisserien, von denen in der hellenistischen Dichtung vielfach die Rede ist.[49] In den *Argonautika* des Apollonios von Rhodos werden die Muster des Mantels, den der Held Jason trägt, ausführlich wie ein Gemälde beschrieben. Sie enthalten ähnlich wie die Schildbeschreibung im homerischen Epos

---

44 Zur Rekonstruktion des Vorgangs vgl. MÜLLER, Handwerk und Sprache 1974, 196–203. Grundsätzlich: BLÜMNER, Technologie 1912, Bd. 1, 98–259.
45 FRONTISI-DUCROUX, Dédale 1975.
46 BIEBER, Griechische Kleidung 1928/1977; DIES., Entwicklungsgeschichte der griechischen Tracht 1934/1967; WACE, Weaving or Embroidery 1948, 51–55; zu alternativen Textiltechniken vgl. auch GRANGER-TAYLOR, Weaving Clothes to Shape in the Ancient World 1982, 3–25.
47 BARBER, Prehistoric Textiles 1991; WAGNER-HASEL, Stoff der Gaben 2000, 148.
48 Bunte Rosen bzw. Rosetten (*thróna*) streute (*épasse*) Andromache in den purpurfarbigen Mantel ein, den sie für Hektor am Webstuhl wob (*Il.* 22,440/1). In gleicher Weise heißt es von Helena, dass sie in ihre purpurfarbene *díplax*, die sie am Webstuhl wob, ein Muster, nämlich die Kämpfe der Achaier und Troer »einstreute« (*enépassen*) (*Il.* 3,125–127). – Ein weiterer Terminus technicus für diese Tätigkeit ist *kámnein*, mit dem die sorgfältige Arbeit und minutiöse Technik gemeint ist, die in der Schmiedekunst, in der Kriegskunst und in der Musterweberei aufgewendet wird. WAGNER-HASEL, Stoff der Gaben 2000, 146–152.
49 BLÜMNER, Technologie 1912, Bd. 1, 160 ff.

einen ganzen sozialen Kosmos gestaltet: den Landbau, das Handwerk, den Kult, die Jagd, den Krieg.[50]

Es sind in Griechenland anders als in den trockenen Regionen Vorderasiens[51] kaum Textilien gefunden worden, die einen Eindruck von diesen Geweben vermitteln können. Michael Vickers, der einige Funde zusammengestellt hat, meint aber, dass buntgemusterte Gewebe den größten Anteil an den visuellen Eindrücken ausgemacht haben müssen, die Besucher antiker Städte empfingen.[52] Er verweist auf die Beschreibung von den eindrucksvollen Mustern auf Festzelten bei den Tragödiendichtern (Euripides *Ion* 1128–31), auf Schilderungen purpurfarbiger[53] und golddurchwirkter Kleidung in den Schriften von Historikern und Biographen (vgl. z. B. Plutarch *Alkibiades* 16,1) oder auf Informationen, die Philosophen, Dichter und Historiker über die Muster der Gewänder der Götter geben. Eine Vorstellung von der visuellen Wirksamkeit von Geweben bietet Theokrits Beschreibung des Adonisfestes in Alexandria (Theokrit *Idyll.* 15,79–81), wo zwei Festbesucherinnen sich in überschwänglichen Lobpreisungen der Lebendigkeit der eingewobenen Bilder auf dem ausgestellten Gewand des Adonis ergehen (**Q 123**).[54]

Auch die für Kleidung häufig gebrauchte Wendung »wie ein Wunder zu schauen« (*thaúma idésthai*) bezeugt diese visuelle Wirksamkeit, die gerade gemusterten Stoffen zugeschrieben wurde.[55] Gemeint sind damit nicht nur die den Göttern geweihten Gewänder. In der Dichtung wird besonders der weiblichen Kleidung eine besondere erotische Strahlkraft zugewiesen. Nicht nur die Schönheit des Körpers, sondern auch der Glanz ihrer Kleidung löst im homerischen Aphroditehymnos in Anchises das Verlangen nach geschlechtlicher Vereinigung mit der Göttin aus (*h. Aphr.* 85–91). In »glänzende Schleier« (*lipará krédemna*) gehüllt, lässt der Dichter der *Odyssee* Penelope zusammen mit zwei Begleiterinnen vor die um sie werbenden Freier treten und in ihnen das Verlangen auslösen, bei ihr zu lagern (*Od.* 18,210–214). Um Zeus zu verführen und vom Kampfgeschehen vor Troia fernzuhalten, bedient sich Hera in der *Ilias* eines textilen Gegenstandes, des Gürtels der Aphrodite, in den Liebeskraft und Verlangen eingewoben sind (*Il.* 14,183). Auch die Verführungskraft der Pandora verdankt sich einem mit eingewobenen Bildern versehenen Schleiertuch (*kalýpten daidaléēn*), das Hesiod der verführerischen Braut von Athena über das Haupt ziehen lässt (*Theog.* 574–576).

Einen Eindruck von der Wirkung der Farbenpracht antiker Kleidung lässt sich über die Rekonstruktion einer weiblichen Gewandstatue gewinnen. 1972 wurde

---

50 SHAPIRO, Jason's Cloak 1980, 263–286.
51 SCHMIDT-COLINET, Palmyra 1995, 54–72.
52 VICKERS, Images on Textiles 1999, 38.
53 Zur Bedeutung der Purpurfarbe als Statussymbol vgl. REINHOLD, History of Purple 1970; STULZ, Die Farbe Purpur im frühen Griechentum 1990; BLUM, Purpur als Statussymbol 1998.
54 Theokrit *Idyll.* 15,20.
55 »Wie ein Wunder zu schauen« sind die Kleider, die sich Aphrodite von den Chariten anlegen läßt (*Od.* 8,366). Weitere Beispiele bei WAGNER-HASEL, Stoff der Gaben 2000, 156.

in einer Nekropole bei Merenda in Attika eine weibliche Gewandstatue zusammen mit einem Kouros, einer nackten Jünglingsstatue, gefunden und eindrucksvoll rekonstruiert (siehe Umschlagbild). Die beiden leicht überlebensgroßen Statuen lagen nebeneinander gebettet und standen vermutlich ursprünglich auf Gräbern, bevor sie während der Perserkriege vergraben wurden. Auf der an anderer Stelle gefundenen Basis der Kore war der Name Phrasikleia eingemeißelt: »Grabmal der Phrasikleia. Ich werde immer Kore heißen, die Götter haben mir diesen Namen statt der Hochzeit (*gámos*) zugedacht. Aristion von Paros hat mich gemacht.«[56] Die Ausgräber waren von der reichen Schmuckaustattung der weiblichen Statue, die der Inschrift zufolge eine Braut darstellen sollte, fasziniert. Ihr Gewand, ein *chitōn*, trug vielfältige oramentale Verzierungen (**Q 114**). Die Bemalung war noch gut erkennbar, so dass der Versuch gemacht werden konnte, Muster und Farbgebung des Gewandes zu rekonstruieren. Sind im vorderen Teil des Gewandes Rosetten[57] und Hakenkreuze verteilt, so lassen sich auf dem Rücken daneben auch drei- und vierzackige Sterne sowie verschiedenartige Blütenblätter erkennen. Mäanderborten gliedern das Gewand in horizontaler und vertikaler Richtung. Die vorherrschenden Farben sind Zinnoberrot, Schwarz und Gelb.[58]

Die Symbolik von Geweben: Die Informationen über Techniken der Webkunst sind nie losgelöst von der rituellen und symbolischen Bedeutung der Textilarbeit zu betrachten. Wenn der Dichter Lysistrate vom gemeinsamen Mantel sprechen lässt, dann stellt er einen Bezug zur rituellen Praxis her, zur Weihung eines Gewandes für die Stadtgöttin Athena an den Panathenäen. Der Mantel fungiert hier als Symbol der Zusammengehörigkeit; mit der Weihung unterstellten sich die Athener dem Schutz der Göttin.[59] Der enge Konnex von politischer Eintracht und Geweben ist auch bei Platon greifbar, für den die Kunst des *Politikos* in der Vollendung eines Gewebes kulminiert, in dem die gegensätzlichen Charaktere und Statusgruppen, die in der Polis leben, unauflösbar miteinander verbunden sind (Platon *Politikos* 311 b-c). Von dieser hier angesprochenen symbolischen Funktion von Geweben, Bindungen auszudrücken, zeugen auch zahlreiche Vasenbilder, auf denen Paare unter einem gemeinsamen Mantels zu sehen sind (**Q 117**).[60] Auch bei den gemusterten Geweben, die in der epischen und auch hellenistischen Dichtung beschrieben werden, geht es vielfach um Textilien, die in Ritualen zum Einsatz kamen: beim Totenritual, bei der Gewandweihe für die Götter, bei der Hochzeit oder bei der Aufnahme von Gastfreunden.[61]

---

56 Zitiert nach KARAKASI, Phrasikleia 1997, 509.
57 Das Rosettenmotiven findet sich auch in der Vasenmalerei auf Kleidung (KOCH-HARNACK, Erotische Symbole 1989, 24–32, 109 ff.), so vor allem auf den Gewändern festlich geschmückter Bräute; vgl. OAKLEY/ SINOS, The Wedding in Ancient Greece 1993, Abb. 62, 64, 69 etc.
58 Ebd. 514.
59 BARBER, Prehistoric Textiles 1991; DIES., The Peplos of Athena 1992, 103–117; WAGNER-HASEL, Stoff der Gaben 2000, 128 f.
60 KOCH-HARNACK, Erotische Symbole 1989, 111 ff.; ARRIGONI, Amore 1983, 7–56.
61 WAGNER-HASEL, Stoff der Gaben 2000, 146 ff.

Es ist diese Bedeutung von Geweben in der sozialen Kommunikation, die in den letzten Jahren verstärkt die Aufmerksamkeit der Forschung auf sich gezogen hat. Gewebe lassen sich als Medium verstehen, über das – ähnlich wie über Sprache – gezielt Botschaften vermittelt wurden. Nach Annette B. Weiner, die als Ethnologin den symbolischen Gebrauch von geflochtenen Materialien im Kontext von Totenritualen untersucht hat, boten Stoffe aufgrund von Musterungen und Farben nahezu unerschöpfliche Einsatzmöglichkeiten für kommunikative Zwecke.[62] Die zahlreichen Korrespondenzen, die sich in der griechischen Dichtung zwischen Sprechen, Singen und Weben finden lassen, weisen deutlich auf diese Verwendung hin. Beiden Typen, dem gewobenen Text und den bebilderten Geweben, kamen in der antiken Kultur der Griechen Gedächtnisqualitäten zu, die sowohl auf der rituellen Ebene der Polisgemeinschaft als auch im Bindungsverhältnis von einzelnen Paaren ihre Wirkung entfalteten. Vor allem Lyriker wie Pindar oder Bakchylides beschrieben ihre Tätigkeit vielfach als ein »Weben« (*hyphaínein*) von Liedern.[63] Sie beriefen sich dabei nicht nur auf die Musen, auf die göttlichen Sängerinnen, sondern auch auf die Chariten.[64] Diese waren für beides zuständig, für die Verankerung der Gesänge und Worte der Dichter im Gedächtnis der Zuhörerschaft und für die Augenwirkung der Kleidung im Rahmen der Festkultur und im Verhältnis zwischen den Geschlechtern.[65] In Athen wurden sie speziell als Hochzeitsgöttinnen verehrt und *gamēlíai* genannt.[66] Ein Weihrelief von der Akropolis in Athen (um 510 v. Chr.[67] zeigt sie im transparenten Gewand beim Reigentanz zur Musik eines Flötenspielers (**Q 120**).[68] Mit dieser Zuständigkeit für Reigentanz, Gesang

---

62 «The possibilities of color and pattering give cloth an almost limitless potential for communication.« WEINER, Cloth and Human Experience 1989, 1.
63 Belege bei BERGREN, Language 1983; SNYDER, Web of Song 1980/81, 196; SCHEID/SVENBRO, Le métier de Zeus 1994; vgl. auch MÜLLER, Sprache und Handwerk 1994, 228–231.
64 So fordert Pindar die Chariten auf, ihm zu helfen, mit der Zunge das Wort aus der *phrén*, aus dem Sitz der Verständigkeit, zu holen, das die Taten des Gepriesenen vor dem Vergessen bewahre. Pindar *Nem.* 4,6/7, Bremer. Von Menelaos heißt es in einem Dithyrambos des Bakchylides, daß dieser mit gewinnender Rede vor der Versammlung der Troer sprach, die er »den schöngewandeten Chariten anheimstellte (*eupéploisi Chárissin*)«. Bakchylides *Dithyramben* 15,48/9, Maehler. Weitere Belege bei SNYDER, Web of Song 1980/81, 196.
65 Vgl. WAGNER-HASEL, Stoff der Gaben 2000, 162 f.; DIES., The Graces and Colour-Weaving (im Druck).
66 IRENNE-DELFORGE, Les Charites 1996, 203; SCHWARZENBERG, Die Grazien 1966, 20 ff.; zur Verbindung der Chariten mit Hochzeit und Erotik vgl. allgemein MACLACHLAN, Age of Grace 1993, 41 ff.
67 Weihrelief aus Athen, um 510 v. Chr. Standort: Athen, Akropolis-Museum; vgl. BORBEIN, Das Alte Griechenland 1995, 140.
68 Zur Zuständigkeit für den Reigentanz vgl. auch Homer *Od.* 18,195; Homerischer Hymnos an Apollon 194–196; Aristophanes *Thesmophoriazusai* 120–122. Ihre bei Hesiod überlieferten Namen stehen für den Frohsinn, *Euphrosýne*, der sich als Wirkung des lieblichen Gesangs einstellt (Homer *Od.* 9,4–11), für den festlichen Glanz, *Aglaía*, und die Pracht der Blüte, *Thalía*, aber auch für das erotische Begehren. »Aus ihren Lidern senden sie Blicke,/ Strömt Verlangen, das der Glieder Spannung löst;/Schön ist der Blick, den sie unter ihren

und Weben repräsentieren die Chariten die kommunikativen Aspekte der ›Werke der Frauen‹: den geselligen Charakter der weiblichen Arbeit wie auch den kommunikativen Nutzen der von ihnen im alltäglichen und im rituellen Kontext hergestellten Gewebe, mit denen die Frauen einen Beitrag zur Aufrechterhaltung der sozialen und symbolischen Ordnung der Polis leisteten.[69]

Quellen

Q 111 Geschlechtspezifische Arbeitsteilung bei Xenophon

Xenophon, *Oikonomikos* 7,18–22

In der Lehrschrift *Oikonomikos* belehrt ein Athener mit dem Namen Ischomachos seine junge Frau über ihre zukünftigen Pflichten:

7 (18) Es scheint mir, dass die Götter, meine liebe Frau, dieses Gespann, das man das Weibliche und das Männliche nennt, in bester Voraussicht zusammengefügt haben, damit sie in Gemeinschaft einander nützlich sind. (19) Zuerst einmal heiratet das Paar, um miteinander Kinder zu zeugen, damit das menschliche Geschlecht nicht ausstirbt. Dann wird durch diese Vereinigung erreicht, dass sie im Alter eine Stütze für sich selbst besitzen. Weiterhin ist es bei den Menschen nicht wie bei den Tieren üblich, im Freien zu leben, (20) sondern sie benötigen offensichtlich Obdach. Wenn die Menschen Vorräte unter dem Dach anlegen wollen, brauchen sie allerdings jemanden, der die Arbeit unter freien Himmel verrichtet. Denn Pflügen, Säen, Pflanzen und auch Weiden sind Beschäftigungen im Freien. Aus diesen wird der Lebensunterhalt gewonnen. (21) Sobald das nun unter einem Dach untergebracht ist, ist wiederum jemand erforderlich, der es verwahrt und der solche Arbeiten verrichtet, die innerhalb des Hauses anfallen. Der Schutz des Daches ist notwendig bei der Versorgung der neugeborenen Kinder; unter einem Dach muss die Aufbereitung der Feldfrüchte stattfinden, ebenso die Herstellung von Kleidung aus Wolle. (22) Da nun jede der beiden Tätigkeiten, diejenige im Innern und diejenige im Freien der Ausführung und der Aufsicht bedürfen, hat Gott [...] von vornherein die körperliche Beschaffenheit entsprechend ausgestattet, und zwar, wie mir scheint, die der Frau für die Arbeiten und Besorgungen im Innern, die des Mannes hingegen für die Tätigkeiten und Beaufsichtigungen außerhalb.

Brauen entsenden«, dichtet Hesiod (*Theog.* 910–911; Übers. W. Marg). In Athen, wo sie zusammen mit Aphrodite, Peitho und Demos verehrt wurden, hießen sie *Hēgemónē*, Führerin (des festlichen Reigens) und *Auxṓ* (Mehrerin, eine Kurzform von *Auxēsíē*); manche zählten wohl auch die beiden Horen *Karpṓ* (Göttin des Ertrags) und *Thallṓ* (Göttin der Blüte) sowie *Peithṓ*, die Verkörperung der in klassischer Zeit so wichtigen überzeugenden Rede, zu den Chariten (Pausanias 9,35,3).

69 Auch die Frauen, die die Thesmophoria feierten, bezogen sich auf die Chariten und erflehten von ihnen den Segen der Götter für das gute Gedeihen der Stadt. Aristophanes *Thesm.* 295–300.

7 (18) ἐμοὶ γάρ τοι, ἔφη φάναι, καὶ οἱ θεοί, ὦ γύναι, δοκοῦσι πολὺ διεσκεμμένως μάλιστα τὸ ζεῦγος τοῦτο συντεθεικέναι ὃ καλεῖται θῆλυ καὶ ἄρρεν, ὅπως ὅτι ὠφελιμώτατον ᾖ αὑτῷ εἰς τὴν κοινωνίαν. (19) πρῶτον μὲν γὰρ τοῦ μὴ ἐκλιπεῖν ζῴων γένη τοῦτο τὸ ζεῦγος κεῖται μετ᾽ ἀλλήλων τεκνοποιούμενον, ἔπειτα τὸ γηροβοσκοὺς κεκτῆσθαι ἑαυτοῖς ἐκ τούτου τοῦ ζεύγους τοῖς γοῦν ἀνθρώποις πορίζεται· ἔπειτα δὲ καὶ ἡ δίαιτα τοῖς ἀνθρώποις οὐχ ὥσπερ τοῖς κτήνεσίν ἐστιν ἐν ὑπαίθρῳ, ἀλλὰ στεγῶν δεῖται δῆλον ὅτι. (20) δεῖ μέντοι τοῖς μέλλουσιν ἀνθρώποις ἕξειν ὅ τι εἰσφέρωσιν εἰς τὸ στεγνὸν τοῦ ἐργασομένου τὰς ἐν τῷ ὑπαίθρῳ ἐργασίας. καὶ γὰρ νεατὸς καὶ σπόρος καὶ φυτεία καὶ νομαὶ ὑπαίθρια ταῦτα πάντα ἔργα ἐστίν· ἐκ τούτων δὲ τὰ ἐπιτήδεια γίγνεται. (21) δεῖ δ᾽ αὖ, ἐπειδὰν ταῦτα εἰσενεχθῇ εἰς τὸ στεγνόν, καὶ τοῦ σώσοντος ταῦτα καὶ τοῦ ἐργασομένου δ᾽ ἃ τῶν στεγνῶν ἔργα δεόμενά ἐστι. στεγνῶν δὲ δεῖται καὶ ἡ τῶν νεογνῶν τέκνων παιδοτροφία, στεγνῶν δὲ καὶ αἱ ἐκ τοῦ καρποῦ σιτοποιίαι δέονται· ὡσαύτως δὲ καὶ ἡ τῆς ἐσθῆτος ἐκ τῶν ἐρίων ἐργασία. (22) ἐπεὶ δ᾽ ἀμφότερα ταῦτα καὶ ἔργων καὶ ἐπιμελείας δεῖται τά τε ἔνδον καὶ τὰ ἔξω, καὶ τὴν φύσιν […] εὐθὺς παρεσκεύασεν ὁ θεός, ὡς ἐμοὶ δοκεῖ, τὴν μὲν τῆς γυναικὸς ἐπὶ τὰ ἔνδον ἔργα καὶ ἐπιμελήματα, τὴν δὲ τοῦ ἀνδρὸς ἐπὶ τὰ ἔξω ἔργα καὶ ἐπιμελήματα.

Q 112 Weibliche Wollarbeit in Athen

Xenophon, *Erinnerungen an Sokrates (Memorabilia)* 2,1–12

2 (1) Auch die Not seiner Freunde zu lindern, war er durchaus bemüht: war sie aus Unverstand erwachsen, dann durch guten Rat, war sie aus wirtschaftlicher Not entstanden, dann mahnte er, einander nach Vermögen zu unterstützen. Auch darüber will ich erzählen, was mir gegenwärtig ist. Als er nämlich einst sah, dass Aristarch missmutig umherging, da sagte er ihm: Du scheinst mir an irgendetwas schwer zu tragen, Aristarch. […] (2) Da erwiderte Aristarch: Tatsächlich, Sokrates, ich bin schon in großer Verlegenheit. Denn da sich bei den Unruhen in der Stadt viele nach dem Piräus geflüchtet haben, so sind nun bei mir die zurückgebliebenen Schwestern und Nichten und Basen derart zusammengeströmt, dass jetzt in meinem Hause vierzehn Personen sind, nur die Freien gerechnet. Wir haben aber weder irgendeine Einnahme aus dem Lande; denn dieses haben die Gegner in Besitz; noch von den Häusern; denn die Stadt ist entvölkert; bewegliche Güter aber kauft niemand. Auch ist es nicht möglich, irgendwoher Geld zu leihen; nein, eher glaube ich, dass jemand beim Suchen auf der Straße etwas finden würde, als dass er es durch Entleihen bekommen könnte. Schlimm ist es nun, Sokrates, mit anzusehen, wie die Verwandten zugrunde gehen, und doch ist es unmöglich, so viele unter solchen Umständen zu ernähren. (3) Als Sokrates dies nun hörte, da sagte er: Wie kommt es denn, dass Keramon, der auch viele zu ernähren hat, nicht nur imstande ist, sich und den Seinen das Notwendige zu geben, sondern überdies soviel erübrigt, dass er sogar reich wird, während du dagegen, der du auch viele zu ernähren hast, in Furcht bist, ihr könntet alle aus Mangel am Notwendigen zugrunde gehen? Beim Zeus, war die Erwiderung, weil jener Sklaven zu ernähren hat, ich aber Freie. (4) Und welche von beiden, sagte er, hältst du für wertvollere Menschen, die Freien bei dir oder die Sklaven bei Keramon? Ich glaube wohl, so lautete die Antwort, die Freien bei mir. Ist es nun, so erwiderte er, nicht schlimm, dass jener von den Schlechteren zu Wohlstand kommt, du aber durch die Besseren in Not bist? Ja, beim Zeus, war die Antwort; doch er ernährt Handwerker, ich aber als Freie Erzo-

gene. (5) Sind denn nun nicht Handwerker Leute, die etwas Nützliches herzustellen verstehen? Durchaus, war die Erwiderung. Ist nicht Mehl etwas Nützliches? Gar sehr. [...] Wie steht es denn, so sagte er alsdann, mit Kleidern (*himátia*) für Männer und Frauen, mit Unterkleidern (*chitoniskoí*), Mänteln (*chlamýdes*) und Jacken (*exōmídes*)? Auch dies, erwiderte jener, sind sehr nützliche Dinge. Und verstehen nun, so war die weitere Frage, deine Verwandten davon nichts zu verfertigen? Doch gewiss, alles das, wie ich glaube. (6) Und weißt du denn nicht, dass Nausikydes von einer einzigen dieser Tätigkeit, nämlich von der Mehlherstellung, nicht nur sich selbst und seine Hausgenossen ernährt, sondern überdies auch noch viele Schweine und Rinder, und dass er dabei noch soviel erübrigt, dass er oft Liturgien übernehmen kann, und dass [...] sich Demeas aus Kollytos vom Mäntelmachen ernährt und Menon vom Röckemachen, und dass die meisten Megarer vom Jackenmachen leben? Diese haben doch, beim Zeus, so war die Antwort, Fremde gekauft und können sie zu jeder Arbeit zwingen, die einträglich ist, ich aber habe Freie und Verwandte bei mir. (7) Darauf sagte er: Wenn sie also Freie sind und mit dir verwandt, da meinst du, sie brauchten nichts anderes zu tun als zu essen und zu schlafen? Siehst du denn, dass unter den sonstigen Freien die, welche so leben, ihr Leben besser verbringen, und hältst du sie für glücklicher oder vielmehr die, welche etwas für das Leben Nützliches verstehen und es auch dafür verwenden? Oder hast du den Eindruck, dass die Trägheit und die Nachlässigkeit den Menschen nützlich dafür sind, das zu erlernen, was man wissen muss, und das Erlernte im Gedächtnis zu behalten wie auch dem Körper Gesundheit und Kraft zu geben sowie das zum Leben Brauchbare zu erwerben und zu bewahren, dass aber der Fleiß und die Arbeitsamkeit dafür nichts nützen? (8) Lernten denn deine Verwandten diese Beschäftigungen, die sie deiner Meinung nach verstehen, um sie weder fürs Leben zu verwerten, noch um sie irgendwie auszuüben, oder im Gegenteil, um sich ihrer zu bedienen und aus ihnen Nutzen zu ziehen? [...] (10) Zögere also nicht, [...], sie darin einzuführen, was dir und ihnen zugute kommen wird; und sicherlich werden sie dir gern Folge leisten. (11) Doch wirklich, bei den Göttern, sagte Aristarch, du scheinst mir damit recht zu haben, Sokrates; denn bisher konnte ich nicht daran denken, etwas zu entleihen, da ich wusste, dass ich das Empfangene nach dem Verbrauch nicht würde zurückgeben können, jetzt aber zur Einleitung von Arbeiten glaube ich es wagen zu können, dies zu tun. (12) Daraufhin wurden dann Mittel beschafft, und es wurde Wolle gekauft; und während der Arbeit (*ergazómenai*) frühstückten sie, nach der Arbeit aber aßen sie zu Abend, und anstatt mürrisch zu sein, waren sie heiter, und anstatt einander böse zu betrachten, sahen sie einander freundlich an, und sie liebten ihn nun als ihren Pflegevater, er aber schätzte sie als nützliche Hausgenossinnen.

2 (1) Καὶ μὴν τὰς ἀπορίας γε τῶν φίλων τὰς μὲν δι' ἄγνοιαν ἐπειρᾶτο γνώμῃ ἀκεῖσθαι, τὰς δὲ δι' ἔνδειαν διδάσκων κατὰ δύναμιν ἀλλήλοις ἐπαρκεῖν. ἐρῶ δὲ καὶ ἐν τούτοις ἃ σύνοιδα αὐτῷ. Ἀρίσταρχον γάρ ποτε ὁρῶν σκυθρωπῶς ἔχοντα, Ἔοικας, ἔφη, ὦ Ἀρίσταρχε, βαρέως φέρειν τι. [...] (2) καὶ ὁ Ἀρίσταρχος· Ἀλλὰ μήν, ἔφη, ὦ Σώκρατες, ἐν πολλῇ γέ εἰμι ἀπορίᾳ. ἐπεὶ γὰρ ἐστασίασεν ἡ πόλις, πολλῶν φυγόντων εἰς τὸν Πειραιᾶ, συνεληλύθασιν ὡς ἐμὲ καταλελειμμέναι ἀδελφαί τε καὶ ἀδελφιδαῖ καὶ ἀνεψιαὶ τοσαῦται ὥστ' εἶναι ἐν τῇ οἰκίᾳ τέτταρας καὶ δέκα τοὺς ἐλευθέρους. λαμβάνομεν δὲ οὔτε ἐκ τῆς γῆς

οὐδέν· οἱ γὰρ ἐναντίοι κρατοῦσιν αὐτῆς· οὔτ' ἀπὸ τῶν οἰκιῶν· ὀλιγανθρωπία γὰρ ἐν τῷ ἄστει γέγονε. τὰ ἔπιπλα δὲ οὐδεὶς ὠνεῖται· οὐδὲ δανείσασθαι οὐδαμόθεν ἔστιν ἀργύριον, ἀλλὰ πρότερον ἄν τίς μοι δοκεῖ ἐν τῇ ὁδῷ ζητῶν εὑρεῖν ἢ δανειζόμενος λαβεῖν. χαλεπὸν μὲν οὖν ἐστιν, ὦ Σώκρατες, τοὺς οἰκείους περιορᾶν ἀπολλυμένους, ἀδύνατον δὲ τοσούτους τρέφειν ἐν τοιούτοις πράγμασιν. (3) ἀκούσας οὖν ταῦτα ὁ Σωκράτης· Τί ποτέ ἐστιν, ἔφη, ὅτι Κεράμων μὲν πολλοὺς τρέφων οὐ μόνον ἑαυτῷ τε καὶ τούτοις τὰ ἐπιτήδεια δύναται παρέχειν, ἀλλὰ καὶ περιποιεῖται τοσαῦτα ὥστε καὶ πλουτεῖν, σὺ δὲ πολλοὺς τρέφων δέδοικας μὴ δι' ἔνδειαν τῶν ἐπιτηδείων ἅπαντες ἀπόλησθε; Ὅτι νὴ Δί', ἔφη, ὁ μὲν δούλους τρέφει, ἐγὼ δ' ἐλευθέρους. (4) Καὶ πότερον, ἔφη, τοὺς παρὰ σοὶ ἐλευθέρους οἴει βελτίους εἶναι ἢ τοὺς παρὰ Κεράμωνι δούλους; Ἐγὼ μὲν οἶμαι, ἔφη, τοὺς παρ' ἐμοὶ ἐλευθέρους. Οὐκοῦν, ἔφη, αἰσχρὸν τὸν μὲν ἀπὸ τῶν πονηροτέρων εὐπορεῖν, σὲ δὲ πολλῷ βελτίους ἔχοντα ἐν ἀπορίᾳ εἶναι; Νὴ Δί', ἔφη, ὁ μὲν γὰρ τεχνίτας τρέφει, ἐγὼ δ' ἐλευθερίως πεπαιδευμένους. (5) Ἆρ' οὖν, ἔφη, τεχνῖταί εἰσιν οἱ χρήσιμόν τι ποιεῖν ἐπιστάμενοι; Μάλιστά γ', ἔφη. Οὐκοῦν χρήσιμά γ' ἄλφιτα; Σφόδρα γε. [...] Τί γάρ; ἔφη, ἱμάτιά τε ἀνδρεῖα καὶ γυναικεῖα καὶ χιτωνίσκοι καὶ χλαμύδες καὶ ἐξωμίδες; Σφόδρα γ', ἔφη, καὶ πάντα ταῦτα χρήσιμα. Ἔπειτα, ἔφη, οἱ παρὰ σοὶ τούτων οὐδὲν ἐπίστανται ποιεῖν; (6) Πάντα μὲν οὖν, ὡς ἐγᾦμαι. Εἶτ' οὐκ οἶσθα ὅτι ἀφ' ἑνὸς μὲν τούτων, ἀλφιτοποιίας, Ναυσικύδης οὐ μόνον ἑαυτόν τε καὶ τοὺς οἰκέτας τρέφει, ἀλλὰ πρὸς τούτοις καὶ ὗς πολλὰς καὶ βοῦς, καὶ περιποιεῖται τοσαῦτα ὥστε καὶ τῇ πόλει πολλάκις λειτουργεῖν, [...] Δημέας δ' ὁ Κολλυτεὺς ἀπὸ χλαμυδουργίας, Μένων δ' ἀπὸ χλανιδοποιίας, Μεγαρέων δ' οἱ πλεῖστοι ἀπὸ ἐξωμιδοποιίας διατρέφονται; Νὴ Δί', ἔφη, οὗτοι μὲν γὰρ ὠνούμενοι βαρβάρους ἀνθρώπους ἔχουσιν, ὥστ' ἀναγκάζειν ἐργάζεσθαι ἃ καλῶς ἔχει, ἐγὼ δ' ἐλευθέρους τε καὶ συγγενεῖς. (7) Ἔπειτ', ἔφη, ὅτι ἐλεύθεροί τ' εἰσὶ καὶ συγγενεῖς σοι, οἴει χρῆναι αὐτοὺς μηδὲν ἄλλο ποιεῖν ἢ ἐσθίειν καὶ καθεύδειν; πότερον καὶ τῶν ἄλλων ἐλευθέρων τοὺς οὕτω ζῶντας ἄμεινον διάγοντας ὁρᾶς καὶ μᾶλλον εὐδαιμονίζεις ἢ τούς, ἃ ἐπίστανται χρήσιμα πρὸς τὸν βίον, τούτων ἐπιμελομένους; ἢ τὴν μὲν ἀργίαν καὶ τὴν ἀμέλειαν αἰσθάνῃ τοῖς ἀνθρώποις πρός τε τὸ μαθεῖν, ἃ προσήκει ἐπίστασθαι καὶ πρὸς τὸ μνημονεύειν, ἃ ἂν μάθωσι καὶ πρὸς τὸ ὑγιαίνειν τε καὶ ἰσχύειν τοῖς σώμασι καὶ πρὸς τὸ κτήσασθαί τε καὶ σώζειν τὰ χρήσιμα πρὸς τὸν βίον ὠφέλιμα ὄντα, τὴν δ' ἐργασίαν καὶ τὴν ἐπιμέλειαν οὐδὲν χρήσιμα; (8) ἔμαθον δέ, ἃ φῂς αὐτὰς ἐπίστασθαι, πότερον ὡς οὔτε χρήσιμα ὄντα πρὸς τὸν βίον οὔτε ποιήσουσαι αὐτῶν οὐδέν, ἢ τοὐναντίον ὡς καὶ ἐπιμελησόμεναι τούτων καὶ ὠφελησόμεναι ἀπ' αὐτῶν; [...] (10) μὴ οὖν ὄκνει, [...] ταῦτα εἰσηγεῖσθαι αὐταῖς ἃ σοί τε λυσιτελήσει κἀκείναις· καί, ὡς εἰκός, ἡδέως ὑπακούσονται. (11) Ἀλλὰ νὴ τοὺς θεούς, ἔφη ὁ Ἀρίσταρχος, οὕτω μοι δοκεῖς καλῶς λέγειν, ὦ Σώκρατες, ὥστε πρόσθεν μὲν οὐ προσιέμην δανείσασθαι, εἰδὼς ὅτι ἀναλώσας ὃ ἂν λάβω οὐχ ἕξω ἀποδοῦναι, νῦν δέ μοι δοκῶ εἰς ἔργων ἀφορμὴν ὑπομενεῖν αὐτὸ ποιῆσαι. (12) Ἐκ τούτων δὲ ἐπορίσθη μὲν ἀφορμή, ἐωνήθη δὲ ἔρια· καὶ ἐργαζόμεναι μὲν ἠρίστων, ἐργασάμεναι δὲ ἐδείπνουν, ἱλαραὶ δὲ ἀντὶ σκυθρωπῶν ἦσαν· καὶ ἀντὶ ὑφορωμένων ἑαυτοὺς ἡδέως ἀλλήλους ἑώρων, καὶ αἱ μὲν ὡς κηδεμόνα ἐφίλουν, ὁ δὲ ὡς ὠφελίμους ἠγάπα.

Q 113 Mann und Frau bei der Feldarbeit. Attische schwarzfigurige Schale, 6. Jh. v. Chr.

Q 114 Weibliche Gewandstatue, um 540 v. Chr.

Q 115 Gewichtswebstuhl. Rotfiguriger Skyphos des Penelope-Malers. Um 440 v. Chr. Chiusi 1831

Q 116 Wollgewebe aus dem Turmgrab des Kitot, 1. Jh. n. Chr.

Q 117 Zwei Frauen unter dem gemeinsamen Mantel. Schwarzfigurige attische Lekythos des Pharos-Malers

Q 118 Spinnende Hetäre. Trinkschale (*kýlix*), um 470 v. Chr.

Q 119 Wollarbeit und Reigentanz. Attische Lekythos des Amasis-Malers, 540 v. Chr.

Q 120 Chariten beim Tanz. Weihrelief aus Athen, um 510 v. Chr.

Grundlegende Literatur

BARBER, Prehistoric Textiles 1991 [zur Entwicklung der Textiltechnik]; BLÜMNER, Technologie und Terminologie der Gewerbe 1912 [Standwerk zu Technik des Spinnens und Webens in der Antike]; FOXHALL, Women's Ritual 1995 [zu weiblichen Agrarriten]; MURNAGHAM, How a Woman 1988 [zur geschlechtsspezifischen Arbeitsteilung bei Xenophon]; PEKRIDOU-GORECKI, Mode 1989 [Überblicksstudie zur antiken Kleidung]; SCHAPS, Economic Rights of Women 1979 [zu Besitzrechten von Frauen]; SCHEIDEL, Feldarbeit 1990; DERS., Frau und Landarbeit 1992 [Quellenübersicht zur Landarbeit von Frauen in der Antike]; WAGNER-HASEL, The Graces and Colour-Weaving 2002 [zur Arbeitsgesellschaft].

Weiterführende Literatur

Sheila MURNAGHAM, How a Woman Can Be More Like a Man 1988, 8–22; KARAKASI, Die prachtvolle Erscheinung der Phrasikleia 1997 [Zur Rekonstruktion der Musterung weiblicher Kleidung]; KOCH-HARNACK, Erotische Symbole 1989 [zur Symbolik des gemeinsamen Mantels]; LLEWELLYN-JONES/POWELL (Hg), Women's Dress 2002; SCHEID/SVENBRO, Le métier de Zeus 1994 [zur Webmetaphorik]; VICKERS, Images on Textiles 1999 [zu Gewebefunden]; WRIGHT, Women's Labor 1991 [zur geschlechtsspezifischen Arbeitsteilung in der Vorgeschichte]; WAGNER-HASEL, Stoff der Gaben 2000 [zur Symbolik von Geweben].

Vermitteln, Verkuppeln und soziales Spiel. Informelle Geschäftstätigkeit von Frauen in hellenistischer Zeit
Wolfgang Christian Schneider

In den Überlieferungen der archaischen und klassischen Zeit ist das gesellige Leben von Frauen weitgehend nur in rituellen Zusammenhängen greifbar; das ändert sich im Hellenismus. Seit Ende des 4. Jh. findet das alltägliche Leben und gerade auch das der Frauen vermehrt Eingang in Kunst und Literatur. So zeigt zwar die Kleinplastik der archaischen Zeit bereits genreartige Szenen, wie die Darstellung einer Gruppe von Frauen beim Teigkneten, die sich von einem Flötenspieler unterhalten lassen (**Q 121**),[70] doch diese ganz überindividuelle Darstellung gibt nicht eigentlich einen ›alltäglichen‹ Vorgang wieder, sondern vergegenwärtigt als Weihegabe einen Moment im religiösen Festgeschehen. Die hellenistische Plastik hingegen stellt das individuelle Verhalten und die Gefühlsregungen der Dargestellten in den Mittelpunkt und damit auch Momente des alltäglichen Lebens. Berühmt ist die Figur der ›trunkenen Alten‹, wahrscheinlich eine Hetäre, die alle

---

70 Die Arbeitswelt der Antike 1984, Abb. 14.

Aspekte übermäßigen Weinkonsums sinnfällig vor Augen führt (**Q 122**).[71] Ihr zur Seite tritt die Figur einer Tänzerin, deren Haltung und Mimik die ganz eigene Verzauberung und Entrücktheit widerspiegeln, die in der Hingabe an den Tanz liegt.[72]

Der neue Blick für das gesellige Leben

In der Literatur ist derselbe Vorgang zu beobachten. So schildert der Dichter Theokrit (1. Hälfte des 3. Jh.) in seiner Darstellung des *Adonisfests* in Alexandria nicht den rituellen Ablauf als solchen, sondern das Erleben zweier Frauen, die das Festbegängnis aufsuchen.[73] Er berichtet, wie sich die beiden in Alexandria lebenden Syrakusanerinnen Gorgo und Praxinoa – unter Geplänkel mit Männern – durch das Gewühl der Festbesucher drängen und schließlich fachkundig die gemusterten Gewebe im Herrscherpalast der Berenike bewundern,[74] wo das Beilager der Aphrodite mit Adonis rituell vollzogen wurde. Er lässt ihre Geschwätzigkeit und ihr mythologisches Halbwissen hervortreten und bietet damit einen Blick von Außen auf die Geselligkeit der Frauen (Theokrit 15,78–86) (**Q 123**). In ähnlicher Weise zeichnet der Kommödiendichter Menander (342–291 v. Chr.) ganz im Sinne der *Charakterkunde* seines Lehrers, des Aristoteles-Nachfolgers Theophrast, die handelnden Personen in ihrer jeweils eigenen Befindlichkeit, mit ihren persönlichen Ansichten und Wünschen.[75] Das komische, aber doch lebensnahe Geschehen entfaltet sich durch das Widerspiel der individuellen Menschen. Dabei wird den Frauen und ihrem Verhältnis zu den Männern verstärkt Aufmerksamkeit geschenkt, etwa in der *Samierin* der *Chrysis* oder im *Schiedspruch* der *Pamphile* und *Habrotonon*.[76]

Dass dieses Hervortreten der Frau nicht einfach nur eine literarische Besonderheit ist, zeigt die Geschichte der *Neaira*, die eine Prozessrede der Sammlung von Demosthenes' Werken überliefert. Sie schildert einen der wenigen Vorgänge, in denen die persönliche Dynamik einer sozial geringeren Frau in ihrer Verflechtung im politisch-sozialen Raum dokumentiert ist.[77] Von einer konkreten Erwerbstätigkeit bürgerlicher Frauen spricht gelegentlich Demosthenes, doch er fügt hinzu,

---

71 Um 200 v. Chr. München, Glyptothek; vgl. BORBEIN, Das alte Griechenland 1995, 282 (Abb.); ZANKER, Die trunkene Alte 1989.
72 CASTRO/LOEBEN, Antikensammlung 1998, 222, Abb. 31.
73 GRIFFITHS, Home before Lunch 1981; BURTON, Theocritus's Urban Mimes 1995, bes. 253 ff. sowie, wenngleich zu immanent, SIMON, Interpretationen 1991, 35 ff.
74 In der Beschreibung der Stoffe spielt Theokrit auf Homer an: *Il.* 22,511; *Od.* 5,231; 10,544; und bes. 10,223; dazu BURTON, Theocritus' Urban Mimes 1995, 173; zur Adonis-Auffassung 83 ff.; zum Verhältnis Mann-Frau 41 ff.
75 Vgl. KRINNER, Anfänge 1964.
76 Vgl. FANTHAM, Sex 1975, 44 ff.; TREU, Menanders Frauen 1988, 61 ff.; sowie für die Sicht des Mannes: HEAP, Men in Menander 1998.
77 Or. 59; vgl. SCHNEIDER, Erleben von Stadt 1996, 35 f. und der Beitrag von HARTMANN über die Hetären in diesem Band, S. 384.

dass dies durch die Kriegsereignisse verursacht worden sei.[78] Die genannten Arbeiten schließen an traditionelle Frauentätigkeiten wie die Wollverarbeitung an.[79] Inschriftliche Angaben von Freilassungen in Athen bestätigen dieses Bild: von 42 Freigelassenen werden 31 als *dalasiurgoi* (Wollspinnerinnen) ausgewiesen.[80] Nicht wenige von ihnen werden ihre Kenntnisse späterhin für den Lebensunterhalt genutzt haben.

Angaben für ein gewichtigeres eigenständiges Auftreten von Frauen im politischen und wirtschaftlichen Bereich finden sich erst in späterer hellenistischer Zeit und jenseits von Athen, doch sie stammen von reichen Frauen und aus dem agrarischen Bereich. So nennen Ehreninschriften im westlichen Kleinasien Frauen, die in Fortsetzung der Wohltätigkeit ihrer Familien den Stadtgemeinden aus ihren großen Landgütern umfangreiche Lieferungen zukommen ließen, etwa an Getreide und Öl.[81] Solche Güter aber wurden unter der Leitung eines unfreien Geschäftsführers von Sklaven bewirtschaftet, die Frauen beschränkten sich auf die Oberaufsicht und die Gelddinge.

Die Frauenstücke des Herondas

Ein unmittelbareres Bild vom Leben und der Tätigkeit der Frauen hellenistischer Zeit in den einfacheren Volksschichten zeichnen literarische Texte – vor allem Werke des Dichters Herondas. Unter Rückgriff auf die einfachen, vielfach wohl lediglich improvisierten Volksstücke des *Mimus* und der schon von Hipponax um die Mitte des 6. Jh. gebrauchten, aber erst gegen Ende des 5. Jh. literaturfähig gewordenen volkstümlichen Versform des *Hinkiambus* verfasste dieser Dichter der Mitte

---

78 Or. 57,45, genannt werden Ammen, Erntehelferinnen, Marktfrauen. Isaios 10,10 erwähnt jedoch für Athen ein Gesetz, das Bürgerinnen verbot, auf der Agora zu verkaufen. In Fällen familiärer Not wird freilich schon früher eine erwerbsmäßige Heimarbeit von Frauen überliefert: Bei Aristophanes *Thesm.* 446–449 ist eine Witwe erwähnt, die den Lebensunterhalt für sich und ihre Kinder durch das Flechten von Kränzen deckt; in den *Fröschen* 1349–1351 ist eine Frau erwähnt, die bei ihrer heimischen Webarbeit einen Überschuss herstellt, um ihn zu verhandeln.
79 Dasselbe spiegeln noch die Zeugnisse für die Kaiserzeit; vgl. die Angaben (Weberei, Sackherstellung, Purpurherstellung und -verarbeitung) von EICHENAUER, Arbeitswelt 1988; zur Ausbildung in einzelnen Berufsgruppen im griechischen Bereich LEUTERITZ, Hellenistische Paideia 1997, 217 ff.; zu Ägypten, das freilich nur eingeschränkt für das hellenistische Griechenland aussagekräftig ist: POMEROY, Women in Hellenistic Egypt 1985, Kap. 5: Women's role in the economy.
80 IG II² 1553–1578; SEG XVIII 36; XXV 178; 180; andere Frauen sind nur als *paidíon* (Dienerin) aufgeführt. Die entsprechenden Tätigkeitsangaben für die Männer zeigen hingegen eine breite Streuung; vgl. SCHAPS, Economic Rights 1979, 18 ff.
81 VAN BREMEN, Women and Wealth, 1993, 223 ff.; vgl. auch LEFKOWITZ, Töchter des Zeus, 1992, 107 f.; VAN BREMEN, Limits 1996; zur rechtlichen Perspektive vgl. schon BALABANOFF, Geschäftsfähigkeit 1905, 25 ff.; vgl. auch den Beitrag von WAGNER-HASEL in diesem Band, S. 209–211.

des 3. Jh. kleine szenisch ausgestaltete Stücke über das Alltagsleben, die er selbst *Mimiamben* nannte. Nahezu ausschließlich stehen darin Frauen im Vordergrund. Vor allem in den Stücken, in denen Herondas Vermittlungen bei Kaufgeschäften oder Liebesdingen schildert (6 und 7 bzw. 1), wird erkennbar, wie ihr Handeln das soziale und wirtschaftliche Leben durchdringt, wobei sich Geselligkeit, Statuspflege und Gewinnstreben verbinden. Denn bei der weitgehend handwerklich geprägten Herstellungsweise und dem vielfach vorherrschenden Saisonhandel der damaligen Zeit unterlagen Güter und Warenbestand qualitativ erheblichen Schwankungen, selbst beim selben Hersteller veränderte sich die Qualität eines Produkts (vgl. Herondas 6, 49 ff.). So spielten ›vermittelnde Empfehlungen‹ durch kundige Frauen für die übrigen Frauen ebenso wie für die Hersteller und Händler eine entscheidende Rolle. Diese kundigen Frauen konnten dabei eine entsprechende Provision von Seiten der Vermittelten erwarten. Recht genau zeigen zwei Dichtungen des Herondas diese Verhältnisse (6 und 7), in denen auch der Vermittlungsweg insgesamt deutlich wird.

Die Vermittlerin und die Wege der Kenntnis

Ein neu (nach Ephesos?)[82] zugezogener Lederhandwerker Kerdon, zugleich Schuster und Feinlederwerker erhält die erste Vermittlung durch die Frau seines Lieferanten. Dem Gerber Kandas muss natürlich am guten Absatz seines neuen Kunden gelegen sein, zumal da dieser ihm besonders hochwertiges (6, 71 f.) und entsprechend teures Leder abnimmt, und so verwundert es nicht, dass dessen Frau – für eine entsprechende Gabe – die erste Vermittlung übernimmt (6, 87 ff.). Sie empfielt dem Lederkünstler Koritto, eine offensichtlich hinreichend wohlhabende, vor allem aber sozial gut verflochtene verheiratete Frau. Bei ihr unternimmt Kerdon – wohl unter dem Vorwand des Schuhverkaufs – einen Hausbesuch und er wählt für seinen Einstieg eine Spezialität, zugleich Luxusgegenstand und geheimgehaltene (möglicherweise hoch besteuerte) Mangelware, einen *Baubon*, einen künstlichen Phallus herausragender Güte. Eines der angebotenen Stücke erwirbt die Dame, reicht es aber gleich weiter an eine Freundin, die es jedoch ihrerseits weitergibt.[83] Die Nachricht breitet sich unter der Hand aus und erreicht die gleicherweise verheiratete Metro (6, 97 f.), die sich nun im Versuch, dieses Geschäft in die Hand zu bekommen, zu Koritto aufmacht. Der gestört überlieferte Vers 90 (Vergleich mit einer bekannten Vermittlerin oder Hinweis auf Vermittlungsgewinne der Frau des Gerbers) lässt erkennen, dass Metro ein materieller Gewinn vorschwebt. Da die offenbar wohlhabende Koritto kein Interesse an einer weiteren Vermittlungstätigkeit

---
82 Kos scheidet als Schauplatz aus, da in 7, 86 der Monat Taureon genannt wird, der (u. a.) im ephesischen und milesischen, nicht aber im koischen Kalender erscheint; vgl. zum Textverständnis der Szene mit einer Diskussion von CUNNINGHAMS Textgestaltung: MATROMARCO, Herondas 1984, 51; danach SIMON, Interpretationen 1991, 40 ff.
83 Vielleicht war das zweite Exemplar, dessen weiteren ›Weg‹ Koritto nicht zu wissen angibt, ihre ›Provision‹.

hat, nennt sie der agilen Freundin den Hersteller des Kunststücks – sie darf dafür später eine Gegenleistung erwarten. Metro geht ab mit dem Vorsatz, Kerdon persönlich aufzusuchen, zweifellos um eine Geschäftsbeziehung anzubahnen (**Q 124a**). So ist nicht nur der begehrte Gegenstand, sondern auch der fingerfertige Ledermeister in den Markt eingeführt und kann, gefördert durch die neue wendige Vermittlerin, weitere Aufträge erwarten – und der Gerbermeister sicheren Absatz.

Die Voraussetzung eines solchen Handels ist, wie die Szene zeigt, auf Seiten der Vermittlerin eine ständiges Herumhören und eine rege Beteiligung am *Gerede*, d. h. eine nachdrückliche, anerkannte und hinlänglich konfliktfreie Anwesenheit im Beziehungsgefüge der Frauen. Nur so kann sie eine Stellung erwerben und wahren, die sie in die Lage versetzt, die für sie wichtigen Nachrichten zu erhalten: Der Weg der ›Kunde vom Baubon‹, die ausgehend von Artemeis zu Koritto zu Eubule zu Nossis zu Metro führt, zeigt die Bedeutung einer solchen vielseitigen Vertrauensstellung. Anders als Koritto (vgl. zu Nossis: 6, 33) kann Metro sich keine gewichtige Feindschaft leisten, sonst entstünde in dem für sie notwendigen Kenntnisfluss eine Schwachstelle oder gar eine Unterbrechung.

Die Vermittlerin im Geschäft

Die Fortentwicklung der in Szene 6 eingeleiteten Vermittlungsbeziehung bietet das nachfolgende Stück 7 von Herondas, das durch den erneuten Auftritt der Metro, das Auftreten von Meister Kerdon und die Erwähnung des Gerbers Kandas seine innere Zugehörigkeit zur Szene mit Koritto erweist. Nach der Vermittlung im Zuge des Handels von Haus zu Haus erscheint nun die Vermittlungstätigkeit der Frau beim Ladenhandel.[84] Der Haushandel des Lederwerkers mit seinen heimlichen Luxuswaren war so erfolgreich, dass er nun Eigner eines Ladenlokals mit 13 unfreien Werkleuten ist (7, 44). Die rührige Metro hat Kerdon, der sich jetzt ganz als kunsthandwerklicher Schuster gibt, eben zwei jüngere Frauen zugeführt, anscheinend weniger erfahrene Landfrauen, die sich nach neuen Schuhen umsehen. In souveräner Weise führt sie das soziale Spiel mit dem Ledermeister, das ihren treuhänderischen Einsatz den beiden vermittelten neuen ›Freundinnen‹ bezeugen soll (z.B 7, 65 ff.). Sie ist eine Kennerin, der man gleich die wertvollere Ware zeigt. Auch der Schuhkünstler Kerdon versteht sein Spiel, er stellt sich selbst in seiner handwerklichen Vielseitigkeit, seinem breiten Sortiment (7, 56 ff.) in verschiedener Qualität (7, 14 ff.) ins rechte Licht, um zugleich den Schuster des noch getragenen Schuhwerks als bäurisch abzuwerten. Er lobt die Vermittlerin (7, 106 ff.), die auf Grund ihres persönlichen Gewichts andere Kundinnen leer ausgehen lässt (7, 99 ff.), und verleiht ihr damit in den Augen der beiden Unerfahrenen das für die Vermittlung notwendige Ansehen. Ein Kaufabschluss kommt noch nicht zu

---

84 Vgl. zum Textverständnis der Szene MATROMARCO, Herondas 1984, 54; dann auch SIMON, Interpretationen 1991, 102 ff.

Stande, die Sache wird nicht übereilt, nach dieser ersten Begegnung wird es zu einem weiteren Besuch kommen.

Dass Metro insgesamt recht erfolgreich ist, zeigt der Dichter in den Schlussversen (7, 127 ff.), in denen Meister Kerdon seiner Vermittlerin für ihre Dienste und wohl auch, um sie hinsichtlich der beiden Neuen anzufeuern, die kostenfreie Überlassung der eleganten »Krebsroten« (Schuhe) in Aussicht stellt, in die sich Metro selbst verliebt hatte: »denn den Mantel, der warm macht, muss ein verständiger Mann auch brav flicken«. Wie die sprichwortartige Fügung der Ermunterung Meister Kerdons besagt, entspricht Metros Tun einem anerkannten Wirtschaftsprinzip. Und Herondas deutet das auch an einer weiteren Stelle an. Denn das von Metro kurz erwähnte engere Verkehrsverhältnis der Kylaithis zu dem inzwischen gealterten und nicht mehr recht arbeitsfähigen anderen Kerdon (6, 55) beruhte zweifellos auf einer solchen Mittlertätigkeit. Wahrscheinlich erinnert sich Metro der mittlerweile Verstorbenen gerade als einer erfolgreichen Geschäftsvorgängerin.

Vermittlerin und Kupplerin

Noch ein weiterer, geradezu klassischer Bereich weiblicher ›Geschäftstätigkeit‹ im Schnittbereich zwischen Mann und Frau kommt bei Herondas sehr lebensnah zur Sprache: der der *Kupplerin* oder – in neutraler Redeweise – der *Vermittlerin* in Liebesdingen; das Stück 1 von Herondas trägt im Papyrus bezeichnenderweise diesen Doppeltitel (**Q 124b**)[85]. Auch wenn es mitunter zu Überschneidungen gekommen sein mag, so ist die Tätigkeit der Kupplerin von der eines Bordellherrn oder einer Bordellherrin, wie sie auf gehobenem Niveau vielleicht Nikarete im Lebensgang der Neaira vertritt (Demosthenes 59,18–19), grundsätzlich geschieden, und so sind beide Einrichtungen von Herondas einander bewusst entgegengestellt. Die Vermittlerin braucht, um wirken zu können, ein gewisses Maß an positiver Geltung, auch wenn kundige Frauen von ihrem Tun wissen mögen. Andernfalls kann sie, wie auch Metriches Reaktion (1, 69 ff.) zeigt, nicht wirksam werden, erhält gar nicht erst Zutritt zu den jungen Frauen, die sie gewinnen will (vgl. 1, 1 ff.). In ihrer Tätigkeit ist die Kupplerin einem größeren Teil der (bürgerlichen) Männerwelt nicht bekannt, wohl aber kann ein Teil der Dienerschaft davon wissen; sie besorgt in den antiken Romanen zuweilen den Liebenden die Kupplerin. Der Eigner oder die Eignerin eines Bordells sind hingegen in der Männerwelt stadtbekannt, das gibt beispielhaft die Rede des Bordellwirts Battaros in einem weiteren *Mimiambus* des Herondas (2) zu erkennen, der einen allzu nachdrücklichen Freier, der ihm die Haustür zerschlug, auf Schadenersatz verklagt. Auch wenn es zuweilen zu Dauerverhältnissen kommen kann (wie vielleicht im Falle des von Battaros angeklagten Schiffsherrn), so sind die Dinge dort auf punktuellen Genuss angelegt, während es den Auftraggebern der Kupplerinnen um langfristige oder auch dauernde Bezie-

---

85 Vgl. zum Textverständnis der Szene mit einer Diskussion von Cunninghams Textgestaltung Matromarco, Herondas 1984, 24 ff.

hungen geht. Die von der Kupplerin angegangenen grundsätzlich freien jungen Frauen leben in *ihren* Räumen, die Dirnen leben in den Räumen des Besitzers, sie sind unfrei. Das Tun der Vermittlerin ist dementsprechend (normalerweise) gelegenheitsgebunden, es ist also, auch wenn sie – wie Gyllis – Kontakte zu mehreren potentiell vermittelbaren jungen Frauen pflegt (vgl. 1, 89f.), nicht wirklich Gewerbe, die Vermittlerin erhält keine Bezahlung, sondern eine Belohnung.

Die Kupplerin oder Vermittlerin ist eine in der antiken Gesellschaft notwendige Einrichtung. Denn wenn Liebende eine Verbindung vor oder jenseits von Abmachungen der Väter eingehen wollen, müssen sie aufgrund der in den antiken Gesellschaften vorherrschenden Vorstellungen von weiblicher Ehrbarkeit nahezu zwangsläufig Mittlerpersonen einsetzen. Entweder sind dies vertraute Sklaven oder von diesen angegangene ältere Frauen. Denn anders als die jungen Frauen, die dem öffentlichen Blick stärker ausgesetzt waren, da sie einen guten Ruf, auf den sie im Hinblick auf eine angemessene künftige (und möglicherweise schon vereinbarte) Heirat angewiesen waren, erst noch zu erwerben hatten, konnten ältere Frauen, zumal jenseits des gebärfähigen Alters, zwangloser agieren und daher sowohl zu jungen Männern als auch zu jungen Frauen Kontakte pflegen. Was Metriche als Begründung ihrer Verweigerung anführt ist ja gerade das abträgliche Gerede, das ihren geliebten Mandris treffen würde (vgl. 1, 76f.), um dann freilich vor allem *sie* abzuwerten.

Trotz ihrer heftigen Ablehnung von Gyllis' Ansinnen bemüht sich Metriche aber doch, eine tiefergehende Spannung zu vermeiden. Sie versüßt der Kupplerin ihre ›Niederlage‹ mit einem Becher nahezu ungemischten Weins, der überaus freudig entgegengenommen wird – aus Neigung zum Wein (die Figur der ›trunkenen Alten‹ ist also kein lebensfremdes Produkt), aber auch aus sozialen Gründen.[86] Keine der Beteiligten möchte in der ebenso kleinteiligen wie dichten (Frauen-)Gesellschaft die eigene soziale Geltung durch eine Feindschaft gefährden.

Das vertraute Gespräch zwischen Frauen, wie es beispielhaft die Werberede der Vermittlerin Gyllis bei Metriche in Herondas' erstem Stück zeigt, weist eine Besonderheit auf: Die nähere Kennzeichnung einer Person erfolgt über die weibliche Filiation. Das wurde als typisch für eine sozial niedrigere Schicht gedeutet, weil dort weniger stabile familienrechtliche Verhältnisse vorlägen,[87] etwa möglicherweise unklare Kindschaftsverhältnisse. Sehr viel wahrscheinlicher aber ist, dass es sich dabei um einen frauenspezifischen Modus der Interaktion bzw. Kommunikation handelt. Aufgrund der Teilung von weiblichen und männlichen Lebenswelten sind den Frauen, zumal den jüngeren, die Männer weniger bekannt. Bezüge über die aus persönlichem Umgang durchweg vertraute Frauenseite sind damit nicht nur selbstverständlicher, sie ermöglichen auch eine genauere Identifikation als Bezüge über die Männerseite.

---

86 Vgl. das Einlenken beider Frauen in den Versen 1, 78 ff.; 82 ff.; das Lob des Weins 86 f.
87 So Treu in der Ausgabe: Menander – Herondas. Werke. 1980, 366; zum Gespräch der Frauen noch Simon, Interpretationen 1991, 49 ff.

Dieser Umstand konnte dann aber auch, wie es beispielhaft das Gespräch zwischen Metriche und der Vermittlerin Gyllis zeigt, bewusst als kommunikativer Modus eingesetzt werden. Gyllis gebraucht bei ihrem Eintreten für den neuen Bewerber die weibliche Filiation: Gryllos ist Enkel der Pataikion, Sohn der Matakine (1, 50). Gyllis hält sich damit bewusst im Raum der vertraulichen, mütterlich ratenden weiblichen Rede. Ihr setzt die umworbene Metriche, die ihrem Geliebten treu sein will, die Filiation über die männliche Seite entgegen: ich, Metriche, Tochter des Pytheas (1,76). Sie markiert so ihre Distanz gegenüber dem innerhalb weiblicher Selbstverständlichkeiten ausgedrückten Verführungsversuch durch die Kupplerin und bekräftigt damit zugleich den Öffentlichkeitscharakter des Festhaltens an ›ihrem Mann‹. Mit diesem Wechsel von der vertrauten weiblichen Rede zur männlichen und offiziellen Sprache kennzeichnet sie ihren Widerwillen gegen das Ansinnen der Vermittlerin wohl noch deutlicher, als im Wortlaut der Ablehnung. Der Austritt aus der weiblichen Rede und der Übergang zum väterlichen Bezug stellt zugleich die Absage an eine Jungmädchenzeit dar, in der Metriche für Gyllis (im Rahmen der weiblichen Öffentlichkeit) als ›Kind‹ erreichbar war,[88] und inszeniert so den (partiellen) Eintritt in die männliche Welt, als Ehefrau oder doch fest Gebundene. Dass die Mittlerin das auch so versteht, zeigt sich in den Schlussversen, wo Gyllis – unverkennbar unter Bezug auf Metriches Selbstbestimmung als ›Tochter des Pytheas‹ (1, 76) – sich wünscht, dass ihr Myrtale und Sime, zwei andere Mädchen, (*töchterlich*) *jung bleiben* mögen (*néai ménoien*).[89] Männliche und weibliche Filiation markieren somit zwei verschiedene Sprachregister, die den Frauen zur Verfügung standen und nuancierend im Sozialverkehr gebraucht werden konnten.

Die Vermittlung der Frau und die Geselligkeit

Herondas' Szenen zeigen, dass den Frauen im Güteraustausch eine erhebliche Bedeutung zukommt und zwar gerade jenseits der üblichen Erwerbstätigkeiten: im Schnittbereich zwischen weiblicher und männlicher Welt, insbesondere bei der Vermittlung zwischen männlichen Produzenten und weiblichen Konsumenten. Dies ist sicherlich auch durch die von der Tradition geforderten Trennung der Arbeits- und Lebensbereiche von Männern und Frauen begründet. Da in hellenistischer Zeit aber den Frauen ein großer Teil der Sozialräume grundsätzlich zugänglich war, wird erkennbar, dass für diesen ›Vermittlungshandel‹ zugleich ganz unmittelbar Momente des Sozialverkehrs der Frauen untereinander bestimmend

---

88 Im Gegensatz zu den beiden anderen Mädchen in Vers 89 ist Metriche für Gyllis nun nicht mehr *néa*.
89 Dass hier ein tochterartiges Abhängigkeitsverhältnis gemeint ist, ergibt sich aus der impliziten Entgegensetzung von Vers 89 zum vorausgehenden Vers 88, wo Gyllis (wie schon in Vers 85) Metriche als zwar *téknon* anspricht, doch die beiden anderen Mädchen davon als ihre *néai* absetzt; *néa* heißt nicht nur jung, sondern auch minderjährig, sowie daraus abgeleitet unerfahren und unbesonnen.

sind. Denn wenn Koritto einerseits anfangs vermittelnd tätig wird, andererseits unter Verzicht auf mögliche Vermittlungsgelder der ›Freundin‹ Metro, deren Gewinnabsichten unverkennbar sind (vgl. 6, 89), so bald bereitwillig Auskunft gibt, so geht es ihr um den sozialen Gewinn – eben darum ihr herrschaftliches Lachen (6, 44ff.): Sie vermag sich gegenüber Metro und den übrigen Frauen in ihrer beherrschenden Stellung als die überlegene *Kundige* darzustellen, was am Ende durchaus ebenfalls materiellen Gewinn zeitigen kann. Der Vermittlungshandel, sei er nun eine nur gelegentliche oder eine ständig betriebene Tätigkeit, ist damit ein wesentliches Element der normentsprechenden geselligen Kommunikation und des gesellschaftlichen Handelns der Frauen untereinander.[90]

Darüber hinaus leisten die Vermittlungshandlungen der Frauen in einer wenig formell bestimmten Gesellschaft Wesentliches: Sie gewährleisten weite Bereiche des sozialen Austauschs. Denn über die Vermittlungshandlungen, mögen sie nun zunächst Gütern oder Liebesdingen gelten, erfassen sie die menschlichen Beziehungen ganz allgemein und dienen über das dafür notwendige ›Gerede‹, über den immateriellen Leistungsaustausch und die damit einhergehenden Identitätsbestimmungen hinaus, der Stabilisierung und Strukturierung der Gesellschaft.

Trotz der anspielungsreichen literarischen Ausgestaltung spiegeln die Stücke des Herondas zweifelsfrei eine alltägliche Lebenswirklichkeit.[91] Er richtet sich an ein zeitgenössisches Publikum und eben daher kann er sich kaum von dessen Erleben und Wissen entfernen. Freilich schildert er eine Welt, die offenkundig wegen der Trennung der sozialen Schichten einem Teil des Publikums nicht in ihren Einzelheiten bekannt ist oder doch zumindest nicht allgemein beredet und literarisch gefasst wird. Aber eben im Hinblick auf diese Spannung, als alltäglich Gegenwärtiges, doch nur aus der Distanz Gekanntes oder gar Verschwiegenes, entfalten die Szenen ihren Reiz – für ein kultiviertes Publikum. In ihrer Wirkung setzen die Szenen des Herondas somit eine Gesellschaft voraus, die soziale Sonderräume kennt und sich für diese und deren spezifische Empfindungswelten interessiert. Die neue Aufmerksamkeit für solche gesellschaftlichen Binnenräume ist es, die den Frauen, ihrem alltäglichen Leben und ihrer Empfindungswelt einen gesellschaftlichen Ort gibt und sie schließlich zu einem weit aufgefächerten Thema der Literatur werden lässt.

---

90 Wie die ›Tupperware-party‹ und die Prämien für Zeitschriften-Werbungen im Bekanntenkreis zeigen, besteht auch in unserer Zeit dieser ›sozial-kommunikative‹ Vertriebsweg.
91 Dazu überzeugend MASTROMARCO, Herondas 1984, bes. 65ff.

Quellen

Q 121 Frauen beim Teigkneten lassen sich von einer Flötenspielerin unterhalten. Terrakottagruppe 6. Jh. v. Chr.

Q 122 Eine betrunkene Hetäre. Statuette ›Die trunkene Alte‹, um 200 v. Chr.

Q 123 Aus dem szenischen Gedicht »Die Frauen am Adonisfest« des Theokrit

Theokrit, *Die Frauen am Adonisfest (Idyllia)* 15,78–95

In diesem Ausschnitt aus dem szenischen Gedicht des Theokrit (1. Hälfte des 3. Jh. v. Chr.) besuchen zwei Frauen anlässlich des alljährlichen Adonisfests gemeinsam das Festgemach im Königspalast, wo die heilige Vermählung des Gottes vollzogen und mit Preisgesängen gefeiert wird. Die zwei Frauen, Gorgo und Praxinoa, stammen aus Syrakus, leben aber in Alexandria.

[Gorgo] Komm Praxinoa, hier! Betrachte zuerst die Gewebe, zart und so fein. Gewänder für Göttinnen, möchte man sagen! Welche Weberinnen, die dies geschaffen, Herrin Athena! Welche Künstler, so treu die Figuren gezeichnet! Stehen wie wirklich da, drehn sich wie wirklich im Kreise, nicht gewoben, beseelt! Ein findiges Ding ist doch der Mensch. Und wie prächtig *er* selbst auf seinem silbernen Lager ruht, mit dem ersten Flaum auf den Wangen von den Schläfen hernieder, dreimal geliebter Adonis, an Acherons Ufern geliebt noch.

[Ein Fremder] Unglücksweiber, hört auf so ohne Ende zu schwatzen, Turteltauben; sie bringen uns um mit dem Dorisch, dem breiten.

[Praxinoa] Mensch, wo kommst du denn her, was geht es dich an, wie wir schwatzen? Wo du kaufst, da befiel! Befiehlst du den Frauen Syrakusais? Dies noch, damit du es weißt: Wir stammen ab von Korinthern, so wie Bellerophon. Wir reden peloponnesisch. Dorisch, mein ich, wird wohl gebürtigen Dorern erlaubt sein. Nur einer, Melitodes, sonst niemand sei unser Meister. Kümmert's mich? Streiche du den leeren Scheffel für mich ab!

[Γοργώ] Πραξινόα, πόταγ' ὧδε. τὰ ποικίλα πρᾶτον ἄθρησον,
λεπτὰ καὶ ὡς χαρίεντα· θεῶν περονάματα φασεῖς.
[Πραξινόα] πότνι' Ἀθαναία, ποῖαί σφ' ἐπόνασαν ἔριθοι,
ποῖοι ζωογράφοι τἀκριβέα γράμματ' ἔγραψαν.
ὡς ἔτυμ' ἑστάκαντι καὶ ὡς ἔτυμ' ἐνδινεῦντι,
ἔμψυχ', οὐκ ἐνυφαντά. σοφόν τι χρῆμ' ἄνθρωπος.
αὐτὸς δ' ὡς θαητὸς ἐπ' ἀργυρέας κατάκειται
κλισμῷ, πρᾶτον ἴουλον ἀπὸ κροτάφων καταβάλλων,
ὁ τριφίλητος Ἄδωνις, ὁ κἠν Ἀχέροντι φιληθείς.
[Ξένος] παύσασθ', ὦ δύστανοι, ἀνάνυτα κωτίλλοισαι,
τρυγόνες· ἐκκναισεῦντι πλατειάζοισαι ἅπαντα.
[Πραξινόα] μᾶ, πόθεν ὤνθρωπος; τί δὲ τίν, εἰ κωτίλαι εἰμές;
πασάμενος ἐπίτασσε· Συρακοσίαις ἐπιτάσσεις.
ὡς εἰδῇς καὶ τοῦτο, Κορίνθιαι εἰμὲς ἄνωθεν,
ὡς καὶ ὁ Βελλεροφῶν. Πελοποννασιστὶ λαλεῦμες·
δωρίζειν δ' ἔξεστι, δοκῶ, τοῖς Δωριέεσσι.
μὴ φύῃ, Μελιτῶδες, ὃς ἁμῶν καρτερὸς εἴη,
πλὰν ἑνός. οὐκ ἀλέγω. μή μοι κενεὰν ἀπομάξῃς.

Q 124 Aus den Mimiamben des Herondas

a) Ein vertrautes Sondierungsgespräch
Herondas 6,42–96

Ausschnitte aus einem kurzen Stück des Herondas (3. Jh. v. Chr.), das zwei Frauen in Szene setzt. Das Zweipersonenstück schildert die verheiratete Metro, die von der wohlhabenderen Koritto den Hersteller eines Baubon erfahren möchte.

[Metro] Aber was ich Dich doch fragen wollte: Wer ist der Meister der ihn [den Baubon] gemacht hat? Wenn du mich liebhast, sag mir's, [...] (46) Koritto, flunker' mich nicht an, nenn mir den Ledermeister!
 [Koritto] Ach was Du mich drängelst! Kerdon heißt er.
 [Metro] Und welcher Kerdon, es gibt doch zwei: Der eine ist der Nachbar der Tochter der Kylaithis, Myrtaline, hat blaue Augen. Aber der bräct' kein Plektrum für die Leier hin. Der andere wohnt gleich beim Mietshaus des Hermodoros, wenn man vom Platz herkommt. Ja, früher war der was, jetzt aber ist er alt geworden. Mit dem ist schon die selige Kylaithis umgegangen. [...]
 (57) [Koritto] Von denen ist es keiner, Metro, wie du sagst. Sondern dieser kam, ich weiß nicht, ob aus Chios oder Erythrae hierher, ist klein, ein Kahlkopf. [...] Sein Geschäft treibt er von Haus zu Haus, doch handelt er nur heimlich. Denn die Zöllner fürchtet derzeit jede Tür. Doch Werke sind es, Werke wie von Athene! [...] Die Männer – wir sind ja unter uns – die kriegen ihren nicht so steif, und dabei ist er doch traumweich, die Riemchen sind grad wie Wolle, nicht wie Lederzeug. Einen Schuster, der's besser mit uns Frauen meint als der, kannst lang du suchen. [...]
 [Metro] Wie aber fand der Mann den Weg zu dir? Koritto, Liebe, sag mir das und flunkre nicht.
 [Koritto] Es schickt' ihn Artemeis, die Frau des Kandas, des Gerbers; sie wies ihm, wo ich wohne.
 [Metro] Die Artemeis! Immer findet die was, sich einen Mittlergroschen zu verdienen. [...] Du nennst mir den Weg, zu Artemeis will ich jetzt hin, um diesen Kerdon selbst mir anzusehen. [...]

[Μητρώ] ἐκεῖνο δ' εὖ σοι καὶ μάλιστ' ἐπεμνήσθην,
τίς ἔστ' ὁ ῥάψας αὐτόν; εἰ φιλεῖς μ', εἶπον. [...]
(46) Κοριττί, μή μ' ἐπιψεύσῃ,
ἀλλ' εἰπὲ τὸν ῥάψαντα. [Κοριττώ] μᾶ, τί μοι ἐνεύχηι;
Κέρδων ἔραψε. [Μητρώ] κοῖος, εἰπέ μοι, Κέρδων;
δύ' εἰσὶ γὰρ Κέρδωνες· εἷς μὲν ὁ γλαυκός
ὁ Μυρταλίνης τῆς Κυλαιθίδος γείτων,
ἀλλ' οὗτος οὐδ' ἂν πλῆκτρον ἐς λύρην ῥάψαι·
ὁ δ' ἕτερος ἐγγὺς τῆς συνοικίης οἰκέων
τῆς Ἑρμοδώρου τὴν πλατεῖαν ἐκβάντι,
ἦν μέν κοτ' ἦν τις, ἀλλὰ νῦν γεγήρακε·
τούτωι Κυλαιθὶς ἡ μακαρῖτις ἐχρῆτο [...]
(57) [Κοριττώ] οὐδέτερος αὐτῶν ἐστιν, ὡς λέγεις, Μητροῖ·
ἀλλ' οὗτος οὐκ οἶδ' ἢ <κ> Χίου τις ἢ 'ρυθρέων
ἥκει, φαλακρός, μικκός· [...]

(63) κατ' οἰκίην δ' ἐργάζετ' ἐνπολέων λάθρῃ,
τοὺς γὰρ τελώνας πᾶσα νῦν θύρη φρίσσει.
ἀλλ' ἔργα, κο̣ῖ̣ ἐστ' ἔργα· τῆς Ἀθηναίης [...].
(69) τὰ βαλλί' οὕτως ἄνδρες οὐχὶ ποιεῦσι
– αὐταὶ γάρ εἰμεν – ὀρθά· κοὔ μόνον τοῦτο,
ἀλλ' ἡ μαλακότης ὕπνος, οἱ δ' ἱμαντίσκοι
ἔρι', οὐκ ἱμάγ[τες]. εὐνοέστερον σκυτέα
γυναικ[ὶ] διφῶσ' ἄλλον οὐκ ἀνευρ[ή]σ̣[εις. [...]
(85) [Μητρώ] κῶς δ' οὗτος εὗρε πρός σε τὴν ὁδ[ὸ]ν̣ ταύτην,
φίλη Κοριττοῖ; μηδὲ τοῦτό με ψεύσῃι.
[Κοριττώ] ἔπεμψεν αὐτὸν Ἀρτεμεὶς ἡ Κανδᾶδος
τοῦ βυρσοδέψεω τὴν στέγην σημήνασα.
[Μητρώ] α̣ἰεὶ μὲν Ἀρτεμείς τι καινὸν εὑρίσ̣[κ]ει,
πρόσω πιεῦσα τὴν προκυκλίην θα···ν. [...]
(95) λέγεις ὁδόν μοι· νῦν πρὸς Ἀρτεμεῖν εἶμι,
ὅκως ὁ Κέρ̣δ̣ων ὅστις ἐστὶν εἰδ[ή]σω.

b) Das Werben der Kupplerin und die Antwort der Umworbenen
Herondas 1, 21–90

Ausschnitt aus einem kurzen Zweipersonenstück des Herondas (3. Jh. v. Chr.), das, wie **Q 124a**, ein Gespräch unter zwei Frauen wiedergibt. Hier wird der Versuch der Mittlerin/ Kupplerin Gyllis erzählt, Metriche, eine jüngere Frau, deren Freund verreist ist, für einen neuen Bewerber zu gewinnen. Gyllis erwähnt die »Niederfahrt der Mise«: Mise ist eine zwiegeschlechtliche Mysteriengottheit, die wie Persephone (mit der sie daher später teilweise verbunden wird) eine Niederfahrt in die Unterwelt erlebt, die festlich begangen wird; vgl. den Orphischen Hymnus 42.

[Gyllis] Doch wie lange währt, mein Kind, bei dir nun schon die Witwenzeit, wo du einsam dich herumwirfst auf verlass'ner Lagerstatt? Seit Mandris nach Ägypten fuhr, sind's zehn Monate ja schon, und keine Silbe schickt er dir, nein hat dich ganz vergessen und geschlürft aus neuem Becher. [...] Wie ist dir Armen da ums Herz, wenn du den Sessel wärmst? Im Umsehn wirst du alt. [...] – Es ist doch Keiner in der Nähe?

[Metriche] Niemand!

[Gyllis] Hör also, mit welcher Botschaft ich hierher gekommen. Metakines Sohn, der Pataikion Enkel, Gryllos, bei fünf Wettkämpfen sieggekrönt [...], hübsch reich, rupft ab kein Blümchen, von Liebeshändeln unberührt, verschwiegen – als er Dich sah bei Mises Niederfahrt, da wallte ihm sein Blut, sein Herz durchstieß der Liebe Stachel. Nun weicht er nachts wie tags mir nicht vom Haus, Kind, jammert mir was vor, schmeichelt mir, will vor Verlangen sterben gar. Metriche, mein Kind, dies eine Seitensprüngchen tu, der Göttin [Aphrodite] füge dich – auf dass nicht unversehens dich mit bösem Blick das Alter trifft. Doppelt gewinnst Du: süß das Leben und Geschenke, mehr als du denkst. [...].

[Metriche] Hör Gyllis, Weißes Haar macht wirren Kopf! Bei Mandris Rückkehr und Demeters Liebe, von einer anderen Frau hätt' so sanft ich das nicht angehört, hätt' gelehrt sie, lahm ihr lahmes Lied zu singen und die Schwelle dieser Tür als Feindin zu betrachten. Du aber, Liebe, komm nie wieder mir mit solch' Geschichten, die alten Weibern eigen, bring das bei jungen Dingern an. Des Pythes' Tochter Metriche lass ruhig den Sessel wärmen, niemand soll den Mandris mir verlachen. Doch – wie man so sagt – nicht solche Worte braucht's bei Gyllis. Threissa, wisch den großen Becher aus und gieß drei Sechstel Ungemischten ein, von Wasser nur paar Tropfen drauf, so lass sie trinken.

[Gyllis] Bestens!

[Metriche] Da, Gyllis, trink.

[Gyllis] Zeig her. Nicht auf Abwege dich zu bringen, kam ich ja, nein, nur des Festes wegen.

[Metriche] Drum hast du, Gyllis, von mir auch den Becher bekommen.

[Gyllis] Von dem soll dir reichlich werden, mein Kind. Ah, ein guter Trunk, süß ist er, bei Demeter, süßern Wein als den, Metriche, trank Gyllis nie. Du aber lebe mir wohl, Kind, und halt dich sicher verwahrt. Mir aber mögen Myrtale und Sime jung bleiben, so lange Gyllis atmet.

[Γυλλίς] ἀλλ' ὦ τέκνον, κόσον τιν' ἤδη χηραίνεις
χρόνον μόνη τρύχουσα τὴν μίαν κοίτην;
ἐξ οὗ γὰρ εἰς Αἴγυπτον ἐστάλη Μάνδρις
δέκ' εἰσὶ μῆνες, κοὐδὲ γράμμα σοι πέμπει,
ἀλλ' ἐκλέλησται καὶ πέπωκεν ἐκ καινῆς.
(36) [...] κο[ί]ην οὖν τάλαιν[α] σὺ ψυχήν
ἔ]χο[υσ]α θάλπεις τὸν δίφρον; κατ' οὖν λήσεις
......] καί σευ τὸ ὥριον τέφρη κάψει.
(42) [...] ἀλλὰ μῆτις ἕστηκε
σύνεγγυς ἥμιν; [Μητρίχη] οὐδὲ ε[ἷ]ς. [Γυλλίς] ἄκουσον δή
ἅ σοι χρε[ΐ]ζουσ' ὧδ' ἔβην ἀπαγγεῖλαι·
ὁ Ματαλ[ί]νης τῆς Παταικίου Γρύλλος,
ὁ πέντε νικέων ἆθλα, [...]
(54) πλουτέων τὸ καλόν, οὐδὲ κάρφος ἐκ τῆς γῆς
κινέων, ἄθικτος ἐς Κυθηρίην σφρηγίς,
ἰδών σε καθόδῳ τῆς Μίσης ἐκύμηνε
τὰ σπλάγχν' ἔρωτι καρδίην ἀνοιστρηθείς,
καί μευ οὔτε νυκτὸς οὔτ' ἐπ' ἡμέρην λείπει
τὸ δῶμα, [τέ]κνον, ἀλλά μευ κατακλαίει
καὶ ταταλ[ί]ζει καὶ ποθέων ἀποθνήισκει.
ἀλλ', ὦ τέκνον μοι Μητρίχη, μίαν ταύτην
ἁμαρτίην δὸς τῆι θεῶι· κατάρτησον
σαυτήν, τὸ [γ]ῆρας μὴ λάθηι σε προσβλέψαν.
καὶ δοιὰ πρήξεις· ἡδεω·[·]··[·]·[···]·[
δοθήσεταί τι μέζον ἢ δοκεῖς· σκέψαι [...]
(67) [Μητρίχη] Γυλλί, τὰ λευκὰ τῶν τριχῶν ἀπαμβλύνει
τὸν νοῦν· μὰ τὴν γὰρ Μάνδριος κατάπλωσιν
καὶ τὴν φίλην Δήμητρα, ταῦτ' ἐγὼ [ἐ]ξ ἄλλης
γυναικὸς οὐκ ἂν ἡδέως ἐπήκουσα,
χωλὴν δ' ἀείδειν χώλ' ἂν ἐξεπαίδευσα
καὶ τῆς θύρης τὸν οὐδὸν ἐχθρὸν ἡγεῖσθαι.
σὺ δ' αὖτις ἔς με μηδὲ ἕν<α>, φίλη, τοῖον
φέρουσα χώρει μῦθον· ὃν δὲ γρήιηισι
πρέπει γυναιξὶ τῆις νέηις ἀπάγγελλε·
τὴν Πυθέω δὲ Μητρίχην ἔα θάλπειν
τὸν δίφρον· οὐ γὰρ ἐγγελᾶι τις εἰς Μάνδριν.

ἀλλ' οὐχὶ τούτων, φασί, τῶν λόγων Γυλλίς
δεῖται· Θρέισσα, τὴν μελαινίδ' ἔκτριψον
κἠκτημόρους τρεῖς ἐγχέασ[α τ]οῦ ἀκρήτου
καὶ ὕδωρ ἐπιστάξασα δὸς πιεῖν. [Γυλλίς] καλῶς.
[Μητρίχη] τῆ, Γυλλί, πῖθι. [Γυλλίς] δεῖξον οὐ[·]······πα·[
πείσουσά σ' ἦλθον, ἀλλ' ἕκητι τῶν ἰρῶν.
[Μητρίχη] ὦν οὔνεκέν μοι, Γυλλί, ὦνα[
[Γυλλίς] οσσοῦ γένοιτο, μᾶ, τέκνον π[·]·········
ἡδύς γε· ναὶ Δήμητρα, Μητρ[ί]χη, τούτου
ἡδίον' οἶνον Γυλλὶς οὐ πέ[π]ωκέν [κω.
σὺ δ' εὐτύχει μοι, τέκνον, ἀσ[φα]λίζευ [δέ
σαυτήν· ἐμοὶ δὲ Μυρτάλη τε καὶ Σίμη
νέαι μένοιεν, ἔστ' ἂν ἐμπνέῃ[ι] Γυλλίς.

Weitere Quellen

Dietrich Ebener (Übers.), Theokrit sämtliche Dichtungen. Leipzig 1983; bes. 2: *Simaitha und Delphis* (*Die Zauberinnen*). [S.37 ff.]; Rudolf Herzog/Otto Crusius (Hgg. und Übers.), Die Mimiamben des Herondas (dt./gr.). Leipzig 1926; insbesondere Herondas II: *Der Frauenwirt*; IV: *Die Frauen im Asklepiostempel*; V: *Die Eifersüchtige*; Kurt und Ursula Treu (Übers.), Menander – Herondas. Berlin/Weimar 1980; insbesondere Herondas II: *Der Frauenwirt*; IV: *Die Frauen im Asklepiostempel*; V: *Eifersucht;* Bernhard Kytzler (Hg.), Im Reiche des Eros. Sämtliche Liebes- und Abenteuerromane der Antike. 2 Bde. München 1983.

Grundlegende Literatur

BALABANOFF, Geschäftsfähigkeit der griechischen Frau 1905; BREMEN, Women and Wealth 1993, 223–242; BURTON, Theocritus's Urban Mimes 1995; FANTHAM, Sex Status and Survival in Hellenistic Athens 1975, 44–74; GRIFFITHS, Home before Lunch 1981, 247–273; HEAP, Understanding the Men in Menander 1998, 115–129; HUCHTHAUSEN, Die Frau in der Antike 1988; LEUTERITZ, Hellenistische Paideia 1997; MASTROMARCO, The public of Herondas 1984; SCHAPS, Economic Rights of Women in Ancient Greece 1979; SCHNEIDER, Das Erleben von Stadt im späten Hellenismus 1996, 33–53; SEIDENSTICKER, Die Frau auf der attischen Bühne 1987, 7–42; SIMON, Herondas 1991; TREU, Menanders Frauen 1988, 61–64.

Weiterführende Literatur

VAN BREMEN, The Limits of Participation 1996; POMEROY, Women in Hellenistic Egypt 1985; POMEROY, Families in Classical and Hellenistic Greece 1997; WILSDORF, Die werktätige Frau in der Antike 1988, 30–38; WINKLER, Der gefesselte Eros 1994.

Matrona, *vilica* und *ornatrix*. Frauenarbeit in Rom zwischen Topos und Alltagswirklichkeit
Rosmarie Günther

In seiner sechsten Satire beschwört der römische Dichter Iuvenal (67 n. Chr. geb.) das tugendhafte Leben der römischen Frauen, die sich der Wollarbeit, *lanam facere* widmen: »Die Schlichtheit des Lebens hat einst die Latinerinnen keusch bewahrt, eine Befleckung durch Laster ließen die kleinen Hütten nicht zu, die Arbeit (*labor*), der kurze Schlaf und die von etruskischer Wolle geplagten Hände, dazu die Nähe Hannibals vor der Stadt [...]«.[92] Dem bescheidenen Leben der Frauen vergangener Tage setzt er das lasterhafte Treiben der römischen Frauen seiner Zeit entgegen. »Jetzt leiden wir unter den Übeln des langen Friedens, grausamer als die Waffen hat uns der Luxus (*luxuria*) überkommen und rächt die besiegte Welt. Kein Verbrechen fehlt und keine Untat aus Begierde, seit die Armut Roms vergangen ist. [...] Fremde Sitten (*peregrinos mores*) brachte zuerst das schamlose Geld zu uns, und verweichlichender Reichtum zerbrach mit schändlichem Luxus die folgenden Generationen.«[93] Die Frau hat nun ihre Keuschheit verloren, und gibt sich dem Luxus hin: Sie kaut Austern, trinkt Falerner Wein, schminkt und schmückt sich mit Perlen und krokosfarbigen Kleidern, mietet Sänften, um die Spiele zu sehen, verschenkt das väterliche Silbergeschirr und verschwendet mit Einkäufen das Vermögen des Ehemannes. Sie verteilt ihre Liebesgunst an Eunuchen und jugendliche Liebhaber, mischt sich ins politische Geschäft ein, prozessiert und ist über alles informiert, was in der Welt passiert, denn sie fängt »das Gerede (*fama*) und die frischen Gerüchte (*rumores*) [...] an den Stadttoren auf.«[94] Sie lässt die Sklaven schlagen, während sie lange Rechnungsrollen nachliest, quält ihre Friseuse (**Q 132**) und führt ein schlimmeres Hausregiment als die Tyrannen Siziliens; selbst der Ehemann ist vor Schlägen mit der Sandale nicht sicher; den Stiefkindern mischt sie Gift ins Essen.[95]

Es besteht kein Zweifel, dass es sich in beiden Fällen um Topoi handelt. Zahlreiche Grabinschriften legen Zeugnis von der Bedeutung der Wollarbeit für das Selbstverständnis einer römischen Matrone ab.[96] Sie gehörte zur häuslichen Arbeit, »die solange sich unsere Väter erinnern können, die Sphäre der *matrona*« war, wie der römische Agrarschriftsteller Columella im 1. Jh. n. Chr. festhält (Columella *rust.* 12; *praef.* 7). Ob die in Iuvenals Satire angesprochene römische Hausherrin dieser *labor matronalis* indessen selbst nachging oder Sklavinnen überließ, hing vom

---

92 Iuvenal *Sat.* 6,287–291. Übers. nach Joachim Adamietz.
93 Iuvenal *Sat.* 6,292–300.
94 Iuvenal *Sat.* 6,408/9.
95 Iuvenal *Sat.* 6,292- 661. Zum Perlenluxus vgl. auch Plinius *nat.*9,104–106; 113–114; 119–121; 123–127; 132; zu den Einkäufen vgl. auch Plautus *Aul.* 505–522; dazu KLOFT, Wirtschaft 1992, 172.
96 GÜNTHER, Frauenarbeit – Frauenbindung, 1987, 43 ff.; HESBERG-TONN, Coniunx carissima 1983, 221 mit Anm. 747; EICHENAUER, Arbeitswelt 1988, 90.

Reichtum des Hauswesens ab, dem sie vorstand. Ebensowenig wie das von Iuvenal beschworene Ideal der spinnenden Matrone spiegelt die Klage über das nunmehr aufgetretene lasterhafte Leben der Römerin den tatsächlichen Alltag wieder. Sie gehört vielmehr in den Kontext der Luxuskritik, die nach den punischen Kriegen aufkam und in der frühen Kaiserzeit verstärkt betrieben wurde.[97] Sie galt den reichen aristokratischen Häusern, deren Vermögen sich aufgrund von Kriegsbeute, Landerwerb und Einkünften aus den neu errichteten Provinzen seit Mitte des 2. Jh. v. Chr. vervielfältigt hatte. Sichtbar war er u. a. in aufwendigen Stadthäusern und in neu errichteten ländlichen Villen, von denen die Mitglieder der Senatsaristokratie aber auch reich gewordene Ritter stets mehrere besaßen. Petron bringt in seinem *Satyrikon* das Phänomen auf den Punkt, wenn er seinen ›Helden‹ Trimalchio davon sprechen lässt, dass er in Italien seinen Fuß nicht auf fremden Boden setzen müsse.[98] Es handelt sich bei den ländlichen Villen vorwiegend um landwirtschaftliche Güter, auf denen ein Teil der Mittel für aufwendige Gastmähler hergestellt wurden, die Iuvenal mit seinem Verweis auf den unangemessenen Konsum von Austern und Wein in seiner Satire anspricht. Gleichzeitig waren sie sommerliches Refugium der herrschaftlichen Familie und Repräsentationsobjekte.[99]

Trotz der satirischen Überzeichnung gehen die Bemerkungen Iuvenals nicht völlig an der Alltagswirklichkeit vorbei. Iuvenals Zielpublikum ist die aristokratische Herrin, die einem großen Hauswesen vorstand und über zahlreiche Sklavinnen wachte. Diese Frauen waren zum Teil Erbinnen großer Vermögen. Bei Erbgängen ohne Testament gehörten Söhne, Töchter und Ehefrauen in einer *manus*-Ehe zu den Pflichterben des *pater familias*. Bei testamentarischen Regelungen konnte der *pater familias* seine Ehefrau und seine Tochter durch entsprechende Vermächtnisse absichern, auch wenn die *lex Voconia* Frauen als direkte Erbinnen nicht zuließ.[100] Vor allem aus der Kaiserzeit wissen wir von sehr vermögenden Frauen aus dem Umkreis des kaiserlichen Hauswesens, der *domus Augusta*. So hatte z. B. die Mutter Marc Aurels, Domitia Lucilla, von ihrer Mutter ein beträchtliches Vermögen geerbt, das sie an ihren Sohn weitergab.[101] Neben landwirtschaftlichen Gütern besaß sie mindestens fünf Ziegeleien.[102]

---

97 Vgl. WAGNER-HASEL, Verschwendung und Politik (im Druck).
98 Petronius *Sat.* 53.
99 MIELSCH, Villa 1987, 37 ff.
100 Zu dem sehr ausdifferenzierten römischen Erbrecht vgl. GARDNER, Frauen im antiken Rom 1995, 163–206; EVANS, War, Women and Children 1991, 71 ff.; THOMAS, Die Teilung der Geschlechter im römischen Recht 1993, 105–171; vgl. auch den Beitrag von KUNST in diesem Band, S. 34.
101 PIR^2 D 182 u. 183.
102 Es gab zwar einen männlichen Werkführer; die Ziegelstempel verzeichnen aber sowohl Mutter als auch Tochter, Domitia Lucilla maior (CIL XV 1010 = Dess 8652) und minor (CIL XV 1046; 1048; 1050 = Dess 8653 a-c) als Besitzerin. Zur Herkunft der beiden vgl. auch Plinius *epist.* 8,18,1–4. Der im Brief genannte Cn. Domitius Tullus ist der Verfasser des sogenannten *Testamentum Dasumii* vom Mai bzw. August 108 n. Chr. CIL VI 10226; AE 1976,77. Zur Übersetzung siehe ECK/HINRICHS, Sklaven und Freigelassene 1993, 189, Nr. 385. Ansonsten: CHANTRAINE, Baustoffhersteller im antiken Rom 1977, 45.

Ich möchte im folgenden zunächst die weiblichen Arbeitsfelder in einem stadtrömischen aristokratischen bzw. kaiserlichen Hauswesen (*plebs urbana*) einer genaueren Betrachtung unterziehen. Die Vielfalt der Funktionen, die die Sklavinnen und Freigelassenen ausübten, führt uns eine Komplexität eines antiken Hauswesens vor Augen, wie sie in der heutigen Welt nicht mehr zu finden ist. Soweit es die literarischen Quellen erlauben, wird auch auf die Beziehung der Hausherrin und des Hausherrn zu ihren Sklavinnen und Freigelassenen eingegangen. Im Anschluss daran sollen die Frauen ins Blickfeld genommen werden, die als Sklavinnen auf den landwirtschaftlichen Villen arbeiteten und zur *plebs rustica* gehörten. Sie alle, ob *servae* oder *libertae*, waren ihren *dominae* bzw. *patronae* zugeordnet, die nach römischem Verständnis zwar nicht ›arbeiteten‹, de facto aber auch wichtige Funktionen im Hauswesen wahrnahmen. Nur am Rande soll ein Blick auf tätige Frauen geworfen werden, die außerhalb der aristokratischen Welt lebten wie z. B. Händlerinnen, Schankwirtinnen oder Hirtinnen.

Die weibliche Arbeitswelt zu erschließen, gelingt neben der Auswertung literarischer Überlieferungen vorrangig mit Hilfe von Inschriften, vornehmlich Grabinschriften. Die Grabsteine bilden nicht nur die weiblichen Tugendsymbole wie Wollkorb und Spindel ab, sondern verzeichnen neben dem Namen gelegentlich auch Tätigkeiten der verstorbenen Frauen, die über die Wollarbeit hinausweisen. Da die Masse der Inschriften der Kaiserzeit angehört, muss zwangsläufig auch dort der zeitliche Schwerpunkt liegen. Um den Quellenwert der Inschriften einschätzen zu können, seien einige Bemerkungen zum Namenswesen und zum Charakter der dort genannten ›Berufsbezeichnungen‹ vorausgeschickt.

Namenswesen und die Hierarchie der Tätigkeitsfelder

Während Männer *Praenomen* (Eigennamen) und *Gentilnomen* (Name des Geschlechts, der *gens*), manchmal auch *Cognomen* (eine Art Spitznamen, die zu familiären Eigennamen eines Zweiges werden konnten) trugen, besaßen Frauen nur einen Namen, der ihre Zugehörigkeit zur väterlichen Familie anzeigte. Die Töchter erhielten das Gentilnomen ihres Vaters in weiblicher Form: die Tochter von Marcus Tullius Cicero hieß einfach Tullia. Waren mehrere Töchter vorhanden, wurden sie nach Alter geschieden und »die Ältere« (*maior*) oder »die Jüngere« (*minor*) genannt. Mit der zunehmenden Verbreitung des Cognomens in der späten Republik wurde auch der »Spitzname« in weiblicher Form angefügt. So wurde die Tochter des Marcus Vipsanius Agrippa ganz offiziell Vipsania Agrippina genannt. Bei Sklaven und Sklavinnen wurde bei der Freilassung der alte Sklavenname als Cognomen beibehalten und der Familienname des Patrons oder der Patronin vorangestellt. An die Stelle der Filiation trat die Freilassungsangabe: Der berühmte Freigelassene (*libertus*) des M. Tullius M(arci) f(ilius) Cicero hieß M. Tullius M(arci) l(ibertus) Tiro. Wenn Ciceros Tochter Tullia einen Sklaven (*servus*) freiließ, so erhielt dieser das Praenomen ihres Vaters, weil sie selbst ja keines besaß: M. TulliusƆ. libertus Puer. Das umgedrehte C. bedeutet Gaia und zeigt immer die Freilassung durch eine Frau an. Das römische Namenwesen erlaubt also Rückschlüsse auf den Status der Person und auf deren familiäre Zugehörigkeiten.[103]

Normalerweise finden sich auf Grabinschriften von Frauen keine Hinweise auf die Tätigkeitsbereiche der Verstorbenen. Genannt wird ihr Name sowie – im Genitiv angefügt – der Name des Ehemannes. Wird der Vater genannt, muss an seinen Namen im Genitiv *filia* (Tochter) hinzugefügt werden. Sinnbilder wie Wollkorb und Spindel stehen für ihren tugendhaften Charakter, nicht für die Tätigkeit. Wenn weitergehende Angaben zu ihrer ausgeübten Tätigkeit gemacht werden, liegen meist besondere Gründe vor, wie z.B. die Zugehörigkeit zum Gesinde einer vornehmen Familie oder eine mit besonderem Ansehen verknüpfte Funktion. Die Beschäftigung der *pedisequa*, der begleitenden Sklavin, z.B. zeichnete sich nicht durch besonderes Ansehen[104] aus, aber persönliche Begleiterin der Livia zu sein, war etwas Herausgehobenes (z.B. CIL VI 4006 = Dess 7888 *Thamyris Liviae pedisequa*).

Auch können wir aus Grabinschriften von Bäckern oder Metzgern (vgl. **Q 138**) auf die Tätigkeit der Ehefrau schließen. Auf einer Grabstele aus Torcello (Ravenna CIL XI 348)[105] ist in einer Nische ein Ehepaar abgebildet, in einer Nische darunter ein junger Mann. Zu beiden Seiten der unteren Nische sind Fleischerwerkzeuge eingemeißelt. Die Inschrift für das Ehepaar lautet: *L(ucius) Artorius C(ai) f(ilius) mil(es) / veteran(us) leg(ionis)XIX/ Artoria L(ucii) l(iberta) Cleopatra*. L. Artorius übte nach seiner Entlassung aus dem Militärdienst den Beruf des Metzgers aus, Helferin an seiner Seite war eine Sklavin, die er später freiließ und wohl heiratete. Zumindest spricht die Büstenanordnung dafür. Ob der ebenfalls von L. Artorius freigelassene junge Mann sein Sohn oder nur ein Gehilfe war, lässt sich nicht entscheiden.[106]

Man muss davon ausgehen, dass mit derartigen Grabinschriften ein gewisser Stolz auf die zu Lebzeiten ausgeübte Tätigkeit zum Ausdruck gebracht werden sollte. Zwar zählte Cicero das Handwerk nicht zu den Tätigkeiten, die eines Freien würdig seien.[107] Dieser Einschätzung des Redners und Politikers gegenüber stehen die zahlreichen Selbstzeugnisse der Handwerker in Grab- und Weihinschriften, aus denen hervorgeht, dass diese durchaus stolz auf ihre Fertigkeiten und Produkte waren. Die Grabstele eines Schiffszimmermanns trägt die Aufschrift: »Publius Longidienus beeilt sich mit seiner Arbeit«.[108] Ein Holzhandwerker hat der Kunde von seinem Können in folgender Weise Dauer zu verleihen versucht: »Q. Candidus Benignus, Mitglied des *collegiums* der Zimmerleute und Bauhandwerker von Arles.

---

103 Vgl. MOMMSEN, Staatsrecht I, 1888, 201 u. Anm. 4; KAJANTO, On the Chronology of the Cognomen in the Republican Period 1965, 63–69; KÖVES-ZULAUF, Römische Geburtsriten 1990; SALOMIES, Die römischen Vornamen 1987; ANDREAU, Der Freigelassene 1991, 200–225.
104 GÜNTHER, Frauenarbeit 1987, 57 ff.
105 ZIMMER, Römische Berufsdarstellungen 1982, 99 f., Nr. 8.
106 Siehe auch I² 1221 = VI 9499 = CE 959 = Gedr. I 793; HESBERG-TONN, Coniunx carissima 1983, 111.
107 Cicero *de off.* 1,42 ff.
108 ZIMMER, Römische Berufsdarstellungen 1982, 143, Nr. 62.

Er war ein Bauhandwerker ersten Ranges, ein Kenner der Bautheorie, und zudem bescheiden; große Handwerker werden ihn wohl immer Meister nennen. Keiner war gelehrter als er, keiner konnte ihn übertreffen. Er wusste alles über Bewässerungsanlagen und Straßenbau. Er war von milder Gemütsart und wusste seine Freunde zu unterhalten – ein Mann von sanftem und eifrigem Charakter und ein gütiger Geist.«[109] Anteil an diesem ›Berufsstolz‹ hatten die Frauen primär als Ehefrauen, die eigene Betätigung im Handel oder Handwerk wurde fast nie Gegenstand selbstbewusster Außendarstellung.[110]

Deutlich ist jedoch, dass mit der Gestaltung ihrer Grabmäler Standesbewusstsein zum Ausdruck gebracht wurde. Erkennbar ist dies an den üppig dekorierten Grabmälern reicher Händlerfamilien der Nordprovinzen wie z. B. an der Igelersäule bei Trier (**Q 136**). Geradezu zum Kennzeichen des Standesbewusstseins gehörte es hier, dass Frauen sich bei ihrer morgendlichen Toilette (Frisierszene) umgeben von ihren vier Dienerinnen (einer Friseuse, einer Spiegelhalterin und zweier Dienerinnen mit Salbgefäßen), Männer dagegen beim Empfang von Pachtzahlungen abbilden ließen.[111] Sie verliehen sich mit dieser Szenerie einen aristokratischen Anschein.

Welche Tätigkeit als ehrenvoll und standesgemäß angesehen wurde, hing insgesamt weniger von der Tätigkeit selbst als vielmehr von dem Kontext ab, in dem sie geleistet wurde. Entgegen der hohen ideologischen Wertschätzung der Wollarbeit gehörte die *quasillaria,* die Spinnerin, zu den rangniedrigsten Sklavinnen.[112] Unter den zehn inschriftlich bezeugten Spinnerinnen in Rom gab es keine freigeborene Frau; gleiches gilt für die Flickschneiderinnen, *sarcinatrices*.[113] Auch unter den *lanipendae,* d. h. unter den Frauen, die anderen ihr Arbeitsquantum an Wolle zuwogen und in der Hierarchie der Wollarbeiterinnen am höchsten standen, findet sich neben vier *servae* nur eine *liberta*.[114] Es muss jedoch neben den Sklavinnen und Freigelassenen auch freie Frauen gegeben haben, die sich aufgrund von Armut als Wollarbeiterinnen verdingten, wie aus Lukians Schriften hervorgeht.[115]

Die Inschriften verzeichnen auch unter den Ammen (**Q 125**), Friseusen (**Q 126**) oder Händlerinnen vorwiegend Sklavinnen und Freigelassene.[116] Gerade

---

109 Zitiert nach Burford, Handwerk 1984, 219, Abb. 9; 36.
110 So Herrmann-Otto, Ex ancilla natus 1994, 347, Anm. 12: »In den delegierten z. T. tief eingestuften Arbeiten wird die Sklavin kaum ihre sogenannte ›Selbstbestätigung‹ finden, sondern in Freilassung, freier Wahl von Partner und Familienleben, in Ausnahmefällen der erfolgreichen Fortführung eines angesehenen Berufes, z. B. als *nutrix, obstetrix,* Künstlerin etc.«
111 Zum Neumagener Grabrelief im Landesmuseum in Trier vgl. Fischer, Die Römer in Deutschland 1999, 96 und 103.
112 Günther, Frauenarbeit 1987, 109 ff.; Treggiari, Lower Class Women 1979, 69.
113 Günther, Frauenarbeit 1987, 119 ff.
114 Günther, Frauenarbeit 1987, 113 f.
115 Lukian berichtet, dass eine Mutter ihr Leben mit Wollarbeit fristete, die Tochter dann aber Dirne wurde. *Dial. meretr.* 6. Weitere Belege bei Treggiari, Lower Class Women 1979, 69, die vor allem die Spinnarbeit zur Tätigkeit armer, aber freier Frauen zählt.
116 Eichenauer, Arbeitswelt 1988, 80 f.; Günther, Frauenarbeit 1987, 100; 126 ff.

für die Ammentätigkeit gilt ein ähnlicher Widerspruch wie für die Wollarbeit (**Q 130** u. **131**). Die Frau des Cato wurde von Plutarch gepriesen, dass sie nicht nur die eigenen Kinder, sondern auch die der Sklaven stillte.[117] Auch wenn diese Aussage in den Kontext der stoischen Philosophie der Einfachheit gehört, so trifft sie doch auf ein allgemein verbreitetes Selbstverständnis. Wurde eine Tätigkeit als Gunsterweis verstanden, galt sie nicht entehrend, wurde sie aber unter Zwang erbracht, sei es aufgrund des Sklavenstatus, sei es aufgrund von Armut, brachte sie keine gesellschaftliche Anerkennung ein. Ein ähnliches Missverhältnis zeigt sich bei der Bewertung der Landarbeit. Auch die landwirtschaftliche Beschäftigung besaß im römischen Denken einen ähnlich hohen Stellenwert wie die Wollarbeit der Matrone, wurde faktisch aber auf den Landgütern der Senatsaristokratie von Abhängigen, Pächtern oder Sklaven ausgeübt. Nach Cato, der im 2. Jh. v. Chr. die Lebensverhältnisse der landwirtschaftlichen Sklaven beschreibt, gingen aus den Bauern – soweit es sich um freie römische Bürger handelte – die tapfersten Männer und die tüchtigsten Krieger hervor.[118] Diese so hoch gepriesene bäuerliche Tätigkeit übten zu seiner Zeit die Mitglieder der Senatsaristokratie jedoch keineswegs mehr aus. Viele Aktivitäten, die von Cato und anderen Mitgliedern seines Standes wahrgenommen wurden, wie die Ausübung von Ämtern, verstand man als Ehren (*honores*). Ihre Übernahme war im Anfang meist mit hohen Kosten für den Amtsinhaber verbunden und setzte Reichtum voraus, der aus unterschiedlichen Quellen gewonnen wurde. Dieser ›politischen Arbeit‹ für das Gemeinwesen galt neben der tätigen Muße (*otium*) die höchste Anerkennung. Die Wertschätzung der Arbeit an sich war dem römischen Denken fremd. Besitz, Stand und Ehrenamt waren weit entscheidendere Indikatoren für soziales Ansehen als die Art der Tätigkeit oder die Arbeit als solche.[119]

Das städtische Hauswesen

Einen Eindruck vom Kern eines aristokratischen Hauswesens gewinnen wir durch die Grabhäuser (*columbaria*)[120]. Die Verantwortlichkeit des *pater* bzw. der *mater familias* für den gesamten Hausverband auch über den Tod hinaus, führte in der 1. Hälfte des 1. Jh. zu ihrer Errichtung durch Mitglieder des Kaiserhauses (*Monumentum Liviae, Marcellae* und *liberorum Drusi*), dem Kaiserhaus nahestehende Familien (*Monumentum Statiliorum, Volusii*) oder reiche Aristokraten. Die Belegung der

---

117 Plutarch *Cato* 20.
118 Cato *de agr. praef.* 4.
119 Zur Diskussion vgl. Nörr, Bewertung der freien Arbeit in Rom 1965, 67–105; Rathbone, The Slave Mode of Production in Italy 1983, 160–168; Ven, Sozialgeschichte der Arbeit 1971, 16; zur Wirtschaftsmentalität in Rom vgl. auch Andreau, Banking and Business 1999, 6 ff., der das Finanzgebahren der römischen Elite untersucht und das breite Engagement der Senatoren und Ritter in Zinsgeschäften herausgearbeitet hat.
120 Von *columba* = Taube: die Urnennischen erinnern an die Fluglöcher in Taubenhäusern.

Monumente wurde durch ein Kollegium organisiert, das in sich hierarchisch aufgebaut war in *magistri, ministri, decuriones, immunes* und die *plebs*.

Ein Blick auf das Monument der Livia[121] soll im Bewusstsein, dass hier nicht die gesamte Dienerschaft ihre letzte Ruhe fand, eine Vorstellung von der Struktur eines solchen Hauswesens vermitteln. Susan Treggiari, die das Monument der Livia einer eingehenden Untersuchung unterzogen hat,[122] schätzt von den vorhandenen Doppelnischen ausgehend etwa 1100 Personen in einer Belegungszeit von rund 50 Jahren.[123] Insgesamt 79 Funktionsbezeichnungen lassen sich ermitteln, 61 für Männer und 18 für Frauen,[124] wobei davon auszugehen ist, dass Personen, die rangniedrigen Tätigkeiten wie das Spinnen ausübten, nicht aufgenommen wurden[125] und auch Bestattungen außerhalb des Monuments stattfanden (im Fall der Livia sind es mindestens 6 Frauen mit Tätigkeitsangaben). Waren die *servi* und *liberti* vor allem für die Finanzverwaltung und Organisation des Haushalts sowie für den Empfang von Gästen zuständig, so gehörte es zu den weiblichen Tätigkeitsfeldern, über die Vorräte zu wachen und die persönliche Pflege zu gewährleisten. In einem großen Haushalt gab es darüber hinaus auch Sklaven bzw. Freigelassene, die für die Dienerschaft tätig waren. Sie alle empfingen ihre Anweisungen von der Herrin (*domina*) des Hauses, die verantwortlich dafür war, dass der Betrieb reibungslos ablief.

Für den Bereich der Verwaltung werden die *dispensatores* (Hausverwalter), die *arcarii* (Verwalter der Haushaltskasse), die *tabularii* (Buchhalter) und *librarii* (Sekretäre oder Abschreiber von Büchern) genannt. In diesem Zusammenhang sei das Inschriftenfragment einer *cellaria-libraria* aus dem Monument der Livia[126] erwähnt, die möglicherweise die Funktion einer Einkäuferin für die Bedürfnisse des Haushalts wahrnahm (**Q 138**).[127]

Besonders zahlreich und differenziert ist das Personal für den Bereich der gastlichen Repräsentation, das hier nicht aufgeführt sei, da keine Frauen vertreten sind. Neben diesem Personal und Bauhandwerkern werden schließlich noch Personen genannt, die für die persönliche Pflege und Pflege der Kleidung zuständig waren. Hier sind die eigentlichen Betätigungsfelder der Frauen.

Aus dem Monument stammen zwei freigelassene *ornatrices* (CIL VI 3993; 3994), Kammerzofen und Friseusen, die durch eine dritte außerhalb des Monuments zu

---

121 CIL VI 3926–4326, dazu 33062–33075.
122 TREGGIARI, Jobs in the Household of Livia 1975, 48–77; DIES., Domestic Staff 1973, 242.
123 Man datiert das Monument von der späten Regierungszeit des Augustus bis zur Divinisierung der Livia unter Claudius im Jahr 41 n. Chr.
124 HERRMANN-OTTO, Ex ancilla natus 1994, 347, Anm. 12; zum Vergleich im Monument der Volusier: Hier werden 67 Männer und 10 Frauen mit Funktionsbezeichnungen erwähnt.
125 TREGGIARI, Domestic Staff 1973, 242f. Ein bemerkenswertes Phänomen ist, dass von den 10 *quasillariae* 8 dem Monument der Statilier entstammen; zu den möglichen Gründen vgl. GÜNTHER, Frauenarbeit 1987, 110f.
126 CIL VI 3979.
127 Vgl. dazu die Abb. 45 bei KAMPEN, Image and Status 1989, 118; GÜNTHER, Frauenarbeit 1987, 64.

ergänzen sind (CIL VI 8958 = Dess 1784). Letztere trug den Namen Dorcas und war eine auf Capri[128] hausgeborene (*verna*) Freigelassene. Sie erhielt ihre Inschrift von einem Mitfreigelassenen, der sie als *coniux carissima* (zärtlichste Gattin) bezeichnet, was für diese Zeit ebenso ungewöhnlich ist wie die Erwähnung, dass sie eine *verna* war. Diese Frauen nahmen vielfach eine Vertrauensstellung bei ihren Herrinnen ein, woraus sich auch die Freilassung erklärt.[129] Allerdings sind auch zwei unfreie *ornatrices* des Tiberius (CIL VI 8880; 33099) aus dem Besitz seiner Mutter bekannt. Ebenfalls in engem Kontakt standen die *unctrices* (CIL VI 4045; 9096), Masseusen, und die *pedisequae*, die Begleiterinnen auf Ausgängen (CIL VI 5200; 4002; 4006 = Dess 7888; 4245; 9778). Für beide Bereiche bediente sich Livia sowohl männlicher als weiblicher Bediensteter. Schwierig einzuordnen ist eine *capsaria* (CIL VI 3952), eine Begleiterin und Bewacherin der Kleidung in öffentlichen Bädern, da kaum anzunehmen ist, dass Livia, die mit Sicherheit ein eigenes Bad besaß, öffentliche Thermen aufsuchte.[130]

Obwohl Augustus laut Sueton (*Aug.* 73; vgl auch 64) die von seiner Frau, seiner Schwester, seiner Tochter und seinen Enkelinnen selbst hergestellten Hauskleider zu tragen bevorzugte, ist nicht anzunehmen, dass Livia und Iulia mit den Sklavinnen gemeinsam spannen und webten, wie dies Livius der legendären Lucretia zuschrieb.[131] Die genannten Bediensteten im Textilbereich, ein *lanipendus* (!) und *sarcinatrices*, Flickschneiderinnen, waren eher für die umfängliche Dienerschaft als für Livia selbst tätig. Das gleiche gilt im medizinischen Bereich, denn »Livia hatte offenbar in ihrem Haushalt einen gut organisierten Krankendienst für ihre Dienerschaft eingerichtet.«[132] Fünf Ärzte (CIL VI 3983; 3985; 8901; 8903; 8904) wurden unterstützt durch zwei Hebammen (CIL VI 8948; 8949), die damals auch die Frauenkrankheiten zu behandeln wussten, und durch einen männlichen und eine weiblichen Krankenpfleger/in (CIL VI 9084; 9085).

Die Fürsorge und Unterrichtung der Kinder besorgten *nutrices* und *paedagogi* bzw. *paedagogae und grammatici*.[133] Aus dem Monument der Livia stammt allerdings nur eine *nutrix*, eine Amme (CIL VI 4352). Ihr Nährkind muss Iulia Livilla, eine der Töchter des Germanicus, gewesen sein. Livia hatte vermutlich zur indirekten Beeinflussung die Amme zur Verfügung gestellt.[134]

Auffallend ist in den ranghohen Haushalten das hohe Maß an Spezialisierung unter den Bediensteten, das nicht nur der sachlichen Bewältigung von Aufgaben,

---

128 Die Insel Capri war im Jahr 29 v. Chr. durch Tausch persönlicher Besitz des Kaisers geworden. Dorcas könnte also schon auf Capri für Livia tätig gewesen sein. Freigelassen wurde sie zwischen 14 und 42 n. Chr.; Abb. WALSER, Inschrift-Kunst 1993, Nr. 11; HERMANN-OTTO, Ex ancilla natus 1994, 103, Anm. 14; 105, Anm. 20.
129 TREGGIARI, Jobs in the Household of Livia 1975, 52.
130 BRÖDNER, Wohnen 1989, 106–124.
131 GÜNTHER, Frauenarbeit 1987, 43; anders TREGGIARI, Jobs in the Household of Livia 1975, 54, die aus diesen Erzählungen auf eine autarke Haushaltsstruktur schließt.
132 GÜNTHER, Frauenarbeit 1987, 103.
133 TREGGIARI, Jobs for Women 1976.
134 GÜNTHER, Frauenarbeit 1987, 80; SCHULZE, Ammen und Pädagogen 1998.

sondern auch dem Distinktionsbedürfnis sowohl der Hausherrin als auch der Bediensteten selbst zuzurechnen ist.[135] Treggiari zieht zum Vergleich die Beschreibung des Haushalts der englischen Vizekönigin in Indien aus dem Jahre 1884 heran. »Einer«, so zitiert Treggiari aus dem Bericht der Lady Dufferin, »arrangiert Blumen, ein anderer säubert Tabletts, ein dritter stellt die Kerzen in die Kerzenständer, während ein vierter die Kerzen anzündet, einer füllt Wasser in die Vasen und ein weiterer schüttet das Wasser aus. Wer für das Säubern von Schuhen zuständig ist, kann nicht damit beauftragt werden, eine Tasse Tee zu servieren und eine Person, die das Bett macht, wäre entehrt, wenn sie weitere Arbeiten im Schlafraum erledigen sollte.«[136] Zwar finden sich in römischen Schriften bedauernde Äußerungen über das unglückliche Los des Sklaven, der nur für eine Aufgabe zuständig ist.[137] Aber gerade für unangenehme Arbeiten werden die Sklaven in Rom gerne für Ersatz (*vicarii/ae*) gesorgt und ein ähnlich hierarchisches und differenziertes System unterstützt haben, wie es Treggiari für den Haushalt der englischen Vizekönigin in Indien beschreibt.[138] Außerdem stiegen ihre Chancen auf Freilassung, wenn eine ausgebildete Kraft zur Verfügung stand, die sie ersetzen konnte. Ein Cicero hielt es sogar für geschmacklos, wenn man einen Sklaven verschiedenartige Tätigkeiten ausüben ließ.[139] So hatte der Stadtpräfekt von Rom 61 n. Chr. 400 Sklaven im Dienst.[140] Ein Senator, der von nur fünf Sklaven zu seiner Villa in Tibur begleitet wird, galt laut Horaz als gering.[141] Auch die ranghohen Frauen Roms schätzten ein reichhaltiges weibliches und männliches Gefolge, das ihrem Status angemessen war, wenn sie in offizieller Mission tätig waren. Davon erzählt eine Anekdote des Polybios.[142] Als Aemilia, die Witwe des römischen Feldherrn P. Scipio Africanus des Älteren (um 235–183 v. Chr.) und Schwester des L. Aemilius Paulus, starb, hinterließ sie ihrem Adoptivsohn und Großneffen P. Scipio Aemilianus Africanus (um 185–129 v. Chr.) ein umfangreiches Vermögen, darunter die Ausstattung für öffentliche Opferprozessionen, wozu auch eine große Zahl von *servi* und *servae* gehörte. Diese ganze repräsentative Ausstattung überließ er seiner Mutter Papiria, die zuvor in ärmlichen Verhältnissen gelebt hatte und deshalb öffentlichen Prozessionen ferngeblieben war. Nun konnte sie bei Prozessionen mit Wagen und Gefolge auftreten. Für den griechischen Chronisten, der in dem jüngeren Scipio den Idealtypus des maßvollen und beherrschten, aber zugleich großzügigen Römers sah, ist dieses Verhalten ein Zeichen der Großherzigkeit. Zugleich zeigt das Beispiel, wie sehr repräsentativer Prunk bei offiziellen Gelegenheiten entgegen den eingangs zitierten Bemerkungen des Iuvenal in der römischen Gesellschaft anerkannt war. Die Vielfalt der Tätigkeiten, die von den freigelassenen Frauen und Sklavinnen in

---

135 Zum folgenden vgl. WAGNER-HASEL, Verschwendung und Politik (im Druck).
136 TREGGIARI, Jobs in the Household of Livia 1975, 61/2. Übers. B. Wagner-Hasel.
137 Seneca *Luc.* 47.
138 Vgl. auch TREGGIARI, Domestic Staff 1973, 250.
139 Cicero *Pis.* 27,67.
140 Tacitus *ann.* 14,43,3.
141 Horaz *Sat.* 15,107f.
142 Polybios 32,12.

einem aristokratischen Hauswesen ausgeübt wurde, ist nicht zuletzt Ausdruck dieses Repräsentationsbedürfnisses des römischen Kaiserhauses und der römischen Aristokratie.

Die Herrin und ihre Sklavin

Wie aber stellte sich das persönliche Verhältnis zwischen einer ranghohen Römerin und ihrer Sklavin oder Freigelassenen dar? Innerhalb der Hierarchie der Bediensteten hatten gerade Ammen, *nutrices*, einen besonderen Stellenwert. In den stadtrömischen Inschriften sind die Ammen mit 76 Inschriften die am besten bezeugte Gruppe der weiblichen Bediensteten (**Q 125**).[143] Die frühkindliche Erziehung wurde meist den Ammen überlassen, allenfalls überwacht von einer älteren Tante der Familie,[144] manchmal auch von einem Erzieher. Martial beschreibt in einem Spottgedicht den Argwohn, mit dem dieser die Lebensführung seines Zöglings überwacht.[145] Den Einfluss, den eine Amme auf die Entwicklung des Kindes nehmen konnte, ließ eine sorgfältige Auswahl erforderlich erscheinen, die jedoch keineswegs die Mütter vornahmen. In der *domus Augusta* war es die Großmutter Livia, die bei der Auswahl der Ammen für die Enkel die Entscheidung traf.[146] Mit Vorliebe wählte man in ranghohen Häusern Griechinnen aus, weil auf diese Weise gewährleistet war, dass die Kinder zweisprachig aufwuchsen. Auch die Ernährungs- und Lebensweise der Amme wurde zumindest in der eigentlichen Stillzeit sorgfältig überwacht.[147] Aufgrund der engen Beziehung zwischen Ammen und ihren Zöglingen kam es oft in späteren Jahren zur Freilassung der Amme. Der jüngere Plinius versorgte seine alte Amme sogar mit einem Landgut, das ihr ausreichende Einkünfte verschaffte.[148] Epigraphisch weniger gut bezeugt sind die *educatrices* und *paedagogae*. Aufgabe der *paedagogae* war es, das Mädchen überall hin außerhalb des Hauses zu begleiten, ihr die Buchrollen zu tragen, dem Unterricht zu folgen und zu repetieren.[149] Mit nur je vier Belegen gegenüber rund 70 *paedagogi* sind dies keine typischen Tätigkeiten für Frauen bzw. die Grenze zur Amme hin ist fließend.

Der engste Kontakt im Erwachsenenalter zwischen *domina* und *serva* bestand im Bereich der Körperpflege und der persönlichen Aufwartung. Es waren dies die bereits im Zusammenhang der *domus Liviae* erwähnten *ornatrices* und *pedisequae* (**Q 126**). Letztere waren (wörtlich) Sklavinnen, die der Herrin bei Ausgängen auf

---

143 CIL VI 16450 = Dess 8532; CIL VI 5201 = Dess 1837; vgl. dazu GÜNTHER, Frauenarbeit 1987, 78 ff.
144 Tacitus *dial.* 28–29 (**Q 131**) hält dies für eine negative Entwicklung; vgl. auch Dig. 26,10,7.
145 Martial 11,39.
146 Vgl. Anm. 134.
147 EICHENAUER, Arbeitswelt 1988, 246 ff.
148 Plinius *epist.* 6,3.
149 BONNER, Education in Ancient Rome 1977, 40 f.

dem Fuß folgten, ihr den Sonnenschirm hielten, ihr im Gedränge Platz verschafften und ihr zuhause die Sandalen lösten. Würde und Sicherheit der *domina* machten ihren Dienst unerlässlich.[150] Beide Tätigkeiten, die der *ornatrix* und der *pedisequa*, sind in weiteren stadtrömischen Inschriften und auch anderswo vergleichsweise reichlich epigraphisch belegt.[151] Sowohl von den Freilassungs- als auch den Heiratschancen waren die *pedisequae* gegenüber den *ornatrices* benachteiligt. Bei ihrem Betätigungsfeld konnten sie sich nicht selbständig machen, wenn sie freigelassen wurden. Ihnen blieb eine gute Partie oder der Wechsel in ein anderes, höher angesehenes Aufgabengebiet, was indessen nicht nachweisbar ist.

Betrachtet man die zum Teil sehr komplizierten Frisuren der Kaiserzeit,[152] so lässt sich schließen, daß die Arbeit einer *ornatrix* großes Geschick verlangte. Im Columbarium der *familia Caesaris Augusti* ist z. B. die *ornatrix* der Octavia, der Tochter des Claudius, verzeichnet.[153] Sie konnte sich, obwohl sie erst 18 Jahre alt war, als sie verstarb, wenigstens gut verheiraten. Iuvenal parodiert die gefährliche Arbeit der Friseuse, die der Peitsche der Herrin ausgesetzt war, wenn diese mit dem Resultat der Mühen nicht einverstanden war (**Q 132**). [154]

Im kaiserlichen Haushalt gab es auch freigelassene *ornatrices*, die für ihre Herrinnen weiterarbeiteten, während von Privatpersonen freigelassene *ornatrices* offenbar aus ihren Verpflichtungen (*operae*) gegenüber den Patronen entlassen wurden und ihren eigenen Laden eingerichtet hatten. Die von einer Frau freigelassene NOSTIAƆ.L. DAPHNE[155] besaß ihren ›Salon‹ in einer der Geschäftsstraßen Roms. Sie hatte sich mit einem Goldschmied verbunden, was geschickt war, da sie beide sicher die gleiche Kundschaft versorgten. Sie besaß eine eigene Sklavin,[156] die nach ihrer Freilassung durch Daphne wohl den Laden übernahm (**Q 126**). Die jüngste in Rom belegte *ornatrix* verstarb im Alter von neun Jahren.[157] Das bedeutet, dass den Sklavenmädchen sehr früh ein spezielles Arbeitsfeld zugewiesen wurde. Zu den persönlichen Sklavinnen des Haushalts gehörten auch die Frauen, die sich um die Kleider kümmerten, die *a veste* bzw. *vestiplica*, sowie diejenige, die die Herrin massierte und salbte, die *unctrix*.[158]

Die medizinische Versorgung von Frauen wurde in der Regel von Frauen wahrgenommen, wobei sich die Frauen der *domus Augusta* auch männlicher Ärzte bedienten.[159] Im allgemeinen wandten sich Frauen an Hebammen, *obstetrices*, die zuweilen auch als *medicae*, Ärztinnen, bezeichnet wurden (**Q 127**). Die Grenze

---

150 Ovid *ars. am.* 2,209 ff.; vgl. auch Ulpian 47,10,15. Dazu STAHLMANN, Der gefesselte Sexus 1997, 54.
151 *ornatrices*: insgesamt 40, *pedisequae*: 23. GÜNTHER, Frauenarbeit 1987, 45–62.
152 Vgl. dazu den Beitrag über Livia von DIERICHS in diesem Band, S. 255 ff.
153 CIL VI 5539 = Dess 1786.
154 Iuvenal *sat.* 6,498 ff.; CIL VI 5539 = Dess 1786.
155 CIL VI 37469 = Dess 9426.
156 CIL VI 9736 = Dess 7618.
157 CIL VI 9731.
158 CIL VI 4045; 9096.
159 GÜNTHER, Frauenarbeit 1987, 108 mit Anm. 224.

zwischen Ärztinnen und Hebammen war fließend.[160] Da der größte gesundheitliche Risikofaktor der Frauen durch die Entbindung und das Kindbettfieber entstand, hatte sich Frauenmedizin vorrangig auf diesem Gebiet zu bewähren. Die geübte Hebamme besaß selbstverständlich Kenntnisse über andere Frauenbeschwerden; die Ärztin war ebenso selbstverständlich in der Geburtshilfe tätig (**Q 137**). Für die erkrankten Frauen wird es auch eine Frage des Preises gewesen sein, wen sie um Hilfe angingen. In manchen Fällen suchten sie auch den Rat einer *saga*, einer zauberkundigen Frau, und griffen zu magischen Mitteln (Horaz *sat.* 1,8,17–25).

In einem engen persönlichen Kontakt mit ihrer Herrin standen die Sklavinnen, die als Schreiberinnen, *librariae*, tätig waren. Hinzu kommen die Frauen, die mit *a manu*, »von der Hand«, bezeichnet wurden. Waren die *librariae* eher Buchhalterinnen, so kann man die als *a manu* bezeichnete Sklavin eher als Sekretärin verstehen. Als solche muss sie einen hohen Bildungsstand gehabt haben (**Q 134**).[161] Caenis, die *a manu* der Antonia, der Mutter des Kaisers Claudius, war die berühmteste unter ihnen. Sie wurde die Konkubine des Kaisers Vespasian, nachdem dessen Frau gestorben war. Sie nahm damit praktisch die Stellung der rechtmäßigen Gattin ein.[162]

Auch die Vorleserin, *lectrix* oder *anagnostria*, spielte im alltäglichen Zusammenleben zwischen Herrin und Sklavin eine wichtige Rolle. Die Tätigkeit der *acroamatica* umfasste die Fähigkeit zum Vorlesen, Tanzen und Musizieren. Hinzu kommen die Musikerinnen und Sängerinnen der verschiedensten Art. Sie konnten im Haus, aber auch öffentlich im Theater oder bei Spielen[163] auftreten. Von einer eigenen Pantomimentruppe im Hause der Ummidia Quaratilla hören wir bei Plinius (**Q 133**).[164] Inschriftlich sind Frauen vorrangig im Mimus belegt. Im Mimus legte man Wert auf Gebärdenspiel und verzichtete auf Masken. Deshalb konnten die Frauenrollen anders als im klassischen griechischen und römischen Theater nicht von Männern gespielt werden. Von den sechs Künstlerinnen, die für Rom inschriftlich bekannt sind – es handelt sich ausnahmslos um Sklavinnen bzw. Freigelassene – muss es sich um besonders berühmte *Mimae* gehandelt haben.[165] Eine von Ihnen gehörte z.B. zum Gefolge des Königs Iuba von Mauretanien (23 n. Chr.); von zwei anderen heißt es, dass sie die ersten zu ihrer Zeit waren (*temporis sui prima*). Die Schauspielerinnen zählten zu den Frauen, die im römischen Recht als

---

160 CIL VI 7581 = Dess 7804; CIL VI 9477 = Dess 7806; CIL VI 6647; EICHENAUER, Frauenarbeit 1988, 155 mit Anm. 7; GÜNTHER, Frauenarbeit 1987, 103; KRUG, Heilkunst 1985, 195–197.
161 Cassius Dio 65,14,1; CIL VI 12037; vgl. KOKKINOS, Antonia Augusta 1992, 58; GÜNTHER, Frauenarbeit 1987, 65.
162 PIR² A 888; KOKKINOS, Antonia Augusta 1992, 32; 57 f.
163 Vgl. z.B. CIL VI 10120 = Dess 5232; 10132 = Dess 5231. Sie waren Mitgestalterinnen der actischen Spiele in Nicopolis und der Augustalien in Neapel; FRIEDLÄNDER, Sittengeschichte II, 1922/1979, 147.
164 Plinius *epist.* 7,24,1–5.
165 CIL VI 10110 = Dess 5216; CIL VI 10111 = Dess 5215; CIL VI 10106 = Dess 5211; CIL VI 10107 = Dess 5212; CIL VI 10127 = Dess 5262; CIL VI 10128 = Dess 5263.

»ehrlos«, *infam*, galten. Ging eine freie Römerin dieser Tätigkeit nach, verlor sie das Recht auf eine gültige Ehe (*ius conubi*) und die Gesetze gewährten ihr keinerlei Schutz gegenüber sexuellen Übergriffen. Zu dieser Gruppe der »ehrlosen« Frauen zählten auch Kupplerinnen und Prostituierte. Als Kupplerin galten meist auch die Schankwirtinnen (**Q 129**).[166] Ihre Kleidung schied sich öffentlich sichtbar von den ehrbaren Römerinnen. Sie trugen zwar ein *toga*-ähnliches Gewand, die *palla* der Matrone aber, ein mantelartiger Überwurf, war ihnen verboten.[167]

Weibliche Arbeit auf dem Lande

Weibliche Arbeit auf dem Lande ist vor allem über die Schriften der Agrarschriftsteller ermittelbar. Diese Literaturgattung entstand in der Tradition des »Vaters der Landwirtschaft«,[168] des Karthagers Mago, dessen 28 Bücher auf Befehl des Senats ins Lateinische übersetzt wurden. Die Schriften enthalten Empfehlungen zum Erwerb und Führen eines Landgutes, die aufgrund der zunehmenden ›Politisierung‹ der Aristokratie nicht mehr als selbstverständliches Wissen über das Zusammenleben der Generationen weitergegeben wurde.

Wie der städtische Haushalt war der Villenbetrieb ein relativ geschlossenes Hauswesen, dem eigentlich der *dominus* und die *domina* vorstehen sollten.[169] Wenn die Führung eines Landgutes in der Regel in den Händen eines Verwalterehepaars lag, so hatten sie als deren Vertreter zu gelten. Die Arbeitsfelder und der Verhaltenskodex, nach dem *vilicus* und *vilica*, Verwalter und Verwalterin, ihre Lebensführung zu gestalten hatten, finden in den Schriften der Agrarschriftsteller breite Beachtung. Sie waren einerseits an dieser Vertreterrolle, andererseits aber auch an dem Sklavenstatus der beiden orientiert, d.h. zum einen wurde ihnen ein hohes Maß an Verantwortung und Selbständigkeit überlassen, zum anderen klingt immer wieder das Misstrauen des *dominus* gegenüber seinen Sklaven durch. Wie bei allem Dienstpersonal der Welt bestand die Furcht, dass sie ohne Aufsicht, faul oder diebisch oder verschwendungssüchtig oder alles zusammen seien.[170] Dennoch wird ihr konkretes Tun in vielerlei Hinsicht dem der bäuerlichen Landbevölkerung entsprochen haben, das in den Quellen fast keinen literarischen Niederschlag gefunden hat.[171]

Die Anforderungen sind zeitlich und nach der Größe der zu Grunde gelegten Landgüter zu differenzieren. So ist die *vilica* in Catos Schrift *de agri cultura* (um 150 v. Chr. verfasst) die einzige Frau im Betrieb, die alle Aufgaben innerhalb des Hau-

---

166 CIL IX 2659. Dazu: KLEBERG, In den Wirtshäusern und Weinstuben des antiken Roms 1966, 37.
167 STAHLMANN, Der gefesselte Sexus 1997, 67 f.
168 Columella *rust.* 1,9.
169 Columella *rust.* 1,18 ff.
170 So empfiehlt Columella *rust.*1,7, Güter, die so fern ab liegen, dass sie nicht kontinuierlich kontrolliert werden können, lieber zu verpachten.
171 Die Quellen hat zusammengestellt: SCHEIDEL, Feldarbeit von Frauen 1990, 409 f.

ses und der näheren Umgebung (Hühnerhof und Garten) selbst bewältigt (**Q 135**). Aus dieser speziellen Situation heraus resultiert die Forderung Catos, sie solle keine *ambulatrix* sein, d.h. keine Besuche in der Nachbarschaft machen und keine Gäste im Haus empfangen. Sowohl in Varros Schrift *res rusticae* (um 37 v. Chr. verfasst) als auch im zwölfbändigen Werk Columellas *Über den Landbau* (Mitte des 1.Jh. n. Chr. verfasst) werden zumindest noch untergebene Frauen im Haushalt erwähnt. Sklavinnen, die drei Kinder aufgezogen hatten, erhielten Arbeitsbefreiung, bei mehr als drei Kindern wurde ihnen sogar die persönliche Freiheit geschenkt (Columella *rust.* 1,8,19).

Folgen wir der ausführlichen Schilderung der Anforderungen an ein solches Verwalterpaar in dem zwölfbändigen Werk *de re rustica* des Columella. Allein zwei Bücher sind ihrer Tätigkeit gewidmet. Der *vilicus* soll wegen der Autorität und der Fähigkeit zu hartem Arbeitseinsatz von mittlerem Alter und robuster Leistungsfähigkeit sein (Columella *rust.* 1,8,3), in der Landwirtschaft erfahren oder wenigstens bereit sein, schnell zu lernen. Ihm ist eine Frau zum Zusammenleben zuzuweisen, die fest zu ihm steht und ihm hilft. Die geschilderten Arbeiten des Verwalterehepaares sind, wie in jedem landwirtschaftlichen Betrieb, vom Rhythmus der Jahres bestimmt, wobei deutlich zwischen Sommer- und Winterarbeiten differenziert wird. Allerdings soll der Verwalter für zweckmäßige Kleidung (langärmelige Lederhemden, Wolljacken oder Kapuzenumhänge) für die Sklaven sorgen, damit zu jeder Zeit im Freien gearbeitet werden kann (Columella *rust.*1,8,9).

Frauen, die ansonsten genauso wie Männer auf dem Feld oder in den Weinbergen arbeiten, dürfen an Wintertagen bei Wollarbeit eingesetzt werden (12,3,6). Wir können davon ausgehen, dass alle Frauen auf dem Lande spinnen und weben konnten. Die Schafzucht war verbreitet und Columella und Varro widmen ihr ganze Bücher.[172] Die hausgemachte Kleidung erhielten nur die Führungskräfte innerhalb der Sklavenschaft. Analog zu den Frauen der heutigen Mittelmeerwelt betätigten sich die Frauen in der römischen Landwirtschaft außerhalb des Hauses beim Hackbau, als Mäherin vorrangig mit der Sichel, als Ährensammlerin, als Drescherin, als Weinleserin, in jedem Fall also mit periodisch wiederkehrenden Arbeiten.[173]

Die spezielle Aufgabe der Verwalterin bestand ebenso wie die der *mater familias* primär in der Beaufsichtigung des gesamten Personals im Haus. So hatte sie zu kontrollieren, dass alle, die draußen zu arbeiten hatten, am Morgen das Haus verließen. Wenn jemand zurückblieb, musste sie den Grund ermitteln. Ihr oblag die Fürsorge für die Kranken[174] und die Krankenstube. Sie teilte alle Arbeiten im Haus ein und überwachte sie, indem sie im Gutsbetrieb ständig unterwegs überall ihre Augen hatte. Sie ordnete und plante alle jahreszeitlichen Arbeiten im und um das

---

172 Columella *rust.* 12,3,6; Varro *rust.* 2,2; Cicero *Att.* 11,2,4. Zur Schafzucht und zum Wollhandel vgl. ausführlich FRAYN, Sheep-Rearing 1984.
173 Belege bei SCHEIDEL, Frau und Landarbeit 1992, 209 ff.
174 Sie entscheidet auch, wer krank ist. Columella empfiehlt eine fürsorgliche Behandlung der Sklaven, da dies der Mehrung des Vermögens diene (*rust.* 1,8,15–19).

Haus, sie entschied bei den hereinkommenden Lebensmitteln, was für den Verbrauch und was für die Vorratshaltung bestimmt war. Sie teilte den Frauen das rechte Maß Wolle für den Spinnrocken zu und zeigte ihnen am Webstuhl bessere Arbeitstechniken. Sie überprüfte die Essenszubereitung und sah dem Beschließer (*promus*) und dem Kellermeister (*cellarius*) auf die Finger. Sie sorgte für Reinlichkeit und Ordnung, so z. B. dafür, dass das Geschirr und die Geräte des Hauses sinnvoll verstaut wurden; sie sah alles durch und veranlasste, wenn nötig, Reparaturen. Sie überwachte die Anlieferung der Milch durch die Hirten und sie war bei der Schur zugegen, um die abgelieferte Wollmenge zu kontrollieren. Sie sorgte für sachgemäße Konservierung der Lebensmittel und legte, wenn es nötig war, überall selbst Hand an. Angesichts der Größe des Betriebes, der Zahl des Personals und der Verantwortung erstreckte sich ihre Tätigkeit »vorwiegend auf die geistige Leitung des Haushalts, auf seine Organisation und Disposition«.[175] Vergleichbar ist die Tätigkeit der *vilica* bei Columella mit der Führung eines vorindustriellen Haushalts, wie sie Margarete Freudenthal an mehreren Beispielen beschrieben hat. Es geht um die Leitung eines Produktions- und Verarbeitungsbetrieb sowie einer Magazinverwaltung.[176]

Gehört die Kleinviehzucht offensichtlich zu den weiblichen Aufgaben, so ist die Rolle der Frauen in der Schaf- und Ziegenhaltung weniger eindeutig zu fassen.[177] Bei Varro, der selbst große Herden besaß, können wir erstmals auch etwas über Hirtinnen lesen. Varro differenziert dabei zwischen den Praktiken der ortsfesten Viehhaltung auf den Landgütern und der Wanderweidewirtschaft. Er schreibt: »Auf den Bergweiden kann man junge Männer, gewöhnlich bewaffnet, sehen, während auf den Gütern neben Knaben auch Mädchen das Vieh hüten.«[178] Allerdings sind auch diese bewaffneten Hirten in den Bergen nicht ohne Frauen. »Aber jene Hirten, die das Vieh auf den Bergweiden und im Waldland hüten, und sich vor dem Regen nicht in der Villa, sondern in provisorischen Hütten schützen, sind nach Meinung vieler [Autoren] Gattinnen beizugeben, die den Herden folgen, das Essen zubereiten und die Hirten sorgfältiger machen. Aber solche Frauen müssen stark, und nicht unansehnlich, sein, und in vielen Gegenden stehen sie an Arbeitsleistungen den Männern in nichts nach, wie man es in Illyrien beobachten kann, wo sie entweder das Vieh hüten oder das Brennholz herbeischaffen und das Essen kochen, oder die Hütten in Ordnung halten.«[179] Auch in der antiken Dichtung ist der Typus der Schäferin oder Ziegenhirtin nicht unbekannt. »Die kleine Tochter

---

175 So die Charakterisierung der Führungsaufgaben in einem vorindustriellen Haushalt bei FREUDENTHAL Hauswirtschaft 1986, 18.
176 Vgl. insbesondere die Beschreibung des Haushalts der Frau Rath Goethe Mitte des 18. Jh. in Frankfurt. FREUDENTHAL, Hauswirtschaft 1986, 18. Vergleichbares gilt z. B. auch für den Haushalt der Wilhelmine Bassermann in Mannheim in der ersten Hälfte des 19. Jh.; vgl. GÜNTHER, Stro her die Läus zu verbrenne! Von der ständischen Gesellschaft zum Großbürgertum 1995, 18–40.
177 Zu dem Folgenden vgl. WAGNER-HASEL, Wanderweidewirtschaft (im Druck).
178 Varro *rust.* 2,10,1.
179 Varro *rust.* 2,10,6 ff.

trieb zwei Ziegen vom Berge heimwärts«, dichtet Ovid in seinen Fasten.[180] Chloe, die Heldin im bukolischen Liebesroman des Longos, ist Schafhirtin; Daphnis, der sie liebt, hütet Ziegen. Beide gehen ihrer Tätigkeit im jugendlichen Alter nach. Mit der Mannbarkeit, so plant die Ziehmutter, solle für Chloe der Aufenthalt auf der Weide enden.[181]

Varro schreibt aus der Perspektive des Herdenbesitzers; die Hirtinnen, die er erwähnt, sind Unfreie.[182] Im Roman des Longos aus dem späten 2. Jh. n. Chr. erscheinen denn auch Chloe und Daphnis zunächst als Unfreie, bis ihr eigentlicher Status entdeckt wird. Sie sind Kinder von Herdenbesitzern, die in der Stadt wohnen. In eben diesem Gegensatz von städtischer und ländlicher Lebensart steckt ein Moment von Luxuskritik, die sich auch in anderen Schriften dieser Zeit findet. In der bukolischen Dichtung des Longos ist die ländliche Welt positiv konnotiert; sie erscheint als Ort einer zwar genussbestimmten, aber dennoch einfachen und damit moralisch wertvollen Lebensart.[183] So ist denn die Arbeit der einfachen Frauen auf dem Lande außerhalb der Literatur der Agrarschriftsteller vielfach nur in der kulturkritischen Brechung sichtbar und kaum in ihrer Breite zu erfassen.

Resümee: Arbeit und ›Berufe‹ von Frauen

Es wäre illusorisch zu glauben, dass die Arbeitswelt der Frauen in Rom angefangen von der aristokratischen *matrona* bis hin zur kleinen Flickschneiderin und Ziegenhirtin auch nur annähernd für uns fassbar wäre. Die zeitgenössischen Autoren hatten andere Themen und die Grabinschriften liefern nur die Spitze der ›arbeitenden‹ Frauen, nämlich die, die sich eine Urnentafel oder einen Grabstein leisten konnten und etwas Vermögen besaßen.[184]

Können wir diese Tätigkeiten innerhalb und außerhalb des aristokratischen Hauswesens als Berufe fassen? Fasst man Beruf als Tätigkeiten, die Menschen im Rahmen einer bestimmten Sozialordnung als dauernde Aufgabe ausüben und die

---

180 Ovid *fast.* 4,511.
181 Longos *Daphnis und Chloe* 1,7,2–8,2; 2,16,2. Sie treiben nur vom Frühjahr bis Herbst ihre Herden auf die Weiden. Im Winter werden die Ziegen und Schafe in ihren Ställen mit Laub gefüttert (3,3,4). Während dieser Zeit lernt Chloe das Wollekrempeln und Spinnen, um sie auf die Rolle als *déspoina* (Hausherrin) vorzubereiten. Damit ist das Ende des Lebens auf der Weide vorgesehen (3,4,5; 3,25,2).
182 Varro besaß nach eigenen Angaben große Herden von Rindern und Schafen sowie Pferden (*rust.* 2,1,6).
183 Vgl. EFFE, Longos 1982, 65–84; DERS./BINDER, Antike Bukolik 1989.
184 GÜNTHER, Die Größe des Grabplatzes 1990, 101–128. So meint Walter Scheidel, der in den letzten Jahren einige Arbeiten zur Landarbeit von Frauen in der Antike vorgelegt hat: »Ein Grad des materiellen Wohlstands, der es erlaubt hätte, auf die Arbeit von Töchtern, Gattinnen und Müttern – ganz zu schweigen von auf sich selbst gestellten Frauen – außerhalb des eigenen Hauses auf Dauer zu verzichten, stimmt wohl nur für einen geringen Teil der Gesamtbevölkerung.« SCHEIDEL, Frau und Landarbeit 1992, 198.

zur Sicherung des Lebensunterhaltes dienen, so ist durchaus davon zu sprechen.[185] Eine Spinnerin im Hause der Statilier, eine arme Bäuerin in den Abruzzen ging ihrer Tätigkeit dauerhaft nach und lebte von ihrer Hände Arbeit. Nur unterscheidet sich der Rahmen der Ausübung der Berufe erheblich von der heutigen Praxis. Selbständig arbeiteten vielleicht die Schankwirtin oder die Bäckerin sowie die Kleinbäuerin. Die Frauen, die auf dem Lande gegen Lohn arbeiteten, aber frei waren, leisteten ihre Arbeit oft saisonal. Sie standen also in kurzfristigen Verdingungsverhältnissen, die kaum den gesamten Lebensunterhalt gewährleisteten. Bei den meisten hier besprochenen Fällen handelt es sich ohnehin um Sklavinnen oder freigelassene Frauen, die in persönlicher Abhängigkeit zu ihrer Patronin oder ihrem Patron standen und die ›Entlohnung‹ ihrer Tätigkeit kaum frei aushandelten. Der Preis, den sie erzielten, hing gewiss von der Professionalität ihrer Arbeit, oft auch von der Qualität ihrer Körper ab; nur hatten nicht primär sie, sondern ihre Besitzer den Nutzen von diesem Wert.[186] Aber auch die Matrone, die ein Hauswesen führte und heute am ehesten mit einer Diplomatenehefrau zu vergleichen wäre, übte eine Profession aus, insofern ihre Aufgabe Kenntnisse und Bildung erforderte. Den Wert einer solchen Ehefrau, die nicht nur als gebildete Gesprächspartnerin, wie die dritte Gattin des Plinius, brillierte,[187] sondern ganz handfest mit Vermögen und Kontakten die Karriere des Ehemannes unterstützte, geht aus der sogenannten *Laudatio Turiae* hervor, einer auf zwei Marmorplatten eingemeißelten Grabrede aus dem 1. Jh. v. Chr.[188] Hier preist ein aufgrund der bruchstückhaften Überlieferung namentlich nicht kenntlich gemachter Ehemann, hinter dem die Forschung den Konsul Quintus Lucretius Vespillo vermutet, die Loyalität seiner verstorbenen Frau, die in den schweren Zeiten des Bürgerkrieges nichts unterlassen habe, ihn zu schützen und zu fördern: »Vielfältige und beträchtliche Hilfen hast du zu meiner Flucht geleistet, mich mit Schmuckstücken dafür gerüstet, als du alles Gold und die Perlen, die du dir angelegt hattest, mir übergabst, und mich alsdann – die Wachposten unserer Gegner hattest du getäuscht – für die Zeit meiner Abwesenheit mit

---

185 So die Definition bei ZIMMER, Berufsdarstellungen 1982, 1 f.
186 Zu bedenken ist, dass gelegentlich Nichtrömer bewusst den Verkauf ihrer Kinder in die Sklaverei betrieben, um ihnen auf diese Weise den Zugang zum römischen Bürgerrecht zu eröffnen. Denn in der Regel erfolgte ab dem 30. Lebensjahr die Freilassung, bei Frauen tendenziell sogar früher. Eine andere Möglichkeit bot der Militärdienst. Ein *peregrinus*, der in einer Auxiliar-Einheit diente, musste aber ca. 25 Jahre warten, ehe er – bei der Dienstentlassung – das römische Bürgerrecht erhielt.
187 Plinius *epist.* 4,19. Ein anderes Beispiel bildet Sempronia, die Tochter des C. Sempronius Gracchus, die den Konsul des Jahres 77 v. Chr. D. Iunius Brutus geheiratet hatte. Ihr Sohn war der spätere Caesar-Mörder D. Iunius Brutus Albinus. Sie stellte ihr Haus für eine Unterredung der Catiliniarier mit den Abgesandten des keltischen Stammes der Allobroger zur Verfügung. Sallust, der Sempronia ob dieser Unterstützung angreift, erwähnt indessen auch ihre Bildung in griechischer und lateinischer Literatur und ihre Kunst, Verse zu machen (Sallust *Cat.* 25); vgl. auch den Beitrag von ROHWEDER in diesem Band, S. 147–161.
188 Zu den Fundumständen und zur Autorschaft vgl. FLACH, Die sogenannte *Laudatio Turiae* 1991, 1–14.

Sklaven, Geld und Vorräten reichlich versorgt.«[189] Hier wird deutlich, dass der von Iuvenal gegeißelte weibliche Hang zum Schmuckluxus keineswegs nur auf Statusrepräsentation zielte, sondern ganz handfest auf materielle Versorgung ausgerichtet war. Schmuck fungierte als eine Art ›Sparkasse‹, aus der in Notzeiten geschöpft werden konnte. Auch die hier gepriesene Wohltäterin ihres Mannes zeichnet sich durch die traditionellen häuslichen Tugenden wie Keuschheit (*domestica bona pudicitiae*) aus; sie wird von ihrem Ehemann ob ihrer Umgänglichkeit, Wollarbeit (*facilitatis, lanificii*) und unauffälligen Kleidung (*ornatus non conspiciendi*) hoch gelobt.[190] Turia würde nach heutigen Kriterien nicht als berufstätig gelten, weil sie keiner außerhäuslichen Erwerbsarbeit nachging. Sie lebte vom eigenen Vermögen, von der Mitgift, und vom ehelichen Vermögen, mit dem sie ihren Ehemann unterstützte; ihre häusliche Tätigkeit, von der dem Ehemann neben der Wollarbeit vor allem die Sorge für die Verwandten als erwähnenswert gilt,[191] diente nicht dem unmittelbaren Lebensunterhalt. Ihr Anteil aber an der Selbstdarstellung und Statusrepräsentation eines aristokratischen Hauswesens und damit an der Aufrechterhaltung des aristokratischen Wertegefüges ist nicht gering zu schätzen.

Quellen

Q 125 Grabepigramme von Ammen

CIL VI 6324 = Dess 8539

Oft bestand zwischen Milchbrüdern ein besonderer Kontakt, obwohl die sozialen Unterschiede erhalten blieben. Sisenna war wahrscheinlich Sohn des Sisenna Statilius Taurus, Konsul des Jahres 16 n. Chr.

Atticus, Sohn der Stacte, der Amme des Sisenna. Der Milchbruder hat 4 Jahre gelebt.

Atticus f. | Stactes nutricis | Sisennae f., conlacteus, | v. ann. IV.

CIL VI 16450 = Dess 8532

Der Suffektkonsul des Jahres 113 n. Chr. hat seiner Amme, die ihm zugleich Mütterchen war, die Treue gehalten und deshalb auch diese zärtliche Form der Bestattung veranlasst. Er war zugleich ihr Patron.

Bei den Manen der Servia Cornelia Sabina, Freigelassene des Servius. Servius Cornelius Dolabella Metillianus hat (die Inschrift) seiner Amme und seinem Mütterchen nach bestem Verdienst gesetzt.

d. m. | Ser. Corneliae Ser. l. | Sabinae | Ser. Cornelius | Dola bella | Metillianus | nutrici et mammul. | b. m. f.

---

189 Laudatio Turiae 2,2a–5a.
190 Laudatio Turiae 1,30–31.
191 Laudatio Turiae 1,42–51. Die eigene Leistung, die Beteiligung an der Ausrichtung einer Mitgift für Verwandte seiner Frau, stellt der betrübte Ehemann nicht zurück.

CIL VI 5201 = Dess 1837

Iulia Iucunda, die Amme des Drusus, Sohn des Germanicus (7–33 n. Chr.) und der Drusilla (16–38 n. Chr.) war vermutlich Freigelassene der Kaiserin Livia. Iucunda war offenbar jung genug, um nach der Pflegezeit für den kleinen Prinzen auch noch dessen 10 Jahre jüngere Schwester zu nähren.

C. Papius Asclepiades, Papia Erotis Freigelassene, Iulia Iucunda, Amme von Drusus und Drusilla.

C. Papius Asclepiades, | Papia Erotis l. | Iulia Iucunda nutrix | Drusi et Drusillae.

Q 126 Grabepigramme von Friseusen (*ornatrices*) und Zofen (*pedisequae*)

CIL VI 5539 = Dess 1786

Die in die Zeit zwischen 43–54 n. Chr. gehörende Inschrift zeigt, dass Frauen ihre Partner im Umfeld der *familia* fanden.

Der Paezusa, Friseuse der Octavia Tochter des Kaisers, die 18 Jahre gelebt hat. Philetus, Silbergeschirrverwalter der Octavia, hat (die Inschrift) für seine zärtliche Frau und sich gemacht.

Paezusae, Octaviae | Caesaris Augusti f. | ornatrici, | vix. ann. XVIII. || Philetus, Octaviae | Caesaris Augusti f. | ab argento, fecit contubernali suae | carissimae et sibi.

CIL VI 5200
Dascylus, Bediensteter des Kaiser Tiberius der Iulia Nebris, Zofe der Livia, seiner zärtlichen Gattin. Der Bestattungsort (ist) für sich und die Seinen. Iulia Acte.

Dascylus Ti. Aug. ministrat. | Iuliae Nebridi Augustae pedis. | Coiugi suae carissim. locum sepulcri | sibi et suis. || Iulia Acte.

CIL VI 6335
Logas, Zofe der Messallina, sie hat 16 Jahre gelebt. Ihre Mutter Ap(h)rodisia hat (die Inschrift) gemacht.

Logas | Messallin| pedis v. a. XVI | Aprodisia mater | fecit.

CIL VI 37469 = Dess 9426
Nostia Daphne, Freigelassene einer Frau, Friseuse vom *vicus longus*, M. Nervius Quadratus, Freigelassener des Marcus, Goldschmied vom *vicus longus*.

Nostia Ɔ. l. | Daphne | ornatrix de | vico longo. || M. Nerius M. [l.] | Quadrato | aurifex d[e] | vico longo.

CIL VI 9736 = Dess 7618

Nostia Daphne übte ihren Beruf als Selbstständige in einem Ladengeschäft in einer der Geschäftsstraßen Roms aus. Ihre Helferin Cleopatra ließ sie frei, als diese wohl ihren Laden übernahm.

Nostia Cleopatra, Freigelassene der Daphnis, Friseuse vom *vicus longus*.

Nostia | Daphnidis l. | cleopatra | ornatrix de vico | longo.

Q 127 Grabepigramme von Ärztinnen und Hebammen

CIL VI 7581 = Dess 7804

Die von ihrem Gatten sehr verehrte Ärztin war schon mit 14 Jahren verheiratet worden.

Der heiligen Göttin, meiner Primilla, Tochter des L. Vibius Meliton, Ärztin, die 44 Jahre alt wurde. (Die Inschrift) hat aus ihrem Vermögen L. Cocceius Apthorus seiner wunderbaren, keuschen Gattin, mit der er 30 Jahre ohne Klagen gelebt hat, und sich gemacht.

deae sanctae, meae | Primillae medicae, | L. Vibi Melitonis f., | vixit annis XXXXIIII, | ex eis cum L. Cocceio | Apthoro XXX sine | querella, fecit | Apthorus coniug. | optimae castae, | et sibi.

CIL VI 9477 = Dess 7806

Auch diese wohl aus dem Freigelassenenmilieu stammende vergleichsweise junge Ärztin wurde von der Familie sehr verehrt. Zwischen den beiden Inschriften liegen mehr als 200 Jahre.

Bei den Manen der Valeria Verecunda, Ärztin in der ersten Region, die 34 Jahre 9 Monate und 28 Tage gelebt hat. (Die Inschrift) haben gemacht Valeria Vitalis, die Tochter ihrer Mutter, und P. Gellius Vitalius, seiner verehrungswürdigen Gattin und sich und Gellius Chresimus und Iulia Chreste, der Schwester [...].

d. m. | Valeriae Berecundae iatromeae | regionis suae primae, q. v. ann. XXXIIII | m. VIIII d. XXVIII, Valeria Bitalis filia | matri dulcissimae, et P. Gellius Bitalio | coiugi sanctissimae b. m. f. c. r., et sibi | et Gellio Chresimo fratri, et Iuliae Chre|ste sorori, [...].

CIL VI 6647

Die Sklavin der Flavia Sabina mit dem sprechenden Namen Hygia verstarb in der Mitte des 1. Jh. Auch sie lebte in einer ehelichen Partnerschaft.

Der Hygia, Hebamme der Flavia Sabina, die 30 Jahre gelebt hat, Marius Orthrus und Apollonius der zärtlichen Frau.

Hygiae | Flaviae Sabinae | opstetr. vixit ann. XXX | Marius Orthrus et | Apollonius contubernali | carissimae

Q 128 Grabinschrift einer Sekretärin (*a manu*)

CIL VI 12037

Caenis war die Sekretärin (*a manu*) der Antonia. Sie wurde reich und berühmt als Konkubine des Vespasian, starb aber noch zu seinen Lebzeiten.

Bei den Manen der Antonia Caenis, Freigelassene der Antonia Augusta, seiner Patrona (hat) der Freigelassene Aglaus mit den Kindern Gléné und Aglais (die Inschrift gesetzt).

dis manib. | Antoniae Aug. | l. Caenidis | optumae patron | Aglaus l. cum Aglao | et Gléné et Aglaide | filiis.

Q 129 Grabinschrift einer Schankwirtin

CIL IX 2689

Lucius Calidius Eroticus hat (diesen Grabstein) für sich und seine Liebste Fannia zu Lebzeiten machen lassen. Wirt, lass uns abrechnen. Du hast einen Sextarius Wein, Brot – ein As, Zukost – zwei Asses. – Geht in Ordnung. – Ein Mädchen – acht Asses. – Geht auch in Ordnung. – Heu fürs Maultier – zwei Asses. – Dieses Maultier wird mich noch ruinieren.

L. Calidius Eroticus | sibi et Fanniae voluptati v. f. | Copo, computemus. Habes vini ↄ I, pane | a I, pulmentar a II. Convenit. Puell | a VIII. Et hoc convenit. Faenum | mulo a II. Iste mulus me ad factum | dabit.

Q 130 Das Lob des Stillens bei Cato

Plutarch, *Cato (der Ältere)* 20,4–5

20 (4) Als ihm der Sohn geboren war, gab es kein so dringendes Geschäft - es sei denn ein öffentliches -, das ihn hindern konnte, dabei zu sein, wenn die Frau den Säugling badete und windelte. (5) Denn sie nährte ihn mit der eigenen Milch und nahm oft auch die Kinder der Sklaven an die Brust, um ihnen durch die Milchbruderschaft Liebe zu ihrem Sohn einzuflößen.

20 (4) γενομένου δὲ τοῦ παιδὸς οὐδὲν ἦν ἔργον οὕτως ἀναγκαῖον, εἰ μή τι δημόσιον, ὡς μὴ παρεῖναι τῇ γυναικὶ λουούσῃ καὶ σπαργανούσῃ τὸ βρέφος. (5) αὐτὴ γὰρ ἔτρεφεν ἰδίῳ γάλακτι· πολλάκις δὲ καὶ τὰ τῶν δούλων παιδάρια τῷ μαστῷ προσιεμένη, κατεσκεύαζεν εὔνοιαν ἐκ τῆς συντροφίας πρὸς τὸν υἱόν.

Q 131 Tacitus über den Verfall häuslicher Sitten

Tacitus, *Dialogus* 28–29

28 […] Ich will über Rom und seine eigentümlichen und häuslichen Laster reden, die sogleich die Neugeborenen erwarten und sich die einzelnen Altersstufen hindurch häufen, wenn ich vorher erst einiges wenige über die Strenge und die Ordnung der Vorfahren in Hinsicht auf die Erziehung und Bildung der Kinder vorausgeschickt habe. Denn ehedem wurde jedem der Sohn, von einer keuschen Mutter geboren, nicht in der Kammer einer gekauften Amme, sondern im Schoß und am Busen der Mutter aufgezogen, deren vorzüglichstes Lob es war, das Haus zu hüten und den Kindern zur Verfügung zu stehen. […] 29 jetzt dagegen wird der eben geborene Säugling irgendeiner griechischen Magd übergeben, der einer oder der andere aus der Masse der Sklaven beigefügt wird, meist der wertloseste und für kei-

nen ernsthaften Dienst brauchbare. Mit deren Geschichten und irrigen Vorstellungen saugen sich sogleich die zarten und unberührten Gemüter voll; und keiner im ganzen Haus legt Gewicht darauf, was er vor dem noch stammelnden jungen Herrn spricht oder tut.

28 [...] ego de urbe et his propriis ac vernaculis vitiis loquar, quae natos statim excipiunt et per singulos aetatis gradus cumulantur, si prius de severitate ac disciplina maiorum circa educandos formandosque liberos pauca praedixero. nam pridem suus cuique filius, ex casta patente natus, non in cella emptae nutricis, sed gremio ac sinu matris educabatur, cuius praecipua laus erat tueri domum et inservire liberis. [...] 29 At nunc natus infans delegatur Graeculae alicui ancillae, cui adiungitur unus aut alter ex omnibus servis, plerumque vilissimus nec cuiquam serio ministerio accommodatus. horum fabulis et erroribus [et] virides [teneri] statim et rudes animi imbuuntur; nec quisquam in tota domo pensi habet, quid coram infante domino aut dicat aut faciat.

Q 132 Juvenal über das Los der *ornatrix* im Hause einer reichen Römerin

Juvenal, *Satiren* 6,487–501.
Denn wenn sie ein Stelldichein hat und wünscht, hübscher als gewohnt
hergerichtet zu werden, es eilig hat und schon im Park erwartet
wird oder eher noch beim Tempel der Kupplerin Isis,
[490] ordnet die unglückliche Psecas die Frisur, selbst mit zerzausten
Haaren, nackten Schultern und nackten Brüsten.
»Warum ist diese Locke zu hoch?« Sogleich straft die Peitsche
das Vergehen und Verbrechen beim Eindrehen des Haares.
Was hat Psecas verbrochen? Wo liegt hier die Schuld des Mädchens,
[495] wenn dir deine eigene Nase missfällt? Eine zweite breitet links die
Haare aus, kämmt sie und wickelt sie zur Rolle ein.
Im Rat sitzt eine Sklavin der Mutter, jetzt nicht mehr mit der in
den Ruhestand entlassenen Haarnadel tätig und zur Wolle versetzt; ihr Votum
wird das erste sein, nach ihr werden die an Alter und Kunst Unterlegenen
[500] ihre Meinung kundtun, als ginge es um eine Entscheidung über Ehre
oder Leben: so groß ist die Sorgfalt beim Streben nach Schönheit.

nam si constituit solitoque decentius optat
ornari et properat iamque exspectatur in hortis
aut apud Isiacae potius sacraria lenae,
[490] disponit crinem laceratis ipsa capillis
nuda umeros Psecas infelix nudisque mamillis.
»altior hic quare cincinnus?« taurea punit
continuo flexi crimen facinusque capilli.
quid Psecas admisit? quaenam est haec culpa puellae,
[495] si tibi displicuit nasus tuus? altera laevum
extendit pectitque comas et volvit in orbem.
est in consilio materna admotaque lanis
emerita quae cessat acu; sententia prima
huius erit, post hanc aetate atque arte minores
[500] censebunt, tamquam famae discrimen agatur
aut animae: tanta est quaerendi cura decoris.

Q 133 Pantomimenkunst im Hause der Ummidia Quadratilla

Plinius, *Briefe (Epistulae)* 7,24,1–5

C. Plinius grüßt seinen Geminus

24 (1) Ummidia Quadratilla ist im Alter von fast 80 Jahren gestorben; bis zu ihrer letzten Krankheit war sie frisch und in einem kräftigeren und robusteren körperlichen Zustand als bei einer alten Frau üblich. (2) Sie starb mit einem Testament, das ihr die größte Ehre machte: sie hinterließ als den Erben ihrem Enkel zwei Drittel, ihrer Enkelin ein Drittel.

Ihre Enkelin kenne ich wenig, den Enkel schätze ich als sehr guten Freund; er ist ein ganz außergewöhnlicher junger Mann und verdient es, nicht nur von denen, mit denen er blutsverwandt ist, wie ein Verwandter geliebt zu werden. (3) Und zunächst ist er, obwohl er sich durch Schönheit auszeichnete, sowohl in seiner Kindheit als auch in seiner Jugend jeder üblen Nachrede entgangen. Mit 24 Jahren heiratete er und wäre, wenn der Himmel es gewollt hätte, jetzt Vater. Er lebte im Haus seiner auf Luxus bedachten Großmutter sehr streng und doch sehr gehorsam. (4) Sie hielt Pantomimen und begünstigte diese maßloser, als es sich für eine vornehme Frau schickte. Quadratus sah ihnen nicht im Theater und nicht in seinem Hause zu; und sie verlangte es auch nicht. (5) Ich habe sie selbst sagen hören, als sie mir die Studien ihres Enkels empfahl, sie pflege sich als Frau in der reichlichen Freizeit ihres Geschlechtes beim Brettspiel zu erholen, sie pflege ihren Pantomimen zuzuschauen; aber, wenn sie eines von beiden tun wollte, habe sie ihren Enkel immer aufgefordert, wegzugehen und sich mit seinen Studien zu beschäftigen. Das tat sie, wie mir schien, weniger aus Liebe zu ihm als aus Achtung vor ihm.

C. PLINIUS GEMINO SUO S.

24 (1) Ummidia Quadratilla paulo minus octogensimo aetatis anno decessit, usque ad novissimam valetudinem viridis atque etiam ultra matronalem modum compacto corpore et robusto. (2) decessit honestissimo testamento: reliquit heredes, ex besse nepotem, ex tertia parte neptem.

Neptem parum novi, nepotem familiarissime diligo, adulescentem singularem nec his tantum, quos sanguine attingit, inter propinquos amandum. (3) ac primum conspicuus forma omnis sermones malignorum et puer et iuvenis evasit: intra quartum et vicensimum annum maritus et, si deus adnuisset, pater. vixit in contubernio aviae delicatae severissime et tamen obsequentissime. (4) habebat illa pantomimos fovebatque effusius, quam principi feminae convenit. hos Quadratus non in theatro, non domi spectabat; nec illa exigebat. (5) audivi ipsam, cum mihi commendaret nepotis sui studia, solere se, ut feminam in illo otio sexus, laxare animum lusu calculorum, solere spectare pantomimos suos; sed, cum factura esset alterutrum, semper se nepoti suo praecepisse, abiret studeretque; quod mihi non amore eius magis facere quam reverentia videbatur.

Q 134 Der Aufstieg einer *a manu* im Kaiserhaus

Cassius Dio 66,14 (= Xiphilinos 208,15-210)

14 (1) Damals starb Caenis, die Konkubine Vespasians. Ich erwähne sie, weil sie außerordentlich zuverlässig war und über ein glänzendes Gedächtnis verfügte. Dafür ein Beispiel: Ihre Herrin Antonia, die Mutter des Claudius, hatte einmal durch sie einen Geheimbrief, der Sejan betraf und an Tiberius gerichtet war, niederschreiben lassen, ihr aber dann befohlen, das Niedergeschriebene sofort zu löschen,

damit keine Spur davon bleibe. Darauf antwortete Caenis: »Deine Weisung, Herrin, ist vergeblich; ich trage nämlich nicht allein dies, sondern auch all das andere, was du mir diktiert hast, stets in meinem Sinn, und es kann niemals getilgt werden.« (3) Und nicht nur diese Fähigkeit bestaune ich an ihr, sondern auch die Tatsache, dass Vespasian an ihr ein solch ausnehmendes Wohlgefallen fand. Damit verschaffte sie sich größten Einfluss und konnte einen ungeheuren Reichtum ansammeln, so dass man gar meinte, er mache sich durch die Vermittlung eben jener Frau Geld. Denn riesige Summen schöpfte sie aus verschiedenen Quellen, indem sie den einen Statthalterschaften, den anderen Prokuraturen, militärische Führungsstellen und Priesterschaften verkaufte, ja in Einzelfällen sogar kaiserliche Entscheidungen. (4) Obgleich nämlich Vespasian um seines Geldbesitzes willen niemanden tötete, schonte er doch das Leben vieler, die ihm Geld boten. Und Caenis war es, welche jene Beträge einstrich, weshalb man vermutete, dass Vespasian ihr diese Aufgabe absichtlich anvertraute.

14 (1) τότε δὲ καὶ Καινὶς ἡ τοῦ Οὐεσπασιανοῦ παλλακὴ μετήλλαξεν. ἐμνημόνευσα δὲ αὐτῆς ὅτι τε πιστοτάτη ἦν καὶ ὅτι μνήμης ἄριστα ἐπεφύκει. πρὸς γοῦν τὴν δέσποιναν τὴν Ἀντωνίαν τὴν τοῦ Κλαυδίου μητέρα, κρύφα τι δι' αὐτῆς τῷ Τιβερίῳ περὶ τοῦ Σεϊανοῦ γράψασαν, (2) καὶ αὐτὸ ἀπαλειφθῆναι εὐθύς, ὅπως μηδεὶς αὐτοῦ ἔλεγχος ὑπολειφθῇ, κελεύσασαν, "μάτην, ὦ δέσποινα", ἔφη "τοῦτο προσέταξας· πάντα γὰρ καὶ ταῦτα, καὶ τὰ ἄλλα ὅσα ἂν ὑπαγορεύσῃς μοι, ἔν τε τῇ ψυχῇ ἀεὶ φέρω καὶ οὐδέποτε ἐξαλειφθῆναι δύναται". (3) τοῦτό τε οὖν αὐτῆς ἐθαύμασα, καὶ προσέτι ὅτι καὶ ὁ Οὐεσπασιανὸς αὐτῇ ὑπερέχαιρε, πλεῖστόν τε διὰ τοῦτο ἴσχυσε, καὶ πλοῦτον ἀμύθητον ἤθροισεν, ὥστε καὶ νομισθῆναι ὅτι δι' αὐτῆς ἐκείνης ἐχρηματίζετο· πάμπολλα γὰρ παρὰ πολλῶν ἐλάμβανε, τοῖς μὲν ἀρχὰς τοῖς δὲ ἐπιτροπείας στρατείας ἱερωσύνας, ἤδη δέ τισι καὶ ἀποφάσεις αὐτοῦ πιπράσκουσα. (4) ἀπέκτεινε μὲν γὰρ Οὐεσπασιανὸς χρημάτων ἕνεκα οὐδένα, ἔσωσε δὲ πολλοὺς τῶν διδόντων· καὶ ἡ μὲν λαμβάνουσα ἐκείνη ἦν, ὑπωπτεύετο δὲ ὁ Οὐεσπασιανὸς ἑκὼν αὐτῇ ἐπιτρέπειν τοῦτο ποιεῖν ἐκ τῶν ἄλλων ὧν ἔπραττεν, ὧν ὀλίγα δείγματος ἕνεκα διηγήσομαι.

Q 135 Die Pflichten einer Verwalterin

Cato, *Vom Landbau (de agri cultura)* 152
CLII. Pflichten der Verwalterin. 152 (1) Er soll dafür sorgen, dass die Schaffnerin tut, was ihre Pflicht ist. Wenn sie der Herr dir zur Frau gegeben hat, sollst du mit ihr zufrieden sein. Mache, dass sie Respekt hat vor dir. Dass sie nicht zu verschwenderisch ist! Mit Nachbarinnen und andern Weibern habe sie möglichst wenig Umgang und nehme sie weder im Hause noch bei sich auf. Zum Essen soll sie nicht anders wohin gehen, soll auch keine Streunerin sein. Ein Opfer bringe sie nicht dar, gebe auch nicht Auftrag, dass jemand statt ihrer dies tue, ohne Befehl des Herrn oder der Herrin; sie soll wissen, dass der Herr für die ganze Hausgenossenschaft den Gottesdienst verrichtet. (2) Reinlich sei sie; das Gutshaus halte sie sauber und rein: den Herd habe sie täglich rein und ringsum gekehrt, ehe sie schlafen geht. An den Kalenden, Iden, Nonen, und wenn ein Festtag ist, lege sie einen Kranz auf den Herd, und während derselben Tage opfere sie dem Familien-Lar nach bestem Vermögen. Sie soll Sorge tragen, dass sie Speise für dich und das Gesinde gekocht habe. (3) Dass sie viele Hennen und Eier hat! Getrocknete Birnen,

Vogelbeeren, Feigen, Rosinen, Vogelbeeren in Most und Birnen und Trauben in Krügen und Quitten. Trauben in Trestern und in Krügen in die Erde gegraben und frische Pränestinische Nüsse habe sie im Kruge in die Erde eingegraben; Scantinianische Äpfel in Fässern und andere, die man immer aufhebt, und Wildäpfel, dies alles soll sie alljährlich sorgsam aufspeichern. Sie verstehe es, gutes Weizenmehl und feines Dinkelmehl zu machen.

CLII. Vil|icae officia. 143 (1) uil|icae quae sunt officia, curato faciat. si eam tibi dederit dominus | uxorem, ea esto contentus. ea te metuat facito. ne nimium luxuriosa siet. uicinas aliasque mulieres quam minimum utatur neue | domum neue ad sese recipiat: ad cenam ne quo eat neue ambulatrix siet. rem diuinam ni faciat neue mandet, qui pro ea faci at iniussu domini aut dominae, scito dominum pro tota familia rem diuinam facere. (2) munda siet: uillam conuersam mundeque habeat; focum purum circumuersum cotidie, prius quam cubitum eat, habeat. Kal., Idibus, Nonis, festus dies cum erit, coronam in focum ind|at, pereos demque, dies lari familiari pro copia supplicet. cibum tibi et familiae curet uti coctum habeat. (3) gallinas multas et oua uti habeat. pira arida, sorua, ficos, uuas passas, sorua in sapa et pira et uuas in doliis et mala | struthea, uuas in uinaciis et in urceis in terra obrutas et nuces pr<a>enestinas recentes in urceo in terra obrutas habeat; mala scantiniana in doliis et alia quae condi solent et siluatica, haec omnia quotannis diligenter uti condita habeat. farinam bonam et far suptile sciat facere.

Q 136 Elternpaarpfeiler

Q 137 Severina Nutrix

Q 138 Metzger und Kundin, wahrscheinlich die *libraria-cellaria* eines herrschaftlichen Hauses, die eine Bestellung aufgibt. Grabrelief aus Rom. Dresden, Skulpturensammlung

Q 139 Rollenverteilung auf dem Grabstein des P. Ferrarius Hermes. Florenz, Museo Archeologico. Verzeichnet ist der Name des Mannes und seiner beiden Ehefrauen. Ein Maßstab teilt die Darstellung in zwei Teile. Links sind Toilettengeräte (u. a. Spiegel, Kamm, Haarnadel) zu sehen, rechts Zimmermannsgeräte (u. a. Lot und Winkelmaß).

Inschriftensammlungen

Dess = Hermann DESSAU, Inscriptiones Latinae Selectae, 3 Bde. in fünf Teilen. Berlin 1892–1916; CIL = Corpus Inscriptionum Latinarum, consilio et auctoritate Academiae Litterarum (Regiae) Borussicae editum. Berlin 1863 ff.

Grundlegende Literatur

GÜNTHER, Frauenarbeit 1987; HERRMANN-OTTO, Ex ancilla natus 1994; HESBERG-TONN, Coniunx carissima 1983; KAMPEN, Image and Status 1989; TREGGIARI, Domestic Staff 1973; TREGGIARI, Jobs in the household of Livia 1975, 48–77; TREGGIARI, Jobs for Women 1976.

Weiterführende Literatur

GARDNER, Frauen im antiken Rom 1995 (engl. 1986); SCHEIDEL, Feldarbeit von Frauen in der antiken Landwirtschaft 1990; SCHULZE, Ammen und Pädagogen 1998; WAGNER-HASEL, Wanderweidewirtschaft und Migration von Frauen in der Antike (im Druck); ZIMMER, Römische Berufsdarstellungen 1982.

VI. Erotik und Sexualität

Hetären im klassischen Athen
Elke Hartmann

Ein Gerücht kursierte im 5. Jh. v. Chr. in Griechenland: Eine der ägyptischen Pyramiden sei von einer Frau erbaut worden, von einer Thrakerin namens Rhodopis, die zur Zeit des Pharaos Amasis um 600 v. Chr. lebte. Dieses Gerücht ist dem Geschichtsschreiber Herodot zu Ohren gekommen. Um dem entgegenzuwirken, geht er in seiner Beschreibung Ägyptens, die um 450 v. Chr. verfasst wurde, genauer auf die Lebensgeschichte der Rhodopis ein: »Rhodopis aber kam nach Ägypten mit dem Xanthes von Samos, der sie dorthin brachte, um Geld mit ihr zu verdienen, dann aber wurde sie für eine gewaltige Summe losgekauft [...]. So wurde Rhodopis frei, blieb aber in Ägypten und war dort sehr begehrt wegen ihrer Reize und erwarb sich großes Vermögen, groß für eine Rhodopis, für eine solche Pyramide aber langte es denn doch nicht.« (Herodot 2,134,1 ff.). In der Tat ist das Gerücht über den Bau der Pyramide nicht glaubwürdig, weil Pyramiden in der Regel Königsgräber beherbergten und darüber hinaus bereits im Neuen Reich (1570–715 v. Chr.) nicht mehr gebaut wurden. Immerhin ist glaubhaft, dass Rhodopis sehr reich war: Ein Zehntel ihres Vermögens weihte sie dem Apollon im Heiligtum von Delphi in Form von eisernen Bratspießen,[1] die auf einem Steinblock lagen. Dies berichtet Herodot, und Ausgrabungen in Delphi brachten tatsächlich einen Teil dieses Steinsockels ans Licht![2] Wie war Rhodopis so reich geworden? Die Antwort deutet Herodot bloß an: Sie war eine Hetäre (*hetaíra*), das bedeutet wörtlich übersetzt »Gefährtin«. So wurde eine Frau genannt, die mit Männern außereheliche, erotische Beziehungen unterhielt und dafür mit Geld oder anderen Gütern belohnt wurde. Diese Bezeichnung ist jedoch nicht einfach ein Euphemismus für »Hure« oder »Prostituierte«; denn oft waren diese Beziehungen längerfristig und Sexualität nicht deren einziger Inhalt.

Als Hetäre war Rhodopis weit über ihre Zeit hinaus berühmt. Noch im 1. Jh. n. Chr. berichtet Plutarch, wie Reisende im Heiligtum Delphi den Ort besichtigen, an dem Rhodopis einst die Bratspieße weihte. Ein paar Schritte entfernt staunen die Touristen über eine Statue der Hetäre Phryne, die ebenfalls im Heiligtum ein Denkmal gesetzt hatte (Plutarch *Mor.* 400 F f. 753 F; Pausanias 9,27,5).

---

[1] Die Griechen nannten diese Bratspieße *obeloí*; aufgrund ihres Metallwertes waren sie kostbar und als Weihgaben beliebt; vgl. dazu ausführlich: KRON, Hypogäum 1971, insbes. 132 f.
[2] Vgl. COOK/BOARDMAN, Archeology 1954, 142–169, insbes. 158 mit Abb. 10.

Phryne stammte zwar aus Thespiai, die meiste Zeit ihres Lebens verbrachte sie jedoch in Athen. Dort entwickelte sie sich von einem armen Mädchen zur renommierten *femme fatale*. Ihre Gunst erwies sie nur wenigen Auserwählten, die ihren hohen Forderungen gerecht wurden, und so wurde auch Phryne sehr reich. Frauen wie sie erregten die Gemüter der Athener. Um 350 v. Chr. zog man Phryne wegen obskurer religiöser Praktiken vor Gericht; im Prozess wurde sie zum Spielball in einer politischen Auseinandersetzung ihrer Liebhaber. Um den Ausgang des Prozesses rankt sich eine Anekdote: Der Redner Hypereides hätte den Freispruch der Phryne erreicht, indem er sie vor den Augen der Richter entblößt und ihre Schönheit zur Schau gestellt habe. Dieser Anblick der »Priesterin der Aphrodite« habe die Richter zum Freispruch bewogen! (Athenaios *Deipnosophistai (Gelehrtenmahl)* 13,591 e und Ps. Plutarch *Mor.* 849 E).

Die hier skizzierten Lebensgeschichten zweier Hetären aus verschiedenen Jahrhunderten, weisen einige Gemeinsamkeiten auf: Legendärer Reichtum, ein weiter Bekanntheitsgrad, unbeschreibliche Schönheit, magische Anziehungskraft. Solche Eigenschaften werden nicht nur Rhodopis und Phryne zugeschrieben, sondern gelten als typisch für eine Hetäre. Vor welchem Hintergrund erfolgen diese stereotypen Charakterisierungen? Welche Rollen und Funktionen werden den Hetären in den Quellen jeweils zugewiesen? Unter welchen Bedingungen lebten sie? Diese Fragen stehen im Zentrum dieses Beitrages.

Seitdem sich Altertumsforscher mit dem Hetärenwesen beschäftigen, geschieht dies mit unterschiedlichen Wertungen. Die einen bezeichneten die Hetären abwertend als Vertreterinnen des »schändlichsten Gewerbes«, andere stilisierten sie zum Sinnbild für unbeschränkte Erotik und weltoffene Lebensart. Feministische Forschungen der 70er und 80er Jahre richteten den Blick auf die soziale Position der Frauen; doch auch hier unterscheiden sich die Beurteilungen: Während etwa Sarah Pomeroy die soziale Ungebundenheit und Selbstbestimmtheit der Hetären bemerkt,[3] betont Carola Reinsberg deren ökonomische und psychische Abhängigkeit von den Männern.[4] Vielen Studien ist gemein, dass sie den Blick ausschließlich auf die als Hetären bezeichneten Frauen konzentrieren, die Hetäre ist somit Gegenstand eines antiquarisch ausgerichteten Interesses. Die Männer, die am Verhältnis zu einer Hetäre gleichermaßen beteiligt sind, sowie das gesamte soziale Umfeld, in dem die Begegnungen stattfanden, wurden lange Zeit außer Acht lassen. Doch gewinnen einige neuere Beiträge in dieser Hinsicht interessante Ergebnisse.[5] Es erweist sich als sinnvoll, jeweils die Blickrichtung der unterschiedlichen Quellen zu bestimmen, denen wir Informationen über Hetären entnehmen können: Denn in den Texten urteilen Verehrer, Neider oder Spötter und selbstverständlich ergibt sich daraus kein geschlossenes Bild über das gesellschaftliche Ansehen der Hetären. Zum anderen gilt es, das Umfeld genauer zu beschreiben, in dem sich Hetären und ihre Liebhaber begegneten.

---

3 POMEROY, Frauenleben 1985, 137 f.
4 REINSBERG, Ehe 1989, 90.
5 DAVIDSON, Kurtisanen 1999.

Hetären beim Symposion

Der traditionelle Rahmen für diese Bekanntschaften war das Symposion, eine Form des geselligen Trinkens, die seit der archaischen Zeit gerade Männer der Oberschicht pflegten. Das Symposion erfüllte unterschiedliche Funktionen: Es diente z. B. zur Pflege von Freundschaften, zur Identitätsstiftung einer Gruppe, die sich durch gemeinsame Werte und einen elitären Lebensstil verbunden fühlte. In den geselligen Zusammenkünften huldigte man dem Weingott Dionysos; die Trinkenden gaben sich einem allgemeinen Sinnenrausch hin und gelangten auf diese Weise in eine andere Welt, jenseits des Alltags. Im Grunde waren Symposien Männerrunden, doch zur Unterhaltung der Zecher durften auch Frauen beitragen. Bei diesen handelt es sich nicht um die Ehefrauen oder Töchter der Symposiasten, sondern um Fremde oder Sklavinnen, die nicht den geltenden Normen für Bürgerfrauen unterworfen waren. In der Forschung werden diese Frauen meist als Hetären bezeichnet. Allerdings kam das Wort *hetaíra* erst in der Mitte des 5. Jh. v. Chr. auf.

Die Bezeichnung *hetaíra* ist kein eng definierter oder juristischer Terminus. Er wird in den Quellen jedoch häufig dann verwandt, wenn die gesuchte Verbindung eines Mannes zu der Frau herausgestellt wird, die eine andere Dimension aufweist als das bloße Betrachten oder Berühren einer Tänzerin und der Verkehr mit einer Bordellprostituierten. Eine strikte Unterscheidung zwischen Unterhaltungskünstlerinnen, Hetären und Prostituierten ist jedoch nicht immer möglich; denn die Benennung als »Gefährtin«, »Musikerin« oder »Hure« erfolgt lediglich aus unterschiedlicher Perspektive: Soll die soziale Beziehung eines Mannes zu einer Frau betont werden, nennt man sie Hetäre; soll ihr musikalisches Talent ausgewiesen werden, wird sie als »Kitharaspielerin« bezeichnet; wird ihr unterstellt, dass sie gegen Geld sexuell verfügbar ist, wird sie *porné* genannt. Hetären, Musikantinnen, und Prostituierte rekrutierten sich grundsätzlich aus demselben Personenkreis.

Bereits in der archaischen Zeit besingen Dichter die erotischen Begegnungen älterer Männer mit jungen Frauen während des Gelages; darin fehlt allerdings eine Gruppenbezeichnung für die teils namentlich angesprochenen (Anakreon 346 PMG fr. 1), teils mit Metaphern bezeichneten (Anakreon 417 PMG) Frauen. Auch auf korinthischen und attischen Vasenbildern sind seit dem 6. Jh. v. Chr. die Begleiterinnen der beim Symposion liegenden Männer abgebildet. Diese Quellen stellen vorwiegend die Schönheit der Hetären und ihr anmutiges Erscheinungsbild in den Vordergrund, sie zeigen die Männer teils als Werbende um die Gunst der Frauen, teils als Liebhaber. Obgleich die Hetäre und ihr Gönner als Liebespaar dargestellt werden, wird immer deutlich, dass auch die anderen Gelagegäste an der Begegnung Anteil nehmen, sei es als Zuschauer, sei es als Konkurrenten um die Frauen.

Besonders häufig finden sich Gelageszenen mit Hetären auf Vasen der rotfigurigen Malweise am Ende des 6. und zu Beginn des 5. Jh. Woran sind Hetären auf den Bildern zu erkennen? Zum einen daran, dass sie am Symposion teilnehmen, zum anderen werden Hetären mitunter nackt oder unvollständig bekleidet abgebildet; auch dies wäre eine unübliche Darstellungsweise für eine verheiratete Frau, von der man sittsame Zurückhaltung erwartete. Darüber hinaus finden sich auf den Bildern Attribute, die typisch für Hetären sind. Dazu zählen kleine Amulette an Oberarmen und Oberschenkeln, bei denen es sich um magische, glückbringende und übelabwehrende Talismane (*phylaktéria*) handelt.[6] Die Hetären versuchten mit Hilfe verabreichter Liebestränke (Isaios 6,21; Antiphon 1,17; Demosthenes 25,80) und Hexerei (Xenophon *Mem.* 3,11,16 ff.) sowie durch das beliebte *Kóttabos*-Spiel, bei dem die Neige des Weines durch die Luft geschleudert wird,[7] ihre Liebhaber zu gewinnen und zu binden. Auch Vasenbilder bilden diese Praktiken ab, doch können Amulette und »Zauberrädchen« auf den Bildern auch zur Visualisierung der »bezaubernden Wirkung« der Hetären dargestellt werden (**Q 142**). Denn es wäre verfehlt, die Bilder auf den Vasen als realistische Illustrationen zum alltäglichen Leben der Griechen aufzufassen. Es ist eher davon auszugehen, dass die Bilder zentrale Aspekte des Lebens aufgreifen, doch diese nicht realistisch abbilden, sondern kalleidoskopisch verändert. Um die Bilder zu entschlüsseln, ist es sinnvoll, das formale und inhaltliche Zueinander der abgebildeten Personen genau zu betrachten, und dabei sowohl die Beischriften als auch die Anordnung der Figuren im Bild und deren Gesten zu berücksichtigen.

Die Gelagebilder veranschaulichen vor allem den gemeinschaftlich erlebten Sinnengenuss während des Symposions, zum anderen auch den elitären Lebensstil der Symposiasten. Eine *Kalpis* aus Brüssel (**Q 143**) zeigt zwei Paare, die auf einer gemeinsamen Matratze am Boden lagern. Während der junge Mann links im Bild der nackten Frau, die neben ihm niederkniet, in die Augen schaut und sich anschickt, ihre Genitalien zu berühren, ist das zweite Paar bereits in heftiger Umarmung begriffen und wird nur teilweise vom gemeinsamen Mantel bedeckt. Alle Personen sind mit Namensbeischriften versehen. An das Symposion und die dort vorgetragene Musik erinnert das Futteral für eine Doppelflöte, das zwischen beiden Paaren gleichsam in der Luft hängt. Die gemeinsame Matratze unterstreicht die gemeinschaftliche Atmosphäre, in der man sich dem erotischen Sinnengenuss widmet: Gleichzeitig wenden sich die Männer intensiv ihren Partnerinnen zu. Besonderen Wert hat der Maler auf die Darstellung des Blickkontaktes der Personen gelegt, indem er deren Augen so gezeichnet hat, dass sie sich genau auf gleicher Höhe befinden, wobei die Iris in der Umrahmung des Auges möglichst weit nach vorn tritt, was den Eindruck versunkener Innigkeit noch unterstreicht. Bereits in der archaischen Dichtung ist die Auffassung verbreitet, dass gerade aus den Augen eines Menschen *cháris* (Anmut) hervorstrahlt, die im Gegenüber Verlangen erweckt. Der Austausch von Sinnlichkeit steht bei dieser Darstellung im Vordergrund, die Frauen erscheinen als Partnerinnen im Liebesspiel.

---

6 Vgl. PESCHEL, Hetäre 1987, 70. Amulette dieser Art aus Silber und Glas sowie Perlen mit eingearbeiteten Gesichtern wurden bei Ausgrabungen am sog. Bau Z im Kerameikos gefunden, bei dem es sich möglicherweise um ein Hetärenhaus handelt; vgl. KNIGGE, Kerameikos 1980, 256–265, 264 f. Abb. 13, Anm. 15; zu diesem Hetärenhaus vgl. auch in diesem Band, S. 321.

7 Zu diesem Spiel ausführlich und mit Hinweisen auf literarische und weitere archäologische Quellen: LISSARRAGUE, Flot 1987, 78 ff.

Auf anderen Vasen finden sich hingegen sehr drastische Szenen, auf denen »Hetären« als Opfer gewalttätiger sexueller Handlungen abgebildet werden. Auf dem Außenbild einer Schale des Pedieusmalers im Louvre (**Q 144** u. **145**) (um 500 v. Chr.) ist ein Tisch zu sehen, über den ein alter und ein junger Mann eine Frau gelegt haben, die sie beide von vorne und von hinten zu Fellatio und Analverkehr drängen, während der alte mit einem Pantoffel zuschlägt. Andere ebenfalls abgebildete Paare oder Gruppen sind in ähnlicher Weise beschäftigt. Die Körper der Frauen sind fettleibig und faltig dargestellt. Besonders auffällig sind die extrem raumgreifenden Gesten. Indem einer gebückten Frau ein Hund in derselben Haltung spiegelbildlich gegenübergestellt wird, assoziiert der Betrachter das Verhalten der Menschen mit animalischen, derben Verhaltensweisen. Wie ist eine solche Szene zu deuten? Geht es darum, Brutalität in Szene zu setzen und zu zeigen, wie Frauen zu Objekten der Männer werden? Wird die dargestellte männliche Gewalt und Dominanz in diesem Bild gar idealisiert?[8] Vielleicht ist diese Darstellung als bildnerische Umsetzung einer intensiven Erfahrung der dionysischen Macht aufzufassen, als eine Imagination ekstatischer Entrückung. Dabei konzentriert sich der Maler auf die menschlichen Körper, an denen sich die Wirkung der dionysischen Kräfte offenbart: Einem Knaben mit einer Öllampe und einem Kandelaber in den Händen reicht sein erigiertes Glied fast bis zur Brust, die stark überlängten Phalloi der Männer erinnern kaum an menschliche Wesen, eher an Satyrn! Das beschriebene Bild steht in einem auffälligen Kontrast zum Innenbild derselben Schale. Es zeigt einen bekleideten Mann, der einen Knotenstock und eine Trinkschale in der Hand hält und seinen Arm um die Schulter einer reich gekleideten Kithara-Spielerin legt. Verhaltenen Schrittes scheint er sie mit sich fortzuführen. Der Blick des Betrachters trifft auf den Blick des Zechers, dessen lächelndes Gesicht in frontaler Ansicht wiedergegeben ist und mit dem seiner Begleiterin verschmilzt. Der Gegensatz dieser Darstellung zu jener auf der Außenseite des Gefäßes ist evident: Gemäßigte Bewegungsweisen kontrastieren mit den wilden Gebärden, die geordnete Kleidung wird der völligen Nacktheit gegenübergestellt, genauso wie die Zärtlichkeit der Grobheit. Bildkontraste vergleichbarer Art finden sich häufig auf den Vasen dieser Zeit. Es wäre denkbar, dass es sich dabei um pornographische Darstellungen handelt, die einen besonderen Kontrast zwischen Ästhetik und Hässlichkeit, zwischen gemäßigter Erotik des Innenbildes und gewaltvoller Sexualität auf dem Außenbild herzustellen suchen. Um die Illustration einer Orgie, die so auch in der Realität stattgefunden haben könnte, handelt es sich sicherlich nicht: Zwar wissen wir nicht, wie die erotischen Begegnungen anlässlich der Symposien genau gestaltet wurden, doch wird von Personen, die vor aller Augen sexuellen Verkehr praktizieren, in den literarischen Quellen stets abwertend gesprochen (Demosthenes 59,33). Denkbar wäre daher auch, dass die drastischen Bilder darauf verweisen, wie leicht jemand unter dem Einfluss des Weines alle geltenden Grundsätze der Besonnenheit und des Maßhaltens vergessen kann; sie erinnern den Trinkenden daran, dass auch in ihm unberechenbare Kräfte schlummern, die nur allzu leicht

---

8 So Reinsberg, Ehe 1989, 117.

freigesetzt werden können. Sie warnen ihn davor, jedes schamhafte Verhalten zu vernachlässigen.

Die archaischen Dichter beschreiben in der Liebeslyrik die Anküpfung der Beziehung eines Mannes zu einer Hetäre als Akt der Vereinnahmung (**Q 140**). Der Dichter Anakreon wendet sich beispielweise in einem Lied an eine junge Fremde; er nennt sie ein »thrakisches Fohlen«, das er »einreiten« möchte. Die Metapher des »Pferdes« sowie die des »Reitens«, die für sexuellen Verkehr steht, ist für die aristokratischen Zuhörer verständlich, da sie mit der Pferdezucht vertraut sind. Werbungslieder dieser Art gibt es mehrere. Ein anderes Lied gilt der Sorge eines älteren Mannes, der keinen Erfolg bei jungen Frauen mehr hat: Der Dichter besingt darin ein Mädchen aus Lesbos mit bunten (exotischen oder kostspieligen) Schuhen, das verächtlich auf sein weißes Haar blickt und sich daraufhin prompt einem anderen zuwendet (Anakreon *fr.* 358 PMG).[9] In diesem Gedicht wird deutlich, dass Männer im Umgang mit Hetären zu Konkurrenten werden konnten. Das »Ausspannen« der Hetäre eines anderen, war offenbar ein beliebtes Gesellschaftsspiel, insbesondere bei jungen Männern. Dass sie dabei regelrechte Kämpfe ausfochten, beschreiben Quellen aus dem 4. Jh. v. Chr. Diese Auseinandersetzungen fanden nachts, im Anschluss an ein Symposion statt, wenn Jugendliche in Gruppen durch die Stadt streiften; diese Umzüge nannte man *kṓmoi*. Die Männer besuchten andernorts ein Gelage, um dort weiter zu trinken, oder zogen vor das Haus einer begehrten Hetäre, wo sie lautstark durch dargebrachte ›Ständchen‹ um Einlass baten. Trafen hier Rivalen aufeinander, kam es oft zu Rangeleien. Schlägereien aus Leidenschaft galten bei jungen Leuten als übliche und akzeptable Form der Auseinandersetzung (Aristoteles *Rhet.* 1389a). Für den jugendlichen Leichtsinn hatte man Verständnis, da ein Symposion und der anschließende *kṓmos* Ausnahmesituationen darstellten. Aufschlussreich dafür, welchen Sinn diese Prügeleien hatten, ist eine Begebenheit, die sich eines abends auf der Agora abspielte und die einen Prozess zur Folge hatte, weil der Schläger längst kein Jugendlicher mehr war: Ein gewisser Konon hatte im Streit um eine Hetäre einen Mitbürger angegriffen und verprügelt. Seine Begleiter hatten den Geschundenen darüber hinaus auch noch kopfüber in eine Pfütze getaucht, während Konon sich die Hände unter die Achseln klemmte, mit den Ellenbogen wedelte und krähte (Demosthenes 54,7–9). John Winkler hat dieses merkwürdige Gebaren sinnvoll als Nachahmung eines Hahnes interpretiert und diese Schlägerei unter Männern mit Hahnenkämpfen verglichen, wie sie in Tavernen und auf Wettplätzen stattfanden.[10] Im Streit um Hetären stellten die jungen Männer eine »Hackordnung« auf: Wer bei den begehrten Damen erfolgreich war, galt als erotisch versiert und gut betucht; Ziel war es, sich gegenseitig darin zu übertreffen. Eine Fortsetzung auf anderer Ebene konnten diese Konkurrenzkämpfe vor Gericht finden. Dies legt der eingangs bereits erwähnte Prozess gegen die Hetäre Phryne nahe. Der angebliche Religionsfrevel der Phryne diente nur als Vorwand; in Wahrheit ging es dem Ankäger darum, einen politischen Geg-

---

9 Zum Gedicht: LATACZ, Periode 1991, 439 Anm. 6.
10 WINKLER, Eros 1994, 79 mit Hinweis auf Aischines 1,53.

ner unmöglich zu machen: den Liebhaber der Phryne, Hypereides. Er übernahm vermutlich in der Funktion des *prostátēs*[11] der Phryne ihre Verteidigung, weil Frauen nicht selbst vor Gericht sprechen konnten. Hypereides stützte seine Verteidigung zum Teil darauf, dass er offen zugab, selbst der Geliebte der Phryne zu sein, während sie dem Ankläger die Gunst längst entzogen habe, der sie aus Enttäuschung anklage (Hypereides *frg.* 172; 176; 179). Hetären dienten somit als Prestigeobjekte, ihnen haftete auch in klassischer Zeit noch der Glanz der aristokratischen Zeit an, doch war gerade deswegen der Umgang mit ihnen nicht immer unproblematisch. Ihre Gunst gewährten sie nicht jedem. Im Sinne der archaischen Freundschaftsethik waren sie den Männern gefällig, die ihnen im Gegenzug Geschenke brachten. Aus heutiger Sicht mag es heuchlerisch erscheinen, dass großer Wert auf den Schein gelegt wurde, dass im Verhältnis zu einer Hetäre nur »Gefälligkeiten« ausgetauscht wurden. Doch gehörte es zum gehobenen Stil einer Hetäre, sich nicht zu verkaufen, sondern sich als Freundin zu gerieren. Die Quellen legen den Schluss nahe, dass die Benennung der Hetären als »Gefährtinnen« gerade in der Absicht erfolgte, auf den ideellen Wert dieser Beziehungen zu verweisen und diese von den käuflichen Prostituierten (*pórnai*) abzusetzen (Anaxilas bei Athenenaios *Deipn.* 13,572 b). Das Verhältnis zu einer Hetäre hatte keinen festen Preis, der Liebhaber musste eben die Ansprüche der Hetäre erfüllen. Das Ausmaß der Zuwendungen war entsprechend nach oben nur durch die finanzielle Situation des Liebhabers begrenzt, nach unten durch die Vorstellungen der Hetäre. Geld scheint dabei nicht im Vordergrund gestanden zu haben; die »Belohnung« konnte auch in Form von Kleidern, Schmuck, Luxusgütern, Immobilien oder Sklavinnen erfolgen (Demosthenes 59,35). Es waren finanziell besser gestellte Herren, die solche Verhältnisse eingingen. Wer es sich leisten konnte, unterhielt Beziehungen zu mehreren Hetären. Über den Redner Hypereides wird gesagt, dass er mit drei Hetären gleichzeitig Umgang pflegte, die er an verschiedenen Orten in Attika untergebracht hatte (Idomeneus bei Athenaios *Deipn.* 13,590 cf.). Kostspielige Hetären erwiesen sich als geeignete Statussymbole, um den Reichtum ihrer Liebhaber zu repräsentieren. So wird der Umgang einer Person mit Hetären in den attischen Prozessreden häufig dann angeführt, wenn der aufwendige Lebensstil desjenigen vor Augen geführt werden soll (Aischines 1,42).

Die Herkunft der Hetären

Viele Hetären waren Sklavinnen, die von ihren Besitzerinnen bzw. Besitzern bereits als Mädchen gezwungen wurden, sich mit Männern einzulassen. Die Besitzer der Sklavinnen waren gleichzeitig »Kuppler«,[12] die die Kontakte zu »Kunden« ver-

---

11 Phryne lebte in Athen als dauernd ansässige Fremde (*métoikos*). Die Metöken hatten einen athenischen Bürger als Fürsprecher (*prostátēs*).
12 Der gängige Ausdruck für Kuppler ist *mastropós*, für Frauen wird auch die Bezeichnung *promnēstrís* verwendet. Bei Aristophanes *Thesm.* 1172 ff. tritt Euripides als Kupplerin einer

mittelten. Die ausführlichste Schilderung des Werdeganges einer solchen Hetäre liegt uns in der Rede *Gegen Neaira* (Pseudo-Demosthenes 59) vor (**Q 141**). Die dem Demosthenes zugeschriebene Rede legt Zeugnis davon ab, wie die Lebensgestaltung der Hetäre Neaira von ihren wechselnden Liebhabern bestimmt wird, die über sie nach Belieben verfügen und sie teilweise brutal behandeln. Bereits als kleines Mädchen wird Neaira von der Kupplerin Nikarete an zahlreiche Liebhaber vermietet, ein Schicksal, das sie mit fünf anderen Mädchen teilt (Pseudo-Demosthenes *Gegen Neaira* 59,19 f.). Schließlich erwerben zwei Liebhaber, denen das ständige Mieten zu teuer wurde, die Sklavin Neaira gemeinsam (Pseudo-Demosthenes 59,29). Als sich die Männer jedoch entscheiden, zu heiraten, wollen sie sich ihrer Hetäre entledigen. Da sie es nicht wünschen, dass ihre ehemalige Hetäre weiterhin ihren Lebensunterhalt auf diese Weise bestreitet, bieten sie Neaira an, sich selbst freizukaufen. Neaira sammelt daraufhin Geld unter ihren anderen Liebhabern und bittet schließlich einen von ihnen, den Athener Phrynion, den verbleibenden Rest zu bezahlen, »damit sie frei sei *(hóste eleuthéran eínai)*«. Dieser nimmt ihr Geld, ergänzt das fehlende, kauft Neaira unter den Bedingungen ihrer vorherigen Besitzer und nimmt sie mit nach Athen, wo sie nun keineswegs frei ist, sondern *seine* Sklavin wird (Pseudo-Demosthenes 59,30–32). Da sich Phrynion als brutaler Liebhaber erweist (Pseudo-Demosthenes 59,35), flieht Neaira mit zwei Sklavinnen nach Megara, wo sie selbständig ihren Lebensunterhalt bestreitet. Mit einem weiteren Liebhaber, dem Athener Stephanos, kehrt sie später (nunmehr mit drei Kindern) nach Athen zurück, wo Phrynion prompt erneut seine Besitzansprüche geltend macht. Ein Schiedsgericht bestimmt, dass sie zwar frei sei, sich aber dennoch den beiden Männern abwechselnd zur Verfügung zu stellen habe (Pseudo-Demosthenes 59,45 f.). Mit der gegen sie vorgebrachten Anklage, von der die Prozessrede zeugt, droht ihr erneut die Sklaverei. Der Ausgang des Prozesses ist nicht bekannt.

Sofern die Liebhaber bereit dazu waren, den Kupplern die Sklavinnen abzukaufen und diese freizulassen, bestand für eine Hetäre die Chance, ihren Lebensabend als freie Frau zu verbringen. Die Verbindung zu einem wohlhabenden Liebhaber bedeutete für diese Sklavinnen somit oft das Sprungbrett in die Freiheit (Lysias 4,14; Demosthenes 48,53; 59,29 f.), die allerdings mit der Abhängigkeit vom Freilasser verbunden war.

Andere Hetären waren von Geburt an freie Frauen – in Athen lebten sie in der Regel als Fremde oder Metökinnen (Andokides 4,14; Xenophon *Mem.* 3,11). Sie lebten allein oder zu mehreren. Mit Kleidern, Schmuck, Wohnungen oder Sklavinnen wurden sie von ihren Liebhabern versorgt (Demosthenes 59,35). Allerdings wissen wir über zahlreiche Hetären, dass sie im Alter verarmten (über die berühmte Lais: Athenaios *Deipn.* 13,570 bff.).

Tänzerin auf, die sich im Tanzen übt und später für eine Drachme an den skythischen »Polizisten« vermietet werden soll. Auch von der Hetäre Aspasia wurde als Kupplerin gesprochen (Plutarch *Peri.* 32; 24).

Hetären und die Polis

Solange ein Mann sich mit einer Hetäre anlässlich eines Symposions abgab, galt der Umgang mit ihr keineswegs als anstößig. Problematisch wurde es, wenn der Einfluss der Hetäre über den ihr vorbehaltenen Rahmen hinausreichte und sie in den Alltag des bürgerlichen Lebens eindrang. Dann wurde seitens der Familienangehörigen der Vorwurf laut, dass die Hetären einen schlechten Einfluss auf Männer ausübten, sie finanziell ruinierten oder dazu bewegten, dass sie gemeinsame Kinder anerkannten und diesen das Bürgerrecht verschafften. Man fürchtete ihre Überredungskunste (Isaios 6,21; 2,19), und unterstellte ihnen magische Kräfte: mit Zauberliedern und Liebestränken verhexten sie ihre Gönner. Demzufolge wurden nicht die Männer dafür verantwortlich gemacht, dass sie sich dem Einfluss der Hetären aussetzten, sondern die sie betörenden Frauen. Sehr deutlich wird dies in einer Rede des Isaios: Ein zum Zeitpunkt des Prozesses bereits verstorbener Athener, der einer Frau namens Alke ein Bordell zur Pacht überlassen hatte, wird bezichtigt, von dieser Frau in irgendeiner Form behext worden zu sein, so dass er ihre Söhne als seine eigenen in seine Phratrie aufgenommen habe (Isaios 6,21). In der Tat hatte die Liaison eines Mannes zu einer Hetäre oft fatale Auswirkungen: Die finanzielle Situation des Hauses wurde durch den hohen Aufwand, den gerade die Verbindung zu einer Hetäre mit sich brachte, stark strapaziert. Familiäre und freundschaftliche Bindungen, die Hilfe in finanzieller Not implizierten,[13] wurden dadurch massiv bedroht. Aufschlussreich für diese Zusammenhänge ist eine Passage aus der Rede des Demosthenes *Gegen Olympiodor*.[14] Der Klient berichtet über die ungerechte Behandlung, die der Schwester und der Nichte des Angeklagten zukomme, da dieser zwar seine Hetäre mit Goldschmuck und eleganten Kleidern ausstatte, während er solch schöne Dinge den Frauen seiner eigenen Familie vorenthalte (Demosthenes 48,55). An einer anderen Stelle leidet ein Sohn darunter, dass sein Vater all sein Geld an eine Hetäre verschwendet, während er selbst Schulden machen muss (Demosthenes 36,45).

Aber nicht alle Bürger konnten sich eine Beziehung mit einer der kostspieligen Hetären leisten. Offensichtlich entsprach es den Ansprüchen ärmerer Bürger, dass auf den Symposien des 5. Jh. zunehmend Künstlerinnen in Aktion traten, deren Aufgabe es war, die Gäste zu amüsieren. Sie spielten Flöte und Kithara, tanzten oder jonglierten, führten Pantomimen oder akrobatische Kunststücke vor. Ähnlich wie die Hetären sollten sie die Gäste durch ihre künstlerischen Darbietungen erotisch stimulieren, auch Küsse und intime Berührungen gehörten dazu. Diese Frauen wurden nur für einen Abend engagiert. Da es üblich war, dass jeder Gast zum Symposion etwas Essen oder Wein mitbrachte, ist es vorstellbar, dass auch eine

---

13 Zur als notwendig erachteten Hilfe für Freunde und Verwandte: DOVER, Morality 1974, 273 ff.
14 Ein Mann verklagt seinen Schwager aufgrund von Streitigkeiten um eine Erbschaft, bei deren Verteilung der Ankläger sich benachteiligt sah. Es handelt sich um eine sehr verwickelte Angelegenheit und dieser Prozess ist nicht der erste, der um diese Erbschaft geführt wurde.

Tänzerin, die der Gemeinschaft der Gäste ihre Talente zur Schau stellte, aus gemeinsamer Kasse bezahlt wurde. Die Polis hielt die Versorgung der Bevölkerung mit »Musikerinnen« für essentiell und sorgte dafür, dass diese Form der Unterhaltung für breitere Schichten erschwinglich blieb. Es war die Pflicht der Stadtaufseher (*astynómoi*), darauf zu achten, »[…] dass die Flöten, Harfen- und Kitharaspielerinnen nicht für mehr als zwei Drachmen gemietet werden, und falls mehrere sich um dieselbe Musikerin bemühen, losen sie und vermieten sie dem Gewinner.« (Aristoteles *Ath. pol.* 50,2).[15] Die aufwendigeren Verhältnisse zu Hetären konnten von einer solchen ›staatlichen‹ Regelung allerdings nicht erfasst werden. Es ist nicht verwunderlich, dass der Begleitservice einer Hetäre kostspieliger war, als das Engagement einer Musikerin für den Abend, denn eine Hetäre begleitete einen Gast zum Gelage, sie lagerte während des Festes mit ihm auf dem Speisesofa und wurde ihm zugeordnet, sie war »seine Hetäre« (Demosthenes 59,30). Der Umgang mit ihr war daher intensiver und exklusiver als mit den Musikantinnen.

Auch in Athen gab es freilich Prostitution in Bordellen, am Hafen und auf den Straßen. Einige Komödienpassagen illustrieren, wie Prostituierte vor den Türen der Bordelle in durchsichtigen Gewändern auf Kundschaft warten. In diesen Erwähnungen werden einerseits die Vielzahl der Frauen und andererseits der geringe finanzielle Aufwand (1 Obolos!) hervorgehoben, der für den Bordellbesuch zu erbringen ist, sowie darüber hinaus die beliebige Tageszeit und die Tatsache, dass Jung und Alt bei den Prostituierten willkommen sind: »[…] sie selbst ziehen dich ja beinahe mit Gewalt ins Haus zu sich hinein und nennen dich, wenn du schon ein Greis bist, Väterchen, sonst Brüderchen und Jüngelchen, und jede von ihnen kannst du ohne Gefahr besitzen und für wenig Geld, am Tage oder gegen Abend.« (Xenarchos bei Athenaios *Deipn.* 13,569 a).[16]

Interessanterweise wird in einem Fragment der Mittleren Komödie Solon, der ›Urvater‹ der Demokratie, als Begründer des Bordellwesens benannt.[17] Mit komödiantischem Spott wird eine demokratische Politik apostrophiert, die mit Billig-

---

15 (Übers. M. Dreher). Aristoteles gibt in der *Athenaion politeia* im Anschluss an einen historisch-entwickelnden Teil eine zusammenfassende Darstellung der staatlichen Einrichtungen Athens, in diesem Zusammenhang kommt er auf das Amt der *astynómoi* zu sprechen, die für die Aufsicht über die Vermietung von Flötenspielerinnen zuständig sind. Das hier angewandte Losverfahren bei konkurrierenden Bewerbern zeigt, wie »demokratisch« die Vermietung der Unterhaltungskünstlerinnen geregelt war. Außer dem Preis für Symposionskünstlerinnen war in Athen lediglich der Preis für Korn, Mehl und Brot ›staatlicher‹ Kontrolle unterworfen. Vgl. *Ath. pol.* 51,3. Zum Vergleich: Die Bauarbeiter, die am Erechtheion mitgearbeitet haben, verdienten nach Aussage einer Inschrift 1 Drachme pro Tag (IG I^2 374,404–17). Auch Thukydides erwähnt, dass die Matrosen Ende des 5. Jh. 1 Drachme pro Tag verdienten (Thukydides 6,31).
16 Übers.: H. Licht.
17 Philemon *Phratres* bei Athenaios *Deipn.* 13,569 df.: »Du (Solon) warst es, so heißt es, der von allen Menschen zuerst dies – beim Zeus! – demokratische und rettende Werk getan […]: da du die ganze Stadt voll junger Männer sahst, wie sie sich unter dem Zwang der Natur dorthin verirrten, wo sie nicht hin sollten, kauftest du Frauen und brachtest sie an öffentliche Orte, wo sie nun jedem zur Verfügung stehen« (Übers. Hartmann).

Bordellen den ärmeren Bürgern eine preisgünstige Alternative zu den kostenaufwendigen Hetären der Reichen bieten will. Die Komödie wirft damit die Frage auf, ob die demokratische Polis den Bürgern Athens nicht bloß gleiche Rechte auf die Teilhabe an der Politik, sondern auch ein Anrecht auf einen gefälligen Lebensstil gewährleisten solle, den sich vormals nur die Aristokraten leisten konnten. Diesen Gleichheitsanspruch karikiert auch Aristophanes in seiner Komödie *Die Frauenvolksversammlung*: Die Athenerinnen begründen im Stück eine egalitäre Gesellschaft, in der selbst die alten Frauen ein von der Polis verbürgtes Recht auf junge Liebhaber erhalten. Die Alten genießen diese Neuerung; sie takeln sich auf und eignen sich die Verführungskünste der Hetären an (Aristophanes *Ekkl.* 877 ff.)[18]:

Wo nur die Männer bleiben? – Zeit ist's längst! –
Ich stehe da, hübsch weiß und rot geschminkt,
Im Safrankleide, trillre vor mich hin
Zum Zeitvertreib ein Liebeslied und tändle
Verführerisch, um im Vorbeigehn einen
Zu kapern. – Schwebt auf meine Lipp, ihr Musen,
Herab und haucht ein jonisch Lied mir ein!

Ein verbrieftes Anrecht auf stilvollen und erotischen Umgang – unabhängig von Stand, Alter und Geschlecht – blieb im athenischen Alltag freilich Fiktion. Eine »Demokratisierung des Eros« fand nicht statt: Die von der Polis festgelegten Preise für Flötenmädchen hielten die Hetären nicht davon ab, hohe Forderungen an ihre Liebhaber zu stellen. Bordellbesuche konnten kaum einen Ersatz für die Begegnungen mit Hetären bieten; in einer Komödie des Eubulos heißt es, dass der Bordellbesuch sich höchstens eigne, *hýbris* (Gewalt) auszuleben, nicht aber die Sehnsucht nach *cháris* (Anmut) zu stillen (Eubulos *Nannion* fr. 67 K-A). Wohlhabende Athener unterhielten selbstverständlich Beziehungen zu Hetären, obwohl es billigere Bordelle gab. Dies macht deutlich, dass eine Hetäre nicht primär dazu diente, sexuelle Bedürfnisse zu befriedigen: Sie war vor allem ein Statussymbol, oft wohl auch eine Geliebte.

Quellen

Q 140 Werbung um eine Hetäre auf dem Symposion

Anakreon fr. 417 PMG
Fohlen, thrakisches – warum denn
gehst du, schrägen Blicks mich musternd,
kalt mir aus dem Weg und denkst dir,
ich verstünde nichts Gescheit's?

---

18 Übers.: L. Seeger.

Keine Angst: gut würde ich dir
fest das Zaumzeug überwerfen
und am Zügel dich dann lenken
um das Wendemal der Bahn!
Aber so? Auf Wiesen grast du,
tollst im Spiel nur her und hin...
Der geschickte Pferdekenner
fehlt dir halt, der Reitersmann!

πῶλε Θρηικίη, τί δή με
λοξὸν ὄμμασι βλέπουσα
νηλέως φεύγεις, δοκεῖς δέ
μ' οὐδὲν εἰδέναι σοφόν;
ἴσθι τοι, καλῶς μὲν ἄν τοι
τὸν χαλινὸν ἐμβάλοιμι,
ἡνίας δ' ἔχων στρέφοιμί
σ' ἀμφὶ τέρματα δρόμου·
νῦν δὲ λειμῶνάς τε βόσκεαι
κοῦφά τε σκιρτῶσα παίζεις,
δεξιὸν γὰρ ἱπποπείρην
οὐκ ἔχεις ἐπεμβάτην.

Q 141 Werdegang einer Hetäre

Demosthenes 59,18–35

Die Gerichtsrede, aus der der folgende Auszug stammt, ist zwar unter dem Namen des Demosthenes überliefert, ist aber nicht von ihm verfasst worden. Die Anklagerede richtet sich gegen eine Frau namens Neaira, die bezichtigt wird, gegen die Gesetze Athens verstoßen zu haben. Im gewählten Abschnitt geht es dem Kläger darum, nachzuweisen, dass Neaira eine fremde Hetäre ist.

59 (18) Sieben Mädchen im Kindesalter kaufte nämlich Nikarete, eine Freigelassene des Charisios von Elis und die Frau seines Koches Hippias; sie war darin geschickt, an der Gestalt kleiner Mädchen zu erkennen, ob sie schön werde, und sie war darin erfahren, diese zu versorgen und zu erziehen, sie hatte dies zu ihrer Beschäftigung gemacht und verdiente so ihren Lebensunterhalt.

(19) Die Mädchen redete sie als ihre Töchter an, um auf diese Weise von all denen, die sich an ihnen (im Glauben, dass es sich um freie Frauen handelte) erfreuten, höchste Löhne erwirtschaften zu können. Nachdem sie aber aus dem jugendlichen Alter eines jeden Mädchens den größten Nutzen gezogen hatte, verkaufte sie alle sieben ohne Ausnahme: Anteia und Stratola und Aristokleia und Metaneira und Phila und Isthmias und diese Neaira. (20) Welche von ihnen jeder einzelne Käufer erstand und wie sie ihre Freiheit von denen erhielten, die sie von Nikarete gekauft hatten, werde ich euch später berichten, wenn ihr es zu hören wünscht und das Wasser ausreicht, aber die Tatsache, dass diese Neaira Nikarete gehörte und sie mit ihrem Körper arbeitete und sich jedem beliebigen für Geld zur Verfügung stellte, möchte ich noch einmal betonen.

(21) Lysias, der Sophist, der der Liebhaber der Metaneira war, wollte sie nämlich – zusätzlich zu den anderen Ausgaben, die er für sie aufgebracht hatte – in die Eleusinischen Mysterien einweihen; er dachte nämlich, dass all der übrige Aufwand von ihrer Besitzerin einbehalten würde, was er aber im Rahmen dieses Festes auf sie verwendete, ihr Eigentum bliebe und ihm die Dankbarkeit des Mädchens einbrächte. Deshalb bat er Nikarete, zu den Mysterien zu kommen und Metaneira mitzubringen, damit sie eingeweiht werden könne, und er versprach, sie persönlich einzuführen.

(22) Als sie ankamen, brachte sie Lysias nicht in sein eigenes Haus, aus Rücksicht auf seine Frau, Tochter des Brachyllos und seine eigene Nichte, und wegen seiner Mutter, die schon etwas älter war und auch bei ihm lebte. Bei Philostratos von Kolonai, der noch keine Frau hatte und sein Freund war, brachte Lysias Metaneira und Nikarete unter. Neaira begleitete diese; sie arbeitete schon als Prostituierte, obwohl sie noch jünger war und noch nicht das entsprechende Alter erreicht hatte.

(23) Um zu beweisen, dass ich die Wahrheit sage, dass sie Nikarete gehörte, ihr folgte und an jeden beliebigen, der dafür zahlte, ausgeliefert wurde, rufe ich euch den Philostratos als Zeugen auf.

[Der Zeuge bestätigt die Aussage.]

(24) Nun, Männer von Athen, einige Zeit danach brachte Simos der Thessaler Neaira wiederum zum Fest der Großen Panathenäen mit [nach Athen]. Nikarete begleitete sie und die beiden hielten sich bei Ktesippos, dem Sohn des Glaukonides, auf; und Neaira trank und speiste mit ihnen in Anwesenheit von vielen Menschen, wie es für eine Hetäre üblich ist. Um zu beweisen, dass ich die Wahrheit sage, nenne ich euch Zeugen für diese Dinge.

[Die Zeugen werden aufgerufen und bestätigen die Aussagen.]

(26) Danach arbeitete sie öffentlich in Korinth und wurde berühmt; zu ihren Liebabern, die sie in Anspruch nahmen und mieteten, zählten der Dichter Xenokleides und der Schauspieler Hipparchos. [...]

[Zeugen werden aufgerufen und bestätigen die Aussagen.]

(29) Danach hatte sie zwei Liebhaber: Timanoridas aus Korinth und Eukrates aus Leukas; weil Nikarete in ihren Forderungen sehr kostspielig war – sie erwartete von den Männern, für die täglichen Ausgaben ihres Haushaltes aufzukommen – zahlten sie Nikarete 30 Minen für den Körper der Neaira und kauften sie ihr in Übereinstimmung mit den Gesetzen der Stadt ab, damit sie ihre Sklavin sei.

(30) Sie behielten und benutzten sie, so lang sie wollten. Als sie sich aber entschlossen, zu heiraten, eröffneten sie Neaira, dass sie es nicht gerne sähen, wenn sie ihrer Tätigkeit weiterhin in Korinth oder unter einem Zuhälter nachginge, weil sie ja ihre Hetäre gewesen sei; doch erklärten sie sich damit einverstanden, Neaira für weniger Geld zu verkaufen als sie vormals bezahlt hatten, damit Neaira einige persönliche Vorteile genießen könne. Sie boten daher an, ihr 1000 Drachmen zu ihrem Freikauf zu erlassen (jeder 500 Drachmen) und forderten sie dazu auf, die verbleibenden 20 Minen selbst zu sammeln und zu zahlen. Als Neaira dies hörte, lud sie die anderen Liebhaber nach Korinth ein, darunter war Phrynion aus Paiania (der Sohn des Demon und Vater des Demochares), ein Mann mit einem aus-

schweifenden und kostspieligen Lebensstil, woran sich die älteren unter euch sicher erinnern.

(31) Nach seiner Ankunft bei ihr, erzählte sie Phrynion, was Eukrates und Timanorides zu ihr gesagt hatten, gab ihm das Geld, das sie in Beiträgen von ihren anderen Liebhabern für ihre Freiheit gesammelt hatte und was sie sonst noch gespart hatte und bat ihn, das, was zu den 20 Minen noch fehlte, dazuzugeben und diese Summe an Eukrates und Timanorides zu zahlen, damit sie frei sei.

(32) Nachdem er sie angehört hatte, nahm er das Geld, das sie von ihren anderen Liebhabern gesammelt hatte und zahlte – den Rest ergänzend – die 20 Minen an Eukrates und Timanorides für Neairas Freiheit unter der Bedingung, dass sie nicht in Korinth ihrer Tätigkeit nachginge. Dass ich die Wahrheit sage, dafür nenne ich euch den Philagros von Melite als Zeugen.

[Der Zeuge bestätigt, dass Neaira mit Phrynion nach Athen kam.]

(33) Als er mit ihr hierher kam, behandelte er sie auf ausschweifende und verwegene Weise; er nahm sie auf jedes Mahl mit, wo immer er auch trank, sie nahm an allen Festen teil, und er schlief mit ihr vor aller Augen, wann immer er wollte und gab mit seinem Besitz vor den Zuschauern an. Eines der vielen Feste, zu denen er sie mitnahm, war das bei Chabrias von Aixone, als der im Archontat des Sokratidas Sieger mit dem Viergespann (das er von den Söhnen des Argivers Mitys gekauft hatte) bei den Pythischen Spielen wurde und auf dem Rückweg von Delphi ein Siegesfest in Kolias abhielt. Und dort verkehrten viele andere mit ihr, als sie betrunken war und während Phrynion schlief, darunter auch das Personal bei Chabrias. [...]

[Zeugen werden aufgerufen, die bestätigen, beobachtet zu haben, wie mehrere Männer nach dem besagten Fest zu Neaira gegangen sind, darunter das Personal.]

(35) Danach, nachdem sie von Phrynion so misshandelt worden war und nicht, wie sie erwartet hatte, geliebt wurde, und er auch nicht ihren Wünschen nachkam, raffte sie in seinem Haus alle Kleider und den Goldschmuck zusammen, mit denen er ihren Körper geschmückt hatte, nahm auch zwei Mägde, Thratta und Kokkaline, und floh nach Megara.

59 (18) Ἑπτὰ γὰρ ταύτας παιδίσκας ἐκ μικρῶν παιδίων ἐκτήσατο Νικαρέτη, Χαρισίου μὲν οὖσα τοῦ Ἠλείου ἀπελευθέρα, Ἱππίου δὲ τοῦ μαγείρου τοῦ ἐκείνου γυνή, δεινὴ δὲ φύσιν μικρῶν παιδίων συνιδεῖν εὐπρεπῆ, καὶ ταῦτα ἐπισταμένη θρέψαι καὶ παιδεῦσαι ἐμπείρως, τέχνην ταύτην κατεσκευασμένη καὶ ἀπὸ τούτων τὸν βίον συνειλεγμένη. (19) προσειποῦσα δ' αὐτὰς ὀνόματι θυγατέρας, ἵν' ὡς μεγίστους μισθοὺς πράττοιτο τοὺς βουλομένους πλησιάζειν αὐταῖς ὡς ἐλευθέραις οὔσαις, ἐπειδὴ τὴν ἡλικίαν ἐκαρπώσατο αὐτῶν ἑκάστης, συλλήβδην καὶ τὰ σώματα ἀπέδοτο ἁπασῶν ἑπτὰ οὐσῶν, Ἄντειαν καὶ Στρατόλαν καὶ Ἀριστόκλειαν καὶ Μετάνειραν καὶ Φίλαν καὶ Ἰσθμιάδα καὶ Νέαιραν ταυτηνί. (20) ἣν μὲν οὖν ἕκαστος αὐτῶν ἐκτήσατο καὶ ὡς ἠλευθερώθησαν ἀπὸ τῶν πριαμένων αὐτὰς παρὰ τῆς Νικαρέτης, προϊόντος τοῦ λόγου, ἂν βούλησθε ἀκούειν καί μοι περιουσία ᾖ τοῦ ὕδατος, δηλώσω ὑμῖν· ὡς δὲ Νέαιρα αὑτὴ Νικαρέτης ἦν καὶ ἠργάζετο τῷ σώματι μισθαρνοῦσα τοῖς βουλομένοις αὐτῇ πλησιάζειν, τοῦθ' ὑμῖν βούλομαι πάλιν ἐπανελθεῖν.

(21) Λυσίας γὰρ ὁ σοφιστὴς Μετανείρας ὢν ἐραστής, ἠβουλήθη πρὸς τοῖς ἄλλοις ἀναλώμασιν οἷς ἀνήλισκεν εἰς αὐτὴν καὶ μυῆσαι, ἡγούμενος τὰ μὲν ἄλλα ἀναλώματα τὴν κεκτημένην αὐτὴν λαμβάνειν, ἃ δ' ἂν εἰς τὴν ἑορτὴν καὶ τὰ μυστήρια ὑπὲρ αὐτῆς

ἀναλώσῃ, πρὸς αὐτὴν τὴν ἄνθρωπον χάριν καταθήσεσθαι. ἐδεήθη οὖν τῆς Νικαρέτης ἐλθεῖν εἰς τὰ μυστήρια ἄγουσαν τὴν Μετάνειραν, ἵνα μυηθῇ, καὶ αὐτὸς ὑπέσχετο μυήσειν. (22) ἀφικομένας δ' αὐτὰς ὁ Λυσίας εἰς μὲν τὴν αὐτοῦ οἰκίαν οὐκ εἰσάγει, αἰσχυνόμενος τήν τε γυναῖκα ἣν εἶχε, Βραχύλλου μὲν θυγατέρα, ἀδελφιδῆν δὲ αὐτοῦ, καὶ τὴν μητέρα τὴν αὐτοῦ πρεσβυτέραν τε οὖσαν καὶ ἐν τῷ αὐτῷ διαιτωμένην· ὡς Φιλόστρατον δὲ τὸν Κολωνῆθεν, ᾔθεον ἔτι ὄντα καὶ φίλον αὐτῷ, καθίστησιν ὁ Λυσίας αὐτάς, τήν τε Μετάνειραν καὶ τὴν Νικαρέτην. συνηκολούθει δὲ καὶ Νέαιρα αὐτή, ἐργαζομένη μὲν ἤδη τῷ σώματι, νεωτέρα δὲ οὖσα διὰ τὸ μήπω τὴν ἡλικίαν αὐτῇ παρεῖναι.

(23) ὡς οὖν ἀληθῆ λέγω, ὅτι Νικαρέτης ἦν καὶ ἠκολούθει ἐκείνῃ καὶ ἐμισθάρνει τῷ βουλομένῳ ἀναλίσκειν, τούτων ὑμῖν αὐτὸν τὸν Φιλόστρατον μάρτυρα καλῶ.

ΜΑΡΤΥΡΙΑ
[...]
(24) Πάλιν τοίνυν, ὦ ἄνδρες Ἀθηναῖοι, μετὰ ταῦτα Σῖμος ὁ Θετταλὸς ἔχων Νέαιραν ταυτηνὶ ἀφικνεῖται δεῦρο εἰς τὰ Παναθήναια τὰ μεγάλα. συνηκολούθει δὲ καὶ ἡ Νικαρέτη αὐτῇ, κατήγοντο δὲ παρὰ Κτησίππῳ τῷ Γλαυκωνίδου τῷ Κυδαντίδῃ, καὶ συνέπινεν καὶ συνεδείπνει ἐναντίον πολλῶν Νέαιρα αὑτηὶ ὡς ἂν ἑταίρα οὖσα.

καὶ ὅτι ἀληθῆ λέγω, τούτων ὑμῖν τοὺς μάρτυρας καλῶ.
[...]
(26) Μετὰ ταῦτα τοίνυν ἐν τῇ Κορίνθῳ αὐτῆς ἐπιφανῶς ἐργαζομένης καὶ οὔσης λαμπρᾶς ἄλλοι τε ἐρασταὶ γίγνονται καὶ Ξενοκλείδης ὁ ποιητὴς καὶ Ἵππαρχος ὁ ὑποκριτής, καὶ εἶχον αὐτὴν μεμισθωμένοι. [...]
(29) Μετὰ ταῦτα τοίνυν αὐτῆς γίγνονται ἐρασταὶ δύο, Τιμανορίδας τε ὁ Κορίνθιος καὶ Εὐκράτης ὁ Λευκάδιος, οἳ ἐπειδήπερ πολυτελὴς ἦν ἡ Νικαρέτη τοῖς ἐπιτάγμασιν, ἀξιοῦσα τὰ καθ' ἡμέραν ἀναλώματα ἅπαντα τῇ οἰκίᾳ παρ' αὐτῶν λαμβάνειν, κατατιθέασιν αὐτῆς τιμὴν τριάκοντα μνᾶς τοῦ σώματος τῇ Νικαρέτῃ, καὶ ὠνοῦνται αὐτὴν παρ' αὐτῆς νόμῳ πόλεως καθάπαξ αὑτῶν δούλην εἶναι. καὶ εἶχον καὶ ἐχρῶντο ὅσον ἠβούλοντο αὐτῇ χρόνον. (30) μέλλοντες δὲ γαμεῖν, προαγορεύουσιν αὐτῇ, ὅτι οὐ βούλονται αὐτὴν σφῶν αὐτῶν ἑταίραν γεγενημένην ὁρᾶν ἐν Κορίνθῳ ἐργαζομένην οὐδ' ὑπὸ πορνοβοσκῷ οὖσαν, ἀλλ' ἡδέως ἂν αὐτοῖς εἴη ἔλαττόν τε τἀργύριον κομίσασθαι παρ' αὐτῆς ἢ κατέθεσαν, καὶ αὐτὴν ταύτην ὁρᾶν τι ἀγαθὸν ἔχουσαν. ἀφιέναι οὖν αὐτῇ ἔφασαν εἰς ἐλευθερίαν χιλίας δραχμάς, πεντακοσίας ἑκάτερος· τὰς δ' εἴκοσι μνᾶς ἐκέλευον αὐτὴν ἐξευροῦσαν αὑτοῖς ἀποδοῦναι. ἀκούσασα δ' αὕτη τοὺς λόγους τούτους τοῦ τε Εὐκράτους καὶ Τιμανορίδου, μεταπέμπεται εἰς τὴν Κόρινθον ἄλλους τε τῶν ἐραστῶν τῶν γεγενημένων αὐτῇ καὶ Φρυνίωνα τὸν Παιανιέα, Δήμωνος μὲν ὄντα υἱόν, Δημοχάρους δὲ ἀδελφόν, ἀσελγῶς δὲ καὶ πολυτελῶς διάγοντα τὸν βίον, ὡς ὑμῶν οἱ πρεσβύτεροι μνημονεύουσιν. (31) ἀφικομένου δ' ὡς αὐτὴν τοῦ Φρυνίωνος, λέγει πρὸς αὐτὸν τοὺς λόγους οὓς εἶπον πρὸς αὐτὴν ὅ τε Εὐκράτης καὶ Τιμανορίδας, καὶ δίδωσιν αὐτῷ τὸ ἀργύριον ὃ παρὰ τῶν ἄλλων ἐραστῶν ἐδασμολόγησεν ἔρανον εἰς τὴν ἐλευθερίαν συλλέγουσα, καὶ εἴ τι ἄρα αὐτὴ περιεποιήσατο, καὶ δεῖται αὐτοῦ προσθέντα τὸ ἐπίλοιπον, οὗ προσέδει εἰς τὰς εἴκοσι μνᾶς, καταθεῖναι αὑτῆς τῷ τε Εὐκράτει καὶ τῷ Τιμανορίδᾳ ὥστε ἐλευθέραν εἶναι. (32) ἅσμενος δ' ἀκούσας ἐκεῖνος τοὺς λόγους τούτους αὐτῆς, καὶ λαβὼν τἀργύριον ὃ παρὰ τῶν ἐραστῶν τῶν ἄλλων εἰσηνέχθη αὐτῇ, καὶ προσθεὶς τὸ ἐπίλοιπον αὐτός, κατατίθησιν αὐτῆς τὰς εἴκοσι μνᾶς τῷ Εὐκράτει καὶ τῷ Τιμανορίδᾳ ἐπ' ἐλευθερίᾳ καὶ ἐφ' ᾧ ἐν Κορίνθῳ μὴ ἐργάζεσθαι. καὶ ὅτι ταῦτ' ἀληθῆ λέγω, τούτων ὑμῖν τὸν παραγενόμενον μάρτυρα καλῶ. καί μοι κάλει Φίλαγρον Μελιτέα.

ΜΑΡΤΥΡΙΑ
(33) Ἀφικόμενος τοίνυν δεῦρο ἔχων αὐτὴν ἀσελγῶς καὶ προπετῶς ἐχρῆτο αὐτῇ, καὶ ἐπὶ τὰ δεῖπνα ἔχων αὐτὴν πανταχοῖ ἐπορεύετο ὅπου πίνοι, ἐκώμαζέ τ' ἀεὶ μετ' αὐτῆς, συνῆν τ' ἐμφανῶς ὁπότε βουληθείη πανταχοῦ, φιλοτιμίαν τὴν ἐξουσίαν πρὸς τοὺς ὁρῶντας ποιούμενος. καὶ ὡς ἄλλους τε πολλοὺς ἐπὶ κῶμον ἔχων ἦλθεν αὐτὴν καὶ ὡς Χαβρίης τὸν

Αἰξωνέα, ὅτε ἐνίκα ἐπὶ Σωκρατίδου ἄρχοντος τὰ Πύθια τῷ τεθρίππῳ ὃ ἐπρίατο παρὰ τῶν παίδων τῶν Μίτυος τοῦ Ἀργείου, καὶ ἥκων ἐκ Δελφῶν εἱστία τὰ ἐπινίκια ἐπὶ Κωλιάδι. καὶ ἐκεῖ ἄλλοι τε πολλοὶ συνεγίγνοντο αὐτῇ μεθυούσῃ καθεύδοντος τοῦ Φρυνίωνος, καὶ οἱ διάκονοι οἱ Χαβρίου. [...]

(35) Ἐπειδὴ τοίνυν ἀσελγῶς προὐπηλακίζετο ὑπὸ τοῦ Φρυνίωνος καὶ οὐχ ὡς ᾤετο ἠγαπᾶτο, οὐδ᾽ ὑπηρέτει αὐτῇ ἃ ἐβούλετο, συσκευασαμένη αὐτοῦ τὰ ἐκ τῆς οἰκίας καὶ ὅσα ἦν αὐτῇ ὑπ᾽ ἐκείνου περὶ τὸ σῶμα κατεσκευασμένα ἱμάτια καὶ χρυσία, καὶ θεραπαίνας δύο, Θρᾷτταν καὶ Κοκκαλίνην, ἀποδιδράσκει εἰς Μέγαρα.

Q 142 Magische Praktiken beim Gelage. Attisch-rotfiguriger Psykter. Die Hetäre *Smíkra* beim *Kottabos*-Spiel: Sie schleudert die Neige ihres Weines in die Luft, während sie an ihren Geliebten denkt. Die Beischrift lautet etwa: »Dir, schleudre ich dies, *Léagros*!«. Deutlich zu erkennen ist das Amulett, das Smikra an einem Band um den Oberschenkel trägt.

Q 143 Liebesspiele auf dem Symposion. Attisch-rotfigurige Kalpis. Die Personen sind mit Namensbeschreiften versehen: linkes Paar: *Polýlaos* und *Égil[l]a*; rechtes Paar: *Kleokrátē[s]* und *Sek[y]línē*.

Q 144 Sexuelle Exzesse auf dem Symposion? Außenbild einer attisch-rotfigurigen Schale. Das Außenbild der Schale bildet einen auffälligen Kontrast zum Innenbild (vgl. **Q 145** und oben S. 381).

Q 145 Eine Hetäre und ihr Gönner. Innenbild, Rotfigurige Schale. Die Hetäre ist mit einem langen Gewand (*chitōn*) und einem Mantel bekleidet und spielt mit einem Plektron auf einem Saiteninstrument (*kithára*). Der Mann trägt einen Mantel und Stiefel, in der Hand hält er eine Trinkschale und einen Knotenstock, der Ausweis eines Bürgers ist.

Grundlegende Literatur

DAVIDSON, Kurtisanen 1999; HARTMANN, Hetairai 1999.

Weiterführende Literatur

HARTMANN, Heirat 2000; KURKE, Inventing 1997 [insbesondere zu Hetären in der Lyrik Anakreons, zur Scheidung von käuflichen Prostituierten und Hetären]; REINSBERG, Ehe 1989 [bietet gute Übersicht über die Darstellungen von Hetären auf attischen Vasen].

Erotik in der Bildenden Kunst der Römischen Welt
Angelika Dierichs

Die antike Kunst ist reich an erotischen Darstellungen. Ihre Behandlung führt immer wieder zu der schwierig beantwortbaren Frage, inwieweit Darstellung und Praxis übereinstimmen. Zweifelsohne sind Erotica der Bildenden Kunst im gesellschaftlichen, kultischen und politischen Kontext der Römischen Welt zu lesen. Die folgenden Bemerkungen können diese Einordnung nur bedingt leisten. Es geht mir vor allem um die Präsentation, weniger um die Deutung des Bildmaterials.

Die Auswahl der hier einbezogenen Bildwerke folgt einer allgemeinen Definition von *Erotik*: *Erotik* ist ein elementarer Ausdruck menschlicher Kommunikation. Sie prägt alle Erscheinungsformen von Liebe, Verführung, Anziehung und wird somit fassbar in heterosexuellen Beziehungen zwischen Frau und Mann, in homosexuellen Verbindungen von Frau zu Frau und von Mann zu Mann. *Erotik* artikuliert sich allgemein im mitmenschlichen Bereich, durchzieht die Eigenliebe. Erotisches beinhaltet Geistiges und Körperliches, ist psychische Entfaltung von Geschlechtlichkeit und spielt mit körperlichen Reizen. Bedeutungsfacetten von *libido* (Lust, Reiz, Verlangen) gehören zu Erotik, die eng verknüpft ist mit Sexualität. Letztere versteht sich ohne erotische Weiterung als Geschlechtlichkeit in der Gesamtheit aller Verhaltensweisen, die sich auf Geschlechtsakt und Triebbefriedigung beziehen. Erotik und Sexualität sind keine Synonyme, aber dennoch vielfach begrifflich austauschbar. Erotik kann primär sexuelle Vorgänge erfassen und damit zu Pornographie gehören.[19]

Das griechische Wort *érōs* meint in Epos und Lyrik sowohl das körperliche Verlangen oder auch die Lust. *Eros* ist unvorsichtig, kennt keine Vernunft, eliminiert Selbstbeherrschung, wirkt unkontrollierbar.[20]

Für Forschungen zur Erotik,[21] ob sie sich nun auf die griechische oder die römische Kunst beziehen, gilt häufig, dass sie erotische Bildfindungen des Mittelmeerraums, vornehmlich die Griechenlands und Italiens, als Einheit behandeln. Bei allen Traditionssträngen, die zweifellos von der Kunst Griechenlands zur Kunst Italiens führen, tut man gut daran, griechische Zustände nicht vorbehaltlos auf die römische Welt zu übertragen. Zwischen der erotisch angereicherten Abendunterhaltung griechischer Symposiasten des 5. vorchristlichen Jh. und jener der römischen Teilnehmer an einem vergleichbaren Trinkgelage im 1. nachchristlichen Jh. erstreckt sich immerhin der Zeitraum von 500 Jahren.[22] Leichtfertig gezogene Parallelen verkennen das Spezifische derartiger Festgelage in erotischem Umfeld und sind so widersinnig wie eine Gleichstellung von mittelalterlichem Minnediest und barocker Festausschweifung oder von körperbetonender Renaissanceschönheit und reizeverhüllendem Nonnengewand.

---

19 DIERICHS, Erotik Griechenlands 1993, 7; HUNTER/DIERICHS, Erotik 1998.
20 HUNTER/DIERICHS, Erotik 1998.
21 Zu den verschiedenen (beispielsweise anthropologischen, soziologischen, religiösen) Ansätzen vgl. SIEMS, Sexualität 1988; mit der Rezeption erotischer Themen und mit erotischen Symbolen beschäftigen sich HINZ, Erotica 1999; KOCH-HARNACK, Knabenliebe 1983; KOCH-HARNACK, Erotische Symbole 1989. Ein Desiderat der Forschung bleibt die systematische Erfassung der Sammlungstätigkeit zu erotischer Kunst; Pionierarbeit bezüglich englischer Sammlungen leistet JOHNS, Sex or Symbol 1990; vgl. auch FEMMEL/MICHEL, Erotica und Priapea 1990. Verschiedene Untersuchungen vernachlässigen eine Beschreibung dessen, was eine Darstellung erotisch macht (etwa MARINI, Gabinetto Segreto 1971; MARCADÉ, Eros Kalos 1977; MARCADÉ, Roma Amor 1977; CANTARELLA/JACOBELLI, Pompeji 1999); in DIERICHS, Erotik Griechenlands 1993 und DIES, Erotik 1997 wird der Versuch unternommen, aufgrund der Beschreibungen der bildlichen Darstellung eine erotische Rezeption beim Betrachter zu erklären.
22 Vgl. HURSCHMANN, Symposionszenen 1985; DIERICHS, Erotik 1997 passim.

Erotische Darstellungen folgen bestimmten Grundmotiven:[23] Nacktheit und Wechselspiel von Nacktheit und Verhüllung des Körpers, Lagerung in dreiviertelansichtig liegender Haltung mit weit über den Kopf zurückgenommenem Arm, Rückenansicht mit betonter Gesäßrundung, Erektion, Annäherung und Blickkontakt, Tanz, Vorführung akrobatischer Kunststücke, Verfolgung, Widerstand, Umarmung, Kuss, manuelle Berührung, geschlechtliche Vereinigung, Fellatio, Cunnilingus, Schenkelverkehr, Masturbation, Hilfsmittel (Schmuck und Frisur).

Zu diesen erotischen Grundmotiven zählen bestimmte Gesten, die sich je nach Bildzusammenhang als erotische Chiffren lesen lassen. Berührt jemand mit der Hand die Kinnspitze eines anderen (**Q 149**), kann das beispielsweise Übereinkunft signalisieren. Ein gegen den Partner oder die Partnerin ausgestreckter Arm bedeutet, dass sexuelle Annäherung bejaht oder sinnliche Begierde zurückgewiesen wird. Fasst eine Frau mit den Fingerspitzen einen Gewandzipfel, schafft sie kokette Szenerie.

Erotische Darstellungen der römischen Kunst[24] entstammen mehreren Jahrhunderten. Sie sind nachweisbar an Kunst- und Gebrauchsgegenständen aus vielen Gebieten des Imperium Romanum. Man sollte unterscheiden zwischen Erotica, die stark griechisch beeinflusst wurden, wie etwa die unteritalische Vasenmalerei (**Q 153**), und jenen, die als authentisch römisch gelten dürfen, wie die phallischen Tintinnabula (**Q 157**).[25] Alle erotisch geprägten Schöpfungen der römischen Kunst sind vor dem Hintergrund zu betrachten, dass die Entwicklung der italischen Kunst im 1. Jahrtausend v. Chr. weitgehend auf der Auseinandersetzung mit anderen Kulturen, vor allem der griechischen, beruht. Insbesondere fallen die engen Verbindungen zwischen dem griechischen und italischen Hellenismus auf, die keinen klaren Übergang von der griechischen zur römischen Kunst belegen.[26] Rom adaptierte Hellenistisches, darunter auch erotisch gefärbte Kunstäußerungen. »Die griechische Kunst und Architektur stand«**,** wie Paul Zanker prägnant formuliert hat, »für die bildungshungrigen Römer seit dem 2. Jh. v. Chr. in ihrer Gesamtheit zur Disposition. Je nach Anspruch, Verwendungszweck und Vermögen konnte damals ausgewählt werden. So unterschiedlich die Anpassungs- und Aneignungsprozesse in den verschiedenen Kunstgattungen abliefen, überall ließen sich die Künstler von den neuen Aufgaben und Auftraggebern herausfordern, überall kam es zu

---

23 HUNTER/DIERICHS, Erotik 1998.
24 Ein repräsentativer Abbildungsfundus ergibt sich aus: GRANT/MULAS, Eros in Pompeji 1975; MARCADÉ, Roma Amor 1977; SIMONETTA/RIVA, Tessere 1981; JOHNS, Sex or Symbol 1990; JACOBELLI, Pitture erotiche 1995; DIERICHS, Erotik 1997; CLARKE, Looking 1998; CANTARELLA/JACOBELLI, Pompeji 1999.
25 Zu den kürzlich als besondere Denkmälergruppe gesonderten Phallischen Tintinnabula – Glöckchen, die an phantasiereichen Phallus-Formen hängen –, vgl. DIERICHS, Kleinod 1999, sind noch Exemplare in Autun und Hannover hinzuzurechnen, ferner ein Exemplar (CANTARELLA/JACOBELLI, Pompeji 1999, Abb. S. 108 links), das mittlerweile als Fund aus Herculaneum ausgewiesen wurde.
26 BORBEIN, Symmetrische Kompositionen 1976, 529.

reizvollen und spannungsreichen Formkombinationen, zu Steigerungen und Weiterentwicklungen des Übernommenen.«[27]

Erotische Darstellungen aus Kunst und Kunstgewerbe der römischen Welt leiden, wie jede archäologische Hinterlassenschaft, unter einer unerfreulichen Überlieferungslage. Lediglich zufällig Erhaltenes lässt sich bearbeiten. Erotica sind bisher nicht übergreifend in einem Gesamtkatalog oder einem Corpuswerk publiziert. Oft lassen sie sich nur in kaum greifbaren Privatbeständen und in mehr oder minder gut publizierten Sammlungen finden.[28] Relativ bekannt, wenn auch keineswegs umfassend bearbeitet,[29] ist die ehemalige Geheimsammlung des Nationalmuseums in Neapel, das sogenannte *Gabinetto Segreto*, dessen Besichtigung einst Sondergenehmigungen erforderte. Obgleich zumindest einige seiner mehr als 250 Objekte, mit speziellem Inventarnummer-Zusatz (RP = Raccolta Pornografica), mittlerweile in die frei zugänglichen Ausstellungsräume des Museo Nazionale gelangten und vom heutigen Publikum wohl höchst selten als moralzersetzend empfunden werden, haften ihnen noch Spuren von Verwerflichkeit an, die sich gelegentlich in Buchtiteln oder Touristikwerbungen niederschlagen. Alle mehr oder minder erotischen Stücke der angeführten Sondersammlung lassen sich – abgesehen von wenigen Einzelstücken – jenen Kunstgattungen zuordnen, die beachtlich große Materialgruppen mit Erotica bereithalten: Rundplastik, Relief, Malerei und Mosaik.

Interpretationen erotischer Bildfindungen überzeugen am ehesten, wenn ihr einstiges Umfeld rekonstruiert werden kann. Vieles wurzelt im Religiösen. Signifikant sind beispielsweise die zahlreichen Priapuszeugnisse, die aus Gärten und Innenräumen von Wohnhäusern sowie aus Heiligtümern der Venus (bzw. der Aphrodite) und des Bacchus (bzw. des Dionysos) stammen. Priapus, ursprünglich im kleinasiatischen Lampsakos am Hellespont beheimatet, schützt hauptsächlich die Gärten, fördert die Fruchtbarkeit, und er ist Inbegriff für männliche Potenz schlechthin. Sein Charakteristikum, das üblicherweise überdimensional und erigiert gebildete Glied, macht diese Funktion des Gottes allenthalben sinnfällig (**Q 150**). Auch die Dichtung widmete sich Priapus. Allein von einem Anonymus aus der frühen Kaiserzeit gibt es 80 Gedichte zu Ehren des Garten- und Fruchtbarkeitsgottes (**Q 146**).

Neben Priapus waren es vor allem Venus und Bacchus, die erotische Züge nach Rom brachten. Bacchus, der im Römischen auch *Liber Pater* heißt, ist der Gott ge-

---

27 ZANKER, Macht der Bilder 1987, 329.
28 HENIG/WHITING, The Sa'd Collection 1987; CHRISTIE'S, Haddad Familiy Collection 1998.
29 MARINI, Gabinetto Segreto 1971; GRANT/MULAS, Eros in Pompeji 1975, 86–166; DIERICHS, Erotik 1997, 125–128. In der jüngst erschienenen Untersuchung zur erotischen Thematik des antiken Italien (CANTARELLA/JACOBELLI, Pompeji 1999, 154f.) sind dem Gabinetto Segreto zwei Seiten mit fünf Abbildungen gewidmet. Einige Stücke aus dem ehemaligen Geheimkabinett finden sich auch in den übrigen Kapiteln des Buches (ohne Hinweis der urprünglichen Zugehörigkeit zum Gabinetto Segreto); seit 1999/2000 gibt es in Neapel (Museo Archeologico Nazionale) die neue unbefristete Präsentation ›Eros in Pompeji – Die Sammlung erotischer Kunst im Nationalmuseum von Neapel‹.

heimnisumwobener Mysterien und weinseliger Gelöstheit, der in Dionysos sein griechisches Vorbild hat. Im Unterschied zu Priapus werden Venus und Bacchus, fast nie in offener erotischer Aktivität gezeigt. Venus – mit der griechischen Aphrodite gleichzusetzen – begegnet zwar tausendfach in verführerischer Präsentation, eindeutige Darstellungen bleiben aber auf den Umkreis der Prostituierten beschränkt (**Q 156**). Auch das Erscheinungsbild von Bacchus ist nur verhalten durch erotische Ausstrahlung geprägt. Eindeutige Erotica konzentrieren sich dagegen auf seine Anhängerschaft; exemplarisch ist die Darstellung eines Pan, der eine Ziege für den Liebesverkehr benutzt (**Q 158**). Denkmäler, die das Gefolge des Bacchus zeigen, beanspruchen auffällig viel Raum unter den römischen Erotica. Sie bilden einen sehr ausgedehnten, wenn nicht überhaupt den umfassendsten Komplex in der bildenden Kunst des antiken Italien und verfügen über vielfältige erotische Facetten, die sich zwischen subtiler Zurückhaltung und drastischem Reiz einordnen lassen (**Q 149, 152, 158**).

Darstellungen verliebter Paare – handle es sich nun um ein unsterbliches göttliches Liebespaar (Venus und Mars, **Q 154**), um die Verbindung einer sterblichen Frau mit dem Gott (etwa Ariadne und Dionysos/Bacchus) respektive die eines sterblichen Mannes mit der Göttin (beispielsweise Anchises und Aphrodite/Venus), um Zärtlichkeiten zwischen halbgöttlich gedachten Wesen (Bacchanten und Bacchantinnen) aus der Gefolgschaft des Bachus oder um »ganz normale Menschen« beim Liebesvorspiel (**Q 148, 153**) – zeigen Erotisches in unterschiedlicher Intensität. Ohne bestimmtes mythologisches Hintergrundwissen fällt es dem heutigen Betrachter manchmal schwer, zu entscheiden, ob eine Szene den menschlichen Alltag oder ein Geschehen aus der Welt der Götter illustriert. So kann Venus bezüglich Gesichtsausdruck, Kleidung, Schmuck und Körperhaltung ganz ähnlich wie irgendeine Frau aus der Welt der käuflichen Liebe gestaltet sein.

Koitusbilder[30] durchspielen ein vielfältiges Repertoire von Liebesstellungen, welche zuweilen geradezu gymnastisches Können der Protagonisten zu erfordern scheinen (**Q 148, 155–156**).[31] Diese Darstellungen von geschlechtlicher Vereinigung lassen sich schematisch sondern nach frontalem und dorsalem (*a tergo*, **Q 156**) Verkehr zu zweit im Liegen, Hocken oder Stehen; auch sexuelle Aktivitäten mit drei oder mehr Beteiligten werden gezeigt. Es gibt diverse Paarbilder, in denen die Frau den Mann mit Fellatio bedient; selten abgebildet ist ein Cunnilingus ausführender Mann. Sexuelle Ausnahmesituationen, etwa die Begattung einer Frau durch ein Tier, wie sie vereinzelt auf römischen Lampenreliefs – vielleicht als Reflex grausamer Hinrichtungen[32] in der Arena – zu entdecken sind, gehören in den Themenkreis der Koitusdarstellungen, die heutzutage als befremdlich brutal empfunden werden.

---

30 Hierzu mehr oder minder umfangreiches Abbildungsmaterial (passim) seit 1980:
   SIMONETTA/RIVA, Tessere 1981; JACOBELLI, Pitture erotiche 1995; DIERICHS, Erotik 1997; CLARKE, Looking 1998; CANTARELLA/JACOBELLI, Pompeji 1999.
31 Vgl. auch die Beschreibungen bei Ovid, **Q 147**.
32 WEEBER, Massenunterhaltung 1994, 29.

Alle zuvor erwähnten sexuellen Aktivitäten waren in bunter Mannigfaltigkeit öffentlich sichtbar. Man fand sie im allgemein zugänglichen Teil eines römischen Hauses, im Bereich der Thermen, in Bordellen. In der häuslichen Sphäre schmückten Koitusdarstellungen keineswegs nur die Schlafzimmer (**Q 155**), sondern zierten ebenso Repräsentationsräume oder Gartenanlagen. Beliebt und selbstverständlich waren Erotica an Gebrauchsgegenständen aus Ton, beispielsweise Gefäßen (**Q 148, 153**). Dass sie zudem auf Bordellmarken erschienen, verwundert kaum.[33] Die auf ihnen dargestellten Frauen – sie sind bis auf ein Busenband meistens gänzlich nackt wiedergegeben, im heterosexuellen Geschlechtsverkehr oder beim Liebesvorspiel – gehören üblicherweise in den Bereich der käuflichen Liebe.[34] Manchmal wird sogar Gewalt erotisiert. Dass die Erotica aufgrund ihrer weiten Verbreitung und ihrer hinreichend klaren Darstellung sexueller Sachverhalte gewissermaßen als Abbildungsbelege zum Alltagsgeschehen gelesen werden können, ist mit hoher Wahrscheinlichkeit zu vermuten und wird durch Ovid belegt (**Q 147**). Man darf ihnen sehr wohl eine gewisse mimetische Funktion zuerkennen.[35]

Beachtung erzwingt schließlich die Denkmälergruppe des Phallischen (**Q 151, 157**). Abbildungen des männlichen Gliedes gehören zu den römischen Erotica, allerdings mit gewissen Einschränkungen. Der Phallus ist zwar eines der komplexesten und allgegenwärtigsten Symbole im Leben des antiken Menschen und demgemäß im gesamten Imperium Romanum Inbegriff von Fruchtbarkeit, Zeugungskraft, Überfluss, Wohlsein und Garant sexuell erotischer Freuden. Darüberhinaus hatten Phallus-Abbildungen eine apotropäische Funktion, d. h. sie vermochten nach antikem Verständnis das Unheil abzuwehren. Phallen, gewissermaßen ohne »ihre« Gottheit Priapus (s. o.), also Bildfindungen, in denen Glied und Hoden isoliert erscheinen, mussten im römischen kulturellen Kontext keineswegs zwingend erotisch wirken; sie sind auch in heutiger Rezeption nur bedingt ein Zeichen für Erotik: ihre Bedeutung kann dann als erotisch empfunden werden, wenn die männliche Genitalzone – mit dem dominierenden Penis im Zentrum – einen Bildzusammenhang eingeht, der bei heutiger Betrachtung bestimmte Erscheinungsformen von körperlicher Liebe und sexuellen Wünschen ablesbar macht. Um im gegenwärtigen Verständnis Erotisches zu rezipieren, muss das wie auch immer geartete Phallus-Motiv in ein Ambiente gestellt sein, das sich in großer Bandbreite zwischen Schönheit und Dezenzlosigkeit der Darstellung einordnet. Und letztlich entscheidet – insbesondere beim Bild eines einzelnen Phallus – die Sensibilität des aktuell Betrachtenden, ob eine mehr oder minder künstlerische Gestaltung des männlichen Gliedes als erotisierend eingestuft wird.

---

33 DIERICHS, Erotik 1997, 83–85.
34 Neue Grundlagenforschung mit griechischen und lateinischen Testimonia: STUMPP, Prostitution 1998.
35 Ein plakativer Beweis ist die Koitusdarstellung, die vermutlich als Bordellschild diente (GRANT, Kunst und Leben 1986, Abb. S. 166f.; DIERICHS, Erotik 1997, Abb. 109; CANTARELLA/JACOBELLI, Pompeji 1999, Abb. S. 136 oben).

Fragt man nach den Besonderheiten der römischen Erotica in jenem großen Ensemble von Grundmotiven und Themenkreisen, so lässt sich feststellen, dass man Erotica für politische Zwecke zu instrumentalisieren begann. So entstand beispielsweise eine als Glaspaste überlieferte Komposition anlässlich der Heirat des Octavian, die ein sich aneinander schmiegendes Paar in verhalten erotischem Ausdruck zeigt.[36] Und da existiert der Gipsabdruck einer Gemme mit mehreren Phallen, die auf die sexuelle Unersättlichkeit Messalinas hindeuten, deren Name beigeschrieben ist.[37] Im häuslichen Bereich fällt auf, wie sich reiche Römerinnen mit der körperlichen Schönheit der Liebesgöttin identifizierten. Die Angleichung gelang durch die Hilfe des Bildhauers, der beauftragt wurde, ein Individualporträt dem statuarischen Typus eines Venusbildes, also dem göttlichen Körper, aufzupfropfen. Lässt sich eine begüterte Römerin als Venus in Marmor darstellen und wird sie in diesem Erscheinungsbild bei offiziellen Anlässen, wie beim Gastmahl und beim Empfang der Klienten, im Rahmen ihrer *domus* bewundert, dann knüpft sie an statuarische Bilder einiger Frauen des Kaiserhauses an, die eine ikonographische Mixtur aus Bildnis und Gottheit vorprägten.[38]

Im Repertoire der römischen Erotica fehlen Darstellungen einzelner Frauen aus dem Bereich der käuflichen Liebe bei bestimmten, akzentuiert erotischen Darbietungen für ein männliches Trinkgelage-Publikum, wie sie beispielsweise in griechischen Vasenbildern in Form von Tänzen oder akrobatischen Kunststücken vorkommen. Ebensowenig abgebildet werden masturbierende Männer, männliche Paare in gesichertem päderastischem Kontext und Verkaufsabsprachen (das Bild eines Mannes mit Geldbeutel, der einer Frau gegenübersteht); es handelt sich hier um drei Sujets, die spezifisch griechisch sind. Die Vasenmalerei Unteritaliens (Ende 5. Jh. v. Chr./4. Jh. v. Chr.) – sie war anfänglich attisch griechisch geprägt und bildete allmählich stilistische Unterschiede heraus in apulischen, kampanischen, lukanischen, paestanischen und sizilischen Ateliers – zeigt nur zurückhaltende Liebesaktivitäten (Umarmungen) und verzichtet auf direkte Erotica (Koitusbilder), während letztere auf attischen Gefäßen (Ende 6. Jh. v. Chr./erste Hälfte 5. Jh. v. Chr.) mehrfach zu finden sind. In den römischen Bildwerken scheinen die Pane, die wie die Satyrn das Gefolge des Dionysos/Bacchus beleben, durchgängig in heftigerer Erregung dargestellt zu sein als die römischen Satyrn, während die sexuelle Erregung bei den griechischen Satyrn annähernd durchgängig wie ein obligatorisches Attribut zu lesen ist. Römisch-campanische Wandmalereien (1. Jh. n. Chr.) aus Pompeji bieten einen einmaligen Fundus mit eindeutigen Erotica, während es entsprechende griechische Wandgemälde nicht gab, respektive keine Parallelen für eine Auswertung erhalten blieben. In der römischen Kultur trifft man, die Gottheiten ausgenommen, keine mythologischen Gestalten, deren Leben

---

36 VOLLENWEIDER, Steinschneidekunst 1966, 42 Taf. 36,3; DIERICHS, Erotik 1997, 95 Abb. 99.
37 FEMMEL/MICHEL, Erotica und Priapea 1990, 196–200 Abb. 18a;18b.
38 Exemplarisch: JOHANSEN, Roman Portraits II 1995, 50 Nr. 14 (Ny Carlsberg Glyptothek Inv. 711, Marcia Furnilla [?] mit Körper der Kapitolinischen Venus).

bzw. Handeln stark unter erotischem Aspekt einzuordnen ist. Die Gesamtheit der skurrilen, nur zu einem Teil als erotisch zu betrachtenden Bildungen von Phalluskompartimenten, die mit den unterschiedlichsten Versatzstücken kombiniert sind, offenbart, dass diesbezüglich der römische Erfindungsreichtum den vergleichbaren griechischen überbietet.[39] Nur Phallosvögel (Phalloskopf auf Vogelkörper) kommen in römischen Bildwerken höchswahrscheinlich seltener vor als in griechischen.[40] So bleibt *érōs* wie in den griechischen auch in den römischen Darstellungen eine Macht, die in anderen Kontexten und sozialen Bezügen wirkt. Für alle römischen Erotica gilt: Es findet sich mehr gedämpfte Sinnlichkeit als entgrenzte Triebhaftigkeit. Vielleicht kann man dieses Faktum so erklären: Das Ideal der Selbstbeherrschung, wie es die Literatur formuliert und als normativ richtiges Verhalten römischen Bürgern abverlangt, spiegelt sich auch in der Kunst der Erotik.

Quellen

Q 146 Der Anonymus »besingt« Priapus.

Carmina Priapea (Priapus-Gedichte) 9; 25; 27; 47
Gedicht 9:
[1] Wenn du mich fragen willst, warum kein Mantel meine Scham bedeckt,
so sage mir zuerst, ob seine Waffe je ein Gott versteckt!
Es hält der Herr der ganzen Welt ganz offen seine Blitze in der Faust,
und nimmer ohne seinen Dreizack je der Gott des Meeres braust;
[5] desgleichen Mavors auch, nicht heimlich hütet er die starke Wehr,
und nicht verbirgt im unerschrocknen Busen Pallas ihren Speer;
und schämte jemals Phoebus sich der goldnen Pfeile, die er schickt?
Wer hätte wohl Diana ohne ihren Bogen je erblickt?
Und hat nicht der Alkide seine Keule offen stets gezeigt?
[10] Und ist es so, dass Hermes je den Stab in seinem Kleid verschweigt?
Versteckte seinen schönen Thyrsus Bacchus jemals im Gewand,
verheimlichtest du, Amor, jemals deiner Fackel heißen Brand?
Nun denn, verübelt mir auch nicht mein groß zur Schau gestelltes Glied:
ich wäre wehrlos, wenn man diese meine Waffe mir entzieht!

[1] Cur obscena mihi pars sit sine veste, requiris?
　quaere tegat nullus cur sua tela deus.
fulmen habens mundi dominus tenet illud aperte;
　nec datur aequoreo fuscina tecta deo.
[5] nec Mavors illum, per quem valet, oculit ensem,
　nec latet intrepidae Palladis hasta sinu.
num pudet auratas Phoebum portare sagittas?
　clamne solet pharetram ferre Diana suam?
num tegit Alcides nodosae robora clava?

---

39 Vgl. **Q 157** und oben, Anm. 25.
40 Vgl. DIERICHS, Erotik Griechenlands 1993, 48f. mit Abb. 74–78.

[10] sub tunica virgam num deus ales habet?
quis Bacchum gracili vestem praetendere thyrso,
  quis te celata cum face vidit, Amor?
nec mihi sit crimen, quod mentula semper aperta est:
  hoc mihi si telum desit, inermis ero.

Gedicht 25:
[1] Dies Zepter, frisch aus einem Baum herausgesägt,
ganz sicher nie und nimmer wieder Blätter trägt,
dies Zepter aber, dem manch Mägdelein erglüht,
um das sich manchmal auch ein König heiß bemüht
[5] und dem manch feiner Luststrolch seine Küsse gibt,
dem diebischen Gelichter, wenn es grad beliebt,
so tief sich, wie es irgend geht, ins Innre schiebt!

[1] Hoc sceptrum, quod ab arbore est recisum,
nulla iam poterit virere fronde,
sceptrum, quod pathicae petunt puellae,
quod quidam cupiunt tenere reges,
[5] cui dant oscula nobilis cinaedi,
intra viscera furis ibit usque
ad pubem capulumque coleorum.

Gedicht 27:
[1] Liebling allen Volkes, im Zirkus wohlbekannt bei allen Laffen
Quintia, die so geschmeidig ihren frechen Hintern regt,
weiht Priapus hier die Zymbeln und die Kastagnetten, Waffen
ihrer Unzucht, samt der Trommeln, die man mit den Händen schlägt:
[5] dafür bittet sie, dass sie gefalle jedem, der sie sieht,
dass er allen ganz genau so steht wie dieses Gottes Glied.

[1] Deliciae populi, magno notissima circo
  Quintia, vibratas docta movere nates,
cymbala cum crotalis, pruriginis arma, Priapo
  ponit et adducta tympana pulsa manu:
[5] pro quibus, ut semper placeat spectantibus, orat
  tentaque ad exemplum sit sua turba dei.

Gedicht 47:
[1] Ihr Männer, wenn von euch, die ihr zu einem Gastmahl geht,
mir kein Gedicht zu weihen sich da einer untersteht,
des Freundin oder Frau, so bitte ich, beglücke dann
mit Wonnen seinen Nebenbuhler, bis er nicht mehr kann,
[5] er selber aber schlafe ganz allein die lange Nacht,
und sei er von den Leckereien noch so aufgebracht!

[1] Quicunque vestrum, qui venitis ad cenam,
libare nullos sustinet mihi versus,
illius uxor aut amica rivalem

lasciviendo languidum, precor, reddat,
[5] et ipse longa nocte dormiat solus
libidinosis incitatus erucis.

Q 147 Ovid erteilt Frau und Mann Ratschläge zum Liebesverkehr

Ovid, *Liebeskunst (Ars Amatoria)* 3,751–808
[771] Jede erkenne sich selbst. Euer Leib lehr' euch, welche Methode
Richtig ist. Jeder Frau steht jegliche Stellung ja nicht.
Ist ihr Gesicht wunderschön, dann soll auf dem Rücken sie liegen;
Die, der ihr Rücken gefällt, soll man vom Rücken her sehn.
[775] Auf seinen Schultern trug Milanion gern Atalantes
Schenkel: In der Position soll, sind sie schön, man sie sehn.
Kleine solln reiten; dagegen saß niemals rittlings auf Hector
Seine thebanische Frau, weil sie so überlang war.
Die, deren lange Seite so hübsch ist, dass gern man sie anschaut,
[780] Drücke die Knie aufs Bett, biege den Hals leicht zurück.
Sind ihre Schenkel jugendlich, makellos auch ihre Brüste,
Stehe der Mann, während sie schräg übers Lager sich streckt.
Denk nicht, es stehe dir schlecht, das Haar wie die Mutter aus Phyllos
Aufzulösen; den Hals bieg, trägst du's offen, zurück.
[785] Du, der Lucina den Leib mit Runzeln gezeichnet hat, reite
Wie schnelle Parther, denn die sitzen verkehrt auf dem Pferd.
Tausend Spiele kennt Venus; sehr einfach ist's, auch wenig mühsam,
Liegt sie nach rechts geneigt da, halb auf den Rücken gelehnt.
Doch nicht der Dreifuß des Phoebus und Ammon auch nicht, der Gehörnte,
[790] Künden ein wahres Wort, als meine Muse es singt.
Gibt es noch Treu und Glauben – der Kunst, die mich lange Erfahrung
Lehrte, vertraut: Mein Gedicht wird sich bewähren bei euch.
Bis in ihr innerstes Mark gelöst soll die Frau alle Wonnen
Spüren; das Lustgefühl soll gleich groß für beide dann sein.
[795] Nicht sollen schmeichelnde Worte verstummen und liebliches Flüstern,
Lockere Worte solln nicht aufhören mitten im Spiel.
Du auch, der die Natur es versagt hat, Lust zu verspüren,
Täusche mit künstlichem Laut süße Empfindungen vor.
Unglücklich ist das Mädchen, bei welchem die Stelle, die gleiche
[800] Lust Mann und Frau schenken soll, stumpf und empfindungslos ist.
Hüt dich nur, wenn du was vortäuschst, dich zu verraten; bemüh dich,
Dass durch Bewegung und Blick du dabei glaubwürdig wirkst.
Das, was du gern hast, bekunde dein Mund durch Laute und Keuchen;
Der Teil – wie schäm' ich mich jetzt! – hat sein geheimes Signal.
[805] Die, welche nach den Freuden der Venus vom Freund ein Geschenk will,
Die will dann selber wohl nicht, dass er die Bitte erfüllt.
Lasst auch das Licht nicht ins Zimmer durch weit geöffnete Fenster;
Besser ist's, an eurem Leib bleibt da so manches versteckt.

[771] Nota sibi sit quaeque. Modos a corpore certos
  Sumite. non omnes una figura decet.
Quae facie praesignis erit, resupina iaceto:
  Spectenctur tergo, quis sua terga placent.
[775] Milanion umeris Atalantes crura ferebat:
  Si bona sunt, hoc sunt aspicienda modo.
Parva vehatur equo. quot erat longissima, numquam
  Thebais Hectoreo nupta resedit equo.
Strata premat genibus, paulum cervice reflexa,
  [780] Femina per longum conspicienda latus.
Cui femur est iuvenale, carent quoque pectora menda,
  Stet vir, in obliquo fusa sit ipsa toro.
Nec tibi turpe puta crinem, ut Phylleia mater,
  Solvere, et effusis colla reflecte comis.
[785] Tu quoque, cui rugis uterum Lucina notavit,
  Ut celer aversis utere Parthus equis.
Mille ioci Veneris. simlex minimique laboris,
  Cum iacit in dextrum semisupina latus.
Sed neque Phoebei tripodes nec corniger Ammon
  [790] Vera magis vobis, quam mea Musa, canet.
Si qua fides, arti, quam longo fecimus usu,
  Credite, praestabunt carmina nostra fidem.
Sentiat ex imis Venerem resoluta medullis
  Femina, et ex aequo res iuvet illa duos.
[795] Nec blandae voces iucundaque murmura cessent,
  Nec taceant mediis improba verba iocis.
Tu quoque, cui Veneris sensum natura negavit,
  Dulcia mendaci gaudia finge sono.
Infelix, cui torpet hebes locus ille, puella,
  [800] Quo pariter debent femina virque frui.
Tantum, cum finges, ne sis manifesta, caveto:
  Effice per motum luminaque ipsa fidem.
Quid iuvet, et voces et anhelitus arguat oris!
  A ! pudet. arcanas pars habet ista notas.
[805] Gaudia post Veneris quae poscet munus amantem,
  Illa suas nolet pondus habere preces.
Nec lucem in thalamos totis admitte fenestris
  Aptius in vestro corpore multa latent.

Q 148 (S. 405 oben) Ein Paar beim Liebesspiel auf dem Lager. Terra Sigillata-Kelch. Neuere Untersuchungen haben gezeigt, dass Formstempel nach antikem Vorbild zur Produktion von Terra Sigillata-Gefäßen auch um die Wende vom 19. zum 20. Jh. benutzt wurden, so dass sich einige für antik gehaltene Darstellungen als moderne Produktionen herausstellten. Trotz dieses Vorbehalts ist sicher: das abgebildete Paar orientiert sich an antiken Darstellungsformen, deren Echtheit aufgrund der zur Verfügung stehenden technischen Hilfsmittel als erwiesen gelten darf.[41]

---

41 vgl. DIERICHS, Erotik 1997, 102 und Anm. 18, sowie 104, Abb. 110.

Erotik in der Bildenden Kunst der Römischen Welt 405

Q 149 (unten) Ein Satyr verfolgt eine Mänade. Ausschnitt aus dem »Dionysos-Mosaik«; 3. Jh. n. Chr. Satyrn und Mänaden gehören zum Gefolge des Dionysos/Bacchus. Hier wendet sich die Mänade tanzend und mit entblößtem Rücken dem Satyrn zu, der ihr nach Mantel und Kinn greift.

Q 150 Priapus mit erigiertem Glied. Marmorstatue in der Casa dei Vettii in Pompeji (VI 15,1); 1. Jh. n. Chr. Priapus, der mit übergroßem Glied geborene Sohn der Venus – zumindest nach einer Version des Mythos – galt als Gottheit männlicher Potenz und allumfassender Fruchtbarkeit. Zugleich wurde ihm, wie auch dem Phallus allein (vgl. **Q 151, 157**), Unheil abwehrende Wirkung zugeschrieben. Sein Bildnis, aus Holz, Stein, Ton, Metall, und oft mit rot eingefärbtem Penis, war weit verbreitet.

Q 151 Phallus an einer Hauswand. In die Mauer eines Hauses in Pompeji eingefügte Reliefdarstellung eines Penis mit Hoden. Darstellungen von Phalli sind in einem Doppelsinn aufzufassen: ihre Bedeutung war nicht vorrangig eine erotische, sondern eine apotropäische, d. h. man verstand sie als Unheil abwehrende Zeichen. Kleine Phallusdarstellungen in Form von Amuletten trugen beispielsweise Kinder als Schutz gegen Gefahren.

Q 152 Tanzende Mänaden. Zwei Details eines Sarkophags; 2. Jh. n. Chr. (Höhe des Sarkophags: 48 cm; Gesamtlänge: 212 cm). Die Mänaden oder »Bacchantinnen«, wurden als »Rasende« oder »Verzückte« verstanden, die im Zug des Dionysos/Bacchus mit aufgelöstem, Efeu- oder Weinlaub-bekränztem Haar, vielfach mit einem Thyrsos in der Hand, orgiastisch tanzten und mit verschiedenen Instrumenten Musik machten. Nackt oder mit einem heruntergerutschten Gewand im Spiel zwischen Verhüllung und Nacktheit erscheinen sie in den Darstellungen.

Q 153 Ein Liebespaar in einer Gelage-Szene. Kampanische Vasenmalerei auf einem Glockenkrater; um 350 v. Chr. Zwei Männer mit Trinkschalen auf zwei Klinen umrahmen ein Paar im Zentrum; Mann und Frau des Vasenbildes umarmen sich. Auf Erotisches verweisen zusätzlich die Taube im Vordergrund sowie Granatäpfel und Myrtenzweige; die Gelageszene wird durch Tische mit Trinkgefäßen und Speisen, die Flötenspielerin, durch Lyra und Theatermaske angedeutet.

Q 154 Venus und Mars als Liebespaar. Wandmalerei aus Pompeji, Casa di Marte e Venere VII 9.47 (90 × 90 cm); 1. Jh. n. Chr. Göttliche Paare wie Venus und Mars oder Dionysos und Ariadne sind ein beliebtes Motiv römischer Kunst, die darin griechisch-hellenistischen Darstellungen folgte. Das Wandbild zeigt den durch die Liebe »entwaffneten« Kriegsgott Mars, dessen Helm und Schwert den Amores als Spielzeug dienen; der Schild ist beiseitegestellt und die Lanze ruht in der linken Hand der Liebesgöttin. Mars berührt mit der Linken die Schulter der Venus und hält in der Rechten ihr Kleid, entblößt sie gleichsam für die Augen des Betrachters.

Q 155 Ein Paar beim Koitus. Wandmalerei in Pompeji, Casa del Centenario IX 8.3; 1. Jh. n. Chr. Die Malerei schmückte die Wand eines der Schlafzimmers in einem Privathaus; das Paar lagert auf einem dicken Polster. Der weibliche Körper ist durch helle Hautfarbe von der dunkleren des männlichen abgehoben; die Frau trägt Arm- und Fußreif, der Mann hält die rechte Hand über den Kopf, ein konventionelles Zeichen für Genießen und Entspannung.

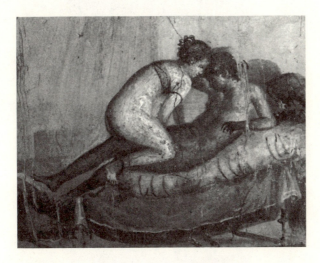

Q 156 Liebesspiel. Wandmalerei aus Pompeji; 1. Jh. n. Chr. Die erotischen Wandbilder fanden sich nicht exklusiv, aber gehäuft in Lupanaren und Thermen. Dargestellt wurden verschiedene Sexualpraktiken; das Beispiel zeigt Koitus *a tergo*.

Q 157 Tintinnabulum. Amulett mit Glöckchen. Ein geflügelter Penis ist im hinteren Teil als Vierbeiner gebildet und mit kleinen weiteren Penisauswüchsen versehen.

Q 158 Pan beim Sexualverkehr mit einer Ziege. Das Marmorbildwerk wurde im Peristyl der Villa dei Papiri in Herculaneum gefunden (Länge: 60 cm); frühe Kaiserzeit. Die minutiös gemeisselte Gruppe zeigt Pan, über die auf dem Rücken liegende Ziege gebeugt, in einer Position, die ihm eine bequeme Vereinigung mit dem Tier erlaubt; die rechte Hand des Pan berührt den Bart der Ziege. Das Bildwerk geht auf ein hellenistisches Vorbild der Zeit um 200 v. Chr. zurück.

Grundlegende Literatur

BRENDEL, Scope and Temperament 1970; CLARKE, Looking 1998; DIERICHS, Erotik 1997; GRANT, Kunst und Leben 1986; HUNTER/DIERICHS, Erotik 1998; JOHNS, Scope and Temperament 1990; MARCADÉ, Roma Amor 1977.

Weiterführende Literatur

DIERICHS, Erotik Griechenlands 1993; DOVER, Homosexualität 1983; HINZ, Aphrodite 1998; JACOBELLI, Pitture erotiche 1995; KEULS, Phallus 1985; LAQUEUR, Making Sex 1990; MILES/NORWICH, Liebe in der Antike 1997; MUTH, Mosaikbilder 1998; RICHLIN, Pornography 1992; SIEMS, Sexualität 1988; STUMPP, Prostitution 1998; ZANKER, Kunst für die Sinne 1998.

Das Ende der antiken Leiblichkeit. Begehren und Enthaltsamkeit bei Ambrosius, Augustin und Maximian
Wolfgang Christian Schneider

In der antiken römischen Kultur besaßen Leiblichkeit und Geschlechtlichkeit eine hohe Geltung,[42] sie wurden als tragender Teil des öffentlichen Lebens erlebt. Beispielhaft zeigt diese Haltung noch die im 5. Jh. geformte Rede (**Q 159**), mit der Thamyris Paulus verklagte, der die Braut des jungen Mannes zum Gelöbnis geschlechtlicher Enthaltsamkeit bewegt hatte.[43] Das Bestehen des Gemeinwesens, seine Einrichtungen und die verschiedenen Erscheinungen der Kultur werden darin ganz unmittelbar als in der Geschlechtlichkeit und ihrer reproduktiven Funktion gegründet aufgefasst. Alles soziale Leben verwies auf sie zurück, und im öffentlichen Leben wurde sie vielfach gefeiert. Diese Auffassung des Geschlechtlichen entsprang einer Weltsicht, die die Vorgänge des natürlichen Werdens als Teil einer umfassenden Ordnung begriff, die für jeden Moment, vom ersten Begehren bis hin zum Liebesvollzug, eine eigene Gottheit kannte.

Um 400 jedoch fand der Kirchenvater Augustin für ein solches Liebesleben nur Spott.[44] Gespalten stand er auch der eigenen Sinnlichkeit gegenüber. Der Vater Patricius, der sich vergnügt über die von ihm beobachteten ersten geschlechtlichen Regungen des etwa 16jährigen äußerte, wird vom erwachsenen Sohn angeklagt, offensichtlich schon an Enkel denkend das »Dorngestrüpp« der aufkeimenden Sinnlichkeit nicht ausgerissen zu haben. In der ganz traditionell geprägten Haltung des Vaters (der zu diesem Zeitpunkt noch Taufanwärter ist) vermag der Sohn in seinem Lebensbericht nur den »Rausch« zu erkennen, »in dem die irdische Welt den Schöpfer vergisst und dessen Geschöpf statt *seiner* liebt, trunken vom heimlichen Taumelwein eines verkehrten und aufs Niedrigste gerichteten Trachtens« (*Confessiones* 2,3). Das geschlechtliche Begehren, das zuvor als göttliches Wirken von Aphrodite, Eros und Gamelios, oder Venus, Amor, Cupido und vielen anderen Gottheiten wahrgenommen wurde,[45] gilt nun als Ausdruck der Gottferne. Ein umfassender sozialer und mentaler Wandel war eingetreten.

Die Wurzeln dieser Haltung reichen tief. Schon antike Philosophen preisen eine Form der Enthaltsamkeit, doch diese verstanden sie als persönlichen Akt zur Konzentration der eigenen geistigen Kräfte. Die Beherrschung und Kontrolle des eige-

---

42 Der Beitrag von Dierichs (in diesem Band, S. 349–411) erläutert dies im Einzelnen.
43 Brown, Keuschheit 1994, 19 ff.; Clark, Women 1983, 78 ff.; vgl. auch den Beitrag von Zittel in diesem Band, S. 426–437.
44 *De civitate dei* 6,9; für die traditionelle Vorstellung hat Augustin in *De bono coniugali* (**Q 160**) nur noch den kurzen Relativsatz übrig: »worin die erste Gemeinschaft des Menschengeschlechtes in diesem sterblichen Leben besteht«.
45 Vgl. dazu z. B. das von Hieronymus *Adv. Iovinianum* (2,48) überlieferte Fragment Chrysipps, der zur Heirat des Weisen rät, um Gamelios und Genethlios, die Gottheiten der Hochzeit und Geburt, nicht zu beleidigen (H. von Arnim [Hrsg.], Stoicorum Veterum Fragmenta 3: Fragm. 727) bzw. die Angaben Augustins *De civitate dei* 6, 9.

nen sexuellen Handelns trat in der römischen Kultur nur in diesem Sinne als Aspekt männlicher Normvorstellungen in Erscheinung.[46] Eine zweifelhafte Stellung scheint die Geschlechtlichkeit hingegen im eschatologisch gestimmten Judentum gehabt zu haben,[47] etwa auch bei Johannes dem Täufer. Möglicherweise im Rückgriff auf solche Haltungen fasste Paulus in seinem *Ersten Brief an die Korinther* Ehelosigkeit und Enthaltsamkeit als das Überlegene und Gott Nähere auf (1 Kor. 7,25–40). Dieser ablehnenden oder doch zumindest skeptischen Haltung gegenüber der Geschlechtlichkeit folgte schon bald eine Verdrängung der Frauen aus der Gemeindeleitung. Während ihnen in der christlichen Gemeinschaft der apostolischen Zeit noch wichtige Aufgaben übertragen waren, wurden sie, wie frühe Textkorrekturen in den Schriften des neuen Testaments belegen, noch im Verlauf des 1. Jh. aus dem inneren Trägerkreis der Gemeinde verdrängt.[48]

Zu einem entscheidenden Wandel kam es im 3. Jh., und er veränderte nicht nur grundlegend das Verhältnis zwischen Christentum und umgebender antiker Gesellschaft, sondern problematisierte auch die Geschlechtlichkeit: Die Geschlossenheit der Person brach auf, die Menschen verlangten nach Gestalten übermenschlicher Qualität, nach ›Heilsvermittlern‹.[49] Im Selbstbild der Menschen bildeten sich damit zwei Pole, dem eigenen Ich trat eine übermächtige (mehr oder weniger) personale Instanz gegenüber. Im geistig-sozialen Raum zeigten sich zunehmend Gemeinschaften, die das Ich des Einzelnen abwerteten zugunsten der unmittelbaren Heilsbeziehung zur übermenschlichen Gestalt; der Einzelne sah sich in eine umfassende, einseitige Abhängigkeit gestellt in Bezug auf die übermächtige Heilsgestalt, die ihrerseits mit einem Anspruch auf ausschließliche Gültigkeit verbunden wurde.

Im politischen Raum spiegeln die Soldatenkaiser diesen Umbruch, die eben als Mittler und Gewährsmänner übermenschlich-göttlicher Siegesmacht ihre herrschaftliche Stellung erlangten und in ihrer Akzeptanz an eben diese Sieghaftigkeit gebunden blieben. Dieses Ineinander erklärt die Härte der Christenverfolgungen ebenso wie die todeswillige Hartnäckigkeit der Christen. Die Christen wurden als Gefahr für die – vom Imperator getragene – Heilsbeziehung aufgefasst; umgekehrt betrachteten die Christen den Bezug zu dem heilsvermittelnden Imperator als tödlichen Abweg, da sie ja alles aus der Heilsbeziehung zu *ihrem* Gott erwarteten. So feierten sie die Strafakte der Imperatoren bis hin zum ›Märtyrertod‹ als Heilsereignisse, die das Gemeinwesen ›retteten‹, und als Siege *ihres* Gottes und seiner Gläubigen.[50] Ergriffen von dieser ›selbstvergessenden‹ Sicht der Dinge waren, wie die *Märtyrerakten* zeigen, Frauen und Männer gleicherweise.

---

46 FOUCAULT, Le souci de soi 1984; MEYER-ZWIFFELHOFER, Phallus 1995.
47 Vgl. Flavius Iosephus *bell. Iud.* 2,8,2 zu den Essenern.
48 THRAEDE, Zähmung 1987, 109 ff.; KÜCHLER, Schweigen 1986; zur späteren Zeit vgl. JENSEN, Gottes Töchter 1992, z. B. zur Amtsfunktion der Witwe (*chèra*) 74 ff.
49 Dazu BROWN, Heiden 1986, bes. 87 ff.; vgl. auch BROWN, Holy Man 1971; DODDS, Heiden und Christen 1985; MARTIN, Macht der Heiligen 1990.
50 Näher dazu SCHNEIDER, Victoria 1989.

Eremiten und Eremitinnen

Im Zuge dieses Konfliktes bemühte sich eine zunehmend größere Zahl von Frauen und Männern, die in ihrem Inneren verankerte ausschließliche Bindung an die erwählte übermenschliche Heilsgestalt zu pflegen und zu vertiefen. Sie zogen sich von der Gemeinschaft zurück. Wesentliches Mittel dieses Rückzugs war die geschlechtliche Enthaltsamkeit, die die Aufgabe des Ichs und die Ausschließlichkeit des Heilsbezugs kennzeichnete. Zugleich entzog sie den Träger dieser Selbstverpflichtung weitgehend der Einbindung in die Gesellschaft und den Anforderungen des Sozialaustauschs. Im 3. Jh. wurde dies im Osten eine breite Bewegung. Es kam schließlich zu einer regelrechten Enthaltsamkeitsmission. In den *Thomasakten* etwa, einem christlich-gnostischen Text des 3. Jh., tritt der Apostel Thomas immer wieder als Werber für die Enthaltsamkeit auf. So überzeugt er in seiner *fünften Tat* zwei eben einander angetraute Eheleute, auf den Vollzug der Ehe zu verzichten und sich auf Dauer »von diesem schmutzigen Verkehr zu befreien«.[51] Die Spannungen, die sich damit im Hinblick auf die bislang gültigen Wertvorstellungen ergaben, beleuchtet beispielhaft der Konflikt des Thamyris mit seiner von Paulus für die Enthaltsamkeit gewonnenen Braut (**Q 159**).

Die ›Wüste‹ wurde das Ideal dieser Gesellschaftsfernen, sie markierte die Distanz zum Sozialleben der ›Welt‹. Männer und Frauen gingen in die Einöden Ägyptens, Palästinas und Syriens, um dort ihr enthaltsames Leben von den Versuchungen der Welt unangefochten zu führen. »Trenne die Zuneigung der Vielen von dir ab, damit der Geist nicht in Verwirrung gerate und deine Ruhe nicht zerstört werde«, sagt einer ihrer Aussprüche.[52] Das eben Verlassene freilich zeigte seine Wirkmächtigkeit. Die wesentliche Gefährdung, die den Wüstenbewohnern zu schaffen machte, war die Verlockung der Geschlechtlichkeit. Beispielhaft erzählen davon die Lehranekdoten der Wüstenbewohner.[53] Aus ihren volkstümlichen Ursprungssprachen (koptisch und aramäisch) schon bald ins Griechische und Lateinische übertragen, fanden Sammlungen dieser Stücke weite Verbreitung. Und sie brachten den ›Ruf der Wüste‹ in die ›gepflegten Städte‹,[54] um dort erneute Unruhe auszulösen, die sich in Bekehrungen entlud, aber auch in Pilgerfahrten der Wohlhabenden, ja in einem wahren Eremitentourismus.[55]

---

51 HENNEKE/SCHNEEMELCHER, Apokryphen 1959, II 313 ff.; vgl. auch die *Neunte Tat*, 353 ff.
52 HEINZ-MOHR, Weisheit 1985, 20 ff.
53 Z.B. HEINZ-MOHR, Weisheit 1985, 55 f.; MILLER, Weisungen 1998, 433 ff.
54 So widmete Bischof Palladius von Heliopolis, der um 400 einige Zeit als Mönch in Ägypten verbracht hatte, seine wichtige Sammlung von Wüstengeschichten, *Leben der heiligen Väter*, dem *Praepositus sacri cubiculi* Lausos, dem kaiserlichen Kämmerer in Konstantinopel; dieser freilich hütete in seinem am Hippodrom errichteten (heute noch im Grundriss erhaltenen) Palast zahlreiche Meisterwerke antiker Sakralkunst, so neben der Athena von Lindos und dem Zeus des Phidias auch die Aphrodite von Knidos des Praxiteles (Kedrenos I 616 B), so dass bei ihm die Wüstenväter und die Liebesgöttin einander begegneten.
55 Siehe für Ägypten die vielen Hinweise auf Besuche in den *Apophthegmata* (Migne PG 65 bzw. PL 73 bzw. MILLER, Weisungen 1998), für Palästina die Reise der Paula mit Eustochium, beschrieben von Hieronymus *epist.* 108 (S. 432, Anm. 94 in diesem Band);

Die Askese im Westen

Der ›Ruf der Wüste‹ erreichte auch den lateinischen Westen. Schon 341–343 hatte der wegen seiner Streitigkeiten mit Arius von Alexandria nach Rom verbannte Athanasius dem Westen Eindrücke von den ägyptischen Wüstenmönchen vermittelt. Als ihn nach seiner Rückkehr nach Ägypten die Fortführung der Streitigkeiten zur Flucht in die Wüste zwang (356), verfasste er eine rühmende *Lebensbeschreibung* des Wüstenbewohners Antonius, des Vorbilds all dieser Einsiedler (*Vita beati Antonii abbatis* 357). Die Bekanntheit des Athanasius brachte es mit sich, dass dieses Werk auch im Westen nachhaltig wirksam wurde, noch im 4. Jh. kam es zu mindestens zwei Übersetzungen ins Lateinische.[56] Die ›Wüste‹ des Westens wurde das unwirtliche Bergland; voll Abscheu beschrieb die dort Hausenden der klassisch geprägte Namatian (*de reditu suo* 1,441 ff.). Aber auch in den Städten fand die Askese Anklang.

Es waren vielfach Frauen, die im Westen der asketischen Strömung folgten. Dies lag zu einem erheblichen Teil daran, dass die römische Religion aufs Engste mit dem Politischen verschränkt war, wodurch die Männer sehr viel stärker in die kultischen Vorgänge einbezogen waren und – wenn sie ihre soziale und politische Stellung wahren wollten – an diese auch gebunden blieben. Die geringere Einbindung in das institutionelle politische und kultische Leben erlaubte den Frauen eine größere Offenheit gegenüber neuen religiösen Bewegungen. Der christliche Klerus richtete seine Anpreisung der Askese denn auch bevorzugt an Frauen, insbesondere an Witwen, die keiner Rechtsgewalt eines Mannes mehr unterstellt waren und frei über ihr Vermögen verfügen konnten.

Eine solche Frau war die Mutter des Ambrosius. Nach dem Tode ihres Mannes, eines hohen Amtsträgers im kaiserlichen Trier, hatte sie sich ganz dem geistlich-asketischen Leben zugewandt. Mit der älteren Tochter Marcellina, die 353 vor dem Bischof in Rom ein Jungfräulichkeitsgelöbnis ablegte, und dem kleinen Ambrosius lebte sie im Palast der Familie in Rom, eifrig besucht vom christlichen Klerus.[57] Solche Besuche erfolgten keineswegs ausschließlich aus Gründen der geistig-geistlichen Bildung; den frommen Männern ging es auch darum, die wohlhabenden Asketinnen für finanzielle Leistungen zugunsten der christlichen Gemeinschaft zu gewinnen oder gegebenenfalls günstige testamentarische Verfügungen zu erlan-

---

vgl. auch die Hinweise des Hieronymus auf die Reise der Fabiola und der Artemia (*epist.* 77,7 bzw. *epist.* 122,1); schließlich das wohl 381–384 verfasste *Itinerarium der Egeria/ Aetheria* (Fontes Christiani 20), Freiburg u. a. 1995.
56 Eine von Euagrius, Migne PG 26: 839–975; eine anonym (ed. Hoppenbrouwers Diss. Nimwegen 1960); was Augustin von Antonius anführt, stimmt mit keiner dieser beiden Übersetzungen überein; zu Antonius BROWN, Keuschheit 1994, 227 ff.
57 Paulinus von Mailand *Vita Ambrosii* 4 (Migne PL 14: 28). Einen Eindruck vom Leben solcher Witwen bieten die Anweisungen in den *Didaskalia* cap. 14–15: ACHELIS/FLEMMING, Didaskalia 1904, 74–84; vgl. im übrigen BANGERTER, Frauen im Aufbruch 1971, 65 ff.; JENSEN, Gottes Töchter 1992, 74 ff. zur ›Witwe‹ als Amtsträgerin. Zu Ambrosius BROWN, Keuschheit 1994, 349 ff.

gen. Im Rahmen der römischen Gesellschaft war dies nichts Auffälliges: die Wohlhabenden in Rom waren immer von Bittstellern und Erbwilligen umgeben gewesen.

Ambrosius und das Ideal der Jungfräulichkeit

Trotz der engen kirchlichen Bindungen von Mutter und Schwester blieb der junge Ambrosius ganz im Sinne der traditionellen sozial-religiösen Aufteilung zunächst kirchenfern und ungetauft. Er trat in den kaiserlichen Dienst und amtete schließlich als *Consularis Liguriae et Aemiliae*, als kaiserlicher Statthalter Norditaliens. In dieser Stellung bemühte er sich, im Streit um die Besetzung des Bischofsstuhles der Kaiserresidenz Mailand zwischen Arianern und Athanasianern Frieden zu stiften. Da wurde er selbst zur Übernahme des Bistums gedrängt und erhielt am selben Tag Taufe und Bischofsweihe (374). Damit wandelte sich Ambrosius und blieb sich doch gleich: Er suchte die hierarchisierte römische Ordnung der Spätantike, der er als kaiserlicher Amtsträger verpflichtet gewesen war, mit dem ihm von seiner Mutter und Schwester vermittelten Ideal der Askese zu verbinden.

Der asketischen Jungfräulichkeit fiel dabei eine besondere Rolle zu. Vor dem Hintergrund der hierarchisch bestimmten spätrömischen Welt wurde sie für Ambrosius Zeugnis einer unmittelbaren Ausrichtung am Höchsten: der ganz herrschaftlich aufgefassten Gottheit. Die Jungfräulichkeit galt ihm als der bereitwillige Eintritt in die Herrschaft Gottes. Doch wenngleich *virginitas* männliche und weibliche Enthaltsamkeit umfasste,[58] stand für Ambrosius doch die Enthaltsamkeit der Frau im Mittelpunkt seiner Phantasien. Sie führten ihn zu einer beharrlichen Verherrlichung der weiblichen Jungfräulichkeit und einem ständigen Reden darüber: Erhalten sind die Schriften *De institutione virginis et sanctae Mariae virginitate perpetua ad Eusebium*, der *Liber de virginitate* und *De virginibus ad Marcellinam sororem suam*, dann *De viduis liber unus*, die *Exhortatio virginitatis* sowie der *Libellus ad virginem devotam*, schließlich – in seiner Verfasserschaft allerdings unsicher – *De lapsu virginis consecratae*.[59]

Beispielhaft treten Ambrosius' Ansichten in dem von ihm 377 aus mehreren Predigten für seine Schwester Marcellina zusammengestellten Werk *De virginibus* (»Über die Jungfrauen«) hervor. Der Frau, die der »Lust des Mannes« und der »Lust des Fleisches« entsagt (Ambrosius *virg.* 1,26), wird die Souveränität des eigenen Leibes, des eigenen Lebens vor Augen geführt. Sie ist frei von den schweren natürlichen Pflichten und der den Männern geschuldeten »Dienstpflicht« (*virg.* 1,27, vgl.

---

58 Vgl. zur Jungfräulichkeit der Männer CLARK, The old Adam 1998; zur weiblichen Jungfräulichkeit z. B. STAHLMANN, Sexus 1997, sowie BANGERTER, Frauen im Aufbruch 1971, 95 ff., CLARK, Women's asceticism 1995.
59 Alle in MIGNE PL 16 und 17 (*Über die Einrichtung der ›Jungfrau‹ und die ewige Jungfräulichkeit der heiligen Maria an Eusebius, Das Buch von der Jungfräulichkeit, Über die Jungfräulichkeit an seine Schwester Marcellina, Ein Buch über die Witwen, Ermahnung zur Jungfräulichkeit, Büchlein an die dargebrachte Jungfrau, Über den Fall der geweihten Jungfrau*).

auch **Q 160**). Sie muss sich nicht herausputzen, um dem Mann zu gefallen, sie kann ganz den eigenen und eigentlichen Verdiensten, der eigenen unvergänglichen Schönheit leben: der inneren Schönheit vor Gott. Die Last der Schwangerschaft und die Schmerzen der Geburt bleiben ihr unbekannt. Ohne das Leid eines Verlusts von Kindern hat sie reiche Nachkommenschaft und ohne Trauerfälle weiß sie vom Erben (*virg.* 1,29 f.).[60]

Immer wieder werden von Ambrosius die vom Judentum als Ausdruck der Bindung der ›Königin‹ Zion an den Gott Israels gedeuteten Liebeslieder des *Hohenlieds* bemüht, um den ›Jungfrauen‹ die zukünftigen Freuden als Braut Christi vor Augen zu führen. Anders aber als im Judentum verbindet er das mit einer Enthaltsamkeit und Jungfräulichkeit der ›Braut‹. Auch das Bild Marias, der Mutter Jesu, die er den Frauen als das *exemplum* der Jungfräulichkeit schildert, gerät ihm weit über das tatsächlich Überlieferte hinaus ganz nach der zeitgenössisch-eigenen Sicht. Maria geht nicht in die Alltagswelt hinaus, sie sitzt im Haus und widmet sich dem geistlichen Studium und dem Gebet, sie fastet ständig, sie lebt vor und nach der wunderbar jungfräulichen Geburt gänzlich enthaltsam (*virg.* 2,7 ff.).[61] Da Ambrosius – der Lehre des Athanasius folgend – Jesus die ganze Gottheit zuweist, kann die Menschwerdung Christi nicht auf dem Weg der ›Fleischlichkeit‹ erfolgt sein. Die jungfräuliche Empfängnis der Maria ist daher die Bedingung für die Gottmenschlichkeit Christi. Daraus folgt die Verehrung der Jungfräulichkeit als solcher – eben im Hinblick auf die Aufnahme der Gottheit und in ausdrücklicher Abkehr von dem mit der Geschlechtlichkeit innig verschränkten Weltlichen (vgl. *virg.* 1,20 f.). Die Jungfräulichkeit ist für den früheren kaiserlichen Statthalter letztlich der einzig angemessene ›Hofdienst‹ vor Gott.

Adam und Eva werden dementsprechend wesentlich in ihrer je eigenen Beziehung zu Gott gesehen, ihr Verhältnis untereinander ist durch Geschlechtslosigkeit bestimmt. Erst nach dem Verstoß gegen Gottes Gebot kommt es zur geschlechtlichen, gemeinschaftsbildenden Verbindung von Mann und Frau. Als der Verführung durch die Schlange entsprungen ist die Vereinigung des ersten Menschenpaares und die Geschlechtlichkeit eine Folge der Vertreibung aus dem Paradies. Geschlechtlichkeit und Gottesbezug bzw. Reinheit schlossen für Ambrosius daher einander aus. Hinsichtlich des Zusammenseins von Mann und Frau vermeidet er

---

60 Sie erbt von Menschen, mit denen sie nicht verwandt ist, deren Tod für *sie* also keinen Trauerfall darstellt.
61 Diesen Vorstellungen wurde von anderen Christen heftig widersprochen, führend dabei Jovinian, Helvidius und Bonosus, die für die volle Weiblichkeit Marias eintraten; ihre Schriften gingen unter, doch bis ins 8./9. Jh. bestanden in Dalmatien Gemeinden dieser christlichen Richtung. Gegen die Genannten vertraten die Meinung einer beständigen Jungfräulichkeit Marias (*in partu* bzw. *post partum* oder auch *perpetua*): Ambrosius (gegen Bonosus): *De institutione virginis et sanctae Mariae virginitate perpetua ad Eusebium* (PL 16, 315–348; vgl. auch *Ep.* 56); Hieronymus: *Adversus Helvidium de Mariae virginitate perpetua* (PL 23, 183–203); *Adversus Iovinianum* (PL 23 221–352); Augustinus (gegen Iovinianus): *De bono coniugali* (CSEL 41, 187–231) und *De sancta virginitate* (CSEL 41, 235–302); zum Streit: HUNTER, Resistance 1987; HUNTER, Helvidius 1993.

zwar eine ausdrücklich negative Wertung, doch kommt sie indirekt zum Ausdruck, wenn er die Kirche in ihrer Beziehung zu ihrem Bräutigam Christus preist als »rein vom Beischlaf«, als »frei von jeder Befleckung der Reinheit« (virg. 1,31).[62] Die eheliche Verbindung von Frau und Mann ist damit, auch wenn sie in christlichem Sinne geführt wird, eine Sache zweiter Wahl. Eben darum kann die Jungfräulichkeit der unverstellte Zugang zu einem paradiesisch-engelhaften Zustand des Menschen sein, eben darum ist letztlich allein sie es, die der herrschaftlichen Göttlichkeit Gottes entspricht. Allen gegenteiligen Versicherungen zum Trotz schwebt daher über der von der geschlechtlichen Fortpflanzung nicht trennbaren menschlichen Gesellschaft als solcher eine auszehrende Ungewissheit.

Gleichwohl bemühte sich Ambrosius angesichts der sozialen Brisanz dieser Auffassung jede Ehe- und Geschlechtsfeindlichkeit in Abrede zu stellen. Wer die Ehe verwirft, verwirft auch die menschliche Gesellschaft (virg. 1,34), versichert er ganz im Sinne des Thamyris und der traditionellen Überzeugung, und er führt unter Anlehnung an Paulus (1. Kor. 7,1 ff.) aus, dass die Ehe etwas Gutes sei, das er begrüße, dass freilich die Ehelosigkeit besser sei (virg. 1,24; 34f.). Darauf zählt er, ohne mögliche Freuden zu erwägen, die ihm denkbaren Beschwernisse der Ehe und die Belastungen der Frauen durch die der Ehe entspringenden Kinder auf (virg. 1,25–28), um demgegenüber breit die jenseitigen Güter der überirdischen Beziehung der Jungfrau auszumalen. Zugleich bezieht Ambrosius auch die Eltern in sein Jungfräulichkeitswerben ein. Die dem überirdischen Bäutigam geopferten Jungfrauen werden den Eltern als Sühne für die eigenen Verfehlungen (virg. 1,32) in Aussicht gestellt.

Gegenüber Ambrosius' übersteigertem Lobpreis der Jungfräulichkeit und der Jungfräulichen zeigt die von ihm überlieferte, anlässlich des Jungfräulichkeitsgelübdes von Marcellina (353) gehaltene Predigt des römischen Bischofs Laberius allerdings eine recht irdische Wirklichkeit (virg. 3 1–14). Die Jungfrauen werden darin gemahnt, während der heiligen Handlung nicht zu schwätzen (virg. 3,11) und zu lachen (virg. 3,13), sie sollten sich des Tanzes enthalten und nicht zu viel Besuch (von seiten der Familie oder der Freundinnen) empfangen (virg. 3,9).

Unterstützt wurde der Mailänder Bischof bei seiner Werbung für die Enthaltsamkeit durch die ihm verbundenen schon praktizierenden enthaltsamen Frauen. Sie wohnten in einem eigenen Hause, wo sie ihren geistlichen Übungen nachkamen und zugleich für den eigenen Lebensunterhalt und die Unterstützung anderer tätig waren.[63] Sobald sie aber bei ihren Wegen in der Öffentlichkeit irgendwelche Ansätze zu einem jungfräulichen Leben bei anderen Frauen entdeckten, ließen sie, wie Ambrosius rühmt, »keine Schritte unversucht, nach der verborgenen Beute

---

62 Die Vorstellung der Befleckung des reinen ›lichten‹ Geistigen durch das unreine ›dunkle‹ Körperliche entsprang einer Verbindung von neuplatonischen und persisch-dualistisch geprägten gnostischen Vorstellungen, die auch im eschatologischen Judentum begegnet und die Lehre Manis grundlegend bestimmt; dazu ELSAS, Weltablehnung 1975; PEARSON, Gnosticism 1990; WIDENGREN, Mani 1961.
63 Die Tätigkeiten werden wie bei den Witwen Wollarbeiten gewesen sein, vgl. Didaskalia cap. 15, ACHELIS/FLEMMING, Didaskalia 1904, 79.

selbst bis in die stillen Gemächer hinein zu fahnden« (*virg.* 1,61). Als Unverheiratete im Umgang mit anderen jungen Frauen nicht eingeschränkt verlegten sie sich also auf die Überzeugungsarbeit bei den familiär noch Ungebundenen.

Die Mütter Mailands reagierten auf Ambrosius und sein frommes Verlocken auf ihre Weise, wie der Bischof in seiner Predigt klagt: Sie hinderten ihre Töchter am Besuch der enthaltsamkeitsseligen Predigten (*virg.* 1,58). So blieben die vielen Werbereden für die Jungfräulichkeit in Mailand weitgehend erfolglos, wurden allmählich sogar als lästig empfunden.[64] Dafür, so suchte sich der Bischof zu rechtfertigen und zu trösten, kämen aus Piacenza und Bologna, ja sogar aus Mauretanien Frauen, um vor ihm den Schleier der Jungfräulichkeit zu nehmen (*virg.* 1,57).

Augustinus und die Enthaltsamkeit

Ein bedeutender Erfolg jedoch gelang dem Mailänder Prediger: Er gewann Augustin. Bevor dieser auf Ambrosius traf, hatte er geschwankt zwischen einer positiven Stellung zur eigenen Geschlechtlichkeit und Leiblichkeit – und einer Sehnsucht nach Reinheit. Für längere Zeit erfüllt sich ihm diese als ›Hörer‹ im Kreis der Anhänger des Mani, die einen strengen Dualismus von Leib und Geist vertraten, zugleich freilich lebte er seit seinen frühen Studientagen im Konkubinat[65] und hatte auch einen Sohn. Der entscheidende Anstoß, nach der Trennung von seiner Konkubine auch die geplante standesgemäße Ehe aufzugeben, erfolgte durch die Wüstenväter: Seinen ›Bekenntnissen‹ zufolge war es die *Vita des Antonius* von Athanasius, die Augustin zur Enthaltsamkeit bekehrte.[66]

Bei Augustin verschieben sich die Dinge gegenüber der hierarchisch geprägten Gedankenwelt des Ambrosius auf höchst folgenreiche Weise. Anders als der frühere kaiserliche Sachwalter denkt der aus der ländlich-konservativen Welt abseits von Karthago kommende Augustin noch wesentlich im Sinne der alten Vorstellung der *res publica* von der Gemeinschaft her und dringt auf dieser Grundlage weiter vor. Adam und Eva gelten ihm als erste menschliche Gemeinschaft und er gesteht ihnen, die er ganz in Gottes Willen eingebettet sieht, dem – von Thamyris so knapp wie treffend wiedergegebenen – reproduktiven Denken der Antike entsprechend die ganze Leiblichkeit und Geschlechtlichkeit zu. Adam und Eva sind auch vor der Verführung durch die Schlange Geschlechtswesen, aber sie sind vor dem Sündenfall mit ihrem freien Willen in den Willen Gottes eingebettet; ohne den Verstoß gegen Gottes Gebot hätte das erste Menschenpaar in aller Unschuld eine paradiesische Nachkommenschaft gezeugt (vgl. *De Genesi ad litteram* 9,3,5f.). Die

---

64 Im gleichen Sinne weist Diemut ZITTEL im folgenden Beitrag (S. 426ff.) darauf hin, dass Hieronymus aufgrund der Opposition gegen seine Jungfräulichkeits-Propaganda im Jahre 385 gezwungen war, Rom zu verlassen.
65 Der Konkubinat war in der römischen Kultur eine gesellschaftlich anerkannte Verbindung; vgl. FRIEDL, Konkubinat 1996, und den Beitrag von KUNST in diesem Band, S. 40f.
66 Vgl. *Confessiones* 8,6; 8,12; dazu MONCEAUX, Saint Augustin 1924, 61 ff.; zu Augustin vgl. auch BROWN, Keuschheit 1994, 395 ff.

Geschlechtlichkeit ist somit nicht als solche negativ besetzt.[67] Wenn den beiden nach ihrer Übertretung von Gottes Gebot »die Augen aufgingen« (*Gen.* 3,7), so betraf das nicht die Leiblichkeit und Geschlechtlichkeit, sondern den durch das eigensüchtige Begehren bedingten Verlust der Gnade (*Gen.* 11,31,40 f.). Das Belastende, den paradisischen Zustand Vernichtende, liegt in dem vom je Eigenen erfüllten, aus dem Einklang mit Gottes Willen herausfallenden Begehren und der zugehörigen Lust.

Obwohl sich Augustinus schließlich in seinem auf die eigene Sinnlichkeit reagierenden Reinheitsverlangen für die Enthaltsamkeit entschied und sie auch bei seinen Klerikern wünschte, werden Geschlechtlichkeit und Leiblichkeit von ihm also durchaus teilweise positiv bewertet (**Q 160**). Damit wird die Frau, die in der männlich geprägten Geschlechtsauffassung der römischen Welt mit dem Bild der Verführerin und des erotischen Begehrens verbunden wurde, entlastet. Doch der Preis für die Wahrung der Geschlechtlichkeit als göttlich gewolltes Gut war hoch: Die Geschlechtlichkeit verliert zwar ihre grundsätzliche Makelhaftigkeit, und damit reduziert sich auch die aus der prinzipiellen Jungfräulichkeitsforderung folgende Spannung zwischen Mann und Frau, wie sie noch bei Ambrosius erscheint; der Preis dafür ist jedoch, dass der Mensch in sich zerklüftet wurde. Das Irisierend-Verunsichernde, das auf die Geschlechtlichkeit und Leiblichkeit zentriert war, eben dadurch aber dem reinigenden Zugriff der Askese zugänglich war, ergriff nun alle Regungen des Menschen. Die Gottentzweiung lauerte überall: der Mensch war nun als solcher sündenverfallen, er trug die »Erbsünde«, die von Augustin gerade in diesem Zusammenhang gefunden wurde; jeder Einzelne war samt seiner Leiblichkeit in die ›Wüste‹ der Selbstzerknirschung verwiesen, weil er niemals selbständig eine Gewissheit zu erlangen vermochte. Diese Unsicherheit traf Frauen und Männer gerade in ihrer Geschlechtlichkeit, und so wurde diese doch wieder belastet. Frau und Mann sollten sich daher nach dem Willen Augustins bei der Vereinigung zur Erzeugung von Kindern im Gedenken an diese vom vereinzelnden Begehren hervorgerufene »Erbsünde« der *Traurigkeit* befleißigen, da beim ehelichen Verkehr die Leiber von Adams Sündenfall kündeten (*Predigt* 51,15, 25).

Die Polemik der großen Christenlehrer galt freilich nicht nur der Geschlechtlichkeit, sie richtete sich allgemein gegen die Leibesfreude und die leibliche Schönheit: Beide galten als dämonisch, als vom rechten Wege abführend. Schön waren die jungfräulichen oder von der Askese ausgemergelten Gestalten der Nonnen, Altväter und Greise (*senes*; *gérontes*), ihr langes weißes Haar. Die abgehärmten Gesichter waren es, die träumerische Gedanken über die Gotteswelt erregten; geliebt wurde, was vom konkret Gegebenen wegführte. In diesem Sinne klagt sich Augustin an, bei der Abfassung seines Jugendwerkes über »das Schöne und das Angemessene« sich allein in den körperhaften Formen ergangen zu haben, gerade das habe ihm als das Schöne gegolten, was sich an sich gut ausnimmt – mit all dem sei er in der Körperwelt befangen geblieben (*Confess.* 4,15).

---

67 Vgl. auch Augustins neuentdeckte Predigt von 397: *Sermo de bono nuptiarum*; dazu DOLBEAU, Sermons inédits 1992.

Geschlechtlichkeit und Begehren bei Maximian

Getragen von der weltlichen Macht, der sich das Christentum verbunden hatte, wurde die negative Einstellung gegenüber Geschlechtlichkeit und Leiblichkeit, die Ambrosius und Augustinus beherrschte, weithin verbindlich. Und doch entstand, nachdem das Christentum schon seit über 150 Jahren Staatsreligion war, noch zur Mitte des 6. Jh., eine Dichtung, die von einer antik gestimmten Haltung aus all dem von Grund auf widersprach: *die elegische Dichtung von Maximian.*[68] Eindringlich preist der ansonsten unbekannte Dichter, der – obwohl äußerlich wohl Christ – den Grundanliegen des Christentums fern steht, im Rahmen einer Altersklage die Liebe gerade in ihrer Leiblichkeit. Doch Maximian spricht von seinem eigenen vergangenen und gegenwärtigen Erleben nicht unter der Perspektive der erotischen Dichtung, wie sie etwa die *Anthologia Palatina* überliefert, sondern im Hinblick auf eine Gesamtdeutung seines Lebens und des sozialen Lebens im Allgemeinen. So tritt die Dichtung von Maximian äußerlich den *Confessiones* Augustins zur Seite, richtet sich in ihrer Aussageabsicht jedoch gegen sie, greift in einem komplizierten intertextuellen Spiel die von Augustin und Ambrosius entwickelte leibfeindliche Gesamtdeutung des privaten und sozialen Lebens an.

Beschreibt Augustin in seiner Lebensgeschichte in innerer Zerknirschung die Geschlechtlichkeit als die wesentliche Gefährdung, so ist Leiblichkeit und Geschlechtlichkeit bei Maximian das ständig Gewünschte, das Verlangen danach prägt sein Handeln. Und während Augustin nach der Trennung von seiner Konkubine bis in das hohe Alter peinlich darauf sah, nicht mit Frauen allein zu sein, bestimmt das Verlangen nach dem Vollzug der Geschlechtlichkeit den Höhepunkt der Dichtung von Maximian – mehr noch, die begehrende Frau tritt mit ihrem Loblied auf das Glied des Mannes und den geschlechtlichen Vollzug in den Vordergrund (**Q 161**). Ganz im Sinne der Rede des Thamyris verkündet *sie* das Welterhaltende der Geschlechtlichkeit und des geschlechtlichen Miteinanders, und der Dichter unterstreicht das, indem er das Dichtungsgeschehen mit intertextuellen Verweisen auf die mythische Geschichte Roms durchsetzt. All das, was die Christen dem dreieinigen Schöpfergott zuwiesen, schreibt die Griechin der *mentula* und der geschlechtlichen Vereinigung von Mann und Frau zu. Eben das, was Ambrosius mit seiner Verherrlichung der Jungfräulichkeit zu verdrängen sucht, was Augustin nach seiner ›Bekehrung‹ ablehnt, anklagt und verketzert, preist die geschlechtsbewusste Geliebte Maximians. So antwortet die Griechin mit ihrem Lied ganz unmittelbar auf die Verweigerung der leiblichen Welt, wie sie die wortmächtigen Seelenhirten der Christen vortrugen und von den Gläubigen forderten. Augustins Selbstbezichtigungen der eigenen Fleischesverfallenheit in den Zeiten des Heranwachsens und im frühen Mannesalter stehen die – teilweise ironisch negativ inszenierten – freudvollen Rückerinnerungen an die Begegnungen mit Frauen bei Maximian gegen-

---

68 Textausgabe und Darstellung zum Inhalt im Einzelnen: SCHNEIDER, Maximian 2003. Es war die Ungreifbarkeit des intertextuellen Spiels, die dem Verfasser seine kritische Gegenrede ermöglichte.

über, die allein durch die mittlerweile eingetretene physische Einbuße getrübt wird, das bloße Alter und der damit verbundene Schwund des geschlechtlichen Vermögens. Und wenn sich die Dichtung von Maximian als Klage eines Alten gibt, so tritt der Dichter damit nur ironisch in die Selbstverständlichkeiten der christlichen Spätantike ein, die die erfahrenen Asketen im Hinblick auf ihre Geschlechtsferne und ihre ›Körperlosigkeit‹ verehrte und sie – gleich welchen Alters – mit dem Ehrentitel ›Greis‹ (*gérōn* bzw. *senex*) auszeichnete.[69]

Diese letzte in antikem Geist aufgefasste Widerrede verhallte jedoch ohne tiefere Wirkungen zu erlangen, die christliche Leibesverweigerung setzte sich durch: Im Theologischen wurde das Geschlechtliche auf Dauer mit der von Augustinus ›gefundenen‹ Erbsünde verbunden. Für Jahrhunderte wurde so Leiblichkeit und Geschlechtlichkeit in das Zwielicht des Allzumenschlichen abgedrängt. Dieser Abkehr vom Leiblichen aber steht das – dem antiken Empfinden fremde – Bemühen um eine innere seelische Tiefe in einer den Menschen umgreifenden, geistig-religiösen wie auch gesellschaftlichen Gesamtordnung gegenüber.

Quellen

Q 159 Thamyris' Anklage des Paulus

Vita der Hl. Thekla (*Vita Theclae*), Kap. 16

Thamyris klagt Paulus, den geistlichen Mentor seiner Verlobten Thekla, vor dem römischen Statthalter an, als diese die versprochene Ehe verweigerte, weil sie von Paulus für die Enthaltsamkeit gewonnen worden war (Mitte 5. Jh. n. Chr.).

Dieser Mann hat eine neue und absonderliche, zur Zerrüttung des Menschengeschlechtes führende Lehre aufgebracht. Er verunglimpft die Ehe – die Ehe, von der man sagen könnte, sie sei der Ursprung, die Wurzel und der Quellgrund unserer Natur. Ihr entspringen Väter, Mütter, Kinder und Familien. Städte, Dörfer und das bestellte Land sind durch sie ins Dasein getreten. Seefahrt, Ackerbau, und alle Fertigkeiten zur Nutzung der Erde, das Imperium und dieses Gemeinwesen, Gesetze, Obrigkeiten und Gerichtshöfe, die Heere und Heerführungen, die Philosophie, die Rhetorik, der ganze summende Schwarm der Wörter, sie alle rühren her von ihr. Und mehr noch: aus der Ehe gehen die Tempel und Heiligtümer hervor, die Opfer, die Riten, die geheimen Lehren, die Bittgelöbnisse und Bittgebete.

Ἐν ἐπιεικείας δέ, ὡς καὶ νῦν ἔχεις ὁρᾶν, προσχήματι καὶ πλάσματι καινήν τινα καὶ ἀλλόκοτον κατὰ τοῦ κοινοῦ γένους τῶν ἀνθρώπων ποιεῖται διδασκαλίαν, τὸν μὲν γάμον ψέγων, τὴν – ὡς ἂν εἴποι τις – ἀρχὴν καὶ ῥίζαν καὶ πηγὴν τῆς ἡμετέρας φύσεως, ἀφ' οὗπερ καὶ πατέρες καὶ μητέρες καὶ παῖδες καὶ γένη καὶ πόλεις καὶ ἀγροὶ καὶ κῶμαι πεφήνασιν, ἀφ' οὗπερ ναυτιλία καὶ γεωργία καὶ αἱ παντοδαπαὶ τέχναι τῆς γῆς, ἀφ' οὗπερ βασιλεία καὶ πολιτεία καὶ νόμοι καὶ ἀρχαὶ καὶ δικαστήρια καὶ στρατεῖαι καὶ στρατηγίαι, ἀφ' οὗπερ φιλοσοφία καὶ ῥητορικὴ καὶ ὁ σύμπας τῶν λόγων ἑσμός, καί, τὸ μεῖζον, ἀφ' οὗπερ ναοὶ καὶ τεμένη καὶ θυσίαι καὶ τελεταὶ καὶ μυστήρια καὶ εὐχαὶ καὶ λιταί.

---

69 Z.B. in den *Apophthegmata*: MIGNE PG 65, col. 342 Nr. 77; 78; 79; 86; col. 362 Nr. 159; 161; 162.

Q 160 Augustinus »Über das Gut der Ehe«

Augustinus, *Über das Gut der Ehe* (*De bono coniugali*) 6.

Der Kirchenvater Augustinus schrieb seine Werk über die Ehe im Jahre 401.

Auch in dem allzu maßlosen Verlangen, die fleischliche Pflicht einzulösen [...], treiben sie [manche Männer] es so weit, dass sie sich auch über den Anlass der Kindererzeugung hinaus geschlechtlich verbinden; wenn *diese* nun ihr verderbter Charakter zu einem solchen Geschlechtsverkehr treibt, so verteidigt sie gegen den Vorwurf des Ehebruchs oder der Hurerei immerhin die Ehe. Freilich wird dies nicht der Ehe wegen zugelassen, sondern es wird der Ehe wegen nachsichtiger beurteilt. Die Gatten schulden einander also nicht nur die Treue, sich geschlechtlich zu verbinden, um Kinder zu erzeugen – worin die erste Gemeinschaft des Menschengeschlechtes in diesem sterblichen Leben besteht – sie schulden einander auch eine gewisse Willfährigkeit, um dadurch gegenseitig ihre Schwachheit aufzufangen und unerlaubten Geschlechtsverkehr zu vermeiden. Infolgedessen ist auch der Entschluss eines Gatten zu dauernder Enthaltsamkeit nur in Übereinstimmung mit dem anderen möglich. Darum hat ja auch ›die Gattin keine Gewalt über ihren Leib, sondern der Gatte; gleicherweise verfügt auch nicht der Mann über seinen Leib, sondern die Frau‹ (1 Kor. 7,4ff.). Mit Rücksicht darauf sollen sie auch einander nicht versagen, wenn nicht wegen der Kindererzeugung, sondern allein aus Schwachheit und Unenthaltsamkeit, er von der Ehefrau, oder sie vom Ehemann, die Vereinigung begehrt, auf dass sie nicht, versucht vom Satan, auf Grund der Unenthaltsamkeit beider oder eines von ihnen in schädliche Verderbnis geraten. Die eheliche Vereinigung zu Gunsten der Zeugung ist schuldlos; geschieht sie zur Sättigung der Begierde, aber doch mit der Ehefrau, so birgt sie in sich eine verzeihliche Schuld – wegen der Treue zum ehelichen Lager. Ehebruch und Hurerei hingegen enthalten eine tödliche Verschuldung. Aus diesem Grunde ist die Enthaltsamkeit von *jeglichem* Geschlechtsverkehr gewiss besser als selbst der eheliche, der Zeugung dienende Geschlechtsverkehr.

Jam in ipsa quoque immoderatiore exactione debiti carnalis, [...] ut etiam praeter causam procreandi sibi misceantur; etsi eos pravi mores ad talem concubitum impellunt, nuptiae tamen ab adulterio seu fornicatione defendunt. Neque enim illud propter nuptias admittitur, sed propter nuptias ignoscitur. Debent ergo sibi conjugati non solum ipsius sexus sui commiscendi fidem, liberorum procreandorum causa, quae prima est humani generis in ista mortalitate societas; verum etiam infirmitatis invicem excipiendae, ad illicites concubitus evitandos, mutuam quodam modo servitutem; ut etsi alteri eorum perpetua continentia placeat, nisi ex alterius consensu non possit. Et ad hoc enim uxor non habet potestatem corporis sui, sed vir; similiter et vir non habet potestatem corporis sui, sed mulier (I Cor. VII, 4–6): ut et quod non filiorum procreandorum, sed infirmitatis et incontinentiae causa expetit, vel ille de matrimonio, vel illa de marito, non sibi alterutrum negent; ne per hoc incidant in damnabiles corruptelas, tentante Satana, propter incontinentiam, vel amborum, vel cujusquam eorum. Conjugalis enim concubitus generandi gratia, non habet culpam; concupiscentiae vero satiandae, sed tamen cum conjuge, propter thori fidem, venialem habet culpam: adulterium vero sive fornicatio lethalem habet culpam. Ac per hoc melior est quidem ab omni concubitu continentia, quam vel ipse matrimonialis concubitus, qui fit causa gignendi.

Q 161 Maximians Lob des Begehrens

Maximian, *Die elegischen Verse* (*Versus Elegiaci*) 630–672 bzw. 5,110–152

Das Preislied der begehrenden Griechin auf die im Dienst ›gefallene‹ Mentula (Rute) – ein Ausschnitt aus der Dichtung von Maximian (Mitte 6. Jh.).

Nicht die persönliche Wirrnis beweine ich, sondern die allgemeine.
Dies Geschlecht der Menschen, des Herdenviehs, der Vögel, des Wildgetiers
und was immer im gesamten Erdkreis atmet, erschafft *sie* [*mentula*, die ›Rute‹].
Ohne sie ist keine Eintracht der gegensätzlichen Geschlechter,
Ohne sie schwindet das höchste Wohlsein der Paaresbindung.
Mit so festem Band schließt sie die zwillingshaften Sinne zusammen,
dass sie zwei eines Leibes sein lässt.
Mag sie auch schön sein, ihren Wert verliert die Frau, wenn *sie* fehlt.
und der Mann wird, wenn es an *ihr* fehlte, ebenfalls schandbar sein.
Wenn dieser funkelnde Steinschnitt das rotschimmernde Gold nicht fugt,
ist trughaft und todesträchtig auf ewig alles Geschlecht.
Mit dir teilen sich rein die Treue und sicher die Geheimnisse mit,
oh wahrhaftig mein, fruchtbringendes Gut!
Wohlauf denn, sage ich, Glückselige, immer Glückseligen dienstbar
genieße auch die dir verschwisterten Freuden!
Alles beugt sich dir – und, was noch erhabener ist,
es beugen sich überdies die größten Szepter deinen Geboten.
Ja selbst die Weisheit, die die ganze Welt lenkt,
bietet ihre unbesiegten Hände deinen Befehlen dar.
Und was dir erlegen, murrt nicht, sondern freut sich, dir unterworfen zu sein:
Die Wunden deines Zornes sind allzu beglückend.
Niedergestreckt wird die Jungfrau, getroffen in dir geweihter Wunde
und benetzt von frischem Blut liegt sie glücklich.
Schweigend erträgt sie ihren Schmerz und lacht seiner – obschon zerrissen
ja, dem, der sie durchstoßen, spendet sie liebevoll Beifall.
Nicht träge, nicht immer sanft entspricht dir zu handeln,
beigemischt sind deinen Spielen auch beherztere Taten.
Einmal nämlich Scharfsinn, dann große Kräfte gebrauchend
besiegst du, was dem Genuss der Venus allzu feindlich ist.
Denn für dich bedeuten die nächtelangen Mühen:
Regengüsse, Hinterhalte, Zänkereien, Verluste, Eiseskälte.
Du vertraust mir oft das Herz des wilden Tyrannen,
selbst der blutige Mars wird mild durch dich.
Nach Besiegung und Vernichtung der Giganten
entwindest du dem erzürnten Juppiter die dreigezackte Lanze.
Du zwingst die grimmigen Tiger, Zuneigung zu empfinden,
durch dich wandelt selbst der Löwe sich zum schmeichelnden Liebhaber.
Wunderbare Tatkraft ist dir eigen, wunderbare Nachsicht: Die Besiegten
liebst du und willst auch selbst oft besiegt werden.

Wenn immer du überwunden liegst, erneuerst du Kräfte und Sinne
und liebst dann wiederum besiegt zu werden, wiederum zu siegen.
Kurz währt der Zorn, lange der Wohlsinn, wiedergekehrt ist die Lust,
und wenn das Vermögen schwindet, bleibt doch der *eine Sinn*.

Non fleo privatum, sed generale chaos.
Haec genus humanum, pecudum volucrumque, ferarum
et quidquid toto spirat in orbe, creat.
Hac sine diversi nulla est concordia sexus
hac sine coniugii gratia summa perit.
Haec geminas tanto constringit foedere mentes,
unius ut faciat corporis esse duo.
Pulchra licet pretium, si desit, femina perdit;
et si defuerit, vir quoque turpis erit.
Haec si gemma micans rutilum non ferat aurum,
aeternum fallax mortiferumque genus.
Tecum pura fides secretaque certa loquuntur,
O vere faustum fructiferumque bonum!
Vade, inquam, felix, semper felicibus apta,
et tibi cognatis utere deliciis!
Cedunt cuncta tibi; quodque est sublimius, ultro
cedunt imperiis maxima sceptra tuis.
Ipsa etiam totum moderans sapientia mundum
porrigit invictas ad tua iussa manus.
Nec substrata gemunt, sed se tibi subdita gaudent;
vulnera sunt irae prosperiora tuae.
Sternitur icta tuo votivo vulnere virgo
et perfusa novo laeta cruore iacet.
Fert tacitum ridetque suum laniata dolorem
et percussori plaudit amica suo.
Non tibi semper iners, non mollis convenit actus,
mixtaque sunt ludis fortia facta tuis.
Nam nunc ingenio, magnis nunc viribus usa
vincis, quae Veneri sunt inimica magis.
Nam tibi pervigiles intendunt saepe labores
imbres insidiae iurgia damna nives.
Tu mihi saepe feri commendas corda tyranni,
sanguineus per te Mars quoque mitis erit.
Tu post extinctos debellatosque gigantes
excutis irato tela trisulca Iovi.
Tu cogis rabidas affectum discere tigres,
per te blandus amans redditur ipse leo.
Mira tibi virtus, mira est patientia: victos
diligis et vinci tu quoque saepe voles.
Cum superata iaces, vires animosque resumis
atque iterum vinci, vincere rursus amas.
Ira brevis, longa est pietas, recidiva voluptas,
et cum posse perit, mens tamen una manet.

Weitere Quellen

Neben den Hinweisen im Text und in den Anmerkungen vgl. ACHELIS/FLEMMING, Didaskalia 1904 [zum Leben von Witwen und Gemeinschaften von Asketinnen]; HENNEKE/SCHNEE-MELCHER, Apokryphen 1959 [darin die Thomasakten Bd. II 297–372].
KOENEN/RÖMER, Der Kölner Mani-Kodex 1988; MILLER, Weisungen der Väter 1998; WIMBUSH, Ascetic Behavior 1990 [Quellensammlung].

Grundlegende Literatur

BROWN, Keuschheit 1994; CLARK, Women's asceticism 1995; CLARK, The old Adam 1998; COOPER, Virgin and Bride 1996; MARTIN, Macht der Heiligen 1990; WIMBUSH/VALANTASIS, Asceticism 1995.

Weiterführende Literatur

DODDS, Heiden und Christen 1985; ELM, Virgin of God 1994; MARTIN/QUINT, Christentum 1990; FOUCAULT, L'usage des plaisirs 1984; FOUCAULT, Le souci de soi 1984; HUNTER, Resistance 1987; JENSEN, Töchter 1992; THRAEDE, Der Mündigen Zähmung 1987; HERRIN, Byzantine Women 1993.

Hieronymus und Paula: Brief an eine Asketin und Mutter
Diemut Zittel

»Welchen Unterschied machte das Christentum?«, fragte Ramsay MacMullen 1986.[70] Er sprach dabei eine alte und immer noch aktuelle Forschungsdebatte an. Die Positionen reichen von der Behauptung, dass die in der Spätantike beobachtbaren Veränderungen, beispielsweise in der Gesetzgebung, vor allem auf den Einfluss des Christentums zurückzuführen sind,[71] bis zur Feststellung, dass die Ausbreitung des Christentums in ihren Auswirkungen meist überschätzt wird.[72] Mich interessiert diese Frage hier unter einem besonderen Blickwinkel: Wie sehr veränderte das Christentum – vor allem in seiner asketischen Strömung – die »Mutterrolle«, d.h. die in der römischen Aristokratie des 4. Jh. n. Chr. lebendigen Vorstellungen von den Pflichten einer Ehefrau und Mutter gegenüber ihren Kindern und der Familie ihres Mannes? Konkreter: Wie verhielten sich christliche Asketinnen

---

70 MACMULLEN, Difference 1986.
71 Vgl. z.B. BIONDI, Diritto romano cristiano 1952–1954.
72 So jüngst ARJAVA, Women and Law 1996.

gegenüber den Rollenerwartungen, mit denen sie konfrontiert waren? In welchem Umfang vermochte sich eine Frau, die sich der Askese verschrieben hatte, von der traditionellen Mutterrolle zu lösen? Der Brief des Hieronymus, der Ausgangspunkt der folgenden Überlegungen ist, wirft eine weitere wichtige Frage auf, die über den Quellentext hinausweist: Welche Bedeutung hatte die christliche Askese für die Gesellschaft? Wie reagierten Nichtchristen und nichtasketische Christen auf dieses Phänomen?

Der Kirchenvater Hieronymus zählt zu den wichtigsten Propagandisten der christlichen Askese. Zahlreiche seiner Briefe sind an Frauen adressiert.[73] Sie behandeln theologische Fragestellungen, geben Anweisungen für eine asketische Lebensführung oder die Erziehung eines zur Jungfrau geweihten Mädchens[74] und sie berichten über das Leben und Handeln von Frauen. Die Antworten der Briefpartnerinnen sind nicht erhalten:[75] Frauen können wir in den Briefen ausschließlich in männlicher Perspektive erfassen. Doch eine systematische Lektüre erlaubt gleichwohl eine Annäherung an weibliches Handeln und Denken.

Paula war die wichtigste Schülerin und Gönnerin des Hieronymus.[76] Vermutlich lernte er sie bald nach seiner Ankunft in Rom im Jahr 382 kennen.[77] Paula war zu diesem Zeitpunkt 35 Jahre alt, hatte vier Töchter (Blesilla, Rufina, Eustochium und Paulina) und einen Sohn (Toxotius) geboren und war seit etwa einem Jahr verwitwet. Nach dem Tod ihres Mannes, den sie – so Hieronymus – heftig betrauert hatte, »wandte sich Paula dem Dienst Gottes zu (*servitus Domini*)« (Hieronymus *epist.* 108,5), d. h. sie wählte die Askese[78] als zukünftigen Lebensweg. Auch dies mit so großer Heftigkeit, dass es schien, sie habe sich den Tod des Gatten gewünscht (ebd.). In die gleiche Richtung zielt Hieronymus, wenn er nahe legt, dass Paula ihren ehelichen Pflichten nur aus Gehorsam zu ihrem Mann nachgekommen sei, der sich Söhne gewünscht hätte (108,4). Hieronymus war daran gelegen, die asketi-

---

73 Auch wenn die Briefe an einzelne Frauen adressiert waren, so waren sie immer auch – wie häufig in der Antike – für einen weiteren Kreis von Leserinnen und Lesern bestimmt.
74 Der Begriff bezeichnet Mädchen oder junge Frauen, die vom Mädchenalter an dem Dienst Gottes verpflichtet wurden. Dieser Dienst bedeutete sexuelle Enthaltsamkeit, Verzicht auf allen Luxus (etwa bezüglich Ernährung, Kleidung) und häufig Unterricht in Hebräisch und Griechisch sowie Unterweisung in den Heiligen Schriften. Im 4. Jh. lebten diese Jungfrauen entweder im Hause ihrer Familie oder in kleinen Zirkeln von Asketinnen wie jenem der Marcella in Rom.
75 Gillian Cloke weist darauf hin, dass das Fehlen von schriftlichen Zeugnissen von Frauen nicht bedeutet, dass sie nicht zum intellektuellen Leben ihrer Zeit beigetragen hätten; vgl. CLOKE, Female Man 1995, 15. Die christlichen Asketinnen waren, soweit wir sie kennen, Frauen der Oberschicht, und gerade sie werden auch von Hieronymus als äußerst belesen und diskussionsfreudig geschildert (vgl. unten Anm. 95).
76 Hieronymus war auf finanzielle Unterstützung angewiesen, vgl. CLARK, Patrons Not Priests 1990, 259; zu Paulas Familie und zur Einschätzung ihres Besitzes vgl. HICKEY, Women 1987, 21 ff.
77 Vgl. REBENICH, Hieronymus 1992, 155.
78 Askese bedeutet für Hieronymus vor allem sexuelle Enthaltsamkeit. Der Körper und die unerwünschten sexuellen Phantasien ließen sich aber – so seine Hoffnung – nur durch strenges Fasten beherrschen; vgl. BROWN, Keuschheit 1991, 382 f.

schen Neigungen seiner Schülerin Paula möglichst weit zurückzudatieren, um sie in einem um so strahlenderen Licht erscheinen zu lassen. Dies gehört zu seiner Strategie, diejenigen Verhaltensweisen seiner Schützlinge, die seiner Botschaft am meisten entsprachen, in den Vordergrund zu stellen, während er andere Tatsachen, die eine Verhaftung in traditionelle Verpflichtungen aufscheinen lassen, herunterspielt oder übergeht.[79] So beschäftigt ihn der Umstand, dass drei von Paulas Töchtern eine Ehe eingingen – ohne erkennbaren Widerstand der Mutter – und dass Toxotius wie sein Vater zunächst Heide blieb, nicht weiter.

Was Paulas Umgang mit ihrem Besitz angeht, sind Hieronymus' Angaben widersprüchlich: Einerseits berichtet er, Paula habe bereits in Rom die Armen und Kranken so großzügig unterstützt, dass die Verwandten ihr vorwerfen konnten, sie beraube ihre Kinder (108,5). Andererseits beteuert er in der Schilderung ihres Aufbruchs nach Palästina, dass keine Mutter ihre Kinder so sehr geliebt habe wie Paula, denn vor ihrer Reise habe sie ihren ganzen Besitz an die Kinder weitergegeben (108,6). Aber auch dies ist nicht wörtlich zu nehmen, denn offensichtlich blieb ihr noch einiges Vermögen, das sie auf ihren Reisen und in Palästina für fromme Zwecke stiften konnte. Man kann davon ausgehen, dass die Besitzübertragung in Paulas Familie durch die individuellen Konversionen nicht substantiell verändert wurde.[80]

Bei genauerem Hinsehen erweist sich so, dass Paula zu einem guten Teil die Erwartungen, die sich mit der traditionellen Mutterrolle verbanden, erfüllte. Mit fünf Kindern, die das Erwachsenenalter erreichten, hatte Paula schon viel für den Erhalt der Familienlinie getan. Sie sorgte für die Verheiratung ihrer Kinder und lehnte auch die Verpflichtungen zur Besitzübertragung an die Kinder nicht grundsätzlich ab.

Über Paulas mütterliche Gefühle zu urteilen, ist allerdings schwieriger. Aber einige Hinweise gibt es doch in dem Brief, den Hieronymus unmittelbar nach dem Tod von Blesilla an Paula schrieb. Blesilla war bereits nach sieben Monaten Ehe Witwe geworden (22,15), hatte dann ein luxuriöses Leben geführt (38,4) bis ein Fieber – und vermutlich der Einfluss des Hieronymus – sie dazu bewegten, den Weg der Askese einzuschlagen (38,2). Wenige Monate später starb sie mit etwa 20 Jahren – möglicherweise an den Folgen zu strengen Fastens. In seinem Brief gibt Hieronymus einen kurzen Bericht von Blesillas Begräbnis, das ganz traditionell und ihrem Stand angemessen gestaltet war: »Die Reihen der Adligen gingen voraus, und eine golddurchwirkte Hülle breitete sich über die Bahre aus.« (39,1). Während dieses feierlichen Leichenzuges wurde Paula ohnmächtig und musste fortgetragen werden. Die zuschauende Menge kannte offenbar den Grund: »Sie ist untröstlich, dass sie nicht wenigstens aus deren zweiter Ehe Enkel zu sehen be-

---

79 Vgl. HARRIES, Treasure in Heaven 1984, 55f.
80 Der Besitz habe sich, nach dem frühen Tod von Blesilla, Rufina und Paulina, in den Händen von Paulinas Gatten Pammachius und schließlich von Toxotius' Tochter Paula konzentriert. So HARRIES, Treasure in Heaven 1984, 61; zum Erbrecht siehe ARJAVA, Women and Law 1996.

kam.« (39,6, **Q 162**). Für uns ist es nicht entscheidend zu wissen, ob sich die Menge tatsächlich genauso geäußert hat. Es genügt, dass dies eine glaubwürdige Behauptung war. Sie belegt, dass der Wunsch nach Enkeln – und damit der Fortsetzung der eigenen Familienlinie – auch für eine Asketin für völlig selbstverständlich gehalten wurde.

Hieronymus zeigt wenig Verständnis für die Trauer einer Mutter. Drei Instanzen führt er vielmehr an, um sie einer strengen Kritik zu unterwerfen. In eigenem Namen wirft er Paula vor, »solche Tränen, die kein Maß kennen,« seien Gotteslästerung, weil sie den Glauben verleugneten (**Q 162**). Er will sie zu einer eindeutigen Entscheidung zwingen: Wenn sie Christin, ja sogar eine *monacha christiana*[81] sei, so schlössen diese Titel die Mutter aus (**Q 162**). Christus legt er die Fragen in den Mund: »Zürnst du etwa, o Paula, weil deine Tochter meine geworden ist? […] Verbirgt sich unter deinen Tränen deine Empörung und deine Eifersucht, weil sie jetzt in meinem Besitz ist?« (Hieronymus *epist*. 39,3). Schließlich lässt Hieronymus die Verstorbene selbst zu Wort kommen: »Willst du meine Mutter sein, dann suche Christus zu gefallen! Aber ich erkenne keine Frau als Mutter an, die meinem Herrn missfällt.«

In diesen Aussagen erscheint Paulas Trauer – gerade in ihrer Maßlosigkeit – als Rebellion gegen den Willen Gottes. Im Gegenteil wird von Paula verlangt, sich ganz von ihrer Mutterrolle loszusagen, um den Anforderungen an eine Dienerin Gottes gerecht werden zu können. Und mehr noch, Hieronymus versucht die Mutterrolle ganz neu zu definieren: Eine gute Mutter ist demnach diejenige, die alle traditionellen Rollenerwartungen überwindet und den Dienst am Herrn über alles stellt. Er verweist auf ein Vorbild der Gegenwart: Melania die Ältere habe es unerschüttert gelassen, dass sie innerhalb kürzester Zeit den Tod ihres Mannes und zweier Söhne zu verkraften hatte (»keine Träne perlte«; **Q 162**). Ohne auf ihren jüngsten Sohn Rücksicht zu nehmen, habe sie sich nach Jerusalem eingeschifft. Melania war also gelungen, was Paula noch nicht erreicht hatte: die Mutterrolle einfach abzulegen. Hieronymus macht es ihr zum Vorwurf, dass die Menge in Rom darin den Beweis sehen konnte, dass Paula »verführt« worden sei und in Wirklichkeit gar keine *monacha christiana* sein wolle.

Wir wissen nicht, warum Paula so sehr um ihre Tochter trauerte. Deutlich wird aber, wie die Rollenerwartungen an Mutter und Asketin in Konflikt geraten konnten. Hieronymus spitzt diesen Konflikt in einem einzigen Satz zu: *grandis in suos pietas inpietas in Deum est* – »eine zu große Liebe zu den Seinen ist ein Mangel an Ehrfurcht gegenüber Gott.«[82] Dass die Verpflichtungen gegenüber Verwandten und Göttern je in Konflikt geraten könnten, ist ein Gedanke, den erst das Chris-

---

81 *Monacha christiana* bedeutet hier: »Christin, die sich von der Welt abgewandt hat«. Hieronymus denkt dabei sicherlich an die ägyptischen Mönche. Zu übersetzen wäre *monacha* hier am einfachsten mit »Asketin«.

82 *Pietas* bedeutet nicht nur Liebe, sondern auch pflichtgerechtes Verhalten, Pflichtgefühl und Frömmigkeit, und zwar gegenüber Göttern, Eltern, Kindern, Verwandten, aber auch gegenüber dem Vaterland. *Inpietas* bedeutet auch Pflichtvergessenheit und Mangel an Liebe.

tentum nach Rom gebracht hat. Denn die *pietas* gegenüber Eltern und Kindern beinhaltete ja gerade, dass diese »Liebe« pflichtgemäßes Verhalten war und zu pflichtgemäßem Verhalten führte und insofern einer göttlich sanktionierten Ordnung entsprach. Bei Hieronymus dagegen wird das Erfüllen der traditionellen Mutterrolle und damit die *pietas* gegenüber den Kindern zur Gotteslästerung!

Exemplarisch zeigt sich an Paula aber auch, dass eine Frau, die sich zur Askese bekehrte, nicht unbedingt und sofort alles hinter sich ließ, was ihr bisheriges Leben ausmachte[83] – obwohl uns gerade Hieronymus das immer wieder glauben machen möchte.[84]

Die Schärfe der Kritik und die Stärke des von Hieronymus ausgeübten Drucks, womit er von Paula ein Verhalten verlangt, das einer Asketin angemessen sei, lässt sich nicht erklären, wenn man das »Trostschreiben« (**Q 162**) lediglich als Bemühen um das Seelenheil seiner Schülerin begreift. Hieronymus ging es vielmehr um die asketische Sache insgesamt und um die Verteidigung seiner Position.[85] Bereits im Jahr 385 – kurz nach Blesillas Begräbnis – sah sich Hieronymus gezwungen, Rom zu verlassen, denn er hatte sich mit seiner scharfen Polemik gegen die Missstände im römischen Klerus zu viele Feinde gemacht;[86] im Dezember 384 war zudem sein Förderer, Papst Damasus, gestorben.

Ein weiterer Grund wird in Hieronymus' Brief fassbar. Als Paula während der Leichenfeier ohnmächtig zusammenbricht, werden Stimmen laut, man solle »das verabscheuungswürdige Geschlecht der Mönche« (**Q 162**) aus der Stadt hinauswerfen. In Teilen der Bevölkerung hatte sich offenbar eine askesefeindliche Stimmung breitgemacht. Ein Grund dafür ist in den gesellschaftlichen Auswirkungen der Propagierung einer extremen Askese zu suchen. Immerhin war es Hieronymus innerhalb von zwei Jahren gelungen, nicht nur ältere Witwen, sondern auch junge, heiratsfähige Frauen des Senatorenstandes für die asketische Lebensweise zu gewinnen. Diese jungen Frauen entzogen sich damit ihrer sozialen Pflicht, in einer Ehe für Nachwuchs zu sorgen und auf diese Weise den Fortbestand nicht nur der Familienlinie, sondern auch der gesamten Gesellschaft zu sichern. Gerade indem junge Frauen in der Ehe ihre Jungfräulichkeit verloren, wurden sie ein wertvolles und produktives Mitglied der Gesellschaft. Dem verweigerten sich junge Mäd-

---

83 Hieronymus macht dies auch bildlich deutlich: »Dieser Geist, welcher trauert, stammt noch von den seidenen Kleidern her.« *epist.* 39,3.
84 Dass das Handeln und Denken der Anhänger der monastischen Bewegung im Weströmischen Reich auch der kulturellen Tradition des lateinischen Westens verpflichtet war, hat Martin KRÖN dargelegt. Insbesondere zeigt er, dass »aristokratische Asketen viele ihrer traditionsbedingten Verhaltensweisen beibehielten«, und zwar »obwohl sie viele Konventionen eines standestypischen Verhaltens entschieden und ausdrücklich ablehnten.« (KRÖN, Mönchtum 1997, 47). Auch in der karitativen Tätigkeit der Asketinnen lassen sich aristokratisch-pagane Verhaltensmuster nachweisen, die ihren Ursprung im römischen Patronat und Euergetismus haben; vgl. CONSOLINO, Sante o patrone 1989.
85 In diese Richtung weist bereits der knappe einleitende Kommentar von Ludwig SCHADE zu diesem Brief; SCHADE, Schriften 1936, 12.
86 Vgl. Hieronymus *epist.* 22, insbes. Kap. 28; vgl. auch BROWN, Keuschheit 1991, 373 f.

chen, wenn sie den Weg der Askese wählten.[87] In Anbetracht der hohen Sterblichkeit und einer Lebenserwartung von durchschnittlich 25 Jahren war die biologische Reproduktion eine heikle Angelegenheit.[88] Um die Bevölkerung des Römischen Reiches auch nur konstant zu halten, musste jede Frau, die das gebärfähige Alter erlebte, im Durchschnitt fünf Kinder zur Welt bringen.[89] Nicht nur innerhalb der Senatsaristokratie waren die Familiengrößen aber ohnehin auffallend klein; meist erreichten nur ein bis zwei Kinder das Erwachsenenalter.[90] Die Furcht, dass eine Familie ausstarb, wenn sich ihre jungen weiblichen Mitglieder ihrer Verantwortung entzogen, ist aufgrund heutiger demographischer Überlegungen durchaus erklärbar.[91]

Für das 4. Jh. n. Chr. gibt es Hinweise, dass in der Gesellschaft erheblicher Druck auf Frauen ausgeübt wurde, um die Fortpflanzung zu garantieren. Drijvers interpretiert ein Gesetz des Constantius II. aus dem Jahr 354 (*Codex Theodosianus* 9,25,1), das die Entführung von geweihten Jungfrauen und Witwen ausdrücklich verbietet, als Indiz für diesen Druck.[92] Und immer wieder bezeugen die Quellen den Widerstand, mit dem sich junge Frauen der Oberschicht konfrontiert sahen, wenn sie sich für ein asketisches Leben entschieden: Verwandte etwa versuchten, das Mädchen durch schöne Kleidung und eine aufwendige Frisur für die Annehmlichkeiten eines vornehmen Lebens zu gewinnen, um sie so von ihrem Entschluss abzubringen (Hieronymus *epist.* 107,5). Die Vita von Melania der Jüngeren gibt hierfür ein gutes Beispiel: Der Widerstand insbesondere des Vaters richtete sich nicht zuletzt gegen die umfangreichen Besitzveräußerungen des Ehepaares Pinian und Melania. Zunächst war es aber Pinian, der sich dem Wunsch seiner Gattin, sofort keusch zu leben, widersetzte, weil er die Hoffnung auf Nachkommen nicht aufgeben wollte.[93] Sogar Hieronymus selbst weist darauf hin, dass die Unterbre-

---

87 In den Worten Peter BROWNS: »[Die Jungfräulichkeit] als dauernden Zustand aufrechtzuerhalten bedeutete, die wohltuende Zirkulation von Ehepartnern anzuhalten und die Solidarität, die von dieser Zirkulation ausging, zu verleugnen.« BROWN, Virginity 1985, 429.
88 Ganz besonders hoch war die Sterblichkeit im ersten Lebensjahr; vgl. dazu SALLER, Patriarchy 1994, 12 und 36–42.
89 SALLER, Patriarchy 1994, 42.
90 Dies zeigen Untersuchungen sowohl für den Prinzipat als auch die Spätantike; vgl. GALLIVAN/WILKINS, Familial Structures 1997; ETIENNE, Démographie 1978, 138 ff.; vgl. auch ARJAVA, Women and Law 1996, 83; zu Strategien, die Familiengröße bewusst klein zu halten, siehe PARKIN, Demography 1992, 111 ff.; METTE-DITTMANN, Ehegesetze 1991, 210 ff.
91 Tatsächlich waren bereits im Prinzipat schon viele Familienzweige erloschen; vgl. GARNSEY/SALLER, Kaiserreich 1989, 174.
92 DRIJVERS, Virginity 1987, 257 f.
93 Vgl. GORCE, Mélanie 1962, 130–141; CLARK, Melania 1984, 83 ff.; 100 ff. Die Liste der Beispiele ließe sich fortsetzen. Vom 5./6. Jh. an wurde die Askese dagegen als Strategie genutzt, um die Familiengröße zu regulieren. Das Kloster bot die Möglichkeit, »überzählige« Kinder kostengünstig zu versorgen: Der Besitz konnte besser zusammengehalten werden, wenn das Erbe auf weniger Personen verteilt werden musste; vgl. ARJAVA, Women and Law 1996, 164 ff.

chung der Familienlinie das zentrale Problem darstellt, wenn er in seinem Brief (*epist.* 39,6, **Q 162**) die »Menge« (*populus*) in der Tatsache, dass Paula keine Enkel haben wird, den Grund für ihre heftige Trauer sehen lässt.

Solange sich Frauen wie Paula, die ihre sozialen Pflichten bereits erfüllt haben, der Askese zuwenden, ist dies kein Problem. Dass sich aber junge Frauen in die Askese zurückziehen, kann die Gesellschaft nicht ohne weiteres tolerieren. »Verführer« wie Hieronymus sehen sich deshalb scharfer Kritik ausgesetzt. Genau aus diesem Grund ist ihm daran gelegen, dass Paula Stärke zeigt. Sie muss demonstrieren, dass der frühe Tod einer Tochter mit seinen Konsequenzen für die Fortsetzung der Familienlinie kein Grund zur Trauer ist. Trauer gesteht Hieronymus nur insoweit zu, als man eine liebe Person vermissen darf. Was er keinesfalls dulden kann, ist, dass Paula in ihrem Rollenkonflikt den Erwartungen, denen die Mutter begegnet, mehr entspricht als jenen, die Hieronymus an die Asketin stellt. Deshalb die scharfen Ermahnungen. Hieronymus' Ziel ist es weniger, Paula zu trösten, als sich und die Sache der Askese zu verteidigen.

Und Paula meistert schließlich diesen Konflikt und wird zur vorbildlichen Asketin, die alle Erwartungen, die sich an die Mutter wenden, überwindet: Als Paula kurze Zeit nach Hieronymus Rom verlässt, um ins Heilige Land aufzubrechen, kann sie das Flehen ihrer Kinder Toxotius und Rufina nicht mehr erweichen: »Doch sie wandte die tränenlosen Augen zum Himmel und besiegte so die Hingabe zu ihren Kindern durch ihre Hingabe zu Gott. Sie kannte sich selbst nicht mehr als Mutter, um sich als Dienerin Gottes zu bewähren.«[94] So stellt zumindest Hieronymus den Aufbruch im Rückblick dar, als er Jahre später nach dem Tode Paulas einen Bericht über ihr Leben verfasst (Hieronymus *epist.* 108).

Auf die eingangs gestellten Fragen lassen sich auf dieser Grundlage einige Antworten finden. Hieronymus definierte tatsächlich die Mutterrolle neu: Eine gute Mutter ist diejenige, die alle traditionellen Rollenerwartungen überwindet und den Dienst am Herrn über alles stellt. Er verlangte also von einer Asketin, sich von den Bindungen zu ihren Kindern zu lösen. Paula wurde dem nicht gerecht: Zumindest bis zu ihrem Aufbruch aus Rom war ihr Verhalten eher den traditionellen Erwartungen an eine Mutter verpflichtet. Man kann also davon ausgehen, dass nicht alle Asketinnen sofort in allen Lebensbereichen mit traditionsbedingten Verhaltensweisen brachen.

Von jungen Frauen erhoffte Hieronymus sich noch mehr: Durch sexuelle Enthaltsamkeit sollten sie sich den Reproduktionserwartungen ihrer Familie und der Gesellschaft entziehen. Nichtchristen und nichtasketische Christen wehrten sich gegen diese Versuche, grundlegende gesellschaftliche Bindungen in Frage zu stellen. Deutlich wird dies am Widerstand, den Verwandte den Askesewünschen junger Mädchen entgegensetzten; ebenso klar zeigt er sich in der feindlichen Stimmung, mit der Hieronymus sich in Rom konfrontiert sah.

---

94 Hieronymus *epist.* 108,6. Einen Kommentar zu dieser Stelle findet sich bei HICKEY, Women 1987, 24f.

Keine Antwort gibt Hieronymus' Brief an Paula auf die Frage, warum die Askese für Frauen so anziehend war. Clark weist darauf hin, asketisch lebenden Frauen sei mehr Anerkennung zuteil geworden als sie je im Rahmen der traditionellen Definition der Geschlechterdifferenz und der Erwartungen an eine Mutter und Gattin in der römischen Welt hätten finden können. Asketinnen überwanden negative Zuschreibungen wie Mangel an Intelligenz, Leichtgläubigkeit oder Eitelkeit.[95] Und zumindest den Aristokratinnen unter den asketischen Frauen öffnete die asketische Lebensweise außerdem neue Handlungsräume: Nicht nur Paula reiste als Pilgerin durch die gesamte Mittelmeerwelt. Schließlich konnten sie als Klostervorsteherinnen Leitungsfunktionen wahrnehmen.[96]

Die asketische Lebensform öffnete damit den Frauen neue Perspektiven weiblicher Lebenspraktiken jenseits ihrer Position als Gattin und Mutter innerhalb von Familie und Verwandtschaft. Von männlicher Aufsicht und Kontrolle wurden sie jedoch nicht befreit; deutlich zeigt dies der »Trostbrief« von Hieronymus an Paula – Hieronymus übernimmt darin Paula gegenüber Funktionen, die sonst männlichen Verwandten zukamen: soziale Kontrolle und Zurechtweisung. Ging es den männlichen Verwandten darum, den Besitz und den Ruf der Familie zu wahren, so galt die Sorge des Hieronymus seinem Ruf und der Sache der Askese. Eine grundlegende Veränderung der Geschlechterverhältnisse bewirkte die Askese nicht und dennoch stellte sie den Rahmen der Geschlechterdefinition in der römischen Gesellschaft, die Strukturen der Familie, in Frage: Das asketische Christentum erweist sich als eine Neuerung, die zugleich Tradition integriert.

Quellen

Q 162 Hieronymus an Paula über den Tod der Blesilla

Hieronymus, *Briefe (epistulae)* 39,5–7

Hieronymus schrieb diesen Brief unmittelbar nach ihrem Begräbnis im November 384.[97] Das erste Kapitel ist Blesillas Lob gewidmet: Er preist die Standhaftigkeit ihres Gebetes, den Glanz ihrer Sprache, die Zähigkeit ihres Gedächtnisses, die Schärfe ihres Geistes und nicht zuletzt ihre Demut. Die folgenden Kapitel beschäftigen sich mit der Frage, in welchem Maß getrauert werden dürfe. Dabei versichert Hieronymus Paula auch, wie sehr er selbst um Blesilla trauere, sei er doch ihr geistiger Vater gewesen (39,2: »*patrem esse spiritu*«). Dennoch sei Trauer nicht angebracht, weil Gott gut sei und daher alles, was er tue, notwendig gut sein müsse (Kap. 2). Es gebe außerdem keinen Grund zur Trauer, weil Blesilla »von der Finsternis zum Licht« gewandert sei. Trotz der kurzen Zeit seit ihrer Bekehrung habe sie bereits »die Krone der Vollendung« erreicht (Kap. 3). Im 4. Kapitel führt Hieronymus einige alttestamentarische Beispiele von Trauer an,

---

95 CLARK, Devil's Gateway 1986, 43 ff; vgl. auch ARJAVA, Jerome 1990, 15 ff.; HICKEY, Women 1987, 98 ff. Hieronymus äußert sich häufig über die Bildung seiner Anhängerinnen: *epist.* 127,7. (Marcella); 108,26 (Paula); 39,1 (Blesilla).
96 Vgl. CLARK, Devil's Gateway 1986, 50 f.; CLARK, Authority 1986, 209 ff.
97 Die Datierung übernehme ich von LABOURT, Jérôme 1951, 196.

um zu erklären, dass diese in jener Zeit noch angemessen gewesen sei, weil Christus das Versprechen der Erlösung noch nicht gebracht hatte. Im 5. Kapitel heißt es dann:

5 [...] Bisher habe ich zu dir gesprochen, als ob ich eine Christin schlechthin vor mir hätte. Nun aber weiß ich, dass du der ganzen Welt entsagt hast, dass du auf ihre Freuden verzichtest und geringschätzig herabblickst. Dagegen widmest du dich Tag um Tag dem Gebet, dem Fasten, der geistlichen Lesung. [...] Dein ganzes Vermögen hast du an die Armen verschenkt oder du hast es, weil der Welt abgestorben, bereits vor deinem Tode deinen Kindern abgetreten. Da muss ich mich allerdings wundern, dass du auf eine Art so handelst, dass jede andere, die so handelte, Tadel verdiente. Du erinnerst dich an die Unterhaltung mit Blesilla, an ihr liebes Wesen, ihre Art zu sprechen, ihre Gesellschaft, und kannst nicht ertragen, dass du dies alles entbehren sollst. Wir verzeihen der Mutter die Tränen, aber Maß soll sie halten in ihrem Schmerz. Wenn ich daran denke, dass du die Mutter bist, so tadle ich deine Trauer nicht. Wenn ich mir aber vorstelle, dass du eine Christin, eine christliche Nonne bist, [diese Titel schließen die Mutter aus]. Noch zu neu ist die Wunde. Rührt man daran, und wenn es noch so zart geschieht, so heilt sie nicht zu, sondern reißt wieder von neuem auf. Aber warum soll nicht schon vernünftige Erwägung eines Zustandes Herr werden, den schließlich die Zeit mildern muss? [... Es folgen Hinweise auf Noemi und Job, die trotz Heimsuchungen nicht verzweifelten.]

Aber wozu halte ich mich mit Beispielen aus alten Zeiten auf? Richte dich nach den Vorbildern unserer Tage! Die heilige Melania, unter den Christen unserer Zeit eine wahrhaft edle Frau, deren Los der Herr dich und mich am Tage seines Gerichtes teilen lassen möge, hat, als der Leichnam ihres Mannes noch nicht erkaltet und noch unbestattet war, zwei Söhne auf einmal verloren. Was ich jetzt sage, klingt unglaublich; aber Christus ist mein Zeuge, dass ich die reine Wahrheit rede. Wer hätte nicht erwartet, dass sie wie wahnsinnig, mit aufgelösten Haaren und zerrissenen Kleidern ihre wunde Brust zerfleischen würde? Aber keine Träne perlte. Sie blieb unerschüttert und warf sich zu den Füßen Jesu Christi nieder. Wie wenn sie ihn in den Armen hielt, lächelte sie ihn an und sprach: »Jetzt, o Herr, bin ich noch mehr frei geworden, um dir dienen zu können, nachdem du mir diese große Last abgenommen hast.« Aber ihre übrigen Kinder haben vielleicht ihren Entschluss zu Fall gebracht? Keineswegs. Wie ernst sie es meinte, wie wenig Rücksicht sie nahm, das zeigt ihr Verhalten gegenüber dem einzigen Sohn, der ihr geblieben war. Sie übergab ihm ihr gesamtes Vermögen und schiffte sich trotz des beginnenden Winters zur Reise nach Jerusalem ein.

6 Schone dich also, ich bitte dich! Schone deine Tochter, die bereits mit Christus herrscht! Schone wenigstens Deine Eustochium[98], deren große Jugend und zarte Kindheit deiner besonderen Leitung bedarf! Jetzt wütet der Teufel. Er sieht, wie eines deiner Kinder triumphiert, und ärgert sich über seine Niederlage. Mit um so größerem Eifer ringt er um den Sieg über die zurückgebliebene Tochter, nachdem

---

98 Eustochium hatte schon als junges Mädchen den Weg der Askese, der Jungfräulichkeit gewählt. Vgl. Hieronymus *epist.* 22.

die dahingegangene nicht seine Beute werden konnte. Allzu große Anhänglichkeit an die Seinigen kann zur Pflichtverletzung gegen Gott werden.[99] Abraham tötet freudigen Herzens seinen einzigen Sohn (Gen. 22,9f.), und du beklagst dich, dass ein Kind aus deiner großen Kinderschar die Krone erlangt hat? Ich kann nicht, ohne zu seufzen, aussprechen, was ich jetzt sagen will. Als man dich ohnmächtig mitten aus dem feierlichen Leichenbegängnis hinwegtrug, da fing die Menge an zu raunen: »Haben wir es nicht oft genug gesagt, dass es so kommen wird? Sie weint um ihre Tochter, die ein Opfer des Fastens geworden ist. Sie ist untröstlich, dass sie nicht wenigstens aus deren zweiter Ehe Enkel zu sehen bekam. Wie lange mag es noch anstehen, bis man das abscheuliche Geschlecht der Mönche aus der Stadt vertreibt, mit Steinen zu Tode wirft oder in das Wasser stürzt? Sie haben die arme Frau verführt; denn jetzt zeigt es sich, dass sie keine Nonne sein wollte. Hat doch niemals eine heidnische Mutter so wie sie ihre Kinder beweint.« Wie mögen solche Worte Christus betrübt haben! Aber welch ein Triumph für Satan, der sich beeilt, jetzt dir das Leben zu entreißen, indem er dir vorgaukelt, dass dein Schmerz Gott wohlgefällig sei! Während das Bild der Tochter ständig vor deinen Augen weilt, will er zugleich der Siegerin Mutter töten und Macht gewinnen über die einsam zurückgebliebene Schwester.

Ich rede nicht, um dich zu erschrecken; vielmehr ist Gott mein Zeuge, dass meine Worte so lauten, wie wenn ich vor Gottes Richterstuhl stände. Solche Tränen, die kein Maß kennen, die an die Pforte des Todes führen, sind verabscheuungswürdig; denn durch sie wird Gott gelästert und der Glaube völlig verleugnet. Du heulst und jammerst, und von einem inneren Brande verzehrt, tust du fortgesetzt alles, was nur in deinen Kräften liegt, um dein eigener Mörder zu werden. Aber da kommt in seiner Milde der Heiland zu dir und spricht: »Was weinst du? Das Mädchen ist nicht tot, sondern es schläft.« Mögen die Umstehenden lachen, das ist jüdischer Unglaube. Auch dich werden die Engel, wenn du dich am Grabe in maßlosem Schmerz windest, schelten und sagen: »Was suchst du die Lebende unter den Toten?« (Luk. 24,5) Das tat ja auch Maria Magdalena. [...]

7 Denkst du gar nicht daran, welche Peinen Blesilla aussteht, welche Qual es für sie ist, sehen zu müssen, wie Christus dir zürnt? Sie ruft dir jetzt in deiner Trauer zu: »Wenn du mich jemals geliebt hast, Mutter, wenn deine Brüste mich je genährt, deine Ermahnungen mich je unterwiesen haben, dann missgönne mir nicht meine Herrlichkeit! Tue dies nicht, sonst werden wir für alle Ewigkeit voneinander getrennt bleiben müssen. Glaubst du denn, dass ich allein bin? Deine Stelle vertritt Maria, die Mutter des Herrn. Viele Genossinnen sehe ich hier, die ich früher nicht kannte. Um wie vieles besser ist solch eine Gesellschaft! Ich bin zusammen mit Anna, der Prophetin aus dem Evangelium, und es wird dir eine besondere Freude bereiten, dass ich in drei Monaten erreicht habe, was sie die Anstrengung vieler Jahre kostete. Wir haben den gleichen Siegespreis der Keuschheit erhalten. Bemitleidest du mich etwa, weil ich die Welt verlassen habe? Im Gegenteil, ich muss euch eures Geschickes wegen bedauern. Ihr seid noch eingeschlossen im Kerker der

---

99 Vgl. hierzu S. 429 und Anm. 82.

Welt, ihr steht täglich im harten Kampfe. Bald ziehen euch Zorn oder Habsucht, Wollust oder der Reiz anderer Laster hinab ins Verderben. Willst du meine Mutter sein, dann suche Christus zu gefallen! Aber ich erkenne keine Frau als Mutter an, die meinem Herrn missfällt.« Noch manches hat sie dir zu sagen, was ich verschweige. Sie bittet für dich bei Gott und erfleht auch mir, was ich bei ihrer Gesinnung mit Sicherheit erwarten darf, Verzeihung meiner Sünden; denn ich habe sie ermahnt und zum Guten angehalten; ja selbst den Zorn der Verwandten habe ich auf mich geladen, damit sie gerettet würde.

Im letzten Kapitel verspricht Hieronymus in seinen Schriften das Andenken Blesillas zu bewahren und ihr Lob zu verkünden.

5 [...] Et adhuc sic locutus sum quasi unam de turbis convenerim Christianam. Nunc vero, cum sciam toto renuntiasse te mundo, et abiectis calcatisque deliciis orationi, ieiuniis, lectioni vacare cotidie [...], cum omnem substantiolam aut pauperibus dilargita sis aut filiis ante mortem mundo mortua dederis, miror te ea facere quae si facerent ceterae reprehensione dignae viderentur. Redit tibi in memoriam confabulatio eius, blanditiae, sermo, consortium et, cur his careas, pati non potes: ignoscimus matris lacrimis, sed modum quaerimus in dolore. Si parentem cogito, non reprehendo quod plangis; si christianam et monacham christianam, istis nominibus mater excluditur. Recens vulnus est, et adtactus iste quo blandior non tam curat quam exasperat; attamen, quod tempore mitigandum est cur ratione non vincitur? [...]

Quid vetera replicem? praesentia exempla sectare. Sancta Melanium, nostri temporis inter christianos vera nobilitas, cum qua tibi Dominus mihique concedat in die sua habere partem, calente adhuc mariti corpusculo et necdum humato, duos simul filios perdidit. Rem sum dicturus incredibilem, sed Christo teste non falsam. Quis illam tunc non putaret more lymphatico, sparsis crinibus, veste conscissa lacerum pectus invadere? Lacrimae gutta non fluxit; stetit inmobilis et ad pedes advoluta Christi, quasi ipsum teneret, adrisit: »expeditius tibi servitura sum, Domine, quia tanto me liberasti onere.« Sed forsitan superatur in ceteris? Quin immo, qua illos mente contempserit in unico postea filio probat, cum omni quam habebat possessione concessa ingrediente iam hieme Hierosolymam navigavit.

6 Parce, quaeso, tibi, parce filiae iam cum Christo regnanti, parce saltim Eustochiae tuae, cuius parva adhuc aetas et rudis paene infantia te magistrante dirigitur. Saevit nunc diabolus, et quia cernit unam de tuis liberis triumphantem, obtritum esse se condolens quaerit in remanente victoriam, quam in praeeunte iam perdidit. Grandis in suos pietas inpietas in Deum est. Abraham unicum filium laetus interficit, et tu unam de pluribus quereris coronatam? Non possum sine gemitu eloqui quod dicturus sum. Cum de media pompa funeris exanimem te referrent, hoc inter se populus mussitabat: »nonne illud est, quod saepius dicebamus? dolet filiam ieiuniis interfectam, quod non vel de secundo eius matrimonio tenuerit nepotes. Quousque genus detestabile monachorum non urbe pellitur, non lapidibus obruitur, non praecipitatur in fluctus? matronam miserabilem seduxerunt, quae quam monacha esse noluerit hinc probatur quod nulla gentilium ita suos umquam filios fleverit.« Qualem putas ad istas voces Christum habuisse tristitiam, quomodo exultasse satanan, qui nunc tuam animam eripere festinans, et pii tibi proponens doloris inlecebras, dum ante oculos tuos filiae semper imago versatur, cupit matrem simul necare victricis et solitudinem sororis invadere relictae?

Non ut terream loquor, sed, ut mihi testis est Dominus, quasi ante tribunal eius adsistens in haec te verba convenio. Detestandae sunt istae lacrimae plenae sacrilegio, incredulitate plenissimae, quae non habent modum, quae usque ad vicina mortis accedunt. Ululas et exclamitas, et quasi quibusdam facibus accensa, quantum in te est, tui semper homicida es. Sed ad talem clemens ingreditur Iesus et dicit: »quid ploras? non est mortua puella, sed dormit.« Rideant circumstantes: ista infidelitas Iudaeorum est. Quin, si ad sepulchrum filiae volueris volutari, angeli increpabunt: »quid quaeris viventem cum mortuis?« Quod quia Maria fecerat Magdalene. [...]

7 Quas nunc Blesillam nostram aestimas pati cruces, quae ferre tormenta, quod tibi Christum videat subiratum? clamat nunc illa lugenti: »si umquam me amasti, mater, si tua suxi ubera, si tuis instituta sum monitis, ne invideas gloriae meae, ne hoc agas ut a nobis in perpetuum separemur. Putas esse me solam?

habeo pro te Mariam, matrem Domini. Multas hic video quas ante nesciebam. O quanto melior iste comitatus est! habeo Annam quondam in evangelio prophetantem, et quo magis gaudeas, tantorum annorum laborem ego in tribus mensibus consecuta sum. Unam palmam castitatis accepimus. Misereris mei quia mundum reliqui? at ego vestri sortem doleo quas adhuc saeculi carcer includit, quas cotidie in acie proeliantes nunc ira, nunc avaritia, nunc libido, nunc variorum incentiva vitiorum pertrahunt ad ruinam. Si vis ut mater mea sis, cura placere Christo. Non agnosco matrem meo Domino displicentem.« Loquitur illa et alia multa quae taceo, et pro te Deum rogat mihique, ut de eius mente securus sum, veniam inpetrat peccatorum, quod monui, quod hortatus sum, quod invidiam propinquorum ut salva esset excepi.

Weitere Quellen

Vgl. insbesondere die folgenden Briefe des Hieronymus [Text und französische Übersetzung: LABOURT, Jérôme 1952]: Hieronymus *epist*. 22: an Eustochium [Lob der Jungfräulichkeit; Ratschläge zu ihrer Bewahrung; deutsche Übersetzung: SCHADE, Hieronymus 1983]; Hieronymus *epist*. 38: an Marcella [zu Blesillas Krankheit und Lob ihrer Konversion; deutsche Übersetzung: SCHADE, Hieronymus 1983]; Hieronymus *epist*. 107: an Laeta [Ratschläge zur Erziehung ihrer zur Jungfrau geweihten Tochter]; Hieronymus *epist*. 108: *epitaphium sanctae Paulae* [Leben der Paula]; Hieronymus *epist*. 127: an Principia [Über das Leben der Asketin Marcella]; Hieronymus *epist*. 130: an Demetrias [Über die Bewahrung der Jungfräulichkeit; deutsche Übersetzung: SCHADE, Schriften 1936].

Zur Lebensbeschreibung von Melania der Jüngeren vgl. die Textausgaben und Übersetzungen: GORCE, Mélanie 1962 (franz. Übers.); CLARK, Melania 1984 (engl. Übers.). Weitere Literatur dazu: CLARK, Piety 1986.

Grundlegende Literatur

ARJAVA, Jerome 1990; ARJAVA, Women and Law 1996; CLARK, Devil's Gateway 1986; CLOKE, Female Man 1995; HARRIES, Treasure in Heaven 1984; HICKEY, Women 1987; REBENICH, Hieronymus 1992.

Weiterführende Literatur

BROWN, Keuschheit 1991; BROWN, Virginity 1985; CLARK, Patrons Not Priests 1990; CLARK, Authority 1986; CLARK, Melania 1984; CONSOLINO, Sante o patrone 1989; DRIJVERS, Virginity 1987; MACMULLEN, Difference 1986.

Bibliographie

Die Abkürzungen der Zeitschriften-Titel richten sich nach dem Verzeichnis der *Année Philologique*; Sammelwerke werden entsprechend der Liste der »Bibliographischen Abkürzungen« des Neuen Pauly zitiert.

ACHELIS, Hans/Johannes FLEMMING (Hg.): Die syrische Didaskalia. Leipzig 1904.
ADAM, Jean-Michel: Les textes: types et prototypes. Récit, description, argumentation, explication et dialogue. Paris 1992.
ADAMS, J. N.: The Linguistic Unity of the Historia Augusta. Antichthon 10/11, 1976/1977, 93–102.
ALBRECHT, Michael von: Geschichte der römischen Literatur von Andronicus bis Boethius. Bd. 1. Bern ²1994.
ALEXIOU, Margaret: The Ritual Lament in Greek Tradition. Cambridge 1974.
ALFÖLDI, Andreas: Zur Kenntnis der Zeit der römischen Soldatenkaiser. 2: Das Problem des verweiblichten Kaisers Gallienus. Zeitschrift für Numismatik 38, 1928, 156–203.
ALFÖLDI, Andreas: Der Vater des Vaterlandes im römischen Denken. Darmstadt 1971.
ALFÖLDI, Maria R.: Bild- und Bildersprache der römischen Kaiser. Beispiele und Analysen. Mainz 1999.
AMANDRY, P.: La mantique apollienne à Delphes. Paris 1950.
ANDERSON, Oivind: The Widows, the City and Thucydides (II,45,2). In: SO 62, 1987, 33–49.
ANDREAU, Jean: Der Freigelassene. In: Andrea GIARDINA (Hg.), Der Mensch in der römischen Antike. Frankfurt/M, New York 1991, 200–225.
ANDREAU, Jean: Banking and Business in the Roman World. Cambridge 1999.
ANDREAU, Jean/Hinnerk BRUHNS (Hg.): Parenté et stratégies familiales dans l'Antiquité romaine. Actes de la table ronde des 2–4 octobre 1986, Paris (MSH). Rom 1990.
ANDRONIKOS, Manolis: Totenkult. Archaeologia Homerica III/W 1. Göttingen 1968.
ANGOLD, Michael: The Byzantine Empire 1025–1204. A Political History. London ²1997.

ANTONACCIO, Carla M.: Contesting the Past: Hero Cult, Tomb Cult and Epic in Early Greece. In: AJA 98, 1994, 389–410.
ARCHER, Léonie J./Susan FISCHLER/Maria WYKE (Hg.): Women in Ancient Societies: ›An Illusion of the Night‹. New York 1993.
ARJAVA, Antti: Jerome and Women. In: Arctos 23, 1989, 5–18.
ARJAVA, Antti: Women and Law in Late Antiquity. Oxford 1996.
ARRIGONI, Giampiera: Amore sotto il manto e iniziazione nuziale. In: QUCC 15.3, 1983, 7–56.
Aspetti dell'Ideologia funeraria nel mondo romano. Sondernummer von AION(archeol) 6, 1984.
BABUT, Daniel: La composition des dialogues pythiques de Plutarque et le problème de leur unité. In: JS, 1991–92, 187–234.
BACHOFEN, Johann Jakob: Das Mutterrecht. Über die Gynaikokratie der alten Welt nach ihrer religiösen und rechtlichen Natur (1861). In: Karl MEULI, Bachofens Gesammelte Werke. Bd. 2–3. Basel 1948.
BAGNALL, R. S./B.W. FRIER: The Demography of Roman Egypt. Cambridge 1994.
BALABANOFF, Alexander: Untersuchungen zur Geschäftsfähigkeit der griechischen Frau. Diss. Erlangen, Leipzig 1905.
BANGERTER, Otto: Frauen im Aufbruch. Die Geschichte einer Frauenbewegung in der Alten Kirche. Ein Beitrag zur Frauenfrage. Neukirchen-Vluyn 1971.
BARBER, Elizabeth Wayland J.: Prehistoric Textiles. The Development of Cloth in the Neolithic and Bronze Ages with Special References to the Aegean. Princeton 1991.
BARBER, Elizabeth Wayland J.: The Peplos of Athena. In: Jenifer NEILS (Hg.), Goddess and Polis: The Panathenaic Festival in Ancient Athens. Princeton 1992, 103–117.
BARCELÓ, Pedro: Basileia, Monarchia, Tyrannis. Untersuchungen zur Entwicklung und Beurteilung der Alleinherrschaft im vorhellenistischen Griechenland. Stuttgart 1993.
BARGHOP, Dirk: Forum der Angst. Eine historisch-anthropologische Studie zu Verhal-

tensmustern von Senatoren im römischen Kaiserreich. Frankfurt/M., New York 1994.
BARNES, Timothy D.: Tertullian: A Historical and Literary Study. Oxford ²1985. [¹1979].
BARRETT, Anthony A.: Agrippina. Mother of Nero. London 1996. [Amerikanischen Ausgabe: Agrippina. Sex, Power, and Politics in the Early Empire, New Haven, London1996].
BARTHES, Roland: Mythologies. Paris 1981. [¹1957].
BARTMAN, Elizabeth: Portraits of Livia: Imaging the Imperial Woman in Augustan Rome. Cambridge 1998.
BAUMAN, Richard A.: Women and Politics in Ancient Rome. London, New York 1992.
BAUMGÄRTEL, Bettina/Silvia NEYSTERS (Hg.): Die Galerie der starken Frauen/La Galérie des Femmes Fortes. Die Heldin in der französischen und italienischen Kunst des 17. Jahrhunderts. Ausstellungskatalog. Düsseldorf 1995.
BEARD, Mary: Re-Reading (Vestal) Virginity. In: HAWLEY/LEVICK, Women in Antiquity 1995, 166–177.
BEARD, Mary/John NORTH/Simon PRICE: Religions of Rome. Bd. 1: A History. Cambridge 1998.
BECHER, Ilse: Das Bild der Kleopatra in der griechischen und lateinischen Literatur. Berlin(-Ost) 1966.
BECK, Hans-Georg: Kaiserin Theodora und Prokop: Der Historiker und sein Opfer. München 1986.
BELAYCHE, N.: La neuvaine funéraire ou »la mort impossible à Rome«. In: HINARD, Mort au quotidien 1995, 155–169.
BENGTSON, Hermann: Griechische Geschichte. München ⁵1996.
BENNER, Herbert: Die Politik des P. Clodius Pulcher. Stuttgart 1987.
BÉRARD, Claude: Récuperer la mort du prince: héroïsation et formation de la cité. In: C. GNOLI/J.-P. VERNANT (Hg.), La mort, les morts dans les sociétés anciennes. Cambridge, Paris 1982, 89–105.
BERETTA, Gemma: Ipazia d'Alessandria. Roma 1993.
BERGREN, Ann L.: Language and the Female in Early Greek Thought. In: Arethusa 16, 1983, 69–95.
BETALLI, Marco: Note sulla produzione tessile ad Atene in età classica. In: Opus 1, 1982, 261–278.
BETTINI, Maurizio: Antropologia e cultura romana. Parentela, tempo, immagini dell'anima. Roma 1986. [Dt. Teil-Übers.:

Familie und Verwandtschaft im antiken Rom. Frankfurt/M., New York 1992].
BETTINI, Maurizio: In vino stuprum. In: Oswyn MURRAY/Manuela TECUSAN, In vino veritas. Roma 1995, 224–235.
Bibliography on Women in Byzantium: http://www.wooster.edu/Art/wb.html (wird periodisch aktualisiert).
BICHLER, Reinhold: Herodots Frauenbild und seine Vorstellung über die Sexualsitten der Völker. In: ROLLINGER/ULF, Geschlechterrollen und Frauenbild 1999, 13–56.
BIEBER, Margarete: Griechische Kleidung. Berlin, Leipzig 1928. [Ndr. Berlin, New York 1977].
BIEBER, Margarete: Entwicklungsgeschichte der griechischen Tracht von der vorgriechischen Zeit bis zum Ausgang der Antike, hg. von Felix ECKSTEIN. Berlin 1967. [¹1934].
BIERL, Anton: Der komische Chor des Aristophanes als Ritual. Selbstbeschreibung, Sprechakt und Initiation im performativen Kontext einer Chorkultur. Habilitationschrift. Leipzig 1998.
BIERL, Anton: Der Chor in der Alten Komödie. Ritual und Performativität (unter besonderer Berücksichtigung von Aristophanes' Thesmophoriazusen und der Phalloslieder fr. 851 PMG). Stuttgart, Leipzig 2000.
BIONDI, M. Biondo: Diritto romano cristiano. 3 Bde. Mailand 1952–54.
BLOCKLEY, R. C.: Ammianus Marcellinus: A Study of his Historiography and Political Thought. Bruxelles 1975.
BLOK, Josine: Sexual Asymmetry. A Historiographical Essay, in: BLOK/MASON Sexual Asymmetry 1987, 1–57.
BLOK, Josine/Peter MASON: Sexual Asymmetry. Studies in Ancient Society. Amsterdam 1987.
BLOK, Josine: Early Amazons. Modern and Ancient Perspectives on a Persistent Myth. Leiden, New York, Köln 1995.
BLUM, Hartmut: Purpur als Statussymbol in der griechischen Welt. Bonn 1998.
BLÜMNER, Hugo: Technologie und Terminologie der Gewerbe und Künste bei Griechen und Römern. Bd 1. Berlin ²1912.
BLUNDELL, Sue/Margaret WILLIAMSON (Hg.): The Sacred and the Feminine in Ancient Greece. London, New York 1998.
BOARDMAN, John: Griechische Plastik: die Klassische Zeit. Ein Handbuch. Mainz 1987.
BOARDMAN, John: Rotfigurige Vasen aus Athen. Die klassische Zeit. Ein Handbuch.

Mainz 1991. [Erstausgabe englisch: London 1989].
Воск, Gisela: Geschichte, Frauengeschichte, Geschlechtergeschichte. In: Geschichte & Gesellschaft 14, 1988, 364–391.
Воск, Gisela: Women's History and Gender History: Aspects of an International Debate. In: Gender & History 1, 1989, 7–30.
Воск, Gisela: Geschichte der europäischen Frauen. München 2000.
BOËLS-JANSSEN, Nicole: La vie religieuse des matrones dans la Rome archaïque. Rom 1993.
BOISE VAN DEMAN, Esther: The Atrium Vestae. Washington 1909.
BONACASA, Nicola: Bronzetti da Satricum. In: SE 25, 1957, 549–565.
BONNECHERE, P.: Le sacrifice humain en Grèce ancienne. (Kernos Suppl. 3). Liège 1994.
BONNER, Stanley F.: Education in Ancient Rome. London 1977.
BORBEIN, Adolf Heinrich: Zur Bedeutung symmetrischer Kompositionen in der hellenistisch-italischen und spätrepublikanischrömischen Reliefplastik. In: Paul ZANKER (Hg.), Hellenismus in Mittelitalien. Kolloquium in Göttingen vom 5. bis 9. Juni 1974. Göttingen 1976.
BORBEIN, Adolf Heinrich (Hg.): Das Alte Griechenland. Kunst und Geschichte der Hellenen. München 1995.
BORRIES, Bodo von: Frauengeschichte in der Schule – Chancen und Erfahrungen. In: LÖHR, Frauen in der Geschichte 1993, 14–22.
BOSCHUNG, Dietrich: Die Bildnisse der iulisch-claudischen Kaiserfamilie. In: JRA 6, 1993, 39–79.
BOSCHUNG, Dietrich: Die Bildnisse des Augustus. Berlin 1993.
BOSERUP, Esther: The Role of Women in Economic Development. London 1970.
BOTHMER, Dietrich von: The Amasis Painter and His World. The Paul Getty Museum 1985.
BOURGUET, É.: FD III 1, Épigraphie: Inscriptions de l'entrée du sanctuaire au trésor des Athéniens, Paris 1929.
BOUSSET, Wilhelm: Apophtegmata. Tübingen 1923.
BRADLEY, Keith R.: Ideals of Marriage in Suetonius' Caesares. In: RSA 15, 1985, 77–95.
BRÉGUET, Esther: Le roman de Sulpicia. Élegies IV 2–12 du Corpus Tibullianum. Genève 1946.
BRELICH, Angelo: Paides e Parthenoi. Rom 1969.

BRENDEL, Otto J.: The Scope and Temperament of Erotic Art in the Graeco-Roman World. In: Theodore BOWIE/Cornelia CHRISTENSON (Hg.), Studies in Erotic Art. New York 1970.
BRETON, Stéphane: La mascarade des sexes: Fétichisme, inversion et travestissements rituels. Paris 1989.
BRODERSEN, Kai: Das Steuergesetz von Palmyra. In: Palmyra. Geschichte, Kunst und Kultur der Syrischen Oasenstadt. Linz 1987, 153–159.
BRÖDNER, Erika: Wohnen in der Antike. Darmstadt 1989.
BROWN, Judith K.: A Note on the Division of Labor bei Sex. In: American Anthropologist 72, 1970, 1074–1078.
BROWN, Peter: The Rise and Funktion of the Holy Man in Late Antiquity. In: JRS 61, 1971, 80–101. [Ebenso in: MARTIN/QUINT, Christentum 1990, 391–439].
BROWN, Peter: Religion and Society in the Age of Augustine. London 1972.
BROWN, Peter: The Notion of Virginity in the Early Church. In: B. McGINN/J. MEYENDORF (Hg.), Cristian Spirituality. New York 1985, 427–443.
BROWN, Peter: Die letzten Heiden. Berlin 1986.
BROWN, Peter: Die Keuschheit der Engel. Sexuelle Entsagung, Askese und Körperlichkeit im frühen Christentum. München 1991. [Erstausgabe englisch: The Body and Society. Men, Women and Sexual Renunciation in Early Christianity. New York 1988].
BROWNING, Robert: Literacy in the Byzantine World. In: Byzantine and Modern Greek Studies 4, 1978, 39–54.
BROWNING, Iain: Palmyra. Park Ridge/N.J. 1979.
BRUCK, Eberhard Friedrich: Totenteil und Seelgerät im griechischen Recht. München 1926.
BRUIT ZAIDMAN, Louise/Pauline SCHMITT PANTEL: Die Religion der Griechen, Kult und Mythos. München 1994. [Erstausgabe französisch: Paris 1991].
BRULÉ, Pierre: La fille d'Athènes: La religion des filles à Athènes à l'époque classique. Mythes, cultes et société. Paris 1987.
BRUNT, Peter A.: ›Amicitia‹ in the Roman Republic. In: DERS., The Fall of the Roman Republic and Related Essays. Oxford 1988, 351–381.
BÜCHER, Karl: Beiträge zur Wirtschaftsgeschichte. Tübingen 1922.
BURCK, Erich: Römische Wesenszüge der au-

gusteischen Liebeselegie. In: Hermes 80, 1952, 163–200.

BURCK, Erich: Die Erzählungskunst des T. Livius. Berlin, Zürich ²1964.

BURCKHARDT, Leonhard A.: Politische Strategien der Optimaten in der späten romischen Republik. Stuttgart 1988.

BURCKHARDT, Leonhard A./Jürgen von UNGERN-STERNBERG: Cornelia, Mutter der Gracchen. In: DETTENHOFER, Reine Männersache? 1994, 97–132.

BURFORD, Alison: Künstler und Handwerker in Griechenland und Rom. Mainz 1984.

BURGHARTZ, Susanna: Frauen – Politik – Weiberregiment. Schlagworte zur Bewältigung der politischen Krise 1691 in Basel. In: A. HEAD-KÖNIG/A. TANNER (Hg.), Frauen in der Stadt. Basel 1993, 113–134.

BURKERT, Walter: Kekropidensage und Arrhephoria. Vom Initiationsritus zum Panathenäenfest. In: Hermes 94, 1966, 1–25. [Ebenso in: DERS., Wilder Ursprung: Opferritual und Mythos bei den Griechen. Berlin 1990, 40–59.

BURKERT, Walter: Griechische Religion der archaischen und klassischen Epoche. Stuttgart etc. 1977.

BURTON, Joan B.: Theocritus's Urban Mimes: Mobility, Gender, and Patronage. Berkeley 1995.

BURTON, Joan: Women's Commensality in the ancient Greek World. In: G & R 45.2, 1998, 143–165.

BUTLER, Judith: Bodies That Matter: On the Discursive Limits of »Sex«. New York 1993.

BUTLER, Judith: Gender Trouble: Feminism and the Subversion of Identity. New York, London ²1999 [Erstausgabe: 1990].

CAHOON, Leslie: Let the Muse Sing On: Poetry, Criticism, Feminism, and the Case of Ovid. In: Helios 17, 1990, 197–211.

CALAME, Claude: Les choeurs de jeunes filles en Grèce archaïque. Bd. 1. Rom 1977. [Englische Übers.: Choruses of Young Women in Ancient Greece: Their Morphology, Religious Role and Social Function. Oxford 1997].

CALCI, Carmelo/Gaetano MESSINEO: La villa di Livia a Prima Porta. Rom 1984.

CAMERON, Averil: Women in Ancient Culture and Society. In: AU 32/2, 1989, 6–17.

CAMERON, Averil (Hg.): History as Text: The Writing of Ancient History. London 1989.

CAMERON, Averil/Amélie KUHRT (Hg.): Images of Women in Antiquity. London ²1993. [¹1983].

CAMERON, Alan/Jacqueline LONG (with a Contribution by Lee SHERRY): Barbarians and Politics at the Court of Arcadius. Berkeley, Los Angeles, Oxford 1993.

CAMPBELL, J. B.: The Marriage of Roman Soldiers under the Empire. In: JRS 68, 1978, 153–167.

CANCIK-LINDEMAIER, Hildegard: Kultische Privilegierung und gesellschaftliche Realität. Ein Beitrag zur Sozialgeschichte der virgines Vestae. In: Saeculum 41.1, 1990, 1–16.

CANCIK-LINDEMAIER, Hildegard: Priestly and Female Roles in Roman Religion. The virgines Vestae. In: Hyperboreus 2.2, 1996, 138–150.

CANCIK-LINDEMAIER, Hildegard: Arcana Aedes. Eine Interpretation zum Heiligtum der Vesta bei Ovid. In: Aleida und Jan ASSMANN et al. (Hg.), Schleier und Schwelle. Archäologie der literarischen Kommunikation 5. München 1997, 163–177.

CANCIK-LINDEMAIER, Hildegard: Some Philological and Anthropological Remarks upon Roman Funerary Customs. In: A. I. BAUMGARTEN et al. (Hg.), Self, Soul and Body in Religious Experience. Leiden, Boston, Köln 1998, 417–429.

CANCIK-LINDEMAIER, Hildegard/Hubert CANCIK: Die gesellschaftlichen Bedingungen der römischen Erotik. In: Lutz HIEBER/ Rudolf Wolfgang MÜLLER (Hg.), Gegenwart der Antike. Zur Kritik bürgerlicher Auffassungen von Natur und Gesellschaft. Frankfurt/M. 1982, 29–54.

CANTARELLA, Eva/Luciana JACOBELLI: Pompeji, Liebe und Erotik in einer römischen Stadt. Stuttgart 1999.

CASTRO, Maria et al.: Die Antikensammlung im Nationalmuseum Havanna. In: AW 3, 1998, 209–223.

CAVARERO, Adriana: Platon zum Trotz. Weibliche Gestalten der Philosophie. Berlin 1992.

CAZANOVE, Olivier de: Exesto. L'incapacité sacrificielle des femmes à Rome (A propos de Plut., Quaest. Rom. 85). In: Phoenix 41, 1987, 159–174.

CHAMPEAUX, Jacqueline: Fortuna. Recherches sur le culte de la Fortune à Rome et dans le monde romain des origines à la mort de César. Bd. 1: Fortuna dans la religion archaïque. Rom 1982.

CHANTRAINE, Heinrich: Baustoffhersteller im antiken Rom. Forschung an der Universität Mannheim. Mannheim 1977.

CHRIST, Karl: Die Frauen der Triumvirn. In: Il triumvirato costituente alla fine della repubblica romana. Scritti in onore di Mario Attilio Levi. Como 1993, 135–153.

CHRISTIE's, Ars Amatoria. The Haddad Fa-

mily Collection of Ancient Erotic and Amuletic Art; Thursday, December 17, 1998. New York 1998.
CHRISTMANN, Eckard: Überlegungen zu Entwicklungen im Vesta-Kult. In: Werner SCHUBERT (Hg.), Ovid. Werk und Wirkung. Festgabe für Michael von Albrecht zum 65. Geburtstag, Teil 2. Frankfurt/M. 1998.
CIXOUS, Hélène: Weiblichkeit in der Schrift. Berlin 1980.
CLARK, Elizabeth A.: Women in the Early Church. Message of the Fathers of the Church 13. Wilmington, Delaware 1983.
CLARK, Elizabeth A.: The Life of Melania the Younger. Introduction, Translation, and Commentary. New York, Toronto 1984.
CLARK, Elizabeth A.: Authority and Humility: A Conflict of Values in Fourth-Century Female Monasticism. In: DIES., Ascetic Piety 1986, 209–228.
CLARK, Elizabeth A.: Devil's Gateway and Bride of Christ: Women in the Early Christian World. In: DIES., Ascetic Piety 1986, 23–60.
CLARK, Elizabeth A.: Piety, Propaganda, and Politics in the Life of Melania the Younger. In: DIES., Ascetic Piety 1986, 61–94.
CLARK, Elizabeth A.: Ascetic Piety and Women's Faith. Essays on Late Ancient Christianity. New York 1986.
CLARK, Elizabeth A.: Patrons Not Priests: Gender and Power in Late Ancient Cristianity. In: Gender & History 2, 1990, 253-273.
CLARK, Gillian: Women in Late Antiquity. Pagan and Christian Lifestyles. Oxford 1993.
CLARK, Gillian: Women's asceticism in late antiquity. The refusal of status and gender. In: WIMBUSH/VALANTASIS, Asceticism 1995, 33–48.
CLARK, Gillian: The old Adam: The fathers and the unmaking of Masculinity. In FOXHALL/SALMON, Thinking Men 1998, 170–182.
CLARKE, John R.: Looking at Lovemaking. Constructions of Sexuality in Roman Art, 100 B.C.–A.D. 250. Berkeley 1998.
CLASSEN, C.J.: Ciceros Rede für Caelius. In: ANRW I 3, 1973, 60–94.
CLINTON, Kevin: The Thesmophorion in Central Athens and the Celebration of the Thesmophoria in Attica. In: Robin HÄGG (Hg.), The Role of Religious in the Early Greek Polis. Proceedings of the Third International Seminar on Ancient Greek Cult, organized by the Swedish Institute at Athens, 16–18 October 1992. Stockholm 1996, 111–125.
CLOKE, Gillian: This Female Man of God. London 1995.
COARELLI, Filippo (Hg.): Pompeji. Bergisch Gladbach 1979.
COARELLI, Filippo: Il Foro Romano. Rom 1983.
COARELLI, Filippo: Il Foro Boario. Dalle origini alla fine della Repubblica. Roma 1988.
COHEN, David: Law, Sexuality and Society. The enforcement of morals in classical Athens. Cambridge 1991.
COHEN, David: Seclusion, Separation, and the Status of Women in Classical Athens. In: G&R 36, 1989, 3–15.
COLE, Susan Guettel: The Social Function of Rituals of Maturation: the Koureion and the Arkteia. In: ZPE 55, 1984, 233–244.
COLE, Susan Guettel: Domesticating Artemis. In: BLUNDELL/WILLIAMSON, The Sacred and the Feminine 1998, 27–43.
CONLIN, Diane Atnally: The Artists of the Ara Pacis. The Process of Hellenization in Roman Relief Sculpture. Chapel Hill, London 1997.
CONSOLINO, Franca Ela: Sante o patrone? Le aristocratiche tardoantiche e il potere della carità. In: StudStor 30, 1989, 969- 991.
COOK, James M./John BOARDMAN: Archeology in Greece 1953. In: JHS 74, 1954, 142–169.
COOPER, Kate: The Virgin and the Bride. Idealized Womenhood in Late Antiquity. Cambridge, London 1996.
CORBIER, Mireille: Idéologie et pratique de l'héritage (Ier siècle avant J.C. – IIe siècle après J.-C.). In: Index 13, 1985, 501–28.
CORBIER, Mireille: Constructing Kinship in Rome. Marriage and Divorce, Filiation and Adoption. In: David. I. KERTZER/Richard P. SALLER (Hg.), The Family in Italy from Antiquity to the Present. New Haven 1991, 127–144.
CORBIER, Mireille: Male Power and Legitimacy through Women: The *domus Augusta* under the Julio-Claudians. In: HAWLEY/LEVICK, Women in Antiquity 1995, 178–193.
CORNELL, Timothy J.: The Value of the Literary Tradition concerning Archaic Rome. In: Kurt A. RAAFLAUB (Hg.), Social Struggles in Archaic Rome. Berkeley 1986, 52–76.
CORSARO, Francesco: La leggenda di Lucrezia e il Regifugium in Livio e in Ovidio. In: Eckard LEFÈVRE/Eckart OLSHAUSEN (Hg.), Livius. Werk und Rezeption. Festschrift für

Erich Burck zum 80. Geburtstag. München 1983, 107–123.
COULTON, J.J.: Brauron. In: The Princeton Encyclopedia of Classical Sites, 1976, 163 f.
COX, Cheryl Anne: Household Interests. Property, Marriage Strategies, and Family Dynamics in Ancient Athens. Princeton, New Jersey 1998.
CULHAM, Phyllis: Decentering the Text: The Case of Ovid. In: Helios 17, 1990, 161–170.
CANNING, Kathleen: Feminist History after the Linguistic Turn: Historicizing Discourse and Experience. In: Signs 19.1, 1994, 365–404.
CZECH-SCHNEIDER, Raphaela: Das *demosion sema* und die Mentalität der Athener: Einige Überlegungen zur Einrichtung des athenischen Staatsfriedhofes. In: Laverna 5, 1994, 3–37.
DALLEY, Stephanie: Old Babylonian Dowries. In: Iraq 42, 1980, 53–74.
DAMON, Cynthia/Sarolta TAKÁCS (Hg.): AJPh Special Issue: The *senatus consultum de Cn. Pisone patre*. Text, Translation, Discussion. Baltimore 1999.
DARGUN, Lothar von: Mutterrecht und Vaterrecht. Leipzig 1892.
DAVID, Jean-Michel: La clientèle d'une forme de l'analyse à l'autre (im Anschluss: Jürgen von UNGERN-STERNBERG: Kommentar zum Beitrag von Jean-Michel David). In: Hinnerk BRUHNS/Jean-Michel DAVID/Wilfried NIPPEL (Hg.), Die späte römische Republik, La fin de la République romaine: Un débat franco-allemand d'histoire et d'historiographie. Rome 1997, 195–216.
DAVIDSON, James N.: Kurtisanen und Meeresfrüchte. Die verzehrenden Leidenschaften im klassischen Athen. Berlin 1999. [Erstausgabe englisch: Courtesans and Fishcakes, 1997].
DEAN-JONES, Lesley Ann: Women'es Bodies in Classical Greek Science. Oxford 1994.
DE LA COSTE-MESSELIÈRE, Pierre: Inscriptions des Delphes. In: BCH 49, 1925.
DE MARTINO, E.: Morte e pianto rituale. Dal lamento funebre antico al pianto di Maria. Torino ²1983. [Erstausgabe: 1975].
DE PIZAN, Christine: Das Buch von der Stadt der Frauen. Aus dem Mittelfranzösischen übertragen von Margarete ZIMMERMANN. München 1990.
DE POLIGNAC, François: La naissance de la cité grecque. Paris 1984.
DE POLIGNAC, François: Mediation, Competition, and Sovereignty: The Evolution of Rural Sanctuaries in Geometric Greece. In: Susan E. ALCOCK/Robin OSBORNE (Hg.), Placing the Gods: Sanctuaries and Sacred Space in Ancient Greece. Oxford 1994, 3–18.
DEISSMANN-MERTEN, Marie-Luise: Matrona. In: DNP 7, 1999, 1030–1031.
DEJONG, Irene J. F.: *Gynaikeion ethos*: Misogyny in the Homeric Scholia. In: Eranos 89, 1991, 13–24.
DEMAND, Nancy: Birth, Death, and Motherhood in Classical Greece. Baltimore 1994.
DEMANDT, Alexander: Die Spätantike. Römische Geschichte von Diocletian bis Justinian 284–565 n. Chr. München 1989.
DESCAT, Raymond: L'acte et l'effort. Une idéologie du travail en Grèce ancienne (8ème – 5ème siècle av. J.-C.). Besancon, Lille 1986.
DETIENNE, Marcel: Violentes ›Eugénies‹ en pleines Thesmophories: des femmes couvertes de sang. In: Acta Antiqua Hungarica 27, 1979, 109–133.
DETTENHOFER, Maria H. (Hg.): Reine Männersache? Frauen in Männerdomänen der antiken Welt. Köln, Weimar, Wien 1994. [Ndr.: dtv 4689, München 1996].
DETTENHOFER, Maria H.: Frauen in politischen Krisen. Zwischen Republik und Prinzipat. In: DIES., Reine Männersache? 1994, 133–157.
DEWALD, Carolyn: Women and culture in Herodotus' Histories. In: Women's Studies 8, 1981, 93–127. [Ebenso in: Helen FOLEY (Hg.), Reflections of Women in Antiquity. New York 1981, 91–126].
Die Arbeitswelt der Antike. Von einer Autorengruppe der Martin-Luther-Universität Halle-Wittenberg. Wien, Köln, Graz 1984.
DIERICHS, Angelika: Erotik in der Kunst Griechenlands. Mainz ²1997. [Erstausgabe: 1993].
DIERICHS, Angelika: Erotik in der Römischen Kunst. Mainz 1997.
DIERICHS, Angelika: Klingendes Kleinod. Ein unbekanntes Tintinnabulum in Dänemark. In: AW 2, 1999, 145–149.
DILLER, Aubrey: Race mixture among the Greeks before Alexander. Westport 1971 [¹1936].
DILLON, M.: The Lysistrata as a Post-Decleian Play. In: TAPhA 117, 1987, 97–104.
DIXON, Suzanne: The Marriage Alliance in the Roman Elite. Journal of Family History 10, 1985, 353–78.
DIXON, Suzanne: The Roman Mother. London, Sydney 1988.
DIXON, Suzanne: The Roman Family. Baltimore, London 1992.

DODDS, E. R.: Heiden und Christen in einem Zeitalter der Angst. Frankfurt 1985.
DOLBEAU, Francois: Sermons inédits de saint Augustin préchés en 397: *sermo de bono nuptiarum*. In: Revue Bénédictine 102; 1992, 267–282.
DONALDSON, Ian: The Rapes of Lucretia. A Myth and its Transformations. Oxford 1982.
DORANDI, Tiziano: Assiotea e Lasteneia. Due Donne all' Academia. In: Atti e Memorie Academia Toscana »La Colombaria« 54, 1989, 53–66.
DOVER, James Kenneth: Greek Popular Morality in the time of Plato and Aristotle. Oxford 1974.
DOVER, Kenneth J.: Homosexualität in der griechischen Antike. München 1983 [Erstausgabe englisch: Greek Homosexuality, London 1978].
DOWDEN, Ken: Death and the Maiden: Girls' Initiation Rites in Greek Mythology. London, New York 1989.
DREXHAGE, Raphaela: Untersuchungen zum römischen Osthandel. Bonn 1988.
DRIJVERS, Hendrik J. W.: Daten zur Geschichte Palmyras. In: Palmyra. Geschichte, Kunst und Kultur der Syrischen Oasenstadt. Linz 1987, 119–122.
DRIJVERS, Hendrik J. W.: Zenobia und die Auseinandersetzung zwischen Palmyra und Rom. In: Palmyra. Geschichte, Kunst und Kultur der Syrischen Oasenstadt. Linz 1987, 128–131.
DRIJVERS, Jan Willem: Virginity and Asceticism in Late Roman Western Elites. In: BLOK/MASON, Sexual Asymmetry 1987, 241- 273.
DUBOIS, Page: Sappho is Burning. Chicago 1996.
DUMÉZIL, Georges: Déesses latines et mythes védiques. Coll. Latomus 25. Bruxelles 1956.
DUMÉZIL, Georges: Mythe et épopée. Bd. 3. Paris 1973.
DZIELSKA, Maria: Hypatia of Alexandria. Cambridge/Mass., London 1995.
ECK, Werner: Agrippina, die Stadtgründerin Kölns. Eine Frau in der frühkaiserzeitlichen Politik. Köln 1993.
ECK, Werner: Das s. c. de Cn. Pisone patre und seine Publikation in der Baetica. In: CCGG 4, 1993, 189–208.
ECK, Werner/Johannes HINRICHS: Sklaven und Freigelassene in der Gesellschaft der römischen Kaiserzeit. Darmstadt 1993.
ECK, Werner/Antonio CABALLOS/Fernando FERNANDEZ: Das senatus consultum de Cn. Pisone patre. München 1996.

EFFE, Bernd: Longos. Zur Funktionsbestimmung der Bukolik in der römischen Kaiserzeit. In: Hermes 110, 1982, 65–84.
EFFE, Bernd/Gerhard BINDER: Antike Bukolik. München 1989.
EGGER, Brigitte: Gender Studies. In: DNP 14, 2000, 111–121.
EHRENBERG, Victor/A.H.M. JONES (Hg.): Documents illustrating the Reigns of Augustus and Tiberius. Oxford ²1976
EICHENAUER, Monika: Untersuchungen zur Arbeitswelt der Frauen in der Antike. Frankfurt/M. etc. 1988.
EISEN, Ute E.: Amtsträgerinnen im frühen Christentum. Epigraphische und literarische Studien. Göttingen 1996.
ELM, Susanna: Virgin of God. The making of Ascetism in Late Antiquity. Oxford 1994.
ELSAS, Christoph: Neuplatonische und gnostische Weltablehnung in der Schule Plotins. Berlin 1975.
ENGELS, Johannes: Funerum sepulcrorumque magnificentia. Begräbnis- und Grabluxusgesetze in der griechisch-römischen Welt mit einigen Ausblicken auf Einschränkungen des funeralen und sepulkralen Luxus im Mittelalter und in der Neuzeit. Stuttgart 1998.
ERDMANN, Walter: Die Ehe im alten Griechenland. München 1934.
ETIENNE, Robert: Le démographie des familles impériales et sénatoriales au IVe siècle après J. C. In: Transformations et conflits au IVe siècle ap. J.-C. Colloque organisé par la Fédération Internationale des Etudes Classiques, Bordeaux, 7–12 septembre 1970. Bonn 1978, 133–168.
EVANS, John K.: War, Women and Children. New York 1991.
FANTHAM, Elaine: Sex Status and Survival in Hellenistic Athens: A Study of Women in New Comedy. In: Phoenix 29, 1975, 44–74.
FANTHAM, Elaine et al.: Women in the Classical World. Image and Text. New York, Oxford 1994.
FANTHAM, Elaine: Literarisches Leben im antiken Rom. Sozialgeschichte der römischen Literatur von Cicero bis Apuleius. Stuttgart, Weimar 1998. [Erstausgabe englisch: Roman Literary Culture. Baltimore 1996].
FAUTH, W.: Pythia. In: RE 24, 1963, 515–547.
FEMMEL, Gerhard/Christoph MICHEL: Die Erotica und Priapea aus den Sammlungen Goethes. Frankfurt/M. 1990.
FILGES, Axel: Standbilder jugendlicher Göttinnen. Klassische und frühhellenistische Ge-

wandstatuen mit Brustwulst und ihre kaiserzeitliche Rezeption. Köln, Weimar 1997.
FILMER, Robert: »Patriarcha« oder die natürliche Gewalt der Könige (1640/1680). In: John LOCKE, Zwei Abhandlungen über Regierung nebst »Patriarcha« von Sir Robert Filmer. Halle 1906, 1–74. [Ebenso in: Robert FILMER, Patriarcha. The Natural Power of Kings defended against the Unatural Liberty of the People (1640/1680). In: DERS., Patriacha and other Writings, hg. v. J. P. SOMMERVILLE. Cambridge 1991].
FINKELSTEIN, Jacob: Cutting the *sissiktu* in Divorce Proceedings. In: WO 8/2, 1976, 236–240.
FINLEY, Moses I.: Studies in Land and Credit in Ancient Athens 500–200 B.C: The Horos-Inscriptions. New Brunswick 1952.
FINNEGAN, R.: Women in Aristophanes. Amsterdam 1995..
FISCHER, Thomas: Die Römer in Deutschland. Stuttgart 1999.
FISCHLER, Susan: Social stereotypes and Historical analysis: The Case of the Imperial Women at Rome. In: ARCHER/FISCHLER/WYKE, Women in Ancient Societies 1993, 115–133.
FITTON BROWN, A. D.: The Contribution to Ancient Greek Agriculture. In: LCM 9, 1984, 71–74.
FITTSCHEN, Klaus/Paul ZANKER: Katalog der römischen Porträts in den Capitolinischen Museen und anderen kommunalen Sammlungen der Stadt Rom. Bd. 3: Kaiserinnen- und Prinzessinnenbildnisse, Frauenporträts. Mainz 1983.
FLACELIÈRE, Robert: Deux rites du culte de Mater Matuta. Plutarque, Camille 5, 2. In: REA 52, 1950, 18–27.
FLACH, Dieter: Einführung in die römische Geschichtsschreibung. Darmstadt 1985.
FLACH, Dieter: Die sogenannte Laudatio Turiae. Einleitung, Text, Übersetzung und Kommentar. Darmstadt 1991.
FLAIG, Egon: Den Kaiser herausfordern. Die Usurpation im Römischen Reich. Frankfurt/M.-New York 1992.
FLAIG, Egon: Das Konsensprinzip im Homerischen Olymp. Überlegungen zum Göttlichen Entscheidungsprozeß Ilias 4,1–72. In: Hermes 122, 1994, 13–31.
FLORY, Marleen B.: Honorific Statues for Women in Rome. In: TAPhA 123, 1993, 287–308.
FOLEY, Helene P. (Hg.): Reflections of Women in Antiquity. New York 1981.
FÖLLINGER, Sabine: Differenz und Gleichheit. Das Geschlechterverhältnis in der Sicht griechischer Philosophen des 4. bis 1. Jahrhunderts v. Chr.Stuttgart 1996.
FONTENROSE, J.: The Delphic Oracle. Berkeley 1978.
FÖRTSCH, Barbara: Die politische Rolle der Frau in der römischen Republik. Stuttgart 1935.
FOUCAULT, Michel: L'archéologie du savoir. Paris 1969.
FOUCAULT, Michel: Histoire de la sexualité 2: L'usage des plaisirs. Paris 1984.
FOUCAULT, Michel: Histoire de la sexualité 3: Le souci de soi. Paris 1984.
Fox, Matthew: Roman Historical Myths. The Reagal Period in Augustan Literature. Oxford 1996.
FOXHALL, Lin: Household, Gender and Property in Classical Athens. In: CQ 39, 1989, 22–44.
FOXHALL, Lin: Women's Ritual and Men's Work in Ancient Athens. In: HAWLEY/LEWICK, Women in Antiquity 1995, 97–110.
FOXHALL, Lin: Pandora unbound: A feminist critique of Foucault's *History of Sexuality*. In: Dislocating Masculinity: Comparative Ethnographies. London, New York 1994, 133–146. [Ebenso in LARMOUR, Rethinking Sexuality 1998, 122–137].
FOXHALL, Lin: Foreign Powers: Plutarch and Discourses of Domination. In: Sarah B. POMEROY (Hg.), Plutarch's Advice to the Bride and Groom and A Consolation to His Wife. New York 1999, 138–150.
FOXHALL, Lin/John SALMON (Hg.): Thinking Men: Masculinity and its Self-Representation in the Classical Tradition. London, New York 1998.
FOXHALL, Lin/John SALMON (Hg.): When Men were Men. Masculinity, Power and Identity in Classical Antiquity. London, New York 1998
FRÄNKEL, Eduard: Aeschylus, Agamemnon. Edited with a Commentary by E. Fränkel. Oxford 1950.
FRASER, Antonia: The Warrior Queens, London 1993. [Erstausgabe: Boadicea's Chariot. London 1988].
FRAYN, Joan M.: Sheep-Rearing and the Wool-Trade in Italy during the Roman Period. Liverpool 1984.
FREI-STOLBA, Regula: Flavia Publicia, virgo Vestalis maxima. Zu den Inschriften des Atrium Vestae. In: Peter KNEISSL/Volker LOSEMANN (Hg.), Imperium Romanum. Studien zu Geschichte und Rezeption. Festschrift für Karl Christ. Stuttgart 1998, 233–251.
FRENCH, Valerie: What Is Central for the Study

of Women in Antiquity? In: Helios 17, 1990, 213–219.
FREND, William H. C.: The rise of Christianity. London 1986.
FREUDENTHAL, Margarete: Gestaltwandel der städtischen, bürgerlichen und proletarischen Hauswirtschaft zwischen 1760 und 1910. Frankfurt 1986.
FREYER-SCHAUENBURG, Brigitte: Die Kieler Livia. In: BJ 182, 1982, 209–224.
FRIED, Erich: Lysistrata. Die Komödie des Aristophanes neu übersetzt von Erich Fried, kommentiert von Barbara Sichtermann mit einer Materialsammlung von H. Lehmann. Berlin ²1992. [¹1985].
FRIEDL, Ernestine: Some Aspects of Dowry and Inheritance in Boiotia. In: Julian PITT-RIVERS (Hg.), Mediterranean countrymen. Essays in social anthropology of the Mediterranean. New York, La Haye 1963, 113–135.
FRIEDL, Raimund: Der Konkubinat im kaiserzeitlichen Rom: Von Augustus bis Septimius Severus. Stuttgart 1996.
FRIEDLÄNDER, Ludwig: Darstellung aus der Sittengeschichte Roms in der Zeit von Augustus bis zum Anfang der Antonine. 1.-3. Bd. Leipzig ¹⁰1922–1923. 4. Bd. Leipzig ¹⁰1921. [Ndr. Aalen 1979].
FRONTISI-DUCROUX, Françoise: Dédale. Mythologie de l'artisan en Grèce ancienne. Paris 1975.
FUHRMANN, Manfred: Cicero und die römische Politik. München ²1990.
GAGÉ, Jean: Matronalia. Essai sur les dévotions et les organisations cultuelles des femmes dans l'ancienne Rome. (Coll. Latomus 60). Bruxelles 1963.
GALINSKY, H.: Der Lucretia-Stoff in der Weltliteratur. In: Sprache und Kultur der germanisch-romanischen Völker. Diss. Breslau 1932.
GALLIVAN, Paul/Peter WILKINS: Familial Structures in Roman Italy: A Regional Approach. In: RAWSON/WEAVER, Roman Family in Italy 1997, 239–255.
GAMEL, Mary-Kay: Reading ›Reality‹. In: Helios 17, 1990, 171–174.
GARDNER, Jane F.: Women in Roman Law and Society. London, Sydney 1986 [Deutsche Übers.: Frauen im antiken Rom. München 1994].
GARDNER, Jane F.: Legal Stumbling-Blocks for Lower-Class Families in Rome. In: RAWSON/WEAVER Roman Family in Italy 1997, 35–53.
GARDNER, Jane F.: Family and Familia in Roman Law and Life. Oxford 1998.

GARLAND, Lynda: The Life and Ideology of Byzantine Women: A Further Note on Conventions of Behaviour and Social Reality as Reflected in Eleventh and Twelfth Century Historical Sources. In: Byzantion 58, 1988, 361–393.
GARLAND, Robert: The Well-Ordered Corpse. In: BICS 36, 1989, 1–15.
GARLICK, Barbara/Suzanne DIXON/Pauline ALLEN (Hg.): Stereotypes of Women in Power. Historical Perspectives and Revisionist Views. New York, Westport, London 1992.
GARNSEY, Peter/Richard SALLER: Das römische Kaiserreich. Hamburg 1989.
GEDDES, A. G.: Rags and Riches: The Costume of Athenian Men in the Fifth Century. In: CQ 37, 1989, 307–331.
GELB, Ignaz J.: Household and Family in Early Mesopotamia. In: E. LIPINSKI (Hg.), State and Family Economy in the Ancient Near East. Leuven 1979, 1–97.
GELDNER, Harald: Lucretia und Verginia. Studien zur Virtus der Frau in der römischen und griechischen Literatur. Mainz 1977.
GELZER, Matthias: Die Nobilität der römischen Republik. Leipzig, Berlin 1912. [Neuausgabe, hg. von J. von UNGERN-STERNBERG: Stuttgart, 1983].
GEORGE, Michele: Repopulating the Roman House. In: RAWSON/WEAVER Roman Family in Italy 1997, 299–319.
GEORGOUDI, Stella: Manières d'archivage et archives des cités. In: Marcel DETIENNE (Hg.), Les savoirs de l'écriture en Grèce ancienne. Lille 1992, 221–247.
GERHARD, E.: Auserlesene Vasenbilder. Bd. 4. Berlin 1858.
GINI, A.: The Manly Intellect of His Wife: Xenophon, Oeconomicus Ch.7. In: CW 86, 1993, 483–486.
GIULIANI, Luca: Bildnis und Botschaft: hermeneutische Untersuchungen zur Bildniskunst der römischen Republik. Frankfurt/M. 1986.
GOMME, A. W.: The Position of Women in Athens in the Fifth and Fourth Centuries B.C.. In: DERS., Essays in Greek History and Literature. Oxford 1937.
GORCE, Denys: Vie de Sainte Mélanie. Texte grec, introduction, traduction et notes. (Sources chrétiennes 90). Paris 1962.
GOULET, Richard (Hg.): Dictionnaire des Philosophes Antiques. 2 Bde. Paris 1994.
GRAAFEN, Rainer/Christian SEEBER: Alte Handelsrouten im Himalaya. In: Geographische Rundschau 45/11, 1993, 674–679.

GRAF, Fritz: Das Götterbild aus dem Taurerland. In: AW 10/4, 1979, 33–41.
GRAF, Fritz: Milch, Honig und Wein: Zum Verständnis der Libation im griechischen Ritual. In: Perennitas. Studi in onore di Angelo Brelich. Rom 1986, 209–221.
GRAF, Fritz: Artemis. In: DNP 2, 1996, 53–58.
GRAF, Fritz: Der Lauf des rollenden Jahres. Zeit und Kalender in Rom. Stuttgart, Leipzig 1997.
GRANGER-TAYLOR, Hero: Weaving Clothes to Shape in the Ancient World: The Tunic and Toga of the Arringatore. In: Textile History 13.1, 1982, 3–25.
GRANT, Michael: Kunst und Leben in Pompeji und Herculaneum. München ²1986.
GRANT, Michael/Antonia MULAS: Eros in Pompeji. Das Geheimkabinett des Museums von Neapel. München 1975.
GRASSL, Herbert: Zur materiellen Situation der arbeitenden Frauen im Altertum. In: Ideologie – Sport – Außenseiter. Symposion für Ingomar Weiler. Im Druck.
GRIFFIN, Jesper: Homer on Life and Death. Oxford 1984.
GRIFFITHS, Frederick T.: Home before Lunch: The Emancipated Women in Theocritus. In: FOLEY, Reflections of Women 1981, 247–273.
GROSZ, Katarzyna: The Archive of the Wullu Family. Carsten Niebuhr Institute Publications 5, 1988, 18–42.
GROSZ, Katarzyna: Dowry and Brideprice in Nuzi, In: M.A. MORRISON/D.I. OWEN (Hg.), Studies on the Civilisation and Culture of Nuzi and the Hurrians. Winona Lake 1981, 161–182.
GRUPPE, Otto F.: Die römische Elegie: Kritische Untersuchungen mit eingeflochtenen Übersetzungen. Bd. 1. Leipzig 1838.
GÜNTHER, Rosmarie: Frauenarbeit – Frauenbindung. Untersuchungen zu unfreien und freigelassenen Frauen in den stadtrömischen Inschriften. München 1987.
GÜNTHER, Rosmarie: Die Größe des Grabplatzes von servae und libertae als Ausweis ihrer wirtschaftlichen Lage und sozialen Reputation. In: Laverna 1, 1990, 101–128.
GÜNTHER, Rosmarie: Stro her die Läus zu verbrenne! Von der ständischen Gesellschaft zum Großbürgertum. In: I. THOMAS/S. SCHRAUT (Hg.), Zeitenwandel, Frauengenerationen in der Geschichte Mannheims. Mannheim 1995, 18–40.
GUYOT, Peter: Eunuchen als Freigelassene und Sklaven in der griechisch-römischen Antike. Stuttgart 1980.

HABASH, Martha: The Odd Thesmophoria of Aristophanes' Thesmophoriazusae. In: GRBS 38, 1997, 19–40.
HABERMAS, Rebekka: Rez. SMITH, Gender of History 1998. In: Historische Anthropologie 7.3, 1999, 491–492.
HABERMEHL, Peter: Perpetua und der Ägypter oder Bilder des Bösen im frühen afrikanischen Christentum. Berlin 1992.
HAHN, Ulrike: Die Frauen des römischen Kaiserhauses und ihre Ehrungen im griechischen Osten anhand epigraphischer und numismatischer Zeugnisse von Livia bis Sabina, Saarbrücken 1994.
HALLET, Judith P.: The Role of Women in Roman Elegy: Counter-Cultural Feminism. In: PERADOTTO/SULLIVAN, Arethusa Papers 1984, 241–262.
HALLETT, Judith P.: Fathers and Daughters in Roman Society: Women and the Elite Family. Princeton 1984.
HALLETT, Judith P.: Contextualizing the Text: The Journey to Ovid. In: Helios 17, 1990, 187–195.
HALLETT, Judith P./Marilyn B. SKINNER (Hg.): Roman Sexualities. Princeton 1997.
HALPERIN, David: One Hundred Years of Homosexuality and Other Essays on Greek Love. New York 1990.
HALPERIN, David M./John J. WINKLER/Froma I. ZEITLIN (Hg.): Before Sexuality. The Construction of Erotic Experience in the Ancient Greek World. Princeton 1990.
HAMER, Mary: Signs of Cleopatra. London 1993.
HAMPE, Roland/Erika SIMON: Griechisches Leben im Spiegel der Kunst. Mainz 1959/1985.
HANSLIK, Rudolf: Zenobia (2). In: RE 10 A, 1972, 1–7.
HARICH-SCHWARZBAUER, Henriette: Hypatia von Alexandria. Das Kleid der Philosophin. In: Metis 14, 1998, 31–38.
HARRIES, Jill D.: ›Treasure in Heaven‹: Property and Inheritance Among Senators of Late Rome. In: Elizabeth M. CRAIK (Hg.), Marriage and Property. Aberdeen 1984, 54–70.
HARRISON, Alick Robin Walsham: The Law of Athens. Bd. 1: The Family and Property. Oxford 1968.
HARTKE, Werner: Römische Kinderkaiser. Eine Strukturanalyse römischen Denkens und Daseins. Berlin 1951.
HARTMANN, Elke: Hetairai. In: DNP 5, 1998, 517–519.
HARTMANN, Elke: Heirat, Hetärentum und

Konkubinat im klassischen Athen. Diss. Berlin 2000.
HAUPT, M.: Varia, In: Hermes 5, 1871, 21–47.
HAVELOCK, Christine: Mourners in Greek Vases: Remarks on the Social History of Women. In: Stephen L. HYATT (Hg.), The Greek Vase. Latham N.Y. 1981, 103–118.
HAWKESWORTH, M. E.: Confounding Gender. In: Signs 22, 1997, 649–713.
HAWLEY, Richard/Barbara LEVICK (Hg.): Women in Antiquity: New Assessments. London/New York 1995.
HEAP, Angela: Understanding the Men in Menander. In: FOXHALL/SALMON, Thinking Men 1998, 115–129.
HEINIMANN, Felix: Nomos und Physis. Herkunft und Bedeutung einer Anti-These im griechischen Denken des 5. Jahrhunderts. Basel 1945. [Ndr. Darmstadt 1980].
HELBIG, W.: Zu den homerischen Bestattungsgebräuchen. In: Sitzungsberichte der philosophisch-philologischen Classe der königl. bayr. Akademie der Wissenschaften, Jg.1900. München 1901, 199–279.
HENDERSON, Jeffrey: Aristophanes, Lysistrata. With commentary. Oxford 1987.
HENIG, Martin/Mary WHITING: Engraved Gems from Gardara in Jordan. The Sa'd Collection. Oxford 1987.
HENNEKE, Edgar/Wilhelm SCHNEEMELCHER (Hg.): Neutestamentliche Apokryphen. 2.Bde. Tübingen 1959.
HERRIN, Judith: In search of Byzantine Women. Three Avenues of Approach. In: CAMERON/KUHRT, Images of Women 1993, 167–189.
HERRMANN-OTTO, Elisabeth: Ex ancilla natus. Stuttgart 1994.
HERZIG, H.E.: Frauen in Ostia. Ein Beitrag zur Sozialgeschichte der Hafenstadt Ostia. In: Historia 32, 1983, 77–92.
HESBERG-TONN, Bärbel von: *Coniunx carissima*. Untersuchungen zum Normcharakter im Erscheinungsbild der römischen Frau. Stuttgart 1983.
HICKEY, Anne Ewing: Women of the Senatorial Aristocracy of late Rome as Christian Monastics. Ann Arbor, Michigan 1987.
HILL, Barbara: A Vindication of the Rights of Women to Power by Anna Komnene. In: ByzF 23, 1996, 45–53.
HILL, Barbara: Imperial Women and the Ideology of Womanhood in the Eleventh and Twelfth Centuries. In: Liz JAMES (Hg.), Women Men and Eunuchs. Gender in Byzantium. London 1997.
HINARD, François (Hg.): La mort, les morts et l'au-delà dans le monde romain. Actes du colloque de Caen 20–22 Novembre 1985. Caen 1987.
HINARD, François (Hg.): La mort au quotidien dans le monde romain. Actes du colloque organisé par l'Université de Paris IV (Paris-Sorbonne 7–9 octobre 1993). Paris 1995.
HINZ, Berthold: Aphrodite. Geschichte einer abendländischen Passion. München, Wien 1998.
HINZ, Berthold: Erotica. In: DNP 13, 1999, 1041–1045.
HOFFSTEN, Ruth B.: Roman Women of Rank of the Early Empire in Public Life as Portrayed by Dio, Paterculus, Suetonius and Tacitus. Philadelphia 1939.
HOHL, Ernst: Einleitung: Über das Problem der Historia Augusta. In: Historia Augusta. Römische Herrschergestalten. Bd. 1. Zürich, München 1976, 1–27.
HOLLINSHEAD, May Brooks Berg: Legend, Cult, and Architecture at three Sanctuaries of Artemis. Ph.D. Bryn Mawr College 1979.
HÖLSCHER, Tonio: Staatsdenkmal und Publikum. Konstanz 1984.
HOLST-WARHAFT, Gail: Dangerous Voices. Women's Laments and Greek Literature. London 1992.
HOLUM, Kenneth G.: Theodosian Empresses. Women and Imperial Dominion in Late Antiquity. Berkeley, Los Angeles, London 1982.
HOLZBERG, Niklas: Die römische Liebeselegie: Eine Einführung. Darmstadt 1990.
HOLZHAUSEN, J.: Zur Inspirationslehre Plutarchs in De Pythiae Oraculis. In: Philologus 137, 1993, 72–91.
HOLZTRATTNER, Franz: Poppaea Neronis potens. Die Gestalt der Poppaea Sabina in den Nerobüchern des Tacitus. Mit einem Anhang zu Claudia Acte. Graz-Horn 1995.
HOPKINS, Keith: The Age of Roman Girls at Marriage. In: Population Studies 19, 1965, 309–327.
HOSE, Martin: Drama und Gesellschaft. Studien zur dramatischen Produktion in Athen am Ende des 5. Jahrhunderts (Drama, Beiheft 3). Stuttgart 1995.
HOWARD-JOHNSTON, James: Anna Komnene and the Alexiad. In: Margaret MULLETT/ Dion SMYTHE (Hg.), Alexios I Komnenos. Belfast 1997, 260–302.
HUCHTHAUSEN, Liselot (Hg.): Die Frau in der Antike. (Beiträge der Winkelmanngesellschaft 17). Stendal 1988.
HUMPHREYS, Sally: Death and Time. In: DIES., Helen KING (Hg.), Mortality and Immorta-

lity. The Anthropology and Archaeology of Death. London etc. 1982, 261–283.
HUMPHREYS, Sally: Family Tombs and Family-Cult in Classical Athens: Tradition or Traditionalism? In: DIES., The Family, Women and Death. London etc. 1983, 79–130.
HUNTER, D. G.: Resistance to the virginal ideal in late fourth century Rome: the case of Jovinian. In: Theological Studies 48, 1987, 45–64.
HUNTER, D. G.: Helvidius, Jovinianus and the virginity of Mary in late fourth century Rome. In: JECS 1, 1993, 47–71.
HUNTER, Richard/Angelika DIERICHS: Erotik I Literatur; Erotik II Kunst. In: DNP 4 1998, 92–103.
HUNTER, Virginia: Policing Athens, Social Control in the Attic Lawsuits, 420- 320 B. C. Princeton 1994.
HURSCHMANN, Rolf: Symposienszenen auf unteritalischen Vasen. Würzburg 1985.
HURSCHMANN, Rolf: Kleidung. In: DNP 6, 1999, 505–513.
ILLICH, Ivan: Genus. Zu einer historischen Kritik der Gleichheit. Hamburg 1983.
IRIGARAY, Luce: Die drei Geschlechter. In: DIES., Genealogie der Geschlechter. Freiburg i. Br. 1989, 261–283.
IRIGARAY, Luce: Ethik der sexuellen Differenz. Frankfurt/M. 1991, 157–176.
ISAGER, Signe/Jens Erik SKYDSGAARD: Ancient Greek Agriculture. An Introduction. London 1992.
ISLER, Hans Peter: GERRAI – Ein neuer inschriftlicher Beleg aus Sizilien. In: ZPE 101, 1994, 104–106.
JACOBELLI, Luciana: Le pitture erotiche delle terme suburbane di Pompei. Roma 1995.
JACQUEMIN, A.: Une femme sous influence: l'écho des discordes delphiques chez Hérodote. In: Ktéma 20, 1995, 29–36.
JED, Stephanie H.: Chaste Thinking. The Rape of Lucretia and the Birth of Humanism. Bloomington, Indianapolis 1989.
JENKINS, Ian D.: The Ambiguity of Greek Textiles. In: Arethusa 18, 1985, 109–132.
JENSEN, Anne: Gottes selbstbewusste Töchter. Frauenemanzipation im frühen Christentum? Freiburg etc. 1992.
JOANNÈS, Francis: Contrats de Mariage d' Époque Récente. In: Révue d'Assyriologie 78, 1984, 71–81
JOANNÈS, Francis: Un Cas de Remariage d'Époque Néo-babylonienne. In: J. M. DURAND/D. CHARPIN, La Femme dans le Proche-Orient Antique. Paris 1987, 91–96.
JOHANSEN, Flemming: Catalogue Roman Portraits II, Ny Carlsberg Glyptotek. Kopenhagen 1995.
JOHNS, Catherine: Sex or Symbol? Erotic Images of Greece and Rome. London ²1990.
JOHNSTON, S. I.: Defining the Dreadfull: Remarks on the Greek Child-killing Demon. In: M. MEYER/P. MIRECKI (Hg.), Ancient Magic and Ritual Power, Leiden 1995, 361–387.
JOHNSTON, S. I.: Restless Dead. Encounters Between the Living and the Dead in Ancient Greece. Columbia/Princeton 1999.
JOSHEL, Sandra R.: The Body Female and the Body Politic: Livy's Lucretia and Verginia. In: RICHLIN, Pornography 1992, 112–30.
JOSHEL, Sandra R.: Female Desire and the Discourse of Empire: Tacitus's Messalina. In: HALLETT/SKINNER, Roman Sexualities 1997, 221–254.
KAHIL, Lilly: Quelques vases du sanctuaire d'Artémis à Brauron. In: AK, Beiheft 1, 1963, 5–29.
KAHIL, Lilly: Autour de l'Artémis attique. In: AK 8, 1965, 20–33.
KAHIL, Lilly: L'Artémis de Brauron. Rites et mystères. In: AK 20, 1977, 86–98.
KAHIL, Lilly: Artemis. In: LIMC II 1, 1984, 618–621.
KAJANTO, Iiri: On the Chronology of the Cognomen in the Republican Period. In: DERS. (Hg.), The Latin Cognomina. Helsinki 1965, 63–69.
KAJANTO, Iiri: Divorce Among the Common People of Rome. In: REL 47, 1970, 99–113.
KALLET-MARX, L.: Thucydides 2,45,2 and the Status of Widows in Periclean Athens. In: R. M. ROSEN/J. FARRELL (Hg.), Nomodeiktes. Greek Studies in Honor of Martin Ostwald. Ann Arbor 1993, 133–143.
KAMPEN, Natalie B.: Image and Status: Roman Working Women at Ostia. Berlin 1981.
KAMPEN, Natalie B.: Römische Straßenhändlerinnen. Geschlecht und Sozialstatus. In: AW 16.4, 1985, 23–42.
KAPLAN, Michael: *Agrippina semper atrox*: A Study in Tacitus' Characterization of Women. In: Carl DEROUX (Hg.), Studies in Latin Literature and Roman History. Bd. 1. Bruxelles 1980, 410–417.
KARAKASI, Ekaterini: Die prachtvolle Erscheinung der Phrasikleia. Zur Polychromie der Korenstatue. Ein Rekonstruktionsversuch. In: AW 28.6, 1997, 509–517.
KARANASTASSI, P.: Themis. In: LIMC VIII 1, 1997, 1199–1205.
KASER, Max: Das römische Privatrecht. 2 Bde.

(Handbuch der Altertumswissenschaft X 3.3.1 und 2). München 1955, 1959

KATZ, Marilyn: Ideology and ›the Status of Women‹ in Ancient Greece. In: HAWLEY/ LEVICK, Women in Antiquity 1995, 21–43.

KAZHDAN, Alexander/Ann W. EPSTEIN: Change in Byzantine Culture in the Eleventh and Twelfth Centuries. Berkeley 1985.

KEARNS, Emily: Cakes in Greek Sacrifice Regulations. In: Robin HÄGG (Hg.), Ancient Greek Cult Practice from the Epigraphical Evidence. Stockholm 1994, 65–70.

KEHRBERG, Ina: The Potters-Painter's Wife. Some Additional Thoughts on the Caputi Hydria. In: Hephaistos 4, 1982, 25–35.

KEULS, Eva C.: The Reign of the Phallus. Sexual Politics in Ancient Athens. New York, Toronto 1985.

KEULS, Eva C.: The Feminist View of the Past: A Comment on the ›Decentering‹ of the Poems of Ovid. In: Helios 17, 1990, 221–224.

KIERDORF, Wilhelm: Laudatio funebris. Interpretationen und Untersuchungen zur Entwicklung der römischen Leichenrede. Meisenheim am Glan 1980.

KILLET, Heike: Zur Ikonographie der Frau auf attischen Vasen archaischer und klassischer Zeit. Berlin 1994.

KING, Helen: Geburt, medizinisch. In: DNP 4, 1998, 335–338.

KING, Helen: Hippocrates' woman. Reading the female body in ancient Greece. London, New York 1998.

KLEBERG, Toennes: In den Wirtshäusern und Weinstuben des antiken Roms. Darmstadt ²1966.

KLEINER, Diane E. E.: Roman Sculpture. New Haven, London 1992.

KLEINER, Diana E. E./Susan B. MATHESON (Hg.): I Claudia. Women in Ancient Rome. New Haven/Connecticut 1996.

KLESCZEWSKI, Reinhard: Wandlungen des Lucretia-Bildes im lateinischen Mittelalter und in der italienischen Literatur der Renaissance. In: Eckard LEFÈVRE/Eckart OLSHAUSEN (Hg.), Livius. Werk und Rezeption. Festschrift für Erich Burck zum 80. Geburtstag. München 1983, 313–335.

KLOFT, Hans: DieWirtschaft der griechischrömischen Welt. Darmstadt 1992.

KNIGGE, Ursula: Kerameikos, Tätigkeitsbericht 1978. AA 1980, 256–265.

KNOX, John: The First Blast of the Trumpet against the Monstrous Regiment of Women. 1558.

KOCH, Carl: Vesta. In: RE 8.2, 1958, 1717–1776.

KOCH-HARNACK, Gundel: Knabenliebe und Tiergeschenke. Ihre Bedeutung im päderastischen Erziehungssystem Athens. Berlin 1983.

KOCH-HARNACK, Gundel: Erotische Symbole. Lotosblüte und gemeinsamer Mantel auf antiken Vasen. Berlin 1989.

KOCKEL, Valentin: Porträtreliefs stadtrömischer Grabbauten. Ein Beitrag zur Geschichte und zum Verständnis des spätrepublikanisch-frühkaiserzeitlichen Privatporträts. Mainz 1993.

KOEHLER, Ulrich: Ein griechisches Gesetz über die Todtenbestattung. In: MDAI(A) 1, 1876, 139–150.

KOENEN, Ludwig/Cornelia RÖMER (Hg. und Übers.): Der Kölner Mani-Kodex. Über das Werden seines Leibes. (Papyrologica Coloniensia 14). Köln 1988.

KOHL, Karl-Heinz: Cherchez la femme d'Orient. In: Gereon SIEVERNICH/Hendrik BUDDE (Hg.), Europa und der Orient 800–1900. Gütersloh, München 1989, 356–367.

KOKKINOS, Nikkos: Antonia Augusta: Portrait of a Great Roman Lady. London, New York 1992.

KONSTAN, David: Friendship in the Classical World. Cambridge 1997.

KONSTAN, David/Martha NUSSBAUM (Hg.): Sexuality in Greek and Roman Society. Sondernummer von: differences. A Journal of Feminist Cultural Studies 2.1, Providence 1989.

KORBER, Tessa: Die Karawanenkönigin. Zürich, München 1998.

KOTULA, Tadeusz: Aurélien et Zénobie. L'unité ou la division de l'Empire. Wroclaw 1997.

KÖVES-ZULAUF, Thomas: Römische Geburtsriten. München 1990.

KRAUSKOPF, J./E. SIMON (griech.)/B. SIMON (röm.): Mainades. In: LIMC VIII 1, 1997, 780–803 und LIMC VIII 2, 1997, 524–550.

KRECK, Bettina: Untersuchungen zur politischen und sozialen Rolle der Frau in der späten römischen Republik. Marburg/Lahn 1975.

KREIKENBOM, Detlev: Griechische und römische Kolossalporträts bis zum späten ersten Jahrhundert n. Chr. Berlin, New York 1992.

KRINNER, August: Anfänge des charakterologischen Denkens bei Aristoteles. Diss. Köln 1964.

KRISTEVA, Julia: Σημειωτικη. Recherches pour une sémanalyse (Extraits). Paris 1969.
KRON, Uta: Zum Hypogäum von Paestum. JdI 86, 1971, 117–148.
KRON, Uta: Die zehn attischen Phylenheroen. Geschichte, Mythos, Kult und Darstellungen. Berlin 1976.
KRON, Uta: Aigeus. In: LIMC I 1, 1981, 359–367.
KRON, Uta: Aigeus. In: LIMC I 2, 1981, 274–280.
KRON, Uta: Frauenfeste in Demeterheiligtümern: Das Thesmophorienfest von Bitalemi. In: AA 1992, 611–650.
KRON, Uta: Priesthoods, Dedications and Euergetism. What part did religion play in the political and social status of Greek women? In: Pontus HELLSTRÖM/Brita ALROTH (Hg.), Religion and Power in the Ancient Greek World. Proceedings of the Uppsala Symposium 1993. Uppsala 1996, 139–182.
KRÖN, Martin: Das Mönchtum und die kulturelle Tradition des lateinischen Westens. München 1997.
KRUG, Anje: Heilkunst und Heilkult. Medizin in der Antike. München 1984.
KÜCHLER, Max: Schweigen, Schmuck und Schleier. Drei neutestamentliche Vorschriften zur Verdrängung der Frauen auf dem Hintergrund einer frauenfeindlichen Exegese des Alten Testaments im antiken Judentum. Freiburg i. Ue. 1986.
KUDLIEN, Fridolf: Berufmäßige Klageweiber in der Kaiserzeit. In: RhM 138, 1995, 177–187.
KUHN, Annette: Frauengeschichte – eine öffentliche Bildungsmacht. In: LÖHR, Frauen in der Geschichte 1993, 11–13.
KUNKEL, Wolfgang: Matrimonium. In: RE 28, 1930, 2259–2286.
KUNST, Christiane: Zur sozialen Funktion der Domus: Der Haushalt der Kaiserin Livia nach dem Tod des Augustus. In: Peter KNEISSL/Volker LOSEMANN (Hg.), Imperium Romanum. Studien zu Geschichte und Rezeption. Festschrift für Karl Christ zum 75. Geburtstag. Stuttgart 1998, 450–471.
KUNST, Christiane/Ulrike RIEMER (Hg.): Die Grenzen der Macht. Zur Rolle der Kaiserfrauen im antiken Rom. Stuttgart 2000
KÜNZL, Susanna: Antonia Minor – Porträts und Porträttypen. In: JRGZ 44, 1997, 441–495.
KURKE, Leslie: Inventing the Hetaira: Sex, Politics and Discursive Conflict in Archaic Greece. ClAnt 18, 1997, 106–154.
KURTZ, Donna C./John BOARDMAN: Thanatos. Tod und Jenseits bei den Griechen. Mainz 1985. [Erstausgabe englisch: 1971].
KYTZLER, Bernhard: Frauen der Antike. Kleines Lexikon antiker Frauen von Aspasia bis Zenobia, Frankfurt/M. 1997. [Erstausgabe: München, Zürich 1994].
LABOURT, Jérôme: Saint Jérôme, Lettres. Bd. 2. Paris 1951.
LACEY, W. K.: Die Familie im antiken Griechenland. Mainz 1983. [Erstausgabe englisch: London 1968].
LACEY, W. K.: Clodius and Cicero, A question of dignitas. In: Antichthon 8, 1974, 85 ff.
LACKEIT, Conrad: Iulia Agrippina. In: RE X.1, 1918, 909–915 (Numismatische Ergänzung von HASEBROEK).
LACOMBRADE, Christian: Hypatia. In: RAC 16, 1994, 956–967.
LAFITEAU, P. Joseph: Moeurs des sauvages amériquains comparées aux moeurs des premiers temps. Paris 1724.
LAIOU, Angeliki: The Role of Women in Byzantine Society. In: JÖByz 31.1, 1981, 233–260.
LAIOU, Angeliki: Observations on the Life and Ideology of Byzantine Women. In: ByzF 9, 1985, 59–104.
LAMBROPOULOU, Voula: Some Pythagorean Female Virtues. In: HAWLEY/LEVICK, Women in Antiquity 1998, 122–134.
LANDSBERGER, Benno: Jungfräulichkeit: Ein Beitrag zum Thema »Beilager und Eheschliessung«. In: Symbolae David. Bd. 2. Leiden 1968, 107–129.
LAQUEUR, Thomas: Making Sex: Body and Gender from the Greeks to Freud. Cambridge/Mass. 1990.
LARMOUR, David H.J./Paul Allen MILLER/ Charles PLATTER (Hg.): Rethinking Sexuality: Foucault and Classical Antiquity. Princeton/N.J. 1998.
LATACZ, Joachim: Archaische Periode. In: H. GÖRGEMANNS (Hg.), Die griechische Literatur in Text und Darstellung. Bd. 1. Stuttgart 1991.
LEDUC, Claudine: Heirat im antiken Griechenland. In: SCHMITT PANTEL, Geschichte der Frauen. Bd. 1: Antike 1993, 263–320. [Erstausgabe italienisch: Rom, Bari 1990].
LEE, Arthur G.: Ovid's Lucretia. In: G & R 22, 1953, 107–118.
LEFÈVRE, Françoise: L'amphictionie pyléo-delphique: histoire et institutions. Paris 1998.
LEFKOWITZ, Mary R.: Feminism in the American University. In: The Salisbury Review, 1983, 18–20.
LEFKOWITZ, Mary R.: Women in Greek Myth. London 1986 (Deutsche Übers.: Die Töch-

ter des Zeus. Frauen im alten Griechenland. München 1992).
LEIPOLDT, Johannes: Die Frau in der antiken Welt und im Urchristentum. Leipzig ³1965.
LENCLUD, Gérard: Le monde selon Sahlins. In: Gradhiva 9, 1991, 49–62.
LENZ, Carl Gotthold: Geschichte der Weiber im heroischen Zeitalter, Hannover 1790. [Ndr. 1976].
LENZ, Ilse/Ute LUIG (Hg.): Frauenmacht ohne Herrschaft. Geschlechterverhältnisse in nichtpatriarchalen Gesellschaften. Berlin 1990.
LEPPIN, Hartmut: Das Bild der kaiserlichen Frauen bei Gregor von Nyssa. Im Druck.
LEUTERITZ, Eva: Hellenistische Paideia und Randgruppen der Gesellschaft: Herrscher und Frauen, ›Bildungspolitik‹ und Eukosmia. München 1997.
LEVY, E.: Der Hergang der römischen Ehescheidung. Weimar 1925.
LEWIS, Thomas S. W.: Homeric Epic and the Greek Vase. In: Stephan L. HYATT (Hg.), The Greek Vase. Latham/N.Y. 1981, 81–102.
LILJA, Saara: The Roman Elegists' Attitude to Women. Helsinki 1965.
LILJENSTOLPE, Peter/Allan KLYNNE: The Imperial Gardens of the Villa of Livia at Prima Porta. A preliminary Report on the 1997 Campaign. In: ORom 22–23, 1997–98, 125–147.
LINDERS, Tullia: Studies in the Treasure Records of Artemis Brauronia found in Athens. Stockholm 1972.
LISSARRAGUE, Francois: Un flot d'image, une esthétique du banquet grec. Paris 1987.
LISSARRAGUE, François: Frauenbilder. In: SCHMITT PANTEL, Geschichte der Frauen. Bd. 1: Antike 1993, 177–256. [Erstausgabe italienisch: Rom, Bari 1990].
LIST, Elisabeth: Der asketische Eros. Über Geschichte und Struktur des wissenschaftlichen Habitus. In: M. ANDREAS-GRISEBACH/ B. WEISSHAUPT, Was Philosophinnen denken. Zürich 1986, 23 –47.
LIST, Elisabeth: Die Präsenz des Anderen: Der Ort des Weiblichen im philosophischen Diskurs. In: DIES. (Hg.),Theorie und Geschlechterpolitik. Frankfurt/M. 1993, 22–45.
LLEWELLYN-JONES, Lloyd/Anton POWELL (Hg.): Women's Dress in the Ancient Greek World. London, im Druck.
LLOYD, Geoffrey E. R.: Demystifying Mentalities. Cambridge 1990.
LLOYD-JONES, Hugh: The Robes of Iphigeneia. In: CR 66, 1952, 132–135.

LLOYD-JONES, Hugh: Artemis and Iphigeneia, In: JHS 103, 1983, 87–102.
LOCKE, John: Treatises of Government 1690. In: DERS., Zwei Abhandlungen über Regierung. Halle 1906.
LOHMANN, Hans: Brauron. In: DNP 2, 1997, 762–764.
LÖHR, Brigitte: Frauen in der Geschichte. Grundlagen – Anregungen – Materialien für den Unterricht. Bd. 1: Beiträge. Tübingen 1993.
LORAUX, Nicole: L'invention d'Athènes. Histoire de l'oraison funèbre dans la ›cité classique‹. Paris 1981.
LORAUX, Nicole: Le lit, la guerre. In: L'Homme 21, 1981, 37–67.
LORAUX, Nicole: Les enfants d'Athéna. Idées athéniennes sur la citoyenneté et la divison des sexes. Paris ²1990. [¹1981].
LORAUX, Nicole: Die Trauer der Mütter. Weibliche Leidenschaft und die Gesetze der Politik. Frankfurt/M., New York 1992. [Erstausgabe französisch: 1990].
LOWE, Nick J.: Sulpicia's Syntax. In: CQ 38, 1988, 193–205.
LOWE, Nick J.: Thesmophoria and Haloa. Myth, Physics and Mysteries. In: BLUNDELL/WILLIAMSON, The Sacred and the Feminine 1998, 149–173.
LUCK, Georg: Die römische Liebeselegie. Heidelberg 1961.
LUMPE, A.: Exemplum. In: RAC 6, 1966, 1229–1257.
LYONS, Deborah: Gender and Immortality: Heroines in Ancient Greek Myth and Cult. Princeton 1997.
MAASS, M.: Das antike Delphi: Orakel, Schätze und Monumente. Darmstadt 1993.
MACCORMACK, Carol/Marilyn STRATHERN (Hg.): Nature, culture and gender. Cambridge 1990. [Erstausgabe: 1980].
MACLACHLAN, Bonnie: The Age of Grace: Charis in Early Greek Poetry. Princeton 1993.
MACMULLEN, Ramsay: Women's Power in the Principate. In: Klio 68, 1986, 434–443.
MACMULLEN, Ramsey: What difference did Christianity make? In: Historia 35, 1986, 322–343.
MACURDY, Grace H.: Vassal-Queens and some contemporary Women in the Roman Empire. Baltimore 1937.
MAEHLER, Herwig: Die Lieder des Bakchylides, Zweiter Teil: Die Dithyramben und Fragmente. Text, Übersetzung und Kommentar. (Mnemosyne Suppl. 167). Leiden 1997.

MAGDALINO, Paul: The Empire of Manuel I Komnenos 1143–1180. Cambridge 1993
MALINGREY, Anne-Marie: Philosophia. Étude d'un groupe de mots dans la littérature grecque, des Présocratiques au IVe siècle après J.-C. Paris 1961.
MALKIN, Irad: Religion and colonization in ancient Greece. Leiden 1987.
MANNSPERGER, Marion: Frisurenkunst und Kunstfrisur. Die Haarmode der römischen Kaiserinnen von Livia bis Sabina. Bonn 1998.
MANSFIELD, John M.: The Robe of Athena and the Panathenaic ›Peplos‹. Ph. D. Berkeley, Ann Arbor 1985.
MANUS, Barbara C.: Multicentering: The Case of the Athenian Bride. In: Helios 17, 1990, 225–235.
MANVILLE, Philip Brook: The Origins of Citizenship in Ancient Athens. Princeton 1990.
MARCADÉ, Jean: Eros Kalos: Die Liebe in der Kunst. Die Griechen. Genève, Paris, München 1977.
MARINI, Giuseppe Luigi: Il Gabinetto Segreto del Museo Nazionale di Napoli. Torino 1971.
MARTIN, Jochen: Die Popularen in der Geschichte der späten römischen Republik. Diss. Freiburg 1965.
MARTIN, Jochen: Die Macht der Heiligen. In: MARTIN/QUINT, Christentum 1990, 440–474.
MARTIN, Jochen/Barbara QUINT: Christentum und antike Gesellschaft. Darmstadt 1990.
MARWITZ, Herbert: Das Bahrtuch. In: A & A 10, 1961, 7–18.
MASTROMARCO, Giuseppe: Il pubblico di Eronda. Padua 1979. [Englische Übers.: The public of Herondas. Amsterdam 1984].
MATTHEWS, John F.: Die Wirtschaft Palmyras. In: Palmyra. Geschichte, Kunst und Kultur der Syrischen Oasenstadt. Linz 1987, 149–152.
MAURIN, J.: Labor matronalis: aspects du travail féminin à Rome. In: E. LÉVY (Hg.), La femme dans les sociétés antiques. Colloque de Strasbourg (mai 1980 et mars 1981). Strasbourg 1983, 139–155.
MAURIN, J.: Funus et rites de séparation. In: Aspetti dell'Ideologia funeraria nel mondo romano. AION(archeol) 6, 1984, 191–208.
MAURIZIO, L.: Anthropology and spirit possession: A reconsideration of the Pythia's role at Delphi. In: JHS 115, 1995, 69–86.
MAURIZIO, L.: Delphic Oracles as Oral Performances: Authenticity and Historical Evidence. In: ClAnt 16, 1997, 308–334.
MAYER-REPPERT, Petra: Modereise in die antike Welt. Karlsruhe (Schriftenreihe des Badischen Landesmuseums) o.J.
MCCLEES, Helen: A Study of Women in Attic Inscriptions. New York 1920.
MCGINN, Thomas A.J.: Prostitution, Sexuality and the Law in Ancient Rome. New York 1998.
MEINERS, Christoph: Die Geschichte des weiblichen Geschlechts. Bd. 1. Hannover 1788.
MEINHART, Marianne: Die Senatusconsulta Tertullianum und Orfitianum in ihrer Bedeutung für das klassische römische Erbrecht. Köln 1967.
MEDICK, Hans/Anne-Charlotte TREPP (Hg.): Geschlechtergeschichte und allgemeine Geschichte: Herausforderung und Perspektiven. Mit Beiträgen von Karin HAUSEN, Lynn HUNT, Thomas KÜHNE, Gianna POMATA und Helmut PUFF. Göttingen 1998
MENGE, Hermann: Repetitorium der lateinischen Syntax und Stilistik, bearbeitet von Andreas THIERFELDER. Darmstadt 1979.
METCALE, Peter/Richard HUNTINGTON: Celebrations of Death. The Anthropology of Mortuary Ritual. Cambridge ²1991.
METTE-DITTMANN, Angelika: Die Ehegesetze des Augustus, Eine Untersuchung im Rahmen der Gesellschaftspolitik des Princeps. Stuttgart 1991.
MEYER-ZWIFFELHOFER, Eckhard: Im Zeichen des Phallus. Die Ordnung des Geschlechtsleben im antiken Rom. Frankfurt/M., New York 1995.
MICHALOWSKI, Kazimierz (Text)/Andrzej DZIEWANOWSKI (Aufnahmen): Palmyra. Leipzig 1968.
MIELSCH, Harald: Die römische Villa. Architektur und Lebensform. München 1987.
MILLAR, Fergus: Paul of Samosata, Zenobia and Aurelian: The Church, Local Culture and Political Allegiance in Third-Century Syria. In: JRS 61, 1971, 1–17.
MILLER, Bonifaz (Hg.): Weisungen der Väter. Apophtegmata Patrum, auch Gerontikon oder Alphabeticum genannt (Sophia 6). Trier ⁴1998.
MILTNER, Franz: Perikles 2. In: RE 19.1, 1937, 790–791
MITCHELL, Richard E.: The definition of *patres* and *plebs*: An End to the Struggles of the Orders. In: Kurt A. RAAFLAUB (Hg.), Social Struggles in Archaic Rome. Berkeley 1984, 130–174.
MOHR, Gerd Heinz: Weisheit aus der Wüste. Worte der frühen Christen. Köln 1985.
MOMIGLIANO, Arnaldo: Ancient History and the Antiquarian. In: Journal of the Warburg

and Courtauld Institutes 13, 1950, 285–316. [Ebenso in: DERS., Studies in Historiography. London 1966, 1–39; dt. Übers.: Alte Geschichte und antiquarische Forschung. In: A. MOMIGLIANO, Ausgewählte Schriften zur Geschichte und Geschichtsschreibung, hg. Glenn W. Most, Bd. 2: Spätantike bis Spätaufklärung, hg. A. Grafton, Stuttgart 1999, 1–36].

MOMMSEN, Theodor: Römisches Staatsrecht. 3 Bde. Leipzig ³1887–1888.

MOMMSEN, Theodor: Römische Geschichte: Drittes Buch: Von der Einigung Italiens bis auf die Unterwerfung Karthagos und der griechischen Staaten. Bd. 2. München ⁵1993.

MONCEAUX, P.: Saint Augustin e Saint Antoine. In: MAI 2, 1924, 61–89.

MONTSERRAT, Dominic (Hg.): Changing Bodies, Changing Meanings: Studies in the Human Body in Antiquity. London, New York 1998.

MOREAU, Philippe: Clodiana religio. Un procès politique en 61 av. J.-C. Paris 1982.

MOREAU, Philippe: Structures des parenté et d'alliance à Larinum d'après le Pro Cluentio. In: Les »Bourgoisies« municipales italiennes aux IIe et Ier siècles av. J.-C. Rom 1983, 99–123.

MOREAU, Philippe: *Adfinitas*: la parenté par alliance dans la société romaine (Ier s. av. J.-C. – IIème s. ap. J.-C.). In: ANDREAU/BRUHNS, Parenté 1990, 3–26.

MORGAN, Catherine A.: Athletes and oracles: the transformation of Olympia and Delphi in the 8th c. BC. Cambridge 1990.

MORRIS, Ian: Attitudes Toward Death in Archaic Greece. In: ClAnt 8/2, 1989, 268–320.

MORRIS, Ian: Death-Ritual and Social Structure in Classical Antiquity. Cambridge 1992.

MOSSÉ, Claude: L'antiquité: Lecture critique du tome 1 de l'Histoire des femmes. In: Georges DUBY/Michelle PERROT (Hg.), Femmes et histoire. Colloque à la Sorbonne, 13–14 novembre 1992. Paris 1993, 19–24.

MÜLLER, Dietram: Sprache und Handwerk. Die sprachlichen Bilder aus dem Bereich des Handwerks in der griechischen Literatur bis 400 v. Chr.Meisenheim am Glan 1974.

MUNIER, Charles: Ehe und Ehelosigkeit in der alten Kirche (1.-3. Jh.). Bern etc. 1987.

MÜNZER, Friedrich: Die römischen Vestalinnen bis zur Kaiserzeit. In: Philologus 92, 1937, 47–67; 199–222.

MURNAGHAM, Sheila: How a Woman Can Be More Like a Man: The Dialogue Between Ischomachus and his Wife in Xenophons *Oeconomicus*. In: Helios 15, 1988, 8–22.

MURRAY, Oswyn: The Social Function of Art in Early Greece. In: Diana BUITRON-OLIVER (Hg.), New Perspectives in Early Greek Art. Hanover, London 1991, 27 ff.

MUTH, Susanne: Erleben von Raum – Leben im Raum. Zur Funktion mythologischer Mosaikbilder in der römisch-kaiserzeitlichen Wohnarchitektur. Heidelberg 1998.

NASH, Ernest: Pictorial Dictionary of Ancient Rome. Bd. 1. London 1968.

NEVETT, Lisa: Perceptions of Domestic Space in Roman Italy. In: RAWSON/WEAVER, Roman Family in Italy 1997, 281–298.

NEWLANDS, Carole E.: Playing with Time. Ovid and the Fasti. Ithaca/London 1995.

NICHOLSON, Linda J.: Interpreting ›Gender‹. In: Signs 20, 1994, 79–105.

NIEMEYER, Hans-Georg: Semata. Über den Sinn griechischer Standbilder. Hamburg 1996.

NIPPEL, Wilfried: Griechen, Barbaren und ›Wilde‹. Alte Geschichte und Sozialanthropologie. Frankfurt/M. 1990.

NIXON, Lucia: The Cults of Demeter and Kore. In: HAWLEY/LEVICK, Women in Antiquity 1995, 75–96.

NOCK, Arthur D.: A Diis Electa. A Chapter in the Religious History of the Third Century (1930). In: DERS., Essays on Religion and the Ancient World. Bd. 1. Oxford 1972, 25–270.

NOLLÉ, Johannes: Frauen wie Omphale? Überlegungen zu ›politischen‹ Ämtern von Frauen im kaiserzeitlichen Kleinasien. In: DETTENHOFER, Reine Männersache? 1994, 229–259.

NÖRR, Dieter: Die Auflösung der Ehe durch die Frau nach altbabylonischem Recht. In: A. GIUFRÈ (Hg), Studi in Onore di Emilio Betti. Bd. 3. Milano 1961, 507–526.

NÖRR, Dieter: Zur sozialen und rechtlichen Bewertung der freien Arbeit in Rom. In: ZRG, Rom. Abt. 82, 1965, 67–105.

NORTH, Helene: The Mare, the Vixen, and the Bee: Sophrosyne as the Virtue of Women in Antiquity. In: ICS II, 1977, 35–48.

OAKLEY, John H./Rebecca H. SINOS: The Wedding in Ancient Athens. Madison 1993

OOST, Stewart Irvin: Xenophon's attitude toward Women. In: CW 71, 1977/78, 225–236.

OSBORNE, Robin: Demos: The Discovery of Classical Attica. Cambridge 1985.

OSBORNE, Robin: Sculpted men of Athens: masculinity and power in the field of vision. In: FOXHALL/SALMON, Thinking Men 1998.

PAILLER, Jean-Marie: Marginales et exemplaires: Remarques sur quelques aspects du rôle religieux des femmes dans la Rome républicaine. In: Clio: Histoire, Femmes et Sociétés 2, 1995, 41–60.
PALIOKRASSA, L.: Neue Befunde aus dem Heiligtum der Artemis Munichia. In: Athenische Mitteilungen 104, 1989, 1–40.
PAPADIMITRIOU, I.: The Sanctuary of Artemis at Brauron. In: Scientific American 208, 1963, 110–120.
PAPADOPOULOU-BELMEHDI, Ioanna: Le chant de Pénélope. Poétique du tissage féminin dans l'Odyssée. Paris 1994.
PARKE, H.W./D.E.W. WORMELL: The Delphic Oracle. Oxford 1956.
PARKIN, Tim G.: Demography and Roman Society. Baltimore, London 1992.
PATTERSON, Cynthia B.: The Family in Greek History. Cambridge/Mass., London 1998
PATZEK, Barbara (Hg.): Quellen zur Geschichte der Frauen. Bd. 1: Antike. Stuttgart 2000.
PEARSON, Birger A.: Gnosticism, Judaism and Egyptian Christianity. Minneapolis 1990.
PEKRIDOU-GORECKI, Anastasia: Mode im antiken Griechenland. Textile Fertigung und Kleidung. München 1989.
PEKRIDOU-GORECKI, Anastasia: Mode im antiken Griechenland. München 1989.
PERADOTTO, John/J.P. SULLIVAN (Hg.): Women in the Ancient World. The Arethusa Papers. Albany 1984
PERKOUNIG, Claudia-Martina: Livia Drusilla – Iulia Augusta: Das politische Porträt der ersten Kaiserin Roms. Wien, Köln, Weimar 1995.
PESCHEL, Ingrid: Die Hetäre bei Symposion und Komos. Frankfurt/M., Bern, New York 1987.
PIRENNE-DELFORGE, Vinciane: L'Aphrodite grecque. Contribution à l'étude de ses cultes et de sa personne dans le panthéon archaïque et classique. Liège 1994.
PIRENNE-DELFORGE, Vinciane: Les Charites à Athènes et dans l'île de Cos. In: Kernos 9, 1996, 195–214.
POMATA, Gianna: La storia delle donne: una questione di confine. In: N. TRAFAGLIA (Hg.), Il mondo contemporaneo 10.2: Gli strumenti della ricerca. Questioni di metodo. Firenze 1983, 1435–1469. [Auszugsweise deutsche Übers.: »Die Geschichte der Frau zwischen Anthropologie und Biologie«, in: Feministische Studien 2. 2, 1983, 113–127].
POMATA, Gianna: Histoire des femmes, histoire du genre: Observations sur le Moyen Âge et l'Époque moderne dans l'*Histoire des femmes en Occident*. In: Georges DUBY/Michelle PERROT (Hg.), Femmes et histoire. Colloque à la Sorbonne, 13–14 novembre 1992. Paris 1993, 25–37.
POMEROY, Sarah B.: The Persian King and the Queen Bee. In: AJAA 9, 1984, 98–108.
POMEROY, Sarah B.: Women in Hellenistic Egypt. From Alexander to Cleopatra. New York 1984.
POMEROY, Sarah B.: Frauenleben im klassischen Altertum. Stuttgart 1985. [Erstausgabe englisch: Goddesses, Whores, Wives, and Slaves. Women in Classical Antiquity, New York ¹1975].
POMEROY, Sarah B.: The Study of Women in Antiquity: Past, Present, Future (Brief Mention). In: AJPh 112, 1991, 263–268.
POMEROY, Sarah B.: Andromache – Ein verkanntes Beispiel für das Matriarchat. In: WAGNER-HASEL, Matriarchatstheorien 1992, 220–224.
POMEROY, Sarah B.: Xenophon: Oeconomicus. A Social and Historical Commentary. Oxford 1994.
POMEROY, Sarah. B.: Families in Classical an Hellenistic Greece. Representations an Realities. Oxford etc. 1997.
PORTER, James I. (Hg): Constructions of the Classical Body. Ann Arbor 1999.
POTTER, David S.: Senatus consultum de Cn. Pisone. In: JRA 11, 1998, 437–457.
POTTER, David S./Cynthia DAMON: The *senatus consultum de Cn. Pisone patre*. In: AJPh 120/1, 1999, 13–41.
POUTHIER, Pierre: Autour de la mort de Lucrèce. La constitution à Rome d'un thème national d'Hippocrate à Alcuin. In: Roger MATHE (Hg.), Antiquité classique. D'Hippocrate à Alcuin. Limoges 1985, 101–110.
PRESCENDI, Francesca: Il lutto dei padri nella cultura romana. In: HINARD, Mort au Quotidien, 1995,147–154.
PRESCENDI, Francesca: Frühzeit und Gegenwart. Eine Studie zur Auffassung und Gestaltung der Vergangenheit in Ovids *Fastorum libri*. Frankfurt/M. 2000.
PRICE, Simon: Delphi and divination. In: P.E. EASTERLING/J.V. MUIR (Hg.), Greek religion and society. Cambridge 1985, 128–154.
PROBST, Veit/PROBST, Susanne: Frauendichtung in Rom: Die Elegien der Sulpicia. In: AU 25.6, 1992, 19–26.
PROPP, Vladimir: Morphologie des Märchens. München 1972. [enthält auch: Eleasar MELETINSKIJ, Zur strukturell-typologischen

Erforschung des Volksmärchens, 179–214; Erstausgabe russisch: 1928].
Public et privé. Sondernummer von Ktèma 23, 1998.
PURCELL, Nicholas: Livia and the Womanhood of Rome. In: PCPhS, 1986, 78–105.
QVILLER, Björn: The Dynamics of the Homeric Society. In: SO 56, 1981, 109–155.
RABINOWITZ, Nancy Sorkin/Amy RICHLIN (Hg.): Feminist Theory and the Classics. New York, London 1993
RADNER, Karen: Die neuassyrischen Privatrechtsurkunden als Quelle für Mensch und Umwelt. In: State Archives of Assyria Studies. Helsinki 1997, 157–72, 200 f.
RAMAGE, Edwin S.: Clodia in Cicero's Pro Caelio. In: DERS. (Hg.), Classical Texts and their Traditions: Studies in Honour of Carl R. Trahman. Chico/Calif. 1984.
RATHBONE, D.: The Slave Mode of Production in Italy. In: JRS 73, 1983, 160–168.
RAWSON, Beryl (Hg.): The Family in Ancient Rome. London 1986.
RAWSON, Beryl (Hg.): Marriage, Divorce and Children in Ancient Rom. Oxford 1991.
RAWSON, Beryl/Paul WEAVER (Hg.): The Roman Family in Italy: Status, Sentiment, Space. Canberra, Oxford 1997.
REBENICH, Stefan: Hieronymus und sein Kreis. Stuttgart 1992.
REEDER, Ellen D. (Hg.): Pandora. Basel 1996. [Erstausgabe englisch: Baltimore 1995].
REINER, Eugen: Die rituelle Totenklage der Griechen. Stuttgart, Berlin 1939.
REINHOLD, Meyer: History of Purple as a Status Symbol in Antiquity. (Coll. Latomus 116). Brüssel 1970.
REINSBERG, Carola: Ehe, Hetärentum und Knabenliebe im antiken Griechenland. München 1989.
REINSBERG, Carola: Frauenrepräsentation im klassischen Athen. In: Christiane EIFERT/Angelika EPPLE/Martina KESSEL (Hg.), Was sind Frauen? Was sind Männer? Geschlechterkonstuktionen im historischen Wandel. Frankfurt/M. 1996, 12–50.
REINSCH, Diether R.: Frauenliteratur in Byzanz? Der Fall der Anna Komnene. In: Thalia GOUMA-PETERSON (Hg.), Anna Komnene and Her Times. Levittown 2000.
RICHARD, Carl J.: The Founders and the Classics: Greece, Rome and the American Enlightenment. Cambridge/Mass., London 1994
RICHLIN, Amy: Approaches to the Sources of Adultery at Rome. In: Women's Studies 8, 1981, 225–250.

RICHLIN, Amy: Hijacking the Palladion. In: Helios 17, 1990, 175–185.
RICHLIN, Amy (Hg.): Pornography and Representation in Greece and Rome. New York, Oxford 1992.
RICHLIN, Amy: Reading Ovid's Rapes. In: RICHLIN, Pornography 1992, 158–79.
RICHLIN, Amy: The Garden of Priapus: Sexuality and Aggression in Roman Humour. New York, Oxford ²1992 [Erstausgabe: New Haven, London, 1983].
RITTER, Hans-Werner: Livias Erhebung zur Augusta. In: Chiron 2, 1972, 313–338.
RIVES, J. B.: Religion and authority in Roman Carthage from Augustus to Constantine. Oxford 1995.
ROBB, Kevin: Literacy and Paideia in Ancient Greece. New York etc. 1994.
ROBERTS, Michael: The Treatment of Narrative in Late Antique Literature: Ammianus Marcellinus (16.10), Rutilius Namatianus and Paulinus of Pella. In: Philologus 132, 1988, 181–195.
RODA, S.: Commento storico al libro IX dell'epistolario di Q. Aurelio Simmaco. Pisa 1981.
ROHWEDER, Christine: Macht und Gedeihen. Eine politische Interpretation der Hiketiden des Aischylos. Frankfurt/M. etc. 1998.
ROLLINGER, Robert/Christoph ULF (Hg.): Geschlechterrollen und Frauenbild in der Perspektive antiker Autoren. Innsbruck, Wien, München 1999.
RONCHEY, Silvia: Ipazia, l'intellettuale. In: Augusto FRASCHETTI (Hg.), Roma al femminile. Roma 1994, 213–258.
ROSALDO, Michelle Zimbalist: The Use and Abuse of Anthropology: Reflections on Feminism and Cross-cultural Understanding. In: Signs 5, 1980, 389–417.
ROSALDO, Michelle Zimbalist/Louise LAMPHERE (Hg.): Women, Culture and Society. Stanford/Cal. 1974.
ROSE, Charles Brian: Dynastic Commemoration and Imperial Portraiture in the Julio-Claudian Period. Cambridge 1997.
RÖSGER, Alfons: Usurpatorenviten in der Historia Augusta. In: Bonner Festgabe Johannes Straub zum 65. Geburtstag. Bonn 1977, 359–393.
ROSSBACH, A.: Römische Hochzeits- und Ehedenkmäler. Leipzig 1871 [Ndr. Aalen 1973).
ROSTOVTZEFF, Michael: Gesellschafts- und Wirtschaftsgeschichte der hellenistischen Welt. Darmstadt 1955.
ROTH, Martha T.: Age at Marriage and the Household: A Study of Neo-Babylonian

and Neo-Assyrian Forms. In: CSSH 29, 1987, 715–747.

ROTH, Martha T.: »She will die by the iron dagger«: Adultery and Marriage in the Neo-Babylonian Period. In: JESHO 31, 1988, 186–206.

ROTH, Martha T: Babylonian Marriage Agreements 7th-3rd Centuries B.C. Alter Orient und Altes Testament Bd. 222. Neukirchen-Vluyn 1989.

ROTH, Martha T.: Marriage and Matrimonial Prestations in First Millenium B.C., 245–55. In: B.S. LESKO (Hg.), Women's Earliest Records from Ancient Egypt and Western Asia. (Brown Judaic Studies 166). Atlanta 1989.

ROTH, Martha T: Law Collections from Mesopotamia and Asia Minor. (SBL Writings from the Ancient World Series). Atlanta ²1997.

ROUSSELLE, Aline: Porneia. De la maîtrise du corps à la privation sensorielle. Paris 1983 [Deutsche Übers.: Der Ursprung der Keuschheit. Stuttgart 1989].

ROUSSELLE, Aline: La politique des corps. Entre procréation et continence à Rome. In: Pauline SCHMITT PANTEL, Histoire des femmes en Occident. Bd. 1: L'Antiquité. Paris 1991, 319–359 [Deutsche Übers.: Geschichte der Frauen. Bd. 1. Frankfurt/M., New York 1993].

ROUX, G.: Delphes, son oracle et ses dieux. Paris 1976.

RUSCHENBUSCH, Eberhard: SOLΩNOS NOMOI. Die Fragmente des Solonischen Gesetzeswerkes mit einer Text- und Überlieferungsgeschichte. Wiesbaden 1966.

RYBERG, Ines Scott: Rites of the State Religion in Roman Art. (Memoirs of the American Academy in Rome 22). Rom 1955.

SAHLINS, Marshall: Islands of History. Chicago 1985. [dt. Übersetzung: Inseln der Geschichte, Frankfurt/M., New York 1992].

SALE, William: The Temple-Legends of the Arkteia. In: RhM 117, 1974, 265–284.

SALISBURY, Joyce E.: Perpetua's Passion. The Death and Memory of a Young Roman Woman. London, New York 1997.

SALLER, Richard P.: Personal Patronage under the Early Empire. Cambridge 1982.

SALLER, Richard P.: *Familia, domus,* and the Roman Conception of the Family. In: Phoenix 38, 1984, 336–355.

SALLER, Richard P.: Men's Age at Marriage and its Consequences in the Roman Family. In: CPh 82, 1987, 21–34.

SALLER, Richard P.: *Familia* and *domus*: defining and representing the Roman family and household. In: DERS., Patriarchy 1994, 74–101.

SALLER, Richard P.: Patriarchy, property and death in the Roman family. Cambridge 1994.

SALLER, Richard P./Brent D. SHAW: Close Kin Marriage in Roman Society. In: Man 19, 1984, 432–44.

SALOMIES, O.: Die römischen Vornamen. Studien zur römischen Namengebung, Helsinki 1987.

SANDELS, Friedrich: Die Stellung der kaiserlichen Frauen aus dem Julisch-Claudischen Haus. Giessen 1912.

SANTIROCCO, M.S.: Sulpicia Reconsidered. In: CJ 74, 1979, 229–239.

SANTORO L'HOIR, Francesca: Tacitus and Women's Usurpation of Power. In: CW 88/1, 1994, 5–25.

SAVUNEN, Liisa: Women and Elections in Pompeii. In: HAWLEY/LEVICK, Women in Antiquity 1995, 194–206.

SCANLON, Thomas F.: Race or Chase at the Arkteia of Attica? In: Nikephoros 3, 1990, 73–120.

SCHADE, Ludwig: Des heiligen Kirchenvaters Hieronymus ausgewählte Schriften, Bd. 2. (Bibliothek der Kirchenväter, 2.Reihe, Bd. 16). München 1936.

SCHADE, Ludwig: Hieronymus. Briefe über die christliche Lebensführung. Bearbeitet von Johannes B. Bauer. München 1983

SCHANZ, M./C. HOSIUS: Geschichte der römischen Literatur. 2. Teil. München ⁴1935.

SCHAPS, David M.: Economic Rights of Women in Ancient Greece. Edinburgh 1979.

SCHAPS, David M.: Women of Greece in Wartime. In: CPh 77, 1982, 193ff.

SCHARRER, Ulf: Robert Filmer, John Milton, William Prynne und die aristotelische Theorie der Monarchie. In: Manuel BAUMBACH (Hg.), Tradita et Inventa. Beiträge zur Rezeption der Antike. Heidelberg 2000, 203–216.

SCHEER, Tanja: Forschungen über die Frau in der Antike: Ziele, Methoden, Perspektiven. In: Gymnasium 107, 2000, 143–172.

SCHEID, John: Contraria facere: renversements et déplacements dans les rites funéraires. In: AION(archeol) 6, 1984, 117–139.

SCHEID, John: Die Rolle der Frauen in der römischen Religion. In: SCHMITT PANTEL, Geschichte der Frauen. Bd. 1: Antike 1993, 417–449. [Erstausgabe italienisch: Rom, Bari 1990].

SCHEID, John: La spartizione sacrificale a Roma. In: C. GROTTANELLI/N.F. PARISE,

Sacrificio e società. Roma, Bari 1993, 267–292. [¹1988].
SCHEID, John: Claudia, la vestale. In: Augusto FRASCHETTI (Hg.), Roma al femminile. Rom, Bari 1994, 3–20.
SCHEID, John/Jesper SVENBRO: Le métier de Zeus. Mythe du tissage et du tissu dans le monde gréco-romain. Paris 1994.
SCHEIDEL, Walter: Feldarbeit von Frauen in der antiken Landwirtschaft. In: Gymnasium 97, 1990, 405–431.
SCHEIDEL, Walter: Frau und Landarbeit in der Alten Geschichte. In: SPECHT, Nachrichten aus der Zeit 1992, 209–235.
SCHEIDEL, Walter: Frauen als Ware: Sklavinnen in der Wirtschaft der griechisch-römischen Welt. In: SPECHT, Frauenreichtum 1994, 143–180.
SCHIPPMANN, Klaus: Grundzüge der Geschichte des Sasanidischen Reiches. Darmstadt 1990.
SCHLINKERT, Dirk: Vom Haus zum Hof. Aspekte höfischer Herrschaft in der Spätantike. In: Klio 78, 1996, 454–482.
SCHLUMBOHM, Christa: Die Glorifizierung der Barockfürstin als ›Femme Forte‹. In: August BUCK et al. (Hg.), Europäische Hofkultur im 16. und 17. Jahrhundert. Bd. 2. Hamburg 1981, 113–122.
SCHMAL, Stefan: Frauen und Barbaren bei Euripides. In: ROLLINGER/ULF, Geschlechterrollen und Frauenbild 1999, 87–128.
SCHMALTZ, Bernhard: Griechische Grabreliefs. Darmstadt 1983.
SCHMIDT-COLINET, Andreas (Hg.): Palmyra. Kulturbegegnung im Grenzbereich. Antike Welt 26 (Sondernummer) 1995.
SCHMITT PANTEL, Pauline: La différence des sexes, histoire, anthropologie et cité grecque. In: Michelle PERROT (Hg.), Une histoire des femmes est-elle possible? Paris 1984, 98–119.
SCHMITT PANTEL, Pauline (Hg.): Geschichte der Frauen. Bd. 1: Antike. Frankfurt/M., New York, Paris 1993. [Erstausgabe italienisch: Storia delle donne in Occidente. Roma, Bari 1990].
SCHMITT PANTEL, Pauline/Beate WAGNER-HASEL, La femme antique entre un »demi-esclavage« et une »fausse émancipation«. In: Ingrid GALSTER (Hg.), Simone de Beauvoir (im Druck)
SCHNAPP, Alain: Le chasseur et la cité. Chasse et érotique dans la Grèce ancienne. Paris 1997.
SCHNEIDER, B.: Hochzeitsbräuche in römischer Zeit. In Gisela VÖLGER/Karin von WELCK (Hg.), Die Braut: geliebt, verkauft, getauscht, geraubt. Zur Rolle der Frau im Kulturvergleich. Bd. 1. Köln 1985, 238–245.
SCHNEIDER, Helmuth: Das griechische Technikverständnis. Von den Epen Homers bis zu den Anfängen der technologischen Fachliteratur. Darmstadt 1989.
SCHNEIDER, Wolfgang Christian: Victoria sive Angelus Victoriae. Zur Gestalt des Sieges in der Zeit des Übergangs von der antike Religion zum Christentum. In: Andreas MEHL/Wolfgang Christian SCHNEIDER (Hg), Reformatio et Reformationes. Festschrift für Lothar Graf zu Dohna. Darmstadt 1989; 29–64.
SCHNEIDER, Wolfgang Christian: Das Erleben von Stadt im späten Hellenismus. In: AKG 78, 1996, 33–53.
SCHNEIDER, Wolfgang Christian: Die elegischen Verse von Maximian. Interpretation, Text und Übersetzung, Stuttgart 2003.
SCHNURR-REDFORD, Christine: Frauen im Klassischen Athen. Sozialer Raum und reale Bewegungsfreiheit. Berlin 1996.
SCHÖLLGEN, Georg: Ecclesia sordida? Zur Frage der sozialen Schichtung frühchristlicher Gemeinden am Beispiel Karthagos zur Zeit Tertullians. Münster 1984.
SCHOLZ, Birgit Ingrid: Untersuchungen zur Tracht der römischen matrona. Köln, Weimar 1992.
SCHREINER, Peter: Byzanz. Oldenbourg Grundriss der Geschichte 22. München ²1994.
SCHRÖDER, S.: Plutarchs Schrift De Pythiae oraculis. Text, Einleitung und Kommentar. Stuttgart 1990.
SCHULLER, Wolfgang: Frauen in der griechischen und römischen Geschichte. Konstanz ²1995.
SCHULZE, H.: Ammen und Pädagogen. Sklavinnen und Sklaven in der antiken Kunst. Mainz 1998.
SCHUTTER, Xavier de: Rituel funéraire et coût des obsèques en Grèce à l'époque classique. In: Kernos 2, 1989, 53–66.
SCOTT, Joan Wallach: Gender and the Politics of History. New York 1988.
SCOTT, Joan Wallach: Gender: A Useful Category of Historical Analysis. In: DIES., Gender and the Politics 1988, 28–50.
SCOTT, Joan Wallach: Some More Reflections on Gender and Politics. In: DIES., Gender and the Politics of History (Revised Edition). New York 1999, 199–222.
SCOTT, Joan W./Interview: Caroline ARNI: Politik der Geschichte. Feminismus am Be-

ginn des 21. Jahrhunderts. In: Die Wochenzeitung Nr. 6, 10.02.2000, 24.
SCOTT, Mary: Some Greek Terms in Homer Suggesting Non-Competitive Attitudes. In: ACD 24, 1981, 1–15.
SEAFORD, Richard A. S.: Reciprocity and Ritual Homer and Tragedy in the Developing City State. London, Oxford 1994.
SEAGER, Robin: Ammianus Marcellinus: Seven Studies in His Language and Thought. Columbia 1986.
SEECK, O.: Q. Aureli Symmachi quae supersunt. Berlin 1883.
SEIDENSTICKER, Bernd: Die Frau auf der attischen Bühne. In: Humanistische Bildung 11, 1987, 7–42.
SETÄLÄ, Päivi/Liisa SAVUNEN (Hg.): Female Networks and the Public Sphere in Roman Society. Rom 1999.
SHAPIRO, H. Alan: Jason's Cloak. In: TAPhA 110, 1980, 263–286.
SHAPIRO, Alan H.: Art and Cult under the Tyrants in Athens. London 1989.
SHAW, Brent D.: The Age of Roman Girls at Marriage. Some Reconsiderations. In: JRS 77, 1987, 30–46.
SHELTON, Jo-Ann: Pliny the Younger, and the Ideal Wife. In: C & M 41, 1990, 163–186.
SHERO, L. R.: Xenophon's Portrait of a Young Wife. In: CW 26.3, 1932, 17–21.
SHERWIN-WHITE, A. N.: The Letters of Pliny. Oxford 1966.
SIEBERT, Anne Viola: Quellenanalytische Bemerkungen zu Haartracht und Kopfschmuck römischer Priesterinnen. In: Boreas 19, 1995, 77–92.
SIEBERT, Anne Viola: Instrumenta Sacra. Untersuchungen zu römischen Opfer-, Kult- und Priestergeräten. Berlin etc. 1999.
SIEGEL, Monique R.: Weibliche Führungskunst. Frauenkarrieren der Geschichte, Frankfurt/M. 1993.
SIEMS, Andreas Karsten (Hg.): Sexualität und Erotik in der Antike. Darmstadt 1988.
SIMON, Erika: Götter der Griechen. Darmstadt 1985.
SIMON, Erika: Mater Matuta. In: LIMC VI 1, 1992, 379–381.
SIMON, Frank-Joachim: Τα κυλλ' αειδειν: Interpretationen zu den Mimiamben des Herondas. Frankfurt/M. etc. 1991.
SIMONETTA, Bono/Renzo RIVA: Le tessere erotiche romane (Spintriae): quando e a che scopo sono state coniate. Lugano 1981.
SISSA, Giulia: Le corps virginal. La virginité féminine en Grèce ancienne. Paris 1987. [Engl. Übers.: Greek Virginity. Cambridge etc. 1990].

SISSA, Giulia: Platon, Aristoteles und der Geschlechterunterschied. In: SCHMITT PANTEL, Geschichte der Frauen. Bd. 1: Antike 1993, 67–102. [Erstausgabe italienisch: Rom, Bari 1990].
SKINNER, Marilyn B.: Clodia Metelli. In: TAPhA 113, 1983, 273 ff.
SMALL, Jocelyn P.: The Death of Lucretia. In: AJA 80, 1976, 349–360.
SMITH, Bonnie: The Gender of History. Men, Women and Historical Practice. Cambridge/Mass. 1998.
SNYDER, Jane McIntosh: The Web of Song. Weaving Imagery in Homer and the Lyrik Poets. In: CJ 76, 1980/81, 193–196.
SNYDER, Jane McIntosh: The Woman and the Lyre: Women Writers in Greece and Rome. Carbondale/Ill. 1990.
SOJC, Natascha: Die (Un) sichtbaren: Frauen auf attischen Grabreliefs in klassischer Zeit. Diss. München 1999.
SOURVINOU-INWOOD, Christiane: Aristophanes, Lysistrata, 641–647. In: CQ 65, 1971, 339–342.
SOURVINOU-INWOOD, Christiane: Rez. Angelo BRELICH, Paides e Parthenoi. In: JHS 91, 1971, 172–177.
SOURVINOU-INWOOD, Christiane: A Trauma in Flux: Death in the 8th Century and After. In: Robin HÄGG (Hg.), The Greek Renaissance. Stockholm 1983, 33–48.
SOURVINOU-INWOOD, Christiane: Further Aspects of Polis Religion, In: AION(archeol) 10, 1988, 259–274.
SOURVINOU-INWOOD, Christiane: Studies in Girls' Transitions. Aspects of the Arkteia and Age Representation in Attic Iconography. Athen 1988.
SOURVINOU-INWOOD, Christiane: What is Polis Religion? In: Oswyn MURRAY/Simon PRICE (Hg.), The Greek City from Homer to Alexander. Oxford 1990, 295–322.
SOURVINOU-INWOOD, Christiane: Männlich – Weiblich, öffentlich – privat, antik und modern. In: REEDER, Pandora 1996, 111–120.
SPAETH, Barbette Stanley: The Roman Goddess Ceres. Austin 1996.
SPAHN, Peter: Fremde und Metöken in der Athenischen Demokratie. In: A. DEMANDT (Hg.), Mit Fremden leben. Eine Kulturgeschichte von der Antike bis zur Gegenwart. München 1995, 24–56.
SPÄTH, Thomas: ›Frauenmacht‹ in der römischen Kaiserzeit? Ein kritischer Blick auf die historische Konstruktion der ›Kaiserfrauen‹. In: DETTENHOFER, Reine Männersache? 1994, 159–205.
SPÄTH, Thomas: Männlichkeit und Weiblich-

keit bei Tacitus: Zur Konstruktion der Geschlechter in der römischen Kaiserzeit. Frankfurt/M., New York 1994.
SPÄTH, Thomas: Texte et Tacite. Proposition d'un modèle du texte historiographique. In: SStor 26, 1994, 1–38.
SPÄTH, Thomas: Männerfreundschaften – politische Freundschaften? Männerbeziehungen in der römischen Aristokratie des Prinzipats, 1. Jh. u. Z. In: Walter ERHART/Britta HERRMANN (Hg.), Wann ist der Mann ein Mann? Stuttgart 1997, 192–211.
SPÄTH, Thomas: Faits de mots et d'images. Les grands hommes de la Rome ancienne. In: traverse 5.1, 1998, 35–56.
SPÄTH, Thomas: Frauen in Netzen der Freundschaft. Plinius der Jüngere und seine Briefpartnerinnen. In: Laverna 9, 1998, 1–18
SPÄTH, Thomas: Politische Entmachtung als Entmännlichung? Texte, Geschlecht und Politik im römischen Prinzipat. In: WerkstattGeschichte 19, 1998, 5–24.
SPÄTH, Thomas: Sallust, Bellum Catilinae: un texte tragique de l'historiographie? In: Pallas 49, 1998, 173–195.
SPÄTH, Thomas: Agrippina minor: Frauenbild als Diskurskonzept. In: KUNST/RIEMER, Die Grenzen der Macht 2000, im Druck.
SPECHT, Edith: Schön zu sein und gut zu sein. Mädchenbildung und Frauensozialisation im antiken Griechenland. Wien 1989.
SPECHT, Edith (Hg.): Nachrichten aus der Zeit. Ein Streifzug durch die Frauengeschichte des Altertums. Wien 1992.
SPECHT, Edith (Hg.): Frauenreichtum. Die Frau als Wirtschaftsfaktor im Altertum. Wien 1994.
STADTER, Philip A.: ›Subject to the Erotic‹: Male Sexual Behaviour in Plutarch. In: Harry HINE/Doreen INNES/Christopher PELLING (Hg.), Ethics and Rhetoric: Classical Essays for Donald Russell on his Seventy-Fifth Birthday. Oxford 1995, 221–236.
STAEDELE, Alfons: Die Briefe des Pythagoras und der Pythagoreer. Meisenheim am Glan 1980.
STÄHLI, Adrian: Die Verweigerung der Lüste. Erotische Gruppen in der antiken Plastik. Berlin 1999.
STAHLMANN, Ines: Der gefesselte Sexus. Weibliche Keuschheit und Askese im Westen des Römischen Reiches. Berlin 1997.
STAUFFER, Annemarie: Kleider, Kissen, bunte Tücher. Einheimische Textilproduktion und weltweiter Handel. In: AW 26 1995, 57–71.
STEARS, Karen: Death Becomes Her. Gender and Athenian death ritual. In: BLUNDELL/ WILLIAMSON, The Sacred and the Feminine 1998, 113–127.
STEINBRÜGGE, Lieselotte: Das moralische Geschlecht. Theorien und literarische Entwürfe über die Natur der Frau in der französischen Aufklärung. Weinheim, Basel 1987.
STEIN-HÖLKESKAMP, Elke: Adelskultur und Polisgesellschaft. Stuttgart 1989.
STIERLIN, Henri: Städte in der Wüste. Petra, Palmyra und Hatra – Handelszentren am Karawanenweg. Stuttgart/Zürich 1996.
STILL, J.: Lucretia's Silent Rhetoric. In: Oxford Literary Rewiew 6, 1984, 70–86.
STINTON, T. C. W.: Iphigeneia and the Bears of Brauron. In: CQ 70, 1976, 11–13.
STOLLBERG-RILINGER, Barbara: Väter der Frauengeschichte? Das Geschlecht als historiographische Kategorie des 18. und 19. Jahrhundert. In: Historische Zeitschrift 262, 1996, 39–71.
STONEMAN, Richard: Palmyra and its Empire. Zenobia's Revolt against Rome. Ann Arbor 1992.
STRASBURGER, Hermann: Optimates (1939). In: DERS., Studien zur Alten Geschichte, Bd. 1. Hildesheim, New York 1982, 239 ff.
STRAUB, Johannes: Vorwort. In: Historia Augusta. Römische Herrschergestalten. Bd. 1. Zürich, München 1976, V-XLVII.
STULZ, Heike: Die Farbe Purpur im frühen Griechentum. Beobachtet in der Literatur und in der bildenden Kunst. Stuttgart 1990.
STUMPP, Bettina Eva: Prostitution in der römischen Antike. Berlin 1998.
STUPPERICH, Reinhard: The Iconography of Athenian State Burials in the Classic Period. In: W. D. E. COULSON et al. (Hg.), The Archaeology of Athens and Attica under the Democracy. Oxford 1994, 93–103.
SUERBAUM, Werner: Merkwürdige Geburtstage. In: Chiron 10, 1980, 327–355.
SYME, Ronald: Dynastic Marriages in the Roman Aristocracy. In: Diogenes 135, 1985, 1–10.
SYNDRAM, Karl Ulrich: Der erfundene Orient in der Europäischen Literatur vom 18. bis zum Beginn des 20. Jahrhunderts. In: Gereon SIEVERNICH/Hendrik BUDDE (Hg.), Europa und der Orient 800–1900. Gütersloh, München 1989, 324–341.
TAAFE, L. K.: Aristophanes and Women. London, New York 1993.
TATUM, W. Jeffrey: Cicero and the Bona Dea Scandal. In: CPh 85, 1990, 202 ff.
TATUM, W. Jeffrey: The Patrician Tribune: Publius Clodius Pulcher. Chapel Hill, London 1999.

TAYLOR, L.R.: Roman Voting Assemblies from the Hannibalic War to the Dictatorship of Caesar. Ann Arbor 1966.

THESLEFF, Holger: An Introduction to the Pythagorean Writings of the Hellenistic Period. (Acta Academiae Aboensis. Ser. A, Humaniora 24). Åbo 1961.

THESLEFF, Holger: The Pythagorean Texts of the Hellenistic Period. Collected and edited by Holger THESLEFF. (Acta Academiae Aboensis, Ser. A, Humaniora 30). Åbo 1968.

THOMAS, Rosalind: Literacy and Orality in Ancient Greece. Cambridge 1992.

THOMAS, Yan: Mariages endogamique à Rome: patrimoine, pouvoir et parenté depuis l'epoche archaique. In: RHD 58, 1980, 345–82

THOMAS, Yan: A Rome, pères citoyens et cité des pères (IIe siècle av. J.-C.-IIe siècle ap. J.-C.). In: André BURGUIÈRE et al. (Hg.), Histoire de la famille. Bd. 1. Paris 1986, 195–229 [Deutsche Übers.: Geschichte der Familie. Bd. 1. Frankfurt/M., New York 1996, 277–326].

THOMAS, Yan: Remarques sur la juridiction domestique à Rome. In: ANDREAU/ BRUHNS, Parenté 1990, 449–474.

THOMAS, Yan: Die Teilung der Geschlechter im römischen Recht. In: SCHMITT PANTEL, Geschichte der Frauen. Bd. 1: Antike 1993, 105–171. [Erstausgabe italienisch: Rom, Bari 1990].

THOMMEN, Lukas: Spartanische Frauen. In: MH 56, 1999, 129–149.

THOMSON, George D.: Prehistoric Aegean. London [4]1978. [[1]1949].

THRAEDE, Klaus: Frau. In: RACh 6, 1970, 197–267.

THRAEDE, Klaus: Ärger mit der Freiheit. Die Bedeutung von Frauen in Theorie und Praxis der alten Kirchen. In: G. SCHARFFENORTH/Klaus THRAEDE (Hg.), Freunde in Christus werden... Die Beziehung von Mann und Frau als Frage an Theologie und Kirche. Gelnhausen, Berlin, Stein 1977, 31–182.

THRAEDE, Klaus: Der Mündigen Zähmung. Frauen im Urchristentum. In: Humanistische Bildung 11, 1987, 93–121.

TIMMINS, Geoffrey: Technological Change. In: Mary B. ROSE (Hg.), The Lancashire Cotton Industry: A History since 1700. Preston 1996, 39–62.

TORELLI, Mario: Il culto romano di Mater Matuta. In: MNIR 56, 1997, 165–176.

TRÄNKLE, Hermann (Hg.): Appendix Tibulliana. Berlin u. a. 1990.

TREADGOLD, Warren: A History of the Byzantine State and Society. Stanford 1997.

TREGGIARI, Susan: Domestic Staff at Rome in the Julio-Claudian Period, 27 BC to A.D. 68. In: Histoire Sociale. Revue Canadienne 6, 1973, 241–255.

TREGGIARI, Susan: Jobs in the Household of Livia. In: PBSR 43, 1975, 48–77.

TREGGIARI, Susan: Jobs for Women. In: Journal of Ancient History 1, 1976, 76–104.

TREGGIARI, Susan: Lower Class Women in the Roman Economy. In: Florilegium 1, 1979, 65–86.

TREGGIARI, Susan: Roman Marriage: iusti coniuges from the Time of Cicero to the Time of Ulpian. Oxford 1991.

TREU, Kurt: Menanders Frauen. In: HUCHTHAUSEN, Frau in der Antike 1988, 61–64.

TSCHIEDEL, Hans J.: Die Gedichte der Sulpicia (Tib. 3, 13–18) – Frauenlyrik? In: GB 18, 1992, 87–102.

TYRRELL, William Blake: Amazons: A Study in Athenian Mythmaking. Baltimore, London 1984.

ULF, Christoph: Die homerische Gesellschaft. Materialien zur analytischen Beschreibung und historischen Lokalisierung. München 1990.

VAN BREMEN, Riet: Women and Wealth. In: CAMERON/KUHRT, Images of Women 1993, 223–242.

VAN BREMEN, Riet: The Limits of Participation. Women and Civic Life in the Greek East in the Hellenistic and Roman Periods. Amsterdam 1996.

VAN DER VEN, Frans: Sozialgeschichte der Arbeit. München 1971.

VAN WEES, Hans: A Brief History of Tears. In: FOXHALL/SALMON, When Men Were Men 1998, 10–53.

VEENHOF, Karel R.: The Dissolution of an Old Babylonian Marriage According to CT 45, 86. In: Révue d'Assyriologie 70, 1976, 153–164.

VENIT, Marjorie Susan: The Caputi Hydria and Working Women in Classical Athens. In: CW 81.4, 1988, 265–272.

VERMEULE, Emily: Aspects of Death in Early Greek Art and Poetry. Berkeley, Los Angeles, London 1979.

VERNANT, Jean-Pierre: Arbeit und Natur in der griechischen Antike. In. Klaus EDER (Hg.), Seminar: Die Entstehung von Klassengesellschaften. Frankfurt/M. 1973, 246–270.

VERNANT, Jean-Pierre: Die Heirat. In: DERS., Mythos und Gesellschaft im alten Grie-

chenland. Frankfurt/M. 1987, 51–72. [Erstausgabe französisch: Paris 1974].
VEYNE, Paul: La famille et l'amour sous le Haut-Empire romain. In: Annales ESC 33, 1978, 35–63.
VEYNE, Paul: L'élégie érotique romaine. L'amour, la poésie et l'occident. Paris 1983.
VICKERS, Michael: Images on Textiles. The Weave of Fifth-Century Athenian Art and Society. Konstanz 1999.
VIDAL-NAQUET, Pierre: Der Schwarze Jäger. Denkformen und Gesellschaftsformen der griechischen Antike. Frankfurt/M., New York 1989. [Erstausgabe französisch: Le chasseur noir 1981, erweitert 1983].
VOLLENWEIDER, Marie-Luise: Die Steinschneidekunst und ihre Künstler in spätrepublikanischer und augusteischer Zeit. Baden-Baden 1966.
VORBERG, Gaston: Glossarium Eroticum. Hanau 1965. [Erstausgabe: 1932].
WACE, Alan J.B.: Weaving or Embroidery. In: AJA 52, 1948, 51–55.
WAGNER, Beate: Zwischen Mythos und Realität: Die Frau in der frühgriechischen Gesellschaft. Frankfurt/M. 1982.
WAGNER-HASEL, Beate: Männerfeindliche Jungfrauen? Ein kritischer Blick auf Amazonen in Mythos und Geschichte. In: Feministische Studien 5.1, 1986, 86–105.
WAGNER-HASEL, Beate: ›Das Private wird politisch‹. Die Perspektive ›Geschlecht‹ in den Altertumswissenschaften. In: Ursula A.J. BECHER/Jörn RÜSEN (Hg.), Weiblichkeit in geschichtlicher Perspektive. Fallstudien und Reflexionen zu Grundproblemen der historischen Frauenforschung. Frankfurt/M. 1988, 11–50.
WAGNER-HASEL, Beate: Frauenleben in orientalischer Abgeschlossenheit? Zur Geschichte und Nutzanwendung eines Topos. In: 1989: AU 32.2, 1989, 18–29.
WAGNER-HASEL, Beate (Hg.): Matriarchatstheorien der Altertumswissenschaft. Darmstadt 1992.
WAGNER-HASEL, Beate: Rationalitätskritik und Weiblichkeitskonzeption. Anmerkungen zur Matriarchatsdiskussion in der Altertumswissenschaft. In: DIES., Matriarchatstheorien 1992, 295–373.
WAGNER-HASEL, Beate: Die Macht der Penelope. Zur Politik des Gewebes im homerischen Epos. In: Richard FABER/Susanne LANWERD (Hg.), Kybele – Prophetin – Hexe. Religiöse Frauenbilder und Weiblichkeitskonzeptionen. Würzburg 1997, 127–146.

WAGNER-HASEL, Beate: Eheverträge. In: DNP 3, 1997, 901–902.
WAGNER-HASEL, Beate: Geschlechterrollen. In: DNP 4, 1998, 1008–1011.
WAGNER-HASEL, Beate: Herakles und Omphale im Rollentausch. Mythologie und Politik in der Antike. In: Gisela ENGEL/Heide WUNDER (Hg.), Geschlechterperspektiven. Forschungen zur Frühen Neuzeit. Königstein 1998, 205–228.
WAGNER-HASEL, Beate: Der Stoff der Gaben. Kultur und Politik des Schenkens und Tauschens im archaischen Griechenland. Frankfurt/M., New York 2000.
WAGNER-HASEL, Beate: The Graces and Colour-Weaving. In: Lloyd LLEWELLYN-JONES/ Anton POWELL (Hg.), Women's Dress in the Ancient Greek World. London 2002, 17–32.
WAGNER-HASEL, Beate: Verschwendung und Politik in Rom. Überlegungen zur politischen Semantik des Luxuskonsums in der späten Republik und frühen Kaiserzeit. In: Historische Anthropologie, 10/3, 2002, 325–353.
WAGNER-HASEL, Beate: Wanderweidewirtschaft und Migration von Frauen in der Antike. Einige vorläufige Überlegungen. In: Marita KRAUSS/Holger SONNABEND (Hg.), Frauen und Migration. Stuttgart 2002, 160–180.
WAITHE, Mary E.: A History of Women Philosophers. Bd. 1: Ancient Women Philosophers. 600 B.C.-500 A.D. Dordrecht, Boston, Lancester 1987.
WALBANK, Frank W.: History and Tragedy. In: Historia 9, 1960, 216–234.
WALDNER, Katharina: Sexualität zwischen Reinheit und Befleckung: Probleme und Lösungen einer Anthropologie der Antike. Ein Forschungsbericht. In: L'Homme 9.1, 1998, 89–102.
WALDNER, Katharina: Gender Studies in den klassischen Altertumswissenschaften. In: Geschlechterforschung in der Ägyptologie und Sudanarchäologie. Beiträge eines Kolloquiums am Seminar für Sudanarchäologie und Ägyptologie der Humboldt Universität zu Berlin (8.2. und 16.6. 1999). Internet-Beiträge zur Ägyptologie und Sudanarchäologie Vol. II (IBAES II), hg. von Angelika Lohwasser. Berlin 2000 (http://www2.rz. hu-berlin.de/nilus/net-publications/ibaes2).
WALDNER, Katharina: Geburt und Hochzeit des Kriegers. Geschlechterdifferenz und Initation in Mythos und Ritual der griechischen Polis. Berlin, New York 2000.
WALDNER, Katharina: Oinotropoi. In: DNP 8, 2000, 1148.

WALLACE-HADRILL, Andrew (Hg.): Patronage in Ancient Society. London, New York 1989.
WALLINGER, Elisabeth: Die Frauen in der Historia Augusta, Diss. Wien 1990.
WALLOTH, Wilhelm: Die Krone der Königin Zenobia. Donauwörth 1924.
WALSER, Gerold: Römische Inschrift-Kunst. Römische Inschriften für den akademischen Unterricht und Einführung in die lateinische Epigraphik. Stuttgart ²1993.
WEBER, Leo: Solon und die Schöpfung der Attischen Grabrede. Frankfurt/M. 1935.
WEBER, Max: Die drei Typen legitimer Herrschaft. In: Wirtschaft und Gesellschaft, hg. von Joachim WINCKELMANN. Tübingen 1980.
WEEBER, Karl-Wilhelm: Panem et circenses. Massenunterhaltung als Politik im antiken Rom. Mainz 1994.
WEILER, Ingomar: Materialien zum Verhältnis der Geschlechter im antiken utopischen Schrifttum: Mythographische, ethnographische und poetische Quellen. In: ROLLINGER/ULF, Geschlechterrollen und Frauenbild 1999, 129–172.
WEINER, Annette B.: Why Cloth? Wealth, Gender, and Power on Oceania. In: DIES./ Jane SCHNEIDER (Hg.), Cloth and Human Experience. Washington 1989, 33–72. [Deutsche Übers.: Stoffe: Reichtum, Geschlecht und Macht in Ozeanien. In: Ilse LENZ/Ute LUIG (Hg.), Frauenmacht ohne Herrschaft. Berlin 1990, 306–348].
WELSKOPF, Charlotte (Hg.): Soziale Typenbegriffe Bd. 1: Belegstellenverzeichnis altgriechischer sozialer Typenbegriffe von Homer und Aristoteles. Berlin 1985.
WELWEI, Karl-Wilhelm: Athen. Vom neolithischen Siedlungsplatz zur archaischen Großsiedlung. Darmstadt 1992.
WENZEL, Horst: Hören und Sehen, Schrift und Bild. Kultur und Gedächtnis im Mittelalter. München 1995.
WESCH-KLEIN, Gabriele: Funus publicum. Eine Studie zur Öffentlichen Beisetzung und Gewährung von Ehrengräbern in Rom und den Westprovinzen. Stuttgart 1993.
WESSEL, Klaus: Insignien. In: RBK 3, 1978, 369–498.
WESTBROOK, Raymond: Old Babylonian Marriage Law. AOF, Beiheft 23, Horn 1988.
WHITE, J. W.: The Scholia on the Aves of Aristophanes. Boston, London 1914.
WHITLEY, James: Style and Society in Dark Age Greece. The Changing Face of a Pre-literate Society 1100–700 B.C. Cambridge etc. 1991.
WICKERT-MICKNAT, Gisela: Die Frau. Göttingen 1982.
WIDENGREN, Geo: Mani und der Manichäismus. Stuttgart 1961.
WIEBER-SCARIOT, Anja: Zwischen Polemik und Panegyrik – Frauen des Kaiserhauses und Herrscherinnen des Ostens in den Res gestae des Ammianus Marcellinus. Trier 1999.
WILCKE, Claus: CT 45, 119: Ein Fall legaler Bigamie mit *naditum* und *šugitum*. In: Zeitschrift für Assyriologie 74, 1984, 170–180.
WILCKE, Claus: Familiengründung im Alten Babylonien. In: E.W. MÜLLER (Hg.), Geschlechtsreife und Legitimation zur Zeugung. Freiburg, München 1985, 213–313.
WILL, Wolfgang: Der römische Mob. Soziale Konflikte in der späten römischen Republik. Darmstadt 1991.
WILL, Wolfgang: Clodia. In: DNP 3, 1997, 36.
WILL, Wolfgang: P.Clodius Pulcher. In: DNP 3, 1997, 37 f.
WILLIAM, G.: Some Aspects of Roman Marriage Ceremonies and Ideals. In: JRS 48, 1958, 16–29.
WILSDORF, Helmut: Die werktätige Frau in der Antike. In: HUCHTHAUSEN, Frau in der Antike 1988, 30–38.
WIMBUSH, Vincent L. (Hg.): Ascetic Behavior in Graeco-roman Antiquity. A sourcebook. Minneapolis 1990.
WIMBUSH, Vincent L./Richard VALANTASIS (Hg.): Asceticism. Oxford 1995.
WINKES, Rolf: Leben und Ehrungen der Livia. Ein Beitrag zur Entwicklung des römischen Herrscherkults von der Zeit des Triumvirats bis Claudius. In: Archaeologia 36, 1985, 55–68.
WINKES, Rolf: Livia, Octavia, Julia. Porträts und Darstellungen. Louvain-La-Neuve 1995.
WINKLER, John J.: The Constraints of Desire: The Anthropology of Sex and Gender in Ancient Greece. New York 1990. [Deutsche Übers.: Der gefesselte Eros: Sexualität und Geschlechterverhältnis im antiken Griechenland. Marburg 1994].
WINTERLING, Aloys: Aula Caesaris: Studien zur Institutionalisierung des römischen Kaiserhofs in der Zeit von Augustus bis Commodus (31. v. Chr.– 192 n. Chr.). München 1999.
WISSOWA, Georg: Religion und Kultus der Römer. München ²1912. [Ndr. 1971].
WLOSOK, Antonie: Vater und Vatervorstellungen in der römischen Kultur. In: H. TELLEN-

BACH (Hg.), Das Vaterbild im Abendland. Bd. 1. Stuttgart 1978, 18–54.

WLOSOK, Antonie: Märtyrerakten und Passionen. In: R. HERZOG/P.L. SCHMIDT (Hg.), Handbuch der lateinischen Literatur der Antike. Bd. 4, hg. von Klaus SALLMANN: Die Literatur des Umbruchs. Von der römischen zur christlichen Literatur, 117–283 n. Chr. München 1997, 419–432.

WOESS, F. von: Das römische Erbrecht und die Erbanwärter. Berlin 1911.

WOHLMAYR, Wolfgang: Studien zur Idealplastik der Vesuvstädte. Salzburg 1989.

WOLFF, Hans Julius: Die Grundlagen des griechischen Eherechts. In: Ernst BERNEKER (Hg.), Zur Griechischen Rechtsgeschichte. Darmstadt 1968, 620–654. [Erstausgabe: 1952].

WOOD, Susan E.: Imperial Women: A Study in Public Images, 40 BC – AD 68. Leiden 1999.

WREDE, Henning: Consecratio in formam deorum. Vergöttlichte Privatpersonen in der römischen Kaiserzeit. Mainz 1981.

WRIGHT, Rita P.: Women's Labor and Pottery Production in Prehistory, in: Joan M. GERO/ Margaret W. CONKEY (Hg.), Engendering Archaeology. Women and Prehistory, Oxford, Cambridge/Mass. 1991, 194–223.

WYKE, Maria: Augustan Cleopatras: Female Power and Poetic Authority. In: A. POWELL (Hg.), Roman Poetry and Propaganda in the Age of Augustus. Bristol 1992, 98–140.

WYKE, Maria: Reading Female Flesh: *Amores* 3.1. In: CAMERON, History as Text 1989, 113–143.

ZANKER, Paul: Augustus und die Macht der Bilder. München 1987.

ZANKER, Paul: Die trunkene Alte: Das Lachen der Verhöhnten. Frankfurt/M. 1989.

ZANKER, Paul: Eine Kunst für die Sinne: Zur hellenistischen Bilderwelt des Dionysos und der Aphrodite. Berlin 1998.

ZEIDLER-JOHNSON, Elisabeth: Die Aufteilung der Menschheitsgeschichte. Christoph Meiners und die Geschichte des anderen Geschlechts als Gegenstand der Geschichtsschreibung in der Spätaufklärung. In: Ursula A.J. BECHER/Jörn RÜSEN (Hg.), Weiblichkeit in geschichtlicher Perspektive. Fallstudien und Reflexionen zu Grundproblemen der historischen Frauenforschung. Frankfurt/M. 1988, 198–216.

ZINSER, Hartmut: Der Mythos des Mutterrechts: Verhandlungen von drei aktuellen Theorien des Geschlechterkampfes. Frankfurt/M., Berlin, Wien 1981.

ZOEPFFEL, Renate: Aufgaben, Rollen und Räume von Mann und Frau im archaischen und klassischen Griechenland. In: DIES./Jochen MARTIN (Hg.), Aufgaben, Rollen und Räume von Mann und Frau. Bd 2. Freiburg, München 1989, 443–500.

ZWIERLEIN-DIEHL, Erika: Simpuvium Numae. In: Tainia. Festschrift R. Hampe. Mainz 1980, 405–422.

Quellenverzeichnis

Q 1
Übers. nach Martha T. Roth, Law Collections from Mesopotamia and Asia Minor. SBL Writings from the Ancient World Series. 2nd edition. Atlanta: Society of Biblical Literature Scholar Press 1997, S. 63 ff.

Q 2
Übers. nach Martha T. Roth, Law Collections from Mesopotamia and Asia Minor. SBL Writings from the Ancient World Series. 2nd edition. Atlanta: Society of Biblical Literature Scholar Press 1997, S. 105 ff.

Q 3
Übers. nach Martha T. Roth, Law Collections from Mesopotamia and Asia Minor. SBL Writings from the Ancient World Series. 2nd edition. Atlanta: Society of Biblical Literature Scholar Press 1997, S. 161 ff.

Q 4
Übers. nach Raymond Westbrook, Old Babylonian Marriage Law. Archiv für Orientforschung, Beiheft 23, Horn 1988: Verlag Ferdinand Berger & Söhne, S. 114 u. 122.

Q 5
Übers. nach Raymond Westbrook, Old Babylonian Marriage Law. Archiv für Orientforschung, Beiheft 23, Horn 1988, Verlag Ferdinand Berger & Söhne, S. 120 f.

Q 6
Übers. nach Raymond Westbrook, Old Babylonian Marriage Law. Archiv für Orientforschung, Beiheft 23, Horn 1988, Verlag Ferdinand Berger & Söhne, S. 121 f.

Q 7
Übers.: Jean-Marie Durand, Les Dames du Palais de Mari, in: Mari Annales Recherches Interdisciplinaires 4, 1985, S. 406 (Paris: Editions recherche sur les civilisation [ERC])

Q 8
Übers.: siehe William L. Moran, Les Lettres d'el Amarna. Correspondance diplomatique du pharaon. Littérature anciennes du proche-orient 13, Paris 1987, S. 66. Les éditions du CERF.

Q 9
Übers.: Elke Hartmann.
Text: Demosthenes, Private Orations VI. With an English translation by A. T. Murray. Cambridge/Mass. – London: William Heinemann 1988.

Q 10
Übers.: Menander – Herondas. Werke in einem Band. Aus dem Griechischen übertragen von Kurt u. Ursula Treu. Berlin, Weimar: Aufbau Verlag 1980, S. 85.
Text: TLG-CD-ROM # E auf der Grundlage von: F. H. Sandbach, Menandri reliquiae selectae. Oxford 1972.

Q 11
Übers. und Text: Konrat Ziegler und Walter Wuhrmann, Plutarch, Fünf Doppelbiographien. Griechisch-deutsch, ausgewählt von Manfred Fuhrmann, Zürich, Darmstadt: Artemis-Verlag, Wiss. Buchgesellschaft 1994.

Q 12
Um 425 v. Chr. Boston, Museum of Fine Arts 03.802. Aus: John H. Oakley/Rebecca Sinos, The Wedding in Ancient Athens. Madison, Wis. etc.: The University of Wisconsin Press 1993, S. 51, Fig. 23.

Q 13
Athen, Nationalmuseum 14790. Aus: John H. Oakley/Rebecca Sinos, The Wedding in Ancient Athens. Madison, Wis. etc.: The University of Wisconsin Press 1993, S. 51, Fig. 1.

Q 14 u. 15
Um 425 v. Chr. Boston, Museum of Fine Arts 03.802. Aus: John H. Oakley/Rebecca Sinos, The Wedding in Ancient Athens. Madison, Wis. etc.: The University of Wisconsin Press 1993, S. 110 u. S. 111, Fig. 16 u. 107.

Q 16
Übers. und Text: nach Helmut Kasten, Gaius Plinius Caecilius Secundus, Briefe. Epistularum libri decem. Lateinisch-deutsch. München, Zürich: Artemis Verlag, [6]1990.

Q 17
Übers.: Christiane Kunst.

Text: Michael Winterbottom (Hg.), M. Tulli Ciceronis de officiis. (Scriptorum classicorum bibliotheca Oxoniensis). Oxford: Clarendon 1994, S. 22.

Q 18
Übers. und Text: Hans-Jürgen Hillen, Titus Livius, Römische Geschichte XLII-XLIV. Lateinisch-deutsch. München, Zürich, Artemis Verlag, ²1988, S. 70/1

Q 19
Übers. und Text: Otto Wittstock, Sueton. Kaiserbiographien. Lateinisch-deutsch. Berlin: Akademie-Verlag 1993, S. 144/5.

Q 20
Übers. und Text: R. Helm, Metamorphosen oder der goldene Esel. Lateinisch-deutsch. Berlin: Akademie-Verlag 1970.

Q 21
Übers.: Christiane Kunst.
Text: Corpus Iuris Civilis, Vol. I: Institutiones ed. Paulus Krueger, Digesta ed. Theodorus Mommsen, rectract. Paulus Krueger. 24. Aufl. Hildesheim: Olms Verlag 1988.

Q 22
British Museum, Catalogue of Sculpture III, No. 2274.
Übers.: Christiane Kunst.

Q 23
Übers. und Text: nach Helmut Kasten, Gaius Plinius Caecilius Secundus, Briefe. Epistularum libri decem. Lateinisch-deutsch. München, Zürich: Artemis Verlag ⁶1990.

Q 24
Übers. und Text: Helmut Kasten, Gaius Plinius Caecilius Secundus, Briefe. Epistularum libri decem. Lateinisch-deutsch. München, Zürich: Artemis Verlag ⁶1990.

Q 25
Übers.: Christiane Kunst.
Text: Corpus Inscriptionum Latinarum consilio et auctoritate Academiae Litterarum (Regiae) Borussicae editum. Berlin 1863ff.

Q 26
Übers.: Christiane Kunst.
Text: Hermann Dessau, Inscriptiones Latinae Selectae. 3 Bde. in fünf Teilen. Berlin 1892–1915.

Q 27
Übers. und Text: nach Helmut Kasten, Marcus Tullius Cicero, Atticus-Briefe. Lateinisch-deutsch. München, Zürich: Artemis Verlag ⁴1990.

Q 28
Übers. und Text: nach J. Bernhardt, Augustinus, Confessiones/Bekenntnisse. Lateinisch-deutsch. München: Kösel Verlag 1955, S. 456/7.

Q 29
Übers. und Text: nach Erich Heller, P. Cornelius Tacitus, Annalen. Lateinisch-deutsch. München, Zürich: Artemis Verlag 1982.

Q 30
Florenz, Uffizien, Rossbach 119ff. Aus: H. Dütschke, Antike Bildwerke in Oberitalien. Bd. 3 Leipzig: Engelmann 1871, Ndr. Aalen: Scientia Verlag 1973, S. 24ff., Nr. 62.

Q 31
Deutsches Archäologisches Institut Rom.

Q 32
Übers.: Katharina Waldner.
Text: Aristophanes, Lysistrata. Edited with introduction and commentary by Jeffrey Henderson. New York: Oxford University Press 1987.

Q 33
Übers.: Katharina Waldner.
Text: Scholia in Aristophanem Pars II,4: Scholia in Vespas, Pacem, Aves et Lysistratam, Fasc. IV, continens Scholia in Aristophanis Lysistratam, edidit J.Hansgard. Groningen: Egbert Forsten 1996.

Q 34
a) Teile der Krateriskoi, um 430–420 v. Chr. Basel, Sammlung Herbert A. Cahn, Inv. Nr. HC 501 (Fig. A) u. HC 502 (Fig. B u. C.). Fotos der Scherben aus: Ellen D. Reeder, Pandora. Frauen im klassischen Griechenland, hg. von der Walters Art Gallery Baltimore in Zusammenarbeit mit dem Antikenmuseum Basel und Sammlung Ludwig, Baltimore, Basel 1995/1996, S. 323, Abb. 98.
b) Umzeichnungen der Krateriskoi I und II. Aus: Lilly Kahil, L'Artemis de Brauron, rites et mystères. Antike Kunst 20, 1977, S. 86–98, Fig. A-B: Cratérisques I, II (Dessins I. Athanassiadou). Philipp von Zabern Verlag.

Q 35
Aus: Susan Guettel Cole, Domesticating Artemis. In: Sue Blundell/Margaret Williamson (Hg.), The Sacred and the Feminine in Ancient Greece. London, New York.: Routledge 1998, S. 35, Abb. 3.1.

Q 36
a) Übers.: Euripides, Tragödien. Vierter Teil. Griechisch und deutsch von Dietrich Ebener. 2. durchgesehene u. erweiterte Auflage Berlin

1977 (= Schriften und Quellen der Alten Welt, Hg. vom Zentralinstitut für Alte Geschichte und Archäologie der Akademie der Wissenschaften der DDR, Bd. 30,4.), S. 337.
Text: Euripides, Iphigenia in Tauris. Edidit David Sansone. Leipzig: Teubner Verlagsgesellschaft 1981.

Q 37
Übers.: Beate Wagner-Hasel (nach Georg Peter Landmann, Thukydides, Geschichte des Peloponnesischen Krieges, 2. überarbeitete Aufl. Zürich, München: Artemis Verlag 1976, 146.
Text: Henricus Stuart Jones and Johannes Enoch Powell, Thucydidis historiae. Tomus Prior, Oxford: Clarendon 11, 1986.

Q 38
Übers.: Wolfgang Schadewaldt, Homer, Die Ilias. Frankfurt/M.: Insel Verlag 1975, S. 421–423.
Text: T. W. Allen, Homeri Ilias. Bd. 2–3. Oxford: Clarendon, 3. Aufl. 1920/1953.

Q 39
Übers. nach: Konrat Ziegler, Plutarch, Große Griechen und Römer, Bd. I. Zürich 2. Aufl. 1979, S. 223 und 236.
Text: TLG-CD-ROM # E auf der Grundlage von: K. Ziegler, Plutarchi vitae parallelae. Bd 1.1. Leipzig: Teubner Verlag [4]1969.

Q 40
Paris, Louvre, Inv. Nr. A 517. Aus: Martine Denoyelle, Chefs-D'oeuvre de la céramique grecque, Paris: Editions de la Réunion des musées nationaux, 49 rue Etienne Marcel, 75039 Paris cedex 01, 1994, S. 18, Abb. 4.

Q 41
Paris, Louvre, Inv. Nr. E 643. Aus: Martine Denoyelle, Chefs-D'oeuvre de la céramique grecque, Paris: Editions de la Réunion des musées nationaux, 49 rue Etienne Marcel, 75039 Paris cedex 01, 1994, S. 4, Abb. 17.

Q 42
Athen, Nationalmuseum. ARV[2] 998,168. Aus: Claude Bérard/Jean-Pierre Vernant u. a., Die Bilderwelt der Griechen. Schlüssel zu einer ›fremden‹ Kultur. Aus dem Franz. von Ursula Sturzenegger, Mainz: Philipp von Zabern 1984, S. 150, Abb. 147.

Q 43
Übers.: Georg Luck, Marcus Annaeus Lucanus, Der Bürgerkrieg. Lateinisch-deutsch. Darmstadt: Wiss. Buchgesellschaft, 1985.
Text: D. R. Shackleton Bailey, M. Annaei Lucani De bello civili libri X. Stuttgart etc.: Teubner 1997.

Q 44
Übers.: Rudolf Helm, Albius Tibullus, Gedichte. Lateinisch-deutsch. Berlin (-Ost), Akademie-Verlag, 1968.
Text: Iohannes Percival Postgate, Tibulli aliorumque carminum libri tres. Oxford: Clarendon [2]1982.

Q 45
Übers.: Francesca Prescendi.
Text: Georgius Thilo, Servii Grammatici qui feruntur in Vergilii Carmina Commentarii. Bd. 2. Leipzig: Teubner 1894.

Q 46
Übers.: Hildegard Cancik-Lindemaier.
Text: J. C. Rolfe, The Attic Nights of Aulus Gellius. Lateinisch-englisch. 3 Bde. Cambridge/Mass., London: Harvard University Press/W. Heinimann 1984. (The Loeb Classical Library).

Q 47
Übers.: Hildegard Cancik-Lindemaier
Text: Konrat Ziegler, M. Tullius Cicero, De legibus. 3. Aufl., überarb. und durch Nachträge ergänzt von W. Görler. Freiburg: Ploetz 1979.

Q 48
Übers.: Hildegard Cancik-Lindemaier.
Text: R. S. Convey/C.F. Walters, Titi Livi Ab Urbe condita. Oxford: Clarendon 1955.

Q 49
Übers.: Hildegard Cancik-Lindemaier.
Text: R. A. B. Mynors, C. Plinii Secundi Epistularum libri decem. Oxford: Clarendon 1968.

Q 50
Übers.: Hildegard Cancik-Lindemaier.
Text: Corpus Inscriptionum Latinarum consilio et auctoritate Academiae Litterarum (Regiae) Borussicae editum. Berlin 1863ff.

Q 51
Übers.: Hildegard Cancik-Lindemaier.
Text: O. Seeck, Q. Aureli Symmachi quae supersunt. (Monumenta Germaniae Historica). Berlin: Weidmann 1883.

Q 52
Übers.: Hildegard Cancik-Lindemaier.
Text: Michaela Zelzer, Sancti Ambrosi Opera, pars X. Epistulae et Acta, tom. III. (Corpus Scriptorum Ecclesiasticorum Latinorum, vol. LXXXII). Wien: Hölder/Pichler/Tempsky 1982.

Q 53
Aus: Ines Scott Ryberg, Rites of the State Religion in Roman Art. Memoirs of the American Academy in Rome 22. Rom 1955, Abb. 27.

Q 54
Foto: Hildegard Cancik-Lindemaier.

Q 55
Übers.: Niklas Holzberg, Publius Ovidius Naso, Fasti, Festkalender. Lateinisch-deutsch. Zürich, Artemis & Winkler Verlag, 1995.
Text: R. Schilling, Ovide. Les Fastes. Bd. 2. Paris: Les Belles Lettres (Coll. des Universités de France) 1993.

Q 56
Übers.: Francesca Prescendi.
Text: TLG-CD-ROM # E auf der Grundlage von: J. B. Titchener, Plutarchi moralia. Bd. 2.1. Leipzig: Teubner 1935 (repr. 1971).

Q 57
Übers.: Francesca Prescendi.
Text: TLG-CD-ROM # E auf der Grundlage von: J. B. Titchener, Plutarchi moralia. Bd. 2.1. Leipzig: Teubner 1935 (repr. 1971).

Q 58
Übers.: Konrat Ziegler, Plutarch, Große Griechen und Römer, Bd. I. Zürich 2. Aufl. 1979.
Text: TLG-CD-ROM # E auf der Grundlage von: Konrat Ziegler, Plutarchi vitae parallelae. Bd. 1.1. Leipzig: Teubner ^{4}1969.

Q 59
Übers.: Niklas Holzberg, Publius Ovidius Naso, Fasti, Festkalender. Lateinisch-deutsch. Zürich, Artemis & Winkler Verlag, 1995.
Text: R. Schilling, Ovide. Les Fastes. Bd. 1. Paris: Les Belles Lettres (Coll. des Universités de France) 1992.

Q 60
Übers.: Francesca Prescendi.
Text: Otto Keller, Pseudoacronis Scholia in Horatium vetustoria. Bd. 1. Leipzig, Teubner, 1902 (repr. 1967).

Q 61
Übers.: Francesca Prescendi.
Text: James A. Willis, Ambrosii Theodosii Macrobii Saturnalia. Leipzig: Teubner 1946.

Q 62
Übers.: Christine Schnurr-Redford.
Text: Haiim B. Rosén, Herodoti Historiae. Bd. 2. Stuttgart, Leipzig: Teubner 1997.

Q 63
Übers.: Christine Schnurr-Redford.
Text: Robert Flacelière, Plutarque, Oeuvres Morales. Bd. 6. Paris, Les Belles Lettres (Coll. des Universités de France), 1974.

Q 64
Berlin Mus. 2538. Aus: Joseph E. Fontenrose, The Delphic Oracle. Berkeley, Los Angeles, London, University of California Press, 1978, 205, fig. 2. Reproduziert nach Eduard Gerhard, Auserlesene griechische Vasenbilder. Bd. 4, Taf. 328. Berlin 1858. (Vgl. S. 143, Anm. 60).

Q 65
Übers.: nach Susanne u. Veit Probst, Frauendichtung in Rom: Die Elegien der Sulpicia. In: Der altsprachliche Unterricht 25/6, 1992, 19–26 (Stuttgart: Friedrichs Verlag)
Text: Hermann Tränkle, Appendix Tibulliana. Berlin, New York: Walter De Gruyter 1990.

Q 66
Übers.: Henriette Harich-Schwarzbauer.
Text: The Pythagorean Texts of the Hellenistic Period, collected and edited by Holger Thesleff, Åbo Akademi 1965 (Acta Academiae Aboensis, Serie A, Humaniora Vol. 30, Nr. 1)

Q 67
Übers.: Henriette Harich-Schwarzbauer.
Text: The Pythagorean Texts of the Hellenistic Period, collected and edited by Holger Thesleff, Åbo Akademi 1965 (Acta Academiae Aboensis, Serie A, Humaniora Vol. 30, Nr. 1)

Q 68
Übers.: Henriette Harich-Schwarzbauer.
Text: TLG-CD-ROM # E auf der Grundlage von: J. Giangrande, Eunapii vitae sophistarum. Rom 1956.

Q 69
Übers.: Henriette Harich-Schwarzbauer.
Text: TLG-CD-ROM # E auf der Grundlage von: Ioseph Giangrande, Eunapii vitae sophistarum. Rom: Typis Publicae Officinae Polygraphicae 1956.

Q 70
Übers.: Henriette Harich-Schwarzbauer.
Text: Synesii Cyrenensia Epistolae. Antonius Garzya Recensvit. Rom: Typis Officinae Polygraphicae 1979.

Q 71
Übers.: Henriette Harich-Schwarzbauer.
Text: Günther Christian Hansen, Sokrates Kirchengeschichte. Berlin: Akademie Verlag 1995.

Q 72
Übers.: Henriette Harich-Schwarzbauer.

Text: TLG-CD-ROM # E auf der Grundlage von: Clemens Zintzen, Damascii vitae Isidori reliquiae. Hildesheim: G. Olms 1967.

Q 73
Übers.: Henriette Harich-Schwarzbauer.
Text: TLG-CD-ROM # E auf der Grundlage von: Ada Adler, Suidae lexicon. 4 Bde. Leipzig: Teubner 1928–1935 [repr. Stuttgart: 1967–1971].

Q 74
Übers.: Peter Habermehl.
Text: nach Cornelius J. M. J. Van Beek, Passio Sanctarum Perpetuae et Felicitatis. Nijmegen: Dekker & Van de Vegt 1936.

Q 75
Übers.: Ruth E. Harder.
Text: Ugo Criscuolo, Michele Psello, Autobiografia – Encomio per la madre. Napoli: M. D. Auria Editore 1989, S. 90.

Q 76
Übers.: Ruth E. Harder.
Text: Konstantinos N. Sathas, Mesaionike bibliotheke 1–7. Venedig: Typois tou Chronou 1872–1894. Ndr. Hildesheim, New York: Georg Olms 1972, Bd. 5, S. 74–75, S. 65–66.

Q 77
Übers.: Ruth E. Harder.
Text: Jean Darrouzès, Georges et Dèmètrios Tornikès, Lettres et Discours. Paris: Editions du Centre National de la Recherche Scientifique 1970, S. 245ZB – 247Z.

Q 78
Übers.: Diether Roderich Reinsch, Anna Komnene, Alexias. Köln: DuMont 1996, S. 19–20.
Text: Bernard Leib, Anne Comnène, Alexiade. Paris: Les Belles Lettres 1937–1976, S. 3–4.

Q 79
Übers.: Ruth E. Harder.
Text: Wolfram Hörandner, Theodoros Prodromos, Historische Gedichte. Wien: Verlag der Österreichischen Akademie der Wissenschaften 1974, S. 376–381.

Q 80
Athen, Nationalmuseum. Aus: François Lissarrague, Frauenbilder. Aus dem Franz. von Andreas Wittenburg, in: Pauline Schmitt Pantel (Hg.), Geschichte der Frauen Bd. 1: Antike. Frankfurt/M., New York: Campus 1993, S. 252, Abb. 61.

Q 81
Antalya, Museum, Inv. Nr. 3453. Aus: Elaine Fantham/Helene Peet Foley/Natalie Boymel Kampen/Sarah B. Pomeroy/H. Alan Shapiro, Women in the Classical World. Oxford University Press 1994, S. 364, Abb. 13.6.

Q 82
Übers.: nach Olof Gigon, Aristoteles, Politik. Zürich, München: Artemis Verlag. 2., durchgesehene Auflage 1971
Text: TLG-CD-ROM # E auf der Grundlage von: W. D. Ross, Aristotelis politica. Oxford: Oxford Univ. Press 1957 [repr. 1964].

Q 83
Übers.: Ursula u. Kurt Treu, Athenaios von Naukratis, Das Gelehrtenmahl. Mainz: Dieterichsche Verlagsbuchhandlung 1985.
Text: TLG-CD-ROM # E auf der Grundlage von: G. Kaibel, Athenaei Naucratitae deipnosophistarum libri xv. 3 Bde. Leipzig: Teubner 1887–1890 [repr. Stuttgart 1965–1966].

Q 84
Übers.: Niklas Holzberg, Publius Ovidius Naso, Fasti, Festkalender. Lateinisch-deutsch. Zürich: Artemis & Winkler Verlag 1995.
Text: R. Schilling, Ovide. Les Fastes. Bd. 1. Paris: Les Belles Lettres (Coll. des Universités de France) 1992.

Q 85
Übers. und Text: Konrat Ziegler und Walter Wuhrmann, Plutarch, Fünf Doppelbiographien. Griechisch-deutsch, ausgewählt von Manfred Fuhrmann. Zürich, Darmstadt: Artemis-Verlag, Wiss. Buchgesellschaft 1994.

Q 86
Übers.: Manfred Fuhrmann, Marcus Tullius Cicero, Sämtliche Reden, Bd. IV, Zürich, München: Artemis 1980, 31 ff.?
Text: PHI-CD-ROM #5.3 auf der Grundlage von A. C. Clark, M. Tullii Ciceronis orationes. Bd. 1. Oxford: Clarendon 1905.

Q 87
Kopenhagen, Ny Carlsberg Glyptothek 1444. Vorderansicht. Höhe: 34 cm. Zwischen 4 und 14 n. Chr. Der Fundort dieses als Einsatzkopf gearbeiteten Porphyrporträts ist nicht gesichert. Aus: Rolf Winkes, Livia Octavia Julia. Porträts und Darstellungen. Art and Archaeology Publications: Court-Saint-Etienne 1995, S. 115, Kat. 41.

Q 88
Liverpool, Liverpool Merseyside County Museum 1988.116. Seitenansicht. Höhe: 42 cm. Zeit des Augustus. Aus: Rolf Winkes, Livia Octavia Julia. Porträts und Darstellungen. Art

and Archaeology Publications: Court-Saint-Etienne 1995, S. 137, Kat. 59.

Q 89
Aus: Erika Simon: Augustus. Kunst und Leben in Rom um die Zeitenwende. München: Hirmer 1986, Tafel 12, Abb. 4.

Q 90
Köln, Römisch-Germanisches Museum 94.1. Höhe: 31 cm. Zeit des Tiberius. Aus: Rolf Winkes, Livia Octavia Julia. Porträts und Darstellungen. Art and Archaeology Publications: Court-Saint-Etienne 1995, S. 190, Kat. 118.

Q 91
Bochum, Ruhruniversität Kunstsammlungen S 1081. Höhe: 42 cm. Zeit des Claudius. Aus: Rolf Winkes, Livia Octavia Julia. Porträts und Darstellungen. Art and Archaeology Publications: Court-Saint-Etienne 1995, S. 92, Kat. 16.

Q 92
Kopenhagen, Ny Carlsberg Glyptothek 1643. Höhe: 220 cm. Zeit des Claudius. Aus: Susan E. Wood, Imperial Women. A Study in Public Images 40 B.C. – A.D. 68, Leiden u.a.: Brill (Mnemosyne Suppl. 194) 1999, Abb. 43.

Q 93
Tripolis, Archaeological Museum Inv.-Nr. 208/54 (ehemals 26). Höhe: 298 cm. Zeit des Tiberius. Aus: Rolf Winkes, Livia Octavia Julia. Porträts und Darstellungen. Art and Archaeology Publications: Court-Saint-Etienne 1995, S. 184, Kat. 107.

Q 94
Madrid, Museo Arqueológico 2737. Höhe: 177 cm. Zeit des Claudius. Aus: Rolf Winkes, Livia Octavia Julia. Porträts und Darstellungen. Art and Archaeology Publications: Court-Saint-Etienne 1995, S. 132, Kat. 56.

Q 95
Parma, Museo Nazionale 828. Höhe: 213 cm. Zeit des Caligula. Aus: Winkes, Livia Octavia Julia. Porträts und Darstellungen. Art and Archaeology Publications: Court-Saint-Etienne 1995, S. 153, Kat. 76.

Q 96
Wien, Kunsthistorisches Museum IX A 95. Höhe: 10 cm. Zeit des Tiberius. Aus: Susan E. Wood, Imperial Women. A Study in Public Images 40 B.C. – A.D. 68, Leiden u.a.: Brill (Mnemosyne Suppl. 194) 1999, Abb. 41.

Q 97
Übers.: nach Erich Heller, P. Cornelius Tacitus, Annalen. Lateinisch-deutsch. München, Zürich: Artemis Verlag 1982.

Text: PHI-CD-ROM # 5.3 auf der Grundlage von: C.D. Fisher, Cornelii Taciti Annalium Ab Excessu Divi Augusti Libri. Oxford: Clarendon 1906.

Q 98
Übers.: nach Erich Heller, P. Cornelius Tacitus, Annalen. Lateinisch-deutsch. München, Zürich: Artemis Verlag 1982.
Text: PHI-CD-ROM # 5.3 auf der Grundlage von: C.D. Fisher, Cornelii Taciti Annalium Ab Excessu Divi Augusti Libri. Oxford: Clarendon 1906.

Q 99
Übers.: nach Erich Heller, P. Cornelius Tacitus, Annalen. Lateinisch-deutsch. München, Zürich: Artemis Verlag 1982.
Text: PHI-CD-ROM # 5.3 auf der Grundlage von: C.D. Fisher, Cornelii Taciti Annalium Ab Excessu Divi Augusti Libri. Oxford: Clarendon 1906.

Q 100
Übers.: Ernst Hohl, Historia Augusta. Römische Herrschergestalten, 2 Bde., bearb. und erläut. von Elke Merten/Alfons Rösger/Nicole Ziegler, Vorwort von Johannes Straub, Bd. 1, Zürich, München: Artemis 1976, Bd. 2, 1985.
Text: Scriptores Historiae Augustae, ed. Ernestus Hohl, Addenda et Corrigenda adiec. Christa Samberger et Wolfgang Seyfahrt, Vol. I/II. Leipzig: Teubner [3]1971.

Q 101
Übers.: Ernst Hohl, Historia Augusta. Römische Herrschergestalten, 2 Bde., bearb. und erläut. von Elke Merten/Alfons Rösger/Nicole Ziegler, Vorwort von Johannes Straub, Bd. 1, Zürich, München: Artemis 1976, Bd. 2, 1985.
Text: Scriptores Historiae Augustae, ed. Ernestus Hohl, Addenda et Corrigenda adiec. Christa Samberger et Wolfgang Seyfahrt, Vol. I/II. Leipzig: Teubner [3]1971.

Q 102
Übers.: Otto Veh, Zosimos, Neue Geschichte, erläut. von Stefan Rebenich, Stuttgart: Anton Hiersemann 1990.
Text: TLG-CD-ROM # E auf der Grundlage von: F. Paschoud, Zosime. Histoire nouvelle: Edition ›Les Belles Lettres‹. Bd. 1. Paris 1971.

Q 103
Aus: Richard Stoneman, Palmyra and Its Empire. Zenobia's Revolt against Rome. Ann Arbor: The University of Michigan Press [4]1995, Plate 25a

Q 104
Aus: Richard Stoneman, Palmyra and Its Em-

pire. Zenobia's Revolt against Rome. Ann Arbor: The University of Michigan Press ⁴1995, Plate 25d.

Q 105
Aus: Geschichte mit Pfiff 2, 1996, XXIV (Sailer Verlag, Nürnberg).

Q 106
Aus: Volker Pantel, Das Buch der Filmplakate. Schönaich: Ulmer ²1987, S. 38.

Q 107
Aus: Faltblatt der Ny Carlsberg Glyptotek Inv. Nr. 2795.

Q 108
Aus: Henri Stierlin, Städte in der Wüste. Petra, Palmyra und Hatra – Handelszentren am Karawanenweg. Stuttgart, Zürich: Belser 1996, 13.

Q 109
National Gallery of Art, Washington, D. C. Aus: Richard Stoneman, Palmyra and Its Empire. Zenobia's Revolt against Rome. Ann Arbor: The University of Michigan Press ⁴1995: Plate 26.

Q 110
Art Gallery of Souh Australia, Adelaide. Aus: Richard Stoneman, Palmyra and Its Empire. Zenobia's Revolt against Rome. Ann Arbor: The University of Michigan Press ⁴1995: Plate 27

Q 111
Übers.: Beate Wagner-Hasel nach Klaus Meyer, Xenophons »Oikonomikos«. Übersetzung und Kommentar. Marburg: P. Kaesberger, Westerburg 1975, S. 32 f.
Text: E. C. Marchant, Xenophontis opera omnia. Bd. 2. Oxford: Clarendon ²1921 [repr. 1971].

Q 112
Übers. und Text: Xenophon, Erinnerungen an Sokrates. Griechisch-deutsch. Hg. von Peter Jaerisch. München: Heimeran Verlag ²1977, 138–147.

Q 113
Aus: Dieter Hägermann/Helmuth Schneider: Landbau und Handwerk. Propyläen Technikgeschichte Bd. 1, Abb. 86.

Q 114
Athen, Nationalmuseum, Inv. Nr. 4889. Aus: Ekaterini Karakasi, Die prachtvolle Erscheinung der Phrasikleia. Zur Polychromie der Korenstatue. Ein Rekonstruktionsversuch, in: Antike Welt 28/6, 1997, 509–517, hier: 512, Abb. 4. (Philipp von Zabern Verlag)

Q 115
Aus: John Boardman, Rotfigurige Vasen aus Athen. Die klassische Zeit. Ein Handbuch. Mainz: Philipp von Zabern 1991, Abb. 247.

Q 116
Palmyra, Museum. Aus: Andreas Schmidt Colinet (Hg.), Palmyra. Kulturbegegnung im Grenzbereich. Antike Welt 26. Sondernummer. Mainz: Philipp von Zabern Verlag 1995, S. 50, Abb. 78.

Q 117
Berlin, Staatliche Museen (Ost), Inv. Nr. F 1738. Aus: Gundel Koch-Harnack, erotische Symbole. Lotosblüte und gemeinsamer Mantel auf antiken Vasen. Berlin: Gebr. Mann Verlag 1989, S. 144, Abb. 13.

Q 118
Berlin, Staatliche Museen Preußischer Kulturbesitz, Antikenmuseum 31526. CVA Berlin 2, Taf. 98,1. Aus: Carola Reinsberg, Ehe, Hetärentum und Knabenliebe im antiken Griechenland. München: C. H. Beck 1989, S. 122, Abb. 66.

Q 119
New York, Metropolitan Museum, Inv. Nr. 31.11.10. Aus: Dietrich von Bothmer, The Amasis Painter and His World, The Paul Getty Museum, Malibu/California, New York, London: Thames and Hudson Ltd. 1985, 185 f., Nr. 48.

Q 120
Athen, Akropolis-Museum. Aus: Adolf H. Borbein (Hg.), Das Alte Griechenland. Kunst und Geschichte der Hellenen, München: Bertelsmann Verlag 1995, S. 140.

Q 121
Paris, Louvre. Aus: Joachim Ebert u. a., Die Arbeitswelt der Antike. Von einer Autorengruppe der Martin-Luther-Universität Halle-Wittenberg. Wien, Köln, Graz: Böhlau 1984, Abb. 14.

Q 122
München, Glyptothek. Aus: Adolf H. Borbein (Hg.), Das Alte Griechenland. Kunst und Geschichte der Hellenen, München: Bertelsmann Verlag 1995, S. 282.

Q 123
Übers.: nach Emil Staiger, Theokrit, die echten Gedichte. Zürich: Artemis Verlag 1970.
Text: F. P. Fritz, Theokrit, Gedichte. Griechisch-deutsch. München: Heimeran Verlag 1970.

Q 124
Übers.: Wolfgang Christian Schneider.
Text: TLG-CD-ROM # E auf der Grundlage von: I. C. Cunningham, Herondas. Mimiambi. Oxford: Clarendon Press 1971.

Q 125
Übers.: Rosmarie Günther
Text: Corpus Inscriptionum Latinarum consilio et auctoritate Academiae Litterarum (Regiae) Borussicae editum. Berlin 1863 ff.

Q 126
Übers.: Rosmarie Günther
Corpus Inscriptionum Latinarum consilio et auctoritate Academiae Litterarum (Regiae) Borussicae editum. Berlin 1863 ff.

Q 127
Übers.: Rosmarie Günther
Corpus Inscriptionum Latinarum consilio et auctoritate Academiae Litterarum (Regiae) Borussicae editum. Berlin 1863 ff.

Q 128
Übers.: Rosmarie Günther
Corpus Inscriptionum Latinarum consilio et auctoritate Academiae Litterarum (Regiae) Borussicae editum. Berlin 1863 ff.

Q 129
Übers.: Rosmarie Günther
Corpus Inscriptionum Latinarum consilio et auctoritate Academiae Litterarum (Regiae) Borussicae editum. Berlin 1863 ff.

Q 130
Übers. und Text: Konrat Ziegler und Walter Wuhrmann, Plutarch, Fünf Doppelbiographien. Griechisch-deutsch, ausgewählt von Manfred Fuhrmann, Zürich, Darmstadt: Artemis-Verlag, Wiss. Buchgesellschaft 1994, S. 472–473.

Q 131
Übers.: Karl Büchner, Publius Cornelius Tacitus. Die historischen Versuche. Agricola, Germania, Dialogus, 2. verbesserte Auflage. Stuttgart: Reclam 1963.
Text: Henricus Hevbner, P. Cornelii Taciti, Libri qui supersunt. Tom. II, Fasc. 4, Dialogus de Oratoribus. Stuttgart: Teubner 1983.

Q 132
Übers. und Text: Joachim Adamietz, Juvenal, Satiren. Lateinisch-deutsch. München, Zürich: Artemis Verlag 1993, S. 131.

Q 133
Übers.: Heribert Philips und Marion Giebel, C. Plinius Caecilius Secundus, Sämtliche Briefe. Stuttgart: Reclam 1998.

Text: Mauritius Schuster/Rudolphus Hanslik, C. Plinii Caecili Secundi, Epistulorum Libri Novem, Epistularum ad Traianum Liber, Panegyricus. Stuttgart, Leipzig: Teubner 1992.

Q 134
Übers.: Otto Veh, Cassius Dio, Römische Geschichte, Bd. V. Zürich, München: Artemis Verlag 1987.
Text: TLG-CD-ROM # E auf der Grundlage von: U. P. Boissevain, Cassii Dionis Cocceiani historiarum Romanarum quae supersunt. Bd. 3. Berlin: Weidmann 1901 [repr. 1955].

Q 135
Übers.: Otto Schönberger, Cato, Vom Landbau. München, Darmstadt: Artemis Verlag, Wiss. Buchgesellschaft 1980, S. 145.
Text: Antonius Mazzarino, M. Porci Catonis De Agri Cultura. Leipzig: Teubner 1962.

Q 136
Rheinisches Landesmuseum Trier.

Q 137
Römisch-Germanisches Museum Köln.

Q 138
Aus: Gerhard Zimmer, Römische Berufsdarstellungen. Berlin: Gebr. Mann Verlag 1982, S. 94, Abb. 2.

Q 139
Aus: Gerhard Zimmer, Römische Berufsdarstellungen. Berlin: Gebr. Mann Verlag 1982, S. 166, Abb. 90.

Q 140
Übers.: Joachim Latacz, Die griechische Literatur in Text und Darstellung, Bd. 1, Archaische Periode. Griechisch-deutsch. Stuttgart: Reclam 1991, S. 439.
Text: TLG-CD-ROM # E auf der Grundlage von: M. L. West, Iambi et elegi Graeci. Bd. 2. Oxford: Clarendon Press 1972.

Q 141
gekürzt; Übers.: Elke Hartmann.
Text: TLG-CD-ROM # E auf der Grundlage von: W. Rennie, Demosthenis orationes. Bd. 3. Oxford: Clarendon Press, 1931 [repr. 1960]. Korrigiert nach: A. T. Murray, Cambridge/Mass., London: Harvard Univ. Press/William Heinimann 1988 (The Loeb Classical Library).

Q 142
Petersburg, Ermitage B 1650, ARV [J. D. Beazley, Attic Red-Figure Vase-Painters, Oxford 1942] 16, 15; 1619; Para [J. D. Beazley, Paralipomena, Additions to ABV and ARV2, Oxford 1971] 509. Malersignatur: Euphronios,

um 500 v. Chr.Aus: Euphronios, Der Maler. Austellungskatalog Berlin, Staatliche Museen Preußischer Kulturbesitz. Mailand: Fabri Editori 1991, S. 180.

Q 143
Brüssel, Musées Royaux d'Art et d'Histoire R 351; ARV 31, 7. (Dikaios-Maler, um 510 v. Chr.. Aus: Carola Reinsberg, Ehe, Hetärentum und Knabenliebe im antiken Griechenland. München: C.H. Beck 1989, S. 99 Abb. 48.

Q 144 u. 145
Paris, Louvre G 13, ARV² [J.D. Beazley, Attic Red-Figure Vase-Painters, 2. Aufl., 3. Bde., Oxford 1963] 86 a (um 500 v. Chr.. Aus: Carola Reinsberg, Ehe, Hetärentum und Knabenliebe im antiken Griechenland. München: C.H. Beck 1989, S. 101 Abb. 50 c und S. 94, Abb. 36.

Q 146
Text und Übers.: Bernhard Kytzler, Carmina Priapea – Gedichte an den Gartengott. Übers. Carl Fischer. Zürich, München: Artemis Verlag 1978.

Q 147
Text und Übers.: Niklas Holzberg, Publius Ovidius Naso, Liebeskunst. Ars Amatoria. Lateinisch-deutsch. München, Zürich: Artemis Verlag ²1988.

Q 148
Malibu, The John Paul Getty Museum 86.AE.462. Foto: The John Paul Getty Museum. Aus: Angelika Dierichs, Erotik in der römischen Kunst. Mainz: Philipp von Zabern 1997, S. 105, Abb. 112b.

Q 149
Köln, Römisch-Germanisches Museum. Foto: Postkarte, Aufnahme Michael Jeiter, F 313, Deutscher Kunstverlag München, Berlin. Aus: Angelika Dierichs, Erotik in der römischen Kunst. Mainz: Philipp von Zabern 1997, S. 52, Abb. 58.

Q 150
Foto: Foglia. Aus: Angelika Dierichs, Erotik in der römischen Kunst. Mainz: Philipp von Zabern 1997, S. 36, Abb. 33.

Q 151
Dia nach C.Johns, Farbabb. 12. Aus: Angelika Dierichs, Erotik in der römischen Kunst. Mainz: Philipp von Zabern 1997, S. 109, Abb. 116a.

Q 152
München, Staatliche Antikensammlung, Glyptothek 365. Fotos: Dia ASR 4,2 Taf. 105 (Detail), Dia ASR 4,2 Taf. 104 (Detail). Aus: Angelika Dierichs, Erotik in der römischen Kunst. Mainz: Philipp von Zabern 1997, S. 46, Abb. 44 und 45.

Q 153
Neapel, Museo Nazionale RC 144 (= 85873). Foto: Dia nach J. Charbonneaux/R. Martin/ F. Villard, Das klassische Griechenland. 1971, 323, Abb. 376. Aus: Angelika Dierichs, Erotik in der römischen Kunst. Mainz: Philipp von Zabern 1997, S. 89, Abb. 93.

Q 154
Neapel, Museo Nazionale Inv. 9248, 1.Jh. n. Chr. Foto: G. Cerulli et al. (Hg.), Pompejanische Wandmalerei. 1990, Taf. 89. Aus: Angelika Dierichs, Erotik in der römischen Kunst. Mainz: Philipp von Zabern 1997, S. 21, Abb. 10a.

Q 155
Cubiculum 43, 1.Jh. n. Chr. Foto: Foglia. Aus: Angelika Dierichs, Erotik in der römischen Kunst. Philipp von Zabern, Mainz 1997, S. 66, Abb 76a.

Q 156
Dia nach L.Jacobelli, Le Pitture Erotiche delle Terme Suburbane di Pompei. 1995, Tafel 6 (?). Aus: Angelika Dierichs, Erotik in der römischen Kunst. Mainz: Philipp von Zabern 1997, S. 117, Abb. 127.

Q 157
London, British Museum 1856.12–26.1086. Aus: Angelika Dierichs, Erotik in der römischen Kunst. Mainz: Philipp von Zabern 1997, S. 111, Abb. 120.

Q 158
Neapel, Museo Nazionale RP Inv. Nr. 27709. Aus: Angelika Dierichs, Erotik in der römischen Kunst. Mainz: Philipp von Zabern 1997, S. 56, Abb. 64.

Q 159
Übers.: Wolfgang Christian Schneider. Text: TLG-CD-ROM # E auf der Grundlage von: G. Dagron, Vie et miracles de sainte Thècle. Bruxelles: Société des Bollandistes 1978.

Q 160
Übers.: Wolfgang Christian Schneider. Text: Migne, Patrologia Latina, 40, 373–396: 377f., 401 n. Chr.

Q 161
Übers. und Text: Wolfgang Christian Schneider, Maximiani Versus Elegiaci. Die elegischen Verse von Maximian. Lateinisch-deutsch.

Darmstadt: Wiss. Buchgesellschaft (in Vorber. für 2001).

Q 162
Übers.: Ludwig Schade, Des heiligen Kirchenvaters Hieronymus ausgewählte Schriften. Bd. 2 (Bibliothek der Kirchenväter, Bd. 18). München: Kösel-Pustet, 1937.
Text: Jérôme Labourt, Saint Jérôme, Lettres. Bd. 2. Paris: Les Belles Lettres 1951.

Autorinnen und Autoren des Bandes

Hildegard Cancik-Lindemaier: Dr. phil., klassische Philologin, lebt in Tübingen; geb. 1938, verheiratet, zwei Töchter. – Studium der klassischen Philologie, Sprachwissenschaft und Theologie an den Universitäten Mainz, Tübingen, Paris (Sorbonne). Promotion Tübingen 1965. Forschungsschwerpunkte: Antike Kulturwissenschaft, Religionsgeschichte Roms und des frühen Christentums.

Angelika Dierichs: Dr. phil. M. A., geb. 1943, Studium (1962–1966) der Germanistik und Romanistik in Göttingen (Lehramtsabschluss für Realschulen); von 1966 bis 1970 Realschullehrerin für Deutsch, Französisch, Kunsterziehung. 1971 bis 1977 Studium der Klassischen Archäologie und Kunstgeschichte in Regensburg, 1977 Magister Artium, 1980 Promotion. Seitdem freiberufliche Tätigkeit in der Erwachsenenbildung (Seminare, Vorträge, Studienreiseplanung), u. a. bei Auslandsgesellschaften, Kulturinstituten und Volkshochschulen. Publikationen u. a. über Erotik in der griechischen und in der römischen Kunst.

Brigitte Groneberg: Seit 1999 Lehrstuhlinhaberin für Altorientalistik (Assyriologie) am Seminar für Keilschriftkunde, Universität Göttingen. Nach dem Studium der Altorientalistik, Arabistik und Islamkunde sowie der Klassischen Archäologie Assistentin in Tübingen. Mitarbeiterin am *Tübinger Atlas des Vorderen Orients* (Tübingen), am *Chicago Assyrian Dictionary* (Chicago/USA); Directeur de recherche am CNRS, Paris. Bis zur Berufung in Göttingen Professorin für Altorientalistik im Archäologischen Institut der Universität Hamburg.

Rosmarie Günther: Dr. phil., geb. 1942; Akademische Oberrätin für Alte Geschichte an der Universität Mannheim. Studium der Germanistik, Geschichte und Politischen Wissenschaft in Heidelberg und Mannheim; Zweites Staatsexamen 1974 in Trier; historische Dissertation zur Frauenarbeit in Rom (*Frauenarbeit – Frauenbindung* 1987). Forschungsschwerpunkte: Frauengeschichte, Epigraphik. R. G. setzt sich engagiert für eine enge Verbindung von Universität und Schule ein.

Peter Habermehl: Studium der Klassischen Philologie und Germanistik in Tübingen, Toulouse und Berlin. Promotion (1990) und Habilitation (1998) an der Freien Universität Berlin. 1992–1996 Wissenschaftlicher Mitarbeiter am dortigen Philologischen Seminar, im *Archiv für Antikerezeption in der modernen deutschen Literatur*, seit 1999 an der Berlin-Brandenburgischen Akademie der Wissenschaften.

Ruth E. Harder: Dr. phil., hat Klassische Philologie und Alten Geschichte studiert und arbeitet zur Zeit an einem Projekt über spätantike und byzantinische Liebesromane.

Henriette Harich-Schwarzbauer: Dr. phil. habil.; Professorin für Klassische Philologie an der Universität Basel; geb. 1955; Studium der Klassischen Philologie und Romanistik in Graz und Paris. Forschungsschwerpunkte: Literatur des frühen Prinzipats und der Spätantike. Publikationen zur literarischen Bewertung von Philosophinnen des Altertums mit Ausblick auf deren Rezeption in der Literatur sowie in der Wissenschaftsgeschichte.

Elke Hartmann: Geb. 1969, hat Archäologie und Geschichte studiert. Sie ist Juniorprofessorin für Alte Geschichte an der Humboldt Universität zu Berlin und hat u. a. zum Thema Heirat, Hetärentum, Konkubinat und zur Geschichte der Matriarchatsidee publiziert.

Christiane Kunst: Dr. phil. habil., ist Hochschuldozentin für Alte Geschichte an der Universität Potsdam. Sie hat zur Sozialgeschichte der römischen Kaiserzeit sowie zu Themen der Kultur- und Wissenschaftsgeschichte publiziert.

Francesca Prescendi: Geb. 1967; *Laurea* in *Lettere Classiche* 1992 an der Universität Siena; 1996 Promotion an der Universität Freiburg i. Br. in Klassischer Philologie. Postdoktorat in Basel und Strasbourg; Mitarbeiterin am ThesCRA (Fondation LIMC). Maître d'enseignement et de recherche für *Histoire des Religions* am *Département des Sciences de l'Antiquité* der Universität Genf. Forschungsschwerpunkte: Römische Religion und Kultur.

Christine Rohweder: Dr. phil., unterrichtet Latein und Geschichte an der Schule und wurde 1991 mit einer Arbeit über die Hiketiden des Aischylos an der Universität Freiburg promoviert.

Wolfgang Christian Schneider: Dr. phil. habil., ist Privatdozent für Alte Geschichte an der Technischen Universität Darmstadt. Publikationen zum Hellenismus und zur Spätantike.

Christine Schnurr-Redford: Promotion in Alter Geschichte. Lehrtätigkeit an der Universität Konstanz (1990–95). Forschungsschwerpunkte: Griechische Frauengeschichte, Topographie. Forschungsinteresse: Pausanias (Reiseschriftsteller).

Thomas Späth: Geb. 1956. Dr. phil. habil., Leiter der Masterstudien *Kulturwissenschaft der Antike* und *Trinationaler Master in Altertumswissenschaften* an der Universität Basel. Publikationen zur Geschlechtergeschichte, Historiographie und Biographie der Antike sowie zu theoretisch-methodologischen Fragen der Geschichtsschreibung.

Beate Wagner-Hasel: Dr. phil. habil., ist Professorin für Alte Geschichte an der Universität Hannover. Sie hat u. a. zur Matriarchatsdiskussion in den Altertumswissenschaften und zu Praktiken des Schenkens und Tauschens in der griechischen Antike publiziert.

Katharina Waldner: Dr. phil., geb. 1965, Studium der Gräzistik, Latinistik und Klassischen Archäologie in Zürich und Berlin. Stipendiatin im Graduiertenkolleg »Geschlechterdifferenz & Literatur« an der Ludwig-Maximilian-Universität München.

Promotion mit der Arbeit *Geburt und Hochzeit des Kriegers. Geschlechterdifferenz und Initiation in Mythos und Ritual der griechischen Polis* (Universität Zürich 1997). Wissenschaftliche Angestellte am Lehrstuhl für Vergleichende Religionswissenschaft der Universität Erfurt; Projekt: *Topographie des Martyriums*. Publikationen zur griechischen Religion in Verbindung mit Fragestellungen der *Gender Studies*.

Anja Wieber: Dr. phil., geb. 1961 in Dortmund. Studium der Klassischen Philologie und Geschichte in Bochum; 1997 Promotion mit der Arbeit *Zwischen Polemik und Panegyrik – Frauen des Kaiserhauses und Herrscherinnen des Ostens in den Res gestae des Ammianus Marcellinus* an der Universität Bochum. Langjährige Lehrbeauftragte für Alte Geschichte an der Ruhr-Universität Bochum; seit 1998 als Lehrerin für Latein und Geschichte tätig.

Diemut Zittel: Geb. 1964. Studium der Germanistik und Geschichte in Freiburg. Studienschwerpunkte in Alter Geschichte: Spätantike und Geschichte der Familie aus historisch-anthropologischer Perspektive (Jochen Martin). Forschungsarbeiten: Entwicklung der Familie in der Spätantike. Seit 1995 Referendariat und Schuldienst an allgemeinen Gymnasien.

Sach- und Namenregister

Abtreibung 119
Achilleus 87–89, 92–94, 97–98, 101, 198
Admetos 23
Adonis 336
Adoption 4, 36, 244, 268
Aemilia 33, 358
Aeneas 112, 289
Afranius Burrus 264
Agamemnon 93, 203, 209
Agrarschriftsteller 350, 362, 365
Agrippina 262–296
Ahnenbilder 47, 105, 108, 238
Aigeus 142
Akropolis 53, 55–56, 59–61, 65, 74, 76
Alexios I. Komnenos 185, 187–188
Alke 385
Alkestis 23
Alkibiades 23
Alkinoos 205–206
Alter 15, 44, 47, 56, 119, 178–179, 190, 198, 203, 206, 229, 279, 327, 347, 384, 387–389
Amazonen X, 198, 206–207, 211
Ambrosius 117, 121, 416–419
Ammen 16, 165, 337, 354, 357, 359, 367
Anchises 324
Andromache 88, 90, 92–93, 97
Anna Komnene 183–197
Antistius Labeo, M. 112
Antonia 361
Apatourienfest 21–22
Aphrodite 21, 30, 55, 76, 324, 327, 336, 347
Apollon 27, 135, 138, 140–141, 144
Ara Pacis 249, 254
Arbeit
– *acroamatica* s. auch Lesekultur 361
– Ährensammlerin 363
– *anagnostria* 361
– Arbeitsteilung 311–313, 315, 318, 335
– *capsaria* 357
– *cellarius/cellaria* 364
– Drescherin 363
– *educatrices* 359
– Erntehelferinnen 337
– Gerber 338
– *grammatici* 357
– Hirtinnen 352, 364–365
– *labor matronalis* 350
– Landarbeit 331, 355, 363, 365
– *lanipendae/lanipendus* 354, 357
– *lectrix* 361
– Lederhandwerker 338
– *librariae* 361
– Mäherin 363
– Marktfrauen 337
– *medicae* 360
– *nutrices* 357, 359
– *obstetrices* 357, 360
– *ornatrices* 354–356, 359–360
– *paedagogae* 357, 359
– *pedisequa* 353, 360
– Pflügen 315
– *promus* 364
– *quasillaria* s. auch Spinnarbeit 354
– *sarcinatrices* 354, 357
– Schauspielerinnen 361
– Spinnarbeit 153, 318–320, 354
– *tamíē* 315
– Töpferei 313
– Weben 95, 186, 191, 318–327
– Wollarbeit 48, 58, 160, 218–219, 328, 337, 350, 352, 354–355, 363, 367
– *unctrix* 360
– *vilica/vilicus* 350, 362–364
– *vestiplica* 360
Archippe 210
Arete 205–206
Arete von Kyrene 165
Aristokleia 162
Aristophanes 53–59, 64–65, 67, 69, 76–77, 206, 312, 317, 322, 326–327, 337, 383, 387
Aristoteles 172, 194, 198–202, 206, 208–209, 212, 382, 386
Arkteia 70, 72
Arrhephoren 54, 72, 96, 322
Artemis 53, 56–57, 61–62, 64–65, 68–78, 80
Askese-Ideale 292, 412–436
Aspasia 25, 91, 384
Atalante 403
Athena 24, 53, 55–56, 59–60, 72, 75–76, 96, 209, 318, 325
Augusta(-Titel) 281–287, 290, 294–295
Augustinus 50, 412, 419–420
Augustus 33, 38, 44, 113, 116, 241, 255, 258, 261, 264, 267, 270, 273–274

Aurelian 281–282, 286–288, 290–291, 294–295, 298–302
Aurora 125
Autoritätsbezeichnungen 200

Bacchantinnen 125
Bacchus 127, 401
Baubon 338–339
Berenike 336
Berta v. Sulzbach 188–189
Besessenheit 133–134, 137, 141–143
Bildung 183–187, 189–191, 193, 219, 274
– Grammatik 183, 186, 188
– Mathematik 172
– Rhetorik 183, 186–187, 189
Bona Dea 112–113, 115, 231–232, 236, 267
Bordelle 321, 386–387
Boudicca 296
Brautbett 21–22, 30
Brautgaben 5, 11–13, 19
Brautgeschenk s. Brautgaben
Brautgüter 5, 8, 14–15
Brautpreis s. Brautgüter
Brautschau 38
Briseïs 88
Bürgerrechtsgesetz 25, 204
Bürgerstatus 16–17, 24–27, 32, 35–36, 105

Caenis 361
Caesar, C. Iulius 38–39, 108–109, 119, 242, 276–277, 279–280, 289
Caligula 245, 248, 264, 268
Calpurnia 37, 40, 46–47
carpentum 264
Catilina 230–231, 234
Cato Censorius 39, 355
Cato Uticensis 32–33
Ceres 252, 258, 260–261
Chaldäer 271
cháris 380, 387
Chariten 318–319, 324, 326–327, 334
Chloe 365
Christentum 32, 166, 174–178, 182
Cicero, M. Tullius 38–39, 43, 49, 112–113, 115, 118, 148, 227–228, 230–237, 297, 352–353, 358, 363
Claudian 200
Claudius 245, 248, 262–264, 267–272, 276–277, 279, 286, 288–289, 291, 295, 298
Claudius Caecus Appius 227, 238, 240, 267
Claudius Nero, Tiberius 44, 242–243
Clodia 227–229, 232–237, 240, 267
Clodius Pulcher P. 44, 112, 227–231, 233–236
contubernium 40
conubium s. Ehe 32
Cornelia, Vestalin 113, 115–116, 118
Cornelia, Mutter der Gracchen 148, 232

Cornelia, Gattin Caesars 38
Cornelia, Tochter des Cinna 108
Cornelius Dolabella, P. 263
Cynthia 147, 153

Danaiden 200
Demeter 22, 56, 140, 209, 252, 317, 348
diádochos 165
Diana 401
Dido 289–290, 298
Dionysos 125, 129, 316–317, 379
Domitia Lucilla 351
Domitian 115–116, 118
Domitius Ahenobarbus, Cn. 267
domus 123, 266–267, 269–272, 274–275
domus Augusta 241, 245, 247, 249–250, 255, 263–264, 268, 270–271, 275
dos s. Mitgift
Drusus (Sohn von Livia und Tib. Claudius Nero) 243

Effemination 199
Ehe
– manus-Ehe 33–35, 41
– Eheallianzen, Rom 32–33, 38, 41, 274
– Eheanbahnung 37–38, 41
– Ehebruch 9, 219–220, 223, 237, 240, 270, 423
– Ehegesetze, augusteische 37
– Eheliche Eintracht (concordia) 32, 37–38, 40, 248, 250
– Ehelosigkeit 37
– Eheschließung 3, 5–8, 10, 17–18, 20, 22, 32–33
– Eheversprechen 12, 17
– Ehevertrag 6, 10, 32
– Ehezwang 37
– Recht auf Ehe, Rom 32, 35, 40
– usus-Ehe 45
Eheformen 33
– Leviratsbestimmungen 9
– Polygamie 2
– Polygynie 3–4
Ekkelo 163
Ekstase 175
Eleusinischen Mysterien 389
engýē 16–18
Ephialtes 90
Epikur 84
Epimenides 81
Erbe 7–8, 10–14, 19, 34–36, 86, 385
Erinnyen 90
Eros 30, 382, 387
Eubulos 387
Eudokia 187
Eukleides 86
Eumetis 164–165
Eunuchen 193, 200, 293, 299, 350
exemplum 217–218, 220, 289

fama s. auch Gerede u. Gerüchte   154, 158
familia   240, 266, 277, 280, 368
flaminica   123
Flavia Publicia   119
Flavius, M. (Volkstribun 327 und 323 v.Chr.)   107
Flötenmädchen   28, 387
Fonteia   115
Fortuna   124, 249, 260
Frauenherrschaft   198–200, 204, 208–209, 287, 289, 291, 294–297
Freigelassene   32, 41, 46, 276, 279, 351–354, 356–357, 361, 367–368, 388
Freilassung   23–24, 352, 354, 357–360, 366
Freundschaft   266, 269
Fulvia   44, 296
Fulvius Macrianus   285
funus s. auch Totenritual   102, 107

Gaben   62, 74, 200, 205–206, 322–323, 325, 335, 338
Gallienus   285, 288, 291–292, 294–295
Ge   143
Geburt   5, 21–22, 35–36, 47, 73, 76, 126
Gefolge   358, 361
Gehorsam   200, 202
Gerede   202, 208, 339, 341, 343, 350
Germanicus   264, 267
Gerüchte   228–229
Geschenke   8, 22, 80, 239, 279, 303, 347
Geschlechterdiskurs   105, 107, 124–126, 271, 274–275
Geselligkeit   322, 336, 338, 342
Gesten   1, 5–6, 10, 380–381
Gewalt   10, 38, 46, 50, 128, 178, 216, 222, 381, 386–387
Gewandweihe   75–76, 325
Grabinschriften   350, 352–353, 365
Grabrede s. auch *laudatio funebris*   105–107, 183, 186–187, 366
Gynaikokratie   198–202, 206, 209, 211, 216

Haartracht   251–252, 257–258, 261
Hades   93
Hadrian   132
Haloa   317
Hammurabi   2–3, 7, 9
Harem   83
Heirat   52, 204, 207, 274
– Heiratsalter, Rom   36–37
– Heiratspolitik   184, 187
– Exogamie   9
– Wiederverheiratung, Rom   32–33
Heiratsformen
– *coemptio*   45
– *confarreatio*   45
Hekabe   88, 90, 97, 116
Hektor   88–89, 92–94, 403

Helena   88, 93, 97–98, 203, 323
Hera   20–21, 322, 324
Herakles   198
Herennianus   286, 288
Hermes   96, 401
Herodes   288
Herrschaftsbegriff   202
Herrin   12, 15, 178, 195–196, 345
Hestia   246
Hetäre   23–25, 320, 333, 335, 344, 377–380, 382, 384–389, 392, 394
Hieronymus   426–436
Hipponax   337
Historia Augusta   283, 285, 287, 289–290, 292, 294–295, 310
Hochzeitsritual
– Handschlag (*Dextrarum iunctio*)   32
– Hierogamie   140
– Hochzeitsgesang   45
– Hochzeitsopfer   22, 27
– Hochzeitsprozession   30
– *pronuba*   32
Hortensia   148
Hortensius Hortalus, Q.   32
Hypatia   166–168, 171–173
Hypereides   378, 383

imitatio Christi   166
imitatio Mariae   166
Inzest   9, 268, 273, 278
Iphigenie   68, 71–72, 75, 78, 80, 96, 203
Irene Doukaina   188
Irene Sebastokratorissa   185, 188
Iulia   276, 357, 368
Iulia (Tochter von Scribonia und Augustus)   242–243
Iulia Domna   112
Iulia, Gattin des Marius   108
Iuvenal   39, 350–351, 358, 360

Jugend   42, 47, 161, 239, 278
Julian Apostata   295
Jungfräulichkeit   114–117, 137, 139–140, 416–434
Juno   32, 126–127, 129, 246
Juppiter   127, 246

Kalchas   136
Kallisto   73
Kanephore   54, 56, 73, 77
Kassandra   136, 141
Kassia   187
Keuschheit   39– 40, 42, 44, 115, 120–121, 217–218, 291–292, 295, 299, 350, 367
Kimon   207
Kinder
– Kinderlosigkeit   4, 22, 36
– Kindersterblichkeit   36

– *ius trium liberorum* 243
– Illegitime Kinder 36
– Legitime Kinder 22, 32, 34–36, 41
Kirke 193
Kleidung 18, 55. 60, 75, 68, 76–77, 80–82, 92–93, 106, 209, 252–254, 259–262, 323, 335, 356–357, 362–363, 367, 390
Kleobouline 164
Kleopatra 287, 289, 292–293, 296, 298–299, 301
Klytaimestra 203
Kobon 134
Konkubinat 23–24, 40–41, 361
Kore 317, 325
Krankheit 3, 12, 23, 69, 76, 160, 179, 195, 357
Kroisos 132
Kupplerin 340–342, 347, 362
Kybele 261
Kyriat 203

Laelia 148
Laërtes 93
laudatio funebris s. auch Grabrede 105
Laudatio Turiae 106, 366–367
Legat 48
Leidenschaft 169, 222, 228, 238, 279, 382
Lenäen 53
Lesekultur 289
– Vorleserin 361
Leukothea 125, 128–129
lex Voconia 351
Liturgienwesen 58, 209
Livia 33, 38, 40, 44, 241, 255, 258–262, 264, 270, 272–274, 353, 356–360, 368
Livius 43, 118, 294
Lucina 403
Lucretia 217–227, 357
Luxus 58, 193, 351, 265
Lykurg 198
Lysimache 59
Lysistrate 53–54, 57–59, 64, 67, 76

Macellum Liviae 249
Mädcheninitiation 57
Mädchenreigen 322
Maecenas 130
Magna Mater 229
Mago 362
manus 45, 119, 128, 301–302
Männlichkeit, Rom 83, 105, 107, 266, 271–272
Marcia 32, 36
Marcus Antonius 242–243, 246, 289, 296
Marius 108
Mars 129, 131, 250, 398
Martyrium 177–178
mater familias 108, 247, 355, 363

Mater Matuta 124–125, 127, 129
Matralia 124–129
Matriarchat XI, 204
Matrilokalität 7
matrimonium s.auch Ehe 35
matrona 50, 107, 219–220, 130–131, 123–127, 242, 253, 255, 267, 271, 350, 365
Matronalia 126–127, 129–130
Maximian 421–422
Mäzenin 183, 185, 189
Melissa 164
Messalina 264, 268, 272, 275
Messalla Corvinus, M. Valerius 148, 155
Messalla Messalinus, M. Valerius 273
Metella 229
Michael Psellos 186
Mitgift 3, 7–8, 10, 16–19, 22, 28, 31–32, 34–35, 38, 41, 48, 207, 367
Monatsblut 172
Mucia 232
Mündlichkeit 136–138, 142
Musen 88–89, 387
Musikerin 361, 379, 386
Muße 156, 355
Mutterschaft 4, 115, 126

Nacktheit 67–68, 92, 381
Namenswesen 352
Nausikaa 205
Neaira 384, 388–390
nenia s. Totenritual 104
Nero 105, 210, 262, 264, 267–271, 276, 279, 296
Neuplatonismus 167–168
Nikarete 388–389
Nikephoros Bryennios 188
Nikolaos Damaskos 199
Niobe 89
Numa 112–113, 115
Nymphe 20

Octavia, Schwester des Augustus 243, 248, 267
Octavia, Tochter des Claudius 268, 274, 360
Octavian 242, 289
Odenat 282, 285–286, 291, 296
Odysseus 87, 204–205
oíkos 58, 60, 72, 76, 163, 165, 314
oinotrópoi 316
Okkelo 163
Opfer 56, 77–78, 99, 123–124
Optimaten 230–232, 235
Orakel 132, 197
Orest 90

pacta dotalia s. Ehevertrag
Pallas 267–268, 270
Panathenäen 57, 75, 87, 389

Pandora 318
Panegyrik 185
Papiria 358
Paris 203
parthénos 68, 76, 140
Passienus Crispus, C. Sallustius 267–268
pater familias 38, 123, 255, 266, 271, 351
patres conscripti 263
patria potestas 34–36, 203
Patriarchat 202–203
Patroklos 87–89, 92
Patronage 266
Peitho 200, 327
Penelope 93, 95, 313, 324
Perikles 25–26, 28, 81, 83, 91, 94, 96
Periktione 166
Perilla 147
Peripatos 166
Perpetua 174, 182
Persius 39
Phemonoe 138
phernē 19
Philosophin 162, 174
Philostorgios 168
Phrasikleia 325, 335
Phratrie 27, 29, 91
Phryne 377–378, 382–383
phýsis 311–312
pietas 249
Plancia 210, 212
Plancina 244–245
planctus s. Totenritual 103
Platon 164, 172, 191, 206, 208, 314, 322, 325
Plutarch 28, 81, 83–86, 96, 99, 112, 115, 128–129, 145, 198–199, 228, 230–233, 236, 324, 355, 377–378, 384
Polyxena 116
pompa funebris s. Totenritual 105
Pompeia 39
Pompeius Magnus Cn. 33, 232–235, 242
Pomponia 39, 49–50
Popilia 106
Poppaea Sabina 275
Popularen 230, 232, 234, 236
Porcia 32, 36
Porticus Liviae 249–250
Poseidon 205
praefica s. Totenritual 104
Priamos 89, 92
Priesterin 3, 58, 72, 123, 162, 245–246, 250, 252, 254
Primigenia 117
princeps 241–247, 250, 255, 268–273, 275
Prinzipat 242, 263–264
proíx s. Mitgift
Proklos 198
Prokop 200

Properz 147, 151, 153
Prophetie 175
Prudentius 117
Purpur 95, 108, 290, 292, 299, 324
Pythagoreerin 162–163, 165–166
Pythia 132, 145, 197

Quintilian 37

Rache 89–90
Regentschaft 187, 282, 285, 290, 297
regina, Gattin des *rex sacrorum* 123
Reinigungsriten 20, 106
Rhodopis 377–378
Rollenverkehrung 199
Romulus 219

Sabinerinnen 126
sacrosanctitas 243, 248
saga 361
Sappho 158
Saturnalia 127, 131
Saturus 175
Satyr 381
Scheidung 1–2, 4, 7–10, 14, 16, 19, 22, 32–36, 40, 390
Schleier 1, 3, 5–6, 13, 21, 30, 121
Schmuck 8, 45, 19, 106, 108, 145, 279, 293–294, 350, 366, 367, 385, 390
Schönheit 21, 42, 56, 73, 186, 190, 219, 276, 324, 378–379
Schwangerschaft 73, 75
Seele 163
Selbstbeherrschung 39, 105, 208–209, 292
Selbstgenügsamkeit 169
Selbstverstümmelung 110
Semiramis 289, 292
Sempronia 147, 366
Senat 263, 266, 270, 272–273
Septimius Severus 174
Severus Alexander 295
Sexualität 39, 377, 381, 394–395, 409
Simonides 58, 202
Sinnlichkeit 380
Skira 59–60, 316
Sklave 314, 320, 350–352, 355–356, 358, 362–363, 367
Sklavin 3, 6, 8, 12, 15, 23–24, 40–41, 128–129, 213, 279, 314, 350–352, 354, 357–361, 363, 366, 379, 383–384, 389
Skylax 199
Sokrates 163, 171, 214, 319, 328
Sokrates Scholastikos 167–168
Solon 81–82, 90–91, 95, 99, 386
sōphrosýnē 83
Sosipatra 166, 170
Sparsamkeit 292, 295
Standesbewußtsein 354

Statilius Taurus, T.   272
Stephanos   384
Suizid   220
Sulla   33
Sulpicia   147–158, 160
Symmachus   120–121
Symposion   148, 164–165, 379–380, 382, 385, 387, 393
Synesios   167–168

Tacitus   37, 50, 113, 115, 246, 276–277, 279, 297, 358–359
Tänzerin   336, 379, 384, 386
Tarquinius Superbus   218, 224–226
Tarquinius, Sextus   218- 221, 223–224, 226
téchnē   318
Terentia   38, 231, 236
Testament   35, 48
Thales   163
Thekla   422
Themis   142–143, 146
Themistokleia   162
Theodora   283, 296
Theodosius   117, 132
Theokleia   162
Theon   167
Theoneike   140
Theophrast   336
Thesmophoria   22, 58, 60, 316–317
Thukydides   81, 91, 96, 206, 209, 312, 316, 386
Tiberius   50–51, 113, 116, 241, 255, 260, 264, 267, 368
Tibull   109, 147–154, 156, 158
Tischgemeinschaft   205
Titus   116
Totenritual   206, 325
– Leichentuch   92, 94, 100
– *pompa funebris*   102, 105
– Totenklage   81, 83–86, 88–91, 94, 97, 103–104
– Totenopfer   82, 85
Tränen   IX, 84, 89–90, 97, 104, 108–109, 129, 178–179, 222–224, 429
Trauer   81, 83–84, 88–89, 93, 96–97, 99, 108, 223, 429
Treue   217, 367
Tullia   38, 352
tutela mulierum s. Vormundschaft
Tyche   259, 261
Tyrannis   208, 350, 292

Ulpian   360
Ummidia Quaratilla   361
Unberührtheit   5
Unsterblichkeit   92–93, 102
Uranos   143

Vabalatus   285–286
Valentinian II   117
Valerius Asiaticus, D.   272
Valerius Licinianus   115
Vaterschaft   5, 73
Velleius Paterculus   246
Venus   158–159, 246, 250
Verbannung   188
Vergewaltigung   5, 217, 227
Verwandtschaft   1, 3, 9, 125, 202–203, 207, 264, 266–267, 275, 319, 342, 429, 433
– Töchter   32–36, 104, 126, 220, 353, 388
– Söhne   19, 35–36, 54, 104, 269, 271, 274–275
– Bruder und Schwester, Rom   36, 39
– Mütter   3, 103, 1224, 275
– Tante mütterlicherseits in Rom (*matertera*)   38, 125–126
– Neffe, Rom   125
– Nichte   125, 155, 389
– Schwiegersohn, Rom   126
Vespasian   41–42, 116, 210, 361
Vesta   111–115, 118–119, 246
Vestalin   117–118, 123, 175, 228, 238
Vibia Perpetua   175
Victoria   287–288, 290, 293
Vitellius L.   272–273
Volkstribun   108
Vormundschaft   114, 243

Weiblichkeit, Rom   39–40, 105, 107, 126, 166, 220, 266–267, 270
Weinverbot für Frauen   219, 350
Weisheit   170–171, 196
Witwe   7, 9–10, 13, 81, 91, 94, 97, 119, 187, 233–234, 239, 278
Wohltäterinnen   210, 337

Xenophon   209, 314, 319, 327–328, 380, 384
Xerxes   90

Zenobia   281–283, 285–296, 298–303, 310
Zeus   20–21, 295, 313, 322, 324, 335
Zugehörigkeit   60, 73, 188–189, 206
Zwölftafelgesetz   45, 110, 112, 117

Stellenregister

A 2548 (Museum Aleppo, Brief aus Mari) 15
Accius *Brutus* 217
Aischines
– 1,42   383
– 1,53   382
– 1,183   60
– 3,18   209
Aischylos *Ag.*
– 239   56, 71
– 249   136
– 1209   136
– 1214 ff.; 1255; 1256 ff.; 1306 ff.   141
– 1322–30   90
Aischylos *Choeph.* 687   90
Aischylos *Eum.* 685–689   198
Aischylos *Pers.* 915 f.; 1050   90
Ambrosius *De institutione virginis et sanctae Mariae virginitate perpetua ad Eusebium*   417
Ambrosius *epist.* 10,72–73   117
Ambrosius *epist.* 10,73,11–12   117, 121
Ambrosius *de virginibus*
– 1,4,15   117
– 1,20 f.   417
– 1,24; 1,25–28   418
– 1,26   416
– 1,31; 1,32; 1,34   418
– 1,57; 1,58; 1,61   419
– 2,7 ff.   417
– 3,11; 3,1–14; 3,9; 3,13   418
Ambrosius *de virginitate* 3,13   117
Ammian 25,4,2–15   295
Amphis PCG II frg. 46   73
Anakreon
– 346 PMG frg. 1   379
– 358 PMG   382
– 417 PMG   379, 387
Andokides 4,14   23, 384

Anthologia Palatina 9,89   316
Antiphon 1,17   380
Apollodor *Bibl.*
– 2,5,9   198
– 3,8,2–3,9,1   73
– 3,15,5   142
Apollodor *Epit.* 5,1   198
Apollodor *Tyan.* 6,10,4   139
Apophthegmata
– Migne PG 65, col. 342 Nr. 77; 78; 79; 86; col. 362 Nr. 159; 161; 162   422
Appian *civ.* 2,99   32
Apuleius   174
Apuleius *met.*
– 4,26   44
– 8,7   110
Aristophanes   65, 319
Aristophanes *Ekkl.*
– 211–212   316
– 592   85
– 877 ff.   387
Aristophanes *Lys.*
– 175–246   53
– 351   67
– 387–610   54
– 493–495   58
– 495–496   316
– 565–586   58
– 574–586   322
– 614–705   54
– 638–647   77
– 640–648   132
– 645   72
– 648–651   54
– 674–5   206
– 728 ff.   320
Schol. ad Aristophanes Lys.
– ad 643.   56
– ad 645   64, 78
Aristophanes *Pax* 871–876   65
Aristophanes *Plut.* 382–383; 556   85
Aristophanes *Ran.*
– 1346–51   320
– 1349–1351   337

Aristophanes *Thesm.*
– 120–122   326
– 295–300   327
– 446–449   337
– 1172 ff.   383
Aristoteles *Ath. pol.*
– 26,4   25
– 42,1   25
– 50,2; 51,3   386
– 54,7   65
Aristoteles *pol.*
– 1252 a 26 – b 1; 1252 b 5–7   212, 214
– 1254 b 2–6   213, 215
– 1259 a 37 – b 1   213, 215
– 1259 b 32–34; 39–40   84, 213, 215
– 1260 a 23–30   208
– 1260 a 3–14   84, 213, 215
– 1260 b 8–20   214, 215
– 1269 b 12–14   214, 216
– 1269 b 23–34; 1269 b 26   198
– 1270 a 13–26   209
– 1270 a 24–32   207
– 1277 b 25.   316
– 1313 b 31–39   198, 208
– 1313 b 32–39   214, 216
Aristoteles *rhet.*
– 1384 b 18   208
– 1389a   382
Aristoteles *frg.* 554 Rose   199
Aristoxenos *frg.* 15 Wehrli   162
Athenaios *deipn.*
– 12,515 d–516 a   199
– 13,570 b ff.   384
– 13,577 b; 13,589 c; 13,589 e   24
– 13,591 e   378
– 13,592 b; 13,592 d   24
– 14, 644 e   21
– 14,619 a   316
Augustinus *civ.*
– 1,19   226
– 6, 9   412
Augustinus *conf.*

- 2,3   412
- 4,15   420
- 8,6; 8,12   419
- 9,19   50
Augustinus *de bono coniugali*
   412, 417, 423
Augustinus *de Genesi ad litteram* 9,3,5 f.   419
Augustinus *de sancta virginitate*   417
Augustinus *serm.*
51,15,25   420
51,22   33
Augustinus *sermo de bono nuptiarum*   420
Aurelius Prudentius Clemens *Peristephanon* 2,528   117
Aurelius Prudentius Clemens *contra Symmachum*
2,1064–1113   117
Ausonius *ecl.* 23   126

Bakchylides
- 5,65–67   93
- 15,48–9   326
BE (Babylonian Expedition)
6/2 40   10, 14

Carmina Priapea 9; 25; 27;
   47   401–403
Cassius Dio
- 37,35,4   112, 231
- 47,12,1–6; 48,42,3–4
   244
- 54,23,6   250
- 54,31,4; 55,2,5; 55,10,10
   243
- 55,14,1–22,1   247, 273
- 56,32   244
- 56,46,1–3   245
- 57,3,4–6   243
- 57,12,2   247
- 58,2   38
- 58,2,1   244
- 58,2,1 ff.   107
- 60,31; 60,32–33;
   60,34–35   280
- 60,5,2   245
- 61,11; 61,12–14; 61,16;
   61,2–8   280
- 61,31; 61,32,2–3;
   61,34,1–35,4;
   62,12,1–16,5   268
- 65,14,1   361
- 66,14   372
Cato *agr.*
- *praef.* 4.   355
- 152   373

Catull
- 62,56–65   35
- 64,350   103
- 109   153
Cicero *Att.*
- 1,5,2   49
- 1,12   231
- 1,12,3   112
- 1,13,2.   231
- 1,14,5; 1,16,11   233
- 1,18,1   40
- 1,18,3   231
- 2,1,5   232
- 2,9,1   233
- 2,14,1; 2,22,5   234
- 4,2,5; 4,3,3   230
- 5,1,3–4   49
- 11,2,4   363
- 12,2   234
- 13,3   231
Cicero *Cael.*
- 30–38   237
- 32   227
- 33–34   228
- 34   267
- 59–60   232
Cicero *off.* 1,42 ff.   353
Cicero *de orat.* 2,44   106
Cicero *div.* 1,104   38
Cicero *fam.* 1,9,15   230
Cicero *fin.* 2,68   163
Cicero *Font.* 46–48
   114–115
Cicero *har. resp.*
- 6,12; 17,37   112, 114, 113
- 38   233
Cicero *leg.*
- 2,8,20   118
- 2,10   226
- 2,12,29   118
- 2,55   106
- 2,59   103
- 2,64–65   94
Cicero *off.* 1,54   43
Cicero *Phil.* 2,68   33
Cicero *Pis.* 27,67.   358
Cicero *rep.* 2,46   217
CIL I² 2, 379   131
CIL I² 1221 = VI 9499   353
CIL VI
- 2131–2145   112
- 2032   245
- 3926–4326   356
- 3952   357
- 3979.   356
- 3983; 3985   357
- 3993; 3994   356
- 4002   357

- 4006 = Dess 7888   353
- 4006 = Dess 7888   357
- 4045   357, 360
- 4245; 4352   357
- 5200   357, 368
- 5201 = Dess 1837   359,
   368
- 5539 = Dess 1786   360,
   368
- 6324 = Dess 8539   367
- 6335   368
- 6647; 7581 = Dess 7804
   361, 369
- 8880; 8901; 8903; 8904;
   8948; 8949; 8958 = Dess
   1784; 9084; 9085; 9096
   357
- 9096.   360
- 9477 = Dess 7806   361,
   369
- 9499 = ILS 7472   46
- 9731.   360
- 9736 = Dess 7618.   360,
   368
- 9778   357
- 10106 = Dess 5211; 10107 =
   Dess 5212; 10110 = Dess
   5216; 10111 = Dess 5215;
   10120 = Dess 5232; 10127 =
   Dess 5262; 10128 = Dess
   5263; 10132 = Dess 5231
   361
- 10226   351
- 11602 = Dess 8402   48
- 12037   361, 369
- 16450 = Dess 8532   359,
   367
- 29580 = Dess 8450   48
- 32329   113
- 32409–32425   112
- 32416   119
- 33062–33075.   356
- 33099   357
- 37469 = Dess 9426   360,
   368
CIL IX
- 2659   362
- 2689   370
CIL XI 348   353
CIL XV 1010 = Dess 8652;
   1046; 1048; 1050 = Dess
   8653 a-c   351
Claudian *in Eutrop.*
   1,321–323   200
Clemens von Alexandria
   Protrepticus 17,1   317
Codex Theodosianus 9,25,1
   431

Stellenregister

Columella
- *praef.* 7   350
- 1,7   362
- 1,8,15–19; 1,8,3   363
- 1,8,5   41
- 1,8,9   363
- 1,9; 1,18 ff.   362
- 12   350
- 12,3,6   314, 363
- 12,3,6 ff.   41
CT (Cuneiform Texts)
- 45,86   10, 14
- 48,48   15
- 48,50   14

Damascius, *epit. Photiana* 164
   Zintzen   172
Damascius, *Isid.* frg. 102,
   Zintzen   168, 172
Demosthenes
- 23,53   24
- 25,1   70
- 25,80   380
- 27,17; 30,21   19
- 33,24   18
- 36,45   24, 385
- 39   26, 74
- 40   26
- 43,57   91
- 43,62   85
- 44,3; 44,18   21
- 47,45   316
- 48,53   24, 384
- 48,55   385
- 54,7–9   382
- 57   26
- 57,4; 57,25   18
- 57,41; 57,43   16
- 57,45   320, 337
- 57,50; 57,54; 57,69–70   27
Ps.-Demosthenes
- 59   24, 26, 336
- 59,18–19   340
- 59,18–35   388–392
- 59,19 f.; 59,29   384
- 59,30   386
- 59,30–32   384
- 59,33   381
- 59,35   383, 384
- 59,45 f.   384
- 59,52   19
- 59,87   60
- 59,122   316
Digesten
- 23,1,9; 23,2,4; 24,1,32,27   37
- 25,4,1   35

- 26,10,7   359
- 48,5,14,5 (Ulpian)   39
Diodor
- 4,81,4   70
- 10,20–22   226
- 16,26,4–5   142
- 16,26,6   140
Diogenes Laertios *VPyth.*
- 8,8   162
- 21   162
Dionysios von Halikarnass
-2,25,4   40
-2,25,6   219
-2,46–68; 2,66   112
-2,67–69   118
-4,64–76   226

EA (Briefe El Amarna) 3:   5, 15
Euagrius, Migne PG
   26,839–975   415
Eubulos *Nannion* frg. 67
   K-A   387
Eunapios *VS*
- 6,6,5   166
- 6,6,5–6; 6,10–11; 6,8,3–4   170
- 7,3,16   166
Euripides *Andr.* 943–953   208
Euripides *Hec.*
- 569   116
- 577–580   96
Euripides *Hel.* 1243   93
Euripides *Herc.* 408 ff.   198
Euripides *Hipp.* 166–9   75
Euripides *Ion*   140
- 1128–31   324
Euripides *Iph. A.*
- 74 f.   203
- 446–50   84
- 544–556   21
- 739 f.   203
Euripides *Iph. T.* 1462 f.   71
Euripides *Med.*
- 250 f.   54
- 410–430   144
- 679 ff.   142
Euripides *Or.* 1436   96
Euripides *Tro.* 991 f.   203
Euripides frg. 494 (Seeck)   132
Eusebius *Praep. Evang.*
   5,22,214 A ff.   139

Festus S. 124. 125 Lindsay
   (*mola*); S. 152. 153 Lindsay
   (*muries*)   113

Gaius *inst.*
- 1,110–111   45
- 1,130; 1,145.   114
- 3,23   34
- 5,4,24   37
GE (Gesetze von Eschunna)
   §§ 26–28   11
Gellius
- 1,12,9   114
- 1,12,12   116
- 1,12,14   117
- 1,12,18   112, 114
- 4,3,2   36
- 7,7,2 ff.   114
- 17,21,44   36
Genesis 3,7; 11,31,40 f.   420
Gregor von Nyssa *Vita Macrinae*   166

Historia Augusta *Aurel.*
- 22,1; 25,2 f.   289, 301
- 26,2–27,5   301
- 26,2–5   290
- 26,6–27,6   294
- 26–28   289
- 30,1–3   301
- 30–34   289
- 33,1–34,6   294
- 33,2   293
- 35,4   289
- 38,1   286, 289
Historia Augusta *Claud.*
- 1,1   288, 289
- 4,4, 7,5   288
Historia Augusta *Gall.*
- 3,1   294
- 4,3   292
- 4,3   294
- 13,2   288
- 13,2–3   294
- 13,5   288
- 16–17   294
Historia Augusta *trig. tyr.*
- 15,2; 15,7–8   288
- 15,8   291
- 16,1   288
- 16,3   285, 288
- 17,2   285, 288
- 24,4; 27,1   288
- 27,1 f.   289
- 30,1–27   298
- 30,2   285
- 31,10; 31,1–4; 31,7   287
Herakleides Pontikos 9,4; 30,2   84
Herakleides Pontikos FGH II
   217,15   199
Herodot

- 1,173,4–5   199
- 1,53   132
- 2,134,1 ff.   377
- 4,26,2   200
- 6,130   18
- 6,137–140   62
- 6,21,2   90
- 6,58   91
- 6,66   133, 134, 145
- 6,68–69   133
- 6,75   134
- 7,140   135
- 7,187,1   206
Herondas
- 1   338
- 1,1 ff.   340
- 1,21–90   347
- 1,50   342
- 1,69 ff.   340
- 1,76   342
- 1,76 f.; 1,78 ff.   341
- 1,85; 1,88   342
- 1,89 f.   341, 342
- 2   340
- 6   338
- 6,33   339
- 6,42–96   346
- 6,44 ff.   343
- 6,49 ff.   338
- 6,55   340
- 6,71 f.; 6,87 ff.   338
- 6,89   343
- 6,90; 6,97 f.; 7   338
- 7,14 ff.; 7,44; 7,56 ff.; 7,65 ff.   339
- 7,86   338
- 7,99 ff.   339
- 82 ff.; 86 f.   341
- 7,106 ff.   339
- 7,127 ff.   340
Hesiod *cat.* frg. 163   73
Hesiod *erg.*
- 64–65   318
- 405–406; 520ff; 535 ff.   315
- 721 ff.   208
Hesiod *theog.*
- 574–576   324
- 910–911   327
Hesiod *frg.* 23a und b   71
Hesychios, *Onomatologos* = Suda, *Hypatia* 166,644,1–10   173
Hieronymus: *Adversus Helvidium de Mariae virginitate perpetua* Migne PL 23, 183–203   417
Hieronymus *Adversus Ioviniarum* Migne PL 23,221–352   417
Hieronymus *epist.*
- 22   430, 434, 437
- 22,15   428
- 38   437
- 38,2; 38,4   428
- 39,1; 39,2   428, 433
- 39,3   429, 430
- 39,5–7   433
- 39,6   428, 432
- 77,7   415
- 107   437
- 107,5   431
- 108   414, 432, 437
- 108,26   433
- 108,4; 108,5   427
- 108,5; 108,6   428
- 108,6   432
- 122,1   415
- 127   437
- 127,7   433
- 130   437
Historia Ecclesiae 7,15,2   168
Homer *Il.*
- 1,115; 5,338   319
- 3,125–127   323
- 6, 433–439   312
- 6,488–493   319
- 7,87–91   93
- 10,414/15, 11, 166; 11,371   94
- 12,438   320
- 14,183   324
- 15,189–190   206
- 18,541–549   315
- 18,346–363   92
- 18,561–568   316
- 19,300   88
- 21,483   73
- 22,440/1   323
- 22,511   336
- 22,513   93
- 22,513–515   92
- 23,15–16; 23,17–24   89
- 23,254   92
- 24,212–214   90
- 24,228–235   92
- 24,349   94
- 24,587–8   92
- 24,613; 24,722;   89
- 24,724–745   97
- 24,729   88
- 24, 746   89
- 24,748–749   97
- 24,749   88
- 24,762–775   97
- 24,772   88
- 24,776   89
- 24,796   92
- 24,802.   89
Homer *Od.*
- 1,337–342   319
- 2,100 ff.   93
- 4,584   93
- 5,231   336
- 6,100   321
- 6,289–315; 7,10–11; 7,139–171; 7,71–72   205
- 8,351   18
- 8,366   324
- 9,4–11   326
- 10,223   336
- 10,544   336
- 11,244–245   205
- 11,249 f.   140
- 11,336–338; 11,346; 11,352/3   205
- 17,259   315
- 18,195   326
- 18,210–214   324
- 20,105.   55
- 21,344–353   319
- 24   93
- 24,59   93
- 24,62   89
- 24,67   93
- 24, 80–84   94
- 24,94   93
Hom. h. (Apollon) 194–196   326
Hom. h. (Aphrodite) 85–91   324
Horaz *carm.* 1,2,25–28   114
Horaz *sat.*
- 1,8,17–25   361
- 15,107 f.   358
Hyginus *fab.* 2   131
Hypereides *frg.* 172; 176; 179   383

Iamblichus *VP*
- 267   163
- 17; 54–58; 104   164
IG I²
- 1,38   56
- 115,20–23   91
- 374,404–17   386
IG II²
- 1514,28 f.   74
- 1514,34–38   75
- 1514,39   74
- 1514,62   75
- 1514–1531   74
- 1522,9   75
- 1553–1578   337

IG XII 5,593   85
ILS (Dessau)
– 1914   37
– 4931   119
– 8158   37
– 8394   48
Iohannes Chrysostomos *hom. in epist. 1 ad Corinth.* 29,260 B–C   133
Iosephus *ant Iud.*
– 20,135   280
– 20,148   268, 280
– 20,151   268, 280
Iosephus *bell. Iud.*
– 2,8,2   413
– 2,12,8   268
Isaios
– 2,19   385
– 2,5   20
– 2,6 ff.   22
– 2,9   18
– 3,28–29   20
– 3,35   19
– 3,35–39   20
– 3,36   23
– 3,78   20
– 3,79   22
– 3,8–10   20
– 6   24, 26
– 6,21   380, 385
– 6,40–41   86
– 6,47   24, 26
– 8   23, 26
– 8,8 f.   20
– 8,22   86
– 10,10   337
– 12   26
Isidorus *de coniugatis* Migne PL 83,812   38
Isidorus *de origine officiorum* 2,20   38
Iuvenal *Sat.*
– 6,287–291; 6,292– 661, 6,292–300; 6,408–409.   350
– 6,487–501   371
– 6,498 ff.   360

Kallimachos frg. 632 Pfeiffer   73
Kedrenos I 616 B   414
KH (Kodex Hammurabi)
– §§ 27–28   6
– § 38   9
– § 41   4, 6
– § 55   5
– § 128   7, 11
– § 131   5

– § 138   4, 8
– § 142; § 143   10
– §§ 144–145   4
– § 145; § 146   12
– § 148   3
– § 154   9, 12
– §§ 159–160   8
– § 162   12
– §§ 162–163   8
– §§ 170–172   3, 4
– § 171   7
– § 172   8
– § 177   10, 13
Anna Komnene, *Alexias*
– *Praef.* 1,1–2,1   194
– 14,7,4   188
– 15,7,9.   185
Korintherbriefe:
– 1 Kor. 7,1 ff.   418
– 1 Kor. 7,4 ff.   423
– 1 Kor. 7,25–40   413

laudatio Murdiae, CIL VI 10230   106
laudatio Turiae   106
– 1,30–31; 1,42–51; 2,2a–5a   367
Livius
– 1,20   112
– 1,20,3   118
– 1,57,6–59   218, 226
– 2,7,4; 2,16,7   107
– 2,42; 4,44   114
– 5,50,7   106
– 7,40,15   104
– 8,15   114
– 8,22,2–4   107
– 22,57   114
– 29,11,1–8   229
– 34,3,1; 34,3,2   40
– 42,34,2–4   43
– *ep.* 59   36
Longos 1,7,2–8,2; 2,16,2; 3,25,2; 3,3,4; 3,4,5   365
Lucrez 5,656 ff.   124
Lukan
– 2,16–42   103, 108
– 2,370 f.   32
Lukian   354
Lukian *de luctu*
– 12   83
–20   93
Lukian *DMeretr*   354
– 7,4   317
Schol. in Lucianum DMeretr. 2,1   65, 317
Lydos *mens.* 3, 22   131
Lykophron

– 577–580   316
– *frg.* 5   209
Scholion in Lykophrontem 570   316
Lysias
– 21,5   58
– 23,9–11   18
– 4,14   384

Macrob *Sat.* 1,12,5–7   127, 131
MAL (Mittelassyrische Gesetze)
– § 24   11
– §§ 25; 26; 27; 29   8, 13
– §§ 30; 31; 33   8, 9
– § 34   7
– § 35   10, 13
– § 38   13
– § 40   6
– § 41   13
– § 42   6
– § 43   9
– § 55   5
– § 59   11
Martial 11,39.   359
Maximian, *Versus Elegiaci* 5,110–152 (=630–672)   424
Menander *Dysk.* 762   18
Menander *Pk.* 1012–1015   18
Menander *Sam.* 725–730   18, 28
Musonius 13 b   37

Namatian *de reditu suo* 1,441 ff.   415
Nikolaos Damaskos *frg.* 3 = FGrHist 90 F   199
Nonius Marcellus 212 L   104

Origenes *Contr. Cels.* 7,4   132
Orpheus *h.* 42   347
Ovid *Pont.* 3,1,114–118   246
Ovid *ars*
– 2,209 ff.   360
– 3,751–808   403
Ovid *fast.*
– 1,33–36   107
– 2,721–852   218, 221
– 3,134   107
– 3,173 ff.   126
– 3,229–258   129
– 3,253 f.   126
– 4,179–372   229

- 4,511   365
- 4,629–640   113
- 4,725 f.   113
- 4,731 ff.   113
- 6,227; 6,257–282   112
- 6,475   124
- 6,475–488   127
- 6,523   125
- 6,559   124
- 6,637 ff.   40, 250
Ovid met. 13,650–674   316
Ovid trist.
- 3,3,51   103
- 3,7   147

Passio Sanctarum Perpetuae et Felicitatis   175, 176
- 3–10   176–182
Paulinus von Mailand Vita Ambrosii 4 Migne PL 14:28   415
Paulus Diaconus Fest.
- 3,3 L. ff.; 61 L.   106
- 121 L.   125
- 154 L.   104
- 161 L.   131
- 187 L.   106
- 250 L.   110
Iulius Paulus sent. 4,8,20   34
Pausanias
- 1,15,1–2; 1,17,2; 1,2,1   198
- 1,23,7   56, 61
- 1,27,3   55
- 3,4,5   134
- 3,16,7   62
- 5,11,6   198
- 6,20,9   209
- 7,25,13   140
- 8,17,3   70
- 8,46,3   62
- 9,27,5   377
- 9,35,3   327
- 10,5,7   138
Petronius Sat.
- 53   351
- 111   110
Petronius frg. 28,1–5   228
Philostorgios Hist. Eccles. 8,9   168
Pindar N. 4,94   165
Pindar N. 4,6–7, Bremer   326
Pindar P. 9,17–20   321
Platon Ion 533 E   137
Platon leg.
- 306 a-c, 806 a-b   206
- 742 c   207

- 805 e   314
- 866 b   91
- 960 a   95
Platon Men. 72 d – 73 b   84
Platon Mx. 235 e – 236 b.   91
Platon Phaid. 115 d   18
Platon Prot. 336 d   18
Platon rep.
- 311 b-c   322, 325
- 387 d 1–2; 387 e 9; 388 a 2   84
- 455 d-456 b   206
- 457 d; 464 b-c   207
- 573 e; 575 b   208
Platon Tht. 174a   163
Plautus Aul. 505–522   350
Plinius epist.
- 1,14   41
- 3,3,3–6   274
- 4,11,5–13   114
- 4,11,6–9   118
- 4,19,2–5   46
- 4,19   366
- 6,3   359
- 7,24,1–5   361, 372
- 7,24,5   274
- 8,5,1–2   40
- 8,10   47
- 8,18,1–4   351
- 8,16   41
Plinius nat.
- 5,21,88   285
- 7,45   280
- 9,104–106; 9,113–114; 9,119–121; 9, 123–127; 9,132   350
- 12,84   285
- 14,140   219
- 15,137 ff.   244
- 16,242   268
- 33,63   280
- 34,28   218
- 35,201   280
Plutarch mor.
- 139 d-f; 140 a   40
- 146c–164d   164
- 150d   164
- 154b-c; 155 e   165
- 248 d   199
- 267 a-c   104
- 267 d   124, 128
- 267 e   39, 124, 125, 128
- 269 a-b   110
- 385 c   140
- 400 f   377
- 402 b   135
- 403 f-404 a   140

- 405 a   135
- 405 c   135, 137, 140
- 405 c-d   133, 138, 145
- 405 d   142
- 405 e   135
- 406 b-f   139
- 406 c   135
- 407 a-c   139
- 407 b-c   137, 138
- 407 c-f   139
- 407 f-408 a; 408 c   138
- 414 a   132
- 414 b   136
- 431 b; 435 b   139
- 435 c   141
- 435 d   136
- 437 b; 438 a   141
- 438 b   141, 142
- 438 c   141
- 438 c.   136
- 492 d   131
- 753 f   377
- (Ps.-Plutarch) 849 e   378
Plutarch Alc.
- 8,3–6   23
- 16,1   324
Plutarch Arist.
- 11,3   144
- 21   96
Plutarch Caes.
- 5,2; 5,4–5   108
- 9.1–10.11   231
- 9,3–10,4   112
- 9,4–8   267
Plutarch Cam.
- 5,2   124
- 5,2   129
- 5,7   104
- 8,4; 11,3   106
Plutarch, Cat. Ma. 20,4–5   355, 370
Plutarch Cat. Mi.
- 17,7   39
- 19,5   231
- 25   32
- 52   32
Plutarch Cic.
- 19,3 f.   112
- 19,4–5   267
- 20,1–3; 20,5; 28,1–29,9   231
- 29   230, 236
- 29,1   231
- 29,2–3   232
- 29,4–5   230
Plutarch Dem. 22   84
Plutarch CG 19   233
Plutarch Num.

– 9–11   112, 118
– 10,4–7   115
– 12,1–2   110
– 12,3   107
– 13,2   113
Plutarch *Per.*
– 24   25
– 24; 32   384
– 37   25
– 37,2–3; 37,5–6   28
Plutarch *Pomp.* 9,2–3   33
Plutarch *Publ.* 23,4   107
Plutarch *Sol.*
– 12,8   81, 99
– 21   82
– 21,6   99
– 22   24
Plutarch *Sull.*
– 6,11   36
– 33,3   33
Plutarch *Thes.*
– 3   142
– 27   198
Pollux
– 1,222   316
– 7,107   65
Polybios
– 12,5–6   198
– 32,12.   358
Sextus Pomponius *Dig.*
   24,1,31,8   126
Porphyrios *Vita Pythagorae*
   162
Porphyrios *Hor. comm.*
   17,48   106
Proklos *Chrestomathia*
   175–180   198
Prokop *HA* 5,26   200
Properz   147
– 1,2,27   147
– 1,6,27–30   151
– 2,3,21   147
– 2,13,27   103
Ps.-Acro 3,8,1   126, 130
Michael Psellos *Encomium in matrem* (Criscuolo)
– 136–141   190
– 276 ff.; 713 ff.   186
Michael Psellos *Grabrede auf die Tochter Styliane* Sathas
   5,65–66; 5,74–75   190
Publilius *sent.* C. 9   40

Quintilian *inst.*
– 6 *prooem.* 4–6   37
– 1,1,6   148
Quintus Aurelius   120

Quintus von Smyrna *Posthomerica* 1,672–782   198

Res Gestae Divi Augusti c.12,
   c.11   113

Sallust *Cat.* 25   147, 366
senatus consultum de Cn. Pisone patre (SCPP) 113–114;
   115–120   244, 245
Seneca *cons. ad Helv.* 16,1
   107
Seneca *cons. ad Marc.*
– 7,3   105
– 15,3   106
Seneca *cons. ad Polyb.* 6,2
   104, 105
Seneca *epist*
– 47   358
– 63,13   107
– 97,2   113
Ps.-Seneca *Octavia*
– 21   280
– 44–45; 93–96; 102;
   125–129; 141–142;
   150–167   268, 280
– 170–171   280
– 310–376; 593–617; 634;
   952   268, 280
Servius *Aen.*
– 5,92   106
– 6,216   104
– 6,229   106
– 8, 638   131
– 11,211; 12,606   103
– 12,606   110
Sidonius 2,4,1   38
Simonides frg. 6 West   202
Skylax *frg.* 21 = GGM I   200
Sokrates *hist. eccl.* 7,15,1–5
   166, 167, 171
Sophokles *Ai.* 293   208
Sophokles *Ant.* 795–801
   21
Sophokles *Trach.* 308 f.   140
Soranus 1,11,48–9   36
Sp. Lampros, 22–28   185
Stobaios
– 3,9,51 p.262 He =
   p.77 f. Thesl   163
– 4,25,50 p. 632 He. = Thesl.
   S. 145, 19–22   166, 170
Stobaios, 4,28,19 p. 688 f. He
   = Thesl. 142,18–143,9
   166, 169
Strabo 9,3,5   137
Sueton *Aug.*
– 29,6   250

– 31,3   116
– 62   44
– 63   243
– 64   357
– 71   38
– 71,2   246
– 73   357
– 74,2   39
– 84   247
– 84,4   274
– 101,2   244
Sueton *Cal.* 10   245
Sueton *Claud.*
– 5,1   243
– 11,2   245
– 26,3   280
– 26,5–8; 27,4; 27,6   268
– 27,6; 29,1; 29,2   280
– 39,2   280, 433
– 39,5   268, 280
– 43; 44;   280
– 44–45   268
Sueton *Dom.* 8   114, 115,
   116
Sueton *Gal.* 1   244
Sueton *Iul.*
– 6,1–2   108
– 52,3   36
Sueton *Nero*
– 28,2   280
– 29   37
– 34,1   268, 280
– 39,3   280
Sueton *Tib.*
– 21,4   243
– 50,3–51,6   244
– 76   116
Sueton *Vesp.*
– 3   41
– 4,2   280
Suidas 4,3124, p.265,26
   162
Sulpicia
– I (3,13)   159
– II (3,14)   159
– III (3,15)   160
– IV (3,16)   160
– V (3,17)   160
– VI (3,18)   161
Symmachus *relatio* 3,11,14
   117
Symmachus *epist.* 9,147;
   9,148   120
Synesios *epist.*
– 311 A   167
– 136   166, 167
– 81   167

Tacitus *Agr.* 9,7   37
Tacitus *ann*
- 1,3,3; 1,3,4   246
- 1,5–6   243
- 1,6,2   246
- 1,8; 1,13,6   244
- 1,40,3   104
- 2,34,3   244
- 2,86   116
- 3,10,2; 3,15,1; 3,17,1   244
- 3,17,2   246
- 3,33–34   40
- 3,34,2; 3,34,4–5   273
- 4,16,4   116
- 4,22,1   50
- 4,40,6   243
- 4,53,1–2   267
- 4,57,3   244
- 4,75   267
- 5,1   38, 243, 245, 246
- 5,2,1–5,3,1   244
- 11,1,1   272
- 11,22,2   263
- 11,37,2   264
- 11,5–7; 11,6,2   262
- 12 6,3–7,2   268
- 12,1,1   264
- 12,1,1–3,1   268
- 12,1,1–12,4,1   276
- 12,2,3   267
- 12,3,2   264, 268, 274
- 12,5,1–12,6,2   277
- 12,5,3   273
- 12,7,3   266, 270, 272, 277
- 12,6,3–7,2; 12,8,1–2   280
- 12,8,2   274
- 12,8–9   268, 280
- 12,9,1–2   274
- 12,22   280
- 12,25–26   268, 280
- 12,27   270, 280
- 12,37   270, 280
- 12,41; 12,42   280
- 12,42,1; 12,42,2   264
- 12,42,2   270
- 12,56; 12,57   280
- 12,58,1   274
- 12,59   272, 280
- 12,64,3   270, 271
- 12,64–65   280
- 12,65,2   270
- 12,66–68   268, 280
- 13,1; 13,2   268, 280
- 13,4–5   280
- 13,5,1   262, 263
- 13,6   280
- 13,12–13   271, 279
- 13,14–16; 13,18–21; 13,20   280
- 13,20,3   268
- 13,32,2   38
- 14,1–2   280
- 14,2,2   270
- 14,3–13   268, 280
- 14,9,3   272
- 14,43,3.   358
- 14,57   280
- 15,22,2   115
- 15,23,3   105
- 15,50; 15,67   280
- 15,67,2   268
- 16,21   280
Tacitus *dial.* 28–29   359, 370
Tacitus *Germ.* 27,2   104
Tacitus *hist.*
- 2,45,11   104
- 4,53   113
Theodoros Prodromos
- 6,444f.; 465   83
- *Historisches Gedicht* Nr. 38 Hörandner, 5,1–10; 5,34–44; 5,68–75; 5,110–114   195–197
Theokrit
- 15,20   320, 324
- 15,78–86   336
- 15,78–95   345
- 15,79–81   324
Thomasakten *fünfte Tat*; *neunte Tat*   414
Thukydides
- 2,15   20
- 2,34   91
- 2,45   81, 91, 96
- 2,78   316
- 3,58,4   96
- 3,74,1   206, 312
- 6,31   386
- 8,1,3   54
Tibull
- 1,1,59–68   109
- 1,1,61–68   103
- 2,4,4   152
TIM (Texts in the Iraq Museum) 4,46; 4,47   9
Georgios Tornikes *Epitaphios auf Anna Komnene*
- 245,13–247,3 Darrouzès   192
- 263,17 ff. Darrouzès   187
Johannes Tzetzes 417 f. Mercati   187

Ulpian
- 5,3–5   36
- 47,10,15   360

Valerius Maximus
- 6,1,1   218
- 2,1,6; 6,3,9   39
- 6,7,1–3   38
- 7,7,4   36
Varro *ant.* frg. 175 Cardauns   125
Varro *rust.*
- 2,1,6   365
- 2,2   363
- 2,10,1; 2,10,6 ff.   364
- 3,16,2   230
Velleius Paterculus
- 2,75,3   245
- 2,130,4   247
Vergil *Aen.* 12,602–608   103
Vita beati Antonii abbatis 357   415
Vita Theclae 16   422
Vita Isidori   167
Vita Melaniae   431

Xenophon *Mem.*
- 2,1–12   328
- 2,7   319
- 3,11   384
- 3,11,16 ff.   380
Xenophon *oik.*
- 3,15   316
- 7,16; 7,22–25   311
- 7,18–22   327

Zosimos
- 1,55,1–1,56,3   303
- 1,56,2   286
- 1,59,1   303